dictionnaire
des proverbes
sentences
et maximes

J'apporte ma pierre au monument de la véritable histoire,
qui est celle des maximes et des opinions,
plutôt que des guerres et des traités.

(Anatole France, *la Rôtisserie de la Reine Pédauque*, XVII.)

dictionnaire
des proverbes
sentences
et maximes

par
Maurice Maloux

RÉFÉRENCES
Larousse

17, RUE DU MONTPARNASSE - 75298 PARIS CEDEX 06

Le présent volume appartient à la dernière édition (revue et corrigée) de cet ouvrage.

ISBN 2-03-710010-8

INTRODUCTION

Qu'est-ce qu'un proverbe? une sentence? une maxime? — Ces trois modes d'expression ne se définissent pas rigoureusement, comme l'adage, l'apophtegme ou le précepte, mais les contours peuvent en être tracés.

La notion de proverbe (le mot est tiré du latin classique *proverbium*) recouvre d'une apparente simplicité des composantes assez diverses. Plaute, Cicéron, Sénèque, Aulu-Gelle citent déjà comme étant d'anciens proverbes :

On ne peut à la fois souffler et avaler (Plaute, *Mostellaria*, 791).

Il faut être vieux de bonne heure pour le rester longtemps (Cicéron, *De senectute*, XXXII).

C'est dans l'arène que le gladiateur prend sa décision (Sénèque, *Epistulae ad Lucilium*, XXII).

Il n'est pas permis à tout le monde d'aller à Corinthe (Aulu-Gelle, *Noctes atticae*, I, VIII).

De ces quatre proverbes, le premier est une constatation banale, le deuxième un conseil, le troisième un avis de conduite à tenir, le quatrième une observation se référant à l'histoire anecdotique. Ces exemples montrent qu'à considérer seulement le proverbe latin on ne saurait donner du terme une définition immédiate et tranchée. Or, la notion et l'usage du proverbe sont de tous les temps et de tous les peuples. Il faut donc, la définition du proverbe étant irréductible à une formule, soit appliquer au terme une définition qui ne peut être valable qu'autant qu'elle reste très vague, et on la trouve telle dans les lexiques, soit donner une définition qui circonscrit l'ensemble des diverses acceptions. On peut alors dire que le proverbe désigne une vérité morale ou de fait exprimée en peu de mots, ou bien une expression imagée de la philosophie pratique, ou bien une parole mémorable, ou bien encore un vers ou un distique célèbre, « passé en proverbe ». C'est dans cette ligne de pensée que John Russell écrit : « Un proverbe est l'esprit d'un seul et la sagesse de tous. »

La sentence (du latin classique *sententia ;* de *sentire*, sentir, avoir une opinion) exprime une courte proposition morale résultant de la manière personnelle de voir. On trouve déjà le mot dans Térence : *Quot homines, tot sententiae*, Autant d'hommes, autant d'avis (*Phormio*, 454), et Juvénal cite comme étant une *sententia* :

D'où vient ton argent, nul ne s'en informe, mais il faut en avoir (*Satires*, XIV, 207).

Est ainsi une sentence, ce texte de Montaigne :

Mon opinion est qu'il se faut prêter à autrui et ne se donner qu'à soi-même (*Essais*, III, X).

Et celui-ci de J.-J. Rousseau :

Plus le corps est faible, plus il commande ; plus il est fort, plus il obéit (Émile ou De l'éducation, I).

La sentence diffère du proverbe en ce qu'elle a un sens moins vulgaire et une forme plus abstraite ; le proverbe éclaire la vie pratique, la sentence fait réfléchir. C'est dans cette intelligence du terme que Vauvenargues note que « les sentences sont les saillies des philosophes ».

Quant à la maxime, le sens général en est aussi rendu par la substance étymologique. La maxime (du latin médiéval *maxima*, sous-entendu *sententia*, cf. Du Cange, *Glossarium*), c'est la *grande sentence*. La complexité mystérieuse de la vie exige des modes d'expression plus déliés que le proverbe et la sentence. La maxime est une proposition générale, exprimée noblement, et offrant un avertissement moral, sinon une règle de conduite. C'est ainsi que Condillac écrit : « La maxime est un jugement dont la vérité est fondée sur le raisonnement et l'expérience », et que Joubert note : « La maxime est l'expression exacte et noble d'une vérité importante et incontestable. » Bref, la maxime, selon une formule récente, c'est le « proverbe savant » (cf. V.-L. Saulnier, *Proverbe et Paradoxe du XVe au XVIe siècle*). Et, pour justifier ces définitions, il n'est que de citer quelques « maximes » :

Le cœur a ses raisons que la raison ne connaît point (Pascal, *Pensées*, IV, 277. — Dans la pensée de Pascal, c'est la maxime de la foi en Dieu.)

La flatterie est une fausse monnaie qui n'a de cours que par notre vanité (La Rochefoucauld, *Maximes*, 158).

L'entêtement représente le caractère, à peu près comme le tempérament représente l'amour (Chamfort, *Maximes et Pensées*).

La franchise ne consiste pas à dire tout ce que l'on pense, mais à penser tout ce que l'on dit (Hypolite [*sic*] de Livry, *Maximes et Sentences*).

**

Pour mémoire, notons : Que l'adage (du latin *adagium*, contraction de *ad agendum*, qui doit être fait ; cf. Festus, *De verborum significatione*) est une proposition ayant pour fin une action morale ; ainsi, *Uti, non abuti* (*User, ne pas abuser*) est un adage latin, et *Noblesse oblige*, un adage français. Que l'apophtegme (de racine grecque) est la parole notable d'un personnage illustre ; par exemple, dans les *Apophtegmes des anciens rois*, de Plutarque, cette parole de Lysandre : « Quand la peau du lion ne peut suffire, il faut y coudre la peau du renard », ou, dans les *Vies des grands capitaines étrangers*, de Brantôme, cette parole de Charles Quint : « Il faut être maître de soi pour être maître du monde. » Que le précepte (du latin *praeceptum* ; de *praecipere*, enseigner) est un enseignement, une règle de conduite ; ainsi, *Cache ta vie* est un précepte grec, et *Aimez-vous les uns les autres*, un précepte évangélique. Que le dicton (du latin *dictum*, mot, chose dite), à l'origine énonciation prétendant articuler une règle, caractérise maintenant des faits de circonstance : *Mariage pluvieux, mariage heureux* — *Ventre pointu n'a jamais porté chapeau ;* qu'il peut être agronomique : *Année neigeuse, année fructueuse ;* météorologique : *Noël au balcon, Pâques aux tisons ;* physiognomonique : *Homme au nez aquilin, plus rusé que malin ;* régional : *Un Picard ne se dédit pas, il se ravise ;* etc. Enfin, que la locution proverbiale est une brève formule destinée à tenir lieu d'explication ; le proverbe a une valeur morale ou didactique, la locution proverbiale ne fait que caractériser, soit un individu : *avoir la foi du charbonnier* — *donner le coup de pied de l'âne* — *faire la sainte Nitouche,* soit une situation : *brûler ses vaisseaux* — *faire des châteaux en Espagne* — *tenir le loup par les oreilles.*

Le proverbe est de tous les temps. — Dans l'antiquité égyptienne, on nommait *sebayt* (enseignement) ce que nous appelons « proverbe ». Pour illustrer le *sebayt*, nous en citerons quelques-uns :

Suis ton cœur, que ton visage brille durant le temps de ta vie (*Sagesse de Ptahotep*, IIIe millénaire av. J.-C.).

Le chef du troupeau est un animal comme les autres (*Sagesse d'Ani*, IIe millénaire av. J.-C.).

Un bon caractère est la protection de l'homme (*Sagesse d'Aménémopé*, VIIIe s. av. J.-C.).

Chez les Araméens et les Hébreux, le proverbe, c'est la « parole » d'un sage, et, par une sorte de prochronisme, les *Paroles de Salomon* sont devenues les *Proverbes de Salomon.*

Le léopard ne salue pas la gazelle, si ce n'est pour sucer son sang (*Paroles d'Ahiqar*, VIe s. av. J.-C.).

Celui qui creuse une fosse y tombe (*Proverbes de Salomon*, XXVI, 27 ; IVe s. av. J.-C.).

Le fer aiguise le fer, ainsi l'homme aiguise un autre homme (*Proverbes de Salomon*, XXVII, 17).

Chez les Grecs, les mots *gnômê* (pensée) et *paroemia* (instruction) couvrent les notions de proverbe, sentence, maxime, adage, précepte, etc., et c'est encore par prochronisme que l'on dit les *Sentences* de Théognis de Mégare et les *Maximes* d'Épicure. Dans les traductions modernes, des propositions de portée très variable sont citées comme « proverbes » :

N'apprends pas le métier de potier sur une jarre à vin (cité par Platon, *Gorgias*, 514 e).

On ne connaît son ami qu'après avoir mangé beaucoup de sel avec lui (cité par Aristote, *Éthique à Nicomaque*, VIII, III, 7).

Le genou est plus proche que le mollet (cité par Aristote, *Éthique à Nicomaque*, IX, VIII, 2 ; pour rendre l'idée de l'opposition des intérêts personnels et familiaux).

Puisse être l'Aurore, fille de la Nuit douce (cité par Eschyle, *Agamemnon*, 265 ; dans le sens d'une parole votive des époux qui, de leur nuit amoureuse, attendent un enfant à leur ressemblance).

Ce sont là quelques exemples de la littérature dite gnomique, prover-biale, et, du fait que proverbe, sentence, maxime, etc., ne se définissent pas comme des figures géométriques, l'usage littéraire, oubliant la propriété des termes, n'est pas sans les employer indistinctement.

Proverbe, sentence et maxime au Moyen Age et au XVIᵉ siècle.
— On sait que le Moyen Age offre une littérature en deux langues. En latin se traitent les grands genres (histoire, philosophie), exclusifs de proverbes. En français sont écrites les œuvres d'édification ou d'amusement, ainsi que de très nombreuses compilations de pro-verbes. Ces compilations marquent l'âge d'or du proverbe.

Le latin médiéval nous a cependant laissé quelques *proverbia* cités comme tels :

De main vide vaine parole (John of Salisbury, *Polycratici libri*, V, 10; XIIᵉ s.).

Qui trop embrasse mal étreint (Albertano da Brescia, *Liber consola-tionis et consilii*, XXVII; XIIIᵉ s.).

Mais c'est à la société du Moyen Age, qui parle la langue vulgaire, que nous devons les multiples manuscrits de proverbes en ancien français. Les textes sont colligés par les clercs, mais l'inspiration populaire domine, et le P. Bouhours a pu écrire que le proverbe français de l'époque était particulièrement « roturier ». Le français des XIIᵉ et XIIIᵉ siècles emploie souvent, pour désigner le proverbe, le mot *respit* (souffle, discours) et *reprovier* (reproche, leçon). Un manuscrit du XIIIᵉ siècle, conservé à Oxford, s'intitule *li Respit del curteis et del vilain*, et *le Roman de la Rose* (3709, 3710) rapporte : « L'on dit en reprovier….. que l'on ne peut faire d'une buse un épervier. » C'est à la fin du XIIᵉ siècle que le mot *proverbe* apparaît en français, dans les fables de Marie de France, et, par la suite, les recueils manuscrits se comptent par dizaines : *Proverbes au vilain*, *Proverbes des sages*, *Proverbes communs*, etc. Que sont ces proverbes ?

La syntaxe est variable. Le style proverbial utilise le distique (*Distiques de Caton*) ou même le quatrain (*Diz et Proverbes des sages philosophes*), mais le plus souvent la forme est elliptique :

De nuit tout blé semble farine.
Menaces ne sont lances.
Qui jeune est fou, vieil en a les frissons.

Pour mieux marquer l'idée, on fait jouer l'allitération ou l'as-sonance :

Qui se ressemble s'assemble.
À chaque oiseau son nid est beau.
À longue corde tire qui mort d'autrui désire.

La philosophie est pratique, terre à terre, elle exprime des lieux communs de pensée :

Qui bien chasse bien trouve.
Plus sont de compères que d'amis.
Qui a assez d'argent a assez de parents.

Et elle reflète la dure existence des « vilains », manouvriers, paysans, « fervestus », pris par la guerre ou par la lutte quotidienne pour la vie :

Il n'a droit à sa peau qui ne la défend.

Au diable on ne peut faire tort.

Bon est le deuil qui après aide.

Mais accordons (à tant faire que de dire ses vérités au proverbe français de l'époque, il faut les lui dire toutes) que Christine de Pisan a laissé des *Proverbes moraux*, et que Villon, dans sa *Ballade des proverbes*, en a rassemblé quelques-uns parmi les meilleurs : *Tant crie-t-on Noël qu'il vient.*

C'est dans la sentence qu'il faut chercher d'autres perspectives. La sentence médiévale est d'essence théologique, mais elle garde néanmoins son caractère de proposition personnelle. Les œuvres des Pères de l'Église sont alors la principale source de la théologie, et, depuis le XIIe siècle, les clercs réunissent en recueils leurs sentences ou opinions sur les diverses questions. Le plus célèbre de ces sententiaires, Pierre Lombard, dit « le Maître des sentences », a laissé un recueil de textes des Pères dogmatiques, dans lequel sont rassemblées des sentences sur des problèmes très variés.

Au début du XVIe siècle commence la confusion entre adage, précepte, proverbe, sentence, etc. La diffusion des œuvres de l'Antiquité est favorisée par la découverte de l'imprimerie, et, en 1508, Érasme donne une première édition, qui sera suivie d'une soixantaine d'autres, de ses *Adages*. Mais ces *Adages* ne sont pas strictement des adages. Dans sa thèse sur Érasme, Émile Chasles observe que le grand humaniste a rassemblé sous le titre d'*Adages* des textes très divers, y compris de simples locutions, qu'il a donné au terme une signification extensive et forcé le sens du mot en le prenant pour titre. A l'imitation d'Érasme, Mathurin Cordier publie des *Sentences proverbiales et adagiales* (1561).

Pour ce qui est de la maxime, le terme n'a pas encore d'existence littéraire, et il est remarquable que Montaigne, qui rapporte tel ou tel proverbe français ou italien, et qui écrit qu'il va « ... écorniflant par ci par là des livres les sentences qui lui plaisent », n'ignore pas le terme (*Essais*, I, XXVIII, *in fine*), mais cite sous le mot de *sentence* ce que nous appelons *maxime*.

Discrédit du proverbe aux XVIIe et XVIIIe siècles. Floraison de la maxime — L'abus du proverbe (*Pantagruel* et *Don Quichotte* en sont parsemés) a entraîné sa défaveur et provoqué une réaction. Et puis, au XVIIe siècle, le goût s'est affiné. Dans l'esprit du « Grand Siècle », le proverbe répète des vérités premières sans jamais répondre à des sentiments délicats. Adrien de Montluc donne *la Comédie de proverbes* (1616), où il les met en litanie pour en ridiculiser l'emploi. Vaugelas, dans ses *Remarques sur la langue françoise* (1647), proscrit le proverbe au point de ne pas admettre le terme dans ses rubriques. La Philaminte de Molière (*les Femmes savantes*, 1672) se plaint d'avoir

« l'oreille au supplice de proverbes traînés dans le ruisseau des Halles ». La Bruyère (*les Caractères*, 1688) écrit qu'il faut laisser Aronce « parler proverbe » — et l'expression emporte une signification péjorative.

Concurremment, on assiste à une floraison de la sentence et de la maxime. Richelieu avait laissé des *Maximes d'État*. La Rochefoucauld donne ses *Réflexions ou Sentences et Maximes morales* (1665), la marquise de Sablé, des *Maximes* (1678), et le chevalier de Méré, des *Maximes, Sentences et Réflexions* (1687). Le P. Bouhours, dans *la Manière de bien penser* (1687), décrète que « les sentences sont les proverbes des honnêtes gens comme les proverbes sont les sentences du peuple ». Mme de Sévigné reste dans la ligne de la sentence en écrivant à Mme de Grignan (22 juin 1689) : « Vous faites une vraie sentence, en disant que l'ostentation des personnes modestes n'offense point l'orgueil des autres. » Vernace dédie à Mme de Maintenon des *Maximes morales et politiques* (1690), Corbinelli publie les *Anciens Historiens réduits en maximes* (1694), Rancé donne des *Maximes chrétiennes et morales* (1698), et Saint-Évremond, s'il ne compose pas de recueil, écrit quelques pages sous le titre de *Sentiments et Maximes*.

Au XVIIIe siècle, « Siècle des Lumières », l'esprit philosophique a l'horreur du préjugé et le goût de la réflexion. L'emploi du proverbe équivaut à un impardonnable brevet de cuistrerie. Mais les philosophes de la génération de l'*Encyclopédie* sont de bons écrivains de sentences, et J.-J. Rousseau exprime souvent sous cette forme ses idées morales, esthétiques et pédagogiques. Au sujet de la maxime, Montesquieu *(Variétés)* énonce que « les maximes de M. de La Rochefoucauld sont les proverbes des gens d'esprit », et Voltaire (*Siècle de Louis XIV*, « Écrivains français ») formule cet avis : « Les maximes sont nobles, sages et utiles. Elles sont faites pour les hommes d'esprit et de goût, pour la bonne compagnie. Les proverbes ne sont que pour le vulgaire. » Appartiennent à ce siècle trois grands maximistes : Vauvenargues, Chamfort, Rivarol.

Finalement, et l'on ne saurait trop le dire, le discrédit du proverbe a résulté de la nature triviale du proverbe français médiéval. Le XVIIe et le XVIIIe siècle méconnaissent les proverbes nationaux voisins et ignorent ceux de l'Orient, dont l'inspiration est bien plus élevée et le style autrement aiguisé, mordant, raffiné, tel ce proverbe japonais : *Les mots que l'on n'a pas dits sont les fleurs du silence.*

Proverbe, sentence et maxime ne sont pas des genres délaissés. — L'emploi opportun d'un proverbe topique fait sur l'esprit une impression vive, et tous les jours il se dit des proverbes, anciens et nouveaux. Ceux-ci jaillissent de la verve populaire (*On ne fait pas d'omelette sans casser des œufs. — Aux innocents les mains pleines. — Beaucoup se sont jetés dans la Tamise pour n'avoir pas joué atout*). De ces proverbes nouveaux, Wilhelm Wander dit qu'ils « ressemblent aux papillons, on en attrape quelques-uns, les autres s'envolent ». Mais chez les écrivains, il n'est que d'aller les cueillir dans leurs œuvres : *Qui plume a, guerre a* (Voltaire). — *Payer, c'est régner* (Mme de Girardin). — *Tout vaut tant* (Paul Claudel).

Les milieux professionnels font des adages : *La plume est serve, la parole est libre* est un adage juridique; *Guérir parfois, soulager souvent, consoler toujours*, un adage médical. Et les milieux littéraires, des sentences : *La neige est une pureté menteuse* (Gœthe). — *L'honneur, c'est la poésie du devoir* (Alfred de Vigny). — *Un service vaut ce qu'il coûte* (Victor Hugo).

Quant à la maxime, le XIXe siècle est dit le « Siècle de l'Histoire », mais le genre reste en honneur et il se trouve des écrivains, parmi les plus grands, pour ciseler des maximes, et en faire des recueils. Citons : Joubert, Gaston de Lévis, Daniel Stern (Marie d'Agoult), lady Blessington, et Gœthe, qui a laissé un recueil posthume de *Maximen und Reflexionen*, publié en 1842. En fin de siècle, le genre s'affadit, et, sous l'influence des nouvelles écoles littéraires, on observe que la maxime prête à la banalité d'apparence profonde. A propos des *Maximes de la vie*, ouvrage de la comtesse Diane, Jules Lemaitre fait écho à l'esprit de son temps, en écrivant : « Les pensées et maximes sont un genre épuisé et un genre futile. » Mais tant vaut le maximiste, tant vaut la maxime. De nos jours, où le roman est roi, la maxime a encore d'illustres répondants avec Jacques Bainville, François Mauriac, André Maurois, Étienne Rey, Jean Rostand, parmi d'autres. C'est que la maxime, quand elle se tient dans la lignée des grands maximistes, La Rochefoucauld, Pascal, La Bruyère, Vauvenargues, Chamfort, Joubert, est le genre littéraire classique entre tous.

Économie de cet ouvrage. — L'objet de ce livre est délimité par son titre. C'est une « somme » répertoriée de proverbes, sentences et maximes. On a systématiquement exclu les locutions dites « proverbiales », mais ont été retenus les adages, apophtegmes, devises, préceptes, etc., notoires au point d'être « passés en proverbes ».

La littérature proverbiale est abondante et très inégale, et sentences ou maximes sont éparses dans les œuvres littéraires. C'est assez dire que les limites que nous nous sommes fixées étaient plus faciles à tracer qu'à atteindre ou à respecter, et un travail de ce genre ne saurait être exempt de lacunes et d'erreurs.

Le critère qui nous a guidé pour décider de l'accès de nos proverbes, sentences et maximes est leur caractère pittoresque ou significatif. Mais nous n'avons eu garde d'oublier que cet ouvrage était destiné au grand public, en sorte que nous avons exclu les textes scabreux.

Avec le souci du choix, nous avons eu celui de l'exactitude. Notre propos était d'assortir tous nos textes d'une référence, mais le nombre de pages dont nous disposions ne l'a pas permis, et nous avons réduit la production de la référence aux textes d'auteurs ou à ceux qui nous ont semblé typiques ou originaux par quelque aspect.

Classer d'une façon intéressante notre collection a été également notre souci. On a écarté l'ordre strictement alphabétique, comme étant fastidieux, et le classement par choix du mot principal, qui prête à l'arbitraire ou à des redites. C'est la préoccupation de rendre notre ouvrage attrayant qui nous a fait adopter un *mode de classement fondé sur le sens intrinsèque*, mais notre distribution par mot-souche (*adulation, bâtard, chimère, doute, efficience, fatuité,* etc.) ou par expression-thème (*adversité éducatrice, bonheur est en soi* [le], *cœur et la raison* [le], *esprit chagrin, fait accompli,* etc.) reste alphabétique.

L'ouvrage que nous présentons au public entend se prévaloir de cette nouveauté. Grâce à cet effort, le lecteur trouvera rassemblés les proverbes, sentences, maximes, du domaine de son intérêt. Avec une *Table analogique*, les recherches seront facilitées au moyen d'un *Index des mots caractéristiques*, le mot dominant de chaque proverbe, sentence, maxime, formant le signe de rappel.

Innombrables sont les recueils de proverbes, sentences, etc. Une nomenclature exigerait un fort volume, et une bibliographie méthodique demanderait un classement par ouvrages généraux, langues, nations, etc. La liste que nous donnons à la suite de cette *Introduction* n'est qu'un aperçu bibliographique, de même que les considérations qui précèdent sur la littérature gnomique ne sont qu'un panorama esquissé à grands traits.

L'auteur tient à exprimer sa reconnaissance aux personnes amies qui lui ont apporté, au cours d'un travail de plus de dix années, suggestions utiles, précieux renseignements, éditions introuvables. Cette gratitude va aussi à tous les bibliothécaires (Bibliothèque nationale, Arsenal, Sainte-Geneviève) auxquels il doit d'avoir pu consulter des ouvrages qui, sans leur serviabilité, lui seraient demeurés malaisément accessibles. A ces concours éclairés, il convient d'ajouter les auxiliaires de talent auxquels l'auteur a fait appel ; une gratitude spéciale est due à Mlle Marguerite-Marie Dubois, docteur ès lettres, chef de travaux de philologie anglaise à la Sorbonne, pour ses multiples et précieux apports, ainsi qu'à M. Léon Khoubesserian, arméniste et arabisant, pour ses traductions et ses recherches. Qu'ils veuillent bien accepter ici amitiés et remerciements.

Maurice MALOUX.

APERÇU BIBLIOGRAPHIQUE

* Les ouvrages comportant une bibliographie sont signalés par un astérisque.

AASEN (I.), *Proverbes norvégiens* (Christiania, 1881).
ADALBERG (S.), *Proverbes polonais* (Varsovie, 1894).
AKIYAMA (A.), *Proverbes japonais* (Kyoto, 1935).
ALMASY (J.), *Proverbes hongrois* (Budapest, 1890).
ANDERSON (I.), *Jamaica Proverbs* (Londres, 1927).
Anthologie et conférence des proverbes français, italiens, espagnols (s. l. ni d., Bibl. nat., Paris).
APOSTOLIUS (M.), *Paroemiographi graeci* (édit. div.).
ARTHABER (A.), *Dizionario comparato di proverbi* (Milan, 1929).
AUDAIN (L.), *Recueil de proverbes créoles* (Port-au-Prince, 1877).

BACKER (G. DE), *Dictionnaire des proverbes français* (Paris, 1710).
BALABANOV (N. T.), *Proverbes bulgares* (Sofia, 1928).
BARTLETT (J.), *Familiar Quotations* (Boston, 1955).
BAYAN (G.), *Proverbes arméniens* (Venise, 1888).
BAZIN (R.), *Tuareg Proverbs* (Londres, 1923).
BEECHER (H. W.), *Proverbs from Plymouth Pulpit* (New York, 1870).
BEN CHENEB (M.), *Proverbes arabes* (Paris, 1907).
BENHAM (sir G.), *Benham's Book of Quotations* (Londres, 1955).
BIRKERTS (P. et M.), *Proverbes livoniens* (Riga, 1927).
BLADÉ (J. F.), *Proverbes recueillis dans l'Armagnac et l'Agenais* (Paris, 1879).
BLAU (A.), *Indischen Spruchen*, etc. (Leipzig, 1893).
BOHN (H. G.), *Handbook of Proverbs, Sentences, Maxims* (Londres, 1855).
BONNEVIE (M.), *Proverbes norvégiens* (Oslo, 1928).
*BONSER (W.) et STEPHENS (A.), *Proverb Literature*, etc. (Londres, 1930).
BORELLO (P.), *Proverbes gallas* (Rome, 1945).
BOVELLES (Ch. DE), *Proverbes et dits sententieux* (Paris, 1557).
BRACHET (F.), *Proverbes du patois savoyard* (Albertville, 1889).
BRESNIER (L. J.), *Anthologie arabe* (Alger, 1852).
BRIZEUX (A.), *Proverbes bretons, in Œuvres complètes*, tome Ier (Paris, 1860).
BRUNET (P.-J.), *Anciens Proverbes basques et gascons* (Bayonne, 1845).
BRUNOT (L.), *Proverbes et Dictons arabes de Rabat* (Paris, 1928).
BURCKHARDT (J. L.), *Arabian Proverbs... of the Modern Egyptians* (Londres, 1875).

CADOZ (Fr.), *Civilité arabe ou Recueil de sentences et maximes* (Paris, 1851).
CAHIER (Ch.), *Quelque 6 000 proverbes et aphorismes usuels* (Paris, 1856).
CAMDEN (M.), *Remaines Concerning Britaine* (Londres, 1614).
CASSANO (J.), *Proverbes valdotains* (Turin, 1914).
*CHAMPION (S. G.), *Racial Proverbs* (Londres, 1938).
*CHAUVIN (V.), *Bibliographie arabe*, fasc. Ier, «Littérature des proverbes» (Liège, 1892).
CLARKE (J.), *Paroemiologia Anglo-Latina* (Londres, 1639).
COLLINS (J.), *Dictionary of Spanish Proverbs* (Londres, 1823).
CORROZET (Gilles), *Fleur des sentences, apophtegmes*, etc. (Lyon, 1548).
COULOGNE (B.), *Recueil de proverbes, maximes, sentences, préceptes* (Chaumont, 1897).
CUNHA (A. DA), *Ditames et Diterios*, etc. (Lisbonne, 1931).

DACIER (E.), *Maximes, pensées et proverbes* (Paris, 1848).
DALMEDICO (A.), *Proverbi veneziani* (Venise, 1857).
DAMBIELLE (abbé), *Proverbes gascons* (Auch, 1926).
DAVIS (J. F.), *Chinese Proverbs* (Londres, 1822).
DECOURDEMANCHE (J. A.), *Mille et Un Proverbes turcs* (Paris, 1878).
DEGEORGE (J.-B.), *Proverbes, Maximes et Sentences thaïs* (Vienne, 1927).

DEJARDIN (J.), *Dictionnaire des spots ou proverbes wallons* (Liège, 1863).
DÉMÉTRIADES (J. D.), *Proverbes turcs-français* (Constantinople, 1888).
DIOGÉNIEN, *Adagia sive proverbia* (s. l., 1612).
D'ISRAELI (I.), *Curiosities of Literature, The Philosophy of Proverbs* (Londres, 1823).
DITLEVSEN (S.), *Proverbes danois* (Copenhague, 1912).
DOUMANI (J.), *Proverbes et fables traduits de l'arabe* (Paris, 1899).
DOZON (A.), *Chrestomathie albanaise* (Paris, 1878).
DRAXE (T.), *Adagies and Sententious Proverbs* (Londres, 1616).
*DUPLESSIS (M. G.), *Bibliographie parémiologique* (Paris, 1847).

EISENHART (J. F.), *Axiomes de droit ou Proverbes juridiques* (Helmstedt, 1759).
ÉRASME, *Erasmi adagiorum* (Venise, 1508, etc.).
ERMAKOV (N. J.), *Proverbes de la nation russe* (Saint-Pétersbourg, 1894).
ERREY (H. C. D'), *Choix de proverbes indiens* (Pondichéry, 1934).
ESQUIROS (A.), *l'Esprit des Anglais, Pensées, maximes, proverbes* (Paris, 1854).
ESTIENNE (H.), *les Prémices, ou le Premier Livre des proverbes* (Genève, 1594).

FAÏTLOVICH (J.), *Proverbes abyssins* (Paris, 1907).
FALLON (S. W.), *Dictionary of Hindoustani Proverbs* (Londres, 1886).
FAVIER (J.), *Sentences et Proverbes recueillis en Lorraine* (Nancy, 1904).
FEGHALI (M.), *Proverbes et dictons syro-libanais* (Paris, 1938).
FERGUSSON (D.), *Scottish Proverbs* (Edimbourg, 1641).
FREYTAG (G. W.), *Arabum Proverbia* (Bonn, 1838).
FULLER (Th.), *Gnomologia* (Londres, 1732 et 1819).
FUMAGALLI (G.), *Dizionarietto di 2948 sentenze, proverbi*, etc. (Milan, 1934).

GADEN (H.), *Proverbes et Maximes peuhls et toucouleurs* (Paris, 1931).
GALLAND (A), *Paroles remarquables et Maximes des Orientaux* (Paris, 1694).
GARNIER (Ph.), *Thesaurus adagiorum* (Francfort, 1612).
GARRIGUES (A.), *Essais parémiologiques* (Paris, 1936).
GERINI (G. E.), *Proverbes siamois* (Bangkok, 1904).
GHIBAUDO (G. S.), *Enciclopedia di pensieri, sentenze e proverbi* (Milan, 1937).
GOEDTHALS (F.), *Proverbes anciens flamands et français* (Anvers, 1568).
GOMICOURT (J. DE), *Sentenze e proverbi italiani* (Rome, 1679).
GOSEKEN (H.), *Proverbes estoniens* (Revel, 1660).
GRATET-DUPLESSIS (M.), *Fleur des proverbes français* (Paris, 1853).
GRINGORE (Pierre), *Notables Enseignements, Adages et Proverbes* (Paris, 1528).
GRUTER (Janus), *Florilegium ethico-politicum* (Francfort, 1610).
HALDAR (N. R.), *Collection of Sanskrit Proverbs* (Calcutta, 1872).
HART (H. H.), *700 Chinese Proverbs* (Londres, 1937).
HARTMANN (J. M.), *Chrestomathie hébraïque* (Marbourg, 1797).
HAZLITT (W. C.), *English Proverbs* (Londres, 1907).
HENDERSON (A.), *Latin Proverbs* (Londres, 1869).
HERBERT (G.), *Jacula prudentum* (Londres, 1651).
HEYWOOD (J.), *Proverbs in the English Tongue* (Londres, 1546).
HOULDER (J. A.), *Ohabolana, ou Proverbes malgaches* (Tananarive, 1915).
HULBERT (H. B.), *Proverbes coréens* (Séoul, 1897).
HUREL (R. P. E.), *Proverbes du Ruanda* (Bruxelles, 1922).

IBROVAC (Miodrag), *Anthologie serbe* (Paris, 1935).
IZZET (Hamid), *Proverbes turcs et français* (Constantinople, 1923).

JACOB (G. A.), *Maxims in Sanskrit Literature* (Bombay, 1907).
JENSEN (H.), *Collection of Tamil Proverbs* (Londres, 1897).
JOHNSON (W. F), *Hindi Proverbs* (Allahabad, 1898).
JUNOD (H. A.), *Quelques Proverbes thongas* (Lausanne, 1931).

KADLER (A.), *Sprichwörter und Sentenzen* (Marbourg, 1885).
KARADZIC (V. S.), *Proverbes serbes nationaux* (Belgrade, 1897).
KELLY (J.), *Collection of Scottish Proverbs* (Londres, 1721).
KING (Mrs. L.), *We Tibetans* (Londres, 1926).

KNOWLES (J. H.), *Dictionary of Kashmiri Proverbs* (Bombay, 1885).
KOSKIMIES (A. V.), *Proverbes finlandais* (Helsinki, 1929).
KRAUS (K.), *Proverbes tchèques* (Prague, 1931).

LA CHESNAYE (J. DE), *Proverbes vendéens* (Paris, 1906).
LAKERU (J. A.), *Yorouba Proverbs* (Abeokuta, 1916).
LA MÉSANGÈRE (P. A. DE), *Dictionnaire des proverbes français* (Paris, 1821).
LANDBERG (C.), *Proverbes et Dictons du peuple arabe* (Leyde, 1883).
LANGDON (S.), *Babylonian Proverbs* (Chicago, 1912).
LAVAL (Ramon A.), *Paremiologia chilena* (Santiago, 1928).
LAZARUS (J.), *Dictionary of Tamil Proverbs* (Madras, 1894).
LEAN (V. S.), *Collectanea* (Londres, 1903).
LE DUC (Ph.), *Proverbes en rimes* (Paris, 1664).
LE GAI (H.), *Encyclopédie des proverbes français* (Paris, 1852).
LE HÉRICHER (E.), *Etude sur les proverbes de Normandie* (Avranches, s. d.).
LE ROUX (P. J.), *Dictionnaire proverbial*, etc. (Paris, 1718, 1752 et 1786).
LE ROUX DE LINCY (M.), *Livre des proverbes français* (Paris, 1859).
LESPY (V.), *Proverbes du Béarn* (Paris, 1892).
LEVASSEUR (F.), *Refranes y sentencias españolas* (Paris, 1811).
LOISEL (A.), *Institutes coutumières... règles, sentences et proverbes* (Paris, 1607).
LOUBENS (D.), *Proverbes et Locutions de la langue française* (Paris, 1888).
LOUCOPOULOS (A.), *Proverbes de Farassa* (Athènes, 1951).

MACHUEL (L.), *les Auteurs arabes, proverbes, maximes et sentences* (Paris, 1912).
MANIOGLU (Kemal), *Proverbes turcs* (Stamboul, 1936).
MANWARING (A.), *Marathi Proverbs* (Oxford, 1899).
MARGUERITTE (L. P.) et KAMURAN BEDIR KHAN, *Proverbes kurdes* (Paris, 1937).
MARIN (F. Rodriguez), *Refranes castellanos* (Madrid, 1926).
MARRE (A.), *Livre des proverbes malais* (Paris, 1889).
MARTEL (L.), *Petit Recueil des proverbes français* (Paris, 1883).
MARTIN (P. J.), *Proverbes espagnols* (Paris, 1859).
MAURI (S. E. DE), *Flores sententiarum* (Milan, 1949).
MEIBOHM (A. DE), *Proverbes arabes* (Le Caire, 1948).
MEIDANI (A.), *Specimen Proverbiorum Meidanii* (Londres, 1773).
MENDOZA (Lopez DE), *Proverbios* (Madrid, 1552 et 1799).
MÉRY (M. C. DE), *Histoire générale des proverbes, adages, sentences*, etc. (Paris, 1828).
MEURIER (Gabriel), *Sentences notables, Adages et Proverbes* (Anvers, 1568).
MEYER (J.), *Proverbes danois* (Copenhague, 1757).
MONDON-VIDAILHET (C.), *Proverbes abyssins* (Paris, 1905).
MONTET (E.-L.), *Choix de proverbes de l'Islam* (Paris, 1933).
MORAWSKI (J.), *Proverbes français antérieurs au XVe siècle* (Paris, 1925).

NICHOLSON (A.), *Gaelic Proverbs* (Edimbourg, 1881).
NICOL (H.), *Proverbes et Locutions malgaches* (Paris, 1935).
NIMET, *Proverbes et Maximes turcs* (Ankara, 1953).
*NOPITSCH (C.), *Literatur der Sprichwörter* (Nuremberg, 1822).
NUÑEZ (Fernan), *Refranes o Proverbios* (Madrid, 1578 et 1804).

OIHENART (A.), *Proverbes basques* (Paris, 1657; Bordeaux, 1847).
O'RAHILLY (T. F.), *Miscellany of Irish Proverbs* (Dublin, 1922).
OUDIN (Antoine), *Curiosités françoises* (Paris, 1640).
OUDIN (César), *Refranes o proverbios castellanos* (Paris, 1659).

PANCKOUCKE (A. J.), *Dictionnaire des proverbes français* (Paris, 1748).
PERNY (P. H.), *Proverbes chinois* (Paris, 1869).
PETROVICH (W. M.), *Montenegrin Proverbs* (Londres, 1933).
PILET (R.), *la Russie en proverbes* (Paris, 1905).
PILOT DE THOREY (J.-J.), *Proverbes dauphinois* (Grenoble, 1883).
PONTANUS (J.), *Collectio proverbiorum et sententiarum* (Francfort, 1743).
Proverbes berbères (Centre d'Études berbères, Fort-National, Alger, 1955).
Proverbes turcs traduits en français (Venise, 1901).

QUITARD (P. M.), *Dictionnaire étymologique, historique et anecdotique des proverbes* (Paris, 1842); — *Etudes historiques, littéraires sur les proverbes* (Paris, 1860).

RAMSAY (A.), *Scottish Proverbs* (Edimbourg, 1818).
RATTRAY (R. S.), *Ashanti Proverbs* (Oxford, 1916).
RAYNAL (F. P.), *Sagesse auvergnate, recueil de proverbes* (Rodez, 1935).
ROCHET (L.), *Sentences, Maximes, Proverbes mandchous et mongols* (Paris, 1875).
ROZAN (Ch.), *les Animaux dans les proverbes* (Paris, 1902).

SACY (SILVESTRE DE), *Chrestomathie arabe* (Paris, 1826).
SAKHOKIA (Th.), *Proverbes géorgiens* (Paris, 1902).
SBARBI (J. M.), *Dicionario de proverbios de la lengua española* (Madrid, 1922).
SCALIGER (J.), *Proverbiorum arabicorum centuriae duae* (Leyde, 1614).
SCARBOROUGH (W.), *Collection of Chinese Proverbs* (Shanghaï, 1875).
SEILER (F.), *Deutsche Sprichwörter Kunde* (Munich, 1922).
SISSOKO (F. D.), *Sentences et Proverbes malinkés* (Paris, 1955).
SKARPA (V. J.), *Proverbes croates* (Sibenik, 1909).
SKEAT (W. W.), *Early English Proverbs* (Oxford, 1910).
SMITH (W. G.), *Oxford Dictionary of English Proverbs* (Londres, 1948).
SOULLIÉ (P.), *Sentences et Proverbes* (Paris, 1892).
SPANO (G.), *Proverbi sardi trasportati in lingua italiana* (Cagliari, 1871).
STAGLIENO (M. DA), *Proverbi genovesi* (Genève, 1869).
STEENACKERS et TOKUNOSUKÉ, *Cent Proverbes japonais* (Paris, 1886).
STEVENSON (B.), *The Home Book of Proverbs, Maxims and Familiar Phrases* (New York, 1948).
STOBÉE, *Florilegium* (édit. div.).
STOCKINGER (J.), *Ungarische Sprichwörter* (Vienne, 1919).
STOETT (F. A.), *Nederlandsche Sprichwörter* (Zutphen, 1925).
STROM (F.), *les Suédois et leurs proverbes* (Stockholm, 1926).
STUCKI (K.), *Schweizerdeutsche Sprichwörter* (Zürich, 1918).
SYKES (E. C.), *Persia and its People* (Londres, 1910).

TEMPLE (sir R. C.), *Some Punjabi and other Proverbs* (Londres, 1883).
THORBURN (S. S.), *Bannu, or Our Afghan Frontier* (Londres, 1876).
THURIET (M.), *Proverbes judiciaires* (Paris, s. d.).
TORRIANO (G.), *Piazza universale di proverbi italiani* (Londres, 1666).
TRAUTMANN (R.), *Littérature populaire à la Côte des Esclaves* (Paris, 1927).
TRAVELE (M.), *Proverbes et contes bambara* (Paris, 1923).
TRENCH (R. C.), *Lessons in Proverbs* (Londres, 1854).
*TRIBOUILLOIS (E.), *Essai de bibliographie des auteurs de maximes* (Paris, 1935).
TRIER (Gomès DE), *Six Mille Proverbes* (Amsterdam, 1611).

URBAS (W.), *Sprichwörter der Slovenen* (Vienne, 1897).
USBORNE (C. F.), *Punjabi Proverbs* (Lahore, 1905).

VASSALLI (M. A.), *Proverbi maltesi* (Malte, 1828).
VIBRAYE (H. DE), *Trésor des proverbes français* (Paris, 1934).

WANDER (W.), *Deutsche Sprichwörter Lexicon* (Leipzig, 1880).
WARNERUS (L.), *Proverbiorum et sententiarum persicorum centuria* (Leyde, 1644).
WHITING (B. J.), *The Origin of the Proverb* (Cambridge, Université Harvard, 1931); — *The Nature of the Proverb* (Cambridge, Université Harvard, 1932).
WILKINS (sir C.), *Hitopadesa, Fables and Proverbs from the Sanskrit* (Londres, 1885).

YOFFIE (L. R.), *Yiddish Proverbs* (Lancaster, 1920).
YOSHITAKE (S.), *Some Mongolian Maxims* (Londres, 1928).

ZANNE (J. A.), *Proverbes roumains* (Bucarest, 1895).
ZATURECKY (A. P.), *Proverbes slovaques* (Prague, 1896).
ZÉNOBIOS, *Adagia sive proverbia Graecorum* (s. l., 1612).
ZOYSA (L. DE), *Specimens of Sinhalese Proverbs* (Colombo, 1871).

ABNÉGATION

Grec. — L'abeille est honorée parce qu'elle travaille non pour elle seule, mais pour tous.
(Saint Jean Chrysostome, *Homélies au peuple d'Antioche*, XII; IVe s.)

Anglais. — La chandelle éclaire en se consumant.
(H. G. Bohn, *Handbook of Proverbs* [1855].)

Basque. — L'aiguille habille les autres et demeure nue.
(A. Oihenart, *Proverbes basques* [1657].)

V. DÉVOUEMENT, SOI (Sacrifice de), VIE (Sens de la).

ABONDANCE

Latin. — Là où il y a abondance, il y a excroissance.
(Cité par Apulée, *In Librum Floridorum*, XVIII : *Ubi uber, ibi tuber*. — *Tuber* doit être pris dans le sens péjoratif de bosse, tumeur.)

Français. — L'abondance est la mère des arts et des heureux travaux.
(Voltaire, *le Mondain*, 15 [1736].)

— Abondance de biens ne nuit pas.
(D'après la locution latine : *Quod abundat non vitiat*, ce qui abonde ne vicie pas.)

— Ce n'est pas l'abondance, mais l'excellence qui est richesse.
(Joseph Joubert [1754-1824], *Pensées, Maximes et Essais*.)

V. ASSEZ ET TROP, NÉCESSAIRE ET SUPERFLU, PROSPÉRITÉ.

ABSENCE et PRÉSENCE

Latin. — L'absent ne sera pas héritier.
Absens haeres non erit.

— Loin des yeux, loin du cœur.
(Properce, *Élégies*, III, XXI, 10; règne d'Auguste.)

Proverbe général. — Quand le soleil s'éclipse, on en voit la grandeur.
(Cf. Sénèque, *Naturales Quaestiones*. VII, 1. — B. Gracian, *Oraculo manual*, 169.)

Allemand. — La présence est une puissante déesse.
(Goethe, *Torquato Tasso*, IV, IV [1790].)

Français. — Pour un moine, on ne laisse pas de faire un abbé.
(*Bonum spatium*, manuscrit du XIVe s., Paris, Bibl. nat. — Variante moderne : Pour un moine, l'abbaye ne se perd pas ou ne chôme pas.)

— Il n'aura pas bonne part de ses noces qui n'y est.
(Gilles de Noyers, *Proverbia gallicana* [1558].)

— Les absents sont assassinés à coups de langue.
(Scarron, *Roman comique*, I, III [1651].)

— L'absence diminue les médiocres passions et augmente les grandes, comme le vent éteint les bougies et allume le feu.
(La Rochefoucauld, *Réflexions ou Sentences et Maximes morales*, 276 [1665].)

— L'absence est le plus grand des maux.
(La Fontaine, *Fables*, IX, II, 7, « les Deux Pigeons » [1694].)

— Les absents ont toujours tort.
(Destouches, *l'Obstacle imprévu*, I. VI, Nérine [1717].)

— L'éloge des absents se fait sans flatterie.
(Gresset, *le Méchant*, IV, III [1747].)

— En été comme en hiver, qui quitte sa place la perd.
(Désaugiers, *le Dîner de Madelon*, XVII [1813].)

— Qui va à la chasse, perd sa place.
(Joachim Duflot, titre d'une comédie-proverbe [1869].)

Japonais. — L'absent s'éloigne chaque jour.

Persan. — Si tu veux être apprécié, meurs ou voyage.

V. ÉLOIGNEMENT, SÉPARATION.

ABUS (que l'on commet)

Araméen. — Le chameau a demandé des cornes et ses oreilles lui ont été enlevées.
(*Paroles d'Ahiqar*, VIᵉ s. av. J.-C. — Cf. Ésope, *Fables*, « le Chameau ».)

Latin. — On éperonne toujours le cheval qui galope.
(Pline le Jeune, *Lettres*, I, VIII; début du IIᵉ s.)

Espagnol. — Encore que ton limier soit doux, ne lui tire pas sur les babines.

Français. — Qui une fois écorche deux fois ne tond.
(*Proverbia vulgalia et latina*, manuscrit du XIIIᵉ s., Paris, Bibl. nat.)

— Tant gratte chèvre que mal gist.
(Villon, *Ballade des proverbes* [1460]. — Tiré d'un conte où la chèvre tant gratta le sol qu'elle mit au jour un couteau avec lequel on l'égorgea.)

Géorgien. — On donna des yeux à un aveugle et il se mit à demander des sourcils.

Indien *(tamil)*. — Si l'on te donne de la canne à sucre, ne demande pas à être payé pour la manger.

V. COMPORTEMENT, EXACTION.

ABUS (que l'on permet)

Latin. — Celui à qui l'on permet plus qu'il n'est juste, veut plus qu'il ne lui est permis.
(Publilius Syrus, *Sentences*, Iᵉʳ s. av. J.-C.)

Danois. — Celui que tu assieds sur ton épaule essaiera de te monter sur la tête.

Finnois-finlandais. — **Permettez à un mendiant d'entrer dans le** *sauna* **et il demandera un strigile. Donnez-lui un strigile et il voudra aller au sudatorium. Laissez-le au sudatorium et il désirera encore être frotté.**

Slovène. — **Laissez le coq passer le seuil, vous le verrez bientôt sur le buffet.**

V. PROFIT.

ACCIDENT

Allemand. — **Qui se casse les dents sur le noyau mange rarement l'amande.**
(G. C. Lichtenberg, *Aphorismen* [1799].)

Français. — **Il n'y a point d'accidents si malheureux dont les habiles gens ne tirent quelque avantage.**
(La Rochefoucauld, *Réflexions ou Sentences et Maximes morales*, 59 [1665].)

V. CIRCONSTANCE, ÉVÉNEMENT.

ACCOMMODEMENT (généralités)

Allemand. — **Brebis accommodantes trouvent place dans la bergerie.**

— **On ne vit qu'en laissant vivre.**
(Gœthe [1749-1832], *Maximen und Reflexionen.*)

Français. — **Il est avec le Ciel des accommodements.**
(D'après Molière, *le Tartuffe*, IV, v, 1487-88 [1667].)

— **Les plus accommodants, ce sont les plus habiles;
On hasarde de perdre en voulant trop gagner.**
(La Fontaine, *Fables*, VII, IV, 28, « Le Héron » [1678].)

V. ADAPTATION, COMPORTEMENT.

ACCOMMODEMENT (compromis)

Anglais. — **Pour une querelle n'allez pas au tribunal, ni pour la moindre soif au cabaret.**

— *(Écosse).* — **La justice est chère; prenez une pinte et arrangez-vous.**

— **Un compromis fait un bon parapluie, mais un pauvre toit.**
(J. R. Lowell, *Democracy* [1884].)

Français. — **Un mauvais accommodement vaut mieux qu'un bon procès.**

Hongrois. — **A la longue, le chien passe un compromis avec le chat.**

Italien. — **Jamais homme de loi ne va réclamer devant le tribunal.**

Polonais. — **Un ducat avant le procès vaut mieux que trois après.**
V. CONCESSION, CONVENTION, PROCÈS.

ACCOUTUMANCE

Grec. — **L'absinthe devient avec le temps plus douce que le miel.**
(Démophile, *Fragments*, VIᵉ s. av. J.-C.)

Allemand. — **Qui cultive les oignons n'en sent plus l'odeur.**

Belge *(Wallonie).* — **L'apothicaire ne sent pas ses drogues.**

Danois. — **Les enfants du forgeron n'ont pas peur des étincelles.**

Turc. — **Le bât ne pèse point à l'âne.**
V. ENDURANCE, EXPÉRIENCE, HABITUDE.

ACCUSER, S'ACCUSER

Latin médiéval. — **Nul n'est tenu de s'accuser soi-même.**
(Les proverbes nationaux ajoutent : excepté devant Dieu.)

Anglais. — **Ne vous défendez pas avant d'être accusé.**
(Charles Ier, *Lettre à lord Wentworth*, 3 septembre 1636.)

Chinois. — **On n'accuse jamais sans quelque peu mentir.**
V. COUPABLE, EXCUSE, IMPUNITÉ, INNOCENCE.

ACHETER

Proverbe général. — **Qui dénigre veut acheter.**
(La référence la plus ancienne est dans la Bible, Livre des Proverbes, xx, 14 : *Malum est, malum est, dicit omnis emptor; et cum recesserit, tunc gloriabitur*, Mauvais! mauvais! dit l'acheteur, et en s'en allant, il se félicite.)

Latin médiéval. — **Que l'acheteur prenne garde.**
(*Caveat emptor, quia ignorare non debuit quod jus alienum emit*, Que l'acheteur prenne garde, car il ne doit pas ignorer la nature de ce qu'il achète.)

Danois. — **Celui qui n'ouvre pas les yeux quand il achète doit ouvrir la bourse quand il paie.**

Français. — **Il y a plus d'acheteurs que de connaisseurs.**

Nigritien *(Peul)*. — **On n'achète pas un bœuf à l'empreinte du sabot.**

Polonais. — **Vous n'achèterez pas avec un « Dieu vous bénisse ! »**

Tchèque. — **N'achetez pas avec vos oreilles, mais avec vos yeux.**

V. AFFAIRES, COMMERCE, DÉPENSE, MARCHÉ (bon).

ACHETER et VENDRE

Proverbe général. — **Achetez à crédit et vendez comptant.**

— **Un œil suffit au marchand, cent yeux ne suffisent pas à l'acheteur.**

Allemand. — **Courir et acheter ne vont pas ensemble, mais vendre et courir.**

Chinois. — **On se trompe en achetant, on ne vend pas en se trompant.**

Français. — **A la maison acheter, au marché vendre.**
(*Proverbia rusticorum mirabiliter versificata*, manuscrit du XIIIe s., Leyde.)

— **Qui diables achète, diables doit vendre.**
(*Proverbes de France*, manuscrit du XIVe s., Cambridge.)

— **A qui meschet, on lui mésoffre.**
(*Proverbes ruraux et vulgaux*, manuscrit du XIVe s., Paris, Bibl. nat. — On se prévaut de la gêne où se trouve un vendeur, pour acheter sa marchandise à bas prix.)

— **Il y a plus de fous acheteurs que de fous vendeurs.**
(Antoine Loisel, *Institutes coutumières*, 403 [1607].)

Russe. — **Ce n'est pas acheter qui instruit, mais vendre.**
V. ACHETER, VENDRE.

ACHEVER

Antiquité chinoise. — **Celui qui creuse un puits jusqu'à 72 pieds et ne va pas jusqu'à la source, il est comme s'il n'avait pas travaillé.**
(Mencius, *Livre des livres*, II. VII, 29: IVe s. av. J.-C.)

Latin. — **Ou ne pas essayer, ou aller jusqu'au bout.**
(Ovide, *l'Art d'aimer*, I, 389; env. 2 av. J.-C.)

— **Rien n'est fait, tant qu'il reste à faire.**
(D'après Lucain, *la Pharsale*, II, 657 [env. 60]. — *Nil actum credens, cum quid superesset agendum*, Il [César] considérait qu'il n'y a rien de fait quand il reste quelque chose à faire.)

Arabe. — **Si tu veux tuer un serpent, coupe-lui la tête.**

Espagnol. — **Puisque tu as fait l'église, fais l'autel.**

Français. — **Celui qui commence et ne parfait sa peine perd.**
(Manuscrit du XIIIe s., sans titre, Paris, Sainte-Geneviève.)

— **Le vin est tiré, il faut le boire.**
(Baïf, *Mimes, Enseignements et Proverbes* [1576]. — Cité par M. de Charost à Louis XIV, au siège de Douai, en 1667.)

Malais. — **Si tu te baignes, baigne-toi complètement.**

Russe. — **Quand on a pris la mancelle, il ne faut pas se dire trop faible.**
V. COMMENCER ET FINIR, COMPORTEMENT, ENTREPRENDRE.

ACTE

Français. — **C'est aux miracles que l'on connaît les saints.**
(Gilles de Noyers, *Proverbia gallicana* [1558].)

— **Pas de chevalier sans prouesse.**
(Henri Estienne, *les Prémices*, IV, IX [1594].)

Malgache. — **Ce n'est pas d'être frotté au piment qui fait sentir mauvais, ni d'être frotté au miel qui fait sentir bon; ce sont les actes qui sont bons ou mauvais.**

Persan. — **Votre sauveur, ce sont vos actes et votre dieu.**
V. ACTIONS (Bonnes et mauvaises), ARTISAN DE SON SORT (Chacun est l'), COMPORTEMENT, ŒUVRE, PAROLES ET ACTES, RESPONSABILITÉ.

ACTION

Grec. — **La figure fait la beauté d'une statue, l'action fait celle de l'homme.**
(Démophile, *Fragments*, VIe s. av. J.-C.)

Anglais. — **L'action n'apporte pas toujours le bonheur, mais il n'est pas de bonheur sans l'action.**
(B. Disraeli, *Lothar*, III [1870].)

Français. — **Il n'y a point de maître d'armes mélancolique.**
(A. de Musset, *Fantasio*, I, II [1833].)
V. ACTIVITÉ, AGIR, IDÉAL, VIE (Sens de la).

ACTIONS (Bonnes et mauvaises)

Grec. — **Le seul bien qui ne puisse nous être ravi est le plaisir d'avoir fait une bonne action.**
(Antisthène, IVe s. av. J.-C. — Cité par Plutarque, *Vies parallèles*.)

Latin. — **La récompense d'une bonne action, c'est de l'avoir accomplie.**
(Sénèque, *Lettres à Lucilius*, LXXXI [env. 64]. — Cf. *De ira*, III, 26, où Sénèque dit semblablement : Le pire châtiment d'une mauvaise action, c'est de l'avoir commise.)

Hébreu. — **Celui qui suscite de bonnes actions est plus grand que celui qui les accomplit.**
(Le Talmud, *Baba Bathra*, Ve s.)

Islam. — **Les bonnes actions repoussent (c'est-à-dire effacent) les mauvaises.**
(Le Koran, XI, 116; VIIᵉ s.)

Allemand. — **On parle de bonnes actions sans les accomplir, on en fait de mauvaises sans en parler.**

Arabe. — **La mort d'une bonne action, c'est d'en parler.**

Chinois. — **Le corps se soutient par les aliments et l'âme par les bonnes actions.**

Polonais. — **Les bonnes actions sont écrites sur le sable et les mauvaises sur le roc.**

Suisse. — **Quand la pierre a quitté la main, elle appartient au diable.**
V. BIEN (le), MAL (le).

ACTIVITÉ

Hébreu. — **Le puits où l'on tire souvent a l'eau la plus claire.**
(Cité par J. Ray, *Adagia hebraica*.)

Latin. — **L'usage fait briller le métal.**
(Ovide, *les Amours*, I, VIII, 51; env. 15 av. J.-C.)

Arabe. — **L'activité est la marchandise qui rapporte le plus.**
— **Le monde est avec celui qui est debout.**

Chinois. — **L'eau courante ne se corrompt jamais.**

Espagnol. — **Les mouches ne se posent pas sur le pot qui bout.**

Français. — **Qui bien chasse bien trouve.**
(*Le Dit du buffet*, 264; fabliau du XIIIᵉ s.)
V. AIDER SOI-MÊME (s'), COMPTER SUR SOI-MÊME, DILIGENCE, EFFORT, INITIATIVE.

ACTIVITÉ et INDOLENCE

Bible. — **La main vigilante dominera, mais la main indolente sera tributaire.**
(Livre des Proverbes, XII, 24; IVᵉ s. av. J.-C.)

Bantou *(Betchouana)*. — **L'homme debout a emporté la part de l'homme assis.**

Chinois. — **Le chien au chenil aboie à ses puces; le chien qui chasse ne les sent pas.**

Français. — **Qui reste assis sèche, qui va lèche.**
(Manuscrit du XIIIᵉ s., sans titre, Paris, Sainte-Geneviève.)

Italien. — **Mieux vaut user des souliers que des draps.**
V. ACTIVITÉ, INDOLENCE, OISIVETÉ, PARESSE.

ADAPTATION

Proverbe général. — **Selon le vent, la voile.**
(Cité par Mathurin Régnier, *Satires*, VI, 56.)

Arabe. — **Etendez vos pieds selon la couverture.**

Irlandais *(gaélique)*. — **Il faut pétrir selon la farine.**

Malais. — Je danserai selon ta musique.

Russe. — Il faut boire l'eau du fleuve où l'on navigue.

V. CIRCONSTANCE, CONFORMISME, CONVENANCE, OPPORTUNISME, OPPORTUNITÉ.

ADMIRATION

Allemand. — Si un arc-en-ciel dure un quart d'heure, on ne le regarde plus.
(Gœthe [1749-1832], *Maximen und Reflexionen*.)

Français. — Nous aimons toujours ceux qui nous admirent, et nous n'aimons pas toujours ceux que nous admirons.
(La Rochefoucauld, *Réflexions ou Sentences et Maximes morales*, 294 [1665].)

— L'admiration est la fille de l'ignorance.
(Chevalier de Méré, *Maximes et Sentences*, 333 [1687].)

— Ce qui étonne, étonne une fois, mais ce qui est admirable est de plus en plus admiré.
(J. Joubert [1754-1824], *Pensées, Maximes et Essais*.)

V. BEAUTÉ (la), ESTIME.

ADRESSE

Français. — A bon joueur la balle lui vient.
(*Bonum spatium*, manuscrit du XIVe s., Paris, Bibl. nat.)

— A bon cheval bon gué.
(Manuscrit du XVe s., sans titre, Rome, Vatican.)

— Bon cavalier monte à toute main.
(Un homme adroit réussit toujours dans ses entreprises.)

— Les bons bras font les bonnes lames.
(Toute arme est bonne entre les mains d'un homme adroit.)

— On peut dominer par la force, mais jamais par la seule adresse.
(Vauvenargues, *Réflexions et Maximes*, 93 [1746].)

Italien. — Plumez l'oie sans la faire crier.

Russe. — Sans adresse on ne peut même pas attraper une puce.

V. HABILETÉ, SAVOIR-FAIRE, TALENT.

ADULATION

Latin. — Bouche de miel, cœur de fiel.
(Plaute, *Truculentus*, 158; IIe s. av. J.-C.)

— Une langue adulatrice est plus acharnée qu'une main meurtrière.
(Saint Augustin, *Commentaire sur les Psaumes*, LXIX; début du Ve s.)

Arabe. — Celui qui use de mauvais encens doit s'attendre à brûler ses manches.

Espagnol. — L'adulation est plus dangereuse que la haine.
(Baltasar Gracian, *Oraculo manual*, 184 [1647].)

Français. — L'encens noircit l'idole en fumant pour sa gloire.
(L.-S. Mercier, *Satire contre Boileau* [1808]. — Cet alexandrin vise les flagorneries de Boileau dans ses *Epitres* à Louis XIV.)

Malgache. — La bouche qui encense est souvent celle qui censure; la main qui caresse est souvent la main qui tue.

Persan. — Pourquoi te servir de poison, si tu peux tuer avec du miel?

V. DUPLICITÉ, FLATTERIE, LOUANGE.

ADULTÈRE

Bible. — **Les eaux dérobées sont les plus douces, et le pain du mystère est le plus suave.**
(Livre des Proverbes, IX, 17; IVe s. av. J.-C.)

Latin. — **L'homme adultère laboure le champ d'autrui et laisse le sien inculte.**
(Plaute, *Asinaria*, 874; IIe s. av. J.-C.)

Basque. — **Il faut couvrir le feu de la maison avec les cendres de la maison.**

Russe. — **Le péché du mari reste sur le seuil, celui de la femme pénètre dans la maison.**

V. AMOUR ET FIDÉLITÉ, FRUIT DÉFENDU (le).

ADVERSAIRE

Bible. — **Accorde-toi avec ton adversaire pendant que tu es en chemin avec lui.**
(Évangile selon saint Matthieu, V, 25 [env. 65].)

Allemand. — **Je ne sais pas de plus grand avantage que de reconnaître le mérite d'un adversaire.**
(Gœthe [1749-1832], *Maximen und Reflexionen*.)

V. CHOC EN RETOUR, MÉTIER (Rivalité de).

ADVERSITÉ

Bible. — **Si tu te montres faible dans les jours de l'adversité, ta force n'est que faiblesse.**
(Livre des Proverbes, XXIV, 10; IVe s. av. J.-C.)

Latin. — **L'adversité finit par atteindre celui qu'elle a parfois frôlé.**
(Sénèque, *Hercule furieux*, 328 [env. 55].)

Italien. — **A navire rompu, tous les vents sont contraires.**

Japonais. — **Il y a toujours une guêpe pour piquer le visage en pleurs.**

V. CHUTE, MALHEUR, MISÈRE, STOÏCISME, VICISSITUDES.

ADVERSITÉ ÉDUCATRICE

Grec. — **C'est une loi : souffrir pour comprendre.**
(Eschyle, *Agamemnon*, 177; Ve s. av. J.-C.)

— **La glaise ne devient terre à mouler qu'après avoir été pétrie.**
(Proverbe grec cité par Érasme, *Adages*, II, III, 42.)

Bible. — **Les larmes valent mieux que le rire, car l'adversité améliore le cœur.**
(L'Ecclésiaste, VII, 3; IIIe s. av. J.-C.)

Sanskrit. — **Le vent purifie la route.**
(Les *Purânas*, recueil de sentences, IIe s.)

Arabe. — **Il faut que le hasard renverse la fourmi pour qu'elle voie le ciel.**

— **Trois choses donnent la mesure de l'homme : la richesse, le pouvoir, l'adversité.**

Français. — **Vent au visage rend l'homme sage.**
(Gabriel Meurier, *Trésor des sentences* [1568].)

— **L'infortune est la sage-femme du génie.**
(Napoléon Ier [1769-1821], *Maximes et Pensées*.)

— **Il n'y a rien de si infortuné qu'un homme qui n'a jamais souffert.**
(Joseph de Maistre [1753-1821], *Maximes et Pensées*.)

— **L'homme est un apprenti, la douleur est son maître.**
(Alfred de Musset, *la Nuit d'octobre* [1835].)
V. ÉPREUVE DU MALHEUR (l').

ADVERSITÉ et PROSPÉRITÉ

Grec. — **L'âme vile est enflée d'orgueil dans la prospérité et abattue dans l'adversité.**
(Épicure, *Fragments*, IIIe s. av. J.-C.)

Latin. — **La prospérité montre les heureux, l'adversité révèle les grands.**
(Pline le Jeune, *Panégyrique de Trajan*, 31 [env. 90].)

Anglais. — **La prospérité découvre nos vices et l'adversité nos vertus.**
(Francis Bacon, *Apophthegms*.)

Français. — **Il faut de plus grandes vertus pour soutenir la bonne fortune que la mauvaise.**
(La Rochefoucauld, *Réflexions ou Sentences et Maximes morales*, 25 [1665].)
V. ADVERSITÉ, PROSPÉRITÉ.

AFFAIRES

Anglais. — **Les affaires sont les affaires.**
(George Colman, *The Heir at Law*, III, III [1797]. — Titre d'une comédie d'Octave Mirbeau, représentée au Théâtre-Français le 20 avril 1903.)

Français. — **A chaque saint sa chandelle.**
(Jean Le Bon, *Adages françois* [1557].)

— **Les affaires, c'est l'argent des autres.**
(Béoralde de Verville, *le Moyen de parvenir*, I, « Généalogie » [1610].)

Serbe. — **Une sœur en marie une autre, un fût fait vendre un baril.**
V. COMMERCE, CONVENTION, MARCHÉ.

AFFECTATION

Anglais. — **L'affectation est un plus grand ennemi pour un beau visage que la petite vérole.**
(Richard Steele, *The Spectator*, 7 avril 1711.)

Espagnol. — **L'affectation sans mérite n'est qu'une tromperie vulgaire.**
(Baltasar Gracian, *Oraculo manual*, 277 [1647].)

Français. — **Rien n'empêche tant d'être naturel que l'envie de le paraître.**
(La Rochefoucauld, *Réflexions ou Sentences et Maximes morales*, 431 [1665].)

Suédois. — **L'affectation est l'apprentie de l'orgueil.**
(Chancelier Oxenstiern [1583-1654], *Réflexions et Maximes*.)
V. SIMPLICITÉ.

AFFECTION

Antiquité chinoise. — **Quand le Ciel veut sauver un homme, il lui donne l'affection pour le protéger.**
(Lao-Tseu, *Livre du Tao et de sa vertu*, II, LXVII, 12 ; VIIe s. av. J.-C. — A celui qui est doué d'affection, le Ciel procure l'appui et la protection de tous dans l'empire.)

Français. — **Les grandes pensées viennent du cœur, et les grandes affections viennent de la raison.**

(Louis de Bonald [1754-1840], *Maximes et Pensées*.)

V. AIMER.

AFFINITÉ

Grec. — **Calypso voit Mercure et le reconnaît.**

(Homère, *l'Odyssée*, V, 79; IXᵉ s. av. J.-C.)

— **Le loup connaît le loup, le voleur le voleur.**

(Aristote, *Éthique à Eudème*, VII, 1, 7; IVᵉ s. av. J.-C.)

— **Le grillon est cher au grillon, et la fourmi à la fourmi.**

(Théocrite, *Idylles*, IX, 31; IIIᵉ s. av. J.-C.)

Bible. — **Toute chair s'unit selon son espèce.**

(L'Ecclésiastique, XIII, 14; IIᵉ s. av. J.-C.)

— **Les oiseaux de même plumage volent en troupe.**

(L'Ecclésiastique, XXVII, 9; IIᵉ s. av. J.-C.)

Latin. — **L'âne frotte l'âne.**

Asinus asinum fricat.

Anglais. — **Seul un dieu peut comprendre un dieu.**

(Edward Young, *Night Thoughts*, IX [1745].)

Français. — **Les beaux esprits se rencontrent.**

(Voltaire, *Lettre à M. Thiériot*, 30 juin 1760.)

— **Tous gentilshommes sont cousins, et compères tous les vilains.**

(Auguste Brizeux, *Proverbes bretons*, 1860.)

Russe. — **Une bécasse en aperçoit une autre de loin.**

V. COMPAGNIE, FRÉQUENTATION, MARIAGE ASSORTI, RESSEMBLANCE, SEMBLABLE.

AFFIRMER

Latin. — **Le sage n'affirme rien qu'il ne prouve.**

Sapiens nihil affirmat quod non probat.

Français. — **L'affirmation et l'opiniâtreté sont signes exprès de bêtise.**

(Montaigne, *Essais*, III, XIII [1588].)

— **Il n'est permis d'affirmer qu'en géométrie.**

(Voltaire, *Dictionnaire philosophique*, « Affirmation » [1764].)

V. ARGUMENT, CONTRADICTION, DISCUSSION, PERSUADER, PREUVE.

AFFLICTION

Français. — **Ne pleure pas ce que tu n'eus oncques.**

(*Proverbes rurauz et vulgauz*, manuscrit du XIVᵉ s., Paris, Bibl. nat.)

Malgache. — **L'affliction est comme le riz dans le grenier : chaque jour la mesure diminue.**

V. CHAGRIN, CONSOLATION, DEUIL, TRISTESSE.

AFFRONT

Anglais. — **Il n'est d'affront que d'homme d'honneur.**

(W. Cowper, *Conversation* [1781].)

Chinois. — **Qui se venge d'un petit affront cherche à en recevoir de grands.**

Espagnol. — Un coup de bâton reçu dans le dos, ce n'est qu'une offense;
un coup de bâton reçu par-devant, c'est un affront.

   (Cervantes, *Don Quichotte*, II, xxxii [1615].)

   — L'édifice de la haine est construit avec les pierres des affronts.

Français. — On ne pardonne point à qui nous fait rougir.

   (J.-F. Laharpe, *Mélanie*, III [1776].)

   V. HUMILIATION, INJURE, INSULTE, OFFENSE, OUTRAGE, RANCUNE.

AFRIQUE

Grec. — De la Libye vient toujours quelque chose de nouveau.

   (Aristote, *Histoire des animaux*, VIII, xxvii, 10; iv⁰ s. av. J.-C. — Le proverbe
   a été repris en latin par Pline l'Ancien, *Histoire naturelle*, VIII, vi : *Ex Africa semper
   aliquid novi*, De l'Afrique vient toujours quelque chose de nouveau.)

Sénégalais. — L'émotion est nègre, comme la raison hellène.

   (Léopold Sédar Senghor, *Ce que l'homme noir apporte* [1961].)

   V. RACE.

ÂGES DE LA VIE

Français. — Chaque âge a ses plaisirs, son esprit et ses mœurs.

   (Boileau, *Art poétique*, III, 374 [1674].)

   — Qui n'a pas l'esprit de son âge,
   De son âge a tout le malheur.

   (Voltaire, *Stances*, VIII, 11-12 [1741].)

   — D'âge en âge on ne fait que changer de folie.

   (La Chaussée, *l'École des mères*, III. 1 [1744].)

   — L'homme arrive novice à chaque âge de la vie.

   (Chamfort [1741-1794], *Caractères et Anecdotes*.)

Suédois. — Les jeunes vont en bandes, les adultes par couples, et les vieux
tout seuls.

   V. ÂGE MÛR, ENFANCE, JEUNESSE, VIEILLESSE.

ÂGE MÛR

Antiquité chinoise. — L'homme de quarante ans qui s'attire encore la
réprobation des sages, c'en est fait, il n'y a plus rien à espérer.

   (Confucius, *Livre des sentences*, xvii, 26; vi⁰ s. av. J.-C.)

Bible. — Comme la lumière sur le chandelier sacré, telle est la beauté du
visage dans l'âge épanoui.

   (L'Ecclésiastique, xxvi, 17; ii⁰ s. av. J.-C.)

Anglais. — En mûrissant, faites comme la lavande, adoucissez-vous.

Nigritien *(Yorouba).* — Le jeune homme mange la chair, l'homme mûr mange
le cœur.

   V. ÂGES DE LA VIE.

AGIR

Bible. — Tout ce que ta main trouve à faire, fais-le avec ta force.

   (L'Ecclésiaste, ix, 10; iii⁰ s. av. J.-C.)

Grec. — Accomplis chaque acte de ta vie comme s'il devait être le dernier.

   (Marc Aurèle, *Pensées*, II, 11; ii⁰ s.)

Latin. — **Si tu fais quelque chose, fais-le.**
(Plaute, *Persa*, 650 : *Age, si quid agis;* IIe s. av. J.-C.)

Allemand. — **Sois colimaçon dans le conseil, aigle dans l'action.**

Américain. — **Soyez sûr d'avoir raison, puis allez-y.**
(Davy Crockett [1786-1836] : *Be sure you are right, then go ahead.*)

Arabe. — **Si la montagne ne va pas à Mahomet, Mahomet va à la montagne.**

Français. — **Il n'y a que ceux qui sont dans les batailles qui les gagnent.**
(Saint-Just [1767-1794].)
— **On a besoin pour vivre de peu de vie, il en faut beaucoup pour agir.**
(J. Joubert [1754-1824], *Pensées, Maximes et Essais.*)
V. DÉCISION.

AGIR PAR SOI-MÊME

Arabe. — **Le lion a dit : « Personne ne fera mon affaire mieux que moi-même. »**

Berbère. — **Il n'y a que mes ongles pour gratter mon dos et que mes pieds pour me conduire.**

Français. — **Celui qui agit par procureur est souvent trompé en personne.**
(Baïf, *Mimes, Enseignements et Proverbes* [1576].)
— **On n'est jamais si bien servi que par soi-même.**
(Ch.-G. Etienne, *Brueys et Palaprat*, II, 205 [1807].)

Italien. — **Qui fait soi-même ses affaires ne se salit pas les mains.**
(Antonio Cornazzano, *Proverbi* [1518].)
V. COMPTER SUR SOI-MÊME, INTERMÉDIAIRE.

AGIR SELON SES MOYENS

Latin. — **Ne charge pas tes épaules d'un fardeau qui excède tes forces.**
(Horace, *Art poétique*, 39; env. 10 av. J.-C.)

Bible. — **Avant de bâtir la tour, il faut calculer la dépense.**
(Evangile selon saint Luc, XIV, 38 [env. 63].)

Hébreu. — **Allonge tes pieds selon la longueur de la couverture.**
(Le Talmud, *Pirké Aboth*, Ve s.)

Anglais. — **Les petits bateaux doivent tenir la rive.**

Tibétain. — **Mange selon la hauteur de ton sac à provisions, marche selon la largeur de ton pas.**
V. APTITUDE, COMPTER SUR SOI-MÊME, GAGNER ET DÉPENSER.

AGRICULTURE

Bible. — **Celui qui cultive son champ est rassasié de pain.**
(Livre des Proverbes, XXVIII, 19; IVe s. av. J.-C.)

Latin. — **Heureux celui qui connaît les divinités des champs.**
(Virgile, *Géorgiques*, II, 493; env. 30 av. J.-C.)

Chinois. — **Deux seules voies à la vérité : les belles-lettres et l'agriculture.**

Espagnol. — **La poule naît au village, on la mange à la ville.**

Finnois-finlandais. — **On n'est un homme que lorsqu'on a tracé un sillon dans un champ.**

Français. — **Le premier et le plus respectable de tous les arts est l'agriculture.**
(J.-J. Rousseau, *Émile*, III [1762].)

— **Celui qui laboure le champ le mange.**
(Le champ nourrit sans enrichir.)

V. PAYSAN, TERRE.

AIDER

Allemand. — **Un seul « voici » vaut mieux que dix « le Ciel t'assiste ».**

Anglais. — **Celui qui est à terre ne peut aider celui qui tombe.**

Arabe. — **Quand un chien vous aide à passer le fleuve, vous ne demandez pas s'il a la gale.**

Français. — **Il est facile de nager quand on vous tient le menton.**
(Manuscrit du XIIIᵉ s., sans titre, Paris, Bibl. nat.)

— **Un peu d'aide fait grand bien.**
(Carmontelle, *Proverbes dramatiques*, XII [1781].)

V. ENTRAIDE, PROTECTION.

AIDER SOI-MÊME (s')

Latin. — **Les dieux aident ceux qui agissent.**
(Varron, *De re rustica*, I, 1, 4; env. 60 av. J.-C.)

— **Les dieux n'écoutent pas les vœux indolents.**
(Avianus, *Fables*, XXXII, « le Villageois et Hercule »; IVᵉ s.)

Allemand. — **Dieu aide le marin dans la tempête, mais le timonier doit être à la barre.**

Anglais. — **Dieu nous donne des mains, mais il ne bâtit pas les ponts.**

Basque. — **Dieu est bon ouvrier, mais il aime à être aidé.**

— **Le bon Dieu est bon, mais il n'est pas bête.**

Chinois. — **Le fruit mûr tombe de lui-même, mais il ne tombe pas dans la bouche.**

Danois. — **Dieu nourrit les oiseaux qui s'aident de leurs ailes.**

Espagnol. — **Tout en priant le Ciel, donne ton coup d'épaule.**

Français. — **Besognons, Dieu besognera.**
(Paroles de Jeanne d'Arc. — Le 22 juin 1428, à la bataille de Jargeau, quand Jeanne d'Arc criait à l'assaut, et alors que le duc d'Alençon hésitait, elle dit à celui-ci : « Ah! ne craignez rien, c'est l'heure qui plaît à Dieu. Besognez et Dieu besognera. » — Lors de son procès de condamnation, Jeanne d'Arc a déclaré avoir dit : « En nom Dieu, les gens d'armes batailleront et Dieu donnera la victoire. »)

— **Aide-toi, Dieu t'aidera.**
(*Proverbes en françois*, manuscrit de 1456, Paris, Bibl. nat. — Cf. La Fontaine, *Fables*, VI, XVIII, « le Chartier embourbé » : *Aide-toi, le Ciel t'aidera.*)

— **On aide bien au bon Dieu à faire de bon blé.**

— **A toile ourdie, Dieu mande le fil.**

— **On ne fait pas de processions pour tailler les vignes.**

Indien *(hindî).* — **La victoire vient de Dieu, mais le guerrier doit lutter de toutes ses forces.**

Russe. — **Si tu veux que le Seigneur te protège, protège-toi d'abord.**

Slovène. — Demande au Ciel une bonne récolte et continue à labourer.

Tchèque. — Celui à qui Dieu a révélé l'emplacement d'un trésor doit le mettre au jour lui-même.

V. COMPTER SUR SOI-MÊME, EFFORT, OCCASION, OPPORTUNITÉ, PROVIDENCE.

AIMER

Grec. — **Aimer, c'est jouir, tandis que ce n'est pas jouir que d'être aimé.**
(Aristote, *Éthique à Eudème*, VII, II, 35; IVᵉ s. av. J.-C.)

Latin. — **Quand on aime, ou bien l'on n'a point de peine, ou bien l'on aime jusqu'à sa peine.**
(Saint Augustin, *De bono viduitatis*, XXI, 26; début du Vᵉ s.)

Latin médiéval. — **Qui m'aime aime aussi mon chien.**
(Saint Bernard, *Sermons*, « *In festo sancti Michaelis* », XIIᵉ s.)

Proverbe général. — **Un cheveu de qui l'on aime tire mieux que quatre bœufs.**
(Folklore allemand, danois, français, etc.)

— **Qui aime l'arbre aime les branches.**
(Cité par Molière, *la Comtesse d'Escarbagnas*, VII [1671].)

Français. — **Qui bien aime à tard oublie.**
(Chanson anonyme, manuscrit du fonds Cangé, XIIIᵉ s., Paris, Bibl. nat.)

— **On est aisément dupé par ce qu'on aime.**
(Molière, *le Tartuffe*, IV, III, 1357 [1669].)

— **On n'offense personne en l'aimant.**
(Florian, *le Bon Ménage* [1782].)

— **Il faut aimer les gens, non pour soi, mais pour eux.**
(Collin d'Harleville, *l'Optimiste*, V, II [1788].)

Italien. — **Les fautes sont grandes quand l'amour est petit.**

Targui. — **Aime qui t'aime, serait-ce un chien.**

V. AFFECTION, AMOUR.

AIMER et HAÏR

Grec. — **Aime comme si un jour tu devais haïr; hais comme si un jour tu devais aimer.**
(Bias, VIᵉ s. av. J.-C. — Cité par Diogène Laërce, *Phil. ill.*, I.)

— **Qui chérit à l'excès sait haïr à l'excès.**
(Aristote, *Politique*, IV, VI, 4; IVᵉ s. av. J.-C.)

Bible. — **La haine excite les querelles, l'amour couvre toutes les fautes.**
(Livre des Proverbes, X, 12; IVᵉ s. av. J.-C.)

— **Il y a un temps pour aimer et un temps pour haïr.**
(L'Ecclésiaste, III, 8; IIIᵉ s. av. J.-C.)

Hébreu. — **L'amour et la haine dépassent toujours les bornes.**
(Le Talmud, *Sanhédrin*, Vᵉ s.)

Allemand. — **L'amour et la haine sont des parents consanguins.**

— **L'amour est borgne, la haine est aveugle.**

Egyptien. — **Aime et publie-le; hais et cache-le.**

Espagnol. — **Qui t'aime te fait pleurer; qui te hait te fait rire.**
(Cité par Molière, *l'Avare*, I, III.)

Français. — **On a peine à haïr ce qu'on a bien aimé.**
(Corneille, *Sertorius*, I, III, 263 [1662].)

— **On aime sans raison, et sans raison l'on hait.**
(Regnard, *les Folies amoureuses*, II, II [1704].)

Persan. — **Mieux vaut vivre enchaîné près de celui que l'on aime, que libre au milieu des jardins près de celui que l'on hait.**
(Saadi, *Gulistan*, II, 31; XIIIᵉ s.)

V. AIMER, HAINE.

AJOURNER

Grec. — **Ce n'est pas en remettant au lendemain que l'on remplit sa grange.**
(Hésiode, *les Travaux et les Jours*, 410; VIIIᵉ s. av. J.-C.)

Latin. — **Différer est odieux, mais sage.**
(Publilius Syrus, *Sentences*, Iᵉʳ s. av. J.-C.)

Anglais. — **Un de ces jours c'est aucun de ces jours.**

Espagnol. — **Par la rue de « Plus tard », on arrive à la place de « Jamais ».**

Français. — **Tout ce qui peut être fait un autre jour, le peut être aujourd'hui.**
(Montaigne, *Essais*, I, XX [1580].)

Nigritien *(Bambara)*. — **C'est de remettre à demain qui a fait perdre sa queue à la grenouille.**
(Ce proverbe a son origine dans un conte. L'ancêtre des grenouilles était à pourvoir chaque bestiole de sa queue. Une jeune grenouille pensa : « Ma grand-mère m'en gardera bien une en réserve; j'irai la chercher demain. » Mais le lendemain, quand elle arriva, la distribution était terminée, et c'est cette grenouille négligente qui devint l'aïeule des grenouilles que l'on voit dépourvues.)

V. ATTENDRE, AUJOURD'HUI ET DEMAIN, DÉLAI, PREMIER ET DERNIER, RETARDEMENT.

ALLEMAGNE

Latin. — **En Germanie, les bonnes mœurs ont plus d'empire qu'ailleurs les bonnes lois.**
(Tacite, *la Germanie*, XIX; env. 98.)

Allemand. — **Les Allemands savent redresser, mais ils ne savent pas seconder.**
(Gœthe [1749-1832], *Maximen und Reflexionen*.)

Américain. — **Un Allemand prospère dans une ferme où un Yankee végète.**

Anglais. — **Les Allemands ont l'entendement des mains.**

Français. — **La poudre à canon et l'hérésie sont sorties de l'Allemagne.**

Russe. — **L'Allemand peut être un brave homme, mais il est prudent de le pendre.**

Serbe. — **Mieux vaut être conduit par l'épée du Turc que par la plume de l'Allemand.**

V. NATION (caractères nationaux et langues nationales).

ALLUSION

Latin. — **C'est celui qui la prend pour lui qui fait l'allusion.**
(Attribué généralement à Cicéron, mais sans référence.)

Français. — **Qui se sent morveux se mouche.**
(Cité par Molière, *l'Avare*, I, III.)

— **Qui se sent galeux se gratte.**
(Antoine Oudin, *Curiosités françoises* [1670].)
V. REPROCHE, TACT.

ALTERNATIVE

Grec. — **Toute chose a deux anses.**
(Epictète, *Manuel*, XLIII; début du IIᵉ s.)

Français. — **Il faut qu'une porte soit ouverte ou fermée.**
(Brueys et Palaprat, *le Grondeur*, I, VI [1691].)

Malgache. — **Remontez le courant, vous êtes la proie du caïman; vous le redescendez, vous êtes la proie du crocodile.**
V. CHOISIR, DÉCISION.

ALTRUISME

Latin. — **Il faut planter un arbre au profit d'un autre âge.**
(Caecilius Statius, IIᵉ s. av. J.-C. — Cité par Cicéron, *De senectute*, XXIV.)

Danois. — **Tu peux allumer à ta chandelle la chandelle d'un autre.**

Persan. — **D'autres ont planté ce que je mange, je plante ce que d'autres mangeront.**
V. AMOUR DU PROCHAIN, CHARITÉ, PHILANTHROPIE, RÈGLE D'OR.

AMABILITÉ

Américain. — **Le monde est une caméra : souriez, s'il vous plaît!**

Arabe. — **L'affabilité est le second présent. Le premier est la beauté.**

Nigritien. — **Une personne aimable n'est jamais une « bonne à rien ».**

Russe. — **Un mot aimable est comme un jour de printemps.**
V. COURTOISIE, MANIÈRES, POLITESSE, SOURIRE.

AMANT et MAÎTRESSE

Latin. — **L'âme d'un amant vit dans le corps de l'amante.**
(Caton le Censeur, IIᵉ s. av. J.-C. — Cité par Plutarque, *Vies parallèles*, « Marc Antoine ».)

— **Trouve-moi un amant raisonnable et je te donnerai son poids d'or.**
(Plaute, *Curculio*, 201; IIᵉ s. av. J.-C.)

— **L'amant ne connaît que son désir, il ne voit pas ce qu'il prend.**
(Publilius Syrus, *Sentences*, Iᵉʳ s. av. J.-C.)

— **Un amant irrité se ment beaucoup à lui-même.**
(Publilius Syrus, *Sentences*.)

— **Un amant est une sorte de soldat.**
(Ovide, *les Amours*, I, IX, 1 [env. 10].)

Allemand. — **Isis se montre sans voile, mais l'homme a la cataracte.**
(Gœthe [1749-1832], *Maximen und Reflexionen*.)

Anglais. — **On peut aimer l'amour et mépriser l'amant.**
(G. Farquhar, *The Recruiting Officer*, III [1706].)

Basque. — **L'étalon ne sent pas les coups de pied de la jument.**
(Variante : Les coups de corne de la génisse ne font pas de mal au taureau.)

Égyptien. — **Les coups donnés par un amant ressemblent à la dégustation du raisin.**

Français. — **Il n'y a veneur qui ne prenne plaisir à corner sa prise.**
(Marguerite de Navarre, *l'Heptaméron*, V, 50 [1559]. — Corner sa prise, c'est sonner du cor lorsque la bête est prise; au figuré, se vanter d'une bonne fortune.)

— **Qui monte la mule la ferre.**
(Cholières, *les Matinées*, VII [1585] : « Qui veut monter sur la monture, il ne peut moins que la faire ferrer et lui entretenir son harnois. »)

— **Plus on aime une maîtresse et plus on est près de la haïr.**
(La Rochefoucauld, *Réflexions ou Sentences et Maximes morales*, III [1665].)

— **Pour être aimé, soyez discret,
La clé des cœurs, c'est le secret.**
(Florian, *Galatée*, I [1783].)

Persan. — **La maîtresse qui te donne son corps et non son cœur, elle te prodigue les roses sans épines.**

Polonais. — **Le plus grand amour est l'amour d'une mère, vient ensuite l'amour d'un chien, puis l'amour d'un amant.**

Russe. — **Le vautour a embrassé la poule jusqu'à son dernier soupir.**

Serbe. — **Amour pour amour, mais pruneaux pour farine.**

V. AMOUR, AMOUREUX (les), FEMME ET L'AMOUR (la), HOMME ET L'AMOUR (l').

AMBASSADEUR

Latin. — **L'ambassadeur ne doit être ni frappé ni insulté.**
Legatus nec violatur nec laeditur.

Anglais. — **Un ambassadeur est un honnête homme que l'on envoie mentir à l'étranger pour le bien de son pays.**
(Henry Wotton, ambassadeur anglais à la cour de Venise; sentence écrite sur l'album de Christopher Fleckamore, en 1604.)

Français. — **Le rang d'ambassadeur doit être respecté.**
(Corneille, *Nicomède*, I, III, 622 [1651].)

Nigritien *(Dahomey, Mahi).* — **L'ambassadeur du roi est sans péché.**
(Il est irresponsable de son message.)

V. DIPLOMATIE.

AMBITION

Antiquité chinoise. — **Celui qui met son courage à oser trouve la mort.**
(Lao-Tseu, *Livre du Tao et de sa vertu*, II, LXXIII, 1; VIe s. av. J.-C. — Ce passage a reçu du commentateur Ko Tchang-keng l'interprétation suivante : Celui qui met son courage à oser pour obtenir le premier rang...)

— **Ceux qui s'avancent trop précipitamment reculeront encore plus vite.**
(Mencius, *Livre des livres*, II, VII, 44; IVe s. av. J.-C.)

Latin. — **Les tours les plus hautes font les plus hautes chutes.**
(Horace, *Odes*, II, X, 10; env. 23 av. J.-C.)

— **L'ambition est un vice qui peut engendrer la vertu.**
(Quintilien, *De institutione oratoria*, I, II, 22 [env. 90].)

Hébreu. — **L'ambition détruit son hôte.**
(Le Talmud, *Yoma*, Ve s.)

Proverbe général. — **Quand les ailes poussent à la fourmi, c'est pour sa perte.**
(Origine arabe ou persane. — Cf. Saadi, *Gulistan*, III, 17.)

Allemand. — **Si tu ne veux pas que les choucas t'assiègent de leurs cris, ne
sois pas la boule d'un clocher.**
(Gœthe [1749-1832], *Maximen und Reflexionen*.)

Anglais. — **L'ambition est comme un torrent et ne regarde pas derrière soi.**
(Ben Jonson, *Catiline's Conspiracy*, III, IV [1611].)

Arabe. — **Celui qui regarde au-dessus de soi a mal au cou.**

Danois. — **L'ambition et la vengeance ont toujours faim.**

Français. — **L'esclave n'a qu'un maître, l'ambitieux en a autant qu'il y a
de gens utiles à sa fortune.**
(La Bruyère, *les Caractères*, « De la cour », 70 [1688].)

— **Le sage guérit de l'ambition par l'ambition même.**
(La Bruyère, *op. cit.*, « Du mérite personnel », 43.)

— **L'ambition ne vieillit pas.**
(Louis XVIII au prince de Talleyrand. — Cité par P.-L. Courier, *Œuvres
complètes*, éd. Combarieu, p. 80.)

Libanais. — **Le peuplier aura beau pousser, il n'atteindra pas le ciel.**
(Le développement n'est pas indéfini, par exemple dans une affaire commerciale.)

Nigritien (*Peul*). — **Celui qui monte aux baobabs a davantage de leurs fruits,
mais celui qui reste à terre sait mieux quand il rentrera chez lui.**

Portugais. — **Tout vin voudrait être porto.**

V. APTITUDE, CHUTE, EMPLOIS (les), SOI (Connaissance de).

ÂME

Bible. — **L'âme de l'homme est une lampe de Yahweh ; elle pénètre jusqu'au
fond des ténèbres.**
(Livre des Proverbes, XX, 27 ; IVe s. av. J.-C.)

Sanskrit. — **Le parfum est inhérent aux fleurs, l'huile au sésame, le feu au
bois, ainsi les sages reconnaissent-ils l'âme dans le corps.**
(Les *Avadânas*, contes et apologues, Xe s.)

Persan. — **La cage sans oiseau n'a pas de valeur.**
(Saadi, *Boustan*, IX, 4 ; XIIIe s.)

V. CORPS ET ÂME.

AMENDEMENT

Espagnol. — **Qui pèche et s'amende à Dieu se recommande.**
(Fernando de Rojas, *la Célestine*, VII ; début du XVIe s.)

Français. — **Nul n'amende s'il ne méfait.**
(*Roman de Renart*, 7734 ; XIIIe s.)

— **De ce que l'on ne peut amender, il ne faut pas trop s'inquiéter.**

— **Jamais teigneux n'aima le peigne.**

— **On a beau prêcher qui n'a cure de bien faire.**

Italien. — **Un homme n'est pas rivière et peut retourner en arrière.**

V. NATUREL (le).

AMÉRIQUE (ÉTATS-UNIS)

Américain. — **L'Américain est un Anglo-Saxon retombé dans une semi-barbarie.**
(Bayard Taylor, *At Home and Abroad* [1859].)

Français. — **L'Amérique n'est pas l'Occident, elle est l'Extrême-Occident.**
(Georges Duhamel, *la Turquie nouvelle, puissance d'Occident* [1956].)

V. NATION (caractères nationaux et langues nationales).

AMITIÉ

Grec. — **Ne fais pas d'un ami l'égal de ton frère.**
(Hésiode, *les Travaux et les Jours*, 707; VIIIe s. av. J.-C.)

— **La terre nous fait attendre ses présents à chaque saison, mais on recueille à chaque instant les fruits de l'amitié.**
(Démophile, *Sentences*, VIe s. av. J.-C.)

— **Avoir de l'or faux est un malheur supportable et facile à découvrir; mais le faux ami, c'est ce qu'il y a de plus pénible à découvrir.**
(Théognis de Mégare, *Sentences*, 119; VIe s. av. J.-C.)

— **L'amitié est une égalité harmonieuse.**
(Pythagore, VIe s. av. J.-C. — Cité par Diogène Laërce, *Phil. ill.*, VIII.)

— **Les amis ont tout en commun.**
(Pythagore, *in op. cit.*)

— **Qui cesse d'être ami ne l'a jamais été.**
(Hiéron, tyran de Syracuse, Ve s. av. J.-C. — Cité par Aristote, *Rhétorique*, II.)

— **On compte plus facilement ses moutons que ses amis.**
(Socrate, Ve s. av. J.-C. — Cité par Diogène Laërce *Phil ill.*, II.)

— **Il faut tendre la main à ses amis sans fermer les doigts.**
(Diogène le Cynique, IVe s. av. J.-C. — Cité par Diogène Laërce, *op. cit.*, VI.)

— **On ne connaît son ami qu'après avoir mangé avec lui beaucoup de sel.**
(Aristote, *Éthique à Nicomaque*, VIII, III, 7; IVe s. av. J.-C.)

— **Avoir beaucoup d'amis, c'est n'avoir point d'ami.**
(Aristote, *Éthique à Eudème*, VII, XII, 18.)

— **L'amitié est comme une terre où l'on sème.**
(Proverbe de l'école épicurienne. — Cité par Diogène Laërce, *Phil. ill.*, X.)

Antiquité chinoise. — **Ne contractez pas de liaisons d'amitié avec des personnes inférieures à vous-mêmes.**
(Confucius, *Livre des sentences*, I, 8 et IX, 24; VIe s. av. J.-C.)

Bouddhisme. — **Quelque fort et vaillant que tu sois, il importe de compter parmi tes amis un homme paisible.**
(Paroles de Çakya-Mouni, VIe s. av. J.-C.)

Bible. — **Un ami fidèle est une tour forte et qui l'a trouvé a trouvé un trésor.**
(L'Ecclésiastique, VI, 14; IIe s. av. J.-C.)

— **Un nouvel ami est comme le vin nouveau.**
(L'Ecclésiastique, IX, 10.)

— **Faites-vous des amis avec les richesses d'iniquité.**
(Évangile selon saint Luc, XVI, 9 [env. 60]. — D'où le proverbe général : Il est bon d'avoir des amis à la fois au ciel et en enfer.)

Hébreu. — **Ton ami t'a pour ami, et l'ami de ton ami t'a aussi pour ami.**
(Le Talmud, *Baba Bathra*. — D'où le proverbe général : Les amis de nos amis sont nos amis.)

Latin. — **Plus l'ami est ancien, meilleur il est.**
(Plaute, *Truculentus*, 173; IIᵉ s. av. J.-C.)

— **Avoir des amis, c'est être riche.**
(Plaute, *op. cit.*, 858.)

— **Il faut découdre et non déchirer l'amitié.**
(Caton le Censeur, IIᵉ s. av. J.-C. — Cité par Cicéron, *De amicitia*, XXI, 76.)

— **Le nom d'ami est commun, mais rare l'amitié fidèle.**
(Phèdre, *Fables*, III, 9; env. 25 av. J.-C.)

— **Il ne faut pas chercher des amis uniquement au forum et au sénat.**
(Sénèque, *Lettres à Lucilius*, XLVII [env. 64].)

— **Mieux vaut perdre l'occasion d'un bon mot qu'un ami.**
(Quintilien, *De institutione oratoria*, VI, III, 28 [env. 90].)

Latin médiéval. — **Qui de soi est l'ami, tous seront ses amis.**
(C'est un écho de Sénèque, *Lettres à Lucilius*, VI.)

— **Si tu te fais de nouveaux amis, n'oublie pas les anciens.**
(Érasme, *Adages*, III, III, 80 [1508].)

— **Les amis sont des voleurs de temps.**
(Cité par Francis Bacon, *The Advancement of Learning*, II, XXIII, 218 [1605] : *Amici fures temporis.*)

Proverbe général. — **Un ami est long à trouver et prompt à perdre.**
(Variante du proverbe chinois : On peut difficilement se faire un ami en un an, on peut aisément le perdre en une heure.)

— **L'ami de tout le monde n'est l'ami de personne.**
(Proverbe français : Ami de chacun, ami d'aucun.)

Américain. — **Le seul moyen d'avoir un ami, c'est d'en être un.**
(R. W. Emerson, *Friendship* [1841].)

Anglais. — **Vivre sans ami, c'est mourir sans témoin.**
(G. Herbert, *Jacula prudentum*, 1651.)

— **Il est bon d'avoir des amis et mauvais d'en avoir besoin.**
(Anonyme, *New Help to Discourse* [1669].)

— **Les amis sont comme les cordes de violon : il ne faut pas trop les tendre.**
(H. G. Bohn, *Handbook of Proverbs*, 1855.)

— **L'amitié augmente en visitant ses amis, mais en les visitant rarement.**

— **A porter ses amis, nul ne devient bossu.**

— **Une haie entre deux amis garde l'amitié verte.**

Arabe. — **Ne t'enquiers pas de l'homme, regarde son ami.**
(Tarafa al-Bakri, *le Divan*, supplément, XI, 15; VIᵉ s. — Variante moderne : Si tu veux connaître un homme, informe-toi de ses amis.)

— **Il ne faut pas rincer la coupe de l'amitié avec du vinaigre.**

— **Si ton ami est de miel, ne le mange pas tout entier.**

Basque. — **L'eau perd le lait et trop d'importunité les amis.**

Chinois. — **Un humble ami dans mon village vaut mieux que seize frères influents à la Cour.**

Espagnol. — **Un vieil ami est le plus fidèle des miroirs.**

— **Des amis et des livres, ayez-en peu, mais bons.**

— **Entre soldats comme entre amis, les compliments sont superflus.**

— **Je ne tiens pas à l'ami qui mord du bec tout en couvrant de l'aile.**

— **A la longue, le laurier tue le lierre.**

Éthiopien. — L'œil et l'ami, la moindre chose suffit à les blesser.

Français. — **Mieux vaut ami en voie que denier en courroie.**
(Manuscrit du XIIIᵉ s., sans titre, Paris, Sainte-Geneviève.)

— **Mieux vaut ami en place qu'argent en bourse.**
(*Incipiunt versus proverbiales*, manuscrit du XIVᵉ s., Paris, Bibl. nat.)

— **Plus sont de compères que d'amis.**
(*Proverbes en françois*, manuscrit de 1456, Paris, Bibl. nat.)

— **Mieux vaut ami grondeur que flatteur.**
(*Livre du chevalier de la Tour Landry pour l'enseignement de ses filles*, XCIV [1514].)

— **De forte couture, forte déchirure.**
(Baïf, *Mimes, Enseignements et Proverbes* [1576].)

— **Œuf d'une heure, pain d'un jour, vin d'un an, maîtresse de quinze, ami de trente.**
(A. de Montluc, *les Illustres Proverbes historiques* [1655].)

— **Les vieux amis et les vieux écus sont les meilleurs.**
(Les vieux amis sont plus sûrs, comme les vieux écus sont de meilleur aloi.)

— **Il est plus honteux de se défier de ses amis que d'en être trompé.**
(La Rochefoucauld, *Réflexions ou Sentences et Maximes morales*, 84 [1665].)

— **L'amitié est le mariage de l'âme, et ce mariage est sujet à divorce.**
(Voltaire, *Dictionnaire philosophique*, « *Amitié* » [1764].)

— **A quoi bon tant d'amis ? Un seul suffit quand il nous aime.**
(Florian, *Fables*, III, 7 [1792].)

— **Vous avez trois sortes d'amis : vos amis qui vous aiment, vos amis qui ne se soucient pas de vous, et vos amis qui vous haïssent.**
(Chamfort [1741-1794], *Caractères et Anecdotes*.)

— **Le sort fait les parents, le choix fait les amis.**
(Delille, *Malheur et Pitié*, I, 404 [1803].)

— **Sur le chemin de l'amitié, ne laissez pas croître l'herbe.**
(A.-P. Dutramblay, *Apologues*, I, XIX [1810].)

— **Quand mes amis sont borgnes, je les regarde de profil.**
(J. Joubert [1754-1824], *Pensées, Maximes et Essais*.)

— **L'ami le plus dévoué se tait sur ce qu'il ignore.**
(Alfred de Musset, *Carmosine*, III, III [1865].)

— **Les amis les plus dévoués sont comme les chiens les plus fidèles, ils finissent par vous mordre si vous les maltraitez.**
(Jean-Bernard, *Trois cent soixante-cinq Pensées*, 363 [1925].)

Italien. — Blâme ton ami en secret ; vante-le devant les autres.
(Léonard de Vinci [1452-1519], *Carnets*.)

Jamaïquain. — Si tu veux connaître ton ami, couche-toi au bord du chemin, et simule l'ivresse.

Malgache. — L'amitié ressemble à un tissu rêche ; neuf, il fait de l'effet ; vieux, il se déchire de toutes parts.

Nigritien *(Haoussa)*. **—** L'étang n'est pas le compagnon du fleuve.

Persan. — La peine que l'on prend pour un ami est un repos.

Portugais. — Prends garde à l'ami que tu as offensé.

Russe. — Un ami non éprouvé est comme une noix non cassée.

— On a trois amis sûrs, son père, sa mère, et sa femme fidèle.

Targui. — Éloignez vos tentes, rapprochez vos cœurs.

Tchèque. — **Un seul Dieu suffit; un seul ami ne suffit pas.**

Turc. — **Qui cherche un ami sans défaut reste sans ami.**

Yiddish. — **Notre meilleur ami est dans notre miroir.**

> V. AFFINITÉ, RÉCONCILIATION, SYMPATHIE ET ANTIPATHIE.

AMITIÉ chez l'homme et la femme (l')

Français. — **Les femmes vont plus loin en amour que la plupart des hommes, mais les hommes l'emportent sur elles en amitié.**

> (La Bruyère, *les Caractères*, « Des femmes », 55 [1688].)

Russe. — **Six fers de hache tiennent ensemble, mais deux quenouilles se séparent.**

> (Catherine II [1729-1796].)

> V. FEMME ET L'AMITIÉ (la), HOMME ET L'AMITIÉ (l').

AMI et ENNEMI

Grec. — **Il faut haïr son ennemi comme s'il pouvait un jour devenir un ami, et aimer son ami comme s'il pouvait devenir un ennemi.**

> (Sophocle, *Ajax*, 678; ve s. av. J.-C.)

— **Dieu me garde de mes amis; mes ennemis, je m'en charge.**

> (Antigone II, roi de Macédoine, IIIe s. av. J.-C. — Cité par Stobée, *Florilegium*. — Cette parole a été reprise par le maréchal de Villars, en 1709, au moment où Louis XIV lui donna le commandement de l'armée des Flandres contre le duc de Marlborough.)

Bible. — **Les blessures d'un ami sont inspirées par la fidélité, mais les baisers d'un ennemi sont trompeurs.**

> (Livre des Proverbes, XXVII, 6; IVe s. av. J.-C.)

— **On ne peut connaître un ami dans la prospérité et un ennemi ne peut se dissimuler dans l'adversité.**

> (L'Ecclésiastique, XII, 8; IIe s. av. J.-C.)

— **Qui n'est pas avec moi est contre moi.**

> (Évangile selon saint Luc, XI, 23 [env. 63].)

Sanskrit. — **Un sage ennemi vaut mieux qu'un ignorant ami.**

> (Pilpay, *Apologues*, « le Jardinier et l'Ours », IIIe s. av. J.-C. — Repris par La Fontaine, *Fables*, VIII, x.)

Latin. — **Pardonne à un ennemi, tu gagneras des amis.**

> (Publilius Syrus, *Sentences*, Ier s. av. J.-C.)

Anglais. — **Mieux vaut être piqué par une ortie que par une rose.**

> (J. Lyly, *Euphues*, II [1579]. — Mieux vaut souffrir par un ennemi que par un ami.)

— **Un seul ennemi fait plus de mal que dix amis ne font de bien.**

> (J. Swift, *Journal to Stella*, 30 juin 1711.)

— **Au nouvel ami ne vous fiez, ni à votre ancien ennemi.**

— **De votre ami dites du bien; de votre ennemi ne dites rien.**

Français. — **Beau service fait amis, vrai dire ennemis.**

— **Les ennemis de nos ennemis sont nos amis.**

Italien. — **Cueille une figue pour ton ami et une pêche pour ton ennemi.**

Persan. — **La paix des deux mondes repose sur ces deux mots : bienveillance envers les amis, modération envers les ennemis.**

> (Hafiz, *Odes*, XIVe s.)

> V. AMI, ENNEMI, HAINE, INIMITIÉ.

AMITIÉ et ADVERSITÉ

Grec. — **Les amis véritables se reconnaissent à l'épreuve du malheur.**
(Esope, *Fables*, « les Voyageurs et l'Ours », VIᵉ s. av. J.-C.)

— **Le malheur n'a pas d'amis.**
(Euripide, *Héraclès*, 561 ; Vᵉ s. av. J.-C.)

Bible. — **L'ami aime en tout temps, et dans l'adversite il devient un frère.**
(Livre des Proverbes, XVII, 17 ; IVᵉ s. av. J.-C.)

Latin. — **L'ami véritable est l'ami des heures difficiles.**
(Ennius, *Hécube*, 216 ; IIIᵉ s. av. J.-C. — Cf. Plaute, *Epidicus*, 112 ; Cicéron, *De amicitia*, XVII, 64. — D'où le proverbe général : Au besoin on connaît l'ami.)

— **Quand le navire est près de sombrer, tous les rats le désertent.**
(Pline l'Ancien, *Histoire naturelle*, VIII, 103 [env. 77].)

Allemand. — **Quand le malheur regarde par la fenêtre, l'ami ne jette pas un coup d'œil.**

— **La véritable amitié ne gèle pas en hiver.**

Anglais. — **Nul ne peut être heureux sans ami, ni sûr de son ami sans être malheureux.**

Bantou *(Congo, Mongo).* — **L'amitié n'a pas besoin de poivre pour pleurer.**

Chinois. — **On connaît une bonne source dans la sécheresse et un bon ami dans l'adversité.**

Eskimo. — **Tu ne sauras pas qui est ton ami avant que la glace ne se rompe.**

Français. — **Dans l'adversité de nos meilleurs amis, nous trouvons quelque chose qui ne nous déplaît pas.**
(La Rochefoucauld, *Réflexions ou Sentences et Maximes morales*, 583 [1665].)

Malgache. — **Le zébu maigre n'est pas léché par ses congénères ; le malheureux n'a pas d'ami.**

Polonais. — **Quand le malheur frappe à la porte, les amis sont endormis.**

Serbe. — **Ce n'est pas à table mais en prison que l'on sait si l'ami est bon.**

Turc. — **Qui tombe n'a pas d'amis, trébuchez seulement, et regardez.**

V. ADVERSITÉ, AMITIÉ.

AMITIÉ et ARGENT

Latin. — **Si vous redemandez l'argent que vous avez prêté, vous trouverez souvent que d'un ami votre bonté vous a fait un ennemi.**
(Plaute, *Trinummus*, 1016 ; IIᵉ s. av. J.-C.)

— **Riche pour toi, pauvre pour tes amis.**
(Juvénal, *Satires*, V, 113 [env. 120].)

Français. — **Ami au prêter, ennemi au rendre.**
(Antoine Loisel, *Institutes coutumières*, 672 [1607].)

— **Qui prête aux amis perd au double.**
(Il perd l'amitié et l'argent.)

Indien *(malayala).* — **L'argent est la hache qui sépare les amis inséparables.**

Malgache. — **Mieux vaut perdre un peu d'argent qu'un peu d'amitié.**

V. AMITIÉ, ARGENT, PRÊT.

AMITIÉ et PROSPÉRITÉ

Grec. — La prospérité trouve toujours des amis.
(Euripide, *Hécube*, 1226; vᵉ s. av. J.-C. — Repris par Érasme, *Adages*, III, v, 4.)

— Tant que le pot bout, l'amitié dure.
(Zénobios, *Proverbes*, IV, 12; IIᵉ s. — Repris par Érasme, *Adages*, I, v, 23.)

Latin. — Quand l'amphore est à sec, les amis se dispersent.
(Horace, *Odes*, I, xxxv, 26; env. 23 av. J.-C.)

Anglais. — Les amis sont les thermomètres qui marquent la température de notre crédit.
(Comtesse de Blessington, *Desultory Thoughts and Reflections* [1839].)

Espagnol. — L'ami par intérêt, c'est une hirondelle sur le toit.
(Cervantes, *Nouvelles exemplaires*, « le Petit-fils de Sancho Panza » [1613].)

Français. — Riche homme ne sait qui ami lui est.
(*Proverbia vulgalia et latina*, manuscrit du XIIIᵉ s., Paris, Bibl. nat.)

— La prospérité fait peu d'amis.
(Vauvenargues, *Maximes et Réflexions*, 17 [1746].)

Serbe. — Quand le vin est fini, la conversation s'achève; quand il n'y a plus d'argent, il n'y a plus d'ami.

V. AMITIÉ, PROSPÉRITÉ.

AMOUR (généralités)

Sanskrit. — L'amour est un crocodile sur le fleuve du désir.
(Cité par Bhârtrhari, le *Vairâgya*; Iᵉʳ s. av. J.-C.)

Grec. — On n'attelle pas de force à un char, on n'attire pas violemment à l'amour.
(Théognis de Mégare, *Sentences*, 372; VIᵉ s. av. J.-C.)

— L'amour est la chose la plus douce et la plus amère.
(Euripide, *Hippolyte*, 347; vᵉ s. av. J.-C.)

— L'amour est aveugle.
(Platon, *les Lois*, 731 e; IVᵉ s. av. J.-C. : Celui qui aime s'aveugle sur ce qu'il aime. — Cf. Plaute, *Miles gloriosus*, 1250.)

— Deux choses ne se peuvent cacher : l'ivresse et l'amour.
(Antiphane, *Fragments*, IVᵉ s. av. J.-C.)

— Ceux qui diffèrent d'aimer jusqu'à l'âge mûr paient alors de grosses usures.
(Ménandre, *Fragments*, IVᵉ s. av. J.-C.)

— L'amour est nu, mais masqué.
(Moschos, *Idylles*, « l'Amour fugitif », IIᵉ s. av. J.-C. — Autrement dit : Dans l'amour, le corps est nu, mais l'âme est insaisissable.)

Bible. — Les grandes eaux ne peuvent éteindre l'amour et les fleuves ne le submergeraient pas.
(Le Cantique des cantiques, VIII, 7; IIᵉ s. av. J.-C.)

— L'amour est fort comme la mort.
(Le Cantique des cantiques, VIII, 6; IIᵉ s. av. J.-C.)

Latin. — Il est plus dangereux de tomber en amour que du haut d'une falaise.
(Plaute, *Trinummus*, 238; IIᵉ s. av. J.-C.)

— L'amour est mêlé de miel et de fiel.
(Plaute, *Cistellaria*, 71; IIᵉ s. av. J.-C. — Variante moderne : « En amour, il y a plus d'aloès que de miel. »)

— **Sans Cérès et Bacchus, Vénus a froid.**

(Térence, *Eunuchus*, 732 : *Sine Cerere et Baccho friget Venus;* IIe s. av. J.-C. — Signifie que le pain et le vin — la bonne chère et les copieuses libations — sont les stimulants de l'amour. — Repris par Rabelais, *Tiers Livre*, XXXI : Vénus se morfond sans la compagnie de Cérès et Bacchus. — Proverbe français moderne : Par la bouche se met le feu au four.)

— **On ne saurait être sage quand on aime, ni aimer quand on est sage.**

(Publilius Syrus, *Sentences*, Ier s. av. J.-C.)

— **Il y a deux maux en amour : la guerre et la paix.**

(Horace, *Satires*, II, III, 267; env. 35 av. J.-C.)

— **Il y a autant de douleurs dans l'amour que de coquillages sur la rive.**

(Ovide, *l'Art d'aimer*, II, 519; env. 2 av. J.-C.)

— **La majesté et l'amour n'habitent pas la même demeure.**

(Ovide, *les Métamorphoses*, II, 846; env. 7 av. J.-C.)

— **Le feu le plus couvert est le plus ardent.**

(Ovide, *les Métamorphoses*, IV, 64; env. 7 av. J.-C.)

— **L'amour et la toux ne se peuvent cacher.**

(Ovide, *les Héroïdes*, XII, 37; env. 10 av. J.-C.)

Latin médiéval. — **L'amour ne connaît pas de lois.**

(Boèce, *De consolatione philosophiae*, III, XII, 47; VIe s.)

Allemand. — **L'amour est venaison.**

— **L'amour parle, même à lèvres closes.**

— **L'amour voit les roses sans épines.**

— **Le feu de bois vert donne plus de fumée que de chaleur.**

— **Ne te fie à trois conseillers : le vin, la nuit et l'amour.**

Anglais. — **L'amour rampe quand il ne peut marcher.**

(Cité par Shakespeare, *Two Gentlemen of Verona*, IV, II [1594].)

— **L'amour rend éloquent ceux qu'il anime.**

(C. Marlowe, *Hero and Leander*, II [1598].)

— **Plus l'amour est nu, moins il a froid.**

(John Owen, *Epigrams*, II, 88 [1613].)

— **Tous les moyens sont bons dans la guerre et dans l'amour.**

(J. Fletcher and F. Beaumont, *The Lover's Progress*, V, I [1634].)

— **Il n'y a pas de sagesse au-dessous de la ceinture.**

(Matthew Hale, *Thoughts on some important subjects* [1674].)

— **L'amour est un chien couchant qui aime mieux être battu par son maître qu'être caressé par un autre.**

(C. C. Colton, *Lacon or Many Things in Few Words* [1820].)

— **L'amour est comme la rougeole, plus on l'attrape tard, plus le mal est sérieux.**

(D. W. Jerrold, *Wit and Opinions* [1858].)

Arabe. — **Le commencement de la danse est de faire des manières.**

— **Pour bien aimer une vivante, il faut l'aimer comme si elle devait mourir demain.**

— **L'amour est une douceur dont le jus est savoureux et la pâte amère.**

Chinois. — **L'amour est tout yeux et ne voit rien.**

Espagnol. — **L'amour ne se paie qu'avec l'amour et les œuvres avec les œuvres.**

(Fernando de Rojas, *la Célestine*, VII; début du XVIe s.)

— **L'amour n'a pas de meilleur ministre que l'occasion.**

(Cervantes, *Don Quichotte*, I, XXXIV [1605].)

— **L'amour est un ennemi que l'on ne peut vaincre corps à corps, mais par la fuite.**

(Cervantes, *Don Quichotte*, I, XXXIV [1605].)

— **Si l'amour éprouvait de la honte, on ne le peindrait pas tout nu.**

(Tirso de Molina, *El Vergonzoso en palacio*, III, IV [1609].)

— **L'homme est de feu, la femme est d'étoupe, et le diable vient qui souffle en croupe.**

— **Dans l'amour et dans les foulures la rechute est fréquente.**

— **Devant l'amour et devant la mort il ne sert à rien d'être fort.**

Français. — **Ni vous sans moi, ni moi sans vous.**

(Marie de France, *le Lai du chèvrefeuille*, 78; XIIe s.)

— **Amour vainct tout sauf cœur de félon.**

(*Proverbia vulgalia*, manuscrit du XIIIe s., Paris, Bibl. nat.)

— **Aussi bien sont amourettes**
  Sous bureau que sous brunettes.

(*Roman de la Rose*, 4333-4334; XIIIe s. — Le bureau était une grosse étoffe de bure dont se servait le peuple et la brunette une étoffe très fine dont s'habillaient les dames.)

— **Il n'est pas de fumée sans feu ni d'amour sans quelque semblant.**

(*Proverbes de France*, manuscrit du XIVe s., Cambridge.)

— **Amour et seigneurerie ne vont pas de compagnie.**

(Manuscrit du XVe s., sans titre, Rome, Vatican.)

— **Rage d'amour est pire que le mal de dents.**

(Manuscrit du XVe s., sans titre, Rome, Vatican. [Version atténuée].)

— **Folles amours font les gens bêtes.**

(Villon, *Double ballade*, 5 [1460].)

— **Pour un plaisir, mille douleurs.**

(Villon, *Ballade de la Belle Heaumière*, fin [1463].)

— **Amour a de coutume d'entremêler ses plaisirs d'amertume.**

(Clément Marot, *Rondeaux* [1540].)

— **L'amour n'est pas un feu que l'on tient dans la main.**

(Marguerite de Navarre, *l'Heptaméron*, V, 47 [1559]. — C'est-à-dire : que l'on peut rejeter quand on veut.)

— **L'amour se peut appeler une sauce, propre à donner goût à toute viande.**

(Bénigne Poissenot, *l'Esté*, Troisième Journée, Histoire première [1583].)

— **L'amour est un tyran qui n'épargne personne.**

(Corneille, *le Cid*, I, II, 81 [1636].)

— **Il n'y a qu'une sorte d'amour, mais il y en a mille différentes copies.**

(La Rochefoucauld, *Réflexions ou Sentences et Maximes morales*, 74 [1665].)

— **Il en est du véritable amour comme de l'apparition des esprits : tout le monde en parle, mais peu de gens en ont vu.**

(La Rochefoucauld, *op. cit.*, 76.)

— **La raison n'est pas ce qui règle l'amour.**

(Molière, *le Misanthrope*, I, I, 248 [1666].)

— **Il n'y a en amour que les honteux qui perdent.**

(Molière, *les Amants magnifiques*, I, I [1670].)

— Le premier soupir de l'amour
  Est le dernier de la sagesse.

(Antoine Bret, *l'Ecole amoureuse*, VII [1670].)

— L'amour avidement croit tout ce qu'il souhaite.

(Racine, *Mithridate*, III, IV, 1027 [1673].)

— On ne ferait pas une divinité de l'amour s'il n'opérait souvent des
  miracles.

(Abbé Prévost, *Manon Lescaut*, 1re partie [1731].)

— On a fait l'Amour aveugle, parce qu'il a de meilleurs yeux que nous.

(J.-J. Rousseau, *Émile*, IV [1762].)

— L'amour est l'étoffe de la nature que l'imagination a brodée.

(Voltaire, *Dictionnaire philosophique*, « Amour » [1764].)

— Qui que tu sois, voici ton maître:
  Il l'est, le fut, ou le doit être.

(Voltaire, *Poésies mêlées*, XI, « Inscription pour une statue de l'Amour ».)

— L'amour ôte l'esprit à ceux qui en ont et en donne à ceux qui n'en
  ont pas.

(Diderot, *Paradoxe sur le comédien* [1770].)

— L'amour n'est que le roman du cœur, c'est le plaisir qui en est
  l'histoire.

(Beaumarchais, *le Mariage de Figaro*, V, VII [1784].)

— L'amour est comme la lance d'Achille, qui blesse et guérit.

(Maréchal de Richelieu [1696-1788].)

— L'amour a besoin des yeux, comme la pensée a besoin de la mémoire.

(Mme Necker, *Mélanges* [1798].)

— L'amour est un égoïsme à deux.

(Attribué à Mme de Staël, qui a seulement dit : « La personnalité des femmes
est toujours à deux », *De l'Allemagne*, I, III [1810].)

— On ne badine pas avec l'amour.

(Alfred de Musset, titre d'une comédie en trois actes [1834].)

Irlandais *(gaélique)*. — La soif et le mal d'amour sont sans vergogne.

Italien. — Qui n'est en feu n'enflamme point.

Libanais. — La morsure de la bouche qu'on aime vaut mieux que le baiser
d'une autre.

Malgache. — Ne sois pas si féru d'amour que tu ne puisses dire quand il va
pleuvoir.

Persan. — L'amour est comme le caravansérail, où l'on ne trouve que ce qu'on
y apporte.

Roumain *(Dacie)*. — La faim va tout droit, le désir tourne en rond.

Suédois. — L'amour est une rosée qui humecte à la fois les orties et les lis.

　　　　— Vie sans amour, année sans été.

Turc. — Sois maître de qui ne t'aime pas et esclave de qui te chérit.

　　　— Ce n'est qu'en sacrifiant une tête (volonté) que l'on conquiert un
　　　cœur.

V. AIMER, AMANT ET MAÎTRESSE, AMOUR ET AMITIÉ, MARIAGE ET AMOUR.

AMOUR chez l'homme et la femme (l')

Grec. — **La femme souffre plus que l'homme du mal d'amour, mais elle sait mieux le dissimuler.**
(Euripide, *Andromaque*, 220; ve s. av. J.-C.)

Allemand. — **L'amour amoindrit la pudeur de la femme et augmente celle de l'homme.**
(J. P. Richter, *Titan*, xxxiv [1803].)

Français. — **Homme aime quand il veut, et femme quand elle peut.**
(*Bonum spatium*, manuscrit du xive s., Paris, Bibl. nat.)

— **Les hommes en meurent et les femmes en vivent.**
(Bonaventure Des Périers, *Nouvelles Récréations et Joyeux Devis*, lxxxvi [1558].)

— **Les femmes s'attachent aux hommes par les faveurs qu'elles leur accordent; les hommes guérissent par ces mêmes faveurs.**
(La Bruyère, *les Caractères*, « Des femmes », 16 [1688].)

— **L'amour est l'histoire de la vie des femmes, c'est un épisode dans celle des hommes.**
(Mme de Staël, *De l'influence des passions*, I, iv [1796].)

Italien. — **L'amour donne de l'esprit aux femmes et le retire aux hommes.**

Polonais. — **L'amour pénètre dans l'homme par les yeux et dans la femme par les oreilles.**
V. femme et l'amour (la), homme et l'amour (l').

AMOUR (les amoureux)

Latin. — **Quand on aime, ventre affamé n'a pas faim.**
(Plaute, *Casina*, 639; iie s. av. J.-C.)

— **Fâcherie d'amoureux, renouveau d'amour.**
(Térence, *Andria*, 555; iie s. av. J.-C.)

Sanskrit. — **La bouderie en amour est comme le sel; pas trop n'en faut.**
(Le *Koural*, vi^e s.)

Espagnol. — **Les amoureux pensent que les autres ont les yeux creux.**

Français. — **Cœur pensif ne sait où il va.**
(*Ysopets du XIVe s.* — Signifie qu'un amoureux est toujours distrait.)

— **Dieu aide toujours aux fous, aux ivrognes et aux amoureux.**
(Marguerite de Navarre, *l'Heptaméron*, IV, 38 [1559].)

— **Les amoureux ont toujours un œil aux champs et l'autre à la ville.**
(A. de Montluc, *la Comédie de proverbes*, III, v [1616].)

— **Le plaisir des disputes, c'est de faire la paix.**
(Alfred de Musset, *On ne badine pas avec l'amour*, III, vi [1834].)

Nigritien *(Peul)*. — **L'amoureux est comme une algue à la surface d'une eau stagnante : même si tu l'écartes, il revient.**

Turc. — **On nomme amoureux celui qui, en courant sur la neige, ne laisse point de traces de ses pas.**

AMOUR (Premier)

Anglais. — **La magie du premier amour, c'est d'ignorer qu'il puisse finir un jour.**
(B. Disraeli, *Henriette Temple*, IV [1837].)

Français. — **Vieilles amours et vieux tisons s'allument en toute saison.**
  (*Advertissement du sieur Bruscambille sur le voyage d'Espagne* [1615].)

  — **On revient toujours à ses premières amours.**
  (C.-G. Guillaume, *Joconde ou les Coureurs d'aventures*, opéra-comique, musique
  de Nicolo, III, 1, romance chantée par Joconde [1814].)

AMOUR (coup de foudre)

Anglais. — **Quiconque doit aimer aime à première vue.**
  (Cité par Shakespeare, *As you like it*, III, v [1599].)

Français. — **Le feu de l'amour a plus tôt brûlé un cœur qu'il ne s'en est aperçu.**
  (Marguerite de Navarre, *l'Heptaméron*, II, 14 [1559].)

  — **L'amour qui naît subitement est le plus long à guérir.**
  (La Bruyère, *les Caractères*, « Du cœur », 12 [1688].)

AMOUR (Déclaration d')

Français. — **Depuis que le monde est monde, il n'y a jamais eu d'homme étranglé par une femme pour lui avoir dit qu'il l'aimait.**
  (Florian, *le Bon Père* [1790].)

Italien. — **Qui peut dire comme il brûle est dans un petit feu.**
  (Pétrarque, *Sonnets*, CXXXVII [1330].)

AMOUR (faire la cour)

Grec. — **Aphrodite aime les sourires.**
  (Homère, *Hymnes*, III; IXe s. av. J.-C.)

Latin. — **Pour plaire, oublie-toi toi-même.**
  (Ovide, *les Amours*, I, XIV, 38; env. 15 av. J.-C.)

Anglais. — **Les joyaux sont les orateurs de l'amour.**
  (Samuel Daniel, *Complaint of Rosamund*, XIX; XVIe s.)

  — **Celui qui fait un long chemin pour courtiser une femme, il veut tromper, ou bien il est trompé.**

  — **L'homme recherche la femme jusqu'à ce qu'elle l'attrape.**

Français. — **Au premier son on ne prend la caille.**
  (Manuscrit du XVe s., sans titre, Rome, Vatican.)

  — **Les hommes recouvrent leur diable du plus bel ange qu'ils peuvent trouver.**
  (Marguerite de Navarre, *l'Heptaméron*, II, 12 [1559].)

  — **Il n'y a si petite demoiselle qui ne veuille être priée.**
  (Marguerite de Navarre, *l'Heptaméron*, II, 18 [1559].)

  — **L'oreille est le chemin du cœur.**
  (Attribué à Madeleine de Scudéry. — On ajoute : ... et le cœur l'est du reste.)

AMOUR (Lettres d')

Allemand. — **Qui écrit des lettres d'amour doit avoir les mains moites.**

Anglais. — **Les seules lettres d'amour qu'une femme voudrait recevoir d'un homme sont celles qu'il ne devrait jamais écrire.**

Français. — **Les premiers billets doux sont lancés par les yeux.**

AMOUR (Rivalité d')

Anglais. — **Deux dames à côté l'une de l'autre font une froide température.**
(Shakespeare, *King Henry VIII*, I, IV [1613].)

Français. — **Deux coqs vivaient en paix; une poule survint.**
(La Fontaine, *Fables*, VII, XIII [1678].)

AMOUR (Serments d')

Grec. — **Les serments des amoureux ne parviennent pas à l'oreille des dieux.**
(Callimaque, *Épigrammes*, XXV, 3: IIIe s. av. J.-C.)

Latin. — **Les serments d'amour ne comportent pas de sanction.**
(Publilius Syrus, *Sentences*, 1er s. av. J.-C.)

Anglais. — **Les serments d'amour sont comme les vœux des marins, on les oublie après l'orage.**
(J. Webster, *The White Devil*, V [1608].)

AMOUR et AMITIÉ

Latin. — **L'amitié est toujours profitable, l'amour est parfois nuisible.**
(Sénèque, *Lettres à Lucilius*, XXXV [env. 64].)

Anglais. — **L'amitié finit parfois en amour, mais rarement l'amour en amitié.**
(C. C. Colton, *Lacon or Many Things in Few Words* [1820].)

Espagnol. — **Offrir l'amitié à qui veut l'amour, c'est donner du pain à qui meurt de soif.**

Français. — **L'amour et l'amitié s'excluent l'un l'autre.**
(La Bruyère, *les Caractères*, « Du cœur », 7 [1688].)

— **L'amour est à la portée de tous, mais l'amitié est l'épreuve du cœur.**
(A. d'Houdetot, *Types militaires français* [1844].)

Malgache. — **Les amis ressemblent à ceux qui ont un père, et les amants à ceux qui ont une mère.**

V. AMITIÉ, AMOUR.

AMOUR et ARGENT

Grec. — **Les gueux ne sont point amoureux.**
(Ménandre, *Monostiques*, IVe s. av. J.-C.)

Anglais. — **La prospérité est le lien de l'amour.**
(Shakespeare, *le Conte d'hiver*, IV, III, 576 [1610].)

— **Les chaînes de l'amour ne sont jamais aussi fortes que lorsque les chaînons sont en or.**
(R. Tyler, *The Contrast*, II [1790].)

— **L'amour qui se nourrit de présents a toujours faim.**

Espagnol. — **On tâte plutôt le pouls à l'avoir qu'au savoir.**
(Cervantes, *Don Quichotte*, II, XX [1615].)

Français. — **Amour peut moult, argent peut tout.**
(Gilles de Noyers, *Proverbia gallicana* [1558].)

— **Les amours qui s'accommodent par anneaux se finissent par couteaux.**
(Cité par Brantôme [1540-1614], *Mémoires*, « Vie des dames galantes », IV.)

— **L'amant sans fortune peut être aimable, mais il ne peut être heureux.**
(Florian, *Galatée*, III [1783].)

Malgache. — **Aucun philtre d'amour ne surpasse l'argent.**

Russe. — **A monnaie de cuivre, amour vert-de-grisé.**

V. MARIAGE ET ARGENT.

AMOUR et FIDÉLITÉ

Français. — **Le lierre meurt où il s'attache.**
(*Proverbes en françois*, manuscrit de 1456, Paris, Bibl. nat.)

— **La violence qu'on se fait pour demeurer fidèle à ce qu'on aime
ne vaut guère mieux qu'une infidélité.**
(La Rochefoucauld, *Réflexions ou Sentences et Maximes morales*, 381 [1665].)

— **La constance est la chimère de l'amour.**
(Vauvenargues, *Maximes et Réflexions*, 406 [1746].)

V. CONSTANCE, FEMME FIDÈLE (la), HOMME FIDÈLE (l').

AMOUR et INFIDÉLITÉ

Autrichien. — **En amour, il n'y a que les commencements qui soient
charmants; c'est pourquoi on trouve du plaisir à recommencer souvent.**
(Prince de Ligne, *Mélanges* [1811].)

Français. — **On pardonne tant que l'on aime.**
(La Rochefoucauld, *Réflexions ou Sentences et Maximes morales*, 330 [1665].)

— **Quand on l'ignore, ce n'est rien;
Quand on le sait, c'est peu de chose.**
(La Fontaine, *Contes et Nouvelles*, « la Coupe enchantée » [1685].)

— **L'infidélité est comme la mort, elle n'admet pas de nuances.**
(Mme de Girardin [Delphine Gay], *Lettres parisiennes*, 22 mars 1837.)

Indien *(hindî)*. — **L'amour est le vent qui passe et fuit.**

V. ADULTÈRE, FEMME INFIDÈLE (la), HOMME INFIDÈLE (l'), INCONSTANCE.

AMOUR et JALOUSIE

Bible. — **La jalousie est cruelle comme l'enfer et ses ardeurs sont des ardeurs
de feu.**
(Le Cantique des cantiques, VIII, 6; IIe s. av. J.-C.)

Espagnol. — **La jalousie est le tyran du royaume de l'amour.**
(Cervantes, *Don Quichotte*, I, 14 [1605].)

Français. — **La jalousie éteint l'amour comme les cendres éteignent le feu.**
(Ninon de Lenclos [1620-1705].)

— **Il y a dans la jalousie plus d'amour-propre que d'amour.**
(La Rochefoucauld, *Réflexions ou Sentences et Maximes morales*, 324 [1665].)

— **La jalousie est la sœur de l'amour comme le diable est le frère
des anges.**
(Chevalier de Boufflers, *Pièces fugitives* [1782].)

Serbe. — **La peur et la jalousie ont de grands yeux.**

V. FEMME JALOUSE (la), HOMME JALOUX (l').

AMOUR non payé de retour (l')

Latin. — **Moindre mon espoir, plus grand mon amour.**
(Térence, *Eunuchus*, 1053; II° s. av. J.-C.)

— **On irrite celui que l'on aime en voulant être aimé.**
(Publilius Syrus, *Sentences*, 1er s. av. J.-C.)

Allemand. — **L'amour non payé de retour, c'est question sans réponse.**
(G. C. Lichtenberg, *Aphorismen* [1799].)

Français. — **Trop cher achète le miel qui le lèche sur les épines.**
(*Proverbes de France*, manuscrit du XIV° s., Cambridge.)

Nigritien *(Bambara).* — **Aimer qui ne t'aime pas, c'est aimer la pluie qui tombe dans la forêt.**

AMOUR (Chagrin d')

Français. — **C'est trop aimer quand on en meurt.**
(Gilles de Noyers, *Proverbia gallicana* [1558].)

— **La maladie d'amour ne tue que ceux qui doivent mourir dans l'année.**
(Marguerite de Navarre, *l'Heptaméron*, V, 50 [1559].)

— **Plaisir d'amour ne dure qu'un moment,
Chagrin d'amour dure toute la vie.**
(Florian, « Plaisir d'amour », romance extraite de *Célestine*, musique de J.-P. Martini.)

AMOUR (dépit amoureux)

Français. — **Pour l'amour du chevalier baise la dame l'écuyer.**
(Godefroy de Paris, *Chronique métrique*, 378, manuscrit de 1313, Paris, Bibl. nat.)

— **Le dépit prend toujours le parti le moins sage.**
(La Chaussée, *la Gouvernante*, I, 1, 70 [1747].)

AMOUR (on aime plusieurs fois)

Latin. — **Un nouvel amour en remplace un ancien comme un clou chasse l'autre.**
(Cicéron, *Tusculanae Disputationes*, IV, XXXV, 75; env. 45 av. J.-C.)

Anglais. — **Un amour peut être guéri par un autre amour, comme un poison est souvent chassé par un autre poison.**
(J. Dryden, *Antony and Cleopatra*, IV, VI [1694].)

Malgache. — **L'amour est comme un plant de riz; transplanté, il repousse ailleurs.**

AMOUR (Épilogue de l')

Latin. — **Le temps et non la volonté met fin à l'amour.**
(Publilius Syrus, *Sentences*, 1er s. av. J.-C.)

Latin médiéval. — **Un long amour meurt rarement de mort subite.**
Difficile est longum subito deponere amorem.

Allemand. — **L'amour meurt d'indigestion.**
(J. P. Richter, *Quintus Fixlein* [1796].)

Français. — **En amour, il n'y a guère d'autre raison de ne s'aimer plus que de s'être trop aimés.**
(La Bruyère, *les Caractères*, « Du cœur », 30 [1688].)

— **L'amour ne peut pas se cacher, et quand on cesse d'en avoir, cela se cache encore bien moins.**
(Florian, *la Bonne Mère* [1792].)

— **L'amour vit d'inanition et meurt de nourriture.**
(Alfred de Musset, *Premières Poésies*, « Mardoche » [1835].)

Italien. — **L'amour fait passer le temps, le temps fait passer l'amour.**

Malgache. — **Quand l'amour se déchire, on ne peut pas en recoudre les bords.**

Portugais. — **La lune et l'amour, quand ils ne croissent pas, décroissent.**

Turc. — **L'amour est un nid de moineau que l'on ne rebâtit pas après l'avoir détruit.**

AMOUR DU PROCHAIN

Bible. — **Tu aimeras ton prochain comme toi-même.**
(Lévitique, XIX, 18 ; VIIe s. av. J.-C. — Repris par saint Matthieu, XXII, 39.)

Américain. — **On ne peut aimer son prochain l'estomac vide.**
(Woodrow Wilson, *Discours à New York*, 23 mai 1912.)

Anglais. — **On peut aimer son prochain et ne pas lui tenir l'étrier.**

Persan. — **Ne demandez pas l'amour à la nature humaine, car jamais la rose ne se dresse sur le marais salant.**
V. ALTRUISME, CHARITÉ, PHILANTHROPIE, RÈGLE D'OR.

AMOUR-PROPRE (généralités)

Français. — **Quelque découverte que l'on ait faite dans le pays de l'amour-propre, il y reste encore bien des terres inconnues.**
(La Rochefoucauld, *Réflexions ou Sentences et Maximes morales*, 3 [1665].)

— **Toutes les passions s'éteignent avec l'âge;
L'amour-propre ne meurt jamais.**
(Voltaire, *Stances*, XXXVIII [1756].)

— **L'amour-propre offensé ne pardonne jamais.**
(Louis Vigée, *les Aveux*, VII [1813].)
V. SOI.

AMOUR-PROPRE (complaisance pour soi-même)

Anglais. — **Tout oiseau aime à s'entendre chanter.**

Arabe. — **Le singe se regarda dans un miroir et se vit gazelle.**

Français. — **Chacun en sa beauté se mire.**
(Baïf, *Mimes, Enseignements et Proverbes* [1576].)

— **L'amour-propre est le plus grand de tous les flatteurs.**
(La Rochefoucauld, *Réflexions ou Sentences et Maximes morales*, 2 [1665].)

— **Nul n'est content de sa fortune,
Ni mécontent de son esprit.**
(Mme Deshoulières, *Réflexions diverses*, VIII [1675].)

Kurde. — **Nul ne dit : « Mon petit-lait est aigre. »**
V. VANITÉ.

AMPHITRYON

Latin. — La table nous gagne plus d'amis que la bonté.
(Publilius Syrus, *Sentences*, 1er s. av. J.-C.)

— L'amphitryon est comme le général, l'adversité révèle son génie.
(Horace, *Satires*, II, VIII, 73 ; env. 35 av. J.-C.)

Allemand. — Qui invite des cigognes doit avoir des grenouilles.

Anglais *(Écosse).* **— Le bon accueil est le meilleur plat.**

Espagnol. — Celui qui vient perd, mais davantage perd celui qui met la nappe.

Persan. — Qui dresse sa table est cent fois coupable; qui ne la dresse pas n'est coupable qu'une fois.
V. HOSPITALITÉ, HÔTELIER, REPAS, VISITE.

ANARCHIE

Allemand. — Mieux vaut la dictature du fer que l'anarchie de l'or.

Anglais. — La tyrannie vaut mieux que l'anarchie et le pire des gouvernements est plus tolérable que pas de gouvernement du tout.
(Lord Camden, *Judgment in the case of the seizure of papers* [1765].)

Français. — L'anarchie est l'abus de la république, comme le despotisme est l'abus de la royauté.
(Voltaire, *Pensées sur le Gouvernement*, 23 [1762].)
V. DÉMOCRATIE, DESPOTISME, ÉTAT, GOUVERNEMENT, RÉPUBLIQUE, RÉVOLUTION, TYRAN.

ANCÊTRES

Grec. — Il vaut mieux être le premier de sa race que le dernier.
(Proverbe tiré de la réponse que fit Iphicrate, général athénien, à un compatriote qui lui reprochait d'être fils de cordonnier. — Cf. Plutarque, *Vies parallèles*.)

Latin. — Qui s'enorgueillit de ses ancêtres loue les exploits d'autrui.
(Sénèque, *Hercule furieux*, 340 [env. 50].)

Chinois. — Oublier ses ancêtres, c'est être un ruisseau sans source, un arbre sans racines.

Français. — Nous n'avons part à la gloire de nos ancêtres qu'autant que nous nous efforçons de leur ressembler.
(Molière, *Dom Juan*, IV, IV [1665].)

— Qui sert bien son pays n'a pas besoin d'aïeux.
(Voltaire, *Mérope*, I, III [1744].)

Persan. — Au jour de la résurrection, on te demandera quels sont tes actes, et non quel est ton père.
(Saadi, *Gulistan*, VII, 8; XIIIe s.)
V. ARISTOCRATIE, NOBLESSE.

ANGLETERRE

Allemand. — Non seulement l'Angleterre, mais tout Anglais est une île.
(Novalis, *Fragments* [1799].)

Anglais. — L'Anglais a trois qualités : il ne supporte pas la rivalité en amour, il ne permet à aucun étranger d'être son égal, il ne tolère d'être défié par personne.
(J. Lyly, *Euphues* [1579].)

— **La langue anglaise est du hollandais brodé de français.**
(J. Howell, *Lexicon Tetraglotton* [1659].)

— **Les Anglais sont de bons amis, mais de froides relations.**
(R. Cumberland, *The West Indian*, II [1771].)

— **L'Angleterre est la mère des Parlements.**
(John Bright, discours à Birmingham, 18 janvier 1865.)

— **Le divertissement des Anglais est de faire de l'argent.**
(J. Ruskin, *The Crown of Wild Olive*, I [1866].)

Français. — **Les Anglais ignorent quand ils sont battus.**
(Attribué à Napoléon Ier par G. J. Whyte-Melville, *Digby Grand*, IV [1853].)

Grec moderne. — **Les Anglais perdent toutes les batailles, sauf la dernière.**
(Eleutherios Venizelos [1864-1936]. — Cité par Winston Churchill au banquet annuel du lord-maire de Londres, le 10 novembre 1942.)

Italien. — **Un Anglais italianisé est un démon incarné.**
(Cité par Roger Ascham, *The Scholemaster* [1570].)

— **Les Anglais ont soixante sectes, mais une seule sauce.**
(Francesco Caraccioli [1752-1799].)

V. NATION (caractères nationaux et langues nationales).

ANTICIPATION (généralités)

Latin. — **Ne mange pas ton blé en herbe.**
(Ovide, *les Héroïdes*, XVII, 263; env. 10 av. J.-C.)

Espagnol. — **On ne cueille pas en verjus la grappe de raisin.**
(Cervantes, *Don Quichotte*, II, XXXVIII [1615].)

V. JEUNESSE ET VIEILLESSE.

ANTICIPATION (la peau de l'ours)

Grec. — **Ne comptez pas vos poussins avant qu'ils ne soient éclos.**
(Ésope, *Fables*, « la Laitière et le Seillon », VIe s. av. J.-C.)

Latin médiéval. — **Il faut prendre le cerf avant de le dépouiller.**
(Henry de Bracton, *De legibus et consuetudinibus Angliae*, IV, 1, 2 ; XIIIe s.)

— **Ne vendez pas la peau de l'ours avant de l'avoir tué.**
(Extrait d'une fable apocryphe introduite dans la collection d'Ésope par Laurent Astemio, *Hecatomythium* [1495]. — Philippe de Commines, *Mémoires*, IV, II, fait allusion à cet apologue en le plaçant dans la bouche de Frédéric III, quand le roi de France Louis XI lui proposa de s'emparer du duché de Bourgogne. — Repris par La Fontaine, *Fables*, V, XXI, 37-38, « l'Ours et les Deux Compagnons » : Il ne faut jamais vendre la peau de l'ours avant qu'on ne l'ait mis à terre.)

Espagnol. — **Ne m'appelle pas « olive » avant de m'avoir cueillie.**

Français. — **C'est viande mal prête que lièvre en buisson.**

— **Il ne faut pas chômer les fêtes avant qu'elles soient venues.**

— **Tel entre pape au conclave qui en sort cardinal.**

Malgache. — **Ne mesurez par l'arbre alors qu'il est encore debout.**

Turc. — **On ne vend pas le poisson qui est encore dans la mer.**

V. ENTREPRENDRE.

APPARENCE

Grec. — **C'est sur le fond et non sur l'apparence qu'il faut juger.**

(Ésope, *Fables*, « le Léopard et le Renard », vɪᵉ s. av. J.-C. — Cf. La Fontaine, *Fables*, XI, vɪɪ, « le Paysan du Danube » : Il ne faut point juger des gens sur l'apparence.)

— **On examine avec soin les objets dans les boutiques, mais quand il s'agit des gens, on les juge sur l'apparence.**

(Aristippe de Cyrène, vᵉ s. av. J.-C. — Cité par Diogène Laërce, *Phil. ill.*, ɪɪ.)

— **Nombreuses sont les porteuses de thyrse, et rares les bacchantes.**

(Platon, *Phédon*, 69; ɪvᵉ s. av. J.-C.)

— **La barbe ne fait pas le philosophe.**

(Plutarque, *Œuvres morales*, « Isis et Osiris », ɪᵉʳ s.)

Latin. — **Tous ceux qui possèdent des cithares ne sont pas des citharèdes.**

(Varron, *De re rustica*, II, ɪ, 3; env. 60 av. J.-C.)

— **Les rivières les plus profondes sont les plus silencieuses.**

(Quinte-Curce, *De rebus Alexandri Magni*, VII, ɪv; ɪᵉʳ s.)

— **On boit le poison dans une coupe d'or.**

(Sénèque, *Thyestes*, I, 453 [env. 60].)

Latin médiéval. — **Tout ce qui brille n'est pas or.**

(Cité par Alain de Lille, *Paraboles*, xɪɪɪᵉ s.)

— **L'habit ne fait pas le moine.**

(Cité par Rutebeuf, *le Frère Denise*, xɪɪɪᵉ s. — Cf. *Roman de la rose*, ɪɪɪɪo.)

— **Tout ce qui scintille comme pierre précieuse n'est pas gemme.**

(Nicolas Bourbon, *Œuvres*, xvᵉ s.)

— **Il ne faut pas juger de la liqueur d'après le vase.**

(*Vilis saepe cadus nobile nectar habet*, un vil récipient contient souvent un noble nectar.)

Allemand. — **La neige est une pureté menteuse.**

(Gœthe [1749-1832], *Maximen und Reflexionen*.)

Anglais (*Écosse*). — **Les plus beaux oiseaux sont les pires chanteurs.**

Arabe. — **L'oiseau que l'on égorge danse par douleur.**

Arménien. — **Le coup de pied d'un cheval paisible frappe dur.**

Bantou (*Bassouto*). — **Toute bouche rouge n'est pas bouche de sorcier.**

Berbère. — **Le dromadaire blanc est-il tout de graisse ?**

Brésilien. — **L'arbre feuillu ne donne pas toujours des fruits savoureux.**

Danois. — **Une vache noire donne du lait blanc.**

Français. — **Maint fol a une barbe.**

(*Proverbe que dit li vilains*, manuscrit du xɪɪɪᵉ s., Oxford, Rawlinson.)

— **Tous ne sont pas chevaliers qui à cheval montent.**

(*Proverbes au vilain*, manuscrit du xɪɪɪᵉ s., Paris, Bibl. nat.)

— **Beau noyau gît sous piètre écorce.**

(Manuscrit du xɪɪɪᵉ s., sans titre, Paris, Sainte-Geneviève.)

— **Il n'est pire eau que l'eau qui dort.**

(*Proverbes ruraux et vulgaux*, manuscrit du xɪvᵉ s., Paris, Bibl. nat. — Variante moderne : C'est l'eau qui dort qui noie.)

— **Tel a de beaux yeux qui ne voit goutte.**

(*Proverbes en françois*, manuscrit de 1456, Paris, Bibl. nat.)

— **Un diable n'est pas toujours aussi diable qu'il est noir.**

(A. de Montluc, *la Comédie de proverbes*, I, vɪ [1616].)

— Ce qu'il faut chercher à connaître, c'est le fond du panier.
(A.-P. Dutramblay, *Apologues*, III, 20 [1810].)

Irlandais (*gaélique*). — Ce n'est pas la vache qui beugle le plus fort qui a le plus de lait.

Italien. — On ne juge pas l'arbre à l'écorce.

Russe. — Le savon est gris, mais il lave blanc.

— Les démons vivent dans le lac tranquille.

Turc. — Ne vous fiez pas à la blancheur du turban, peut-être le savon fut pris à crédit.

V. AFFECTATION, FAUX-SEMBLANT, MINE, PARAÎTRE, RÊVE ET RÉALITÉ, VISAGE.

APPÂT

Latin médiéval. — Main vide n'est pas leurre pour faucon.
(John of Salisbury, *Polycraticus*, V, 10 [1175].)

Anglais. — On prend la truite en la chatouillant.
(Shakespeare, *Twelfth Night*, II, v, 24 [1601].)

— La souris échappée sent toujours l'odeur de l'appât.

— Le petit poisson sera bientôt pris qui mordille à tous les appâts.

Danois. — Qui veut attraper le renard, qu'il chasse avec des oies.

Espagnol. — Si l'appât ne manque point au colombier, les pigeons n'y manqueront pas non plus.

Malgache. — C'est la tendresse de la glu qui fait périr l'oiseau.

Nigritien (*Haoussa*). — C'est l'appât puant qui prend l'hyène.

V. PIÈGE.

APPÉTIT

Grec. — Il n'est condiment que d'appétit.
(Xénophon, *Cyropaedia*, I, v, 12; IVe s. av. J.-C.)

Latin médiéval. — L'appétit est le meilleur cuisinier.
Fames est optimus coquus.

Anglais. — Tout exige de l'habileté, sauf l'appétit.

Français. — L'appétit vient en mangeant.
(Rabelais, *Gargantua*, I, v [1534].)

V. FAIM, MANGER, NOURRITURE, VENTRE.

APPLAUDISSEMENTS

Grec. — Pour être applaudi, vous devez applaudir les autres.
(Saint Jean Chrysostome, *Homélies*, IVe s.)

Latin. — Le talent ne prend pas feu des applaudissements.
(Ovide, *Epistulae ex Ponto*, III, IV, 29 [env. 5].)

Anglais. — Les applaudissements sont l'aiguillon des nobles esprits, le but et la fin des esprits faibles.
(C. C. Colton, *Lacon or Many Things in Few Words* [1820].)

V. LOUANGE.

APPRÉCIATION

Anglais. — **Grand, on vous traite de géant; petit, on vous appelle nain.**

Danois. — **Tout ne se pèse pas à la balance.**

Italien. — **Toute chose est comme on l'estime.**

Serbe. — **On voit mieux l'œuvre d'autrui que son propre ouvrage.**

V. ESTIME, PRIX, VALEUR.

APPRENDRE

Grec. — **On apprend chaque jour quelque chose de nouveau.**
(Solon d'Athènes, VIᵉ s. av. J.-C. — Cité par Valerius Maximus, *Facta et Dicta*, VIII, VII.)

Latin. — **On se lasse de tout, excepté d'apprendre.**
(Virgile, Iᵉʳ s. av. J.-C. — Cité par M. H. Servius, *Commentarii in Virgilium*.)

Hébreu. — **Qui apprend et oublie est comme une femme qui conçoit et avorte.**
(Le Talmud, *Sanhédrin*, Vᵉ s.)

V. AUTODIDACTE, CONNAÎTRE, ÉTUDE, SAVOIR, SCIENCE.

APPRENTISSAGE

Grec. — **N'apprends pas le métier de potier sur une jarre à vin.**
(Proverbe cité par Platon, *Gorgias*, 514 *e*; IVᵉ s. av. J.-C.)

Chinois. — **Qui veut devenir dragon doit manger beaucoup de petits serpents.**

Espagnol. — **Apprends en pleurant, tu gagneras en riant.**

Français. — **A barbe de fol, on apprend à raire** (à raser).

V. ESSAI, EXPÉRIENCE, MAÎTRE ET ÉLÈVE, THÉORIE ET PRATIQUE.

APPROPRIATION

Canadien. — **On n'envoie pas une souris pour attraper un skunks.**

Chinois. — **Pour extraire une épine, servez-vous d'une épine.**

Espagnol. — **A chair de loup, dent de chien.**

— **Rien de meilleur pour un âne que le bât.**

Français. — **A telle lame telle gaine.**
(Manuscrit du XIIIᵉ s., sans titre, Paris, Sainte-Geneviève.)

— **A chaque pied son soulier.**
(Montaigne, *Essais*, III, XIII [1588].)

— **Selon le drap, la robe.**
(Mathurin Régnier, *Satires*, XIII, 129 [1609].)

— **A dur âne, dur aiguillon.**
(Variante : A méchant chien, court lien.)

Indien (*hindî*). — **Ne prenez pas un nain pour mesurer la profondeur de l'eau.**

— (*tamil*). — **Il faut répondre au diable dans la langue du diable.**

Malgache. — **La charge d'une fourmi est un grain de riz.**

Mongol (*kalmouk*). — **On ne doit pas dégainer son épée contre un pou.**

Russe. — **Le bois noueux veut une hache tranchante.**

V. ADAPTATION, CONVENANCE.

APTITUDE

Antiquité chinoise. — Un homme n'est pas bon à tout, mais il n'est jamais propre à rien.
(Se Ma-fa, *Règles*, IV; IVe s. av. J.-C.)

Latin. — Tous nous ne pouvons pas tout.
(Virgile, *Bucoliques*, VIII, 63; env. 40 av. J.-C.)

Allemand. — Il y a un homme dans chaque chemise.
(Gœthe [1749-1832], *Maximen und Reflexionen*. — C'est-à-dire : Ce que l'un peut faire, un autre le peut aussi — en principe.)

Anglais. — Toutes les clés ne pendent pas à la même ceinture.

Français. — Bon crocheteur toutes portes crochète.
(Ch. Bourdigné, *la Légende de maître Pierre Faifeu* [1527].)

V. COMPÉTENCE, EFFICIENCE, EXPERT, MÉTIER, SOI (connaissance de), TALENT.

ARABE

Arabe. — Le véritable honneur est dans la vie nomade.
(Abd el-Kader [1807-1883].)

— Sous la tente de l'Arabe, la foi donnée est toujours respectée.
(Silvestre de Sacy, *Chrestomathie arabe* [1826].)

V. NATION, RACE.

ARBITRE

Grec. — Mieux vaut servir d'arbitre entre deux ennemis qu'entre deux amis, car l'un des amis deviendra un ennemi, et l'un des ennemis un ami.
(Bias, VIe s. av. J.-C. — Cité par Diogène Laërce, *Phil. ill.*, I.)

Anglais. — Celui qui s'interpose dans les querelles essuie son nez sanglant.
(John Gay, *Fables*, I, XXXIV [1727].)

Arabe. — Entre l'oignon et sa pelure on ne tire qu'une mauvaise odeur.

Chinois. — Pas de bon médiateur, s'il n'est un peu menteur.

Français. — Il faut toujours donner un coup à la douve et l'autre au cercle.
(L'arbitre partage la raison et le tort entre les adversaires.)

Nigritien *(Achanti).* **— Quand un aîné partage un plat brûlant, la viande refroidit.** (Pendant que l'arbitre juge, la querelle s'apaise.)

Turc. — Le cheval rue, la mule donne des coups de sabot, et entre les deux l'âne meurt.

V. AUTRUI (affaires d'), INTERMÉDIAIRE, QUERELLE.

ARDÉLION

Latin. — La mouche sur le timon gourmande la mule.
(Phèdre, *Fables*, III, VI « la Mouche et la Mule », env. 25 av. J.-C. — La fable que La Fontaine a composée sur le même sujet, *Fables*, VII, IX, « le Coche et la Mouche », est d'une portée plus générale; La Fontaine y représente non la sottise méchante, mais l'activité encombrante, importune, et ridicule par un mélange d'impuissance et de vanité; d'où la locution proverbiale : c'est la mouche du coche.)

Sanskrit. — Après le crépuscule, les vers luisants pensent : « Nous avons donné la lumière au monde ! »

Américain. — Si tu ne peux pousser, tire; si tu ne peux tirer, tire-toi de là!

Anglais. — **Nous autres, chiens de chasse, nous avons tué le lièvre,** dit le bichon.

Français. — **La cinquième roue de la charrette gêne plus qu'elle n'aide.**

Letton. — **Nous avons bien ramé,** dit la puce, quand le pêcheur accoste.

Malgache. — **La fourmi, perchée sur la corne du zébu, s'imagine qu'elle est pour quelque chose dans le balancement de sa tête.**

Turc. — **Quand le dromadaire ploie sous le faix, c'est le chien qui s'affaire et s'essouffle.**

V. OUTRECUIDANCE.

ARGENT

Grec. — **On se lasse de tout, sauf de l'argent.**
(Théognis de Mégare, *Sentences*, 596; VIᵉ s. av. J.-C.)

— **L'argent est le nerf des affaires.**
(Bion de Boristhène, IIIᵉ s. av. J.-C. — Cité par Diogène Laërce, *Phil. ill.*, IV. — Cf. Cicéron, *Orationes Philippicae*, V : L'argent est le nerf de la guerre. — Rabelais, *Gargantua*, XLVI : Les nerfs des batailles sont les pécunes.)

Bible. — **L'argent protège.**
(L'Ecclésiaste, VII, 12; IIᵉ s. av. J.-C. — Cf. X, 19 : Tout obéit à l'argent.)

Latin. — **L'argent est serviteur ou maître.**
(Horace, *Épîtres*, II, 47; env. 17 av. J.-C. — D'où le proverbe général : « L'argent est un bon serviteur et un mauvais maître. »)

— **Un coffre-fort enferme en ses flancs Jupiter lui-même.**
(Pétrone, *Satiricon*, CXXXVII [env. 60].)

— **L'argent n'a pas d'odeur.**
(Cité par Suétone, *Vie des douze Césars*, XXIII. — Réponse de Vespasien à son fils Titus qui lui reprochait d'avoir établi un impôt sur les édicules publics.)

— **Il est aussi mauvais d'avoir de l'argent que de n'en avoir pas.**
(Lucius Florus, *Épigrammes*, VIII, 2 [env. 90].)

— **D'où vient votre argent, nul ne s'en informe, mais il faut en avoir.**
(Sentence citée par Juvénal, *Satires*, XIV, 207 [env. 120].)

— **L'argent est un onguent.**
(Pline le Jeune, *Lettres*, II, 11; début du IIᵉ s.)

Hébreu. — **L'argent purifie tout.**
(Le Talmud, *Kiddushin*, Vᵉ s.)

Latin médiéval. — **L'argent est un autre sang.**
(Antoine de Butrio [1338-1408]. — Cité par Rabelais, *Tiers Livre*, XLII.)

— **Si tu combats avec une épée d'argent, tu seras toujours vainqueur.**
(Erasme, *Adages*, II, VII, 43 [1508].)

Proverbe général. — **Si vous voulez savoir la valeur de l'argent, essayez d'en emprunter.**
(Cité par B. Franklin, *Pennsylvania Almanac* [1758].)

Allemand. — **Dieu règne au ciel, et l'argent sur la terre.**

— **Parlez d'argent et chacun se tait.**

Américain. — **Rien n'est plus doux que le miel, sauf l'argent.**
(B. Franklin, *Poor Richard's Almanac* [1735].)

Anglais. — **L'argent est un fruit toujours mûr.**
(J. Heywood, *Proverbs in the English Tongue* [1546].)

— Quand l'argent précède, toutes les portes s'ouvrent.
(Cité par Shakespeare, *The Merry Wives of Windsor*, II, ɪɪ [1598].)

— L'argent est pareil au fumier, qui ne sert de rien s'il n'est épandu.
(Francis Bacon, *Essays*, xv [1625].)

Arabe. — L'argent fait un chemin dans la mer.

Basque. — Un marteau d'argent rompt des portes de fer.

Chinois. — Il n'est métal si dur que le feu n'amollisse, ni affaire si mauvaise
que l'argent n'accommode.

Danois. — L'argent est plus éloquent que douze membres du Parlement.

Espagnol. — La meilleure fondation du monde, c'est l'argent.
(Cervantes, *Don Quichotte*, II, xx [1615].)

Finnois-finlandais. — Avec une faucille d'argent, on moissonne des épis d'or.

Français. — Qui n'a point d'argent n'a point d'ami.
(Manuscrit du xɪɪɪᵉ s., sans titre, Paris, Sainte-Geneviève.)

— Faute d'argent, c'est douleur non pareille.
(Rabelais, *Pantagruel*, xvɪ [1532].)

— Point d'argent, point de Suisse.
(Ce proverbe a pour origine la défection, sous François Iᵉʳ, de mercenaires suisses
qui n'avaient pas reçu leur solde. — Cité par Racine, *les Plaideurs*, I, ɪ, 15.)

— On ne manie pas le beurre sans se graisser les doigts.
(P.-J. Le Roux, *Dictionnaire proverbial* [1786].)

— Plaie d'argent n'est pas mortelle.
(P.-M. Quitard, *Études historiques, littéraires sur les proverbes* [1860].)

— L'argent est une troisième main.
P. J. Toulet, *Almanach des trois impostures*, 183 [1922].)

— On fait tout avec de l'argent, excepté les hommes.
(Auguste Detœuf, *Propos de O.-L. Barenton, confiseur* [1937].)

Indien *(bihari)*. — L'argent gît dans l'oreille d'un lion.

Irlandais *(gaélique)*. — Dieu ne paie pas ses dettes en argent.

Japonais. — L'argent n'a pas d'oreilles, mais il entend; il n'a pas de jambes,
mais il court.

Russe. — Qui a de l'argent met dans sa poche ceux qui n'en ont pas.
(Tolstoï, *l'Argent* [1895].)

Serbe. — L'argent et le diable n'ont pas de repos.

V. AMITIÉ ET ARGENT, AMOUR ET ARGENT, CORRUPTION, FEMME ET L'ARGENT (la),
HOMME ET L'ARGENT (l'), MARIAGE ET ARGENT, OR, RICHES ET PAUVRES.

ARGENT (Gagner de l')

Latin. — Pour gagner de l'argent, il faut en dépenser.
(Plaute, *Asinaria*, 217; ɪɪᵉ s. av. J.-C.)

— Gagne de l'argent d'abord, la vertu vient après.
(Horace, *Épîtres*, I, ɪ, 54; env. 17 av. J.-C.)

Anglais. — Si vous voulez récolter de l'argent, semez-en.

Indien *(hindi)*. — Il faut déjà des éléphants pour faire la chasse aux éléphants.

Yiddish. — On a toujours besoin de plus d'argent que l'on n'en gagne.

V. GAGNER ET DÉPENSER, PAYER (Se faire).

ARGUMENT

Latin. — **On n'argumente pas contre le soleil.**
(C'est-à-dire : on ne discute pas devant l'évidence.)

Français. — **Un seul bon argument vaut mieux que plusieurs arguments meilleurs.**

Nigritien *(Peul).* — **On répond à un discours en le prenant par son coude.**
(Tout discours a un « coude », un argument saillant, une idée dominante, qu'il faut discerner et à quoi il faut répondre.)

V. AFFIRMER, DISCUSSION, NIER, PERSUADER, PREUVE.

ARISTOCRATIE

Américain. — **L'aristocratie véritable est celle de la vertu et du talent.**
(Thomas Jefferson, *Lettre à John Adams*, 28 oct. 1813.)

Français. — **Les gens de qualité savent tout sans avoir rien appris.**
(Molière, *les Précieuses Ridicules*, IX [1659].)

V. ANCÊTRES, NOBLESSE.

ARME

Antiquité chinoise. — **Les armes les plus sûres sont des instruments de malheur**
(Lao-Tseu, *Livre du Tao et de sa vertu*, I, 31 ; VIe s. av. J.-C.)

Latin. — **Il y a peu de raison dans les armes.**
(Virgile, *Énéide*, II, 315 ; env. 19 av. J.-C.)

Allemand. — **Il faut avoir l'œil chaque jour sur les armes, les femmes et les verrous.**

Bantou *(Vandau).* — **Le couteau ne connaît pas son maître.**

Espagnol. — **Celui qui porte un bâton ne sera pas mordu par un chien.**

Russe. — **Le loup ne craint pas le chien de berger, mais son collier à clous.**

Turc — **L'arme est l'ennemie de son maître.**

V. ATTAQUE ET DÉFENSE, ÉPÉE.

ARMÉE

Antiquité chinoise. — **Les ronces et les épines poussent sur les traces des armées.**
(Lao-Tseu, *Livre du Tao et de sa vertu*, I, XXX, 3 ; VIe s. av. J.-C.)

Grec. — **Une armée de cerfs conduite par un lion est plus redoutable qu'une armée de lions conduite par un cerf.**
(Chabrias, général athénien, IVe s. av. J.-C. — Cité par Plutarque, *Vies parallèles.*)

Latin. — **Quand une fois les membres plient, il est nécessaire que le corps succombe.**
(Quinte-Curce, *De rebus gestis Alexandri Magni*, III, VIII ; Ier s.)

Allemand. — **Une armée, comme un serpent, marche sur le ventre.**
(Frédéric II, le Grand [1712-1786].)

Annamite. — **L'armée est le poisson et le peuple est l'eau dans laquelle il se meut.**

V. BATAILLE, GÉNÉRAL, SOLDAT, STRATÉGIE ET TACTIQUE.

ARMÉNIEN

Grec moderne. — **En affaires, il faut deux Juifs contre un Grec, deux Grecs contre un Syrien, et deux Syriens contre un Arménien.**

Libanais. — **Si vous pouvez faire un bon marché avec un Arménien, vous le pouvez aussi avec le diable.**

V. NATION (caractères nationaux et langues nationales).

ARROGANCE

Bible. — **L'arrogant est en abomination au Seigneur.**
(Livre des Proverbes, XVI, 5; IVe s. av. J.-C.)

Latin. — **Les dieux vengeurs suivent de près les arrogants.**
(Sénèque, *Hercule furieux*, 385 [env. 55].)

Latin médiéval. — **La montagne ne fraie pas avec la montagne.**
(Érasme, *Adages*, III, III, 45 [1508]. — Signifie que deux personnages hautains ne peuvent s'entendre.)

V. INSOLENCE, ORGUEIL.

ART

Grec. — **La vie est courte, l'art est long.**
(Hippocrate, *Aphorismes*, I, 1; IVᵉ s. av. J.-C. — L'art dont il s'agit est celui de la médecine, mais l'aphorisme a pris un sens général.)

Latin. — **L'amour de l'art n'a jamais enrichi personne.**
(Pétrone, *Satiricon*, LXXXIII [env. 60].)

— **L'art est de cacher l'art.**
(Quintilien, *De institutione oratoria*, I, II, 3 [env. 90]. — *Prima est ne ars videatur*, la perfection de l'art, c'est que l'art n'apparaisse pas.)

Anglais. — **L'art est beau quand la main, la tête et le cœur travaillent ensemble.**
(J. Ruskin, *The Two Paths*, II [1866].)

Français. — **Le secret des arts est de corriger la nature.**
(Voltaire, *Épîtres*, CV [1769].)

— **Tous les arts sont frères, chacun apporte une lumière aux autres.**
(Voltaire, *Ode sur la mort de la princesse de Bayreuth* [1772].)

Indien *(mahratte).* — **Seul le rossignol comprend la rose.**

Turc. — **Pour l'artiste, l'art est caché sous un brin d'herbe; pour le profane, sous une montagne.**

V. BEAUTÉ (la).

ARTISAN

Latin. — **L'artisan vit partout.**
(*Quaevis terra alit artem :* Toute terre nourrit l'art.)

Hébreu. — **La famine dura sept ans, mais n'entra pas chez l'artisan.**
(Le Talmud, *Sanhédrin*, Vᵉ s.)

Persan. — **Un sac d'or se vide; la bourse de l'artisan est toujours pleine.**
(Saadi, *Boustan*, VII, 16; XIIIᵉ s.)

V. MÉTIER, OUVRIER.

ARTISAN DE SON SORT (Chacun est l')

Antiquité chinoise. — **On peut se préserver des calamités envoyées par le ciel, mais non de celles que l'on s'est attirées soi-même.**
(*Chou-king* [Livre de l'histoire], VIᵉ s. av. J.-C.)

Grec. — **Sur la flèche qui l'atteint l'oiseau reconnaît ses plumes.**
(Ésope, *Fables*, « l'Aigle et la Flèche. »)

— **Les hommes ont les maux qu'ils ont eux-mêmes choisis.**
(Pythagore, *les Vers d'or*, 54; VIᵉ s. av. J.-C.)

— **De tous les maux, les plus douloureux sont ceux que l'on s'est infligés à soi-même.**
(Sophocle, *Œdipe roi*, 1231; Vᵉ s. av. J.-C.)

Latin. — **Chacun est l'artisan de son sort.**
(Aphorisme du censeur Appius Claudius Caecus, le constructeur de la voie Appienne, IVᵉ s. av. J.-C. — Cité par Salluste, *De republica ordinanda*, I, 1.)

— **Comme tu auras semé, tu moissonneras.**
(Cité par Cicéron, *De oratore*, II, LXV, 261 : *Ut sementem feceris, ita metes.* — Cf. la Bible, Épître de saint Paul aux Galates, VI, 8 : Ce que l'on sème, c'est aussi ce que l'on récolte.)

Islam. — **Ce que vous faites de bien et de mal, vous le faites à vous-même.**
(Le Koran, XVII, 7; VIIᵉ s.)

Proverbe général. — **Chacun est le fils de ses œuvres.**
(Cité par Cervantes, *Don Quichotte*, I, IV.)

Anglais. — **Comme vous brassez, vous buvez.**
(Gower, *Confessio amantis*, III; XIVᵉ s.)

— **Les épines que je moissonne viennent du buisson que j'ai planté.**
(Byron, *Childe Harold*, IV [1818].)

Chinois. — **Le sage se demande à lui-même la cause de ses fautes, l'insensé la demande aux autres.**

Français. — **Tel donne les verges dont il sera battu.**
(*Proverbes de France*, manuscrit du XIVᵉ s., Cambridge.)

— **Comme on fait son lit on se couche.**
(Cité par Ph. Le Duc, *Proverbes en rimes* [1664].)

— **La plupart des peines n'arrivent si vite que parce que nous faisons la moitié du chemin.**
(G. de Lévis, *Maximes et Préceptes* [1808].)

Persan. — **Si vous sautez dans un puits, la Providence n'est pas obligée d'aller vous y chercher.**

Turc. — **Le monde entier fût-il ligué contre toi, il ne peut te faire le quart du mal que tu te fais à toi-même.**

V. COMPORTEMENT, RESPONSABILITÉ.

ASCÈTE

Antiquité chinoise. — **Un bol de riz avec de l'eau et le coude pour oreiller, voilà un état qui a sa satisfaction.**
(Confucius, *Livre des sentences*, VII, 15; VIᵉ s. av. J.-C.)

— **Celui qui s'abstient de ce dont il ne doit pas s'abstenir, il n'y aura rien dont il ne s'abstienne.**
(Mencius, *Livre des livres*, II, VII, 44; IVᵉ s. av. J.-C.)

Islam. — **Affame ton ventre, assoiffe ton foie, dénude ton corps, afin que ton cœur puisse voir Dieu en ce monde.**
(Proverbe soufi, x⁰ s.)

Latin médiéval. — **L'ascète n'a rien à lui que sa harpe.**
(Joachim de Flore, *Expositio in Apocalipsim*, XII⁰ s.)
V. SAINT.

ASIE

Anglais. — **L'Asie l'emporte sur l'Europe.**
(Lafcadio Hearn [1850-1904]. — Signifie que l'Asie l'emporte sur l'Europe en se résignant à un moindre niveau de vie.)

Français. — **L'Asie est un mets très séduisant qui empoisonne ceux qui le mangent.**
(J.-A. de Gobineau, *Trois Ans en Asie* [1858].)
V. OCCIDENT ET ORIENT.

ASSEZ et TROP

Grec. — **Assez vaut festin.**
(D'après Euripide, *les Suppliantes*, 865; v⁰ s. av. J.-C.)

Latin. — **Que celui qui a assez ne souhaite rien de plus.**
(Horace, *Epîtres*, I, II, 46; env. 17 av. J.-C.)

Anglais. — **Celui qui sait quand il a assez n'est pas fou.**

Arabe. — **Le trop de quelque chose est un manque de quelque chose.**

Égyptien. — **Trop d'aiguillon enseigne à l'âne à ruer.**

Espagnol. — **L'envie d'y trop mettre rompt le sac.**
(Cervantes, *Don Quichotte*, I, XX [1605].)

Français. — **Nul trop n'est bon, nul peu n'est assez.**
(*Proverbia vulgalia et latina*, manuscrit du XIII⁰ s., Paris, Bibl. nat. — Variante moderne : Il y a deux sortes de trop : le trop et le trop peu.)

— **Le trop d'expédients peut gâter une affaire.**
(La Fontaine, *Fables*, IX, XIV, « le Chat et le Renard » [1678].)

Japonais. — **Trop est pire que peu.**

Russe. — **Il faut abattre l'arbre qui donne trop ou pas assez d'ombre.**

V. ABONDANCE, « AUREA MEDIOCRITAS », BEAUCOUP ET PEU, DÉMESURE, EXAGÉRATION, EXCÈS, INSATIABILITÉ, MESURE, MODÉRATION, NÉCESSAIRE ET SUPERFLU.

ASSOCIATION (généralités)

Grec. — **L'ouvrage de plusieurs est plus grand, et plus grand est le profit.**
(Hésiode, *les Travaux et les Jours*, 381; VIII⁰ s. av. J.-C.)

— **Il y a société entre le crocodile et le roitelet.**
(Cité par Aristote, *Ethique à Eudème*, VII, II, 17; IV⁰ s. av. J.-C.)

Bible. — **Le fil triplé ne rompt pas facilement.**
(L'Ecclésiaste, IV, 12; III⁰ s. av. J.-C.)

Hébreu. — **Le pot qui appartient à deux associés n'est ni froid ni chaud.**
(Le Talmud, *Erubin*, v⁰ s.)

Latin médiéval. — Le nain qui est sur l'épaule d'un géant voit plus loin que celui qui le porte.

Pigmaei gigantum humeris impositi plus quam ipsi gigantes vident.

Allemand. — Quand tu veux danser, vois à qui tu donnes la main.

Anglais. — Quand plusieurs frappent sur l'enclume, ils doivent frapper en cadence.

Bantou *(Ouganda).* — On ne creuse pas avec le manche de la bêche, mais le manche aide à creuser.

Espagnol. — Quand deux amis puisent dans une seule bourse, l'un chante et l'autre pleure.

Français. — Quand les bœufs vont à deux, le labourage en va mieux.

(Sedaine, *Pièces fugitives* [1752].)

— Les étourneaux sont maigres parce qu'ils vont en troupe.

(Cité par A. Daudet, *Lettres de mon moulin*, « l'Élixir du R. P. Gaucher ».)

Indien *(hindi).* — L'union de l'homme et de la femme est l'unique bonne association.

— *(hindî).* — A la croisée des chemins, le pot des associés se brise.

— *(hindoustani).* — L'un des deux associés mord toujours le rouge de la pomme.

— *(pundjabi).* — S'associer, c'est s'arracher les cheveux.

Italien. — Le pape et le paysan unis en savent davantage que le pape seul.

Libanais. — S'il y avait avantage dans l'association, deux hommes ne prendraient qu'une femme.

Maltais. — Quand deux bons associés s'unissent, la pâte rencontre le levain.

Polonais. — Associé avec une femme, le démon lui-même perd la partie.

V. COMMUNAUTÉ, COMPAGNON, SEUL, UNION.

ASSOCIATION (entre égaux)

Bible. — Quelle association peut-il y avoir entre le pot de terre et le chaudron ? Le chaudron heurtera le pot de terre et celui-ci sera brisé.

(L'Ecclésiastique, XIII, 2; IIe s. av. J.-C.)

Latin. — S'associer avec un puissant n'est jamais sûr.

(Phèdre, *Fables*, I, v; env. 25 av. J.-C.)

Chinois. — Qui chevauche un tigre n'en descend pas aisément.

Français. — N'attelle pas ensemble l'âne et le cheval.

(*Proverbes rurauz et vulgauz*, manuscrit du XIVe s., Paris, Bibl. nat.)

— Ne nous associons qu'avec que nos égaux.

(La Fontaine, *Fables*, « le Pot de terre et le Pot de fer », V, II.)

Indien *(hindi).* — L'association (ou l'alliance) est une chaîne qui a la force de son plus faible chaînon.

V. CHEF (Un seul).

ATAVISME

Français *(Cantal).* — Quand une vache blanche entre dans une étable, une vache blanche en sort cent ans après.

Irlandais *(gaélique)*. — **La mauvaise goutte de sang dure jusqu'à la dix-septième génération.**

Romanichel *(gypsy)*. — **On peut compter le nombre de pommes sur un arbre, mais on ne peut compter le nombre d'arbres dans une pomme.**

V. HÉRÉDITÉ, NATUREL, ORIGINE, RACE.

ATHÉISME

Anglais. — **Beaucoup ne sont athées que par beau temps.**
(Edward Young, *Night Thoughts*, V [1742].)

Français. — **L'athée ne nie pas Dieu et la religion, il n'y pense point.**
(La Bruyère, *les Caractères*, « Des esprits forts », 16 [1688].)

Italien. — **La lumière poursuit l'aveugle.**

V. DIEU, FOI, IMPIÉTÉ, RELIGION.

ATTAQUE et DÉFENSE

Antiquité chinoise. — **Pour te défendre n'attends pas d'être accablé sous les traits de ton adversaire, ni d'avoir les yeux éblouis par ses armes.**
(Mencius, *Livre des livres*, I, III, 2 ; IVe s. av. J.-C.)

Anglais. — **Le premier coup fait la moitié du combat.**
(Cité par Oliver Goldsmith, *She Stoops to Conquer*, II [1773].)

Français. — **A bon chat bon rat.**
(Cholières, *les Matinées*, V [1585]. — C'est-à-dire : L'attaque vaut la défense.)

— **Si les agresseurs ont tort là-haut, ils ont raison ici-bas.**
(Napoléon Ier [1769-1821], *Maximes et Pensées*.)

V. INITIATIVE, STRATÉGIE ET TACTIQUE.

ATTENDRE

Latin médiéval. — **Pendant que l'herbe pousse, le cheval meurt.**
(*Dum herba crescit ; equus moritur.* — Cité par Shakespeare, *Hamlet*, III, II, 358 [1602].)

Anglais. — **Attendons un peu pour finir plus vite.**
(Cité par Francis Bacon, *Essays*, XXV [1625].)

— **L'attente que nourrit l'espoir n'est pas une véritable attente.**
(Edward Benlowes, *Theophila* [1652].)

— **Attendre et voir venir.**
(Daniel Defoe, *Robinson Crusoe*, I, 267 [1719]. — Formule rendue célèbre par H. H. Asquith, à la Chambre des communes, en 1910.)

Arabe. — **L'attente est plus dure à supporter que le feu.**

Chinois. — **A qui sait attendre, le temps ouvre les portes.**

Danois. — **Qui se nourrit d'attente risque de mourir de faim.**

Français. — **Qui bien attend ne surattend.**
(*Proverbia vulgalia et latina*, manuscrit du XIIIe s., Paris, Bibl. nat.)

— **Tant crie-t-on Noël qu'il vient.**
(Villon, *Ballade des proverbes* [1460].)

— **Tout vient à point, qui peut attendre.**
(Rabelais, *Quart Livre*, XLVIII [1552]. — Variante moderne : « Tout vient à point à qui sait attendre. »)

Russe. — Le temps n'est pas un loup, il ne fuira pas dans les bois.

V. AJOURNER, AUJOURD'HUI ET DEMAIN, DÉLAI, DÉLIBÉRER, PREMIER ET DERNIER, RETARD, RETARDEMENT.

ATTENDRE (Se faire)

Français. — On compte les défauts de qui se fait attendre.

Italien. — Les heures sont faites pour l'homme, et non l'homme pour les heures.

V. PONCTUALITÉ.

ATTENTION

Grec. — Quelle est la chose la meilleure ? Bien faire ce que l'on fait.
(Pittacos, VIᵉ s. av. J.-C. - Cité par Diogène Laërce, *Phil. ill.*, I.)

Latin médiéval. — Il fait beaucoup, celui qui fait bien ce qu'il fait.
(*De imitatione Christi*, I, XV, 2 [1424].)

Arabe. — La main de l'homme attentif à son travail est une balance.

Français. — Ce qui vaut la peine d'être fait vaut la peine d'être bien fait.
(Devise de Nicolas Poussin [1594-1665].)

V. AGIR, ESPRIT (Présence d'), SOIN, VIGILANCE.

AUDACE

Latin — La Fortune favorise les audacieux.
(*Térence, Phormio*, 203: IIᵉ s. av. J.-C. — On cite plus fréquemment Virgile, *Enéide*, X, 284 : *Audentes fortuna juvat*.)

— L'audacieux triomphe du péril avant de l'apercevoir.
(Publilius Syrus, *Sentences*, Iᵉʳ s. av. J.-C.)

— L'audace cache de grandes craintes.
(Lucain, *la Pharsale*, IV, 702 [env. 60].)

Hébreu. — L'audace est une royauté sans couronne.
(Le Talmud, *Sanhédrin*, Vᵉ s.)

Anglais (*Écosse*). — Rien n'est plus audacieux qu'un cheval aveugle.

Basque. — Le monde appartient aux audacieux et le ciel à ceux qui lui font violence.

Espagnol. — Mettez en tout un grain d'audace.
(Baltasar Gracian, *Oraculo manual*, 182 [1647].)

Français. — Le succès fut toujours un enfant de l'audace.
(Crébillon, *Catilina*, III, IV [1748].)

Tchèque. — Un front audacieux vaut mieux qu'un petit domaine.

V. HARDIESSE, OSER, RISQUE.

AUJOURD'HUI et DEMAIN

Grec. — On ne sait aujourd'hui de quoi demain sera fait.
(Simonide de Céos, *Fragments*, Vᵉ s. av. J.-C.)

Bible. — Ne te glorifie pas du lendemain, car tu ne sais pas ce qu'enfantera le jour suivant.
(Livre des Proverbes, XXVII, 1: IVᵉ s. av. J.-C.)

— **A chaque jour suffit sa peine.**

(Évangile selon saint Matthieu, vi, 34 [env. 65]. — L'interprétation moderne a dérivé du sens historique. — Cf. Lamartine, *Premières Méditations poétiques*, XX, 96 : Le soin de chaque jour á chaque jour suffit.)

Anglais. — **Un aujourd'hui vaut deux demain.**

(Francis Quarles, *Enchyridion* [1640].)

Arabe. — **On a semé le mot « demain » et il n'a pas poussé.**

Espagnol. — **Demain est souvent le jour le plus chargé de la semaine.**

Nigritien *(Yorouba)*. — **Aujourd'hui, c'est le monde; demain, c'est l'autre monde.**

Persan. — **Qui a vu demain ?**

V. AJOURNER, AVENIR (l'), « CARPE DIEM », DILIGENCE, RETARDEMENT.

AUMÔNE

Bible. — **Qui donne aux pauvres prête à Dieu.**

(Livre des Proverbes, XIX, 17; IV⁰ s. av. J.-C.)

— **L'eau éteint le feu et l'aumône expie les péchés.**

(L'Ecclésiastique, III, 28; II⁰ s. av. J.-C.)

— **Quand tu fais l'aumône, ne fais pas sonner de la trompette devant toi; que ta main gauche ne sache pas ce que fait ta main droite.**

(Évangile selon saint Matthieu, vi, 3 [env. 65].)

Grec. — **Faites l'aumône non pas à l'individu, mais à l'homme.**

(Aristote, IV⁰ s. av. J.-C. — Cité par Diogène Laërce, *Phil. ill.*, V. — Signifie : Faites l'aumône par humanité et non par sympathie personnelle.)

Hébreu. — **L'aumône est le sel des richesses.**

(Le Talmud, *Ketuboth*, V⁰ s. — Littéralement : Salez votre argent avec des aumônes qui le réduiront. — Signifie que l'aumône a la vertu du sel et empêche les richesses de se corrompre.)

Arabe. — **Je donne une datte aux pauvres afin d'en goûter la vraie saveur.**

— **Dieu a façonné la main de l'homme pour l'aumône.**

Français. — **En matière d'aumône, il faut fermer la bouche et ouvrir le cœur.**

(Guillaume Bouchet, *les Serées*, XXX [1598].)

— **L'aumône est sœur de la prière.**

(Victor Hugo, *les Feuilles d'automne*, XXXII, « Pour les pauvres » [1831].)

— **Joindre les mains, c'est bien; les ouvrir, c'est mieux.**

(Louis Ratisbonne, *la Comédie enfantine* [1860].)

Persan. — **Il est plus facile de prendre du poison qu'une aumône.**

Turc. — **Qui demande l'aumône rougit une fois; qui la refuse rougit deux fois.**

V. CHARITÉ, DONNER, GÉNÉROSITÉ, MENDIER.

« AUREA MEDIOCRITAS »

Grec. — **La moitié vaut mieux que le tout.**

(Hésiode, *les Travaux et les Jours*, 40; VII⁰ s. av. J.-C. — L'explication donnée par Platon, *la République*, V, 466 c, tend à montrer qu'une honnête médiocrité d'or est plus heureuse que la possession des biens de l'Etat.)

Bible. — **Ne me donne ni pauvreté ni richesse.**

(Livre des Proverbes, XXX, 8; IV⁰ s. av. J.-C.)

Latin. — **Il n'est personne qui n'aime la médiocrité dorée.**
(Horace, *Odes*, II, x; env. 23 av. J.-C.)

Anglais. — **Un petit cottage bien édifié, une petite terre bien cultivée, une petite femme bien disposée.**

— *(Écosse).* — **Mieux vaut un petit feu qui réchauffe qu'un grand feu qui brûle.**

Français. — **Bonheur gît en médiocrité,**
Ne veut ni maître ni valet.
(Baïf, *Mimes, Enseignements et Proverbes* [1576].)

— **Ni l'or ni la grandeur ne nous rendent heureux.**
(La Fontaine, *Philémon et Baucis* [1685].)
V. BONHEUR, CONTENTEMENT, GRANDS ET PETITS, OBSCURITÉ.

AURORE

Grec. — **L'aurore prend pour sa part le tiers de l'ouvrage.**
(Hésiode, *les Travaux et les Jours*, 578; VIIIᵉ s. av. J.-C.)

Latin. — **L'aurore a de l'or dans la bouche.**
(*Aurora quia habet aurum in ore*, On l'appelle aurore parce qu'elle a de l'or dans la bouche. — Jeu de mots entre *aurora*, *aurum* et *ore*.)

Latin médiéval. — **L'aurore est l'amie des muses.**
(Érasme, *De natione studii*, « Lettre à Christian Narthoff » [1497].)

Espagnol. — **Celui qui ne se lève pas avec le soleil ne jouit pas de la journée.**
(Cervantes, *Don Quichotte*, II, XLIII [1615].)

Français. — **Paris appartient à ceux qui se lèvent tôt.**
V. JOUR ET NUIT, MATIN ET SOIR, PREMIER ET DERNIER.

AUTEUR

Français. — **Un auteur gâte tout, quand il veut trop bien faire.**
(La Fontaine, *Fables*, V, I, « le Bûcheron et Mercure » [1668].)

— **Vingt fois sur le métier remettez votre ouvrage;**
Polissez-le sans cesse et le repolissez.
(Boileau, *l'Art poétique*, I, 172-173 [1674].)

— **Il faut plus que de l'esprit pour être auteur.**
(La Bruyère, *les Caractères*, « Des ouvrages de l'esprit », 3 [1688].)

— **Métier d'auteur, métier d'oseur.**
(Beaumarchais [1732-1799]. — Cité par Gudin de la Brenellerie, *Mémoires sur Beaumarchais*, p. 381 [1888].)

— **Quand vous vous donnez pour auteur,**
En auteur souffrez qu'on vous critique.
(A.-V. Arnault, *Fables*, « Actéon » [1812].)
V. ÉCRIVAIN.

AUTODIDACTE

Latin médiéval. — **Qui s'enseigne lui-même pourrait bien avoir un sot pour maître.**
(Saint Bernard [1091-1153], *Lettres*, LXXXIII.)

Allemand. — **Mieux vaut être l'homme d'un seul maître que l'homme de dix livres.**
V. APPRENDRE, CONNAÎTRE, ÉTUDE, INSTRUCTION, LIVRE, SAVOIR, SCIENCE.

AUTORITÉ

Français. — **La violence fait les tyrans, la douce autorité les rois.**
(Buffon, *Histoire naturelle*, « le Cygne » [1749].)

— **Ne cherchez jamais à employer l'autorité là où il ne s'agit que de raison.**
(Voltaire, *Dictionnaire philosophique*, « Autorité » [1764].)

V. CHEF, COMMANDER, MAÎTRE, POUVOIR.

AUTRICHE

Autrichien. — **L'Autrichien est gai et franc, et il montre sa joie ouvertement.**
(Franz Grillparzer, *Ottokar*, III, III [1825].)

Tchèque. — **Si l'Autriche n'existait pas, il faudrait l'inventer.**
(Franz Palacky [1798-1876].)

V. NATION (caractères nationaux et langues nationales).

AUTRUI (généralités)

Grec. — **« Connais-toi toi-même » est bien; connaître autrui est mieux.**
(Ménandre, *Thrasyleon*, IVᵉ s. av. J.-C.)

Danois. — **Nul ne voit en autrui plus loin que les dents.**

Espagnol. — **On croit qu'il y a des saucisses chez le voisin et il n'y a même pas de clous pour les accrocher.**
(Cervantes, *Don Quichotte*, I, XXV [1605].)

Français. — **Tout fut autrui, tout sera autrui.**
(Manuscrit du XIIIᵉ s., sans titre, Paris, Sainte-Geneviève.)

— **Qu'il est difficile d'être content de quelqu'un!**
(La Bruyère, *les Caractères*, « Du cœur », 65 [1688].)

Nigritien *(Peul).* — **La tête de ton voisin est un petit royaume et son cœur une forêt.**

Russe. — **On ne peut faire de souhaits pour chaque éternuement d'autrui.**

Turc. — **Autrui s'intéresse à nous autant que nous nous intéressons à lui.**

V. ALTRUISME, AMOUR DU PROCHAIN, VOISIN.

AUTRUI (Affaires d')

Antiquité chinoise. — **Le grand défaut des hommes est d'abandonner leurs propres champs pour ôter l'ivraie de ceux des autres.**
(Mencius, *Livre des livres*, II, VIII, 32; IVᵉ s. av. J.-C.)

Bible. — **C'est prendre aux oreilles un chien qui passe, que de s'échauffer dans la querelle d'autrui.**
(Livre des Proverbes, XXVI, 17; IVᵉ s. av. J.-C.)

Latin. — **Ne vous mêlez pas de ce qui ne vous regarde point.**
(Plaute, *Stichus*, 319; IIᵉ s. av. J.-C.)

Anglais. — **Le onzième commandement : Mêlez-vous de vos affaires.**

— *(Écosse).* — **Quand vous pourrez mettre vos pieds dans mes souliers, vous parlerez.**

AUTRUI   52

Arménien. — Celui qui ne peut faire une prière chez lui fait la messe chez
   les autres.

Danois. — La pierre qui n'encombre pas votre chemin ne vous gêne point.

Français. — Nul ne voit jamais si clair aux affaires d'autrui que celui à qui
   elles touchent le plus.
      (Cardinal de Richelieu [1585-1642], *Maximes d'État*, CXI.)

      — On ne s'intéresse guère aux affaires des autres que lorsqu'on est sans
      inquiétude sur les siennes.
      (Beaumarchais, *le Barbier de Séville*, préface [1775].)

Italien. — Ne vous brûlez pas les doigts à moucher la chandelle d'autrui.

Russe. — Ne viens pas avec ton règlement dans le monastère d'autrui.

Turc. — Qui enfourche la jument d'autrui est bientôt désarçonné.

      V. CURIOSITÉ, INDISCRÉTION, MAISON (Chacun est maître chez soi.)

AUTRUI (Bien d')

Latin. — Dans le champ d'autrui, la moisson est toujours plus belle.
      (Ovide, *l'Art d'aimer*, I, 349; env. 2 av. J.-C.)

Français. — Le cheval du voisin vaut mieux que le mien, de ce qu'il n'est
   pas mien.
      (Montaigne, *Essais*, II, XVII [1580].)

Turc. — L'eau du puits du prochain est douce comme l'eau de La Mecque.
      V. ENVIE.

AUTRUI (On est prodigue du bien d')

Latin médiéval. — Du cuir d'autrui, large courroie.
      (Cité par Hélinant, *li Vers de la mort*, XL; XIIe s.)

Anglais (*Écosse*). — De l'avoine des chevaux, les poules sont prodigues.

Basque. — On donne à son filleul bon morceau du pain de la marraine.

Tchèque. — Il est aisé de battre le tambour que recouvre le cuir d'autrui.

      V. POSSESSION.

AUTRUI (Défauts d')

Grec. — Pour nos défauts, la poche de derrière, et celle de devant pour les
   défauts d'autrui.
      (Ésope, *Fables*, « les Deux Besaces », VIe s. av. J.-C. — Cf. La Fontaine, *Fables*, I, VII.)

Latin. — Nous avons les défauts d'autrui dans l'œil et les nôtres dans le dos.
      (Sénèque, *De ira*, II, XXVIII [env. 45].)

      — Tu vois les poux sur autrui, tu ne vois pas les tiques sur toi-même.
      (Pétrone, *Satiricon*, LVII [env. 60].)

Bible. — Pourquoi voyez-vous une paille dans l'œil de votre frère, tandis
   que vous ne voyez pas une poutre qui est dans le vôtre?
      (Évangile selon saint Luc, VI, 41; saint Matthieu, VII, 3 [env. 65].)

      — L'homme vanne les fautes du voisin comme de la balle.
      (*Dhammapada*, 252; Ier s.)

Anglais. — **Le corbeau critique la noirceur.**
(Shakespeare, *Troilus and Cressida*, II, III, 221 [1601].)

— *(Écosse).* — **Il doit avoir les cheveux propres celui qui traite autrui de pouilleux.**

Chinois. — **Balayez la neige devant votre porte avant de faire des plaintes sur le gel qui recouvre le toit de votre voisin.**

Danois. — **Qui veut moucher autrui doit avoir les doigts propres.**

Espagnol. — **L'âne surnomme la mule « longues oreilles ».**

Français. — **Un âne appelle l'autre rogneux.**
(*Bonum spatium*, manuscrit du XIVe s., Paris, Bibl. nat.)

— **Le bossu ne voit pas sa bosse et voit celle de son confrère.**
(*Les Facétieuses Nuits de Straparole*, XI, 3 [1573].)

— **Le chaudron mâchure la poêle** ou **Le chaudron trouve que la poêle est trop noire** ou **La pelle se moque du fourgon.**
(Cité par Montaigne, *Essais*, III, v [1595].)

— **On se voit d'un autre œil qu'on ne voit son prochain,
Lynx envers nos pareils et taupes envers nous.**
(La Fontaine, *Fables*, I, XII, « la Besace » [1668].)

— **Sur les défauts d'autrui, l'homme a des yeux perçants.**
(Destouches, *l'Homme singulier*, I, IV [1764].)

Indien *(bengali).* — **La passoire dit à l'aiguille qu'elle a un trou.**

Italien. — **Il ne faut pas montrer les fautes d'autrui avec un doigt sale.**

Russe. — **Le pourceau dit au cheval : « Tu as le pied tordu et le poil rare. »**
V. AVEUGLEMENT, CRITIQUE.

AUTRUI (Mal d')

Grec. — **Le chagrin causé par le mal d'autrui est passager.**
(Théognis de Mégare, *Sentences*, 656; VIe s. av. J.-C.)

Latin. — **A qui est en bonne santé, il est aisé de conseiller les malades.**
(Térence, *Andria*, 310; IIe s. av. J.-C.)

Anglais. — **On est généralement calme en présence du malheur d'autrui.**
(Oliver Goldsmith, *She Stoops to Conquer*, III [1773].)

Arabe. — **Quand autrui souffre, c'est du bois qui souffre.**

Chinois. — **Ce ne sont pas les puces des chiens qui font miauler les chats.**

Danois. — **Le consolateur n'attrape pas la migraine.**

Espagnol. — **Le mal d'autrui pend à un cheveu.**
(Cervantes, *Don Quichotte*, II, XXVIII [1615]. — C'est-à-dire : ne nous fait pas plus de peine que la perte d'un cheveu.)

Français. — **Chagrin d'autrui semble querelle.**
(*Bonum spatium*, manuscrit du XIVe s., Paris, Bibl. nat.)

— **Qui a la panse pleine, il lui semble que les autres sont soulz.**
(*Proverbes en françois*, manuscrit de 1456, Paris, Bibl. nat.)

— **Nous avons tous assez de force pour supporter les maux d'autrui.**
(La Rochefoucauld, *Réflexions ou Sentences et Maximes morales*, 19 [1665].)

— **Mal d'autrui n'est que songe.**
(Anonyme, *la Chasse aux larrons*, XVIIe s.)

— On ne plaint jamais dans autrui que des maux dont on ne se croit pas exempt soi-même.

(J.-J. Rousseau [1712-1778], *Maximes et Sentences*.)

V. ÉGOÏSME, SOI.

AUTRUI (Pain d')

Hébreu. — **A qui dépend de la table d'autrui, le monde paraît sombre.**

Arabe. — **Le pain d'autrui ne rassasie pas le ventre.**

Danois. — **La nourriture a meilleur goût quand on la mange avec sa propre cuillère.**

Français. — **Qui s'attend à l'écuelle d'autrui dîne souvent tard.**

(*Proverbes rurauz et vulgauz*, manuscrit du XIVe s., Paris, Bibl. nat.)

V. DÉPENDANCE, SERVITEUR.

AVANTAGE et INCONVÉNIENT

Grec. — **Qui boit le vin boive la lie.**

(Aristophane, *Plutus*, 1084; début du IVe s. av. J.-C.)

Sanskrit. — **On ne cueille pas de roses, sans être piqué par les épines.**

(Pilpay, *Apologues*, « les Deux Voyageurs », IIIe s. av. J.-C.)

Hébreu. — **Dans deux mesures de dattes, il y a une mesure de pierres.**

(Le Talmud, *Joma*, Ve s.)

Anglais. — **Tout n'est pas beurre que fait la vache.**

Danois. — **Qui veut avoir des œufs doit supporter le caquetage des poules.**

Espagnol. — **On ne pêche pas les truites sans se mouiller les chausses.**

(Cervantes, *Don Quichotte*, II, XXIII [1615].)

Français. — **Qui ne cueille des vertes, il ne mangera des mûres.**

(Jean de Bueil, *Jouvencel*, XVe s.)

— **Au lieu de me plaindre de ce que la rose a des épines, je me félicite que l'épine est surmontée de roses et de ce que le buisson porte des fleurs.**

(Joubert [1754-1824], *Pensées, Maximes et Essais*.)

Italien. — **Toute médaille a son revers.**

(Cité par Montaigne, *Essais*, III, XI [1588].)

— **On ne mange pas le diable sans en avaler les cornes.**

Serbe. — **Dans l'encensoir, fumée et parfum sont inséparables.**

V. DOUX ET AMER, PLAISIR ET PEINE.

AVARICE

Antiquité chinoise. — **Celui qui est hautain et avare, les qualités qu'il peut avoir ne valent pas la peine que l'on y fasse attention.**

(Confucius, *Livre des sentences*, VIII, II; Ve s. av. J.-C.)

Grec. — **Les richesses de l'avare, comme le soleil couché, ne réjouissent pas les vivants.**

(Démophile, *Sentences*, VIe s. av. J.-C.)

— **L'avare ne possède pas son or, c'est son or qui le possède.**

(Bion de Borysthène, IIIe s. av. J.-C. — Cité par Diogène Laërce, *Phil. ill.*, IV.)

Bible. — **Celui qui aime l'argent n'est pas rassasié par l'argent.**
(L'Ecclésiaste, v, 9; IIIe s. av. J.-C.)

Latin. — **Le poltron se dit prudent et l'avare économe.**
(Publilius Syrus, *Sentences*, Ier s. av. J.-C.)

— **L'avare ne fait de bien que quand il meurt.**
(Publilius Syrus, *Sentences*, Ier s. av. J.-C. — D'où le proverbe général : De l'avare et du cochon, on n'a profit qu'après la mort.)

— **L'avare a la goutte aux doigts.**
(Martial, *Épigrammes*, I, XCVIII [env. 90]. — Il a mal á la main qui donne.)

— **C'est une grande folie que de vivre pauvre pour mourir riche.**
(Juvénal, *Satires*, XIV, 136 [env. 120].)

Latin médiéval. — **Quand tous les vices sont vieux, l'avarice est encore jeune.**
(*Cum omnia vitia senescunt, sola avaritia juvenescit.*)

— **Pour un point, Martin perdit son abbaye (ou son âne).**
(On lisait autrefois, sur la porte de l'abbaye d'Asello, les mots suivants : *Porta patens esto. Nulli claudaris bono*, Porte, reste ouverte. Ne sois close à aucun homme de bien. Un abbé nommé Martin, homme dur et avare, fut pourvu de cette abbaye. Fatigué des nombreuses visites que cette inscription lui attirait, il fit placer après le mot *nulli* le point qui se trouvait après le mot *esto*. L'inscription offrit alors ce sens : Porte ne sois ouverte pour personne. Reste close pour l'homme de bien.
Le pape, instruit du mauvais procédé de l'abbé Martin, en fut si indigné qu'il lui retira son abbaye. On rétablit l'ancienne ponctuation, mais en ajoutant à l'inscription les mots suivants : *Pro solo puncto caruit Martinus Asello*, Pour un seul point Martin a perdu Asello.
Et comme le mot *asello* prête au calembour — il signifie petit âne en latin —, on répéta plaisamment : Pour un point Martin perdit son âne, phrase qui est devenue proverbiale. Cf. Morawski, *Trois proverbes*, dans *Revue du seizième siècle*, tome XVII, 1930.)

Allemand. — **Le linceul n'a pas de poches.**

Anglais. — **L'avare et l'escroc sont vite d'accord.**

— **(Écosse).** — **L'argent est plat pour être empilé.**

Français. — **Qui tard arrive à bien, aux ongles le tient.**
(Manuscrit du XIIIe s., sans titre, Oxford, Rawlinson.)

— **A femme avare, galant escroc.**
(Eustache d'Amiens, *le Boucher d'Abbeville*, XIIIe s.)

— **L'avarice perd tout en voulant tout gagner.**
(La Fontaine, *Fables*, V, XIII, « la Poule aux œufs d'or » [1668].)

— **Les avares sont comme les mines d'or qui ne produisent ni fleurs ni feuillages.**
(Voltaire, *Remarques et Observations*, pièces inédites, éd. en 1820.)

Indien *(tamil).* — **Le trésor de l'avare va aux voleurs et aux rois.**

Malgache. — **Un riche avare n'a de porteurs qu'à sa mort.**

Polonais. — **Le prodigue est un futur mendiant, l'avare est un éternel mendiant.**

V. CUPIDITÉ, INSATIABILITÉ.

AVENIR (l')

Grec. — **Les ténèbres cachent l'événement futur.**
(Théognis de Mégare, *Sentences*, 1078; VIe s. av. J.-C.)

Proverbe général. — **Qui vivra verra.**
(Cité par J. de La Véprie, *Proverbes communs* [1498].)

Bantou *(Ruanda).* — La route n'enseigne pas au voyageur ce qui l'attend à l'étape.

Français. — L'avenir n'est à personne, l'avenir est à Dieu.

(D'après Victor Hugo, *les Chants du crépuscule*, V, « Napoléon II » [1835].)

Nigritien *(Achanti).* — Nul ne connaît l'histoire de la prochaine aurore.

Turc. — L'avenir ressemble à une femme enceinte; qui sait ce qu'elle mettra au jour ?

V. AUJOURD'HUI ET DEMAIN, PASSÉ (le), PRÉDICTION.

AVENTURE

Anglais. — On ne va jamais aussi loin que lorsqu'on ne sait pas où l'on va.

(Cromwell [1599-1658].)

— L'aventure est aux aventureux.

(Benjamin Disraeli, *Ixion in Heaven*, II, II [1833].)

Espagnol. — Qui cherche des aventures ne les trouve pas toujours bien mûres.

(Cervantes, *Don Quichotte*, II, XIII [1615].)

Français. — Qui ne s'aventure n'a cheval ni mule.

(Rabelais, *Gargantua*, XXXIII [1534].)

V. HASARD, RISQUE.

AVERTIR

Bible. — Le précepte est une lampe, la loi une lumière, et les avertissements qui instruisent sont le chemin de la vie.

(Livre des Proverbes, VI, 23; IVᵉ s. av. J.-C.)

Anglais. — Plutôt le diable que vous connaissez que celui que vous ignorez.

Français. — Un homme averti ou Un bon averti en vaut deux.

Russe. — Pour que le cheval comprenne, on frappe sur les brancards.

V. AVIS, CONSEIL.

AVEUGLE

Arménien. — Dieu voit l'aveugle comme l'aveugle voit Dieu.

Berbère *(kabyle).* — L'aveugle dont les yeux s'ouvrent regrette ses ténèbres.

Indien *(mahratte).* — Qui invite un aveugle reçoit deux hôtes.

Turc. — Lorsque tu visites un aveugle, ferme les yeux.

V. INFIRMITÉ.

AVEUGLEMENT

Bible. — Si l'aveugle conduit un aveugle, ils tomberont dans un puits.

(Évangile selon saint Matthieu, XV, 14 [env. 65].)

Islam. — On ne saurait tirer l'aveugle de ses ténèbres.

(Le Koran, XXX, 52; VIIᵉ s.)

Arabe. — Les yeux ne servent de rien à une cervelle aveugle.

Chinois. — Qui pense élever une montagne, creuse un puits.

Français. — L'aveuglement des hommes est le plus dangereux effet de leur orgueil.

(La Rochefoucauld, *Réflexions ou Sentences et Maximes morales*, 585 [1665].)

Indien *(hindi).* — Que voit l'aveugle, même si on lui met une lampe à la main ?

Suisse. — Beaucoup traitent leur voisin d'âne, qui portent eux-mêmes des sacs.

V. AUTRUI (Défauts d'), PARTI PRIS, SOI (Connaissance de).

AVIDITÉ

Bible. — L'homme affamé dévore sa moisson, l'homme altéré engloutit ses richesses.
(Job, v, 5; IVᵉ s. av. J.-C.)

Hébreu. — L'homme vient au monde avec les mains vides et il le quitte avec les mains vides.
(Le Talmud, *Horayoth*, vᵉ s.)

Espagnol. — Qui veut être riche au bout de l'an sera pendu à la Saint-Jean.

Français. — Chacun se plaint que son grenier n'est pas plein.

V. CONVOITISE, CUPIDITÉ, INSATIABILITÉ.

AVIS

Latin. — Autant de têtes, autant d'avis.
(Térence, *Phormio*, 454; IIᵉ s. av. J.-C.)

— Mauvais est l'avis qui ne peut varier.
(Publilius Syrus, *Sentences*, Iᵉʳ s. av. J.-C.)

— Souvent un seul a plus de bon sens que tous.
(Phèdre, *Fables*, IV, v; env. 25 av. J.-C.)

Français. — Chacun abonde en son sens.
(Rabelais, *Tiers Livre*, VII [1546]. — La variante moderne : « Chacun voit midi à son clocher » ajoute une idée de particularisme ou d'étroitesse d'esprit.)

— Nous ne trouvons guère de gens de bon sens que ceux qui sont de notre avis.
(La Rochefoucauld, *Réflexions ou Sentences et Maximes morales*, 347 [1665].)

V. CONFORMISME, CONSEIL, OPINION, OPPORTUNISME.

AVOCAT

Grec. — Un avocat est dans un procès ce qu'est un cuisinier dans un repas.
(Aristippe de Cyrène, vᵉ s. av. J.-C. — Cité par Diogène Laërce, *Phil. ill.*, II.)

Allemand. — Il ne faut pas frapper à la porte de l'avocat avec un marteau de fer.

Anglais. — S'il n'y avait pas de mauvaises gens, il n'y aurait pas de bons avocats.
(Ch. Dickens, *The Old Curiosity Shop*, LVI [1841].)

Français. — De nouvel avocat, libelle cornu (saugrenu).
(*Bonum spatium*, manuscrit du XIVᵉ s., Paris, Bibl. nat.)

— A confesseurs, médecins, avocats, la vérité ne celez de votre cas.
(Gabriel Meurier, *Sentences notables, Adages et Proverbes* [1568].)

— Bon avocat, mauvais voisin.
(Janus Gruter, *Florilegium* [1610].)

— **A méchante cause, longue plaidoirie.**
(Nicolas Catherinot, *les Axiomes du droit français* [1683].)

— **Le proverbe dit qu'il est des avocats payés pour dire des injures.**
(La Bruyère, *les Caractères*, « De quelques usages », 49 [1688].)

Italien. — **Il y a plus de harangueurs que de légistes.**

— **Au jardin de l'avocat, un procès est un arbre fruitier qui s'enracine et ne meurt pas.**

V. JUSTICE LÉGALE (cause en justice), PROCÈS.

AVOUER

Proverbe général. — **Péché avoué est à moitié pardonné.**
(En littérature sanskrite : Péché avoué perd sa gravité.)

Latin. — **L'aveu de notre faute est presque l'innocence.**
(Publilius Syrus, *Sentences apocryphes.*)

Anglais. — **Avouez et soyez pendu.**
(Christopher Marlowe, *The Jew of Malta*, IV, II [1590].)

Espagnol. — **Mieux vaut la honte sur le visage que la tache dans le cœur.**
(Cervantes, *Don Quichotte*, II, XLIV [1615].)

Français. — **La confession généreuse et libre énerve le reproche et désarme l'injure.**
(Montaigne, *Essais*, III, IX [1588].)

V. FOI (Bonne et mauvaise), SINCÉRITÉ.

BAISER (le)

Anglais. — **Le plus lent des baisers est encore trop hâtif.**
(Th. Middleton, *A Chaste Maid in Cheapside*, IV [1607].)

Espagnol. — **Les baisers drus sont les messagers du cœur.**
(Traduction édulcorée.)

Français. — **Quand on carillonne au clocher, il est fête en la paroisse.**

Kurde. — **Que ton baiser ait l'ardeur du soleil, et la rose te donnera tout son parfum.**

V. CARESSE.

BANQUEROUTE

Espagnol. — **Qui veut bien dormir achète le lit d'un banqueroutier.**

Français. — **Il vaut mieux être banqueroutier que de n'être rien.**
(Chamfort [1741-1794], *Maximes et Pensées*.)
V. AFFAIRES, COMMERCE, FINANCIER.

BARBE

Grec. — **Si la barbe suffisait à la sagesse, un bouc vaudrait Platon.**
(Lucien de Samosate, *Épigrammes*, IIᵉ s.)

Arabe. — **Chacun est maître de sa barbe.**

Basque. — **Prenez garde aux femmes à barbe et aux hommes imberbes.**

Russe. — **Se raser la barbe, c'est détruire l'image de Dieu.**
V. VISAGE.

BATAILLE

Bible. — **La course n'appartient pas aux agiles ni la bataille aux vaillants.**
(L'Ecclésiaste, IX, 11; env. IIIᵉ s. av. J.-C.)

Islam. — **Le paradis est à l'ombre de nos épées.**
(Attribué au calife Omar Ibn el-Khattab, lors de la bataille de Kadessia — 636 de notre ère, an 15 de l'hégire —, gagnée sur les Perses.)

Anglais. — **Rien, sauf une bataille perdue, n'est aussi mélancolique qu'une bataille gagnée.**
(Wellington, sur le champ de bataille de Waterloo, 18 juin 1815.)

Arabe. — **Une poignée d'abeilles vaut mieux qu'un sac de mouches.**
(Cité par le général Laperrine.)

Espagnol. — **Peinture et bataille ne sont belles qu'à distance.**

Français. — **Dieu est d'ordinaire pour les gros escadrons contre les petits.**
(Bussy-Rabutin, *Lettre au comte de Limoges*, 18 octobre 1677.)

— **Le désespoir a souvent gagné les batailles.**
(Voltaire, *la Henriade*, X, 25 [1723].)

V. ARMÉE, COMBAT, GÉNÉRAL, GUERRE, SOLDAT.

BÂTARD

Grec. — **Bâtard est souvent meilleur fils que l'enfant légitime.**
(Euripide, *Andromaque*, 638; Vᵉ s. av. J.-C.)

Hébreu. — **Les bâtards sont légitimés par l'argent.**

Français. — **Graine de paille ne vaut jamais graine de bois de lit.**

V. ADULTÈRE, ENFANT ADOPTÉ.

BÂTIR

Bible. — **Si Yahweh ne bâtit la maison, en vain travaillent ceux qui la bâtissent.**
(Psaumes, CXXVII, 1: IIᵉ s. av. J.-C.)

Anglais. — **Bâtir et doter ses filles dévastent la maison.**

Français. — **Les sots font bâtir les maisons et les sages les achètent.**

— **Quand le bâtiment va, tout va.**
(Cet aphorisme proverbial résulte d'un discours de Martin Nadaud, ancien ouvrier maçon, député à l'Assemblée législative, en 1849.)

Italien. — **Qui bâtit sur la grand-place fait maison trop haute ou trop basse.**

V. MAISON.

BAVARDAGE

Bible. — **Tout travail profite, mais le bavardage conduit à la disette.**
(Livre des Proverbes, XIV, 23: IVᵉ s. av. J.-C.)

— **L'homme à la langue bavarde ne s'affermit pas sur la terre.**
(Psaumes, CXL, 12: IIᵉ s. av. J.-C.)

Hébreu. — **Le sage ne se complaît point au bavardage des femmes, même avec sa propre épouse.**
(Le Talmud, *Pirké Aboth*, Vᵉ s.)

Allemand. — **On dit bien des paroles que l'on garderait dans sa bourse, si elles étaient des florins.**

Anglais. — **Le bavardage ne paie pas d'impôt.**

Géorgien. — **Chat miauleur n'attrape pas de souris.**

Italien. — **C'est par son caquetage que la poule fait découvrir l'œuf.**

Persan. — **Le sable du désert au voyageur fatigué, ainsi le bavardage incessant à l'ami du silence.**

V. CALOMNIE, FEMME ET LA PAROLE (la), LANGUE, MÉDISANCE, PARLER, ON-DIT, RUMEUR PUBLIQUE, SECRET, SILENCE.

BEAU-PÈRE, BELLE-MÈRE, GENDRE, BRU

Grec. — **Qui a un bon gendre, trouve un fils; qui a un mauvais gendre, perd une fille.**

(Épictète, *Entretiens*, 1ᵉʳ s.)

Hébreu. — **Si le chien aboie, entre; si c'est la chienne, sors.**

(Le Talmud, *Erubin*, vᵉ s. — On peut supporter un gendre querelleur, mais non une bru irritable.)

Arabe. — **Celui qui se donne la peine de frapper sa belle-mère doit lui fendre la tête.**

Arménien. — **Le soleil du printemps sur mon fils et ma bru, le soleil d'automne sur ma fille et mon gendre.**

Espagnol. — **Lorsque j'étais bru, j'avais une mauvaise belle-mère, et, quand j'ai été belle-mère, je n'ai pas pu rencontrer une bonne bru.**

— **Amitié de gendre, soleil d'hiver.**

Estonien. — **Mieux vaut mourir au pied du lit d'une fille méchante qu'à la tête du lit d'une bonne bru.**

Français. — **Morte la fille, mort le gendre.**

(Baïf, *Mimes, Enseignements et Proverbes* [1576].)

— **Un beau-père aime son gendre, aime sa bru; une belle-mère aime son gendre, n'aime point sa bru.**

(La Bruyère, *les Caractères*, « De la société et de la conversation », 45 [1688].)

Yiddish. — **La belle-mère et la bru dans la même maison sont comme deux chats dans un sac.**

V. FAMILLE, PARÂTRE ET MARÂTRE, PARENTÉ.

BEAUTÉ (la)

Grec. — **Le beau, c'est la splendeur du vrai.**

(D'après Platon, *Gorgias*, 475 *a* : Le beau se définit par le plaisir et l'utilité.)

Anglais. — **Une chose de beauté est une joie pour toujours.**

(J. Keats, *Endymion*, I, 1 [1818].)

Français. — **Tous les sujets de la beauté ne connaissent pas leur souveraine.**

(Vauvenargues, *Réflexions et Maximes*, 753 [1746].)

— **Le bon a besoin de preuves, le beau n'en demande point.**

(Fontenelle [1657-1757].)

V. ART, POÉSIE.

BEAUTÉ PHYSIQUE

Bible. — **La beauté est une fleur éphémère.**

(Isaïe, XXVIII, 1; VIIIᵉ s. av. J.-C.)

Antiquité chinoise. — **Je n'ai encore vu personne qui aimât autant la vertu que l'on aime la beauté du corps.**

(Confucius, *Livre des sentences*, IX, 17; VIᵉ s. av. J.-C.)

Hébreu. — **Ne regarde pas à la buire, mais à ce qu'elle contient.**

(Cité par J. Ray, *Adagia hebraica*.)

Grec. — **La beauté ne vient pas d'un beau corps, mais de belles actions.**
(Thalès de Milet, VIᵉ s. av. J.-C. — Cité par Diogène Laërce, *Phil. ill.*, I.)

— **La beauté est une courte tyrannie.**
(Zénon, Vᵉ s. av. J.-C. — Cité par Diogène Laërce, *op. cit.*, VII.)

— **La beauté est un appui préférable à toutes les lettres de recommandation.**
(Aristote, IVᵉ s. av. J.-C. — Cité par Diogène Laërce, *op. cit.*, V.)

— **La beauté est une tromperie muette.**
(Théophraste, IVᵉ s. av. J.-C. — Cité par Diogène Laërce, *op. cit.*, V.)

Latin. — **La beauté rend la vertu aimable.**
(Virgile, *Énéide*, V, 344; env. 19 av. J.-C.)

— **La beauté du corps, découronnée de celle de l'âme, n'est un ornement que pour les animaux.**
(Démocrate, *Sentence d'or*, 69 [règne d'Auguste].)

— **Il est rare de voir la sagesse alliée à la beauté.**
(Pétrone, *Satiricon*, XCIV [env. 60].)

Anglais. — **Il n'y a point de beauté qui n'offre quelque étrangeté.**
(Francis Bacon, *Essays*, XLIII [1625].)

— **La beauté tire avec un seul cheveu.**
(A. Pope, *The Rape of the Lock*, II, 28 [1712].)

Arabe. — **La beauté ne voyage pas en caravane.**

Basque. — **L'ormeau a de belles branches, mais point de fruit.**

Chinois. — **Les jolies filles ne sont pas toujours heureuses et les garçons intelligents sont rarement beaux.**

Espagnol. — **Beauté et folie vont souvent de compagnie.**
(Baltasar Gracian, *Oraculo manual*, 273 [1647].)

Français. — **De beau raisin parfois pauvre vin.**
(*Bonum spatium*, manuscrit du XIVᵉ s., Paris, Bibl. nat.)

— **Beauté ne vaut rien sans bonté.**
(Gabriel Meurier, *Trésor des sentences* [1568]. — Variante moderne : Beauté passe, bonté reste.)

— **La mode et les pays règlent souvent ce que l'on appelle beauté.**
(Pascal (?), *Discours sur les passions de l'amour* [1652].)

— **La beauté n'est que la promesse du bonheur.**
(Stendhal, *De l'amour*, « De la naissance de l'amour » [1822].)

— **A côté de la beauté, l'esprit et le cœur font toujours l'effet de parents pauvres.**
(Etienne Rey, *Maximes*, 78 [1914].)

Italien. — **Les belles pommes sont parfois amères.**

Russe. — **La beauté est sœur de la vanité et mère de la luxure.**
V. CORPS ET ÂME, VISAGE.

BEAUTÉ FÉMININE

Sanskrit. — **Trois choses rafraîchissent le cœur et délivrent du chagrin : l'eau, les fleurs, la beauté féminine.**
(Le *Ritasambâra* ou « la Ronde des saisons ».)

Bible. — **Un anneau d'or au nez d'un pourceau, telle est la femme belle mais dépourvue de sens.**
(Livre des Proverbes, XI, 22 ; IVᵉ s. av. J.-C.)

Grec. — Ce n'est pas la beauté de la femme qui ensorcelle, mais sa noblesse.

(Euripide, *Andromaque*, 208; Ve s. av. J.-C.)

— La beauté sans la grâce attire, mais elle ne sait pas retenir; c'est un appât sans hameçon.

(Cité par Maxime Planude, *Anthologie d'épigrammes*.)

Allemand. — Trois choses sont fugitives : l'écho, l'arc-en-ciel, la beauté des femmes.

— Louez les beaux jours le soir et les belles femmes le matin.

Anglais. — Les femmes et les dentelles paraissent mieux aux chandelles.

— Une jolie femme est anglaise par la tête, hollandaise par le corsage, et française par la ceinture.

Arabe. — Le soupir d'une jolie fille s'entend plus loin que le rugissement d'un lion.

Berbère. — Quelle belle fleur que le laurier-rose, et que le laurier-rose est amer !

Chinois. — La belle pivoine ne sert qu'à récréer la vue; la fleur du jujubier, quoique petite, donne un bon fruit.

Espagnol. — Femmes et lévriers doivent avoir la taille fine.

Estonien. — Une femme belle est le paradis des yeux, l'enfer de l'âme, et le purgatoire de la bourse.

Français. — Belle femme a peine à rester chaste.

(*Incipiunt versus proverbiales*, manuscrit du XIVe s., Paris, Bibl. nat.)

— A la chandelle, la chèvre semble demoiselle.

(Baïf, *Mimes, Enseignements et Proverbes* [1576].)

— Il y a peu de femmes dont le mérite dure plus que la beauté.

(La Rochefoucauld, *Réflexions ou Sentences et Maximes morales*, 474 [1665].)

— Il ne sert à rien d'être jeune sans être belle, ni belle sans être jeune.

(La Rochefoucauld, *op. cit.*, 497.)

— Un beau visage est le plus beau de tous les spectacles.

(La Bruyère, *les Caractères*, « Des femmes », 10 [1688].)

— La beauté plaît aux yeux, la douceur charme l'âme.

(Voltaire, *Nanine*, I, 1, 65 [1749].)

— Une belle femme plaît aux yeux, une bonne femme plaît au cœur; l'une est un bijou, l'autre est un trésor.

(Napoléon [1769-1821], *Maximes et Pensées*.)

— Une fleur sans parfum n'obtient pas un plus long hommage qu'une belle femme sans esprit.

(A.-V. Arnault, *Fables nouvelles*, III, « l'Hortensia » [1834].)

— Une femme qui est belle a toujours de l'esprit; elle a l'esprit d'être belle.

(Théophile Gautier, *Mademoiselle de Maupin*, V [1835].)

Géorgien. — On a tué des milliers de maris à cause de leurs belles femmes.

Kurde. — Un bel édifice n'est pas forcément un sanctuaire.

Polonais. — Le feu brûle de près, une belle femme brûle de loin et de près.

Russe. — La lune brille, mais elle ne chauffe pas.

Turc. — A la vue d'une jeune beauté, il faut bénir le Seigneur.

V. CHARME, FARD, GRÂCE (agrément).

BEAUTÉ MASCULINE

Latin. — **C'est un malheur pour un homme d'être beau.**
(Plaute, *Miles gloriosus*, 68; IIe s. av. J.-C.)

Français. — **Il est assez beau qui a tous ses membres.**
(*Bonum spatium*, manuscrit du XIVe s., Paris, Bibl. nat.)

— **La beauté de la taille est la seule beauté de l'homme.**
(Montaigne, *Essais*, II, XVII [1580].)

Russe. — **Un bel homme est agréable à regarder, mais il est plus facile de vivre avec un homme d'esprit.**

V. INTELLIGENCE.

BEAUTÉ et LAIDEUR

Grec. — **Si vous êtes beaux, restez dignes de votre beauté; si vous êtes laids, faites oublier votre laideur par votre savoir.**
(Socrate, ve s. av. J.-C. — Cité par Diogène Laërce, *Phil. ill.*, II.)

Bible. — **Ne loue pas un homme pour sa beauté, ne le méprise pas pour sa laideur.**
(L'Ecclésiastique, XI, 2; IIe s. av. J.-C.)

Anglais. — **La beauté est à fleur de peau, mais la laideur va jusqu'à l'os.**

Espagnol. — **Ni tant belle qu'elle tue, ni tant laide qu'elle épouvante.**

V. BEAUTÉ. LAIDEUR.

BELGIQUE

Belge. — **Le Roi, la Loi, et moi.**
(Pour marquer l'individualisme belge.)

Espagnol. — **La patience est la vertu des Belges.**
(Baltasar Gracian, *Oraculo manual*, 243 [1647].)

V. NATION (Caractères nationaux et langues nationales).

BESOIN

Latin. — **Le besoin fait tout faire.**
(Plaute, *Asinaria*, 671; IIe s. av. J.-C.)

Français. — **Le besoin fait la vieille trotter.**
(Manuscrit du XIIIe s., sans titre, Paris, Sainte-Geneviève.)

— **Qui a besoin de feu le prend avec la main.**
(Cité par Philippe Garnier, *Trésor des adages* [1612].)

— **Le besoin est un docteur en stratagème.**
(D'après La Fontaine, *Fables*, X, 3, « la Tortue et les Deux Canards » [1678].)

Indien (*tamil*). — **Dans le besoin, on est trop heureux d'avoir un crâne pour écuelle.**

V. NÉCESSITÉ.

BÊTES (les)

Grec. — **Les animaux n'existent pas par eux-mêmes, mais pour servir.**
(Épictète, *Entretiens*, I, XVI; IIe s.)

Latin. — Les bêtes n'ont pas appris à mentir.

(Martial, *Épigrammes*, I, xxx [env. 90].)

Français. — Les bêtes sont au bon Dieu,
Mais la bêtise est à l'homme.

(Victor Hugo, *les Contemplations*, « la Coccinelle » [1856].)

Persan. — En deux jours, on peut tout savoir d'un homme; il en faut davantage pour connaître un animal.

V. DRESSAGE.

BIEN (le)

Grec. — C'est un sort royal de faire le bien et d'être dénigré.

(Antisthène, IVᵉ s. av. J.-C. — Cité par Épictète, *Entretiens*, IV, VI.)

— Le bien n'est pas dans la grandeur, mais la grandeur dans le bien.

(Zénon d'Élée, IVᵉ s. av. J.-C. — Cité par Diogène Laërce, *Phil. ill.*, VII.)

— Le bien tient à peu de chose, mais n'est pas peu de chose.

(Hécaton de Rhodes, *Sentences*, IIᵉ s. av. J.-C.)

Bible. — Jette ton pain sur la surface des eaux, tu le retrouveras dans la suite des jours.

(L'Ecclésiaste, XI, 1 ; IIIᵉ s. av. J.-C.)

Arabe. — Hâte-toi pour le bien, quand tu le peux; car ce n'est pas à tout moment que tu le peux.

— Faites le bien et jetez-le dans la mer. (C'est-à-dire : Oubliez-le.)

Égyptien. — Cache le bien que tu fais, imite le Nil qui dissimule sa source.

Français. — Tout passera, sauf le bien que tu as fait.

(Manuscrit du XIIIᵉ s., sans titre, Paris, Sainte-Geneviève.)

— Entre la chair et la chemise, il faut cacher le bien que l'on fait.

(La Fontaine, *Contes et Nouvelles*, « les Cordeliers de Catalogne » [1666].)

— La chandelle qui va devant éclaire mieux que celle qui va derrière.

Proverbe emblématique qui signifie qu'un homme acquiert plus de mérite par le bien qu'il fait pendant sa vie que par les legs qu'il laisse après sa mort en les imposant comme une obligation à ses héritiers.

— Il ne suffit pas de faire le bien, il faut encore le bien faire.

(Diderot [1713-1784], *Maximes et Pensées*.)

— On n'emporte avec soi que le bien qu'on a fait.

(Saint-Lambert [1716-1803], *Fables orientales*, « Mahmoud » [1829].)

Indien *(hindî).* — Que le soleil couchant emporte avec un jour de ta vie le bien que tu as fait aujourd'hui.

Turc. — Fais du bien et jette-le à la mer; si les poissons l'ignorent, Dieu le saura.

V. BIENFAISANCE, BIENFAIT, BIENFAITEUR.

BIEN et le MAL (le)

Grec. — Le mal est facile, le bien demande beaucoup d'efforts.

(Théognis de Mégare, *Poèmes élégiaques*, 1027-1028; VIᵉ s. av. J.-C.)

Antiquité chinoise. — Le bien subjuge le mal comme l'eau dompte le feu, et si une coupe d'eau ne suffit pas à éteindre un incendie, il ne faut pas en conclure que l'eau est impuissante contre le feu.

(Mencius, *Livre des livres*, II, v, 18; IVᵉ s. av. J.-C.)

Bible. — **Celui qui rend le mal pour le bien, le mal ne quittera plus sa maison.**
(Livre des Proverbes, XVII, 13 ; IVe s. av. J.-C.)

— **Je ne fais pas le bien que je veux, tandis que je fais le mal que je ne veux pas.**
(Saint Paul, *Épître aux Romains*, VII, 19 [env. 55].)

Anglais. — **Le mal que font les hommes leur survit, le bien est souvent mis en terre avec leur os.**
(Shakespeare, *Jules César*, III, II, 80 [1599].)

Berbère. — **Le bien est de plomb, le mal est de plume.**
(Il est pénible de faire le bien, et facile de faire le mal.)

Français. — **Mille routes dévoient du blanc, une y va.**
(Montaigne, *Essais*, I, IX [1580]. — Le contexte précise le sens : « Le bien est certain et fini, le mal infini et incertain. »)

— **On fait souvent du bien pour pouvoir impunément faire du mal.**
(La Rochefoucauld, *Réflexions ou Sentences et Maximes morales*, 121 [1667].)

Italien. — **Qui imite le mal dépasse toujours le modèle; qui imite le bien reste en dessous de l'exemple.**
(Francesco Guicciardini, *Storia d'Italia* [1564].)

Malgache. — **Le mal commis est un malheur suspendu; le bien accompli est un trésor caché.**

V. ACTIONS (bonnes et mauvaises), BIEN (le), BONS ET LES MÉCHANTS (les), DIEU ET DIABLE, MAL (le).

BIEN PUBLIC (le)

Grec. — **Le plus sûr moyen de conserver la République est de ne rien faire en vue de l'intérêt particulier.**
(Alcamène, roi de Sparte, VIIIe s. av. J.-C.)

Latin. — **Le salut public est la suprême loi.**
(Cicéron, *De legibus*, III, III, 8 ; env. 50 av. J.-C. — Cette sentence est issue de la « loi des Douze Tables », rédigée à Rome par les décemvirs et adoptée en 451 et 449 av. J.-C. dans les comices par centuries.)

— **Les lois placent le bien public au-dessus des intérêts privés.**
(Cicéron, *De finibus*, II ; env. 45 av. J.-C.)

Français. — **Le code de salut des nations n'est pas celui des particuliers.**
(Napoléon [1769-1821], *Maximes et Pensées*.)
V. ÉTAT, GOUVERNEMENT.

BIEN MAL ACQUIS

Grec. — **Gain illégitime vaut perte.**
(Hésiode, *les Travaux et les Jours*, 352, VIIIe s. av. J.-C.)

Antiquité chinoise. — **Etre riche et honoré par des moyens iniques, c'est comme le nuage flottant qui passe.**
(Confucius, *Livre des sentences*, VII, 15 ; VIe s. av. J.-C.)

Bible. — **Les trésors acquis par le crime ne profitent pas.**
(Livre des Proverbes, X, 2 ; IVe s. av. J.-C.)

Latin. — **Mal acquis, mal dépensé.**
(Naevius, *Fragments;* IIe s. av. J.-C. — Cité par Cicéron, *Philippiques*, II, 27.)

— **Le bien mal acquis mal finit.**
(Plaute, *Paenulus*, 843 ; IIe s. av. J.-C.)

Allemand. — **Le thaler mal acquis corrompt le thaler honnêtement gagné.**

Anglais. — **Ce qui est gagné sur le dos du diable est dépensé sous son ventre.**

Chinois. — **Les profits injustes sont comme la fausse monnaie; plus on en a, plus on risque.**

Espagnol. — **Ce qui est mal acquis se perd et son maître aussi.**
(Cervantes, *Don Quichotte*, II, LIV [1615].)

Français. — **De diable vient, à diable ira.**
(*Hic incipiunt proverbia vulgala*, manuscrit du XIIIe s., Cambrai, Bibl. mun.)

   — **Choses mal acquises sont mal épandues.**
(*Proverbes rurauz et vulgauz*, manuscrit du XIVe s., Paris, Bibl. nat.)

   — **Jamais mal acquit ne profite.**
(Villon, *le Testament,* stance 58 [1461].)

   — **Ce qui vient du tambour s'en retourne à la flûte.**
(Benserade, *Ballet des proverbes* [1654].)

   — **Ce qui vient du flot s'en retourne d'èbe ou de marée.**
(Èbe, du bas latin *ebba*, signifie : *reflux*.)

Italien. — **La farine du diable s'en va toute en son.**
(Variante : La farine du diable ne fait pas de bon pain.)

Polonais. — **Ce que Dieu a donné ne peut être repris, ce que Dieu n'a pas donné tombe des mains.**

Russe. — **Un péché d'or est suivi d'un châtiment de plomb.**

   V. VOL.

BIENFAISANCE, BIENFAIT, BIENFAITEUR

Grec. — **Que le bienfaiteur cèle son bienfait, que le bénéficiaire le révèle.**
(Chilon de Sparte, VIe s. av. J.-C. — Cité par Ausone, *Sentences des Sept Sages*.)

   — **Le véritable bienfaiteur va à de nouvelles œuvres comme la vigne qui donne chaque saison de nouveaux raisins.**
(Marc Aurèle, *Pensées*, V, VI; IIe s.)

Latin. — **Qui sait reconnaître les bienfaits s'en attire davantage.**
(Publilius Syrus, *Sentences*, Ier s. av. J.-C.)

   — **Un bienfait est sans charme si le bienfaiteur l'a retenu longtemps dans sa main.**
(Sénèque, *De Beneficiis*, II, 1 [env. 60].)

   — **Faire attendre un bienfait, c'est couver un ingrat.**
(Ausone, *Épigrammes*, LXXXIII [env. 360].)

Arabe. — **Un bienfaiteur est celui qui me fait du bien, lors même qu'il ferait du mal à tout le monde.**

Berbère. — **Pour les bons, un bienfait est un prêt; pour les méchants, c'est une charité.**

Français. — **Rien ne vieillit plus vite qu'un bienfait.**
(C'est un écho de Ménandre, *Fragments* : La reconnaissance vieillit bientôt après le bienfait.)

   — **Un bienfait n'est jamais perdu.**
(Jean Le Bon, *Adages françois* [1557].)

   — **Un bienfait perd sa grâce à le trop publier.**
(Corneille, *Théodore*, I, II [1645].)

— **Un bienfait reproché tint toujours lieu d'offense.**
(Racine, *Iphigénie*, IV, vi [1675].)

— **La plupart des bienfaits ressemblent aux fleurs qui n'ont d'odeur qu'autant qu'elles ont de nouveauté.**
(Chevalier de Méré, *Maximes et Sentences*, 39 [1687].)

— **Qui oblige s'oblige.**
(Nestor Roqueplan, *Nouvelles à la main* [1832].)

Turc. — **L'escalier, dans la maison du bienfaiteur, de commode et spacieux qu'il était, est devenu étroit et en colimaçon.**

V. INGRATITUDE.

BIENS et les MAUX (les)

Grec. — **Les dieux distribuent aux hommes pour un bien deux maux.**
(Pindare, *Odes pythiques*, III, 83; vᵉ s. av. J.-C.)

— **Les dieux nous vendent tous les biens qu'ils nous donnent.**
(Épicharme, *Fragments*, vᵉ s. av. J.-C.)

Français. — **A raconter ses maux, souvent on les soulage.**
(Corneille, *Polyeucte*, I, iii, 161 [1643].)

— **Quelque différence qui paraisse entre les fortunes, il y a néanmoins une certaine compensation de biens et de maux qui les rend égales.**
(La Rochefoucauld, *Réflexions ou Sentences et Maximes morales*, 52 [1665].)

— **Pensez aux maux dont vous êtes exempt.**
(J. Joubert [1754-1824], *Pensées, Maximes et Essais*.)

V. BONHEUR ET MALHEUR, VICISSITUDES.

BIENVEILLANCE

Antiquité chinoise. — **La bienveillance est sur le chemin du devoir.**
(Mencius, *Livre des livres*, VII, ii, 16; ivᵉ s. av. J.-C.)

Allemand. — **L'amour et la passion peuvent s'envoler, mais la bienveillance triomphera toujours.**
(Gœthe [1749-1832], *Maximen und Reflexionen*.)

Français. — **On peut résister à tout hors à la bienveillance.**
(J.-J. Rousseau [1712-1778], *Maximes et Sentences*.)

V. POLITESSE.

BIGOTERIE

Anglais *(Écosse)*. — **On peut aimer l'église sans en chevaucher le toit.**
(Se dit des bigots qui font étalage d'une intempestive dévotion.)

Français. — **Il ne faut pas se fier à qui entend deux messes.**

Irlandais *(gaélique)*. — **Si près que soit la maison de Dieu, ton foyer est encore plus proche.**

Italien. — **Les vrillettes dévorent le crucifix.**
(Les bigotes nuisent à la religion.)

V. DÉVOTION, PIÉTÉ, PRIÈRE, TARTUFE.

BLÂME

Bible. — **Celui qui sait recevoir la réprimande est honoré.**
(Livre des Proverbes, XIII, 18; IVᵉ s. av. J.-C.)

Latin médiéval. — **Il faut avaler la pilule sans la mâcher.**
(*Pilulae sunt glutiendae, non manducandae.* — Signifie qu'il faut accepter les blâmes
mérités sans en remâcher l'amertume.)

Français. — **Sans la liberté de blâmer, il n'est point d'éloge flatteur.**
(Beaumarchais, *le Mariage de Figaro*, V, III [1784].)

Malgache. — **Le blâme ressemble au vent; si on ne le voit, on le sent.**

Russe. — **Seul celui qui aime a le droit de blâmer et de corriger.**
(Ivan Tourguéniev, *Dimitri Roudine*, IV [1856].)

V. CENSURE, CRITIQUE, REPROCHE.

BLESSURE

Latin. — **Même quand la blessure guérit, la cicatrice demeure.**
(Publilius Syrus, *Sentences*, Iᵉʳ s. av. J.-C.)

Anglais. — **La blessure qui saigne en dedans est la plus dangereuse.**
(J. Lyly, *Euphues*, 63 [1579].)

Français. — **Les plaies fraîches sont les plus aisément remédiables.**
(Saint François de Sales, *Introduction à la vie dévote*, III, VIII [1608].)

Indien *(tamil).* — **Une plaie, une dette, le feu ne doivent pas s'éterniser.**

Nigritien *(Bambara).* — **La plaie ne se cicatrise pas sur une épine.**

V. COUPS.

BOIRE

Grec. — **Boire noie les soucis.**
(Simonide de Céos, *Fragments*, VIᵉ s. av. J.-C.)

Latin. — **Plus on boit, plus on a soif.**
(Ovide, *Fasti*, I, 216 [env. 3].)

— **Une boisson chaude vaut un vêtement.**
(Pétrone, *Satiricon*, XLI [env. 60].)

Américain. — **Qui boit vite paie lentement.**
(B. Franklin, *Poor Richard's Almanac* [1733].)

Français. — **La mule du pape ne boit qu'à ses heures.**
(Rabelais, *Gargantua*, V [1534].)

— **Un âne ne boit que s'il a soif, mais c'est parce qu'il ne boit que de
l'eau.**
(Béroalde de Verville, *le Moyen de parvenir*, II, 4 [1612].)

— **Buvons, jamais nous ne boirons si jeunes.**
(A. de Montluc, *la Comédie de proverbes*, II, 3 [1616].)

— **Au fond des pots sont les bons mots.**
(P.-J. Le Roux, *Dictionnaire proverbial* [1786].)

Italien. — **L'eau pour la peau, le vin pour la vitalité.**

V. EAU, IVRESSE, IVROGNERIE, MANGER ET BOIRE, SOIF, VIN.

BONHEUR

Grec. — **Qui est heureux? L'homme bien portant, riche et instruit.**

(Thalès de Milet, VIᵉ s. av. J.-C. — Cité par Diogène Laërce, *Phil. ill.*, I.)

— **Le bonheur ne fleurit pas pour ceux qui suivent des chemins obliques.**

(Pindare, *Odes isthmiques*, III, 6; Vᵉ s. av. J.-C.)

— **Il n'est pas possible de vivre heureux sans être sage, honnête et juste, ni sage, honnête et juste sans être heureux.**

(Épicure, *Fragments*, IIIᵉ s. av. J.-C.)

Latin. — **Nous envions le bonheur des autres, les autres envient le nôtre.**

(Publilius Syrus, *Sentences*, Iᵉʳ s. av. J.-C.)

Bible. — **Heureux les pauvres en esprit, car le royaume des cieux est à eux!**

(Évangile selon saint Matthieu, v, 3 [env. 65].) — Ces paroles, qui se trouvent au début du « Sermon sur la montagne », signifient que ceux qui se détachent des biens périssables de ce monde trouvent le vrai bonheur. On dénature souvent ce proverbe en le citant pour désigner ceux qui réussissent avec peu de science ou d'esprit.

Allemand. — **Ne pèse pas au trébuchet le bonheur de tes jours; si tu prends la balance ordinaire, tu sera confus et satisfait.**

(Gœthe [1749-1832], *Maximen und Reflexionen*.)

— **Le bonheur est une femme.**

(F. Nietzsche, *Also sprach Zarathustra* [1885].)

Anglais. — **Le bonheur naît jumeau.**

(Byron, *Don Juan*, II, CLXXII [1819].)

Arabe. — **Il y a deux sortes de gens : ceux qui peuvent être heureux et ne le sont pas, et ceux qui cherchent le bonheur sans le trouver.**

Chinois. — **Un homme heureux est une barque qui navigue sous un vent favorable.**

Français. — **Le beau jour se prouve au soir.**

(*Li respit del curteis e del vilain*, manuscrit du XIVᵉ s., Oxford.)

— **Ni l'or ni la grandeur ne nous rendent heureux.**

(La Fontaine, *Philémon et Baucis* [1685].)

— **Un grand obstacle au bonheur, c'est de s'attendre à un trop grand bonheur.**

(Fontenelle, *Discours du bonheur* [1724].)

— **Ce n'est pas notre condition, c'est la trempe de notre âme qui nous rend heureux.**

(Voltaire, *Dictionnaire philosophique*, « Heureux » [1764].)

— **Le plaisir peut s'appuyer sur l'illusion, mais le bonheur repose sur la réalité.**

(Chamfort [1741-1794], *Maximes et Réflexions*.)

— **Le bonheur tient aux événements, la félicité tient aux affections.**

(Napoléon Iᵉʳ [1769-1821], *Maximes et Pensées*.)

Roumain. — **Le bonheur est comme l'écho : il vous répond; mais il ne vient pas.**

(Carmen Sylva, pseudonyme littéraire d'Élisabeth de Roumanie, *Pensées d'une reine*, V, IV [1882].)

V. « AUREA MEDIOCRITAS », OPTIMISME ET PESSIMISME.

BONHEUR est en SOI (le)

Grec. — **Le bonheur est à ceux qui se suffisent à eux-mêmes.**
(Aristote, *Éthique à Eudème*, VII, II, 49; IVᵉ s. av. J.-C.)

Latin. — **L'homme patient et courageux fait lui-même son bonheur.**
(Publilius Syrus, *Sentences*, Iᵉʳ s. av. J.-C.)

Latin médiéval. — **Le bonheur est en soi.**
(Boèce, *Consolatio philosophiae*, II, IV, 72 [env. 520].)

Anglais. — **Le bonheur est à votre foyer, ne le cherchez pas dans le jardin des étrangers.**
(D. W. Jerrold, *Jerrold's Wit, Happiness* [1840].)

Français. — **Le bonheur est en soi, chez soi, autour de soi, et au-dessous de soi.**
(Attribué à Henri Estienne [1531-1598].)

— **Il est difficile de trouver le bonheur en nous et impossible de le trouver ailleurs.**
(Chamfort [1741-1794], *Caractères et Anecdotes*.)

Suédois. — **Quand on trouve son bonheur en soi-même, on fait peu d'estime de celui qui peut venir d'ailleurs.**
(Chancelier Oxenstiern [1583-1654], *Réflexions et Maximes*.)

V. CONTENTEMENT, OBSCURITÉ.

BONHEUR et MALHEUR

Antiquité chinoise. — **Le bonheur naît du malheur, le malheur est caché au sein du bonheur.**
(Lao-Tseu, *Livre du Tao et de sa vertu*, II, LVIII, 3; VIᵉ s. av. J.-C.)

Bouddhisme. — **Le bonheur est né de l'altruisme et le malheur de l'égoïsme.**
(Paroles de Çakya-Mouni, VIᵉ s. av. J.-C.)

Latin. — **C'est avoir beaucoup de bonheur que n'avoir pas de malheur.**
(Ennius, IIᵉ s. av. J.-C. — Cité par Cicéron, *De finibus*, II, XIII.)

Français. — **On n'est jamais si malheureux qu'on croit ni si heureux qu'on avait espéré.**
(La Rochefoucauld, *Réflexions ou Sentences et Maximes morales*, 572 [1665].)

— **Notre bonheur n'est qu'un malheur plus ou moins consolé.**
(J.-F. Ducis [1733-1816]. — Cité par Sainte-Beuve, *les Consolations*, I.)

V. BIENS ET LES MAUX (les), BONHEUR, MALHEUR, VICISSITUDES.

BONTÉ

Grec. — **Plus nombreux sont les bons par l'effort que les bons par nature.**
(Critias, *Fragments*, « A Alcibiade »; Vᵉ s. av. J.-C.)

Bible. — **L'homme bon est comme un arbre planté près d'un cours d'eau, qui donne son fruit en tout temps et dont le feuillage ne se flétrit jamais.**
(Psaumes, I, 1-3; IIᵉ s. av. J.-C.)

Latin. — **L'homme n'est bon qu'à la condition de l'être à l'égard de tous.**
(Publilius Syrus, *Sentences*, Iᵉʳ s. av. J.-C.)

Espagnol. — **Le bon sel pique.**
(La bonté n'exclut pas une pointe de sévérité.)

BONTÉ   72

Français. — **Nul n'est trop bon et peu le sont assez.**
   (*Proverbia vulgalia et latina*, manuscrit du XIIIᵉ s., Paris, Bibl. nat.)

   — **Un sot n'a pas assez d'étoffe pour être bon.**
   (La Rochefoucauld, *Réflexions ou Sentences et Maximes morales*, 387 [1665].)

   — **Dans ce monde, il faut être un peu trop bon pour l'être assez.**
   (Marivaux, *le Jeu de l'amour et du hasard*, I, IV [1730].)

   — **C'est un bonheur, une grande fortune d'être né bon.**
   (J. Joubert [1754-1824], *Pensées, Maximes et Essais*.)

   V. BIENVEILLANCE, BONTÉ (excès de).

BONTÉ (excès de)

Espagnol. — **Il ne faut pas être méchant d'être trop bon.**
   (Baltasar Gracian, *Oraculo manual*, 266 [1647].)

Français. — **Grande débonnaireté a maints hommes grevé.**
   (*Proverbia vulgalia et latina*, manuscrit du XIIIᵉ s., Paris, Bibl. nat.)

   — **Brebis trop apprivoisée de trop d'agneaux est tétée.**
   (Baïf, *Mimes, Enseignements et Proverbes* [1576].)

Turc. — **Qui pleure pour tout le monde finit par perdre les yeux.**
   V. COMPORTEMENT, DOUCEUR (excès de), FAIBLES (les).

BONS et les MÉCHANTS (les)

Grec. — **La pire part est la plus grande.**
   (Bias, VIᵉ s. av. J.-C. — Cité par Diogène Laërce, *Phil. ill.*, I.)

   — **Il est plus facile de faire d'un bon un méchant que d'un méchant un bon.**
   (Théognis de Mégare, *Sentences*, 578; VIᵉ s. av. J.-C.)

Bible. — **La lumière du juste brille joyeusement, mais la lampe des méchants s'éteint.**
   (Livre des Proverbes, XIII, 9; IVᵉ s. av. J.-C.)

   — **Quand les justes triomphent, c'est une grande fête; quand les méchants se lèvent, chacun se cache.**
   (Livre des Proverbes, XXVIII, 12.)

Islam. — **Tous les fruits sont arrosés par la même eau, cependant ils diffèrent en bonté.**
   (Le Koran, XIII, 4; VIIᵉ s.)

Arménien. — **De la même fleur, l'abeille tire son miel et le serpent son venin.**

Chinois. — **La boue se durcit au feu, l'or s'y amollit.**

Français. — **Mort de loup, santé de brebis.**
   (Baïf, *Mimes, Enseignements et Proverbes* [1576].)

   — **Les méchants sont toujours surpris de trouver de l'habileté dans les bons.**
   (Vauvenargues, *Réflexions et Maximes*, 103 [1746].)

   — **Le même jour a vu naître le peuple des loups et celui des moutons.**
   (Desbillons, *Fables*, X, 28, « la Caille, la Perdrix et la Corneille » [1779].)

   — **Dans une société bien réglée, les bons doivent servir de modèle et les méchants d'exemple.**
   (Louis de Bonald [1754-1840], *Maximes et Pensées*.)

   V. BONTÉ, MÉCHANCETÉ, VERTU ET VICE.

BOUC ÉMISSAIRE

Arabe. — **Si le minaret s'écroule, on pend le barbier.**

Berbère. — **Aziza s'est prostituée et on a brûlé les cheveux de sa servante.**

     V. ACCUSER, COUPABLE, RÉPUTATION.

BRAVOURE

Latin. — **La bravoure ne cède pas devant le malheur.**
    (Publilius Syrus, *Sentences*, 1er s. av. J.-C.)

Anglais. — **La bravoure ne passe pas de mode.**
    (W. M. Thackeray, *The Four Georges*, « George the Second » [1860].)

Berbère. — **L'homme brave a deux fortunes.**
    (Sa bravoure et ce qu'il en obtient.)

Français. — **Les poltrons fuient le danger, le danger fuit les braves.**
    (A. d'Houdetot, *Types militaires français* [1844].)

Hongrois. — **Si ton épée est trop courte, allonge-la d'un pas.**

Serbe. — **Il n'est bravoure sans brave compagnie.**

     V. COURAGE, TÉMÉRITÉ, VALEUR (vaillance).

BRÉSIL

Américain. — **Dans le caractère du Brésilien, il y a l'aménité de l'Indien, la douceur de l'ancien esclave noir et la mélancolie du Portugais.**

Brésilien. — **Le Brésilien est daltonien : quand il regarde un homme noir, il ne voit qu'un homme.**

     V. NATION (Caractères nationaux et langues nationales.)

BRUIT

Anglais. — **Beaucoup de bruit pour rien.**
    (Comédie en cinq actes de Shakespeare, *Much ado about nothing* [1598], dont le titre a passé en proverbe pour exprimer un dénouement sans proportion avec les péripéties.)

Français. — **On ne prend pas l'oiseau à la crécelle.**
    (*Proverbia vulgalia et latina*, manuscrit du XIIIe s., Paris, Bibl. nat.)

    — **Beaucoup de bruit, peu de fruit.**
    (Cité par Fr. Bacon, *Essays*, LIV [1612].)

    — **Le bruit ne fait pas de bien, et le bien ne fait pas de bruit.**
    (Saint Vincent de Paul [1581-1660].)

    V. RÉSULTAT.

CACHER

Proverbe général. — **Ce qui se fait de nuit paraît au grand jour.**

(Cf. saint Matthieu, x, 26 : Il n'y a rien de caché qui ne doive se découvrir, pas de secret qui ne doive être connu.)

Français. — **Pourquoi cacher à Dieu ce que savent les saints?**

Hollandais. — **C'est sur la partie brûlée de la tarte que l'on met le plus de sucre.**

Libanais. — **Celle qui cache sa grossesse ne peut cacher son enfantement.**

V. DISSIMULATION.

CADEAU

Bible. — **Les présents d'un homme lui élargissent la voie.**

(Livre des Proverbes, XVIII, 16: IVᵉ s. av. J.-C.)

Latin. — **C'est le rang du donateur qui fait la valeur du présent.**

(Ovide, *Epistulae ex Ponto*, IV [env. 5].)

— **A cheval donné on ne regarde pas à la bouche.**

(Cité par saint Jérôme, *Commentaire sur l'Épître aux Éphésiens*, Préface [env. 420].)

Latin médiéval. — **De main vide, vaine parole.**

(*Vacuae manus temeraria petitio est.* — Cité par John of Salisbury, *Polycratici libri*, V, 10: XIIᵉ s.)

Basque. — **Les présents brisent les rocs.**

(Le même en espagnol. Cf. Cervantes, *Don Quichotte*, II, XXXV.)

Espagnol. — **Un âne chargé d'or monte légèrement la montagne.**

(Cervantes, *Don Quichotte*, II, XXXV [1615].)

Français. — **Un brochet fait plus qu'une lettre de recommandation.**

(Jean Le Bon, *Adages françois* [1557].)

— **Je ne regarde point la valeur du présent, mais le cœur qui le présente.**

(Marguerite de Navarre, *l'Heptaméron*, VII, LXV [1559].)

— **Les petits cadeaux entretiennent l'amitié.**

(On ajoute : ... et les grands cadeaux entretiennent l'amour.)

Turc. — **Si tu te présentes les mains vides, on te dira : l'effendi dort; si tu viens avec un présent, on te dira : Effendi, daignez entrer.**

V. CORRUPTION, DONNER, GRATUIT.

CADEAU EN APPELLE UN AUTRE (Un)

Latin. — **Les cadeaux sont des hameçons.**
    (Martial, *Épigrammes*, V, XVIII [env. 90].)

Arabe. — **Celui qui porte un présent sur un âne attend de recevoir un présent sur un chameau.**

Français. — **On donne un œuf pour recevoir un bœuf.**

Irlandais. — **Reçois les présents avec un soupir.**

Russe. — **Le petit cadeau va où il espère trouver le grand cadeau.**
    V. DONNER ET RECEVOIR.

CADEAUX REVIENNENT CHER (les)

Anglais. — **Ce qu'on achète coûte moins cher que ce qui vous est offert.**

Français. — **Je ne trouve rien si cher que ce qui m'est donné.**
    (Montaigne, *Essais*, III, IX [1588].)

Italien. — **Il n'est poule si chère que celle reçue en cadeau.**
    V. PRIX.

CALAMITÉ

Anglais. — **Une calamité publique est un puissant niveleur.**
    (Edmund Burke, *Discours sur la paix avec l'Amérique*, 22 mars 1775.)

Chinois. — **Quand le fleuve Jaune est en crue, même la grande jonque chasse sur l'ancre.**

Persan. — **Quand le vent souffle en tempête, il fait frémir tous les arbres.**
    V. MALHEUR.

CALOMNIE

Grec. — **Il faut recevoir les calomnies avec plus de calme que les cailloux.**
    (Antisthène, IVe s. av. J.-C. — Cité par Diogène Laërce, *Phil. ill.*, VI.)

Latin. — **Rien n'est si rapide que la calomnie.**
    (Cicéron, *Pro Cnaeo Plancio*, 23; env. 54 av. J.-C.)

Latin médiéval. — **Calomniez audacieusement, il en restera toujours quelque chose.**
    (*Audaciter calomniare semper aliquid haeret.* — Cité par Francis Bacon, *De dignitate et augmentis scientiarum*, VIII, 2.)

Allemand. — **Faire le bien et être calomnié, c'est chose royale.**
    (Devise inscrite en latin, *Bene facere et male audire regium est*, sur le fronton de l'hôtel de ville de Zittau, Saxe.)

Anglais. — **Qui s'irrite contre la calomnie lui donne créance.**
    (Ben Jonson, *Catilina*, III [1611].)

Arabe. — **La gueule d'un canon est moins dangereuse que la bouche d'un calomniateur.**

Chinois. — **Quand la racine est profonde, pourquoi craindre le vent ? Quand l'arbre est droit, pourquoi s'affliger si la lune lui fait une ombre oblique ?**

Espagnol. — **La parole du calomniateur est comme le charbon; quand elle ne brûle pas, elle noircit.**

Français. — **La fumée s'attache au blanc.**

— **On n'est jamais sali que par la boue.**

Indien *(garhwali).* — **Tu peux saisir à temps la main qui va te frapper, mais comment saisiras-tu la langue du calomniateur ?**

Libanais. — **L'encens n'embaume que brûlé.**

(Une personne honnête et digne de respect n'est connue et appréciée que lorsqu'elle est obligée de se justifier contre la calomnie.)

Turc. — **Pas de montagne sans brouillard, pas d'homme de mérite sans calomniateurs.**

V. BAVARDAGE, LANGUE, MÉDISANCE, ON-DIT.

CAMPAGNE et VILLE

Grec. — **Grande cité, grande solitude.**

(Strabon, *Géographie*, XVI; env. 2 av. J.-C.)

Latin médiéval. — **Vis à la campagne pour toi, au lieu de vivre à la ville pour les autres.**

(*Rure tibi vivas dum aliis vixeris urbe.*)

Anglais. **Si vous voulez être connu sans connaître, vivez dans un village; si vous voulez connaître sans être connu, vivez à la ville.**

(C. C. Colton, *Lacon, or Many Things in Few Words* [1820].)

— **Dieu a fait la campagne, l'homme a fait la ville, et le diable la petite ville.**

(*East Anglian Daily Times*, 20-5-1922.)

Espagnol. — **Les vraies bêtes sauvages sont où il y a le plus de monde.**

(Baltasar Gracian, *Oraculo manual*, 74 [1647].)

V. NATURE (Sentiment de la).

CANADA

Canadien. — **Le Canadien passe la moitié de son temps à expliquer aux Américains qu'il n'est pas Britannique, et l'autre moitié à expliquer aux Britanniques qu'il n'est pas Américain.**

— **De toutes les richesses du Canada, la plus importante est sa culture bilingue.**

V. NATION (caractères nationaux et langues nationales).

CAPRICE

Français. — **Blanc caprice ne rompt pas la tête.**

(*Proverbe que dit li vilains*, manuscrit du XIIIᵉ s., Oxford.)

— **Un caprice est une chose grave pour les cœurs légers.**

(Etienne Rey, *Maximes morales et immorales*, 308 [1914].)

V. FANTAISIE, GUISE.

CAPTIVITÉ

Latin. — **L'animal même sauvage, quand on le tient enfermé, oublie son courage.**

(Tacite, *Histoires*, IV, 64; IIᵉ s.)

Anglais. — **Nul n'aime ses fers, fussent-ils d'or.**
(J. Heywood, *Proverbs in the English Tongue* [1546].)

Français. — **Le mort ni le prisonnier n'a plus ni ami ni parent.**
(Richard Cœur de Lion, *Rotroenge*, 14 [1194].)
V. PRISON, SERVITUDE.

CARACTÈRE

Antiquité égyptienne. — **Un bon caractère est la protection de l'homme.**
(*Sagesse d'Aménémopé;* VIIIᵉ s. av. J.-C.)

Latin. — **C'est son caractère qui fait à chacun sa destinée.**
(Cornelius Nepos, *De Viris illustribus,* XI: Iᵉʳ s. av. J.-C.)

Allemand. — **On ne découvre jamais mieux son caractère qu'en parlant de celui d'autrui.**
(J. P. Richter, *Titan,* CX [1803].)

Anglais. — **Un bon caractère vaut un apanage.**
(William Hazlitt, *The Plain Speaker*, II [1826].)

Chinois. — **Il est plus facile de déplacer un fleuve que de changer son caractère.**

Français. — **Un caractère bien fade est celui de n'en avoir aucun.**
(La Bruyère, *les Caractères,* « De la société et de la conversation », 1 [1688].)

— **Quiconque n'a pas de caractère n'est pas un homme, c'est une chose.**
(Chamfort [1741-1794], *Maximes et Pensées*.)

— **L'on prouve que l'on a du caractère quand on parvient à vaincre le sien.**
(Mᵐᵉ Necker, *Mélanges* [1798].)

— **Un homme de caractère n'a pas bon caractère.**
(Jules Renard, *Journal*, 2 janvier 1907.)

Persan. — **Crois, si tu veux, que des montagnes ont changé de place; mais ne crois pas que des hommes puissent changer de caractère.**
(Cité par P.-A. Jaubert, *Voyage en Arménie et en Perse,* XII [1821].)
V. HUMEUR, NATUREL, PERSONNALITÉ.

CARESSE

Arabe. — **Embrasse le chien sur la bouche jusqu'à ce que tu aies obtenu ce que tu veux.**

Polonais. — **On flatte le cheval jusqu'à ce qu'il soit sellé.**
V. ADULATION, BAISER (le), DOUCEUR, FLATTERIE.

« CARPE DIEM »

Grec. — **Pour aujourd'hui, buvons et réjouissons-nous, avec d'heureuses paroles aux lèvres; ce qui doit venir après nous, c'est l'affaire des dieux.**
(Théognis de Mégare, *Sentences,* 1047-1048: VIᵉ s. av. J.-C.)

Latin. — **Jouis du jour présent.**
(Horace, *Odes,* I, XI, 8; env. 23 av. J.-C.)

— **Cueillons les douceurs, nous n'avons à nous que le temps de notre vie.**
(Perse, *Satires,* V, 151 [env. 60].)

Français. — **Celuy vit seulement lequel vit aujourd'hui.**
(Joachim du Bellay, *les Regrets,* LIV, 14 [1558].)

— Mon plus beau jour est celui qui m'éclaire.
(Désaugiers, *Chansons* [1825].)

Persan. — Bois du vin, puisque tu ignores d'où tu es venu;
Vis joyeux, puisque tu ignores où tu iras.
(Omar Kheyyam, *Quatrains*, XIIᵉ s.)

V. BONHEUR, PRÉSENT (le), VIE (Sens de la).

CAUSE et EFFET

Antiquité chinoise. — Un mot perd l'affaire, un homme détermine le sort d'un empire.
(Confucius, *Livre des sentences*, IX, 3; VIᵉ s. av. J.-C.)

Grec. — Une petite étincelle suffit à incendier une forêt.
(Phocylide de Milet, *Sentences*, VIᵉ s. av. J.-C. — Cf. Saint Jacques, *Épître*, III, 5.)

Latin. — La flamme suit de près la fumée.
(Plaute, *Curculio*, 53; IIᵉ s. av. J.-C. — D'où le proverbe général : Il n'y a pas de fumée sans feu.)

— La fumée ne manque pas où il y a du feu.
(Publilius Syrus, *Sentences*, 1ᵉʳ s. av. J.-C. — D'où le proverbe général : Il n'y a pas de feu sans fumée.)

Chinois. — Verser de l'eau froide dans le pot qui bout ne vaut pas retirer le bois du foyer.

Français. — Petite pluie abat grand vent.
(*Proverbes ruraux et vulgaux*, manuscrit du XIVᵉ s., Paris, Bibl. nat.)

— Le nez de Cléopâtre : s'il eût été plus court, toute la face de la terre aurait changé.
(Pascal, *Pensées*, II, 162 [1670].)

— Cromwell allait ravager toute la chrétienté; un petit grain de sable se mit dans son uretère.
(Pascal, *Pensées*, II, 410.)

V. CONSÉQUENCE.

CAUTION

Bible. — Pourquoi t'exposer à ce qu'on t'enlève ton lit de dessous toi?
(Livre des Proverbes, XXII, 27; IVᵉ s. av. J.-C.)

Grec. — Qui se porte caution de quelqu'un se prépare des ennuis.
(Chilon de Sparte, VIᵉ s. av. J.-C. — Cité par Diogène Laërce, *Phil. ill.*, I.)

Arabe. — Cautionner est d'abord une générosité, puis un regret, enfin une obligation de payer.

V. GARANTIE.

CÉLÉBRITÉ

Antiquité chinoise. — Le sage redoute la célébrité comme l'ignominie.
(Lao-Tseu, *Livre du Tao et de sa vertu*, I, XIII, 1; VIᵉ s. av. J.-C. — Parce qu'il sait que la célébrité précède l'ignominie.)

Français. — La célébrité, c'est l'avantage d'être connu de ceux qui ne vous connaissent pas. (Variante : ... que vous ne connaissez pas.)
(Chamfort [1741-1794], *Maximes et Pensées*.)

Persan. — **Vous attacheriez-vous à une femme qui change d'amant tous les jours? Telle est la célébrité.**

(Saadi, *Gulistan*, VII, 40; XIIIe s.)

V. GLOIRE, RENOMMÉE.

CÉLIBAT

Bible. — **Il n'est pas bon que l'homme soit seul.**

(Genèse, II, 18; VIIIe s. av. J.-C.)

— **Il vaut mieux se marier que de brûler.**

(Saint Paul, Ire Épître aux Corinthiens, VII, 9 [env. 55].)

Allemand. — **Homme sans femme, tête sans corps; femme sans homme, corps sans tête.**

(J. P. Richter, *Blumen, Frucht und Dornenstücke* [1818].)

Anglais. — **Le mariage peut être un lac houleux, le célibat est toujours un boueux marécage.**

(Thomas Peacock, *Melincourt*, VII [1817].)

Français. — **Le mariage et le célibat ont tous deux des inconvénients; il faut préférer celui dont les inconvénients ne sont pas sans remède.**

(Chamfort [1741-1794], *Maximes et Pensées*.)

Italien *(vallée d'Aoste).* — **Homme sans femme, cheval sans bride; femme sans homme, barque sans gouvernail.**

V. FILLE (Vieille), GARÇON (Vieux).

CENSURE (généralités)

Latin. — **La censure épargne les corbeaux et s'abat sur les colombes.**

(Juvénal, *Satires*, II, 63 [env. 120].)

Anglais. — **La censure est la taxe que doit payer au vulgaire l'homme éminent.**

(Swift, *Thoughts on Various Subjects* [1706].)

V. BLÂME, REPROCHE.

CENSURE (examen des écrits)

Américain. — **Tout livre brûlé illumine le monde.**

(R. W. Emerson, *Compensation* [1841].)

Français. — **Un livre défendu est un feu sur lequel on veut marcher, et qui jette au nez des étincelles.**

(Voltaire, *Remarques et Observations*, Pièces inédites, éd. en 1820.)

V. CRITIQUE.

CÉRÉMONIAL

Anglais. — **Ne méprisez pas la pompe des cérémonies avant de les connaître.**

Chinois. — **Il y a trois cents règles de cérémonial et trois mille règles de comportement.**

Français. — **Le cérémonial est la fumée de l'amitié.**

V. RANG.

CERTAIN et INCERTAIN (généralités)

Latin. — **La seule certitude, c'est que rien n'est certain.**
(Pline l'Ancien, *Histoire naturelle*, II, VII [env. 77].)

Anglais. — **Rien n'est certain que la mort et les impôts.**
(V. S. Lean, *Collectanea* [1902].)

Persan. — **Une seule chose est certaine : la fleur qui a fleuri une fois meurt pour toujours.**
(Omar Kheyyam, *Quatrains*, XIIᵉ s.)

V. PROBABILITÉ, SCEPTICISME.

CERTAIN et INCERTAIN (Mieux vaut tenir que courir.)

Grec. — **Le chien qui lâche sa proie pour l'ombre n'a ni l'ombre ni le corps.**
(Ésope, *Fables*, « Le chien qui porte de la viande »; VIᵉ s. av. J.-C.)

— **Mieux vaut tenir que courir.**
(Ésope, *Fables*, « le Rossignol et l'Épervier »; même morale dans « le Pêcheur et le Picarel ».)

Hébreu. — **Un oiseau dans la main vaut mieux que deux sur le buisson.**
(Cité par J. Ray, *Adagia hebraica*.)

Anglais. — **Cottage en possession vaut mieux que royaume en réversion.**
(J. Clarke, *Parœmologia anglo-latina* [1639].)

Espagnol. — **Mieux vaut le moineau dans la main que la grue qui vole au loin.**
(Cervantes, *Don Quichotte*, I, XXXI [1605].)

Français. — **Mieux vaut maintenant un œuf que dans le temps un bœuf.**
(*Ci sunt li proverbe que dit li vilains*, manuscrit du XIIIᵉ s., Oxford, Rawlinson.)

— **Mieux vaut un « tiens » que deux « tu l'auras ».**
(Manuscrit du XIIIᵉ s., sans titre, Paris, Sainte-Geneviève. — Cf. La Fontaine, *Fables*, V, III.)

V. AVIDITÉ, CUPIDITÉ, RÊVE ET RÉALITÉ.

CHAGRIN

Bible. — **Le chagrin en a tué beaucoup, et il n'y a pas en lui de profit.**
(L'Ecclésiastique, XXX, 23; IIᵉ s. av. J.-C.)

Anglais. — **Un cœur rempli de chagrin est aussi difficile à porter qu'une coupe pleine.**

Français — **Le chagrin est comme la maladie : pour les uns, il est bénin; pour les autres, il est aigu.**

Malgache. — **Le chagrin est comme un grand trésor : on ne s'en ouvre qu'à ses intimes.**

V. AFFLICTION, DOULEUR, SOUFFRANCE, TRISTESSE.

CHAIR

Bible. — **Toute chair est comme l'herbe, et toute sa grâce comme la fleur des champs.**
(Isaïe, XL, 6; VIIIᵉ s. av. J.-C. — Cf. Saint Pierre, Iʳᵉ Épître, I, 24.)

— **L'esprit est prompt, mais la chair est faible.**
(Évangile selon saint Matthieu, XXVI, 41; env. 65.)

Hébreu. — **Plus il y a de chair, plus il y a de vers.**
(Attribué à Hillel l'Ancien.)

Latin. — **Nul n'est libre qui est esclave de sa chair.**
(Sénèque, *Lettres à Lucilius*, XCII [env. 64].)

Français. — **Péché de chair est trop commun.**
(J. de La Véprie, *Proverbes communs* [1498].)

— **Toute chair n'est pas venaison.**
(Antoine Oudin, *Curiosités françoises* [1640].)

V. LUXURE, VOLUPTÉ.

CHALEUR et FROID

Bantou *(Betchouana)*. — **Le froid est plus éducatif que la famine.**

Chinois. — **Par la canicule il n'y a pas de grands hommes.**

V. TEMPS (météorologie).

CHANCE

Grec. — **Personne n'a de chance tous les jours.**
(Bacchylide, *Pour Hiéron de Syracuse*, Vᵉ s. av. J.-C.)

— **Pour les chanceux, le coq lui-même pond.**
(Proverbe lacédémonien.)

Latin. — **C'est folie de s'attaquer à ceux qui sont aimés des dieux.**
(Publilius Syrus, *Sentences*, Iᵉʳ s. av. J.-C.)

— **La chance est un oiseau qui attend la venue de l'oiseleur.**
(Ausone, *Sententiae puriores*; IVᵉ s.)

Allemand. — **Nul n'est plus chanceux que celui qui croit à sa chance.**

Anglais. — **La chance va plus loin que les grands bras.**

Arabe. — **Mieux vaut combattre avec ta chance qu'avec ton sabre ou ta beauté.**

Bantou *(Congo)*. — **La chance n'est pas comme un pagne qu'on met et qu'on enlève.**

Basque. — **Il ne te servira de rien de te lever matin si tu n'es pas suivi du bonheur.**

Berbère. — **Si la chance veut venir à toi, tu la conduiras avec un cheveu; mais si la chance veut partir, elle rompra une chaîne.**

Chinois. — **Lorsque la chance nous sourit, nous rencontrons des amis; lorsqu'elle est contre nous, une jolie femme.**

Égyptien. — **Jette l'homme chanceux dans le Nil, et il remontera avec un poisson dans la bouche.**

Espagnol *(Catalogne)*. — **Bon vent vaut mieux que force rames.**

Géorgien. — **La chance est comme une femme légère : elle opprime le pauvre et s'enivre des charmes du riche.**

Italien. — **Qui a bonne chance aille dormir.**
(Molza, *Novella* [1547].)

Persan. — Une fois en quarante ans, je suis sorti pour voler, et la lune a brillé toute la nuit.

Russe. — Quand les roubles tombent du ciel, le malchanceux n'a pas de sac.

Suédois. — La chance ne donne pas, elle ne fait que prêter.

V. ÉTOILE, FORTUNE.

CHANGEMENT (généralités)

Grec. — On ne se baigne pas deux fois dans le même fleuve.
(Héraclite d'Éphèse, *Fragments*, ve s. av. J.-C. — Signifie que la vie intérieure est comparable à un fleuve dont les flots coulent et changent sans cesse.)

Latin. — Tout change, rien ne périt.
(Ovide, *Métamorphoses*, xv, 165 [env. 7].)

Latin médiéval. — Les temps changent et nous changeons avec eux.
(Lothaire Ier [795-855].)

Italien. — Un changement en prépare un autre.
(Machiavel, *le Prince*, II [1513].)

V. VICISSITUDES.

CHANGEMENT (remplacement)

Américain. — On ne change pas de cheval en traversant un gué.
(Abraham Lincoln [1809-1865].)

Anglais. — Quand il est nécessaire de changer, il est nécessaire de ne pas changer.
(Lucius Cary, vicomte Falkland, *A Discourse on the Infaillibility of the Church of Rome*, 1660.)

Français. — Il ne faut pas changer un cheval borgne contre un aveugle.
(A. de Montluc, *la Comédie des proverbes*, II, IV [1616].)

— On sait qui l'on quitte, on ne sait pas qui l'on prend.
(Variante : Changer et trouver mieux sont deux.)

V. NOUVEAUTÉ.

CHANGEMENT (variation)

Anglais. — Changer de lit guérit la fièvre.
(Th. Fuller, *Gnomologia, Adagies and Proverbs* [1732].)

Français. — Changement de corbillon fait trouver le pain bon.
(A. de Montluc, *la Comédie de proverbes*, III, IV [1616].)

V. DIVERSITÉ, VARIÉTÉ.

CHANTER

Latin. — Le chant allège les sombres soucis.
(Horace, *Odes*, IV, XI, 35-36; env. 15 av. J.-C.)

Allemand. — Celui qui n'aime pas le vin, les femmes et les chansons reste un sot toute sa vie.

Anglais. — J'aimerais mieux être célèbre par une chanson que par une victoire.
(Alexander Smith, *Dreamthorp*, I [1863].)

Chinois. — Si une chanson donne la célébrité dans un pays, c'est que la vertu n'en donne guère.

Espagnol. — Qui chante, ses maux enchante.
(Cervantes, *Don Quichotte*, I, xxii [1605].)

Français. — Ce qui ne vaut pas la peine d'être dit, on le chante.
(Beaumarchais, *le Barbier de Séville*, I, ii [1777].)

— Le chant est à la parole ce que la peinture est au dessin.
(G. de Lévis, *Pensées détachées*, 146 [1811].)

Irlandais *(gaélique)*. — Trois choses sont impossibles à acquérir : le don de poésie, la générosité, un rossignol dans la gorge.
V. VOIX.

CHARITÉ

Grec. — Donne la main à celui qui tombe.
(Phocylide de Milet, *Sentences*, vie s. av. J.-C.)

Bible. — La charité couvre toutes les fautes.
(Livre des Proverbes, x, 12 ; ive s. av. J.-C. — Cf. Saint Pierre, Ire Épître, iv, 8.)

Latin. — La charité équivaut à l'ensemble de tous les préceptes.
(Saint Augustin, *Sermons*, début du ve s.)

— La charité ne pèche pas.
(...*Charitatem non peccare.* — Cf. Érasme, *Lettre à Dorpius*, mai 1515.)

Chinois. — Les portes de la charité sont difficiles à ouvrir et dures à fermer.

Français. — Il est bon d'être charitable.
Mais envers qui? C'est là le point.
(La Fontaine, *Fables*, VI, xiii [1668].)

— La charité qui ne coûte rien, le ciel l'ignore.
(Honoré de Balzac, *la Cousine Bette*, xxviii [1847].)

V. ALTRUISME, AMOUR DU PROCHAIN, BIEN (le), RÈGLE D'OR.

CHARME

Anglais. — Le charme frappe la vue, le mérite conquiert l'âme.
(A. Pope, *The Rape of the Lock*, V, 34 [1735].)

— Le charme, c'est ce que la violette a, et ce dont manque le camélia.
(E. Marion Crawford, *Children of the King*, v [1884].)

V. GRÂCE (agrément), PLAIRE, SÉDUCTION.

CHASSE et PÊCHE

Espagnol. — A la chasse et en amour, on commence quand on veut et on cesse quand on peut.

— Le pêcheur à la ligne mange plus qu'il ne gagne.

Français. — La chasse endurcit le cœur aussi bien que le corps.
(J.-J. Rousseau, *Émile ou de l'éducation*, IV [1762].)

Serbe. — La mère du pêcheur dîne rarement; celle du chasseur jamais.
V. APPÂT, PIÈGE.

CHASTETÉ

Latin. — **La beauté et la chasteté sont toujours en querelle.**
(Ovide, *les Héroïdes*, XVI, 290; env. 10 av. J.-C.)

Latin médiéval. — **L'oisiveté est le naufrage de la chasteté.**
Otium naufragium castitatis.

Anglais. — **La chasteté est une vertu pour certains et un vice pour d'autres.**
(C. C. Colton, *Lacon, or Many Things in Few Words* [1845].)

Espagnol. — **Si tu n'es pas chaste, fais semblant de l'être.**
(Baltasar Gracian, *Oraculo manual*, 126 [1647].)

Français. — **La chasteté est le lys des vertus.**
(Saint François de Sales, *Introduction à la vie dévote*, III, XII [1608].)

V. FEMME ET LA CHASTETÉ (la).

CHÂTIMENT

Antiquité chinoise. — **Le filet du ciel est immense et ses mailles sont écartées, mais il n'y a pas un méchant qui puisse l'éviter.**
(Lao-Tseu, *Livre du Tao et de sa vertu*, II, LXXIII, 11; VIe s. av. J.-C.)

Grec. — **Le châtiment qui se fait attendre n'en devient que plus terrible.**
(Eschyle, *les Choéphores*, 1009; Ve s. av. J.-C.)

Sanskrit. — **Le châtiment veille pendant que tout dort.**
(*Lois de Manou*, VII, 18; IIe s.)

Latin. — **Un jour apporte le châtiment que beaucoup de jours demandent.**
(Publilius Syrus, *Sentences*, 1er s. av. J.-C.)

Anglais. — **Le châtiment est un glaive à deux tranchants.**

Français. — **Le gibet ne perd pas ses droits.**

Indien *(malayala).* — **Après avoir appris à voler, il faut encore apprendre à être pendu.**

Polonais. — **Un jour, la faucille coupera l'ortie.**

V. JUSTICE IMMANENTE.

CHÂTIMENT CORPOREL (enfants)

Bible. — **Celui qui ménage les verges hait son fils, mais celui qui l'aime le corrige de bonne heure.**
(Livre des Proverbes, XIII, 24; IVe s. av. J.-C.)

Grec. — **Qui n'a pas été bien fouetté n'a pas été bien élevé.**
(Ménandre, *Fragments*, IVe s. av. J.-C.)

Latin médiéval. — **Qui aime bien châtie bien.**
(*Qui bene amat bene castigat.* Le mot châtier est employé ici dans le sens de corriger. — C'était le précepte des écolâtres.)

Anglais. — **L'huile du fouet est le meilleur remède contre les crampes de la paresse.**

Chinois. — **Si tu aimes ton fils, donne-lui le fouet; si tu ne l'aimes pas, donne-lui des sucreries.**

Français. — **Pour une bonne fessée, le derrière ne tombe pas.**

Nigritien *(Yorouba)*. — **Si de la main droite tu fouettes l'enfant, de la main gauche tu le presses sur ton cœur.**

Russe. — **Aime tes enfants avec ton cœur, mais éduque-les avec ta main.**

> V. ÉDUCATION.

CHÂTIMENT CORPOREL (adultes)

Bible. — **Le fouet est pour le cheval, le mors pour l'âne, et la verge pour le dos des insensés.**
> (Livre des Proverbes, XXVI, 3 ; IVᵉ s. av. J.-C.)

Anglais *(Écosse)*. — **Qui n'a pas d'argent pour payer les dommages a un dos pour souffrir les coups.**

Espagnol. — **Avec le bâton, le bon devient méchant et le méchant pire.**

Nigritien *(Nigeria)*. — **Le bâton touche les os et non le vice.**

> V. COUPS.

CHEF

Antiquité égyptienne. — **Le chef du troupeau est un animal comme les autres.**
> (Ani, IIᵉ millénaire av. J.-C.)

Grec. — **Les mauvais bergers sont la ruine du troupeau.**
> (Homère, *l'Odyssée*, XVII, 246 ; IXᵉ s. av. J.-C.)

Bible. — **Un jugement sévère s'exerce sur ceux qui commandent.**
> (Sagesse, VI, 5 ; IIᵉ s. av. J.-C.)

Latin. — **C'est pendant l'orage que l'on connaît le pilote.**
> (Sénèque, *De Providentia*, IV, 5 [env. 45].)

— **Aucune main n'est pure quand le chef a changé.**
> (Lucain, *Pharsalia*, VII, 263 [env. 60].)

— **Le préteur ne s'occupe pas des affaires minimes.**
> (*De minimis non curat praetor*. — Signifie qu'un homme dans une situation de commandement n'a pas à s'occuper de vétilles.)

Anglais. — **Qui est le chef soit le pont.**
> (Selon la légende, Benigridan, chef gallois, étant parvenu au bord d'une rivière où ne se trouvait ni pont ni barque, résolut la difficulté en transportant ses hommes, l'un après l'autre, sur son dos. — Cf. Th. Fuller, *The Worthies of England*.)

Bantou *(Ruanda)*. — **Le manche neuf blesse la main.**
> (Un jeune chef est souvent sans indulgence avec ses subordonnés.)

Danois. — **Les abeilles ont leur reine et les cigognes leur conducteur.**

Français. — **Il n'y a point de si empêché que celui qui tient la queue de la poêle.**
> (Pierre de Larivey, *les Écoliers*, II, V [1579].)

— **C'est le bon veneur qui fait la bonne meute.**

— **Tout saint nouveau a des miracles à faire.**

Italien. — **Tous les nœuds viennent sous le peigne.**
> (Toutes les affaires difficiles sont évoquées devant le chef.)

Libanais. — **Nous avons cru que le pacha était un pacha, mais le pacha est un homme.**

Mandchou. — **Lorsque trois personnes marchent ensemble, il doit y en avoir une qui est le maître.**

Nigritien *(Bambara).* — Où il y a une tête, on ne coiffe pas le genou.

Persan. — Le mauvais chef se reconnaît à l'espoir que les méchants mettent en lui et à la crainte qu'il inspire aux honnêtes gens.

Roumain *(Dacie).* — Le changement de chef fait la joie des sots.

Russe. — Cinquante brebis sans un berger ne font pas un troupeau.

Serbe. — En haute mer, le navire appartient au pilote.

Targui. — Suis la piste, même si elle tourne; suis le chef, même s'il est vieux.

V. AUTORITÉ, COMMANDER, MAÎTRE, SUPÉRIORITÉ.

CHEF (Un seul)

Antiquité chinoise. — Le ciel n'a pas deux soleils, le peuple n'a pas deux souverains.

(Mencius, *Livre des livres*, II, III, 4; IVᵉ s. av. J.-C.)

Grec. — C'est le trop de généraux qui a causé la défaite de Karia.

(Diogénien, *Proverbes*, IIᵉ s. — Allusion à la perte par les Grecs, attaqués par les Perses, d'un pays du sud-ouest de l'Asie Mineure, aujourd'hui la Carie.)

Allemand. — Plus il y a de bergers, moins bien gardé est le troupeau.

Arabe. — Lorsque les capitaines sont plusieurs, le vaisseau chavire.

Chinois. — Quand il y a sept timoniers sur huit marins, le navire sombre.

Espagnol. — A force de coiffeurs, la fiancée devient chauve.

Hollandais. — Dans la maison où beaucoup commandent, peu l'on fait.

Italien. — Quand il y a plusieurs cuisiniers, la soupe est trop salée.

Nigritien *(Peul).* — Ce qui n'a pas de tête ne va pas; ce qui a deux têtes va moins bien encore.

Persan. — Où il y a sept matrones, la tête de l'enfant est aplatie.

Suédois. — La maison qui est bâtie au goût de tous n'aura pas de toit.

V. ASSOCIATION.

CHEVELURE

Grec. — Tête fort chevelue embellit le beau et enlaidit le laid.

(Lycurgue de Sparte, VIᵉ s. av. J.-C. — Cité par Plutarque, *Vies parallèles*.)

Latin médiéval. — Homme chevelu est fort ou luxurieux.

Vir pilosus, aut fortis, aut luxuriosus.

Français. — Sur les volcans, il ne pousse pas d'herbe.

(Se dit plaisamment pour flatter les chauves au cerveau fécond.)

Irlandais *(gaélique).* — La tête bien coiffée vend les pieds.

(La splendeur de la chevelure couvre les défauts.)

Italien. — La beauté du ciel est dans les étoiles, la beauté des femmes est dans leur chevelure.

Persan. — Le cœur se trouve bien suspendu à une belle chevelure.

(Hafiz, *Odes*, XIVᵉ s.)

V. BEAUTÉ PHYSIQUE.

CHIMÈRE

Grec. — **N'entretiens pas l'espoir de ce qui ne peut être espéré.**
(Pythagore, *les Vers d'or*, VIᵉ s. av. J.-C.)

Bible. — **Mieux vaut une main pleine de repos que les deux mains pleines de labeur et de poursuite du vent.**
(L'Ecclésiaste, IV, 6; IIIᵉ s. av. J.-C.)

Français. — **Si l'on ôtait les chimères aux hommes, quel plaisir leur resterait-il ?**
(Fontenelle, *Dialogue des morts modernes*, III [1683].)

— **Nos chimères sont ce qui nous ressemble le mieux.**
(Victor Hugo, *les Misérables*, III, V, v [1862].)

Indien *(malabar).* — **Celui qui regarde longtemps les songes devient semblable à son ombre.**
(Cité par André Malraux, en épigraphe de *la Voie royale*.)

V. CERTAIN ET INCERTAIN, ILLUSION, RÊVE (rêverie).

CHINE

Anglais. — **On ne peut dire une vérité sur la Chine sans que ce soit en même temps une erreur.**

Russe. — **Il y a deux sortes de Chinois : ceux qui donnent des pots-de-vin et ceux qui les prennent.**

V. NATION (caractères nationaux et langues nationales).

CHIRURGIEN

Grec. — **La guerre est la seule véritable école du chirurgien.**
(Hippocrate, *Aphorismes*, IVᵉ s. av. J.-C.)

Anglais. — **Le chirurgien doit avoir un œil d'aigle, un cœur de lion, et une main de femme.**

Français. — **Jeune chirurgien, vieux médecin, riche apothicaire.**

V. MÉDECIN.

CHOC en RETOUR

Bible. — **Qui sème le vent récolte la tempête.**
(Osée, VIII, 7; VIIIᵉ s. av. J.-C.)

— **Celui qui sème l'injustice moissonne le malheur.**
(Livre des Proverbes, XXII, 8. — Cf. Osée, X, 13, et Job, IV, 8 : Ceux qui labourent l'iniquité et qui sèment l'injustice en moissonnent les fruits.)

— **Celui qui creuse une fosse y tombe, et la pierre revient sur celui qui la roule.**
(Livre des Proverbes, XXVI, 27. — Cf. Ecclésiaste, X, 8.)

— **Celui qui renverse une muraille pourra être mordu par un serpent.**
(L'Ecclésiaste, X, 8; IIIᵉ s. av. J.-C.)

— **Celui qui jette une pierre en l'air la jette sur sa propre tête; ainsi un coup perfide fait des blessures au perfide.**
(L'Ecclésiastique, XXVII, 25; IIᵉ s. av. J.-C.)

— **Qui tend un filet y sera pris.**
(L'Ecclésiastique, XXVII, 26.)

— **On est puni par où l'on a péché.**
(Sagesse, x, 16; IIe s. av. J.-C.)

Grec. — **Le mauvais dessein est surtout mauvais pour celui qui l'a conçu.**
(Hésiode, *les Travaux et les Jours*, 266; VIIIe s. av. J.-C.)

— **En dressant des embûches à un autre on se tend un piège à soi-même.**
(Ésope, *Fables*, « le Lion, le Loup et le Renard », VIe s. av. J.-C.)

— **Qui frappe reçoit des coups, telle est la règle.**
(Pindare, *Odes néméennes*, IV, 32: Ve s. av. J.-C.)

Araméen. — **La flèche que tu lances contre un juste reviendra sur toi.**
(*Paroles d'Ahiqar*; VIe s. av. J.-C.)

Islam. — **Quiconque aura fait le mal sera rétribué par le mal.**
(Le Koran, IV, 122, et VI, 161; VIIe s.)

Latin médiéval. — **Qui crache au ciel, il lui retombe sur le visage.**
In expuentis recidit faciem, quod in caelum expuit.

Allemand. — **Qui souffle dans le feu, les étincelles lui sautent aux yeux.**

Anglais. — **Qui sème des chardons recueille des piqûres.**

Chinois. — **Tel s'endort médisant, qui s'éveille calomnié.**

Espagnol. — **Là où les coups se donnent, ils se reçoivent.**
(Cervantes, *Don Quichotte*, II, LXXV [1615].)

— **Il ne faut pas se faire borgne pour rendre un autre aveugle.**
(Cervantes, *Nouvelles exemplaires*, « le Petit-Fils de Sancho Panza » [1613].)

Français. — **Plus on remue la boue, et plus elle pue.**
(*Proverbia vulgalia et latina*, manuscrit du XIIIe s., Paris, Bibl. nat.)

— **Qui sème des épines n'aille déchaux.**
(Gabriel Meurier, *Trésor des sentences* [1568].)

— **Du bâton que l'on tient on est souvent battu.**
(Baïf, *Mimes, Enseignements et Proverbes* [1576].)

Russe. — **Même dans l'enfer, le moujik devra servir le boyard.**
(Car, pendant que le boyard bouillira dans le chaudron, le moujik devra entretenir le feu.)

V. RÉCIPROCITÉ, TALION (Peine du).

CHOISIR

Grec. — **Quand on veut aller au bain, on ne va pas au moulin.**
(Cité par Épictète, *Entretiens*, I, 27; début du IIe s.)

Anglais. — **Il y a peu de choix parmi les pommes pourries.**
(Shakespeare, *The Taming of the Shrew*, I, 1, 138 [1594].)

Français. — **Qui veut choisir souvent prend le pire.**
(Mathurin Régnier, *Satires*, III, 26 [1609]. — D'où le proverbe général : A force de choisir, on prend le pire.)

V. ALTERNATIVE, DÉCISION.

CHUTE (généralités)

Latin. — **Il y a plus de gens pour adorer le soleil levant que le soleil couchant.**
(Paroles de Pompée [107-48], rapportées par Plutarque, *Œuvres morales*, « Apophtegmes des Romains ».)

Arabe. — **Lorsque la mosquée s'écroule, le mihrab apparaît.**

(Le mihrab est une niche pratiquée dans le mur de la mosquée où elle indique la direction de La Mecque. — Signifie que, dans sa chute, un grand laisse voir ce qu'il ne voulait pas montrer auparavant.)

Français. — **La faveur met l'homme au-dessus de ses égaux; et sa chute, au-dessous.**

(La Bruyère, *les Caractères*, « De la Cour », 97 [1688].)

— **La roche Tarpéienne est près du Capitole.**

(Mirabeau, *Discours à l'Assemblée constituante*, 22 mai 1790.)

Italien. — **A dégringoler, tout aide.**

Malgache. — **Une pierre qui roule ne s'arrête qu'au bas de la pente.**

V. AMBITION, AMITIÉ ET ADVERSITÉ, VICISSITUDES.

CHUTE (Quand le chêne est tombé...)

Grec. — **Il est inné dans l'homme de piétiner ce qui est à terre.**

(Eschyle, *Agamemnon*, 884; Vᵉ s. av. J.-C.)

— **Quand le chêne est tombé, chacun se fait bûcheron.**

(Ménandre, *Monostiques*, 123; IVᵉ s. av. J.-C.)

Latin. — **N'arrachez pas au lion mort les poils de sa moustache.**

(Martial, *Épigrammes*, X, XC, 10 [env. 90].)

Allemand. — **Le lièvre tire la crinière du lion mort.**

Chinois. — **Quand l'homme est au fond du puits, on lui jette des pierres.**

— **Le dragon immobile dans les eaux profondes devient la proie des crevettes.**

Français. — **Quand le loup est pris, tous les chiens lui lardent les fesses.**

(Antoine Oudin, *Curiosités françoises* [1640].)

— **Le coup de pied de l'âne va au lion devenu vieux.**

(Cf. La Fontaine, *Fables*, III, XIV, « le Lion devenu vieux » [1668].)

Géorgien. — **Lorsque l'arbre est déraciné, les fourmis le prennent d'assaut.**

Indien *(bihari)*. — **C'est sur l'homme à terre que pleuvent les coups de bâton.**

Persan. — **Quand un chien se noie, chacun lui offre à boire.**

Turc. — **Si ma barbe brûle, les autres viennent y allumer leur pipe.**

V. LÂCHETÉ.

CHUTE (Qui est dans le bourbier...)

Anglais. — **La compagnie est agréable, quand on va pour être pendu.**

Basque. — **L'aveugle voudrait que les autres le fussent aussi.**

Espagnol. — **Qui est dans le bourbier y voudrait mettre autrui.**

Français. — **Brebis crottée aux autres cherche à se frotter.**

CIRCONSPECTION

Grec. — **Regardez avant de sauter.**

(Ce proverbe donne la morale non exprimée que contient la fable d'Ésope, VIᵉ s. av. J.-C., « le Renard et la Chèvre ».)

Arabe. — **Si l'on te demande : « As-tu vu un âne noir ? » réponds : « Je n'en ai vu ni un noir, ni un blanc. »**

Chinois. — **Ne chassez pas un chien sans savoir qui est son maître.**

Français. — **Il ne faut pas parler latin devant les cordeliers.**

Persan. — **N'ouvrez pas une porte que vous ne pourriez refermer.**

Russe. — **N'embrasse pas l'occasion dont la bouche est sale.**

    V. PRUDENCE.

CIRCONSTANCE

Latin. — **Il faut essayer de soumettre les circonstances et non s'y soumettre.**
(Horace, *Épîtres*, I, i, 19; env. 17 av. J.-C.)

Italien. — **Ce sont les circonstances qui décident du bien et du mal.**
(Machiavel, *le Prince*, xxv [1514].)

    V. ADAPTATION, CONFORMISME, ÉVÉNEMENT, INATTENDU.

CLÉMENCE

Latin. — **Rien ne réussit mieux à l'homme que la clémence.**
(Térence, *Adelphi*, 862; IIᵉ s. av. J.-C.)

Anglais. — **Il n'est point de vertu qui ne soit aussi souvent coupable que la clémence.**
(Fr. Bacon, *De dignitate et augmentis scientiarum*, VI, 18 [1605].)

Français. — **La clémence vaut mieux que la justice.**
(Vauvenargues, *Réflexions et Maximes*, 167 [1746].)

    V. MAGNANIMITÉ, PARDON, VAINQUEUR ET VAINCU.

CLERGÉ (généralités)

Bible. — **Une fois prêtre, toujours prêtre.**
(Psaumes, CX, 4; IIᵉ s. av. J.-C.)

   — **Nul ne sert comme soldat ne s'engage en des affaires de la vie ordinaire.**
(Saint Paul, IIᵉ Épître à Timothée, II, 4 [env. 60].)

   — **Le bon pasteur donne sa vie pour ses brebis.**
(Évangile selon saint Jean, X, 12 [env. 115].)

Hébreu. — **Si tu as pris le métier de Dieu, prends aussi sa livrée.**
(C'est-à-dire : Sois charitable.)

Espagnol. — **Les prêtres et les femmes ne peuvent outrager.**
(Cervantes, *Don Quichotte*, II, xxxII [1615]. — Qui ne peut se défendre ne peut être outragé et qui ne peut recevoir d'outrage n'est pas capable d'outrager.)

Français. — **On peut dire des prêtres ce qu'on dit de la langue, que c'est la pire des choses ou la meilleure.**
(Napoléon [1769-1821], *Maximes et Pensées*.)

CLERGÉ (proverbes anticléricaux)

Allemand. — **Il n'y a de froc si bien béni que le diable n'y trouve abri.**

Anglais. — **La soutane préserve la doublure.**
(L'habit religieux fait respecter l'homme, même peu respectable.)

Français. — Chaque prêtre loue ses reliques.
> (*Proverbia et versus proverbiorum*, manuscrit du xive s., Tours, Bibl. municip.)

> **— Qui sert Dieu, il sert un bon maître.**
> (Henri Estienne, *les Prémices*, I, li [1594].)

Indien *(tamil)*. **— La main du brahmane et la trompe de l'éléphant ne connaissent pas le repos.**

Polonais. — Marie-toi, et tu seras heureux une semaine; tue un cochon, et tu seras heureux un mois; fais-toi curé, et tu seras heureux toute ta vie.

Turc. — Avec une moitié de médecin tu perds la santé; avec une moitié de prêtre tu perds la foi.

CŒUR

Antiquité égyptienne. — Suis ton cœur, pour que ton visage brille durant le temps de ta vie.
> (*Sagesse de Ptathotep*, IIIe millénaire av. J.-C.)

Antiquité japonaise. — Le cœur est le chef des dieux : ne l'offense pas.
> (Précepte shintoïste, vie s. av. J.-C.)

Bible. — Le cœur de l'homme est tortueux et inscrutable.
> (Jérémie, xvii, 9; viie s. av. J.-C.)

> **— Veille sur ton cœur, car de lui jaillissent les sources de la vie.**
> (Livre des Proverbes, iv, 23; ive s. av. J.-C.)

> **— Un cœur tranquille est la vie du corps.**
> (Livre des Proverbes, xiv, 30.)

> **— Là où est votre trésor, là aussi sera votre cœur.**
> (Évangile selon saint Luc, xii, 34; env. 63. Saint Matthieu, vi, 21. — Signifie : Votre pensée et votre affection se fixent sur l'objet de votre passion; si cet objet est digne, votre cœur sera noble.)

Grec. — Il faut savoir maîtriser sa langue, son sexe, et son cœur.
> (Anacharsis, vie s. av. J.-C. — Cité par Diogène Laërce, *Phil. ill.*, I.)

Latin. — Notre pire ennemi se cache dans notre cœur.
> (Publilius Syrus, *Sentences*, 1er s. av. J.-C.)

Islam. — Le cœur perçoit ce que l'œil ne peut voir.
> (Al-Gazal, derviche errant du xiie siècle, *Maximes*.)

Allemand. — Rien n'est si doux ni si dur que le cœur.
> (G. C. Lichtenberg, *Aphorismen* [1799].)

> **— Il est mal à l'aise dans sa peau, celui qui regarde dans son cœur.**
> (Gœthe [1749-1832], *Maximen und Reflexionen*.)

Anglais. — La main n'atteint pas ce que le cœur refuse.
> (Th. Fuller, *Gnomologia* [1732].)

> **— Un cœur dur est pire qu'une main sanglante.**
> (Shelley, *The Cenci*, V, ii [1819].)

Arabe. — Lave ton cœur comme on lave un vêtement.

Bantou *(Betchouana)*. **— Le cœur amer mange son maître.**

> **— *(Thonga)*. — Le cœur est une eau profonde qui recèle des choses inconnues.**

Chinois. — Le cœur de l'homme parfait est comme une mer dont on ne peut découvrir les lointains rivages.

> **— Le fond du cœur est plus loin que le bout du monde.**

> **— Le monde est une mer, notre cœur en est le rivage.**

Espagnol. — **Le cœur est un astrologue qui devine toujours la vérité.**

Français. — **Cœur ne peut mentir.**
> (*Proverbia vulgalia et latina*, manuscrit du XIIIe s., Paris, Bibl. nat.)

> — **C'est le cœur qui fait tout.**
> (Molière, *Mélicerte*, II, III [1666].)

> — **On n'est pas maître de son cœur.**
> (Marivaux, *la Double Inconstance*, III, IX [1723].)

> — **Quand le cœur est bon, tout peut se corriger.**
> (Gresset, *le Méchant*, IV, VI [1745].)

> — **Les grandes pensées viennent du cœur.**
> (Vauvenargues, *Réflexions et Maximes*, 127 [1746].)

> — **Le hasard gagne des batailles,**
> **Mais le cœur ne se gagne que par des vertus.**
> (Florian, *Fables*, IV, « le Laboureur de Castille » [1792].)

> — **Il y a des redites pour l'oreille et pour l'esprit, il n'y en a point pour le cœur.**
> (Chamfort [1741-1794], *Maximes et Pensées*.)

> — **Il faut que le cœur se brise ou se bronze.**
> (Chamfort, *Caractères et Anecdotes*.)

Indien *(tamil)*. — **On peut fendre un rocher ; on ne peut pas toujours attendrir un cœur.**

Nigritien *(Peul)*. — **Le cœur n'est pas un genou pour qu'on le plie.**

Norvégien. — **Le cœur de l'homme est la première chose qui s'agite dans le sein de sa mère et la dernière qui meurt en lui.**

Persan. — **La soif du cœur ne s'apaise pas avec une goutte d'eau.**
> (Saadi, *Gulistan*, V, 8 ; XIIIe s.)

Turc. — **Le cœur est un enfant, il espère ce qu'il désire.**

CŒUR et la RAISON (le)

Chinois. — **L'esprit a beau faire plus de chemin que le cœur, il ne va jamais si loin.**

Français. — **L'esprit est toujours la dupe du cœur.**
> (La Rochefoucauld, *Réflexions ou Sentences et Maximes morales*, 102 [1665].)

> — **Le cœur a ses raisons que la raison ne connaît point.**
> (Pascal, *Pensées*, IV, 277 [1670]. — Dans la pensée de Pascal, c'est la maxime de la foi en Dieu.)

> — **Si c'est la raison qui fait l'homme, c'est le sentiment qui le conduit.**
> (J.-J. Rousseau, *la Nouvelle Héloïse*, III, VII [1761].)

> — **La raison peut nous avertir de ce qu'il faut éviter, le cœur seul nous dit ce qu'il faut faire.**
> (J. Joubert [1754-1824], *Pensées, Maximes et Essais*.)

> V. CŒUR, RAISON.

COLÈRE

Antiquité égyptienne. — **Tu as l'avantage sur la colère quand tu te tais.**
> (*Sagesse de Ptahotep*, IIIe millénaire av. J.-C.)

Grec. — **Ne tisonne pas le feu avec un couteau.**
> (Pythagore, VIe s. av. J.-C. — Cité par Plutarque, *Œuvres morales*, « De l'éducation des enfants ».)

— **Jamais la colère n'a bien conseillé.**

(Ménandre, *Fragments*, IVe s. av. J.-C.)

— **Quand on est en colère, il ne faut rien dire ni faire, avant d'avoir récité l'alphabet.**

(Conseil d'Athénodore à César Auguste.)

— **Les conséquences de la colère sont beaucoup plus graves que ses causes.**

(Marc Aurèle, *Pensées*, XI, 18; IIe s.)

Bible. — **Celui qui est lent à la colère vaut mieux qu'un héros.**

(Livre des Proverbes, XVI, 32; IVe s. av. J.-C.)

— **L'envie et la colère abrègent les jours.**

(L'Ecclésiastique, XXX, 24; IIe s. av. J.-C.)

Latin. — **Vaincre la colère, c'est triompher de son plus grand ennemi.**

(Publilius Syrus, *Sentences*, Ier s. av. J.-C.)

— **Rien ne gagne à un retardement, si ce n'est la colère.**

(Publilius Syrus, *op. cit.*)

— **C'est une courte colère que le souvenir même de la colère.**

(Publilius Syrus, *op. cit.*)

— **La colère est une courte folie.**

(Horace, *Épitres*, I, II, 62; env. 17 av. J.-C.)

Hébreu. — **Quand le sage est en colère, il cesse d'être sage.**

(Le Talmud, *Pesachim*, Ve s.)

Islam. — **Nul n'a bu de meilleur breuvage que la colère qu'il a ravalée pour l'amour de Dieu.**

(La *Sunnah*, Xe s.)

Proverbe général. — **Agir dans la colère, c'est s'embarquer durant la tempête.**

(Folklore allemand, danois, etc.)

Américain. — **L'homme en colère monte un cheval sauvage.**

(B. Franklin, *Poor Richard's Almanac* [1740].)

Anglais. — **La colère qui a vu deux fois se lever le soleil est insoutenable.**

(Th. Fuller, *Gnomologia* [1732].)

— **Les hommes coléreux se font à eux-mêmes un lit d'orties.**

(Samuel Richardson, *Clarissa Harlowe*, VII [1748].)

Arabe. — **La colère du vrai croyant ne dure que le temps de remettre son turban en ordre.**

Birman. — **Si le coq hérisse ses plumes, il est aisé de le plumer.**

Français. — **Colère n'a conseil.**

(*Proverbes au vilain*, manuscrit du XIIIe s., Paris, Bibl. nat.)

— **Courroux est vain sans forte main.**

(Gabriel Meurier, *Trésor des sentences* [1568].)

— **La plus belle victoire est de vaincre son cœur.**

(La Fontaine, *Élégie aux nymphes de Vaux* [1661].)

— **Il faut faire coucher la colère à la porte.**

(Cf. La Fontaine, *Fables*, VIII, XX, « Jupiter et les tonnerres » [1678].)

— **La raison qui s'emporte a le sort de l'erreur.**

(Casimir Delavigne, *l'Ecole des vieillards*, III, II [1823].)

— **Il ne faut pas irriter les frelons.**

(Ne pas irriter ceux qui sont déjà en colère.)

— **Quand les brebis enragent elles sont pires que les loups.**

(Au sujet de la colère des êtres faibles et doux.)

— **De grand vent, petite pluie.**

(De grands éclats de colère n'aboutissent souvent à rien de grave.)

Italien. — **Le vin doux fait le plus âpre vinaigre.**

(Sur la colère des gens paisibles.)

Targui. — **Mieux vaut passer la nuit dans la colère que dans le repentir.**

Turc. — **Fuis la colère de l'homme calme et la ruade de la bête docile.**

V. FÂCHER (se), SOI (Maîtrise de).

COMBAT

Grec. — **Le combat est père et roi de l'univers; il a créé les dieux et les hommes; il a rendu les uns esclaves, les autres libres.**

(Héraclite d'Éphèse, *Fragments*, vᵉ s. av. J.-C.)

Français. — **Rien ne nous plaît que le combat, mais non pas la victoire.**

(Pascal, *Pensées*, II, 135 [1670]. — Le sens est donné par le contexte : « Nous ne cherchons jamais les choses, mais la recherche des choses. »)

Italien. — **Il est toujours désavantageux de combattre contre qui n'a rien à perdre.**

(Francesco Guicciardini, *Storia d'Italia* [1564].)

V. BATAILLE, VIE (Lutte pour la).

COMMANDER

Antiquité chinoise. — **Celui qui excelle à employer les hommes se met au-dessous d'eux.**

(Lao-Tseu, *Livre du Tao et de sa vertu*, II, LXVIII, 4; vⁱᵉ s. av. J.-C. — Il se dépouille des sentiments d'orgueil. — Lao-Tseu ajoute : « C'est ce que l'on appelle savoir se servir des forces des hommes. »)

Grec. — **Le commandement révèle l'homme.**

(Bias, vⁱᵉ s. av. J.-C. — Cité par Aristote, *Éthique à Nicomaque*, V, I, 16.)

Latin. — **Pour devenir le maître, il faut agir en esclave.**

(Tacite, *Histoires*, I, XXXVI; IIᵉ s. — Ce trait résume la conduite d'Othon dans sa lutte contre Galba.)

Allemand. — **Quand le chef commande bien, il n'est pas besoin de demande.**

(Les requêtes des subordonnés prouvent l'imperfection du commandement.)

Anglais. — **La condition de ceux qui sont dans le commandement ressemble à celle des corps célestes : beaucoup de respect et point de repos.**

(Fr. Bacon, *De dignitate et augmentis scientiarum*, VI, 8 [1605].)

Arabe. — **Trois choses donnent la mesure de l'homme : la richesse, le malheur et le commandement.**

— **Monter à cheval sans éperons est une duperie.**

Français. — **La froideur est la plus grande qualité d'un homme destiné à commander.**

(Napoléon [1769-1821], *Maximes et Pensées*.)

Indien *(bihari)*. — **Ne conduis pas tout le monde avec le même bâton.**

Turc. — **Le cheval connaît à la bride celui qui le mène.**

V. AUTORITÉ, CHEF, OBÉIR ET COMMANDER, SUPÉRIEUR ET SUBALTERNE.

COMMENCER (généralités)

Antiquité chinoise. — **Le plus grand arbre est né d'une graine menue; une tour de neuf étages est partie d'une poignée de terre.**

(Lao-Tseu, *Livre du Tao et de sa vertu*, II, LXIV, 3; VIᵉ s. av. J.-C. — Variante moderne : Les plus hautes tours commencent à terre.)

Grec. — **Le commencement est la moitié du tout.**

(Platon, *les Lois*, VI, 753; IVᵉ s. av. J.-C. — Cité par Aristote, *Politique*, VIII, III.)

Latin. — **Celui qui a commencé a fait la moitié de la besogne.**

(Horace, *Épîtres*, I, II, 40; env. 17 av. J.-C.)

Français. — **A mal enfourner, on fait les pains cornus.**

(*Proverbes rurauz et vulgauz*, manuscrit du XVᵉ s., Paris, Bibl. nat.)

— **Commencement n'est pas fusée.**

(*Ballade sur le siège de Pontoise par les Anglais*, XVᵉ s.)

— **Matines bien sonnées sont à demi chantées.**

(Rabelais, *Gargantua*, XL [1534].)

Japonais. — **Si vous cherchez la source du fleuve Yosthino, vous la trouverez dans les gouttes d'eau sur la mousse.**

V. ENTREPRENDRE.

COMMENCER (Il n'y a que le premier pas qui coûte.)

Antiquité chinoise. — **Un voyage de mille li a commencé par un pas.**

(Lao-Tseu, *Livre du Tao et de sa vertu*, II, LXIV, 3; VIᵉ s. av. J.-C. — Le *li* est une mesure itinéraire en usage chez les Chinois, et qui vaut environ 600 m.)

Latin. — **Dans un voyage le plus long est de franchir le seuil.**

(Varron, *De re rustica*, I, II [env. 60].)

Allemand. — **Qui fait un pas vers l'enfer a déjà parcouru la moitié du chemin.**

Belge *(Wallonie).* — **Une fois qu'on a mangé un diable, on en mangerait bien deux.**

Français. — **Il n'y a que le premier pas qui coûte.**

(Mᵐᵉ Du Deffand, *Lettre à d'Alembert*, 7 juillet 1763. — Le cardinal de Polignac narrait un jour devant Mᵐᵉ du Deffand le martyre de saint Denis qui, après avoir été décapité sur le mont Martre, prit sa tête entre ses mains et la porta jusqu'à l'emplacement de la future abbaye de Saint-Denis; le cardinal, qui épiloguait sur la longueur du chemin que saint Denis eut à parcourir, s'entendit répliquer par Mᵐᵉ du Deffand : « Monseigneur, en de telles affaires, il n'y a que le premier pas qui coûte! »)

Slovène. — **Le seuil est la plus haute des montagnes.**

Tchèque. — **Le premier péché prépare le lit du second.**

V. FOIS (Une ou plusieurs).

COMMENCER et FINIR

Latin. — **Il est plus facile de commencer que de finir.**

(Plaute, *Pœnulus*, 974; IIᵉ s. av. J.-C.)

— **Du commencement on peut augurer la fin.**

(Quintilien, *De institutione oratoria*, V, X, 71 [env. 90].)

Allemand. — **Semer est moins pénible que moissonner.**

(Gœthe [1749-1832], *Maximen und Reflexionen*. — Le contexte donne : « ... les difficultés augmentent à mesure que l'on approche du but ».)

Anglais. — **La fin du discours importe plus que le commencement.**
(Fr. Bacon, *De dignitate et augmentis scientiarum*, VIII, 10 [1605].)

Français. — **Le bon commencement attrait la bonne fin.**
(Manuscrit du XVᵉ s., sans titre, Rome, Vatican.)

V. ACHEVER, COMMENCER, ENTREPRENDRE, FINIR.

COMMERCE

Bible. — **Le péché pénètre entre la vente et l'achat.**
(L'Ecclésiastique, XXVII, 2 : IIᵉ s. av. J.-C.)

Latin. — **Sur la voie Sacrée, la propolis se vend plus cher que le miel.**
(Varron, *De re rustica*, III, XVI: env. 60 av. J.-C. — La voie Sacrée, qui tirait son nom du traité d'alliance qu'y conclurent Romulus et Tatius, était à Rome l'une des plus anciennes voies, et elle était restée la grande rue du commerce. — La propolis — mot passé en français — est une substance résineuse que les abeilles recueillent sur les bourgeons des peupliers, des aunes, etc., et qu'elles utilisent dans leurs ruches pour boucher les fissures et fixer les rayons.)

Anglais. — **On ne peut commercer sans faire brûler une chandelle au diable.**
(V. S. Lean, *Collectanea* [1904].)

Chinois. — **L'eau qui court abonde en poissons.**
(Il faut établir son commerce dans une rue passante.)

Français. — **A chemin battu, il ne croît point d'herbe.**
(Point de profit possible dans un négoce dont maintes gens se mêlent.)

— **Le commerce est l'école de la tromperie.**
(Vauvenargues, *Réflexions et Maximes*, 310 [1746].)

Malgache. — **Ce n'est pas le commerce qui exista d'abord, mais l'amitié.**

V. ACHETER, AFFAIRES, CRÉDIT, MARCHAND, RÉCLAME, VENDRE.

COMMUNAUTÉ

Latin médiéval. — **Ce qui est possédé en commun est négligé en commun.**
Communiter neglegitur quod communiter possidetur.

Chinois. — **S'il a deux maîtres, le cheval est maigre; si la barque est à deux, elle fait eau.**

Français. — **L'âne de la communauté est toujours le plus bâté.**

Géorgien. — **L'ours ravage toujours le champ communal.**

Italien. — **Les deniers publics sont comme l'eau bénite; chacun y puise.**

V. ASSOCIATION.

COMPAGNIE

Grec. — **Les mauvaises compagnies corrompent les bonnes mœurs.**
(Ménandre, *Monostiques*, IVᵉ s. av. J.-C.)

Allemand. — **Pris avec, pendu avec.**
Mitefangen, mitehangen.

— **La bonne compagnie instruit par sa conversation et forme par son silence.**
(Cité par Gœthe, [1749-1832], *Maximen und Reflexionen*.)

Anglais *(Écosse).* — **Mieux vaut tenir le diable dehors que le mettre à la porte.**
(J. Kelly, *Scottish Proverbs* [1721].)

Français. — Par compagnie, on se fait pendre.
(*Bonum spatium,* manuscrit du xive s., Paris, Bibl. nat.)

— **Si l'on n'est pas brûlé par le feu, on est noirci par la fumée.**
(Si les mauvaises compagnies ne corrompent les mœurs, elles ternissent la réputation.)

V. FRÉQUENTATION.

COMPAGNON

Latin. — Un aimable compagnon de route vaut un équipage.
(Publilius Syrus, *Sentences,* 1er s. av. J.-C.)

Anglais. — Bon compagnon fait la route courte.
(Cité par Oliver Goldsmith, *The Vicar of Wakefield,* xviii [1766].)

Français. — Qui a compagnon a maître.
(*Proverbia vulgalia et latina,* manuscrit du xiiie s., Paris, Bibl. nat. — Cf. Ant. Loisel, *Institutes coutumières,* 379 : ... et principalement quand c'est le roi.)

— **Mieux vaut être seul que mal accompagné.**
(Pierre Gringore, *Notables Enseignements, Adages et Proverbes* [1527].)

Persan. — La plus étroite des prisons est la société de celui qui vous est contraire.
(Djâmi, *Béharistan,* 1; xve s.)

Serbe. — Donnez-moi un compagnon de larmes, je trouverai seul un compagnon d'ivresse.

Suédois. — Le compagnon de lit se choisit pendant qu'il fait jour.

V. ASSOCIATION.

COMPARAISON

Grec. — On ne compare pas un moustique à un éléphant.
(Diogénien, *Proverbes,* iie s.)

— **Il faut comparer la pourpre à la pourpre.**
(Cité par Érasme, *Adages,* II, 1, 74.)

Latin médiéval. — Toute comparaison cloche.
(*Omnis comparatio claudicat.* — Cité par Montaigne, *Essais,* III, xiii.)

Français. — Ce n'est pas comparaison de soie à miel.
(Manuscrit du xiiie s., sans titre, Paris, Sainte-Geneviève.)

— **Toute comparaison est odieuse.**
(*Proverbes rurauz et vulgauz,* manuscrit de 1317, Paris, Bibl. nat.)

Proverbe général. — Comparaison n'est pas raison.
(Cité par Janus Gruter, *Florilegium* [1610].)

V. RAISONNEMENT.

COMPASSION

Grec. — La plus grande consolation dans l'infortune est de trouver des cœurs compatissants.
(Ménandre, *Fragments,* ive s. av. J.-C.)

Latin. — La compassion se prépare à elle-même de grands secours.
(Publilius Syrus, *Sentences,* 1er s. av. J.-C.)

Français. — **Qui ne sait compatir aux maux qu'il a soufferts?**
(Voltaire, *Zaïre*, II, ii, 516 [1732].)

Nigritien *(Peul).* — **Si quelqu'un trempe la soupe avec ses larmes, ne lui demande pas de bouillon.**

V. PITIÉ.

COMPÉTENCE

Grec. — **Le cheval au quadrige, le bœuf à la charrue.**
(Pindare, *Fragments*, vᵉ s. av. J.-C.)

— **Savetier, pas plus haut que la chaussure!**
(Le peintre Apelle exposait un tableau en plein air. Un cordonnier ayant critiqué la sandale de l'un des personnages, le peintre retoucha cette partie de son œuvre. Mais lorsque le cordonnier voulut encore parler du reste de l'ouvrage, Apelle riposta par sa célèbre apostrophe : « Cordonnier, borne ta critique à la chaussure! ». Pline l'Ancien, *Histoire naturelle*, XXXV, xxxvi, 10, qui rapporte l'anecdote, dit exactement : *Ne sutor supra crepidam judicaret.* — Cf. aussi Valère Maxime, *Paroles mémorables*, VIII, xii, 3.)

Français. — **Marchand d'oignons se connaît en ciboules.**

— **Maître André, faites des perruques!**
(Un perruquier de Langres, Charles André, dit Maître André, s'avisa de faire une tragédie en cinq actes et en vers, ayant pour titre : *le Tremblement de terre de Lisbonne.* En 1670, il envoya sa pièce à Voltaire, avec une épître dans laquelle il l'appelait : « Mon cher confrère ». Voltaire lui répondit par une lettre de quatre pages ne renfermant que ces mots, cent fois répétés : « *Maître André, faites des perruques.* » — Cette réponse est restée proverbiale.)

Persan. — **Bien que le fabricant de nattes sache tisser, on ne le conduit pas à l'atelier des soieries.**
(Saadi, *Gulistan*, VII, 13 ; XIIIᵉ s.)

V. APTITUDE, EFFICIENCE, EXPERT, MÉTIER (Chacun son), TALENT.

COMPLICITÉ

Hébreu. — **Le chat et le rat font la paix sur une carcasse.**
(Cité par J. Ray, *Adagia hebraica.*)

Latin. — **Qui soutient un coupable se rend complice de sa faute.**
(Publilius Syrus, *Sentences*, 1ᵉʳ s. av. J.-C.)

— **Qui n'empêche pas le mal le favorise.**
(Cicéron, *De officiis*, env. 44 av. J.-C.)

Français. — **Assez écorche qui le pied tient.**
(*Proverbia vulgalia et latina*, manuscrit du XIIIᵉ s., Paris, Bibl. nat. — Variante moderne : Autant fait celui qui tient le pied que celui qui écorche.)

— **Autant pèche celui qui tient le sac que celui qui l'emplit.**
(Ch. Cahier, *Proverbes et Aphorismes* [1856].)

Nigritien *(Bambara).* — **Les complices sont amis comme la salive et la langue.**

V. RECELEUR.

COMPLIMENT

Espagnol. — **Entre amis comme entre soldats, les compliments sont superflus.**

Français. — **On ne donne rien de si bon marché que les compliments.**
(A. de Montluc, *la Comédie de proverbes*, III, vii [1616].)

— **Les compliments sont le protocole des sots.**

(Voltaire, *l'Enfant prodigue*, II, ii [1736].)

— **Un compliment, c'est un peu d'amour dans beaucoup d'esprit.**

(Émile Faguet, *Études littéraires, XVIᵉ siècle*, « Clément Marot » [1894].)

Suédois. — **L'homme qui fait beaucoup de compliments les pervertit.**

(Chancelier Oxenstiern [1583-1654], *Réflexions et Maximes*.)

V. LOUANGE.

COMPORTEMENT

Antiquité chinoise. — **Celui qui connaît sa force et garde la faiblesse est la vallée de l'empire.**

(Lao-Tseu, *Livre du Tao et de sa vertu*, I, xxviii; vIᵉ s. av. J.-C.)

— **En toute affaire, reculez d'un pas et vous aurez l'avantage.**

(Kang-Hsi, *Édits*, ivᵉ s. av. J.-C. — D'où le proverbe général : Il faut reculer pour mieux sauter.)

Arabe. — **Si tu as la force, Allah le veut; si tu as la force et si tu es bon, Allah est grand.**

Araméen. — **Ne sois pas trop doux, on t'avalerait; ne sois pas trop amer, on te cracherait.**

(*Paroles d'Ahiqar*, vIᵉ s. av. J.-C.)

Bible. — **Soyez prudents comme le serpent, et simples comme la colombe.**

(Évangile selon saint Matthieu, x, 16 [env. 65].)

Anglais. — **Ce qui ne peut être évité, il le faut embrasser.**

(Shakespeare, *The Merry Wives of Windsor*, V, v, 247 [1600].)

Espagnol. — **Il faut avoir du sang aux ongles.**

(Baltasar Gracian, *Oraculo manual*, 54 [1647].)

Français. — **Selon son rôle on doit jouer son personnage.**

(Mathurin Régnier, *Satires*, XIII, 51 [1609].)

— **Qui veut faire l'ange fait la bête.**

(Pascal, *Pensées*, VI, 358 [1670].)

Italien. — **Un homme sensé doit avoir la figure ouverte et la pensée fermée.**

Portugais. — **Ne dis pas tout ce que tu sais; ne crois pas tout ce que tu entends; ne fais pas tout ce que tu peux.**

V. VIE (art, manière de vivre).

COMPRENDRE

Latin. — **On se lasse de tout, excepté de comprendre.**

(Paroles attribuées à Virgile par ses commentateurs, Tib. Claudius Donatus et Servius.)

Français. — **Mieux vaut comprendre peu que comprendre mal.**

(Anatole France, *la Révolte des anges*, 1 [1914].)

Hollandais. — **Comprendre est le commencement d'approuver.**

(Spinoza, *Tractatus theologico-politicus*, I, 4 [1677].)

V. INTELLIGENCE.

COMPTE

Grec. — **Les bons comptes font les bons amis.**

(Proverbe cité par Aristote, *Éthique à Eudème*, VII, x, 16; ivᵉ s. av. J.-C.)

Basque. — **Le vieil ami et le récent compte sont les meilleurs de tous.**

Français. — Qui compte seul (ou sans son hôte) **compte deux fois.**
(Antoine Loisel, *Institutes coutumières*, 206 [1607].)

— **A tout bon compte revenir.**
(Il est permis de refaire un calcul pour s'assurer de son exactitude.)

Turc. — Un mauvais compte revient même de Bagdad.

V. ARGENT.

COMPTER SUR SOI-MÊME

Latin. — On ne doit mettre son espoir qu'en soi-même.
(Virgile, *Enéide*, XI, 309; env. 19 av. J.-C.)

Islam. — Les liens du sang ne vous feront pas obtenir qu'un autre se charge de votre fardeau.
(Le Koran, XXXV, 19; VIIe s.)

Anglais. — Nul oiseau ne vole haut qu'avec ses propres ailes.
(William Blake, *The Marriage of Heaven and Hell* [1790].)

Espagnol. — Mieux vaut le saut de la haie que la prière des braves gens.
(Cervantes, *Don Quichotte*, I, XXI [1605]. — Ce proverbe signifie que, une fois la faute commise, il vaut mieux se sauver que compter sur la protection d'autrui.)

Français. — Ne t'attends qu'à toi seul : c'est un commun proverbe.
(La Fontaine, *Fables*, IV, XXII [1668]. — Le fabuliste ajoute : Il n'est meilleur ami ni parent que soi-même.)

V. AGIR PAR SOI-MÊME, AIDER SOI-MÊME (s'), AUTRUI.

CONCESSION

Allemand. — Il faut parfois concéder que les navets sont des poires.

Français. — Passez-moi la rhubarbe, je vous passerai le séné.
(D'après Molière, *l'Amour médecin*, III, 1. — Se dit de deux personnes qui se font des concessions intéressées.)

Italien. — Parfois il est sage de boire pour n'être pas noyé.

Nigritien *(Peul).* — Conserver sa tête vaut mieux que conserver son chapeau.

V. ACCOMMODEMENT, OPPORTUNISME.

CONCISION

Bible. — Abrège ton discours, beaucoup de choses en peu de mots; sois comme un homme qui a la science et qui sait se taire.
(L'Ecclésiastique, XXXII, 8; IIe s. av. J.-C.)

Latin. — Hâtez-vous toujours vers le dénouement.
(Horace, *Art poétique*, 148; env. 9 av. J.-C.)

Espagnol. — Ce qui est bref et bon est deux fois bon.
(Baltasar Gracian, *Oraculo manual*, 105 [1647].)

Français. — Qui ne sait se borner ne sut jamais écrire.
(Boileau, *Art poétique*, I, 63 [1674].)

— **La netteté est le vernis des maîtres.**
(Vauvenargues, *Réflexions et Maximes*, 373 [1746].)

V. ÉCRIRE.

CONCORDE

Bible. — Mieux vaut un morceau de pain avec la paix qu'une maison pleine
de viande avec la discorde.
(Livre des Proverbes, XVII, 1; IVᵉ s. av. J.-C.)

Chinois. — Les paroles des cœurs unis sont odorantes comme des parfums.

Français. — Le courage fait les vainqueurs; la concorde, les invincibles.
(C. Delavigne, *Troisième Messénienne*, 114-115 [1822].)
V. UNION.

CONFIANCE et DÉFIANCE

Grec. — Confiance et défiance sont également la ruine des hommes.
(Hésiode, *les Travaux et les Jours*, 372; VIIIᵉ s. av. J.-C.)

— Souviens-toi de te méfier.
(Épicharme, *Sentences*, VIᵉ s. av. J.-C.)

Latin. — L'erreur est aussi grande de se fier à tous que de tous se défier.
(Sénèque, *Lettres à Lucilius*, III [env. 64].)

Arabe. — N'aie pas confiance et ne cherche pas à avoir confiance, même
dans le pays de la confiance.

— Lorsqu'un serpent te voue de l'affection, porte-le comme un collier
autour de ton cou.

Belge *(Wallonie).* — Il faut regarder tout le monde comme honnête et se
défier de tout le monde.

Chinois. — Ceux qui ne sont pas vertueux, je les traite comme des gens vertueux et ils deviennent vertueux.

— La porte la mieux fermée est celle que l'on peut laisser ouverte.

Français. — Confiance est mère de dépit.
(Manuscrit du XVᵉ s., sans titre, Rome, Vatican.)

— La méfiance est mère de la sûreté.
(Cité par La Fontaine, *Fables*, III, XVIII, « Le Chat et le Vieux Rat ».)

— Notre défiance justifie la tromperie d'autrui.
(La Rochefoucauld, *Réflexions ou Sentences et Maximes morales*, 86 [1665].)

— On est plus souvent dupé par la défiance que par la confiance.
(Cardinal de Retz [1613-1679], *Maximes et Réflexions.*)

Suédois. — Les suites de la confiance sont plus à craindre que celles de la
défiance.
(Chancelier Oxenstiern [1583-1654], *Réflexions et Maximes.*)
V. FOI (Bonne et mauvaise), SOUPÇON.

CONFIDENCE

Grec. — Ayez beaucoup d'amis et peu de confidents.
(Apollonios de Tyane, *Fragments*, 1ᵉʳ s.)

Anglais. — Les vieilles portes ferment mal; ne faites pas de confidences aux
vieillards.

Français. — Défiez-vous de ceux qui vous font de petites confidences, c'est
pour vous en tirer de plus grandes.
(Chevalier de Méré, *Nouvelles Maximes, Sentences et Réflexions*, 43 [1702].)
V. AUTRUI (Affaires d'), DISCRÉTION, INDISCRÉTION, SECRET.

CONFORMISME

Latin. — **Quand tu seras à Rome, agis comme les Romains.**
(Saint Augustin, *Epistola ad Januarium*, II, 18 [env. 390]. — Conseil de saint Ambroise à saint Augustin, relativement à l'observance du jeûne.)

Hébreu. — **Si tous disent que tu es un âne, il est temps de braire.**
(Le Talmud, *Baba Kamma*, 92; Vᵉ s.)

Latin médiéval. — **Il faut hurler avec les loups, si l'on veut courir avec eux.**
Consonus esto lupis, cum quibus esse cupis.

— **Avec les fols, il faut foller.**
Necesse est cum insanientibus furere.

Espagnol. — **Mieux vaut être fou avec tous que sage tout seul.**
(B. Gracian, *Oraculo manual*, 133 [1647]. — Le contexte donne : Car si tous sont fous, il n'y a rien à perdre; au lieu que si la sagesse est seule, elle passera pour folie.)

Français. — **Mieux vaut, si tu hurles, avec les loups qu'avec les chiens.**
(P.-J. Toulet, *Almanach des trois impostures*, 180 [1922].)

Géorgien. — **Si trois personnes te disent que tu es ivre, couche-toi.**

Malais. — **Dans l'étable à chèvres, bêle; dans le parc à buffles, beugle.**

Persan. — **Si à midi le roi te dit qu'il fait nuit, contemple les étoiles.**

Russe. — **Si tu tombes dans la meute, il te faut aboyer ou remuer la queue.**

V. ADAPTATION, APPROPRIATION, CONVENANCE, MODE, OPPORTUNISME, OPPORTUNITÉ.

CONNAÎTRE

Antiquité chinoise. — **Ecouter et choisir entre les avis, voilà le premier pas de la connaissance; voir et réfléchir sur ce qu'on a vu, voilà le second pas de la connaissance.**
(Confucius, *Livre des sentences*, VII, 27; VIᵉ s. av. J.-C.)

Anglais. — **Toute connaissance est souvenance.**
(Th. Hobbes, *Human Nature*, VI [1651].)

Persan. — **Le chacal qui habite les plaines de Mazanderan ne peut être forcé que par les chiens de Mazanderan.**
(On ne peut vaincre que ce que l'on connaît bien.)

V. APPRENDRE, AUTODIDACTE, ÉTUDE, INSTRUCTION, SAVOIR, SCIENCE, THÉORIE ET PRATIQUE.

CONQUÉRANT

Antiquité chinoise. — **Le plus grand conquérant est celui qui sait vaincre sans bataille.**
(Lao-Tseu, *Livre du Tao et de sa vertu*, 31; VIᵉ s. av. J.-C.)

Grec. — **Celui qui pille avec un petit vaisseau se nomme pirate; celui qui pille avec un grand navire s'appelle conquérant.**
(Réplique fameuse faite par un pirate à Alexandre le Grand.)

Français. — **Les véritables conquérants sont ceux qui savent faire les lois; les autres sont les torrents qui passent.**
(Voltaire, *Essai sur les mœurs et l'esprit des nations*, XXV [1756].)

V. GÉNÉRAL, VAINQUEUR ET VAINCU, VICTOIRE.

CONSCIENCE

Antiquité chinoise. — La conscience est la lumière de l'intelligence pour distinguer le bien du mal.
(Confucius, *Invariabilité dans le milieu*, XX, 5; VIᵉ s. av. J.-C.)

Grec. — La conscience est en nous la voix de Dieu même.
(Ménandre, *Monostiques;* IVᵉ s. av. J.-C.)

Latin. — Les plaies de la conscience ne se cicatrisent pas.
(Publilius Syrus, *Sentences*, Iᵉʳ s. av. J.-C.)

— La conscience vaut mille témoins.
(Quintilien, *De institutione oratoria*, V, XI, 41 [env. 90].)

— Aucun coupable n'est absous devant son propre tribunal.
(Juvénal, *Satires*, XIII, 3 [env. 120].)

Anglais. — Une bonne conscience est une fête continuelle.

Chinois. — A quoi sert d'avoir la crainte de Dieu pour boussole, si la conscience ne tient pas le gouvernail ?

Français. — Une bonne conscience est un doux oreiller.

Italien. — La conscience a, comme les chatouilles, qui la craint et qui ne la craint pas.

Persan. — On peut laver sa robe et non sa conscience.

V. DEVOIR (le), MORALE, REMORDS.

CONSCIENCE (Examen de)

Latin. — Chacun est à soi-même une bonne discipline, pourvu qu'il ait la suffisance de s'épier de près.
(Pline l'Ancien [23-79]. — Cité par Montaigne, *Essais*, II, VI.)

Français. — Pour descendre en nous-mêmes, il faut d'abord nous élever.
(J. Joubert [1754-1824], *Pensées, Maximes et Essais*.)

Suédois. — La plus importante et la plus négligée de toutes les conversations, c'est l'entretien avec soi-même.
(Chancelier Oxenstiern [1583-1654], *Réflexions et Maximes*.)

V. RÈGLE D'OR.

CONSEIL

Bible. — Le salut est dans le grand nombre des conseillers.
(Livre des Proverbes, XI, 14 et XXIV, 6; IVᵉ s. av. J.-C.)

Hébreu. — Aurais-tu soixante conseillers, consulte-toi toi-même.
(Cité par J. Ray, *Adagia hebraica*.)

Sanskrit. — Quel est le nectar qu'il est bon de boire par les oreilles ? Un bon conseil.
(*Dhammapada, la Guirlande des demandes et des réponses*, IIᵉ s.)

Latin médiéval. — Ne donne pas de conseils à moins qu'on ne t'en prie.
(Érasme, *Adages*, I, II, 90 [1508].)

Américain. — On peut donner un bon avis, mais non pas la bonne conduite.
(B. Franklin, *Poor Richard's Almanac* [1758]. — Réminiscence de La Rochefoucauld, *Réflexions ou Sentences et Maximes morales*, 378.)

Anglais. — **Le seul conseiller qui plaise, c'est le temps.**
>   (Fr. Bacon, *De dignitate et augmentis scientiarum*, VI [1605].)

>   — **On demande conseil, on cherche une approbation.**
>   (C. C. Colton, *Reflections*, 190 [1820].)

Arabe. — **Suis le conseil de celui qui te fait pleurer, et non de celui qui te fait rire.**

Chinois. — **Les bons conseils pénètrent jusqu'au cœur du sage; ils ne font que traverser l'oreille des méchants.**

Espagnol. — **Les diamants ont leur prix, mais un bon conseil n'en a pas.**

Français. — **Quand la folie est faite, le conseil en est pris.**
>   (Manuscrit du XIIIe s., sans titre, Paris, Sainte-Geneviève. — Variante moderne : A chose faite, conseil pris.)

>   — **A nouveau fait, nouveau conseil.**
>   (Jean de Bueil, *Jouvencel*, f° 81; XVe s.)

>   — **Les conseilleurs ne sont pas les payeurs.**
>   (Gabriel Meurier, *Trésor des sentences* [1568].)

>   — **On ne donne rien si libéralement que ses conseils.**
>   (La Rochefoucauld, *Réflexions ou Sentences et Maximes morales*, 110 [1665].)

>   — **Aimez qu'on vous conseille, et non pas qu'on vous loue.**
>   (Boileau, *Art poétique*, I, 192 [1674].)

>   — **Les conseils de la vieillesse éclairent sans échauffer, comme le soleil de l'hiver.**
>   (Vauvenargues, *Réflexions et Maximes*, 159 [1746].)

Italien. — **Sel et conseil ne se donnent qu'à celui qui les demande.**

Serbe. — **Un conseil est comme un remède qui est d'autant meilleur qu'il est plus amer.**

>   V. AVIS, FEMME (Conseil de), OPINION, RÉFLÉCHIR.

CONSENTIR

Grec. — **On peut consentir contre sa volonté.**
>   (Homère, *l'Iliade*, IV, 43; IXe s. av. J.-C.)

Latin. — **On ne fait pas de tort à celui qui consent.**
>   *Volenti non fit injuria.*

Anglais. — **A demi consent qui refuse en silence.**
>   (John Dryden, *Helen to Paris* [1693].)

>   V. PERMETTRE, TAIRE (se).

CONSÉQUENCE

Espagnol. — **Pour un clou se perd un fer, pour un fer le cheval, et pour un cheval le cavalier.**

Japonais. — **Le fruit des conférences de cent jours est détruit par un seul pet.**

Livonien. — **La fumée est toujours plus large que le feu.**

Suédois. — **Celui qui pourchasse un autre n'a lui-même aucun repos.**

>   V. CAUSE ET EFFET.

CONSOLATION

Anglais. — Les amis ressemblent souvent aux consolateurs de Job.
(Ils accroissent la douleur de ceux qu'ils prétendent réconforter. — Cf. Bible, Job, XVI, 2.)

Espagnol. — Aux malheureux sert de consolation l'impossibilité de pouvoir être consolés.
(Cervantes, *Don Quichotte*, I, XXVII [1605].)

Français. — Peu de chose nous console, parce que peu de chose nous afflige.
(Pascal, *Pensées*, II, 136 [1670].)

Malgache. — Le cœur de l'homme n'est pas de pierre, mais de résine.
(C'est-à-dire, consolable. — La résine brûle et se dissipe en fumée.)

V. COMPASSION.

CONSTANCE

Antiquité chinoise. — Celui qui sait être constant a une âme large et celui qui a une âme large est juste.
(Lao-Tseu, *Livre du Tao et de sa vertu*, I, XVI, 9 ; VIᵉ s. av. J.-C.)

Anglais. — La constance est la base des vertus.
(Fr. Bacon, *De dignitate et augmentis scientiarum*, VI, 23 [1605].)

**Français. — La constance n'est point la vertu d'un mortel,
Et pour être constant, il faut être immortel.**
(Collin d'Harleville, *l'Inconstant*, I, X [1786].)

V. FERMETÉ, FIDÉLITÉ, PERSÉVÉRANCE.

CONTAGION

Antiquité chinoise. — La blancheur inaltérable devient noire par son contact avec une couleur noire.
(Confucius, *Livre des sentences*, XVII, 7 ; VIᵉ s. av. J.-C.)

Latin. — Il ne faut qu'une brebis galeuse pour contaminer tout le troupeau.
(Juvénal, *Satires*, II, 79-80 [env. 120].)

Latin médiéval. — Un bon bâilleur en fait bâiller deux.
(Érasme, *Adages*, III, IV, 95 [1508].)

Anglais. — Il suffit d'une pomme pourrie pour gâter tout le tas.
(Michel of Northgate, *Ayenbite of Inwyst*, 205 [1340].)

— Un sot en fait cent.
(G. Herbert, *Jacula prudentum* [1651].)

Français. — Sacs à charbonnier, l'un gâte l'autre.
(Le sac noir noircit son voisin.)

V. FRÉQUENTATION, MILIEU (Influence du).

CONTE

Anglais. — Un conte sans moralité est comme une noix vide qui ne vaut pas d'être cassée.
(J. H. Ewing, *Reflections* [1860].)

Français. — **Une morale nue apporte de l'ennui.**

Le conte fait passer le précepte avec lui.
(La Fontaine, *Fables*, VI, 1, « le Pâtre et le Lion » [1668].)

Russe. — **Un travail se fait lentement, mais un conte se dit vivement.**
V. FABLE.

CONTENTEMENT

Antiquité chinoise. — **L'homme content de son sort ne connaît pas la ruine.**
(Lao-Tseu, *Livre du Tao et de sa vertu*, I, XXXIV, 5; VIᵉ s. av. J.-C.)

Bible. — **Le cœur content est un festin perpétuel.**
(Livre des Proverbes, XV, 15; IVᵉ s. av. J.-C.)

Grec. — **Celui qui ne sait pas se contenter de peu ne sera jamais content de rien.**
(Épicure, *Fragments*, IIIᵉ s. av. J.-C.)

Latin. — **Tous nous ne sommes jamais contents de ce que nous avons.**
(Térence, *Phormio*, 172; IIᵉ s. av. J.-C.)

— **Le plus riche est celui qui désire le moins.**
(Publilius Syrus, *Sentences*, Iᵉʳ s. av. J.-C.)

Américain. — **Le contentement fait les pauvres riches, et réciproquement.**
(B. Franklin, *Poor Richard's Almanac* [1749].)

Anglais. — **Le contentement est comme la pierre philosophale qui transforme tout ce qu'elle touche en or.**

Chinois. — **J'étais furieux de n'avoir pas de souliers; alors j'ai rencontré un homme qui n'avait pas de pieds, et je me suis trouvé content de mon sort.**

Français. — **Contentement passe richesse.**
(Cité par Molière, *le Médecin malgré lui*, II, 1.)

— **On mange bien des perdrix sans oranges.**
(Antoine Oudin, *Curiosités françoises* [1640].)

— **Je suis riche des biens dont je sais me passer.**
(Louis Vigée, *Épître à Ducis sur les avantages de la médiocrité* [1803].)

Nigritien *(Peul)*. — **Le contentement de ce qu'on a fait partie du bonheur.**

Roumain. — **Il faut fleurir là où Dieu vous a semé.**
V. « AUREA MEDIOCRITAS », BONHEUR, GRANDS ET PETITS, RÉSIGNATION.

CONTRADICTION

Espagnol. — **Un doute affecté est une fausse clé de fine trempe.**
(Baltasar Gracian, *Oraculo manual*, 213, « Savoir contredire » [1647].)

Français. — **Contredire, c'est souvent frapper à la porte pour savoir s'il y a quelqu'un à la maison.**
(Attribué à Mᵐᵉ de Girardin, née Delphine Gay [1804-1855].)
V. AFFIRMER, ARGUMENT, DISCUSSION, NIER, PERSUADER, PREUVE.

CONTRAINTE

Allemand. — **La plante forcée n'a point de parfum.**

Anglais. — **On peut conduire un cheval à l'abreuvoir, mais non le forcer à boire.**

Russe. — **L'ours qui n'est pas attaché ne danse pas.**
V. FORCE, STIMULANT, VIOLENCE.

CONTRAIRE

Grec.— Les contraires s'accordent et la discordance crée la plus belle harmonie.
(Héraclite d'Éphèse, *Fragments;* ve s. av. J.-C.)

Latin médiéval. — Les contraires se guérissent par les contraires.
(*Contraria contrariis curantur.* Maxime de la médecine allopathique classique.)

Afghan. — La rose a l'épine pour amie.

Libanais. — Un mets sucré ne s'améliore pas avec du sel.

V. EXTRÊME.

CONVENANCE

Bible. — On ne met pas du vin nouveau dans de vieilles outres.
(Évangile selon saint Luc, v, 37 [env. 63].)

— Ne jetez pas vos perles devant les pourceaux.
(Évangile selon saint Matthieu, vii, 6 [env. 65].)

Latin. — Aux petits conviennent les petites choses.
(Horace, *Épîtres,* I, vii, 44; env. 20 av. J.-C.)

Espagnol. — Le miel n'est pas fait pour la bouche de l'âne.
(Cervantes, *Don Quichotte,* I, lii [1605].)

Français. — A tout seigneur, tout honneur.
(Manuscrit du xiiie s., sans titre, Paris, Sainte-Geneviève.)

— A tel saint, telle offrande.
(Manuscrit du xiiie s., sans titre, Paris, Sainte-Geneviève.)

— Comme on connaît ses saints, on les honore.
(Variante : Selon le saint, l'encens.)

Persan. — L'eau de rose n'est pas pour le dos des vieillards, mais pour les seins des bien-aimées.

V. ADAPTATION, APPROPRIATION, CONFORMISME, OPPORTUNISME, OPPORTUNITÉ.

CONVENTION

Latin. — Ce qui n'est pas dans les actes n'est pas dans le monde.
(*Quod non est in actis non est in mundo.* — Ce qui n'est pas porté dans un acte est réputé inexistant.)

Arabe. — La stipulation avant le labour évite la dispute sur l'aire.

Français. — De mauvais contrat, longue dispute.
(*Incipiunt proverbia rusticorum mirabiliter versificata,* manuscrit du xiiie s., Leyde.)

— Bien fou qui s'oublie, encore plus qui se lie.
(Nicolas Catherinot, *les Axiomes du droit français* [1683].)

V. AFFAIRES, COMMERCE, MARCHÉ, PAROLES ET ÉCRITS.

CONVERSATION

Latin. — La conversation est l'image de l'esprit.
(Publilius Syrus, *Sentences,* i^{er} s. av. J.-C.)

Anglais. — Le débat est un genre masculin, la conversation est chose féminine.
(A. Bronson Alcott, *Concord Days* [1872].)

Français. — **Une heure de conversation vaut mieux que cinquante lettres.**
(Mme de Sévigné, *Lettre à Pierre Linet*, 25 mars 1649.)

— **La confiance fournit plus à la conversation que l'esprit.**
(La Rochefoucauld, *Réflexions ou Sentences et Maximes morales*, 421 [1665].)

— **L'esprit de conversation consiste bien moins à en montrer beaucoup qu'à en faire trouver aux autres.**
(La Bruyère, *Caractères*, « De la société et de la conversation » [1688].)

— **La conversation est un jeu où il ne faut pas mettre un louis contre un écu.**
(Honoré de Balzac [1799-1850], *Maximes et Pensées*.)

— **Il est des paroles qui montent comme la flamme et d'autres qui tombent comme la pluie.**
(Marie d'Agoult, *Réflexions et Maximes* [1856].)
V. ESPRIT (Vivacité de l').

CONVICTION

Allemand. — **Il reste toujours assez de force à chacun pour accomplir ce dont il est convaincu.**
(Gœthe [1749-1832], *Maximen und Reflexionen*.)

Français. — **La conviction est la conscience de l'esprit.**
(Chamfort [1741-1794], *Maximes et Pensées*.)
V. CRÉDULITÉ ET INCRÉDULITÉ, CROIRE.

CONVOITISE

Latin. — **On perd justement ses biens quand on convoite ceux d'autrui.**
(Phèdre, *Fables*, I, IV; env. 25 av. J.-C.)

Allemand. — **La convoitise joue avec le plaisir attendu et avec le plaisir passé.**
(Gœthe [1749-1832], *Maximen und Reflexionen*.)

Chinois. — **Les paupières de l'homme sont transparentes.**
(On sait ce qu'il convoite.)

— **Qui change de couleur en voyant de l'or changerait de geste s'il n'était pas vu.**

Espagnol. — **La convoitise rompt le sac.**
(Cervantes, *Don Quichotte*, II, XXXVI [1615].)

Français. — **Qui tout convoite tout perd.**
(*Li lai de l'Oiselet*, 419; flabliau du XIIIᵉ s.)

— **Convoitise excite gens à prendre et ne rien donner.**
(*Roman de la Rose*, 169; XIIIᵉ s.)
V. AVARICE, AVIDITÉ, CUPIDITÉ, ENVIE, INSATIABILITÉ.

CORPS

Français. — **Bon châtel garde qui son corps garde.**
(*Proverbes au vilain*, manuscrit du XIIIᵉ s., Paris, Bibl. nat.)

— **Plus le corps est faible, plus il commande; plus il est fort, plus il obéit.**
(Jean-Jacques Rousseau, *Émile ou De l'éducation*, I [1762].)

Malgache. — **Personne n'est coupable de son corps; c'est celui qui est coupable en paroles qui est le vrai coupable.**
V. CHAIR, CORPS ET ÂME, VIE.

CORPS et ÂME

Grec. — **Un esprit sain dans un corps robuste.**

(Alcidamas, *Homère et Hésiode*, 320, au IVᵉ s. av. J.-C., attribue cette parole à Homère répondant à Hésiode qui lui demandait quel était le plus grand bien. — Cf. Juvénal, *Satires*, X, 356 : *Mens sana in corpore sano*, Un esprit sain dans un corps sain.)

Bible. — **Le corps est le temple de l'esprit.**

(Saint Paul, Iʳᵉ Épître aux Corinthiens, VI, 19 [env. 55].)

Anglais. — **Un corps sain est la bonne demeure de l'âme; un corps malade en est la prison.**

(Francis Bacon, *The Advancement of Learning*, II [1605].)

Français. — **La lame use le fourreau.**

(Une grande activité de l'esprit affaiblit le corps.)

— **Il faut entretenir la vigueur du corps pour conserver celle de l'esprit.**

(Vauvenargues, *Réflexions et Maximes*, 79 [1746].)

— **L'âme est le seul oiseau qui soutiene sa cage.**

(Victor Hugo, *les Misérables*, III, V, II [1862].)

Italien. — **Le corps est plus vite paré que l'âme.**

(Il est plus aisé d'avoir soin du corps que de l'âme.)

V. ÂME, CORPS, ESPRIT.

CORRUPTION

Grec. — **Les présents apaisent les dieux et persuadent les tyrans.**

(Hésiode, VIIIᵉ s. av. J.-C. — Cité par Platon, *la République*, III, 390 e.)

— **Celui qui combat avec des lances d'argent est sûr de vaincre.**

(Réponse de l'oracle de Delphes à Philippe de Macédoine, IVᵉ s. av. J.-C., qui demandait comment il pouvait être assuré de vaincre. Le conseil de l'oracle s'appliqua par la suite proverbialement à tous les genres de corruption. — Cité par Diogénien, *Proverbes*.)

Anglais. — **Le pot-de-vin entre sans frapper.**

(John Clarke, *Parœmiologia anglo-latina* [1639].)

Chinois. — **Le doigt sec ne peut ramasser le sel.**

(Il faut « graisser la patte ».)

Danois. — **Les présents font la femme complaisante, le prêtre indulgent, et la loi souple.**

Russe. — **Si tu parles à un fonctionnaire, il faut parler roubles.**

Turc. — **Le Ciel inspire favorablement le juge qui a reçu un bakchich.**

V. ARGENT, CADEAU, GRANDS (Corruption des), OR.

COUPABLE, CULPABILITÉ

Latin. — **Le coupable est celui à qui le crime profite.**

(Sénèque, *Médée*, 500-501 [env. 60] : *Cui prodest scelus is fecit.*)

— **Celui qui se sait coupable croit toujours qu'on parle de lui.**

(Denys Caton, *Disticha de moribus ad filium*, I, 17; IIIᵉ s.)

Latin médiéval. — **L'instigateur est plus coupable que le délinquant.**

Plus peccat auctor quam actor.

Anglais. — **Chacun est présumé innocent jusqu'à ce qu'il soit reconnu coupable.**

(William Blackstone, *Commentaries on the Laws of England*, IV [1765].)

Français. — **Plus le coupable est grand, plus grand est le supplice.**
(Voltaire, *Sémiramis*, V, VII, *in fine* [1748].)

V. ACCUSER, COMPLICE, CRIME, SOUPÇON.

COUPABLE et l'INNOCENT (le)

Latin. — **Le coupable craint la loi et l'innocent le sort.**
(Publilius Syrus, *Sentences*.)

— **Quand on ne peut frapper l'âne, on frappe le bât.**
(Pétrone, *Satiricon*, XLV [env. 60]. — Quand on ne peut ou quand on ne veut pas atteindre le coupable, on s'en prend à l'innocent.)

Hébreu. — **A cause de l'ivraie, la bonne herbe souffre.**
(Le Talmud, *Baba Kamma*, Vᵉ s.)

Français. — **Les battus paient l'amende.**
(Noël du Fail, *les Baliverneries d'Eutrapel*, I [1548].)

— **Un coupable puni est un exemple pour la canaille; un innocent condamné est l'affaire de tous les honnêtes gens.**
(La Bruyère, *les Caractères*, « De quelques usages » [1688].)

— **Il vaut mieux hasarder de sauver un coupable que de condamner un innocent.**
(Voltaire, *Zadig*, VI [1747].)

V. CHÂTIMENT, COUPABLE, INNOCENCE, JUSTICE.

COUPS

Anglais. — **Les paroles s'envolent, mais les coups restent.**

Arabe. — **Toute chose tourne en dette, même un soufflet.**

Chinois. — **Si vous levez la main sur votre adversaire, vous êtes de trois dixièmes au-dessous de lui.**

Espagnol. — **Morsure de brebis ne passe jamais la peau.**
(Ce proverbe n'est vrai que par métaphore.)

Français. — **Tel croit férir [frapper] qui tue.**
(*Proverbes ruraux et vulgaux*, manuscrit du XIVᵉ s., Paris, Bibl. nat.)

Italien. — **Les coups tombent toujours en bas.**

V. BLESSURE, CHÂTIMENT CORPOREL, CHOC EN RETOUR, VIOLENCE.

COUR et COURTISAN

Latin. — **Loin de Jupiter, loin de la foudre.**
Procul a Jove, procul a fulmine.

Anglais (*Écosse*). — **La paille du roi vaut mieux que le blé des autres.**

Chinois. — **A la cour comme à la mer, le vent qu'il fait décide de tout.**

Danois. — **Plus près du roi, plus près du gibet.**

Français. — **A la cour du roi, chacun y est pour soi.**
(Manuscrit du XIIIᵉ s., sans titre, Paris, Sainte-Geneviève.)

— **Celui qui s'éloigne de la cour, la cour s'éloigne de lui.**
(*Proverbes en françois*, manuscrit de 1456, Paris, Bibl. nat.)

— **Service de cour n'est pas héritage.**
(Christine de Pisan, *Enseignements et Proverbes moraux*, xvᵉ s.)

— **Les fous sont, aux échecs, les plus proches des rois.**
(Mathurin Régnier, *Satires*, XIV, 30 [1612].)

— **Il ne faut à la cour ni trop voir ni trop dire.**
(La Fontaine, *Contes et Nouvelles*, I, « Joconde » [1667].)

— **Amitié de cour, foi de renards, société de loups.**
(Chamfort [1741-1794], *Maximes et Réflexions*.)

Malgache. — **Le souverain est comme le feu : si on s'en éloigne, on a froid, et si on s'en approche, on se brûle.**

Nigritien *(Bambara)*. — **Si tu vois une chèvre dans le repaire du lion, crains-la.**

Suédois. — **Les cours des princes sont de vraies arches de Noé : on y trouve des animaux de toute espèce.**
(Chancelier Oxenstiern [1583-1654], *Réflexions et Maximes*.)
V. GRANDS (les), ROI.

COURAGE

Antiquité chinoise. — **Le courage d'un cœur inébranlable est au-dessus de la bravoure qui naît de l'impétuosité du sang.**
(Mencius, *Livre des livres*, I, III, 2 ; ivᵉ s. av. J.-C.)

Latin. — **Mieux vaut se fier à son courage qu'à la fortune.**
(Publilius Syrus, *Sentences*, 1ᵉʳ s. av. J.-C.)

Américain. — **Il y a courage et courage, celui du tigre et celui du cheval.**
(R. W. Emerson, *Courage* [1877].)

Français. — **Fort est qui abat, plus fort est qui se relève.**
(Manuscrit du xiiiᵉ s., sans titre, Paris, Sainte-Geneviève.)

— **A vaillant cœur rien d'impossible.**
(Devise de Jacques Cœur [1395-1456], argentier de Charles VII.)

— **Le cœur fait l'œuvre, non pas les grands jours.**
(Un long courage fait la valeur d'une vie, plutôt que l'héroïsme d'une heure.)

— **Nul n'est vilain, si le cœur ne lui meurt.**
(Les hommes sans courage sont seuls méprisables.)

— **On ne peut répondre de son courage quand on n'a pas été dans le péril.**
(La Rochefoucauld, *Réflexions ou Sentences et Maximes morales*, 616 [1665].)

— **C'est dans les grands dangers qu'on voit un grand courage.**
(Regnard, *le Légataire universel*, IV, 1 [1708].)

— **La bravoure procède du sang, le courage vient de la pensée.**
(Napoléon Iᵉʳ [1769-1821], *Maximes et Pensées*.)

Italien. — **Mieux vaut vivre un jour comme un lion que cent ans comme un mouton.**
(Légende des pièces d'argent de vingt lires, frappées en 1930.)
V. BRAVOURE, HARDIESSE, HÉROÏSME, TÉMÉRITÉ, VALEUR (vaillance).

COURAGE et LÂCHETÉ

Latin. — **Le courage croît en osant et la peur en hésitant.**
(Publilius Syrus, *Sentences*, 1ᵉʳ s. av. J.-C.)

— **Le courage conduit aux étoiles et la peur à la mort.**
(Sénèque, *Hercules Œtaeus*, 1971 [env. 60].)

Anglais. — **On a pris pour braves des lâches qui craignaient de fuir.**
(Th. Fuller, *Gnomologia* [1732].)

— **Beaucoup seraient lâches s'ils en avaient le courage.**
(Th. Fuller, *op. cit.*)

V. COURAGE, FUIR, LÂCHETÉ, POLTRONNERIE.

COURTISANE

Grec. — **Ce n'est pas entrer chez la courtisane qui est honteux, c'est ne pouvoir en sortir.**
(Aristippe de Cyrène, v⁰ s. av. J.-C. — Cité par Diogène Laërce, *Phil. ill.*, II.)

— **Il n'est pas permis à tout le monde d'aller à Corinthe.**
(Proverbe anecdotique qui contient une allusion aux exigences de la courtisane Laïs, beauté célèbre de Corinthe, qui croyait ne pouvoir mettre un trop haut prix à ses charmes. Démosthène lui-même, qu'elle avait séduit, recula devant ses exigences, disant « qu'il n'achetait pas si cher un repentir ». — Cf. Horace, *Épîtres*, I, XVII, 36, et Aulu-Gelle, *Noctes atticae*, I, VIII, 4.)

Latin. — **Une courtisane est comme la mer : tout ce qu'on lui donne, elle le dévore sans accroissement pour elle.**
(Plaute, *Truculentus*, 547; IIᵉ s. av. J.-C.)

— **C'est par les présents et non par les larmes qu'une courtisane se laisse attendrir.**
(Publilius Syrus, *Sentences*, 1ᵉʳ s. av. J.-C.)

Sanskrit. — **La pudeur est la ruine de la courtisane.**
(*Hitopadeça*, III; 1ᵉʳ siècle.)

Anglais. — **La femme qui prend de l'argent ne vaut pas l'argent.**
(John Vanbrugh, *The Relapse*, II [1696].)

Espagnol. — **Puisque le diable m'emporte, dit la courtisane, que ce soit en carrosse.**

Français. — **Ce que le diable apporte sous le ventre, il l'emporte sur son dos.**

Italien. — **Celle qui travaille a une chemise, celle qui ne travaille pas en a dix.**

Persan. — **La courtisane ne délie pas le nœud de sa ceinture pour l'amour du Prophète.**
(Djâmi, *Béharistan*, VIᵉ jardin; XVᵉ s.)

V. FEMME ET L'ARGENT (la).

COURTOISIE

Espagnol. — **Il faut vendre les choses à prix de courtoisie.**
(Baltasar Gracian, *Oraculo manual*, 272 [1647].)

Français. — **Où la valeur, la courtoisie.**
(Baïf, *Mimes, Enseignements et Proverbes* [1576].)

— **Courtoisie qui ne vient que d'un côté ne peut longuement durer.**
(Henri Estienne, *De la précellence du langage françois*, 183 [1579].)

V. AMABILITÉ, MANIÈRES, POLITESSE, TACT.

COUTUME (loi)

Grec. — **La coutume est plus sûre que la loi.**
(Euripide, *Pirithoüs*, vᵉ s. av. J.-C.)

— **La coutume est la reine du monde.**
(Pindare, *Fragments*, vᵉ s. av. J.-C.)

Latin médiéval. — **La coutume est la meilleure interprète de la loi.**
Consuetudo est optima legum interpres.

Français. — **Coutume vainct droit.**
(*Bonum spatium*, manuscrit du XVe s., Paris, Bibl. nat.)
V. LOI.

COUTUME (usage)

Grec. — **La coutume est la reine du monde, chez les dieux comme chez les mortels.**
(Pindare, *Fragments*, Ve s. av. J.-C.)

Anglais. — **Il est des coutumes qu'il est plus honorable d'enfreindre que de suivre.**
(Shakespeare, *Hamlet*, I, IV [1602].)

Arabe. — **La coutume est le cinquième élément dans l'univers.**

Français. — **C'est une violente et traîtresse maîtresse d'école que la coutume.**
(Montaigne, *Essais*, I, XXIII [1580].)

— **La coutume contraint la nature.**
(Pascal, *Pensées*, II, 97 [1670].)

— **L'usage est fait pour le mépris du sage.**
(Voltaire, *Nanine*, I, I, 130 [1749].)

V. CONFORMISME, HABITUDE, MŒURS, ROUTINE, TRADITION.

CRAINTE (généralités)

Antiquité chinoise. — **Quand la crainte ne veille pas, il arrive ce qui était à craindre.**
(Lao-Tseu, *Livre du Tao et de sa vertu*, II, LXXII; VIe s. av. J.-C.)

Grec. — **On ne peut pas être sans crainte, quand on inspire la crainte.**
(Épicure, *Fragments*, IIIe s. av. J.-C.)

Latin. — **Qu'ils me haïssent, pourvu qu'ils me craignent.**
(Accius, *Atrée*, 168; IIe s. av. J.-C. — Ce fut la devise de Caligula; cf. Suétone, *Caligula*, XXX.)

Chinois. — **Agneau en peau de tigre craint encore le loup.**

Espagnol. — **La crainte et l'amour ne mangent pas au même plat.**

Français. — **Qui craint de souffrir, il souffre déjà ce qu'il craint.**
(Montaigne, *Essais*, III, XIII [1580].)

Italien. — **Le chemin est court qui va de la crainte à la haine.**

Russe. — **Si le tonnerre n'éclate pas, le paysan ne fait pas le signe de croix.**
V. DANGER, PEUR.

CRAINTE (pusillanimité)

Bible. — **Celui qui observe le vent ne sèmera point et celui qui interroge les nuages ne moissonnera jamais.**
(L'Ecclésiaste, XI, 4; IIIe s. av. J.-C.)

Anglais. — **Celui qui craint tous les buissons ne dénichera pas un oiseau.**
(John Lyly, *Euphues* [1580].)

Espagnol. — **Qui craint de se mouiller ne prendra pas de truites.**

Français. — **Qui trop regarde quel vent vente jamais ne sème ni ne plante.**

Italien. — **Il ne faut pas laisser de semer par crainte des pigeons.**

    V. TIMIDITÉ.

CRÉANCIER

Américain. — **Les créanciers sont des gens superstitieux, ils observent strictement les jours de terme.**

Français. — **Une bonne créance devient mauvaise quand on la laisse dormir.**

Letton. — **Une créance n'est pas une sœur.**

    V. CAUTION, CRÉDIT, DÉBITEUR ET CRÉANCIER, EMPRUNT, PRÊT.

CRÉDIT D'ARGENT

Arabe. — **Fais agenouiller le chameau, et tu le chargeras à ta guise.**
    (Donne le temps à celui qui vient t'acheter à crédit, et tu majoreras les prix à volonté.)

Chinois. — **Le crédit chasse les pratiques.**
    (Un chaland, qui a obtenu crédit chez un marchand, s'adresse à un autre pour échapper aux réclamations de paiement.)

Espagnol. — **Le pourceau acheté à crédit grogne sans répit.**

Français. — **Pour garder son crédit, il n'en faut guère user.**

    — **Qui demande à crédit ne demande pas au poids.**

Italien. — **Crédit est mort, les mauvais payeurs l'ont tué.**

Serbe. — **Qui boit à crédit s'enivre deux fois.**

    V. DÉLAI, PAYER COMPTANT.

CRÉDIT MORAL

Latin. — **Qui a perdu son crédit n'a plus rien à perdre.**
    (Publilius Syrus, *Sentences*, Iᵉʳ s. av. J.-C.)

Anglais. — **Crédit perdu, c'est glace de Venise rompue.**

Français. — **Le crédit, c'est à la fois ceinture dorée et bonne renommée.**

Persan. — **Qui perd son crédit est pendu à demi.**

    V. CONFIANCE ET DÉFIANCE, RENOMMÉE, RÉPUTATION.

CRÉDULITÉ et INCRÉDULITÉ

Bible. — **Celui qui croit trop vite est un cœur léger qui pèche contre son âme.**
    (L'Ecclésiastique, XIX, 4; IIᵉ s. av. J.-C.)

Latin. — **Il ne faut pas croire tout ce qu'on voit.**
    (Cicéron, *De divinatione*, II, XIII, 31; env. 44 av. J.-C.)

    — **Croire et ne pas croire est également périlleux.**
    (Phèdre, *Fables*, III, x; env. 25 av. J.-C.)

Latin médiéval. — **Le monde veut être trompé.**
    (*Mundus vult decipi.* — Cité par Aug. de Thou, *Historiae sui temporis*, XVII.)

Français. — **Tel croit savourer qui avale.**
(Manuscrit du XIIIᵉ s., sans titre, Paris, Bibl. nat. — Avaler a ici le sens familier de gober.)

— **L'incrédulité est quelquefois le vice d'un sot, et la crédulité le défaut d'un homme d'esprit.**
(Diderot, *Pensées philosophiques*, XXXII [1746].)

V. CONVICTION, CROIRE, DOUTE, SCEPTICISME.

CRIER

Bible. — **Celui qui élève sa parole aime sa ruine.**
(Livre des Proverbes, XVII, 19; IVᵉ s. av. J.-C.)

Anglais. — **Celui qui crie le plus fort a toujours raison.**
(William Cowper, *Conversation* [1782].)

Français *(Auvergne)*. — **Qui crie se décrie.**

Libanais. — **Si la forte voix servait à quelque chose, l'âne se serait construit des palais.**

V. BRUIT, MENACE.

CRIME

Latin. — **Un crime se couvre par un autre crime.**
(Sénèque, *Hippolyte*, 721 [env. 60].)

Islam. — **Le crime s'embellit aux yeux du pervers.**
(Le Koran, VI, 122; VIIᵉ s.)

Français. — **Le crime fait la honte, et non pas l'échafaud.**
(Thomas Corneille, *le Comte d'Essex*, IV, III [1678].)

— **Quelques crimes toujours précèdent les grands crimes.**
(Racine, *Phèdre*, IV, II, 1093 [1677].)

— **Ainsi que la vertu, le crime a ses degrés.**
(Racine, *Phèdre*, IV, II, 1096.)

— **Si la pauvreté est la mère des crimes, le défaut d'esprit en est le père.**
(La Bruyère, *les Caractères*, « De l'homme », 13 [1688].)

— **Les crimes secrets ont les dieux pour témoins.**
(Voltaire, *Sémiramis*, V, VIII [1748].)

V. CHÂTIMENT, COUPABLE, PUNIR.

CRITIQUE (généralités)

Latin. — **On préfère un compliment menteur à une critique sincère.**
(Plaute, *Mostellaria*, 179; IIᵉ s. av J.-C.)

Allemand. — **Les hommes déprécient ce qu'ils ne peuvent comprendre.**
(Gœthe, *Premier Faust* [1808].)

Anglais. — **Ceux qui méritent le plus d'être loués supportent le mieux d'être critiqués.**
(A. Pope, *Essay on Criticism*, III, 23 [1711].)

Français. — **Une seule critique nous blesse plus / Que vingt éloges ne nous flattent.**
(A.-V. Arnault, *Fables nouvelles*, III, VIII [1834].)

V. AUTRUI (Défauts d').

CRITIQUE (métier)

Grec. — **Il est plus facile de critiquer que d'imiter.**
(Inscription mise par Zeuxis, v⁰ s. av. J.-C., sous une de ses peintures d'athlète.)

Allemand. — **La critique dépouille l'arbre de ses chenilles et de ses fleurs.**
(J. P. Richter, *Titan*, cv [1803].)

Français. — **La critique est aisée, et l'art est difficile.**
(Destouches, *le Glorieux*, II, v [1732].)

— **C'est un terrible avantage de n'avoir rien fait, mais il ne faut pas en abuser.**
(Rivarol [1753-1801], *Notes, Pensées et Maximes*.)

V. CENSURE.

CROIRE

Grec. — **On croit ce que l'on veut croire.**
(Démosthène, *Troisième Olynthienne*, 19; ɪv⁰ s. av. J.-C. — Cf. César, *De bello gallico*, III, xvɪɪɪ.)

Latin. — **On croit plus aisément ce que l'on ne comprend pas.**
(Tacite, *Histoires*, I, xxɪɪ [env. 110].)

Français. — **Rien n'est cru si fermement que ce que l'on sait le moins.**
(Montaigne, *Essais*, I, xxxɪɪ [1580].)

— **Chacun croit aisément ce qu'il craint et ce qu'il désire.**
(D'après La Fontaine, *Fables*, XI, vɪ [1678].)

— **On est emporté à croire non par la preuve, mais par l'agrément.**
(Pascal, *De l'esprit géométrique* [env. 1652].)

V. CONVICTION, CRÉDULITÉ ET INCRÉDULITÉ, DOUTE, SCEPTICISME.

CRUAUTÉ

Latin. — **L'homme cruel n'est pas touché par les larmes, il s'en repaît.**
(Publilius Syrus, *Sentences*, ɪᵉʳ s. av. J.-C.)

Allemand. — **L'homme est un peu inférieur au tigre pour la cruauté.**
(Schopenhauer, *Parerga und Paralipomena*, ɪɪ [1851].)

Russe. — **Quand la colère et la vengeance se marient, leur fille est la cruauté.**
V. MÉCHANCETÉ.

CULTURE de l'ESPRIT

Grec. — **La culture de l'esprit est un autre soleil pour les gens ɪnstruits.**
(Héraclite d'Éphèse, *Fragments*; v⁰ s. av. J.-C.)

Bible. — **Une intelligence cultivée donne de la grâce.**
(Livre des Proverbes, xɪɪɪ, 15; ɪv⁰ s. av. J.-C.)

Français. — **Un esprit cultivé ne nuit point au courage.**
(Voltaire, *Charlot ou la Comtesse de Givry*, I, v [1767].)

Japonais. — **La culture, c'est ce qui demeure dans l'homme lorsqu'il a tout oublié.**
(Un pédagogue japonais. — Cité par Edouard Herriot, *Notes et Maximes*.)

V. APPRENDRE, ÉRUDITION, ÉTUDE.

CUPIDITÉ

Grec. — **Le cupide tue la poule aux œufs d'or.**
(Ésope, *Fables*, « la Poule aux œufs d'or »; vɪᵉ s. av. J.-C.)

— **La cupidité se tourne contre celui qui s'y livre.**
(Ménandre, *Fragments*, ɪvᵉ s. av. J.-C.)

Espagnol. — **L'envie d'y trop mettre rompt le sac.**
(Cervantes, *Don Quichotte*, II, xɪɪɪ [1615].)

Français. — **Toutes les occupations des hommes sont à avoir du bien.**
(Pascal, *Pensées*, VII, 436 [1670].)

V. ARGENT, AVARICE, AVIDITÉ, CONVOITISE, INSATIABILITÉ.

CURIOSITÉ

Latin. — **Il n'y a pas de curieux qui ne soit malveillant.**
(Plaute, *Stichus*, 207; ɪɪᵉ s. av. J.-C.)

— **L'enfer a été fait pour les curieux.**
(Saint Augustin, *Confessions*, XI; début du vᵉ s.)

Anglais. — **Trop de curiosité a fait perdre le paradis.**
(Aphra Behn, *The Lucky Chance*, ɪɪɪ, 3 [1687].)

Berbère. — **Mieux vaut être regardé par une bête fauve que par un homme curieux.**

Français. — **La curiosité naît de la jalousie.**
(Molière, *Dom Garcie de Navarre*, II, v, 22 [1661].)

V. AUTRUI (Affaires d'), NOUVELLES.

CYNISME

Grec. — **Le cynisme est l'assurance avec laquelle on fait ou l'on dit des choses honteuses.**
(Théophraste, *les Caractères*, « le Cynique »; ɪvᵉ s. av. J.-C.)

Anglais. — **Le cynisme est une petite pièce qui éclate dans le canon et tue le canonnier.**
(Henry Aldrich, *Artis logicae Compendium* [1691].)

Irlandais. — **Le cynique est celui qui connaît le prix de tout, mais ne sait la valeur de rien.**
(Oscar Wilde, *Lady Windermere's Fan*, III [1892].)

V. EFFRONTERIE, IMPUDENCE.

DANGER

Bible. — **Celui qui aime le danger y trouvera sa perte.**
(L'Ecclésiastique, III, 24; IIe s. av. J.-C.)

Latin. — **Le danger vient plus vite quand on le méprise.**
(Publilius Syrus, *Sentences*, Ier s. av. J.-C.)

— **Le danger que l'on pressent, mais que l'on ne voit pas, est celui qui trouble le plus.**
(César, *De bello gallico*, VII, 84; env. 52 av. J.-C.)

Allemand. — **Le timide a peur avant le danger, le lâche au milieu du danger, le courageux après le danger.**
(J. P. Richter, *Blumen, Frucht und Dornenstücke* [1818].)

Danois. — **Qui hante toutes les eaux à la fin se noiera.**

Espagnol. — **Le chien qui tue les loups, les loups finissent par le manger.**

Français. — **Tant va la cruche à l'eau qu'à la fin elle se brise.**
(Gautier de Coincy, *les Miracles de Notre-Dame*, XIIIe s. — Cf. Beaumarchais, *le Mariage de Figaro*, I, XI : Tant va la cruche à l'eau qu'à la fin elle s'emplit.)

— **Celui qui se noie ne regarde pas l'eau qu'il boit.**
(*Proverbia rusticorum mirabiliter versificata*, manuscrit du XIIIe s., Leyde.)

— **Bons nageurs sont à la fin noyés.**
(Gabriel Meurier, *Trésor des sentences* [1568].)

— **Le danger tire du danger.**
(Baïf, *Mimes, Enseignements et Proverbes* [1576].)

— **Il ne faut pas se moquer des chiens avant d'être sorti du village.**
(Se mettre à l'abri du danger avant de s'en moquer.)

— **Le trop d'attention qu'on a pour le danger
Fait le plus souvent qu'on y tombe.**
(La Fontaine, *Fables*, XII, XVIII [1694].)

Italien. — **La mouche va si souvent au lait qu'elle y demeure.**

Libanais. — **Si tu réussis à échapper au lion, n'essaie pas de le chasser.**

Russe. — **Le chien ne sait pas nager avant que l'eau ne soit à ses oreilles.**
V. PÉRIL, RISQUE.

DÉBITEUR, DETTE

Latin. — **Les dettes réduisent l'homme libre en esclavage.**
(Publilius Syrus, *Sentences*, Ier s. av. J.-C.)

Islam. — **Ecrivez la dette, grande ou petite, et indiquez le terme du paiement.**
(Le Koran, II, 282 [env. 625.])

Anglais. — **Qui meurt paie ses dettes.**
(Cité par Shakespeare, *The Tempest*, III, II, 122 [1611].)

— **Le mensonge chevauche le dos des débiteurs.**
(J. Clarke, *Parœmiologia anglo-latina* [1639].)

Espagnol. — **Les dettes sont comme les enfants; plus elles sont petites, plus elles font de bruit.**

Français. — **Vieille plaie nuit et vieille dette aide.**
(*Proverbes au vilain*, manuscrit du XIIIᵉ s., Paris, Bibl. nat.)

— **Il n'est débiteur qui veut.**
(Rabelais, *Tiers Livre*, III [1546].)

— **Qui paye sa dette fait grande acqueste.**
(Gabriel Meurier, *Trésor des sentences* [1568]. — Variante moderne : Qui paye ses dettes s'enrichit.)

— **Le terme vaut de l'argent.**
(Avec du temps, on arrive à trouver de l'argent pour payer. — Cité par Montaigne, *Essais*, I, XX [1580].)

— **La mélancolie ne paie pas de dettes.**
(*Plaisants Devis du seigneur de la Coquille* [1593].)

— **Qui doit il a le tort.**
(Le préjugé et la loi sont contre le débiteur. — Antoine Loisel, *Institutes coutumières*, 674 [1607].)

— **Les dettes abrègent la vie.**
(J. Joubert [1754-1824], *Pensées, Maximes et Essais*.)

Indien *(tamil).* — **Une dette, une plaie et le feu ne doivent pas s'éterniser.**

Nigritien *(Haoussa).* — **Une dette est comme une empreinte d'hippopotame.**

Russe. — **Le beau moment d'une dette, c'est quand on la paie.**
V. CAUTION, CRÉDIT.

DÉBITEUR et CRÉANCIER

Bible. — **Celui qui emprunte est l'esclave de celui qui prête.**
(Livre des Proverbes, XXII, 7; IVᵉ av. J.-C.)

Latin. — **Si vous redemandez l'argent que vous avez prêté, vous trouverez souvent que d'un ami votre bonté a fait un ennemi.**
(Plaute, *Trinummus*, 1016; IIᵉ s. av. J.-C.)

— **Le débiteur n'aime pas à voir la porte de son créancier.**
(Publilius Syrus, *Sentences*, Iᵉʳ s. av. J.-C.)

Américain. — **Le prêteur a meilleure mémoire que l'emprunteur.**
(B. Franklin, *Poor Richard's Almanac* [1753].)

Anglais. — **Les mots ne paient pas les dettes.**
(Shakespeare, *Troilus and Cressida*, III, II, 58 [1601].)

— **La bonne volonté n'est pas un acompte.**

— **Une petite dette fait un débiteur, une grosse dette fait un ennemi.**

Belge. — **On ne saurait peigner un diable qui n'a pas de cheveux.**

— **Quand on écorche un homme, on n'a que sa peau.**

Chinois. — **L'emprunteur se tient debout et le prêteur se tiendra à genoux.**
(Celui-ci supplie celui-là de lui rendre son argent.)

Français. — **Chose divine est prêter, devoir est vertu héroïque.**
(Rabelais, *le Tiers Livre*, IV [1545].)

— **Ami au prêter, ennemi au rendre.**

(Variante : Cousin germain, quand tu prêteras ; fils de putain, quand tu réclameras. — Cité par Antoine Loisel, *Institutes coutumières*, 672 [1607].)

— **Quand on doit, il faut payer ou agréer.**

(Le débiteur doit s'acquitter d'une façon ou d'une autre.)

Russe. — **Ils s'inclinent et ils te prient pour t'emprunter ; tu t'inclines et tu les pries pour qu'ils te rendent.**

V. CRÉANCIER, EMPRUNT, PRÊT.

DÉCISION

Latin. — **C'est dans l'arène que le gladiateur prend sa décision.**

(Proverbe cité par Sénèque, *Lettres à Lucilius*, XXII [env. 64].)

Anglais. — **Quand on baptise l'enfant, il faut savoir comment l'appeler.**

Français. — **Sitôt pris, sitôt pendu.**

(*Bonum spatium*, manuscrit du XIVe s., Paris, Bibl. nat.)

— **Ne décidons jamais où nous ne voyons goutte.**

(Piron, *la Métromanie*, II, IV [1738].)

— **Le cachet de la médiocrité, c'est de ne pas savoir se décider.**

(J.-B. Say, *Quelques Aperçus des hommes et de la société* [1817].)

Persan. — **A l'hôtel de la décision, les gens dorment bien.**

V. ALTERNATIVE, CHOISIR, OPPORTUNITÉ, RÉSOLUTION.

DÉCOURAGEMENT

Bible. — **L'esprit de l'homme le soutient dans la maladie, mais l'esprit de l'homme abattu, qui le relèvera ?**

(Livre des Proverbes, XVIII, 14 ; IVe s. av. J.-C.)

Allemand. — **Perte d'argent, perte légère ; perte d'honneur, grosse perte ; perte de courage, perte irréparable.**

(Gœthe [1749-1832], *Maximen und Reflexionen*.)

Français. — **Le découragement est la mort morale.**

(La Rochefoucauld-Doudeauville, *Mémoires*, « Livre des pensées », 304 [1863].)

Persan. — **Le découragement est beaucoup plus douloureux que la patience.**

(Hafiz, *Divan*, XIVe s.)

Suisse. — **Rien ne ressemble à l'orgueil comme le découragement.**

(H.-F. Amiel, *Journal intime*, 30 décembre 1850.)

V. DÉSESPOIR, RENONCER.

DÉDAIN

Grec. — **Si un âne te donne un coup de pied, ne le lui rends pas.**

(Socrate, Ve s. av. J.-C. — Cité par Plutarque, *Œuvres morales*, « Éducation des enfants ».)

Latin. — **La grande Diane ne se soucie pas du chien qui aboie.**

Latrantem curatne alta Diana canem?

Arabe. — **Le lion ne boit pas où a lapé le chien.**

Grec moderne. — **Quand la grenouille se met en colère, l'étang n'en a cure.**

Persan. — **Les chiens aboient, la caravane passe.**

V. MÉPRIS, SUPÉRIORITÉ.

DÉDAIN (Faux)

Grec. — « C'est du verjus », dit le renard, en parlant des raisins qu'il ne peut atteindre.
(Ésope, *Fables*, « le Renard et les Raisins », vıᵉ s. av. J.-C. — Cf. La Fontaine, *Fables*, III, xı : « Ils sont trop verts », dit le renard.)

Espagnol. — **Quand on ne peut obtenir une chose, il est temps de la dédaigner.**
(Baltasar Gracian, *Oraculo manual*, 220 [1647].)

V. DÉPIT.

DÉFAILLANCE

Hébreu. — **Il est grand celui dont on peut compter les défaillances.**
(Le Talmud, *Pirké Aboth*, vᵉ s.)

Allemand. — **Le plus pieux des ermites met quelquefois le nez hors de sa cellule.**

Espagnol. — **Qui trébuche et ne tombe pas ajoute à son pas.**
(Cervantes, *Nouvelles exemplaires*, « le Petit-fils de Sancho Panza » [1613].)

Français. — **Il n'est si bon charretier qui ne verse.**
(Manuscrit du xvᵉ s., sans titre, Rome, Vatican.)

— **Aux grands pêcheurs échappent les anguilles.**
(Manuscrit du xvᵉ s., sans titre, Rome, Vatican.)

— **Le cheval a quatre pattes et pourtant il bronche.**
(Manuscrit du xvᵉ s., sans titre, Rome, Vatican. — Variante moderne : Il n'est si bon cheval qui ne bronche.)

Russe. — **Tomber est permis; se relever est ordonné.**

V. CHUTE, ERREUR, FAUTE.

DÉFAITE

Latin. — **A être vaincu par plus fort que soi, il y a encore quelque gloire.**
(Publilius Syrus, *Sentences*, ıᵉʳ s. av. J.-C.)

— **La défaite discrédite même les braves.**
(Salluste, *la Guerre de Jugurtha*, LIII; env. 40 av. J.-C.)

Japonais. — **On apprend peu par la victoire, mais beaucoup par la défaite.**

V. VAINQUEUR ET VAINCU.

DÉFAUT

Latin. — **Le pire des défauts est de les ignorer.**
(Publilius Syrus, *Sentences*, ıᵉʳ s. av. J.-C.)

— **La crainte d'un défaut fait tomber dans un pire.**
(Horace, *Art poétique*, 31; env. 10 av. J.-C.)

Sanskrit. — **Rougissez de vos défauts et non pas de vous en corriger.**
(*Avadânas*, contes et apologues indiens.)

Chinois. — **Ce n'est qu'avec les yeux des autres que l'on peut bien voir ses défauts.**

Français. — **Qui veut un cheval sans défaut doit aller à pied.**
(*Proverbia vulgalia et latina*, manuscrit du xıııᵉ s., Paris, Bibl. nat.)

— **Nous n'avouons de petits défauts que pour persuader que nous n'en avons pas de grands.**

(La Rochefoucauld, *Réflexions ou Sentences et Maximes morales*, 327 [1665].)

— **La fortune se sert quelquefois de nos défauts pour nous élever.**

(La Rochefoucauld, *op. cit.*, 403 [1665].)

— **Chacun a son défaut, où toujours il revient.**

(La Fontaine, *Fables*, III, VII, « l'Ivrogne et sa Femme » [1668].)

— **Nous convenons de nos défauts, mais c'est pour que l'on nous démente.**

(Florian, *Fables*, II, XIV [1792].)

Géorgien. — **Le bossu ne se redressera que dans la tombe.**

Libanais. — **Si le chameau pouvait voir sa bosse, il tomberait de honte.**

Serbe. — **Un bon cheval a beaucoup de défauts, un mauvais cheval n'en a qu'un.**

V. QUALITÉ ET DÉFAUT.

DÉFINITION

Grec. — **Une définition est plus facile à réfuter qu'à établir.**

(Aristote, *Topiques*, VII, V, 2 ; IVe s. av. J.-C.)

Hollandais. — **On ne dispute jamais qu'autour de définitions mal faites.**

(Attribué à Spinoza [1632-1677].)

V. LANGAGE.

DÉLAI

Latin. — **Le danger est dans le délai.**

(Tite-Live, *Histoire de Rome*, XXXVIII, XXV, 17 [env. 10].)

Anglais. — **Qui a temps a vie.**

(John Florio, *First Frutes* [1578].)

Français. — **Ce qui est différé n'est pas perdu.**

(Antoine Loisel, *Institutes coutumières*, 679 [1607].)

V. AJOURNEMENT, AUJOURD'HUI ET DEMAIN, DÉLIBÉRER, RETARDEMENT.

DÉLATEUR

Bouddhisme. — **Révéler les fautes d'autrui, c'est se dégrader.**

(Paroles de Çakya-Mouni, VIe s. av. J.-C.)

Bible. — **Faute de bois, le feu s'éteint; éloignez le rapporteur, et la querelle s'apaise.**

(Livre des Proverbes, XXVI, 20; IVe s. av. J.-C.)

Grec. — **Le sycophante est la bête qui a la morsure la plus terrible.**

(Diogène le Cynique, IVe s. av. J.-C. — Cité par Diog. Laërce, *Phil. ill.*, VI.)

Suédois. — **On ne peut mieux définir le délateur que de lui donner le nom de sentinelle du diable.**

(Chancelier Oxenstiern [1583-1654], *Réflexions et Maximes*.)

V. MÉCHANTS (Hypocrisie des).

DÉLIBÉRER

Bible. — **Les projets échouent faute de délibération.**
(Livre des Proverbes, XV, 22; IVe s. av. J.-C.)

Latin. — **Il est trop tard pour délibérer quand l'ennemi est aux portes.**
(Virgile, *Énéide*, XI, 304; env. 19 av. J.-C.)

— **Rome délibère pendant que Sagonte expire.**
(Tite-Live, *Histoire de Rome*, XXI, VII [env. 10].)

— **On délibère pour savoir s'il faut commencer, alors qu'il est déjà trop tard pour entreprendre.**
(Quintilien, *De institutione oratoria*, XII, 6 [env. 90].)

V. PRÉPARER.

DÉLICATESSE

Français. — **La délicatesse est un don de nature, et non une acquisition de l'art.**
(Pascal (?), *Discours sur les passions de l'amour* [1652]. — La délicatesse, telle que l'entend ici Pascal, s'oppose à la grossièreté; c'est une nuance de la spiritualité.)

— **Les délicats sont malheureux,
Rien ne saurait les satisfaire.**
(La Fontaine, *Fables*, II, 1 [1668].)

— **La délicatesse est à l'esprit ce que la bonne grâce est au corps.**
(Chevalier de Méré, *Nouvelles Maximes, Sentences et Réflexions*, 66 [1702].)

V. SCRUPULE, TACT.

DÉMAGOGIE

Grec. — **Le plus sûr moyen de ruiner un pays est de donner le pouvoir aux démagogues.**
(Denys d'Halicarnasse, *Antiquités romaines*, VI; env. 20 av. J.-C.)

Anglais. — **Ils sont beaucoup qui ont flatté le peuple sans l'aimer.**
(Shakespeare, *Coriolan*, II [1607].)

— **Il y a des saltimbanques sur la place du village et au Parlement.**
(Fr. Bacon, *Essays*, XII [1625].)

V. FOULE, MULTITUDE, PEUPLE.

DEMANDER

Bible. — **Demandez et l'on vous donnera; cherchez et vous trouverez; frappez et l'on vous ouvrira.**
(Évangile selon saint Matthieu, VII, 7 [env. 65]. — Cf. saint Luc, XI, 9.)

Latin. — **Qui demande timidement enseigne à refuser.**
(Sénèque, *Hippolyte*, 593 [env. 60].)

Arabe. — **J'ai goûté bien des substances amères, et nulle ne l'est plus que de demander.**

Espagnol. — **Ne demande pas comme une faveur ce que tu peux obtenir par la force.**
(Cervantes, *Don Quichotte*, I, XXI [1605].)

Français. — **Qui ne prie ne prend.**

(*Proverbes au vilain*, manuscrit du XIIIe s., Paris, Bibl. nat. — Variante moderne : Qui ne demande rien n'a rien.)

— **Le roi n'est pas servi sans qu'il parle.**

(P. Le Goff, *Proverbes du Haut-Vannetais* [1909].)

V. QUESTION ET RÉPONSE.

DÉMARCHE

Bible. — **Le vêtement d'un homme, le rire de ses lèvres et sa démarche révèlent ce qu'il est.**

(L'Ecclésiastique, XIX, 27 ; IIe s. av. J.-C.)

Latin. — **A la démarche, on reconnaît la déesse.**

(Virgile, *Enéide*, I, 405 ; env. 19 av. J.-C.)

— **A voir marcher quelqu'un, on connaît sa pensée.**

(Pétrone, *Satiricon*, CXXVI [env. 60].)

Français. — **La tournure et la démarche ont autant d'accent que la parole.**

(Mme de Girardin [Delphine Gay], *Lettres parisiennes* [1845].)

V. MAINTIEN.

DÉMENCE

Grec. — **Zeus rend fou celui qu'il veut perdre.**

(Euripide, *Fragments*, Ve s. av. J.-C. — Le texte exact est : Ceux que Zeus veut détruire, il commence par les rendre fous. — Cf. Lycurgue, *Contre Léocrate*, XXI, 92 : Quand ils ont affaire aux méchants, les dieux les privent de raison.)

Latin. — **Parmi les fous, on craint d'être fou.**

(Horace, *Satires*, II, III, 40 ; env. 35 av. J.-C.)

— **La démence exaltée se tourne contre elle-même.**

(Claudien, *In Eutropium*, I, 237 [env. 395].)

Allemand. — **Tête de fou ne blanchit pas.**

Anglais. — **Le fou rit, même quand il se noie.**

Espagnol. — **Au fou et au vent il faut livrer passage.**

Français. — **Il n'est pas sage qui n'a peur d'un fou.**

V. FOLIE (déraison).

DÉMESURE

Grec. — **Il faut éteindre la démesure plus qu'un incendie.**

(Héraclite d'Ephèse, *Fragments*, Ve s. av. J.-C.)

— **La démesure en fleurissant produit l'épi de la folie, et la récolte est une moisson de larmes.**

(Eschyle, *les Perses*, 821 ; Ve s. av. J.-C.)

Français. — **Les choses extrêmes sont comme si elles n'étaient point.**

(Pascal, *Pensées*, II, 72 [1670].)

Turc. — **Qui a des pensées exaltées n'atteint pas le soir; qui fait de trop grands pas n'atteindra pas la porte.**

V. ASSEZ ET TROP, EXAGÉRATION, EXCÈS.

DÉMOCRATIE

Américain. — La démocratie, c'est le gouvernement de tous, pour tous, par tous.
(Theodore Parker, *The State of the Nation*, 28 novembre 1850.)

Anglais. — La tyrannie de la multitude est une tyrannie multipliée.
(Edmund Burke, *Lettre à Thomas Mercer*, 26 février 1790.)

— Le despotisme soumet une nation à un seul tyran, la démocratie à plusieurs.
(Comtesse de Blessington, *Desultory Thoughts and Reflections* [1839].)

Français. — Le pire des Etats, c'est l'Etat populaire.
(Corneille, *Cinna*, II, 1, 521 [1640].)

V. gouvernement (Formes de), opinion publique.

DENTS

Proverbe général. — On souffre pour les avoir, on souffre pour les garder, et on souffre pour les perdre.

Chinois. — Il faut soigner les yeux, comme le peuple, doucement; mais il faut traiter les dents, comme les soldats, durement.

Espagnol. — On doit mille fois plus estimer une dent qu'un diamant.

V. beauté physique.

DÉPENDANCE

Allemand. — La dépendance volontaire est le plus bel état, mais il y faut de l'affection.
(Gœthe [1749-1832], *Maximen und Reflexionen*.)

Espagnol. — Qui chevauche en croupe d'autrui ne se met pas en selle quand il veut.
(César Oudin, *Refranes o proverbios castellanos* [1659].)

Français. — La dépendance est née de la société.
(Vauvenargues, *Réflexions et Maximes*, 185 [1746].)

Japonais. — Il est impossible de se tenir debout en ce monde sans jamais se courber.

Russe. — Le rivage aussi appartient à la mer.

V. autrui (Pain d'), esclavage, mercenaire, obéir, serviteur, servitude.

DÉPENSE

Anglais. — L'argent est rond pour rouler.
(Anonyme, *A Helpe to Discourse* [1640].)

Français. — Bonne la maille qui sauve le denier.
(Baïf, *Mimes, Enseignements et Proverbes* [1576].)

— Au long aller, le fardeau pèse.
(Une petite dépense finit par devenir onéreuse lorsqu'elle est fréquemment répétée.)

— Ce sont les petites pluies qui gâtent les grands chemins.
(Les petites dépenses multipliées deviennent ruineuses.)

V. agir selon ses moyens, gagner et dépenser.

DÉPIT

Anglais. — Un rossignol dépérit quand il entend son frère.
(Robert Burton, *The Anatomy of Melancholy* [1621].)

Italien. — Qui est tombé de cheval dit à l'âne qu'il a voulu descendre.

Persan. — « Je vais en voiture », disait une oie que le renard emportait.

Turc. — « C'est aujourd'hui jeûne », dit le chat, en voyant le lard qu'il ne peut atteindre.

V. AMOUR (dépit amoureux), DÉDAIN (Faux).

DÉSESPOIR

Latin. — C'est quand on n'a plus d'espoir qu'il ne faut désespérer de rien.
(Sénèque, *Medea*, 163 [env. 60].)

Allemand. — Le désespoir est le suicide du cœur.
(J. P. Richter, *Blumen, Frucht und Dornenstücke* [1818].)

Arabe. — Il n'y a que Satan qui ait perdu tout espoir.

Chinois. — Pourquoi se jeter à l'eau avant que la barque n'ait chaviré?

Français. — Le désespoir a souvent gagné des batailles.
(Voltaire, *la Henriade*, X, 25 [1723].)

— Le désespoir comble non seulement notre misère, mais notre faiblesse.
(Vauvenargues, *Réflexions et Maximes*, 252 [1746].)

— A se cogner la tête contre les murs, il ne vient que des bosses.
(G. Musset, *Proverbes de Saintonge* [1897].)

Indien *(hindoustani).* — L'arbre effeuillé est l'amant des cyclones.

Persan. — Qui brûle sa maison se chauffe au moins une fois.

Turc. — Qui tombe dans le fleuve s'accroche au serpent.

V. DÉCOURAGEMENT.

DÉSHONNEUR

Anglais. — Les blessures à l'honneur s'infligent par soi-même.
(Th. Fuller. *Gnomologia* [1732].)

Espagnol. — Un homme déshonoré est pire qu'un homme mort.
(Cervantes, *Don Quichotte*, I, XXXIII [1605].)

Français. — Quand le déshonneur est public, il faut que la vengeance le soit aussi.
(Beaumarchais, *le Mariage de Figaro*, V, XII [1784].)

Targui. — L'enfer même a horreur du déshonneur.

V. HONTE.

DÉSINTÉRESSEMENT

Grec. — Ne faites rien pour de l'argent, car il ne faut payer que ce qui s'achète.
(Périandre, VIIe s. av. J.-C. — Cité par Diogène Laërce, *Phil. ill.*, I.)

Français. — Le désintéressement n'est parfois qu'un placement à de meilleurs intérêts.
(A. d'Houdetot, *Dix Épines pour une fleur* [1853].)

— **Si le désintéressement n'est pas la première des vertus, c'est du moins la plus rare.**
(J. Sanial Dubay, *Pensées sur les mœurs*, 396 [1813].)

V. GÉNÉROSITÉ.

DÉSIR

Grec. — **On ne fait pas de ses désirs des oracles de Zeus.**
(Eschyle, *Prométhée enchaîné*, 927; Vᵉ s. av. J.-C.)

Latin. — **On désire surtout ce que l'on ne doit pas avoir.**
(Publilius Syrus, *Sentences*, Iᵉʳ s. av. J.-C.)

— **Les désirs ne peuvent s'étendre à ce que l'on ne connaît pas.**
(Ovide, *l'Art d'aimer*, III, 397; env. 2 av. J.-C.)

Sanskrit. — **Quelle est la liane de l'existence? le désir.**
(*Dhammapada*, Guirlande des demandes et réponses, IIᵉ s.)

Américain. — **Si l'homme réalisait la moitié de ses désirs, il doublerait ses peines.**
(B. Franklin, *Poor Richard's Almanac* [1752].)

Chinois. — **Prétendre contenter ses désirs par la possession, c'est compter que l'on étouffera le feu avec de la paille.**

Français. — **Manche désirée fait court bras.**
(*Proverbes au vilain*, manuscrit du XIIIᵉ s., Paris, Bibl. nat.)

— **La pluie fort désirée, incontinent ennuie.**
(Charles Bourdigné, *la Légende de maître Pierre Faifeu*, XLI, 6 [1527].)

— **Pâques longtemps désirées sont en un jour tôt passées.**
(Antoine Oudin, *Curiosités françoises* [1640].)

— **On jouit moins de tout ce qu'on obtient que de ce qu'on espère.**
(J.-J. Rousseau, *Julie ou la Nouvelle Héloïse*, VI, VIII [1761].)

— **Ne désirer que ce qu'on a, c'est avoir tout ce qu'on désire.**
(P.-J. Chardin, *Les Femmes et le Vin*, chanson [1847].)

Russe. — **Le chien ne rêve que d'os.**
(Les désirs sont révélateurs de la personnalité.)

V. CONTENTEMENT, CONVOITISE, SOUHAIT, TENTATION.

DÉSORDRE

Grec. — **Il n'est pas de beauté où règne le désordre.**
(Philon d'Alexandrie, *De la création du monde*, 28; Iᵉʳ s.)

Français. — **Un beau désordre est un effet de l'art.**
(Boileau, *Art poétique*, II, 72 [1674]. — Il s'agit du « style impétueux » de l'ode.)

Italien. — **Il ne faut pas mettre Pâques avant les Rameaux.**

V. ATTENTION, ORDRE, SOIN.

DESPOTISME

Latin. — **Je veux cela, j'ordonne ainsi; ma volonté, voilà ma raison.**
(Juvénal, *Satires*, VI, 223 [env. 120].)

Français. — **Le despote coupe l'arbre pour avoir le fruit.**
(Montesquieu, *l'Esprit des lois*, V, xii [1748].)

— **Le gouvernement despotique est un ordre de choses où le supérieur est vil et l'inférieur avili.**
(Chamfort [1741-1794], *Maximes et Pensées*.)

V. TYRANNIE.

DESTIN, DESTINÉE

Grec. — **On ne peut rien changer à son destin.**
(Ésope, *Fables*, « les Anes s'adressant à Zeus »; vie s. av. J.-C.)

— **Le destin est comme la tortue d'Eschyle.**
(Un oracle ayant prédit à Eschyle qu'il mourrait écrasé, il alla vivre aux champs. Mais un aigle laissa choir sur sa tête une tortue qu'il avait enlevée et le tua net. On rappelle cette légende pour marquer qu'il est difficile d'échapper à son destin.)

— **Le destin conduit celui qui consent et tire celui qui résiste.**
(Cléanthe, iiie s. av. J.-C. — Cité par Sénèque, *Lettres à Lucilius*, CVII.)

Antiquité chinoise. — **Ce qui arrive sans qu'on l'ait fait venir, c'est le destin.**
(Mencius, *Livre des livres*, II, iii, 6; ive s. av. J.-C.)

Bible. — **Les cheveux de votre tête sont tous comptés.**
(Évangile selon saint Matthieu, x, 30 [env. 65].)

Sanskrit. — **La durée de la vie, les actes, la richesse, le savoir, la mort, tout est déterminé dès le sein maternel.**
(*Hitopadeça*, 1er siècle.)

Islam. — **L'homme porte son destin attaché au cou.**
(Le Koran, xvii, 14; viie s.)

Anglais. — **Celui qui est né pour être pendu ne mourra pas noyé.**
(W. Camden, *Remaines Concerning Britaine* [1614].)

Arabe. — **Le destin pose deux doigts sur les yeux de l'homme, deux dans ses oreilles, et le cinquième sur ses lèvres en lui disant : « Tais-toi. »**

Espagnol. — **Où ira le bœuf qu'on ne le mette à la charrue ?**
(Cervantes, *Nouvelles exemplaires*, « le Petit-fils de Sancho Panza » [1613].)

Français. — **Va où tu veux, meurs où tu dois.**
(Manuscrit du xve siècle, sans titre, Rome, Vatican.)

—   **On rencontre sa destinée**
   Souvent par des chemins qu'on prend pour l'éviter.
(La Fontaine, *Fables*, VIII, xvi, « l'Horoscope » [1678].)

Italien. — **Qui doit se casser le cou trouve un escalier dans les ténèbres.**

Malgache. — **Les taches de rousseur sont inséparables de la peau, comme votre destin.**

Suédois. — **Tendre les bras à son destin, c'est de tous les moyens le plus infaillible pour en adoucir les rigueurs.**
(Chancelier Oxenstiern [1583-1654], *Réflexions et Maximes*.)

V. ÉTOILE, FATALISME, PRÉDESTINATION.

DÉTAIL

Français. — **Pour bien savoir les choses, il faut en savoir le détail.**
(La Rochefoucauld, *Réflexions ou Sentences et Maximes morales*, 106 [1665].)

— **Les maisons empêchent de voir la ville.**

(Une trop grande attention aux petits détails fait perdre de vue l'ensemble d'une
l'affaire. — Cité par Chamfort, *Caractères et Anecdotes*, appendice III [1795].)

Russe. — **Les arbres empêchent de voir la forêt.**

(Quand on s'attache aux petits détails, on ne voit pas l'ensemble du problème.)

DEUIL

Latin. — **L'homme meurt autant de fois qu'il perd l'un des siens.**

(Publilius Syrus, *Sentences*, 1er s. av. J.-C.)

— **C'est le plus réjoui qui porte le deuil le plus ostensible.**

(Tacite, *Annales*, II, LXXVII; IIe s.)

Créole. — **Les dents ne portent pas le deuil.**

(La tristesse des jeunes dure peu.)

Persan. — **Notre vrai tombeau n'est pas dans la terre, mais dans le cœur des
hommes.**

V. AFFLICTION, FUNÉRAILLES.

DEVINER

Français. — **On aime à deviner les autres, mais l'on n'aime pas à être deviné.**

(La Rochefoucauld, *Réflexions ou Sentences et Maximes morales*, 632 [1665].)

— **Quand on croit deviner, on se trompe souvent.**

(La Chaussée, *le Préjugé à la mode*, I, III, 84 [1735].)

— **Ce que l'on sait le mieux, c'est ce que l'on a deviné, puis ce que l'on
a appris par l'expérience.**

(Chamfort [1741-1794], *Maximes et Pensées*.)

V. INTUITION, PRÉDICTION, PRÉSAGE, PROPHÈTE.

DEVOIR (le)

Latin. — **La récompense du devoir est le devoir même.**

(Cicéron, *De finibus*, II, 73; env. 45 av. J.-C.)

Latin médiéval. — **Si tu fais ton devoir, laisse parler les sots.**

(Saint Colomban, *Monosticha*; VIIe s.)

Allemand. — **Le devoir, c'est d'aimer ce que l'on se commande à soi-même.**

(Gœthe [1749-1832], *Maximen und Reflexionen*.)

Anglais. — **Le devoir est facile à connaître : c'est ce que l'on désire le moins
faire.**

Chinois. — **Le chemin du devoir est toujours proche, mais l'homme le cherche
loin de lui.**

Français. — **Fais ce que dois, advienne que pourra.**

(*Proverbes en françois*, manuscrit de 1456, Paris, Bibl. nat. — Pris pour devise par
le cardinal de Givry, Anne de Péruse, et, dans la suite, par la famille La Rochefoucauld.)

— **Faites votre devoir et laissez faire aux dieux.**

(Corneille, *Horace*, II, VIII, 710 [1640].)

— **Il est plus commode de faire son devoir que de le connaître.**

(Louis de Bonald [1754-1840], *Maximes et Pensées*.)

— **On n'a jamais fini de faire son devoir.**
(Devise de l'amiral Touchard [1810-1879].)

— **Le devoir est un dieu qui ne veut point d'athée.**
(Victor Hugo, *les Quatre Vents de l'esprit*, I, XXIV, 15 [1881].)

Japonais. — **Le devoir est plus léger qu'une plume et plus lourd qu'une montagne.**
(Mutsu-Hito, empereur du Japon [1852-1912].)

V. CONSCIENCE, RÈGLE D'OR.

DÉVOTION

Arabe. — **La véritable mosquée est celle qui est construite au fond de l'âme.**

Français. — **L'usage nous fait voir une distinction énorme entre la dévotion et la conscience.**
(Montaigne, *Essais*, III, XII [1588]. — Cf. Pascal, *Pensées*, VII, 496 : « ... une différence énorme entre la dévotion et la bonté ».)

— **Il est de faux dévots ainsi que de faux braves.**
(Molière, *le Tartuffe*, I, V, 326 [1664].)

— **Un dévot est celui qui sous un roi athée serait athée.**
(La Bruyère, *les Caractères*, « De la mode », 2 [1688].)

Indien *(hindoustani)*. — **Allume d'abord ta lampe chez toi, puis à la mosquée.**

Italien. — **Tous ne sont pas des saints qui vont à l'église.**

V. BIGOTERIE, PIÉTÉ, PRIÈRE, TARTUFE.

DÉVOUEMENT

Latin. — **La faute que l'on commet pour ses maîtres est un acte de vertu.**
(Publilius Syrus, *Sentences*, 1er s. av. J.-C.)

Américain. — **Vivre sans dévouement est impudent.**
(R. W. Emerson, *English Traits*, XI [1856].)

Français. — **Il y a quelque chose de plus fort que l'intérêt, c'est le dévouement.**
(G. de Lévis, *Pensées détachées*, 192 [1825].)

V. ABNÉGATION, SOI (Sacrifice de), VIE (Sens de la).

DIABLE

Bible. — **Résistez au diable, et il s'enfuira.**
(Épître de saint Jacques, IV, 7 [env. 60].)

Latin médiéval. — **La force du diable est dans les reins.**
(Saint Jérôme, *Adversus Jovinianum*, début du Ve s.)

Proverbe général. — **Il faut aussi donner sa part à Messire le diable.**

Anglais. — **Quand on dîne avec le diable, il faut se munir d'une longue cuiller.**

— **Il ne faut pas faire le diable plus noir qu'il ne l'est.**

— **C'est une triste procession où le diable porte la bannière.**

— **Les bottes du diable ne craquent pas.**

— **Mieux vaut tenir le diable dehors que de le mettre à la porte.**

Belge. — **Le diable, quelque diable qu'il soit, ne peut cacher ses cornes.**

Espagnol. — **Derrière la croix se tient le diable.**
(Cervantes, *Don Quichotte*, I, VI [1605].)

Français. — **On ne peut faire tort au diable.**
(*Bonum spatium*, manuscrit du XIVe s., Paris, Bibl. nat.)

— **Le diable parle toujours en l'Évangile.**
(*Bonum spatium*, manuscrit du XIVe s., Paris, Bibl. nat.)

— **Il faut quelquefois brûler une chandelle au diable.**
(Antoine Oudin, *Curiosités françoises* [1640].)

— **La plus grande malice du diable est de faire croire qu'il n'existe pas.**
(Ch. Baudelaire, *Poèmes en prose*, XXIX [1864].)

Irlandais. — **Ne dites pas bonjour au diable quand vous êtes à sa rencontre.**

Italien. — **On ne mange pas le diable sans en avaler les cornes.**

Serbe. — **Le diable peut faire le pot, non le couvercle.**

V. DIEU ET DIABLE.

DIÈTE

Latin médiéval. — **Remets-toi à ces trois médecins : la gaieté, le repos, et une juste diète.**
Medici tibi fiant haec tria : mens hilaris et requies et moderata diaeta.

Chinois. — **Avaler le médicament et négliger la diète, c'est détruire la science du médecin.**

V. SANTÉ (Régime de).

DIEU (généralités)

Hindouisme. — **L'Éternel est un, mais il a beaucoup de noms.**
(Le *Rig-Véda*, VIIIe s. av. J.-C.)

Bible. — **Dieu châtie celui qu'il aime, comme un père châtie l'enfant qu'il chérit.**
(Livre des Proverbes, III, 12 ; IVe s. av. J.-C.)

Islam. — **Que ceux qui veulent un appui le cherchent en Dieu.**
(Le Koran, XIV, 15 ; VIIe s.)

— **Qui se connaît connaît Dieu.**
(La *Sunnah*, Xe s. — Qui connaît l'imperfection de sa nature connaît la magnanimité, la toute-puissance de Dieu.)

Latin médiéval. — **L'homme propose et Dieu dispose.**
(Thomas a Kempis, *De imitatione Christi*, I, XIX, 2 [1424].)

Anglais. — **Pour voir la lumière de Dieu, éteignez votre petite chandelle.**
(Th. Fuller, *Gnomologia* [1732].)

Arabe. — **L'aurore a-t-elle besoin de flambeau pour être vue?**
(Cité par Henry Saint-John, lord Bolingbroke, *Reflections* [1750].)

Croate. — **A suivre les commandements de Dieu, on finit par mendier en son nom.**

Égyptien. — **On peut aller sans Dieu dans le désert, mais non revenir sans lui dans la vallée du Nil.**

Français. — **En petite maison, la part de Dieu est grande.**
(Manuscrit du XIIIe s., sans titre, Paris, Sainte-Geneviève.)

— C'est le cœur qui sent Dieu, et non la raison.
(Pascal, *Pensées*, IV, 278 [1670].)

— Dieu fait bien ce qu'il fait.
(La Fontaine, *Fables*, IX, IV [1678].)

— L'homme s'agite, mais Dieu le mène.
(Fénelon, *Sermon pour la fête de l'Épiphanie* [1685].)

— Si Dieu n'existait pas, il faudrait l'inventer.
(Voltaire, *le Pour et le Contre*, épître à l'auteur du livre : *les Trois Imposteurs*, 22 [1769].)

— L'horloge ne peut exister sans horloger.
(Voltaire, *les Cabales*, 112 [1772].)

Italien. — Celui qui laisse Dieu hors de ses comptes ne sait pas compter.

Turc. — L'homme regarde à la face de l'homme, mais Dieu regarde le cœur.

Yiddish. — Le meilleur prédicateur, c'est le cœur; le meilleur maître, c'est le temps; le meilleur livre, c'est le monde; le meilleur ami, c'est Dieu.

V. ATHÉISME, BIGOTERIE, CLERGÉ, DÉVOTION, FOI, IMPIÉTÉ, PRIÈRE, RELIGION, SAINT, TARTUFE.

DIEU (Confiance en)

Bible. — L'homme qui se confie à Dieu est un arbre qui ne cesse de porter du fruit.
(Jérémie, XVII, 7-8; VII° s. av. J.-C.)

— Dieu est une tour forte, le juste s'y réfugie et y est en sûreté.
(Livre des Proverbes, XVIII, 10; IV° s. av. J.-C.)

Latin. — Dieu perçoit un sanglot plus vite qu'un appel.
(Saint Augustin, *Sermo*, XLVII; début du V° s.)

Malgache. — Aie foi en Dieu : comme le soleil couchant, il visite toutes les portes.

V. PROVIDENCE.

DIEU (Crainte de)

Bible. — La crainte de Dieu est le commencement de la sagesse.
(Livre des Proverbes, I, 7; IV° s. av. J.-C. — *Ante* : Job, XXVIII, 28.)

Islam. — Celui qui ne craint pas Dieu, crains-le.
(Proverbe soufi, X° s.)

V. ATHÉISME.

DIEU (Grâce de)

Bible. — L'esprit souffle où il veut.
(Évangile selon saint Jean, III, 8 [env. 115]. — Dieu communique sa grâce à qui lui plaît.)

Anglais. — Sans le don de Dieu, l'âme ne peut connaître la grâce, non plus que la chandelle ne peut s'allumer d'elle-même.
(Cité par John Bunyan, *A Book for Boys and Girls* [1686].)

V. PARADIS.

DIEU (Justice de)

Grec. — **Zeus est le vengeur des forfaits.**
(Homère, *l'Odyssée*, XIV, 285; IXᵉ s. av. J.-C.)

— **La meule des dieux moud lentement, mais elle moud fin.**
(Sextus Empiricus, *Contre les mathématiciens*, I, 287; IIᵉ s.)

Bible. — **Ceux qui ont faim et soif de la justice seront rassasiés.**
(Évangile selon saint Matthieu, v, 6 [env. 65].)

Islam. — **Chacun recevra le fruit de ses œuvres.**
(Le Koran, IV, 36; VIIᵉ s.)

Allemand. — **Dieu ne fait pas notre compte à la fin de chaque semaine.**
(Gœthe [1749-1832], *Maximen und Reflexionen*.)

Arabe. — **Ce que l'injustice a bâti, Allah l'effacera.**
(Tarafa al-Bakri, *Divan*, IV, 25; VIᵉ s.)

Espagnol. — **Dieu souffre les méchants, mais ce n'est pas pour toujours.**
(Cervantes, *Don Quichotte*, II, XL [1615].)

V. JUSTICE IMMANENTE.

DIEU et DIABLE

Proverbe général. — **Brûlez un cierge à Dieu et deux au diable.**
(Variante : Priez Dieu, mais n'offensez pas le diable.)

Anglais. — **Où il y a église à Dieu, le diable bâtit une chapelle.**
(Robert Burton, *The Anatomy of Melancholy* [1621].)

Français. — **L'on ne peut servir ensemble et Dieu et le diable.**
(*Dicta sive proverbia volgaria*, manuscrit du XIVᵉ s., Paris, Bibl. nat.)

Serbe. — **Dieu donne le gouvernail, mais le diable donne les voiles.**

V. BIEN ET LE MAL (le).

DIEUX (les)

Grec. — **Les dés des dieux tombent toujours bien.**
(Sophocle, *Fragments*, Vᵉ s. av. J.-C.)

Latin. — **C'est folie de s'attaquer à ceux qui sont aimés des dieux.**
(Publilius Syrus, *Sentences*, Iᵉʳ s. av. J.-C.)

Allemand. — **Selon la nation, les dieux.**
(G. C. Lichtenberg, *Aphorismen* [1799].)

Français. — **L'homme ne saurait forger un ciron, et il forge des dieux à la douzaine.**
(Montaigne, *Essais*, livre II, XII [1580].)

V. DIEU (Justice de).

DIFFICILE, DIFFICULTÉ

Latin. — **Ce n'est pas parce que les choses sont difficiles que nous n'osons pas, c'est parce que nous n'osons pas qu'elles sont difficiles.**
(Sénèque, *Lettres à Lucilius* [env. 64].)

Anglais. — **Tout est difficile avant d'être simple.**
(Th. Fuller, *Gnomologia* [1732].)

Arabe. — **Toutes choses sont difficiles avant que d'être faciles.**
(Antoine Galland, *Paroles remarquables et Maximes des Orientaux* [1694].)

Espagnol. — **Ce qui est facile se doit entreprendre comme s'il était difficile, et ce qui est difficile comme s'il était facile.**
(Baltasar Gracian, *Oraculo manual*, 204 [1647].)

Français. — **Ce qui n'est que difficile ne plaît point à la longue.**
(Voltaire, *Candide*, xxv [1759].)

— **La difficulté de réussir ne fait qu'ajouter à la nécessité d'entreprendre.**
(Beaumarchais, *le Barbier de Séville*, I, vi [1775].)

V. MAIS, OBSTACLE.

DIGNITÉ

Grec. — **La dignité est une majesté qui résulte d'une raison droite et sérieuse.**
(Platon, *Définitions*, IVᵉ s. av. J.-C.)

— **La dignité est ton bien ainsi que la probité; qui peut te les ravir?**
(Épictète, *Entretiens*, I, 25; début du IIᵉ s.)

Arabe. — **Abandonne la ville où l'on s'est moqué de toi, quand bien même elle serait bâtie en rubis.**

Espagnol. — **Même si ta poche est vide, veille à ce que ton chapeau reste droit.**

V. COMPORTEMENT, SOI (Respect de).

DILIGENCE

Grec. — **Toute chose est l'esclave de la diligence.**
(Ménandre, *Fragments*, IVᵉ s. av. J.-C.)

Bible. — **L'homme diligent dans son ouvrage prendra place auprès des rois.**
(Livre des Proverbes, XXII, 29; IVᵉ s. av. J.-C.)

Espagnol. — **La diligence est la mère de la bonne fortune.**
(Cervantes, *Don Quichotte*, I, XLVI [1605].)

V. AUJOURD'HUI ET DEMAIN, HÂTE, PRÉCIPITATION.

DIMANCHE

Bible. — **Le sabbat a été fait pour l'homme, et non l'homme pour le sabbat.**
(Évangile selon saint Marc, II, 27 [env. 70].)

Italien. — **Le travail du dimanche n'enrichit pas.**
(Proverbe valdotain.)

V. LOISIR, REPOS.

DIPLOMATIE (finesse)

Anglais. — **Le diplomate, c'est celui qui se rappelle l'anniversaire d'une lady, mais qui oublie son âge.**

Arabe. — **Quand tu lances la flèche de la vérité, trempe la pointe dans du miel.**

Suédois. — **On réussit souvent mieux avec la queue du renard qu'avec la griffe du lion.**

(Chancelier Oxenstiern [1583-1654], *Réflexions et Maximes.*)

V. CIRCONSPECTION, INTRIGUE, SAVOIR-FAIRE.

DIPLOMATIE (relations internationales)

Anglais. — **Quand un diplomate dit « oui », cela signifie « peut-être »; quand il dit « peut-être », cela veut dire « non » ; et quand il dit « non », ce n'est pas un diplomate.**

(H. L. Mencken, *Dictionary of Quotations* [1946].)

Français. — **En diplomatie, il ne suffit pas d'avoir raison, il s'agit aussi de plaire.**

(Jules Cambon, *le Diplomate* [1926].)

V. AMBASSADEUR.

DIPLÔME

Chinois. — **Ouvrez la « porte du Dragon » et votre réputation se décuplera.**

(La « porte du Dragon » était un examen d'accès dans la classe des mandarins.)

Français. — **Un bachelier est un homme qui apprend et un docteur un homme qui oublie.**

(Furetière, *le Roman bourgeois*, II [1666].)

V. APPRENDRE, INSTRUCTION.

DISCORDE

Bible. — **Toute maison divisée contre elle-même ne pourra subsister.**

(Évangile selon saint Marc, III, 25 [env. 65].)

Latin. — **La concorde augmente les petites fortunes, la discorde ruine les plus grandes.**

(Marcus Agrippa, 1er s. av. J.-C. — Cité par Sénèque, *Lettres à Lucilius*, XCIV.)

Français. — **Le monde est un vaste temple dédié à la Discorde.**

(Voltaire, *Lettre à M*me *Denis*, 22 mai 1752.)

— **Le chemin est assez mauvais, sans nous jeter encore des pierres.**

(Florian, *Fables*, III, « le Bonhomme et le Trésor » [1792].)

V. UNION.

DISCRÉTION

Grec. — **Bien que j'aie à dire, un bœuf est sur ma langue.**

(Théognis de Mégare, *Sentences*, 815; VIe s. av. J.-C.)

Hébreu. — **Les murs ont des oreilles.**

(Le Talmud, *Berachoth* : « Ils tiennent conseil dans un champ, car les murs ont des oreilles » [Ve s.].)

Anglais. — **Il y a un temps pour cligner et un temps pour voir.**

(Th. Fuller, *Gnomologia* [1732].)

Français. — **L'on ne doit jamais aller à noces sans y être convié.**

(*Bonum spatium*, manuscrit du XIVe s., Paris, Bibl. nat.)

Persan. — **Le jour a des yeux, la nuit a des oreilles.**

V. AUTRUI (Affaires d'), CONFIDENCE, CURIOSITÉ, PARLER ET SE TAIRE, SECRET.

DISCUSSION

Grec. — **Sur toute chose on peut faire deux affirmations exactement contraires.**
(Protagoras, Ve s. av. J.-C. — Cité par Diogène Laërce, *Phil. ill.*, IX.)

Latin. — **Par trop discuter, on perd la vérité.**
(Publilius Syrus, *Sentences*, Ier s. av. J.-C.)

Espagnol. — **Ane celui qui dispute avec l'âne.**
(Dispute, du latin *disputare* : argumenter, débattre, discuter.)

Français. — **Toute discussion porte profit.**
(*Bonum spatium*, manuscrit du XIVe s., Paris, Bibl. nat.)

— **La discussion réveille l'objection et tout finit par le doute.**
(Xavier de Maistre, *Voyage autour de ma chambre*, XXV [1794].)

— **Le but de la discussion ne doit pas être la victoire, mais l'amélioration.**
(J. Joubert [1754-1824], *Pensées, Maximes et Essais*.)

Italien. — **La discussion est le tamis de la vérité.**
(Stefano Guazzo, *Civile Conversation*, I, 41 [1574].)

V. AFFIRMER, ARGUMENT, CONTRADICTION, NIER, PERSUADER, PREUVE.

DISPUTE

Bible. — **Le charbon donne un brasier et le bois du feu; ainsi l'homme querelleur fait une dispute.**
(Livre des Proverbes, XXVI, 21; IVe s. av. J.-C.)

Latin. — **Pour faire taire autrui, commence par te taire.**
(Sénèque, *Hippolyte*, 876 [env. 64].)

Grec. — **L'homme de bien ne se dispute avec personne et, autant qu'il le peut, en empêche les autres.**
(Epictète, *Entretiens*, IV, 5; début du IIe s.)

Hébreu. — **Celui qui se tait le premier dans une dispute est le plus digne de louange.**
(Le Talmud, *Kidduschin*, Ve s.)

Nigritien *(Achanti).* — **L'homme est un grain de poivre; tant que vous ne l'aurez pas croqué et mâché, vous ne saurez pas combien il brûle.**

V. FÂCHER (SE), QUERELLE, RÉCONCILIATION.

DISSIMULATION (généralités)

Bible. — **L'insensé laisse voir aussitôt sa colère, mais l'homme prudent sait dissimuler un outrage.**
(Livre des Proverbes, XII, 16; IVe s. av. J.-C.)

Grec. — **Le venin des aspics est moins à craindre que la dissimulation de l'homme qui veut nuire.**
(Théophraste, *les Caractères*, « le Dissimulé »; IVe s. av. J.-C.)

Latin. — **La modération couvre l'audace, la pudeur couvre l'impudicité, et la piété couvre le crime.**
(Sénèque, *Phèdre*, 920 [env. 60].)

Allemand. — **Les gens sont comme la lune et les bossus, qui ne nous montrent jamais qu'une face.**
(A. Schopenhauer, *Parerga und Paralipomena* [1851].)

Anglais. — **La dissimulation est une sagesse abrégée.**
  (Fr. Bacon, *De dignitate et augmentis scientiarum*, VI, 32 [1605].)

Espagnol. — **Ne montre pas ton doigt malade, car chacun y viendrait frapper.**
  (Baltasar Gracian, *Oraculo manual*, 145 [1647].)

Français. — **La dissimulation est un effort de la raison, bien loin d'être un vice de la nature.**
  (Vauvenargues, *Réflexions et Maximes*, 519 [1746].)

Italien. — **Qui ne sait pas feindre ne sait pas vivre.**
  (Cité par Mme de Staël, *Corinne ou de l'Italie*, VI, III [1807].)

Persan. — **Baise la main que tu ne peux couper.**
  (Cité par P.-A. Jaubert, *Voyage en Arménie et en Perse*, XXXV [1821].)

  V. APPARENCE, HYPOCRISIE.

DISSIMULATION (pour régner)

Latin médiéval. — **Qui ne sait dissimuler ne sait régner.**
  (*Qui nescit dissimulare nescit regnare.* — Devise de Louis XI.)

Espagnol. — **Celui qui montre son jeu risque de le perdre.**
  (Baltasar Gracian, *Oraculo manual*, 98 [1647].)

Français. — **Les bons celeurs sont vainqueurs.**
  (*Proverbes au vilain*, manuscrit du XIIIe s., Paris, Bibl. nat.)

  — **Savoir dissimuler est le savoir des rois.**
  (Cardinal de Richelieu, *Mirame*, I, I, *in fine* [1641].)

  — **On déjoue beaucoup de choses en feignant de ne pas les voir.**
  (Napoléon Ier [1769-1821], *Maximes et Pensées*.)

  V. DUPLICITÉ, RUSE.

DISTRACTION

Latin. — **Les yeux sont aveugles lorsque l'esprit est ailleurs.**
  (Publilius Syrus, *Sentences*, Ier s. av. J.-C.)

  — **L'oiseleur, pour trop regarder les merles, se jette dans un puits.**
  (Horace, *Art poétique*, 458-459; env. 9 av. J.-C.)

Allemand. — **Quelle inadvertance plus folle que de donner une fête à quel-qu'un et de ne pas l'inviter !**
  (Gœthe [1749-1832], *Maximen und Reflexionen*.)

Français. — **Le distrait éclate de ce qui lui passe par l'esprit et répond à sa pensée.**
  (La Bruyère, *les Caractères*, « Ménalque » [1688].)

  V. ÉTOURDERIE, INATTENTION.

DIVERSITÉ

Français. — **La plus universelle qualité des esprits, c'est la diversité.**
  (Montaigne, *Essais*, II, XXVIII [1580].)

  — **Diversité, c'est ma devise.**
  (La Fontaine, *Contes et Nouvelles*, « le Pâté d'anguille » [1676].)

  V. VARIÉTÉ.

DIVORCE

Grec. — Le divorce n'est pas un honneur pour la femme.

> (Euripide, *Médée*, 237; Vᵉ s. av. J.-C.)

— Chacun sait où le soulier le blesse.

> (Plutarque, *Vies parallèles*, « Paul Émile »; Iᵉʳ s. — Un Romain avait répudié sa femme; ses amis lui en firent des reproches et lui demandèrent : « Votre femme n'est-elle pas sage? n'est-elle pas belle? ne vous a-t-elle pas donné de beaux enfants? » Il répondit à ces questions en leur montrant son soulier et en les questionnant à son tour : « Ce soulier, leur dit-il, n'est-il pas beau? n'est-il pas neuf? n'est-il pas bien fait? Cependant aucun de vous ne sait où il me blesse. »)

Bible. — Si ton épouse ne marche pas comme ta main la conduit, retranche-la de ta chair.

> (L'Ecclésiastique, XXV, 25; IIᵉ s. av. J.-C.)

— Que l'homme ne sépare pas ce que Dieu a uni.

> (Évangile selon saint Matthieu, XIX, 6 [env. 65]. — Cf. saint Marc, X, 9.)

Chinois. — La séparation et le divorce sont des poignards à deux lames, il faut s'en blesser d'un côté pour les enfoncer de l'autre.

Anglais. — On doit respecter le mariage tant qu'il n'est qu'un purgatoire, et le dissoudre s'il devient un enfer.

Français. — Le divorce est le sacrement de l'adultère.

> (J.-F. Guichard, *Journal de Paris*, février 1797.)

Slovaque. — Chaque chose pour un temps, mais le mariage pour la vie et Dieu pour l'éternité.

> V. MARI ET FEMME.

DOMESTIQUE

Allemand. — Qui se fait balai n'a pas à se plaindre de la poussière.

> (G. C. Lichtenberg, *Aphorismen* [1799].)

Français. — Peu d'hommes ont été admirés par leurs domestiques.

> (Montaigne, *Essais*, III, II [1580]. — A rapprocher du mot de Mᵐᵉ Cornuel [1605-1694], cité par Mˡˡᵉ Aïssé, dans une lettre du 13 août 1728 : Il n'y a point de héros pour son valet de chambre.)

— Aux vertus que l'on exige d'un domestique, connaît-on beaucoup de maîtres qui soient dignes d'être valets?

> (D'après Beaumarchais, *le Barbier de Séville*, I, II [1775].)

Suédois. — Il en est des domestiques comme des habits, ils se gâtent par l'usage.

> (Chancelier Oxenstiern [1583-1654], *Réflexions et Maximes*.)

> V. AUTRUI (Pain d'), MAÎTRE ET SERVITEUR, SERVITEUR, SUPÉRIEUR ET SUBALTERNE.

DOMMAGE

Latin. — La chose périt pour le compte du maître.

> (*Res perit domino*. — Signifie que le dommage résultant de la perte d'une chose incombe au propriétaire de cette chose.)

Français. — Le vin répandu ne sera pas recueilli.

> (Manuscrit du XIIIᵉ s., sans titre, Paris, Bibl. nat.)

— Qui casse les verres les paie.

> (*Dictionnaire de l'Académie*, éd. de 1835.)

> V. RESPONSABILITÉ.

DONNER (généralités)

Allemand. — **Donner est le travail du riche.**
(Gœthe, *Hermann et Dorothée*, I [1797].)

Anglais *(Écosse).* — **Donner est un bon garçon, mais il se fatigue vite.**

Berbère. — **Si tu as de nombreuses richesses, donne de ton bien; si tu possèdes peu, donne de ton cœur.**

Danois. — **Portez votre main rapidement à votre chapeau et lentement à votre bourse.**

Espagnol. — **Si l'on te donne une génisse, mets-lui la corde au cou.**
(Cervantes, *Don Quichotte*, II, IV [1615].)

Français. — **Il n'est si bel acquêt que le don.**
(Bonaventure des Périers, *Nouvelles Récréations et Joyeux Devis*, LI [1558].)

— **Donner et retenir ne vaut.**
(Antoine Loisel, *Institutes coutumières*, 659 [1607].)

— **Il y a du plaisir à rencontrer les yeux de celui à qui l'on vient de donner.**
(La Bruyère, *les Caractères*, « Du cœur », 45 [1688].)

— **Qui tout me donne, tout me nie.**
(Henri Estienne, *De la préeccellence du langage françois*, 195 [1579].)

Yiddish. — **Si tu ne veux pas donner à Jacob, tu seras obligé de donner à Ésaü.**
(Ce que l'on refuse à une cause juste, on est ensuite contraint de le donner à ses ennemis.)

V. AUMÔNE, CADEAU, GÉNÉROSITÉ.

DONNE S'ENRICHIT (Qui)

Antiquité chinoise. — **Plus le sage donne aux autres, plus il a pour lui-même.**
(Lao-Tseu, *Livre du Tao et de sa vertu*, LXXXI; VIe s. av. J.-C.)

Sanskrit. — **Tout ce que tu pourras renfermer dans tes mains mortes, c'est ce que tu auras donné.**
(*Avadânas*, contes et apologues indiens.)

Latin médiéval. — **Ce que j'ai dépensé, je l'ai eu; ce que j'ai donné, je l'ai.**
Quod expendi, habui; quod donavi, habeo.

Chinois. — **De même que le fleuve retourne à la mer, le don de l'homme revient vers lui.**

Persan. — **Ce que tu manges devient pourriture, ce que tu donnes devient une rose.**

V. CHARITÉ.

DONNER VITE

Latin. — **Quoi que tu donnes, donne-le vite.**
(Ennius, *Fragments*, IIe s. av. J.-C.)

— **Qui donne vite donne deux fois.**
(Publilius Syrus, *Sentences*, Ier s. av. J.-C.)

Allemand. — **Ne dis pas ce que tu donneras, donne.**
(Gœthe, *Sprüche in Prosa* [1819].)

Français. — Qui tôt me donne tôt me plaît.
(Manuscrit du XIIIe s., sans titre, Paris, Sainte-Geneviève.)

— Don trop attendu n'est pas donné, mais vendu.
(*Bonum spatium*, manuscrit du XIVe s., Paris, Bibl. nat.)

Suédois. — Un don qui se fait trop attendre est gâté quand il arrive.
(Chancelier Oxenstiern [1583-1654], *Réflexions et Maximes.*)

V. GÉNÉROSITÉ.

DONNER (Façon de)

Bible. — Ce que tu donnes, donne-le avec un visage joyeux.
(L'Ecclésiastique, XXXV, 11; IIe s. av. J.-C.)

Latin. — Deux fois agréable est le présent offert sans être demandé.
(Publilius Syrus, *Sentences*, Ier s. av. J.-C.)

Anglais. — Le don sans le donateur est nu.
(J. R. Lowell, *The Vision of Sir Launfall*, II [1848].)

Français. — La façon de donner vaut mieux que ce qu'on donne.
(Corneille, *le Menteur*, I, 1, 89 [1643].)

V. BIEN (le).

DONNER et RECEVOIR

Bible. — Il y a plus de bonheur à donner qu'à recevoir.
(Actes des Apôtres, XX, 35 [env. 65]. — Traduction libre : La main qui donne est au-dessus de celle qui reçoit.)

Hébreu. — Qui donne ne doit jamais s'en souvenir, qui reçoit ne doit jamais l'oublier.
(*Sentences et Proverbes des anciens rabbins* [1629].)

Allemand. — Veux-tu vivre gaiement? Chemine avec deux sacs, l'un pour donner, l'autre pour recevoir.
(Gœthe [1749-1832], *Maximen und Reflexionen.*)

Espagnol. — Que celui qui a donné se taise; que celui qui a reçu parle.
(Cervantes, *Nouvelles exemplaires*, « le Petit-fils de Sancho Panza » [1613].)

Français. — Il est plus difficile de donner que de prendre.
(Montaigne, *Essais*, II, VIII [1580].)

— Donner est un plaisir plus durable que recevoir, car celui des deux qui donne est celui qui se souvient le plus longtemps.
(Chamfort [1741-1794], *Caractères et Anecdotes.*)

— Qui donne se rend maître, et qui reçoit se livre.
(P. Lebrun, *le Cid d'Andalousie*, II, 11 [1825].)

V. CADEAU EN APPELLE UN AUTRE (Un).

DOT

Grec. — Il n'y a pas de plus pesant fardeau qu'une fille qui apporte une grosse dot.
(Ménandre, *Fragments*, IVe s. av. J.-C.)

Latin. — Pourvu qu'elle soit sage et de bon caractère, une fille est bien dotée.
(Plaute, *Aulularia*, 239; IIe s. av. J.-C.)

— La plus riche dot, c'est la vertu des parents.
(Horace, *Odes*, III, XXIV, 21; env. 23 av. J.-C.)

— C'est de la dot que viennent les flèches.
(Juvénal, *Satires*, VI, 139 [env. 120].)

Espagnol. — **Une grosse dot est un lit plein de ronces.**

Français. — **Fille honnête et morigénée est assez riche et bien dotée.**

Indien *(tamil).* — **La femme est elle-même sa propre dot.**

Turc. — **La mariée qui t'apporte un trône d'or s'assied dessus.**

V. BEAUTÉ FÉMININE, FILLE, MARIAGE ET ARGENT.

DOUCEUR

Grec. — **La cithare est docile à de molles pressions, mais elle répond d'une façon discordante à qui l'interroge avec violence.**
(Homère [IXe s. av. J.-C.], *Hymnes*, II, trad. Leconte de Lisle.)

Bible. — **Les doux posséderont la terre.**
(Psaumes, XXXVII, 11; IIe s. av. J.-C. — Saint Matthieu, v, 5 : Heureux ceux qui sont doux, car ils posséderont la terre.)

Latin. — **La douceur de caractère donne la sûreté, mais enlève l'indépendance.**
(Publilius Syrus, *Sentences*, 1er s. av. J.-C.)

Anglais. — **La douceur de Moïse vaut mieux que la force de Samson.**
(Th. Fuller, *Gnomologia* [1732].)

— **Rien n'aigrit comme le lait.**
(Un homme de nature douce devient furieux quand il est provoqué.)

Français. — **On prend plus de mouches avec du miel qu'avec du vinaigre.**
(Paroles de saint François de Sales, fréquemment reprises par Henri IV.)

— **Plus fait douceur que violence.**
(La Fontaine, *Fables*, VI, III, « Phébus et Borée » [1668].)

Persan. — **Une main douce conduit l'éléphant avec un cheveu.**

Russe. — **La génisse douce tète deux mamelles.**

V. COMPORTEMENT, PAROLES (bonnes et mauvaises).

DOUCEUR (Excès de)

Proverbe général. — **Qui se fait agneau, le loup le mange.**
(Cité par Carmontelle, *Proverbes dramatiques*, LXXI [1781].)

Bulgare. — **On vend au marché plus de peaux d'agneau que de peaux de loup.**

Espagnol. — **Qui se fait miel, les mouches le mangent.**
(Cervantes, *Don Quichotte*, II, XLIII [1615].)

Français. — **Brebis par trop apprivoisée de chaque agneau est tétée.**

V. BONTÉ (Excès de), FAIBLES (les), HUMILITÉ.

DOULEUR

Grec. — **De deux douleurs simultanées, la plus forte obscurcit l'autre.**
(Hippocrate, *Aphorismes*, II, 46; IVe s. av. J.-C.)

Latin. — **La douleur de l'âme pèse plus que la souffrance du corps.**
(Publilius Syrus, *Sentences*, 1er s. av. J.-C.)

— **La douleur est le remède à la douleur.**
(Denys Caton, *Disticha de moribus ad filium*, IV, 40; IIIe s.)

Anglais. — **La douleur ne meurt pas quand elle semble épuisée.**
(Shakespeare, *Richard III*, III, 1 [1593].)

— **Il faut enseigner l'orgueil à sa douleur.**
(Shakespeare, *le Roi Jean*, III [1594].)

Français. — **Au chaudron des douleurs, chacun porte son écuelle.**
(Henri Estienne, *les Prémices*, I [1594].)

— **La douleur est aussi nécessaire que la mort.**
(Voltaire, *Dictionnaire philosophique*, « Bien » [1764].)

— **Rien ne nous rend si grands qu'une grande douleur.**
(Alfred de Musset, *la Nuit de mai* [1835].)

Russe. — **La douleur embellit l'écrevisse.**
V. ADVERSITÉ ÉDUCATRICE, AFFLICTION, CHAGRIN, SOUFFRANCE.

DOULEURS SONT MUETTES (Les grandes)

Latin. — **Les douleurs légères s'expriment; les grandes douleurs sont muettes.**
(Sénèque, *Hippolyte*, 607 [env. 64].)

Allemand. — **On entend tomber la pluie et non la neige ; les peines légères parlent haut, les grandes douleurs se taisent.**
(Berthold Auerbach, *Auf der Höhe* [1865].)

Français. — **La douleur qui se tait n'en est que plus funeste.**
(Racine, *Andromaque*, III, III, 834 [1667].)

— **Il y a des larmes pour le bonheur; il n'y en a pas pour les grands malheurs.**
(La Rochefoucauld-Doudeauville, *Mémoires*, « Livre des pensées », 228 [1861].)
V. STOÏCISME.

DOUTE

Zoroastrisme. — **Dans le doute, abstiens-toi.**
(Zarathoustra, *l'Avesta*, VIIᵉ s. av. J.-C.)

Latin. — **Le doute est le remède qu'enseigne la sagesse.**
(Publilius Syrus, *Sentences*, Iᵉʳ s. av. J.-C.)

Latin médiéval. — **Le doute amène l'examen, et l'examen la vérité.**
(Pierre Abélard [1079-1142], *Petri Abaelardi opera*.)

Anglais. — **Le doute est un démon bienfaisant.**
(T. H. Huxley, *Sayings* [1860].)

Espagnol. — **Des choses les plus sûres, le plus sûr est de douter.**
(Cité par Voltaire, Lettre à M. Colini, 11 novembre 1767.)

Polonais. — **Pour croire avec certitude, il faut commencer par douter.**
(Stanislas Leszczynski, *Œuvres du philosophe bienfaisant* [1763].)
V. CRÉDULITÉ ET INCRÉDULITÉ, CROIRE, SCEPTICISME.

DOUX et AMER

Latin. — **Le doux ne se supporte que mélangé avec l'amer.**
(Ovide, *Artis amatoriae*, III, 583; env. 2 av. J.-C.)

— **Il n'y a point de douceur qui ne se trouve mélangée d'amertume.**
(Pétrone, *Satiricon*, LVI; env. 60.)
V. AVANTAGE ET INCONVÉNIENT, PLAISIR ET PEINE.

DRESSAGE

Latin médiéval. — **Quand on fouette le chien, on dresse le lion.**
(Jacques de Voragine, *la Légende dorée* [env. 1280].)

Anglais. — **La raison se tient entre l'éperon et la bride.**

Arabe. — **Effraie les bêtes avant qu'elles ne t'effraient.**

Français. — **La charge dompte la bête.**

Indien *(tamil).* — **Ne consulte pas le buffle avant de lui mettre son bât.**

Serbe. — **Fouette la selle pour que l'âne réfléchisse.**

V. BÊTES (les), ÉDUCATION, STIMULANT.

DROIT

Latin médiéval. — **Le droit dort quelquefois, mais il ne meurt pas.**
Dormit aliquando jus, moritur nunquam.

— **Qui exerce son droit ne fait tort à personne.**
Qui jure suo utitur neminem laedit.

Arabe. — **Le droit a des pieds.**
(Il se tient debout, ou il se relève.)

Français. — **Si le droit est en suspens, c'est qu'il n'est pas mort.**
(*Incipiunt proverbia rusticorum mirabiliter versificata*, manuscrit du XIIIᵉ s., Leyde.)

— **Bon droit a besoin d'aide.**
(*Proverbes rurauz et vulgauz*, manuscrit du XIVᵉ s., Paris, Bibl. nat.)

Malgache. — **Le droit est comme le feu : quand on cherche à l'envelopper, il brûle.**

V. ÉQUITÉ, FORCE ET DROIT, RAISON ET TORT.

DUPES et FRIPONS

Grec. — **L'un sème, l'autre récolte.**
(Aristophane, *les Cavaliers*, 392 ; vᵉ s. av. J.-C.)

Allemand. — **Le temps des prophètes est passé, celui des dupes ne passera point.**
(Les frères Grimm, *Contes populaires* [1815].)

Français. — **Tel bat les buissons qui n'a pas les oisillons.**
(*Bonum spatium*, manuscrit du XIVᵉ s., Paris, Bibl. nat.)

— **Le singe tire les marrons du feu avec la patte du chat.**
(Baïf, *Mimes, Enseignements et Proverbes* [1576].)

— **Croyez tout le monde honnête, et vivez avec tous comme avec des fripons.**
(Cardinal Mazarin [1602-1661].)

— **Les hommes ne vivraient pas longtemps en société, s'ils n'étaient les dupes les uns des autres.**
(La Rochefoucauld, *Réflexions ou Sentences et Maximes morales*, 87 [1665].)

— **On est aisément dupé par ce qu'on aime.**
(Molière, *le Tartuffe*, IV, III, 1357 [1669].)

— **Il faut opter des deux : être dupe ou fripon.**
(Regnard, *le Joueur*, I, VII, 243 [1696].)

— Les hommes semblent être nés pour faire des dupes, et l'être d'eux-
mêmes.

(Vauvenargues, *Réflexions et Maximes*, 552 [1746].)

V. GREDIN, PRENDRE ET RENDRE, TROMPER.

DUPLICITÉ

Araméen. — Le léopard ne salue pas la gazelle, si ce n'est pour sucer son sang.
(*Paroles d'Ahiqar*, VIᵉ s. av. J.-C.)

Grec. — Celui qui avec une seule langue a un esprit double, il vaut mieux
l'avoir pour ennemi que pour ami.
(Théognis de Mégare, *Sentences*, 89; VIᵉ s. av. J.-C.)

Arabe. — Les paroles de la duplicité sont comme du miel et ses actes comme
des lances.

Danois. — Bien des gens sont comme les horloges qui indiquent une heure
et en sonnent une autre.

Français. — Tel vous semble applaudir, qui vous raille et vous joue.
(Boileau, *Art poétique*, I, 91 [1674].)

Indien *(garhwali).* — On accepte une coupe de poison de celui qui vous a
offert cent coupes de nectar.

Indien *(tamil).* — Si tu vois un loup lécher un agneau, dis-toi que c'est un
mauvais présage.

V. ADULATION, DISSIMULATION, FAUSSETÉ, FOI (Bonne et mauvaise), FOURBERIE,
HYPOCRISIE, MENSONGE, RESTRICTION MENTALE, TROMPER.

DURETÉ

Grec. — Celui dont le caractère est implacable trouve en lui-même son propre
châtiment.
(Sophocle, *Œdipe roi*, 675; Vᵉ s. av. J.-C.)

Bible. — Celui qui endurcit son cœur tombera dans le malheur.
(Livre des Proverbes, XXVIII, 14; IVᵉ s. av. J.-C. — L'Ecclésiastique, III, 24 : Le
cœur dur tombe à la fin dans le malheur.)

Chinois. — La langue résiste parce qu'elle est molle; les dents cèdent parce
qu'elles sont dures.

Français. — L'expérience confirme que la mollesse et l'indulgence pour soi et
la dureté pour les autres n'est qu'un seul et même vice.
(La Bruyère, *les Caractères*, « Du cœur », 49 [1688].)

V. FERMETÉ, SÉVÉRITÉ.

EAU

Grec. — **Buveur d'eau ne fut jamais artiste.**
(Cratinos, *Fragments*, vᵉ s. av. J.-C.)

Français. — **Tous les méchants sont buveurs d'eau :
C'est bien prouvé par le déluge.**
(L.-Ph. Ségur aîné, *Contes, Fables, Chansons*, « Chanson morale », 222 [1801].)

Russe. — **Le pain est un père, l'eau une mère.**

V. BOIRE.

ÉCHEC

Antiquité chinoise. — **L'échec est le fondement de la réussite.**
(Lao-Tseu, *Livre du Tao et de sa vertu*, VIII, 1; vıᵉ s. av. J.-C.)

Grec. — **Mieux vaut échouer avec honneur que réussir par fraude.**
(Sophocle, *Philoctète*, 95; vᵉ s. av. J.-C.)

Espagnol. — **Tel va chercher de la laine qui revient tondu.**
(Cervantes, *Don Quichotte*, II, xiv [1615].)

Français. — **Les armes sont journalières.**
(Selon le cours ordinaire des choses, tantôt on réussit, tantôt on échoue dans ses entreprises. — Variante : Tous les jours de chasse ne sont pas des jours de prise.)

V. ENTREPRENDRE.

ÉCONOMIE

Latin. — **Il n'y a pas de source de profits aussi sûre que l'économie.**
(Publilius Syrus, *Sentences*, 1ᵉʳ s. av. J.-C.)

— **Les petits ruisseaux font les grandes rivières.**
(D'après Ovide, *Remedia amoris*, 98 [env. 10].)

Allemand. — **Celui qui ne respecte pas le pfennig n'est pas digne du thaler.**
(J. P. Richter, *Blumen, Frucht und Dornenstücke* [1818].)

Anglais. — **Celui qui ne se baisse pas pour ramasser une épingle n'est pas digne de trouver une livre.**
(Cité par Samuel Pepys, *Journal*, 3 janvier 1668.)

Espagnol. — **Un grain n'emplit pas le crible, mais il aide à son compagnon.**
(César Oudin, *Refranes o proverbios castellanos* [1659].)

Français. — **Mieux vaut règle que rente.**

> (Avec l'économie, il n'y a pas de richesse trop petite ; sans économie, il n'y en a point d'assez grande.)

     — **Épargne de bouche vaut rente de pré.**

> (L'économie dans les dépenses de la table est aussi avantageuse qu'un bon revenu.)

     — **Petite cuisine agrandit la maison.**

> (Variante : Grandes maisons se font par petite cuisine.)

Italien. — **La fortune a pour main droite l'habileté et pour main gauche l'économie.**

Maltais. — **Laisse ton argent dans l'obscurité pour qu'il te permette de voir la lumière.**

Serbe. — **Economisez trois pièces d'or et la quatrième vous tombera dans la main.**

Turc. — **On s'enrichit par la fatigue et plus encore par l'économie.**

> V. NÉCESSAIRE ET SUPERFLU.

ÉCONOMIE (Fausse ou mauvaise)

Chinois. — **Il n'y a pas d'économie à se coucher de bonne heure pour épargner la chandelle, s'il en résulte deux jumeaux.**

Espagnol. — **Pour épargner un clou, on perd un cheval.**

> (Variante : Qui ne nourrit pas le chien nourrit le voleur.)

Finnois-finlandais. — **Le tailleur à trente *markka* fait trois mille *markka* de dommage.**

> (Le *markka* est en Finlande l'unité monétaire.)

Français. — **Autant dépense chiche que large.**

> (Une économie mal entendue entraîne à une dépense considérable.)

> V. AVARICE.

ÉCOSSE

Anglais. — **L'Écosse est l'Angleterre en pire.**

> (Samuel Johnson, *Boswell's Life*, 7 avril 1778.)

     — **Un optimiste est celui qui achète à un juif et veut vendre à un Écossais.**

> (H. L. Mencken, *Dictionary of Quotations* [1946].)

Écossais. — **L'Écossais ne se bat pas jusqu'à ce qu'il voie son propre sang.**

> (Cité par Walter Scott, *The Fortunes of Nigel*, I.)

Irlandais. — **Ceux qui n'ont pas été en Écosse ne savent pas ce que c'est que d'être sérieux.**

> (Max O'Rell, *John Bull et son île*, p. 37 [1890].)

> V. NATION (caractères nationaux et langues nationales).

ÉCOUTER et PARLER

Grec. — **La nature nous a donné deux oreilles et seulement une langue afin de pouvoir écouter davantage et parler moins.**

> (Zénon d'Élée, IVe s. av. J.-C. — Cité par Diogène Laërce, *Phil. ill.*, VII.)

     — **Savoir écouter est un art.**

> (Épictète, *Entretiens*, II, 24 ; début du IIe s.)

Bible. — **Sois prompt à écouter, et lent à donner une réponse.**
(L'Ecclésiastique, v, 11 ; IIe s. av. J.-C.)

Persan. — **Qui parle sème, qui écoute récolte.**

Russe. — **En parlant peu, tu entends davantage.**
V. LANGUE, PARLER, VOIR ET ENTENDRE.

ÉCRIRE

Latin. — **Celui qui écrit lit deux fois.**
(*Qui scribit bis legit.*)

Arabe. — **Ce que tu écris est ce qui te ressemble le mieux.**

Français. — **L'écriture est la peinture de la voix.**
(Voltaire, *Dictionnaire philosophique*, « Orthographe » [1764].)

— **Le papier souffre tout et ne rougit de rien.**
(De ce qu'une chose est écrite, il ne s'ensuit pas qu'elle soit certaine.)
V. CONCISION, PLUME, STYLE.

ÉCRIVAIN

Grec. — **Si tu veux être un bon écrivain, écris.**
(Épictète, *Entretiens*, II, XVIII ; Ier s.)

Français. — **Avant donc que d'écrire, apprenez à penser.**
(Boileau, *Art poétique*, I, 150 [1674].)

— **La première condition pour écrire, c'est une manière de sentir vive et forte.**
(Mme de Staël, *De l'Allemagne*, II, 1 [1810].)

— **Gens de lettres, gens de peine.**
(Honoré de Balzac [1799-1850], *Maximes et Pensées*.)

Irlandais. — **Quand la démangeaison d'écrire saisit un homme, rien ne peut le guérir que le grattement de la plume.**
(Samuel Lover, *Handy Andy*, XXXVI [1842].)
V. AUTEUR, CONCISION, LIVRE, PLUME.

ÉDUCATION (généralités)

Grec. — **L'éducation a des racines amères, mais ses fruits sont doux.**
(Aristote, IVe s. av. J.-C. — Cité par Diogène Laërce, *Phil. ill.*, V.)

— **Il faut conduire les enfants par la pudeur et l'ambition, comme on conduit les chevaux par le frein et l'éperon.**
(Lycon de Troade, IIIe s. av. J.-C. — Cité par Diogène Laërce, *Phil. ill.*, V.)

Bible. — **Instruis l'enfant selon la voie qu'il doit suivre, et quand il sera vieux il ne s'en détournera point.**
(Livre des Proverbes, XXII, 6 ; IVe s. av. J.-C.)

— **La folie est attachée au cœur de l'enfant ; la verge de la discipline l'éloignera de lui.**
(Livre des Proverbes, XXII, 15.)

— **Le cheval indompté devient intraitable.**
(L'Ecclésiastique, XXX, 8 ; IIe s. av. J.-C.)

Hébreu. — **Qui ne donne pas de métier à son fils lui donne le métier de voleur.**
(Le Talmud, *Kiddushin*, Ve s. — Attribué à Rabbi Yehudah.)

Latin médiéval. — **Qui aime bien châtie bien.**

(*Qui bene amat, bene castigat.* C'était un précepte des écolâtres. On ajoutait que la devise de l'éducateur devrait être : *Fortiter in re, suaviter in modo,* avec fermeté dans le fait, avec douceur dans les manières.)

— **Le bon oiseau se fait de lui-même.**

(Philippe Garnier, *Thesaurus adagiorum gallico-latinorum,* 538.)

Allemand. — **Trop de sucre à l'enfant gâte les dents de l'homme.**

Anglais. — **Ce qui a été mis dans la moelle ne sort pas de la chair.**

— **Il faut courber le rameau quand il est jeune.**

— **Le naturel est bien un pli, mais l'éducation aussi.**

Arabe. — **L'éducation des enfants ressemble à la mastication des pierres dures.**

Danois. — **La viande sans sel et un enfant que l'on ne corrige pas se corrompent.**

Français. — **Poussin chante comme le coq lui apprend.**

(*Cy sunt li proverbe que dit li vilains,* manuscrit du XIIIᵉ s., Oxford, Rawlinson.)

— **Mieux vaut nature que nourriture.**

(*Proverbia magistri Serlonis,* manuscrit du XIIIᵉ s., Oxford, Digby.)

— **Nourriture passe nature.**

(Manuscrit du XVᵉ s., sans titre, Rome, Vatican. — Signifie que l'éducation a plus de pouvoir sur nous que la nature même.)

— **Une tête bien faite est mieux qu'une tête bien pleine.**

(Formule qui résume les idées pédagogiques de Montaigne, *Essais,* I, XXVI [1580].)

— **L'éducation développe les facultés, mais ne les crée pas.**

(Voltaire, *Poème sur la loi naturelle,* II [1752].)

— **Les enfants ont plus besoin de modèles que de critiques.**

(J. Joubert [1754-1824], *Pensées, Maximes et Essais.*)

Libanais. — **Le chien reste chien, serait-il élevé parmi les lions.**

Malais. — **La charrue ne creuse profondément que dans la terre molle.**

V. APPRENDRE, CHÂTIMENT CORPOREL, ENSEIGNEMENT, INSTRUCTION, NATUREL, PARENTS ET ENFANTS, STIMULANT.

ÉDUCATION (civilité)

Antiquité chinoise. — **La peau tannée du léopard ne se distingue pas tout de suite de la peau tannée du mouton.**

(Confucius, *Livre des sentences,* XII, 8; VIᵉ s. av. J.-C.)

— **Nous sommes frères par la nature, mais étrangers par l'éducation.**

(Confucius, *Livre des sentences,* XVII, 2; VIᵉ s. av. J.-C.)

Français. — **Nul ne naît appris et instruit.**

(A. de Montluc, *la Comédie de proverbes,* III, VII [1616].)

V. COURTOISIE, MANIÈRES, POLITESSE.

EFFICIENCE

Latin médiéval. — **Même si deux hommes font la même chose, le résultat n'est pas le même.**

Duo cum faciunt idem, non est idem.

Allemand. — **Le meilleur charpentier est celui qui fait le moins de copeaux.**

Coréen. — **Si vous voulez un puits, creusez en un seul endroit.**

Indien *(tamil)*. — **Mieux vaut labourer profond que large.**
V. ADRESSE, HABILETÉ, MÉTIER (Chacun son).

EFFORT

Proverbe général. — **Cherchez, et vous trouverez.**
(Antiquité chinoise, Mencius, *Livre des livres*, II, VII, 3. — Grec, Sophocle, *Œdipe roi*, 110. — Bible, Évangile selon saint Matthieu, VII, 7.)

Latin. — **Il faut casser le noyau pour avoir l'amande.**
(Plaute, *Curculio*, 55; IIe s. av. J.-C.)

— **La victoire aime l'effort.**
(*Amat victoria curam*. — Catulle, *Odes*, LXII, 16; env. 60 av. J.-C.)

Latin médiéval. — **Les colombes ne tombent pas toutes rôties.**
Non volat in buccas assa columba tuas.

Anglais. — **Rien ne vient sans peine, sauf la pauvreté.**
(Le proverbe écossais dit : ... sauf une mauvaise réputation.)

Arabe. — **Les biens appartiennent au Créateur, mais l'effort est à l'homme.**
(Variante : L'huile ne vient que par le pressoir.)

Chinois. — **Il vaut mieux allumer une seule et minuscule chandelle que de maudire l'obscurité.**

Français. — **Au fond du taillis sont les mûres.**
(Manuscrit du XIIIe s., sans titre, Paris, Sainte-Geneviève.)

— **Qui ne peut galoper, qu'il trotte.**
(Baïf, *Mimes, Enseignements et Proverbes* [1576].)

Indien *(tamil)*. — **C'est avec l'eau du corps que l'on tire l'eau du puits.**

Kurde. — **Veux-tu des perles ? Plonge dans la mer.**

Russe. — **Plus on va loin dans la forêt, plus il y a de bois.**

Turc. — **On n'acquiert pas la renommée sur un lit de plumes.**
V. AIDER SOI-MÊME (s'), ENTREPRENDRE, ESSAI, PERSÉVÉRANCE, PLAISIR ET PEINE.

EFFORT (Joie de l')

Anglais. — **Le plaisir d'avoir ne vaut pas la peine d'acquérir.**
(Swift, *Thoughts on Various Subjects* [1714].)

Français. — **On aime mieux la chasse que la prise.**
(Pascal, *Pensées*, II, 139 [1670].)

— **On jouit moins de ce qu'on obtient que de ce qu'on espère.**
(J.-J. Rousseau, *Julie ou la Nouvelle Héloïse*, VI, VIII [1761].)
V. PRÉSENT (le).

EFFRONTERIE

Français. — **L'effronterie est l'avorton de l'audace.**
(Rivarol [1753-1801], *Notes, Pensées et Maximes*.)

Suédois. — **L'effronterie est toujours la marque d'une âme de la dernière roture.**
(Chancelier Oxenstiern [1583-1654], *Réflexions et Maximes*.)
V. AUDACE, CYNISME, IMPUDENCE.

ÉGALITÉ et INÉGALITÉ

Grec. — **L'égalité n'a d'autre existence que celle de son nom.**
(Euripide, *les Phéniciennes*, 501; vᵉ s. av. J.-C.)

— **Il ne se trouve point d'aussi grande distance de bête à bête que d'homme à homme.**
(Plutarque, *Œuvres morales*, « Que les bêtes usent de raison »; Iᵉʳ s.)

Latin. — **Le soleil luit pour tout le monde.**
(*Sol omnibus lucet.* — On ajoute plaisamment : ...mais bien des gens sont à l'ombre.)

Allemand. — **Qui cherche l'égalité aille au cimetière.**
(Variante : L'égalité n'est pas sur terre, mais sous terre.)

Arabe. — **Les cinq doigts de la main ne sont pas égaux.**
(Zamakhari, xvᵉ s.)

Français. — **Un homme en vaut cent, et cent n'en valent pas un.**
(Cité par Monluc, *Commentaires*, I, xx [1592].)

— **Les gens du commun ne trouvent pas de différence entre les hommes.**
(Pascal, *Pensées*, i, 7 [1670].)

— **La nature n'a rien fait d'égal; sa loi souveraine est la subordination et la dépendance.**
(Vauvenargues, *Réflexions et Maximes*, 227 [1746].)

— **Les hommes naissent bien dans l'égalité, mais ils n'y sauraient demeurer.**
(Montesquieu, *l'Esprit des lois*, VIII, III [1748].)

— **La perfectibilité est la faculté qui marque la différence entre les hommes.**
(Mᵐᵉ Necker, *Mélanges* [1798].)

— **Un homme peut n'être pas l'égal d'un autre homme, mais il est toujours son semblable.**
(Louis de Bonald [1754-1840], *Maximes et Pensées*.)

— **L'égalité, c'est l'utopie des indignes.**
(Mᵐᵉ de Girardin [Delphine Gay], *Lettres parisiennes*, 25 mars 1841.)

— **Ce qui rend l'égalité difficile, c'est que nous la désirons seulement avec nos supérieurs.**
(Henry Becque, *Querelles littéraires* [1890].)

— **Il n'y a d'égalité qu'entre gens de même éducation.**
(Claude Farrère, *les Petites Alliées*, IX [1911].)

Indien *(hindoustani).* — **Parmi les gens, les uns sont des cailloux, les autres des joyaux.**

Nigritien *(Peul).* — **Ce n'est pas à toute oreille percée que l'on met des anneaux d'or.**

Persan. — **Le soleil est pour le brin d'herbe comme pour le cèdre.**

Turc. — **Les cygnes appartiennent à la même famille que les canards, mais ce sont des cygnes.**

V. SUPÉRIORITÉ, INFÉRIORITÉ.

ÉGOCENTRISME

Allemand. — **Le meunier s'imagine que le blé croît uniquement pour faire aller son moulin.**
(Gœthe [1749-1832], *Maximen und Reflexionen*.)

Anglais. — **L'ermite pense que le soleil luit uniquement pour sa cellule.**
(Th. Fuller, *Gnomologia, Adagies and Proverbs* [1732].)

— **Plutôt la destruction du monde qu'une écorchure à mon doigt.**
(David Hume, *A Treatise of Human Nature*, I [1739].)

Français. — **Le moi est haïssable.**
(Pascal, *Pensées*, VII, 455 [1670].)

— **Après moi, le déluge.**
(On attribue généralement ce mot à Louis XV. En réalité, il a été prononcé par Mᵐᵉ de Pompadour en présence du peintre La Tour, qui l'a rapporté. — En novembre 1757, alors que Louis XV était attristé par la défaite de Rossbach, et que le peintre faisait le portrait de la favorite, celle-ci dit au roi : « Il ne faut point s'affliger, vous tomberiez malade. Après nous, le déluge. » L'historien Arthur Chuquet remarque que Mᵐᵉ de Pompadour se souvenait sans doute des prédictions de Maupertuis relatives à la comète de 1680 dont l'astronome annonçait le retour pour 1757 ou 1758, en ajoutant que ce serait la fin du monde ou un déluge. — Le mot de Mᵐᵉ de Pompadour est passé en proverbe et Frédéric II le citait déjà comme tel dans une lettre du 18 octobre 1782 au prince Henri de Prusse.)

Indien *(tamil).* — **Quand je me noie, tout le monde se noie.**

V. AMOUR-PROPRE, AUTRUI (Mal d').

ÉGOÏSME

Antiquité chinoise. — **L'égoïste devrait-il arracher un cheveu de sa tête pour procurer quelque avantage à l'empire, il ne l'arracherait pas.**
(Mencius, *Livre des livres*, II, VII, 26; IVᵉ s. av. J.-C.)

Latin. — **Il faut appeler méchant celui qui n'est bon que pour soi.**
(Publilius Syrus, *Sentences*, Iᵉʳ s. av. J.-C.)

— **Qui ne vit que pour soi est mort pour les autres.**
(Publilius Syrus, *Sentences*, Iᵉʳ s. av. J.-C.)

Latin médiéval. — **Charité bien ordonnée commence par soi-même.**
Prima caritas incipit a seipso.

Anglais. — **Chacun pour soi, Dieu pour tous.**
(J. Heywood, *Proverbs in the English Tongue* [1546].)

— **Qui s'aime lui-même aime un méchant homme.**
(Th. Fuller, *Gnomologia, Adagies and Proverbs* [1732].)

— **Qui veut y aller seul n'ira jamais au ciel.**
(Th. Fuller, *op. cit.* [1732].)

Arabe. — **Qui mange seul s'étrangle seul.**

Espagnol. — **Chacun a les paumes de ses mains vers soi-même tournées.**

Français. — **Amour de soi nous déçoit.**
(Rabelais, *le Tiers Livre*, XXIX [1546].)

— **L'égoïsme est semblable au vent du désert, qui dessèche tout.**
(La Rochefoucauld-Doudeauville, *Mémoires*, « Livre des pensées », 224 [1861].)

Grec moderne. — **Le pope bénit d'abord sa barbe.**

Nigritien *(Peul).* — **La bouche qui mange sans te donner, tu n'entendras pas son cri de douleur.**

Turc. — **Celui qui mange seul son pain soulève son fardeau avec ses dents.**

V. INTÉRÊT PERSONNEL, SOI.

ÉLÉGANCE

Anglais. — **La véritable élégance consiste à ne pas se faire remarquer.**
(D'après une réponse de Brummel que l'on félicitait de son élégance aux courses d'Epsom et qui répliqua : « Je ne pouvais être élégant puisque vous l'avez remarqué. »)

Français. — **L'élégance est un résultat de la justesse et de l'agrément.**
(Voltaire, *Dictionnaire philosophique*, « Élégance » [1764].)

— **On se fait belle, on devient riche, on naît élégante.**
(Daniel Darc [Mme Régnier], *Bréviaire du Parisien* [1883].)

V. FEMME ET LA PARURE (la), VÊTEMENT.

ÉLOGE

Grec. — **Quand il vient de notre propre maison, l'éloge touche au blâme.**
(Pindare, *Fragments*, Ve s. av. J.-C.)

Latin. — **Être digne d'éloge vaut mieux que d'être loué.**
(Publilius Syrus, *Sentences apocryphes*, Ier s. av. J.-C.)

Français. — **Quand on fait notre éloge, on ne nous apprend rien de nouveau.**
(La Rochefoucauld, *Réflexions ou Sentences et Maximes morales*, 303 [1665].)

— **Les hommes sont plus avides d'éloges que jaloux de les mériter.**
(La Rochefoucauld-Doudeauville, *Mélanges*, « Livre des pensées », 323 [1861].)

V. LOUANGE.

ÉLOIGNEMENT

Grec. — **De loin les montagnes paraissent douces et vaporeuses.**
(Pyrrhon, IVe s. av. J.-C. — Cité par Diogène Laërce, *Phil. ill.*, IX.)

Latin. — **L'éloignement augmente le prestige.**
(Tacite, *Annales*, I, XLVII ; début du IIe s.)

Français. — **Une vache vue de loin a assez de lait.**
(Noël du Fail, *Contes et Discours d'Eutrapel*, IV [1585].)

Turc. — **Le gingembre, en Orient, n'a pas de saveur.**
V. PROPHÈTE DANS SON PAYS (Nul n'est).

ÉLOQUENCE

Antiquité chinoise. — **L'homme vertueux n'est pas disert ; celui qui est disert n'est pas vertueux.**
(Lao-Tseu, *Livre du Tao et de sa vertu*, II, LXXXI, 2 ; VIe s. av. J.-C. — Celui qui agit bien ne s'étudie pas à parler avec habileté.)

Grec. — **Savoir bien parler est quelque chose qui approche de la tyrannie.**
(Ménandre, *Fragments*, IVe s. av. J.-C.)

— **L'éloquence a autant de force dans le gouvernement des hommes que le fer dans la bataille.**
(Démétrios de Phalère, IVe-IIIe s. av. J.-C. — Cité par Diogène Laërce, *Phil. ill.*, V.)

Latin. — **Il est assez éloquent celui qui dit la vérité.**
(Publilius Syrus, *Sentences*, Ier s. av. J.-C.)

— **L'éloquence est la lumière qui fait briller l'intelligence.**
(Cicéron, *Brutus*, 58 ; env. 46 av. J.-C.)

— **C'est le cœur qui fait l'éloquence.**
(Quintilien, *De institutione oratoria*, X, VII, 15 [env. 90].)

Anglais. — **L'éloquence, c'est la logique en feu.**
(H. L. Mencken, *Dictionary of Quotations* [1946].)

Chinois. — **Ce ne sont pas ceux qui savent le mieux parler qui ont les meilleures choses à dire.**

Français. — **La vraie éloquence se moque de l'éloquence.**
(Pascal, *Pensées*, I, 4 [1670].)

Géorgien. — **On conquerra le monde entier par la parole, mais non par un sabre tiré.**

V. ORATEUR, PARLER.

EMPLOIS (les)

Latin. — **Une grande dignité est une grande servitude.**
(Sénèque, *Consolatio ad Polybium*, XXVI [env. 60].)

Espagnol. — **Quelque grand que soit le poste, celui qui le tient doit se montrer encore plus grand.**
(Baltasar Gracian, *Oraculo manual*, 292 [1647].)

Français. — **Les postes éminents rendent les grands hommes encore plus grands, et les petits hommes beaucoup plus petits.**
(La Bruyère, *les Caractères*, « De l'homme », 95 [1688].)

— **C'est rarement le mérite qui nous fait parvenir aux grands emplois; c'est plutôt l'usage que ceux qui les procurent veulent faire de nous.**
(Chevalier de Méré, *Nouvelles Maximes, Sentences et Réflexions*, 21 [1702].)

— **Il est plus aisé de paraître digne des grandes places que de les remplir.**
(Vauvenargues, *Réflexions et Maximes*, 616 [1746].)

— **Les places éminentes sont comme les rochers escarpés, où les aigles et les reptiles peuvent seuls parvenir.**
(Mme Necker, *Mélanges* [1798].)

— **Les hommes sont comme les chiffres : ils n'acquièrent de valeur que par leur position.**
(Napoléon Ier [1769-1821], *Maximes et Pensées*.)

— **Il y a des lumières que l'on éteint en les plaçant sur le chandelier.**
(Louis de Bonald [1754-1840], *Pensées*.)

V. AMBITION, HONNEURS (les), MÉRITE, TITRES ET DIGNITÉS.

EMPRUNT

Allemand. — **Emprunter ne vaut pas mieux que mendier.**
(G. E. Lessing, *Nathan der Weise*, II, IX [1779].)

Anglais. — **Qui va emprunter va regretter.**
(Th. Tusser, *Five Hundred Points of Good Husbandry* [1580].)

Espagnol. — **Celui qui emprunte et ne pense pas payer ne regarde guère aux conditions du contrat.**
(Cervantes, *Don Quichotte*, I, XXVIII [1605].)

Français. — **A bon emprunteur, bon éconduiseur.**
(Manuscrit du XIIIe s., sans titre, Paris, Sainte-Geneviève.)

— **Le bon payeur est de bourse d'autrui seigneur.**
(Antoine Loisel, *Institutes coutumières*, 676 [1607].)

— **A carême-prenant, chacun a besoin de sa poêle.**

(Se dit quand quelqu'un demande à emprunter une chose, alors que les personnes à qui elle appartient en ont besoin elle-mêmes. — Cf. Abbé Tuet, *Matinées sénonaises ou Proverbes français* [1789].)

Indien *(hindî)*. — **Mourir de faim est un ami; emprunter est un ennemi.**

Italien. — **Pourceau emprunté grogne toute l'année.**

Libanais. — **Rase-toi avec une hache, plutôt que d'être l'obligé d'autrui.**

Nigritien *(Peul)*. — **L'emprunt est le premier-né de la pauvreté.**

Russe. — **L'argent d'autrui a les dents aiguës.**

Turc. — **Qui enfourche un cheval emprunté ne le monte pas longtemps.**

V CAUTION, CRÉANCIER, CRÉDIT, DÉBITEUR, DETTE, PRÊT, USURE, USURIER.

ÉMULATION

Bible. — **Le fer aiguise le fer, ainsi l'homme aiguise un autre homme.**
(Livre des Proverbes, XXVII, 17; IVe s. av. J.-C.)

Français. — **Il y a entre la jalousie et l'émulation le même éloignement qu'entre le vice et la vertu.**
(La Bruyère, *les Caractères*, « De l'homme », 85 [1688].)

— **L'émulation est l'aliment du génie, l'envie est le poison du cœur.**
(Voltaire, *Stances*, XXXVIII [1777].)

Persan. — **Le bois brûle plus clair, mêlé à d'autre bois.**
(Saadi, *Gulistan*, v, 10; XIIIe s.)
V. EXEMPLE, IMITATION, RIVALITÉ.

ENDURANCE (généralités)

Grec. — **C'est un malheur de ne pouvoir supporter le malheur.**
(Bias, VIe s. av. J.-C. — Cité par Diogène Laërce, *Phil. ill.*, I.)

Latin. — **Ce qu'on ne peut changer doit être enduré.**
(Publilius Syrus, *Sentences*, Ier s. av. J.-C.)

— **Supporte et garde-toi pour les jours heureux.**
(Virgile, *Énéide*, I, 207; env. 19 av. J.-C.)

Français. — **Bon endureur est toujours vainqueur.**
(*Proverbes au vilain*, manuscrit du XIIIe s., Paris, Bibl. nat.)

— **A dure enclume, marteau de plume.**
(Les vicissitudes du sort n'accablent pas l'homme endurant.)

Italien. — **L'enclume dure plus que le marteau.**

Russe. — **Il faut s'habituer à tout, même à l'enfer.**
V. SOUFFRANCE, STOÏCISME.

ENDURANCE (La force croît avec le fardeau.)

Latin. — **Qui a porté un veau peut porter un bœuf.**
(Cité par Pétrone, *Satiricon*, XXV [env. 60].)

Allemand. — **L'œil accoutumé à la poussière bientôt supporte le sable.**

Serbe.— **Qui me harasse m'enseigne la force.**
V. ACCOUTUMANCE.

ENFANCE

Grec. — **On reconnaît vite l'arbre qui portera des fruits.**
(Démophile, *Sentences*, VIᵉ s. av. J.-C.)

Anglais. — **L'enfant est le père de l'homme.**
(W. Wordsworth, *My Heart leaps up* [1802].)

Basque. — **La cicatrice reçue en l'enfance s'efface pour le temps de la jeunesse.**
(Les fautes commises pendant l'enfance ne sont plus considérées comme telles à l'âge viril.)

Espagnol. — **Avril et mai font la farine de toute l'année.**

Français. — **L'enfance est le sommeil de la raison.**
(J.-J. Rousseau, *Émile*, II [1769].)

Indien *(tamil)*. — **La prospérité future d'un homme se devine dans ses jeux d'enfants.**

Turc. — **Soleil qui doit me réchauffer, je le connais dès son lever.**

V. ÂGES DE LA VIE, PRÉCOCITÉ.

ENFANT

Grec. — **Les tours sont l'ornement de la ville et les nefs sont celui de la mer, comme les enfants sont l'ornement de l'homme.**
(Homère, *Épigrammes*, XIII, trad. Leconte de Lisle; IXᵉ s. av. J.-C.)

— **Puisse être l'Aurore fille de la Nuit douce !**
(Proverbe cité par Eschyle, *Agamemnon*, 265; Vᵉ s. av. J.-C.)

— **La vérité sort de la bouche des enfants.**
(Proverbe cité par Platon, *le Banquet*, 217 *e*; IVᵉ s. av. J.-C.)

Antiquité chinoise. — **Le manque de postérité est le plus grand des défauts.**
(Mencius, *Livre des livres*, II, I, 26; IVᵉ s. av. J.-C.)

Bible. — **Les enfants sont un héritage de Dieu.**
(Psaumes, CXXVII, 3; IIᵉ s. av. J.-C.)

Sanskrit. — **Une maison sans enfant est une tombe.**
(Les *Purânas*, recueil de sentences, IIᵉ s.)

Anglais. — **Les petits pots ont de grandes oreilles.**
(J. Heywood, *Proverbs in the English Tongue* [1546].)

— **Les enfants sont des soucis certains et des réconforts incertains.**
(J. Clarke, *Parœmiologia anglo-latina* [1639].)

— **(Écosse).** — **Deux qui se battent et un troisième qui sert d'arbitre.**
(Trois est le nombre idéal d'enfants.)

Arabe. — **L'odeur de l'enfant vient du paradis.**

Chinois. — **Qui a beaucoup d'argent et pas d'enfants, il n'est pas riche ; qui a beaucoup d'enfants et pas d'argent, il n'est pas pauvre.**

Espagnol. — **La meilleure odeur est celle du pain; la meilleure saveur, celle du sel; le meilleur amour, celui des enfants.**

Français. — **Enfant haï ne sera jamais beau.**
(*Bonum spatium*, manuscrit du XIVᵉ s., Paris, Bibl. nat.)

Hongrois. — **L'enfant qui est aimé a plusieurs noms.**

Indien *(tamil).* — La boisson dont on ne se lasse pas c'est l'eau ; le fruit dont on ne se fatigue pas, c'est l'enfant.

Kurde. — Dans une maison pleine d'enfants, le diable n'entre pas.

Persan. — Qui n'a pas d'enfant n'a pas de lumière dans les yeux.

Roumain. — Le trop d'enfants n'a jamais fait éclater le toit de la maison.

Suisse. — Écarte-toi de celui qui n'aime pas le pain ou la voix d'un enfant.

      V. BÂTARD, HÉRÉDITÉ, PARENTS (père et mère).

ENFANT ADOPTÉ

Arabe. — O vous qui élevez un autre que votre enfant, vous ressemblez à celui qui construit sur un terrain qui n'est pas à lui.

Chinois. — Mieux vaut pousser une branche que greffer un rameau.

      V. PARENTS ADOPTIFS.

ENFANTS et PARENTS

Bible. — Honore ton père et ta mère.
    (Exode, XX, 12 ; VIIᵉ s. av. J.-C.)

    — Si quelqu'un maudit son père et sa mère, sa lampe s'éteindra au sein des ténèbres.
    (Livre des Proverbes, XX, 20 ; IVᵉ s. av. J.-C.)

Grec. — Comme tu traites tes parents, tes enfants te traiteront.
    (Thalès de Milet, VIᵉ s. av. J.-C. — Cité par Diogène Laëce, *Phil. ill.*, I.)

    — On ne peut jamais s'acquitter envers ses parents.
    (Aristote, *Éthique à Nicomaque*, VIII, XIV, 5 ; IVᵉ s. av. J.-C.)

Anglais. — L'ingratitude d'un enfant est pire qu'un croc de vipère.
    (Shakespeare, *le Roi Lear*, I, IV [1606].)

Arabe. — Mon cœur est pour mon enfant et le cœur de mon enfant est pour une pierre.

    — L'oppression des parents est plus amère qu'un coup de sabre.

Arménien. — Le père a donné une vigne à son fils, et le fils n'a pas donné une grappe de raisin à son père.

Chinois. — Entre les os et la chair, entre les parents et les enfants, la reconnaissance prévaut sur le devoir.

    — Il y a trois sortes de piété filiale : la plus haute est de venir en aide à nos parents, la suivante est de ne pas les affliger, la dernière est de les supporter.

Français. — L'ingratitude la plus odieuse, mais la plus commune et la plus ancienne, est celle des enfants envers leurs parents.
    (Vauvenargues, *Réflexions et Maximes*, 174 [1746].)

    — Jusqu'à vingt-cinq ans, les enfants aiment leurs parents ; à vingt-cinq ans, ils les jugent ; ensuite, ils leur pardonnent.
    (H. Taine, *Vie et Opinions de Thomas Graindorge* [1867].)

Suédois. — Il en est des enfants comme des champignons; ils ne sont pas tous également bons.
    (Chancelier Oxenstiern [1583-1654], *Réflexions et Maximes.*)

      V. PARENTS ET ENFANTS.

ENFER

Grec. — **La route qui conduit aux enfers est facile à suivre.**
(Bion d'Abdère, IVᵉ s. av. J.-C. — Cité par Diogène Laërce, *Phil. ill.*, IV.)

Bible. — **Large est la porte et spacieuse la voie qui conduit à la perdition.**
(Evangile selon saint Matthieu, VII, 13 [env. 65].)

Allemand. — **L'enfer même a ses lois.**
(Gœthe, *Premier Faust*, « Cabinet d'étude » [1808].)

Anglais (*Écosse*). — **L'enfer ne sera pas complet avant que vous n'y soyez.**

Espagnol. — **Il vaut mieux visiter l'enfer de son vivant qu'après sa mort.**

Français. — **Au paradis, pour la musique; mais en enfer, pour l'agrément de la conversation.**

Slovaque. — **Les portes de l'enfer sont toujours ouvertes, même à minuit.**

V. PARADIS, PURGATOIRE.

ENNEMI

Grec. — **A l'ennemi fuyant, faites un pont.**
(Ce proverbe est tiré d'une réflexion d'Aristide à Thémistocle. — Alors que les Grecs recommandaient à Thémistocle de détruire un pont de bateaux établi par Xerxès, roi de Perse, Aristide répondit : « Au lieu de détruire ce pont, il faut en faire un autre, afin que l'ennemi se retire plus vite. » — Variante des proverbes nationaux : ... faites un pont d'argent, un pont d'or.)

— **Don d'ennemi, don funeste.**
(Proverbe cité par Sophocle, *Ajax*, 665; Vᵉ s. av. J.-C.)

— **Il faut surveiller nos ennemis, car ils voient les premiers nos défauts.**
(Antisthène, IVᵉ s. av. J.-C. — Cité par Diogène Laërce, *Phil. ill.*, VI.)

— **De leurs ennemis les sages apprennent bien des choses.**
(Aristophane, *les Oiseaux*, 375; IVᵉ s. av. J.-C.)

— **Les morts ne mordent pas.**
(Parole de Théodore Chios, le rhétoricien, Iᵉʳ s. av. J.-C., au pharaon Ptolémée XIV, frère de Cléopâtre. — Cité par Érasme, *Adages*, VII, VI, 41.)

Bible. — **Si ton ennemi a faim, donne-lui du pain à manger; s'il a soif, donne-lui de l'eau à boire; en agissant ainsi, tu amasseras sur sa tête des charbons ardents.**
(Livre des Proverbes, XXV, 21; IVᵉ s. av. J.-C.)

— **Les baisers d'un ennemi sont trompeurs.**
(Livre des Proverbes, XXVII, 6; IVᵉ s. av. J.-C.)

Latin. — **C'est une tache agréable, celle que fait le sang d'un ennemi.**
(Publilius Syrus, *Sentences*, Iᵉʳ s. av. J.-C.)

— **Il suffit de l'emporter sur son ennemi ; c'est trop de le perdre.**
(Publilius Syrus, *op. cit.*)

— **Qui n'a point d'ennemis est fort à plaindre.**
(Publilius Syrus, *op. cit.*)

— **Un roquet tient quelquefois un sanglier en arrêt.**
(Ovide, *Remedia amoris*, 422 [env. 10].)

— **Le cadavre d'un ennemi sent toujours bon.**
(Paroles de Vitellius, sur le champ de bataille de Bédriac, en 69. — Cf. Suétone, *Vies des douze Césars*, « Vitellius », 10.)

Hébreu. — **Quand tu auras des chaussures ferrées, marche sur les épines.**
(Cité par J. Ray, *Adagia hebraica*.)

Islam. — **Si vos ennemis vous attaquent, baignez-vous dans leur sang.**
(Le Koran, II, 187; VIIᵉ s.)

Proverbe général. — **Ennemi ne dort.**
(En chinois : L'eau peut dormir, non l'ennemi.)

Allemand. — **C'est bêtise de déprécier son ennemi avant le combat, et bassesse de l'amoindrir après la victoire.**
(Gœthe [1749-1832], *Maximen und Reflexionen.*)

Anglais. — **Il n'est pire pestilence qu'un ennemi familier.**
(Chaucer, *Merchant's Tale*, 550; XIVᵉ s.)

— **Avoir pitié de son ennemi, c'est être sans pitié pour soi-même.**
(F. Bacon, *De dignitate et augmentis scientiarum*, VI, 18 [1605].)

— **Ne chauffez pas si fortement une fournaise pour votre ennemi qu'elle ne vous brûle vous-même.**
(Shakespeare, *King Henry VIII*, I, 1 [1613].)

Arabe. — **Je n'ai pas vu de nuit chaude en hiver, ni de cœur pur dans un ennemi.**

— **Si tu es enclume, supporte; si tu es marteau, cogne.**
(Signifie qu'il faut supporter patiemment les coups de nos ennemis jusqu'à ce que l'on soit devenu plus fort qu'eux.)

Berbère. — **L'ennemi ne se changera pas en ami, ni le son en farine.**

Espagnol. — **Si ton ennemi est dans l'eau jusqu'à la ceinture, tends-lui la main ; si l'eau lui monte aux épaules, appuie sur sa tête.**

Français. — **Plusieurs ne savent nuire à leurs ennemis sans faire pire à eux-mêmes.**
(Proverbe cité par Marie de France, *Fables*, VL; XIIᵉ s.)

— **Il n'est nuls petits ennemis.**
(Pierre Gringore, *Notables Enseignements, Adages et Proverbes* [1528].)

— **Le meilleur moyen de se défaire d'un ennemi est d'en faire un ami.**
(Henri IV [1553-1610].)

— **La paix entre ennemis est de courte durée.**
(M.-J. Chénier, *Caïus Gracchus*, III, 1 [1792].)

— **Il ne faut toucher à son ennemi que pour lui abattre la tête.**
(Honoré de Balzac, *Histoire des Treize*, VIII [1834].)

— **Je n'ai pas d'ennemis quand ils sont malheureux.**
(Victor Hugo, *l'Année terrible*, « A ceux qu'on foule aux pieds », juin 1871.)

Indien *(tamil)*. — **Il n'y a pas de gros et de petits serpents, il y a des serpents.**

Italien. — **Morte la bête, mort le venin.**
(Cité par Bonaventure des Périers, *Nouvelles Récréations et Joyeux Devis*, XC [1558].)

Nigritien *(Bambara)*. — **Si le lièvre est ton ennemi, avoue sa rapidité à la course.**

Persan. — **De quatre choses nous avons plus que nous ne croyons : des péchés, des dettes, des années et des ennemis.**

— **Écrasez la tête du serpent avec la main de votre ennemi.**
(Saadi, *Gulistan*, VIII, 24; XIIIᵉ s. — Saadi ajoute : « Si l'ennemi l'emporte, vous aurez supprimé un serpent; si le serpent pique, vous aurez perdu un ennemi.)

Serbe. — **Homme sans ennemis, homme sans valeur.**

Tibétain. — **Le foie de mon ennemi est le fourreau de mon épée.**

Turc. — **Tiens pour un éléphant ton ennemi, ne fût-il pas plus gros qu'une fourmi.**

V. AMI ET ENNEMI, CHOC EN RETOUR, CLÉMENCE, MAGNANIMITÉ, RÉCONCILIATION.

ENNUI

Latin médiéval. — **Celui qui connaît l'art de vivre avec soi-même ignore l'ennui.**
(Érasme, *Colloques*, « *Convivium religiosum* » [1518].)

Allemand. — **L'ennui est une mauvaise herbe, mais aussi une épice qui fait digérer bien des choses.**
(Gœthe [1749-1832], *Maximen und Reflexionen*.)

Anglais. — **L'ennui a fait plus de joueurs que la cupidité, plus d'ivrognes que la soif, et plus de suicides que le désespoir.**
(C. C. Colton, *Lacon or Many Things in Few Words*, I, 259 [1820].)

Français. — **Nous pardonnons souvent à ceux qui nous ennuient, mais nous ne pouvons pardonner à ceux que nous ennuyons.**
(La Rochefoucauld, *Réflexions ou Sentences et Maximes morales*, 304 [1665].)

— **Rien n'est si insupportable à l'homme que l'ennui.**
(Pascal, *Pensées*, II, 131 [1670].)

— **L'ennui est entré dans le monde par la paresse.**
(La Bruyère, *les Caractères*, « De l'homme », 101 [1688].)

— **L'ennui naquit un jour de l'uniformité.**
(Lamotte-Houdar, *Fables*, « les Amis trop d'accord » [1719].)

— **L'ennui est une maladie dont le travail est le remède.**
(G. de Lévis, *Maximes et Préceptes*, 26 [1808].)

Suédois. — **Il n'est pas permis à l'homme de s'ennuyer, puisque l'ennui est un effet de la paresse.**
(Chancelier Oxenstiern [1583-1654], *Réflexions et Maximes*.)
V. HUMEUR, OPTIMISME ET PESSIMISME.

ENSEIGNEMENT

Grec. — **Il y a beaucoup de porteurs de férules, mais peu d'inspirés.**
(Cité par Platon, *Phédon*, XIII; IV⁰ s. av. J.-C.)

Latin. — **Il y a un art de savoir et un art d'enseigner.**
(Cicéron, *De legibus*, II, XIX, 47; env. 50 av. J.-C.)

— **En enseignant, on apprend.**
(Sénèque, *Lettres à Lucilius*, VII [env. 64].)

Chinois. — **L'enseignement qui n'entre que dans les yeux et dans les oreilles ressemble à un repas pris en rêve.**

Français. — **Je n'enseigne pas, je raconte.**
(Montaigne, *Essais*, II, II [1580].)

— **La clarté est la politesse des professeurs.**
(E. Geruzez, *Mélanges et Pensées* [1866].)

Siamois. — **Il faut enfiler lentement l'aiguille dont le chas est petit.**
(L'enseignement des enfants demande de la patience.)
V. APPRENDRE, ÉDUCATION, INSTRUCTION, LETTRES ET SCIENCES, MAÎTRE ET ÉLÈVE.

ENTÊTEMENT

Latin. — **On peut briser l'entêté, mais non le faire plier.**
(Sénèque, *Thyestes*, 199 [env. 60].)

Français. — **L'entêtement et le dégoût se suivent de près.**
(La Bruyère, *les Caractères*, « Des jugements », 2 [1688].)

— **L'entêtement représente le caractère, à peu près comme le tempérament représente l'amour.**
(Chamfort [1741-1794], *Maximes et Pensées*, II.)

V. OBSTINATION, OPINIÂTRETÉ.

ENTHOUSIASME

Allemand. — **L'enthousiasme est un beau nom qui couvre une belle chose.**
(Allusion à Leibniz, *Nouveaux Essais*, IV, XIX : L'enthousiasme était au commencement un beau nom; l'enthousiasme signifiait qu'il y avait une divinité en nous.)

Américain. — **Rien de grand ne se fit jamais sans enthousiasme.**
(R. W. Emerson, *Society and Solitude*, « Circles » [1870].)

Français. — **C'est un signe de médiocrité que d'être incapable d'enthousiasme.**
(Honoré de Balzac [1799-1850], *Maximes et Pensées*.)

V. INSPIRATION, SENTIMENT.

ENTRAIDE

Grec. — **Une main lave l'autre.**
(Platon, dans son dialogue *Axiochos*, 366 c, attribue ce proverbe à Épicharme.)

Bible. — **Portez les fardeaux les uns des autres.**
(Saint Paul, Épître aux Galates, VI, 2 [env. 50].)

Basque. — **La montagne n'a pas besoin de la montagne, mais l'homme a
besoin de l'homme.**

Français. — **Le four tire l'étuve de gêne.**
(*Bonum spatium*, manuscrit du XIVᵉ s., Paris, Bibl. nat.)

— **Il se faut entraider : c'est la loi de nature.**
(La Fontaine, *Fables*, VIII, XVII, « l'Ane et le Chien » [1678].)

— **Aidons-nous mutuellement,
La charge des malheurs en sera plus légère.**
(Florian, *Fables*, I, XX, « l'Aveugle et le Paralytique » [1792].)

Indien (tamil). — **Quelquefois la charrette porte le bac, d'autres fois le bac
porte la charrette.**

V. AIDE, MÉTIER (Entraide de), RÉCIPROCITÉ, UNION.

ENTRAÎNEMENT

Français. — **A deux truies trois liens.**
(*Bonum spatium*, manuscrit du XIVᵉ s., Paris, Bibl. nat.)

— **Nouvelle cheminée est bientôt enfumée.**
(Gabriel Meurier, *Trésor des sentences* [1568].)

— **Qui entre dans un moulin, il convient de nécessité qu'il enfarine.**
(H. de Vibraye, *Trésor des proverbes français* [1934].)

Malgache. — **Un pied dans la pirogue, tout le corps dans la pirogue.**

Turc. — **Qui entre dans l'étuve, sortira en sueur.**

V. FRÉQUENTATION, MILIEU (Influence du).

ENTREPRENDRE (généralités)

Grec. — **Entreprenez doucement, mais poursuivez chaudement.**
(Bias, VIe s. av. J.-C. — Cité par Diogène Laërce, *Phil. ill.*, I.)

Français. — **Pour exécuter de grandes choses, il faut vivre comme si l'on ne devait jamais mourir.**
(Vauvenargues, *Réflexions et Maximes*, 142 [1746].)

Hollandais. — **Point n'est besoin d'espérer pour entreprendre, ni de réussir pour persévérer.**
(Attribué à Guillaume de Nassau, dit le Taciturne [1533-1584].)

V. ACTIVITÉ, AGIR, COMMENCER ET FINIR, ÉCHEC, RÉUSSIR, SUCCÈS.

ENTREPRENDRE (La coupe et les lèvres)

Grec. — **Il y a loin de la coupe aux lèvres.**
(Selon la mythologie, un fils de Lycurgue, Ancée, après les vendanges favorables, élevait une coupe pleine de vin vers ses lèvres et s'apprêtait à boire, quand un sanglier furieux bondit sur lui, et Ancée trouva la mort avant d'avoir vidé la coupe. — D'autre part, Homère, *Odyssée*, XXII, 8 et suiv., raconte qu'Ulysse décocha une flèche mortelle à Antinoüs, au moment où celui-ci levait sa coupe pour boire. — Cité par Aulu-Gelle, *Noctes atticae*, XIII, 18.)

Français. — **Entre bouche et cuiller, vient grand encombrier.**
(Manuscrit du XIIIe s., sans titre, Paris, Sainte-Geneviève.)

— **... Le chemin est long du projet à la chose.**
(Molière, *le Tartuffe*, III, 1, 380 [1664].)

V. RÊVE ET RÉALITÉ.

ENTREPRENDRE (Qui trop embrasse...)

Latin médiéval. — **Qui trop embrasse mal étreint.**
(Albertano da Brescia, *Liber consolationis et consilii*, XXVII [env. 1246] : *In proverbio dicitur : Qui nimis capit, parum stringit.*)

Anglais. — **Il est plus aisé de bâtir des cheminées que d'en tenir une chaude.**
(G. Herbert, *Jacula prudentum* [1651].)

Français. — **Qui partout sème en aucun lieu ne récolte.**
(*Cy commencent proverbes de France*, manuscrit du XIVe s., Cambridge.)

V. AMBITION.

ENTREPRENDRE (Courir deux lièvres à la fois)

Grec. — **Celui qui court deux lièvres à la fois n'en prend aucun.**
(Cité par Érasme, *Adages*, III, III, 36.)

Anglais (Écosse). — **Un coup à tous les arbres, et aucun ne tombe.**

Bantou (Betchouana). — **Ne tonds pas deux moutons à la fois, le second pourrait te mordre.**

Nigritien (Peul). — **Une personne passe la nuit dans une seule case.**

V. FAIRE DEUX CHOSES À LA FOIS.

ENVIE (généralités)

Grec. — **L'envie s'attache toujours au mérite, elle ne cherche pas querelle à la médiocrité.**
> (Pindare, *Odes néméennes*, VIII, 23; Vᵉ s. av. J.-C.)

Latin. — **L'envie escorte la gloire.**
> (Cornelius Nepos, *De Viris illustribus*, « Chabrias »; env. 40 av. J.-C.)

Proverbe général. — **On ne jette de pierres qu'à l'arbre chargé de fruits.**
> (Variantes : L'arbre qui porte des fruits a beaucoup à souffrir. — Il se trouve toujours quelqu'un pour jeter des pierres à l'arbre lourd de fruits.)

Allemand. — **L'envie ne se glisse jamais dans les greniers vides.**
> (Gœthe [1749-1832], *Maximen und Reflexionen*.)

Birman. — **Seule la hauteur fait ombre.**

Danois. — **Si l'envie était une fièvre, l'humanité entière serait malade.**

Français. — **Les envieux mourront, mais jamais l'envie.**
> (*Incipiunt proverbia rusticorum mirabiliter versificata*, manuscrit du XIIIᵉ s., Leyde.)

— **La plus véritable marque d'être né avec de grandes qualités, c'est d'être né sans envie.**
> (La Rochefoucauld, *Réflexions ou Sentences et Maximes morales*, 443 [1665].)

— **Diminuer l'envie, c'est le plus grand de tous les secrets.**
> (Cardinal de Retz [1613-1679], *Maximes et Réflexions*.)

> V. INFÉRIORITÉ, SUPÉRIORITÉ.

ENVIE (que l'on éprouve)

Grec. — **L'envie a le teint livide et les discours calomnieux.**
> (Hésiode, *les Travaux et les Jours*, 196; VIIIᵉ s. av. J.-C.)

— **L'envie ronge les envieux comme la rouille ronge le fer.**
> (Antisthène, Vᵉ s. av. J.-C. — Cité par Diogène Laërce, *Phil. ill.*, VI.)

Bible. — **L'envie est la carie des os.**
> (Livre des Proverbes, XIV, 30; IVᵉ s. av. J.-C.)

— **L'envie et la colère abrègent la vie.**
> (L'Ecclésiastique, XXX, 26; IIᵉ s. av. J.-C.)

Latin. — **L'envieux maigrit de l'embonpoint des autres.**
> (Horace, *Épîtres*, I, II, 57; env. 17 av. J.-C.)

— **Envier, c'est se reconnaître inférieur.**
> (Pline le Jeune, *Lettres*, VI, XVII; début du IIᵉ s.)

Anglais. — **L'envie n'a point de jours de fête.**
> (F. Bacon, *De dignitate et augmentis scientiarum*, VI, 16 [1605].)

Arabe. — **L'envieux méconnaît le mérite comme l'œil malade l'éclat du soleil et comme la bouche amère la saveur de l'eau.**

Chinois. — **L'envie est comme un grain de sable dans l'œil.**

Français. — **L'envie est plus irréconciliable que la haine.**
> (La Rochefoucauld, *Réflexions ou Sentences et Maximes morales*, 328 [1665].)

Tibétain. — **La lune devient sombre en s'approchant du soleil.**

> V. AUTRUI (Bien d'), CONVOITISE.

ENVIE (que l'on inspire)

Grec. — **Mieux vaut faire envie que pitié.**
(Pindare, *Odes pythiques*, I, 85; ve s. av. J.-C.)

Latin. — **La lime n'est pas entamée par le serpent.**
(Phèdre, *Fables*, IV, 8; env. 25 av. J.-C.)

Français. — **Jamais un envieux ne pardonne au mérite.**
(Corneille, *Suréna*, V, II, 1530 [1674].)

— **Tel fait envie, qui serait digne de pitié.**
(La Rochefoucauld-Doudeauville, *Mémoires*, « Livre des pensées », 217 [1861].)

V. JALOUSIE.

ÉPÉE

Grec. — **L'épée incite à la violence.**
(Homère, *l'Odyssée*, XVI, 295; IXe s. av. J.-C.)

Bible. — **Quiconque se sert de l'épée périra par l'épée.**
(Évangile selon saint Matthieu, XXVI, 52 [env. 65].)

Anglais. — **Toutes les épées sont jalouses.**
(Anonyme, *Meditations in Wall Street*, 137 [1940].)

Espagnol. — **L'épée n'a jamais émoussé la plume, ni la plume l'épée.**
(Cervantes, *Don Quichotte*, I, XVIII [1605].)

Français. — **L'épée est l'arme des braves.**
(Paroles de Napoléon au général Gourgaud, en 1816, à Sainte-Hélène.)

V. ARME, SOLDAT, VIOLENCE.

ÉPREUVE DU MALHEUR (l')

Proverbe général. — **L'or s'épure au feu, l'homme s'éprouve au creuset du malheur.**
(Cf. Théognis de Mégare, *Sentences*, 417; Pindare, *Odes pythiques*, X, 67; Bible, Livre des Proverbes, XVII, 3.)

Latin. — **L'arbre devient solide sous le vent.**
(Sénèque, *De Providentia*, IV, 16 [env. 54].)

Allemand. — **Le pot vide éclate sous le feu.**
(L'âme sans force ne peut résister à l'épreuve.)

Berbère. — **Le feu enlève toute impureté.**
(Par une épreuve douloureuse s'expient les fautes passées.)

Indien *(hindî).* — **C'est dans le silence qui suit l'orage, et non dans celui qui le précède, qu'il faut chercher la fleur en bouton.**

V. ADVERSITÉ ÉDUCATRICE, DOULEUR, MALHEUR, STOÏCISME, VICISSITUDES.

ÉQUITÉ

Grec. — **L'équité est une justice en dehors de ce que la loi ordonne.**
(Aristote, *Rhétorique*, I, XIII, 9; IVe s. av. J.-C. — Cf. § 13 : L'équité consiste à s'en rapporter plus volontiers à des arbitres qu'à un tribunal, car l'arbitre peut voir ce que l'équité autorise et le juge ne peut voir que la loi.)

Latin médiéval. — **L'équité considère ce qu'il convient de faire plutôt que ce qu'il faut faire.**
Æquitas factum habet quod fieri oportet.

Anglais. — **La loi sans l'équité est plus désirable pour les honnêtes gens que l'équité sans la loi.**

(William Blackstone, *Commentaries on the Laws of England*, I [1765].)

V. DROIT, JUSTICE.

ERREUR

Latin. — **C'est le propre de l'homme de se tromper; seul l'insensé persiste dans son erreur.**

(Cicéron, *Orationes Philippicae*, XII, 2; env. 60 av. J.-C.)

— **L'erreur d'un jour devient une faute, si l'on y retombe.**

(Publilius Syrus, *Sentences*, 1er s. av. J.-C.)

— **Erreur n'est pas crime.**

(Sénèque, *Hercules Œtaeus*, 938 [env. 55].)

— **Se tromper est humain, persister dans son erreur est diabolique.**

(Saint Augustin, *Sermones*, CLXIV; début du Ve s.)

Allemand. — **Personne ne veut accorder aux autres le droit de se tromper.**

(Gœthe [1749-1832], *Maximen und Reflexionen*.)

Anglais. — **L'erreur est toujours pressée.**

(Th. Fuller, *Gnomologia* [1732].)

Arabe. — **L'homme est le fils de l'erreur.**

Chinois. — **Les dieux et les fées se trompent aussi.**

Espagnol. — **Je pensais faire le signe de la croix et je me suis crevé l'œil.**

Français. — **Les plus courtes erreurs sont toujours les meilleures.**

(Pierre Charron, *Traité de la sagesse*, I, XXXVIII [1601].)

— **Les rivières ne se précipitent pas plus vite dans la mer que les hommes dans l'erreur.**

(Attribué généralement à Voltaire, mais sans référence.)

V. FAUTE, VÉRITÉ ET ERREUR.

ÉRUDITION

Grec. — **La grande érudition n'exerce pas l'esprit.**

(Héraclite d'Éphèse, Ve s. av. J.-C. — Cité par Diogène Laërce, *Phil. ill.*, IX.)

Latin médiéval. — **Quand l'érudit se trompe, il se trompe avec érudition.**

Cum errat eruditus, errat errore erudito.

Américain. — **Les abeilles et les érudits sont quelquefois consumés dans le miel tous les jours amassé.**

(Nathaniel Hawthorne, *Note-Books* [1842].)

Français. — **Peu de philosophie mène à mépriser l'érudition; beaucoup de philosophie mène à l'estimer.**

(Chamfort [1741-1794], *Maximes et Pensées*.)

Turc. — **L'érudition n'est pas la science, de même que les matériaux ne sont pas l'édifice.**

V. APPPRENDRE, CULTURE DE L'ESPRIT.

ESCLAVE

Grec. — **Un homme n'est pas le maître d'un autre homme.**
(Épictète, *Entretiens*, I, 29 ; début du IIe s.)

Latin. — **Autant d'esclaves, autant d'ennemis.**
(Caton le Censeur, IIIe s. av. J.-C. — Cité par Sénèque, *Lettres à Lucilius*, XLII.)

Français. — **Qui vit esclave est né pour l'être.**
(J. de Lagrange-Chanal, *les Philippiques*, Odes, III, 105 [1723].)

— **Dieu fit la liberté, l'homme a fait l'esclavage.**
(André Chénier, *Bucoliques* [1787].)

V. DÉPENDANCE, SERVITUDE.

ESPAGNE

Espagnol. — **L'impatience est le point faible des Espagnols.**
(Baltasar Gracian, *Oraculo manual*, 242 [1647].)

— **Etre Espagnol est la seule chose sérieuse qui soit au monde.**
(Attribué à José Antonio Primo de Rivera [1903-1936].)

Français. — **Il n'y a qu'à être en Espagne pour n'avoir plus envie d'y bâtir des châteaux.**
(Mme de Sévigné, *Lettre à Mme de Grignan*, 8 novembre 1679.)

V. NATION (caractères nationaux et langues nationales).

ESPÉRANCE, ESPOIR

Grec. — **L'espérance est le songe d'un homme éveillé.**
(Aristote, IVe s. av. J.-C. — Cité par Diogène Laërce, *Phil. ill.*, V.)

— **L'espérance est la nourrice des hommes de peu d'esprit.**
(Ménandre, *Fragments*, IVe s. av. J.-C.)

— **Quand il y a de la vie, il y a de l'espoir.**
(Théocrite, *Idylles*, IV, 42 ; IIIe s. av. J.-C.)

Latin. — **Ce que l'on craint arrive plus facilement que ce qu'on espère.**
(Publilius Syrus, *Sentences*, Ier s. av. J.-C.)

— **C'est l'espoir qui empêche l'homme de se pendre.**
(Ovide, *Epistulae ex Ponto*, I, VI, 39 [env. 5].)

Latin médiéval. — **Tant que je respire, j'espère.**
Dum spiro, spero.

Anglais. — **L'espoir est un bon déjeuner, mais un mauvais dîner.**
(F. Bacon, *Collection of Apophtegmes*, 95 [1625].)

— **Bienheureux qui n'espère rien, car il n'est jamais désappointé.**
(A. Pope, *Lettre à John Gay*, 6 octobre 1727.)

— **Tous les nuages sont bordés d'argent.**
(Une lueur d'espoir brille dans les heures les plus sombres.)

Annamite. — **Tant qu'un homme n'a pas la tête tranchée, rien n'est complètement perdu pour lui.**

Chinois. — **Le jour éloigné existe, celui qui ne viendra pas n'existe pas.**
(Il faut espérer à bon escient.)

Espagnol. — **Une bonne espérance est meilleure qu'une mauvaise possession.**
(Cervantes, *Don Quichotte*, II, VII [1615].)

Français. — **L'an qui vient est un brave homme.**

(Une année donne ce que l'autre avait refusé.)

— **L'espérance est le plus utile et le plus pernicieux des biens.**

(Vauvenargues, *Réflexions et Maximes*, 739 [1746].)

— **C'est la nuit qu'il est beau de croire à la lumière.**

(Edmond Rostand, *Chantecler*, II, III, 240 [1910].)

Italien. — **Il faut espérer puisqu'il faut vivre.**

(Variante : Qui vit d'espoir meurt de désir.)

Polonais. — **Le seigneur m'a promis un manteau de fourrure, et voici déjà que je transpire.**

Russe. — **Au royaume de l'espoir, il n'y a pas d'hiver.**

V. RÊVE ET RÉALITÉ.

ESPRIT (généralités)

Grec. — **La vraie richesse est celle de l'esprit.**

(Anacharsis, VIᵉ s. av. J.-C. — Cité par Plutarque, *Œuvres morales*, « Banquet des Sept Sages ».)

Bible. — **L'excellence de l'esprit est un perpétuel festin.**

(Livre des Proverbes, XV, 15; IVᵉ s. av. J.-C. — Version arabe de Saadi ben Iosef, Xᵉ s.)

Latin. — **Mauvais esprit, mauvais cœur.**

(Térence, *Andria*, 165; IIᵉ s. av. J.-C. — Cf. Sénèque, *Lettres à Lucilius*, CXIV : L'esprit n'a pas une teinte et l'âme une autre.)

— **L'esprit meut la masse.**

(Virgile, *Énéide*, VI, 727; env. 19 av. J.-C. — Se dit plaisamment pour désigner tout ce qui marque l'empire de la pensée, de l'intelligence sur la matière.)

Anglais. — **L'esprit est éclipsé par l'esprit, comme un diamant par un autre diamant.**

(William Congreve, *The Double Dealer*, I, V [1694].)

— **On ne connaît pas son propre esprit.**

(Swift, *Polite Conversation*, II [1738].)

Espagnol. — **Le malheur poursuit toujours l'esprit.**

(Cervantes, *Don Quichotte*, I, XXII [1665].)

Français. — **Mieux vaut engin que force.**

(Engin, du latin *ingenium* : ingéniosité, esprit.)

— **Il y a deux sortes d'esprit : l'esprit de géométrie et l'esprit de finesse.**

(Pascal, *Discours sur les passions de l'amour* [1652] et *Pensées*, I, 1 et 2 [1670].)

— **L'esprit sert à tout, mais il ne mène à rien.**

(Talleyrand [1754-1838]. — Cité par A. Picot, *Souvenirs intimes sur Talleyrand*, 270. — Cf. H.-F. Amiel, *Journal intime*, 16 février 1868 : L'esprit sert bien à tout, mais il ne suffit à rien.)

V. CŒUR ET LA RAISON (le), LETTRE ET L'ESPRIT (la).

ESPRIT (Présence d')

Allemand. — **Le meilleur moyen de salut est la présence d'esprit.**

(Gœthe [1749-1832], *Maximen und Reflexionen*.)

Français. — **Il n'est rien de si absent que la présence d'esprit.**

(Rivarol [1753-1801], *Notes, Pensées et Maximes*.)

Persan. — **Une tête qui n'a pas de présence d'esprit devra être coupée.**

V. ATTENTION, VIGILANCE.

ESPRIT (Vivacité d')

Proverbe général. — **Où l'on manque de sel, n'importent les épices.**
(Le sel figure le bon sens, et les épices, l'esprit.)

Anglais. — **Les sots sont moqués, les gens d'esprit sont haïs.**
(A. Pope, Prologue de *Three Hours after Marriage* [1717])

Français. — **L'impromptu est la pierre de touche de l'esprit.**
(Molière, *les Précieuses ridicules*, IX [1659].)

— **Le bel esprit est, à le bien définir, le bon sens qui brille.**
(R. P. Dominique Bouhours, *Entretiens d'Ariste et d'Eugène*, IV [1671].)

— **Il ne faut avoir de l'esprit que par mégarde et sans y songer.**
(Atribué à Fénelon [1651-1715].)

— **Les personnes d'esprit sont-elles jamais laides?**
(Piron, *la Métromanie*, II, VIII [1738].)

— **La perfection d'une pendule n'est pas d'aller vite, mais d'être réglée.**
(Vauvenargues, *Réflexions et Maximes*, 204 [1746]. — Le moraliste ajoute : Ce n'est point un grand avantage d'avoir l'esprit vif, si on ne l'a juste.)

— **L'esprit qu'on veut avoir gâte celui qu'on a.**
(Gresset, *le Méchant*, IV, VII [1747].)

— **Quand on court après l'esprit, on attrape la sottise.**
(Montesquieu [1689-1755], *Pensées diverses*.)

— **Ce n'est pas un péché que d'avoir de l'esprit.**
(Destouches, *la Fausse Agnès*, II, IV [1759].)

— **Ceux qui ont beaucoup d'esprit ne sont pas obligés d'en faire.**
(Mme de Girardin [Delphine Gay], *Lettres parisiennes*, 22 juin 1844.)

— **Il ne suffit pas d'avoir de l'esprit, il faut encore en avoir assez pour éviter d'en avoir trop.**
(André Maurois, *Notes et Maximes* [1927].)

V. CONVERSATION, PLAISANTERIE, RAILLERIE.

ESPRIT CHAGRIN

Bible. — **Un cœur joyeux fait fleurir l'été, un esprit abattu dessèche les os.**
(Livre des Proverbes, XVII, 22 ; IVe s. av. J.-C.)

Grec. — **Tout est suspect à l'esprit chagrin, jusqu'aux caresses que lui fait sa maîtresse.**
(Théophraste, *les Caractères*, « De l'esprit chagrin »; IVe s. av. J.-C.)

Danois. — **Tel pleure aujourd'hui parce qu'il n'a pas de pain, qui pleurera encore demain parce qu'il n'aura pas d'appétit.**

V. HUMEUR, OPTIMISME ET PESSIMISME.

ESSAI

Grec. — **C'est en essayant que les Grecs ont pris Troie.**
(Théocrite, *Idylles*, XV, 64; IIIe s. av. J.-C.)

Latin. — **Nul ne sait ce qu'il peut faire avant d'avoir essayé.**
(Publilius Syrus, *Sentences*, 1er s. av. J.-C.)

— **Dans les grandes choses, c'est assez d'avoir voulu.**
(*In magnis et voluisse sat est.* — Properce, *Élégies*, II, x, 6; env. 25 av. J.-C.)

Allemand. — **Qui ne se flatte pas de conquérir les îles a du moins la permission de jeter l'ancre.**

(Gœthe [1749-1832], *Maximen und Reflexionen*.)

V. APPRENTISSAGE, EFFORT, EXPÉRIMENTATION.

ESTIME

Latin. — **L'estime des hommes est un bien plus sûr que l'argent.**

(Publilius Syrus, *Sentences*, 1ᵉʳ s. av. J.-C.)

Français. — **Estimer quelqu'un, c'est l'égaler à soi.**

(La Bruyère, *les Caractères*, « Des jugements », 71 [1688].)

— **On est rarement maître de se faire aimer, on l'est toujours de se faire estimer.**

(Fontenelle, *Entretiens* [1702].)

— **L'estime vaut mieux que la célébrité, la considération vaut mieux que la renommée.**

(Chamfort [1741-1794], *Maximes et Pensées*.)

— **Pour obtenir l'estime des hommes, il faut en être bien plus digne qu'eux.**

(Th. Jouffroy, *le Cahier vert*, x [1836].)

Polonais. — **On se trompe souvent en estimant trop haut la valeur d'autrui, on se trompe rarement en l'estimant trop bas.**

(Stanislas Leszczynski, *Œuvres du philosophe bienfaisant* [1763].)

V. RENOMMÉE, RÉPUTATION, VALOIR (Se faire).

ESTOMAC

Grec. — **Sache maîtriser quatre choses : l'estomac, le sommeil, la sexualité, et l'emportement.**

(Pythagore, *les Vers d'or*, vıᵉ s. av. J.-C.)

Hébreu. — **L'estomac porte les pieds.**

(Le Talmud, *Genesis Rabbah*, LXX, 8; vᵉ s. — Cf. Cervantes, *Don Quichotte*, II, XXXIV : C'est le ventre qui porte les pieds, et non les pieds le ventre.)

Français. — **Bon estomac et mauvais cœur, c'est le secret pour vivre longtemps.**

(Fontenelle, *Dialogue des morts* [1693].)

V. FAIM, MANGER, NOURRITURE, VENTRE.

ÉTAT (l')

Grec. — **L'État est le navire qui porte notre fortune.**

(Sophocle, *Antigone*, 188; vᵉ s. av. J.-C.)

— **L'État, c'est toi.**

(Eschyle, *les Suppliantes*, 370; vᵉ s. av. J.-C.)

Allemand. — **Critiquer l'État, c'est ton droit; mais n'oublie pas que l'État, c'est toi !**

(Dans l'administration allemande des postes, cette formule s'imprime sur les enveloppes des lettres avec l'oblitération des timbres.)

Français. — **Les États périraient, si on ne faisait ployer souvent les lois à la nécessité.**

(Pascal, *Pensées*, IX, 614 [1670].)

— Il n'y a que la force de l'État qui fasse la liberté de ses membres.
(J.-J. Rousseau, *Du contrat social*, II, XII [1762].)

— Un État divisé fut toujours malheureux.
(Voltaire, *Épîtres*, CXV, 16 [1772].)

Géorgien. — La forteresse s'écroule par l'intérieur.

V. NATION, PAYS.

ÉTAT (Homme d')

Grec. — Quand on fait de grandes choses, il est difficile de plaire à tout le monde.
(Solon d'Athènes, *Fragments*, VIᵉ s. av. J.-C.)

Français. — Il faut écouter beaucoup et parler peu pour bien agir au gouvernement d'un État.
(Cardinal de Richelieu, *Maximes d'État*, CV.)

— Ce n'est point une pénétration supérieure qui fait les hommes d'État, c'est leur caractère.
(Voltaire, *le Siècle de Louis XIV*, VI [1751].)

V. MINISTRE.

ÉTAT (Raison d')

Français. — La justice n'est pas une vertu d'État.
(Corneille, *la Mort de Pompée*, I, 1, 104 [1643].)

— Le cœur d'un homme d'État doit être dans sa tête.
(Napoléon Iᵉʳ [1769-1821], *Maximes et Pensées*.)

V. GOUVERNEMENT.

ÉTOILE (chance)

Latin médiéval. — Les étoiles régissent les hommes, mais Dieu gouverne les étoiles.
Astra regunt homines, sed regit astra Deus.

Espagnol. — Connais ton étoile, sonde ta Minerve.
(Baltasar Gracian, *Oraculo manual*, 196 [1647].)

Français. — Notre mérite nous attire l'estime des honnêtes gens, et notre étoile celle du public.
(La Rochefoucauld, *Réflexions ou Sentences et Maximes morales*, 165 [1665].)

V. CHANCE, DESTIN, FORTUNE.

ÉTONNER (s')

Latin. — Ne s'étonner de rien est presque l'unique moyen qui donne et conserve le bonheur.
(Horace, *Épîtres*, I, VI; env. 17 av. J.-C.)

Français. — On ne devrait s'étonner que de pouvoir encore s'étonner.
(La Rochefoucauld, *Réflexions ou Sentences et Maximes morales*, 384 [1665].)

V. SURPRISE

ÉTOURDERIE

Bible. — **Si tu vois un homme étourdi dans ses paroles, il y a plus à espérer d'un sot que de lui.**
(Livre des Proverbes, XXIX, 20; IVe s. av. J.-C.)

Anglais. — **Vous avez une tête? Une épingle aussi.**
(Swift, *Polite Conversation*, I [1738].)

— *(Écosse)*. — **Près de la bouche, près du cœur.**
(Quand une personne est nommée au lieu d'une autre.)

Espagnol. — **Parler étourdiment, c'est tirer sans viser.**
(Cité par le chancelier Oxenstiern, *Réflexions et Maximes*.)

V. DISTRACTION, INATTENTION, INSOUCIANCE, LÉGÈRETÉ.

ÉTRANGER, ÉTRANGÈRE

Grec. — **Les étrangers et les mendiants viennent de Dieu.**
(Homère, *l'Odyssée*, VI, 207; IXe s. av. J.-C.)

— **Sur les étrangères la médisance s'exerce aisément.**
(Eschyle, *les Suppliantes*, 994; Ve s. av. J.-C.)

Bible. — **Donne entrée chez toi à l'étranger et il t'aliénera les gens de ta maison.**
(L'Ecclésiastique, XI, 32; IIe s. av. J.-C.)

Anglais. — **Les yeux de l'étranger voient plus clair.**
(Charles Reade, *The Cloister and the Hearth*, LVIII [1861].)

Arabe. — **L'étranger est le parent par alliance de l'étranger.**

Basque. — **Une servante de pays lointain a bruit de damoiselle.**

Indien *(hindoustani)*. — **Mieux vaut remplir votre maison avec des pierres que d'y accueillir un étranger.**

Malgache. — **C'est chez les étrangers que le piment paraît le plus fort.**

Russe. — **L'âme d'un étranger est une forêt sombre.**

V. PAYS ÉTRANGER.

ÉTUDE

Antiquité chinoise. — **Celui qui aime l'étude est bien près de la science morale.**
(Confucius, *Livre des sentences*, XX, 9; VIe s. av. J.-C.)

Latin. — **C'est l'étude qui fait que la vie n'est pas l'image de la mort.**
(Denys Caton, *Disticha de moribus ad filium*, III, 1; IIIe s.)

Hébreu. — **La récompense de l'étude, c'est de comprendre.**
(Le Talmud, *Berachoth*, Ve s.)

Latin médiéval. — **Il n'est pas de satiété dans l'étude.**
(Érasme, *Colloquia* [1518].)

— **Les études deviennent des habitudes.**
(*Abeunt studia in mores*. — Signifie que les études influent sur les mœurs.)

Chinois. — **L'étude est une épouse aussi belle que le jade.**

Français. — **Il faut avoir beaucoup étudié pour savoir peu.**
(Montesquieu [1689-1755], *Pensées diverses*.)

V. APPRENDRE, AUTODIDACTE, CULTURE DE L'ESPRIT, INSTRUCTION, LIVRE, SAVANT, SAVOIR, SCIENCE.

ÉVÉNEMENT

Grec. — Ce sont les événements qui commandent aux hommes et non les hommes aux événements.
(Hérodote, *Histoires*, VII, 49; ve s. av. J.-C.)

— Il ne faut pas s'irriter contre les événements.
(Marc Aurèle, *Pensées*, XI, 6; IIe s.)

Latin. — Les événements sont dans la main des dieux.
(Plaute, *Bacchides*, 144; IIe s. av. J.-C.)

— L'événement juge les actes.
(Ovide, *les Héroïdes*, II, 85; env. 10 av. J.-C. — Sentence favorite de Washington.)

— L'événement est le maître des sots.
(Tite-Live, *Histoire de Rome*, XXII, 39 [env. 10].)

Français. — Les hommes ont été, sont et seront menés par les événements.
(Voltaire, *Lettre au duc de Choiseul*, 13 juillet 1761.)

— Tous les événements ne tiennent qu'à un cheveu.
(Napoléon Ier [1769-1821], *Maximes et Pensées*.)

V. CIRCONSTANCE, INATTENDU, OPPORTUNISME, OPPORTUNITÉ, PRÉSAGE.

EXACTION

Allemand. — Le prince cueille un fruit et les valets coupent l'arbre.

Persan. — Si le sultan ordonne de réquisitionner cinq œufs, ses soldats feront rôtir mille poules.

V. SOLDAT.

EXACTITUDE

Anglais. — L'exactitude est l'âme des affaires.
(F. C. Haliburton, *Wise Saws*, III [1843].)

Français. — L'extrême exactitude est le sublime des sots.
(D'après Turgot [1727-1781], qui avait coutume de dire : J'aime l'exactitude, bien qu'elle soit le sublime des sots.)

V. PONCTUALITÉ.

EXAGÉRATION

Espagnol. — L'exagération est un rameau du mensonge.
(Baltasar Gracian, *Oraculo manual*, 41 [1647].)

Français. — On affaiblit toujours ce qu'on exagère.
(J.-F. Laharpe, *Mélanie*, I, 1 [1770].)

— L'exagération est le mensonge des honnêtes gens.
(Joseph de Maistre, *les Soirées de Saint-Pétersbourg*, IX [1821].)

— Tout ce qui est exagéré est insignifiant.
(Pigault-Lebrun [1753-1835]. — Cité par V. Cherbuliez, *le Comte Kostia*, IX.)

V. ASSEZ ET TROP, EXCÈS, DÉMESURE.

EXCÈS

Grec. — L'excès de sommeil fatigue.

(Homère, *l'Odyssée*, XV, 395; IXᵉ s. av. J.-C.)

— Rien de trop.

(Inscription placée au fronton du temple d'Apollon, à Delphes. — Cette sentence, qui est la formule la plus caractéristique de la morale des honnêtes gens dans l'Antiquité, est citée par Diogène Laërce, *Vies et Sentences des Phil. ill.*, I, comme une maxime de Solon, VIᵉ s. av. J.-C.; elle se retrouve chez les Latins, pour la première fois chez Térence, *Andria*, 61 : *Ne quid nimis*. — On la cite souvent sous cette forme : Rien de trop, a dit le plus sage des Sept Sages.)

— L'arc trop tendu se rompt.

(L'origine de ce proverbe serait une réplique du roi d'Égypte Amasis, Vᵉ s. av. J.-C., à qui l'on reprochait ses divertissements. — Cité par Lucien de Samosate, *Dialogue des courtisanes*, III. — D'où le proverbe général : Par trop tendre la corde, on la rompt; ou : Trop tendue, la corde casse.)

Antiquité chinoise. — Dépasser le but, c'est comme ne pas l'atteindre.

(Confucius, *Livre des sentences*, XI, 15; VIᵉ s. av. J.-C.)

— Ce qui est au-dessus du bon est souvent pire que le mauvais.

(Sun-Tse, *Règles*, IV, 3; VIᵉ s. av. J.-C.)

Allemand. — Un petit peu trop fait plus de mal qu'un petit peu moins.

(J. P. Richter, *Blumen, Frucht und Dornenstücke* [1818].)

Anglais. — Serrer trop fort le pressoir donne un vin qui sent le pépin.

(F. Bacon, *Essays*, LVI [1625].)

Espagnol. — Ce n'est pas la charge, mais l'excès de charge qui tue la bête.

(Cervantes, *Don Quichotte*, II, LXXI [1615].)

Français. — La sursomme abat l'âne.

(Manuscrit du XIIIᵉ s., sans titre, Paris, Sainte-Geneviève.)

— Le surplus rompt le couvercle.

(Baïf, *Mimes, Enseignements et Proverbes* [1576].)

— La dernière goutte est celle qui fait déborder le vase.

(Cité par Th. Fuller, *Histoire de l'Eglise*, II, 2 [1655].)

— L'excès d'un très grand bien devient un mal très grand.

(Florian, *Fables*, III, II, « l'Inondation » [1792].)

— Quand on serre trop l'anguille, on la laisse partir.

(Haillant et Virtel, *Proverbes vosgiens* [1902].)

Indien *(tamil).* — L'excès de nectar est un poison.

Persan. — Le chameau a ri jusqu'à se fendre la lèvre.

Portugais. — C'est le trop de cire qui met le feu à l'église.

V. ASSEZ ET TROP, DÉMESURE, EXAGÉRATION, MIEUX EST L'ENNEMI DU BIEN (le).

EXCUSE

Latin. — Qui s'excuse s'accuse.

(D'après saint Jérôme, *Epistolae ad Virginem*, IV, 3; début du Vᵉ s.)

Anglais. — Mauvaise excuse vaut mieux que pas d'excuse.

(Nicholas Udall, *Ralph Roister Doister*, V, II, 28; XVIᵉ s.)

— Une excuse est un mensonge fardé.

(Swift, *Thoughts on Various Subjects* [1706].)

— *(Écosse).* — Deux noires ne font pas une blanche.

(La faute d'autrui n'excuse pas la nôtre. — J. Kelly, *Scottish Proverbs* [1721].)

Belge *(Wallonie).* — **Les excuses sont faites pour s'en servir.**

(Se dit pour faire comprendre à celui qui cherche à atténuer une faute que l'on considère ses excuses comme imaginées à plaisir.)

Libanais. — **L'excuse est pire que la faute.**

(On raconte que le calife Haroun al-Rachid, se promenant un jour avec le scribe Bou Nouas, demanda à celui-ci de lui prouver immédiatement que ce proverbe était vrai. S'approchant alors du calife avec un sourire malicieux, le scribe le pinça au bras. Le calife, vexé de cette familiarité, s'écria : « N'es-tu pas fou de te permettre une pareille liberté avec moi?

— Pardon, prince! dit le scribe. J'avais oublié que c'était vous. Je pensais avoir pincé la reine.

— Misérable! c'est donc là ton excuse! vociféra le calife. Mais elle est pire que la faute.

— Il y a un instant, répondit le scribe, vous m'avez demandé de trouver une excuse pire que la faute! Je viens de vous la donner. Pourrais-je être coupable de vous avoir obéi ? » — Cf. M. Feghali, *Proverbes syro-libanais* [1938].)

V. HUMILITÉ, PARDON.

EXEMPLARITÉ

Latin. — **Pour amender plusieurs coupables, l'usage est d'en faire périr un.**
(Publilius Syrus, *Sentences,* 1ᵉʳ s. av. J.-C.)

Anglais. — **Les hommes ne sont pas pendus pour avoir volé des chevaux, mais pour que les chevaux ne soient plus volés.**
(G. Savile, *Political Thoughts and Reflections* [1694].)

Français. — **On ne corrige pas celui que l'on pend, on corrige les autres par lui.**
(Montaigne, *Essais,* III, VIII [1588].)

Nigritien *(Haoussa).* — **Quand on fait rôtir une pintade, la perdrix a la migraine.**

V. CHÂTIMENT, PUNIR.

EXEMPLE

Latin. — **La route est longue par le précepte, mais courte et facile par l'exemple.**
(Sénèque, *Lettres à Lucilius,* VI [env. 64].)

Bible. — **Faites ce que je dis, mais ne faites pas ce que je fais.**
(Évangile selon saint Matthieu, XXIII, 3 [env. 65] : « ...Faites tout ce qu'ils vous diront, mais ne faites pas ce qu'ils font, car ils disent ce qu'il faut faire et ne le font pas. »)

Hébreu. — **Celui qui inspire les bonnes actions est plus grand que celui qui les accomplit.**
(Le Talmud, *Baba Bathra,* Vᵉ s.)

Allemand. — **Les cloches appellent à l'office et n'y vont jamais.**
(Luther [1483-1546], *Tischreden.*)

— **Quand Auguste buvait, la Pologne était ivre.**
(Attribué à Frédéric II.)

Américain. — **Nul ne prêche si bien que la fourmi, et elle se tait.**
(B. Franklin, *Poor Richard's Almanac* [1736].)

Espagnol. — **La bonne vie est le meilleur sermon.**
(Cité par Th. Fuller, *Gnomologia* [1732].)

Français. — **... L'exemple souvent n'est qu'un miroir trompeur.**
(Corneille, *Cinna,* II, 1, 388 [1640].)

— **L'exemple touche plus que ne fait la menace.**
(Corneille, *Polyeucte*, III, III, 885 [1641].)

— **Rien n'est si contagieux que l'exemple.**
(La Rochefoucauld, *Réflexions ou Sentences et Maximes morales*, 230 [1665].)

— **L'exemple est un dangereux leurre :**
  Où la guêpe a passé, le moucheron demeure.
(La Fontaine, *Fables*, II, XVI, « le Corbeau voulant imiter l'Aigle » [1668].)

— **Le sermon édifie, l'exemple détruit.**
(Pierre de Villiers, *l'Art de prêcher* [1682].)

— **Nous avons d'assez bons préceptes, mais peu de maîtres.**
(Vauvenargues, *Réflexions et Maximes*, 604 [1746].)

— **L'exemple est le plus grand de tous les séducteurs.**
(Collin d'Harleville, *les Mœurs du jour*, II, V [1800].)

— **L'exemple descend et ne monte pas.**
(J. Joubert [1754-1824], *Pensées, Maximes et Essais*.)

Russe *(Ukraine).* — **Un homme est bon s'il rend les autres meilleurs.**

Suisse. — **Les mots sont des nains, les exemples des géants.**

V. CONTAGION, ÉMULATION, FRÉQUENTATION, IMITATION, INFLUENCE.

EXIL

Grec. — **Personne n'est l'ami de l'exilé et cela est plus cruel que l'exil.**
(Théognis de Mégare, *Sentences*, 210 et 332; VIᵉ s. av. J.-C.)

— **L'espérance nourrit les exilés.**
(Proverbe cité par Eschyle, *Agamemnon*, 1668; Vᵉ s. av. J.-C.)

Latin. — **L'exilé, qui n'a de demeure nulle part, est un mort sans tombeau.**
(Publilius Syrus, *Sentences*, Iᵉʳ s. av. J.-C.)

— **On ne peut exiler son esprit.**
(Ovide, *Epistulae ex Ponto*, IV, IX, 41 [env. 5].)

Anglais. — **Le pain de l'exil est amer.**
(Shakespeare, *Richard II*, III, I, 21 [1595].)

Français. — **Il n'y a d'ami, d'épouse, de père ou de frère que dans la patrie.**
L'exilé partout est seul.
(Lamennais, *Paroles d'un croyant*, XLI [1834].)

Libanais. — **La richesse est une patrie pour l'exilé.**

Russe. — **En pays d'exil, le printemps lui-même est sans charme.**

Turc. — **Celui qui sur la roche d'exil n'a reposé son corps, ne sait la valeur des nattes de sa chaumière.**

V. NOSTALGIE, PATRIE, PAYS ÉTRANGER.

EXPÉRIENCE (généralités)

Grec. — **On ne prend pas deux fois le renard au même piège.**
(Aristote, *Histoire des animaux*, IX, II; IVᵉ s. av. J.-C.)

Latin. — **L'expérience est le magister de toutes choses.**
(César, *De bello civili*, II, VIII; env. 48 av. J.-C. — César ajoute : ...quand vient s'y ajouter l'intelligence.)

— **Le lendemain s'instruit aux leçons de la veille.**
(Publilius Syrus, *Sentences*, Iᵉʳ s. av. J.-C.)

— Un homme d'expérience en sait plus qu'un devin.
(Phèdre, *Fables*, III, III; env. 25 av. J.-C.)

Allemand. — L'expérience est un bon remède, mais on ne le prend jamais qu'après la guérison du mal.
(J. P. Richter, *Blumen, Frucht und Dornenstücke* [1818].)

Anglais. — L'expérience est un maître étrange qui désapprend ce qu'il vous a enseigné.
(Martin F. Tupper, *Proverbial Philosophy* [1838].)

Espagnol. — Bien sent le feu de qui cape brûle.
(César Oudin, *Refranes o proverbios castellanos* [1659].)

Français. — Il sait trop de chasse qui a été veneur.
(*Bonum spatium*, manuscrit du XVᵉ s., Paris, Bibl. nat.)

— Deux choses instruisent l'homme de toute sa nature : l'instinct et l'expérience.
(Pascal, *Pensées*, VI, 396 [1670].)

Italien. — L'expérience tient une école où les leçons coûtent cher.

Nigritien *(Haoussa)*. — L'eau chaude n'oublie pas qu'elle a été froide.

V. ESSAI, EXPÉRIMENTATION.

EXPÉRIENCE (Chat échaudé...)

Hébreu. — Qui a été mordu par un serpent a peur d'une corde.
(Cité par J. Ray, *Adagia hebraica*.)

Latin. — Celui qui a fait naufrage tremble devant les flots tranquilles.
(Ovide, *Epistulae ex Ponto*, II, VII, 8 [env. 13].)

Anglais. — L'oiseau englué dans un buisson se méfie de tous les buissons.
(Shakespeare, *Henry VI*, V, VI [1591].)

Français. — Chat échaudé craint l'eau froide.
(Manuscrit du XIIIᵉ siècle, sans titre, Paris, Sainte-Geneviève.)

Indien *(hindi)*. — Qui a été brûlé par un tison s'enfuit à la vue d'une luciole.

Italien. — Le chien qui a léché des cendres ne se fie plus à la farine.

Turc. — Qui s'est brûlé avec du lait souffle sur la crème glacée.

V. APPARENCE.

EXPÉRIENCE de l'ÂGE

Grec. — On ne prend pas un vieux singe au lacet.
(Cité par Diogène Laërce, *Vie et Sentences des philosophes illustres*, V.)

Latin médiéval. — Si le vieux singe aboie, entends l'avertissement.
Prospectandum vetulo latrante.

Américain. — Les années enseignent plus que n'en savent les jours.
(R. W. Emerson, *Experience* [1841].)

Anglais. — Vieux chat ne joue avec sa proie.

— On n'attrape pas les vieux oiseaux avec de la balle de grain.

Espagnol. — Le diable sait beaucoup, parce qu'il est vieux.
(Cité par Brantôme [1540-1614], *Vie des dames galantes*, I.)

Français. — Il n'est chasse que de vieux chiens.
(Cholières, *les Matinées*, VII [1585].)

— La pomme est pour le vieux singe.
(Janus Gruter, *Florilegium* [1610].)

— Il n'est miracle que de vieux saints.
(Henri Estienne, *Apologie pour Hérodote*, XXXVIII, x [1566].)

— Ce n'est pas à un vieux singe que l'on apprend à faire des grimaces.

— Depuis que la brebis est vieille, encore la mange le loup.

Irlandais *(gaélique).* — Un vieux chat ne se brûle jamais.

Italien. — C'est le vieux bœuf qui fait le sillon droit.

Polonais. — Les années en savent plus que les livres.

V. VIEILLESSE ET SAGESSE.

EXPÉRIMENTATION

Anglais. — C'est en le mangeant que l'on fait l'épreuve du pudding.
(W. Camden, *Remaines Concerning Britaine* [1614].)

Espagnol. — Par le fil, on jugera le peloton.
(Cervantes, *Don Quichotte*, I, IV [1605].)

Français. — On ne connaît pas le vin en cercle.
(Pierre Gringore, *Trésor des sentences* [1528].)

Nigritien *(Peul).* — C'est à la lagune que l'on mesure la contenance des jarres.

V. ESSAI, THÉORIE ET PRATIQUE.

EXPERT

Latin médiéval. — Chaque expert doit être cru en son art.
(*Cuilibet in arte sua perito est credendum.* — Cité par Montaigne, *Essais*, II, XII.)

Français. — Personne ne croit aux experts, mais tout le monde les croit.
(Auguste Detœuf, *Propos de O.-L. Barenton, confiseur* [1937].)

V. APTITUDE, COMPÉTENCE, MÉTIER (Chacun son), TALENT.

EXPLICATION

Latin. — L'obscur par le plus obscur.
(*Obscurum per obscurius.* — Se dit d'une explication qui, loin d'éclaircir une question, l'embrouille.)

Anglais. — Ne donnez pas d'explication : les amis vous comprennent et les ennemis ne vous croient pas.
(Elbert Hubbard, *Orphic Sayings* [1900].)

Éthiopien. — Ne parlez pas pour ceux qui sont intelligents; ne hachez pas pour les lions.
(C. Mondon-Vidalhet, *Proverbes abyssins* [1905].)

Français. — L'entente est au diseur.
(C'est-à-dire : Il s'entend bien, mais il ne se fait pas comprendre. — Cf. Carmontelle, *Proverbes dramatiques*, v [1781].)

V. CONCISION.

EXTRÊME

Anglais. — **Un extrême en produit un autre.**
(Samuel Richardson, *Clarissa*, VI, 213 [1748].)

Français. — **Rien n'est extrême, qui a son pareil.**
(Montaigne, *Essais*, I, XXVIII [1780].)

— **Les extrêmes sont toujours fâcheux; mais ce sont des moyens sages quand ils sont nécessaires.**
(Cardinal de Retz [1613-1679], *Mémoires*, I, II.)

— **Tout ce qui est extrême demande une résolution extrême.**
(Abbé Raynal, *Histoire philosophique*, XVIII [1780].)

V. DÉMESURE.

EXTRÊMES SE TOUCHENT (les)

Antiquité chinoise. — **Trop loin à l'est, c'est l'ouest.**
(Cité dans les *Lao-Tseu-tsi-kiai*.)

Grec. — **Dans la circonférence, commencement et fin coïncident.**
(Héraclite d'Éphèse, *Fragments*, Vᵉ s. av. J.-C.)

Latin médiéval. — **Le rire profond amène les larmes.**
Risus profundior lachrimas parit.

Anglais. — **Comme l'est et l'ouest, l'extrême honte et l'extrême gloire se fondent.**
(Samuel Butler, *Hudibras*, II, I, 271 [1664].)

Français. — **Les extrémités se touchent.**
(Pascal, *Pensées*, II, 72 [1670]. — C'est-à-dire : Les choses les plus opposées ont des points de contact, ou bien : conduisent au même résultat.)

V. EXAGÉRATION, EXCÈS.

FABLE

Arabe. — **Une fable est un pont qui conduit à la vérité.**

(Silvestre de Sacy, *Chrestomathie arabe* [1826].)

Français. — **La fable est la sœur aînée de l'histoire.**

(Voltaire, *Dictionnaire philosophique*, « Zoroastre » [1764].)

V. CONTE.

FÂCHER (se)

Latin. — **Le sage doit se fâcher assez tôt et une seule fois.**

(Publilius Syrus, *Sentences*, 1er s. av. J.-C.)

Chinois. — **Celui qui ne sait pas se fâcher est un sot, mais celui qui ne veut pas se fâcher est un sage.**

(William Scarborough, *A Collection of Chinese Proverbs* [1875].)

Français. — **Pire est le rompu que le décousu.**

(Gabriel Meurier, *Trésor des sentences* [1568].)

— **Celui qui se fâche a deux peines : celle de se fâcher et celle de se remettre.**

(L.-F. Sauvé, *Proverbes et Dictons de Basse-Bretagne* [1878].)

V. COLÈRE, SOI (Maîtrise de), DISPUTE, QUERELLE.

FACILE, FACILITÉ

Latin. — **En mer calme, tous sont pilotes.**

(Publilius Syrus, *Sentences*, 1er s. av. J.-C.)

Français. — **Il plaide beau qui plaide sans partie.**

(Pierre Gringore, *Notables Enseignements, Adages et Proverbes* [1528].)

Japonais. — **L'amandier lourd de fruits qui se trouve au bord du chemin est toujours amer.**

(Ce qui est facilement accessible ne semble pas bon.)

V. DIFFICILE, DIFFICULTÉ.

FAIBLE (Point)

Espagnol. — Trouver le faible de chacun, c'est l'art de manier les volontés.
(Baltasar Gracian, *Oraculo manual*, 26 [1647].)

Français. — Quand on connaît le défaut d'un homme à qui l'on veut plaire, il faut être maladroit pour n'y pas réussir.
(Lesage, *Gil Blas*, VIII, II [1730].)

V. VULNÉRABILITÉ.

FAIBLES (les)

Grec. — Le dard du faible est émoussé.
(Homère, *l'Iliade*, XI, 390; IXᵉ s. av. J.-C.)

Antiquité chinoise. — Ce qui est mou triomphe de ce qui est dur, ce qui est faible triomphe de ce qui est fort.
(Lao-Tseu, *Livre du Tao et de sa vertu*, I, XXXVI, 6; VIᵉ s. av. J.-C.)

Proverbe général. — Quand les brebis enragent, elles sont pires que les loups.
(Au sujet de la colère des êtres faibles et doux.)

Français. — La faiblesse est le seul défaut que l'on ne saurait corriger.
(La Rochefoucauld, *Réflexions ou Sentences et Maximes morales*, 130 [1665].)

— **La faiblesse est plus opposée à la vertu que le vice.**
(La Rochefoucauld, *op. cit.*)

— **La haine des faibles n'est pas si dangereuse que leur amitié.**
(Vauvenargues, *Réflexions et Maximes*, 824 [1746].)

— **C'est le faible qui s'offre le plus souvent à secourir le faible.**
(F.-J. Desbillons, *Fables*, I, XVII [1779].)

Italien. — Le saule est faible, et pourtant il lie d'autres bois.
(G. Herbert, *Jacula prudentum* [1651].)

Malgache. — La défense (littéralement médecine) des faibles, c'est leur honnêteté.

Suédois. — Parmi les faibles, le plus fort est celui qui n'oublie pas sa faiblesse.

V. BONTÉ (Excès de), DOUCEUR (Excès de), FORTS ET FAIBLES, PETITS (les).

FAIM

Grec. — Un homme qui a faim n'examine pas la sauce.
(Socrate, Vᵉ s. av. J.-C. — Cité par Diogène Laërce, *Phil. ill.*, II.)

— **Avec la faim il ne faut pas se livrer au travail.**
(Hippocrate, *Aphorismes*, II, 16; IVᵉ s. av. J.-C.)

— **La faim rend tout agréable, excepté elle-même.**
(Ménandre, *Fragments*, IVᵉ s. av. J.-C.)

— **Ne vous trouvez pas sur le chemin d'un homme qui a faim.**
(Théocrite, *Idylles*, XV, 148; IIIᵉ s. av. J.-C.)

Bible. — On ne méprise pas l'affamé qui vole pour satisfaire sa faim.
(Livre des Proverbes, VI, 30; IVᵉ s. av. J.-C.)

Latin. — Il est difficile de discuter avec le ventre, car il n'a pas d'oreilles.
(Caton le Censeur, IIᵉ s. av. J.-C. — Cité par Plutarque, *Vies parallèles*.)

— **J'aime mieux me battre avec n'importe qui qu'avec la faim.**
(Plaute, *Stichus*, 628; IIᵉ s. av. J.-C.)

Islam. — **Nul ne peut adorer Dieu s'il est affamé.**
(Proverbe soufi, Xe s.)

Anglais. — **Sac vide ne se tient debout.**
(L'homme affamé est faible et ne peut travailler.)

— **La faim ne connaît pas d'ami.**
(Daniel Defoe, *Robinson Crusoe*, II [1719].)

Arabe. — **La faim est un infidèle.**
(C'est-à-dire qu'elle est sans scrupules ni pitié.)

— **Celui qui a faim embrasse même une épée.**

Espagnol. — **Je sais bien ce que je dis, quand je demande du pain.**

Français. — **La faim chasse le loup du bois.**
(*Proverbes rurauz et vulgauz*, manuscrit du XIVe s., Paris, Bibl. nat.)

— **Où faim règne, force exule** (force n'a lieu).
(Rabelais, *Gargantua*, XXXII [1534].)

— **La faim est le premier service d'un bon dîner.**
(P.-J. Le Roux, *Dictionnaire proverbial* [1718].)

Géorgien. — **La faim ne dit pas « pain rassis », et le froid « vieil habit ».**

Indien *(hindî).* — **La faim n'a pas de goût.**

Irlandais *(gaélique).* — **Ventre vide est lourd fardeau.**

Italien. — **Quand la faim croît, l'orgueil décroît.**

Japonais. — **La beauté du Fuji est sans beauté pour l'homme affamé.**

Malgache. — **Le crocodile affamé ne choisit pas sa proie.**

Persan. — **Trente-deux dents ne parlent jamais en vain.**

Serbe. — **Jamais l'affamé ne fait trop cuire son pain.**

Turc. — **Chien affamé ne craint pas le lion.**

V. APPÉTIT, ESTOMAC, MANGER, VENTRE.

FAIT

Grec. — **Les faits viennent tout seuls, malgré le silence dont on les cache.**
(Sophocle, *Œdipe roi*, 341; Ve s. av. J.-C.)

Latin. — **Les faits parlent d'eux-mêmes.**
(Plaute, *Aulularia*, 421; IIe s. av. J.-C.)

V. CHIMÈRE, ILLUSION, RÊVE ET RÉALITÉ, THÉORIE ET PRATIQUE.

FAIT ACCOMPLI

Grec. — **Il est impossible que ce qui est fait ne soit pas fait.**
(Phocylide de Milet, *Sentences*, VIe s. av. J.-C. — Cf. Sophocle, *Ajax*, 378.)

Français. — **Rien ne sert de se tourmenter d'une chose quand elle est faite, sinon de l'empirer.**
(Bonaventure des Périers, *Nouvelles Récréations et Joyeux Devis*, V [1558].)

Nigritien *(Bambara).* — **On ne fait pas peur à une femme enceinte en la menaçant de ce qui a provoqué son état.**

V. INÉLUCTABLE, PASSÉS (Actes et faits), PEINE PERDUE.

FAMILIARITÉ

Latin. — **La familiarité engendre le mépris.**
(Publilius Syrus, *Sentences*, 1er s. av. J.-C.)

Français. — **C'est de la familiarité que naissent les plus tendres amitiés et les plus fortes haines.**
(Rivarol [1753-1801], *Notes, Pensées et Maximes*.)

Suédois. — **La familiarité ouvre la porte à l'amour, mais elle la ferme à l'amitié.**
(Chancelier Oxenstiern [1583-1654], *Réflexions et Maximes*.)

V. COMPORTEMENT.

FAMILLE

Bible. — **Chacun a pour ennemis les gens de sa maison.**
(Michée, VII, 6; VIIIe s. av. J.-C. — Cf. Évangile selon saint Matthieu, X, 36.)

— **Les enfants des enfants sont la couronne des vieillards, et les pères sont la gloire de leurs enfants.**
(Livre des Proverbes, XVII, 6; IVe s. av. J.-C.)

Grec. — **Les parents doivent seuls être témoins des maux d'un parent.**
(Sophocle, *Œdipe roi*, 1430; Ve s. av. J.-C.)

Anglais *(Écosse)*. — **On peut aimer sa maison sans en chevaucher le toit.**
(C'est-à-dire : On peut beaucoup aimer les siens sans les « couver ».)

— **Qui dans sa famille n'a valet, mendiant, ou sot, est fils du tonnerre.**
(Th. Fuller, *Gnomologia* [1732].)

Arabe. — **L'injustice que l'on souffre de la part de ses proches parents cause une douleur plus cruelle que le fer.**
(Tarafa al-Bakri, *Divan*, I, 78; VIe s.)

— **Prends garde que tes cils ne t'aveuglent.**
(Crains que tes proches ne t'induisent en erreur.)

Birman. — **Si tu marches sur le fer de la houe, le manche te frappera au visage.**
(L'injure faite à l'un sera vengée par tel autre de la famille.)

Chinois. — **Il n'est pas de cuiller qui ne heurte jamais le bord de la marmite.**

— **Vous ne pouvez demeurer le chef de la famille sans vous montrer stupide et sourd.**

Espagnol. — **Il n'est pire coin que celui du même bois.**

Français. — **Vilain oiseau celui qui salit son nid.**
(Conon de Béthune, *Chansons*, XIIe s. — C'est-à-dire : Mauvais homme celui qui médit de sa famille ou de son pays.)

— **On n'est jamais trahi que par les siens.**
(*Bonum spatium*, manuscrit du XIVe s., Paris, Bibl. nat.)

— **Il n'est pire ennemi que ses proches.**
(*Bonum spatium*, manuscrit du XIVe s., Paris, Bibl. nat.)

Italien. — **Il faut laver son linge sale en famille.**
(Casanova [1725-1798], *Mémoires*, VIII, XII, 33.)

— *(Sardaigne)*. — **Chacun a un pendu sur son seuil.**

Libanais. — **Si ton parent te mâche, il ne t'avalera pas.**

Nigritien *(Bambara)*. — **La querelle entre parents fume et ne flambe pas.**

— *(Peul)*. — **La dent et la langue sont plus rapprochées que toutes choses; cependant, à tout instant, la dent blesse la langue.**

Turc. — **Le pied de la lampe est le plus mal éclairé.**
(La famille est négligée.)

V. INTÉRÊT PERSONNEL ET FAMILLE, PARENTÉ, SANG (Liens du).

FANATISME

Anglais. — **Les fanatiques sur la terre sont trop souvent des saints au ciel.**
(Elizabeth Browning, *Aurora Leigh*, II [1856].)

Français. — **Il n'y a qu'un pas du fanatisme à la barbarie.**
(Diderot, *Essai sur le mérite et la vertu* [1746].)

— **La religion mal entendue est une fièvre qui peut tourner en rage.**
(Voltaire, *le Pyrrhonisme de l'histoire*, XXXI [1768].)

— **Le fanatisme est un monstre qui ose se dire le fils de la religion.**
(Voltaire, *Réponse à une lettre anonyme*, 9 février 1769.)

— **Il faut endormir le fanatisme afin de pouvoir le déraciner.**
(Napoléon Ier [1769-1821], *Maximes et Pensées*.)

V. TOLÉRANCE ET INTOLÉRANCE.

FANFARON

Grec. — **L'âne se couvre de la peau du lion.**
(Ésope, *Fables*, « l'Ane et le Renard », VIe s. av. J.-C.)

Anglais. — **Le fanfaron tue un lion absent et craint une souris présente.**

Arabe. — **Si tu dis que le lion est un âne, va lui mettre un licou.**

Français. — **Il fait bon battre un glorieux, il ne s'en vante pas.**
(Florian, *Fables*, IV, « le Coq fanfaron » [1792].)

Italien. — **Du haut de la fenêtre, il est aisé de faire peur au taureau.**

Suédois. — **Les fanfarons sont rarement braves, et les braves sont rarement fanfarons.**
(Christine de Suède [1626-1689], *Mémoires*.)

V. ANTICIPATION, PAROLES ET ACTES, VANTARDISE.

FANTAISIE

Allemand. — **La fantaisie est un perpétuel printemps.**
(Schiller, *Lied an die Freude* [1786].)

Français. — **La fantaisie est semblable et contraire au sentiment.**
(Pascal, *Pensées*, IV, 274 [1670].)

— **Ceux qui ont mille fantaisies n'ont pas un seul goût.**
(Mme Necker, *Mélanges* [1798].)

V. CAPRICE, GUISE.

FARCE

Anglais. — **Il n'est farceur qui ne soit sot.**
(J. Swift, *Thoughts on Various Subjects* [1714].)

Espagnol. — **Une farce doit finir au moment où elle réussit le mieux.**
(Ch. Cahier, *Proverbes et Aphorismes* [1856].)

V. PLAISANTERIE.

FARD

Allemand. — **La femme, comme la lune, brille d'un éclat emprunté.**
(W. Wander, *Deutsche Sprichwörter Lexicon* [1880].)

Anglais. — **Il n'est, pour la beauté, de fard pareil au bonheur.**
(Comtesse de Blessington, *Desultory Thoughts and Reflections* [1839].)

Français. — **Ciel pommelé et femme fardée ne sont pas de longue durée.**
(A. de Montluc, *la Comédie de proverbes*, III, VII [1616].)

— **Se farder est un moindre crime que de parler contre sa pensée.**
(La Bruyère, *les Caractères*, « Des femmes », 5 [1688].)

— **Le fard ne peut d'Hécube faire Hélène.**
(Le Roux de Lincy, *Livre des proverbes français* [1859].)

V. BEAUTÉ FÉMININE, FEMME ET LA COQUETTERIE (la), PARFUM.

FATALISME

Arabe. — **Ce qui est écrit est écrit.**
(L'interprétation arabe a dérivé du sens historique. — Cf. la rubrique « écrit ».)

Français. — **Il n'y a pas de fataliste absolu, même à Constantinople.**
(Fr. Bastiat, *Mélanges* [1854].)

Russe. — **Si tu marches vite, tu attrapes le malheur; si tu vas lentement, c'est le malheur qui t'attrape.**

V. DESTIN, PRÉDESTINATION.

FATIGUE

Français. — **La fatigue du corps est la santé de l'âme.**

— **On va bien loin après qu'on est las.**

Indien *(tamil).* — **Le tigre n'épouvante pas le buffle harassé.**

Tchèque. — **Au cheval fourbu, la crinière est un fardeau.**

V. EFFORT, PLAISIR ET PEINE.

FATUITÉ

Arabe. — **Le fat vainc le méchant.**
(La fatuité est plus redoutable que la méchanceté.)

Français. — **Le fat est entre l'impertinent et le sot; il est composé de l'un et de l'autre.**
(La Bruyère, *les Caractères*, « Des jugements », 46 [1688].)

— Qu'est-ce qu'un fat sans sa fatuité ? Otez les ailes à un papillon, c'est une chenille.

(Chamfort [1741-1794], *Maximes et Pensées*.)

— Il n'y a au-dessous du fat que celui qui l'admire.

(J. Sanial Dubay, *Pensées sur les mœurs*, 115 [1813].)

V. IMPERTINENCE, OUTRECUIDANCE, VANITÉ.

FAUSSETÉ

Bible. — **Éloigne de tes lèvres la fausseté et que tes yeux regardent en face.**

(Livre des Proverbes, IV, 24 ; IVe s. av. J.-C.)

Anglais. — **Le gel et la fausseté finissent dans la boue.**

(W. Camden, *Remaines Concerning Britaine* [1614].)

Français. — **Il y a une fausse modestie qui est vanité, une fausse grandeur qui est petitesse, une fausse vertu qui est hypocrisie, une faussse sagesse qui est pruderie.**

(La Bruyère, *les Caractères*, « Des femmes », 48 [1688].)

V. DUPLICITÉ, FOI (Bonne et mauvaise), FOURBERIE, MENSONGE, TROMPER.

FAUTE

Antiquité chinoise. — **Les fautes des hommes sont relatives à l'état de chacun.**

(Confucius, *Livre des sentences*, IV, 7 ; VIe s. av. J.-C — Variante : Le sage se demande à lui-même la cause de ses fautes ; l'insensé la demande aux autres.)

Grec. — **Celui qui est à cent stades de Canope et celui qui est à un stade de la ville ne sont à Canope ni l'un ni l'autre.**

(Proverbe de l'école stoïcienne, cité par Diogène Laërce, *Vies et Sentences des philosophes illustres*, VII. — Signifie que celui qui n'a commis qu'une petite faute et celui qui en a commis une grande sont l'un comme l'autre hors du droit chemin.)

Bible. — **Le juste pèche sept fois et se relève.**

(Livre des Proverbes, XXIV, 16 ; IVe s. av. J.-C.)

— **Un abîme appelle un abîme.**

(Psaumes, XLII, 8 ; IIe s. av. J.-C. Expression figurée que l'on emploie pour exprimer qu'une faute ou un malheur en entraîne d'autres.)

Islam. — **La faute la plus pernicieuse est celle dont on ignore qu'elle est une faute ; mais plus dangereuse encore est celle que l'on prend pour un acte de vertu.**

(Proverbe soufi, Xe s.)

Allemand. — **Les fautes et les hérissons naissent sans dard, mais c'est ensuite que nous ressentons leurs blessures.**

(J. P. Richter, *Blumen, Frucht und Dornenstücke* [1818].)

Espagnol. — **La faute est grande comme celui qui la commet.**

(César Oudin, *Refranes o proverbios castellanos* [1659].)

Français. — **Rarement de sa faute on aime le témoin.**

(Voltaire, *la Henriade*, IX, 327 [1723].)

— **Il est souvent plus grand d'avouer ses fautes que de n'en pas commettre.**

(La Rochefoucauld-Doudeauville, *Mémoires*, « Livre des pensées », 430 [1863].)

V. DÉFAILLANCE, ERREUR, RÉCIDIVE.

FAUX-SEMBLANT

Espagnol. — **Si les pilules avaient bon goût, les apothicaires ne prendraient pas soin de les dorer.**

Arabe. — **Au-dehors, de l'albâtre; au-dedans, de la suie.**

Hongrois. — **Qui vend du poison prend une enseigne fleurie.**

V. APPARENCE, TROMPER.

FAVEUR

Bible. — **La faveur du roi est comme la pluie du printemps.**
(Livre des Proverbes, XVI, 15; IVᵉ s. av. J.-C.)

— **J'ai vu sous le soleil que la faveur n'appartient pas aux savants.**
(L'Ecclésiaste, IX, II; IIIᵉ s. av. J.-C.)

Latin. — **La première faveur refusée efface toutes les faveurs accordées.**
(Pline le Jeune, *Lettres*, IV; début du IIᵉ s.)

Allemand. — **Faveur femmes et deniers font de vachers des chevaliers.**

Arabe. — **Si tu es l'ami du capitaine, tu peux t'essuyer les mains à la voile.**

Français. — **La faveur des princes n'exclut pas le mérite, et ne le suppose pas aussi.**
(La Bruyère, *les Caractères*, « Des jugements », 6 [1688].)

— **Plus haute est la faveur, et plus prompte est la chute.**
(Destouches, *l'Ambitieux*, I, 1 [1737].)

— **Il ne faut publier ni les faveurs des femmes ni celles des rois.**
(Voltaire, *Lettre au marquis d'Argenson*, 18 mars 1749.)

— **La faveur a cela de commun avec l'amour, que si elle n'augmente pas, elle décroît.**
(G. de Lévis, *Maximes et Réflexions* [1811].)

— **Ce n'est pas avec des faveurs que l'on s'attache les hommes.**
(Napoléon Iᵉʳ, dans les *Mémoires* de Gourgaud.)

— **Ce que l'on aime surtout, ce sont les faveurs auxquelles on n'a pas droit.**
(Mᵐᵉ de Girardin [Delphine Gay], *Lettres parisiennes*, 22 mars 1837.)

— **Il n'est point de faveur, alors qu'on en est digne.**
(Ch. Cahier, *Proverbes et Aphorismes* [1856].)

Polonais. — **Les étoiles scintillent pour celui qu'éclaire la lune.**

V. BIENFAIT, COUR ET COURTISAN.

FEMME (la)

Grec. — **Se fier à une femme, c'est se fier aux voleurs.**
(Hésiode, *les Travaux et les Jours*, 375; VIIIᵉ s. av. J.-C.)

— **Chacun a son défaut, la tête de la femme est le sien.**
(Pittacos, *Sentences*, VIᵉ s. av. J.-C.)

— **Une femme applaudit à ses vœux plus qu'à la réalité.**
(Eschyle, *Agamemnon*, 482; Vᵉ s. av. J.-C.)

— **La race des femmes est de nature traîtresse.**
(Euripide, *Iphigénie en Tauride*, 1298; Vᵉ s. av. J.-C.)

— **Il n'y a pire mal qu'une mauvaise femme, mais rien n'est comparable à une femme bonne.**
(Euripide, *Ménalippe*, fragments; Vᵉ s. av. J.-C.)

— Une femme est une douleur toujours présente.

(Ménandre, *Fragments*.)

Bible. — Qui trouvera une femme forte ? Elle est plus précieuse que tous les joyaux venus des extrémités du monde.

(Livre des Proverbes, XXXI, 10; IVe s. av. J.-C.)

Sanskrit. — Dis-moi quel fruit est délicieux quand il est vert, doux quand il est à demi mûr, et amer quand il est mûr ?

(Le *Dhammapâda*, « Guirlande des demandes et réponses », Ier s.)

— Les femmes ont en partage l'amour de leur lit, la concupiscence, la colère et la perversité.

(*Lois de Manou*, IX, XVII, IIe s.)

— Ne frappez pas, même avec une fleur, une femme coupable de cent fautes.

(*Avadânas*, contes et apologues indiens.)

Latin. — La femme trouve plus facile d'agir mal que bien.

(Plaute, *Truculentus*, 448; IIe s. av. J.-C.)

— La modération n'a pas de sens pour les femmes.

(Plaute, *Pœnulus*, 230; IIe s. av. J.-C.)

— La femme est la porte de l'enfer.

(Tertullien, *De exhortatione castitatis liber*, IIIe s.)

Latin médiéval. — La femme est un animal à cheveux longs et à idées courtes.

(Folklore du Moyen Age, en Allemagne, Danemark, Italie, etc.)

— Ce que femme veut, Dieu (ou le diable) le veut.

(Un proverbe de Picardie donne cette variante : Ce que femme veut, Dieu en tremble.)

— Les femmes et le poisson, c'est le milieu qui vaut le mieux.

(Cité par Philippe Garnier, *Thesaurus adagiorum gallico-latinorum* [1612].)

Allemand. — On ne croit pas tout de suite à la loyauté des femmes et aux miracles.

— Où la femme règne, le diable est premier ministre.

Anglais. — La femme, comme le chat, a neuf vies.

(J. Heywood, *Proverbs in the English Tongue* [1546].)

— La femme est comme la nèfle : sitôt mûre, sitôt sure.

(Th. Dekker, *The Honest Whore*, I [1630].)

— Pourceaux, femmes et abeilles ne peuvent être détournés.

(Il existe une formule anglaise célèbre : *Turn or burn* (abjurez ou brûlez), par laquelle les persécuteurs adjuraient leurs victimes. Les femmes étaient les plus récalcitrantes. — Cf. J. Clarke, *Parœmologia anglo-latina* [1639].)

— On ne trouve lièvre sans terrier ni femme sans excuse.

— La femme ressemble au pilchard : bon, il n'est pas fameux ; mauvais, il est détestable.

Arabe. — La raison des femmes est dans la partie de leur corps que cache la pudeur.

Chinois. — Une femme ne loue jamais sans médire.

Espagnol. — La femme et la mule obéissent aux caresses.

— A la femme, comme à la chèvre, longue corde.

— Jamais homme sage n'éprouva ni femme ni verre.

— De la mauvaise femme, garde-toi bien, et à la bonne, ne t'y fie point.

Estonien. — Le verger d'une femme pauvre est dans son corsage, et son champ sous son tablier.

Français. — C'est la mer à boire que de lutter contre un cœur de femme.
(Richard de Fournival, *Chansons*, xiiie s.)

— Femme sait un art avant le diable.
(*Bonum spatium*, manuscrit du xive s., Paris, Bibl. nat.)

— La femme est un certain animal difficile à connaître.
(Molière, *Dépit amoureux*, IV, ii, 1246 [1656].)

— Femme tentée et femme vaincue, c'est tout un.
(Marivaux, *Arlequin poli par l'amour*, i [1720].)

— Les femmes ont toujours quelque arrière-pensée.
(Destouches, *le Dissipateur*, V, xx [1753].)

— La gaieté des femmes leur tient lieu d'esprit.
(Montesquieu [1689-1755], *Pensées diverses*.)

— Les femmes n'ont de bon que ce qu'elles ont de meilleur.
(Chamfort [1741-1794], *Caractères et Anecdotes*.)

— Prenez le temps comme il vient, le vent comme il souffle, la femme comme elle est.
(Alfred de Musset, *Confession d'un enfant du siècle*, I, v [1836].)

— *(Bretagne).* — Si traîtresse que soit la mer, plus traîtresses les femmes.

— *(Languedoc).* — Mieux vaut la toison que la brebis.

Italien. — La femme est sage à l'impromptu et folle à la réflexion.

— Quand on parle d'une femme, la vérité est plus terrible que la calomnie.

— Tout vient de Dieu, sauf la femme.

Malgache. — La femme est comme les gousses de l'orange : à l'extérieur, c'est la même enveloppe; à l'intérieur, les goûts sont différents.

Nigritien *(Peul).* — L'entendement de la femme ne monte pas plus haut que ses seins.

Persan. — Les femmes sont comme les chats qui retombent toujours sur leurs pattes.

Polonais. — L'eau, le feu et la femme ne disent jamais : Assez.

Russe. — La femme est comme une marmite : tout ce que l'on y met peut bouillir.

Tchèque. — Attends un mois pour vanter un cheval et un an pour vanter une femme.

Turc. — Femmes, chevaux et vignes exigent maîtres vigoureux.

Yiddish. — Que Dieu vous garde des mauvaises femmes, et gardez-vous des meilleures.

V. BEAUTÉ FÉMININE, DÉMARCHE, FARD, GRÂCE (agrément).

FEMME DE BIEN (la)

Antiquité chinoise. — La femme de bien voile sa robe brodée d'or d'un surtout grossier.
(Confucius, *Invariabilité dans le milieu*, XXXIII, 1; vie s. av. J.-C. — Elle cache ses actions vertueuses sous l'humilité.)

Bible. — Il y a l'or et les perles, mais les lèvres sages sont un vase précieux.
(Livre des Proverbes, XX, 15; IVᵉ s. av. J.-C.)

Latin. — J'aime mieux être appelée femme de bien que femme riche.
(Plaute, *Pœnulus*, 302; IIᵉ s. av. J.-C.)

V. HOMME DE BIEN (l'), LE JUSTE.

FEMME (l'Honnête)

Latin médiéval. — La femme fait oublier ses défauts et peut aller partout la tête haute, si elle est honnête de corps.
(Cité par Philippe de Novare, *Traité des quatre âges*, XIIIᵉ s.)

Français. — Il y a peu d'honnêtes femmes qui ne soient lasses de leur métier.
(La Rochefoucauld, *Réflexions ou Sentences et Maximes morales*, 367 [1665].)

— La plupart des honnêtes femmes sont des trésors cachés qui ne sont en sûreté que parce qu'on ne les recherche pas.
(La Rochefoucauld, *op. cit.*, 368.)

— Chez les honnêtes personnes, on n'a de commerce qu'avec le cœur.
(Mᵐᵉ de Lambert, *Réflexions sur les femmes* [1727].)

— Il y a plus d'honnêtes femmes qu'on ne croit, mais pas tant qu'on le dit.
(Alexandre Dumas fils, *l'Ami des femmes*, I, v [1864].)

— Une femme honnête et jolie est deux fois honnête.
(P.-J. Stahl [P.-J. Hetzel], *Esprit des femmes et Femmes d'esprit* [1882].)

Italien. — La femme honnête est comme le faisan; on fait peu de cas de ses plumes, mais grand cas de sa chair.
(Cité par John Florio, *First Frutes*, 91 [1578].)

— Le rôle d'honnête femme est plus souvent joué que rempli.
(Guarini, *Pastor fido*, III, v [1590].)

V. HOMME (l'Honnête).

FEMME et l'HOMME (la)

Grec. — Il est descendu aux enfers beaucoup d'hommes auxquels les femmes avaient mis les armes à la main.
(Simonide d'Amorgos, *Fragments*, VIᵉ s. av. J.-C.)

— La femme toute seule n'est rien.
(Eschyle, *les Suppliantes*, 749; Vᵉ s. av. J.-C.)

— La femme est tour à tour la joie et le fléau de la vie des hommes.
(Euripide, *Alcméon*, fragments; Vᵉ s. av. J.-C.)

Allemand. — Femme sans homme, c'est jardin sans haie.
(Janus Gruter, *Florilegium* [1610].)

— La société des femmes est la source du bon usage.
(Gœthe [1749-1832], *Maximen und Reflexionen*.)

Américain. — Les femmes seraient charmantes, si on pouvait tomber dans leurs bras sans tomber dans leurs mains.
(Ambrose Bierce, *Collected Works*, VIII [1911].)

Anglais. — La femme est pour l'homme une déesse ou une louve.
(J. Webster, *The White Devil*, IV [1604].)

Arabe. — Si l'homme était un fleuve, la femme en serait le pont.

Espagnol. — **Le fuseau est bien mal quand la barbe ne va pas au-dessus.**
(César Oudin, *Refranes o proverbios castellanos* [1659].)

— **La femme et le vin tirent l'homme du jugement.**
(César Oudin, *op. cit.*)

Français. — **Face d'homme porte vertu.**
(Ch. de Bovelles, *Proverbes et Dits sententieux* [1557].)

— **Nul si fin que femme n'assote.**
(Baïf, *Mimes, Enseignements et Proverbes* [1576].)

— **Les faiblesses des hommes font la force des femmes.**
(Voltaire, *la Prude*, II, vi [1747].)

— **L'art de tout avoir est de n'exiger rien.**
(Désaugiers, *l'Hôtel garni ou la leçon singulière*, ii [1814].)

— **Le triomphe des femmes est de nous faire adorer leurs défauts et jusqu'à leurs vices.**
(Th. Jouffroy, *le Cahier vert*, viii [1836].)

— **L'eau gâte le vin, la charrette le chemin, et la femme l'homme.**
(Proverbe provençal.)

Italien. — **Un cheveu de femme tire plus que dix paires de bœufs.**
(Cité par John Florio, *Second Frutes* [1591].)

Kurde. — **La femme est une forteresse, l'homme est son prisonnier.**

Nigritien *(Peul).* — **La femme est une eau fraîche qui tue, une eau profonde qui noie.**

Persan. — **Les éléphants glissent sur les roses.**

Polonais. — **Associé avec une femme, le démon lui-même perd la partie.**

Tibétain. — **La liane parvient au sommet d'un grand arbre en s'appuyant sur lui.**

V. homme et la femme (l').

FEMME et l'AMITIÉ (la)

Anglais. — **L'amitié est impossible entre femme et homme : s'il est plus qu'un ami, elle devient moins qu'une amie.**
(Comtesse de Blessington, *Desultory Thoughts and Reflections* [1839].)

Français. — **Ce qui fait que la plupart des femmes sont peu touchées de l'amitié, c'est qu'elle est fade quand on a senti l'amour.**
(La Rochefoucauld, *Réflexions ou Sentences et Maximes morales*, 440 [1665].)

— **Les femmes sont aussi dangereuses ennemies qu'elles sont faibles amies.**
(Marquise de Tencin, *Lettre au maréchal de Richelieu*, 24 septembre 1743.)

— **Les femmes ne donnent à l'amitié que ce qu'elles empruntent à l'amour.**
(Chamfort [1741-1794], *Maximes et Pensées*.)

— **On n'est point l'ami d'une femme lorsqu'on peut être son amant.**
(Honoré de Balzac [1799-1850], *Maximes et Pensées*.)

V. amitié chez l'homme et la femme (l').

FEMME et l'AMOUR (la)

Grec. — La persuasion est fille d'Aphrodite.
(Sapho, *Fragments*, 163; viᵉ s. av. J.-C.)

— Toutes les femmes sont une, quand la chandelle est éteinte.
(Cité par Plutarque. *Œuvres morales*, « Préceptes du mariage », XLII.)

Latin. — Voulez-vous, elles ne veulent pas; vous ne voulez pas, c'est elles qui veulent.
(Térence, *Eunuchus*, 812; iiᵉ s. av. J.-C. — Cf. le poète arabe antéislamique Zohéïr, *Mollakats* : La femme ressemble à l'ombre qui marche avec vous; si vous la poursuivez, elle vous fuit; si vous la fuyez, elle vous suit. — Cf. Cervantes, *Don Quichotte*, I, IX : C'est la condition naturelle des femmes de dédaigner qui les aime, et d'aimer qui les dédaigne.)

— Le pot trouve ses propres herbes.
(Cité par Catulle, *Odes*, XCIV: env. 60 av. J.-C.)

— Vénus veut que ses larcins restent cachés.
(Tibulle, *Elégies*, I, II, 35; env. 19 av. J.-C.)

Allemand. — La femme amoureuse est audacieuse sans le savoir.
(J. P. Richter, *Titan*, LXXI [1803].)

Anglais. — La femme qui hésite et délibère est perdue.
(J. Addison, *Cato*, IV, 1 [1713].)

— Une fois qu'une femme vous a donné son cœur, on ne peut plus se débarrasser du reste.
(John Vanbrugh, *The Relaps*, II [1616].)

Arabe. — Celle que ne secoue pas un signe, un long discours ne lui profite pas.

Espagnol. — Toute porte est de bois, toute femme est de chair.

— Ni dame sans écuyer, ni feu sans couvre-feu.

— Ne priez point une femme au lit, ni un cheval dans l'eau.

Français. — Le cœur garde le corps et le mène où bon lui semble.
(Richard de Fournival, *Chansons*, XIIIᵉ s.)

— Tôt ou tard, folle femme est dolente.
(*Hic incipiunt proverbia vulgalia*, manuscrit du XIIIᵉ s., Cambrai, Bibl. mun.)

— Telle fait étrange réponse le jour qui ne la ferait pas la nuit.
(*Les Quinze Joyes du mariage*, « la Quinte Joye »; xvᵉ s.)

— Place qui parlemente est à demi gagnée.
(Marguerite de Navarre, *Heptaméron*, II, XVIII [1559].)

— C'est grand pitié quand beauté manque à cœur de bonne volonté.
(Texte atténué. — Rabelais, *Cinquième Livre*, XX [1564].)

— Il n'est fagot qui ne trouve son lien.
(Baïf, *Mimes, Enseignements et Proverbes* [1576].)

— Vénus est prompte à ceux qui font violence.
(Guillaume Bouchet, *les Serées*, I, V [1584].)

— Un vieux four est plus aisé à s'échauffer qu'un neuf.
(Brantôme [1540-1614], *Vies des dames galantes*, IV.)

— Dans les premières passions, les femmes aiment l'amant; et dans les autres, elles aiment l'amour.
(La Rochefoucauld, *Réflexions ou Sentences et Maximes morales*, 73 [1665].)

— La grande ambition des femmes est d'inspirer de l'amour.
(Molière, *le Sicilien*, VI [1667].)

— **Le diable qui possède les femmes quand elles ont le diable au corps est un diable tenace.**
(Regnard, *le Retour imprévu*, XIII [1700].)

— **Tout ce que les femmes peuvent raisonnablement promettre, c'est de ne pas chercher les occasions.**
(G. de Lévis, *Maximes et Réflexions* [1811].)

— **On cesse de s'aimer si quelqu'un ne vous aime.**
(Mme de Staël [1766-1817]. — Cité par Sainte-Beuve, *Portraits de femmes*.)

— **Les femmes pardonnent parfois à celui qui brusque l'occasion, mais jamais à celui qui la manque.**
(Talleyrand [1754-1838].)

— **La nuit on prend les anguilles.**
(Aug. Brizeux, *Proverbes bretons* [1860].)

— **Cent pays, cent guises; cent femmes, cent chemises.**
(L.-F. Sauvé, *Proverbes de Basse-Bretagne* [1878].)

Indien *(hindi)*. — **Le frottement polit la femme et le diamant.**

Irlandais. — **Le vent n'est pas plus rapide que le choix d'une femme entre deux hommes.**

Italien. — **Il n'importe pas que la cloche ait quelque défaut, pourvu que le battant soit bon.**
(Cité par Brantôme, *Vies des dames galantes*, v.)

— **Le temps et le cœur des femmes ont toujours fait comme ils ont voulu.**
(Proverbe valdotain. — Traduction édulcorée.)

Persan. — **La gazelle altérée n'écoute que sa soif.**

Russe. — **La femme est comme le pot de terre : quand on l'a retiré du feu, il crépite encore plus.**

Serbe. — **A coudre du vieux, on perd son fil; à aimer un vieux, on perd ses nuits.**

Suisse. — **On tient le taureau par les cornes, l'homme par la parole, et la femme par la chemise.**

V. AMANT ET MAÎTRESSE, AMOUR CHEZ L'HOMME ET LA FEMME (l').

FEMME et l'ARGENT (la)

Grec. — **Pour se procurer de l'argent, rien de plus ingénieux qu'une femme.**
(Aristophane, *l'Assemblée des femmes*, 236; IVe s. av. J.-C.)

Allemand. — **On prend le lièvre avec des chiens, le sot avec des louanges, la femme avec de l'or.**

Anglais. — **Les joyaux sont les orateurs de l'amour.**
(Samuel Daniel, *The Complaynt of Rosamond*, XVIe s.)

Arabe. — **Si tu ne peux entrer par la porte de l'amour, entre par la porte de l'argent.**

Berbère. — **Les paroles les plus tendres ont moins de prise sur les femmes que les bijoux silencieux.**

Français. — **Vides chambres font dames folles.**
(*Proverbes au vilain*, manuscrit du XIIIe s., Paris, Bibl. nat.)

— **Femme dorée est vite consolée.**
(Baïf, *Mimes, Enseignements et Proverbes* [1576].)

— **Jamais surintendant ne trouva de cruelles.**
(Boileau, *Satires*, VIII, 194 [1667].)

— **Dans un miroir d'auberge, on n'est jamais jolie.**
(Alfred de Musset, *Poésies nouvelles*, « Sonnet à Mme G... » [1842].)

Indien *(hindî).* — **Mieux vaut être l'esclave du riche que l'épouse du pauvre.**

Roumain *(Dacie).* — **L'œil de ta femme est dans ta bourse.**

V. ARGENT, CORRUPTION, OR.

FEMME et le BONHEUR (la)

Anglais. — **Les femmes heureuses, comme les nations heureuses, n'ont pas d'histoire.**
(George Eliot, *The Mill on the Floss*, VI [1860].)

Arménien. — **La fleur de la cime des monts ne céderait pas sa place à la rose des jardins.**

Français. — **La gloire n'est pour la femme qu'un deuil éclatant du bonheur.**
(Mme de Staël, *De l'Allemagne*, III, XIX [1810].)

— **Le bonheur est la poésie des femmes, comme la toilette en est le fard.**
(Honoré de Balzac, *le Père Goriot* [1834].)

V. BONHEUR.

FEMME et la CHASTETÉ (la)

Latin. — **La femme chaste est celle qui n'a pas été sollicitée.**
(Ovide, *les Amours*, IV, VIII, 43; env. 13 av. J.-C. — Repris par Mathurin Régnier, *Satires*, XIII, 118 : Celle est chaste, sans plus, qui n'en est point priée.)

Anglais. — **Si la chasteté des femmes est une vertu, c'est à la jalousie qu'on en a de l'obligation.**
(Fr. Bacon, *De dignitate et augmentis scientiarum*, VI, 17 [1605].)

— **Le poivre est noir, mais il a bon goût; la neige est blanche, mais on la laisse à terre.**

Espagnol. — **A la femme chaste, Dieu suffit.**

— **La femme la plus prudente passe pour la plus chaste.**

Français. — **Prude femme ne crie pute chambrière.**
(*Proverbe que dit li vilains*, manuscrit du XIIIe s., Oxford.)

— **Les robes des femmes sont si longues et si bien tissues de dissimulation que l'on ne peut reconnaître ce qui est dessous.**
(Marguerite de Navarre, *Heptaméron*, III, XXVI [1559].)

— **Les femmes sont plus chastes des oreilles que de tout le reste du corps.**
(Molière, *la Critique de l'École des femmes*, III [1663].)

— **Ce n'est pas toujours par chasteté que les femmes sont chastes.**
(La Rochefoucauld, *Réflexions ou Sentences et Maximes morales*, I [1665].)

— **La femme la plus vertueuse a en elle quelque chose qui n'est pas chaste.**
(Honoré de Balzac, *la Physiologie du mariage* [1830].)

Tchèque. — **Il n'y a point de chapelle, si petite soit-elle, où l'on ne prêche au moins une fois dans l'année.**

V. CHASTETÉ.

FEMME et la COLÈRE (la)

Anglais. — **Une femme irritée est comme une fontaine troublée.**
(Shakespeare, *The Taming of the Shrew*, V, II [1594].)

— **Une femme en colère est une guêpe piquante.**
(Nicholas Breton, *Crossing of Proverbs* [1616].)

Chinois. — **La vertu de la femme n'est pas profonde, mais sa colère est sans fin.**

Italien. — **Le feu gagne plus vite ce qui est léger et gracieux que les objets durs et lourds.**
(Boccace, *Décaméron*, IV, 3 [env. 1350].)

V. COLÈRE.

FEMME (Conseil de)

Grec. — **Des lèvres de la femme tombent de sages avis.**
(Euripide, *les Suppliantes*, 294; Vᵉ s. av. J.-C.)

Hébreu. — **Qui suit le conseil des femmes tombe en enfer.**
(Le Talmud, *Baba Metzia*, Vᵉ s. — Ainsi Achab se perdit-il pour avoir suivi le conseil de Jézabel.)

Latin médiéval. — **Prends le premier avis d'une femme, non le second.**
(Gilbertus Noxeranus, *Epigrammata*, XIIᵉ s. — Parce que les femmes jugent mieux d'instinct que de réflexion.)

— **Le conseil des femmes est trop cher ou trop bon marché.**
(Albertano da Brescia, *Liber consolationis et consilii*, XIIIᵉ s.)

Allemand. — **Semailles d'été et avis de femme ne réussissent qu'une fois tous les sept ans.**

Chinois. — **Le conseil d'une femme ingénieuse ruine une ville forte.**

Espagnol. — **L'avis d'une femme est de peu de prix, mais qui ne le prend pas est un sot.**
(Cervantes, *Don Quichotte*, II, VII [1615].)

Français. — **Le rouge matin et le conseil féminin ne sont pas à croire.**
(*Proverbia rusticorum mirabiliter versificata*, manuscrit du XIIIᵉ s., Leyde.)

— **Demandez aux femmes des inspirations, ne leur demandez pas de conseil.**
(Mᵐᵉ de Girardin [Delphine Gay], *Lettres parisiennes*, 25 janvier 1845.)

Turc. — **Le conseil d'une femme n'est bon que pour une femme.**

V. AVIS, CONSEIL.

FEMME et la COQUETTERIE (la)

Bible. — **Le cœur de la coquette est un piège et ses mains sont des liens.**
(L'Ecclésiaste, VII, 26; IIIᵉ s. av. J.-C.)

Français. — **La femme coquette est l'agrément des autres et le mal de qui la possède.**
(Voltaire, *Épîtres*, LXXXVII [1748].)

— **Une coquette qui prend un amant est un souverain qui abdique.**
(Aimée de Coigny [1769-1820].)

— **La coquetterie, c'est la véritable poésie des femmes.**
(Mᵐᵉ de Girardin [Delphine Gay], *Lettres parisiennes*, 19 août 1837.)

— Une coquette fait des billets sans payer.

(Alphonse Karr, *Menus Propos* [1859].)

— Il faut à la femme la plus honnête un grain de coquetterie, comme à la fraise un grain de poivre.

(Daniel Darc [Mme Marie Régnier], *Sagesse de poche* [1885].)

V. FARD, PARFUM.

FEMME FIDÈLE (la)

Grec. — Il est dur aux femmes d'être loin du mari.

(Eschyle, *les Choéphores*, 920; ve s. av. J.-C.)

Latin. — La porte se défend par sa propre serrure.

(Tibulle, *Elégies*, I, VI, 34; env. 19 av. J.-C.)

Arabe. — L'aiguille ne contient pas deux fils, ni le cœur deux amants.

— Celle qui n'a pas changé de turban n'a pas connu les délices.

Chinois. — La femme infidèle a des remords, la femme fidèle a des regrets.

Espagnol. — Femme et verger ne veulent qu'un seul maître.

— Les femmes ne sont pas tenues de faire des miracles.

(Quand on met leur fidélité à l'épreuve. — Cité par Cervantes, *Don Quichotte*, I, XXXV [1605].)

Français. — La femme et l'œuf, un seul maître veut.

(Gilles de Noyers, *Proverbia gallicana* [1558].)

— Les galants n'obsèdent jamais que quand on le veut bien.

(Molière, *George Dandin*, II, IV [1668].)

— Les hommes peuvent fatiguer de leur constance, les femmes jamais.

(Honoré de Balzac [1799-1850], *Maximes et Pensées*.)

Persan. — La femme fidèle et la tourterelle ont un collier au cou.

(Djâmi, *Béharistan*, I; XVe s.)

V. AMOUR ET FIDÉLITÉ, MARI ET FEMME.

FEMME EST INCONSTANTE (la)

Grec. — La femme a la nature versatile de la mer.

(Simonide d'Amorgos, *Fragments*, VIe s. av. J.-C.)

Bible. — Celui qui la retient retient le vent, et sa main saisit l'huile.

(Livre des Proverbes, XXVII, 16; IVe s. av. J.-C.)

Latin. — Ce qu'une femme dit, il faut l'écrire sur le vent et sur l'onde rapide.

(Catulle, *Odes*, LXX; env. 60 av. J.-C.)

— La femme est chose variable et changeante.

(Virgile, *Énéide*, IV, 569; env. 19 av. J.-C. — ... *varium et mutabile semper.*)

— Quoi de plus léger qu'une plume ? la poussière — de plus léger que la poussière ? le vent — de plus léger que le vent ? la femme — de plus léger que la femme ? rien.

(Cité par Alfred de Musset, *Barberine*, II, I.)

Allemand. — Qui se fie aux femmes écrit dans la neige.

(Paul Fleming, *Epigrammata* [1635].)

Anglais. — O fragilité, ton nom est femme.

(Shakespeare, *Hamlet*, I, II [1602].)

Chinois. — L'esprit des femmes est de vif-argent et leur cœur est de cire.

Espagnol. — **Entre le oui et le non de la femme, on ne ferait pas tenir la pointe d'une aiguille.**

— **Tenir une femme par sa parole, c'est tenir une anguille par la queue.**

Français. — **Cœur de femme est tôt mué.**

(*Bonum spatium*, manuscrit du xive s., Paris, Bibl. nat.)

— **Souvent femme varie, bien fol est qui s'y fie.**

(Brantôme, *Vies des dames galantes*, iv, rapporte qu'il vit François Ier tracer avec le chaton de sa bague cette inscription sur une vitre du château de Chambord. — Par la suite Louis XIV aurait fait casser le carreau pour complaire à Mlle de La Vallière.)

— **Si les femmes étaient d'argent, elles ne vaudraient rien à faire monnaie.**

(A. de Montluc, *les Illustres Proverbes historiques* [1655].)

— **Les femmes ressemblent aux girouettes, elles se fixent quand elles se rouillent.**

(Voltaire, *le Dépositaire*, IV, 1 [1769].)

— **Entre presque oui et oui, il y a tout un monde.**

(Alfred de Musset, *On ne saurait penser à tout*, ix [1849].)

Indien *(hindi).* — **Le lièvre et la femme sont à vous tant que vous les tenez.**

Siamois. — **Le cœur d'une femme est aussi instable qu'une goutte d'eau glissant sur une feuille de lotus.**

V. INCONSTANCE.

FEMME INFIDÈLE (la)

Grec. — **La femme est purifiée tout de suite du contact de son mari; de celui d'un autre jamais.**

(Théano, épouse de Pythagore, vie s. av. J.-C. — Cité par Diogène Laërce, *Phil. ill.*, VIII.)

Bible. — **La trace de l'aigle dans les cieux, la trace du serpent sur le rocher, la trace du navire au milieu de la mer, telle est la trace de l'homme chez la femme; la femme mange et s'essuie la bouche, puis elle dit : « Je n'ai pas fait le mal. »**

(Livre des Proverbes, xxx, 18-20; ive s. av. J.-C.)

Sanskrit. — **La femme parle à un homme, en regarde un autre, et pense à un troisième.**

(Bhartrhari, le *Nitisataka*, viie s.)

Arabe. — **Le ventre de la femme est un jardin qui porte toutes sortes de fruits.**

Espagnol. — **Beaucoup savait le mari, mais plus savait celui qui lui planta des cornes.**

Français. — **Un mari sans un ami, ce n'est rien fait qu'à demi.**

(A. de Montluc, *la Comédie de proverbes*, III, vii [1616].)

— **L'honneur d'une fille est à elle, elle y regarde à deux fois; l'honneur d'une femme est à son mari, elle y regarde moins.**

(L.-S. Mercier [1740-1814], *Merceriana*.)

Nigritien *(Bambara).* — **On ne peut sauter d'un arbre à un autre arbre, mais on peut sauter d'un homme à un autre homme.**

V. ADULTÈRE, AMANT ET MAÎTRESSE, AMOUR ET INFIDÉLITÉ.

FEMME INSTRUITE (la)

Allemand. — **Pour un homme, le savoir avant la vertu; pour une femme, la vertu avant le savoir.**
(G. C. Lichtenberg, *Aphorismen* [1799].)

Anglais. — **Défiez-vous d'une prophétesse, d'une prostituée et d'une femme qui parle latin.**
(G. Herbert, *Jacula prudentum* [1651].)

Chinois. — **L'homme savant bâtit les cités, la femme savante les renverse.**

Français. — **Soleil qui luisarne au matin, enfant nourri de vin, femme qui parle latin ne viennent pas à bonne fin.**
(Luisarner : luire par intervalles. — *Mots dorés de Caton*, XVIᵉ s.)

— **Une femme doit être instruite et non savante.**
(Julie de Lespinasse [1732-1776].)

— **L'instruction pour les femmes, c'est le luxe; le nécessaire, c'est la séduction.**
(Mᵐᵉ de Girardin [Delphine Gay], *Lettres parisiennes*, 8 février 1837.)

V. FEMME QUI TRAVAILLE (la).

FEMME JALOUSE (la)

Grec. — **La jalousie d'une épouse est une bourrasque d'où sort l'ouragan.**
(Eschyle, *les Suppliantes*, 165; Vᵉ s. av. J.-C.)

Latin. — **Junon dissimule la colère qui l'enflamme contre son coupable époux.**
(Catulle, *Odes*, LXVIII, 138; env. 60 av. J.-C.)

Anglais. — **La jalousie d'une femme consiste moins à être jalouse d'une autre femme qu'à se voir délaissée.**
(James Hinton, *Life in Nature* [1862].)

Arabe. — **La jalousie de la femme méchante se révèle par ses écarts, celle de la femme vertueuse par ses larmes.**

V. AMOUR ET JALOUSIE, FEMME TROMPÉE (la).

FEMME et les LARMES (la)

Latin. — **Les larmes d'une femme servent d'épices à sa méchanceté.**
(Publilius Syrus, *Sentences*, 1ᵉʳ s. av. J.-C.)

— **Celles qui ont le moins de chagrin pleurent avec le plus d'ostentation.**
(Tacite, *Annales*, II, LXXVII [env. 110].)

— **Les larmes d'une femme cachent des embûches.**
(Denys Caton, *Disticha*, III, 20; IIIᵉ s.)

Anglais. — **Rien ne sèche plus vite qu'une larme de femme.**
(John Webster, *The White Devil*, V [1608].)

— **Il n'est pas plus pitoyable de voir une femme pleurer que de voir une oie aller pattes nues.**

— **La plus grande force de l'eau en tant qu'élément est dans les larmes des femmes.**

Arabe. — **Les larmes des méchantes sont toujours prêtes à couler.**

Espagnol. — **Les larmes des femmes valent beaucoup et leur coûtent peu.**

Français. — **Larme de femme affole le sot.**
(*Li respit del curteis e del vilain*, manuscrit du xive s., Oxford.)

— **Femme rit quand elle peut, et pleure quand elle veut.**
(Baïf, *Mimes, Enseignements et Proverbes* [1576].)

— **Les larmes sont l'éloquence des femmes.**
(Saint-Evremond, *Œuvres mêlées* [1692].)

Russe. — **Dans les larmes d'une femme le sage ne voit que de l'eau.**

Tchèque. — **Pluie du matin et larmes de femme sont bientôt sèches.**
V. PLEURER.

FEMME et la MAISON (la)

Bible. — **La femme sage bâtit sa maison et la femme insensée la renverse de ses propres mains.**
(Livre des Proverbes, XIV, 1; ive s. av. J.-C.)

— **La femme forte surveille les sentiers de sa maison, et elle ne mange pas le pain de l'oisiveté.**
(Livre des Proverbes, XXXI, 27.)

Albanais. — **La maison n'est pas fondée sur le sol, mais sur la femme.**
(*Chrestomathie chkipre ou albanaise* [1878].)

Allemand. — **Une femme et un poêle ne doivent pas bouger de la maison.**
(G. C. Lichtenberg, *Aphorismen* [1799].)

— **La main qui, samedi, tient un balai est celle qui, dimanche, caresse le mieux.**
(Gœthe, *Faust*, 1re partie [1808].)

Anglais. — **Une femme ne doit quitter sa maison que trois fois : pour son baptême, pour son mariage, et pour son enterrement.**
(Th. Fuller, *Gnomologia* [1732].)

— **Si vous ne pouvez être une étoile au ciel, soyez du moins une lampe à la maison.**
(Devise de George Eliot [1819-1880].)

Chinois. — **L'eau d'une source de montagne perd sa limpidité dès qu'elle devient vagabonde.**

Espagnol. — **Le pied sur le berceau et la main au fuseau, la femme fait le logis beau.**

Français. — **Selon l'oiseau le nid, selon la femme le logis.**
(Inscription sur plusieurs maisons moyenâgeuses, à Amboise.)

— **Femme veut en toute saison être dame en sa maison.**
(Janus Gruter, *Florilegium* [1610].)

— **Les femmes font et défont les maisons.**
(Variante : Les femmes ne sont pas des maçons, mais elles font...)

Hollandais. — **Une femme peut emporter hors de la maison plus qu'un homme n'y peut apporter dans un char.**

Indien *(bhojpuri)*. — **Celle qui a pour sceptre une grosse louche de bois est une puissante reine.**

— *(hindî)*. — **Le foyer n'est pas une pierre, mais une femme.**

Kurde. — **Dieu a créé la femme, la femme a créé le foyer.**

Roumain. — **Une tente sans femmes est comme un violon sans cordes.**

Russe. — **Dehors, l'homme et le chien; dedans, la femme et la chatte.**

Serbe. — **La véritable ménagère est à la fois une esclave et une dame.**

V. FEMME QUI TRAVAILLE (la), HOMME ET LA MAISON (l'), MAISON.

FEMME et le MARIAGE (la)

Antiquité égyptienne. — **Une femme est doublement attachée, si sa chaîne est aimable.**
(*Sagesse de Ptahotep*; IVe millénaire av. J.-C.)

Grec. — **J'aime mieux un homme sans argent que de l'argent et point d'homme.**
(Thémistocle, à propos du mariage de sa fille. — Cf. Cicéron, *De officiis*, II, xx.)

Latin. — **Dans le choix d'un mari, les femmes vertueuses consultent leur raison et non leurs yeux.**
(Publilius Syrus, *Sentences*, Ier s. av. J.-C.)

Albanais. — **Avec ta mère, jusqu'au rivage; avec ton époux, à travers l'océan.**
(*Chrestomathie chkipre ou albanaise* [1878].)

Anglais. — **Toutes sont des filles parfaites; d'où viennent les méchantes épouses?**

— **Il y a certains maris parce que certaines femmes n'ont pas voulu rester filles.**

Arabe. — **Il n'y a de mariage que par consentement et de labour que par humidité.**

Basque. — **Qui a le loup pour mari jette souvent la vue sur le bois.**

Chinois. — **Les plus jolis oiseaux sont en cage.**

Espagnol. — **Par mari, reine; par mari, misérable.**

Français. — **Au coucher se gagne le douaire.**
(Antoine Loisel, *Institutes coutumières*, 140 [1607]. — Le douaire n'est point acquis à la femme avant que le mariage ne soit consommé.)

— **Il n'y a si méchante marmite qui ne trouve son couvercle.**
(Antoine Oudin, *Curiosités françoises* [1640].)

— **Là où la chèvre est attachée, il faut qu'elle broute.**
(Molière, *le Médecin malgré lui*, III, III [1666].)

— **Le devoir d'une épouse est de paraître heureuse.**
(La Chaussée, *le Préjugé à la mode*, I, II [1735].)

Indien (*hindî*). — **Une femme sans mari est un champ sans pluie.**

Russe. — **Humble comme un agneau, diligente comme une abeille, belle comme un oiseau de paradis, fidèle comme une tourterelle.**

Serbe. — **Une femme sans mari est un cheval sans bride.**

V. DOT, FILLE, MARIAGE, MARI ET FEMME.

FEMME et le REMARIAGE (la)

Anglais. — **Quand vous allez pour vous noyer, ôtez d'abord vos vêtements; ils pourront servir au second mari de votre femme.**

Chinois. — **La femme noble ne boit pas le thé de deux familles.**

Français. — On n'est, avec dignité, épouse et veuve qu'une fois.

(J. Joubert [1754-1824], *Pensées, Maximes et Essais.*)

Malais. — Si tu te remaries, prends un mari-miroir ou un mari-bouclier.

Mongol. — L'âne efface les pas du cheval.

V. MARIAGE (remariage) ; VEUVAGE.

FEMME MÉCHANTE (la)

Grec. — Les dieux ont donné un remède contre le venin des serpents, mais il n'y en a pas contre une femme méchante.

(Euripide, *Andromaque*, 274; Vᵉ s. av. J.-C.)

Bible. — Toute méchanceté est légère comparée à la méchanceté de la femme.

(L'Ecclésiastique, XXV, 18; IIᵉ s. av. J.-C.)

Chinois. — La gueule du serpent vert et le dard de la guêpe ne lancent pas un vrai poison; celui-ci ne se trouve que dans le cœur de la femme.

Danois. — La méchanceté d'un homme fait de lui un démon, la méchanceté d'une femme fait d'elle un enfer.

Libanais. — Tu peux être l'ennemi de la femme honnête, mais ménage celle qui est méchante.

V. MÉCHANCETÉ.

FEMME et le MENSONGE (la)

Grec. — Ne crois jamais ce que dit une femme, même si elle dit la vérité.

(Euripide, *Hippolyte*, fragments, Vᵉ s. av. J.-C.)

Allemand. — Le lion a ses dents et ses griffes, le sanglier a ses cornes, la seiche a son encre qui lui sert à brouiller l'eau autour d'elle; la nature a donné à la femme son pouvoir de mensonge.

(A. Schopenhauer, *Parerga und Paralipomena* [1851].)

Anglais. — Une femme ment aussi vite qu'un chien lèche un plat.

(J. Heywood, *Proverbs in the English Tongue* [1546].)

— Un œuf est moins rempli de substance qu'une femme n'est pleine de mensonge.

(John Still, *Gammer Gurton's Needle*, V; XVIᵉ s.)

Français. — Avec la femme, le mensonge devient bientôt vérité et la vérité mensonge.

(*Le Dit des perdrix*, fabliau du XIIᵉ s.)

— Les hommes sont les roturiers du mensonge, les femmes en sont l'aristocratie.

(Etienne Rey, *Éloge du mensonge* [1925].)

Indien *(tamil).* — Le mensonge d'un homme filtre comme le jour à travers une natte; le mensonge d'une femme est opaque comme un mur.

Italien. — Aucune femme n'a jamais dit la vérité toute nue.

V. MENSONGE.

FEMME et la PAROLE (la)

Grec. — **Aux femmes, le silence est une parure.**
(Sophocle, *Ajax*, 293; ve s. av. J.-C.)

Latin. — **La femme qui se tait vaut mieux que celle qui parle.**
((Plaute, *Rudens*, 1035; IIe s. av. J.-C.)

Bible. — **C'est un don de Dieu qu'une femme silencieuse.**
(L'Ecclésiastique, XXVI, 14; IIe s. av. J.-C.)

Proverbe général. — **La langue des femmes est leur épée.**
(On ajoute : ... et elles ne la laissent pas rouiller.)

Allemand. — **Les femmes portent l'épée dans la bouche; c'est pourquoi il faut les frapper sur la gaine.**

Anglais. — **Libre de lèvres, libre de hanches.**

— **Le silence est le plus beau bijou d'une femme, mais elle le porte rarement.**

— **La langue est la dernière chose qui meurt dans une femme.**

Chinois. — **Les paroles de l'homme sont comme la flèche qui va droit au but; celles de la femme ressemblent à l'éventail brisé.**

Espagnol. — **Le rossignol oubliera de chanter plutôt que la femme de parler.**

Français. — **Peu ou à contrecœur se tait la femme.**
(*Proverbes ruraux et vulgaux*, manuscrit du XIVe s., Paris, Bibl. nat.)

— **Deux femmes font un plaid, trois un grand caquet, quatre un plein marché.**
(Gabriel Meurier, *Trésor des sentences* [1568].)

— **Il y a mille inventions pour faire parler les femmes, mais pas une seule pour les faire taire.**
(Guillaume Bouchet, *les Serées*, I, XII [1584].)

— **Jamais femme muette n'a été battue par son mari.**
(J.-F. Bladé, *Proverbes recueillis dans l'Armagnac* [1879].)

Mongol. — **La bouche d'une femme est un nid de mauvaises paroles.**

Nigritien (Peul). — **La force d'une femme réside dans un flot de paroles.**

Persan. — **La femme sage est celle qui a beaucoup à dire mais qui garde le silence.**

Russe. — **La femme a les cheveux longs et la langue plus longue encore.**

Tchèque. — **Quand la femme ne sait plus que répondre, c'est que la mer est vide.**

V. BAVARDAGE, FEMME ET LE SECRET (la), PARLER.

FEMME et la PARURE (la)

Bible. — **La force et la grâce sont la parure de la femme.**
(Livre des Proverbes, XXXI, 25; IVe s. av. J.-C.)

Grec. — **Ce sont les bonnes mœurs et non les riches atours qui font la parure des femmes.**
(Ménandre, *Fragments*, IVe s. av. J.-C.)

Sanskrit. — **Si une femme n'est pas parée d'une manière brillante, elle ne fera pas naître la joie dans le cœur de son époux.**
(*Lois de Manou*, III, 61; IIe s.)

Allemand. — Les vêtements sont les armes de la beauté, qu'une femme dépose comme le soldat devant son vainqueur.
(J. P. Richter, *Blumen, Frucht und Dornenstücke* [1818].)

— La femme qui se sait joliment parée ne s'est jamais enrhumée.
(F. Nietzsche, *Götzendämmerung* [1889].)

Anglais. — Un homme regarde le visage de la mariée, une femme examine sa robe.
(L. W. Howe, *Country Town Sayings* [1911].)

Chinois. — Les trois dixièmes de la beauté féminine sont dus à la nature, les sept dixièmes à la parure.

— Quand les hommes sont ensemble, ils s'écoutent; les femmes et les filles se regardent.

Français. — Quand la messe fut chantée, lors fut la dame parée.
(*Proverbes en françois*, manuscrit de 1456, Paris, Bibl. nat.)

— Dame qui moult se mire, peu file.
(Pierre Gringore, *Notables Enseignements, Adages et Proverbes* [1528].)

— Femme sotte se connaît à la cotte.
(Janus Gruter, *Florilegium* [1610].)

— On peut briller par la parure, mais on ne plaît que par la personne.
(Jean-Jacques Rousseau, *Émile*, V [1762].)

— Le regard ment, le sourire est perfide, la parure ne trompe jamais.
(Mme de Girardin [Delphine Gay], *Lettres parisiennes*, 10 août 1839.)

Irlandais *(gaélique).* — Beau plumage fait passer maigre viande.

Libanais. — Mauvais harnachement n'amoindrit pas jument de race.

V. ÉLÉGANCE, FEMME ET LA COQUETTERIE (la), MODE, VÊTEMENT.

FEMME PRUDE (la)

Français. — Une femme prude paie de maintien et de paroles; une femme sage paie de conduite.
(La Bruyère, *les Caractères*, « Des femmes », 48 [1688].)

— La pruderie est une espèce d'avarice, la pire de toutes.
(Stendhal, *De l'amour, Fragments divers*, V [1822].)

— Le voile des prudes n'est si épais que parce qu'il y a beaucoup à cacher.
(Mme de Girardin [Delphine Gay], *Lady Tartuffe*, V, IV [1853].)

— Le propre de la pruderie, c'est de mettre d'autant plus de factionnaires que la forteresse est moins menacée.
(Victor Hugo, *les Misérables*, III, II, VIII [1862].)

V. HYPOCRISIE.

FEMME et la PUDEUR (la)

Grec. — La pudeur des femmes tombe avec leur vêtement.
(Hérodote, *Histoires*, I, 8; ve s. av. J.-C.)

Bible. — C'est une grâce qui passe toute grâce qu'une femme pudique.
(L'Ecclésiastique, XXVI, 15; IIe s. av. J.-C.)

Arabe. — Femme sans pudeur est comme manger sans sel.

Espagnol. — **La honte est bien jolie, elle vaut beaucoup et elle coûte peu**

Français. — **Les femmes ont plus de honte de confesser une chose d'amour que de la faire.**

(Marguerite de Navarre, *Heptaméron*, VI, LX [1559].)

— **Les femmes rougissent d'entendre nommer ce qu'elles ne craignent aucunement à faire.**

(Montaigne, *Essais*, II, XVII [1580].)

— **La pudeur chez les femmes n'est qu'une coquetterie bien entendue.**

(Diderot, *Contes et Idylles* [1773].)

— **La pudeur est une vertu que l'on attache avec des épingles.**

(Mme d'Épinay [1726-1783].)

V. PUDEUR.

FEMME et la RÉPUTATION (la)

Chinois. — **La femme la mieux louée est celle dont on ne parle pas.**

Espagnol. — **Tout l'honneur des femmes consiste dans la bonne opinion que l'on a d'elles.**

(Cervantes, *Don Quichotte*, I, XXXIII [1605].)

— **La légèreté et les étourderies publiques nuisent plus à l'honneur des femmes que les fautes secrètes.**

(Cervantes, *Don Quichotte*, II, XXII [1615].)

Français. — **La réputation d'une femme peut se renouveler.**

(Mme de Maintenon [1635-1719].)

— **Sois belle, si tu peux; sage, si tu veux; mais sois considérée, il le faut.**

(Beaumarchais, *le Mariage de Figaro*, I, IV [1784].)

— **Un homme peut braver l'opinion; une femme doit s'y soumettre.**

(Mme Necker, *Mélanges* [1798]. — Cité par Mme de Staël, en épigraphe de son roman, *Delphine*.)

Russe. — **La bonne réputation remplace la chemise.**

V. RÉPUTATION.

FEMME et le SECRET (la)

Latin. — **Le seul secret que gardent les femmes, c'est celui qu'elles ignorent.**

(Sénèque le Rhéteur, *Controversiarum libri*, II, XIII, 12 [env. 15].)

Anglais. — **L'eau et l'huile, la femme et le secret sont, par nature, incompatibles.**

(Lord Lytton, *Richelieu*, I, I [1838].)

Français. — **Femme accomplie, trois fois discrète.**

(*Proverbes au vilain*, manuscrit du XIIIe s., Paris, Bibl. nat.)

— **Un homme est plus fidèle au secret d'autrui qu'au sien propre; une femme, au contraire, garde mieux son secret que celui d'autrui.**

(La Bruyère, *les Caractères*, « Des femmes », 58 [1688].)

Irlandais *(gaélique)*. — **Donne ton amour à ta femme, mais ton secret à ta mère ou à ta sœur.**

Russe. — **Il y a plus de danger à confier un secret à une femme qu'à tenir la mer sur un navire qui risque de sombrer.**

Yiddish. — **Le secret porte culotte.**

(Les femmes ne peuvent garder qu'un seul secret, le leur.)

V. BAVARDAGE, FEMME ET LA PAROLE (la), SECRET.

FEMME QUI TRAVAILLE (la)

Français. — **Femme qui gagne et poule qui pond,
            Ce n'est que bruit dans la maison.**
   (Ph. Le Duc, *Proverbes en rimes* [1664].)

   — **La femme qui fait un métier d'homme appartient au troisième sexe.**
   (G. Berr et L. Verneuil, *Maître Bolbec et son mari*, I, vi [1926].)

   V. FEMME INSTRUITE (la), FEMME ET LA MAISON (la).

FEMME TROMPÉE (la)

Français. — **Il y a peu de maris que patience et amour de femme ne puissent
            gagner à la longue.**
   (Marguerite de Navarre, *Heptaméron*, V, xlviii [1559].)

   — **On pardonne les infidélités, mais on ne les oublie pas.**
   (Mme de La Fayette, *Lettre à Mme de Sévigné*, 14 juillet 1673.)

Turc. — **Ton mari a-t-il deux jarres ? L'une est de trop, brise-la.**

   V. ADULTÈRE, FEMME JALOUSE (la).

FEMME EST VANITEUSE (la)

Anglais. — **On gagne un homme par la flatterie qui lui plaît, et une femme
            par toutes sortes de flatteries.**
   (Lord Chesterfield, *Lettre à son fils*, 6 mars 1752.)

Espagnol. — **Aucun miroir n'a jamais reflété une femme laide.**
   (César Oudin, *Refranes o proverbios castellanos* [1659].)

Français. — **Il n'est si étrange mensonge que la femme ne croie, s'il est à
            sa louange.**
   (*Les Quinze Joyes du mariage*, « la Sixte Joye »; xve s.)

   — **Dans ses prétentions une femme est sans borne.**
   (Boileau, *Satires*, V, 721 [1665].)

   — **La vanité ruine plus de femmes que l'amour.**
   (Marquise du Deffand [1697-1780].)

Suédois. — **Les femmes ne sauraient faire banqueroute à la modestie, et les
            hommes à la bonne foi, sans un renversement total de la société.**
   (Chancelier Oxenstiern [1583-1654], *Réflexions et Maximes*.)

   V. VANITÉ.

FEMME et la VENGEANCE (la)

Latin. — **Personne plus que la femme ne trouve de joie à se venger.**
   (Juvénal, *Satires*, XIII, 192 [env. 120].)

Chinois. — **Les femmes et les sots ne pardonnent jamais.**

Français. — **Bien rosser et garder rancune est aussi par trop féminin.**
   (Beaumarchais, *le Mariage de Figaro*, V, viii [1784].)

   — **Les femmes ne pardonnent jamais qu'après avoir puni.**
   (Mme de Girardin [Delphine Gay], *Lettres parisiennes*, 11 mai 1837.)

   V. VENGEANCE.

FEMME et la VERTU (la)

Grec. — Il est permis d'avoir quelque défiance de la femme la plus accomplie.
(Homère, *l'Odyssée*, XI, 457; IXᵉ s. av. J.-C. — Paroles d'Agamemnon à Ulysse, à propos de la vertu de Pénélope.)

Anglais. — La vertu qui demande à être toujours surveillée ne vaut pas le prix de la sentinelle.
(O. Goldsmith, *The Vicar of Wakefield*, v [1766].)

Autrichien. — Si vertueuse que soit une femme, c'est sur sa vertu qu'un compliment lui fait le moins de plaisir.
(Prince de Ligne, *Réflexions* [1811].)

    — L'honneur des femmes est mal gardé, quand l'amour ou la religion ne sont point aux avant-postes.
(Prince de Ligne, *op. cit.*)

Chinois. — La vertu est vertu pour un homme, le manque de vertu est vertu pour une femme.

Espagnol. — La femme et le verre sont toujours en danger.
(Cervantes, *Don Quichotte*, I, XXXIII [1605].)

Français. — Oncques place bien assaillie ne fut, qu'elle ne fut prise.
(Marguerite de Navarre, *Heptaméron*, I, IX [1559].)

    — Vertu a bien plus de grâce, reluisante en belle face.
(Cholières, *les Matinées*, V [1585].)

    — Les hommes manquent plus de conquêtes par leur maladresse que par la vertu des femmes.
(Ninon de Lenclos [1620-1705].)

    — Les femmes ont, pour l'ordinaire, plus de vanité que de tempérament, et plus de tempérament que de vertu.
(Vauvenargues, *Réflexions et Maximes*, 681 [1746].)

Italien. — Les femmes et les navires, on craint toujours qu'ils ne chavirent.

Portugais. — Femmes et brebis doivent être rentrées avant la nuit.

    V. FEMME (l'Honnête), FEMME ET LA CHASTETÉ (la).

FEMME et la VIEILLESSE (la)

Grec. — Il vaut mieux irriter un chien qu'une vieille femme.
(Ménandre, *Fragments*, IVᵉ s. av. J.-C.)

Latin médiéval. — Vieille qui danse fait lever force poussière.
Anus subsultans multum excitat pulveris.

Proverbe général. — Où le diable ne peut aller, il envoie une vieille femme.
(Folklore allemand, polonais, etc.)

Anglais. — Les femmes et la musique ne devraient pas être datées.
(Oliver Goldsmith, *She stoops to Conquer*, III [1773].)

Espagnol. — Quand la femme ne sert plus de marmite, elle sert de couvercle.
(Elle s'occupe des amours d'autrui. — Cervantes, *Nouvelles exemplaires*, « le Petit-fils de Sancho Panza » [1613].)

Français. — On voit bien encore aux tessons ce que fut le pot.
(Adam de la Halle, *le Jeu de la feuillée*, I; XIIIᵉ s.)

    — Tout ira bien, fors mariage de vieille.
(*Bonum spatium*, manuscrit du XIVᵉ s., Paris, Bibl. nat.)

— **A vieille mule, frein doré.**
(*Proverbes en françois*, manuscrit de 1456, Paris, Bibl. nat.)

— **Il est avis à vieille vache qu'elle ne fut jamais génisse.**
(J. de La Véprie, *Proverbes communs* [1498].)

— **Dans un vieux pot, on fait de bonne soupe.**
(Antoine Oudin, *Curiosités françoises* [1640].)

— **Il n'est si belle rose qui ne devienne gratte-cul.**
(Gilles Ménage, *Miscellanea* [1652].)

— **Le plus dangereux ridicule des vieilles personnes qui ont été aimables, c'est d'oublier qu'elles ne le sont plus.**
(La Rochefoucauld, *Réflexions ou Sentences et Maximes morales*, 408 [1665].)

— **L'enfer des femmes, c'est la vieillesse.**
(La Rochefoucauld, *Maximes posthumes*, 562 [1693]. — Pensée inspirée par la vieillesse de Ninon de Lenclos.)

— **Les femmes pourraient compenser un peu la perte de leurs charmes, en perfectionnant leur caractère.**
(Mᵐᵉ Necker, *Mélanges* [1798].)

— **Pour être ridée, une pomme ne perd sa bonne odeur.**
(Aug. Brizeux, *Proverbes bretons* [1860].)

Italien. — **D'une vieille poule on fait un meilleur bouillon.**
(Cité par Brantôme [1540-1614], *Vies des dames galantes*, v.)

Kurde. — **La mosquée est détruite, mais la chapelle reste.**

Nigritien (*Bambara*). — **Une vieille femme dont tu ignores le nom, appelle-la grand-mère.**

Polonais. — **La femme devient folle deux fois : quand elle est amoureuse, et quand elle commence à grisonner.**

V. ÂGES DE LA VIE, VIEILLESSE, VIEILLESSE CHEZ L'HOMME ET LA FEMME (la).

FERMETÉ

Antiquité chinoise. — **Quand il faut être ferme, soyez montagne.**
(Sun-Tse, *Règles*, VIII; VIᵉ s. av. J.-C.)

Français. — **Il n'y a que les personnes qui ont de la fermeté qui puissent avoir une véritable douceur.**
(La Rochefoucauld, *Réflexions ou Sentences et Maximes morales*, 479 [1665].)

— **C'est par la fermeté qu'on rend les dieux faciles.**
(Voltaire, *Ériphyle*, II, v [1732].)

— **La fermeté est l'exercice du courage de l'esprit.**
(Voltaire, *Dictionnaire philosophique*, « Fermeté » [1764].)

V. CONSTANCE, DURETÉ, PERSÉVÉRANCE, RÉSOLUTION, SÉVÉRITÉ.

FÊTE

Anglais (*Écosse*). — **La fête de Noël peut être renouvelée à Pâques.**
(Les réjouissances ne sont pas attachées à une saison.)

Belge (*Wallonie*). — **On danse encore, bien que ce ne soit pas fête.**
(Les vrais jours de fête sont les jours de gaieté.)

Français. — Il n'y a pas de bonne fête sans lendemain.

(Cf. Mme de Girardin, *la Canne de M. de Balzac*, XII : « Ce proverbe ne veut pas dire qu'il faille s'amuser deux jours de suite; il signifie que c'est seulement le lendemain que nous saurons si nous avons eu raison de nous réjouir la veille. »)

Italien. — Les sots font les fêtes et les hommes de sens en ont le plaisir.

V. DIMANCHE, LOISIR.

FEU

Grec. — Un petit feu est éteint par un plus grand feu.

(Aristote, *Problèmes*, III, XXIII; IVe s. av. J.-C.)

Bible. — Selon son aliment brûle le feu.

(L'Ecclésiastique, XXVIII, 10; IIe s. av. J.-C.)

Français. — Le feu est le grand maître des arts.

(Rabelais, *le Quart Livre*, LVII [1548].)

Nigritien *(Bambara)*. — Le feu n'a pas de frère.

FIANÇAILLES

Espagnol. — Fille fiancée, fille aliénée.

(César Oudin, *Refranes o proverbios castellanos* [1659].)

Français. — Fille fiancée n'est pas mariée, car tel fiance qui n'épouse pas.

(Cf. Antoine Loisel, *Institutes coutumières*, 103 [1607].)

Kurde. — La fiancée est l'âme du gendre.

Russe. — La fiancée n'a pas de place à elle et le fiancé n'a pas de tête à lui.

FIDÉLITÉ

Bible. — Beaucoup d'hommes vantent leur bonté, mais un homme fidèle, qui le trouvera ?

(Livre des Proverbes, XX, 6; IVe s. av. J.-C.)

Latin. — La cause du vainqueur plut aux dieux, celle du vaincu à Caton.

(Lucain, *la Pharsale*, I, 128 [env. 60].)

— La prospérité demande la fidélité, l'adversité l'exige.

(Sénèque, *Agamemnon*, 934 [env. 60].)

Proverbe général. — La fidélité se trouve au chenil.

(Variante russe : Ton chien te souhaite longue vie.)

V. AMOUR ET FIDÉLITÉ, CONSTANCE, FEMME FIDÈLE (la), HOMME FIDÈLE (l').

FIERTÉ

Bible. — La fierté précède la chute.

(Livre des Proverbes, XVI, 18; IVe s. av. J.-C.)

Allemand. — Il est une noble fierté qui permet au mérite de rayonner plus que la modestie.

(J. P. Richter, *Titan*, XXXIV [1803].)

— Nous devons en rester à la vieille coutume de tenir la tête haute.

(Gœthe [1749-1832], *Maximen und Reflexionen*.)

Anglais. — La fierté a rarement un juste milieu, on en a trop ou pas assez.

(Comtesse de Blessington, *Desultory Thoughts and Reflections* [1839].)

Arabe. — **La tête où il n'y a pas de fierté mérite plutôt d'être coupée.**

Belge *(Flandre).* — **Plus le cœur est noble, moins le cou est roide.**

Français. — **Fier n'a que perdre !**
(Manuscrit du XIIIᵉ s., sans titre, Paris, Sainte-Geneviève.)

— **La fierté est l'éclat et la déclaration de l'orgueil.**
(La Rochefoucauld, *Réflexions ou Sentences et Maximes morales*, 568, supprimée par l'auteur [1665].)

— **Ce qu'il y a de plus embarrassant quand on n'est pas né riche, c'est d'être né fier.**
(Vauvenargues, *Réflexions et Maximes*, 646 [1746].)

Malais. — **Quand tu traverses une rivière, il peut t'arriver d'être avalé par un crocodile, mais ne te laisse pas mordre par les petits poissons.**

V. ARROGANCE, ORGUEIL, RANG.

FILLE (puella)

Prov. général. — **Filles, voyez l'épi de blé : quand il est beau, il baisse le nez.**
(Cité par Montaigne, *Essais*, II, XII [1580].)

Allemand. — **Les filles doivent être louées, que ce soit la vérité ou non.**
(J. P. Richter, *Blumen, Frucht und Dornenstücke* [1818].)

Anglais. — **Les filles sont à regarder et non à écouter.**

— **Les filles et les poules par trop errer se perdent.**

Chinois. — **Une fille nubile est comme le sel de contrebande.**
(Il faut se hâter de les mettre en sûreté.)

Espagnol. — **Les filles et les vignes sont difficiles à garder.**
(Cité par Brantôme [1540-1614], *Vies des dames galantes*, IV.)

— **Le vieux pour ne pouvoir et le jeune pour ne savoir, la fille demeure sans espoir.**
(César Oudin, *Refranes o proverbios castellanos* [1659].)

Français. — **En vin saveur, en drap couleur, en fille pudeur.**
(Jean Le Bon, *Adages françois* [1557].)

— **La plus sûre garde de la chasteté à une fille, c'est la sévérité.**
(Montaigne, *Lettre à son père* [1563].)

— **Une fille sans ami est un printemps sans roses.**
(A. de Montluc, *la Comédie de proverbes*, III, III [1616].)

— **Le mariage en impromptu étonne l'innocence, mais ne l'afflige pas.**
(Marivaux, *l'Épreuve*, XIV [1740].)

Indien *(bihari).* — **Marier une fille est aussi nécessaire que de creuser un puits.**

— *(pundjabi).* — **Satan lui-même prie pour la protection des filles.**

Italien. — **Bouche baisée ne perd point son bonheur à venir, elle se renouvelle comme la lune.**
(Proverbe cité par Boccace, *Décaméron*, II, VII [env. 1350].)

Russe. — **Ne te précipite pas dans la forêt, chevrette, et tous les loups seront à toi.**

Tchèque. — **Une bonne jument trouve acquéreur à l'étable, une rosse doit courir les foires.**

V. BEAUTÉ FÉMININE, FEMME ET LE MARIAGE (la), GARÇON ET FILLE, VIRGINITÉ.

FILLE (filia)

Grec. — **Une fille est une chose embarrassante et difficile.**

> (Ménandre, *Perinthis*, ive s. av. J.-C.)

> — **La fille restée sous le toit paternel est une cause d'insomnie pour son père.**

> (Saint Jean Chrysostome, *Dialogue sur le sacerdoce*, II ; ive s.)

Arabe. — **Le méchant et le père d'une fille n'ont pas d'amour-propre.**

Chinois. — **La classe supérieure dote ses filles ; la classe moyenne les éduque et les marie ; la classe inférieure les vend.**

Danois. — **Mangez le poisson tandis qu'il est frais et mariez votre fille tandis qu'elle est jeune.**

Espagnol. — **Le premier enfant du chanceux est une fille.**

> — **La fille est plus malaisée à marier qu'à élever.**

> — **Quand une occasion de mariage se présente pour votre fille, n'attendez pas que son père revienne du marché.**

Français. — **Qui a des filles est toujours berger.**

> — **Si tu maries bien ta fille, tu gagnes un fils ; si tu la maries mal, tu perds ta fille.**

> — **La fille n'est que pour enrichir les maisons étrangères.**

> — **Il ne pleut pas sur le chemin autant que dans la cour.**

> (Se dit de celle qui espère être plus heureuse dans la maison de son mari qu'auprès de ses parents.)

Hollandais. — **Une maison où il n'y a que des filles est un cellier où il n'y a que de la bière aigre.**

Indien *(mahratte)*. — **Ceux qui sont couverts de péchés donnent naissance à des filles.**

> — *(tamil)*. — **Il est aussi difficile de gouverner une maison pleine de filles que d'alimenter un grand feu avec des brindilles.**

Libanais. — **Elle accoucha d'une fille que l'on nomma Silence.**

> (Car la déception a été si grande que chacun s'est retiré sans rien dire.)

> — **Une fille est un souci perpétuel, serait-elle reine dans son palais.**

Polonais. — **Quand naît une fille, c'est comme si sept voleurs pénétraient dans la maison.**

Tchèque. — **Peigne ta fille jusqu'à douze ans ; veille sur elle jusqu'à seize ans ; ensuite, à son époux sois bien reconnaissant.**

> V. FILS ET FILLE, MÈRE ET FILLE, PÈRE ET FILLE.

FILLE (Vieille)

Allemand. — **Les jeunes filles sont des raisins frais et les vieilles filles des raisins secs.**

Égyptien. — **A l'ombre d'un homme et non à l'ombre d'un mur.**

Français. — **A la colombe solitaire les cerises sont amères.**

— La vieille fille voudrait ramasser avec ses deux mains ce qu'elle a repoussé du pied.

Irlandais. — Triste la lessive où il n'y a pas une chemise d'homme.

Italien. — Il n'est pire fruit que celui qui ne mûrit jamais.

V. CÉLIBAT, FEMME ET LE MARIAGE (la).

FILS

Grec. — Les fils sont les piliers de la maison.
(Stobée, *Florilège*, VIᵉ s.)

Islam. — Allah, donne-moi un fils, et mets le comble à tes faveurs.
(*Le Koran*, XIX, 5; VIIᵉ s.)

Allemand. — Il est doux de s'endormir dans la mort, bercé par la prière d'un fils.
(Schiller, *les Brigands*, II [1780].)

Indien (hindoustani). — La lampe au foyer obscur : un fils.

Libanais. — Elève ton fils pendant qu'il est jeune, tu le retrouveras lorsqu'il sera grand.

Russe. — Avec un fils, tu peux marcher; avec deux, chevaucher; avec trois, te reposer.

V. FILS ET FILLE, MÈRE ET FILS, PÈRE ET FILS.

FILS et FILLE

Allemand. — On aime les filles pour ce qu'elles sont, et les fils pour ce qu'ils promettent d'être.
(Goethe, *Dichtung und Wahrheit* [1831].)

Anglais. — Un garçon se modèle comme le marbre sous le marteau; une fille s'épanouit comme croît une fleur.
(John Ruskin, *Sesame and Lilies*, II [1865].)

Chinois. — Dix-huit filles divinement belles ne valent pas un seul fils bossu.
(Allusion aux dix-huit disciples de Bouddha.)

— Le fils naît tourné vers l'âtre, la fille tournée vers la porte.
(Le fils demeure dans la maison et s'y établit; la fille quitte le foyer paternel pour se marier.)

— Si tu ne peux avoir de vif-argent, contente-toi de terre rouge.
(Mieux vaut une fille que pas d'enfants.)

Estonien. — Mieux vaut être dans la cour du fils que dans les bras de la fille.

Français. — Souhait de roi, fils et fille.

— Marie ton fils quand tu voudras et ta fille quand tu pourras.

Kurde. — Un fils peut devenir prince; une fille deviendra mère.

Libanais. — Ton fils est à toi, mais non ta fille.

V. GARÇON ET FILLE, PARENTS ET ENFANTS.

FIN, FINIR (généralités)

Grec. — **Considère la fin.**
(Parole de Solon à Crésus, VIᵉ s. av. J.-C., citée par Plutarque, *Vies parallèles*, « Solon ». — Cf. La Fontaine, *Fables*, III, v : En toute chose, il faut considérer la fin.)

Latin médiéval. — **La fin couronne l'œuvre.**
Finis coronat opus.

— **Tout est bien qui finit bien.**
Si finis bonum est, totum bonum est.

Anglais. — **La fin est l'épreuve de tout.**
(Gower, *Confessio amantis*, VI; XVIᵉ s.)

Arabe. — **Celui qui veut voler un minaret doit penser à lui creuser un puits.**
(Pour le cacher. — Signifie : Considère la fin.)

Chinois. — **Si vous devez parcourir dix lis, songez que le neuvième marquera la moitié du chemin.**
(Le *li* est une mesure itinéraire qui vaut environ 600 mètres.)

Français. — **A la queue gît la difficulté.**
(Manuscrit du XIIIᵉ s. sans titre, Paris, Sainte-Geneviève.)

— **Il n'y a rien de plus difficile à écorcher que la queue.**
(Gabriel Meurier, *Trésor des sentences* [1568].)

V. ACHEVER, COMMENCER ET FINIR.

FIN (Tout a une)

Arménien. — **A la fin, le terrier du renard est dans la boutique du fourreur.**

Français. — **Au bout de l'aune, faut le drap.**
(*Bonum spatium*, manuscrit du XIVᵉ s., Paris, Bibl. nat. — *Fault*, du verbe *faillir* : faire faute, manquer, finir. — Le proverbe signifie : Toutes choses ont leur fin.)

— **Adieu paniers, vendanges sont faites.**
(Rabelais, *Gargantua*, XXVII [1534].)

Italien. — **Il n'est si beau jour qui n'amène sa nuit.**
(Dernier vers de l'épitaphe d'Orbesan, dans le cloître d'Il Santo, à Padoue. — Cf. Chateaubriand, *Mémoires d'outre-tombe*, éd. Biré, VI, 305-306.)

V. RÉSULTAT.

FIN JUSTIFIE LES MOYENS (la)

Latin. — **Le crime est juste pour une juste cause.**
(Publilius Syrus, *Sentences*, Iᵉʳ s. av. J.-C.)

— **Le résultat justifie l'acte.**
(Ovide, *les Héroïdes*, II, 85 [env. 10].)

Allemand. — **La fin sanctifie les moyens.**
(Gœthe [1749-1832], *Maximen und Reflexionen*.)

Français. — **Le bois tortu fait le feu droit.**
(Manuscrit du XIVᵉ s., sans titre, Paris, Bibl. nat. — Signifie qu'il est permis de recourir à des moyens détournés quand le dessein est honorable.)

V. INTENTION.

FIN VEUT LES MOYENS (Qui veut la)

Arabe. — **Qui veut faire quelque chose trouve un moyen; qui ne veut rien faire trouve une excuse.**

Français. — **Qui ne peut passer par la porte sort par la fenêtre.**

Suisse. — **La femme qui aime à laver trouve toujours de l'eau.**

V. MOYEN.

FINANCIER

Anglais. — **Un financier est un prêteur sur gages et qui a de l'imagination.**

(A. W. Pinero, *The Second Mrs. Tanqueray*, II [1893].)

Français. — **Les vertus d'un fermier sont dans son coffre-fort.**

(Boursault, *Ésope à la Cour*, IV, v [1701].)

V. AFFAIRES.

FINESSE

Français. — **La meilleure finesse, c'est simplesse.**

(Jean Le Bon, *Adages françois* [1557].)

— **Il n'est plus sot que celui qui pense être fin.**

(Marguerite de Navarre, *Heptaméron*, III, XXVIII [1559].)

— **Les plus grands clercs ne sont pas les plus fins.**

(Mathurin Régnier, *Satires*, III, *in fine* [1608].)

— **Quelque fin que tu sois, tiens-toi pour affiné.**

(Corneille, *la Place Royale*, III, II, 627 [1635]. — Le mot *affiné*, qui est vieilli, signifie que, lorsqu'on a recours surtout à la ruse et à la finesse pour tromper autrui, on est soi-même affiné, c'est-à-dire dupé.)

— **On peut être plus fin qu'un autre, mais pas plus fin que tous les autres.**

(La Rochefoucauld, *Réflexions ou Sentences et Maximes morales*, 394 [1665].)

V. SUBTILITÉ.

FLATTERIE

Grec. — **La flatterie est le miel et le condiment de toutes les relations entre les hommes.**

(Platon, IVe s. av. J.-C. — Cité par Érasme, *Éloge de la folie*, XLIV.)

— **La flatterie est un commerce honteux, mais profitable au flatteur.**

(Théophraste, *les Caractères*, « le Flatteur »; IVe s. av. J.-C.)

Bible. — **L'homme qui flatte son prochain tend un filet sous ses pieds.**

(Livre des Proverbes, XXIX, 5; IVe s. av. J.-C.)

Antiquité chinoise. — **Le flatteur se fatigue plus que le laboureur.**

(Mencius, *Livre des livres*, I, VI, 7; IVe s. av. J.-C.)

Latin. — **Tout discours flatteur cache un poison.**

(Publilius Syrus, *Sentences*, Ier s. av. J.-C.)

— **C'est aux doux accents de la flûte que l'oiseleur trompe l'oiseau.**

(Denys Caton, *Disticha de moribus ad filium*, I, 27; IIIe s.)

Anglais. — **Qui aime qu'on le flatte est digne du flatteur.**

(Shakespeare, *Timon d'Athènes*, I [1608].)

    — **La juste louange n'est qu'une dette, la flatterie est un cadeau.**
    (Samuel Johnson, *The Rambler*, 10 septembre 1751.)

Arabe. — **Redoute celui qui t'élève au-dessus de ton mérite, c'est celui qui te rabaisse injustement.**

Basque. — **Le flatteur est proche parent du traître.**

Chinois. — **Qui médit de moi en secret, me craint ; qui me loue en face, me méprise.**

Français. — **Un peu d'encens brûlé rajuste bien des choses.**
    (Cyrano de Bergerac, *Agrippine*, II, v [1653].)

    — **La flatterie est une fausse monnaie qui n'a de cours que par notre vanité.**
    (La Rochefoucauld, *Réflexions ou Sentences et Maximes morales*, 158 [1665].)

    — **On croit quelquefois haïr la flatterie, mais on ne hait que la manière de flatter.**
    (La Rochefoucauld, *op. cit.*, 329 [1665].)

    — **Tout flatteur vit aux dépens de celui qui l'écoute.**
    (D'après La Fontaine, *Fables*, I, ii, « le Corbeau et le Renard » [1668].)

    — **L'encens gâte plus de cervelles**
      Que la poudre n'en fait sauter.
    (Pesselier, *Fables nouvelles*, III, xx, « l'Encens et la Poudre à canon » [1748].)

    — **Il faut gratter les gens où il leur démange.**
    (Carmontelle, *Proverbes dramatiques*, LI [1781].)

    — **Qui sait flatter sait aussi calomnier.**
    (Napoléon Ier [1769-1821], *Maximes et Pensées*.)

Géorgien. — **Si un ours te terrasse, appelle-le « grand-père ».**

Kurde. — **Si le lion n'appréciait pas les éloges, le renard n'aurait plus qu'à mourir.**

    V. ADULATION, CARESSE, LOUANGE, PAROLES (Bonnes et mauvaises).

FOI (Bonne et mauvaise)

Latin. — **La bonne foi n'est pas ce qui abonde en notre siècle.**
    (Plaute, *Aulularia*, 852 ; IIe s. av. J.-C.)

Belge. — **C'est celui qui a négligé de payer sa taille qui traite le boulanger de voleur.**
    (J. Dejardin, *Dictionnaire des spots ou proverbes wallons* [1863].)

Français. — **Rien n'est si dangereux que trop de bonne foi.**
    (Corneille, *Sertorius*, IV, iii, 1452 [1662].)

    — **La mauvaise foi est l'âme de la discussion.**
    (Nestor Roqueplan, *Nouvelles à la main* [1832].)

    V. LOYAUTÉ, TRICHERIE.

FOI (croyance religieuse)

Bible. — **La foi sans les œuvres est morte en elle-même.**
    (Épître de saint Jacques, II, 20 [env. 60]. — Cf. II, 26 : « De même que le corps sans âme est mort, ainsi la foi sans les œuvres est morte. »)

    — **La foi transporte les montagnes.**
    (Évangile selon saint Matthieu, XVII, 20 [env. 65]. — Cf. saint Luc, XVII, 6.)

Latin. — **Je crois afin de comprendre.**

(*Credo ut intelligam.* — Maxime de saint Augustin [354-430].)

Islam. — **Ceux qui n'ont pas la foi ressemblent à celui qui entend les sons de la voix sans rien comprendre.**

(Le Koran, II, 166 [env. 625].)

Proverbe général. — **Il n'y a que la foi qui sauve.**

(Formule des protestants qui estiment que la foi sans les œuvres suffit à sauver l'homme. Dans le langage courant, cette expression reçoit les applications les plus diverses, avec le sens de : Une confiance aveugle fait tout accepter.)

Américain. — **Le moyen de voir par la foi, c'est de fermer les yeux à la raison.**

(B. Franklin, *Poor Richard's Almanac* [1758].)

Français. — **Il y a trois moyens de croire : la raison, la coutume, l'inspiration.**

(Pascal, *Pensées*, IV, 245 [1670]. — Pascal avait d'abord écrit : la révélation; mais la révélation devrait s'imposer à tous, tandis que l'inspiration est réservée par Dieu à ses élus. — Cf. 248 : « La foi est différente de la preuve : l'une est humaine, l'autre est un don de Dieu. »)

— **La foi qui n'agit point, est-ce une foi sincère ?**

(Racine, *Athalie*, I, 1, 71 [1691].)

— **La foi est le triomphe de la théologie sur la faiblesse humaine.**

(Voltaire, *Remarques sur les Pensées de Pascal*, 68 [1777].)

— **La vie est une sorte de mystère triste dont la foi seule a le secret.**

(Lamennais [1782-1854], *Pensées*.)

V. ATHÉISME, BIGOTERIE, CLERGÉ, DÉVOTION, DIEU, MIRACLE, PIÉTÉ, PRIÈRE, PROVIDENCE, RELIGION, SAINT, TARTUFE.

FOIS (Une ou plusieurs)

Allemand. — **Une fois, c'est jamais.**

(*Einmal ist keinmal.* — C'est-à-dire : Une fois ne compte pas.)

— **Une fois, ce n'est pas souvent, et deux fois, ce n'est pas toujours.**

Belge. — **C'est à la troisième fois que l'on voit les maîtres.**

Français. — **Tierce fois, c'est droit.**

(Manuscrit du XIIIᵉ s., sans titre, Paris, Sainte-Geneviève.)

— **Une fois est la première.**

(*Bonum spatium*, manuscrit du XIVᵉ s., Paris, Bibl. nat.)

— **Une fois n'est pas coutume.**

(Antoine Loisel, *Institutes coutumières*, 780 [1607].)

— **Vu une fois, cru cent fois.**

(On est porté à croire qu'une personne qui a commis une mauvaise action en a l'habitude. — Variante : Qui vole une fois est appelé voleur.)

Tchèque. — **La meilleure chanson ne se dit que trois fois.**

V. RÉCIDIVE, RÈGLE ET EXCEPTION.

FOLIE (déraison)

Bible. — **La folie est une femme bruyante, stupide, et ne sachant rien.**

(Livre des Proverbes, IX, 13; IVᵉ s. av. J.-C.)

— **Quand tu pilerais l'insensé dans un mortier, comme on broie le grain avec un pilon, sa folie ne se séparerait pas de lui.**

(Livre des Proverbes, XXVII, 22.)

Grec. — **Un fou ne peut être ni persuadé ni brisé.**
(Cité par Épictète, *Entretiens*, II, XI.)

Latin. — **Si j'ai envie de rire d'un fou, je n'ai pas à chercher loin, je ris de moi.**
(Sénèque, *Lettres à Lucilius*, L [env. 64].)

Anglais. — **La folie est la pire maladie qui court cette année.**
(G. Herbert, *Jacula prudentum* [1651].)

— **Tout le monde a son grain de folie, sauf vous et moi, et parfois je me demande si vous ne l'avez pas vous aussi.**
(Th. Fuller, *Gnomologia* [1732].)

— **Qui n'a pas un grain de folie a une livre de quelque chose de pire.**
(Charles Lamb, *All Fools' Day* [1820].)

Espagnol. — **Le fou a un faux pli dans sa cervelle.**
(Cervantes, *Don Quichotte*, I, XXII [1605].)

— **Tous ceux qui paraissent fous le sont; et encore la moitié de ceux qui ne le paraissent pas.**
(Baltasar Gracian, *Oraculo manual*, 201 [1647].)

— **D'une folie, n'en pas faire deux.**
(Baltasar Gracian, *Oraculo manual*, 214.)

Français. — **De cuir courroie, de fol folie.**
(Manuscrit du XIIIe s., sans titre, Paris, Sainte-Geneviève.)

— **Le fou se reconnaît sans clochette.**
(*Incipiunt versus proverbiales*, manuscrit du XIVe s., Paris, Bibl. nat.)

— **Il y a folie à tout âge.**
(*Bonum spatium*, manuscrit du XIVe s., Paris, Bibl. nat.)

— **Ce n'est pas un métier que de pendre clochette au cou des fous.**
(*Proverbia et versus proverbiorum*, manuscrit du XVe s., Tours, Bibl. mun.)

— **Les plus courtes folies sont toujours les meilleures.**
(Marguerite de Navarre, *Heptaméron*, III, XXI [1559].)

— **Dieu aide toujours aux fous, aux amoureux et aux ivrognes.**
(Marguerite de Navarre, *Heptaméron*, IV, XXXVIII.)

Italien. — **Chacun a un fou dans sa manche.**
(G. Herbert, *Jacula prudentum* [1651].)

Suédois. — **Chacun de nous porte un fou sous son manteau, mais certains le dissimulent mieux que d'autres.**

Turc. — **L'insensé se fait eunuque pour convaincre sa femme d'adultère, au cas où elle deviendrait enceinte.**

V. DÉMENCE, SAGESSE ET FOLIE.

FORCE

Grec. — **La force est ce qui agit par soi-même.**
(Platon, *Définitions*, IVe s. av. J.-C.)

Latin. — **La force brutale dépourvue de raison tombe par son propre poids.**
(Horace, *Odes*, III, IV, 65; env. 23 av. J.-C.)

Français. — **La justice sans la force est impuissante; la force sans la justice est tyrannique.**
(Pascal, *Pensées*, v, 298 [1670].)

— **Il n'y a pas de force sans adresse.**
(Napoléon Ier [1769-1821], *Maximes et Pensées*.)

V. CONTRAINTE, VIOLENCE.

FORCE et DROIT

Grec. — La force fait le droit, et la justice c'est l'intérêt du plus fort.

(Platon, *la République*, I, XII, 338 *c*; IVᵉ s. av. J.-C. — Cf. Hésiode, *les Travaux et les Jours*, 192.)

Latin. — La vérité est vaincue par la force.

(Plaute, *Amphitruo*, 591; IIᵉ s. av. J.-C.)

— Le cri de la loi est trop faible pour dominer le fracas des armes.

(Caius Marius [156-86]. — Cité par Plutarque, *Vies parallèles*. — Telle était la réponse de Caius Marius, consul pendant la guerre contre les Cimbres, quand on lui reprochait son action illégale.)

— Le droit est dans la force armée.

(Sénèque, *Hercules furens*, 253 [env. 55]. — Cf. Lucain, *La Pharsale*, I, 175 : La force est la mesure du droit.)

Français. — Où force règne raison n'a lieu.

(*Proverbes en françois*, manuscrit de 1456, Paris, Bibl. nat.)

— Il y a bien un droit du plus sage, mais non pas un droit du plus fort.

(J. Joubert [1754-1824], *Pensées, Maximes et Essais*.)

V. DROIT, FORCE, LOI.

FORTS (les)

Latin. — Aux forts, la Fortune est propice.

(Térence, *Phormio*, 203; IIᵉ s. av. J.-C.)

Anglais. — Devant la patte du lion, la ruse du renard est d'un petit service.

Éthiopien. — L'éléphant ne tombe pas pour une côte cassée.

Mongol. — Le lion, en marchant sur la neige, ne se gèlera pas les pattes.

V. COURAGE, FERMETÉ..

FORTS et FAIBLES

Grec. — Il n'y a point de traité entre le lion et l'homme, et le loup et l'agneau ne vivent pas en concorde.

(Homère, *l'Iliade*, XXII, 262-263; IXᵉ s. av. J.-C. — Paroles d'Achille à Hector.)

— Cruche et pierre ne peuvent aller ensemble.

(Cité par Épictète, *Entretiens*, III, XII. — Cf. Cervantes, *Don Quichotte*, I, xx : « Si la pierre donne contre la cruche, ou la cruche contre la pierre, tant pis pour la cruche. »)

Proverbe général. — Les gros poissons mangent les petits.

Bulgare. — On vend au marché plus de peaux d'agneaux que de peaux de loups.

Espagnol. — La mouche qui pique la tortue se casse le nez.

Éthiopien. — « O agneau! si je ne te mange pas, tu me mangeras », dit la hyène.

Français. — Contre le tonnerre ne pète.

(Baïf, *Mimes, Enseignements et Proverbes* [1576].)

— La raison du plus fort est toujours la meilleure.

(La Fontaine, *Fables*, I, X, « le Loup et l'Agneau » [1668].)

— **A petite occasion, le loup prend le mouton.**
(Henri Estienne, *De la précellence du langage françois*, 193 [1579].)

— **Le puissant foule aux pieds le faible qui menace.**
(Voltaire, *le Triumvirat*, II, II [1764].)

— **Quand on n'est pas le plus fort, il faut être le plus fin.**
(Abbé Tuet, *Matinées sénonaises* [1789].)

V. ASSOCIATION, GRANDS ET PETITS, SUPÉRIEUR ET SUBALTERNE.

FORÊT

Antiquité chinoise. — **Laissez la forêt derrière vous.**
(Sun-Tse, *Règles*, IX, 3; VIᵉ s. av. J.-C.)

Indien d'Amérique *(Brésil, Araguaya).* — **Dieu est grand, mais la forêt est encore plus grande.**
(Cité par M. H. Lelong, *les Indiens qui meurent* [1952].)

Nigritien *(Bambara).* — **Ce qui est plus fort que l'éléphant, c'est la brousse.**

V. CHASSE ET PÊCHE.

FORTUNE (le sort)

Grec. — **Si la Fortune te sourit, crains l'orgueil; si elle tourne, crains l'abattement.**
(Périandre, VIIᵉ s. av. J.-C. — Cité par Ausone, *Septeni Sapientum sententiae*, 4.)

— **Dans les jeux, c'est la Fortune qui triomphe sur la force.**
(Pindare, *Fragments*, Vᵉ s. av. J.-C.)

— **La Fortune vient en dormant.**
(A propos du général athénien Timothée (IVᵉ s. av. J.-C.), qui cueillait les victoires à son réveil. — Cf. Cornelius Nepos, « Timothée ».)

— **C'est la Fortune et non la sagesse qui gouverne la vie.**
(Théophraste, IVᵉ s. av. J.-C. — Cité par Cicéron, *Tusculanae Disputationes*, V, IX, qui ajoute : « On assure que jamais philosophe n'a rien dit de si décourageant. »)

Latin. — **Faire contre mauvaise Fortune bon cœur est un soutien.**
(Plaute, *Captivi*, 202; IIᵉ s. av. J.-C. — Variante moderne : Il faut savoir faire contre mauvaise fortune bon cœur.)

— **L'homme et la Fortune ont toujours des projets différents.**
(Publilius Syrus, *Sentences*, Iᵉʳ s. av. J.-C.)

— **La Fortune est de verre; au moment où elle brille le plus, elle se brise.**
(Publilius Syrus, *Sentences*.)

— **Il est plus facile de trouver la Fortune que de la retenir.**
(Publilius Syrus, *Sentences*.)

— **La Fortune est aveugle.**
(Cité par Cicéron, *Orationes Philippicae*, XIII, V, 10; env. 60 av. J.-C.)

— **La Fortune ne sourit aux méchants que pour mieux les perdre.**
(Denys Caton, *Disticha de moribus ad filium*, II, 23; IIIᵉ s.)

— **La Fortune ne favorise pas toujours les plus dignes.**
(Manilius, *Astronomica*, IV, 96; env. 25 av. J.-C.)

Allemand. — **La Fortune et les femmes favorisent les sots.**

Anglais. — **Si la Fortune frappe, ouvrez vite la porte.**

Arabe. — **Celui qui a été vêtu par la Fortune est déshabillé par elle.**

Berbère. — **Quand la Fortune monte vers vous, elle s'aide d'un cheveu, et quand elle vous abandonne, elle coupe même une chaîne.**

Espagnol. — **La roue de la Fortune tourne plus vite que celle du moulin.**
(Cervantes, *Don Quichotte*, I, xlvii [1605].)

— **On ne met pas un clou à la roue de la Fortune.**
(Cervantes, *Don Quichotte*, II, xix [1615].)

— **La Fortune se lasse de porter toujours le même homme sur son dos.**
(Baltasar Gracian, *Oraculo manual*, 85 [1647].)

Français. — **Pendant la faveur de la Fortune, il faut se préparer à sa défaveur.**
(Montaigne, *Essais*, III, v [1588].)

— **La Fortune peut emporter l'œuvre, non l'esprit.**
(Devise de la famille des Estienne, imprimeurs du xvɪᵉ s.)

— **La Fortune tourne tout à l'avantage de ceux qu'elle favorise.**
(La Rochefoucauld, *Réflexions ou Sentences et Maximes morales*, 60 [1665].)

— **La Fortune fait paraître nos vertus et nos vices comme la lumière fait paraître les objets.**
(La Rochefoucauld, *op. cit.*, 380.)

— **Il faut gouverner la Fortune comme la santé : en jouir quand elle est bonne, prendre patience quand elle est mauvaise.**
(La Rochefoucauld, *op. cit.*, 392.)

— **La Fortune vend ce qu'on croit qu'elle donne.**
(La Fontaine, *Poèmes*, « Philémon et Baucis », 12 [1685]. — Cf. Voiture, *Lettre au comte de Guiche* : « La Fortune vend bien chèrement les choses qu'il semble qu'elle nous donne. »)

— **L'heure du berger se trouve dans la Fortune comme en amour.**
(Saint-Évremond, *Œuvres mêlées* [1692].)

Italien. — **La Fortune se présente le visage souriant et le sein nu, mais elle se présente une seule fois.**
(Boccace, *Décaméron*, VII, ix [env. 1350].)

Persan. — **Celui qui attend la Fortune est moins sûr de la rencontrer que celui qui va au-devant d'elle.**

— **La Fortune vient à pas de tortue, et fuit comme une gazelle.**

Serbe. — **Si la Fortune ne vient pas à votre rencontre, ce n'est pas au galop d'un cheval que vous l'attraperez.**

Suédois. — **Quoique la Fortune soit impudente, elle rougit pourtant quelquefois à la vue du mérite.**
(Chancelier Oxenstiern [1583-1654], *Réflexions et Maximes*.)

V. ADVERSITÉ ET PROSPÉRITÉ, ARTISAN DE SON SORT (Chacun est l'), CHANCE, DESTIN, VICISSITUDES.

FORTUNE (la richesse)

Latin. — **L'intérêt des hommes a fait de la Fortune une déesse.**
(Publilius Syrus, *Sentences*, 1ᵉʳ s. av. J.-C.)

Américain. — **Les revers de fortune n'affligent pas plus le sage que les changements de lune.**
(B. Franklin, *Poor Richard's Almanac* [1756].)

Anglais. — **Les richesses sont les bagages de la Fortune.**
(J. Howell, *Proverbs* [1659].)

Espagnol. — **La fortune envoie des amandes à ceux qui n'ont plus de dents.**
   (Cervantes, *Nouvelles exemplaires*, « le Petit-fils de Sancho Panza » [1613].)

Français. — **Bien danse à qui la fortune chante.**
   (Gabriel Meurier, *Trésor des sentences* [1568].)

Français. — **Pour faire fortune, ce n'est pas de l'esprit qu'il faut, c'est de la délicatesse qu'il ne faut pas.**
   (Chevalier de Bruix, *Réflexions diverses* [1758].)

   — **On a de la fortune sans bonheur, comme on a des femmes sans amour.**
   (Rivarol [1753-1801], *Notes, Pensées et Maximes.*)

   V. ÉCONOMIE, RICHESSE.

FOULE

Grec. — **Plus grande est la foule, plus aveugle est son cœur.**
   (Pindare, *Odes néméennes*, VII, 24; vᵉ s. av. J.-C.)

   — **Les médiocres sont les plus éloquents en face de la foule.**
   (Euripide, *Hippolyte*, 989; vᵉ s. av. J.-C.)

   — **La foule est la mère des tyrans.**
   (Denys d'Halicarnasse, *Antiquités romaines*, VIII; env. 20 av. J.-C.)

Latin. — **La foule est un monstre à mille têtes.**
   (Horace, *Épîtres*, I, 1, 76; env. 17 av. J.-C.)

Anglais. — **La foule a beaucoup de têtes et pas de cervelle.**
   (Th. Fuller, *Gnomologia* [1732].)

Français. — **Qui rassemble un peuple l'émeut.**
   (Cardinal de Retz [1613-1679], *Maximes et Réflexions.*)

   V. DÉMAGOGIE, MULTITUDE, PEUPLE, VULGAIRE (le).

FOURBERIE

Bible. — **Le pain de fourberie est doux à l'homme, mais à la fin sa bouche est remplie de gravier.**
   (Livre des Proverbes, XX, 17; IVᵉ s. av. J.-C.)

Français. — **La fourbe n'est le jeu que des petites âmes.**
   (Corneille, *Nicomède*, IV, II, 1255 [1651].)

   — **Toujours par quelque endroit fourbes se laissent prendre.**
   (La Fontaine, *Fables*, III, III [1668].)

   — **La fourberie ajoute la malice au mensonge.**
   (La Bruyère, *les Caractères*, « De l'homme », 25 [1688].)

   V. DUPLICITÉ, FAUSSETÉ, FOI (Bonne et mauvaise), TROMPERIE.

FRANCE

Latin. — **Les Gaulois sont une race d'une grande ingéniosité.**
   (César, *De bello gallico*, VII, 22; env. 52 av. J.-C.)

Anglais. — **Les Français sont plus sages qu'il ne semble.**
   (Francis Bacon, *Essais*, XXVI [1625].)

Français. — **Francs sont moult gentilshommes.**
   (*La Chanson de Roland*, XXVII, 337; XIIᵉ s.)

   — **Quand le Français dort, le diable le berce.**
   (La *Satire Ménippée*, « Harangue de Monsieur d'Aubray » [1594].)

— **Toute femme jolie, en France, est souveraine.**
(C.-S. Favart, *les Trois Sultanes*, III, xv [1761].)

— **Les Français parlent vite et agissent lentement.**
(Voltaire, *Lettre au comte d'Argental*, 15 août 1761.)

— **Les Français arrivent tard à tout, mais enfin ils arrivent.**
(Voltaire, *Lettre au marquis de Chauvelin*, 2 avril 1764.)

— **Ce qui n'est pas clair n'est pas français.**
(Rivarol, *Discours sur l'universalité de la langue française* [1784].)

— **Quand j'aurai appris qu'une nation peut vivre sans pain, alors je croirai que les Français peuvent vivre sans gloire.**
(Napoléon Ier [1769-1821], *Maximes et Pensées*.)

— **Les Français naissent légers, mais ils naissent modérés.**
(J. Joubert [1754-1824], *Pensées, Maximes et Essais*.)

— **Le peuple français est frivole dans ses amusements, mais solide et grave dans ses goûts.**
(Louis de Bonald [1754-1840], *Maximes et Pensées*.)

Hollandais. — **La France est le plus beau royaume après celui du ciel.**
(Hugo Grotius, *De jure belli ac pacis*, « Épître dédicatrice à Louis XIII » [1625].)

Italien. — **Il n'y a rien de mieux que ce que les Français font bien, et rien de pire que ce qu'ils font mal.**
(Benoît XIV [1675-1758].)

Portugais. — **La France est le cœur du monde.**
(Mgr Mendes da Conceição Santos, allocution à Paray-le-Monial, 13 juin 1920.)
V. NATION (caractères nationaux et langues nationales), PARIS.

FRANCE (proverbes régionaux)

Français. — **Ni gras poussin ni sage Breton.**
(Manuscrit du XIIIe s., sans titre, Paris, Sainte-Geneviève.)

— **Le Breton menace quand il a féru [frappé].**
(*Bonum spatium*, manuscrit du XIVe s., Paris, Bibl. nat.)

— **Jamais Breton ne fit trahison.**

— **Un Normand a son dit et son dédit.**
(Ce proverbe résulte d'un article de l'ancien droit normand qui donnait un jour pour se dédire de conditions acceptées.)

— **Les Basques disent qu'ils se comprennent entre eux, mais c'est un mensonge.**
(Sur la difficulté de la langue basque. — Scaliger [1540-1609], *Lettres*.)

— **Les Auvergnats et les Limousins font leurs affaires, puis celles de leurs voisins.**
(Jean-Papire Masson, *Description des rivières de France* [1618].)

— **Les Gascons vont toujours au-delà de la vérité et les Normands restent toujours en deçà.**

— **Pour une année où il y a des pommes, il n'y a pas de pommes; mais pour une année où il n'y a pas de pommes, il y a des pommes.**
(Anicet Bourgeois et Ad. d'Ennery, *la Fille du paysan*, II, IV [1862].)

FRANCHISE

Grec. — **Parler franchement est le meilleur procédé.**
(Homère, *l'Odyssée*, VIII, 549; IXᵉ s. av. J.-C.)

    — **Avant que tu ne parles, on doit pouvoir lire sur ton visage ce que tu vas dire.**
(Marc Aurèle, *Pensées*, XI, 15; IIᵉ s.)

Latin. — **N'ayez pas de honte à dire ce que vous n'avez pas honte de penser.**
(*Non pudeat dicere quod non pudet sentire.* — Cité par Montaigne, *Essais,* II, v.)

Français. — **La franchise ne consiste pas à dire tout ce que l'on pense, mais à penser tout ce que l'on dit.**
(H. de Livry, *Maximes et Sentences* [1815].)

Malgache. — **Quand l'eau déborde, les digues sont rompues; quand le cœur déborde, l'entente est rompue.**

    V. FOI (Bonne et mauvaise), LOYAUTÉ, SINCÉRITÉ, VÉRITÉ.

FRAUDE

Bible. — **La balance fausse est en horreur à Yahweh, mais le poids juste lui est agréable.**
(Livre des Proverbes, XI, 1; IVᵉ s. av. J.-C.)

Islam. — **Malheur à ceux qui pèsent à faux poids.**
(Le Koran, LXXXIII, 1 [env. 625].)

Latin médiéval. — **La fraude se cache sous les généralités.**
Fraus latet in generalibus.

Anglais. — **J'accepte la fraude sur le prix, non sur la qualité.**
(Th. Fuller, *Gnomologia* [1732].)

Russe. — **La fraude est souvent la mère du gain; le gain n'est pas toujours fils de la fraude.**

    V. TRICHERIE, TROMPERIE.

FRÉQUENTATION

Grec. — **Ceux qui se ressemblent s'assemblent.**
(Homère, *l'Odyssée*, XVII, 218; IXᵉ s. av. J.-C.)

    — **Si tu fais société avec le boiteux, tu apprendras à boiter.**
(Plutarque, *Œuvres morales*, « Éducation des enfants », Iᵉʳ s.)

Bible. — **Celui qui fréquente les sages devient sage.**
(Livre des Proverbes, XIII, 20; IVᵉ s. av. J.-C.)

Hébreu. — **Le bois sec enflamme le bois vert.**
(Le Talmud, *Sanhédrin*, Vᵉ s.)

Proverbe général. — **A coucher avec les chiens, on se lève avec des puces.**
(Cité par Baïf, *Mimes, Enseignements et Proverbes* [1576].)

Allemand. — **Suivez le hibou (ou la chouette), il (elle) vous conduira parmi les ruines.**

    — **Quand la colombe fréquente le corbeau, ses plumes restent blanches, mais son cœur devient noir.**

Berbère. — **Celui qui passe la nuit dans la mare se réveille cousin des grenouilles.**

Egyptien. — L'eau du Nil perd sa douceur en se mêlant à celle de la mer.

Espagnol. — Dis-moi qui tu hantes, et je te dirai qui tu es.
   (Cervantes, *Don Quichotte*, II, x [1615].)

Français. — Vaisseau mauvais fait vin punais.
   (*Proverbes au comte de Bretagne*, manuscrit du xıvᵉ s., Paris, Bibl. nat.)

   — Avec les loups on apprend à hurler.
   (Cité par Racine, *les Plaideurs*, I, i, 6 [1668].)

Géorgien. — Accouple ton bœuf à un autre, il changera de couleur ou de caractère.

Japonais. — Quand le caractère d'un homme te semble indéchiffrable, regarde ses amis.

Libanais. — Qui prend le coq pour guide aura un poulailler pour refuge.

Persan. — Ne te lie qu'avec des gens de ta fortune et de ta condition : on ne mêle pas l'huile avec l'eau, ni le vinaigre avec le lait.

Russe (*Ukraine*). — Qui fréquente le chien apprend à haleter.

Turc. — L'amitié de Satan conduit au cachot.

   V. AFFINITÉ, ASSOCIATION, COMPAGNIE, COMPAGNON, CONTAGION, ENTRAÎNEMENT, INFLUENCE, MILIEU.

FRÈRE

Grec. — L'amitié de deux frères est plus solide qu'un rempart.
   (Antisthène, ıvᵉ s. av. J.-C. — Cité par Diogène Laërce, *Phil. ill.*, VI.)

   — Un frère est un ami donné par la nature.
   (Plutarque, *Œuvres morales*, « l'Amour fraternel », ıᵉʳ s. — Cf. en français Beaudoin l'aîné, *Démétrius*, V, ıı [1785]; et G. Legouvé, *la Mort d'Abel*, III, ııı [1792]. — On ajoute plaisamment : ... mais son amitié n'est pas sûre.)

Bible. — Un frère ennemi de son frère résiste plus qu'une ville forte.
   (Livre des Proverbes, XVIII, 19; ıvᵉ s. av. J.-C. — La Vulgate donne le sens inverse : Deux frères s'entraidant sont une place forte.)

Allemand. — Les frères sont frères, mais leurs poches ne sont pas sœurs.

Anglais. — Mieux vaut un penny qu'un frère.

Arabe. — Qui n'a pas de frère est manchot.

Basque. — La borne sied très bien entre les champs de deux frères.

Chinois. — Chacun a père et mère, mais rien de plus difficile à trouver qu'un frère.

   — Quand les frères travaillent ensemble, les montagnes se changent en or.

   — Les femmes sont comme des habits, les frères sont comme les mains et les pieds.

Espagnol. — Ne mets pas le doigt entre frères.

   — Entre frères, deux témoins et un notaire.

Français. — Courroux de frères, courroux de diables d'enfer.
   (Gabriel Meurier, *Trésor des sentences* [1568].)

   — Le sang n'empêche pas de différer de rang.
   (Corneille, *Nicomède*, I, ıı, 210 [1651].)

   — Que tous les hommes soient frères, c'est le rêve des gens qui n'ont pas de frères.
   (Charles Chincholles, *Pensées de tout le monde* [1880].)

Indien *(hindî).* — Nul ami tel qu'un frère; nul ennemi comme un frère.

Kurde. — Quand le frère est soutenu par le frère, il n'y a que Dieu pour les éprouver.

Nigritien *(Achanti).* — Il est facile d'avoir un frère dans le royaume voisin.

Persan. — Un frère est un frère; mais un chevreau a toujours valu son prix.

Portugais. — Trois frères, trois forteresses.

Turc. — Mets ton soin à te faire des amis; pour tes ennemis, le ventre de ta mère s'en chargera.

— D'un frère, ni la gloire ni la mort ne se peuvent aisément supporter.

V. FAMILLE.

FRIVOLITÉ

Français. — Il y a des personnes si légères et si frivoles qu'elles sont aussi éloignées d'avoir de véritables défauts que des qualités solides.
(La Rochefoucauld, *Réflexions ou Sentences et Maximes morales,* 498 [1665].)

— La nature nous a faits frivoles pour nous consoler de nos misères.
(Voltaire, *Dictionnaire philosophique,* « Frivolité » [1883].)

— En cherchant la vérité, il en coûte d'avouer que ce sont les frivoles qui sont les vrais sages.
(Ernest Renan, *Souvenirs d'enfance* [1883].)

V. LÉGÈRETÉ.

FRUGALITÉ

Latin. — La frugalité contient toutes les vertus.
(Cicéron, *Tusculanae Disputationes,* III, VIII, 16; env. 45 av. J.-C. — D'où le proverbe médiéval : *Genitrix virtutum frugalitas,* la frugalité est la mère des vertus.)

Latin médiéval. — L'homme frugal est son propre médecin.
Modicus cibi, medicus sibi.

Américain. — Abréger son souper, c'est allonger sa vie.
(B. Franklin, *Poor Richard's Almanac* [1733].)

Français. — La frugalité asservit la nature.
(Cf. Voltaire, *le Fanatisme ou Mahomet le Prophète,* II, IV [1742] :
Ma vie est un combat, et ma frugalité
Asservit la nature à mon austérité.)

Russe. — La bouillie de sarrasin est notre mère, le pain de seigle est notre père.

V. MANGER, SOBRIÉTÉ, TEMPÉRANCE.

FRUIT DÉFENDU (le)

Anglais. — Les pommes qui se trouvent de l'autre côté du mur sont les plus douces.
(G. Herbert, *Jacula prudentum* [1651].)

Français. — Pain dérobé réveille l'appétit.
(C'est un écho de la Bible, Livre des Proverbes, IX, 17.)

— Le fruit défendu n'est jamais le fruit des affamés.
(Mme de Girardin [Delphine Gay], *C'est la faute du mari,* XI [1851].)

FUIR (généralités)

Anglais. — **Une paire de talons vaut deux paires de mains.**
(Th. Fuller, *Gnomologia* [1732].)

Français. — **Mieux vaut bonne fuite que mauvaise attente.**
(Manuscrit du XIIIᵉ s., sans titre, Paris, Bibl. nat.)

— **Un chemin pour qui fuit, cent pour qui le poursuit.**
(P.-J. Le Roux, *Dictionnaire proverbial* [1718].)

V. SÉPARATION.

FUIR (au combat)

Grec. — **Mieux vaut devoir son salut à une prompte retraite que de subir la loi du vainqueur.**
(Homère, *l'Iliade*, XIV, 82; IXᵉ s. av. J.-C.)

— **La mort rattrape celui qui fuit le combat.**
(Simonide de Céos, *Chants de victoire*, 68; Vᵉ s. av. J.-C.)

— **Dans l'ombre le fuyard est vainqueur du poursuivant.**
(Euripide (?), *Rhésos*, tragédie, 69; Vᵉ s. av. J.-C.)

— **Qui a fui peut combattre de nouveau.**
(Parole de Démosthène, qui avait fui à la bataille de Chéronée, 338 av. J.-C. — Cité par Plutarque, *Vies parallèles*, « Démosthène ».)

Latin. — **Songez plutôt à faire monter le sang aux joues d'un homme qu'à le répandre.**
(Tertullien, IIIᵉ s. — Cité par Juste Lipse, *Adversus dialogistam*, III.)

Anglais. — **Mieux vaut « Je me suis sauvé » que « Il a été tué ».**
(Il ne faut pas se sacrifier inutilement. — S. G. Champion, *Racial Proverbs* [1938].)

Espagnol. — **Se retirer n'est pas fuir.**
(C'est un proverbe de Sancho Panza. — Cervantes, *Don Quichotte*, I, XXIII [1605].)

Indien d'Amérique *(Brésil).* — **Tant que je cours, mon père a un fils.**
(Cité par M. H. Lelong, *les Indiens qui meurent* [1952].)

Italien. — **Une belle fuite sauve toute la vie.**
(*Un bel fugir tutta la vita escarpa.* — Cité par Brantôme, *Vie des grands capitaines*, I, II, 24.)

V. DANGER, LÂCHETÉ, PEUR, POLTRONNERIE.

FUNÉRAILLES

Grec. — **Pour un mort, les ronces valent les tapis.**
(Théognis de Mégare, *Sentences*, 1214; VIᵉ s. av. J.-C.)

Latin. — **La pompe funèbre est une consolation pour les vivants, plutôt qu'un tribut aux morts.**
(Saint Augustin, *la Cité de Dieu*, I, XII; début du Vᵉ s.)

Chinois. — **L'affaire la plus importante de la vie, c'est d'avoir de belles funérailles.**

Créole. — **Bel enterrement, pas paradis.**

Italien. — **Pas de mariage sans larmes, pas d'enterrement sans rires.**

Malgache. — **La richesse est bonne qui se manifeste par un beau tombeau.**

V. AFFLICTION, DEUIL, ORAISON FUNÈBRE.

G

GAGNER, GAIN

Grec. — **Le gain réjouit le cœur des hommes.**
(Bias, vɪᵉ s. av. J.-C. — Cité par Diogène Laërce, *Phil. ill.*, I.)

— **Les gains honteux ont perdu plus de gens qu'ils n'en ont sauvé.**
(Sophocle, *Antigone*, 314; vᵉ s. av. J.-C.)

Latin. — **L'occasion du gain est brève.**
(Martial, *Épigrammes*, VIII, ɪx [env. 90].)

— **Le gain fleure, d'où qu'il vienne, une bonne odeur.**
(Juvénal, *Satires*, xɪv, 204 [env. 120].)

Français. — **Petit gain est bel quand il vient souvent.**
(*Proverbes au vilain*, manuscrit du xɪɪɪᵉ s., Paris, Bibl. nat.)

— **Gagnage (gain) n'est pas héritage.**
(On connaît le prix du premier, tandis que pour l'autre, selon le mot de Figaro, « on ne s'est donné que la peine de naître ».)

Serbe. — **Le gain ne donne pas la migraine.**

V. PROFIT.

GAGNER et DÉPENSER

Latin. — **Vis sur ta récolte.**
(Perse, *Satires*, vɪ, 25 [env. 60].)

Anglais. — **Gagner enseigne à dépenser.**

— **Le premier sot venu peut gagner de l'argent, mais il faut un homme habile pour le dépenser.**

Chinois. — **Le gain est lent comme le labour au moyen d'une aiguille; la dépense va vite comme l'eau qui fuit dans le sable.**

Français. — **Celui qui travaille pour acquérir souffre plus de peine que celui qui dépense n'en a de plaisir.**
(Adam de la Halle, *Chansons*, xɪɪɪᵉ s.)

— **Il y a plus de peine à garder l'argent qu'à l'acquérir.**
(Montaigne, *Essais*, I, xɪv [1580].)

Italien. — **Acheter enseigne à vendre, gagner enseigne à dépenser.**

Turc. — **Gagne en laboureur pour dépenser en prince.**

V. AGIR SELON SES MOYENS, DÉPENSE, NÉCESSAIRE ET SUPERFLU, PRODIGALITÉ.

GAGNER et PERDRE

Latin. — **Il y a des occasions où il vaut mieux perdre que gagner.**
(Plaute, *Captivi*, 259; IIᵉ s. av. J.-C.)

Anglais. — **Laissez rire les gagnants et parler les perdants.**

— **Ce que j'ai perdu sur le poisson salé, je l'ai gagné sur le hareng saur.**

Français. — **Tel pense avoir gagné qui souvent a perdu.**
(Mathurin Régnier, *Satires*, III, 24 [1609].)

— **A vouloir trop gagner l'on perd.**
(Cf. La Fontaine, *Fables*, VII, IV, « le Héron » : On hasarde de perdre en voulant trop gagner.)

— **Qui perd gagne.**
(Sedaine, *Pièces fugitives, Contes* [1752].)

— **Ce qu'apporte le flot s'en retourne avec le jusant.**
(Gain trop rapide se change en perte.)

Serbe. — **Mieux vaut gagner dans le commerce de la paille que perdre dans celui de l'or.**

V. AFFAIRES, COMMERCE, ÉCONOMIE (Fausse), GAGNER, PERDRE.

GAIETÉ

Anglais. — **La vie sans gaieté est une lampe sans huile.**
(Walter Scott, *The Pirate*, XXII [1822].)

Espagnol. — **Un grain de gaieté assaisonne tout.**
(Baltasar Gracian, *Oraculo manual*, 79 [1647].)

Français. — **Plus on est de fous, plus on rit.**
(La gaieté devient plus vive avec le nombre des joyeux compagnons.)

— **La gaieté, la santé changent l'hiver en été.**
(Désaugiers, *le Dîner de Madelon*, II [1813].)

— **L'homme toujours gai est un bien triste mortel.**
(Chauvot de Beauchêne, *Maximes et Réflexions*, 118 [1827].)

V. HUMEUR, OPTIMISME ET PESSIMISME.

GARANTIE

Bible. — **Si tu as pris en gage le manteau d'un homme, tu le lui rendras avant le coucher du soleil.**
(Exode, XXII, 25; VIIᵉ s. av. J.-C.)

Chinois. — **L'homme vaut plus que le gage.**
(*Lao-Tseu-tsi-kiai*, XVIᵉ s.)

Français. — **Qui veut bien payer, bien se doit obliger.**
(*Proverbes en françois*, manuscrit de 1456, Paris, Bibl. nat.)

— **Qui tire à garant et garant n'a, sa cause est perdue.**
(Il ne faut pas compter légèrement sur la protection, la garantie de quelqu'un. — Antoine Loisel, *Institutes coutumières*, 699 [1607].)

V. CAUTION.

GARÇON

Grec. — **Le poulain sauvage fait un bon cheval.**
(Thémistocle, Vᵉ s. av. J.-C. — Cité par Plutarque, *Vies parallèles*.)

— **La plus indomptable de toutes les bêtes sauvages est un jeune garçon.**
(Platon, *les Lois*, VII, 808 *d*; IVᵉ s. av. J.-C.)

Belge. — **Qui se garde poulain se retrouve étalon.**

Berbère. — **Le garçon, c'est comme l'alfa, il faut le broyer pour le tordre.**

Français. — **Garçon doit être mal vêtu, bien nourri, bien battu.**

V. FILS.

GARÇON et FILLE

Anglais. — **Les filles sont les restes des garçons.**

Basque. — **Ni l'étoupe près des tisons, ni la fille près du garçon.**

Irlandais *(gaélique).* — **Le beurre se garde mieux à l'abri du soleil.**

Polonais. — **Choisis le garçon au manège et la fille à la danse.**

Roumain *(Dacie).* — **Le cabri saute la table, la chevrette saute le mur.**

V. FILS ET FILLE.

GARÇON (Vieux)

Latin. — **Le lit d'un célibataire est le plus confortable.**
(Cicéron, *Epistulae ad Atticum*, XIV, XIII; env. 55 av. J.-C.)

Anglais. — **Les vieux garçons rient de bon cœur, les hommes mariés rient malgré leurs larmes.**
(G. Herbert, *Jacula prudentum* [1651].)

Français. — **Le mariage est un état trop parfait pour l'imperfection d'un homme.**
(Chamfort [1741-1794], *Maximes et Pensées*.)

Polonais. — **Un chien et un vieux garçon peuvent tout faire.**

Russe. — **La tête du vieux garçon n'a pas de bonnet de fourrure.**

V. CÉLIBAT, HOMME ET LE MARIAGE (l').

GÉNÉRAL (chef militaire)

Antiquité chinoise. — **Celui qui excelle à commander une armée n'a pas une ardeur belliqueuse.**
(Lao-Tseu, *Livre du Tao et de sa vertu*, II, LXVIII, 1; VIᵉ s. av. J.-C. — Il ne combat que par nécessité.)

Grec. — **Un chef d'armée révèle ce qui est favorable et tient caché ce qui est funeste.**
(Sophocle, *Œdipe à Colone*, 1430; Vᵉ s. av. J.-C.)

— **Mars hait ceux qui hésitent.**
(Euripide, *les Héraclides*, 722; Vᵉ s. av. J.-C.)

— **Le devoir d'un général n'est pas seulement de songer à la victoire, mais de savoir quand il faut y renoncer.**
(Polybe, *Histoires*, I, LXII; IIᵉ s. av. J.-C.)

Latin. — **Les soldats ont plus à craindre du général que de l'ennemi.**

(Cité par Valère Maxime, *De dictis factisque memorabilibus.*)

Anglais. — **Payez bien, commandez bien, pendez bien.**

(Ralph Hopton of Stratton, *Maxims for the Management of an Army* [1643]. — Hopton était l'un des chefs royalistes durant la guerre civile anglaise; il mourut en exil, à Bruges, en 1652.)

Français. — **Un général victorieux n'a point commis de fautes, de même qu'un général battu a toujours tort.**

(Voltaire, après la défaite du maréchal de Soubise à Rossbach, 1757.)

— **Le général qui voit avec les yeux des autres n'est pas capable de commander une armée.**

(Napoléon Ier, dans *Mémoires* de Barry O'Meara, 9 décembre 1817.)

V. ARMÉE, AUTORITÉ, CHEF, COMMANDER, SOLDAT.

GÉNÉRALISATION

Grec. — **Une hirondelle ne fait pas le printemps.**

(Aristote, *Éthique à Nicomaque*, I, IV, 16; IVe s. av. J.-C.)

Anglais. — **Tous ne sont pas voleurs à qui les chiens aboient.**

(Th. Draxe, *Adagies and Sententious Proverbs* [1616].)

Français. — **Les généralisations hâtives sont le fait des enfants et des sauvages.**

(Herbert Spencer, *The Principles of Psychology* [1855].)

V. APPARENCE, RÈGLE ET EXCEPTION.

GÉNÉROSITÉ

Latin. — **L'homme généreux se croit toujours riche.**

(Publilius Syrus, *Sentences*, Ier s. av. J.-C.)

— **L'homme généreux invente même des raisons de donner.**

(Publilius Syrus, *Sentences*.)

Anglais. — **Plus haute la montagne et plus courte l'herbe.**

(Les plus riches ne sont pas les plus généreux. → J. Kelly, *Scottish Proverbs* [1721].)

Arabe. — **Couvre-toi des vêtements de la générosité; l'avarice d'un homme montre ses défauts, mais la générosité couvre tous les défauts.**

(Tarafa al-Bakri, *Divan*, addenda, I, 8; VIe s.)

Français. — **Ce qu'on nomme libéralité n'est le plus souvent que la vanité de donner.**

(La Rochefoucauld, *Réflexions ou Sentences et Maximes morales*, 263 [1665].)

— **Une âme peut se dire généreuse, quand elle prend plus de plaisir à donner qu'à recevoir.**

(Chevalier de Méré, *Maximes et Sentences*, 31 [1687].)

— **La libéralité consiste moins à donner beaucoup qu'à donner à propos.**

(La Bruyère, *les Caractères*, « Du cœur », 47 [1688].)

— **La générosité donne moins de conseils que de secours.**

(Vauvenargues, *Réflexions et Maximes*, 491 [1746].)

— **Il faut être juste avant d'être généreux, comme on a des chemises avant d'avoir des dentelles.**

(Chamfort [1741-1794], *Maximes et Pensées*.)

Irlandais (gaélique). — **Trois choses impossibles à acquérir : un rossignol dans la voix, le don de poésie et la générosité.**

V. ALTRUISME, DÉSINTÉRESSEMENT, DONNER, MAGNANIMITÉ.

GÉNIE

Grec. — Il n'y a point de génie sans un grain de folie.
(Aristote, *Problèmes*, XXX, 1; IVe s. av. J.-C.)

Latin. — La mélancolie est le partage du génie.
(Cicéron, *Tusculanae Disputationes*, I, XXXIII, 80; env. 45 av. J.-C.)

Allemand. — La lampe du génie brûle plus vite que la lampe de la vie.
(Schiller, *Die Verschwörung des Fiesco*, II [1784].)

Américain. — Le génie est fait d'un pour cent d'inspiration et de quatre-vingt-dix-neuf pour cent de transpiration.
(Thomas Edison [1847-1931], *Newspaper Interview*; cité dans *Golden Book*, avril 1931.)

Anglais. — Le génie, c'est ce qui peut faire voir les étoiles en plein jour.
(A. Esquiros, *l'Esprit des Anglais* [1838].)

— Le talent est au pouvoir de l'homme, l'homme est au pouvoir du génie.
(J. R. Lowell, *Among my Books*, I [1870].)

Français. — Entre esprit et talent, il y a la proportion du tout à la partie.
(La Bruyère, *les Caractères*, « Des jugements », 56 [1688].)

— On ne peut contrefaire le génie.
(Vauvenargues, *Réflexions et Maximes*, 880 [1746].)

— Il n'y a aucun génie qui n'ait été persécuté.
(Voltaire, *Remarques sur la vie de Pierre Corneille* [1774].)

— Le génie est une longue patience.
(Parole de Buffon, rapportée par Hérault de Séchelles, *Voyage à Montbard* [1785], qui met dans la bouche de Buffon une phrase légèrement différente : « Le génie n'est qu'une plus grande aptitude à la patience. »)

— Le génie commence les beaux ouvrages, mais le travail les achève.
(J. Joubert [1754-1824], *Pensées, Maximes et Essais*.)

— L'homme de génie est souvent le premier et le dernier de sa dynastie.
(Chauvot de Beauchêne, *Maximes, Réflexions et Pensées*, 56 [1827].)

— Le génie est toujours gentilhomme.
(Honoré de Balzac [1799-1850], *Maximes et Pensées*.)

— Les grands génies, pareils aux édifices élevés, veulent être vus à une juste distance.
(Louis de Bonald [1754-1840], *Maximes et Pensées*.)

V. HOMMES (Grands).

GENTILHOMME

Espagnol. — Un gentilhomme ne porte pas la main sur qui n'est pas gentilhomme.
(Cervantes, *Don Quichotte*, I, XVIII [1605].)

— Foi de Tolède, la dame perd et le chevalier paie.

Français. — On n'est pas gentilhomme pour avoir un père qui a vendu un pré.
(Noël du Fail, *Propos rustiques*, XI [1547].)

— Nul chevalier sans prouesse.
(Henri Estienne, *les Prémices*, IV, IX [1594].)

V. ARISTOCRATIE, NOBLESSE.

GENTLEMAN

Américain. — **Le gentleman n'est pas toujours prêt à combattre, mais il est toujours incapable de mentir.**

(R. W. Emerson, *Journal*, 14 décembre 1850.)

Anglais. — **Le roi peut faire un lord, seul Dieu fait un gentleman.**

(Réponse de Jacques Ier à sa nourrice qui lui demandait de faire de son fils un gentleman.)

— **Il faut trois générations pour faire un gentleman.**

(Robert Peel [1788-1850].)

— **Qui se vante d'être un gentleman ne l'est jamais.**

(R. S. Surtees, *Ask Mamma*, I [1858].)

V. GENTILHOMME, MANIÈRES, POLITESSE, TACT.

GÉOGRAPHIE

Français. — **La géographie est le seul art dans lequel les derniers ouvrages sont toujours les meilleurs.**

(Voltaire, *Lettre à M. Thiériot*, 18 octobre 1758.)

— **Il est bien difficile, en géographie comme en morale, de connaître le monde sans sortir de chez soi.**

(Voltaire, *Dictionnaire philosophique*, « Géographie » [1764].)

V. HISTOIRE.

GLOIRE

Antiquité chinoise. — **Lorsqu'on a fait de grandes choses et obtenu de la gloire, il faut se retirer à l'écart.**

(Lao-Tseu, *Livre du Tao et de sa vertu*, I, IX, 5; VIe s. av. J.-C. — Toutes les choses décroissent et dépérissent quand elles sont arrivées à leur apogée.)

Grec. — **La vertu est la route la plus courte vers la gloire.**

(Héraclite d'Éphèse, *Fragments*, Ve s. av. J.-C.)

Latin. — **Le plaisir et la gloire ne s'accordent jamais.**

(Publilius Syrus, *Sentences*, Ier s. av. J.-C.)

— **La gloire réclame toujours des titres nouveaux.**

(Publilius Syrus, *Sentences*.)

— **La gloire est l'ombre de la vertu.**

(Cicéron, *Tusculanae Disputationes*, I, XLV, 109; env. 45 av. J.-C. — Cf. Lamartine, *Premières Méditations poétiques*, II, « l'Homme » : La gloire ne peut être où la vertu n'est pas.)

— **Trop tard vient la gloire qui fleurit sur la tombe.**

(Martial, *Épigrammes*, I, XXVI, 8 [env. 90].)

Anglais. — **Il est honteux pour celui qui peut prétendre à la maîtresse de solliciter la servante, or la gloire n'est que la servante de la vertu.**

(Francis Bacon, *De dignitate et augmentis scientiarum*, VI, 19 [1605].)

— **La gloire est un revenu qui est seulement payable à notre ombre.**

(Georges Mackenzie, *A Moral Essay preferring Solitude to Public Employment* [1665].)

— **Les sentiers de la gloire conduisent au tombeau.**

(Thomas Gray, *Elegy in a Country Churchyard* [1750].)

Espagnol. — **Le laurier n'est pas frappé par la foudre.**

(Cervantes, *Don Quichotte*, II, XVI [1615]. — Personne ne doit faire offense à ceux dont le front est paré de couronnes de laurier.)

Français. — **La gloire est vaine et fausse monnaie.**
(Montaigne, *Essais*, II, xxxviii [1580].)

— **Aucun chemin de fleurs ne conduit à la gloire.**
(La Fontaine, *Fables*, X, xiv [1678].)

— **Les feux de l'aurore ne sont pas si doux que les premiers regards de la gloire.**
(Vauvenargues, *Réflexions et Maximes*, 375 [1746].)

— **La gloire est le soleil des morts.**
(Honoré de Balzac, *la Recherche de l'absolu*, xv [1834].)

V. CÉLÉBRITÉ, HONNEURS (les), RENOMMÉE.

GLOUTONNERIE

Antiquité égyptienne. — **La gloutonnerie est le propre de la bête.**
(*Paroles de Kegemni*, IIIe millénaire av. J.-C.)

Grec. — **Un ventre épais n'enfante point un esprit subtil.**
(Cité par Apostolius, *Proverbes.*)

Latin. — **Mieux vaut mourir d'indigestion que de faim.**
(Cicéron, *Epistulae ad familiares*, IX, xviii, 4; env. 50 av. J.-C.)

Hébreu. — **La gloutonnerie a tué plus de gens que la famine.**
(Le Talmud, *Shabath*, ve s.)

Latin médiéval. — **Plats multiples, maladies multiples.**
Multa fercula, multos morbos.

Français. — **Gros mangeur, mauvais donneur.**
(*Proverbia vulgalia*, manuscrit du xive s., Hereford.)

— **Les grands mangeurs et les grands dormeurs sont incapables de quelque chose de grand.**
(Henri IV [1553-1610].)

V. GOURMANDISE, MANGER.

GOURMANDISE

Latin médiéval. — **La gourmandise tue plus de gens que l'épée.**
(P.-A. Manzoli [Marcellus Palingenius], *Zodiacus vitae*, III, 269; xvie s. — Variante française : La gueule tue plus de gens que le glaive.)

Anglais. — **La gourmandise est le vice des mœurs qui n'ont point d'étoffe.**
(John Lyly, *A Serving Men's Song* [1584].)

Français. — **Les gourmands font leur fosse avec leurs dents.**
(Henri Estienne, *De la Précellence du langage françois*, 173 [env. 1579]. — Variante moderne : « ... creusent leur tombe avec leurs fourchettes ».)

— **Nul n'est heureux que le gourmand.**
(J.-J. Rousseau [1712-1778], *Maximes et Pensées*.)

V. GLOUTONNERIE, MANGER.

GOÛT

Grec. — **Le manque de goût et la superfluité des paroles sont le lot commun des hommes.**
(Cléobule, vie s. av. J.-C. — Cité par Diogène Laërce, *Phil. ill.*, I.)

Latin. — **Chacun juge selon son goût, chacun trouve sa fiancée la plus belle.**
(Plaute, *Stichus*, 133; IIe s. av. J.-C.)

Latin médiéval. — **Des goûts et des couleurs il ne faut pas discuter.**
  De gustibus et coloribus non est disputandum.

Espagnol. — **Le goût se cultive aussi bien que l'esprit.**
  (Baltasar Gracian, *Oraculo manual*, 65 [1647].)

Français. — **Le bon goût vient plus du jugement que de l'esprit.**
  (La Rochefoucauld, *Réflexions ou Sentences et Maximes morales*, 258 [1665].)

  — **Entre le bon sens et le bon goût, il y a la différence de la cause
    à son effet.**
  (La Bruyère, *les Caractères*, « Des jugements », 56 [1688].)

  — **Tous les goûts sont dans la nature.**
  (P.-J. Le Roux, *Dictionnaire proverbial* [1718].)

  — **Il faut avoir de l'âme pour avoir du goût.**
  (Vauvenargues, *Réflexions et Maximes*, 12 [1746].)

  — **En fait de goût, chacun doit être le maître chez soi.**
  (Voltaire, *les Guèbres, Discours historique et critique* [1769].)

  — **Le goût, c'est le bon sens délicat.**
  (M.-J. Chénier, *la Raison* [1807].)

  — **Le goût est la conscience du beau, comme la conscience est le goût
    du bon.**
  (Joseph de Maistre, *Lettre à l'amiral Tchitchagof*, 6 mai 1810.)

  — **Le goût est le tact de l'esprit.**
  (Chevalier de Boufflers, *Pensées et Fragments*, 113 [1816].)

  — **La nature donne le génie; la société, l'esprit; les études, le goût.**
  (Louis de Bonald [1754-1840], *Maximes et Pensées*.)

  — **Le mauvais goût mène au crime.**
  (Mot cité par Sainte-Beuve, *Nouveaux lundis*, III [1866], comme ayant été dit par
  un homme du monde, le baron de Mareste.)

  V. PENCHANT.

GOUTTE (la)

Anglais. — **La goutte paie les intérêts des plaisirs.**
  (Th. Fuller, *Gnomologia* [1732].)

Français. — **La goutte vient de la feuillette ou de la fillette.**
  (Mézeray, *Mémoires historiques et critiques* [1732].)

  — **Goutte bien tracassée est à demi pansée.**
  (L'exercice est salutaire aux goutteux.)

  V. INFIRMITÉ, MALADIE.

GOUVERNEMENT (généralités)

Antiquité chinoise. — **Le gouvernement, c'est ce qui est juste et droit. Si vous
  gouvernez avec justice et droiture, qui oserait ne pas être juste et droit ?**
  (Confucius, *Livre des sentences*, XII, 17; VIe s. av. J.-C.)

Grec. — **A l'assemblée des Athéniens, ce sont les sages qui parlent et les
  fous qui décident.**
  (Anacharsis, VIe s. av. J.-C. — Cité par Plutarque, *Vies parallèles*, « Anacharsis ».)

Latin. — Que les armes cèdent à la toge.

> (Cicéron, *Oratio in Pisonem*, XXX, 73 : *Cedant arma togae;* env. 55 av. J.-C. — C'est le premier hémistiche d'un vers que Cicéron fit en mémoire de son consulat; le second hémistiche, *concedat laurea linguae*, précise la pensée : la guerre et ses tumultes doivent céder à la paix, et les lauriers ensanglantés doivent faire place à la gloire civique de l'éloquence. — Par extension, signifie que le gouvernement militaire doit s'incliner devant le gouvernement civil.)

— Dans le gouvernement comme dans le corps humain, les maladies les plus graves viennent de la tête.

> (Pline le Jeune, *Lettres*, IV, XXII; début du IIᵉ s.)

Bible. — Rendez à César ce qui est à César, et à Dieu ce qui est à Dieu.

> (*Evangile selon saint Matthieu*, XXII, 21; env. 65.)

Arabe. — Qui ne se contente pas du gouvernement de Moïse se contentera de celui de Pharaon.

> (C'est-à-dire, qui ne cède pas à la douceur persuasive sera obligé de céder à la violence tyrannique. — Ce proverbe est un écho lointain de la Bible, Exode, VII.)

Espagnol. — Sans gouvernement vous êtes sorti du ventre de votre mère.

> (Cervantes, *Don Quichotte*, II, v [1615].)

Français. — Tous les gouvernements ont péri par l'abus de leur principe.

> (Montesquieu [1689-1755], *Pensées diverses*.)

— On ne s'appuie que sur ce qui résiste.

> (Conseil politique donné par Andrieux, président du Tribunat, à Bonaparte, Premier consul, qui se plaignait de la résistance que lui opposaient les tribuns. — Cf. Ch. Rozan, *Œuvres choisies d'Andrieux*, « Introduction ».)

— Il faut, quand on gouverne, voir les hommes tels qu'ils sont, et les choses telles qu'elles doivent être.

> (Louis de Bonald [1754-1840], *Maximes et Pensées*.)

— Plus ça change, plus c'est la même chose.

> (Alphonse Karr, *les Guêpes*, janvier 1849, « les Femmes », éd. Lévy, VI, 304.)

Russe. — Le gouvernement est une réunion d'hommes qui fait violence au reste des hommes.

> (Tolstoï, *Le royaume de Dieu est en nous* [1893].)

> V. POLITIQUE.

GOUVERNEMENTS (Bons et mauvais)

Antiquité chinoise. — Sous un bon gouvernement, la pauvreté est une honte; sous un mauvais gouvernement, la richesse est aussi une honte.

> (Confucius, *Livre des sentences*, VIII, 13; VIᵉ s. av. J.-C.)

Grec. — Les royaumes sont heureux où les philosophes sont rois, et où les rois sont philosophes.

> (Platon, *la République*, V, 473 *d*; IVᵉ s. av. J.-C.)

Américain. — Le bon gouvernement est celui où la loi parle plutôt que l'homme de loi.

> (M. Lafayette Byrn, *The Repository of Wit and Humour* [1843].)

Anglais. — Si le peuple est bon, le gouvernement ne peut être mauvais.

> (William Penn, *Fruits of Solitude* [1693].)

Français. — Le meilleur gouvernement est celui où l'on n'obéit qu'aux lois.

> (Voltaire, *Dictionnaire philosophique*, « États, gouvernements » [1764].)

— Toute nation a le gouvernement qu'elle mérite.

> (Joseph de Maistre, *Lettres*, 27 août 1811.)

> V. DESPOTISME, TYRANNIE.

GOUVERNEMENT (Formes de)

Grec. — **La monarchie dégénère en tyrannie, l'aristocratie en oligarchie, et la démocratie en anarchie.**

(Polybe, *Histoires*, VI, III; IIᵉ s. av. J.-C.)

Anglais. — **Il faut laisser les sots discuter des formes de gouvernement et constater que le meilleur gouvernement est celui qui administre le mieux.**

(A. Pope, *Essay on the Man*, III [1733].)

Français. — **Les républiques finissent par le luxe, les monarchies par la pauvreté.**

(Montesquieu, *l'Esprit des lois*, VII, IV [1748].)

— **Une monarchie doit être gouvernée par les démocrates et une république par les aristocrates.**

(Talleyrand [1754-1838].)

Polonais. — **Dans toutes les sortes de gouvernement, l'homme est fait pour se croire libre et vivre enchaîné.**

(Stanislas Leszczynski, *Œuvres du philosophe bienfaisant* [1763].)

V. ANARCHIE, DÉMOCRATIE, MONARCHIE, RÉPUBLIQUE.

GOUVERNEMENT (art de gouverner)

Antiquité chinoise. — **Pour gouverner un grand royaume, on doit imiter celui qui fait cuire un petit poisson.**

(Lao-Tseu, *Livre du Tao et de sa vertu*, II, LX, I; VIᵉ s. av. J.-C. — Celui qui fait cuire un petit poisson ne lui ôte ni les entrailles ni les écailles, et il le manie doucement de peur de l'écraser; celui qui gouverne une grande nation ne doit pas établir une multitude de lois et de règlements, de peur de tourmenter les citoyens et de les exciter au désordre.)

— **L'arme acérée du royaume ne doit pas être montrée au peuple.**

(Lao-Tseu, *op. cit.*, I, XXXVI, 7. — L'autorité et la force étalée finissent par fléchir.)

— **Que le prince soit prince; le ministre, ministre.**

(Confucius, *Livre des sentences*, XII, 11.)

— **La vertu seule ne suffit pas pour pratiquer un bon mode de gouvernement; la loi seule ne peut pas se pratiquer par elle-même.**

(Mencius, *Livre des livres*, II, I, 1; IVᵉ s. av. J.-C.)

Latin. — **Divise afin de régner.**

(*Divide ut regnes.* — Maxime de politique dont la paternité est inconnue et qui a été attribuée à Philippe de Macédoine, au sénat romain, à Louis XI et à Catherine de Médicis.)

Latin médiéval. — **Il ne faut pas agiter ce qui est tranquille.**

(*Quieta non movere.* — Cet adage s'applique en matière politique ou religieuse.)

Anglais. — **Laissez croire au peuple qu'il gouverne et gouvernez-le.**

(William Penn, *Fruits of Solitude* [1693].)

Bantou *(Ouganda).* — **Le conducteur d'éléphants doit tenir compte du sens où ils marchent.**

Chinois. — **Ce n'est pas l'eau qui doit vous servir de miroir, c'est le peuple.**

Danois. — **Si l'autorité n'a pas d'oreilles pour écouter, elle n'a pas de tête pour gouverner.**

Français. — **On ne perd les États que par timidité.**

(Voltaire, *le Fanatisme ou Mahomet le Prophète*, I, I, 51 [1742].)

— **Quand on veut gouverner les hommes, il ne faut pas les chasser devant soi, il faut les suivre.**

(Montesquieu [1689-1755], *Pensées diverses*.)

— On gouverne les hommes avec la tête; on ne joue pas aux échecs avec un bon cœur.

(Chamfort [1741-1794], *Maximes et Pensées*.)

— L'art de gouverner, c'est l'art de choisir.

(Mme de Girardin [Delphine Gay], *Lettres parisiennes*, 21 octobre 1837.)

— Gouverner, c'est prévoir.

(Attribué à Émile de Girardin [1806-1881].)

Italien. — Contenter le peuple et ne pas désespérer les grands, voilà la maxime de ceux qui savent gouverner.

(Machiavel, *le Prince*, XIX [1514].)

V. BIEN PUBLIC, ÉTAT, OPINION PUBLIQUE, POLITIQUE.

GRÂCE (agrément)

Bible. — La femme qui a de la grâce obtient la gloire.

(Livre des Proverbes, XI, 16; IVe s. av. J.-C.)

Français. — Gracieuse plaît, non belle.

(Manuscrit du XIVe s., sans titre, Rome, Vatican.)

— La grâce, plus belle encore que la beauté.

(La Fontaine, *Adonis*, 78 [1669]. — La pièce est dédiée à Mlle de La Vallière.)

— La bonne grâce est au corps ce que le bon sens est à l'esprit.

(La Rochefoucauld, *Réflexions ou Sentences et Maximes morales*, 67 [1665].)

Indien *(tamil).* — L'onde de la grâce est la source de tous les trésors.

V. BEAUTÉ FÉMININE, CHARME, DÉMARCHE.

GRAMMAIRE

Latin. — César n'est pas au-dessus des grammairiens.

(Suétone, *De grammaticis et rhetoribus*, début du IIe s.)

Latin médiéval. — Pur grammairien, âne pur.

Purus grammaticus, purus asinus.

— Il y a autant de grammaires que de grammairiens, et même davantage.

(Érasme, *Éloge de la folie*, XLIX [1521].)

Français. — La plupart des occasions des troubles du monde sont grammairiennes.

(Montaigne, *Essais*, II, XII [1580].)

— Les grammairiens sont pour les auteurs ce qu'un luthier est pour un musicien.

(Voltaire, *Remarques et Observations*, pièces posthumes.)

— La grammaire étant l'art de lever les difficultés d'une langue, il ne faut pas que le levier soit plus lourd que le fardeau.

(Rivarol [1753-1801], *Notes, Pensées et Maximes*.)

V. LANGAGE, STYLE.

GRANDS (les)

Antiquité chinoise. — Quand l'arbre est devenu grand, on l'abat.

(Lao-Tseu, *Livre du Tao et de sa vertu*, II, LXXVI; VIe s. av. J.-C.)

Grec. — Il ne faut pas tisonner le feu avec un couteau.

(Pythagore, VIe s. av. J.-C. — Cité par Diogène Laërce, *Phil. ill.*, VIII. — Signifie qu'il faut se garder d'éveiller la colère des puissants.)

— **Ce sont les cimes que frappe la foudre de Zeus.**

(Eschyle, *Agamemnon*, 468; Vᵉ s. av. J.-C. — Cf. Hérodote, *Histoires*, VII, 10 : La divinité frappe de la foudre les animaux qui sont les plus hauts et les arbres les plus élevés.)

— **Les vents qui soufflent dans les hauteurs changent sans cesse.**

(Pindare, *Odes pythiques*, III, 104; Vᵉ s. av. J. C.)

— **Les sommets sont proches.**

(Cassianos Bassos, *Géoponiques*, VIIᵉ s.)

Bible. — **Les puissants sont puissamment châtiés.**

(Sagesse, VI, 6; IIᵉ s. av. J.-C.)

Latin. — **Au faîte des grandeurs, le tonnerre gronde.**

(Mécène, Iᵉʳ s. av. J.-C. — Cité par Sénèque, *Lettres à Lucilius*, XIX.)

— **Les sommets sont balayés par les vents.**

(Ovide, *Remedia amoris*, 369 [env. 10].)

— **Où il y a des monts altiers, il y a des précipices.**

(Sénèque, *De tranquillitate animi*, X, 5 [env. 60].)

— **Certains sont jugés grands, parce que l'on mesure aussi le piédestal.**

(Sénèque, *op. cit.*, LXXVI [env. 64].)

Hébreu. — **Les hauteurs abrègent la vie.**

(*Sentences et Proverbes des anciens rabbins* [1629].)

Anglais. — **Le diamant taille le diamant.**

(Cité par John Ford, *The Lover's Melancholy*, I, III [1628].)

— **Les vices des grands sont estimés des vertus.**

(S. Marmion, *Holland's Leaguer*, I, 1 [1632].)

— **La grandeur et la bonté ne s'accordent pas.**

(J. Clarke, *Paroemiologia* [1639].)

Annamite. — **A éviter les éléphants, il n'y a point de honte.**

Basque. — **Le présent du gentilhomme est bientôt suivi de quelque demande.**

Chinois. — **Les marbres et les grands sont froids, durs et polis.**

Espagnol. — **Prière de grand, douce violence.**

Français. — **Amitié de seigneur n'est pas héritage.**

(*Proverbes ruraux et vulgaux*, manuscrit du XIVᵉ s. — Devenu : Service de grand n'est pas héritage, ou : Promesse de grand n'est pas testament.)

— **A grands seigneurs peu de paroles.**

(Il faut expliquer en peu de mots ce que l'on veut faire entendre aux grands.)

— **Il ne faut pas essayer de pénétrer dans le sanctuaire.**

(C'est-à-dire, dans les secrets des gens puissants.)

— **Aux grandes portes battent les grands vents.**

(Brantôme [1540-1614], *Vies des dames galantes*, IV.)

— **Les coups de bâton d'un dieu**
   Font honneur à qui les endure.

(Molière, *Amphitryon*, III, IX, 1878-1879 [1668].)

— **Le plaisir des grands est de pouvoir faire des heureux.**

(Pascal, *Pensées*, V, 310 [1670].)

— **Il est souvent plus utile de quitter les grands que de s'en plaindre.**

(La Bruyère, *les Caractères*, « Des grands », 9 [1688].)

— **Un flatteur peut tout risquer avec les grands.**

(Lesage, *Gil Blas*, IV, VII [1715].)

— **Les grands et les vautours se déchirent entre eux.**

(Attribué généralement à Voltaire, mais sans référence.)

— **L'aigle seul a le droit de fixer le soleil.**

(Ch.-S. Favart, *les Trois Sultanes*, I, VII [1761].)

— **Les grands n'estiment souvent qu'autant qu'on les encense.**

(Helvétius [1715-1771], *Maximes et Pensées*.)

— **Un grand nous fait assez de bien quand il ne nous fait pas de mal.**

(Beaumarchais, *le Barbier de Séville*, I, II [1775].)

— **... Chez les grands quiconque voudra plaire**
  Doit d'abord cacher son esprit.

(Florian, *Fables*, III, X, « le Renard déguisé » [1792].)

Indien *(tamil).* — **Même les chutes sont des hauts faits pour les grands.**

Irlandais. — **A la porte des grands, le seuil est glissant.**

Malais. — **Le crocodile n'est pas ennemi du cadavre.**

Nigritien *(Peul).* — **Une peau d'éléphant est trop grande pour qu'on en fasse une outre.**

Persan. — **Les grands ont des oreilles et pas d'yeux.**

(Ils doivent se fier à leur entourage.)

Serbe. — **Plus grosse la tête, plus forte la migraine.**

Suédois. — **La religion des grands consiste pour l'ordinaire à servir Dieu, sans désobliger le diable.**

(Chancelier Oxenstiern [1583-1654], *Réflexions et Maximes*.)

Turkestan. — **Après avoir monté le chameau, ne te cache pas derrière la selle.**

(Les grands doivent avoir le souci de leurs responsabilités.)

V. CHUTE, COUR ET COURTISAN, HOMMES (Grands).

GRANDS (Corruption des)

Grec. — **C'est par la tête que le poisson commence à sentir.**

(Cité par Apostolius, *Proverbes*. — Signifie que ce sont les chefs qui les premiers se laissent corrompre.)

Latin médiéval. — **La corruption des meilleurs est la pire.**

(Saint Thomas d'Aquin, *Somme théologique*, II, 1, 5 [1270].)

Anglais. — **Le lis qui pourrit sent plus mauvais que l'herbe mauvaise.**

(Shakespeare, *Sonnets*, XCIV [1609].)

Arabe. — **Quand le sel commence à se corrompre, tout va se gâter.**

(C'est un écho de saint Matthieu, V, 13.)

V. CORRUPTION.

GRANDS et PETITS (généralités)

Antiquité chinoise. — **Si les palais sont très brillants, les greniers sont très vides.**

(Lao-Tseu, *Livre du Tao et de sa vertu*, II, LIII, 4; VIᵉ s. av. J.-C. — Pour que les princes aient du superflu, il faut que le peuple soit privé du nécessaire.)

Grec. — **Quand le grand aide le petit, tous les deux sont sauvés.**

(Ésope, *Fables*, « le Cheval et l'Ane ». — Le même thème est illustré dans la fable : « le Lion et la Souris ».)

— **Les grands voleurs chassent les petits.**

(Diogène le Cynique, IVᵉ s. av. J.-C. — Cité par Diogène Laërce, *Phil. ill.*, VI. — Remarque de Diogène en regardant les gardiens d'un temple qui poursuivaient un voleur d'objets sacrés. — D'où le proverbe général : Les grands voleurs pendent les petits.)

Latin. — **Les petits pâtissent toujours des discordes des grands.**
(Phèdre, *Fables*, I, xxx; env. 25 av. J.-C. — Cf. La Fontaine, *Fables*, II, iv.)

— **Quand les rois délirent, c'est le peuple qui paie.**
(Horace, *Épîtres*, I, ii, 14; env. 17 av. J.-C.)

Bible. — **Les premiers seront les derniers, et les derniers seront les premiers.**
(Évangile selon saint Matthieu, xx, 16 [env. 65].)

Américain. — **Un manant debout est plus grand qu'un gentilhomme à genoux.**
(B. Franklin, *Poor Richard's Almanac* [1747].)

Anglais. — **Celui qui veut griffer un ours doit avoir des ongles de fer.**
(T. Draxe, *Bibliotheca scholastica* [1616].)

— **Ce qu'on appelle fermeté chez un roi s'appelle entêtement chez un âne.**
(Thomas Erskine [1750-1823].)

— **La détestation des grands est une louange involontaire des petits.**
(Ch. Dickens, *A Tale of two Cities*, I [1859].)

Arabe. — **Le petit caillou soutient une grande urne.**

Arménien. — **Je ne conseille pas à un chat d'étrangler un lion.**

Bantou (*Bassouto*). — **Si un petit arbre est sorti de terre sous un baobab, il meurt arbrisseau.**

Berbère. — **On renverse les grands vases, et les petits pots restent sur pied.**

Créole. — **Quand les gros poissons se battent, les crevettes doivent se tenir tranquilles.**

Danois. — **Ne mangez point de cerises avec les grands, de crainte qu'ils ne vous jettent les noyaux au nez.**

Égyptien. — **L'or a besoin de son.** (Le son nettoie l'or.)

Français. — **On ne voit pas l'homme puissant au faible porter loyauté.**
(*Ysopets du XIVᵉ s.*)

— **Jamais vassal ne gagne à plaider à son seigneur.**
(*Dits et Proverbes*, manuscrit du xvᵉ s., Paris, Bibl. nat.)

— **Un seigneur de paille vainc et mange un vassal d'acier.**
(Antoine Loisel, *Institutes coutumières*, 653 [1607].)

— **De tout temps, les petits ont pâti des sottises des grands.**
(La Fontaine, *Fables*, II, iv, « les Deux Taureaux et la Grenouille » [1668].)

— **On a souvent besoin d'un plus petit que soi.**
(La Fontaine, *Fables*, II, xi, « le Lion et le Rat » [1668].)

— **Les grands vendent trop cher leur protection pour que l'on se croie obligé à aucune reconnaissance.**
(Vauvenargues, *Réflexions et Maximes*, 531 [1746].)

— **Les grands ne pardonnent pas aux petits de les avoir sauvés.**
(F.-J. Desbillons, *Fables*, VIII, iv [1779].)

— **Ne jouons pas avec les grands, le plus doux a toujours des griffes à la patte.**
(Florian, *Fables*, III, i, « les Singes et le Léopard » [1792].)

— **L'aigle, quand il est malheureux, appelle le hibou son frère.**
(Florian, *Fables*, V, xxi, « l'Aigle et le Hibou » [1792].)

— **Le droit est l'épée des grands, le devoir est le bouclier des petits.**
(Lacordaire, *52ᵉ Conférence de Notre-Dame* [1848].)

Indien *(bengali).* — Quand le tigre et le buffle se battent, les roseaux sont écrasés.

Malgache. — Les grands cèdent à la honte, et les petits à la peur.

Nigritien *(Achanti).* — Si tu frappes un lion, c'est ta tête qui souffrira.

Russe. — Les disputes des seigneurs se lisent sur le dos des paysans.

Thaï. — Ne te mêle pas d'aider l'éléphant en portant ses défenses.

V. FORTS ET FAIBLES, SUPÉRIEUR ET SUBALTERNE.

GRANDS et PETITS (Selon que vous serez puissant...)

Grec. — Les lois sont semblables aux toiles d'araignée : les faibles et les petits y restent pris; les puissants et les riches les déchirent et passent.
(Anacharsis, VIe s. av. J.-C. — Cité par Diogène Laërce, *Phil. ill.*, I, et par Plutarque, *Vies parallèles*, comme étant une réflexion faite par Anacharsis à Solon.)

Basque. — Je vis celui qui avait dérobé des épingles être fustigé, et celui qui avait volé le trésor devenir bailli.

Français. — Selon que vous serez puissant ou misérable,
Les jugements de cour vous rendront blanc ou noir.
(La Fontaine, *Fables*, VII, I [1678].)

Indien *(hindoustani).* — Le monde flatte l'éléphant et piétine la fourmi.

V. JUSTICE, MONDE.

GRAS

Latin. — Les gens gras et luisants sont moins redoutables que les hommes maigres et pâles.
(Jules César. — Cité par Plutarque, *Vies parallèles*. — César pensait à Antoine et à Brutus; le premier était gras, le second était maigre.)

Français. — De grasses nourrices, moins de lait.
(Charles de Bovelles, *Proverbes et Dits sententieux* [1557].)

Indien *(Cachemire).* — L'homme gras n'a pas de religion.

Persan. — Un corps gras maigrit l'âme.

V. GROS, TAILLE.

GRATUIT

Antillais. — L'arc-en-ciel serait encore plus beau si ce n'était un spectacle gratuit.

Géorgien. — Le piment gratuit est plus doux que le sucre.

Romanichel. — Le sortilège gratuit n'agit pas pleinement.

V. CADEAU, PAYER.

GRAVITÉ

Antiquité chinoise. — Le grave est la racine du léger.
(Lao-Tseu, *Livre du Tao et de sa vertu*, I, XXVI; VIe s. av. J.-C. — C'est-à-dire : L'homme grave peut soumettre l'homme léger.)

Chinois. — La gravité n'est que l'écorce qui enveloppe l'arbre de la sagesse, mais c'est une écorce qui conserve la fibre.

Espagnol. — **La gravité matérielle rend l'or précieux, et la gravité morale la personne.**

(Baltasar Gracian, *Oraculo manual*, 293 [1647].)

Français. — **La gravité est un mystère du corps inventé pour cacher les défauts de l'esprit.**

(La Rochefoucauld, *Réflexions ou Sentences et Maximes morales*, 257 [1665].)

— **La gravité est le bouclier des sots.**

(Montesquieu [1689-1755], *Pensées diverses.*)

V. COMPORTEMENT, DIGNITÉ, SOI (Respect de).

GRÈCE

Latin. — **Je crains les Grecs, même quand ils font des présents.**

(Virgile, *Enéide*, II, 49; env. 19 av. J.-C.)

Français. — **Dieu, ne voulant pas départir la vérité aux Grecs, leur donna la poésie.**

(J. Joubert [1754-1824], *Pensées, Maximes et Essais.*)

V. NATION (caractères nationaux et langues nationales).

GREDIN

Grec. — **Tout gredin rencontre un pire gredin.**

(Aristophane, *les Cavaliers*, 638; Ve s. av. J.-C.)

Sanskrit. — **Un visage modelé comme un pétale de lotus, une voix agréable comme le santal, un cœur tranchant comme le ciseau, une excessive humilité — tel est le gredin.**

(Les *Avadânas*, contes et apologues indiens, IIe s.)

Allemand. — **Un coquin est toujours un coquin, à pied, à cheval, et en voiture.**

(Gœthe [1749-1832], *Maximen und Reflexionen.*)

— **Un gredin est exécuté par le suivant.**

(Gœthe, *op. cit.*)

Anglais. — **Le fripon croit que rien ne se peut faire sans friponnerie.**

Danois. — **Il n'est pas petit filou celui qui en connaît un grand.**

Français. — **Bien souvent un fripon n'est qu'un sot.**

(Voltaire, *le Dépositaire*, II, VI [1722].)

V. BIEN MAL ACQUIS, DUPES ET FRIPONS, FRAUDE, MALHONNÊTETÉ.

GROS

Grec. — **Les gros sont plus sujets à mourir subitement que les maigres.**

(Hippocrate, *Aphorismes*, IVe s.)

Français. — **Grossir, c'est vieillir.**

Arménien. — **Avant que le gros ne soit devenu maigre, le maigre sera mort.**

V. GRAS, TAILLE.

GROSSIÈRETÉ

Allemand. — **C'est peine perdue que de critiquer le trivial, car il restera toujours le même.**

(Gœthe [1749-1832], *Maximen und Reflexionen.*)

Français. — **Chantez à l'âne, il vous fera des pets.**
(Guillaume Cretin, *Quatrains sur les abus de ce monde* [1525].)

— **La lie a beau faire, elle retombe au fond par sa propre grossièreté.**
(J. Joubert [1754-1824], *Pensées, Maximes et Essais.*)

Persan. — **Le grossier élève la voix, tel un pet à minuit.**

V. VILAIN (le), VULGAIRE (le).

GUÉRIR

Latin. — **Vouloir guérir, c'est être déjà à demi guéri.**
(Sénèque, *Phaedra*, 249 [env. 60].)

Latin médiéval. — **Prévenir vaut mieux que guérir.**
Praestat cautela quam medela.

Irlandais (gaélique). — **Après la guérison, tout malade est docteur.**

Suisse. — **On ne guérit pas un malade qui se croit en santé.**
(H.-F. Amiel, *Journal intime*, 6 février 1877.)

V. BLESSURE, MALADIE, MÉDICAMENT, SANTÉ.

GUÉRISSEUR

Français. — **Un bon médecin est celui qui a des remèdes spécifiques, ou, s'il en manque, qui permet à ceux qui les ont de guérir son malade.**
(La Bruyère, *les Caractères*, « De quelques usages » 66 [1688].)

— **Les médecins laissent mourir, les charlatans tuent.**
(La Bruyère, *op. cit.*, 67.)

V. MÉDECIN.

GUERRE

Grec. — **La guerre est l'affaire des hommes.**
(Homère, *l'Iliade*, VI, 492 ; IXᵉ s. av. J.-C. — Paroles d'Hector à Andromaque.)

— **La guerre n'admet pas d'excuses.**
(Ibycos, *Fragments*, VIᵉ s. av. J.-C.)

— **La guerre n'est plaisante qu'à l'inexpérimenté.**
(Pindare, *Chants et danses*, fragments, vᵉ s. av. J.-C.)

— **Le nerf de la guerre, c'est l'argent.**
(Bion de Borysthène, IIIᵉ s. av. J.-C. — Cité par Diogène Laërce, *Vies et sentences des philosophes illustres*, IV. — Cf. Cicéron, *Orationes Philippicae*, V, 2 ; Rabelais, *Gargantua*, XLVI : Les nerfs des batailles sont les pécunes.)

Antiquité chinoise. — **La guerre, c'est faire que la terre mange la chair des hommes.**
(Mencius, *Livre des livres*, II, 1, 14 ; IVᵉ s. av. J.-C.)

— **Quand l'État adverse est bien gouverné et que le peuple est uni, une victoire même devient funeste.**
(Ou-Tse, *Règles*, II ; IIIᵉ s. av. J.-C.)

Latin. — **Au milieu des armes, les lois sont silencieuses.**
(Cicéron, *Pro Milone*, IV ; env. 52 av. J.-C.)

— **Quand la guerre est nécessaire, la guerre est juste.**
(Tite-Live, *Histoire de Rome*, IX, 1 [env. 10].)

— **La crainte de la guerre est encore pire que la guerre elle-même.**
(Sénèque, *Thyestes*, 572 [env. 60].)

Allemand. — **Une guerre laisse le pays avec trois armées : une armée d'infirmes, une armée de pleureuses, et une armée de voleurs.**

(Cité par H. L. Mencken, *Dictionary of Quotations*, New York [1946].)

— **La guerre nourrit la guerre.**

(Schiller, *Die Piccolomini*, I [1799]. — Le butin en campagne doit suffire pour l'entretien de l'armée.)

Anglais. — **Tous les moyens sont bons dans la guerre et dans l'amour.**

(J. Fletcher et F. Beaumont, *The Lover's Progress*, V, 1 [1623].)

— **Tuez un homme, vous êtes un assassin; tuez des milliers d'hommes, vous êtes un héros.**

(Beilby Porteus, *Sermons in Several Subjects* [1784].)

— **La guerre engendre plus de bandits qu'elle n'en tue.**

(Cité par H. L. Mencken, *Dictionary of Quotations*, New York [1946].)

Brésilien. — **La terre n'a pas soif du sang des guerriers, mais de la sueur des hommes.**

Espagnol. — **Arrivée la guerre, le diable agrandit son enfer.**

Français. — **Pour soutenir la guerre, trois choses sont nécessaires : de l'argent, de l'argent, et encore de l'argent.**

(Paroles du maréchal Théodore Trivulce au roi Louis XII.)

— **Le dieu de la guerre est toujours du côté des gros bataillons.**

(Napoléon Ier [1769-1821], *Maximes et Pensées.*)

— **En guerre comme en amour, pour en finir il faut se voir de près.**

(Napoléon Ier, *Maximes et Pensées.*)

— **Nul ne sait ce que c'est que la guerre s'il n'y a pas son fils.**

(Joseph de Maistre [1753-1821].)

Italien. — **On fait la guerre quand on veut, on la termine quand on peut.**

(Machiavel, *le Prince*, XIV [1514].)

V. ARMÉE, BATAILLE, CONQUÉRANT, DÉFAITE, GÉNÉRAL, SOLDAT, VAINQUEUR ET VAINCU, VICTOIRE.

GUERRE CIVILE

Grec. — **La guerre civile est à la guerre extérieure ce que la guerre est à la paix.**

(Hérodote, *Histoires*, VIII, 3; Ve s. av. J.-C.)

Latin. — **La guerre civile est la chance de l'ennemi.**

(Publilius Syrus, *Sentences*, Ier s. av. J.-C.)

Anglais. — **La guerre étrangère est un violent exercice, la guerre civile est une mauvaise fièvre.**

(Francis Bacon, *Essays*, XXIX [1625].)

Français. — **... La guerre civile est le règne du crime.**

(Corneille, *Sertorius*, I, 1, 22 [1662].)

— **Le malheur des guerres civiles est que l'on y fait souvent des fautes par bonne conduite.**

(Cardinal de Retz [1613-1679], *Maximes et Réflexions.*)

— **La guerre civile ne donne pas de gloire.**

(Bonchamp, chef vendéen [1760-1793].)

V. RÉBELLION, SÉDITION.

GUERRE et PAIX

Grec. — **L'objet de la guerre, c'est la paix.**
(Aristote, *Éthique à Nicomaque*, X, vii, 6; ive s. av. J.-C.)

Bible. — **Il y a un temps pour la guerre, et un temps pour la paix.**
(L'Ecclésiaste, iii, 8; iiie s. av. J.-C.)

Latin. — **Mieux vaut la paix certaine que la victoire espérée.**
(Tite-Live, *Histoire de Rome*, XXX, xxx, 19 [env. 10].)

— **Une méchante paix est pire que la guerre.**
(Tacite, *Annales*, III; iie s.)

— **Que celui qui veut la paix prépare la guerre.**
(Végèce, ive s., *Epitome institutorum rei militaris*, « Prologue », III; ive s. — La même idée est exprimée par Cicéron, *Orationes Philippicae*, VII, vi, 19. — D'où le proverbe général : Une épée fait tenir l'autre en son fourreau.)

— **Il y a plus de gloire à tuer les guerres avec la parole qu'à tuer les hommes avec le fer.**
(Saint Augustin, *Epistulae ad Darium*, 229; début du ve s.)

Américain. — **Il n'y a jamais eu ni bonne guerre ni mauvaise paix.**
(B. Franklin, *Lettre à Josiah Quincy*, 11 septembre 1773.)

— **Le droit est plus précieux que la paix.**
(Woodrow Wilson, président des États-Unis, *Message au Congrès*, 2 avril 1917.)

Anglais. — **La paix a ses victoires non moins valeureuses que celles de la guerre.**
(John Milton, *To the Lord General Cromwell* [1630].)

Chinois. — **Les princes qui ont remporté le plus de victoires sont ceux contre qui personne n'a jamais osé faire la guerre.**

Espagnol. — **Même la guerre finit par où elle aurait dû commencer.**

Français. — **On peut être un héros sans ravager la terre.**
(Boileau, *Épîtres*, « Au Roi. Les avantages de la paix », 94 [1669].)

V. GUERRE, PAIX, VAINQUEUR ET VAINCU.

GUISE

Français. — **Chacun se fait fouetter à sa guise.**
(Chacun dispose comme il veut de sa personne et de ses biens.)

Libanais. — **Celui qui fait ce qu'il veut rencontrera ce qu'il déteste.**
(M. Feghali, *Proverbes syro-libanais* [1938].)

Suédois. — **Qui fait toujours ce qu'il veut fait rarement ce qu'il doit.**
(Chancelier Oxenstiern [1583-1654], *Réflexions et Maximes*.)

V. CAPRICE, FANTAISIE.

GYMNASTIQUE

Grec. — **La gymnastique est sœur de la musique.**
(Platon, *la République*, III, 404 *b*; ive s. av. J.-C.)

Anglais. — **L'exercice est au corps ce que la lecture est à l'esprit.**
(Richard Steele, *The Tatler*, n° 147 [1709].)

Français. — **Mon esprit ne va pas, si les jambes ne l'agitent.**
(Montaigne, *Essais*, III, iii [1588].)

V. SANTÉ (Régime de).

HABILETÉ

Grec. — **L'homme habile est supérieur à l'homme fort.**
(Phocylide de Milet, *Sentences*, VIᵉ s. av. J.-C.)

— **L'habileté est le talent de voir juste la fin de chaque chose.**
(Platon, *Définitions*, IVᵉ s. av. J.-C.)

Antiquité chinoise. — **Je déteste la couleur violette, dans la crainte qu'elle ne se confonde avec la couleur pourpre.**
(Mencius, *Livre des livres*, II, VIII, 37; IVᵉ s. av. J.-C. — Cf. L'Ecclésiastique, XIX, 20 : Il y a une habileté qui est exécrable.)

Anglais. — **Les vents et les vagues sont toujours du côté des navigateurs habiles.**
(Edward Gibbon, *History of the Decline and Fall of the Roman Empire*, IV [1788].)

Français. — **Mieux vaut engin que force.**
(*Proverbia vulgalia et latina*, manuscrit du XIIIᵉ s., Paris, Bibl. nat. — *Engin* [de *ingenium*] : ingéniosité.)

— **Bon crocheteur toutes portes crochette.**
(Ch. Bourdigné, *la Légende de maître Pierre Faifeu*, « l'Acteur », 72 [1527].)

— **Qui a bonne tête ne manque pas de chapeaux.**
(L'homme habile n'est jamais pris au dépourvu.)

— **On emballe sa monture afin de la maîtriser.**
(Ch. Cahier, *Proverbes et Aphorismes* [1856].)

— **Ceux qui n'ont que l'habileté ne tiennent en aucun lieu le premier rang.**
(Vauvenargues, *Réflexions et Maximes*, 94 [1746].)

— **L'habileté est à la ruse ce que la dextérité est à la filouterie.**
(Chamfort [1741-1794], *Maximes et Réflexions*.)

V. ADRESSE, DIPLOMATIE, EFFICIENCE, SAVOIR-FAIRE, TALENT.

HABITUDE

Grec. — **L'habitude est une seconde nature.**
(Evenus, Vᵉ s. av. J.-C. — Cité par Aristote, *Éthique à Nicomaque*, VII, x, 4; Cicéron, *De finibus*, V, XXV, 74, et saint Augustin, *De musica*, VI, VII, 19.)

— **Le remède à l'habitude est l'habitude contraire.**
(Épictète, *Entretiens*, I, XXVII; début du IIᵉ s.)

Latin. — La pire tyrannie est celle de l'habitude.
(Publilius Syrus, *Sentences*, Ier s. av. J.-C.)

— Le chien détaché traîne encore son lien.
(Perse, *Satires*, IX, 160 [env. 60].)

Hébreu. — L'habitude est d'abord légère comme une toile d'araignée, mais elle devient bientôt aussi solide qu'un câble.
(Le Talmud, *Sukkah* [env. 450].)

Allemand. — Des habitudes, tant qu'il te plaira, mais non pas une habitude.
(Gœthe [1749-1832], *Maximen und Reflexionen*.)

Arabe. — L'habitude est un sixième sens qui domine tous les autres.

— L'habitude forme un lien entre deux compagnons, même entre le fer et la lime.

Bantou *(Bassa)*. — Quand on a mangé salé, on ne peut plus manger sans sel.

Espagnol. — Chevrette qui a coutume de téter, le palais lui démange.

Indien *(hindi)*. — Le pot cuit mieux sur son poêle.

Tchèque. — L'habitude a une chemise de fer. (Qui veut en changer se blesse.)

V. ACCOUTUMANCE, COUTUME, ENDURANCE, ROUTINE.

HAINE

Bouddhisme. — Nul feu comme la passion, nul requin comme la haine.
(Paroles de Çakya-Mouni, VIe s. av. J.-C.)

Latin. — La haine est une colère invétérée.
(Cicéron, *Tusculanae Disputationes*, IV, IX, 21; env. 45 av. J.-C.)

— Quand la haine respire le sang, elle ne sait se dissimuler.
(Sénèque, *Thyestes*, 504 [env. 60].)

— La haine est la fille de la crainte.
(Tertullien, *Apologeticus*, IIIe s.)

Islam. — Votre haine ne doit s'allumer que contre les pervers.
(Le Koran, II, 189; VIIe s.)

Allemand. — La haine la plus violente est la plus silencieuse, comme la plus haute des vertus et le plus dangereux des chiens.
(J. P. Richter, *Hesperus*, XII [1795].)

Anglais. — La haine, c'est la vengeance du poltron.
(Bernard Shaw, *Major Barbara*, III [1905].)

Chinois. — Après une grande haine, il restera toujours une petite haine.

Espagnol. — L'édifice de la haine est construit avec les pierres des affronts.

Français. — Vieille haine fait moult mal.
(*Bonum spatium*, manuscrit du XIVe s., Paris, Bibl. nat.)

— Le feu qui semble éteint souvent dort sous la cendre.
(Corneille, *Rodogune*, III, IV, 951 [1644].)

— Lorsque notre haine est trop vive, elle nous met au-dessous de ceux que nous haïssons.
(La Rochefoucauld, *Réflexions ou Sentences et Maximes morales*, 338 [1665].)

— Le pire de certaines haines, c'est qu'elles sont si viles et rampantes qu'il faut se baisser pour les combattre.
(Marie d'Agoult, *Pensées, Réflexions et Maximes* [1856].)

— **La haine, c'est la colère des faibles.**
(Alphonse Daudet, *Lettres de mon moulin*, « la Diligence de Beaucaire » [1869].)

Italien. — **On s'attire la haine en faisant le bien comme en faisant le mal.**
(Machiavel, *le Prince*, XIX [1514].)

V. AIMER ET HAÏR, INIMITIÉ.

HARDIESSE

Belge. — **C'est le honteux qui perd et le truand qui gagne.**
(J. Dejardin, *Dictionnaire des spots ou proverbes wallons* [1863].)

Espagnol. — **Un grain de hardiesse tient lieu d'une grande habileté.**
(Baltasar Gracian, *Oraculo manual*, 181 [1647].)

— **A l'homme hardi, la fortune tend la main.**
(César Oudin, *Refranes o proverbios castellanos* [1659].)

Français. — **Fortune aveugle suit aveugle hardiesse.**
(La Fontaine, *Fables*, X, XIV, « les Deux Aventuriers et le Talisman » [1678].)

V. AUDACE, OSER.

HARGNE

Français. — **Qui à hargne tend, hargne lui vient.**
(Manuscrit du XIIIe s., sans titre, Paris, Sainte-Geneviève.)

— **Chien hargneux a toujours l'oreille déchirée.**
(La Fontaine, *Fables*, X, IX, « le Chien à qui on a coupé les oreilles » [1678].)

— **A cheval hargneux, il faut une écurie à part.**
(P.-J. Le Roux, *Dictionnaire proverbial* [1786].)

V. HUMEUR, QUERELLE.

HASARD

Allemand. — **Sa Majesté le Hasard fait les trois quarts de la besogne.**
(Frédéric II, *Lettre à Voltaire*, 12 mars 1759.)

Anglais. — **Un aveugle peut attraper un lièvre.**
(Chaucer, *The House of Fame*, II, 680; XIVe s.)

Chinois. — **Le moment donné par le hasard vaut mieux que le moment choisi.**
(Variante : Le hasard vaut mieux qu'un rendez-vous.)

Français. — **Le hasard donne les pensées et le hasard les ôte.**
(Pascal, *Pensées*, VI, 370 [1670].)

Italien. — **Le hasard gouverne un peu plus de la moitié de nos actions, et nous dirigeons le reste.**
(Machiavel, *le Prince*, XXV [1514].)

V. DESTIN, FORTUNE (le sort).

HÂTE

Grec. — **La hâte est mère de l'échec.**
(Hérodote, *Histoires*, VII, X; Ve s. av. J.-C.)

Latin. — **Hâtez-vous lentement.**
(*Festina lente.* — Précepte de César Auguste, cité par Suétone, *Vies des douze Césars*, XXV. — Cf. Boileau, *Art poétique*, I, 171.)

— On fait toujours assez vite ce que l'on fait assez bien.

(Autre précepte de César Auguste, cité par Suétone, *Vies des douze Césars*, xxv. — D'où le proverbe général : Rien de ce qui se fait bien ne se fait vite.)

Anglais. — **La Fortune vend à qui se hâte une infinité de choses qu'elle donne à qui sait attendre.**

(Francis Bacon, *De dignitate et augmentis scientiarum*, vi, 4 [1605].)

Chinois. — **Il faut faire vite ce qui ne presse pas pour pouvoir faire lentement ce qui presse.**

Français. — **Qui trop se hâte s'empêche.**

(*Incipiunt proverbia vulgalia et latina*, manuscrit du xiiie s. — Variante moderne : Qui trop se hâte reste en chemin, ou en beau chemin se fourvoie.)

— **Rien ne sert de courir, il faut partir à point.**

(La Fontaine, *Fables*, VI, x, « le Lièvre et la Tortue » [1668].)

Persan. — **La hâte est permise dans trois cas : enterrer les morts, ouvrir sa maison à l'étranger et marier les filles.**

V. PRÉCIPITATION, TÔT ET TARD.

HÉRÉDITÉ

Bible. — **Les pères ont mangé des raisins verts et les dents des enfants en ont été agacées.**

(Jérémie, xxxi, 29; viie s. av. J.-C., et Ézéchiel, xviii, 2.)

— **Cueille-t-on des raisins sur les épines ou des figues sur les ronces ?**

(Évangile selon saint Matthieu, vii, 16-18 [env. 65].)

Grec. — **Ce n'est pas de la scille que naissent la rose et la jacinthe.**

(Théognis de Mégare, *Sentences*, 539; vie s. av. J.-C.)

— **La poire vient sur le poirier et la figue sur le figuier.**

(Aristote, ive s. av. J.-C. — Cité par Diogène Laërce, *Phil. ill.*, V.)

— **De mauvais corbeau, mauvais œuf.**

(Zénobios, *Proverbes;* iie s.)

Latin. — **L'aigle n'engendre pas la colombe.**

(Horace, *Odes*, IV, iv, 31; env. 13 av. J.-C.)

Hébreu. — **Lion est, qui est fils de lion.**

(Le Talmud, *Baba Metzia*, ve s.)

— **Le vinaigre est fils du vin.**

(Le Talmud, *Baba Metzia*, ve s.)

Allemand. — **Si l'étalon et la jument trottent, comment le poulain irait-il lentement ?**

Annamite. — **Si le père a pris trop de sel pendant sa vie, son fils aura soif.**

Antillais. — **L'ébréchure de la hache se reproduit sur l'entaille.**

Arabe. — **Si le père est oignon et la mère ail, comment le fils sentirait-il bon ?**

Berbère. — **La pluie donne des roses, le feu engendre des cendres.**

Chinois. — **Le dragon engendre un dragon et le phénix un phénix.**

Français. — **Noire géline pond blanc œuf.**

(Manuscrit du xiiie s. sans titre, Paris, Sainte-Geneviève.)

— **Bon sang ne peut mentir.**

(Cité par Noël du Fail, *Propos rustiques*, x [1547].)

— **Bon chien chasse de race.**
(*Adages françois* [1557].)

— **Née de géline aime à gratter.**
(Henri Estienne, *les Prémices ou le Premier Livre des proverbes* [1594].)

Italien. — **Le sarment tient du cep.**

Nigritien *(Peul)*. — **La gazelle saute; comment son petit ramperait-il?**

Polonais. — **On ne peut exiger plus de la neige que de l'eau.**

Turc. — **Sa mère oignon, son père ail, et lui confiture de roses.**
V. ATAVISME, MILIEU (Influence du), NATUREL, ORIGINE.

HÉRÉSIE

Latin médiéval. — **Les hérétiques sont nécessaires.**
Oportet haereses esse.

Anglais. — **L'hérétique n'est pas celui que brûle le bûcher, mais celui qui l'allume.**
(Attribué généralement au chancelier Bacon, mais sans référence.)

— **Les hérésies ne périssent pas avec leurs auteurs, mais renaissent ailleurs, telles les eaux de la fontaine Aréthuse.**
(Thomas Browne, *Religio medici*, I [1642].)

Français. — **L'hérésie est le fruit d'un peu de science et de loisir.**
(Voltaire, *Essai sur les mœurs*, XLV [1756].)
V. FOI (croyance religieuse), RELIGION.

HÉRITAGE

Grec. — **On ne pleure pas un mort qui n'a pas laissé de richesses.**
(Théognis de Mégare, *Sentences*, 932; VIe s. av. J.-C.)

— **Aux enfants, il faut laisser un bel héritage de conscience plutôt que d'or.**
(Platon, *les Lois*, V, 729 *b*; IVe s. av. J.-C.)

Latin. — **Mieux vaut supporter son héritier que d'avoir à en chercher un.**
(Publilius Syrus, *Sentences*, Ier s. av. J.-C.)

Allemand. —**Le plus près du genou est le plus près de l'héritage.**

— **Qui hérite d'un thaler, on attend qu'il débourse un florin.**

Anglais. — **Pour attendre les souliers de celui qui est à trépasser, on va longtemps pieds nus.**

Bantou *(Betchouana)*. — **L'héritier du léopard hérite aussi de ses taches.**
(On hérite les créances, mais aussi les dettes.)

Chinois. — **Si vos enfants sont méchants, ils ne méritent pas d'hériter; s'ils sont bons et travailleurs, ils n'en ont pas besoin.**

Français. — **A longue corde tire, qui mort d'autrui désire.**
(*Proverbia vulgalia et latina*, manuscrit du XIIIe s., Paris, Bibl. nat.)

— **Mauvais héritier se déshérite.**
(*Bonum spatium*, manuscrit du XIVe s.)

— **Laisse au fils le sang de son père.**
(Protestation contre le droit seigneurial de mainmorte, d'après l'*Anonyme de Troyes*.)

— **Chose acquise à suée est plus chérie qu'héritée.**

(Jean Le Bon, *Adages françois* [1557].)

— **Tant que la tige a souche, elle ne se fourche.**

(Antoine Loisel, *Institutes coutumières*, 323 [1607]. — Tant qu'il y a des descendants en ligne directe, les collatéraux n'ont point de droit.)

— **Le mort saisit le vif.**

(Pierre de l'Hommeau, *Maximes du droit françois* [1614]. — Axiome de droit qui signifie qu'à l'instant où quelqu'un meurt, son héritier devient propriétaire de ses biens sans qu'il soit besoin d'aucune formalité de justice.)

— **L'on trouve toujours aux douceurs d'hériter,**
  Des consolations qu'on ne peut rejeter.

(Quinault, *la Mère coquette*, I, III, 231-232 [1665].)

— **Les enfants peut-être seraient plus chers à leurs parents, et réciproquement les pères à leurs enfants, sans le titre d'héritiers.**

(La Bruyère, *les Caractères*, « Des biens de fortune », 67 [1688].)

Libanais. — **L'héritier qui compte son or est moins riche aux yeux de Dieu que l'ouvrier qui reçoit son salaire.**

Persan. — **Plus vous laissez à vos héritiers, moins ils vous regrettent.**

V. BIEN MAL ACQUIS, PARENTS ET ENFANTS, TESTAMENT.

HÉROÏSME

Sanskrit. — **Quel est le plus grand héros ? Celui qui est maître de ses désirs.**

(Bhartrhari, *Nitisataka*, VIIᵉ s.)

Américain. — **Un héros ne peut être un héros que dans un monde héroïque.**

(N. Hawthorne, *Journal*, 7 mai 1850.)

Anglais. — **Croire à l'héroïsme fait les héros.**

(B. Disraeli, *Coningsby*, III, 1 [1844].)

Bantou *(Thonga).* — **Le lion rugit dans la brousse.**

(C'est sur le champ de bataille que se montre le héros.)

Français. — **Les héros sont faits comme les autres hommes.**

(La Rochefoucauld, *Réflexions ou Sentences et Maximes morales*, 24 [1665].)

— **Il y a des héros en mal comme en bien.**

(La Rochefoucauld, *op. cit.*, 185.)

— **C'est le sort d'un héros d'être persécuté.**

(Voltaire, *Tancrède*, I, VI [1760].)

Suisse. — **L'héroïsme est le triomphe de l'âme sur la chair.**

(H.-F. Amiel, *Journal intime*, 1ᵉʳ octobre 1849.)

V. BRAVOURE, COURAGE, TÉMÉRITÉ.

HÉSITATION

Proverbe général. — **Entre deux sièges, on tombe à terre.**

(Variante : A force de choisir, on prend le pire.)

Anglais. — **Qui hésite et bat le buisson, un autre vient qui prend l'oisillon.**

Turc. — **Qui hésite entre deux mosquées s'en retourne sans avoir prié.**

V. ALTERNATIVE, CHOISIR, INDÉCISION, LENTEUR, OPPORTUNITÉ.

HEURE

Latin. — **L'heure fugitive vole d'une aile incertaine.**
(Sénèque, *Phaedra*, 1142 [env. 60].)

Latin médiéval. — **Chaque heure nous meurtrit, la dernière tue.**
(*Vulnerant omnes, ultima necat.* — Cette sentence est inscrite sur de nombreux cadrans solaires; on la trouve sur le cadran de l'église d'Urrugne, Basses-Pyrénées.)

Français. — **Il n'y a pas d'heure pour les braves.**
(Baudoin d'Aubigny, *les Deux Sergents*, III [1823].)

V. PÉRENNITÉ, TEMPS.

HISTOIRE

Grec. — **L'histoire est un perpétuel recommencement.**
(D'après Thucydide, *Histoire de la guerre du Péloponnèse*, I, XXII, 4; Vᵉ s. av. J.-C.)

— **L'histoire est la philosophie enseignée par l'exemple.**
(Denys d'Halicarnasse, *Rhétorique*, XI; env. 25 av. J.-C.)

Latin. — **L'histoire est écrite pour raconter, non pour prouver.**
(*Scribitur historia ad narrandum, non ad probandum.* — Quintilien, *De institutione oratoria*, X, 1, 31 [env. 90].)

Allemand. — **L'historien est un prophète tourné vers le passé.**
(Schlegel, *Athenaeum* [1799].)

Français. — **Le bon historien n'est d'aucun temps ni d'aucun pays.**
(Fénelon, *Lettre à M. Dacier sur les occupations de l'Académie*, VIII [1714].)

— **Que les ignorants apprennent, et que ceux qui savent aiment à se souvenir.**
(*Indocti discant et ament meminisse periti.* — Épigraphe mise par le président Hénault en tête de son *Abrégé chronologique de l'Histoire de France* [1744].)

— **La géographie et la chronologie sont les deux yeux de l'histoire.**
(Cité par Anatole France, *le Petit Pierre*, VIII [1918].)

Italien. — **Heureuse la nation qui n'a pas d'histoire.**
(C. B. Beccaria, *Trattato dei delitti e delle pene*, Introduction [1764].)

V. LETTRES ET LES SCIENCES (les).

HOLLANDE

Latin médiéval. — **Dieu a créé la mer, les Hollandais ont fait les Pays-Bas.**
Deus mare, Batavus litora fecit.

Hollandais. — **Ce qui est difficile peut être vite fait et ce qui est impossible demande du temps.**
(Inscription sur la digue du Zuyderzée.)

V. NATION (caractères nationaux et langues nationales).

HOMME (l')

Grec. — **Sur la terre il n'y a rien de plus faible que l'homme.**
(Homère, *l'Odyssée*, XVIII, 130; IXᵉ s. av. J.-C.)

— **L'homme est la mesure de toutes choses.**
(Protagoras, Vᵉ s. av. J.-C. — Cité par Platon, *Théétète*, 152 a.)

— **L'homme est dieu ou bête.**
(Aristote, *Politique*, I, 1; IVᵉ s. av. J.-C.)

Bible. — **Dieu a fait l'homme droit, mais l'homme cherche beaucoup de subtilité.**
(L'Ecclésiaste, VII, 29; IIIᵉ s. av. J.-C.)

Latin. — **L'homme est un loup pour l'homme.**
(Plaute, *Asinaria*, 495; IIᵉ s. av. J.-C.)

— **L'homme est une chose abjecte et vile, s'il ne s'élève au-dessus de l'humanité.**
(Sénèque, *Naturales Quaestiones*, I, préface [env. 64].)

Allemand. — **Tout homme abrite en lui une bête sauvage.**
(Attribué à Frédéric le Grand.)

— **Dans tout homme, il y a un peu de tous les hommes.**
(G. C. Lichtenberg, *Aphorismen* [1799].)

Anglais. — **L'homme est un bipède omnivore qui porte des culottes.**
(Th. Carlyle, *Sartor resartus*, I [1836].)

Français. — **Sous la peau de l'homme plusieurs bêtes ont ombre.**
(Charles de Bovelles, *Proverbes et Dits sententieux* [1557].)

— **Il n'est au monde animal traître au prix de l'homme.**
(Montaigne, *Essais*, II, XII [1580].)

— **L'homme n'est qu'un roseau, le plus faible de la nature, mais c'est un roseau pensant.**
(Pascal, *Pensées*, VI, 347 [1670].)

— **La grandeur de l'homme est grande en ce qu'il se connaît misérable. Un arbre ne se connaît pas misérable.**
(Pascal, *Pensées*, VI, 397.)

— **L'homme est un dieu tombé qui se souvient des cieux.**
(Lamartine, *Premières Méditations poétiques*, II, 70 [1820].)

— **L'homme est un corrompu qui fait le délicat.**
(Viennet, *Michel Brémond* [1846].)

Libanais. — **Assieds-toi dans le cœur d'un lion plutôt que dans celui d'un homme.**

Malais. — **On peut garder tout un parc de buffles, on ne peut gouverner un seul homme.**

Serbe. — **L'homme est plus fragile que l'œuf et plus dur que le roc.**

Yiddish. — **Il est plus facile de connaître dix pays qu'un seul homme.**

V. BEAUTÉ MASCULINE, MONDE, PHILANTHROPIE, VIE.

HOMME de BIEN (l') — Le JUSTE

Antiquité chinoise. — **L'homme de bien est comme l'eau.**
(Lao-Tseu, *Livre du Tao et de sa vertu*, I, VIII; VIᵉ s. av. J.-C. — L'eau excelle à faire du bien et à se rendre utile à tous.)

Grec. — **Il faut estimer un homme de bien plus qu'un parent.**
(Antisthène, IVᵉ s. av. J.-C. — Cité par Diogène Laërce, *Phil.*, *ill.*, VI.)

— **Un homme de bien dans le bonheur est un bien public.**
(Ménandre, *Fragments*, IVᵉ s. av. J.-C.)

Bible. — **La mémoire du juste est en bénédiction.**
(Livre des Proverbes, X, 7; IVᵉ s. av. J.-C.)

— **Les lèvres du juste nourrissent beaucoup d'hommes.**
(Livre des Proverbes, X, 21.)

— Il n'y a pas sur la terre d'homme juste qui fasse le bien sans jamais
   pécher.
   (L'Ecclésiaste, VII, 20; IIIᵉ s. av. J.-C.)

— Jamais je n'ai vu le juste abandonné, ni sa postérité mendiant son
   pain.
   (Psaumes, XXXVII, 25; IIᵉ s. av. J.-C.)

Latin. — C'est le propre de l'homme de bien que de ne pas savoir commettre
   une injustice.
   (Publilius Syrus, *Sentences*, Iᵉʳ s. av. J.-C.)

— La mort du juste est un malheur pour tous.
   (Publilius Syrus, *Sentences*.)

— Il y a un dieu dans l'homme de bien.
   (Sénèque *Lettres à Lucilius*, XLI [env. 64].)

Sanskrit. — Le juste et le santal parfument qui les frappe.
   (*Pantchatandra*, VIᵉ s.)

Chinois. — Être homme est facile, être un homme est difficile.

Français. — Le juste agit par foi dans les moindres choses.
   (Pascal, *Pensées*, VII, 504 [1670].)

— Le héros et le grand homme mis ensemble ne pèsent pas un homme
   de bien.
   (La Bruyère, *les Caractères*, « Du mérite personnel », 30 [1688].)

Irlandais (*gaélique*). — Nulle larme jamais ne devrait tomber sur l'homme
   de bien mourant.

Japonais. — Les dieux brillent sur le front du juste.

Serbe. — Il est difficile de trouver un homme, mais facile de le reconnaître.

   V. RÈGLE D'OR, SAINT.

HOMME (l'Honnête)

Latin. — Plus on est honnête homme, plus on a de peine à soupçonner les
   autres de ne l'être pas.
   (Cicéron, *Epistulae ad Quintum fratrem*, I, 24; env. 50 av. J.-C.)

Français. — Le vrai honnête homme est celui qui ne se pique de rien.
   (La Rochefoucauld, *Réflexions ou Sentences et Maximes morales*, 203 [1665]. —
   L'honnête homme, au sens du XVIIᵉ s. en France, est une expression historique qui
   implique l'idée de vertus morales aussi bien que celle de qualités agréables dans la
   vie mondaine. — Cf. Bussy-Rabutin, *Lettre à Corbinelli*, 6 mars 1679 : « L'honnête
   homme est un homme poli et qui sait vivre. »)

— L'honnête homme tient le milieu entre l'habile homme et l'homme de
   bien, quoique dans une distance inégale de ces deux extrêmes.
   (La Bruyère. *les Caractères*, « Des jugements », 55 [1688].)

— Pour paraître honnête homme, il faut l'être.
   (Boileau, *Satires*, XI, 34 [1698].)

Persan. — La main de l'honnête homme est une balance.
   (Autre proverbe : Si l'honnête homme tombe, il ne se fait pas de mal.)

   V. HONNÊTETÉ, HONNEUR.

HOMME SUPÉRIEUR (l')

Antiquité chinoise. — **L'homme supérieur pratique la vertu sans y songer, l'homme vulgaire la pratique avec intention.**
(Lao-Tseu, *Livre du Tao et de sa vertu*, II, xxxviii, 3 ; vie s. av. J.-C.)

— **L'homme supérieur est influencé par la justice ; l'homme vulgaire est influencé par l'amour du gain.**
(Confucius, *Livre des sentences*, iv, 16 ; vie s. av. J.-C.)

— **L'homme supérieur est comme l'archer, qui n'atteint pas toujours au but, mais qui ne s'en prend qu'à lui-même.**
(Confucius, *Livre des sentences*, xv, 20. — En commentaire : L'homme vulgaire et sans mérite demande tout aux autres, l'homme supérieur ne demande rien qu'à lui-même.)

— **L'homme supérieur ne murmure point contre le ciel et ne se plaint point des hommes.**
(Mencius, *Livre des livres*, I, iv, 13 ; ive s. av. J.-C.)

Grec. — **Celui qui n'a que du blé ne peut vendre de l'orge.**
(Bion de Boristhène, iiie s. av. J.-C. — Cité par Diogène Laërce, *Phil. ill.*, IV.)

Américain. — **Il y a des hommes supérieurs qui ne peuvent être compris par la multitude, comme il y a des notes trop élevées pour la gamme des oreilles vulgaires.**
(R. W. Emerson, *Lecture on Table-Talk*, 18 décembre 1864.)

Chinois. — **L'homme supérieur est amical sans être familier, l'homme vulgaire est familier sans être amical.**

Mongol. — **L'homme vulgaire parle de ce qu'il a mangé et bu ; l'homme supérieur de ce qu'il a vu et entendu.**

V. MÉRITE, PERSONNALITÉ, RAYONNEMENT, SUPÉRIORITÉ.

HOMME (l') — FEMME (la)

Grec. — **La femme est moins portée que l'homme aux nobles actions, et beaucoup plus aux actions honteuses.**
(Euripide, *Ino*, fragments ; ve s. av. J.-C.)

— **La gloire de la femme est sa beauté, celle de l'homme est sa force.**
(Bion de Boristhène, *Fragments*, iiie s. av. J.-C.)

Bible. — **J'ai trouvé un homme entre mille, mais je n'ai pas trouvé une femme dans le même nombre.**
(L'Ecclésiaste, vii, 28 ; iiie s. av. J.-C.)

Sanskrit. — **La vie de l'homme, c'est l'ambition ; la vie de la femme, c'est l'homme.**
(*Mahabharata*, xii ; ier s.)

Allemand. — **L'homme, comme l'alouette, chante en plein air ; la femme, comme le rossignol, chante dans l'ombre.**
(J. P. Richter, *Blumen, Frucht und Dornenstücke* [1818].)

Anglais. — **L'homme, la femme, le démon : trois degrés de comparaison.**
(Th. Fuller, *Gnomologia* [1732].)

— **Les hommes diffèrent entre eux comme le ciel et la terre, et les femmes comme le ciel et l'enfer.**
(Tennyson, *Merlin and Vivien* [1859].)

Français. — **La vérité parle aussi bien contre les femmes que contre les hommes.**

(Marguerite de Navarre, *Heptaméron*, IV, XXXVI [1559].)

— **Les hommes emploient leur capacité à bien, les femmes l'emploient à mal.**

(Cardinal de Richelieu [1585-1642], *Maximes d'État*, LXXXIII.)

— **Les femmes sont extrêmes : elles sont meilleures ou pires que les hommes.**

(La Bruyère, *les Caractères*, « Des femmes », 53 [1688].)

— **Les hommes font les lois, les femmes font les mœurs.**

(Comte de Guibert, *le Connétable de Bourbon*, I, IV, 384 [1775].)

— **Il y a dans le cerveau des femmes une case de moins, et dans leur cœur une fibre de plus que chez les hommes.**

(Chamfort [1741-1794], *Maximes et Réflexions*.)

— **La personnalité des femmes est toujours à deux, tandis que celle de l'homme n'a que lui-même pour but.**

(Mme de Staël, *De l'Allemagne*, I, III [1810].)

— **Les hommes n'aiment pas toujours ce qu'ils estiment, les femmes n'estiment que ce qu'elles aiment.**

(J. Sanial Dubay, *Pensées sur les mœurs*, 580 [1813].)

Kurde. — **L'homme est un fleuve, la femme est un lac.**

Malais. — **Dieu donne à tout homme son jour de sainteté, et à toute femme son jour de diablerie.**

V. SEXES (Inégalité des).

HOMME et la FEMME (l')

Grec. — **Il est impossible de passer tout un jour dans la joie à celui qui le passe avec une femme.**

(Simonide d'Amorgos, *Fragments*, VIe s. av. J.-C.)

— **Une femme peut porter une charge, pourvu qu'un homme la lui mette.**

(Aristophane, *les Cavaliers*, 1056; IVe s. av. J.-C.)

— **La femme est à l'homme un mal agréable.**

(Ménandre, *Fragments*, IVe s. av. J.-C. — Variante : Une femme est une douleur toujours présente.)

— **La génisse chante le chant du taureau.**

(Suidas, *Lexique;* Xe s.)

Bible. — **L'homme n'a pas été créé pour la femme, mais la femme pour l'homme.**

(Saint Paul, Ire Épître aux Corinthiens, XI, 9 [env. 55].)

Latin. — **On ne possède jamais une femme sans le contact physique.**

(Cf. Saint Augustin, *Soliloques*, I, X, 17; début du Ve s.)

Allemand. — **Le courage contre les femmes n'est pas un don naturel, c'est une force acquise.**

(J. P. Richter, *Blumen, Frucht und Dornenstücke* [1818].)

Américain. — **Celui qui réussit avec les femmes est celui qui sait s'en passer.**

(Ambrose Bierce, *Collected Works*, VIII [1911].)

— **Le corps d'une femme est un temple et non une taverne.**

(Vance Thompson, *Woman* [1917].)

Anglais. — La femme a été tirée d'une côte d'Adam, près de son bras pour être
protégée, près de son cœur pour être aimée.
(Matthew Henry, *Exposition of Genesis*, II [1704].)

Arabe. — L'obéissance aux femmes fait entrer dans l'enfer.

Chinois. — Lorsque la chance nous sourit, nous rencontrons des amis, et
lorsqu'elle est contre nous, une jolie femme.

— Lorsqu'une femme vous parle, souriez-lui, mais ne l'écoutez pas.

Espagnol. — La femme est comme l'œuf, qui gagne à être bien battu.

— De la fréquentation des femmes, il ne peut sortir que du feu ou de
la fumée.

Français. — Il n'est si fort lien que de femme.
(*Proverbes rurauz et vulgauz*, manuscrit du XIVᵉ s., Paris, Bibl. nat.)

— A la quenouille, le fol s'agenouille.
(Gabriel Meurier, *Trésor des sentences* [1568].)

— **Contre femme point ne débattre.**
(Baïf, *Mimes, Enseignements et Proverbes* [1576].)

— La femme est plus forte à dompter
Qu'autre beste, sauf le monter.
(Philippe d'Alcripe, *la Nouvelle Fabrique des excellents traits de vérité* [1579].)

— Une femme est aisée à gouverner, pourvu que ce soit un homme qui
s'en donne la peine.
(La Bruyère, *les Caractères*, « Des femmes », 45 [1688].)

— Il faut choisir d'aimer les femmes ou de les connaître.
(Chamfort [1741-1794], *Caractères et Anecdotes*.)

— Un duc fait une duchesse, un homme d'esprit ne fait pas une femme
d'esprit.
(Rivarol [1753-1801], *Notes, Pensées et Maximes*.)

— Pour une femme qui nous inspire quelque chose de bien, il y en a
cent qui nous font faire des sottises.
(Napoléon Iᵉʳ [1769-1821], *Maximes et Pensées*.)

— Les femmes sont comme les chevaux, il faut leur parler avant de leur
passer la bride.
(André Maurois, *Aux innocents les mains pleines*, V [1956].)

Indien *(pundjabi).* — La terre et la femme obéissent à la force, mais livrées
à l'impuissance, elles se donnent à un autre.

Italien. — La douceur est avec les femmes ce que le sucre est aux fruits : elle
permet de conserver les bons et d'utiliser les mauvais.

Nigritien *(Achanti).* — La femme est semblable à une couverture en été;
si tu la prends, tu as trop chaud; si tu la jettes, tu as froid.

Persan. — Un homme doit se garder de contempler une femme et un précipice.

— Il est fou de discuter avec une femme; discutez-vous avec l'eau, le feu,
le vent ?

— On prend les femmes comme certaines forteresses, par leur issue
secrète.

Russe. — Il vaut mieux être assis sur un baril de poudre que sur les genoux
d'une femme.

Serbe. — L'eau et la femme suivent le cours que trace l'homme.

Turc. — Le cheval dépend du cavalier et la femme de l'homme.
(Variante : C'est à qui saura la chevaucher que la jument appartiendra.)

V. AMANT ET MAÎTRESSE, FEMME ET L'HOMME (la), MARI ET FEMME.

HOMME et l'AMITIÉ (l')

Antiquité persane. — Le plus précieux des biens est un ami avisé et dévoué.
(Paroles de Darius à Histiée, citées par Hérodote, *Histoires*, V, 24.)

Grec. — Pour un ami, il faut tout sacrifier, excepté les dieux.
(Périclès, ve s. av. J.-C. — Cité par Aulu-Gelle, *les Nuits attiques*, I, III.)

— L'homme dont le caractère se confond avec le nôtre vaut mieux que
    mille parents.
(Euripide, *Oreste*, 438; ve s. av. J.-C. — Paroles d'Oreste à Pylade.)

Bible. — L'ami est quelquefois plus proche qu'un frère.
(Livre des Proverbes, XVIII, 24; ive s. av. J.-C.)

— Un ami fidèle est une tour forte; qui l'a trouvé a trouvé un trésor.
(L'Ecclésiastique, VI, 14; iie s. av. J.-C.)

Latin. — Mon ami est un autre moi.
(Cicéron, *De amicitia*, XXI, 80; env. 40 av. J.-C. — *Amicus est tanquam alter idem.*
— D'où la locution : *alter ego*.)

— Tu as raison de regarder la faute de ton ami comme si tu en étais
    coupable.
(Publilius Syrus, *Sentences*, 1er s. av. J.-C.)

— Si tu es appelé en témoignage contre un ami, tâche, sans manquer à
    l'honneur, de cacher sa faute.
(Denys Caton, *Disticha de moribus ad filium*, III, 3; iiie s.)

Islam. — L'homme sans ami, c'est la main gauche sans la main droite.
(Avicébron [Salomon ben Gabirol], *la Source de vie*, xie s.)

Anglais. — Quand un ami demande, demain n'existe pas.
(G. Herbert, *Jacula prudentum* [1651].)

— L'amitié est le vin de la vie.
(Edward Young, *Nights Thoughts*, II [1742].)

Arabe. — On peut vivre sans frère, mais non pas sans ami.

Berbère. — Un ami est meilleur que le lait.

Espagnol. — Avoir un ami, c'est une seconde vie.
(Baltasar Gracian, *Oraculo manual*, III [1647].)

— Il n'y a point de désert si affreux que de vivre sans amis.
(Baltasar Gracian, *op. cit.*, 158.)

Français. — Il n'y a que la main d'un ami qui arrache l'épine du cœur.
(Helvétius [1715-1771], *Maximes et Pensées*.)

Italien. — Blâme ton ami en secret; vante-le devant les autres.
(Léonard de Vinci [1452-1519], *Carnets*.)

Persan. — La peine que l'on prend pour un ami est un repos.

Russe. — Pour un ami, sept verstes ne font pas un détour.

V. AMITIÉ.

HOMME et l'AMOUR (l')

Grec. — Il faut n'avoir commerce qu'avec les femmes qui vous en sauront gré.
> (Antisthène, IVe s. av. J.-C. — Cité par Diogène Laërce, *Phil. ill.*, VI.)

Sanskrit. — Aussi longtemps que l'homme aime une femme, fût-ce la moindre d'entre elles, il est réduit en esclavage, comme le jeune veau qui tète sa mère.
> (*Dhammapada*, XX; Ier s.)

Latin. — Quiconque aime une grenouille prend cette grenouille pour Diane.
> (*Quisquis amat ranam, ranam putat esse Dianam.* — Cette Diane n'est pas la sœur d'Apollon; c'est la Diane Limnatis, déesse des marais et des étangs.)

Américain. — Il n'y a pas loin du giron de Dalila au sein d'Abraham.
> (B. J. Whiting, *Some Current Meanings of Proverbial Sayings* [1934].)

Anglais. — L'homme tombe amoureux par accident, comme il trébuche dans l'escalier.
> (Robert Southey, *The Doctor*, LIII [1812].)

Arabe. — Bois dans les mains de la femme que tu aimes, mais ne la laisse pas boire dans les tiennes.

Chinois. — Quand un homme est fou d'une femme, il n'y a qu'elle qui le puisse guérir de sa folie.

Espagnol. — Celui-là t'aime bien qui te fait pleurer.
> (Cervantes, *Don Quichotte*, I, XX [1605].)

Français. — Assauts d'amour sont faux et décevables.
> (*Li Respit des curteis e del vilain*, manuscrit du XIVe s., Oxford.)

— Il n'y a veneur qui ne prenne plaisir à corner sa prise.
> (Marguerite de Navarre, *Heptaméron*, V, L. — Corner sa prise : sonner du cor lorsque la bête est prise. — Fig., se vanter d'une bonne fortune.)

— Un homme peut être amoureux comme un fou, mais non pas comme un sot.
> (La Rochefoucauld, *Réflexions ou Sentences et Maximes morales*, 353 [1665].)

— Il faut plus d'esprit pour faire l'amour que pour conduire des armées.
> (Ninon de Lenclos [1620-1705].)

— En amour, la victoire de l'homme, c'est la fuite.
> (Napoléon Ier [1769-1821], *Maximes et Pensées*.)

Kurde. — Qui aime la femme est cousin du soleil.

Persan. — L'abeille brusque-t-elle le jasmin ?

Suédois. — L'amour a fait des héros, mais des sots plus encore.

Turc. — Si tu es amoureux, cours les montagnes.

> V. AMANT ET MAÎTRESSE, AMOUR (faire la cour), MONOGAMIE ET POLYGAMIE.

HOMME et l'ARGENT (l')

Grec. — Le feu éprouve l'or et l'or éprouve l'homme.
> (Chilon de Sparte, VIe s. av. J.-C. — Cité par Diogène Laërce, *Phil. ill.*, I.)

— L'argent est source de bien pour les bons et source de mal pour les méchants.
> (Philon d'Alexandrie, *De plantatione*, 172; Ier s.)

Latin. — Ce n'est pas sur les morts, mais sur l'argent perdu, que l'homme verse de vraies larmes.
>   (Juvénal, *Satires*, XIII, 131 [env. 120].)

Chinois. — Même l'aveugle peut voir l'argent.

Français.— Un homme sans argent est un loup sans dent.

Libanais. — L'argent que tu as est ton esclave, et toi, tu es l'esclave de celui que tu n'as pas.

>   V. AMITIÉ ET ARGENT, AMOUR ET ARGENT, ARGENT, CORRUPTION, MARIAGE ET ARGENT, OR.

HOMME FIDÈLE (l')

Grec. — Jamais la nymphe Calypso ne réussit à persuader Ulysse.
>   (Homère, *l'Odyssée*, XXIII, 338; IXe s. av. J.-C.)

Bible. — Mets ta joie dans la femme que Dieu t'a donnée, dans la tendresse de ta biche et dans les grâces de ta gazelle, et bois l'eau de ta source.
>   (Livre des Proverbes, v, 18-19; IVe s. av. J.-C.)

>   V. AMOUR ET FIDÉLITÉ, MARI ET FEMME.

HOMME INFIDÈLE (l')

Bible. — Les lèvres de l'étrangère distillent le miel.
>   (Livre des Proverbes, v, 3; IVe s. av. J.-C.)

— Se peut-il qu'un homme mette du feu dans son sein sans que ses vêtements s'enflamment ?
>   (Livre des Proverbes, VI, 27-28; IVe s. av. J.-C.)

Espagnol. — Qui a une femme a toutes les femmes; qui a toutes les femmes n'a pas de femme.

Français. — Tout le plaisir de l'amour est dans le changement.
>   (Molière, *Dom Juan*, I, II [1665].)

— L'homme n'a pas plus le pouvoir d'être constant que celui d'écarter les maladies.
>   (Chamfort [1741-1794], *Maximes et Pensées*.)

Malgache. — Sept enfants ne retiendront pas un époux, mais beaucoup de sagesse le retiendra.

Nigritien *(Achanti)*. — Tu détruis l'ombre de l'arbre et tu poursuis un nuage.

>   V. ADULTÈRE, AMANT ET MAÎTRESSE, AMOUR ET INFIDÉLITÉ, MONOGAMIE ET POLYGAMIE.

HOMME JALOUX (l')

Latin. — Le soupçon d'un amant est le songe d'un homme éveillé.
>   (Publilius Syrus, *Sentences*, 1er s. av. J.-C.)

— Il n'est point de haines implacables, sauf en amour.
>   (Properce, *Élégies*, II, VIII, 1; env. 25 av. J.-C.)

Espagnol. — A l'ennemi et à l'ami, je dis que tu es méchante, afin que personne ne t'aime, sauf moi.

Français. — Le jaloux aime plus, et l'autre aime bien mieux.
>   (Molière, *les Fâcheux*, II, IV, 466 [1661].)

> — La jalousie naît avec l'amour, mais elle ne meurt pas toujours avec lui.
>
> (La Rochefoucauld, *Réflexions ou Sentences et Maximes morales*, 361 [1665].)

> — La jalousie n'est qu'un sot enfant de l'orgueil, ou c'est la maladie d'un fou.
>
> (Beaumarchais, *le Mariage de Figaro*, IV, XIII [1784].)

V. AMOUR ET JALOUSIE, HOMME TROMPÉ (l').

HOMME et la MAISON (l')

Latin médiéval. — **Trois choses chassent l'homme de sa maison : la fumée, la pluie, et une femme querelleuse.**

(Innocent III, *De contemptu mundi*, I, 18 [env. 1210]. — Cet aphorisme est un écho de la Bible, Livre des Proverbes, X, 26, et XXVII, 15.)

Chinois. — **Loin de sa maison, un homme est estimé ce qu'il paraît; dans sa maison, un homme est estimé ce qu'il est.**

Français. — **A la maisnie se reconnaît le seigneur.**

(*Proverbia vulgalia et latina*, manuscrit du XIIIᵉ s., Paris, Bibl. nat.)

Libanais. — **Ce que l'homme possède lui ressemble.**

V. MAISON.

HOMME et le MARIAGE (l')

Bible. — **Il n'est pas bon que l'homme soit seul.**

(Genèse, II, 18; VIIIᵉ s. av. J.-C.)

> — **Mets ta joie dans la femme de ta jeunesse.**
>
> (Livre des Proverbes, V, 18; IVᵉ s. av. J.-C.)

> — **Une maison et des richesses sont un héritage paternel, mais une femme intelligente est un don de Dieu.**
>
> (Livre des Proverbes, XIX, 14.)

> — **L'étrangère est un puits étroit.**
>
> (Livre des Proverbes, XXIII, 27.)

> — **Heureux le mari d'une femme vertueuse, le nombre de ses jours sera doublé.**
>
> (L'Ecclésiastique, XXVI, 1; IIᵉ s. av. J.-C.)

> — **Une méchante épouse, celui qui la tient est pareil à celui qui a saisi un scorpion.**
>
> (L'Ecclésiastique, XXVI, 7.)

Grec. — **L'homme ne peut rien rencontrer de meilleur que la femme, quand elle est bonne, mais rien de pire, quand elle est mauvaise.**

(Hésiode, *les Travaux et les Jours*, 703; VIIIᵉ s. av. J.-C.)

> — **Chacun dans sa pensée fait l'éloge de sa femme et blâme celle d'autrui, sans comprendre que tous sont également partagés.**
>
> (Simonide d'Amorgos, *Fragments*, VIIᵉ s. av. J.-C.)

> — **Épouse ton égale.**
>
> (Solon d'Athènes, VIᵉ s. av. J.-C. — Cité par Ausone, *Sentences des Sept Sages*, 30.)

> — **Épouse celle qui est dans ton voisinage.**
>
> (Solon d'Athènes. — Cité par Diogène Laërce, *Phil. ill.*, I.)

> — **De toutes les richesses, la plus précieuse est encore de posséder une honnête femme.**
>
> (Euripide, *Andromède*, fragments; Vᵉ s. av. J.-C.)

— **Celui qui, par hasard, a une honnête femme, vit heureux avec un fléau.**

(Euripide, *les Crétoises*, fragments.)

— **Un homme doit-il se marier? Quoi qu'il fasse, il se repentira.**

(Socrate, Vᵉ s. av. J.-C. — Cité par Diogène Laërce, *Phil. ill.*, II.)

— **Quand on est jeune, il est trop tôt; quand on est vieux, il est trop tard.**

(Diogène le Cynique, IVᵉ s. av. J.-C. — Cité par Diogène Laërce, *Phil. ill.*, VI.)

— **Si vous épousez une laide, vous serez peiné; si vous épousez une belle, vous serez berné.**

(Bion de Boristhène, IIIᵉ s. av. J.-C. — Cité par Diogène Laërce, *Phil. ill.*, IV.)

— **Quand un homme prend une femme riche, il prend moins une femme qu'un despote.**

(Saint Jean Chrysostome, *Discours sur le mariage*, IVᵉ s.)

Hébreu. — **Monte d'un degré pour choisir ton ami; descends d'un degré pour choisir ta femme.**

(Le Talmud, *Jebamoth* [env. 450].)

— **Un grain de poivre vaut mieux qu'un panier de courges.**

(Cité par J. Ray, *Adagia hebraica*. — Signifie qu'un peu de féminité est préférable à beaucoup de richesses.)

Latin médiéval. — **La sagesse est d'épouser une beauté limitée.**

(*Si sapis, uxori sit stata forma tuae.* — Cité par Nicolas Bourbon, *Œuvres*, XVᵉ s.)

Allemand. — **A qui Dieu donne une femme, il donne aussi la patience.**

— **Mieux vaut être bien pendu que mal marié.**

Anglais. — **Qui a femme et enfants a donné des gages à la Fortune.**

(Francis Bacon, *De dignitate et augmentis scientiarum*, VI, 5 [1605].)

— **L'épouse est une maîtresse pour l'homme jeune, une compagne pour l'âge mûr, une infirmière pour la vieillesse; l'homme a donc, à tout âge, un prétexte pour se marier.**

(Francis Bacon, *Essays*, VIII [1625].)

— **Ne vous mariez pas pour l'argent, vous pouvez emprunter à meilleur marché.**

(J. Kelly, *Scottish Proverbs* [1721].)

— **Une belle femme sans argent ressemble à un beau cottage vide.**

(Th. Fuller, *Gnomologia* [1732].)

— **C'est l'homme faible qui se marie par amour.**

(Samuel Johnson, *Boswell's Life*, 28 mars 1776.)

Arabe. — **Le mariage est un sac où l'on trouve 99 serpents et une anguille. Qui osera y mettre la main?**

— **Sept jours roi, sept jours ministre, puis toujours esclave.**

Basque. — **Prends une femme et dors, elle aura soin de t'éveiller.**

Belge. — **On aime aussi bien la femme qui a du bien que celle qui n'a rien.**

Chinois. — **Quand on achète une maison, on regarde les poutres; quand on prend une femme, il faut regarder la mère.**

Espagnol. — **S'enrôler ou se marier ne se doit point conseiller.**

— **Le drap ne s'achète ni la femme ne se choisit à la chandelle.**

— **Le mariage est un sac où l'on trouve quatre-vingt-dix-neuf vipères et une anguille.**

— **Célibataire, un paon; fiancé, un lion; marié, un âne.**

Français. — **Prendre femme est le plus fort lien qui soit.**
(Eustache Deschamps, *Ballades*, 1484; XIVᵉ s.)

— **Qui loin va se marier sera trompé ou veut tromper.**
(Gabriel Meurier, *Trésor des sentences* [1568].)

— **Un homme de paille vaut une femme d'or.**
(Gabriel Meurier, *op. cit.*)

— **Qui épouse la femme épouse les dettes.**
(Antoine Loisel, *Institutes coutumières*, 110 et 384 [1607].)

— **Maison faite et femme à faire.**
(P.-J. Le Roux, *Dictionnaire proverbial* [1718].)

— **On peut être honnête homme, et fort mauvais époux.**
(Collin d'Harleville, *le Vieux Célibataire*, III, IV [1793].)

— **Il faut ne choisir pour épouse que la femme qu'on choisirait pour ami, si elle était homme.**
(J. Joubert [1754-1824], *Pensées, Maximes et Essais*.)

— **C'est par-dessus la crinière de la jument que l'on prend la pouliche.**
(Aug. Brizeux, *Proverbes bretons* [1860].)

— **Choisissez votre femme par l'oreille bien plus que par les yeux.**
(H. de Vibraye, *Trésor des proverbes français* [1934].)

Indien *(tamil)*. — **L'épouse est une chaîne aux pieds et l'enfant un mors dans la bouche.**

Irlandais *(gaélique)*. — **Le jour que tu choisis ta femme, tu maries tes enfants.**

Italien. — **Prends ta servante au loin et ta femme tout près.**

Libanais. — **Prends une fille bien née, n'apporterait-elle que sa natte.**

Malgache. — **Si on a une femme, c'est pour la regarder.**

Polonais. — **Si tu vas en guerre, prie une fois; si tu vas en mer, prie deux fois; si tu vas en mariage, prie trois fois.**

Roumain. — **Quand un homme prend une femme, il cesse de craindre l'enfer.**

Russe. — **Ne regrettez pas de vous être levé tôt, mais de vous être marié jeune.**

Serbe. — **Choisis ta femme non à la danse, mais à la moisson.**

Turc. — **Prends l'étoffe d'après la lisière, et la fille d'après la mère.**

V. AMOUR (faire la cour), DOT, MARIAGE, MARIAGE ET AMOUR, MARIAGE ET ARGENT, MARI ET FEMME, MÈRE ET FILLE, MONOGAMIE ET POLYGAMIE.

HOMME et le REMARIAGE (l')

Allemand. — **Une seconde femme a les fesses d'or.**

Anglais. — **La seconde femme s'assied sur le genou droit.**

Chinois. — **Une maison pleine d'enfants ne vaut pas une seconde épouse.**

Espagnol. — **La première femme est un balai et la seconde une dame.**

Italien. — **Celui qui s'est marié une fois mérite une couronne de patience, et celui qui s'est marié deux fois une camisole de force.**

Polonais. — **La première femme est une esclave, la deuxième une compagne, et la troisième un tyran.**

V. MARIAGE (remariage), VEUVAGE.

HOMME TROMPÉ (l')

Proverbe général. — **Celui que l'affaire touche de plus près est le dernier à le savoir.**

(Cf. Juvénal, *Satires*, x, 342.)

Latin médiéval. — **Les sages portent leurs cornes dans leur cœur, et les sots sur leur front.**

Sapientes portant cornua in pectore, stulti in fronte.

Espagnol. — **C'est pour ceci que l'homme est cocu, que deux peuvent plus qu'un seul.**

(César Oudin, *Refranes o Proverbios castellanos* [1659].)

Français. — **Noble cœur d'homme ne doit point enquérir du fait des femmes.**

(*Les Quinze Joyes de mariage*, « la Sixte Joye »; xve s.)

— **Il vaut mieux l'avoir été en herbe, et ne l'être point en gerbe.**

(Bonaventure des Périers, *Nouvelles Récréations et Joyeux Devis*, vi [1558].)

— **Tous ceux qui portent cornes n'ont pas le bonnet hors de la tête.**

(Marguerite de Navarre, *Heptaméron*, I, iii [1559]. — L'homme trompé par sa femme n'est pas toujours fâché — pour une raison ou pour une autre.)

— **Il vaut mieux être cocu que trépassé.**

(Molière, *Sganarelle*, xvii, 436 [1660].)

— **Le bruit est pour le fat, la plainte est pour le sot,**

L'honnête homme trompé s'éloigne et ne dit mot.

(Lanoue [J.-B. Sauvé, dit de], *la Coquette corrigée*, I, ii [1756].)

— **Il n'y a que les rois et les cocus qui aient le droit de faire grâce.**

(Talleyrand [1754-1838].)

Libanais. — **Celui qui est au courant sait, et celui qui ne sait pas dit : « C'est une poignée de lentilles! »**

(Mgr Feghali, ancien évêque de Tripoli, rapporte dans *Proverbes syro-libanais*, Institut d'ethnologie, Paris, 1938, l'explication suivante. « On raconte qu'un homme entretenait des relations coupables avec la femme d'un autre. Ce dernier, officieusement averti, se cacha devant sa maison, et lorsque le coupable en sortit, il se précipita sur lui pour l'étrangler. Après une lutte de quelques instants, l'homme lui échappa et prit la fuite à travers champs. Comme il traversait une plantation de lentilles, poursuivi à distance par le mari, il arracha une poignée de ces grains, et, la montrant à ceux qui s'étonnaient de le voir ainsi poursuivi avec rage : « Voyez, dit-il, s'il y a là de quoi en vouloir à la vie d'un homme! »

Ces gens arrêtèrent le mari trompé et le blâmèrent pour son avarice. Lui, ne voulant pas les mettre au courant de son infortune, adopta le subterfuge de son rival et leur répondit : « Celui qui est au courant sait, et celui qui ne sait pas dit : « C'est une poignée de lentilles! », mots qui sont passés en proverbe.

Depuis lors, on se sert de cette phrase pour définir des situations qui sont toujours autres qu'elles ne le paraissent, pour éviter de donner des renseignements sur des affaires délicates, enfin dans toutes les circonstances où l'on veut couper court à des questions indiscrètes. »)

V. ADULTÈRE, AMANT ET MAÎTRESSE, FEMME FIDÈLE (la), FEMME EST INCONSTANTE (la), FEMME INFIDÈLE (la), MARI ET FEMME.

HOMME et la VERTU (l')

Latin. — **La vertu après les écus.**

(Horace, *Épîtres*, I, i, 53 [env. 20 av. J.-C.].)

— **L'homme a plus soif de gloire que de vertu.**

(Juvénal, *Satires*, x, 140 [env. 120].)

Chinois. — **L'homme n'est pas vertueux sans exhortation, ni une cloche harmonieuse sans être ébranlée.**

Français. — **Ami de la vertu plutôt que vertueux.**
>   (Boileau, *Épîtres*, X, 92 [1669].)

>   — **Le prudent se fait du bien, le vertueux en fait aux autres.**
>   (Voltaire, *Dictionnaire philosophique*, « Vertu » [1764].)

>   V. VERTU.

HOMME et la VIEILLESSE (l')

Grec. — **A voir le chaume, on peut juger de l'épi.**
>   (Homère, *l'Odyssée*, XIV, 214; IXe s. av. J.-C.)

Bible. — **Les cheveux blancs sont une couronne d'honneur, c'est dans les chemins de la justice qu'on la trouve.**
>   (Livre des Proverbes, XVI, 31; IVe s. av. J.-C.)

Hébreu. — **Un vieillard dans une maison est une bonne enseigne.**
>   (Cité par J. Ray, *Adagia hebraica*.)

Latin. — **Le bœuf fatigué trace de fortes empreintes.**
>   (Saint Jérôme, *Epistulae*, début du Ve s.)

Américain. — **Un homme dans la vieillesse est comme une épée en montre dans un magasin.**
>   (H. W. Beecher, *Life Thoughts* [1858].)

Anglais. — **La barbe d'un vieillard est un abri.**

Hongrois. — **La vieillesse ôte les jambes au cheval, mais ne l'empêche pas de hennir.**

Indien *(hindî)*. — **Un vieil arbre a le cœur ferme.**

Persan. — **Un bon vieillard ressemble à un bon vin qui a déposé sa lie.**

>   V. ÂGES DE LA VIE, VIEILLESSE, VIEILLESSE CHEZ L'HOMME ET LA FEMME (la).

HOMME et la VIEILLESSE (l') [le vieillard amoureux]

Latin. — **Un vieil homme amoureux ressemble à un vieux soldat.**
>   (Ovide, *les Amours*, I, IX, 4; env. 15 av. J.-C.)

Français. — **Vieux roussin demande jeune pouliche.**
>   (*Proverbes au vilain*, manuscrit du XIIIe s., Paris, Bibl. nat.)

>   — **Un vieux chat aime les jeunes souris.**
>   (*Proverbes en françois*, manuscrit de 1456, Paris, Bibl. nat.)

>   — **Quand la neige est sur le mont, on ne peut attendre que le froid aux vallées.**
>   (Cholières, *les Après-dînées*, VII [1587].)

>   — **Un vieil homme a les dents trop faibles pour mâcher de la venaison.**
>   (Marguerite de Navarre, *Heptaméron*, II, XVI [1559].)

>   — **C'est une grande difformité dans la nature qu'un vieillard amoureux.**
>   (La Bruyère, *les Caractères*, « De l'homme », 111 [1688].)

>   — **Qui ne peut moissonner, qu'il se contente de glaner.**
>   (On fait de ce proverbe une application particulière au sujet de récoltes qui ne sont pas celles des champs : « Si vieillesse pouvait... »)

Italien. — **La tête du poireau est blanche, mais la tige n'en est pas moins verte.**
>   (Boccace, *le Décaméron*, IV, 1 [env. 1350].)

>   V. VIEILLESSE ET SAGESSE.

HOMMES (Grands)

Grec. — **Les grands hommes ont la terre entière pour tombeau.**
(Thucydide, *Histoire de la guerre du Péloponnèse*, II, 53; fin du ve s. av. J.-C.)

Antiquité chinoise. — **Celui qui est un grand homme, c'est celui qui n'a pas perdu la candeur de son enfance.**
(Mencius, *Livre des livres*, II, II, 12; IVe s. av. J.-C.)

Latin. — **Les hommes communs sont nés pour les grands hommes.**
(Lucain, *la Pharsale*, V, 343 [env. 60]. — Discours de César à ses soldats révoltés.)

Anglais. — **Les défauts des grands hommes sont la consolation des sots.**
(Isaac d'Israeli, *Essay on the Literary Character* [1816].)

Chinois. — **On mesure les tours par leurs ombres et les grands hommes par leurs détracteurs.**

Français. — **Il n'appartient qu'aux grands hommes d'avoir de grands défauts.**
(La Rochefoucauld, *Réflexions ou Sentences et Maximes morales*, 190 [1665].)

— **Les grands hommes sont plus grands que nous parce qu'ils ont la tête plus élevée, mais ils ont les pieds aussi bas que les nôtres.**
(Pascal, *Pensées*, II, 103 [1670].)

— **C'est prolonger la vie des grands hommes que de poursuivre dignement leurs entreprises.**
(Fontenelle, *Éloge de Leibniz* [1716].)

— **Les grands hommes le sont quelquefois jusque dans les petites choses.**
(Vauvenargues, *Réflexions et Maximes*, 552 [1746].)

— **Ce sont les grandes actions qui louent les grands hommes.**
(Voltaire, *Lettre à Jean Schouvalow*, 30 mars 1761.)

— **Les grands hommes sont des météores destinés à brûler pour éclairer la terre.**
(Napoléon Ier [1769-1821], *Maximes et Pensées*.)

— **Pour être un grand homme, il faut avoir fait de grandes choses; mais il ne suffit pas d'avoir fait de grandes choses pour être un grand homme.**
(Marie d'Agoult, *Pensées, Réflexions et Maximes* [1856].)

V. AFFINITÉ, GÉNIE, GRANDS (les).

HONNÊTETÉ

Bible. — **Celui qui marche dans l'intégrité marche en confiance et trouvera le salut.**
(Livre des proverbes, X, 9 et XXVIII, 18; IVe s. av. J.-C.)

Latin. — **On loue l'honnêteté, mais elle meurt de faim.**
(Juvénal, *Satires*, I, 74 [env. 120].)

— **La Providence a fait aux hommes cette faveur que les choses honnêtes apportent plus de profit.**
(Quintilien, *De institutione oratoria*, I, XIII [env. 90].)

Allemand. — **Nul ne s'est jamais perdu dans le droit chemin.**
(Gœthe [1749-1832], *Maximen und Reflexionen*.)

Anglais. — **On est tenu d'être honnête, non d'être riche.**

Chinois. — **La probité est la seule monnaie qui ait cours partout.**

Slovène. — **Méfiez-vous de la femme qui parle de sa vertu et de l'homme qui parle de son honnêteté.**

V. FEMME (l'Honnête), HOMME (l'Honnête), LOYAUTÉ.

HONNEUR

Latin. — **Qui a perdu l'honneur n'a plus rien à perdre.**
(Publilius Syrus, *Sentences*, 1er s. av. J.-C.)

— **Quand on ravit l'honneur d'autrui, on perd le sien.**
(Publilius Syrus, *Sentences*.)

— **L'honneur défend des actes que la loi tolère.**
(Sénèque, *Troades*, 335 [env. 60].)

Américain. — **Quand l'invité parle de son honneur, l'hôte doit compter ses petites cuillers.**
(R. W. Emerson, *The Conduct of Life*, VI [1860].)

Anglais. — **L'homme religieux craint de commettre une mauvais action ; l'homme d'honneur méprise de commettre cette action.**
(Joseph Addison, *The Guardian*, 15 septembre 1713.)

— **L'honneur doit être un éperon pour la vertu, et non pas un étrier pour l'orgueil.**
(Ch. Cahier, *Proverbes et Aphorismes* [1856].)

Arabe. — **On connaît les hommes à la sueur et à la signature.**

Espagnol. — **L'honneur sans le profit est une bague au doigt.**

Français. — **Mieux vaut trésor d'honneur que d'or.**
(Manuscrit du XVe s., sans titre, Rome, Vatican.)

— **Sans argent l'honneur n'est qu'une maladie.**
(Racine, *les Plaideurs*, I, 1, 11 [1668].)

— **L'honneur est le diamant que la vertu porte au doigt.**
(Voltaire, *Remarques et Observations*, pièces inédites, éd. en 1820.)

— **L'honneur, c'est la poésie du devoir.**
(Alfred de Vigny, *Journal d'un poète* [1835].)

Suédois. — **L'honneur ressemble à l'œil, il ne saurait souffrir la moindre impureté sans s'altérer entièrement.**
(Chancelier Oxenstiern [1583-1654], *Réflexions et Maximes*.)

V. GLOIRE, RÉPUTATION.

HONNEURS (les)

Grec. — **Les marques d'honneur asservissent les dieux et les hommes.**
(Héraclite d'Éphèse, *Fragments*, Ve s. av. J.-C.)

Latin médiéval. — **Les honneurs changent les mœurs.**
Honores mutant mores.

Anglais. — **Les honneurs offrent trois avantages : l'occasion de bien faire, l'accès auprès des grands, et l'accroissement de la fortune.**
(Francis Bacon, *Essays*, XXXVII [1625].)

— **Les honneurs et les aises ne couchent pas dans le même lit.**
(John Clarke, *Parœmiologia anglo-latina* [1639].)

Français. — **Certaines gens échangent l'honneur contre les honneurs.**
(Alphonse Karr, *les Guêpes*, juin 1842.)

V. TITRES ET DIGNITÉS.

HONTE

Antiquité chinoise. — **Si une fois l'homme a honte de ne pas avoir eu honte de ses fautes, il n'aura plus de motifs de honte.**
(Mencius, *Livre des livres*, II, vii, 6; ive s. av. J.-C.)

Latin. — **Il est honteux d'être sans honte.**
(Saint Augustin, *Confessions*, II, ix; début du ve s.)

Français. — **Bonne honte sort de danger.**
(Baïf, *Mimes, Enseignements et Proverbes* [1576].)

— **Un peu de honte est bientôt bue.**
(Ch. Cahier, *Proverbes et Aphorismes* [1856])

V. ROUGIR.

HONTE (Fausse)

Grec. — **La honte n'est pas de saison quand on est dans le besoin.**
(Homère, *l'Odyssée*, XVII, 347; ixe s. av. J.-C.)

Français. — **Dommage suit la fausse honte.**
(Baïf, *Mimes, Enseignements et Proverbes* [1576].)

— **Jamais honteux n'eut belle amie.**
(Benserade, *Ballet des proverbes* [1654].)

— **Il n'y a que les honteux qui perdent.**
(Variante : Ne soyez honteux que d'être honteux.)

V. TIMIDITÉ.

HOSPITALITÉ (que l'on donne)

Antiquité chinoise. — **Accueillez chacun comme si vous receviez un hôte illustre.**
(*Livre des rites*, vie s. av. J.-C.)

Sanskrit. — **L'arbre ne retire pas son ombre, même au bûcheron.**
(*Hitopadeça*, I; ier s.)

Bible. — **N'oubliez pas l'hospitalité, car en l'exerçant quelques-uns ont logé des anges sans le savoir.**
(Saint Paul, Épître aux Hébreux, XIII, 2 [env. 65].)

Américain. — **C'est un péché que d'ouvrir sa porte et de garder sa figure fermée.**
(B. Franklin, *Poor Richard's Almanac* [1733].)

Anglais. — **Petite chère et grand accueil peuvent faire un joyeux festin.**

— **Ne faites pas la porte plus grande que la maison.**

Arabe. — **La barbe de l'invité est entre les mains de l'hôte.**

Danois. — **Quand il y a de la place dans le cœur, il y en a dans la maison.**

Français. — **Où l'hôtesse est belle, le vin est bon.**
(Jean Le Bon, *Adages françois* [1557].)

— **Le plus foulé est toujours l'hôte.**
(Baïf, *Mimes, Enseignements et Proverbes* [1576].)

Indien (*hindi*). — **Ce ne sont pas les pierres qui bâtissent la maison, mais les hôtes.**

Russe. — **On peut boire dans des petits verres avec de grands sentiments.**
(N. J. Ermakov, *Proverbes de la nation russe* [1894].)
V. AMPHITRYON.

HOSPITALITÉ (que l'on reçoit)

Grec. — **On se rappelle tous les jours de sa vie l'hôte qui vous a montré de la bienveillance.**
(Homère, *l'Odyssée*, XV, 54; IXᵉ s. av. J.-C.)

Latin. — **Après trois jours, le poisson et l'hôte deviennent puants.**
(*Post tres dies piscis vilescit et hospes.* — Cité par Pontanus, *Collectio proverbiorum.*)

Anglais. — **Laissez toujours la bienvenue derrière vous.**

Arabe. — **Chante la chanson de celui dont tu partages la demeure.**

Berbère. — **L'homme bien né dit toujours du bien du lieu où il a passé la nuit.**

Espagnol. — **L'hôte est beau de dos.** (Quand il s'en va.)

Français. — **L'hôte et la pluie, après trois jours ennuient.**
(Manuscrit du XIIIᵉ s., sans titre, Paris, Sainte-Geneviève.)

Géorgien. — **L'hôte est d'or le matin, d'argent le soir et de cuivre s'il passe la nuit.**

Irlandais. — **Les yeux ne doivent pas voir dans la maison d'un autre.**

Nigritien *(Peul).* — **Ce qui a fait rester le bonnet longtemps sur la tête, c'est d'être léger.**
V. VISITE.

HÔTELIER

Espagnol. — **Quoique hôtelier, on peut être chrétien.**
(Cervantes, *Don Quichotte*, I, XXXII [1605].)

Français. — **Au soir, loue l'ouvrier; et au matin, l'hôtelier.**
(Gabriel Meurier, *Sentences notables, Adages et Proverbes* [1568].)

— **L'hôtelier rit aux dépens de son hôte.**
(Bernard de La Monnoye [1641-1728], *Epigrammes.*)
V. HOSPITALITÉ.

HUMEUR

Français. — **Le caprice de notre humeur est encore plus bizarre que celui de la fortune.**
(La Rochefoucauld, *Réflexions ou Sentences et Maximes morales*, 45 [1665].)

— **Les fous et les sottes gens ne voient que leur humeur.**
(La Rochefoucauld, *op. cit.*, 414.)

— **On ne trouve de l'humeur que chez les autres.**
(J. Sanial Dubay, *Pensées sur les mœurs*, 77 [1813].)

Hollandais. — **Si vous voulez que la vie vous sourie, apportez-lui d'abord votre bonne humeur.**
(Spinoza [1632-1677].)

V. ESPRIT CHAGRIN, GAIETÉ, OPTIMISME ET PESSIMISME.

HUMILIATION

Français. — On se console rarement des grandes humiliations, on les oublie.
(Vauvenargues, *Réflexions et Maximes*, 243 [1746].)

— N'humilie pas qui veut.
(Turgot [1727-1781].)

— Vous ne devez pas permettre que l'on vous humilie, mais il est louable de vous humilier vous-même.
(La Rochefoucauld-Doudeauville, *Mémoires*, « Livre des pensées », 9 [1863].)

V. AFFRONT, INJURE, INSULTE, OFFENSE, OUTRAGE.

HUMILITÉ

Antiquité chinoise. — L'homme d'une vertu supérieure est une vallée.
(Lao-Tseu, *Livre du Tao et de sa vertu*, II, XLI, 18; VIe s. av. J.-C. — Il se tient constamment dans le rang le plus bas.)

— En se courbant d'un pied, on se redresse de huit.
(Mencius, *Livre des livres*, I, v, 1; IVe s. av. J.-C.)

Bible. — L'humilité précède la gloire.
(Livre des Proverbes XV, 33 et XVIII, 12; IVe s. av. J.-C.)

— La prière de celui qui s'humilie pénètre les nues.
(L'Ecclésiastique, XXXV, 21; IIe s. av. J.-C.)

— Qui s'exalte sera humilié et qui s'humilie sera exalté.
(Évangile selon saint Luc, XIV, 11 et XVIII, 14 [env. 63].)

Latin. — Plus on est placé haut, plus on doit se montrer humble.
(Cicéron, *De officiis*, I, XXVI, 90; env. 44 av. J.-C.)

Américain. — Ne soyez jamais humble avec les superbes, ni superbe avec les humbles.
(Jefferson Davis, *Discours à Richmond*, 22 juillet 1861.)

Anglais. — La vraie humilité est la mère de toutes les vertus.
(Tennyson, *The Holy Grail*, 445 [1869].)

Français. — L'humilité est un artifice de l'orgueil.
(La Rochefoucauld, *Réflexions ou Sentences et Maximes morales*, 254 [1665].)

— L'humilité est l'autel sur lequel Dieu veut qu'on lui fasse des sacrifices.
(La Rochefoucauld, *Maximes posthumes*, 537 [1693].)

— L'humilité est le contrepoison de l'orgueil.
(Voltaire, *Dictionnaire philosophique*, «Humilité» [1764].)

— Le monde est bossu quand il se baisse.
(L'humilité ne doit pas aller jusqu'à l'humiliation.)

V. MODESTIE.

HYPOCRISIE

Antiquité chinoise. — Les plus honnêtes gens de tout le village (les hypocrites) **sont la peste de la vertu.**
(Mencius, *Livre des livres*, II, VIII, 37; IVe s. av. J.-C.)

Bible. — Les pharisiens hypocrites filtrent le moustique et avalent le chameau.
(Évangile selon saint Matthieu, XXIII, 24 [env. 65]. — L'hypocrite prétend éviter les plus petites fautes, mais il se permet les plus grandes.)

Espagnol. — **Je ne veux pas, je ne veux pas, mais jetez-le-moi dans le capuchon.**

(Proverbe cité par Cervantes, *Don Quichotte*, II, XLII [1615].)

Français. — **La profession d'hypocrite a de merveilleux avantages.**

(Molière, *Dom Juan*, V, II [1665].)

— **L'hypocrisie est un hommage que le vice rend à la vertu.**

(La Rochefoucauld, *Réflexions ou Sentences et Maximes morales*, 218 [1665].)

— **Il y a des gens qui n'ont de la morale qu'en pièce, et c'est une étoffe dont ils ne se font jamais d'habit.**

(J. Joubert [1754-1824], *Pensées, Maximes et Essais*.)

— **L'hypocrisie porte un masque qui déteint.**

(La Rochefoucauld-Doudeauville, *Mémoires*, « Livre des pensées », 582 [1863].)

V. AFFECTATION, FAUSSETÉ, MÉCHANTS (Hypocrisie des), MINE, TARTUFE.

I

IDÉAL

Bible. — L'homme ne vit pas seulement de pain.
(Deutéronome, VIII, 3; VIIe s. av. J.-C.)

Latin. — Dieu a donné à l'homme un visage élevé et lui a commandé de regarder le ciel.
(Ovide, *les Métamorphoses*, I, 85 [env. 7].)

Américain. — Accrochez votre char à une étoile.
(R. W. Emerson, *Society and Solitude* [1870].)

Chinois. — On ne peut marcher en regardant les étoiles quand on a une pierre dans son soulier.

Français. — Le but n'est pas toujours placé pour être atteint, mais pour servir de point de mire.
(J. Joubert [1754-1824], *Pensées, Maximes et Essais*.)

V. CORPS ET ÂME, VIE (Sens de la).

IDÉE

Français. — On ne tire pas des coups de fusil aux idées.
(Rivarol [1753-1801], *Notes, Pensées et Maximes*.)

— On résiste à l'invasion des armées, on ne résiste pas à l'invasion des idées.
(Victor Hugo, *Histoire d'un crime*, Conclusion [1877].)

V. PENSÉE, THÉORIE ET PRATIQUE.

IGNORANCE (défaut de connaissance)

Latin. — On ne peut désirer ce que l'on ne connaît pas.
(Ovide, *Ars amatoria*, III, 397; env. 2 av. J.-C.)

— Tout ce que l'on ne connaît pas est tenu pour magnifique.
(Tacite, *Agricola*, XXX [env. 90]. — Version moderne : La merveille est fille de l'ignorance.)

Anglais. — Qui est en enfer ne sait pas que le ciel existe.

Danois. — Celui qui ignore que son lit est dur, dort bien.

Français. — L'ignorance et l'incuriosité font un doux oreiller.
(D'après Montaigne, *Essais*, III, XIII [1588].)

Polonais. — Qui n'a pas vu d'église s'incline devant l'âtre.

V. INEXPÉRIENCE.

IGNORANCE (défaut de savoir)

Grec. — **Les chiens aboient contre les inconnus.**
> (Héraclite d'Ephèse, *Fragments*, vᵉ s. av. J.-C. — Les ignorants attaquent une doctrine neuve et hardie, qu'ils sont dans l'incapacité de comprendre.)

— **L'ignorance ne voit pas, même ce qui frappe ses regards.**
> (Ménandre, *Fragments*, ivᵉ s. av. J.-C.)

Sanskrit. — **L'ignorant vieillit comme le buffle, sa graisse croît, mais non sa sagesse.**
> (*Dhammapada*, xi; iᵉʳ s.)

Hébreu. — **Il n'est pauvreté que d'ignorance.**
> (Le Talmud, *Nedarim* [env. 450].)

Allemand. — **Les épis vides portent la tête haute.**
> (G. C. Lichtenberg, *Aphorismen* [1799].)

— **Il n'est rien de plus effrayant que l'ignorance agissante.**
> (Gœthe [1749-1832], *Maximen und Reflexionen*.)

Anglais. — **L'ignorant a des ailes d'aigle et des yeux de chouette.**
> (G. Herbert, *Jacula prudentum* [1651].)

Arabe. — **Conseille l'ignorant, il te prendra pour son ennemi.**

Basque. — **La science de l'ignorant, c'est de reprendre les choses bien dites.**

Chinois. — **L'ignorance est la nuit de l'esprit, et cette nuit n'a ni lune ni étoiles.**

Estonien. — **Celui qui n'a pas bâti de maison croit que les murs sortent de terre.**

Français. — **Qui ne sait rien, de rien ne doute.**
> (Pierre Gringore, *Notables Enseignements, Adages et Proverbes* [1528].)

— **Ignorance est mère de tous les maux.**
> (Rabelais, *Cinquième Livre*, vii [1564].)

— **L'ignorance toujours est prête à s'admirer.**
> (Boileau, *Art poétique*, I, 185 [1674].)

— **C'est la profonde ignorance qui inspire le ton dogmatique.**
> (La Bruyère, *les Caractères*, « De la société et de la conversation », 76 [1688].)

Japonais. — **Celui qui confesse son ignorance la montre une fois; celui qui essaye de la cacher la montre plusieurs fois.**

> V. SAVOIR ET IGNORANCE.

ILLUSION

Chinois. — **Qui voit le ciel dans l'eau voit les poissons sur les arbres.**

— **Il est difficile d'attraper un chat noir dans une pièce sombre, surtout lorsqu'il n'y est pas.**

Espagnol. — **La poule croit couver un œuf et c'est un nichet.**

Français. — **Tel croit avoir un œuf au feu qui n'en a que l'écale.**
> (Manuscrit du xvᵉ s., sans titre, Rome, Vatican.)

— **On est souvent satisfait d'être trompé par soi-même.**
> (La Rochefoucauld, *Réflexions ou Sentences et Maximes morales*, 114 [1665].)

— **L'imagination qui fait naître les illusions est comme les rosiers qui produisent des roses dans toutes les saisons.**
> (Chamfort [1741-1794], *Maximes et Pensées*.)

Russe. — **Il n'y a pas de fouet pour ceux qui se leurrent eux-mêmes.**

> V. CERTAIN ET INCERTAIN, CHIMÈRE, RÊVE ET RÉALITÉ, THÉORIE ET PRATIQUE.

IMAGE

Anglais. — Les images sont les livres des illettrés.
(Rowland Watkyns, *Proverbial Sentences* [1660].)

Français. — Les images embellissent la raison, et le sentiment la persuade.
(Vauvenargues, *Réflexions et Maximes*, 939 [1746].)
V. PORTRAIT.

IMAGINATION

Latin médiéval. — Une forte imagination produit l'événement.
(*Fortis imaginatio generat casum.* — Cité par Montaigne, *Essais*, I, XXI.)

Français. — La raison a beau crier, l'imagination a établi dans l'homme une seconde nature.
(Pascal, *Pensées*, II, 82 [1670].)

— L'imagination est la folle du logis.
(Malebranche, *De la recherche de la vérité*, L, II [1674].)

— C'est l'imagination qui gouverne les hommes.
(Napoléon Ier. — Cité par Bourrienne, *Mémoires*, II, II.)
V. CHIMÈRE, FANTAISIE.

IMITER (agir semblablement)

Hébreu. — Un mouton en suit un autre.
(Cité par J. Ray, *Adagia hebraica*.)

Allemand. — La poule pond où elle voit un œuf.

Espagnol. — Quand une porte se ferme, cent se verrouillent.

Finnois-finlandais. — Un mouton bêle, toute la bergerie a soif.

Français. — Si ton voisin se va noyer, tu ne dois point pour tant aller.
(*Bonum spatium*, manuscrit du XIVe s., Paris, Bibl. nat.)

— A la presse vont les fous.
(Jean Le Bon, *Adages françois* [1557]. — On court follement où l'on voit courir les autres.)

— Le monde n'est que franche moutonnaille.
(La Fontaine, *Contes et Nouvelles*, « l'Abbesse », 12 [1675].)
V. EXEMPLE.

IMITER (prendre pour modèle)

Grec. — Sans beau modèle, il n'est belle copie.
(Philon d'Alexandrie, *De opificio mundi*, 16 [env. 40].)

Sanskrit. — Il ne suffit pas à un chien d'avoir la queue coupée pour ressembler à un cheval.
(*Avadânas*, contes et apologues indiens.)

Anglais. — Nul n'est devenu grand par l'imitation.
(Samuel Johnson, *The Rambler*, 7 septembre 1751.)

— L'imitation est la plus sincère des flatteries.
(G. C. Colton, *Lacon or Many Things in Few Words* [1820].)

**Français. — Quand sur une personne on prétend se régler,
C'est par les beaux côtés qu'il lui faut ressembler.**
(Molière, *les Femmes savantes*, I, I [1672].)

— **Faisons ce qu'on doit faire et non pas ce qu'on fait.**
(La Chaussée, *le Préjugé à la mode*, II, 1 [1735].)

Italien. — **Qui imite le mal dépasse toujours le modèle; qui imite le bien reste au-dessous de l'exemple.**
(Francesco Guicciardini, *Storia d'Italia* [1564].)

V. INFLUENCE, PLAGIAT.

IMPARTIALITÉ

Allemand. — **Je puis promettre d'être sincère, mais non d'être impartial.**
(Gœthe [1749-1832], *Maximen und Reflexionen*.)

Français. — **Une impartialité apparente est une partialité déguisée.**
(Benjamin Constant, *Mélanges* [1829].)

— **Soyez impartial, et vous serez bientôt suspect.**
(Mme de Girardin [Delphine Gay], *Lettres parisiennes*, 28 mai 1840.)

V. JUGER.

IMPATIENCE

Allemand. — **Celui qui est impatient d'entendre une réflexion est souvent contraint d'écouter un long discours.**

Arabe. — **Le désagrément est une chose que l'impatience double.**

Nigritien *(Bambara).* — **Celui qui est impatient d'avoir un enfant épousera une femme enceinte.**

V. HUMEUR.

IMPERTINENCE

Français. — **L'impertinent est un fat outré.**
(La Bruyère, *les Caractères*, « Des jugements », 46 [1688].)

— **Ce n'est pas l'ignorance qui est inadmissible, c'est l'impertinence.**
(Helvétius [1715-1771], *Maximes et Pensées*.)

V. IGNORANCE, INSOLENCE.

IMPORTUNITÉ

Grec. — **L'importun va souper chez sa maîtresse le soir même qu'elle a la fièvre.**
(Théophraste, *les Caractères*, « Du contretemps »; IVe s. av. J.-C.)

Allemand. — **On supporte plus aisément les fâcheux que les insignifiants.**
(Gœthe [1749-1832], *Maximen und Reflexionen*.)

Anglais. — **Mieux vaut être incivil que fâcheux.**

Basque. — **L'eau perd le lait, l'importunité perd les gens.**

V. COMPORTEMENT.

IMPÔT

Latin. — **Le bon pasteur doit tondre les brebis et non les écorcher.**
(Suétone, *Vies des douze Césars*, « Tibère », XXXII [env. 120]. — Réponse écrite de Tibère à des gouverneurs de province qui lui conseillaient d'augmenter les impôts.)

Américain. — **Dans ce monde, il n'y a rien d'assuré que la mort et les impôts.**
(Benjamin Franklin [1706-1790], *Lettres*.)

Français. — **Où il n'y a rien, le roi perd ses droits.**
(*Bonum spatium*, manuscrit du XIVᵉ s., Paris, Bibl. nat.)

— **Selon le bras, la saignée.**
(*Bonum spatium*, manuscrit du XIVᵉ s., Paris, Bibl. nat.)

V. ÉTAT (l').

IMPRÉVOYANCE

Grec. — **Qui chante pendant l'été danse pendant l'hiver.**
(Ésope, *Fables*, « la Cigale et la Fourmi », VIᵉ s. av. J.-C. — Cf. La Fontaine, *Fables*, I, 1.)

Chinois. — **L'imprévoyant creuse un puits quand il a soif.**

Français. — **Celui qui va en mer sans biscuits revient sans dents.**

Italien. — **L'habituel défaut de l'homme est de ne pas prévoir l'orage par beau temps.**
(Machiavel, *le Prince*, XXIV [1514].)

V. IMPRUDENCE, RETARDEMENT.

IMPRUDENCE

Grec. — **Ce n'est pas la raison qui instruit les imprudents, mais les pertes qu'ils font.**
(Démocrate, *Sentences d'or*, 40; Iᵉʳ s. av. J.-C.)

Anglais. — **Un imprudent est celui qui, durant une averse, cherche refuge dans la boutique du marchand de parapluies.**

Chinois. — **Qui frappe les buissons en fait sortir les serpents.**

V. CERTAIN ET INCERTAIN, IMPRÉVOYANCE.

IMPUDENCE

Grec. — **L'impudent est celui qui supporte le mépris, pourvu qu'il fasse ses affaires.**
(Platon, *Définitions*, IVᵉ s. av. J.-C.)

Hébreu. — **L'impudence est un royaume sans couronne.**
(Le Talmud, *Sanhédrin*, Vᵉ s.)

Français. — **Chassez un chien du fauteuil du roi, il grimpe à la chaire du prédicateur.**
(La Bruyère, *les Caractères*, « Du mérite personnel », 38 [1688].)

Indien (garhwali). — **Le vêtement de l'impudent est large aux entournures.**

V. EFFRONTERIE, CYNISME.

IMPUNITÉ

Espagnol. — La potence qui parlerait, que de gens elle appellerait !

Français. — Tant dort le chat qu'il se réveille.

Malais. — Ce n'est pas après la mort du tigre que l'on voit ses taches.

Turc. — L'impunité finit par être plus dommageable aux méchants que le châtiment.

> V. COUPABLE.

INATTENDU

Grec. — L'attendu n'arrive point, c'est l'inattendu qui se présente.
(Euripide, *Médée*, 1417; vᵉ s. av. J.-C. — Cf. Plaute, *Mostellaria*, 193.)

Latin médiéval. — Il advient en une heure ce qui n'arrive pas en une année.
Quod donare mora nequit annua, dat brevis hora.

Proverbe général. — On ne s'avise jamais de tout.
(Cité par Ph. de Vigneulles, *les Cent Nouvelles nouvelles* [1515].)

Espagnol. — Le lièvre saute au moment où l'on s'y attend le moins.
(Cervantes, *Don Quichotte*, II, x [1615].)

Français. — Le plaisir est plus grand qui vient sans qu'on y pense.
(Théophile de Viau, *Pyrame et Thisbé*, I, iii [1617].)

> V. ÉVÉNEMENT, PROBABILITÉ, SURPRISE.

INATTENTION

Latin. — L'incurie entraîne bien des fautes.
(Horace, *Ad Pisonem*, 352; env. 10 av. J.-C.)

Proverbe général. — L'inattention fait échouer le navire.

Anglais. — L'ouvrage mal fait doit être fait deux fois.

> V. DISTRACTION, ÉTOURDERIE, INSOUCIANCE, LÉGÈRETÉ, NÉGLIGENCE.

INCOMPÉTENCE

Grec. — J'ai l'habitude de me taire sur ce que j'ignore.
(Sophocle, *Œdipe roi*, 569; vᵉ s. av. J.-C.)

Turc. — Avec une moitié de médecin, tu perds la santé; avec une moitié d'imam, tu perds la foi.

> V. IGNORANCE, INEXPÉRIENCE.

INCONNAISSABLE

Anglais. — Il y a plus de choses dans le ciel et sur la terre que dans les rêves de la philosophie.
(Shakespeare, *Hamlet*, I, v, 166 [1602].)

Français. — Les hommes ne connaissent pas le monde, par la raison qui fait que les hannetons ne connaissent pas l'histoire naturelle.
(Chamfort [1741-1794], *Maximes et Pensées*.)

> V. INFINI, PÉRENNITÉ.

INCONSCIENCE

Sanskrit. — **L'inconscient lit sa faute dans son châtiment.**
(*Avadânas*, contes et apologues.)

Anglais. — **Il est injuste de punir un acte inconscient.**
(J. Martineau, *Essays Philosophical and Theological*, I, 133 [1866].)

V. IGNORANCE.

INCONSTANCE

Grec. — **L'homme est inconstant comme l'oiseau est volage.**
(Aristophane, *les Oiseaux*, 169; Vᵉ s. av. J.-C.)

Anglais. — **Il n'y a rien de constant dans le monde de l'inconstance.**
(Swift, *Essay on the Faculties of the Mind* [1729].)

Français. — **Il se trouve autant de différence de nous à nous-même, que de nous à autrui.**
(Montaigne, *Essais*, II, 1 « De l'inconstance de nos actions » [1580].)

V. CHANGEMENT.

INDÉCISION

Latin. — **Celui qui est indécis pour commencer, est tardif pour agir.**
(Quintilien, *De institutione oratoria*, XII [env. 90].)

Anglais. — **Beaucoup se sont jetés dans la Tamise pour n'avoir pas joué atout.**
(A. Esquiros, *l'Esprit des Anglais* [1838].)

Arabe. — **L'indécis reçoit cent coups de fouet et cent coups de bâton.**
(Proverbe tiré d'une fable. — Un délinquant avait été condamné par le cadi à choisir entre cent coups de fouet ou cent coups de bâton. Après dix coups de fouet, il réclama le bâton; après dix coups de bâton, il préféra le fouet, recevant en fin de compte les deux châtiments.)

Espagnol. — **L'indécis laisse geler sa soupe de l'assiette à la bouche.**
(Cervantes, *Don Quichotte*, I, XXII [1605].)

V. ALTERNATIVE, CHOISIR, HÉSITATION, LENTEUR.

INDÉPENDANCE

Grec. — **Rame sur ton propre bateau.**
(Attribué généralement à Euripide, mais sans référence.)

Français. — **Il ne paraît pas que la nature ait fait les hommes pour l'indépendance.**
(Vauvenargues, *Réflexions et Maximes*, 183 [1746].)

Malgache. — **Le chat sauvage a beau être un fripon, il n'en jouit pas moins de la considération publique.**

Serbe. — **Qui suit tout le monde fait mal; qui ne suit personne fait pire.**

V. LIBERTÉ, MAÎTRE ET SERVITEUR, SUPÉRIEUR ET SUBALTERNE.

INDICE

Grec. — **Aux griffes, on connaît le lion.**
(Alcée, *Fragments*; VIIe s. av. J.-C.)

— **A l'empreinte, on connaît Héraclès.**
(Hérodote, *Histoires*, IV, LXXXII; Ve s. av. J.-C.)

Français. — **On connaît le cerf aux abattures.**
(On juge d'une individualité par ses paroles, ses actions.)
V. DÉTAIL, PREUVE.

INDIFFÉRENCE

Français. — **Tel m'écoute qui ne m'entend.**
(Baïf, *Mimes, Enseignements et Proverbes* [1576].)

— **L'indifférence est le sommeil de l'âme.**
(Ch.-S. Favart, *les Trois Sultanes*, III, x [1761].)

— **Une paisible indifférence
Est la plus sage des vertus.**
(Parny, *Poésies fugitives* [1787].)

Suisse. — **L'indifférence morale est la maladie des gens très cultivés.**
(H.-F. Amiel, *Journal intime*, 26 octobre 1870.)
V. NEUTRALITÉ.

INDIGNATION

Latin. — **L'indignation fait jaillir la stance.**
(Juvénal, *Satires*, I, 79 [env. 120] : « *Facit indignatio versum.* »)

Allemand. — **L'indignation n'est pas un état d'esprit politique.**
(Bismarck [1815-1898].)

Français. — **Un sourire vaut mieux qu'une indignation.**
(Émile Faguet [1847-1916].)
V. COMPORTEMENT.

INDISCRÉTION

Bible. — **On guérit une blessure, et après une injure on se réconcilie; mais celui qui a révélé des secrets n'a plus d'espérance.**
(L'Ecclésiastique, XXVII, 21; IIe s. av. J.-C.)

Anglais. — **Celui qui écoute aux portes apprend souvent ce qu'il ne voudrait pas connaître.**
(Th. Fuller, *Gnomologia* [1732].)

Espagnol. — **Une personne indiscrète est comme une lettre ouverte que tout le monde peut lire.**
(Baltasar Gracian, *Oraculo manual*, 179 [1647].)

Français. — **Une indiscrétion fait beaucoup d'indiscrets.**
(C. Delavigne, *la Princesse Aurélie*, II, 1 [1829].)

Libanais. — **L'indiscret n'est même pas admis en enfer.**
V. AUTRUI (Affaires d'), CONFIDENCE, CURIOSITÉ, SECRET.

INDISPENSABLE (Nul n'est)

Arabe. — **Les cimetières sont remplis de gens qui se croyaient indispensables.**

Chinois. — **Derrière un homme capable, il y a toujours un autre homme capable.**

Libanais. — **Que le coq chante ou non, le jour se lève.**

Polonais. — **Le rabbin est mort, l'Écriture demeure.**

V. MONDE.

INDOLENCE

Hébreu. — **Celui qui somnole renverse son panier.**
(Le Talmud, *Sanhédrin*, vᵉ s.)

Français. — **A goupil endormi rien ne lui tombe en la gueule.**
(Manuscrit du xvᵉ s., sans titre, Rome, Vatican. — Variante moderne : Renard qui dort la matinée n'a pas la bouche emplumée.)

— **L'indolence est le sommeil des esprits.**
(Vauvenargues, *Réflexions et Maximes*, 750 [1746].)

— **Ah ! qu'il est doux de ne rien faire.
Quand tout s'agite autour de vous.**
(Refrain, dans *Galatée*, II, 1, opéra-comique de Victor Massé, paroles de Jules Barbier et Michel Carré [1852].)

Nigritien *(Peul)*. — **Le profit envoyé par Dieu ne réveille pas celui qui dort.**

Roumain *(Dacie)*. — **La chance de l'indolent s'assied avec lui.**

V. ACTIVITÉ ET INDOLENCE, OISIVETÉ, PARESSE.

INDULGENCE

Bible. — **Heureux les miséricordieux, car ils obtiendront miséricorde.**
(Évangile selon saint Matthieu, v, 7 [env. 65].)

Français. — **L'indulgence est la parure des vertus.**
(Florian, *Fables*, V, xvii, « le Hérisson et les Lapins » [1792].)

— **Tout comprendre rend très indulgent.**
(Mᵐᵉ de Staël, *Corinne*, XVIII, v [1807].)

— **L'indulgence est une partie de la justice.**
(J. Joubert [1754-1824], *Pensées, Maximes et Essais*.)
V. PARDON.

INÉLUCTABLE

Grec. — **Ce qui doit être sera.**
(Eschyle, *Agamemnon*, 1240 et Euripide, *Héraclès*, 312 ; vᵉ s. av. J.-C.)

Arabe. — **Le blé tourne, mais arrive tout de même sous la pierre.**

Éthiopien. — **Lorsque le jour est arrivé, la citadelle croule.**

Finnois-finlandais. — **La pluie ne reste pas au ciel.**

Français. — **Tarde que tarde, en avril auras Pâques.**
(*Bonum spatium*, manuscrit du xivᵉ s., Paris, Bibl. nat.)

— **Toutes choses se meuvent à leur fin.**
(Rabelais, *le Cinquième Livre*, xxxvii [1564].)

— **Ce qui doit être ne peut manquer non plus que la pluie en hiver.**
(Gabriel Meurier, *Sentences notables, Adages et Proverbes* [1568].)

— **Quand la poire est mûre, il faut qu'elle tombe.**
(Carmontelle, *Proverbes dramatiques*, XCI [1781].)

Indien *(tamil).* — **Si nombreux que puissent être les méandres de la rivière, elle finira par se jeter à la mer.**

V. DESTIN, FAIT ACCOMPLI.

INEXPÉRIENCE

Français. — **De jeune avocat, héritage perdu; de jeune médecin, cimetière bossu.**

Coréen. — **Le chiot d'un jour ne craint pas le tigre.**

Russe. — **La première crêpe est toujours manquée.**

V. APPRENTISSAGE.

INFÉRIORITÉ

Antiquité chinoise. — **L'herbe, si le vent vient à passer, s'incline nécessairement.**
(Confucius, *Livre des sentences*, XII, 19; VIᵉ s. av. J.-C. — Mencius, *Livre des livres*, I, v, 2, donne ce contexte : La vertu de l'homme inférieur est comme l'herbe. L'herbe, si le vent...)

Grec. — **Les tonneaux vides et les hommes inférieurs font toujours le plus de bruit.**
(Cité par Plutarque, *Œuvres morales*, « Du trop-parler »; Iᵉʳ s.)

Latin. — **Le roquet aboie quand il rencontre des inconnus, l'homme quelconque est choqué par la rencontre de la vertu.**
(Sénèque, *De vita beata*, XIX, 2 [env. 45].)

Français. — **Toujours crie la pire roue du char.**
(Guiot de Provins, *Bible*, 37; XIIIᵉ s.)

— **Ce qui plaît à l'œil sain offense le chassieux.**
(Mathurin Régnier [1573-1613], *Pièces apocryphes*.)

Indien *(hindi).* — **Les chiens aboient contre les roues qui tournent.**

Persan. — **Toutes les espèces de bois brûlent en silence, mais les épines en brûlant crient : « Nous aussi nous sommes du bois. »**

V. MÉDIOCRITÉ, VULGAIRE (le).

INFINI

Grec. — **On ne compte pas les vagues de la mer.**
(Simonide d'Amorgos, *Fragments*, VIᵉ s. av. J.-C.)

Bible. — **Qui peut compter le sable de la mer, les gouttes de la pluie, et les jours du passé ?**
(L'Ecclésiastique, I, 2; IIᵉ s. av. J.-C.)

Français. — **Le monde est une sphère dont le centre est partout, la circonférence nulle part.**
(Pascal, *Pensées*, II, 72 [1670].)

V. INCONNAISSABLE, PÉRENNITÉ.

INFIRMITÉ

Bantou *(kikongo).* — **Le borgne n'a qu'un œil, mais il pleure quand même.**

Français. — **Un pot fêlé dure longtemps.**

— **On s'habitue à ses infirmités, le plus difficile c'est d'y habituer les autres.**
(Comtesse d'Houdetot [1730-1813].)

V. AVEUGLE, SOURD.

INFLUENCE

Latin. — **L'amphore garde longtemps l'odeur du premier vin qu'elle a contenu.**
(Horace, *Épîtres*, I, II, 69; env. 17 av. J.-C.)

— **L'homme influençable n'est qu'une glaise molle.**
(Horace, *Épîtres*, II, II, 8.)

— **Si tu dis « J'ai chaud », il se met à transpirer.**
(Juvénal, *Satires*, III, 103 [env. 120].)

Bible. — **Un peu de levain fait lever toute la pâte.**
(Saint Paul, Épître aux Galates, v, 9 [env. 50].)

Allemand. — **Un charbon ardent fait brûler les autres.**

Arabe. — **La figue verte mûrit, quand elle vient en contact avec la figue mûre.**

V. EXEMPLE, FRÉQUENTATION, IMITER, MILIEU.

INGRATITUDE

Araméen. — **Ne jette pas de pierre dans la source où tu as bu.**
(Cf. Le Talmud, *Baba Kamma*, et J. Ray, *Adagia hebraica*.)

Latin. — **On a dit tout le mal que l'on peut dire d'un homme quand on l'a appelé ingrat.**
(Publilius Syrus, *Sentences*, 1er s. av. J.-C.)

Islam. — **La plupart oublient tout, excepté d'être ingrats.**
(Le Koran, xxv, 52 [env. 625].)

Arabe. — **Un chien reconnaissant vaut mieux qu'un homme ingrat.**

Belge *(Wallonie).* — **Quand on a passé l'eau, on ne se soucie plus du passeur.**

Espagnol. — **L'ingratitude est une fille de l'orgueil.**
(Cervantes, *Don Quichotte*, II, LI [1615].)

Français. — **On n'aime point à voir ceux à qui l'on doit tout.**
(Corneille, *Nicomède*, II, I, 418 [1651].)

— **Tel est ingrat qui est moins coupable de son ingratitude que celui qui lui a fait du bien.**
(La Rochefoucauld, *Réflexions ou Sentences et Maximes morales*, 96 [1665].)

— **Il y a beaucoup moins d'ingrats que l'on ne croit; car il y a bien moins de généreux que l'on ne pense.**
(Saint-Évremond, *Lettre au maréchal de Créqui* [1671].)

— **On presse l'orange, et on jette l'écorce.**
(Voltaire, *Lettre à Mme Denis*, 3 septembre 1751. — A propos de l'ingratitude dédaigneuse de Frédéric II, qui se sépara de Voltaire après avoir tiré de lui tous les services qu'il pouvait rendre.)

— Morceau avalé n'a pas de goût.
(*Dictionnaire de l'Académie*, éd. de 1835.)

Italien. — Le péril une fois passé, le saint est bientôt négligé.
(Cité comme « proverbe lombardique » par Rabelais, *le Quart Livre*, XXIV.)

Nigritien *(Achanti)*. — Ne dis pas que la forêt qui t'a donné asile n'est qu'un petit bois.

Persan. — Le cœur de l'ingrat est semblable à un désert qui boit avidement la pluie du ciel, l'engloutit et ne produit rien.

V. MÉCHANTS (Ingratitude des), VILAIN.

INIMITIÉ

Latin. — L'inimitié est une colère qui guette une occasion de vengeance.
(Cicéron, *Tusculanae Disputationes*, IV, IX, 21; env. 45 av. J.-C.)

Français. — Les inimitiés qui ne sont pas bien fondées sont les plus opiniâtres.
(Cardinal de Retz [1613-1679], *Maximes et Réflexions*.)
V. HAINE.

INITIATIVE

Allemand. — Appelle-le voleur, avant qu'il ne t'appelle de ce nom.

Belge *(Wallonie)*. — Il vaut mieux prévenir que d'être prévenu.

Français. — Mieux vaut tuer le diable que le diable ne vous tue.

V. ATTAQUE ET DÉFENSE, COMMENCER, PREMIER ET DERNIER.

INJURE

Grec. — Les injures que nous infligeons et celles que nous subissons se pèsent rarement à la même balance.
(Ésope, *Fables apocryphes*, « le Juge partial »; VIe s. av. J.-C.)

Latin. — Si tu dis des injures, tu en entendras.
(Plaute, *Pseudolus*, 1166; IIe s. av. J.-C.)

— Ce ne sont pas les plus grandes injures qui entraînent le pire ressentiment.
(Térence, *Hecyra*, 307; IIe s. av. J.-C.)

— Une injure soufferte en prépare bientôt une nouvelle.
(Publilius Syrus, *Sentences*, Ier s. av. J.-C.)

Allemand. — L'art de rendre injure pour injure est le partage des crocheteurs.
(Frédéric II, *Lettre à Voltaire*, 25 décembre 1738.)

Anglais. — Mesurez l'injure à la malice.
(Th. Fuller, *Gnomologia* [1732].)

— Une injure est plus vite oubliée qu'une insulte.
(Lord Chesterfield, *Lettre à son fils*, 9 octobre 1746.)

— Il est plus coûteux de venger les injures que de les oublier.
(Thomas Wilson, *Maxims of Piety and Morality*, 303 [1755].)

Espagnol. — Le bouillon au chaud et l'injure au frais.

— On coupe le passage à l'injure, en la prévenant par une courtoisie.

Français. — Les injures sont les raisons de ceux qui ont tort.

— Les bienfaits s'écrivent sur le sable et les injures sur l'airain.

Italien. — **Les bienfaits nouveaux n'effacent pas les vieilles injures.**
(Machiavel, *le Prince*, v [1513].)

Jamaïquain. — **Les mots doivent mourir et l'homme vivre.**
(Il faut oublier les injures.)

V. affront, humiliation, insulte, offense, outrage.

INJUSTICE

Grec. — **Taire ce qu'il ne faut pas dire et savoir supporter l'injustice, voilà des choses difficiles.**
(Chilon de Sparte, vie s. av. J.-C. — Cité par Diogène Laërce, *Phil. ill.*, I.)

— **Il est plus malheureux de commettre une injustice que de la souffrir.**
(Socrate, ve s. av. J.-C. — Cité par Platon, *Gorgias*, 469 *b*.)

— **L'injustice est une impiété.**
(Marc Aurèle, *Pensées*, IX, 1; IIe s.)

Latin. — **Ceux mêmes qui la commettent détestent l'injustice.**
(Publilius Syrus, *Sentences*, Ier s. av. J.-C.)

— **Une injustice faite à un seul est une menace faite à tous.**
(Publilius Syrus, *op. cit.*)

— **Une royauté fondée sur l'injustice ne dure pas.**
(Sénèque, *Médée*, 196 [env. 60].)

Allemand. — **Qui cherche l'injustice n'a pas besoin de lampe.**
(G. C. Lichtenberg, *Aphorismen* [1799].)

— **L'injustice que tu essuies, personne n'y prend garde.**
(Gœthe [1749-1832], *Maximen und Reflexionen*.)

Arabe. — **L'injustice qui s'étale en plein jour abreuve d'une boisson empoisonnée.**
(Tarafa al-Bakri, *Divan*, XII, 4; vie s.)

Français. — **Le monde n'a point de longues injustices.**
(Mme de Sévigné, *Lettre à Mme de Grignan*, 9 septembre 1675.)

— **Même aux yeux de l'injuste un injuste est horrible.**
(Boileau, *Satires*, XI, 98 [1698].)

— **Tout ce qui est injuste nous blesse, lorsqu'il ne nous profite pas directement.**
(Vauvenargues, *Réflexions et Maximes*, 517 [746].)

— **Il y a deux choses auxquelles il faut se faire sous peine de trouver la vie insupportable : ce sont les injures du temps et les injustices des hommes.**
(Chamfort [1741-1794], *Maximes et Pensées*.)

Persan. — **On ne cueille pas le fruit du bonheur sur l'arbre de l'injustice.**

V. partialité.

INNOCENCE

Grec. — **L'innocent trouve le moyen d'être éloquent, même s'il est lent à parler.**
(Euripide, *Héraclès*, 236; ve s. av. J.-C.)

Latin. — **L'innocence est toujours accompagnée du rayonnement qui lui est propre.**
(Publilius Syrus, *Sentences*, Ier s. av. J.-C.)

— **Qui plaide pour un innocent est toujours assez éloquent.**
(Publilius Syrus, *Sentences*, Ier s. av. J.-C.)

— **L'accusé innocent craint la Fortune et non pas les témoins.**
(Publilius Syrus, *op. cit.*)

Latin médiéval. — **Nulle protection aussi sûre que l'innocence.**
Nulla certior custodia innocentia.

Anglais. — **L'innocence elle-même a parfois besoin d'un masque.**
(Th. Fuller, *Gnomologia* [1732].)

Berbère. — **La prière d'un innocent est sans voiles.**
(Elle peut être entendue de tous.)

Chinois. — **Le glaive le mieux acéré ne blesse jamais les innocents.**

Espagnol. — **Le juge a beau être fin, l'innocence est une grande force.**

Français. — **L'innocence à rougir n'est point accoutumée.**
(Molière, *Dom Garcie de Navarre*, II, II [1665].)

V. ACCUSER, COUPABLE ET L'INNOCENT (le), ROUGIR.

INQUIÉTUDE

Grec. — **Il ne faut pas manger du cœur.**
(Pythagore, VIe s. av. J.-C. — Cité par Diogène Laërce, *Phil. ill.*, VIII.)

Bible. — **L'inquiétude amène la vieillesse avant le temps.**
(L'Ecclésiastique, XXX, 24; IIe s. av. J.-C.)

Arabe. —**La fatigue est la ruine du corps et l'inquiétude est la faucille de l'âme.**

Suédois. — **A une petite chose, l'inquiétude donne une grande ombre.**

V. SOUCI.

INSATIABILITÉ

Bible. — **Les yeux de l'homme ne sont jamais rassasiés.**
(Livre des Proverbes, XXVII, 20; IVe s. av. J.-C.)

Grec. — **Rien ne suffit à qui considère comme peu ce qui est suffisant.**
(Épicure, *Fragments*, IIIe s. av. J.-C.)

Latin. — **La fontaine elle-même dit qu'elle a soif.**
(Cicéron, *Ad Quintum fratrem*, III, 1, 4; env. 55 av. J.-C.)

Anglais. — **La mer ne refuse aucun fleuve.**
(Attribué à Shakespeare, *Apocrypha*, 193. — Cf. Th. Fuller, *Gnomologia*.)

Arabe. — **Seule la poussière du tombeau remplit les yeux de l'homme.**

Chinois. — **Préservez-vous des désirs insatiables qui s'augmentent comme les eaux d'un torrent.**
(Sie-Hoei, *Lao-Tseu-tsi-kiai*, XVIe s. — Cf. *Lao-Tseu*, éd. Stanislas Julien, 267.)

Français. — **Qui plus a plus convoite.**
(Manuscrit du XIIIe s., sans titre, Paris, Sainte-Geneviève.)

V. ASSEZ ET TROP, AVIDITÉ, CONVOITISE, CUPIDITÉ, GAGNER ET PERDRE, NÉCESSAIRE ET SUPERFLU, SATIÉTÉ.

INSOLENCE

Latin médiéval. — **Plus sot, plus insolent.**
Quo quisque stultior, eo magis insolescit.

Anglais. — **L'insolence est de l'orgueil masqué.**
(Th. Fuller, *Gnomologia* [1732].)
V. ARROGANCE, IMPERTINENCE, ORGUEIL.

INSOUCIANCE

Allemand. — **Les poissons glissent et nagent dans l'étang, et ne s'inquiètent pas de la nacelle.**
(Gœthe [1749-1832], *Maximen und Reflexionen*.)

Anglais. — **Cœur insouciant vit longtemps.**
(Shakespeare, *Love's Labours Lost*, V, II, 18 [1591].)

Français. — **Laissez faire aux bœufs de devant.**
(Noël du Fail, *Propos rustiques*, IX [1547].)

— **Il fait bon vivre et ne rien savoir.**
(A. de Montluc, *la Comédie de proverbes*, III, v [1616].)
V. FRIVOLITÉ, LÉGÈRETÉ.

INSPIRATION

Latin. — **Nul ne fut jamais grand sans un souffle de l'inspiration divine.**
(Cicéron, *De natura deorum*, II; env. 45 av. J.-C.)

Bible. — **L'esprit souffle où il veut.**
(Évangile selon saint Jean, III, 8 [env. 115]. — Dieu communique sa grâce à qui lui plaît. — Sens dérivé : l'inspiration ne dépend pas de la volonté.)

Anglais. — **L'inspiration d'un moment vaut l'expérience d'une vie.**
(O. W. Holmes, *The Professor at the Breakfast Table*, x [1858].)
V. ENTHOUSIASME, SENTIMENT.

INSTINCT

Latin médiéval. — **Que celui qui n'a pas de raison ait de l'instinct.**
Utatur motu animi qui uti ratione non potest.

Français. — **Nature ne peut mentir.**
(*Proverbia vulgalia et latina*, manuscrit du XIIIe s., Paris, Bibl. nat. — Les instincts ne trompent jamais.)

— **La raison nous trompe plus souvent que la nature.**
(Vauvenargues, *Réflexions et Maximes*, 123 [1746].)

— **L'instinct, c'est tout sentiment et tout acte qui prévient la réflexion.**
(Voltaire, *Dialogues d'Évhémère*, V [1777].)
V. INTUITION, SENTIMENT (Premier).

INSTINCT de CONSERVATION

Arabe. — **Dans une passe étroite, il n'y a ni frère ni ami.**

Arménien. — **Un homme qui se noie s'accroche à un brin de paille.**

Persan. — **Le naufragé s'attache aux cordes du vent.**
V. SOI.

INSTRUCTION

Bible. — **La science vaut mieux que l'or pur.**
(Livre des Proverbes, VIII, 10; IVe s. av. J.-C.)

Latin. — **L'instruction accroît la valeur innée.**
(Horace, *Odes*, IV, IV, 33; env. 15 av. J.-C.)

Anglais. — **L'instruction améliore les bons et gâte les mauvais.**
(Th. Fuller, *Gnomologia* [1732].)

Arabe. — **Celui qui cherche à s'instruire est plus aimé d'Allah que celui qui combat dans une guerre sainte.**

Arménien. — **La pierre polie ne reste pas à terre.**

Espagnol. — **C'est avec des hommes que l'on fait les évêques.**
(Cervantes, *Don Quichotte*, II, XXXIII [1615].)

Russe. — **Les plumes décorent le paon et l'instruction l'homme.**

V. APPRENDRE, AUTODIDACTE, CONNAÎTRE, ÉDUCATION, ÉTUDE, SAVOIR, SCIENCE.

INSULTE

Allemand. — **Nulle loi sacrée ne nous oblige à supporter l'insulte.**
(Gœthe, *Torquato Tasso*, III, III, 191 [1790].)

Anglais. — **Une insulte est comme une pièce fausse, on ne peut empêcher que l'on vous l'offre, mais on peut la refuser.**
(C. H. Spurgeon, *Salt Cellars* [1885].)

Arabe. — **Seul t'insulte réellement celui qui te rapporte les insultes des autres.**

Espagnol. — **La flèche perce le corps, mais l'insulte transperce l'âme.**
(Baltasar Gracian, *Oraculo manual*, 267 [1647].)

Français. — **Rien n'est plus insultant que d'ajouter l'ironie à l'injure.**
(Napoléon Ier, dans le *Journal* de Barry O'Meara, 6 décembre 1816.)

— **Celui qui t'insulte, n'insulte que l'idée qu'il a de toi, c'est-à-dire lui-même.**
(Villiers de l'Isle-Adam [1840-1889].)

V. AFFRONT, HUMILIATION, INJURE, OFFENSE, OUTRAGE.

INTELLIGENCE

Grec. — **Ce n'est pas la largeur des épaules qui fait la souveraineté, c'est l'intelligence qui partout est souveraine.**
(Sophocle, *Ajax*, 1253; Ve s. av. J.-C.)

Latin. — **A bon entendeur, il ne faut qu'une parole.**
(Plaute, *le Persan*, 729; IIe s. av. J.-C.)

Arabe. — **La beauté est une demi-faveur du ciel, l'intelligence est un don.**

Français. — **Il n'est que d'avoir d'esprit bonne ouverture.**
(Ch. Bourdigné, *la Légende joyeuse de maître Pierre Faifeu*, XXVI [1527].)

Russe. — **Les mains travaillent, mais la tête nourrit.**

V. COMPRENDRE, ESPRIT, FINESSE.

INTENTION

Grec. — L'intention fait la culpabilité et le délit.
(Aristote, *Rhétorique*, I, XIII, 1374 *a;* IVe s. av. J.-C.)

Hébreu. — Agir mal avec une bonne intention vaut mieux que suivre la loi avec une mauvaise intention.
(Le Talmud, *Nazir*, Ve s.)

Latin médiéval. — L'enfer est pavé de bonnes intentions.
(Saint Bernard [1091-1153]. — Cité par saint François de Sales, *Lettres*, LXXIV.)

— L'acte apparent prouve l'intention secrète.
Acta exteriora indicant interiora secreta.

Arabe. — Ton intention est ta monture.

Espagnol. — Pour le bien, l'action est plus que l'intention; pour le mal, l'intention est plus que l'action.

Français. — Qui vient au moulin, c'est pour y moudre.
(Manuscrit du XIIIe s., sans titre, Paris, Sainte-Geneviève.)

— La volonté est réputée pour le fait.
(Antoine Loisel, *Institutes coutumières*, 791 [1607].)

— Le dessein fait le crime, et non le hasard.
(Cardinal de Richelieu, *Mirame*, IV, 1 [1636].)

Italien. — La bonne intention excuse la sotte action.

Polonais. — Qui achète une cage veut un oiseau.

V. PAROLES et ACTES, RESPONSABILITÉ.

INTERDIRE

Latin. — Ce qui est permis n'a pas de charme, ce qui est défendu est excitant.
(Ovide, *les Amours*, II, XIX, 3; env. 13 av. J.-C.)

Français. — Les choses où l'on a volonté, plus elles sont défendues et plus elles sont désirées.
(Marguerite de Navarre, *Heptaméron*, II, XV [1559].)

— Nous défendre quelque chose, c'est nous en donner envie.
(Montaigne, *Essais*, II, XV [1580].)

V. FRUIT DÉFENDU (le).

INTÉRÊT

Antiquité chinoise. — Celui qui se livre à l'étude de la sagesse a en vue les émoluments qu'il en peut retirer.
(Confucius, *Livre des sentences*, VIII, 12; VIe s. av. J.-C.)

Allemand. — Où se perd l'intérêt, se perd aussi la mémoire.
(Gœthe [1749-1832], *Maximen und Reflexionen*.)

Éthiopien (*Galla*). — Le veau qui tète ne meugle pas.
(Le vassal ne se révolte pas aussi longtemps qu'il trouve son intérêt à être soumis.)

Français. — Les vertus se perdent dans l'intérêt, comme les fleuves se perdent dans la mer.
(La Rochefoucauld, *Réflexions ou Sentences et Maximes morales*, 171 [1665].)

— L'intérêt n'a point de temples, mais il est adoré.
(Voltaire, *Olympie*, I, v [1763].)

— L'intérêt n'est la clef que des actions vulgaires.
(Napoléon Ier [1769-1821], *Maximes et Pensées*.)

Serbe. — Même le sépulcre du Sauveur n'est pas gardé pour rien.

V. GAGNER, GAIN, PROFIT.

INTÉRÊT PERSONNEL

Latin. — Chacun préfère son avantage à celui des autres.
(Térence, *Andria*, 428; IIe s. av. J.-C.)

— L'intérêt personnel est le poison de tout sentiment vrai.
(Tacite, *Histoires*, I, xv; IIe s.)

Allemand. — Le monde est gouverné par l'intérêt personnel.
(Schiller, *Wallensteins Tod*, I [1799].)

Anglais. — Je sais de quel côté mon pain est beurré.
(J. Heywood, *Proverbs in the English Tongue* [1546].)

Espagnol. — Celui-là est mon ami qui vient moudre à mon moulin.
(Cité par Th. Draxe, *Bibliotheca scholastica* [1633].)

Français. — Mal prie qui s'oublie ou Fou est qui s'oublie.
(*Proverbia vulgalia et latina*, manuscrit du XIIIe s., Paris, Bibl. nat.)

— Chaque prêtre loue ses reliques.
(*Proverbia et versus proverbiorum*, manuscrit du XIVe s., Tours, Bibl. munic. —
Variante moderne : Chacun prêche pour son saint ou pour sa paroisse.)

— Nous aurions souvent honte de nos plus belles actions si le monde
voyait tous les motifs qui les produisent.
(La Rochefoucauld, *Réflexions ou Sentences et Maximes morales*, 409 [1665].)

— On ne blâme le vice et on ne loue la vertu que par intérêt.
(La Rochefoucauld, *Réflexions ou Sentences et Maximes morales*, 597, supprimée par
l'auteur [1665].)

— L'intérêt est plus aveugle que l'amour.
(Voltaire, *le Dépositaire*, II, vi [1769].)

Italien. — Tout meunier tire l'eau à son moulin.
(Cité par John Florio, *First Fruites* [1578].)

V. ÉGOÏSME, SOI.

INTÉRÊT PERSONNEL et FAMILLE

Grec. — Le genou est plus proche que le mollet.
(Proverbe cité par Aristote, *Éthique à Nicomaque*, IX, 8; IVe s. av. J.-C. — Se dit
quand les intérêts personnels sont en lutte avec les sentiments de famille.)

Latin. — La tunique est plus près que le pallium.
(Plaute, *Trinummus*, 1154; IIe s. av. J.-C.)

— Mon plus proche parent, c'est moi-même.
(Térence, *Andria*, 637; IIe s. av. J.-C.)

Basque. — La chemise me touche, mais la chair tient à moi.
(Variante : La peau est plus proche que la chemise.)

Espagnol. — Plus près me sont mes dents que mes parents.
(César Oudin, *Refranes o proverbios castellanos* [1659].)

V. FAMILLE, PARENTÉ, SANG (Liens du).

INTERMÉDIAIRE

Latin. — **Qui fait agir autrui, agit par soi-même.**
Qui facit per alium facit per se.

Français. — **Qui fol envoie, fol attend.**
(J. de La Véprie, *Proverbes communs* [1498].)

Roumain *(Dacie).* — **Avant d'avoir trouvé Dieu, on est dévoré par les saints.**

Turc. — **Le cheval rue, la mule donne des coups de sabot, entre les deux l'âne meurt.**

V. AGIR PAR SOI-MÊME, ARBITRE, AUTRUI (Affaires d'), QUERELLE.

INTRIGUE

Espagnol. — **Il est requis, et d'avoir du mérite, et de savoir s'introduire.**
(Baltasar Gracian, *Oraculo manual*, 199 [1647].)

Français. — **Une femme d'esprit est un diable en intrigue.**
(Molière, *l'École des femmes*, III, III, 829 [1662].)

— **Le droit est pour le mérite, et le succès pour l'intrigue.**
(J. Sanial Dubay, *Pensées sur les mœurs*, 733 [1813].)

— **L'art de l'intrigue suppose de l'esprit et exclut le talent.**
(Louis de Bonald [1754-1840], *Maximes et Pensées*.)

V. DIPLOMATIE, SAVOIR-FAIRE.

INTUITION

Arabe. — **L'aveugle se détourne de la fosse où tombe celui qui a des yeux.**
(*Les Mille et Une Nuits*, 234e Nuit; Xe s.)

Espagnol. — **Ceux qui n'ont que des yeux sont aveugles dans le noir.**
(Antonio Perez, *Obras y relaciones* [1598].)

— **Il faut croire au cœur, surtout quand c'est un cœur de pressentiment.**
(Baltasar Gracian, *Oraculo manual*, 178 [1647].)

V. DEVINER, INSTINCT, SENTIMENT (Premier).

INVENTION

Latin médiéval. — **Il est aisé d'ajouter aux inventions.**
Facile est inventis addere.

Américain. — **L'invention engendre l'invention.**
(R. W. Emerson, *Society and Solitude*, « *Works and Days* » [1870].)

Français. — **L'invention est l'unique preuve du génie.**
(Vauvenargues, *Réflexions et Maximes*, 542 [1746].)

V. PRÉCURSEUR, PROGRÈS.

INVITATION

Français. — **L'on ne doit jamais aller à noces sans y être convié.**
(*Bonum spatium*, manuscrit du XIVe s., Paris, Bibl. nat.)

— **L'âne qui à noces est convié, le bois ou l'eau doit y porter.**
(Baïf, *Mimes, Enseignements et Proverbes* [1576].)

Malgache. — **Arriver sans être invité, c'est être envoyé par les ancêtres.**
(J. A. Houlder, *Ohabolana, ou Proverbes malgaches* [1915].)

V. AMPHITRYON, HOSPITALITÉ.

IRLANDE

Latin médiéval. — L'Irlande absorbe ses vainqueurs.
> *Hibernia capta ferum victorem cepit.*

Irlandais. — L'Irlandais n'est jamais en paix que lorsqu'il se bat.
> (Richard Whately, *Commonplace Book*, 293 [1865].)

— Si l'on met un Irlandais à la broche, on en trouve toujours un autre pour l'arroser.
> (Bernard Shaw, *John Bull's Other Island*, préface, 33 [1907].)

V. NATION (caractères nationaux et langues nationales).

IRONIE

Anglais. — L'ironie est une insulte déguisée en compliment.
> (E. P. Whipple, *Literature and Life*, « *Wit* » [1849].)

Français. — L'ironie est la bravoure des faibles et la lâcheté des forts.
> (A. Berthet, *Maximes nouvelles sur de vieux thèmes* [1880].)

V. RAILLERIE.

ISRAËL

Bible. — Israël sera un sujet de sarcasme et de raillerie parmi les peuples.
> (Ier Livre des Rois, IX, 7; Ve s. av. J.-C.)

Hébreu. — La pauvreté convient à un juif comme une bride rouge à un cheval blanc.
> (Le Talmud, *Midrash*, Ve s.)

Islam. — Nous n'avons pas traité les juifs injustement, ils ont été injustes envers eux-mêmes.
> (Le Koran, XVI, 119; VIIe s.)

Allemand. — Seul un juif peut tromper un juif.
> (W. Wander, *Deutsche Sprichwörter Lexicon* [1880].)

Anglais. — Les juifs sont comme tout le monde; seulement ils le sont davantage.

Arabe. — Mange à la table des juifs, mais dors dans le lit des chrétiens.

Berbère. — Un juif pur est préférable à celui qui se joue des religions.

Français. — Un juif n'est d'aucun pays que de celui où il gagne de l'argent.
> (Voltaire, *Lettre au cardinal Dubois*, 28 mai 1722.)

Polonais. — Le paysan gagne l'argent, le seigneur le dépense, et c'est finalement le juif qui le prend.

Russe. — Trompez un juif, il vous embrassera; embrassez un juif, il vous trompera.

Yiddish. — Une nation qui persécute les juifs ne peut vivre longtemps.

— La mer n'a pas de fond et la souffrance des juifs n'a pas de rive.

V. NATION (caractères nationaux et langues nationales), RACE.

ITALIE

Allemand. — Celui qui a bien vu l'Italie ne peut jamais être tout à fait malheureux.
(Gœthe [1749-1832]. — Cité par Pierre de Nolhac, *Érasme et l'Italie*.)

Anglais. — Un homme qui n'a jamais été en Italie est toujours conscient de son infériorité.
(Samuel Johnson, *Boswell's Life*, 11 avril 1776.)

Français. — Les Italiens sont gens de meilleur discours que de grand effet.
(Marguerite de Navarre, *Heptaméron*, II, XVI [1559].)

— La nature de l'Italien est d'aimer plus que nature ce qui est créé seulement pour le service d'icelle.
(Marguerite de Navarre, *Heptaméron*, VI, LI.)

— Les Italiens sont tous voleurs.
(Napoléon Ier. — Lors d'une réception en Italie, en 1797, Napoléon aurait dit : *Gli Italiani tutti ladroni*, et l'un des assistants aurait répondu : *Non tutti, ma buona parte*, « pas tous, mais la plupart », en faisant ainsi un jeu de mots fort spirituel sur le nom du général Bonaparte.)

— Les hommes, en Italie, valent beaucoup moins que les femmes; car ils ont les défauts des femmes, et les leurs propres en plus.
(Mme de Staël, *Corinne, ou de l'Italie*, VI, III [1807].)

V. NATION (caractères nationaux et langues nationales).

IVRESSE

Grec. — Le vin est le miroir des hommes.
(Alcée, *Fragments*, 73; VIIe s. av. J.-C.)

— Si un homme commet une infraction à la loi en état d'ivresse, qu'il soit puni doublement.
(Pittacos, VIe s. av. J.-C. — Cité par Aristote, *Grande Morale*, I, 31,)

— Chaque fois que ce qui est en haut se trouve en bas, cessons de boire et rentrons chez nous.
(Théognis de Mégare, *Sentences*, 844; VIe s. av. J.-C.)

— La vérité est dans le vin.
(Cité par Platon, *le Banquet*, 217 e.)

— L'ivresse est une folie volontaire.
(Sénèque, *Lettres à Lucilius*, LXXXIII [env. 64].)

— Ne te pardonne pas les fautes commises dans l'ivresse; ce n'est pas le vin qui est coupable, mais celui qui l'a bu.
(Denys Caton, *Disticha de moribus ad filium*, II, 21; IIIe s.)

Allemand. — Le vin fait surnager les secrets.

— Une femme ivre est une porte ouverte.

Anglais. — Qui tue ivre est pendu sobre.
(J. Heywood, *Proverbs in the English tongue* [1546].)

— L'ivresse aggrave le crime.
(Edward Coke, *Institutes of the Lawes of England*, III, 405 [1629].)

Chinois. — L'homme ivre s'entretient avec les dieux.

Danois. — Un homme ivre est agneau, cochon, singe, ou lion.

Français. — Ivres et forcenés disent toute leur pensée.
(*Proverbe que dit li vilains*, manuscrit du XIIIe s., Oxford.)

— Le vin ne connaît pas les convenances.
(P.-J. Le Roux, *Dictionnaire proverbial* [1718].)

Indien *(hindi).* — Tiens-toi à sept pas de l'éléphant, à dix du buffle, à vingt d'une femme et à trente d'un homme ivre.

Russe. — A l'homme ivre la mer ne va qu'au genou.
(Tout devient indifférent dans l'ivresse.)

V. BOIRE.

IVROGNERIE

Grec. — La vue de l'ivrogne est la meilleure leçon de sobriété.
(Anacharsis, VIᵉ s. av. J.-C. — Cité par Diogène Laërce, *Phil. ill.*, I.)

Latin. — Qui raisonne un homme ivre apostrophe un absent.
(Publilius Syrus, *Sentences*, 1ᵉʳ s. av. J.-C.)

Hébreu. — Laissez l'ivrogne se renverser de sa propre main.
(Cité par J. Ray, *Adagia hebraica*.)

Allemand. — Il se noie plus de gens dans les verres que dans les rivières.
(G. C. Lichtenberg, *Aphorismen* [1799].)

Américain. — Un ivrogne dans le ruisseau est à la place où il doit être.
(W. G. Sumner, *The Forgotten Man* [1883].)

Anglais. — Bacchus a noyé plus de marins que Neptune.
(Th. Fuller, *Gnomologia* [1732].)

— L'ivrogne a la langue d'un sot et le cœur d'un coquin.
(H. G. Bohn, *Handbook of Proverbs* [1855].)

— Il n'y a que la première pinte qui est chère.
(V. S. Lean, *Collectanea* [1902].)

Français. — Il y a plus de vieux ivrognes que de vieux médecins.
(Rabelais, *Gargantua*, XLI [1534].)

— Dieu aide toujours aux fous, aux amoureux et aux ivrognes.
(Marguerite de Navarre, *Heptaméron*, IV, XXXVIII [1559].)

— A la trogne connaît-on l'ivrogne.
(Gabriel Meurier, *Sentences notables, Adages et Proverbes* [1568].)

— Qui a bu boira.
(Janus Gruter, *Florilegium* [1610].)

— Un ivrogne remplit plus souvent son verre que ses engagements.
(Ch. Cahier, *Proverbes et Aphorismes* [1856].)

Hongrois. — Il n'est pas de manteau assez grand pour couvrir à la fois la pauvreté et l'ivrognerie.

Irlandais. — Chez le tavernier, on ne voit pas naître la troisième génération.

Russe. — Si le mari boit, la moitié de la maison brûle; si la femme boit, toute la maison est en feu.

V. SOIF, VIN.

JALOUSIE (généralités)

Grec. — L'envie, c'est la douleur de voir autrui jouir de ce que nous désirons; la jalousie, c'est la douleur de voir autrui posséder ce que nous possédons.
(Diogène Laërce, *Vies et Sentences des philosophes illustres*, VII; III° s. — Cité comme étant une formule stoïcienne.)

Anglais. — La jalousie, c'est la jaunisse de l'âme.
(John Dryden, *The Hind and the Panther*, III, 73 [1687].)

Espagnol. — Le chien du jardinier, même s'il néglige sa pâtée, gronde quand un autre s'approche de l'assiette.
(D'après une pièce de Lope de Vega, *le Chien du jardinier* [1610].)

Français. — Il y a entre la jalousie et l'émulation le même éloignement qu'entre le vice et la vertu.
(La Bruyère, *les Caractères*, « De l'homme », 85 [1688].)

V. ENVIE.

JALOUSIE (dans les affections)

Bible. — Une oreille jalouse entend tout et le bruit des murmures ne lui échappe pas.
(Livre de la Sagesse, I, 10; II° s. av. J.-C.)

Français. — Il y a une certaine sorte d'amour dont l'excès empêche la jalousie.
(La Rochefoucauld, *Réflexions ou Sentences et Maximes morales*, 336 [1665].)

— La jalousie est le plus grand de tous les maux et celui qui fait le moins de pitié aux personnes qui le causent.
(La Rochefoucauld, *op. cit.*, 503.)

V. AMOUR ET JALOUSIE.

JAMAIS

Espagnol. — Que personne ne dise : Fontaine, je ne boirai pas de ton eau.
(Cervantes, *Don Quichotte*, II, LV [1615].)

Français. — Il ne faut jurer de rien.
(Alfred de Musset, *titre d'une comédie en 3 actes* [1836].)

V. TEMPS.

JEU (généralités)

Anglais. — Jouer bien ne signifie rien quand on perd.

Français. — A bon joueur la balle lui vient, ou La balle cherche le joueur.

— Jeux de mains, jeux de vilains.

— Qui quitte la partie la perd.

V. ADRESSE.

JEU d'ARGENT

Anglais. — Le meilleur coup de dés, c'est de les laisser dans le cornet.
(Henry Smith, *Sermons* [1591].)

— Heureux aux cartes, malheureux en amour.
(Swift, *Polite Conversation* [1738].)

Espagnol. — Jeune joueur, vieux mendiant.

— Avec ton ami, si tu gagnes au jeu, bois incontinent l'enjeu.

Français. — Pendant que le jeu est beau, il fait bon le laisser.
(Manuscrit du XIIIᵉ s., sans titre, Paris, Sainte-Geneviève.)

— A bourse de joueur, il n'y a point de loquet.
(*Proverbes rurauz et vulgauz*, manuscrit du XIVᵉ s., Paris, Bibl. nat.)

— On commence par être dupe, on finit par être fripon.
(Mᵐᵉ Deshoulières, *Réflexions diverses* [1693].)

— Mieux vaut jouer contre un pipeux que contre un chanceux.
(P.-J. Leroux, *Dictionnaire proverbial* [1786].)

Italien. — Le joueur vient pour avoir de la laine, et il s'en retourne tondu.
(Cité par Cervantes, *Nouvelles exemplaires*, « Sancho Panza » [1613].)

Polonais. — Il n'est pas difficile de jouer, mais de s'arrêter de jouer.

Russe. — On connaît l'homme, au jeu et en voyage.

V. PARI, TRICHERIE.

JEUNESSE

Grec. — Rien n'est trop difficile pour la jeunesse.
(Socrate, Vᵉ s. av. J.-C. — Cité par Diogène Laërce, *Phil. ill.*, II.)

Latin. — Il n'y a pas de fruit qui n'ait été âpre avant d'être mûr.
(Publilius Syrus, *Sentences*, Iᵉʳ s. av. J.-C.)

Allemand. — Le bon sens chez les jeunes, c'est la glace au printemps.
(G. C. Lichtenberg, *Aphorismen* [1799].)

— Si la jeunesse est un défaut, on s'en corrige très vite.
(Gœthe [1749-1832], *Maximen und Reflexionen*.)

Anglais. — Jeune sang n'obéit pas à vieux décret.
(Shakespeare, *Love's Labours Lost*, IV, III, 217 [1595].)

Arabe. — La jeunesse est une fraction de folie.

Français. — Jeunesse et adolescence
Ne sont qu'abus et ignorance.
(Villon, *le Testament*, 214-215 [1461].)

— Il souvient toujours à Robin de ses flûtes.
(Bonaventure des Périers, *Nouvelles Récréations et Joyeux Devis*, LXXXIV [1558]. — Signifie que les souvenirs de jeunesse sont ineffaçables.)

— **Tout le plaisir des jours est en leurs matinées.**

(Malherbe, *Stances sur le mariage du roi* [1615].)

— **La jeunesse est forte à passer.**

(A. de Montluc, *la Comédie de proverbes*, III, vii [1616]. — Il est difficile de la traverser sans succomber à quelques tentations.)

— **On connaît par les fleurs l'excellence du fruit.**

(A. de Montluc, *la Comédie des proverbes*, III, vii [1616].)

— **Il faut que jeunesse se passe.**

(On doit avoir de l'indulgence pour les fautes que la vivacité et l'inexpérience de la jeunesse font commettre.)

— **Le diable était beau quand il était jeune.**

(La jeunesse est toujours agréable et embellit même les plus laids.)

— **La jeunesse est une ivresse continuelle; c'est la fièvre de la santé; c'est la folie de la raison.**

(La Rochefoucauld, *Réflexions ou Sentences et Maximes morales*, 271 [1665].)

— **L'étude est le garde-fou de la jeunesse.**

(La Rochefoucauld-Doudeauville, *Mémoires*, « Livre des pensées », 440 [1861].)

Persan. — **L'ivresse de la jeunesse est plus forte que l'ivresse du vin.**

V. ÂGES DE LA VIE.

JEUNESSE et VIEILLESSE

Grec. — **La jeunesse ressemble à tout ce qui s'accroît, la vieillesse à tout ce qui se corrompt.**

(Pythagore, vᵉ s. av. J.-C. — Cité par Diogène Laërce, *Phil. ill.*, VIII.)

— **La vieillesse du lion vaut plus que la jeunesse du faon.**

(Stobée, *Florilège*; vⁱᵉ s.)

Latin. — **Il faut devenir vieux de bonne heure pour rester vieux longtemps.**

(Caton le Censeur, *De re rustica*, iiᵉ s. av. J.-C. — Cité par Cicéron, *De senectute*, 33.)

Latin médiéval. — **Jeunesse angélique fait vieil âge satanique.**

(Érasme, *Adages*, I, vi, 36 [1531]. — Variante moderne : Jeune saint, vieux démon.)

Allemand. — **La jeunesse est une ivresse sans vin et la vieillesse un vin sans ivresse.**

— **La jeunesse croit beaucoup de choses qui sont fausses; la vieillesse doute de beaucoup de choses qui sont vraies.**

Anglais. — **Les jeunes pensent que les vieux sont des sots; les vieux savent que les jeunes le sont.**

(John Lyly, *Euphues*, 241 [1579].)

Arménien. — **La jeunesse taille dans la pierre, la vieillesse dans la glace.**

Chinois. — **La récolte de toute l'année dépend du printemps où se font les semailles.**

Français. — **Qui jeune est fou, vieil en a les frissons.**

(*Proverbes de France*, manuscrit du xiiiᵉ s., Cambridge.)

— **Jeunesse oiseuse, vieillesse disetteuse.**

(Gabriel Meurier, *Trésor des sentences* [1568].)

— **Si jeunesse savait, si vieillesse pouvait.**

(Henri Estienne, *les Prémices*, IV, iv [1594]. — Additif : ... rien ne se perdrait.)

— **La plupart des hommes emploient la première partie de leur vie à rendre l'autre moitié misérable.**

(La Bruyère, *les Caractères*, « De l'homme », 102 [1688].)

— On ne peut être et avoir été.
(Chamfort [1741-1794], *Caractères et Anecdotes.*)

— Jeunesse rêve, vieillesse décompte.
(La jeunesse vit d'espérances, la vieillesse de souvenirs.)

Hollandais. — **Jeunes gens, sottes gens; vieilles gens, froides gens.**

Indien *(télougou).* — **Le bouvillon tire vers le soleil et le buffle vers l'ombre.**

Lituanien. — **Même le plus dur hiver a peur du printemps.**

Nigritien *(Peul).* — **Le charbon se moque des cendres.**

Serbe. — **Si vous dormez sur les roses pendant votre jeunesse, vous dormirez sur les orties quand vous serez vieux.**

Suédois. — **La jeunesse a une belle face et la vieillesse une belle âme.**

V. JEUNESSE, VIEILLESSE.

JOIE

Bible. — **Il n'y a point de joie meilleure que la joie du cœur.**
(L'Ecclésiastique, XXX, 16; IIe s. av. J.-C.)

— **La joie prolonge la vie.**
(L'Ecclésiastique, XXX, 22.)

Anglais. — **Les grandes joies, comme les grandes douleurs, sont muettes.**
(Shakerley Marmion, *The Holland's Leaguer,* V, 1 [1632].)

— **La joie est née jumelle.**
(Il n'y a de vraie joie que la joie partagée. — Cf. Byron, *Don Juan,* II, CLXXII [1819].)

Chinois. — **Les grands bonheurs viennent du ciel, les petites joies viennent des hommes.**

Danois. — **La joie, comme la fièvre, n'a qu'un jour de bon parmi les autres.**

Français. — **La joie fait peur.**
(Mme de Girardin, née Delphine Gay. — Titre d'une comédie en un acte, représentée à la Comédie-Française en 1854.)

Serbe. — **Il n'est pas d'hiver sans neige, de printemps sans soleil, et de joie sans être partagée.**

V. PLAISIR.

JOIE et CHAGRIN

Américain. — **Le chagrin se supporte seul, mais la joie doit être partagée.**
(Elbert Hubbard, *Roycroft Dictionary* [1923].)

Français. — **S'il est vrai que nos joies sont courtes, la plupart de nos afflictions ne sont pas longues.**
(Vauvenargues, *Réflexions et Maximes,* 916 [1746].)

Indien *(tamil).* — **Jusqu'aux genoux dans le plaisir, jusqu'à la ceinture dans la peine.**

Italien. — **La joie n'a pas de famille; le chagrin a femme et enfants.**

V. CHAGRIN, JOIE, PLAISIR ET PEINE, RIRE ET PLEURER.

JOUR et NUIT

Grec. — **La nuit porte conseil.**
  (Ménandre, *Monostiques*, ıvᵉ s. av. J.-C.)

Latin. — **La nuit ne connaît pas la honte.**
  (Ovide, *les Amours*, I, vı, 60; env. 13 av. J.-C.)

  — **La nuit, toutes les femmes sont belles.**
  (Ovide, *l'Art d'aimer*, I, 249; env. 2 av. J.-C.)

  — **L'esprit est nourri par le silence de la nuit.**
  (Pline le Jeune, *Lettres*, IX, xxxvı; début du ııᵉ s.)

Hébreu. — **Le jour est court et l'ouvrage est long.**
  (Le Talmud, *Pirkè Aboth*, vᵉ s.)

  — **La nuit a été créée pour l'étude.**
  (Le Talmud, *Erubin*, vᵉ s.)

Islam. — **Dieu a établi le jour pour le mouvement et il nous couvre du manteau
  de la nuit pour le repos.**
  (Le Koran, xxv, 49; xL, 63; vııᵉ s.)

Allemand. — **Ne te fie à trois conseillers : le vin, l'amour, la nuit.**

Anglais. — **La nuit, tous les chats sont gris.**

  — **Le jour a des yeux et la nuit des oreilles.**

Chinois. — **Les oiseaux des montagnes chantent durant le jour; ceux des
  eaux, la nuit.**

Français. — **De nuit, tout blé semble farine.**
  (*Proverbes en françois*, manuscrit de 1456, Paris, Bibl. nat.)

  — **A la chandelle, la chèvre semble demoiselle.**
  (Gabriel Meurier, *Trésor des sentences* [1568].)

  — **La nuit est une sorcière.**
  (André Coffant, titre d'un ballet, créé à Bruxelles, le 30 mai 1954.)

Italien. — **Le jour est le père du labeur et la nuit est la mère des pensées.**

Polonais. — **La nuit a son code de mœurs.**

Russe. — **Où va la nuit, le rêve y va.**

Suédois. — **Qui laboure la nuit perd un pain à chaque sillon.**

Suisse. — **Ce qui ne brille pas le jour, brille la nuit.**
  V. AURORE, LUMIÈRE, MATIN ET SOIR.

JOURNALISTE

Allemand. — **Un journaliste, c'est quelqu'un qui a manqué sa vocation.**
  (Bismarck [1815-1898].)

Anglais. — **Les commentaires sont libres, mais les faits sont sacrés.**
  (Ch. P. Scott [1847-1932].)

Français. — **Tout faiseur de journaux doit tribut au malin.**
  (La Fontaine, *Lettre à Simon de Troyes*, février 1686.)

  — **L'homme le plus adroit se brûle avec le feu.**
  (Mᵐᵉ de Girardin, née Delphine Gay, *l'École des journalistes*, III, ıv [1839].)

  — **Le journalisme mène à tout, à condition d'en sortir.**
  (Jules Janin [1804-1874].)

  — **Voir, savoir, savoir faire, faire savoir.**
  (Gaston Leroux [1868-1927].)
  V. AUTEUR, ÉCRIVAIN.

JUGEMENT (discernement)

Grec. — Le jugement est ce qu'il y a de meilleur dans l'homme et le défaut de jugement ce qu'il y a de pire.
(Théognis de Mégare, *Sentences*, 895 ; VIᵉ s. av. J.-C.)

— On doit plutôt se fier à un cheval sans frein qu'à un homme sans jugement.
(Théophraste, IVᵉ s. av. J.-C. — Cité par Plutarque, *Vies parallèles*.)

Latin. — On juge mieux les affaires d'autrui que les siennes propres.
(Térence, *Heautontimoroumenos*, 504 ; IIᵉ s. av. J.-C.)

Allemand. — Il n'importe guère que la mémoire faiblisse, pourvu que le jugement ne fasse pas défaut dans l'occasion.
(Gœthe [1749-1832], *Maximen und Reflexionen*.)

Anglais. — Il en est de nos jugements comme de nos montres ; aucune ne dit comme l'autre, mais chacun se fie à la sienne.
(A. Pope, *Essay on Criticism*, I [1711].)

Français. — Tout le monde se plaint de sa mémoire, et personne ne se plaint de son jugement.
(La Rochefoucauld, *Réflexions ou Sentences et Maximes morales*, 89 [1665].)

— On est quelquefois sot avec de l'esprit, mais on ne l'est jamais avec du jugement.
(La Rochefoucauld, *op. cit.*, 456.)

— Après l'esprit de discernement, ce qu'il y a au monde de plus rare, ce sont les diamants et les perles.
(La Bruyère, *les Caractères*, « Des jugements », 57 [1688].)

V. JUGER.

JUGEMENT (On juge les autres d'après soi-même.)

Grec. — Les scélérats croient que les honnêtes gens sont des méchants.
(Ménandre, *Fragments*, IVᵉ s. av. J.-C.)

Latin. — Tout paraît jaune à qui a la jaunisse.
(Lucrèce, *De natura rerum*, IV, 330 ; env. 60 av. J.-C.)

— Plus on est honnête homme, plus on a de peine à soupçonner les autres de ne l'être pas.
(Cicéron, *Epistulae ad Quintum fratrem*, I, XXIV ; env. 50 av. J.-C.)

Anglais. — Nous n'accordons aux autres que juste autant de bonté que nous en possédons nous-mêmes.
(Comtesse de Blessington, *Desultory Thoughts and Reflections* [1839].)

Espagnol. — Les amoureux pensent que les autres ont les yeux creux.
(César Oudin, *Refranes o proverbios castellanos* [1659].)

Français. — Il semble à un larron que chacun lui est compagnon.
(Manuscrit du XIIIᵉ s., sans titre, Paris, Sainte-Geneviève.)

— Qui est mauvais, il croit que chacun lui ressemble.
(*Dicta sive proverbia volgaria*, manuscrit du XIVᵉ s., Paris, Bibl. nat.)

— Les hommes ne croient jamais les autres capables de ce qu'ils ne sont pas capables de faire eux-mêmes.
(Cardinal de Retz [1613-1679], *Maximes et Réflexions*.)

— Il est avis au renard que chacun mange poules comme lui.
(Ch. Rozan, *les Animaux dans les proverbes* [1902].)

V. GÉNÉRALISATION, SOI.

JUGER (généralités)

Bible. — **Ne jugez point, et vous ne serez point jugés.**
(Évangile selon saint Matthieu, VII, 1 [env. 65].)

Français. — **De fou juge, brève (prompte) sentence.**
(Pierre Gringore, *Notables Enseignements, Adages et Proverbes* [1528].)

— **Dans sa propre cause, un honnête homme risque, par amour-propre, d'être injuste à contre-biais.**
(Pascal, *Pensées*, II, 82 [1670].)

— **Plus on juge, moins on aime.**
(Chamfort [1741-1794], *Maximes et Pensées*.)
V. JUSTICE.

JUGER (Qui n'entend qu'une cloche...)

Grec. — **Ne jugez pas avant d'avoir entendu les deux parties.**
(Phocylide de Milet, *Sentences*, VIᵉ s. av. J.-C.)

Allemand. — **Pour juger, il faut avoir les deux oreilles semblables.**

Arabe. — **Si de deux adversaires l'un vient te trouver avec un œil crevé, ne lui donne pas raison avant d'avoir vu l'autre qui a peut-être perdu les deux yeux.**

Français. — **Qui n'entend qu'une cloche n'entend qu'un son.**

Islandais *(islenska).* — **L'histoire n'est qu'à moitié dite quand une seule partie la raconte.**

Nigritien *(Bambara).* — **La tête ne peut être cassée qu'en présence de celui qui la porte.**
V. IMPARTIALITÉ, JUGEMENT (discernement).

JUSTICE

Grec. — **La justice renferme en elle-même toutes les vertus et celui-là est bon, qui est juste.**
(Phocylide de Milet, *Sentences*, VIᵉ s. av. J.-C.)

— **La justice, c'est de donner à chacun son dû.**
(Simonide de Céos, Vᵉ s. av. J.-C. — Cité par Platon, *la République*, I, VI, 331 e.)

Bible. — **Heureux ceux qui souffrent persécution pour la justice, car le royaume des cieux est à eux.**
(Évangile selon saint Matthieu, V, 10 [env. 65].)

Sanskrit. — **La justice est le seul ami qui accompagne les hommes après la mort, car toute affection est soumise à la même destruction que le corps.**
(*Lois de Manou*, VIII, XVII; IIᵉ s.)

Islam. — **La justice tient de près à la piété.**
(Le Koran, V, II; VIIᵉ s.)

Anglais. — **La justice rendue pendant une heure vaut mieux que la fréquentation des temples pendant une année.**
(Henry Saint-John, lord Bolingbroke, *Reflections* [1750].)

— **Soyez juste avant d'être généreux.**
(Sheridan, *The School for Scandal*, IV, I [1777].)

Espagnol. — **La justice ne plaît à quiconque dans sa propre maison.**
(G. Herbert, *Jacula prudentum* [1651].)

Français. — **Si vous faites bonne justice, vous offensez les hommes; si vous la faites mauvaise, vous offensez Dieu.**
(Guillaume Bouchet, *les Serées*, IX [1584].)

— **Le riche a la vengeance, et le pauvre a la mort.**
(Agrippa d'Aubigné, *les Tragiques*, III, 260 [1616].)

— **L'amour de la justice n'est pour la plupart des hommes que la crainte de souffrir l'injustice.**
(La Rochefoucauld, *Réflexions ou Sentences et Maximes morales*, 78 [1665].)

— **L'affection ou la haine change la justice de face.**
(Pascal, *Pensées*, II, 82 [1670].)

— **La justice et la vérité sont deux pointes si subtiles que nos instruments sont trop mousses pour y toucher exactement.**
(Pascal, *Pensées*, II, 82.)

— **On ne peut être juste si l'on n'est humain.**
(Vauvenargues, *Réflexions et Maximes*, 28 [1746].)

— **La justice est la vérité en action.**
(J. Joubert [1754-1824], *Pensées, Maximes et Essais*.)

Russe. — **Avec la justice, vous pouvez faire le tour du monde; avec l'injustice, vous ne pouvez franchir le seuil de votre maison.**

V. CHÂTIMENT, PUNIR, TALION (Peine du).

JUSTICE IMMANENTE

Araméen. — **Si le méchant tient les pans de ton vêtement, bientôt le soleil prendra le vêtement du méchant et il te le donnera.**
(*Sagesse d'Ahiqar*, VIᵉ s. av. J.-C.)

Bible. — **La justice est immortelle.**
(Livre de la Sagesse, I, 15; IIᵉ s. av. J.-C.)

Latin. — **La colère des dieux est lente, mais terrible.**
(Juvénal, *Satires*, XIII, 100 [env. 120].)

Islam. — **Le méchant portera sur son dos son fardeau.**
(Le Koran, VI, 31; VIIᵉ s.)

Chinois. — **Il y a une sanction pour le bien et pour le mal; si elle tarde, c'est que l'heure n'est pas venue.**

Persan. — **Le bateau du pervers doit nécessairement sombrer.**

V. CHÂTIMENT, DIEU (Justice de).

JUSTICE LÉGALE (généralités)

Grec. — **La justice est une vierge qui, si elle est offensée, va s'asseoir aux pieds de Zeus.**
(Hésiode, *les Travaux et les Jours*, 256; VIIIᵉ s. av. J.-C.)

— **Némésis vient à pied.**
(Némésis, déesse de la Vengeance, est aussi celle de la Justice distributive.)

Latin. — **Justice extrême est extrême injustice.**
(Térence, *Heautontimoroumenos*, 796; IIᵉ s. av. J.-C. — Térence remarque déjà qu'il s'agit d'un adage. — Cicéron, *De officiis*, I, x, 33, écrit qu'il s'agit d'un proverbe répété sans cesse : ... *ex quo illud : summum jus, summum injuria, factum est jam tritum sermone proverbium*. Signifie que l'on peut commettre des iniquités par une application trop rigoureuse de la loi.)

Latin médiéval. — **La justice hâtive est une marâtre de malheur.**
Festinatio justitiae est noverca infortunii.

Allemand. — **Au palais de justice, confession n'a pas d'absolution.**

Anglais. — **La justice a le regard clignotant, mais elle voit quand même.**
(Th. Middleton, *The Mayor of Queensborough*, I, 1 [1625].)

Arabe. — **La justice du prince importe plus au peuple que la bonne récolte.**

Chinois. — **L'empereur peut tout pour le bien, mais rien contre la justice.**

Espagnol. — **La justice est chose précieuse; c'est pourquoi elle coûte cher.**
(Quevedo y Villegas [1580-1645].)

Français. — **Le gibet n'est que pour les malheureux.**
(Variante : Justice punit petit cas.)

— **Les délits sont punis où ils sont commis.**
(Antoine Loisel, *Institutes coutumières*, 44 [1607].)

— **La justice sans la force est impuissante; la force sans la justice est tyrannique.**
(Pascal, *Pensées*, v, 298 [1670].)

— **La justice est une si belle chose qu'on ne saurait trop l'acheter.**
(A.-R. Lesage, *Crispin rival de son maître*, IX [1707].)

— **La cour rend des arrêts, et non pas des services.**
(Séguier [1768-1848], premier président de la cour de Paris en 1810.)

— **Le glaive de la justice n'a pas de fourreau.**
(Joseph de Maistre, *les Soirées de Saint-Pétersbourg*, « Premier Entretien » [1821].)

Géorgien. — **La main coupée par la justice ne fait pas souffrir.**

Italien. — **Quand on tire le canon d'or, la justice perd sa force.**

Russe. — **Personne ne fut jamais pendu avec de l'argent dans sa poche.**

V. TÉMOIN.

JUSTICE LÉGALE (cause en justice)

Latin. — **Une bonne cause ne saurait craindre aucun juge.**
(Publilius Syrus, *Sentences*, 1er s. av. J.-C.)

— **C'est une mauvaise cause, celle qui réclame la pitié.**
(Publilius Syrus, *op. cit.*)

— **Le chemin s'aplanit pour la juste cause.**
(Claudien, *De quarto consulatu Honorii*, CX [env. 398].)

Anglais. — **Chacun est un lion dans sa propre cause.**

Arménien. — **Le voleur n'a commis qu'un délit, le volé en a commis cent.**

Français. — **Ce n'est pas tout d'avoir bonne cause, il faut encore savoir solliciter.**

— **Les causes qui manquent de raison ont besoin de fortes paroles.**

V. PROCÈS.

JUSTICE LÉGALE (juges)

Grec. — **Le bon juge ne sera pas un jeune homme; il faut qu'il soit vieux et qu'il ait acquis une connaissance de l'injustice.**
(Platon, *la République*, III, 409 b; IVe s. av. J.-C.)

Latin. — **Quand l'accusateur est aussi juge, c'est le triomphe de la force et non de la loi.**
> (Publilius Syrus, *Sentences*, 1er s. av. J.-C.)

— **Le juge est condamné, quand le coupable est absous.**
> (Publilius Syrus, *op. cit.*)

— **Le bon juge condamne le crime sans haïr le criminel.**
> (Sénèque, *De ira*, I, XVI, 7 [env. 60].)

Latin médiéval. — **Il appartient au juge d'interpréter la loi, non de la faire.**
> (*Judicis est jus dicere, non dare.* — Cf. Fr. Bacon, *Essays*, LVI.)

Afghan. — **Dieu sait sur quel genou le chameau s'accroupit.**
> (Sur le caractère aléatoire des décisions des juges.)

Allemand. — **Les juges doivent avoir de grandes oreilles et de petites mains.**

Anglais. — **Qui endosse la robe de juge doit oublier sa personne privée.**

— **Le renard doit être récusé dans le jury qui juge la poule.**

Arabe. — **Malheur à la génération dont les juges méritent d'être jugés.**

— **Quand la mule du cadi vient à mourir, tout le monde assiste aux funérailles; quand le cadi lui-même vient à mourir, personne ne se dérange.**

Espagnol. — **Si le juge laisse quelquefois plier la verge de la justice, que ce ne soit pas sous le poids des cadeaux, mais sous celui de la miséricorde.**
> (Cervantes, *Don Quichotte*, II, XLII [1615].)

— **Le fils de l'alcade va sans crainte au tribunal.**
> (César Oudin, *Refranes o proverbios castellanos* [1659].)

Français. — **Juge hâtif est périlleux.**
> (*Bonum spatium*, manuscrit du XIVe s., Paris, Bibl. nat.)

— **La plume est serve, mais la parole est libre.**
> (Signifie que l'accusateur public, au moment où il prend la parole, peut s'éloigner des réquisitions écrites. — Cf. René Garraud, *Précis de droit criminel* [1885].)

Russe. — **Ce n'est pas la loi qu'il faut craindre, mais le juge.**

— **Dis la vérité à Dieu, mais donne de l'argent au juge.**

— **Pour juger et condamner autrui, il faut être un saint.**
> V. ÉQUITÉ.

JUSTICE LÉGALE (sentences)

Grec. — **Un jugement doit être rendu à la règle et à l'équerre.**
> (Théognis de Mégare, *Sentences*, 542; VIe s. av. J.-C.).

Latin. — **La voix d'un condamné peut se faire entendre, mais ses paroles sont vaines.**
> (Publilius Syrus, *Sentences*, 1er s. av. J.-C.)

— **La chose jugée est tenue pour la vérité.**
> *Res judicata pro veritate habetur.*

Anglais. — **Une sentence mauvaise fait plus de mal que beaucoup de mauvais exemples; ceux-ci corrompent seulement le ruisseau, mais celle-là corrompt la source.**
> (Fr. Bacon, *Essays*, LVI [625].)

> V. PUNIR (*non bis in idem*).

LÂCHETÉ

Latin. — **Le chien aboie plutôt que de mordre.**
   (Proverbe cité par Quinte-Curce, *De rebus et gestis Alexandri Magni*, VII, IV; Iᵉʳ s.
   — C'est-à-dire : Le lâche insulte, il n'attaque pas.)

Berbère. — **Si tu donnes des coups de corne, donne-les à ceux qui ont des cornes.**

Français. — **Le lâche craint la mort, et c'est tout ce qu'il craint.**
   (Racine, *Andromaque*, V, II, 1476 [1667].)

Libanais. — **On a craché à la figure du lâche; il dit : « Il pleut. »**
   V. CHUTE (Quand le chêne est tombé...), COURAGE ET LÂCHETÉ, POLTRONNERIE.

LAIDEUR

Anglais. — **Les personnes laides se vengent ordinairement sur les autres du tort que leur a fait la nature.**
   (Francis Bacon, *De dignitate et augmentis scientiarum*, VI, 2 [1605].)

Belge. — **Il n'y a rien de tel qu'un chien laid pour bien aboyer.**
   (Les personnes physiquement disgraciées ont souvent le ton sarcastique et la réplique
   mordante. — J. Dejardin, *Dictionnaire des spots ou proverbes wallons* [1863].)

Français. — **Les personnes d'esprit sont-elles jamais laides?**
   (Alexis Piron, *la Métromanie*, II, VIII [1738].)

   V. BEAUTÉ ET LAIDEUR.

LANGAGE (généralités)

Grec. — **Il faut penser avec les honnêtes gens, mais parler avec le vulgaire.**
   (Attribué gratuitement à Aristote. — Cf. Baltasar Gracian, *Oraculo manual*, 43.)

Bible. — **C'est au langage que l'on reconnaît la sagesse, aux paroles de la langue que se montre la science.**
   (L'Ecclésiastique, IV, 24; IIᵉ s. av. J.-C.)

Allemand. — **Le bon langage est un bouclier.**
   (J. P. Richter, *Blumen, Frucht und Dornestücke* [1818].)

   — **Au teint, on juge l'étoffe; au bouquet, le vin; à l'odeur, la fleur; au langage, l'homme.**
   (Ch. Cahier, *Proverbes et Aphorismes* [1856].)

Français. — **Le beau parler n'écorche pas la langue.**
   (Jean Le Bon, *Adages françois* [1557].)

— Quand on se fait entendre, on parle toujours bien.
(Molière, *les Femmes savantes*, II, VI, 477 [1672].)

Tibétain. — La parole doit être vêtue comme une déesse et s'élever comme un oiseau.

V. GRAMMAIRE, STYLE.

LANGAGE ÉCRIT et LANGAGE PARLÉ

Anglais. — La parole sème au vent, la plume trace le sillon.
(J. Howell, *Instructions for Foreign Travel*, III [1642].)

Chinois. — L'écriture ne peut suffire à exprimer la force de la pensée; les paroles ne sauraient rendre complètement la pensée.
(Cité par Ferdinand Denis, *le Brahme voyageur* [1853].)

Persan. — Le bec de la plume peigne la chevelure du langage.
(Hafiz, *Divan*, XIVᵉ s.)

V. ÉCRIRE, PARLER, PAROLES ET ÉCRITS.

LANGUE

Antiquité égyptienne. — La langue est la ruine de l'homme.
(*Sagesse d'Ani*, IIIᵉ millénaire av. J.-C.)

— La langue de l'homme est le gouvernail de son navire.
(Amenhemhât, *Enseignements*, IIᵉ millénaire av. J.-C.)

Araméen. — Mieux vaut glisser du pied que de la langue.
(*Paroles d'Ahiqar*, VIᵉ s. av. J.-C.)

Grec. — La langue est la meilleure et la pire des choses.
(Ésope, VIᵉ s. av. J.-C. — Cf. Planude, *Vie d'Ésope*.)

— Évite que ta langue ne devance ta pensée.
(Chilon de Sparte, VIᵉ s. av. J.-C. — Cité par Diogène Laërce, *Phil. ill.*, I.)

Bible. — La mort et la vie sont au pouvoir de la langue.
(Livre des Proverbes, XVIII, 21; IVᵉ s. av. J.-C.)

— Une langue douce peut briser les os.
(Livre des Proverbes, XXV, 15. — D'où le proverbe général : La langue n'a pas d'os et peut briser les os.)

— La langue du sage est dans son cœur; le cœur du sot est dans sa bouche.
(L'Ecclésiastique, XXI, 26; IIᵉ s. av. J.-C.)

— Beaucoup ont péri par le tranchant de l'épée, mais pas autant que ceux qui ont péri par la langue.
(L'Ecclésiastique, XXVIII, 18.)

Proverbe général. — Un coup de langue est pire qu'un coup de lance.
(En arabe : Les blessures de la langue sont plus dangereuses que celles du sabre.)

Allemand. — Le temps détruit tout ce qui est fait, et la langue tout ce qui est à faire.

Anglais. — Nul venin pire que celui de la langue.

Annamite. — Le glaive a deux tranchants, la langue en a cent.

Arabe. — Ta langue est un lion; si tu l'attaches, il te gardera; si tu le laisses échapper, il te dévorera.

Chinois. — Il se cache dans la langue un dragon qui ne répand pas le sang, mais qui pourtant assassine.

Français. — Qui langue a, à Rome va.
(*Proverbes au vilain*, manuscrit du XIIIᵉ s., Paris, Bibl. nat.)

Persan. — Une langue longue raccourcit la vie.

Polonais. — Serre ta chemise entre tes jambes et ta langue entre tes dents.

Suisse. — Une langue apprivoisée est un oiseau rare.

V. BAVARDAGE, PARLER.

LANGUES ÉTRANGÈRES

Allemand. — Un homme vaut autant d'hommes qu'il connaît de langues.
(Charles Quint [1500-1558]. — Cité par Brantôme, *Vies des grands capitaines étrangers*.)

— Qui ne connaît pas de langues étrangères ne connaît pas la sienne.
(Gœthe [1749-1832], *Maximen und Reflexionen*.)

Kurde. — Un étranger qui parle ma langue m'est plus cher qu'un compatriote qui l'ignore.

V. NATION (caractères nationaux et langues nationales), TRADUCTION.

LATIN

Latin médiéval. — Le latin n'est pas bon à maintenir la chasteté féminine.
(Érasme, *Colloquia*, « *Abbatis et Eruditae* » [1518].)

Espagnol. — Un sot, quand il sait le latin, n'est jamais tout à fait un sot.

Italien. — Avec un florin, le latin et un bon cheval, on trouve en tous pays son chemin.

LECTURE, LIRE

Grec. — Il ne s'agit pas de lire beaucoup, mais de lire utilement.
(Aristippe de Cyrène, Vᵉ s. av. J.-C. — Cité par Diogène Laërce, *Phil. ill.*, II.)

Anglais. — La lecture est à l'esprit ce que l'exercice est au corps.
(J. Addison, *The Tatler*, nᵒ 147 [1709].)

Français. — Ce n'est pas assez de tout lire,
Il faut digérer ce qu'on lit.
(J.-Stanislas de Boufflers, *Fables*, « le Rat bibliothécaire » [1810].)

— Dis-moi ce que tu lis, et je te dirai ce que tu es.
(Pierre de la Gorce, Allocution à l'assemblée de la Société bibliographique, 7 mai 1920.)

V. LIVRE.

LÉGÈRETÉ

Grec. — Il en est d'un homme léger comme d'un vase vide; il se laisse facilement prendre par les oreilles.
(Démophile, *Sentences*, VIᵉ s. av. J.-C.)

Bible. — Tu as été pesé dans les balances et trouvé léger.
(Daniel, V, 27; IIᵉ s. av. J.-C.)

V. ÉTOURDERIE, FRIVOLITÉ, INATTENTION, INSOUCIANCE.

LENTEUR

Antiquité chinoise. — Le sage paraît lent, mais il sait former des plans habiles.
(Lao-Tseu, *Livre du Tao et de sa vertu*, II, LXXIII, 10; VIᵉ s. av. J.-C.)

Grec. — Le boiteux à la fin rattrape le rapide.
(Plutarque, *Œuvres morales*, « Comment il faut lire les poètes »; Iᵉʳ s.)

Anglais. — C'est le feu lent qui fait le doux malt.
(V. S. Lean, *Collectanea* [1902])

Français. — Qui veut voyager loin ménage sa monture.
(Racine, *les Plaideurs*, I, I, 27 [1668].)

— Tout ce qui doit durer est lent à croître.
(Louis de Bonald [1754-1840], *Maximes et Pensées*.)

Italien. — Qui va lentement va sûrement, et qui va sûrement va loin.
Chi va piano, va sano; chi va sano, va lontano.

Turc. — On prend quelquefois le lièvre avec un chariot à bœufs.
(On réussit souvent avec une sage lenteur.)
V. PREMIER ET DERNIER.

LETTRE

Latin. — S'il ne se passe rien, écris pour le dire.
(Cicéron, *Epistulae ad Atticum*, VI, III; env. 55 av. J.-C.)

Espagnol. — Une lettre est une conversation écrite.
(Baltasar Gracian, *Oraculo manual*, 148 [1647].)

Français. — On dit bien quand le cœur conduit l'esprit.
(Marquise de Tencin, *Lettre au maréchal de Richelieu*, 12 juin 1744.)
V. AMOUR (Lettres d').

LETTRE et l'ESPRIT (la)

Bible. — La lettre tue, mais l'esprit vivifie.
(Saint Paul, IIᵉ Epitre aux Corinthiens, III, 6 [env. 55]. — Signifie que, dans l'interprétation d'une loi, d'un précepte, il ne faut pas s'attacher servilement au sens littéral, mais chercher à saisir l'intention véritable cachée sous les expressions.)

Américain. — La loi est seulement un mémorandum.
(R. W. Emerson, *Politics* [1841].)

Anglais. — Le juge qui s'écarte de la lettre devient législateur.
(Fr. Bacon, *De dignitate et augmentis scientiarum*, VI, 46 [1605].)

Turc. — Le Koran a tantôt une face de bête et tantôt une face d'homme.
(Aphorisme turc pour signifier la *lettre* et l'*esprit*.)
V. ÉQUITÉ, JUSTICE.

LETTRES et les SCIENCES (les)

Grec. — Les vérités géométriques ne nous causent aucun sentiment de plaisir, ni aucune espérance.
(Aristote, *Problèmes*, XXX, 7; IVᵉ s. av. J.-C.)

Latin. — Les arts libéraux ne peuvent donner la vertu, mais ils disposent l'âme à la recevoir.
(Sénèque, *Lettres à Lucilius*, LXXXVIII [env. 64]. — Le philosophe ajoute : Tu sais ce qu'est une ligne droite, mais quel profit pour toi, si tu ignores ce qui, dans la vie, est droit.)

Français. — **Les mathématiques rendent l'esprit juste en mathématiques, tandis que les lettres le rendent juste en morale.**

(J. Joubert [1754-1824], *Pensées, Maximes et Essais*.)

— **Les lettres planent au-dessus des sciences.**

(Pasteur, *Lettre à D. Nisard*, 24 octobre 1878.)

V. ART, HISTOIRE, LITTÉRATURE, MATHÉMATIQUES, POÉSIE.

LIBERTÉ

Latin. — **Ce que certains appellent liberté, d'autres l'appellent licence.**

(Quintilien, *De institutione oratoria*, III, VIII, 48 [env. 90].)

— **Où est la liberté, là est la patrie.**

(*Ubi libertas, ibi patria.* — Cité par B. Franklin, *Lettre à B. Vaughan*, 14 mars 1783.)

Anglais. — **On n'est libre qu'autant que les autres le sont.**

(B. Whichcote, *Moral and Religious Aphorisms* [1753].)

Français. — **Liberté et pain cuit.**

(P.-J. Le Roux, *Dictionnaire proverbial* [1718].)

— **La liberté est le droit de faire ce que les lois permettent.**

(Montesquieu, *l'Esprit des lois*, XI, III [1748].)

— **La liberté est un bien qui fait jouir des autres biens.**

(Montesquieu [1689-1755], *Réflexions et Pensées*.)

Hollandais. — **La liberté, c'est l'empire que nous avons sur nous-mêmes.**

(Hugo Grotius, *De jure pacis et belli*, I [1625].)

Russe. — **La liberté n'est pas un droit, mais une obligation.**

(Nicolas Berdiaeff [1874-1948]. — Signifie que la liberté ne doit pas être regardée comme un droit facile, mais comme un devoir rude.)

V. INDÉPENDANCE, LIBRE ARBITRE.

LIBRE ARBITRE

Latin. — **Nul ne pèche par un acte qu'il ne peut éviter.**

(Saint Augustin, *De libero arbitrio*, III; début du Vᵉ s.)

Anglais. — **La théorie est opposée au principe du libre arbitre; l'expérience est en sa faveur.**

(Samuel Johnson, *Boswell's Life*, 15 avril 1778.)

V. ALTERNATIVE, CHOISIR.

LITTÉRATURE

Allemand. — **La littérature ne se corrompt que dans la mesure où les hommes sont corrompus.**

(Gœthe [1749-1832], *Maximen und Reflexionen*.)

Français. — **Rien n'est beau que le vrai, le vrai seul est aimable.**

(Boileau, *Épîtres*, IX, 43 [1669].)

— **Tous les genres sont bons, hors le genre ennuyeux.**

(Voltaire, *l'Enfant prodigue*, Préface [1736].)

— **La littérature est l'expression de la société, comme la parole est l'expression de l'homme.**

(Louis de Bonald [1754-1840], *Maximes et Pensées*.)

V. AUTEUR, ÉCRIVAIN, LETTRES ET LES SCIENCES (les), POÉSIE, ROMAN, THÉÂTRE.

LIVRE

Grec. — **Un gros livre est un grand mal.**
(Callimaque, *Fragments*, IIIᵉ s. av. J.-C.)

Latin. — **Il n'est si mauvais livre dont on ne puisse tirer quelque chose de bon.**
(Pline l'Ancien, Iᵉʳ s. — Cité par Pline le Jeune, *Lettres*, III, v.)

— **Les livres ont leur destin.**
(Terentianus Maurus, *Carmen heroicum*, « *De syllabis* », 250; Iᵉʳ s. — Le contexte précise le sens : C'est l'esprit des lecteurs qui fait le sort des livres.)

Latin médiéval. — **Prends garde à l'homme d'un seul livre.**
(*Cave ab homine unius libri*. — C'est l'adaptation d'une parole de saint Thomas d'Aquin, qui se disait *homo unius libri*, l'homme d'un seul livre, c'est-à-dire la Bible, qui passait pour l'argument le plus fort. — De nos jours, le proverbe s'applique à l'homme qui est imbu d'une thèse, et dont les vues sont étroites et les avis péremptoires.)

Proverbe général. — **Les livres sont les monuments les plus durables.**
(Variante : Les monuments les plus durables sont les monuments de papier.)

Allemand. — **La société la plus spirituelle n'est pas celle que les tailleurs, mais celle que les relieurs habillent.**
(J. P. Richter, *Blumen, Frucht und Dornenstücke* [1818].)

Anglais. — **Le mauvais livre est très mauvais, parce qu'il ne peut se repentir.**
(Th. Fuller, *Gnomologia* [1732].)

Arabe. — **Le paradis de la terre se trouve entre les seins d'une femme, sur le dos d'un cheval, dans les pages d'un livre.**

Égyptien. — **Une bibliothèque est un hôpital pour l'esprit.**
(Inscription dans l'ancienne bibliothèque d'Alexandrie.)

Français. — **Un livre est un ami qui ne trompe jamais.**
(Des Barreaux [1599-1673], *Sonnets*.)

— **Un prince dans un livre apprend mal son devoir.**
(Corneille, *le Cid*, I, III, 192 [1636].)

— **Il est plus nécessaire d'étudier les hommes que les livres.**
(La Rochefoucauld, *Réflexions ou Sentences et Maximes morales*, 550 [1665].)

— **Un livre n'est excusable qu'autant qu'il apprend quelque chose.**
(Voltaire, *Lettre à M. Damilaville*, 8 mars 1765.)

— **Le grand inconvénient des livres nouveaux, c'est qu'ils nous empêchent de lire les anciens.**
(J. Joubert [1754-1824], *Pensées, Maximes et Essais*.)

V. ÉCRIRE, ÉCRIVAIN, LECTURE.

LOGIQUE

Grec. — **Qui peut s'imaginer qu'il y a des mulets et pas d'ânes ?**
(Épictète, *Entretiens*, II, v; début du IIᵉ s.)

Espagnol. — **De ce qu'une chose n'est pas noire, il ne faut pas conclure qu'elle est blanche.**
(Fernando de Rojas [1475-1538].)

Irlandais. — **Prise en trop grande quantité, la logique, comme le whisky, perd sa vertu bénéfique.**
(Lord Dunsany, *My Ireland*, XIX [1938].)

V. RAISONNEMENT.

LOI

Antiquité chinoise. — **Plus il y a de lois, et plus il y a de voleurs.**
(Lao-Tseu, *Livre du Tao et de sa vertu*, II, LVII, 6; VIᵉ s. av. J.-C.)

Grec. — **Ceux qui font les lois doivent les observer.**
(Pittacos, VIᵉ s. av. J.-C. — Cité par Ausone, *Sentences des Sept Sages.*)

— **Le juste et l'injuste ne résultent pas de la nature, mais de la loi.**
(Archélaos de Milet, *Fragments*, Vᵉ s. av. J.-C. — Cf. Platon, *Définitions* : La loi est la détermination du juste et de l'injuste.)

— **Les lois d'un Etat changent avec le temps.**
(Eschyle, *les Sept contre Thèbes*, 1076; Vᵉ s. av. J.-C.)

— **La loi doit avoir autorité sur les hommes, et non les hommes sur la loi.**
(Pausanias, roi de Sparte, Vᵉ s. av. J.-C.)

— **Le temps est le meilleur interprète de toute loi douteuse.**
(Denys d'Halicarnasse, *Antiquités romaines*, II; env. 20 av. J.-C.)

Latin. — **Les lois sont les esclaves de la coutume.**
(Plaute, *Trinummus*, 1043; IIᵉ s. av. J.-C.)

— **Un peuple est fort, quand les lois ont de la force.**
(Publilius Syrus, *Sentences*, Iᵉʳ s. av. J.-C.)

— **Le prince n'est pas au-dessus des lois, mais les lois sont au-dessus du prince.**
(Pline le Jeune, *Panégyrique de Trajan*, 67 [env. 90].)

— **Plus l'Etat est corrompu, plus il y a de lois.**
(Tacite, *Annales*, III, XXVII; IIᵉ s.)

— **Les mauvaises mœurs engendrent les bonnes lois.**
(Macrobe, *Saturnales*, III, 17; IVᵉ s.)

— **La loi est dure, mais c'est la loi.**
Dura lex, sed lex.

— **L'ignorance de la loi n'excuse personne.**
(*Ignorantia juris neminem excusat.* — D'où le proverbe moderne : Nul n'est censé ignorer la loi.)

— **Les lois dorment souvent, mais ne meurent jamais.**
Dormiunt aliquando leges, nunquam moriuntur.

Allemand. — **On hérite les lois comme les maladies.**
(Gœthe, *Premier Faust*, I [1808].)

Américain. — **Les lois trop douces ne sont pas suivies, les lois trop sévères ne sont pas appliquées.**
(B. Franklin, *Poor Richard's Almanac* [1756].)

Anglais. — **La pire tyrannie est celle qui met la loi sur le chevalet.**
(Fr. Bacon, *De dignitate et augmentis scientiarum*, VI, 46 [1605].)

— **Les lois, comme les maisons, s'appuient les unes sur les autres.**
(Edmund Burke, *Tracts on the Popery Laws*, I, III [1756].)

— **Où finit la loi, la tyrannie commence.**
(William Pitt, *Discours à la Chambre des communes*, 9 janvier 1770.)

Arabe. — **La législation est le sel de la terre.**

Chinois. — **La loi est sage, mais les hommes ne le sont pas.**

— **Le mandarin a la loi et le peuple a ses conventions secrètes.**

Danois. — **Où manque la loi, doit suppléer l'honneur.**

Estonien. — **La loi est de trois jours plus vieille que le monde.**

Français. — Si veut le roi, si veut la loi.
(*Proverbes au vilain*, manuscrit du XIIIᵉ s., Paris, Bibl. nat.)

— **Il faut éclairer l'histoire par les lois et les lois par l'histoire.**
(Montesquieu, *l'Esprit des lois*, XXXI, II [1748].)

— **Les lois sont toujours utiles à ceux qui possèdent et nuisibles à ceux qui n'ont rien.**
(J.-J. Rousseau, *le Contrat social*, I, IX [1762].)

— **Il en est des lois comme des vêtements, qui sont tous de convention.**
(Voltaire, *Dictionnaire philosophique*, « Lois » [1764].)

— **Les lois doivent leurs forces aux mœurs.**
(Helvétius [1715-1771], *Maximes et Pensées.*)

— **Une mauvaise loi appliquée rend plus de services qu'une bonne loi interprétée.**
(Napoléon Iᵉʳ [1769-1821], *Maximes et Pensées.*)

— **On peut violer les lois sans qu'elles crient.**
(Talleyrand [1754-1838].)

Hollandais. — La loi nous oblige à faire ce qui est dit et non ce qui est juste.
(Hugo Grotius, *De jure belli ac pacis*, I [1625].)

Tchèque. — La loi a le nez en cire. (On peut la modeler pour la circonstance.)
V. BIEN PUBLIC (le), COUTUME (loi), FORCE ET DROIT, LETTRE ET L'ESPRIT (la).

LOISIR

Grec. — Le loisir est le meilleur des biens.
(Socrate, vᵉ s. av. J.-C. — Cité par Diogène Laërce, *Phil. ill.*, II.)

Latin. — Je ne suis jamais plus occupé que quand je n'ai rien à faire.
(Scipion l'Africain [235-183]. — Cité par Cicéron, *De officiis*, III, 1.)

Bible. — La sagesse du scribe s'acquiert à la faveur du loisir et celui qui a peu d'ouvrage deviendra sage.
(L'Ecclésiastique, XXXVIII, 24; IIᵉ s. av. J.-C.)

Allemand. — Tant vaut l'homme, tant vaut le loisir.
(A. Schopenhauer, *Parerga und Paralipomena* [1851].)

Anglais. — Loisir est père de philosophie.
(Thomas Hobbes, *Leviathan*, IV, XLVI [1651].)

Chinois. — Un jour de loisir, c'est un jour d'immortalité.

Cingalais. — Pour qui peut se promener à loisir, même la jungle est une route royale.

Français. — Je plains l'homme accablé du poids de son loisir.
(Voltaire, *Discours en vers sur l'homme*, IV, 118 [1737].)
V. REPOS.

LOUANGE

Grec. — C'est une maxime chez les hommes que, quand un exploit est accompli, il ne faut pas le laisser caché dans le silence.
(Pindare, *Odes néméennes*, IX, 6; vᵉ s. av. J.-C.)

— **La louange est la plus douce des musiques.**
(Xénophon, *Hieron*, I, 14; IVᵉ s. av. J.-C.)

L'émeraude ne perd pas de son prix faute de louange.
(Marc Aurèle, *Pensées*, IV, 20; II⁰ s.)

Latin. — **Le genre d'ennemis le plus funeste, ce sont les louangeurs.**
(Tacite, *Agricola*, XLI; env. 90.)

Quand on te loue, n'oublie pas de te juger toi-même.
(Denys Caton, *Disticha de moribus ad filium*, I, 14; III⁰ s.)

Latin médiéval. — **Si vous louez quelqu'un, soyez bref louangeur.**
Si quem laudaris, parce laudare memento.

Il est honteux d'être loué par qui ne mérite pas de louanges.
Turpe est laudari ab illaudatis.

Allemand. — **On attrape les lièvres avec des chiens, les femmes avec de l'argent, et les sots avec des louanges.**

Anglais. — **Les louanges et les diamants ne tirent leur prix que de leur rareté.**
(Samuel Johnson, *The Rambler*, 6 juin 1751.)

La louange est le seul don duquel on soit reconnaissant.
(Comtesse de Blessington, *Desultory Thoughts and Reflections* [1839].)

Arabe. — **Si vous rencontrez des personnes qui vous louent, jetez-leur de la poussière au visage.**

Danois. — **La louange, non plus que l'ombre, ne rend l'homme plus petit ou plus grand.**

Français. — **Louer est sorcier.**
(*Bonum spatium*, manuscrit du XIV⁰ s., Paris, Bibl. nat.)

Une mauvaise louange vaut un grand blâme.
(*Bonum spatium*, manuscrit du XIV⁰ s., Paris, Bibl. nat.)

On doit dire le bien du bien.
(*Proverbes en françois*, manuscrit de 1456, Paris, Bibl. nat.)

On ne loue d'ordinaire que pour être loué.
(La Rochefoucauld, *Réflexions ou Sentences et Maximes morales*, 146 [1665].)

Il y a des reproches qui louent, et des louanges qui médisent.
(La Rochefoucauld, *op. cit.*, 148.)

La louange chatouille et gagne les esprits.
(La Fontaine, *Fables*, I, XIV [1668].)

Aimez qu'on vous conseille, et non pas qu'on vous loue.
(Boileau, *Art poétique*, I, 192 [1674].)

Amas d'épithètes, mauvaises louanges : ce sont les faits qui louent.
(La Bruyère, *les Caractères*, « Des ouvrages de l'esprit », 13 [1688].)

Celui-là seul sait louer, qui loue avec restriction.
(Voltaire, *Lettre à M. Cideville*, 12 avril 1733.)

Nous aimons quelquefois jusqu'aux louanges que nous ne croyons pas sincères.
(Vauvenargues, *Réflexions et Maximes*, 234 [1746].)

Japonais. — **La louange est le commencement du blâme.**

Nigritien *(Peul)*. — **Ne regarde pas le louangé, mais le louangeur.**

Polonais. — **La louange et le chou ont bon goût, mais ils gonflent.**

V. ADULATION, APPLAUDIR, ÉLOGE.

LOUANGE (Faire sa propre)

Antiquité chinoise. — **Celui qui s'approuve lui-même ne brille pas.**
(Lao-Tseu, *Livre du Tao et de sa vertu*, I, XXIV, 3 ; VIᵉ s. av. J.-C.)

Bible. — **Qu'un autre te loue, et non ta bouche ; un étranger, et non tes lèvres.**
(Livre des Proverbes, XXVII, 2 ; IVᵉ s. av. J.-C.)

Latin médiéval. — **On a raison de se louer soi-même quand on ne trouve pas d'autre apologiste.**
(Proverbe cité par Érasme, *Éloge de la folie*, III [1509].)

— **La louange de soi-même fait la bouche puante.**
(*Propria laus sordet in ore.* — J.-C. — Repris par Gœthe, *Maximen und Reflexionen* : La louange que l'on se donne sent mauvais.)

Finnois-finlandais. — **Tu feras la louange de ton cheval, demain ; de ton fils, quand il aura de la barbe ; de ta fille, quand elle sera mariée ; et de toi-même, jamais.**

Français. — **On ne parle jamais de soi-même sans perte : les propres condamnations sont toujours accrues, les louanges mescrues.**
(Montaigne, *Essais*, III, VIII [1588].)

— **Voulez-vous que l'on croie du bien de vous ? N'en dites pas.**
(Pascal, *Pensées*, I, 44 [1670].)

V. VALOIR (Se faire).

LOYAUTÉ

Latin. — **La loyauté est le bien le plus sacré du cœur humain.**
(Sénèque, *Lettres à Lucilius*, LXXXIII [env. 64].)

Français. — **Loïauté dort.**
(*Bonum spatium*, manuscrit du XIVᵉ s., Paris, Bibl. nat.)

V. HONNÊTETÉ.

LUMIÈRE

Latin médiéval. — **La lumière est l'ombre de Dieu.**
(*Lux umbra Dei.* — Inscription de cadran solaire.)

Arabe. — **La lumière vient de la lumière, et toutes les lumières viennent de Dieu.**

Italien. — **La lumière est un demi-compagnon.**

V. JOUR ET NUIT, OMBRE.

LUXE

Grec. — **Le même sol ne produit pas le luxe et les héros.**
(Cyrus, VIᵉ s. av. J.-C., fondateur de l'empire des Perses. — C'est par cette parole qu'il répondit à ses officiers qui lui conseillaient d'abandonner le sol aride de la Perse pour des pays plus riches. Cf. Hérodote, *Histoires*, IX, 122.)

Latin. — **Il est difficile de sauver une ville dans laquelle un poisson se vend plus cher qu'un bœuf.**
(Caton le Censeur, IIᵉ s. av. J.-C. — Cf. Plutarque, *Vies parallèles*.)

V. NÉCESSAIRE ET SUPERFLU, UTILE ET INUTILE.

LUXURE

Latin. — C'est la volonté et non le corps qui fait le débauché.
(Publilius Syrus, *Sentences*, 1er s. av. J.-C.)

Allemand. — Les vieux haillons brûlent plus aisément que le linge neuf.
(G. C. Lichtenberg, *Aphorismen* [1799].)

Anglais. — L'amour, c'est le soleil après la pluie, et la luxure, c'est l'orage après le soleil.
(Shakespeare, *Vénus et Adonis*, 800 [1593].)

Français. — Qui veut vaincre luxure la doit fuir.
(*Proverbia rusticorum mirabiliter versificata*, manuscrit du XIIIe s., Leyde.)

— Ribaudie ne porte chance heureuse.
(Manuscrit du XVe s., sans titre, Rome, Vatican.)

— Il n'aime pas vraiment, celui qui a une trop grande luxure.
(André Le Chapelain, *Hic incipiunt ... de arte amatoria*, manuscrit du XVe s., Paris, Bibl. nat.)

— La luxure est comme le poivre, qui ne se tolère qu'à petites doses.
(L.-S. Mercier [1740-1814], *Merceriana*.)

Indien *(hindî).* — La luxure est un arbre embrasé dans une maison sans feu.

— *(télougou).* — La faim ne connaît pas le goût, le sommeil ne connaît pas le confort, la luxure ne connaît pas la honte.

Persan. — Le plus dangereux de tes ennemis est la luxure qui t'habite.
(Saadi, *Gulistan*, VII, 18; XIIIe s.)

V. CHAIR, VOLUPTÉ.

MAGNANIMITÉ

Grec. — **C'est magnanimité que de supporter avec douceur une offense.**

(Démocrite d'Abdère, ve s. av. J.-C. — Cité par Stobée, *Florilège*. — *Magnanimitas* est un néologisme forgé par Cicéron, *De officiis*, I, XLIII.)

Islam. — **La magnanimité consiste à rendre justice et à ne pas demander justice.**

(Proverbe soufi, xe s.)

Français. — **Le roi de France ne venge pas les injures du duc d'Orléans.**

(Louis XII [1462-1515]. — Cité dans la *Chronique* d'Humbert Velay. Paroles de Louis XII, lors de son avènement au trône, dites à des seigneurs qui craignaient son ressentiment, parce qu'ils avaient combattu contre lui pendant la « Guerre folle ».)

— **La magnanimité ne doit pas compte à la prudence de ses motifs.**

(Vauvenargues, *Réflexions et Maximes*, 130 [1746].)

V. CLÉMENCE.

MAIGRE

Anglais. — **Un chien maigre traverse une haie, les gens maigres traversent les maladies.**

(V. S. Lean, *Collectanea*, III, 393 [1902].)

Français. — **De maigre poil, âpre morsure.**

(*Proverbes de France*, manuscrit du XIVe s., Cambridge.)

— **Les bons coqs sont toujours maigres.**

(J. de La Véprie, *Proverbes communs* [1498].)

— **Il n'y a point de belle chair près des os.**

(Une personne maigre est rarement belle.)

Géorgien. — **La jument maigre donne le jour à un beau poulain.**

Italien *(Val d'Aoste).* — **La vache maigre crève maigre, mais vieille.**

Turc. — **La chair la plus maigre trouve à se marier avec le pain.**

V. TAILLE.

MAIN

Grec. — **La main est l'instrument des instruments.**

(Aristote, *De l'âme*, III, VIII, 2 ; IVe s. av. J.-C.)

Latin. — **Ma main droite est mon dieu.**

(Virgile, *Énéide*, X, 773 ; env. 19 av. J.-C.)

Anglais. — **Une main rude est le signe d'un brave esprit.**
(Shakespeare, *II Henry VI*, IV, II, 21 [1591].)

Danois. — **La terre est gouvernée par la lèvre et la mer par la main.**
(Les paroles dirigent les hommes et la main maîtrise les éléments.)

Français. — **Froides mains, chaudes amours.**
(Pierre Gringore, *Notables Enseignements, Adages et Proverbes* [1527].)

Siamois. — **Dix langues qui affirment ne valent pas deux yeux qui voient;
deux yeux qui voient ne valent pas une main qui palpe.**
V. TACT.

MAINTIEN

Anglais. — **Le maintien devrait être comme l'habit, ni trop étroit, ni trop
relâché.**
(Fr. Bacon, *Essays*, LII [1625].)

Espagnol. — **En prenant un siège et en coiffant son chapeau, un homme révèle
beaucoup de sa qualité.**
V. COMPORTEMENT, DÉMARCHE, MANIÈRES.

MAIS

Allemand. — **L'homme qui a inventé les *mais* et les *si* aurait pu changer la
paille en or.**
(G. A. Bürger, *Der Kaiser der Abt* [1772].)

Français. — **Notre esprit a toujours quelque *mais* en réserve.**
(Destouches [1680-1754], *Destouches-Ana.*)
V. OBSTACLE.

MAISON (généralités)

Grec. — **La tortue dit que sa propre maison est son logis idéal.**
(Ésope, *Fables*, « Zeus et la Tortue », VIe s. av. J.-C.)

— **La fumée de la maison plaît mieux que le feu du voisin.**
(Lucien de Samosate, *Louange à la patrie*, 12; IIe s.)

Bible. — **Comme l'oiseau qui erre loin de son nid, ainsi l'homme qui erre loin
de sa maison.**
(Livre des Proverbes, XXVII, 8; IVe s. av. J.-C.)

Latin. — **Le maître doit faire honneur à sa maison, et non la maison au maître.**
(Cicéron, *De officiis*, I, XXXIX, 139; env. 44 av. J.-C.)

— **Qui habite partout n'habite nulle part.**
(Martial, *Épigrammes*, VII, LXXIII, 6 [env. 90].)

Anglais. — **Les maisons sont faites pour y vivre, et non pour qu'on les
regarde.**
(Fr. Bacon, *Essays*, XLV [1625].)

— **La maison est une belle maison quand elle est habitée par de braves
gens.**
(G. Herbert, *Jacula prudentum* [1651].)

Arabe. — **Une tente faite de toiles d'araignée est beaucoup pour qui doit
mourir.**

Belge. — La belle cage ne nourrit pas l'oiseau.

(J. Dejardin, *Dictionnaire des Spots ou Proverbes wallons* [1863].)

Espagnol. — Le sot en sait plus long dans sa maison que le sage dans la maison d'autrui.

(Cervantes, *Don Quichotte*, II, XLIV [1615].)

Français. — A chaque oiseau, son nid est beau.

(Manuscrit du XIIIe s., sans titre, Paris, Sainte-Geneviève.)

— Le lièvre revient toujours à son gîte.

(P.-J. Le Roux, *Dictionnaire proverbial* [1718].)

— Il n'est point de petit chez soi.

(Ducis, *A mon petit logis*, 18 [1813].)

— Rien n'est si chaud ou si froid que l'âtre.

(Mme Desbordes-Valmore [1786-1859].)

Hollandais. — L'horloge ne tinte nulle part comme dans notre maison.

Irlandais *(gaélique)*. — Un petit nid est plus chaud qu'un grand.

Italien *(Sardaigne)*. — Le monde est comme notre maison.

Russe. — L'âtre de notre maison est plus chaud que celui du voisin.

Serbe. — Le seuil de la maison est la colline la plus haute à franchir.

Turc. — Le coin du feu est le parterre de tulipes d'un jour d'hiver.

V. BÂTIR, FEMME ET LA MAISON (la), HOMME ET LA MAISON (l').

MAISON (Chacun chez soi.)

Allemand. — La moitié d'une maison, c'est la moitié de l'enfer.

Arabe. — Une petite maison en ruine vaut mieux qu'un palais en commun.

Estonien. — L'œil de l'étranger est la sorcière de la maison.

Français. — Autant de mariages, autant de ménages.

Mongol. — L'officier dans sa tente, l'empereur dans la sienne.

Nigritien *(Peul)*. — Cœurs voisins, c'est mieux que cases voisines.

V. AUTRUI (Affaires d'), PROPRIÉTAIRE ET LOCATAIRE.

MAISON (Chacun est maître chez soi.)

Latin. — Le coq est roi sur son fumier.

(Sénèque, *l'Apocoloquintose du divin Claude*, VII, 3 [env. 55].)

Anglais. — Un chien dans sa maison est un lion.

(J. Clarke, *Paroemiologia anglo-latina* [1639].)

Français. — Celui qui tient la queue de la poêle, il la tourne là où il veut.

(*Proverbia vulgalia et latina*, manuscrit du XIIIe s., Paris, Bibl. nat.)

— Charbonnier est maître chez lui.

(Blaise de Monluc. *Commentaires* [1592]. — Un soir d'hiver, François Ier, s'étant égaré à la chasse, chercha asile dans la cabane d'un charbonnier, où il fut accueilli par la femme du maître du logis, qui lui dit d'attendre le retour de son mari. Le roi s'assit au coin du feu, sur l'unique chaise du logis. Arriva le charbonnier. Celui-ci, qui ignorait la qualité de son hôte, accueillit cordialement sa demande d'hospitalité, mais il invita François Ier à prendre un escabeau, en lui disant qu'il avait coutume de s'asseoir au coin du feu sur sa chaise, et ajoutant que « ... par droit et raison, charbonnier est maître en sa maison ».)

Japonais. — **Quel plaisir de faire d'une marmite une baignoire.**

Mongol. — **La porte fermée, on est un empereur dans son royaume.**

Russe. — **Dans son nid, la corneille arracherait les yeux au vautour.**

MAÎTRE (généralités)

Antiquité chinoise. — **Le vent a pour maître le dieu des vents.**
        (Chacun a son maître et nul n'est libre.)

Grec. — **Un nouveau maître est toujours dur.**
        (Eschyle, *Prométhée enchaîné*, 35; Vᵉ s. av. J.-C.)

Islam. — **Celui qui n'a pas de maître a Satan pour maître.**
        (Proverbe soufi, Xᵉ s.)

Français. — **Il n'y a si fort qui ne trouve son maître.**
        (Manuscrit du XIIIᵉ s., sans titre, Paris, Sainte-Geneviève.)
        — **Notre ennemi, c'est notre maître.**
        (La Fontaine, *Fables*, VI, VIII, « le Vieillard et l'Ane » [1668].)
        — **On aime mieux son égal que son maître.**
        (Voltaire, *Nanine*, III, II [1749].)
        V. CHEF, COMMANDER.

MAÎTRE (l'Œil du)

Grec. — **L'œil du maître engraisse le cheval.**
        (Xénophon, *l'Économique*, XII, 20; IVᵉ s. av. J.-C.)

Latin. — **Le front du maître vaut mieux que ses talons.**
        (Caton le Censeur, *De re rustica*, IV; IIᵉ s. av. J.-C.)
        — **Le maître a cent yeux.**
        (Phèdre, *Fables*, « le Cerf et les Bœufs », II, VIII; env. 25 av. J.-C.)

Américain. — **L'œil du maître fait plus que ses deux mains.**
        (B. Franklin, *Poor Richard's Almanac* [1758].)

Estonien. — **La hache émoussée du maître coupe plus que celle de trois ouvriers.**

Français. — **Il n'est pour voir que l'œil du maître.**
        (La Fontaine, *Fables*, IV, XXI [1668].)

Russe. — **Quand le maître est parti, les murs de l'isba pleurent.**

Suédois. — **Le meilleur engrais tombe des bottes du maître.**
        V. MAÎTRE ET SERVITEUR.

MAÎTRE (Servir un seul)

Bible. — **Nul ne peut servir deux maîtres.**
        (Évangile selon saint Matthieu, VI, 24 [env. 65]. — « ... Car ou il haïra l'un
        et aimera l'autre, ou il s'attachera à l'un et méprisera l'autre. Vous ne pouvez servir
        Dieu et Mammon. »)

Islam. — **Dieu n'a pas placé deux cœurs en un seul cœur.**
        (Proverbe soufi, Xᵉ s.)

Espagnol. — **Qui sert deux maîtres, à l'un des deux doit mentir.**
        (César Oudin, *Refranes o proverbios castellanos* [1659].)

Français. — **L'on ne peut servir ensemble Dieu et le diable.**
(*Dicta sive proverbia volgaria*, manuscrit du XIVe s., Paris, Bibl. nat.)

Persan. — **N'attends pas de gages d'Omar, quand tu travailles dans la maison de Zaïd.**
(Saadi, *Bustan*, V, 10; XIIIe s.)

V. CHEF (Un seul).

MAÎTRE et SERVITEUR

Grec. — **Le maître qui s'irrite contre un serviteur ivre paraît ivre lui-même.**
(Cléobule de Rhodes, VIIe s. av. J.-C. — Cité par Diogène Laërce, *Phil. ill.*, I.)

— **Plus on a de serviteurs, plus on est mal servi.**
(Aristote, *Politique*, II, 1261 *b*; IVe s. av. J.-C.)

— **Le maître est le seul esclave dans sa maison.**
(Ménandre, *Fragments*, IVe s. av. J.-C.)

Bible. — **Celui qui garde son figuier en mangera les fruits, et celui qui garde son maître sera honoré.**
(Livre des Proverbes, XXVII, 18; IVe s. av. J.-C.)

Latin. — **Eût-il tort, le maître a toujours raison.**
(Plaute, *Captivi*, 132; IIe s. av. J.-C.)

— **Autant de serviteurs, autant d'ennemis.**
(Caton le Censeur [234-149]. — Cité par Sénèque, *Lettres à Lucilius*, XLVII.)

— **Le maître qui redoute son serviteur devient son esclave.**
(Publilius Syrus, *Sentences*, Ier s. av. J.-C.)

— **Tel maître, tel valet.**
(Cité par Pétrone, *Satiricon*, LVIII [env. 60].)

Latin médiéval. — **Les brebis s'égarent quand le maître est absent.**
(Érasme, *Adages*, II, VII, 26 [1508].)

— **Le maître accommodant fait le serviteur négligent.**
Mitis praelatus facit ignavos famulatus.

Allemand. — **Le cuisinier doit avoir la langue de son maître.**
(C'est-à-dire les mêmes goûts.)

— **Celui qui supporte mes défauts est mon maître, quand bien même il serait mon valet.**
(Gœthe [1749-1832], *Maximen und Reflexionen*.)

Anglais. — **Si vous avez un chien chez vous, n'aboyez pas vous-même.**
(J. Heywood, *Proverbs in the English Tongue* [1546].)

— **Le maître doit être parfois aveugle et parfois sourd.**
(Th. Fuller, *Gnomologia* [1732].)

— **A montagnes d'or, vallées de cuivre.**
(Le serviteur profite de la richesse de son maître.)

— **Si vous ne payez pas vos serviteurs, ils se paieront eux-mêmes.**
(Th. Fuller, *Gnomologia* [1732].)

— **La louange des serviteurs est le meilleur panégyrique des maîtres.**
(Samuel Johnson, *The Rambler*, 10 novembre 1750.)

Arabe. — **Ce que pense le chameau n'est pas ce qui est dans la tête du chamelier.**

Chinois. — **Si vous employez un homme, il ne faut pas douter de lui; si vous doutez de lui, il ne faut pas l'employer.**

Danois. — A ton maître, ne jette point de petites pierres, de peur qu'il ne t'en jette de grosses.

Espagnol. — Qui s'attache à bon arbre en reçoit une bonne ombre.
(Cervantès, *Don Quichotte*, II, xxxii [1615].)

— Ne sers qui a servi, et ne commande qui a commandé.
(César Oudin, *Refranes o proverbios castellanos* [1659].)

— Le valet le plus honnête trouve toujours que la valise de son maître est plus lourde à porter que la sienne propre.
(Calderon, *No hay cosa como callar* [1680].)

Français. — De grand maître, hardi valet.
(Henri Estienne, *Apologie pour Hérodotes*, XL, iv [1566].)

— Absent le chat, les souris dansent.
(Baïf, *Mimes, Enseignements et Proverbes* [1575].)

— Qui se sert de la lampe, au moins de l'huile y met.
(Etienne Jodelle, *Sonnet à Charles IX*, in fine [1573].)

— En l'absence du seigneur se connaît le serviteur.
(Janus Gruter, *Florilegium* [1610].)

— Il est bien heureux qui est maître, il est valet quand il veut.
(A. de Montluc, *la Comédie de proverbes*, I, vii [1616].)

— Le gentilhomme croit sincèrement que la chasse est un plaisir royal, mais son piqueur n'est pas de ce sentiment.
(Pascal, *Pensées*, ii, 139 [1670].)

Indien *(hindoustani).* — Le maître grandit en trois heures, le serviteur en un an.

Japonais. — Ce qui est long d'un pouce aux yeux du serviteur est long d'une main aux yeux du maître.

Nigritien *(Peul).* — La sagesse du serviteur est dans la tête de son maître.

Suédois. — Nourris bien ton valet, et ta vache donnera plus de lait.

V. AGIR PAR SOI-MÊME, DOMESTIQUE, MAÎTRE, SERVITEUR, SUPÉRIEUR ET SUBALTERNE.

MAÎTRESSE et SERVANTE

Grec. — Les chiennes ressemblent à leurs maîtresses.
(Platon, *la République*, VIII, 563 *c*; ive s. av. J.-C.)

Cingalais. — On voit les défauts de la servante à travers sept voiles; un seul cache les défauts de la maîtresse.

Créole. — Le soulier sait que le bas est troué.
(La servante connaît la faiblesse de sa maîtresse.)

Espagnol. — Quand la maîtresse fait un faux pas, la servante ne s'inquiète plus de boiter des deux pieds.
(Cervantès, *Don Quichotte*, I, xxxiv [1605].)

Français. — A telle dame telle chambrière.
(Manuscrit du xiiie s., sans titre, Paris, Sainte-Geneviève.)

Kurde. — Quand la tasse est cassée par la maîtresse de maison, on n'entend aucun bruit.

Persan. — Le serviteur d'un homme peut vivre cent ans, l'esclave d'une femme meurt en six mois.

Turc. — Deux tigresses dans une maison valent mieux que deux maîtresses.

MAÎTRE et ÉLÈVE

Grec. — **Le médecin doit être dur pour les malades comme le maître pour ses disciples.**
(Antisthène, ɪᵛᵉ s. av. J.-C. — Cité par Diogène Laërce, *Phil. ill.*, VI.)

— **Il faut honorer nos maîtres plus que nos parents, car si nos parents nous ont donné la vie, nos maîtres nous ont donné le moyen de bien vivre.**
(Philoxène de Cythère, ɪᵛᵉ s. av. J.-C. — Cité par Stobée, *Florilège*, appendice, 260.)

Latin. — **A celui qui t'a fait célèbre, fais un mérite de ce que tu es.**
(Publilius Syrus, *Sentences*, ɪᵉʳ s. av. J.-C.)

Hébreu. — **Avec mes maîtres, j'ai appris beaucoup; avec mes collègues, davantage; avec mes disciples, plus encore.**
(*Sentences et Proverbes des anciens rabbins* [1629].)

Anglais. — **La lime s'émousse à polir le fer.**
(Th. Fuller, *Gnomologia* [1732].)

Hollandais. — **Le clou souffre autant que le trou.**
(Le maître peine autant que l'élève.)

Italien. — **C'est un piètre élève celui qui ne surpasse son maître.**
(Léonard de Vinci [1452-1519], *Carnets.*)

Persan. — **Le maître était sucre brut, l'élève devint sucre raffiné.**

V. APPRENDRE, ÉDUCATION, ENSEIGNEMENT.

MAL (le)

Grec. — **Au mal une fois fait il n'est pas de remède.**
(Homère, *l'Iliade*, IX, 249; ɪxᵉ s. av. J.-C.)

— **La route des enfers est facile à suivre; on y va les yeux fermés.**
(Bion de Boristhène, ɪɪɪᵉ s. av. J.-C. — Cité par Diogène Laërce, *Phil. ill.*, IV.)

Bible. — **Le mal paraît un jeu à l'insensé.**
(Livre des Proverbes, x, 23; ɪᵛᵉ s. av. J.- C.)

Latin. — **Le mal caché est le plus grave.**
(Publilius Syrus, *Sentences*, ɪᵉʳ s. av. J.-C.)

Sanskrit. — **On oublie quelquefois le mal que l'on a souffert, jamais celui que l'on a fait.**
(*Avâdanas*, contes et apologues indiens.)

Proverbe général. — **Mieux vaut souffrir le mal que le faire.**
(Samuel Johnson, *The Rambler*, 18 décembre 1750. — Florian, *Fables*, « la Brebis et le Chien » [1792].)

Espagnol. — **Il y a plus de mal au hameau que n'en imagine le bedeau.**
(Cervantes, *Don Quichotte*, I, xLvi [1605].)

Français. — **Qui mal veut, mal lui vient** ou **Qui mal cherche, mal trouve.**
(Gilles de Noyers, *Proverbia gallicana* [1558].)

— **Il n'y a guère d'homme assez habile pour connaître tout le mal qu'il fait.**
(La Rochefoucauld, *Réflexions ou Sentences et Maximes morales*, 269 [1665].)

— **Nous ne croyons le mal que quand il est venu.**
(D'après La Fontaine, *Fables*, I, vɪɪɪ, « l'Hirondelle et les Petits Oiseaux » [1668].)

Nigritien *(Achanti)*. — Le mal que sème un grand personnage pousse sur
la tête de son enfant.

— *(Peul)*. — Celui qui cache une pourriture, il pue.

Turc. — Le mal tourne mal.

V. BIEN ET LE MAL (le), CHOC EN RETOUR.

MAL (Choisir le moindre)

Grec. — Entre deux maux, il faut choisir le moindre.
(Aristote, *Éthique à Nicomaque*, II, IX, 4; IVe s. av. J.-C.)

Espagnol. — La tyrannie du chat vaut mieux que l'équité du rat.
(Cervantes, *Don Quichotte*, II, LVI [1615].)

Italien. — Il faut estimer comme un bien le moindre mal.
(Machiavel, *le Prince*, XXI [1514].)

— Mieux vaut perdre la laine que le mouton.

MAL DÈS LE COMMENCEMENT (Remédier au)

Antiquité chinoise. — Arrêtez le mal avant qu'il n'existe; calmez le désordre
avant qu'il n'éclate.
(Lao-Tseu, *Livre du Tao et de sa vertu*, II, LXIV, 2; VIe s. av. J.-C.)

Grec. — Coupez le mal dans sa racine.
(Phocylide de Milet, *Sentences*, VIe s. av. J.-C. — Cf. Ovide, *Remedia amoris*, 91 :
Opposez-vous au mal dès le commencement.)

Anglais. — Sitôt que le mal paraît léger, il cesse d'être tel.
(Fr. Bacon, *De dignitate et augmentis scientiarum*, VI, 43 [1605].)

Chinois. — La mauvaise herbe, vous ne devez pas la couper, mais la déraciner.

Persan. — On peut arrêter une source avec un bâton, mais lorsqu'elle est
devenue fleuve, on ne peut la traverser à dos d'éléphant.

MALADIE

Latin. — Au malade, le miel est amer.
(Sénèque, *Lettres à Lucilius*, CIX [env. 64].)

— Nous ne sommes jamais si vertueux que lorsque nous sommes malades.
(Pline le Jeune, *Lettres*, VII, XXVI; début du IIe s.)

Latin médiéval. — La maladie vient à cheval et s'en retourne à pied.
Venit morbus eques, suevit abire pedes.

Américain. — Il ne faut pas se dire malade trop tard, ni guéri trop tôt.
(B. Franklin, *Poor Richard's Almanac* [1734].)

Anglais. — Une porte qui grince tient longtemps sur ses gonds.

— La maladie enseigne ce que nous sommes.

Espagnol. — Couche-toi et sois malade, tu sauras qui te veut du bien et
qui te veut du mal.

Français. — Qui bientôt meurt, on dit qu'il languit moins.
(Jehan Molinet, *Sentences*, XVe s.)

— Le mort n'a point d'ami, le malade n'en a qu'à demi.
(Pierre Gringore, *Notables Enseignements, Adages et Proverbes* [1528].)

— **Le malade n'est pas à plaindre, qui a la guérison en sa manche.**
(Montaigne, *Essais*, III, III [1588]. — C'est-à-dire : le malade dont le bras est capable de travailler.)

— **Les maladies suspendent nos vertus et nos vices.**
(Vauvenargues, *Réflexions et Maximes*, 935 [1746].)

Suédois. — **Un corps dont la santé n'est jamais troublé par aucune indisposition est un hôte dangereux pour l'âme.**
(Chancelier Oxenstiern [1583-1654], *Réflexions et Maximes*.)

V. GUÉRIR, INFIRMITÉ, MÉDECIN, MÉDICAMENT, REMÈDE, SANTÉ.

MALADRESSE

Espagnol. — **Celui qui trébuche sur une paille peut aisément se casser le cou.**
(J. Collins, *Proverbes espagnols* [1823].)

Français. — **Le monde est rond; qui ne sait nager va au fond.**
(Gabriel Meurier, *Trésor des sentences* [1568].)

V. ERREUR, FAUTE.

MALÉDICTION

Bible. — **Comme le passereau qui s'échappe, comme l'hirondelle qui s'envole, ainsi la malédiction sans cause n'atteint pas.**
(Livre des Proverbes, XXVI, 2 ; IVe s. av. J.-C.)

Allemand. — **Maudire, c'est prier le diable.**
(G. C. Lichtenberg, *Aphorismen* [1799].)

Anglais. — **Plus on maudit le renard, mieux il se porte.**
(Th. Fuller, *Gnomologia* [1732].)

Indien *(hindî)*. — **Si tu maudis quelqu'un, prépare deux tombes.**

Italien. — **Les malédictions, comme les processions, reviennent à leur point de départ.**

V. CHOC EN RETOUR.

MALHEUR

Grec. — **C'est un malheur de ne pouvoir supporter le malheur.**
(Bias, VIe s. av. J.-C. — Cité par Diogène Laërce, *Phil. ill.*, I.)

— **Le malheur ne distingue pas et, dans sa course errante, il se pose aujourd'hui sur l'un et demain sur l'autre.**
(Eschyle, *Prométhée enchaîné*, 275 ; Ve s. av. J.-C.)

Latin. — **Le rire est une insulte au malheur.**
(Publilius Syrus, *Sentences*, Ier s. av. J.-C.)

Anglais. — **Le malheur, comme le hibou, évite la lumière.**
(Ch. Churchill, *The Night* [1762].)

Arabe. — **Trois choses donnent la mesure de l'homme : le commandement, la richesse et le malheur.**

Français. — **Toujours ne sont diables à l'huis.**
(Manuscrit du XVe s., sans titre, Rome, Vatican. — Variante moderne : Le malheur n'est pas toujours à la porte d'un pauvre homme.)

— **Plus le malheur est grand, plus il est grand de vivre.**
(Crébillon, *le Triumvirat*, I, IV [1754].)

— Le malheur extrême est au-dessus des lois.

(Voltaire, *l'Orphelin de la Chine*, V, v [1755].)

Haïtien. — Le soleil se couche, mais le malheur ne se couche pas.

Hongrois. — Celui que frappe la foudre n'entend pas le tonnerre.

Indien *(sindhi)*. — Il n'est pas d'arbre que le vent n'ait secoué.

Italien. — Qui à la porte n'a sa croix, l'aura à la fenêtre.

Malgache. — Aux jours de malheur, le lait même paraît amer.

Russe. — La route vers le malheur est courte.

V. ADVERSITÉ, BONHEUR ET MALHEUR, CALAMITÉ, ÉPREUVE DU MALHEUR (l'), MISÈRE.

MALHEUR NE VIENT JAMAIS SEUL (Un)

Latin. — Un malheur en suit un autre.

(Térence, *Eunuchus*, 987; IIe s. av. J.-C.)

Arabe. — Où va l'affligé, il trouve les funérailles.

Belge. — Une pierre ne tombe jamais seule.

Français. — A qui il arrive un malheur, il en advient un autre.

(*Bonum spatium*, manuscrit du XIVe s., Paris, Bibl. nat.)

Nigritien *(Peul)*. — Elle est tombée; son pagne s'est dénoué; ce qu'elle portait à la main s'est brisé.

Russe. — Quand le malheur arrive, ouvre le portail.

Turc. — O malheur ! je te rends grâce, si tu es seul.

MALHEUR PARTAGÉ

Grec. — La misère aide à supporter la misère.

(Sophocle, *Œdipe à Colone*, 1109; Ve s. av. J.-C.)

— Un naufrage commun allège la douleur de tous.

(Cité par Érasme, *Adages*, IV, III, 19.)

Anglais. — Quand on va pour être pendu, la compagnie est agréable.

(Th. Fuller, *Gnomologia* [1732].)

Arabe. — Place ta tête au milieu des têtes et regarde tranquillement le coupeur de têtes.

Français. — Un malheureux cherche l'autre.

(Marguerite de Navarre, *Heptaméron*, III, XXI [1559].)

— L'ami qui souffre seul fait une injure à l'autre.

(Rotrou, *Venceslas*, III, II [1647].)

MALHEUR DE L'UN PROFITE A L'AUTRE (le)

Latin médiéval. — Ce qui nuit à l'un sert à l'autre.

(Érasme, *Adages*, IV, V, 7 [1523].)

Arabe. — Le deuil du loup est la fête du renard.

Espagnol. — Rivière débordée, profit des pêcheurs.

Français. — Le profit de l'un est le dommage de l'autre.

(Montaigne, *Essais*, I, XXII [1580].)

Indien *(télougou)*. — Celle qui a trouvé l'anneau est aussi heureuse qu'est malheureuse celle qui l'a perdu.

MALHEUR EST BON (A quelque chose)

Français. — **A quelque chose sert malheur.**
(Noël du Fail, *Propos rustiques*, XIII [1547]. — Variante moderne : A quelque chose malheur est bon.)

Japonais. — **Le malheur peut être un pont vers le bonheur.**

Russe. — **Il n'y aurait pas eu de bonheur, si le malheur n'avait aidé.**

V. ADVERSITÉ ÉDUCATRICE, BONHEUR ET MALHEUR.

MALHEUREUX (les)

Grec. — **Les malheureux se consolent en voyant plus malheureux qu'eux.**
(Ésope, *Fables*, « les Lièvres et les Grenouilles », VIᵉ s. av. J.-C.)

Latin. — **Le tort commun des malheureux est de ne jamais vouloir croire à ce qui leur est favorable.**
(Sénèque, *Thyeste*, 938 [env. 60].)

— **Le malheureux est chose sacrée.**
(Sénèque, *Epigrammata super exsilio*, IV, 9 [env. 65].)

Anglais. — **Les malheureux sont réputés pour être des sots.**
(Th. Fuller, *Gnomologia* [1732].)

Arabe. — **Ne dis pas tes peines à autrui ; l'épervier et le vautour s'abattent sur le blessé qui gémit.**

Chinois. — **Les autels ne fument que de l'encens des malheureux.**

Français. — **Aux chevaux maigres vont les mouches.**
(Baïf, *Mimes, Enseignements et Proverbes* [1576].)

— **Et c'est être innocent que d'être malheureux.**
(La Fontaine, *Élégie aux nymphes de Vaux* [1662].)

— **On se console souvent d'être malheureux par un certain plaisir qu'on trouve à le paraître.**
(La Rochefoucauld, *Réflexions ou Sentences et Maximes morales*, 573 [1665].)

— **Il n'est pas bon d'être malheureux, mais il est bon de l'avoir été.**
(Chevalier de Méré, *Maximes et Sentences*, 212 [1687].)

— **Nous querellons les malheureux, pour nous dispenser de les plaindre.**
(Vauvenargues, *Réflexions et Maximes*, 172 [1746].)

— **Les malheureux ont toujours tort.**
(P.-J. Desbillons, *Fables*, V, XIV [1779].)

— **On ne refuse pas la pitié aux malheureux, pourvu qu'ils n'en demandent pas davantage.**
(J. Sanial-Dubay, *Pensées sur les mœurs*, 344 [1813].)

Japonais. — **Il y a toujours une guêpe pour piquer un visage en pleurs.**

Turc. — **Ne cherche pas à abaisser le malheureux ; un jour vient où Dieu le relève.**

V. AMITIÉ ET ADVERSITÉ, VICISSITUDES.

MALHONNÊTETÉ

Grec. — **Il faut préférer un dommage à un gain malhonnête, car le premier ne cause qu'un chagrin, alors que le second en apporte une infinité.**
(Chilon de Sparte, VIᵉ s. av. J.-C. — Cité par Diogène Laërce, *Phil. ill.*, I.)

Bible. — **Qui est malhonnête dans les petites choses est malhonnête aussi
     dans les grandes.**
     (Évangile selon saint Luc, xvi, 10 [env. 63].)
     V. FRAUDE, TRICHERIE, TROMPERIE.

MALICE

Grec. — **Les malicieux ont l'âme petite, mais la vue perçante.**
     (Platon, *la République*, VII, 519 *a*; ivᵉ s. av. J.-C.)

Allemand. — **La malice d'un esprit grossier est souvent plus dangereuse que
     les finesses d'un homme d'esprit.**
     (Baron de Grimm [1723-1807].)

Français. — **La malice la plus couverte est la pire.**
     (Marguerite de Navarre, *Heptaméron*, III, xxi [1559].)
     — **La malice hume la plus grande part de son venin et s'en empoisonne.**
     (Montaigne, *Essais*, III, ii [1595].)
     V. MALVEILLANCE, MÉCHANCETÉ.

MALIGNITÉ des CHOSES et du SORT

Anglais. — **Le pain tombe toujours du côté qui est beurré.**

Chinois. — **L'amande échoit à qui n'a pas de dents.**

Italien. — **Le pire orage éclate au moment de la moisson.**

Libanais. — **C'est toujours la plaie qui reçoit le choc.**

Siamois. — **Un chauve trouve un peigne.**

Turc. — **Allah donne le pain à l'un et l'appétit à un autre.**
     V. ADVERSITÉ.

MALVEILLANCE

Latin. — **La malveillance a des dents cachées.**
     (Publilius Syrus, *Sentences*, 1ᵉʳ s. av. J.-C.)

Anglais. — **La malveillance trouve toujours de mauvais motifs aux bonnes
     actions.**
     (Th. Fuller, *Gnomologia* [1732].)

Français. — **Le chemin est assez mauvais
     Sans nous jeter encor des pierres.**
     (Florian, *Fables*, II, iv [1792].)
     V. MALICE, MÉCHANCETÉ.

MANGER

Grec. — **Il faut manger pour vivre, et non pas vivre pour manger.**
     (Socrate, vᵉ s. av. J.-C. — Cité par Diogène Laërce, *Phil. ill.*, II.)
     — **L'horloge est une belle invention pour rappeler l'heure des repas.**
     (Diogène le Cynique, ivᵉ s. av. J.-C. — Cité par Diogène Laërce, *Phil. ill.*, VI.)

Latin. — **Au moment de manger, nul ne doit avoir vergogne.**
     (Plaute, *Trinummus*, 440; iiᵉ s. av. J.-C.)

Allemand. — **L'homme est ce qu'il mange.**
(L. A. Feuerbach, *Œuvres* [1866].)

Anglais (*Écosse*). — **Long à manger, long à tout faire.**
(J. Kelly, *Scottish Proverbs* [1721].)

— **Le dos fait confiance, mais non le ventre.**
(On peut attendre des habits, mais non la nourriture.)

Arabe. — **Moins l'homme mange, plus son cœur s'emplit de lumière.**

Espagnol. — **Grande chère et petit testament.**
(Cervantès, *Nouvelles exemplaires*, « Le petit-fils de Sancho Panza » [1613].)

Français. — **Faire bonne chère est de grand coût et de petite mémoire.**
(*Proverbia vulgalia et latina*, manuscrit du XIIIᵉ s., Paris, Bibl. nat.)

— **Qui a honte de manger a honte de vivre.**
(*Proverbes en françois*, manuscrit de 1456, Paris, Bibl. nat.)

— **Les grands mangeurs et les grands dormeurs sont incapables de quelque chose de grand.**
(Henri IV [1553-1610].)

— **Dis-moi ce que tu manges, et je te dirai ce que tu es.**
(Brillat-Savarin, la *Physiologie du goût*, « Aphorismes », IV [1825].)

Mongol. — **Le sage parle des idées, l'intelligent des faits, le vulgaire de ce qu'il mange.**

V. APPÉTIT, FAIM, FRUGALITÉ, GLOUTONNERIE, GOURMANDISE, NOURRITURE, REPAS.

MANGER et BOIRE

Bible. — **Le royaume de Dieu, ce n'est ni le manger ni le boire.**
(Saint Paul, Épître aux Romains, XIV, 17 [env. 55].)

Proverbe général. — **Mangez à volonté, buvez en sobriété.**
(En anglais : *Eat at pleasure, drink by measure*, Randle Cotgrave, *French-English Dictionary* [1611].)

Allemand. — **Il faut manger comme un homme en bonne santé et boire comme un malade.**

Anglais. — **Bien manger est le frère de bien boire.**

— **Qui mange bien, boit bien; qui boit bien, dort bien; qui dort bien, ne pèche pas; qui ne pèche pas, va droit au ciel.**

Français. — **A petit manger bien boire.**
(Rabelais, le *Quart Livre*, XVIII [1552].)

Suisse. — **Pour ce qui est de manger, qui ne peut ne peut; pour ce qui est de boire, on se force.**

V. BOIRE, « CARPE DIEM », MANGER.

MANIE

Français. — **Les fous ont leur manie, et nous avons la nôtre.**
(Destouches [1680-1754].)

Suisse. — **Chacun a ses manies, et qui croit n'en pas avoir en a plusieurs.**
V. MAROTTE.

MANIÈRES

Allemand. — **Les manières sont un miroir dans lequel chacun montre son visage.**
(Gœthe [1749-1832], *Maximen und Reflexionen*.)

Américain. — **Un gentleman ne fait pas d'éclat, une dame demeure sereine.**
(R. W. Emerson, *Manners* [1844].)

Anglais. — **Les belles manières sont une traduction de la vertu en langue vulgaire.**
(Fr. Bacon, *De dignitate et augmentis scientiarum*, VI, 34 [1605].)

Français. — **Les manières, que l'on néglige comme de petites choses, sont souvent ce qui fait que les hommes décident de nous en bien ou en mal.**
(La Bruyère, *les Caractères*, « De la société et de la conversation », 31 [1688].)

— **La hauteur des manières fait plus d'ennemis que l'élévation du rang ne fait de jaloux.**
(Louis de Bonald [1754-1840], *Maximes et Pensées*.)

V. AMABILITÉ, COURTOISIE, GENTILHOMME, GENTLEMAN, POLITESSE, TACT.

MANQUE

Sanskrit. — **Quand le miel manque, on se contente de mélasse.**

Français. — **Faute de grives, on mange des merles.**

Nigritien *(Yorouba)*. — **Le manque de poudre change un fusil en bâton.**

Russe. — **Quand le poisson manque, l'écrevisse est un poisson.**

Turc. — **Là où le mouton fait défaut, la chèvre est appelée « Princesse ».**

V. CONTENTEMENT, RÉSIGNATION.

MARCHAND

Anglais. — **Celui qui ne sait pas ce qui peut devenir cher, qu'il ne soit marchand que pour une année.**
(J. Heywood, *Proverbs in the English Tongue* [1546].)

— **Avez-vous jamais entendu dire à la marchande de poisson que le maquereau sent mauvais ?**
(John Wilson, *The Cheats*, IV [1664].)

Chinois. — **L'homme qui ne sait pas sourire, qu'il n'ouvre pas une boutique.**

— **Il est aisé d'ouvrir une boutique, mais plus difficile de la tenir ouverte.**

Espagnol. — **L'art d'être marchand consiste plus à se faire payer qu'à vendre.**

Français. — **Il n'est pas marchand qui toujours gagne.**
(Pierre Gringore, *Notables Enseignements, Adages et Proverbes* [1527].)

— **A la boucherie, toutes les vaches sont bœufs; à la tannerie, tous les bœufs sont vaches.**
(Le marchand dit que tout ce qu'il vend est de première qualité.)

— **De marchand à marchand il n'y a que la main.**
(Entre marchands nul besoin d'écrits.)

— **Il faut être marchand ou larron.**
(Qui est marchand doit être loyal.)

Irlandais *(gaélique).* — **Garde ta boutique et elle te gardera.**

Libanais. — **La gloire du savant est dans ses livres, celle du marchand est dans son coffre-fort.**

V. ACHETER ET VENDRE, AFFAIRES, COMMERCE.

MARCHÉ

Anglais. — **Mauvais marché où nul ne gagne.**
(Th. Fuller, *Gnomologia* [1732].)

Français. — **Qui prend se vend ou Qui prend s'engage.**
(Les obligations que l'on contracte enchaînent la liberté.)

— **On ne rend pas l'argent quand la toile est levée.**

(C'est-à-dire : On ne revient pas sur une affaire qui a reçu un commencement quel-conque d'exécution. — L'usage, à l'Opéra, de rendre le prix de leur place à ceux qui sortaient pendant le prologue dégénéra vite en abus. C'est en novembre 1740, à la cinquième reprise d'*Amadis de Gaule,* de Quinault, musique de Lully, que l'adminis-tration se décida à afficher dans l'escalier du théâtre qu'on ne rendrait plus l'argent quand la toile serait levée. — L'expression fit fortune et passa dans le langage familier.)

Indien *(tamil).* — **Si vous achetez une vache, assurez-vous que la queue est comprise dans le marché.**

V. AFFAIRES, COMMERCE, CONVENTION.

MARCHÉ (Bon)

Anglais. — **Le bon marché détrousse le passant.**

Belge. — **Le meilleur marché est le plus cher.**

Espagnol. — **Le bon marché coûte cher.**

Finnois-finlandais. — **Le tailleur à 500 markkaa fait un dommage de 1 000 markkaa.**

Français. — **Bon marché tire argent de bourse.**
(Manuscrit du XIIIᵉ s., sans titre, Paris, Sainte-Geneviève.)

Indien *(hindoustani).* — **Si c'est cher, ô sahib, tu pleures une fois; si c'est bon marché, tu ne cesseras de pleurer.**

V. PRIX.

MARIAGE (généralités)

Grec. — **Le mariage est un mal, mais c'est un mal nécessaire.**
(Ménandre, *Fragments,* IVᵉ s. av. J.-C.)

— **Qui veut se marier est sur la voie du repentir.**
(Philémon, *Fragments,* IIIᵉ s. av. J.-C.)

— **Le mariage est le seul mal qui soit recherché.**
(Zénobios, *Proverbes,* IIᵉ s.)

Latin. — **C'est le cœur et non le corps qui rend l'union inaltérable.**
(Publilius Syrus, *Sentences,* 1ᵉʳ s. av. J.-C.)

— **La couche nuptiale est l'asile des soucis; c'est le lit où l'on dort le moins.**
(Juvénal, *Satires,* VI, 268-269 [env. 120].)

Hébreu. — **Les mariages sont écrits au ciel.**
(Le Talmud, *Genesis Rabbah*, vᵉ s.)

Allemand. — **Le mariage, au rebours de la fièvre, commence par le chaud et finit par le froid.**
(G. C. Lichtenberg, *Aphorismen* [1799].)

Américain. — **Ayez vos yeux bien ouverts avant de vous marier, et mi-clos quand vous serez mariés.**
(B. Franklin, *Poor Richard's Almanac* [1758].)

Anglais. — **Qui se marie à la hâte se repent à loisir.**
(*Chronicles of England* [1577].)

— **Les mariages et les pendaisons par destinée se font.**
(Cité par Shakespeare, *The Merchant of Venice*, II, IX, 83 [1598].)

— **L'âge estropie les bêtes, et le mariage les gens.**
(W. Camden, *Remains concerning Britain* [1605].)

— **Le mariage est une loterie.**
(Ben Jonson, *A Tale of a Tub* [1633].)

— **Il reste à savoir si le mariage est un des sept sacrements ou un des sept péchés capitaux.**
(J. Dryden, *The Spanish Friar* [1681].)

— **Les amoureux rêvent, les époux sont réveillés.**
(A. Pope, *The Wife of Bath* [1714].)

— **Le flambeau de l'hymen est une lanterne sourde.**
(Samuel Richardson, *Pamela or Virtue Rewarded* [1740].)

Chinois. — **Le mariage est comme une place assiégée ; ceux qui sont dehors veulent y entrer, et ceux qui sont dedans veulent en sortir.**

— **Les troncs galeux ont des branches fleuries.**
(Un homme laid a souvent une femme jolie.)

Espagnol. — **Le mariage et le melon, par hasard, sont bons.**

— **Ceux qui sont mariés sont nombreux et ceux qui se repentent de s'être mariés ne le sont pas moins.**

Estonien. — **Si la fournée de pain est manquée, c'est une semaine perdue ; si la moisson est mauvaise, c'est une année perdue ; si le mariage est funeste, c'est une vie perdue.**

Français. — **En l'entreprise du mariage, chacun doit être arbitre de ses propres pensées, et de soi-même prendre conseil.**
(Rabelais, *le Tiers Livre*, XXIX [1546].)

— **Les mariages se font au ciel et se consomment sur la terre.**
(Antoine Loisel, *Institutes coutumières*, 104 [1607].)

— **Il y a de bons mariages, mais il n'y en a point de délicieux.**
(La Rochefoucauld, *Réflexions ou Sentences et Maximes morales*, 113 [1665].)

— **Ne mets ton doigt en anneau trop étroit.**
(Moisant de Brieux, *Origine de quelques coutumes* [1672].)

— **Le mariage est sujet à de grandes révolutions.**
(Regnard, *le Retour imprévu*, II [1700].)

— **Le mariage est le plus grand des maux ou des biens.**
(Attribué généralement à Voltaire [1694-1778].)

— **La pire de toutes les mésalliances est celle du cœur.**
(Chamfort, *Maximes et Pensées*, VI [1795].)

— **Le mariage est la traduction en prose du poème de l'amour.**
(A. Bougeard, *Observations* [1856].)

— **Les mariages vus de loin ne sont que tours et châteaux.**
(A. Brizeux, *Proverbes bretons* [1860].)

— **Au mariage et à la mort, le diable fait son effort.**
(L.-F. Sauvé, *Proverbes de Basse-Bretagne* [1878].)

— **Dieu fait les gens et le diable les accouple.**
(V. Lespy, *Proverbes du Béarn* [1892].)

— **Aux vilains matous les belles chattes.**
(L. Morin, *Essais de folklore, proverbes champenois* [1912].)

— **Il faut sept ans pour rattraper la première année de mariage.**
(L. Morin, *op. cit.*)

Italien. — **Il faut s'habiller du drap du pays.**

Malgache. — **Le mariage est comme le tonnerre; les premiers coups font soupirer d'aise, puis ce sont les éclairs et les éclats.**

Polonais. — **La femme pleure avant le mariage, et l'homme après.**

Russe. — **Le mariage n'est pas une course, on arrive toujours à temps.**

Turc. — **Tout nouveau, tout beau; mais en mariage, c'est le contraire.**

V. FEMME ET LE MARIAGE, HOMME ET LE MARIAGE (l'), MONOGAMIE ET POLYGAMIE, NOCES.

MARIAGE et AMOUR

Allemand. — **L'amour est aveugle, mais le mariage lui rend la vue.**
(G. C. Lichtenberg, *Aphorismen* [1799].)

Américain. — **Où il y a mariage sans amour, il y aura amour sans mariage.**
(B. Franklin, *Poor Richard's Almanac* [1734].)

Anglais. — **Ne vous mariez pas sans amour, mais aimez qui est digne d'amour.**
(William Penn, *Fruits of Solitude* [1693].)

Finlandais. — **L'amour est un jardin fleuri et le mariage un champ d'orties.**

Français. — **Qui se marie par amour a de bonnes nuits et de mauvais jours.**
(Gabriel Meurier, *Trésor des sentences* [1568].)

— **L'amour est souvent un fruit du mariage.**
(Molière, *Sganarelle*, I, 54 [1660]. — *L'Avare*, IV, III [1668].)

— **L'amour plaît plus que le mariage, par la raison que les romans sont plus amusants que l'histoire.**
(Chamfort [1741-1794], *Maximes et Pensées.*)

— **Pour être heureux, le mariage exige un continuel échange de transpirations.**
(Napoléon Ier [1769-1821], *Maximes et Pensées.*)

— **Le flambeau de l'amour s'allume à la cuisine.**

Italien. — **Le mariage et le macaroni ne sont bons que chauds.**

Jamaïquain. — **Travaille pour l'argent, marie-toi pour l'amour.**

V. BEAUTÉ PHYSIQUE, VOLUPTÉ.

MARIAGE et ARGENT

Grec. — **La richesse confond les races.**
(Théognis de Mégare, *Sentences*, 189; VIe s. av. J.-C.)

— **J'aime mieux un homme sans argent que de l'argent et point d'homme.**
(Thémistocle, á propos du mariage de sa fille. — Cf. Cicéron, *De officiis*, II, xx.)

Allemand. — **Quand la pauvreté frappe à la porte, l'amour s'enfuit par la fenêtre.**

Anglais. — **Il faut en mariage mieux que quatre jambes nues au lit.**

Français. — **En mariage, comme ailleurs, contentement passe richesse.**
(Molière, *le Médecin malgré lui*, II, 1 [1666].)

— **Quand le foin manque au râtelier, les chevaux se battent.**
(P.-M. Quitard, *Études historiques sur les proverbes* [1860].)

— **L'argent ne fait pas le bonheur en ménage, mais il aide à s'en passer.**
(P.-J. Stahl, pseudonyme de P.-J. Hetzel, *Contes, Récits et Souvenirs* [1867].)

Italien *(Piémont).* — **La chaleur du lit ne fait pas bouillir la marmite.**

— *(Val d'Aoste).* — **Il ne faut pas unir la faim à la soif.**

Russe. — **Sur un lit mollet, on peut dormir durement.**

V. DOT, HOMME ET LE MARIAGE (l').

MARIAGE ASSORTI

Grec. — **Une jeune femme mariée à un vieux mari est une barque qui n'obéit pas au gouvernail et qui s'en va souvent la nuit chercher un autre port.**
(Théognis de Mégare, *Sentences*, 457; VIᵉ s. av. J.-C.)

Sanskrit. — **Le vieil homme qui épouse la jeune femme épouse le poison.**
(*Hitopadeça*, Introduction, 1ᵉʳ s.)

Allemand. — **Une jeune épouse est le cheval de poste qui conduit le vieil homme à la tombe.**

Anglais. — **Mariage de jeune homme et jeune femme se fait au ciel; de jeune homme et vieille femme, en enfer; de vieil homme et jeune femme sur la terre.**

Chinois. — **L'homme doit prendre une femme qui ait la moitié de son âge, plus sept ans.**

Français. — **A fleur de femme, fleur de vin.**
(*Bonum spatium*, manuscrit du XIVᵉ s., Paris, Bibl. nat. — C'est-à-dire : A jeune femme, jeune mari.)

— **A tel pot, telle cuiller.**
(Manuscrit du XVᵉ s., sans titre, Rome, Vatican.)

— **Fagot a bien trouvé bourrée.**
(Baïf, *Mimes, Enseignements et Proverbes* [1576].)

Russe. — **Quand la fiancée est au berceau, le fiancé apprend à monter à cheval.**

Tchèque. — **A jeune femme et vieux mari, des enfants; à vieille femme et jeune mari, des querelles.**

Yiddish. — **Quand un vieil homme épouse une jeune femme, l'homme rajeunit et la femme vieillit.**

V. AFFINITÉ, HOMME ET LA VIEILLESSE (l').

MARIAGE CONSANGUIN

Berbère. — **Éloigne-toi du sang, afin qu'il ne te salisse pas.**
(Contre le mariage consanguin.)

Irlandais. — **Plus chaude est la couverture d'être doublée.**
(Se dit à propos des mariages entre parents.)

Kurde. — **C'est en épousant sa cousine que l'on est le plus heureux.**
V. SANG (Liens du).

MARIAGE (remariage)

Grec. — **N'ajoute pas de noces nouvelles à tes premières noces, ni de nouvelles dou'eurs à tes premières épreuves.**
(Phocylide de Milet, *Sentences*, VIe s. av. J.-C.)

Anglais. — **Le remariage est le triomphe de l'espérance sur l'expérience.**
(Samuel Johnson, *The Rambler* [1770].)

Français. — **Le mari fait perdre le deuil à sa femme, mais non la femme au mari.**
(Antoine Loisel, *Institutes coutumières*, 131 [1607].)

Irlandais. — **Quand une femme se remarie, c'est qu'elle détestait son premier mari; quand un homme se remarie, c'est qu'il adorait sa première femme.**
(Oscar Wilde [1854-1900].)

Serbe. — **Une femme craint son premier mari; le mari craint sa seconde femme.**

— **Le premier mariage est une coupe de miel; le deuxième est une coupe de vin; et le troisième une coupe de poison.**
V. FEMME ET LE REMARIAGE (la), HOMME ET LE REMARIAGE (l'), VEUVAGE.

MARI et FEMME

Bible. — **L'homme s'attachera à sa femme, et ils deviendront une seule chair.**
(Genèse, II, 24; VIIIe s. av. J.-C.)

— **Une femme vertueuse est la couronne de son mari, mais la femme sans honneur est comme la carie dans ses os.**
(Livre des Proverbes, XII, 4; IVe s. av. J.-C.)

— **Ne livre pas ton âme à ta femme, de telle sorte qu'elle s'élève contre ton autorité.**
(L'Ecclésiastique, IX, 2; IIe s. av. J.-C.)

— **La grâce d'une femme fait la joie de son mari, et son intelligence répand la vigueur dans ses os.**
(L'Ecclésiastique, XXVI, 13.)

— **Celui qui aime sa femme s'aime lui-même.**
(Saint Paul, Épître aux Éphésiens, V, 28 [env. 60].)

Grec. — **Il est une loi qui ordonne à l'homme de chérir sa femme et à la femme de faire ce que désire l'époux.**
(Euripide, *les Téménides*, fragments, Ve s.)

Latin. — **Une femme fidèle commande à son mari en lui obéissant.**
(Publilius Syrus, *Sentences*, Ier s. av. J.-C.)

— **L'amour niche dans les rides.**
(Stobée, *Florilegium*.)

Hébreu. — **Si ta femme est petite, penche-toi vers elle.**
(Le Talmud, *Baba Metzia*, ve s.)

Sanskrit. — **Qui est la mieux aimée au monde ? L'épouse fidèle.**
(Bhârtrihari, *Niti Sataka*, vII^e s.)

Islam. — **Vos femmes sont votre champ de labour.**
(Le Koran, II, 223 ; vII^e s.)

Anglais. — **Serf en amour, seigneur en mariage.**
(Chaucer, *Canterbury Tales*, « The Frankeleyns Tales », 65 ; xIV^e s.)

— **Pour faire un bon mariage, il faut que le mari soit sourd et la femme aveugle.**
(Richard Taverner, *The Garden of Wisdom*, II, 4 [1539].)

— **Un homme ne peut devenir riche sans la permission de sa femme.**
(J. Heywood, *Proverbs in the English Tongue* [1546].)

— **Femme légère a pesant mari.**
(Shakespeare, *The Merchant of Venice*, V, 1 [1596].)

— **Quand on est deux sur un cheval, il y en a un qui doit être en croupe.**
(Cité par Shakespeare, *Much Ado about Nothing*, III, v. — S'applique au gouvernement domestique. Cf. *The Times*, du 16-2-1927, qui commente ce proverbe en disant que c'est la femme qui doit céder quand un conflit s'élève entre elle et son mari.)

— **Les maris calmes font les épouses orageuses.**
(Th. Dekker, *The Honest Whore*, V [1604].)

— **Meilleur l'ouvrier, pire le mari.**
(T. Draxe, *Adagies and Sententious Proverbs* [1616].)

— **Le mari qui raconte les nouvelles à sa femme est récemment marié.**
(G. Herbert, *Jacula prudentum* [1651].)

— **Si le mari n'est pas à la maison, il n'y a personne.**
(Une femme ne doit recevoir personne en l'absence de son mari. — G. Herbert, *Jacula prudentum* [1651].)

— **Le bon époux ne fait qu'une partie de son devoir d'homme; la femme qui est une bonne épouse fait tout son devoir de femme.**
(H. H. Kames, *Loose Hints upon Education* [1781].)

— **Quand un homme et une femme sont mariés, ils ne deviennent plus qu'un; la première difficulté est de décider lequel.**
(H. L. Mencken, *Dictionary of Quotations* [1942].)

Arabe. — **Consulte ta femme et fais à ta tête.**

Basque. — **Ce que le loup fait, à la louve plaît.**

Bulgare. — **Fais confiance à ta chienne plutôt qu'à ta jolie femme.**

Chinois. — **La concorde entre époux et épouse est semblable à la musique de la harpe et du luth.**

— **Plus une femme aime son mari, plus elle le corrige de ses défauts ; plus un mari aime sa femme, plus il augmente ses travers.**

— **Ne vous fiez pas à votre femme avant qu'elle ne vous ait donné dix fils.**

— **Enseignez votre fils dans la salle de séjour, et votre femme sur l'oreiller.**

Espagnol. — **La maison va mal quand la quenouille commande à l'épée.**

— **Quand ta femme te demande de sauter par-dessus l'eau, prie le Ciel que la rivière soit petite.**

Français. — **Le fuseau doit suivre le hoyau.**

(Gabriel Meurier, *Trésor des sentences* [1568]. — Signifie que la femme ne doit pas rester inactive quand l'homme travaille.)

— **L'épouse est en puissance de l'époux, et le mari en possession de la femme.**

(Guillaume Bouchet, *les Serées*, I, 3 [1584].)

— **La maison est à l'envers lorsque la poule chante aussi haut que le coq.**

(Noël du Fail, *Contes et Discours d'Eutrapel*, XXXII [1585]. — Cf. Molière, *les Femmes savantes*, V, III [1643] : La poule ne doit point chanter devant le coq.)

— **Mari et femme sont joints ensemble comme la mie à la croûte.**

(Béroalde de Verville, *le Moyen de parvenir*, I, Notice [1612].)

— **A un homme d'esprit, il ne faut qu'une femme de sens ; c'est trop de deux esprits dans une maison.**

(Louis de Bonald [1754-1840], *Maximes et Pensées*.)

— **La femme règne et ne gouverne pas.**

(Mme de Girardin [Delphine Gay], *Lettres parisiennes*, 12 mars 1840.)

— **On ne s'aime bien que quand on n'a plus besoin de se le dire.**

(Ch. Cahier, *Proverbes et Aphorismes* [1856].)

— **La femme ne doit pas apporter de tête en ménage.**

(Le Roux de Lincy, *Livre des proverbes français* [1859].)

Indien *(tamil).* — **Si la charrette et le buffle s'accordent, qu'importent les ornières du chemin ?**

Irlandais *(gaélique).* — **Donne ton amour à ta femme, mais ton secret à ta mère ou à ta sœur.**

Italien. — **Patience de Grisélidis vainc les maris.**

(Allusion à la légende racontée par Boccace, *Décaméron*, X, 10.)

Malais. — **Le bateau que la proue gouverne ne va pas loin.**

Malgache. — **Le conjoint est comme le pagne : il vous appartient.**

— **Ce qui réchauffe la maison, ce n'est pas tant la chaleur du foyer que l'entente mutuelle des époux.**

Maltais. — **Seuls le pot et la cuiller savent ce que le pot contient.**

Nigritien *(Haoussa).* — **Si bonne que soit l'épouse, il faut la graisser à l'huile.**

Polonais. — **Quand Vénus gouverne, Mars règne parmi les poussins.**

Russe. — **Le chien est plus sensé que la femme, il n'aboie pas à son maître.**

— **Aime ta femme comme ton âme et secoue-la comme un poirier.**

— **Le soufflet d'un époux ne laisse pas de marque.**

— **Tu attendras sept années de mariage pour faire des louanges de ta femme.**

Serbe. — **La femme porte son mari sur son visage, le mari reflète sa femme sur sa chemise.**

Tchèque. — **Choisis ta femme avec un gant de velours, et garde-la avec une main de fer.**

MARI et FEMME (querelles de ménage)

Grec. — **Il ne faut pas cajoler sa femme ni la quereller en présence d'étrangers : ceci est une folie, cela est une sottise.**

(Cléobule de Rhodes, VIᵉ s. av. J.-C. — Cité par Diogène Laërce, *Phil. ill.*, II.)

— **Tant vente qu'il pleut.**

(Socrate, lassé des récriminations de sa femme Xantippe, lui aurait jeté un seau d'eau au visage, en disant : « La pluie suit le tonnerre. »)

— **La femme est à l'homme un orage domestique.**

(Ménandre, *Monostiques*, IVᵉ s. av. J.-C.)

Bible. — **Mieux vaut habiter dans une terre déserte qu'avec une femme querelleuse.**

(Livre des Proverbes, XXI, 19; IVᵉ s. av. J.-C. — *Ibid.*, XXVII, 15 : Une gouttière continue dans un jour de pluie et une femme querelleuse se ressemblent.)

Proverbe général. — **Ne mettez pas votre doigt entre l'écorce et l'arbre.**

(Cité par Molière, *le Médecin malgré lui*, I, II [1666].)

Anglais. — **Une querelle entre mari et femme ressemble à un choc au coude : on a mal, mais cela est vite passé.**

Chinois. — **Entre époux, pas de querelle qui résiste à la nuit.**

Italien. — **L'homme est le seul animal qui injurie sa compagne.**

(L'Arioste, *Roland furieux*, V, *in limine* [1532].)

Malgache. — **En guerre le matin, en paix le soir ; en guerre le soir, en paix le matin, comme des époux.**

Nigritien *(Peul).* — **La suie sur le toit appartient au maître de la case.**

(Les querelles de ménage ne regardent pas les étrangers.)

Russe. — **Entre mari et femme, Dieu est seul juge.**

Tchèque. — **Il n'y a pas d'église sans sermons, ni de ménage sans querelles.**

V. ARBITRE, QUERELLE.

MAROTTE

Allemand. — **Celui qui n'enfourche pas un dada est chevauché par le diable.**

Espagnol. — **A chaque fou plaît sa marotte.**

Français. — **Chaque siècle a sa marotte.**

(Voltaire, *Lettre à M. X...*, 5 janvier 1759.)

V. MANIE.

MARTYR

Latin. — **Le sang des martyrs est la semence des chrétiens.**

(Tertullien [155-240]. — Adaptation d'une phrase de l'*Apologétique*, XXXIX, sect. 7 : *Semen est sanguis christianorum*, d'où : *sanguis martyrum semen christianorum*.)

Latin médiéval. — **C'est par la mort et non par les paroles que les martyrs confessent leur foi.**

(*Non loquendo, sed moriendo confessi sunt.* — Cité par Marguerite de Navarre, *Heptaméron*, I, VIII.)

Français. — **Le salaire est en Dieu à qui la nuit est claire.**

(Agrippa d'Aubigné, *les Tragiques*, IV, 990 [1616].)

V. FOI, VICTIME.

MATHÉMATIQUES

Grec. — Les mathématiques sont une gymnastique de l'esprit et une préparation à la philosophie.

(Isocrate, *Antidosis*, IVᵉ s. av. J.-C.)

— Les mathématiciens étudient le soleil et la lune et oublient ce qu'ils ont sous les pieds.

(Diogène le Cynique, IVᵉ s. av. J.-C. — Cité par Diogène Laërce, *Phil. ill.*, VI.)

— Il n'y a pas de route royale vers la géométrie.

(Euclide, IIIᵉ s. av. J.-C. — Cité par Pappus d'Alexandrie, *Collectiones mathematicae* et Proclus, *Commentaria in Euclidem*. — Observation faite par le célèbre mathématicien à Ptolémée Iᵉʳ, fils de Lagos.)

Allemand. — Un mathématicien qui n'est pas aussi quelque peu poète ne sera jamais un mathématicien complet.

(G. Weierstrass, *Abhandlungen zur Funktionenlehre* [1886].)

Anglais. — L'étude des mathématiques est comme le Nil, qui commence en modestie et finit en magnificence.

(C. C. Colton, *Lacon or Many Things in Few Words* [1820].)

V. LETTRES ET LES SCIENCES (les).

MATIN et SOIR

Grec. — Le matin naît de sa mère la nuit.

(Cité par Eschyle, *Agamemnon*, 264; Vᵉ s. av. J.-C.)

Américain. — La première heure du matin est le gouvernail de la journée.

(H. W. Beecher, *Proverbs from Plymouth Pulpit* [1870].)

Roumain. — La poule qui chante le soir n'a pas d'œuf le matin.

Russe. — Le matin est plus sage que le soir.

V. AURORE, JOUR ET NUIT, PREMIER ET DERNIER.

MATURITÉ

Latin. — Il n'y a pas de fruit qui n'ait été âpre avant d'être mûr.

(Publilius Syrus, *Sentences*, Iᵉʳ s. av. J.-C.)

— Ce qui est mûr avant le temps est fauché avant le temps.
Is cadit ante senem qui sapit ante diem.

— Vite mûr, vite pourri.
Cito maturum, cito putridum.

Allemand. — Quand les baies sont mûres, elles tombent plus souvent dans la boue que sur des pétales de roses.

Français. — Mauvais est le fruit qui ne mûrit point.

(Manuscrit du XIIIᵉ s., sans titre, Paris, Sainte-Geneviève.)

— Quand la poire est mûre, il faut qu'elle tombe.

(Carmontelle, *Proverbes dramatiques*, XCI [1781].)

V. ÂGE MÛR.

MAXIME

Français. — Toutes les bonnes maximes sont dans le monde; on ne manque qu'à les appliquer.

(Pascal, *Pensées*, VI, 380 [1670].)

— **Les maximes des hommes décèlent leur cœur.**
(Vauvenargues, *Réflexions et Maximes*, 107 [1746].)

— **Maximiste, pessimiste.**
(Joseph Roux, *Méditations d'un curé de campagne* [1872].)

— **Une maxime doit être un fruit de l'arbre de la vie.**
(Désiré Nisard, *Aegri somnia* [1889].)

V. PROVERBE, SENTENCE.

MÉCHANCETÉ

Bible. — **Les méchants sont comme la mer agitée qui ne peut se calmer.**
(Isaïe, LVII, 20; VIIIe s. av. J.-C. — Il n'y a point de paix pour les méchants, XLVIII, 22.)

— **Le triomphe des méchants est court.**
(Job, XX, 5; Ve s. av. J.-C.)

— **La voie des méchants est ténébreuse : ils n'aperçoivent pas ce qui les fera tomber.**
(Livre des Proverbes, IV, 19; IVe s. av. J.-C.)

— **Le méchant culbute dans sa propre malice.**
(Livre des Proverbes, XIV, 32. — Le méchant tombe par sa méchanceté, XI, 5.)

— **Dieu rend tortueuse la voie des méchants.**
(Psaumes, CXLVI, 9; IIe s. av. J.-C.)

— **La vengeance guette les méchants comme un lion.**
(L'Ecclésiastique, XXVII, 28; IIe s. av. J.-C.)

Grec. — **Fuyez le méchant comme le navire fuit un port dangereux.**
(Théognis de Mégare, *Sentences*, 114; VIe s. av. J.-C.)

— **Si la vertu ne suffit pas à assurer le bonheur, la méchanceté suffit à rendre malheureux.**
(Aristote, IVe s. av. J.-C. — Cité par Diogène Laërce, *Phil. ill.*, V.)

Latin. — **La méchanceté s'apprend sans maître.**
(Publilius Syrus, *Sentences*, Ier s. av. J.-C.)

— **La méchanceté boit elle-même la plus grande partie de son venin.**
(Sénèque, *Lettres à Lucilius*, LXXXI [env. 64].)

Latin médiéval. — **Mauvaise herbe croît toujours.**
(Érasme, *Adages*, IV, II, 99 [1508].)

Allemand. — **L'oiseau de proie ne chante pas.**
(Les méchants ne sont pas heureux.)

Anglais. — **Qui caresse l'ortie est vite piqué.**
(J. Lyly, *Euphues* [1579].)

— **Les vaches maudites ont les cornes courtes.**
(John Harvey, *Discoursive Probleme* [1588].)

— **Le méchant est son propre enfer.**
(G. Herbert, *Jacula prudentum* [1651].)

— **L'amitié du méchant est plus dangereuse que sa haine.**
(Th. Fuller, *Gnomologia* [1732].)

— **Le loup désapprouve le piège, mais non pas lui-même.**
(W. Blake, *Proverbs of Hell* [1793].)

Arabe. — **Tel, si vous le trouvez dans le feu, mettez-y du bois.**

Espagnol. — **Le bœuf méchant croît par les cornes.**

— Le méchant est comme le sac du charbonnier, noir au-dehors, plus noir au-dedans.

Français. — Tôt sait le loup ce que mauvaise bête pense.

(*Incipiunt versus proverbiales*, manuscrit du début du XIVe s., Paris, Bibl. nat.)

— Il n'est si méchant qui ne trouve sa méchante.

(*Bonum spatium*, manuscrit du XIVe s., Paris, Bibl. nat.)

— Le bonheur des méchants comme un torrent s'écoule.

(Racine, *Athalie*, II, VII, 688 [1691].)

— Par eux-mêmes souvent les méchants sont trahis.

(Gresset, *le Méchant*, III, V [1745].)

— Il n'y a que le méchant qui soit seul.

(Diderot, *le Père de famille*, IV, III [1758].)

— La méchanceté fait souvent toute la sûreté des méchants.

(F.-J. Desbillons, *Fables*, IV, XXIX [1779].)

— Le bonheur des méchants est un crime des dieux.

(André Chénier [1762-1794], *Poésies diverses*.)

Indien *(télougou)*. — Quand le mauvais arbre est près de périr, il produit des fruits sataniques.

Malgache. — Le méchant désire les ténèbres, et les ténèbres font de lui un aveugle.

Nigritien *(Peul)*. — Il y a des gens que l'épervier pond et que le corbeau couve.

Slovène. — Dieu sait pourquoi il raccourcit les ailes de certains oiseaux.

Turc. — On ne jette pas de pierres au vautour.

— Ne passe pas sur le pont du méchant, fie-toi plutôt au torrent.

V. AMENDEMENT, BONS ET LES MÉCHANTS (les), MALICE, MALVEILLANCE, NATUREL.

MÉCHANTS (Hypocrisie des)

Latin. — La méchanceté, pour se faire encore pire, prend le masque de la bonté.

(Publilius Syrus, *Sentences*, Ier s. av. J.-C.)

— Le crocodile verse des larmes avant de dévorer sa proie.

(Cité par Spartien (Ælius Spartianus), *Caracalla*, IVe s.)

Français. — La pire espèce des méchants
        Est celle des vieux hypocrites.

(Florian, *Fables*, II, XVI [1792].)

Géorgien. — Pendant que le prédicateur prêchait l'évangile au loup, celui-ci songeait au petit agneau.

Nigritien *(Peul)*. — Certains attachent avec précaution les chevrettes, puis ils font signe en cachette aux hyènes.

(Se dit des hypocrites qui ressemblent à ceux qui attachent les chèvres pour sembler les mettre à l'abri des fauves, mais en réalité pour les faire dévorer.)

MÉCHANTS (Ingratitude des)

Araméen. — Le manche de la hache se retourne contre la forêt d'où il vient.

(*Paroles d'Ahiqar*, VIe s. av. J.-C.)

Grec. — Réchauffe un serpent dans ton sein, il te mordra.

(Ésope, *Fables*, « le Laboureur et le Serpent gelé », VIe s. av. J.-C.)

— Le plus grand service que l'on puisse attendre de la reconnaissance des méchants, c'est qu'à l'ingratitude ils n'ajoutent pas l'injustice.

(Ésope, *Fables*, « le Loup et le Héron ».)

— N'accorde pas de bienfait au méchant : autant vaudrait semer sur les vagues de la mer.

(Phocylide de Milet, *Sentences*, VIᵉ s. av. J.-C.)

— Nourris un louveteau, il te dévorera.

(Théocrite, *Idylles*, V, 37; IIIᵉ s. av. J.-C.)

Anglais. — Je t'ai enseigné à nager et maintenant tu veux me noyer.

(Th. Fuller, *Gnomologia* [1732].)

Arabe. — Ce que tu plantes dans ton jardin te portera profit, mais si tu y plantes un homme, il t'en chassera.

Berbère. — Nous l'avons fait entrer; il nous a fait sortir.

Espagnol. — Nourris le corbeau, il te crèvera les yeux.

(Cité par F. Levasseur, *Refranes y Sentencias españolas*.)

— Les méchants sont toujours ingrats.

(Cervantes, *Don Quichotte*, I, XXIII [1605].)

Français. — Dépends un pendard, il te pendra.

(Gabriel Meurier, *Notables Enseignements, Adages et Proverbes* [1568].)

— Élever des méchants, c'est couver son malheur.

(F.-J. Desbillons, *Fables*, I, XXI, « la Poule et les Œufs de crocodile » [1768].)

Indien *(tamil).* — Le scorpion pique celui qui l'aide à sortir du feu.

Malgache. — Le zébu que tu as désenlisé te transpercera de ses cornes.

Nigritien *(Peul).* — La méchanceté est un lion qui commence par bondir d'abord sur son maître.

Persan. — Ceux qui ont reçu de moi la science de l'arc m'ont à la fin pris pour cible.

(Saadi, *Gulistan*, I, 27; XIIIᵉ s.)

Tchèque. — Faites du bien au diable, il vous donnera l'enfer en récompense.

MÉCHANTS (Solidarité des)

Latin. — Les chiens ne se mangent pas entre eux.

(Varron, *De lingua latina*, VII, 32; env. 40 av. J.-C. — D'où le proverbe général : Les loups...)

Proverbe général. — Les corbeaux entre eux ne se crèvent pas les yeux.

(Cité par Baïf, *Mimes, Enseignements et Proverbes* [1576].)

Espagnol. — Corsaire à corsaire, il n'y a rien à gagner que les barils d'eau.

(Cervantes, *Nouvelles exemplaires*, « le Petit-fils de Sancho Panza » [1613].)

Français. — Corsaire à corsaire,
        L'un l'autre s'attaquant ne font pas leurs affaires.

(Mathurin Régnier, *Satires*, XII, *in fine* [1609].)

MÉDECIN

Grec. — Le médecin vaut beaucoup d'autres hommes.
(Homère, *l'Iliade*, XI, 514; IXᵉ s. av. J.-C.)

— **Comment, guérissant les autres, ne vous guérissez-vous pas vous-même ?**
(Ésope, *Fables apocryphes*, « le Ver et le Renard », VIᵉ s. av. J.-C. — Le ver se vantait d'être un savant médecin; le renard lui demanda pourquoi il ne s'était pas guéri de ramper. Ce texte proverbial a pris la forme classique : Médecin, guéris-toi toi-même, que cite saint Luc, IV, 23.)

— **Parmi les médecins, beaucoup le sont par le titre, bien peu par le fait.**
(Hippocrate, *la Loi*, IV; IVᵉ s. av. J.-C.)

— **Quand il n'y a pas d'honoraires, il n'y a pas de science.**
(Aristophane, *Plutus*, 408; IVᵉ s. av. J.-C.)

— **L'entrée de plusieurs médecins fait mourir.**
(Ménandre, *Fragments*, IVᵉ s. av. J.-C. — La parole originale serait d'Alexandre le Grand qui, sur son lit de mort, aurait dit : « Je meurs, secouru par trop de médecins. »)

— **Les médecins ont le bonheur que le soleil éclaire leurs succès et que la terre cache leurs fautes.**
(Nicoclès, roi de Chypre, IVᵉ s. av. J.-C.)

Bible. — Que celui qui pèche devant son créateur tombe entre les mains du médecin.
(L'Ecclésiastique, XXXVIII, 15; IIᵉ s. av. J.-C.)

Hébreu. — Le médecin qui n'accepte pas d'honoraires n'en mérite pas.
(Le Talmud, *Baba Kamma*, Vᵉ s.)

— **Le meilleur des médecins est en enfer.**
(Le Talmud, *Kiddushin*.)

— **Honorez le médecin avant que vous n'ayez besoin de lui.**
(Cité par J. Ray, *Adagia hebraica*.)

Latin. — Un malade gère mal ses affaires, quand il fait son médecin héritier.
(Publilius Syrus, *Sentences*, Iᵉʳ s. av. J.-C.)

— **Toutes choses égales d'ailleurs, un médecin ami doit être préféré à un autre.**
(Celse, *De arte medica*, env. Iᵉʳ s. av. J.-C.)

Proverbe général. — Heureux le médecin qui est appelé sur le déclin de la maladie.
(Cité par Rabelais, *le Tiers Livre*, XLI [1546].)

Anglais. — Le médecin guérit la maladie et tue le malade.
(Fr. Bacon, *Essays*, XXVII [1597].)

— **Les médecins sont comme les rois, ils ne tolèrent pas la contradiction.**
(J. Webster, *The Duchess of Malfi*, V, II [1623].)

— **Chaque médecin a sa maladie favorite.**
(Henry Fielding, *Tom Jones*, II, IX [1749].)

— **La dermatologie est la meilleure des spécialités : le malade ne meurt jamais et ne guérit pas.**
(H. L. Mencken, *Dictionary of Quotations* [1946].)

Arabe. — Un médecin n'est pas un bon médecin, s'il n'a été lui-même malade.

Berbère. — Si tu méprises le médecin, méprise aussi la maladie.

Chinois. — Le médecin guérit de la maladie, mais non pas de la mort; il est comme le toit, qui garantit de la pluie, mais non pas du tonnerre.

— Le médecin qui guérit cinq fois sur dix n'est pas un bon médecin, car
la nature en fait autant; le bon médecin doit guérir sept fois sur dix.

— Le malade gémit au début de la maladie, et le médecin à la fin.

Français. — De jeune médecin, cimetière bossu.
(*Bonum spatium*, manuscrit du xıve s., Paris, Bibl. nat.)

— **Il vaut mieux tomber ès mains d'un médecin heureux que d'un médecin savant.**
(Bonaventure des Périers, *Nouvelles Récréations et Joyeux Devis*, LIX [1558].)

— **Tant que les hommes pourront mourir, et qu'ils aimeront à vivre,
le médecin sera raillé, et bien payé.**
(La Bruyère, *les Caractères*, « De quelques usages », 65 [1688].)

— **Un médecin, c'est quelqu'un qui verse des drogues qu'il connaît peu
dans un corps qu'il connaît moins.**
(Voltaire, *Épigrammes* [1760].)

— **C'est quand le médecin meurt qu'il est hors d'apprentissage.**
(P.-M. Quitard, *Études sur les proverbes* [1860].)

— **Quand le médecin entre dans la maison d'un malade, il fait le signe
de la croix.**
(Il lève la tête, la baisse, regarde à gauche, puis à droite, pour voir si la maison est
riche. — Cité par A. Garrigues, *Essais parémiologiques* [1936].)

— **Guérir parfois, soulager souvent, consoler toujours.**
(Cité par André Soubiran, *les Hommes en blanc*, III [1951].)

Indien *(tamil).* **— Si tu ne peux devenir roi, fais-toi médecin.**

Italien. — Le médecin débonnaire fait empirer la plaie.

— **Si le malade meurt, c'est le médecin qui l'a tué; s'il guérit, ce sont
les saints qui l'ont sauvé.**

Polonais. — Le médecin se fait payer, qu'il ait tué la maladie ou le malade.

Russe. — Les juges et les médecins assassinent impunément.

V. DIÈTE, GUÉRIR, GUÉRISSEUR, MALADIE, SANTÉ.

MÉDECINE

**Grec. — La vie est courte, l'art est long, l'occasion fugitive, l'expérience
trompeuse, le jugement difficile.**
(Hippocrate, *Aphorismes*, I, 1; ıve s. av. J.-C.)

— **La médecine est la maîtresse des erreurs.**
(Plotin, *Sentences*, IIIe s.)

**Latin. — Parce que tous les malades ne guérissent pas, cela ne signifie point
que l'art de la médecine n'existe pas.**
(Cicéron, *De natura deorum*, II, IV, 12 ; env. 45 av. J.-C.)

— **La médecine est un art conjectural, qui n'a presque pas de règles.**
(Celse, *De arte medica*, env. 10 av. J.-C.)

**Français. — Il vaut mieux mourir selon les règles que de réchapper contre
les règles.**
(Molière, *l'Amour médecin*, II, v [1665].)

— **Hippocrate dit oui, mais Galien dit non.**
(Regnard, *les Folies amoureuses*, III, VII [1704].)

MÉDICAMENT

Antiquité chinoise. — **Si le médicament ne porte pas le trouble et le désordre dans le corps d'un malade, il n'opérera pas la guérison.**

(Mencius, *Livre des livres*, I, v, 1; ive s. av. J.-C.)

Latin. — **Un remède est mauvais quand il détruit quelque chose de la nature.**

(Publilius Syrus, *Sentences*, 1er s. av. J.-C.)

Espagnol. — **Ce qui guérit le foie rend la rate malade.**

Français. — **Presque tous les hommes meurent de leurs remèdes, et non pas de leurs maladies.**

(Molière, *le Malade imaginaire*, III, iii [1673].)

— **Les bons livres et les bons remèdes guérissent quelques personnes.**

(Voltaire, *Remarques et Observations*, pièces inédites, éd. en 1820.)

— **Les médecins prennent médecine le jour de leurs noces.**

(C'est un jeu de mots dans le langage villageois, on appelle *médecine* la femme d'un médecin, et les médecins s'administrent rarement les drogues qu'ils prescrivent aux autres.)

— **Hâtez-vous d'en prendre pendant qu'il guérit.**

(Sénac de Meilhan [1736-1803]. — Cité par Fernand Caussy, *Notice sur Sénac de Meilhan*.)

V. GUÉRIR, GUÉRISSEUR, MALADIE, MÉDECIN, REMÈDE, SANTÉ.

MÉDIOCRITÉ

Anglais. — **Le monde est la république des médiocres.**

(Th. Carlyle, *Lettre à R. W. Emerson*, 13 mai 1853.)

Chinois. — **Celui qui vise à la perfection sera au-dessus de la médiocrité, mais celui qui vise à la médiocrité tombera plus bas encore.**

Français. — **Les esprits médiocres condamnent d'ordinaire tout ce qui passe à leur portée.**

(La Rochefoucauld, *Réflexions ou Sentences et Maximes morales*, 375 [1665].)

— **Les petits ruisseaux sont transparents parce qu'ils sont peu profonds.**

(Voltaire, *Lettre à M. Pitot*, de l'Académie des sciences, 20 juin 1737.)

— **C'est un grand signe de médiocrité que de louer toujours modérément.**

(Vauvenargues, *Réflexions et Maximes*, 12 [1746].)

— **Médiocre et rampant, et l'on arrive à tout.**

(Beaumarchais, *le Mariage de Figaro*, III, v [1784].)

— **La médiocrité va son petit chemin,
Quand trop de feu perd le mérite.**

(A.-P. Dutramblay, *Apologues*, II, 11 [1810].)

— **La médiocrité refuse toujours d'admirer et souvent d'approuver.**

(Joseph de Maistre [1753-1821], *Lettres et Opuscules*, I, 348.)

— **Le médiocre est l'excellent pour les médiocres.**

(J. Joubert [1754-1824], *Pensées, Maximes et Essais*.)

— **Le propre de la médiocrité est de se croire supérieur.**

(La Rochefoucauld-Doudeauville, *Mémoires*, « Livre des pensées », 344 [1861].)

— **Les gens médiocres arrivent à tout, parce qu'ils n'inquiètent personne.**

(Daniel Darc [Mme Marie Régnier], *Sagesse de poche* [1885].)

V. INFÉRIORITÉ.

MÉDISANCE

Grec. — **Si tu dis du mal d'autrui, tu risques d'entendre pire de toi-même.**
(Hésiode, *les Travaux et les Jours*, 721; VIIIe s. av. J.-C.)

— **La médisance est une disposition malveillante de l'âme, qui se manifeste en paroles.**
(Théophraste, *les Caractères*, « le Médisant »; IVe s. av. J.-C.)

Proverbe général. — **Celui qui médit auprès de toi médira de toi.**

Allemand. — **Le médisant a le diable sur la langue, et l'écoutant l'a dans l'oreille.**

Anglais. — **C'est peut-être médire, mais ce n'est pas mentir.**
(J. Heywood, *Proverbs in the English Tongue* [1546].)

— **Le bec des oiseaux attaque le meilleur fruit et ce sont les plus honnêtes gens qui sont attaqués par la médisance.**
(J. Clarke, *Parœmiologia anglo-latina* [1639].)

— **L'amour et la médisance sucrent le thé.**
(Henry Fielding, *Love in Several Masques*, IV, XI [1728].)

Arabe. — **Quelque mal que le médisant puisse dire de moi, Dieu en sait bien davantage sur mon compte.**

Chinois. — **Si le corps est droit, il n'importe que l'ombre soit tordue.**

Espagnol. — **Il ne faut dire du mal de personne, pas même du diable.**

— **Encore que la scie morde beaucoup, quelquefois elle se brise les dents.**

Français. — **Il a bien gagné son pain celui qui fait taire la médisance.**
(Manuscrit du XIIIe s., sans titre, Paris, Bibl. nat.)

— **Qui mal dit, mal lui vient.**
(*Bonum spatium*, manuscrit du XIVe s., Paris, Bibl. nat.)

— **La vérité qui n'est pas charitable procède d'une charité qui n'est pas véritable.**
(Saint François de Sales [1567-1622], *Maximes, Sentences et Pensées*.)

— **Contre la médisance, il n'est point de rempart.**
(Molière, *le Tartuffe*, I, 1, 99 [1670].)

— **Si tous les hommes savaient ce qu'ils disent les uns des autres, il n'y aurait pas quatre amis dans le monde.**
(Pascal, *Pensées*, II, 101 [1670].)

— **La médisance est fille de l'amour-propre et de l'oisiveté.**
(Voltaire, *Épîtres*, XLI [1733].)

— **Sur dix personnes qui parlent de nous, neuf disent du mal, et souvent la seule personne qui en dit du bien le dit mal.**
(Rivarol [1753-1801], *Notes, Pensées et Maximes*.)

— **La médisance est le soulagement de la malignité.**
(J. Joubert [1754-1824], *Pensées, Maximes et Essais*.)

Malgache. — **La personne médisante est partie avant que vous n'ayez balayé votre maison.**

Persan. — **Qui diffame autrui révèle ses propres tares.**
(Saadi, *Bustan*, VII, 5; XIIIe s.)

V. AUTRUI (Défauts d'), BAVARDAGE, ON-DIT, RUMEUR PUBLIQUE.

MEILLEUR

Grec. — **Si la divinité n'avait pas créé le miel blond, je vanterais beaucoup la douce saveur des figues.**
(Xénophane, *Fragments*, vɪᵉ s. av. J.-C.)

Français. — **Fou qui cherche meilleur pain que de froment.**
(*Adages françois* [1557].)

Italien. — **Le meilleur parfum est celui du pain, la meilleure saveur est celle du sel, et le meilleur amour est celui des enfants.**
(G. Herbert, *Jacula prudentum* [1651].)

V. MIEUX.

V. ESPRIT CHAGRIN, HUMEUR (bonne et mauvaise), OPTIMISME ET PESSIMISME.

MÉMOIRE

Anglais. — **La mémoire est la sentinelle de l'esprit.**
(Shakespeare, *Macbeth*, I, vɪɪ [1605].)

Chinois. — **L'encre la plus pâle vaut mieux que la meilleure mémoire.**

Français. — **Les mémoires excellentes se joignent volontiers aux jugements débiles.**
(Montaigne, *Essais*, I, ɪx [1580].)

— **La mémoire est l'ennemie presque irréconciliable du jugement.**
(Fontenelle, *Éloge de Jacques Ozanam* [1718].)

— **La mémoire est la mère des Muses.**
(Voltaire, *De l'âme*, V [1774].)

— **La mémoire est toujours aux ordres du cœur.**
(Rivarol [1753-1801], *Notes, Pensées et Maximes*.)

— **Une tête sans mémoire est une place sans garnison.**
(Napoléon Iᵉʳ [1769-1821], *Maximes et Pensées*.)

V. PASSÉ (le), SOUVENIR.

MENACES

Grec. — **Les coups de tonnerre épouvantent les enfants et les menaces font trembler les esprits faibles.**
(Démophile, *Sentences*; vɪᵉ s. av. J.-C.)

— **Celui qui n'a pas peur d'agir ne craint pas une parole.**
(Sophocle, *Œdipe roi*, 297; vᵉ s. av. J.-C.)

Latin. — **L'arc n'atteint pas toujours la cible qu'il menace.**
(Horace, *Art poétique*, 350; env. 10 av. J.-C.)

Proverbe général. — **Chien qui aboie ne mord pas.**
(Variante : Le lion qui tue ne rugit pas.)

Anglais. — **Si vous ne pouvez mordre, ne montrez pas les dents.**
(J. Ray, *English Proverbs* [1670].)

Arabe. — **Ne craignez pas celui qui prend une grosse pierre.**

Basque. — **Il y a plus de menacés que de frappés.**

Espagnol. — **Soufflet menacé ne fut jamais bien donné.**
(César Oudin, *Refranes o Proverbios castellanos* [1659].)

Français. — **Tel menace qui a grand-peur.**
(Manuscrit du XIIIᵉ s., sans titre, Paris, Sainte-Geneviève.)

— **Menaces ne sont lances.**
(Proverbes de France, manuscrit du XIVᵉ s., Cambridge.)

— **De grand menaceur, peu de fait.**
(Bonaventure des Périers, *Nouvelles Récréations et Joyeux Devis*, X [1558].)

— **Toutes les fois qu'il tonne, la foudre ne tombe pas.**
(Variante : Il ne pleut pas comme il tonne.)

Italien. — **Les menaces sont des armes pour les menacés.**
(Boccace, *Décaméron*, VIII, VII [env. 1350].)

Kurde. — **Les menaces n'allongent pas la lame du sabre.**

Turc. — **Ne redoute pas l'accident dont on te menace pour le lendemain.**

V. ADVERSAIRE, CHOC EN RETOUR.

MENDIER

Grec. — **La bourse d'un mendiant n'est jamais pleine.**
(Callimaque, *Épigrammes*, IIIᵉ s. av. J.-C.)

Sanskrit. — **Le mendiant ne craint pas les revers de fortune.**
(Bhârtrhari, *Vairâgya Sataka*, VIIᵉ s.)

Anglais. — **Le mendiant paie le bienfait avec un pou.**

Danois. — **Il n'y a pas d'ordre aussi nombreux que celui des mendiants.**

Français. — **Il vaut mieux tendre la main que le cou.**
(A. de Montluc, *la Comédie de proverbes*, III, IV [1616]. — Mieux vaut mendier que voler, et alors être pendu.)

Indien *(tamil)*. — **Le mendiant de miettes reçoit plus que le mendiant de miches.**

V. AUMÔNE.

MENSONGE

Grec. — **Les menteurs ne gagnent qu'une chose, c'est de ne pas être crus, même lorsqu'ils disent la vérité.**
(Ésope, *Fables*, « le Berger mauvais plaisant », VIᵉ s. av. J.-C.)

— **Le mensonge ne vieillit pas.**
(Euripide, Vᵉ s. av. J.-C. — Cité par Pontanus, *Collectio proverbiorum.*)

— **Mentir est le fait des esclaves.**
(Plutarque, *Œuvres morales*, « Éducation des enfants », Iᵉʳ s.)

Bible. — **Les lèvres menteuses sont en abomination devant le Seigneur.**
(Livre des Proverbes, XII, 22 ; IVᵉ s. av. J.-C. — Ce texte reçoit quelquefois cette plaisante paraphrase : ...mais d'un grand secours dans le temps de la détresse.)

— **Le pain du mensonge est doux à l'homme, mais il laisse la bouche remplie de graviers.**
(Livre des Proverbes, XX, 17.)

— **Tout homme est menteur.**
(Psaumes, CXVI, 11 ; IIᵉ s. av. J.-C.)

Hébreu. — **Le mensonge n'a pas de pieds.**
(Cité par J. Ray, *Adagia hebraica.*)

Latin. — **Un mensonge tout chaud est le meilleur mensonge.**
(Plaute, *Mostellaria*, 657 ; IIᵉ s. av. J.-C.)

— **Un mensonge en entraîne un autre.**
(Térence, *Andria*, 778 ; IIe s. av. J.-C.)

— **Le menteur doit avoir bonne mémoire.**
(Quintilien, *De institutione oratoria*, IV, II, 91 [env. 90].)

Latin médiéval. — **Une bonne part de l'art de bien dire consiste à savoir mentir.**
(Érasme, *Colloquia*, « *Philetymus et Pseudocheus* » [1518].)

Américain. — **Le menteur dit cent choses vraies pour faire admettre un mensonge.**
(H. W. Beecher, *Proverbs from Plymouth Pulpit* [1870].)

Anglais. — **Montrez-moi un menteur et je vous montrerai un voleur.**
(Thomas Adams, *Sermons* [1629].)

— **Les agréables mensonges, une fois semés, poussent en orties.**
(A. Esquiros, *l'Esprit des Anglais* [1856].)

Berbère. — **Sauf mon père et ma mère, tout le monde ment.**

Danois. — **Si les mensonges se disaient en latin, il y aurait abondance de latinistes.**

Espagnol. — **Il n'y a point de mensonge qui ne soit gentilhomme.**
(C'est-à-dire : ... qui n'emprunte des allures nobles.)

— **Le mensonge donne des fleurs, mais pas de fruits.**
(Variante : La vaine gloire donne des fleurs, etc.)

Français. — **Beaux mensonges aident.**
(*Proverbes rurauz et vulgauz*, manuscrit du XIVe s., Paris, Bibl. nat.)

— **Un menteur est toujours prodigue de serments.**
(Corneille, *le Menteur*, III, v, 972 [1643].)

— **Il y a des gens qui mentent simplement pour mentir.**
(Pascal, *Pensées*, II, 108 [1670].)

— **Un menteur est un homme qui ne sait pas tromper.**
(Vauvenargues, *Réflexions et Maximes*, 277 [1746].)

— **A beau mentir qui vient de loin.**
(Abbé Tuet, *Matinées sénonaises ou Proverbes français* [1789].)

— **Le mensonge n'est bon à rien, puisqu'il ne trompe qu'une fois.**
(Napoléon Ier [1769-1821], *Maximes et Pensées*.)

Malgache. — **Le mensonge est comme le sable : il paraît doux quand on s'y couche, mais dur quand on se lève.**
(J. A. Houlder, *Ohabolana, ou Proverbes malgaches* [1915].)

Nigritien *(Achanti)*. — **La bouche elle-même ne comprend pas la salive.**
(Se dit pour caractériser la mythomanie.)

Roumain. — **Le mensonge est un os que l'on jette aux autres, mais qui vous étrangle.**

Russe. — **Dans la mare des mensonges, il ne nage que des poissons morts.**

Serbe. — **Le mensonge fait dîner, mais ne fait pas souper.**

Turc. — **Le logis du menteur a brûlé, mais personne ne l'a cru.**

Yiddish. — **Avec un mensonge on va loin, mais sans espoir de retour.**

V. DUPLICITÉ, FAUSSETÉ, FOI (Bonne et mauvaise), TROMPERIE, VÉRITÉ ET MENSONGE.

MÉPRIS

Bible. — **Celui qui méprise son prochain est dépourvu de sens; l'homme intelligent se tait.**

(Livre des Proverbes, XI, 12; IVᵉ s. av. J.-C.)

Latin. — **Le mépris est pour le sage plus pénible que les mauvais traitements.**

(Publilius Syrus, *Sentences*, Iᵉʳ s. av. J.-C.)

Espagnol. — **Le mépris est la forme la plus subtile de la vengeance.**

(Baltasar Gracian, *Oraculo manual*, 205 [1647].)

Français. — **Il n'est réplique si piquante que le mépris silencieux.**

(Montaigne, *Essais*, II, XXXI [1580].)

— **Nous méprisons beaucoup de choses, pour ne pas nous mépriser nous-mêmes.**

(Vauvenargues, *Réflexions et Maximes*, 196 [1746].)

— **Nous n'avons pas assez d'amour-propre pour dédaigner le mépris d'autrui.**

(Vauvenargues, *Réflexions et Maximes*, 549 [1746].)

— **Il n'y a point de dette sitôt payée que le mépris.**

(On rend mépris pour mépris. — Abbé Tuet, *Matinées sénonaises ou Proverbes français* [1789].)

— **Le mépris doit être le plus silencieux de nos sentiments.**

(Rivarol [1753-1801], *Notes, Pensées et Maximes*.)

— **Il faut dépenser le mépris avec une grande économie, à cause du grand nombre de nécessiteux.**

(Chateaubriand [1768-1848].)

Indien. — **Le dard du mépris perce l'écaille de la tortue.**

(Ch. Cahier, *Proverbes et Aphorismes* [1856].)

Suédois. — **Il est certaines gens dont l'indifférence et le mépris font plus d'honneur que l'amitié et les louanges.**

(Chancelier Oxenstiern [1583-1654], *Réflexions et Maximes*.)

V. DÉDAIN.

MER, MARIN

Grec. — **Il n'est rien de plus terrible que la mer pour dompter un homme.**

(Homère, *l'Odyssée*, VIII, 138; IXᵉ s. av. J.-C.)

— **Celui qui est maître de la mer le sera tôt ou tard de l'empire.**

(Thémistocle, Vᵉ s. av. J.-C. — Cité par Cicéron, *Epistulae ad Atticum*, X, VIII.)

— **Il y a trois sortes d'êtres : les vivants, les morts, et les marins.**

(Anacharsis, VIᵉ s. av. J.-C.)

Proverbe général. — **Qui veut apprendre à prier, qu'il aille sur la mer.**

(Cité par William Gurnall, *The Christian in Compleat Armour* [1655].)

Anglais. — **La mer joint les régions qu'elle sépare.**

(A. Pope, *Windsor Forest*, 400 [1713].)

Français. — **Le trident de Neptune est le sceptre du monde.**

(A.-M. Lemierre, *le Commerce*, 60 [1756]. — Le vers 59 : « La puissance dépend de l'empire de l'onde » éclaire le sens de cet alexandrin proverbial, dont Lemierre disait, non sans un peu d'exagération, que c'était le vers du siècle.)

Polonais. — **Si tu vas en guerre, prie une fois; si tu vas en mer, prie deux fois.**

(Le proverbe ajoute : Si tu vas en mariage, prie trois fois.)

V. NATURE.

MERCENAIRE

Bible. — **Le mercenaire, voyant venir le loup, abandonne les brebis et se sauve.**
(Évangile selon saint Jean, x, 12 [env. 115].)

Arabe. — **Qui veut manger le pain du sultan doit frapper avec son épée.**
(Silvestre de Sacy, *Chrestomathie arabe* [1827].)

Italien. — **En temps de paix, le mercenaire dérobe; en temps de guerre, il déserte.**
(Machiavel, *le Prince*, XII [1513].)
V. SERVITUDE.

MÈRE

Latin. — **L'enfant reconnaît sa mère à son sourire.**
(D'après Virgile, *Bucoliques*, IV, 60; env. 40 av. J.-C.)

Sanskrit. — **Qui donc est parent ? La mère et l'enfant.**
(*Avadânas*, contes et apologues indiens.)

Islam. — **Le paradis est aux pieds des mères.**
(Proverbe soufi, xe s.)

Proverbe général. — **L'enfant est l'ancre de la mère.**
(Cf. saint Paul, Épître à Timothée, II, 15 : La femme sera sauvée par la maternité.)

— **L'amour d'une mère ne vieillit pas.**
(Variante française : L'amour d'une mère est toujours dans son printemps.)

Albanais. — **Même Dieu a sa mère.**
(A. Dozon, *Chrestomathie de la langue chkipre ou albanaise* [1878].)

Américain. — **Le cœur d'une mère est l'école de l'enfant.**
(H. W. Beecher, *Life Thoughts* [1858].)

Anglais. — **Un enfant peut avoir à charge les bénédictions de sa mère.**
(J. Clarke, *Paroemiologia anglo-latina* [1639].)

Arménien. — **La mère punit et frappe son enfant; mais, aussitôt après, elle le couvre de baisers.**

Bantou (Betchouana). — **La mère est celle qui prend le couteau par la lame.**

Berbère. — **Ils bêleront et reconnaîtront leur mère.**
(Se dit des enfants qui, par suite d'un divorce, sont séparés de leur mère.)

Chinois. — **Quand l'enfant quitte la maison, il emporte la main de sa mère.**
(C'est-à-dire : les bonnes ou mauvaises manières de sa mère.)

Espagnol. — **En Espagne, c'est assez d'être mère.**

— **Qui mouche mon enfant me baise au visage.**

Français. — **L'asile le plus sûr est le sein de sa mère.**
(Florian, *Fables*, « la Mère, l'Enfant et les Sarigues », II, 1 [1792]. — Florian, alors qu'il était enfant, avait perdu sa mère; il la regretta toute sa vie. Il dit un jour à un jeune garçon qui pleurait après une correction maternelle : « Tu es bien heureux, toi, de pouvoir être battu par ta mère. »)

— **Le chef-d'œuvre de Dieu, c'est le cœur d'une mère.**
(Grétry [1741-1813].)

— **L'avenir d'un enfant est l'œuvre de sa mère.**
(Napoléon Ier. — Cité par Barry E. O'Meara, *Journal*, 10 juin 1817.)

Indien (hindî). — **On ne parle jamais bien du ciel ni de sa mère.**

Irlandais. — Pour chaque mère le soleil ne brille que sur son enfant.

Nigritien *(Bambara)*. — Même si son enfant est un serpent, la mère se l'enroule autour des seins.

— *(Peul)*. — La pintade sans poussins n'est rien que plumes brillantes.

Russe. — Il fait clair au soleil, il fait chaud près de sa mère.

Yiddish. — Dieu ne pouvait être partout, alors il a créé la mère.

> V. NOURRICE, PARENTS (père et mère).

MÈRE et FILLE

Bible. — Telle mère, telle fille.
> (Ézéchiel, XVI, 44; VIIe s. av. J.-C.)

Hébreu. — La brebis suit la brebis.
> (Le Talmud, *Ketuboth*, Ve s.)

Anglais. — Bonne mère ne cherche pas sa fille derrière le four qu'elle n'y soit allée elle-même.

Arabe. — Renverse la jarre sur son orifice : la fille ressemblera à sa mère.

— Épousez une folle qui est fille d'un sage, mais n'épousez pas une sage qui est fille d'une folle.

Français. — La chèvre a sauté en la vigne, aussi y sautera la fille.
> (*Proverbia rusticorum mirabiliter versificata*, manuscrit du XIIIe s., Leyde.)

— Mère piteuse fait fille teigneuse.
> (*Proverbia vulgalia et latina*, manuscrit du XIIIe s., Paris, Bibl. nat.)

— Donnant et prenant fait mère et fille amies.
> (*Banum spatium*, manuscrit du XIVe s., Paris, Bibl. nat.)

— On se croit toujours plus sage que sa mère.
> (Florian, *Fables*, I, VII [1792].)

Indien *(bengali)*. — De sa mère on sèvre l'enfant par du riz; de sa mère on sèvre la jeune fille par un mari.

Irlandais *(gaélique)*. — Ton fils reste ton fils jusqu'au jour de ses noces, mais ta fille est ta fille jusqu'au seuil de ta fosse.

> V. FILLE (*filia*), FILS ET FILLE.

MÈRE et FILS

Antiquité chinoise. — Le père est fier du fils qui lui fait honneur, et il rabaisse les autres; la mère est fière de son fils doué, mais elle chérit les autres.
> (*Livre des rites*, IVe s. av. J.-C.)

Hébreu. — On ne juge pas la vache dangereuse tant que son veau n'est pas méchant.
> (Le Talmud, *Genesis Rabbah*, Ve s. — On estime la mère d'après le fils.)

Arabe. — La mère d'un homme assassiné dort; mais non pas la mère d'un assassin.

Chinois. — Un fils qui fait verser des larmes à sa mère peut seul les essuyer.

Finnois-finlandais. — Une chemise de toile cousue par ma mère est chaude ; une chemise de laine cousue par une étrangère est froide.

Indien *(hindî)*. — **La mère regarde le ventre de son fils et l'épouse son dos.**
(La mère s'inquiète de la santé de son fils; la femme cherche à savoir quel cadeau son mari lui apporte.)

Nigritien *(Achanti)*. — **Le serpent peut devenir très long, il ne piquera pas sa mère.**

Turc. — **Pain d'époux, pain quotidien; pain de fils, pain de geôle.**

V. FILS, FILS ET FILLE.

MÉRITE

Antiquité chinoise. → **L'homme d'un mérite immense paraît frappé d'incapacité.**
(Lao-Tseu, *Livre du Tao et de sa vertu*, II, XLI, 10; VIᵉ s. av. J.-C.)

Sanskrit. — **Le brin de paille flotte à la surface de l'eau, la pierre précieuse tombe au fond.**
(*Avadânas*, contes et apologues indiens.)

Latin. — **Le caractère du vrai mérite est de n'être jamais content de soi.**
(Plaute, *Trinummus*, 280; IIᵉ s. av. J.-C.)

Allemand. — **Si tu veux jouir de ton mérite, il faut que tu prêtes du mérite aux autres.**
(Gœthe [1749-1832], *Maximen und Reflexionen*.)

Anglais. — **Le charme frappe la vue, le mérite conquiert l'âme.**
(A. Pope, *The Rape of the Lock*, V, 34 [1714].)

Chinois. — **Une tour se mesure à son ombre et l'homme de mérite au nombre de ses envieux.**

Espagnol. — **Plus grand est le mérite, moins grande l'affectation.**
(Baltasar Gracian, *Oraculo manual*, 123 [1647].)

Français. — **Les chevaux courent les bénéfices, les ânes les attrapent.**
(Louis XII [1462-1515]. — Les gens en place ne sont pas les plus méritants.)

— **Jamais à un bon chien il ne vient un bon os.**
(Variante : Ce ne sont pas les chevaux qui tirent le plus fort qui mangent l'avoine.)

— **La nature fait le mérite, et la fortune le met en œuvre.**
(La Rochefoucauld, *Réflexions ou Sentences et Maximes morales*, 153 [1665].)

— **Le monde récompense plus souvent les apparences du mérite que le mérite même.**
(La Rochefoucauld, *op. cit.*, 166.)

— **Il y a du mérite sans élévation, mais il n'y a point d'élévation sans quelque mérite.**
(La Rochefoucauld, *op. cit.* 400.)

— **C'est un pesant fardeau d'avoir un gros mérite.**
(Regnard, *le Joueur*, II, VIII [1696].)

— **Le mérite est un sot, si l'argent ne l'escorte.**
(Gresset, *Épîtres* [1737].)

— **Le mérite tient lieu des plus nobles aïeux.**
(Destouches, *la Force du naturel*, IV, XII [1750].)

— **Le mérite se cache, il faut l'aller trouver.**
(Florian, *Fables*, I, XIX [1792].)

— **L'importance sans mérite obtient des égards sans estime.**
(Chamfort [1741-1794], *Maximes et Pensées*.)

— Nous convenons volontiers d'un mérite qui n'est pas celui que nous devons avoir.
(J. Sanial Dubay, *Pensées sur les mœurs*, 867 [1813].)

— Il faut beaucoup de mérite pour sentir vivement celui des autres.
(Joseph de Maistre [1753-1821], *Lettres et Opuscules*.)

Suédois. — Le mérite et la fortune sont deux ennemis irréconciliables qui s'évitent avec un soin extrême.
(Chancelier Oxenstiern [1583-1654], *Réflexions et Maximes*.)

V. APTITUDE, EMPLOIS (les), TALENT, VALEUR, VALOIR (Se faire).

MESURE

Antiquité chinoise. — C'est un tort égal de pécher par excès ou par défaut.
(Confucius, *Livre des sentences*, VII, 1; vɪᵉ s. av. J.-C.)

Grec. — La mesure est la meilleure des choses.
(Cléobule de Rhodes, vɪᵉ s. av. J.-C. — Cité par Diogène Laërce, *Phil. ill.*, I. — Cf. Horace, *Satires*, I, 1, 106 : *Est modus in rebus*, il faut une mesure en toutes choses.)

Bible. — Ne sois pas juste à l'excès et ne te montre pas sage outre mesure.
(L'Ecclésiastique, vɪɪ, 16; ɪɪɪᵉ s. av. J.-C.)

Anglais. — Le sens de la mesure est un trésor.
(*Measure is treasure.* — Cité par J. Lydgate, *Minor Poems;* xvᵉ s.)

Français. — Entre trop et trop peu est la juste mesure.
(Gilles de Noyers, *Proverbia gallicana* [1558].)

Indien. — Si tu marches doucement, la terre te portera.

V. ASSEZ ET TROP, MILIEU (Juste), MODÉRATION.

MÉTHODE

Grec. — Il n'y a pas une méthode unique pour étudier les choses.
(Aristote, *Traité de l'âme*, I, 1, 2; ɪvᵉ s. av. J.-C.)

Arabe. — Ne selle pas ton cheval avant de le brider.

Français. — L'on ne doit pas mettre la charrue devant les bœufs.
(*Bonum spatium*, manuscrit du xɪvᵉ s., Paris, Bibl. nat. — Ce proverbe est une variante de Lucien de Samosate, *Dialogues des morts*, vɪ, 2 : La charrue traîne les bœufs, c'est-à-dire : Le vieillard entraîne les jeunes gens.)

— On n'écorche pas l'anguille par la queue.
(Antoine Oudin, *Curiosités françoises* [1640].)

Indien. — Il faut s'asseoir avant de se coucher.

Roumain. — Un escalier se balaie en commençant par le haut.

Russe. — D'abord l'étable, ensuite la vache.

V. ANTICIPATION, COMMENCER ET FINIR

MÉTIER (généralités)

Hébreu. — Qui ne donne pas de métier à son fils lui donne le métier de voleur.
(Le Talmud, *Kiddushin*, vᵉ s. — Attribué à Rabbi Yehuhah.)

Grec. — A pratiquer plusieurs métiers, on ne réussit dans aucun.
(Cité par Platon, *la République*, III, 394 e. — Variante moderne : Douze métiers, treize misères.)

Proverbe général. — Un métier bien appris vaut mieux qu'un gros héritage.

Berbère. — Celui qui possède un métier est comme celui qui possède un château fort.

Espagnol. — L'abbé dîne de son chant.

    (Cervantes, *Don Quichotte*, II, LX [1615].)

Français. — Qui n'aime son métier, son métier ne l'aime.

    (*Proverbes au comte de Bretagne*, manuscrit du XIVe s., Paris, Bibl. nat.)

    — Un honnête homme n'est pas comptable du vice ou sottise de son métier.

    (Montaigne, *Essais*, III, x [1588].)

    — De son métier, il faut que chacun vive.

    (La Fontaine, *Contes et Nouvelles*, « le Calendrier des vieillards » [1666]. — Il s'agit du métier de corsaire.)

    — La main est le plus sûr et le plus prompt secours.

    (La Fontaine, *Fables*, X, XVI [1678], « le Marchand, le Gentilhomme, le Pâtre et le Fils de roi ». — Le fabuliste recommande de faire apprendre aux enfants un métier manuel.)

    — Qui ne fait son métier doit fermer sa boutique.

    (Dancourt, *Sancho Pança*, II, I, 141 [1712].)

    — Il n'y a si petit métier qui ne nourrisse son maître.

    (Abbé Tuet, *Matinées sénonaises ou Proverbes français* [1789].)

    — Il n'y a pas de sots métiers, il n'y a que des sottes gens.

    (M. Le Roux de Lincy, *Livre des proverbes français* [1859].)

Italien. — On ne se salit pas les mains à faire son métier.

Persan. — Un cordonnier expatrié écarte de lui la misère, mais un roi hors de son royaume est exposé à mourir de faim.

    V. TRAVAIL.

MÉTIER (Chacun son)

Arabe. — Donnez votre pain à cuire à un boulanger, dût-il vous en manger la moitié.

Français. — Qui se mêle du métier d'autrui, trait sa vache dans un panier.

    (Gabriel Meurier, *Trésor des sentences* [1568].)

    — Chacun son métier, les vaches seront bien gardées.

    (Florian, *Fables*, I, VIII, « le Vacher et le Garde-chasse » [1792].)

    — Si les chats gardent les chèvres, qui attrapera les souris?

    V. EFFICIENCE, EXPERT.

MÉTIER (Choix d'un)

Danois. — Ne te fais pas boulanger si tu as la tête en beurre.

Français. — A chemin battu, il ne croît point d'herbe.

    (*Proverbes au vilain*, manuscrit du XIIIe s., Paris, Bibl. nat.)

    — Soyez plutôt maçon, si c'est votre talent.

    (Boileau, *Art poétique*, IV, 26 [1674].)

    V. APTITUDE, TALENT.

MÉTIER (déformation professionnelle)

Latin. — **L'office fait l'homme.**
Magistratus facit homines.

Anglais. — **L'herboriste regarde la plante médicinale d'un autre œil que le poète, le promeneur ou le paysan.**
(J. Glanvill, *The Vanity of Dogmatizing*, XXIV [1661].)

Français. — **On devient l'homme de son uniforme.**
(Napoléon Ier [1769-1821], *Maximes et Pensées*.)

— **Les prêtres et les magistrats ne dépouillent jamais leur robe entièrement.**
(Honoré de Balzac [1799-1850], *Maximes et Pensées*.)

V. CONVERSATION, INTÉRÊT PERSONNEL.

MÉTIER (Entraide de)

Belge *(Wallonie)*. — **Entre ménétriers, on se doit une danse.**

Berbère. — **Le menuisier n'empoudre pas le chaufournier.**

Français. — **Un barbier rase l'autre.**
(Antoine Oudin, *Curiosités françoises* [1640].)

Italien. — **Il n'y a point d'inimitié entre le cuisinier et le sommelier.**

V. ENTRAIDE.

MÉTIER (Rivalité de)

Grec. — **Le potier porte envie au potier, l'artisan à l'artisan, le mendiant au mendiant, le chanteur au chanteur.**
(Hésiode, *les Travaux et les Jours*, 25; VIIIe s. av. J.-C.)

Latin médiéval. — **L'homme est un loup pour l'homme; la femme, encore plus loup pour la femme; le clerc, tout à fait loup pour le clerc.**
(*Homo homini lupus; femina feminae lupior; clericus clerico lupissimus.*)

Anglais. — **Nul barbier ne rase de si près qu'un autre n'y trouve à redire.**

Chinois. — **Ceux qui cultivent la même vertu s'aiment; ceux qui exercent le même métier se jalousent.**

Russe. — **Le pêcheur aperçoit de loin le pêcheur.**

MÉTIER (spécialisation)

Latin. — **Il vaut mieux exceller en une chose que d'être médiocre en plusieurs.**
(Pline le Jeune, *Lettres*, IX, XXIX; début du IIe s.)

Américain. — **Le chausseur fait de bons souliers parce qu'il ne fait rien d'autre.**

Anglais. — **Un professeur de grec est celui qui sait un peu de grec et rien d'autre.**

Espagnol. — **Personne ne travaille mieux que lorsqu'il fait une seule chose.**
(Ignace de Loyola, *Maximes extraites des « Exercices spirituels »* [env. 1550].)

Français. — Il est bien plus beau de savoir quelque chose de tout que de savoir tout d'une chose.

(Pascal, *Pensées*, I, 37 [1670]. — Cette pensée avait été biffée dans le manuscrit de Pascal. Elle est donnée entre crochets dans l'édition de Brunschvicg.)

MÉTIER (Les cordonniers sont les plus mal chaussés.)

Arabe. — Chez le potier, on sert de l'eau dans un pot ébréché.

Chinois. — La marchande d'éventails s'évente avec ses mains.

Français. — Les cordonniers sont les plus mal chaussés.
(Proverbe né d'une réflexion de Montaigne, *Essais*, I, XXIV : « Quand nous voyons un homme mal chaussé, nous disons que ce n'est pas merveille s'il est chaussetier. »)

Persan. — La femme du tourneur d'ambre porte un collier de perles smaragdines. (La pierre smaragdine ressemble à l'émeraude.)

MEURTRE

Bible. — Un homme chargé du sang d'un autre fuit jusqu'à la fosse : ne l'arrêtez pas.
(Livre des Proverbes, XXVIII, 17; IV⁰ s. av. J.-C.)

Allemand. — Qui baigne ses mains dans le sang les lavera dans les larmes.

Anglais. — Les péchés parlent, le meurtre crie.

Brésilien. — Là où le sang a coulé, l'arbre de l'oubli ne peut grandir.

V. CHÂTIMENT, PUNIR, TALION (Peine du).

MIEL

Latin. — La meilleure huile est au sommet, le meilleur vin au milieu et le meilleur miel au fond.
(Macrobe, proconsul d'Afrique, *Saturnales*, VII, XII; IV⁰ s.)

Français. — Le miel est pour qu'on le lèche.
(*Proverbia vulgalia*, manuscrit du XIV⁰ s., Hereford.)

Turc. — Le miel est une chose, mais le prix du miel en est une autre.

V. SATIÉTÉ.

MIEUX

Allemand. — Mieux vaut pas de cuiller que pas de soupe.

Espagnol. — J'aime mieux un âne qui me porte qu'un cheval qui me désarçonne.

Estonien. — Mieux vaut une chèvre qui donne du lait qu'une vache stérile.

Français. — Mieux vaut œuf de géline que pet de reine.

Persan. — Il vaut mieux être dévoré par le lion que désarticulé par les chacals.

V. CERTAIN ET INCERTAIN, RÊVE ET RÉALITÉ.

MIEUX EST L'ENNEMI DU BIEN (Le)

Antiquité chinoise. — **Ce qui est au-dessus du bon est souvent pire que le mauvais.**
> (Lao-Tseu, *Livre du Tao et de sa vertu*, I, IX, 2; VIᵉ s. av. J.-C.)

Allemand. — **Si l'éclat des étoiles doublait, l'univers serait à jamais ténébreux.**
> (Gœthe [1749-1832], *Maximen und Reflexionen*.)

Anglais. — **Mieux vaut petit feu qui chauffe, que grand feu qui brûle.**
> (Rowland Watkyns, *Proverbial Sentences* [1660].)

— **Celui qui a une épée et retourne chez lui en chercher une meilleure ne revient jamais.**
> (Th. Fuller, *Gnomologia* [1732].)

Français. — **Ferrée jument glisse.**
> (Manuscrit du XVᵉ s., sans titre, Rome, Vatican.)

— **Un tiens vaut mieux que deux tu l'auras.**
> (D'après La Fontaine, « le Petit Poisson et le Pêcheur », V, 3.)

Italien. — **Le mieux est l'ennemi du bien.**
> (Cité par Voltaire, *Dictionnaire philosophique*, « Art dramatique » [1764].)

> V. ASSEZ ET TROP, EXAGÉRATION, EXCÈS.

MILIEU

Allemand. — **Le caillou jeté dans la boue ne fait pas d'ondes.**
> (Gœthe [1749-1832], *Maximen und Reflexionen*.)

Bantou *(Thonga).* — **La force du crocodile, c'est l'eau.**

Nigritien *(Bambara).* — **Si le tronc de l'arbre n'est pas pourri, le fungus n'y pousse pas.**

Russe. — **Où il y a un étang, il y a des grenouilles.**

> V. NATUREL (le).

MILIEU (Influence du)

Latin. — **Si le vase n'est pas pur, tout ce qu'on y verse aigrit.**
> (Horace, *Épîtres*, I, II, 54; env. 17 av. J.-C.)

Sanskrit. — **Les fleuves ont une eau douce, mais dès qu'ils ont rejoint l'océan, ils deviennent de l'eau salée.**
> (*Purânas*, recueil de sentences, IIᵉ s.)

Hébreu. — **Au milieu des épines, le myrte reste le myrte.**
> (Le Talmud, *Sanhédrin*, Vᵉ s.)

Anglais. — **La fange n'étouffe pas l'anguille.**

Basque. — **En la maison du ménétrier, tous sont danseurs.**

Chinois. — **La boue cache un rubis, mais elle ne le salit pas.**

Français. — **Dès que les bêtes sont en nombre,**
 L'homme d'esprit n'est plus qu'un sot.
> (A.-P. Dutramblay, *Apologues*, V, XXI [1810].)

Letton. — **Les arbres poussent droit dans une forêt dense.**

Libanais. — **Le chien reste chien, serait-il élevé parmi les lions.**

Persan. — **Ce qui tombe dans une mine de sel devient du sel.**

Russe. — **Quand on vit au milieu des roses, on en prend malgré soi le parfum.**

Turc. — **Auprès de ce qui est sec, ce qui est humide brûle.**

> V. CONTAGION, ENTRAÎNEMENT, EXEMPLE, FRÉQUENTATION, INFLUENCE.

MILIEU (Juste)

Antiquité chinoise. — **Le sage ne veut pas être estimé comme le jade, ni méprisé comme la pierre.**
(Lao-Tseu, *Livre du Tao et de sa vertu*, II, xxxix, 19 ; vi⁰ s. av. J.-C.)

— **L'invariabilité dans le milieu est ce qui constitue la vertu.**
(Confucius, *Entretiens philosophiques*, vi, 27 ; vi⁰ s. av. J.-C.)

Grec. — **Le juste milieu est le meilleur.**
(Phocylide de Milet, *Sentences*, vi⁰ s. av. J.-C.)

— **La vertu est le juste milieu entre deux vices.**
(Aristote, *Éthique à Nicomaque*, II, vi, 15 ; iv⁰ s. av. J.-C.)

Anglais. — **La raison gît entre l'éperon et la bride.**

Suédois. — **Celui qui n'a que des vertus n'est guère meilleur que celui qui n'a que des défauts.**

V. MESURE.

MINE

Latin. — **L'aspect des guerriers est pour une part dans la victoire.**
(Publilius Syrus, *Sentences*, i⁰ʳ s. av. J.-C.)

— **Ne vous fiez pas au front.**
(Juvénal, *Satires*, ii, 8 [env. 120].)

Anglais. — **On ne pend pas un homme sur sa mine.**

Chinois. — **L'homme sobre qui a le nez rouge passe pour un ivrogne.**

Français. — **Rien n'agrée sans belle mine.**
(Manuscrit du xiii⁰ s., sans titre, Paris, Bibl. nat.)

— **Garde-toi, tant que tu vivras,**
De juger des gens sur la mine.
(La Fontaine, *Fables*, VI, v « le Cochet, le Chat et le Souriceau » [1668].)
V. APPARENCE, VISAGE.

MINISTRE

Français. — **Un vizir aux sultans fait toujours quelque ombrage.**
(Racine, *Bajazet*, I, i, 185 [1672].)

— **Il sied plus mal à un ministre de dire des sottises que d'en faire.**
(Cardinal de Retz [1613-1679], *Maximes et Réflexions*.)

— **Tel passe pour un grand esprit qui ne serait qu'un sot s'il n'était pas ministre.**
(Helvétius [1715-1771], *Maximes et Pensées*.)

— **Il n'importe qu'il y ait sur le trône Tibère ou Titus, si Séjan est ministre.**
(Chamfort [1741-1794], *Maximes et Pensées*.)
V. ÉTAT (Homme d').

MIRACLE

Allemand. — **Le miracle est l'enfant chéri de la foi.**
(Gœthe, *Premier Faust*, I [1808].)

Américain. — **Le miracle arrive au miraculeux, non à l'arithméticien.**
(R. W. Emerson, *Conduct of Life*, *Worship* [1860].)
V. FOI.

MISANTHROPIE

Français. — Tout homme qui à quarante ans n'est pas misanthrope n'a jamais aimé les hommes.
(Chamfort [1741-1794]. — Cf. *Œuvres* du comte P.-L. Rœreder, IV, 210 [1856].)

— Les misanthropes sont honnêtes; c'est pour cela qu'ils sont misanthropes.
(Mme de Girardin, née Delphine Gay [1804-1855].)

V. OPTIMISME ET PESSIMISME.

MISÈRE

Arabe. — La misère ne tue pas, mais ses insultes ne s'effacent point.
(Zamakhari, *les Colliers d'or*, XIII; XVe s.)

Français. — Nous ne sommes pas si misérables comme nous sommes vils.
(Montaigne, *Essais*, I, L [1580].)

— Il y a une espèce de honte d'être heureux à la vue de certaines misères.
(La Bruyère, *les Caractères*, « De l'homme », 82 [1668].)

V. ADVERSITÉ, MALHEUR, PAUVRETÉ.

MODE

Proverbe général. — Suivez la mode ou quittez le monde.
(Cité par J. Clarke, *Parœmiologia anglo-latina* [1639].)

— Les fous inventent les modes, et les sages les suivent, mais de loin.
(Cité par A. Caillot, *Dictionnaire proverbial* [1826].)

Allemand. — La mode est femme, donc capricieuse.
(K. J. Weber, *Sämtliche Werke* [1834].)

Français. — Il y a autant de faiblesse à fuir la mode qu'à l'affecter.
(La Bruyère, *les Caractères*, « De la mode », 11 [1688].)

— Faisons ce qu'on doit faire, et non pas ce qu'on fait.
(La Chaussée, *le Préjugé à la mode*, II, 1 [1735].)

— Le changement de modes est l'impôt que l'industrie du pauvre met sur la vanité du riche.
(Chamfort [1741-1794], *Maximes et Pensées*.)

V. CONFORMISME, FEMME ET LA PARURE (la).

MODÉRATION

Antiquité chinoise. — Celui qui sait s'arrêter ne périclite jamais.
(Lao-Tseu, *Livre du Tao et de sa vertu*, II, XLIV, 7; VIe s. av. J.-C. — *Ibid*, II, LIV, 2 : La modération doit être le premier soin de l'homme.)

Grec. — Aux modérés Zeus donne la victoire.
(Eschyle, *les Euménides*, 529; Ve s. av. J.-C.)

Latin. — Ce qui est immodéré est de courte durée.
(Martial, *Épigrammes*, VI, XXIX, 7 [env. 90].)

— User, ne pas abuser.
(*Uti, non abuti*. — Adage latin.)

Anglais. — La modération est un fil de soie qui relie toutes les perles de la vertu.
(Joseph Hall, évêque de Norwich, *Select Thoughts* [1654].)

Français. — **Il ne faut pas être plus royaliste que le roi.**
(Chateaubriand, *la Monarchie selon la charte*, 94 [1816].)

— **La modération est la santé de l'âme.**
(La Rochefoucauld-Doudeauville, *Mémoires*, « Livre des pensées », 367 [1861].)

— **Il faut lier le sac avant qu'il ne soit plein.**
V. ASSEZ ET TROP, MESURE.

MODESTIE

Bible. — **Ne sois pas sage à tes propres yeux.**
(Livre des Proverbes, III, 7 ; IVᵉ s. av. J.-C.)

Allemand. — **Nul ne s'incline devant un trésor caché.**
(G. C. Lichtenberg, *Aphorismen* [1799].)

— **La modestie est une parure, mais on va loin en s'en passant.**

Français. — **Voulez-vous qu'on croie du bien de vous ? N'en dites pas.**
(Pascal, *Pensées*, sect. T, 44.)

— **La modestie est au mérite ce que les ombres sont aux figures dans un tableau : elle lui donne de la force et du relief.**
(La Bruyère, *les Caractères*, « Du mérite personnel », 17 [1688].)

— **C'est peu d'être modeste, il faut avoir encore
De quoi pouvoir ne l'être pas.**
(Voltaire, *la Princesse de Navarre*, III, II [1745].)

— **La modestie ajoute au mérite, et fait pardonner la médiocrité.**
(La Rochefoucauld-Doudeauville, *Mémoires*, « Livre des pensées », 60 [1861].)

Polonais. — **La modestie devrait être la vertu de ceux qui manquent d'autres vertus.**
(Stanislas Leszczynski, *Œuvres du philosophe bienfaisant* [1763].)

V. HUMILITÉ, PARAÎTRE, RANG, VALOIR (Se faire).

MODESTIE (Fausse)

Français. — **Le refus des louanges est un désir d'être loué deux fois.**
(La Rochefoucauld, *Réflexions ou Sentences et Maximes morales*, 149 [1665].)

— **La fausse modestie est le dernier raffinement de la vanité.**
(La Bruyère, *les Caractères*, « De l'homme », 66 [1688].)

— **Certains qui sont de taille médiocre se baissent aux portes de peur de se heurter.**
(La Bruyère, *les Caractères*, « Du mérite personnel », 17 [1688].)

— **La fausse modestie est le plus décent de tous les mensonges.**
(Chamfort [1741-1794], *Maximes et Pensées*.)

V. COMPORTEMENT.

MŒURS

Grec. — **Autres temps, autres mœurs.**
(Attribué généralement à Pindare, mais sans référence.)

— **Ce sont les vertus privées qui font les mœurs publiques.**
(Phocion, IVᵉ s. av. J.-C. — Cité par Plutarque, *Vies parallèles*.)

— **Les bonnes mœurs portent de bons fruits.**
(Ménandre, *Monostiques*, IVᵉ s. av. J.-C.)

— **Il est difficile de vivre heureux avec de mauvaises mœurs.**
(Ménandre, *Fragments*.)

Latin. — **Les mœurs font la fortune.**
(Cornelius Nepos, *De viris illustribus*, « Atticus », xiv; env. 40 av. J.-C.)

Arménien. — **Les bonnes mœurs sont un collier de perles.**
(Il suffit d'une seule faute pour se perdre.)

Finnois-finlandais. — **Le visage est créé par Dieu, les habits par nos ressources, les mœurs par notre volonté.**

Français. — **Lorsque l'on veut changer les mœurs et les manières, il ne faut pas les changer par des lois.**
Montesquieu, *l'Esprit des lois*, XIX, xvi [1748].)

V. coutume (usage), manières.

MONARCHIE

Grec. — **Les peuples sont heureux quand un roi les gouverne.**
(Homère, *l'Iliade*, II, 204; ixᵉ s. av. J.-C. — Cf. Théophraste, *les Caractères*, « l'Oligarque ».)

Français. — **La monarchie est le meilleur ou le pire des gouvernements.**
(Voltaire, *Brutus*, II, vii [1730].)

— **Il y a plus de chances de rencontrer un bon souverain par l'hérédité que par l'élection.**
(Napoléon Iᵉʳ [1769-1821], *Maximes et Pensées*.)

V. gouvernement (Formes de).

MONDE

Grec. — **Le spectacle du monde ressemble à celui des jeux Olympiques; les uns y tiennent boutique; d'autres paient de leur personne; d'autres se contentent de regarder.**
(Pythagore, *Fragments*, viᵉ s. av. J.-C.)

— **Le monde est un théâtre où les pires gens ont les meilleures places.**
(Aristonyme, vᵉ s. av. J.-C. — Cité par Stobée, *Florilegium*.)

— **Le monde est une pièce de théâtre; il faut apprendre à jouer son rôle.**
(Palladas, *Épigrammes*, v, 4; ivᵉ s.)

Latin médiéval. — **Faire son devoir tellement quellement, toujours dire du bien de M. le prieur, et laisser aller le monde à sa fantaisie.**
(*Facere officium suum taliter qualiter, bene dicere de priore, sinere mundum ire quo modo vadit.* — Cité par Diderot, *le Neveu de Rameau*, II; et par P.-L. Courier, *Lettre à Messieurs de l'Académie des Inscriptions*.)

Allemand. — **Adapte-toi au monde, car ta tête est trop petite pour que le monde s'y adapte.**
(G. C. Lichtenberg, *Aphorismen* [1799].)

Anglais. — **Le monde est une comédie pour ceux qui pensent, une tragédie pour ceux qui sentent.**
(Horace Walpole, *Lettre à Horace Mann*, 31 décembre 1769.)

Espagnol. — **Au ciel tout est plaisir, en enfer tout est peine; le monde est mitoyen à l'un et à l'autre.**
(Baltasar Gracian, *Oraculo manual*, 211 [1647].)

Français. — **Le monde est rond; qui ne sait nager va au fond.**
(Gabriel Meurier, *Trésor des sentences* [1568].)

— **La fortune et l'humeur gouvernent le monde.**
(La Rochefoucauld, *Réflexions ou Sentences et Maximes morales*, 435 [1665].)

— **Le monde est un grand bal où chacun est masqué.**
(Vauvenargues, *Réflexions et Maximes*, 330 [1746].)

— **Le monde est un spectacle à regarder et non un problème à résoudre.**
(Jules de Gaultier, *la Fiction universelle* [1903].)

Irlandais *(gaélique)*. — **Si tu prends le monde comme il vient, il te prendra doucement.**

Italien. — **Le monde est un beau livre, mais il sert peu à qui ne le sait lire.**
(Goldoni, *Pamela nubile*, I, XIV [1757].)

Japonais. — **Vous pouvez rester immobile sur le flot des ondes, mais non sur le flot du monde.**

Persan. — **Avant notre venue, rien ne manquait au monde; après notre départ, rien ne lui manquera.**
(Omar Kheyyam, *Quatrains*, XIIᵉ s.)

Suédois. — **Le monde se lasse facilement de ceux qui ont commencé à se lasser de lui.**
(Chancelier Oxenstiern [1583-1654], *Réflexions et Maximes*.)

V. SOCIÉTÉ, « VANITAS VANITATUM », VIE (Lutte pour la), VIE (Sens et usage de la).

MONOGAMIE et POLYGAMIE

Grec. — **Il n'est pas bien qu'un homme tienne à lui seul les rênes de deux femmes.**
(Euripide, *Andromaque*, 177; vᵉ s. av. J.-C. — Les Grecs considéraient la monogamie comme un des faits de leur civilisation.)

Arabe. — **Entre Hana et Bana, on perd toute sa barbe.**
(Hana et Bana avaient épousé le même homme, et celui-ci était sur le déclin de son âge. Pour le faire paraître jeune, Bana lui arracha tous les poils gris de la barbe, mais Hana qui était l'aînée, voulant qu'il semblât plus âgé, lui enleva tous les poils noirs. — Cité par C. Landberg, *Proverbes du peuple arabe* [1883].)

Français. — **La polygamie n'est pas l'expression d'un amour extrême, mais d'un mépris excessif des femmes.**
(Th. Jouffroy, *le Cahier vert*, XIII [1836].)

Suédois. — **Le polygame ressemble à celui qui pratique plusieurs religions : sa foi s'éparpille et se perd.**
(E. Swedenborg, *De caelo et inferno* [1758].)

V. MARIAGE.

MOQUERIE

Anglais. — **La moquerie est la fumée des cœurs petits.**
(Tennyson, *Guinevere*, 628 [1859].)

Français. — **La moquerie est souvent indigence d'esprit.**
(La Bruyère, *les Caractères*, « De la société et de la conversation », 57 [1688].)

— **La moquerie est de toutes les injures celle qui se pardonne le moins.**
(La Bruyère, *les Caractères*, « De l'homme », 78 [1688].)

V. RAILLERIE.

MORALE

Américain. — La morale, ce n'est pas seulement être bon, mais aussi être bon à quelque chose.
(H. D. Thoreau, *Walden* [1854].)

Anglais. — La morale est exacte comme les mathématiques.
(B. Whichcote, *Moral and Religious Aphorisms* [1753].)

Français. — La vraie morale se moque de la morale.
(Pascal, *Pensées*, I, 4 [1670].)

— **Il n'y a rien d'absolu dans la morale, et en morale.**
(Mᵐᵉ Necker, *Mélanges* [1798].)

— **Un cœur droit n'admet pas plus d'accommodement en morale qu'une oreille juste n'en admet en musique.**
(G. de Lévis, *Maximes et Réflexions sur divers sujets* [1808].)

V. CONSCIENCE, RÈGLE D'OR, VERTU.

MORT (généralités)

Bible. — Tu es poussière et tu retourneras en poussière.
(Genèse, III, 19; VIIIᵉ s. av. J.-C.)

— **Pleure doucement sur le mort, car il a trouvé le repos.**
(L'Ecclésiastique, XXII, 9; IIᵉ s. av. J.-C.)

— **Quand le mort repose, laisse reposer sa mémoire.**
(L'Ecclésiastique, XXXVIII, 23.)

Antiquité chinoise. — Quand l'oiseau est près de mourir, son chant devient triste; quand l'homme est près de mourir, ses paroles portent l'empreinte de la vertu.
(Confucius, *Livre des sentences*, VIII, 4; VIᵉ s. av. J.-C.)

Grec. — Le sage doit quitter la vie avec autant de décence qu'il se retire d'un festin.
(Démophile, *Sentences*, VIᵉ s. av. J.-C.)

— **La mort prévue est la plus odieuse des morts.**
(Bacchylide de Céos, *A Hiéron de Syracuse*, 51; Vᵉ s. av. J.-C.)

— **Mourir glorieusement est un bienfait des dieux.**
(Eschyle, *Agamemnon*, 1304; Vᵉ s. av. J.-C.)

— **Tout vient de la terre et tout y retourne.**
(Ménandre, *Monostiques*, IVᵉ s. av. J.-C.)

— **C'est une malédiction pour les épis de ne pas être moissonnés, et ce serait une malédiction pour les hommes de ne pas mourir.**
(Épictète, *Entretiens*, II, VI; début du IIᵉ s.)

Latin. — La mort est un grand bien, puisqu'elle n'est pas un mal.
(Publilius Syrus, *Sentences*, Iᵉʳ s. av. J.-C.)

— **C'est un bonheur de mourir avant que d'invoquer le secours de la mort.**
(Publilius Syrus, *Sentences*.)

— **C'est mourir deux fois que de mourir par la volonté d'un autre.**
(Publilius Syrus, *Sentences*.)

— **La mort rattrape qui la fuit.**
(Horace, *Odes*, III, II, 14; env. 23 av. J.-C.)

— **La mort est quelquefois un châtiment; souvent c'est un don; pour plus d'un, c'est une grâce.**
(Sénèque, *Hercule sur l'Œta*, 930 [env. 55].)

— **Une mort courte est le souverain bien de la vie humaine.**
(Pline l'Ancien, *Histoire naturelle*, VIII, 53 [env. 77].)

— **La mort égalise toutes les conditions.**
(Claudien, *De raptu Proserpinae*, II, 302 [env. 390].)

Latin médiéval. — **A l'heure de la mort, nul n'est présumé vouloir tromper.**
Nemo praesumitur ludere in extremis.

Proverbe général. — **Il y a remède à tout, sauf à la mort.**
(Cité par Bonaventure des Périers, *Nouvelles*, IX [1558].)

— **Il ne faut pas remuer la cendre des morts.**
(Cité par Antonio Perez, *Obras y relaciones* [1598].)

Allemand. — **Trois choses entrent dans une maison sans se faire annoncer :
les dettes, la vieillesse et la mort.**

Anglais. — **Nul cimetière si beau que l'on souhaite y être enterré aussitôt.**

Arabe. — **Mieux vaut être assis que debout, couché qu'assis, et mort que
couché.**

Danois. — **La mort est l'amie du mourant.**

Espagnol. — **Le soleil ni la mort ne se peuvent regarder fixement.**
(Cervantes, *Nouvelles exemplaires*, « le Petit-Fils de Sancho Panza » [1613]. — Repris
par La Rochefoucauld, *Maximes*, 26 [1665].)

— **L'agneau s'en va aussi vite que le mouton.**
(Cervantes, *Don Quichotte*, II, VII [1615].)

— **La mort est un moissonneur qui ne fait pas la sieste.**
(Cervantes, *Don Quichotte*, II, XX [1615].)

— **Contre la mort il n'y a pas de forteresse.**
(Cité par P.-J. Martin, *Proverbes espagnols* [1859].)

— **Il y a des morts qui reposent et d'autres point.**
(Perez Galdós, *Zumalacárregui*, 308 [1909].)

Estonien. — **Le vieil homme a la mort devant les yeux, le jeune homme l'a
derrière le dos.**

Français. — **Autant meurt veau que vache.**
(*Proverbia vulgalia et latina*, manuscrit du XIIIᵉ s., Paris, Bibl. nat.)

— **Il va plus au marché de peaux d'agneaux que de vieilles brebis.**
(*Bonum spatium*, manuscrit du XIVᵉ s., Paris, Bibl. nat.)

— **Le vif a peu d'amis et le mort n'en a point.**
(*Proverbes rurauz et vulgauz*, manuscrit du XIVᵉ s., Paris, Bibl. nat.)

— **On n'a point pour la mort de dispense de Rome.**
(Molière, *l'Étourdi*, II, III, 6 [1653].)

— **On ne meurt qu'une fois, et c'est pour si longtemps.**
(Molière, *le Dépit amoureux*, V, III, 1571 [1656].)

— **Le plus semblable aux morts meurt le plus à regret.**
(La Fontaine, *Fables*, VIII, I, « la Mort et le Mourant » [1678].)

— **La mort ne surprend point le sage,
Il est toujours prêt à partir.**
(La Fontaine, *Fables*, VIII, I [1678].)

— **Quand on est mort, c'est pour longtemps.**
(Désaugiers [1772-1827], *Chansons*, « le Délire bachique ». — Le proverbe fait
distique avec le vers suivant : Employons donc bien nos instants.)

— **L'humanité se compose de plus de morts que de vivants.**
(Attribué à Auguste Comte.)

— **La mort n'est pas une excuse.**

<small>(Cette phrase, parue dans un article de Séverine sur Jules Ferry [*le Journal* du 18 mars 1893], est attribuée à Jules Vallès.)</small>

— **Il est des morts qu'il faut qu'on tue.**

<small>(F. Desnoyers [1818-1869]. — Ce vers termine une proclamation que l'auteur avait écrite contre Casimir Delavigne en 1858.)</small>

Japonais. — **La mort est à la fois plus grande qu'une montagne et plus petite qu'un cheveu.**

Letton. — **La mort ne regarde pas les dents.**

<small>(Autant meurt jeune que vieux.)</small>

Malgache. — **A rechercher un pays où il n'y ait pas de tombeaux** (où l'on ne meure pas), **on arrive dans un pays de cannibales.**

Tahitien. — **Le mourant dit qu'il va aller compter les étoiles et qu'il reviendra quand il les aura toutes comptées.**

Turc. — **La mort est un chameau noir qui s'agenouille devant toutes les portes.**

Yiddish. — **L'ange de la mort tue et s'en va sanctifié.**

<small>V. DEUIL, FUNÉRAILLES, ORAISON FUNÈBRE, VIE ET MORT.</small>

MORT (Crainte de la)

Grec. — **La mort n'est qu'un épouvantail.**

<small>(Socrate, vᵉ s. av. J.-C. — Cité par Épictète, *Entretiens*, II, 1, 17.)</small>

— **Ce n'est pas la mort qui est redoutable, mais la mort avec déshonneur.**

<small>(Épictète, *Entretiens*, II, 1; début du iiᵉ s.)</small>

Anglais. — **Les hommes craignent la mort par la même raison que les enfants ont peur dans les ténèbres.**

<small>(Fr. Bacon, *De dignitate et augmentis scientiarum*, VI, XII [1605].)</small>

— **Meilleur l'homme, moins il craint la mort.**

<small>(Samuel Johnson, *Boswell's Life*, 16 septembre 1777.)</small>

Français. — **Plutôt souffrir que mourir,**
          C'est la devise des hommes.

<small>(La Fontaine, *Fables*, I, XVI, « la Mort et le Bûcheron » [1668].)</small>

— **Craindre la mort, c'est faire trop d'honneur à la vie.**

<small>(Th. Jouffroy, *le Cahier vert*, II [1836].)</small>

MORT (Mépris de la)

Latin. — **Jamais n'est misérable l'être qui accepte facilement la mort.**

<small>(Sénèque, *Hercule sur l'Œta*, 111 [env. 55].)</small>

— **Qui méprise sa vie est maître de celle d'autrui.**

<small>(Sénèque, *Lettres à Lucilius*, IV [env. 64].)</small>

Français. — **On a divers sujets de mépriser la vie, mais on n'a jamais raison de mépriser la mort.**

<small>(La Rochefoucauld, *Réflexions ou Sentences et Maximes morales*, 504 [1665].)</small>

MORTS VONT VITE (les)

Allemand. — **Les morts vont vite.**

<small>(Gottfried August Bürger [1747-1794]. — Ces mots viennent en refrain dans la ballade de *Lenore* et signifient que les morts sont rapidement oubliés.)</small>

Anglais. — **Mort depuis six mois est aussi mort qu'Adam.**
(H. G. Bohn, *Handbook of Proverbs* [1855].)

Français. — **La recommandation d'un mort est bien peu de chose auprès des vivants.**
(Diderot [1713-1784], *Diderotiana*.)

MOT

Antiquité chinoise. — **Pour un mot, un homme est réputé sage; pour un mot, un homme est jugé sot.**
(Confucius, *Livre des sentences*, IX, III; VIᵉ s. av. J.-C.)

Grec. — **Les mots ne bâtissent pas de murs.**
(Cratinos, vᵉ s. av. J.-C. — Cité par Plutarque, *Vies parallèles*, « Périclès ».)

— **Un mot suffit à faire ou à défaire la fortune d'un homme.**
(Sophocle, *Électre*, 415; vᵉ s. av. J.-C.)

Allemand. — **Usez des mots comme de l'argent.**
(G. C. Lichtenberg, *Aphorismen* [1799].)

Anglais. — **Le coup porté par un mot frappe plus fort que le coup porté par une épée.**
(R. Burton, *The Anatomy of Melancholy*, I [1621].)

Arabe. — **Le mot que tu retiens entre tes lèvres est ton esclave, celui que tu prononces est ton maître.**

Espagnol. — **Autant le mot est léger pour celui qui le jette, autant il est lourd pour celui qui le reçoit.**

Français. — **Un mot reçu de mauvais biais efface le mérite de dix ans.**
(Montaigne, *Essais*, II, VIII [1588].)

Géorgien. — **Il faut mâcher les mots plus qu'un morceau de pain.**

Suisse. — **Les mots sont comme les abeilles : ils ont miel et aiguillon.**

V. LANGAGE, LANGUE, PARLER.

MOYEN

Latin. — **Jamais la souris ne confie à un seul trou sa destinée.**
(Plaute, *Truculentus*, 842; IIᵉ s. av. J.-C.)

Hébreu. — **Chevauche deux chevaux.**
(Le Talmud, *Baba Bathra*, vᵉ s.)

Latin médiéval. — **Tous les chemins mènent à Rome.**
(Alain de Lille, *Liber parabolarum*, 591 [1175]. — Le proverbe signifie que divers chemins mènent au même endroit, et, au figuré, que divers moyens conduisent à la même fin.)

Anglais. — **Il y a plus d'un sentier qui mène au bois.**
(J. Heywood, *Proverbs in the English Tongue* [1546].)

Français. — **On ne va pas aux mûres sans crochet.**
(Bonaventure des Périers, *Nouvelles Récréations et Joyeux Devis*, VII [1558].)

V. FIN JUSTIFIE LES MOYENS (la), FIN VEUT LES MOYENS (Qui veut la).

MOYENS (Chacun utilise ses propres)

Latin. — **Le loup attaque de la dent et le taureau de la corne.**
(Horace, *Satires*, II, I, 52; env. 35 av. J.-C.)

Russe. — **Là où le cheval frappe du sabot, l'écrevisse y va de sa pince.**
(Cité par A. Vichinski, à l'assemblée générale de l'O.N.U., 20 octobre 1952.)
V. APTITUDE, TALENT.

MULTITUDE

Latin. — **Lors même qu'une chose ne serait pas honteuse, elle semble l'être quand elle est louée par la multitude.**
(Cicéron, *De finibus*, II, xv; env. 45 av. J.-C.)

Allemand. — **La multitude est un juge méprisable.**
(Gœthe [1749-1832], *Maximen und Reflexionen*.)

Anglais. — **La multitude aime non pas d'après son jugement, mais d'après ses yeux.**
(Shakespeare, *Hamlet*, IV, III [1601].)

Mandchou. — **Fais attention à celui que la multitude réprouve ; prends garde à celui que la multitude approuve.**

V. DÉMAGOGIE, FOULE, PEUPLE, VULGAIRE (le).

MUSIQUE

Antiquité chinoise. — **Si le roi aime la musique avec prédilection, le royaume approche beaucoup d'un meilleur gouvernement.**
(Mencius, *Livre des livres*, I, II, 1; IVᵉ s. av. J.-C.)

Bible. — **Ne fréquente pas la femme musicienne, de peur que tu ne sois pris dans ses rets.**
(L'Ecclésiastique, IX, 4; IIᵉ s. av. J.-C.)

Proverbe général. — **La musique adoucit les mœurs.**
(Cité par Roger Ascham, *The Scholemaster* [1570].)

Anglais. — **La musique est aussi dangereuse que la poudre à canon.**
(Car elle incite à la rêverie indolente et elle est un aphrodisiaque. — Jeremy Collier, *A Short View of the Immorality of the English State*, Introduction [1698].)

— **La musique est le seul plaisir sensuel sans vice.**
(Samuel Johnson [1709-1784], *Apophthegms*.)

Espagnol. — **Où il y a de la musique, il ne peut rien y avoir de diabolique.**
(Cervantes, *Don Quichotte*, II, XXXV [1615].)

Français. — **La comédie réveille les sens, la musique les jette à la renverse.**
(*Les Caquets de l'accouchée*, VIII [1622].)

— **La musique est le plus cher de tous les bruits.**
(Réflexion facétieuse de Théophile Gautier. — Cf. Maxime Du Camp, *Théophile Gautier*, 187, éd. Hachette, Paris, 1890.)

V. CHANTER.

MYSTÈRE

Allemand. — **Les mystères ne sont pas nécessairement des miracles.**
(Gœthe, *Sprüche in Prosa* [1819].)

Anglais. — **Où commence le mystère finit la justice.**
(E. Burke, *A Vindication of Natural Society* [1756].)

Espagnol. — **Il n'y a point d'utilité ni de plaisir à jouer à jeu découvert; il y en a à user de mystère.**
(Baltasar Gracian, *Oraculo manual*, 3 [1647].)

V. SECRET.

NATION (généralités)

Bible. — **Les nations sont comme la goutte d'eau tombant d'un seau et comme la poussière sur la balance.**
(Isaïe, XL, 15; VIIIe s. av. J.-C.)

Latin. — **Une nation est forte quand ses lois sont fortes.**
(Publilius Syrus, *Sentences*, 1er s. av. J.-C.)

Américain. — **Les nations qui veulent des protecteurs trouveront des maîtres.**
(Fisher Ames, *Oration in Boston*, 8 février 1800.)

Anglais. — **Toutes les grandes choses ont été faites par les petites nations.**
(B. Disraeli, *Tancred* [1847].)

Polonais. — **On peut regarder un homme d'après sa nation, mais on ne peut juger une nation d'après un homme.**
(Stanislas Leszczynski, *Œuvres du philosophe bienfaisant* [1763].)
V. ÉTAT, PAYS.

NATION (caractères nationaux et langues nationales)

Allemand. — **Un bon Allemand ne peut souffrir les Français, mais il boit volontiers les vins de France.**
(Gœthe, *Faust*, Ire partie, 1 [1808].)

— **L'Italien noie ses soucis dans la nonchalance, le Français dans les chansons et l'Allemand dans la boisson.**
(G. Cahier, *Proverbes et Aphorismes* [1856].)

Anglais. — **Les Français sont plus sages qu'ils ne paraissent et les Espagnols paraissent plus sages qu'ils ne sont.**
(F. Bacon, *Essays*, XXVI [1612].)

— **L'Anglais n'est jamais heureux que misérable, l'Écossais jamais chez soi qu'à l'étranger, l'Irlandais jamais en paix qu'à la bataille.**
(R. Whately, *Commonplace Book* [1865].)

— **L'Anglais aime d'amour, le Français fait l'amour.**
(S. G. Champion, *Racial Proverbs* [1938].)

Espagnol. — **L'espagnol est la langue des amants, l'italien est celle des chanteurs, le français celle des diplomates, l'allemand celle des chevaux.**
(Variante : l'italien se parle aux dames, le français aux savants, l'espagnol à Dieu.)

Français. — **L'Allemagne est faite pour y voyager, l'Italie pour y séjourner, l'Angleterre pour y penser, la France pour y vivre.**
(D'Alembert, *Éloge de Montesquieu* [1758].)

— L'Italienne ne croit être aimée de son amant que quand il est capable de commettre un crime pour elle; l'Anglaise, une folie; la Française, une sottise.

(Chamfort [1741-1794], *Caractères et Anecdotes.*)

— Le Français chante faux et pense juste; l'Allemand chante juste et pense faux; l'Italien ne pense pas, mais il chante.

(Henri de Régnier [1864-1936], *Pages d'album* [*Revue de France*, 1ᵉʳ février 1936].)

Irlandais. — L'Anglais rassasié, l'Écossais affamé, l'Irlandais enivré sont dans leur meilleure condition.

— L'Anglais pense assis, le Français debout, l'Américain en marchant, l'Irlandais à retardement.

Italien. — L'Italien est sage avant coup, l'Allemand sur le fait, et le Français après coup.

Polonais. — Mangez en Pologne, buvez en Hongrie, dormez en Allemagne et faites l'amour en Italie.

Russe. — L'Anglais a l'intelligence au bout des ongles et le Français à la pointe de la langue.

Tchèque. — L'Allemande à l'étable, la Tchèque à la cuisine, la Française au lit.

V. ALLEMAGNE, AMÉRIQUE, ANGLETERRE, PATRIE, RACE.

NATURE

Grec. — La nature ne fait rien sans objet.
(Aristote, *Politique*, I, 1, 10; IVᵉ s. av. J.-C.)

Latin. — Jamais la nature n'eut un langage et la philosophie un autre.
(Juvénal, *Satires*, XIV, 321 [env. 120].)

Latin médiéval. — Les choses naturelles ne sont pas honteuses.
(*Naturalia non sunt turpia.*)

— On ne commande à la nature qu'en lui obéissant.
(*Natura non nisi parendo vincitur.* — Cité par Francis Bacon, *De dignitate et augmentis scientiarum*, I, VI.)

— La nature a horreur du vide.
(*Natura abhorret vacuum.* — Cité par Rabelais, *Gargantua*, V, et par Descartes, *Principia philosophiae*, II, XVI et XIX.)

— La nature ne fait pas de sauts.
(*Natura in operationibus suis non facit saltum.* — Cité par Leibniz, *Nouveaux Essais*, IV, XVI, et par Linné, *Philosophia botanica*, XXVII. — Cet aphorisme scientifique signifie que la nature ne produit pas d'espèces ou de genres absolument séparés, qu'il y a toujours entre eux quelque intermédiaire qui les relie, et que la nature va par degrés et non par sauts.)

Français. — Nature peut tout et fait tout.
(Montaigne, *Essais*, I, XXIV [1580].)

— Jamais la nature ne nous trompe; c'est toujours nous qui nous trompons.
(J.-J. Rousseau, *Émile ou De l'éducation*, III [1762].)

— On conduit la nature, on ne la change pas.
(Voltaire, *Stances*, XXXVIII, 14 [1775].)

V. INSTINCT.

NATURE (Sentiment de la)

Grec. — **Le spectacle de la nature est toujours beau.**
(Aristote, *Problèmes*, xxx, 7 ; ive s. av. J.-C.)

Anglais. — **Dieu tout-puissant commença par planter un jardin.**
F. Bacon, *Essays*, xlvi [1625].)

Français. — **Il y a des lieux que l'on admire ; il y en a d'autres qui touchent, et où l'on aimerait vivre.**
(La Bruyère, *les Caractères*, « Du cœur », 82 [1688].)

Suisse. — **Un paysage quelconque est un état de l'âme.**
(H.-F. Amiel, *Journal intime*, 31 octobre 1852.)

V. CAMPAGNE ET VILLE.

NATUREL (le)

Bible. — **Un léopard changera-t-il ses taches ?**
(Jérémie, xiii, 23 ; viie s. av. J.-C.)

— **Ce qui est courbé ne peut être redressé, et ce qui manque ne peut être compté.**
(L'Ecclésiaste, i, 15 ; iiie s. av. J.-C.)

— **Une source salée ne peut donner de l'eau douce.**
(Saint Jacques, iii, 12 [env. 60].)

Antiquité chinoise. — **Le bois pourri ne peut être sculpté.**
(Confucius, *Livre des sentences*, v, 9 ; vi^e s. av. J.-C.)

Grec. — **On ne peut apprendre au crabe à marcher droit.**
(Aristophane, *la Paix*, 1083 ; ive s. av. J.-C.)

— **Il n'y a pas de moyen pour polir le hérisson.**
(Aristophane, *la Paix*, 1086 ; ive s. av. J.-C.)

— **Le loup peut changer de peau, non de naturel.**
(Apostolius, *Proverbes;* xve s. — Variante moderne : Le loup mourra dans sa peau, si on ne l'écorche vif.)

Latin. — **Chassez le naturel avec une fourche, il reviendra toujours en courant.**
(Horace, *Épîtres*, I, x, 24 ; env. 17 av. J.-C.)

— **Le renard change de poils, non d'esprit.**
(Suétone, *Vies des douze Césars*, « Vespasien » [env. 120].)

Sanskrit. — **Le serpent change le lait en venin.**
(*Les Avadânas*, contes et apologues indiens.)

Allemand. — **Mettez une grenouille sur un trône d'or, et aussitôt elle sautera dans sa mare.**
(Ch. Rozan, *les Animaux dans les proverbes* [1902].)

Anglais. — **Tôt pique ce qui sera une épine.**
(Richard Hills, *Commonplace Book* [env. 1530].)

— **La lente deviendra un pou.**
(Olivier Cromwell [1599-1658]. — Cité par Isaac d'Israeli, *Curiosities of Literature*.)

— **Nourrissez un pourceau, vous aurez un cochon.**
(H. G. Bohn, *Handbook of Proverbs* [1855].)

Arabe. — **L'âne peut aller à La Mecque, il n'en reviendra pas pèlerin.**

Chinois. — **Quand l'escargot bave, ne lui en demandez pas la raison.**

Espagnol. — **Chacun est comme Dieu l'a fait, et bien souvent pire.**
(Cervantes, *Don Quichotte*, II, IV [1615].)

— **Tout est miel à l'abeille et poison au serpent.**
(César Oudin, *Refranes o proverbios castellanos* [1659].)

Français. — **Mieux aime truie bran que rose.**
(*Proverbia vulgalia et latina*, manuscrit du XIIIᵉ s., Paris, Bibl. nat.)

— **On ne peut faire d'une buse un épervier.**
(*Roman de la Rose*, 3710; XIIIᵉ s.)

— **Jamais bon cheval ne devint rosse.**
(Noël du Fail, *les Baliverneries d'Eutrapel*, I [1548].)

— **Demande-t-on à des béliers qu'ils n'aient pas de cornes ? Ce que l'on peut faire de mieux est de les fuir.**
(La Bruyère, *les Caractères*, « De la société et de la conversation », 27 [1688].)

— **Chassez le naturel, il revient au galop.**
(Destouches, *le Glorieux*, III, v [1732].)

Géorgien. — **Le chien aboie, même à Jérusalem.**

Indien *(bihari).* — **Même lavé à l'eau de rose, l'ail ne perd pas son odeur.**

Irlandais *(gaélique).* — **Une chèvre habillée de soie reste toujours chèvre.**

Libanais. — **Le chien reste chien, serait-il élevé parmi les lions.**

Malais. — **Le crabe enseigne à ses petits à marcher droit.**

Mongol *(kalmouk).* — **Le sucre est doux à tous les bouts.**

Nigritien *(Nigeria, Nupe).* — **Le léopard ne se déplace pas sans ses taches.**

Russe. — **Le loup apprivoisé rêve toujours de la forêt.**

V. HÉRÉDITÉ, MILIEU (Influence du), ORIGINE, PEINE PERDUE.

NÉCESSAIRE et SUPERFLU

Grec. — **Celui qui sait se passer du superflu est le plus proche des dieux.**
(Socrate, Vᵉ s. av. J.-C. — Cité par Diogène Laërce, *Phil. ill.*, II.)

Latin. — **N'achetez pas ce qui est utile, mais ce qui est nécessaire.**
(Caton le Censeur, IIᵉ s. av. J.-C. — Cité par Sénèque, *Lettres à Lucilius*, XCIV.)

— **C'est pour le superflu que l'on sue.**
(Sénèque, *Lettres à Lucilius*, IV [env. 64].)

Américain. — **Si vous achetez ce qui est superflu, vous vendrez bientôt ce qui est nécessaire.**
(B. Franklin, *Poor Richard's Almanac* [1757].)

Français. — **Le superflu, chose très nécessaire.**
(Voltaire, *Satires*, « le Mondain », 22 [1736].)

V. LUXE.

NÉCESSITÉ (ce qui oblige)

Grec. — **L'adresse est faible en face de la nécessité.**
(Eschyle, *Prométhée enchaîné*, 514; Vᵉ s. av. J.-C.)

— **Il est trois despotes : la loi, l'usage, la nécessité.**
(Ménandre, *Fragments*, IVᵉ s. av. J.-C.)

Latin. — **La nécessité fait du timide un brave.**
(Salluste, *Catilina*, LVIII [env. 40 av. J.-C.].)

— **Il faut faire de nécessité vertu.**
(Saint Jérôme, *Épîtres*, LIV, 6; début du Vᵉ s.)

Allemand. — **Les Hindous du désert font vœu de ne pas manger de poisson.**
(Gœthe [1749-1832], *Maximen und Reflexionen*.)

Français. — **Où la chèvre est attachée, il faut qu'elle broute.**
(Guillaume Bouchet, *les Serées*, III [1598].)

— **C'est une violente maîtresse d'école que la nécessité.**
(Montaigne, *Essais*, I, XLVII [1580].)

Russe. — **Il faut boire l'eau de la rivière où l'on navigue.**

Serbe. — **L'âne ne sait pas nager avant que l'eau ne lui monte aux oreilles.**

V. INÉLUCTABLE.

NÉCESSITÉ (ce dont on ne peut se passer)

Grec. — **Le pouvoir habite près de la nécessité.**
(Pythagore, *les Vers d'or*, 8; VIᵉ s. av. J.-C.)

Latin. — **La nécessité ne sait que vaincre.**
(Publilius Syrus, *Sentences*, Iᵉʳ s. av. J.-C.)

— **La nécessité donne la loi et ne la reçoit pas.**
(Publilius Syrus, *Sentences*. — D'où le proverbe général : Nécessité n'a pas [ou : ne reconnaît pas] de loi.)

Latin médiéval. — **La nécessité n'a pas de loi et c'est ainsi qu'elle excuse la dispense.**
(Saint Bernard, *Traité sur le précepte et la dispense*, V; XIIᵉ s.)

— **Nécessité n'a pas de jour férié.**
Feriis caret necessitas.

Anglais. — **La nécessité est mère de l'invention.**
(J. Swift, *Gulliver's Travels*, IV [1726].)

V. BESOIN.

NÉGLIGENCE

Grec. — **Ce que l'on cherche, on le trouve; ce que l'on néglige nous échappe.**
(Sophocle, *Œdipe roi*, 110; Vᵉ s. av. J.-C.)

Latin médiéval. — **Celui qui subit une perte par sa négligence n'est pas considéré comme ayant subi un dommage.**
Culpa sua damnum sentiens non intelligitur damnum pati.

Chinois. — **Ce ne sont pas les mauvaises herbes qui étouffent le bon grain, c'est la négligence du cultivateur.**

Espagnol. — **Pour un clou se perd un fer; pour un fer, le cheval et pour un cheval, le cavalier.**
(G. Herbert, *Jacula prudentum* [1651].)

Français. — **Petite négligence accouche d'un grand mal.**
(V. Lespy, *Proverbes du Béarn* [1892].)

V. INATTENTION, INSOUCIANCE, LÉGÈRETÉ.

666

666

NEUTRALITÉ

Allemand. — **Les neutres marinent par-dessus et rôtissent par-dessous.**
(W. Wander, *Deutsche Sprichwörter Lexicon* [1880].)

Français. — **Le pavillon couvre la marchandise.**
(Bescherelle, *Dictionnaire national* [1846]. — Le commerce des neutres doit être respecté par les nations belligérantes. — Au fig., le mal se couvre de l'enseigne du bien.)

V. INDIFFÉRENCE.

NIER

Grec. — **La négation a toujours une affirmation opposée.**
(Aristote, *Hermeneia*, VI, 3; IVᵉ s. av. J.-C.)

Anglais. — **Dénégation fait petite faute grande.**
(Nicolas Ling, *Politeuphuia*, 163 [1597].)

Français. — **Tous mauvais cas sont niables.**
(Antoine Loisel, *Institutes coutumières*, 803 [1607]. — On est porté à désavouer une action honteuse.)

V. ARGUMENT, CONTRADICTION, DISCUSSION, PERSUADER, PREUVE.

NIRVANÂ

Antiquité chinoise. — **C'est du vide que dépend l'usage.**
(Lao-Tseu, *Livre du Tao et de sa vertu*, I, XI, 1; VIᵉ s. av. J.-C.)

Chinois moderne. — **Si l'on puise souvent de l'eau dans un puits, il ne manque pas de se troubler; plus le cœur agit, plus il se trouble.**
(Sie-Hoei, *Lao-Tseu tsi-kiaï*, XVIᵉ s.)

— **Tous les hommes désirent se délivrer de la mort; ils ne savent pas se délivrer de la vie.**
(Sie-Hoei, *Lao-Tseu tsi-kiai*, XVIᵉ s.)

V. VIE (Sens et usage de la).

NOBLESSE

Grec. — **Un seul homme en vaut dix mille s'il a le plus de noblesse.**
(Héraclite d'Éphèse, *Fragments*, Vᵉ s. av. J.-C.)

— **L'homme noble, c'est l'homme vertueux.**
(Antisthène, IVᵉ s. av. J.-C. — Cité par Diogène Laërce, *Phil. ill.*, VI.)

Espagnol. — **Ce sont les bonnes actions qui anoblissent et chacun est fils de ses œuvres.**
(César Oudin, *Refranes o proverbios castellanos* [1659].)

Français. — **La vraie noblesse s'acquiert en vivant, et non pas en naissant.**
(Guillaume Bouchet, *les Serées*, III, XXV [1598].)

— **Le ventre anoblit.**
(Ancienne règle de droit admise en Champagne, et suivant laquelle la noblesse se transmettait par les femmes. — Citée par Molière, *George Dandin*, I, IV [1668] — Cf. Antoine Loisel, *Institutes coutumières*, 40 : La verge anoblit et le ventre affranchit.)

— **La naissance n'est rien où la vertu n'est pas.**
(Molière, *Dom Juan*, IV, IV [1665].)

— **Les grands noms abaissent au lieu d'élever ceux qui ne les savent pas soutenir.**
(La Rochefoucauld, *Réflexions ou Sentences et Maximes morales*, 94 [1665].)

— **Noblesse oblige.**

(G. de Lévis, *Maximes et Préceptes*, 51 [1808]. — Signifie que le noble est tenu de se conduire noblement; d'une façon plus générale, que celui qui jouit d'un titre, d'un renom, etc., doit se maintenir toujours digne de son titre ou de sa réputation. — C'est une idée grecque; cf. Eschyle, *Prométhée enchaîné*, 291 : Parenté oblige.)

— **La noblesse aurait subsisté si elle s'était plus occupée des branches que des racines.**

(Napoléon Ier [1769-1821], *Maximes et Pensées*.)

— **Les nobles sont comme les livres : il en est beaucoup qui ne brillent que par leurs titres.**

(Chauvot de Beauchêne, *Maximes, Réflexions et Pensées*, 76 [1827].)

Russe. — **Le fils du noble, comme le cheval de Nogaï, meurt en ruant.**

(Nogaï, descendant de Gengis khan et chef de hordes tartares, apparaît dans l'histoire en 1258.)

V. ANCÊTRES, ARISTOCRATIE, GENTILHOMME, TITRES ET DIGNITÉS.

NOCES

Espagnol. — **Le pain de noces coûte cher à qui le mange.**

Français. — **Qui se marie un jour de pluie a du bonheur toute la vie.**

Russe. — **C'est un péché que d'assister à des noces sans repartir ivre.**

V. MARIAGE.

NOM

Français. — **C'est un poids bien pesant qu'un nom trop tôt fameux.**

(Voltaire, *la Henriade*, III, 41 [1723].)

— **Le plus beau patrimoine est un nom révéré.**

(Victor Hugo, *Odes et Ballades*, I, II, 4 [1826].)

Nigritien. — **La rivière peut être à sec, elle garde son nom.**

(Isa F. Mayo, *Proverbes du continent africain* [1912].)

V. ANCÊTRES, RENOMMÉE, RÉPUTATION.

NOMMER

Grec. — **Il faut appeler pétrin un pétrin.**

(Aristophane, *les Nuées*, 1251; IVe s. av. J.-C.)

Français. — **Quelque diversité d'herbes qu'il y ait, tout s'enveloppe sous le nom de salade.**

(Montaigne, *Essais*, I, XLVI, « Des noms » [1580].)

V. MOT.

NOMBRE

Latin. — **Les dieux aiment les nombres impairs.**

(Virgile, *Bucoliques*, VIII, 75; env. 40 av. J.-C.)

Anglais. — **Toutes les bonnes choses vont par trois.**

(Thomas Usk, *The Testament of Love*, III, 1 [env. 1380].)

Français. — **Le pouvoir des nombres est d'autant plus respecté que l'on n'y comprend rien.**

(Voltaire, *Dictionnaire philosophique*, « Nombre » [1764]. — Il s'agit de la vertu attribuée à certains nombres.)

V. FOIS (Une ou plusieurs).

NOSTALGIE

Arabe. — **Qui a bu aux sources d'Afrique y boira de nouveau.**

Indien *(hindî)*. — **Celui qui a baigné son corps dans l'eau du Gange reviendra sur les bords du fleuve pour y mourir.**

V. EXIL.

NOURRICE

Latin. — **Après la douleur d'une mère vient celle de la nourrice.**
(Publilius Syrus, *Sentences*, 1er s. av. J.-C.)

Anglais. — **La nourrice met un morceau dans la bouche de l'enfant et deux dans la sienne.**
(J. Clarke, *Parœmiologia anglo-latina* [1639].)

Français. — **Qui aime plus qu'une mère est fausse nourrice.**
(*Hic incipiunt proverbia vulgalia*, manuscrit du XIIIe s., Cambrai, Bibl. municip.)

Hollandais *(Frise)*. — **Le pain de la nourrice est plus doux que le gâteau de la mère.**

V. PARÂTRE ET MARÂTRE, PARENTS (père et mère).

NOURRITURE

Hébreu. — **Les pas de l'âne dépendent de l'avoine.**
(Le Talmud, *Shabath*, ve s.)

Anglais *(Écosse)*. — **C'est par la bouche que l'on trait la vache.**

Belge. — **Ce n'est pas le cheval qui tire, mais l'avoine.**

Espagnol. — **Ce sont les tripes qui portent les pieds, et non les pieds les tripes.**
(Cervantes, *Don Quichotte*, II, XXXIV [1615].)

Français. — **De la panse vient la danse.**
(Rabelais, *Gargantua*, XXXII [1534].)

    — **Les bons chevaux s'échauffent en mangeant.**
(A. de Montluc, *la Comédie de proverbes*, II, III [1616].)

    — **Les poules pondent par le bec.**
(Ch. Cahier, *Proverbes et Aphorismes* [1856].)

Irlandais. — **Qui n'a goûté à la mort ne connaît pas la saveur de la nourriture.**

V. MANGER.

NOUVEAUTÉ

Grec. — **Les chants les plus nouveaux sont les plus captivants.**
(Homère, *l'Odyssée*, I, 351; IXe s. av. J.-C.)

Latin. — **Il est naturel d'admirer ce qui est nouveau plutôt que ce qui est grand.**
(Sénèque, *Naturales Quaestiones*, VII, 1 [env. 64].)

Allemand. — **Quand vient un saint nouveau, on oublie l'ancien.**
(W. Wander, *Deutsche Sprichwörter Lexicon* [1880].)

Français. — **De nouveau tout m'est beau.**
(Manuscrit du XIIIe s., sans titre, Paris, Sainte-Geneviève. — Variante moderne : Tout nouveau, tout beau.)

— Il nous faut du nouveau, n'en fût-il plus au monde.
(D'après La Fontaine, *Clymène* [1671]. — La forme originale est : Il *me* faut du nouveau, n'en fût-il *point* au monde.)

Japonais. — Le thé âpre est parfumé à la première tasse.

Nigritien *(Yorouba)*. — Une vieille histoire n'ouvre pas autant l'oreille qu'une histoire nouvelle.

V. CHANGEMENT, DIVERSITÉ, VARIÉTÉ.

NOUVEAUTÉ (Rien de nouveau.)

Bible. — Rien de nouveau sous le soleil.
(L'Ecclésiaste, I, 9; IIIᵉ s. av. J.-C.)

Latin. — Rien n'est dit qui n'ait été dit.
(Térence, *Eunuchus*, 41; IIᵉ s. av. J.-C. — Cf. La Bruyère, *les Caractères*, I, I [1688].)

Allemand. — Ce qui est nouveau est rarement vrai ; ce qui est vrai est rarement nouveau.
(G. C. Lichtenberg, *Aphorismen* [1799].)

Français. — Il n'y a de nouveau que ce qui est oublié.
(Rose Bertin, marchande de modes de la reine Marie-Antoinette [1744-1813].)

— Il n'y a de nouveau que ce qui a vieilli.
(Épigraphe de la *Revue rétrospective*, Paris [1833].)

NOUVELLES

Bible. — Comme l'eau fraîche pour une personne altérée, ainsi la bonne nouvelle venant d'une terre lointaine.
(Livre des Proverbes, XXV, 25; IVᵉ s. av. J.-C.)

Proverbe général. — Les bonnes nouvelles sont toujours retardées, et les mauvaises ont des ailes.
(Cité par Voltaire, *Lettre à Mᵐᵉ Denis*, 16 mars 1752.)

Anglais. — Les bonnes nouvelles peuvent être dites à quelque moment que ce soit, mais les mauvaises seulement le matin.
(G. Herbert, *Jacula prudentum* [1651].)

Arabe. — N'achetez pas la lune ni les nouvelles : elles seront bientôt évidentes.

Français. — Au four et au moulin, on sait les nouvelles.
(Gilles de Noyers, *Proverbia gallicana* [1558].)

Italien. — Pas de nouvelles, bonnes nouvelles.

V. ÉVÉNEMENT, ON-DIT.

NUDITÉ

Anglais. — La nudité est inconvenante, celle de l'âme comme celle du corps.
(F. Bacon, *Essays*, VI [1597].)

Français. — L'indécent n'est pas le nu, mais le troussé.
(Diderot [1713-1784].)

Nigritien *(Haoussa)*. — Dieu a su cacher la nudité du maïs sous une gousse verte.

V. VÊTEMENT.

OBÉIR

Grec. — **Regimber contre l'aiguillon, c'est prendre un chemin glissant.**
(Pindare, *Odes pythiques*, II, 95; ve s. av. J.-C.)

Latin. — **Obéis à une prière plutôt qu'à un ordre.**
(Publilius Syrus, *Sentences*, 1er s. av. J.-C.)

Anglais. — **Qui ne veut obéir à sa mère obéira à sa marâtre.**

Finnois-finlandais. — **Celui qui ne veut pas entendre avec ses oreilles entendra avec son dos.**

Français. — **L'obéissance est un métier bien rude.**
(Corneille, *Nicomède*, II, 1, 383 [1651].)

— **Ce n'est pas obéir qu'obéir lentement.**
(Corneille, *Sertorius*, IV, II, 1228 [1662].)

— **La manière d'obéir fait le mérite de l'obéissance.**
(Chevalier de Méré, *Maximes et Sentences*, 306 [1687].)

Italien. — **Le navire qui n'obéit pas au gouvernail devra obéir aux écueils.**
(G. Torriano, *Piazza universale di proverbi italiani* [1666].)

V. DÉPENDANCE, SERVITUDE.

OBÉIR et COMMANDER

Antiquité égyptienne. — **Qui obéit finit par être obéi.**
(*Paroles de Kegemni*, IIIe millénaire av. J.-C.)

Grec. — **Il faut apprendre à obéir pour savoir commander .**
(Solon d'Athènes, VIe s. av. J.-C. — Cité par Diogène Laërce, *Phil. ill.*, I.)

Latin médiéval. — **On va d'un pas plus ferme à suivre qu'à conduire.**
(*De imitatione Christi*, I, IX, 616 [1424].)

Français. — **Pour être grand, il faut avoir été petit.**
(*La Chanson de Guillaume*, chanson de geste du XIe s.)

— **Il n'y a point de plus sage abbé que celui qui a été moine.**
(Baïf, *Mimes, Enseignements et Proverbes* [1576].)

— **Qui n'a fait qu'obéir saura mal commander.**
(Corneille, *Pulchérie*, II, II, 548 [1672].)

— **Il n'y a que ceux qui ont appris à commander qui sachent obéir.**
(Mme de Girardin [Delphine Gay], *Lettres parisiennes*, 12 janvier 1839.)

Italien. — **Assez commande qui obéit au sage.**
(G. Herbert, *Jacula prudentum* [1651].)

V. COMMANDER, OBÉIR, SUPÉRIEUR ET SUBALTERNE.

OBSCURITÉ

Latin. — **L'obscurité donne la paix aux hommes simples.**
(Sénèque, *Hippolyte*, 1126 [env. 64].)

Éthiopien. — **Les petites étoiles brillent toujours, tandis que le grand soleil est souvent éclipsé.**

Français. — **Pour vivre heureux, vivons cachés.**
(Florian, *Fables*, II, II, « le Grillon » [1792]. — Cf. Ovide, *les Tristes*, III, IV, 25.)

Suisse. — **Les nids les plus chauds sont ceux que l'on ne voit pas.**
(Emilia Cuchet-Albaret, *les Fuseaux d'ivoire*, « les Nids » [1909].)

V. « AUREA MEDIOCRITAS », GRANDS ET PETITS.

OBSTACLE

Français. — **Pluie du matin n'arrête pas le pèlerin.**

Indien *(hindî)*. — **On ne trébuche pas sur une montagne, mais sur une pierre.**

Roumain. — **Les pierres font partie du chemin.**

V. DIFFICILE.

OBSTINATION

Français. — **Il n'y a de damnés que les obstinés.**
(Proprement, l'impénitence seule conduit en enfer; et, par analogie, les gens obstinés souffriront s'ils persévèrent dans un mauvais parti.)

— **L'obstination et ardeur d'opinion est la plus sûre preuve de bêtise.**
(Montaigne, *Essais*, III, VIII [1588].)

— **Qui s'obstine à mordre un caillou ne réussit qu'à se briser les dents.**
(L.-P. de Jussieu, *Fables et Contes* [1829].)

— **L'obstination tient moins à la volonté qu'au peu de capacité.**
(La Rochefoucauld-Doudeauville, *Mémoires*, « Livre des pensées », 655 [1861].)

Russe. — **Ne te tiens pas à la queue, si tu as lâché la crinière.**

V. ENTÊTEMENT, OPINIÂTRETÉ.

OCCASION

Grec. — **Connais l'occasion qui t'est favorable.**
(Pittacos, VIᵉ s. av. J.-C. — Cité par Diogène Laërce, *Phil. ill.*, I.)

— **L'occasion n'a qu'une mèche de cheveux.**
(La déesse Kairos, personnification allégorique de l'Occasion, au sens de moment favorable, était représentée avec la tête rasée, sauf une mèche de cheveux sur le front. — Cf. Ausone, *Épigrammes*, XXXIII; Denys Caton, *Distiques*, II, XXVI.)

Latin. — **Jupiter lui-même ne peut retrouver l'occasion manquée.**
(Phèdre, *Fables*, V, IV; env. 25 av. J.-C.)

Latin médiéval. — **Qui ne veut quand il peut, ne peut quand il veut.**
(Jean de Salisbury *Polycratici libri*, VIII, 17; XIIᵉ s. — Repris par Rabelais, *le Tiers Livre*, XXVII.)

— **L'occasion fait le larron.**
(*Occasio facit furem.* — Cf. Cervantes, *Don Quichotte*, I, XXIII.)

Anglais. — **L'occasion présente d'abord l'anse du vase, puis la panse.**
(F. Bacon, *De dignitate et augmentis scientiarum*, VI, 41 [1605].)

Belge. — **Quand on tient l'alouette, il faut la plumer.**
(Variante : Il faut écorcher l'anguille quand on la tient.)

Chinois. — **Si le ciel vous jette une datte, ouvrez la bouche.**

Français. — **On fait plus en un jour qu'en un an.**
(*Versus de diversis materiis*, manuscrit du XIVe s., Upsal, Bibl. de l'univ.)

— **Quand on prend du galon, on n'en saurait trop prendre.**
(Parodie d'un alexandrin de Quinault, *Roland*, II, v [1685] : Quand on prend de l'amour, on n'en saurait trop prendre. — La transformation s'explique par le fait qu'un nœud de ruban se disait, au XVIIe s., un galant; d'où la mutation d'amour en galant, puis en galon, pour signifier que l'on ne saurait trop profiter d'une occasion pour s'attribuer tel titre ou s'élever à tel rang.)

Portugais. — **Le toit de l'enfer est fait d'occasions perdues.**

Russe. — **N'embrasse pas l'occasion dont la bouche est sale.**

Turc. — **C'est pendant qu'il pleut qu'il faut remplir les jarres.**
V. AIDER SOI-MÊME (s'), OPPORTUNITÉ.

OCCIDENT et ORIENT

Latin. — **De l'Orient vient la lumière.**
(*Ex oriente lux.* — Aphorisme d'une vérité matérielle incontestable, puisque le soleil se lève à l'est; mais on le cite presque toujours par métaphore, et il signifie alors que de l'Orient nous est venue une grande lumière religieuse.)

Anglais. — **La recherche de l'équité est une chose de l'Orient, la recherche de la connaissance est une chose de l'Occident.**
(*Bibliotheca Osleriana*, Oxford. — *Life of William Osler*, II, 34 [1929].)

Arabe. — **Les Orientaux sont d'accord sur le fait qu'ils ne sont pas d'accord.**
(Jamal al-Afghâni [1838-1897].)
V. RACE.

ODEUR

Latin. — **Les chiens et les sangliers n'ont pas la même odeur.**
(Plaute, *Epidicus*, 579; IIe s. av. J.-C.)

— **Point d'odeur, bonne odeur.**
(Cicéron, *Epistulae ad Atticum*, II, 1; env. 60 av. J.-C.)

Italien. — **On peut peindre une fleur, mais qu'en devient l'odeur ?**
(Ch. Cahier, *Proverbes et Aphorismes* [1856].)
V. PARFUM.

ŒUVRE

Grec. — **A l'œuvre on connaît l'ouvrier.**
(Aristophane, *les Thesmophories*, 176; IVe s. av. J.-C.)

Bible. — **C'est au fruit que l'on connaît l'arbre.**
(Évangile selon saint Matthieu, VII, 19 et XII, 33 [env. 65].)

Français. — **Nul ne fait si bien l'œuvre que celui à qui elle est.**
(*Proverbes en françois*, manuscrit de 1456, Paris, Bibl. nat.)

— **L'oiseau l'on connaît au chanter.**
(Baïf, *Mimes, Enseignements et Proverbes* [1576].)

— **C'est au pied du mur que l'on connaît le maçon.**
(On ajoute : Ce n'est pas au pied du mur..., c'est tout en haut.)
V. ARTISAN DE SON SORT (Chacun est l'), OUVRIER.

OFFENSE

Bible. — **Le sage se fait une gloire d'oublier les offenses.**
(Livre des Proverbes, XIX, 11 ; IVᵉ s. av. J.-C.)

Latin. — **L'offense est plus facilement tolérée par les oreilles que par les yeux.**
(Publilius Syrus, *Sentences*, Iᵉʳ s. av. J.-C.)

— **Il est dans la nature humaine de haïr ceux que l'on a lésés.**
(Tacite, *Agricola*, XLII [env. 90].)

Anglais. — **Qui vous a offensé ne saurait vous le pardonner.**
(J. Kelly, *Scottish Proverbs* [1721].)

Espagnol. — **L'aigle n'est pas en sûreté entre les bras de Jupiter même, le jour qu'il offense l'escarbot.**
(Baltasar Gracian, *Oraculo manual*, 258 [1647].)

Français. — **Plus l'offenseur est cher, et plus grande est l'offense.**
(Corneille, *le Cid*, I, v, 285 [1636].)

Nigritien *(Libéria).* — **Une petite offense, c'est la perte d'un cheveu.**

Targui. — **Mieux vaut passer la nuit dans l'irritation de l'offense que dans le repentir de la vengeance.**

V. AFFRONT, HUMILIATION, INJURE, INSULTE, OUTRAGE, RANCUNE.

OISIVETÉ

Bible. — **Quand les mains sont oisives, la maison ruisselle.**
(L'Ecclésiaste, X, 18 ; IIIᵉ s. av. J.-C.)

Latin. — **On a plus de mal à ne rien faire qu'à travailler.**
(Ennius, *Fragments*, IIᵉ s. av. J.-C.)

— **La rouille ronge le fer.**
(Quinte-Curce, *De rebus gestis Alexandri Magni*, VII, VIII, 15 ; Iᵉʳ s.)

— **L'oisiveté est la mère de tous les vices.**
(Denys Caton, *Disticha de moribus ad filium*, I, 2 ; IIIᵉ s.)

— **L'oisiveté est l'ennemie de l'âme.**
(Saint Benoît, fondateur de l'ordre des bénédictins [480-547].)

Latin médiéval. — **L'oisiveté est le naufrage de la chasteté.**
Otium naufragium castitatis.

Anglais. — **Aucun n'est plus affairé que celui qui a le moins à faire.**

— **Une tête oisive est l'atelier du diable.**

Français. — **L'écurie use plus que la course.**

Géorgien. — **L'eau arrêtée devient impure.**

Russe. — **Ce n'est pas le vieillard qui meurt, mais l'oisif.**

Turc. — **Tout le monde est tenté du diable, mais l'oisif tente le diable.**

V. INDOLENCE, PARESSE.

OMBRE

Latin. — **Même un cheveu a son ombre.**
(Publilius Syrus, *Sentences*, Iᵉʳ s. av. J.-C.)

Allemand. — **L'ombre d'une tour est plus grande que la tour.**

Américain. — **Les sentiers ombragés entretiennent la boue.**

Arabe. — **L'ombre est le paradis des dévots et des houris.**

Chinois. — **L'ombre se meut selon les vœux du soleil.**
V. LUMIÈRE.

ON-DIT

Chinois. — **L'empereur ne se porte jamais aussi bien à Pékin que lorsqu'on le dit malade à la campagne.**

— **Si vous doutez de ce que vous voyez, comment pouvez-vous croire ce que l'on dit ?**

Français. — **Ce n'est pas tout évangile, ce que l'on dit par la ville.**
(Gabriel Meurier, *Sentences notables, Adages et Proverbes* [1568].)
V. BAVARDAGE, RUMEUR PUBLIQUE.

OPINIÂTRETÉ

Grec. — **Opiniâtreté engendre maladresse.**
(Sophocle, *Antigone*, 1027; vᵉ s. av. J.-C.)

Espagnol. — **Tous les sots sont opiniâtres, et tous les opiniâtres sont des sots.**
(Baltasar Gracian, *Oraculo manual*, 183 [1647].)

Français. — **La petitesse d'esprit fait l'opiniâtreté, et nous ne croyons pas aisément ce qui est au-delà de ce que nous voyons.**
(La Rochefoucauld, *Réflexions ou Sentences et Maximes morales*, 265 [1665].)
V. ENTÊTEMENT, OBSTINATION.

OPINION

Grec. — **L'opinion vraie est le bien de la pensée.**
(Aristote, *Traité de l'âme*, III, III, 3; Ivᵉ s. av. J.-C.)

Latin. — **Aucun esprit averti n'a jamais considéré que changer d'opinion soit le fait de l'inconstance.**
(Cicéron, *Epistulae ad Atticum*, XVI, VII [env. 63 av. J.-C.].)

Anglais. — **Il n'y a que les sots et les morts qui ne changent pas l'opinion.**
(J. R. Lowell, *My Study Windows* [1871].)

Français. — **On donne son opinion selon sa condition.**
(Marguerite de Navarre, *Heptaméron*, IV, 33 [1559].)

— **Notre intérêt est la boussole que suivent nos opinions.**
(Florian, *Fables*, III, XVII [1792].)

— **L'homme absurde est celui qui ne change jamais.**
(A.-M. Barthélemy, *Ma justification* [1832].)

Serbe. — **La cloche elle-même n'a pas toujours le même son.**
V. AVIS, CONFORMISME, OPPORTUNISME, RÉTRACTATION.

OPINION PUBLIQUE

Grec. — **La voix du peuple est la voix de Dieu.**
(D'après Hésiode, *les Travaux et les Jours*, 763. — En latin : *Vox populi, vox Dei*. Signifie que le sentiment général est ordinairement fondé, que la vérité d'un fait, la justesse d'une opinion est établie par l'accord des opinions. — Cité par Alcuin, *Epistolae*, CLXVI, *Ad Carolum Magnum* [env. 804], qui écrit qu'il faut se défier de ce proverbe, car la voix du peuple est plutôt celle de la folie que celle de la divinité.)

Latin. — **Jamais personne n'a trompé tout le monde, et jamais tout le monde n'a trompé personne.**

(Pline le Jeune, *Panégyrique de Trajan*, 157 [env. 90].)

Français. — **L'opinion est la reine du monde.**

(Pascal, *Pensées*, V, 311 [1670].)

— **Si l'opinion est la reine du monde, les philosophes gouvernent cette reine.**

(Voltaire, *Lettre à d'Alembert*, 8 juillet 1765.)

— **L'opinion est la reine du monde, parce que la sottise est la reine des sots.**

(Chamfort [1741-1794], *Maximes et Pensées*.)

Russe. — **C'est l'opinion publique qui a crucifié le Christ.**

V. GOUVERNEMENT, PEUPLE.

OPPORTUNISME

Hébreu. — **Si le .renard règne, incline-toi devant lui.**

(Le Talmud, *Megillah*, Vᵉ s.)

Allemand. — **Il faut adorer les dieux sous lesquels on vit.**

(G. C. Lichtenberg, *Aphorismen* [1799].)

Espagnol. — **Le nord de la prudence consiste à se conformer au temps.**

(Baltasar Gracian, *Oraculo manual*, 288 [1647].)

Français. — **Le sage dit, selon les gens :**
Vive le Roi ! Vive la Ligue !

(La Fontaine, *Fables*, II, v, 33-34, « la Chauve-souris et les Deux Belettes » [1668].)

Nigritien *(Peul).* — **Au bal des oiseaux, apporte du blé.**

V. CONFORMISME, MONDE.

OPPORTUNITÉ

Grec. — **Tout est bien qui vient en son temps.**

(Chilon de Sparte, VIᵉ s. av. J.-C. — Cité par Diogène Laërce, *Phil. ill.*, I.)

— **L'opportunité est l'instant précis où l'on doit recevoir ou faire quelque chose.**

(Platon, *Définitions*, IVᵉ s. av. J.-C.)

Antiquité chinoise. — **Quoique l'on ait de bons instruments oratoires, rien n'est avantageux comme d'attendre la saison favorable.**

(Mencius, *Livre des livres*, I, III, I ; IVᵉ s. av. J.-C.)

Bible. — **Il y a sous le ciel un temps pour tout.**

(L'Ecclésiaste, III, I ; IIIᵉ s. av. J.-C.)

Latin. — **Il faut battre le fer pendant qu'il est chaud.**

(Plaute, *Pœnulus*, 914; IIᵉ s. av. J.-C. — Variante chez Pline l'Ancien, *Histoire naturelle*, XXXIV, 43 [env. 77] : Le fer rougi au feu se détériore, si on ne le frappe.)

Allemand. — **N'enfournez pas le pain avant que le four ne soit chaud.**

Anglais. — **Il y a un temps pour loucher et un temps pour regarder droit.**

Chinois. — **Il est un temps pour aller à la pêche et un temps pour faire sécher les filets.**

Français. — **Selon le temps, la manière.**

(*Proverbes au vilain*, manuscrit du XIIIᵉ s., Paris, Bibl. nat.)

— Il n'est pas toujours saison de brebis tondre.
(*Adages françois* [1557].)

— Il y a des lieux où il faut appeler Paris Paris, et d'autres où il la faut
appeler capitale du royaume.
(Pascal, *Pensées*, I, 49 [1670].)

Nigritien *(Peul).* — On façonne l'argile pendant qu'elle est humide.

Turc. — Il faut manger le concombre quand il est vert et le melon quand il
est jaune.

V. ADAPTATION, CIRCONSTANCE, CONFORMISME, CONVENANCE, ÉVÉNEMENT, OCCASION,
OPPORTUNISME.

OPTIMISME et PESSIMISME

Islam. — L'optimisme vient de Dieu, le pessimisme est né dans le cerveau
de l'homme.
(Proverbe soufi, Xe s.)

Allemand. — Tout s'arrangera, et, si le ciel tombe, il se sauvera bien une
alouette.
(Gœthe [1749-1832], *Maximen und Reflexionen.*)

Anglais. — L'optimiste est celui qui croit que le mariage est moins onéreux
que les fiançailles.
(Auteur anonyme, *Poor Richard Junior's Almanac*, 80 [1906].)

Espagnol. — Le pire n'est pas toujours certain.

Éthiopien. — Ne blâme pas Dieu d'avoir créé le tigre; remercie-le plutôt de
ne pas lui avoir donné des ailes.
(J. Faïtlovich, *Proverbes abyssins* [1907].)

Français. — Tout est pour le mieux dans le meilleur des mondes possibles.
(Voltaire, *Candide*, I [1759]. — Par cette formule, Voltaire ridiculise, tout au long
de *Candide*, la doctrine de Leibniz indiquée dans la *Théodicée* [1710].)

— Quand vous devenez pessimiste, regardez une rose.
(Albert Samain [1859-1900], *Carnets, Notes diverses.*)

V. ESPRIT, CHAGRIN, GAIETÉ, HUMEUR.

OR

Grec. — Le feu éprouve l'or et l'or éprouve le caractère.
(Chilon de Sparte, VIe s. av. J.-C. — Cité par Diogène Laërce, *Phil. ill.*, I.)

— Il n'est forteresse qu'un âne chargé d'or ne puisse approcher.
(Philippe II de Macédoine, père d'Alexandre le Grand, IVe s. av. J.-C. — Cité par
Plutarque, *Œuvres morales*, « Paroles de rois ».)

— L'or est un tyran invisible.
(Grégoire de Nazianze, *Sentences*, IVe s.)

Latin. — Ce n'est pas Philippe, mais l'or de Philippe, qui prit les villes
de Grèce.
(Paul-Émile, IIe s. av. J.-C. — Cité par Plutarque, *Vies parallèles*.)

Latin médiéval. — Quand l'or parle, l'éloquence est sans force.
(Érasme, *Adages*, III, III, 16 [1523].)

Allemand. — Une clé d'or ouvre toutes les portes.
(Le proverbe anglais ajoute : ...hormis celle du paradis.)

Anglais. — **Aucune poussière n'éblouit les yeux autant que la poussière d'or.**
(Comtesse de Blessington, *Desultory Thoughts and Reflections* [1839].)

Français. — **Or vaut ce qu'or vaut.**
(Antoine Loisel, *Institutes coutumières*, 680 [1607]. — C'est-à-dire que le prix de l'or règle la valeur des autres métaux.)

— **L'or, même à la laideur, donne un teint de beauté.**
(Boileau, *Satires*, VIII, 195 [1667].)

— **L'or est le sang des États.**
(Voltaire, *Épîtres*, LVII, 23 [1740].)

— **L'âge d'or était l'âge où l'or ne régnait pas.**
(Lezay-Marnézia, *Épîtres* [1797].)

Lituanien. — **L'or brille même dans la boue.**

Norvégien. — **Le poisson mord mieux à l'hameçon d'or.**

Suisse. — **Dans une maison d'or, les heures sont de plomb.**

Tchèque. — **L'avoine fait le cheval, la bière le héros, et l'or le gentilhomme.**
V. ARGENT, CORRUPTION.

ORAISON FUNÈBRE

Grec. — **Les morts sont toujours loués.**
(Thucydide, *Histoires*, II, XLV, 1; Vᵉ s. av. J.-C.)

Berbère. — **Quand l'homme meurt, ses pieds s'allongent.**
(On le dit plus grand qu'il n'était.)

Français. — **Les justes éloges sont un parfum que l'on réserve pour embaumer les morts.**
(Voltaire, *l'Écossaise*, Épître dédicatoire [1760].)

Kurde. — **Le chauve avait des boucles dorées, et l'aveugle des yeux d'amande.**

Suisse. — **Il faut mourir pour se faire embaumer.**
V. AFFLICTION, DEUIL, FUNÉRAILLES, MORT.

ORATEUR

Latin. — **Un orateur est un homme de bien qui sait parler.**
(Attribué à Caton le Censeur, IIᵉ s. av. J.-C.)

— **On naît poète, on devient orateur.**
(Attribué généralement à Cicéron, mais sans référence.)

Anglais. — **C'est un bon orateur celui qui se convainc lui-même.**
(H. G. Bohn, *Handbook of Proverbs* [1855].)

Français. — **Les passions sont les seuls orateurs qui persuadent toujours.**
(La Rochefoucauld, *Réflexions ou Sentences et Maximes morales*, 8 [1665].

— **Un orateur trop long est comme une horloge qui sonnerait les minutes.**
(Royer-Collard [1763-1845], *Discours*.)
V. ÉLOQUENCE.

ORDRE (généralités)

Grec. — **L'ordre est un des éléments du beau avec la grandeur.**
(Aristote, *Poétique*, VII, 4; IVᵉ s. av. J.-C.)

Proverbe général. — **Une place pour chaque chose, chaque chose à sa place.**
(Cité par Samuel Smiles, *Thrift*, V [1876].)

Américain. — **Hors de sa place, rien n'est bon; à sa place, rien n'est mauvais.**
(W. Whitman, *Leaves of Grass*, Préface [1855].)

Anglais. — **L'ordre est la première loi du ciel.**
(A. Pope, *Essay on Man*, IV, 49 [1734].)

Français. — **Il faut observer la convenance dans le détail et l'ordre dans l'ensemble.**
(Bernardin de Saint-Pierre [1737-1814], *Mélanges*, éd. en 1818.)
V. MÉTHODE.

ORDRE (dans la société)

Français. — **Toutes les fois qu'on attend le retour de l'ordre, on ne peut se tromper que sur la date.**
(Louis de Bonald [1754-1840], *Maximes et Pensées*.)

— **Il faut faire de l'ordre avec du désordre.**
(Caussidière [1808-1861], préfet de police en 1848.)

Italien. — **Là où est l'ordre, c'est le pain; là où est le désordre, c'est la faim.**
(G. S. Ghibaudo, *Sentenze e Proverbi* [1937].)
V. GOUVERNEMENT, SOCIÉTÉ.

ORDRE (injonction)

Latin. — **Obéis à une prière plutôt qu'à un ordre.**
(Publilius Syrus, *Sentences*, 1er s. av. J.-C.)

Anglais. — **Une grande persuasion se cache sous un ordre aimable.**
(G. Herbert, *Jacula prudentum* [1651].)
V. COMMANDER, OBÉIR.

ORGUEIL

Grec. — **L'orgueil est l'apanage des sots.**
(Hérodote, *Histoires*, III, 53; ve s. av. J.-C.)

— **L'orgueil est le dédain de tout ce qui n'est pas soi.**
(Théophraste, *les Caractères*, « l'Orgueilleux »; ive s. av. J.-C.)

— **Quand tu dis « J'ai un beau cheval », tu t'enorgueillis d'un avantage qui appartient au cheval.**
(Épictète, *Manuel*, vi; début du iie s.)

Bible. — **L'orgueil précède la ruine et la hauteur précède la chute.**
(Livre des Proverbes, xvi, 18; ive s. av. J.-C.)

Islam. — **Le paradis n'est pas le séjour des superbes.**
(Le Koran, vii, 12; viie s.)

Américain. — **L'orgueil a perdu les anges.**
(R. W. Emerson, *The Sphinx* [1841].)

Anglais. — **Fuyez l'orgueil, dit le paon.**
(Shakespeare, *The Comedy of Errors*, IV, iii, 181 [1592].)

— **L'orgueilleux aimera mieux se perdre que de demander son chemin.**
(Ch. Churchill, *The Farewell*, 380 [1764].)

Arabe. — **Il n'y a que la fumée qui s'élève et le fumier qui grandit.**

Espagnol. — **Gonfle-toi d'air, mon compagnon, et tu enfanteras du vent.**

Français. — **Jamais deux orgueilleux ne chevaucheront bien un âne.**
(*Proverbes au vilain*, manuscrit du XIIIᵉ s., Paris, Bibl. nat.)

— **Quand l'orgueil chemine devant, honte et dommage suivent de près.**
(Gabriel Meurier, *Trésor des sentences* [1568].)

— **Si nous n'avions point d'orgueil, nous ne nous plaindrions pas de celui des autres.**
(La Rochefoucauld, *Réflexions ou Sentences et Maximes morales*, 34 [1665].)

— **L'orgueil ne réussit jamais mieux que quand il se couvre de modestie.**
(Chevalier de Méré, *Maximes et Sentences*, 43 [1687].)

— **Quand on fait trop le grand, on paraît bien petit.**
(Destouches, *le Glorieux*, III, v [1732].)

— **L'orgueil s'installe au large dans une tête vide.**
(F.-J. Desbillons, *Fables*, VII, VIII [1779].)

— **Il fait bon battre un glorieux.**
(Carmontelle, *Proverbes dramatiques*, XXIV [1781].)

— **Les orgueils blessés sont plus dangereux que les intérêts lésés.**
(Louis de Bonald [1754-1840], *Maximes et Pensées*.)

Italien. — **Trois brandons incendient les cœurs : l'orgueil, l'envie et l'avarice.**
(Dante, *la Divine Comédie*, « l'Enfer », VI, 74 [env. 1308].)

Persan. — **Arracher une montagne avec la pointe d'une aiguille est plus facile que d'arracher du cœur la vilenie de l'orgueil.**
(Djâmi, *Béharistan*, « Premier Jardin », XVᵉ s.)

Suédois. — **L'orgueil est à l'égard de nos passions ce qu'un bouffon est dans une compagnie.**
(Chancelier Oxenstiern [1583-1654], *Réflexions et Maximes*.)

V. ARROGANCE, FIERTÉ, LOUANGE (Faire sa propre), OUTRECUIDANCE.

ORIGINALITÉ

Anglais. — **Toutes les bonnes choses qui existent sont le fruit de l'originalité.**
(J. Stuart Mill, *On Liberty*, II [1859].)

Français. — **Les esprits originaux ont un sentiment naturel de leurs forces qui les rend entreprenants, même sans qu'ils s'en aperçoivent.**
(Fontenelle, *Éloge de Renau d'Élissagaray* [1719].)

V. SINGULARITÉ.

ORIGINE

Anglais. — **L'homme né dans une étable est un cheval.**
(Proverbe cité par Michael Scott, *Tom Cringle's Log*, IV [1829].)

Français. — **La caque sent toujours le hareng.**
(Manuscrit du XIIIᵉ s., sans titre, Paris, Sainte-Geneviève.)

— **Toujours le vin sent son terroir.**
(Manuscrit du XIIIᵉ s., sans titre, Paris, Sainte-Geneviève.)

— **On tient toujours du lieu dont on vient.**
(La Fontaine, *Fables*, IX, VII, 48, « la Souris métamorphosée en Fille » [1678].)

— **Il ne peut sortir d'un sac à charbon que ce qu'il y a dedans.**
(Carmontelle, *Proverbes dramatiques*, XVIII [1781]. — Variante : D'un sac à charbon, il ne saurait sortir blanche farine, *Dict. de l'Académie*, éd. de 1835.)

V. HÉRÉDITÉ, MILIEU, NATUREL.

ORPHELIN

Arabe. — **Les pieds de l'orphelin apportent de la boue, même pendant la canicule.**

— **Celui qui n'est pas nourri à la table de son père ne se rassasie jamais.**

Cambodgien. — **Un enfant sans père est semblable à une maison sans toiture.**

Estonien. — **L'orphelin grandit d'un pouce et se replie de deux.**

— **La servante soupire le matin et l'orphelin le soir.**

Finnois-finlandais. — **Enfant sans père est à demi orphelin; enfant sans mère est tout à fait orphelin.**

Français. — **Biens de mineurs et paille de sarrasin vont chaque jour diminuant.**

Kurde. — **Être une fille sans mère, c'est être dans une montagne sans route; être une fille sans père, c'est être dans une montagne sans eau.**

Malgache. — **Un orphelin qui éternue est obligé de se faire à lui-même un souhait.**

Nigritien *(Yorouba).* — **L'enfant qui n'a pas de mère doit tout garder dans son cœur.**

Tchèque. — **Les sièges préparés au ciel pour les bons tuteurs sont toujours vacants.**

V. PARÂTRE ET MARÂTRE, PARENTS ADOPTIFS, PARENTS (père et mère).

OSER

Français. — **Qui ose a peu souvent la fortune contraire.**
(Mathurin Régnier, *Satires*, III, 66 [1608].)

— **Qui sait tout souffrir peut tout oser.**
(Vauvenargues, *Réflexions et Maximes*, 189 [1746].)

Italien. — **Oser, vouloir, se taire.**
(Devise d'A. de Cagliostro [1743-1795].)

Nigritien *(Peul).* — **Le poing tue le hérisson, mais la main n'ose pas.**
(H. Gaden, *Proverbes et Maximes peuls et toucouleurs* [1931].)

V. AUDACE, HARDIESSE.

OUBLIER

Latin. — **Il est quelquefois utile d'oublier ce que l'on sait.**
(Publilius Syrus, *Sentences*, 1er s. av. J.-C.)

Anglais. — **Ce qui est oublié n'est pas regretté.**
(J. Heywood, *Proverbs in the English Tongue* [1546].)

Espagnol. — **C'est un bonheur plutôt qu'un art de savoir oublier.**
(Baltasar Gracian, *Oraculo manual*, 262 [1647].)

Français. — **Qui aime bien à tard oublie.**
(*Chanson anonyme*, manuscrit du fonds Cangé, XIIIe s., Paris, Bibl. nat.)

— **Qui songe à oublier se souvient.**
(Cf. Montaigne, *Essais*, II, XII : Rien n'imprime si vivement quelque chose à notre souvenance que le désir de l'oublier.)

V. MÉMOIRE, PASSÉ, SOUVENIR.

OUTRAGE

Bible. — **L'homme prudent sait dissimuler un outrage.**
(Livre des Proverbes, XII, 16; IVe s. av. J.-C.)

Grec. — **L'outrage ne vient pas de qui t'injurie, mais de ton jugement qui te fait croire que l'on t'outrage.**
(Épictète, *Manuel*, XX; début du IIe s.)

Français. — **Qui se laisse outrager mérite qu'on l'outrage.**
(Corneille, *Héraclius*, I, II, 257 [1647].)

V. AFFRONT, HUMILIATION, INJURE, INSULTE, OFFENSE.

OUTRECUIDANCE

Grec. — **La truie prétend enseigner Athéna.**
(Plutarque, *Vies parallèles*, « Démosthène », Ier s.)

Latin. — **La grenouille veut se faire aussi grosse que le bœuf.**
(Phèdre, *Fables*, II, XXI; env. 25 av. J.-C.)

Arabe. — **La chèvre galeuse ne boit qu'à la source du ruisseau.**

Arménien. — **Le papillon en se posant sur la branche craint de la briser.**

Danois. — **Où le cheval galope, le homard veut aussi avancer.**

Persan. — **Le brin de paille se figure que c'est contre lui que la mer s'agite.**

Turc. — **On venait ferrer le cheval du pacha et le scarabée a tendu la patte.**

V. ARDÉLION, PRÉSOMPTION, SOI (Confiance en).

OUVRIER

Anglais. — **Meilleur l'ouvrier, pire le mari.**
(T. Draxe, *Adagies and Sententious Proverbs* [1616].)

Espagnol. — **Le salaire de l'ouvrier entre par la porte et sort par la cheminée.**
(Cité par J. Collins, *Proverbes espagnols*, 1823.)

Français. — **Mauvais ouvrier ne trouve jamais bon outil.**
(*Proverbes rurauz et vulgauz*, manuscrit du XIVe s., Paris, Bibl. nat. — Variante moderne : Le mauvais ouvrier querelle ses outils.)

— **Bon ouvrier ne peut tard venir en œuvre.**
(*Proverbes rurauz et vulgauz*, manuscrit du XIVe s., Paris, Bibl. nat.)

— **Un bon ouvrier met indifféremment toutes pièces en œuvre.**
(Rabelais, *Gargantua*, XLV [1534].)

— **Il y a plus d'outils que d'ouvriers.**
(La Bruyère, *les Caractères*, « Du mérite personnel », 8 [1688].)

V. ARTISAN, ŒUVRE.

PAIN

Bible. — Celui qui retient le blé est maudit du peuple.
(Livre des Proverbes, XI, 26 ; IVe s. av. J.-C.)

Espagnol. — C'est un long jour qu'un jour sans pain.

Suisse. — Tiens-toi à distance de celui qui n'aime pas le pain ou la voix d'un enfant.

Turc. — Celui qui ne connaît point le prix du pain et du sel est plus méprisable qu'un chien.

V. AUTRUI (Pain d'), MANGER, NOURRITURE.

PAIX (généralités)

Grec. — La paix est la mère nourricière du pays.
(Hésiode, *les Travaux et les Jours*, 228 ; VIIIe s. av. J.-C. — Cf. Ovide, *les Fastes*, 704 : La paix nourrit Cérès et Cérès est sa fille.)

Bible. — Le fruit de la justice se sème dans la paix par ceux qui pratiquent la paix.
(Saint Jacques, Épître, III, 18 [env. 60].)

Allemand. — La paix est rarement refusée aux pacifiques.
(Schiller, *Guillaume Tell*, I [1804].)

Anglais. — Quand la paix est faite, il faut la maintenir par l'intérêt.
(Cromwell, Discours au Parlement, 4 septembre 1654.)

Français. — La paix rend les peuples plus heureux, et les hommes plus faibles.
(Vauvenargues, *Réflexions et Maximes*, 748 [1746].)

V. GUERRE ET PAIX.

PAIX de l'ÂME

Grec. — L'homme qui possède la paix de l'âme n'est importun ni à lui-même ni aux autres.
(Épicure, *Fragments*, IIIe s. av. J.-C.)

Arabe. — Le repos de l'âme consiste à ne rien espérer.

Indien *(hindoustani)*. — Le cœur en paix voit une fête dans tous les villages.

V. TRANQUILLITÉ.

PARADIS

Anglais. — **Nul n'arrive au paradis les yeux secs.**
(Thomas Adams, *Sermons* [1629].)

Berbère. — **Si Dieu ne pardonnait pas, son paradis resterait vide.**
(Mohammed ben Cheneb, *Proverbes du Maghreb* [1907]).
V. ENFER, PURGATOIRE.

PARAÎTRE

Espagnol. — **Les choses ne sont point ce qu'elles sont, mais ce qu'elles paraissent être.**
(Baltasar Gracian, *Oraculo manual*, 130 [1647].)

Français. — **Nous gagnerions plus de nous laisser voir tels que nous sommes, que d'essayer de paraître ce que nous ne sommes pas.**
(La Rochefoucauld, *Réflexions ou Sentences et Maximes morales*, 457 [1665].)

— **Chacun met son être dans le paraître.**
(J.-J. Rousseau [1712-1778], *Pensées et Maximes.*)

V. APPARENCE, RANG.

PARÂTRE et MARÂTRE

Grec. — **Évitez même la tombe de votre marâtre.**
(Callimaque, *Épigrammes*, VIII; IIIᵉ s. av. J.-C. — Le poète alexandrin donne ce conseil en rapportant la circonstance suivante : Un jeune homme, voulant honorer sa défunte marâtre, s'appliquait à entourer la tombe d'une guirlande de fleurs, quand la pierre du sépulcre s'écroula sur lui et le tua.)

Anglais. — **Prenez garde à la marâtre, son seul nom suffit.**
(G. Herbert, *Jacula prudentum* [1651].)

Arabe. — **Celui qui épouse ma mère est mon oncle.**
(Un beau-père ne peut être un père pour les enfants.)

Basque. — **Marâtre, dis-moi : « Tiens », et non pas : « En veux-tu ? »**

— **Je le dis à toi, ma fille; entends-moi bien, ma fillâtre.**

— **La marâtre, même faite de miel, est amère.**

Belge *(Wallonie).* — **Qui a beau-père a marâtre.**
(Une femme qui convole en secondes noces perd une partie de l'affection qu'elle avait pour les enfants de son premier mari.)

Chinois. — **Il est sur terre trois poisons mortels : le vent qui filtre par un trou, la queue du scorpion et le cœur d'une marâtre.**

Finnois-finlandais. — **Le fouet de la mère peut me fouetter des heures; le fouet de l'étrangère fait jaillir le sang au premier coup.**

Indien *(tamil).* — **Il n'y a pas plus de bonté chez une belle-mère que de douceur dans la margose.** (La margose est un fruit très amer de l'Inde.)

Malgache. — **Des enfants qui ne sont pas à vous agrandissent les narines.**

Serbe. — **Quand arrive la marâtre, le père devient un parâtre.**

V. PARENTS (père et mère), NOURRICE.

PARDON

Latin. — **On peut être cruel en pardonnant et miséricordieux en punissant.**
(Saint Augustin, *Epistolae*, CLIII, *Ad Macedonium;* début du Vᵉ s.)

Anglais. — **La miséricorde surpasse la justice.**
(Chaucer, *Troylus and Criseyde*, III, 1282; XVIᵉ s.)

— **Errer est humain, pardonner est divin.**
(A. Pope, *Essay on Criticism*, 325 [1711].)

Français. — **Le pardon léger fait recommencer en péché.**
(*Proverbes rurauz et vulgauz*, manuscrit du XIVᵉ s., Paris, Bibl. nat.)

— **Qui pardonne aisément invite à l'offenser.**
(Corneille, *Cinna*, IV, II, 1160 [1640].)

Italien. — **Il nous est ordonné de pardonner à nos ennemis, mais il n'est écrit nulle part que nous ayons l'ordre de pardonner à nos amis.**
(Cosme de Médicis [1389-1464]. — Cité par Francis Bacon, *Essays*, IV.)

V. CLÉMENCE, INDULGENCE, MAGNANIMITÉ, PITIÉ, VENGEANCE ET PARDON.

PARENTS (père et mère)

Sanskrit. — **On peut tout acheter, sauf un père et une mère.**
(*Avadânas*, contes et apologues indiens.)

Allemand. — **Les paroles du père sont plus efficaces que les claques de la mère.**

Anglais. — **Les enfants tètent la mère quand ils sont petits et le père quand ils sont grands.**

Belge. — **Perdre sa mère, c'est perdre les douceurs; perdre son père, c'est perdre l'honneur.**

Berbère. — **Si ton père meurt, le giron de ta mère te servira d'oreiller; si ta mère meurt, tu coucheras sur le seuil de la porte.**

Chinois. — **On peut abandonner son père, fût-il magistrat, mais non sa mère, fût-elle mendiante.**

Indien *(hindi).* — **Dans la prospérité, le père; dans l'adversité, la mère.**

Italien. — **La mère aime tendrement et le père sagement.**

Japonais. — **La bonté d'un père est plus haute que la montagne, la bonté d'une mère est plus profonde que l'océan.**

Nigritien *(Yorouba).* — **Quand votre mère meurt, il ne vous reste plus de parent.**

Polonais. — **Ce qui atteint le cœur de la mère ne monte qu'aux genoux du père.**

V. MÈRE, NOURRICE, ORPHELIN, PARÂTRE ET MARÂTRE, PÈRE.

PARENTS ADOPTIFS

Latin. — **C'est la bonté qui crée la parenté, et non les liens de la nature.**
(Phèdre, *Fables*, III, XV; env. 25 av. J.-C.)

Espagnol. — **Non avec qui tu nais, mais avec qui tu pais.**
(Cervantes, *Don Quichotte*, II, X [1615].)

Français. — **Un bienfaiteur est plus qu'un père.**
(Florian, *Fables*, I, v [1792].)

— **La mère n'est pas l'oiseau qui pondit l'œuf,
Mais l'oiseau qui l'a fait éclore.**
(A.-V. Arnault, *Fables nouvelles*, IV, III [1834].)

V. ENFANT ADOPTÉ, ORPHELIN.

PARENTS et ENFANTS

Antiquité chinoise. — **Il n'y a que les pères et les mères qui s'affligent véritablement de la maladie de leurs enfants.**
(Confucius, *Livre des sentences*, II, 6; VIᵉ s. av. J.-C.)

Grec. — **Même si on est outragé, on ne peut haïr ses enfants.**
(Sophocle, *Électre*, 771; Vᵉ s. av. J.-C.)

Bible. — **Les enfants des enfants sont la couronne des vieillards, et les pères sont la gloire de leurs enfants.**
(Livre des Proverbes, XVII, 6; IVᵉ s. av. J.-C.)

— **Il vaut mieux que tes enfants te demandent, que d'avoir toi-même à regarder vers les mains de tes enfants.**
(L'Ecclésiastique, XXXIII, 21; IIᵉ s. av. J.-C.)

Allemand. — **Un père prend davantage soin de dix enfants que dix enfants n'en prennent d'un père.**
(J. P. Richter, *Blumen, Frucht und Dornenstücke* [1818].)

— **On aurait des enfants tout élevés, si les parents étaient élevés eux-mêmes.**
(Gœthe [1749-1832], *Maximen und Reflexionen*.)

Anglais. — **L'enfant pèse d'abord sur les bras des parents et plus tard sur leur cœur.**

— **Les enfants, quand ils sont petits, rendent leurs parents stupides, et quand ils sont grands, ils les rendent fous.**

Arabe. — **Celui qui a un enfant, qu'il se fasse enfant pour lui.**

Danois. — **Enfants petits, petits soucis; enfants grandis, grands soucis.**

Estonien. — **Neuf enfants trouvent place entre les bras de leur père, mais il n'y a jamais assez de place pour un père dans les maisons de neuf fils.**

Français. — **Il ne faut pas se dépouiller avant de se coucher.**
(Il ne faut pas, de son vivant, se dessaisir de ses biens. — Morale exprimée dans un fabliau, *la Housse partie*, par Bernier, trouvère du XIIIᵉ s.)

— **Tout ouvrier aime mieux son ouvrage qu'il n'en est aimé.**
(Montaigne, *Essais*, II, VIII [1580].)

— **L'amour des parents descend et ne remonte pas.**
(L'amour du père et de la mère pour leurs enfants surpasse celui des enfants pour leurs parents. — Cité par Helvétius, *Maximes et Pensées*.)

— **Quand le rossignol a vu ses petits, il ne chante plus.**
(Quand on a des enfants, on perd la gaieté.)

Hongrois. — **Les hiboux voient dans leur fils un faucon.**

Indien *(hindî)*. — **Sur la plante grimpante le fruit n'est pas un fardeau.**

Japonais. — **La préférence que les parents portent aux cadets résulte des déceptions que leur ont causées les aînés.**

Libanais. — **L'enfant reste l'enfant, même s'il devient gouverneur d'un pays.**

Livonien. — Si notre enfant louche d'un œil, nous trouvons que le fils du
   voisin louche des deux yeux.

Malgache. — Rien n'est plus précieux qu'un enfant, mais quand il mord le
   sein, on le repousse.

Persan. — Parents, ménagez les larmes de vos enfants dans leur jeunesse,
   si vous voulez qu'ils puissent en répandre sur votre tombe.

Serbe. — La chèvre a deux chevreaux ; la peau de l'un deviendra un tambour, et celle de l'autre un parchemin de la Bible.

Turc. — La fleur est produite par le fumier et le fumier est produit par la fleur.
   (Se dit des enfants qui ne ressemblent pas à leurs parents.)
   V. CHÂTIMENT CORPOREL, ÉDUCATION, ENFANTS ET PARENTS, HÉRÉDITÉ.

PARENTÉ

Grec. — Il est difficile de découvrir les parents d'un pauvre.
   (Ménandre, *Fragments*, IVe s. av. J.-C.).

Latin. — C'est l'affection qui fait la parenté.
   (Phèdre, *Fables*, III, xv ; env. 25 av. J.-C.)
   — Les plus grandes inimitiés sont entre proches parents.
   (Tacite, *Histoires*, IV, 70 ; début du IIe s.)

Anglais. — Appelez-moi cousin, mais ne cousinez pas avec moi.
   — (*Écosse*). — Tous les Stuarts ne sont pas les parents du roi.
   — Le baiser d'une tante est froid.

Arabe. — L'homme qui a un parent vil est avili lui-même.
   (Tarafa al-Bakri, *Divân*, IV, 13 ; VIe s.)

Danois. — « Les parents sont les pires amis », dit le renard au chien qui le
   poursuit.

Espagnol. — Qui va à l'église avec son beau-frère finira tout seul sa prière.
   — A qui Dieu n'a pas donné de fils, le diable lui donne des neveux.

Français. — Qui a assez d'argent, il a assez de parents.
   (*Proverbes ruraux et vulgaux*, manuscrit du XIVe s., Paris, Bibl. nat.)
   — Il est mon oncle, qui le ventre me comble.
   (*Bonum spatium*, manuscrit du XIVe s., Paris, Bibl. nat.)
   — Les enfants des cousins éloignés sont les plus mauvais parents du
   monde, et les meilleurs si on les épouse.
   (Aug. Brizeux, *Proverbes bretons* [1860].)

Malais. — Les amis ressemblent aux feuilles que chasse le vent du malheur,
   mais les parents sont comme des fruits qui tombent au pied de l'arbre.

Malgache. — Ceux de votre parenté sont comme des figues ; quand on les
   ouvre, il y a des fourmis.

Nigritien (*Haoussa*). — La parenté est un manteau d'épines.

Roumain. — Il n'est plus proches parents qu'une bourse pleine et un sac de
   farine.

Russe. — Deux frères contre un ours et deux beaux-frères devant une soupe
   au lait.

Yiddish. — Où il n'y a pas d'argent, il n'y a pas de parents.
   V. FAMILLE, SANG (Liens du).

PARESSE

Grec. — **Le paresseux est un voleur.**
(Phocylide de Milet, *Sentences*, VIᵉ s. av. J.-C.)

Bible. — **Ce que le vinaigre est pour les dents et la fumée pour les yeux, tel est le paresseux pour ceux qui l'emploient.**
(Livre des Proverbes, x, 26; IVᵉ s. av. J.-C.)

— **Le paresseux ne rôtit pas son gibier.**
(Livre des Proverbes, XII, 27.)

— **Le chemin du paresseux est comme une haie d'épines.**
(Livre des Proverbes, XV, 19.)

— **Le paresseux dit : « Il y a un lion dehors. »**
(Livre des Proverbes, XXII, 13.)

Latin. — **L'incapacité sert d'excuse pour éviter le travail.**
(Publilius Syrus, *Sentences*, Iᵉʳ s. av. J.-C. — Cf. Quintilien, *De institutione oratoria*, I, XII, 16 : La difficulté est une excuse à la paresse.)

Allemand. — **La semaine du travailleur a sept jours, la semaine du paresseux a sept demains.**

Américain. — **La paresse chemine si lentement que la pauvreté la rattrape.**
(B. Franklin, *Poor Richard's Almanac* [1756].)

Anglais. — **La gale et la paresse à aucun ne plaisent.**

— *(Écosse).* — **Le paresseux est le frère du mendiant.**

— **Le mouton paresseux trouve sa toison trop lourde.**

— **Le paresseux appelle chance le succès du travailleur.**

Arabe. — **La paresse ne fait pas manger de miel.**

Danois. — **La paresse est l'oreiller du diable.**

Français. — **Les paresseux ont toujours envie de faire quelque chose.**
(Vauvenargues, *Réflexions et Maximes*, 467 [1746].)

Turc. — **L'autruche, quand il faut voler, dit : « Je suis chameau »; et quand il faut porter un fardeau, elle dit : « Je suis oiseau. »**
(En turc, l'autruche se dit : l'oiseau-chameau.)

V. INDOLENCE, OISIVETÉ.

PARFUM

Bible. — **Les parfums réjouissent le cœur.**
(Livre des Proverbes, XXVII, 9; IVᵉ s. av. J.-C.)

Latin. — **La femme qui a le meilleur parfum est celle qui n'est pas parfumée.**
(Plaute, *Mostellaria*, 273; IIᵉ s. av. J.-C.)

— **Celui-là sent mauvais qui sent toujours bon.**
(Martial, *Épigrammes*, II, XII [env. 90].)

Français. — **C'est puer que de sentir bon.**
(Montaigne, *Essais*, I, LV [1580].)

Indien *(sikh).* — **Il y a plusieurs jouissances : celle de l'argent, celle de la femme et celle du parfum de santal.**

V. ODEUR.

PARI

Anglais. — **La course n'est pas toujours aux agiles, ni la bataille aux forts, mais c'est une raison de parier.**
(La première partie de ce proverbe rappelle la Bible, Ecclésiaste, IX, 11.)

— **Le pari est l'argument des sots.**
(S. Butler, *Hudibras*, II, 1 [1664].)

Belge. — **Dans un pari, il y a un sot et un voleur.**
(Celui qui parie à coup sûr est un fripon, et il a affaire à un sot.)

V. JEU D'ARGENT.

PARJURE

Grec. — **Zeus n'a pas de jour fixe pour punir le parjure.**
(Ésope, *Fables*, « le Dépositaire et le Serment », VIe s. av. J.-C.)

Latin. — **Si tous les parjures demandaient l'assistance de Jupiter, il n'y aurait pas assez de place au Capitole.**
(Plaute, *Curculio*, 272; IIe s. av. J.-C.)

Islam. — **Au parjure, le pied glisse.**
(Le Koran, XVI, 96; VIIe s.)

V. SERMENT.

PARLER, PAROLE

Grec. — **Le trop parler n'est pas marque d'esprit.**
(Thalès de Milet, VIe s. av. J.-C. — Cité par Diogène Laërce, *Phil. ill.*, I.)

— **Qui dit ce qui lui plaît entend ce qui ne lui plaît pas.**
(Alcée, *Fragments;* VIe s. av. J.-C.)

— **Les paroles sont les souffles de l'âme.**
(Pythagore, VIe s. av. J.-C. — Cité par Diogène Laërce, *Phil. ill.*, VIII.)

— **Celui qui sait parler sait aussi quand il faut parler.**
(Archidamidas de Sparte, VIe s. av. J.-C. — Cité par Plutarque, *Vies parallèles*.)

— **Parler beaucoup et parler à propos ne sont pas la même chose.**
(Sophocle, *Œdipe à Colone*, 309; Ve s. av. J.-C.)

— **Il vaut mieux se fier à un cheval sans bride qu'à un discours sans ordre.**
(Théophraste, IVe s. av. J.-C. — Cité par Diogène Laërce, *Phil. ill.*, V.)

Bible. — **C'est du fruit de la bouche de l'homme que se nourrit son corps.**
(Livre des Proverbes, XVIII, 20; IVe s. av. J.-C.)

— **Une parole dite opportunément ressemble à une pomme d'or sur des ciselures d'argent.**
(Livre des Proverbes, XXV, 11.)

— **La bouche parle selon l'abondance du cœur.**
(Évangile selon saint Matthieu, XII, 34 [env. 65].)

Latin. — **Le discours est le visage de l'esprit.**
(Sénèque, *Epistulae ad Lucilium*, CXV [env. 64].)

Latin médiéval. — **A la parole on connaît l'homme.**
(P. A. Manzoli [Marcellus Palingenius], *Zodiacus vitae*, I, 194; XVIe s.)

Allemand. — **Parle, afin que je te voie.**
(G. C. Lichtenberg, *Aphorismen* [1799].)

Anglais. — **Les sages ont leur bouche dans le cœur, et les sots ont leur cœur dans la bouche.**
(A. Wydeville, *Dictes and Sayings of the Philosophers* [1477].)

— **Celui qui dit ce qu'il sait dit aussi ce qu'il ignore.**
(Francis Bacon, *Essays*, VI [1625].)

— **Quand le cœur flambe, les étincelles jaillissent de la bouche.**
(J. Ray, *English Proverbs* [1670].)

— **La parole a été donnée aux hommes vulgaires pour exprimer leur pensée et aux sages pour la dissimuler.**
(Robert South, *Sermon*, 30 avril 1676.)

Bantou *(Ruanda).* — **Ce qui te fait perdre la grâce du roi, ce n'est pas ce que tu peux faire, c'est ce que tu dis.**

Danois. — **La mer est gouvernée par la main et la terre par la lèvre.**
(La main maîtrise les éléments et les paroles dirigent les hommes.)

Espagnol. — **Parler sans penser, c'est tirer sans viser.**
(Cervantes, *Nouvelles exemplaires*, « le Petit-Fils de Sancho Panza » [1613].)

Éthiopien. — **Le trop-plein du cœur glisse sur la langue.**
(C. Mondon-Vidailhet, *Proverbes abyssins* [1905].)

Français. — **Trop gratter cuit, trop parler nuit.**
(*Proverbia vulgalia et latina*, manuscrit du XIIIᵉ s., Paris, Bibl. nat.)

— **On prend les bœufs par les cornes et les hommes par les paroles.**
(Antoine Loisel, *Institutes coutumières*, 357 [1607].)

— **Il y a des gens qui parlent un moment avant d'avoir pensé.**
(La Bruyère, *les Caractères*, « De la société et de la conversation », 15 [1688].)

— **On parle toujours mal quand on n'a rien à dire.**
(Voltaire, *Commentaires sur Corneille*, « Remarques sur Œdipe » [1719].)

— **N'usez que de pièces d'or et d'argent dans le commerce de la parole.**
(J. Joubert [1754-1824], *Pensées, Maximes et Essais.*)

Indien *(tamil).* — **Les oiseaux se prennent par les pattes et les hommes par les paroles.**

Malgache. — **Personne n'est coupable par son corps, mais celui qui est coupable en paroles est le vrai coupable.**

Russe. — **Si votre cœur est une rose, votre bouche dira des mots parfumés.**

Tibétain. — **La parole doit être audacieuse comme un lion, douce comme un lièvre, aiguë comme une flèche, et balancée comme une ceinture tenue en son milieu.**

Turc. — **Assieds-toi de travers, si tu veux; mais parle juste.**

V. BAVARDAGE, ÉCOUTER ET PARLER, ÉLOQUENCE, LANGAGE, LANGUE.

PARLER ou SE TAIRE

Antiquité égyptienne. — **Le silence est plus profitable que l'abondance des paroles.**
(*Sagesse de Ptahotep*, IVᵉ millénaire av. J.-C.)

Antiquité chinoise. — **Celui qui parle beaucoup est souvent réduit au silence.**
(Lao-Tseu, *Livre du Tao et de sa vertu*, I, v, 4; VIᵉ s. av. J.-C.)

Grec. — **On se repent souvent de parler, jamais de se taire.**
(Simonide d'Amorgos, VIᵉ s. av. J.-C. — Cité par Plutarque, *Œuvres morales*, « Du trop parler ».)

— **Incapable de parler, impuissant à se taire.**
(Épicharme, *Fragments*, 272; v⁰ s. av. J.-C.)

— **Taisez-vous, ou que vos paroles vaillent mieux que votre silence.**
(Ménandre, *Fragments*, IV⁰ s. av. J.-C.)

Bible. — **Il y a un temps pour se taire et un temps pour parler.**
'L'Ecclésiaste, III, 7; III⁰ s. av. J.-C.)

Latin. — **Il faut se taire ou dire des paroles de bon augure.**
(Festus, *De significatione verborum*, VI; II⁰ s.)

Hébreu. — **La parole est d'argent, le silence est d'or.**
(Le Talmud, *Midrash*, v⁰ s.)

Latin médiéval. — **Il y a un temps pour ne rien dire, il y a un temps pour· parler, mais il n'y a pas un temps pour tout dire.**
(*Est tempus quando nihil, est tempus quando aliquando, nullum tamen est tempus in quo dicenda sunt omnia.*)

Anglais. — **La parole appartient au temps, le silence à l'éternité.**
(Carlyle, *Sartor Resartus*, III, III [1831].)

Chinois. — **On gagne toujours à taire ce que l'on n'est pas obligé de dire.**

Français. — **Je me suis repenti d'avoir parlé, mais jamais de n'avoir pas parlé.**
(Philippe de Commynes [1447-1511]. — Sentence gravée, en latin, sur la muraille d'un cachot du château de Loches; l'attribution à Commynes de ce « graffito » est purement traditionnelle. — Cf. Guerlin, *la Touraine*, Paris, Laurens, 1922.)

— **Celui qui ne sait pas se taire sait rarement bien parler.**
(Pierre Charron [1541-1603].)

— **Il est bon de parler, et meilleur de se taire.**
(La Fontaine, *Fables*, VIII, x, 6, « l'Ours et l'Amateur des jardins » [1678].)

— **C'est une grande misère que de n'avoir pas assez d'esprit pour bien parler, ni assez de jugement pour se taire.**
(La Bruyère, *les Caractères*, « De la société et de la conversation », 18 [1688].)

Grec moderne. — **Si tu gagnes de l'argent à parler, tu gagnes de l'or à te taire.**

Nigritien *(Bambara).* — **La parole qui reste dans ton ventre est l'enfant de ta mère, la parole qui sort de ta bouche est l'enfant de ton père.**

Persan. — **Sur ce que je n'ai pas dit, j'ai plus de puissance que sur ce que j'ai dit.**
(Djâmi, *Béharistan*, « Deuxième Jardin »; xv⁰ s.)

Tchèque. — **Nos parents nous ont appris à parler et le monde à nous taire.**
V. PARLER, TAIRE (se).

PAROLE ENVOLÉE (la)

Antiquité chinoise. — **Quatre chevaux attelés ne peuvent ramener dans la bouche des paroles imprudentes.**
(Confucius, *Livre des sentences*, XII, 8; VI⁰ s. av. J.-C.)

Grec. — **La main ne peut rattraper la pierre qu'elle vient de lancer, ni la bouche la parole qu'elle vient de proférer.**
(Ménandre, *Fragments*, IV⁰ s. av. J.-C.)

Latin. — **La parole échappée s'envole sans retour.**
(Horace, *Épîtres*, I, XVIII, 71; env. 17 av. J.-C.)

Français. — **Tard la main à la bouche quand la parole est issue.**
(*Proverbe que dit li vilains*, manuscrit du XIII⁰ s., Oxford, Rawlinson.)

Persan. — **La flèche lancée ne retourne pas à l'arc.**
   (Saadi, *Gulistan*, VIII, 54; XIII⁽ᵉ⁾ s.)

Russe. — **La parole n'est pas un moineau; une fois envolée, tu ne la rattraperas plus.**

   V. MOT.

PAROLES et ACTES

Grec. — **La parole est l'ombre de l'action.**
   (Démocrite d'Abdère, v⁽ᵉ⁾ s. av. J.-C. — Cité par Diogène Laërce, *Phil. ill.*, IX.)

Latin. — **Les actes font croire aux paroles.**
   (Térence, *Hecyra*, 857; II⁽ᵉ⁾ s. av. J.-C.)

Allemand. — **Les paroles sont toujours plus audacieuses que les actes.**
   (Schiller, *Die Piccolomini*, I [1799].)

Anglais. — **Les actes sont les fruits, les paroles sont les feuilles.**

Chinois. — **Le bavardage est l'écume de l'eau, l'action est une goutte d'or.**

Espagnol. — **Du dire au faire la distance est grande.**
   (Cervantes, *Don Quichotte*, II, XXXIV [1615].)

Français. — **Les paroles sont femelles, et les faits mâles.**
   (Gabriel Meurier, *Trésor des sentences* [1568].)

   — **C'est une belle harmonie quand le faire et le dire vont ensemble.**
   (Montaigne, *Essais*, II, XXXI [1588].)

   — **Bien dire fait rire, bien faire fait taire.**
   (E. Dacier, *Maximes, Pensées et Proverbes* [1848].)

   — **Les grands diseurs ne sont pas les grands faiseurs.**
   (L. Martel, *Recueil des Proverbes français* [1883].)

Hollandais. — **Les paroles d'or sont souvent suivies d'actes de plomb.**

Italien. — **Du dire au faire, il y a au milieu la mer.**

   V. ACTE, AGIR, DÉLIBÉRER, PARLER, PROMESSE.

PAROLES et ÉCRITS

Latin. — **Les paroles s'envolent, les écrits restent.**
   Verba volant, scripta manent.

Bible. — **Ce qui est écrit est écrit.**
   Évangile selon saint Jean, XIX, 22 [env. 115].)

Allemand. — **Un mot écrit est semblable à une perle.**
   (Gœthe [1749-1832], *Maximen und Reflexionen*.)

Chinois. — **L'encre la plus pâle vaut mieux que la meilleure mémoire.**

Espagnol. — **Que le papier parle et que la langue se taise.**
   (Cervantes, *Don Quichotte*, II, VII [1615].)

Russe. — **Ce qui est écrit avec la plume ne saurait être enlevé, même à coups de hache.**

   V. LANGAGE PARLÉ ET LANGAGE ÉCRIT, PROMESSE.

PAROLES (Belles)

Anglais. — **Les belles paroles ne beurrent pas les épinards.**

Français. — **Dans les belles paroles le cœur ne parle point.**
(Noël du Fail, *Propos rustiques*, VI [1547].)

— **A beau parler qui n'a cure de bien faire.**
(A. de Montluc, *les Illustres Proverbes historiques* [1655].)

Italien. — **Les belles paroles ne sont pas de la farine.**

Malgache. — **Dans ses pesées d'argent, Bemahatsmory remplaçait par des paroles ce qui manquait sur la balance pour faire le poids.**
(Bemahatsmory est un héros légendaire des contes malgaches.)

V. FLATTERIE, PAROLES ET ACTES.

PAROLES (Bonnes et mauvaises)

Bible. — **Les bonnes paroles sont un rayon de miel, douces à l'âme et salutaires au corps.**
(Livre des Proverbes, XVI, 24; IVe s. av. J.-C.)

Anglais. — **Les poignards qui ne sont pas dans les mains peuvent être dans les paroles.**
(Shakespeare, *Hamlet*, III, III [1602].)

— **Les bonnes paroles désaltèrent plus que l'eau fraîche.**
(G. Herbert, *Jacula prudentum* [1651].)

— **Les paroles douces sont de forts arguments.**
(J. Ray, *English Proverbs* [1670].)

Chinois. — **Une parole venue du cœur tient chaud pendant trois hivers.**

Espagnol. — **Une bonne parole éteint mieux qu'un seau d'eau.**
(Cervantes, *Nouvelles exemplaires*, « le Petit-Fils de Sancho Panza ».)

— **Les flèches percent le corps, et les mauvaises paroles l'âme.**
(Baltasar Gracian, *Oraculo manual*, 267 [1647].)

Français. — **A qui bien ne veut, bien ne parle.**
(*Proverbia rusticorum mirabiliter versificata*, manuscrit du XIIIe s., Leyde.)

— **Petit homme abat bien grand chêne, et douce parole grande ire.**
(Le Roux de Lincy, *Livre des proverbes français* [1859].)

Russe. — **Un mot aimable est comme un jour de printemps.**

Turc. — **Il y a des paroles qui ressemblent à des confitures salées.**

V. LANGUE, MOT.

PARRAIN et MARRAINE

Anglais. — **Quand l'enfant est baptisé, les parrains ne manquent pas.**
(J. Clarke, *Parœmiologia anglo-latina* [1639].)

Français. — **Tout se fait dans le monde par commère et par compère.**
(P.-A. de la Mésangère, *Dictionnaire des proverbes français* [1821].)

V. ENFANT ADOPTÉ, PARENTS ADOPTIFS.

PARTAGE

Grec. — Au lion, la part du lion.
(Ésope, *Fables*, « le Lion et l'Onagre », VIᵉ s. av. J.-C.)

Anglais. — Qui partage le miel avec l'ours a la plus petite part.
(Th. Fuller, *Gnomologia* [1732].)

Français. — Une voix n'empêche partage.
(Antoine Loisel, *Institutes coutumières*, 875 [1607].)

— Chacun le sien, ce n'est pas trop.
(Molière, *le Malade imaginaire*, I, II [1673].)

— Le tout ne vaut pas la moitié.
(Florian, *Fables*, I, XXI [1792]. — Acception propre à Florian d'un proverbe grec; cf. la rubrique « aurea mediocritas » : La moitié vaut mieux que le tout.)

V. ÉGOÏSME.

PARTIALITÉ

Antiquité chinoise. — Les pères ne veulent pas reconnaître les défauts de leurs enfants, et les laboureurs la fertilité de leurs terres.
(Confucius, *la Grande Étude*, VIII, 2; VIᵉ s. av. J.-C.)

Français. — Celui qui est juste au milieu, entre notre ennemi et nous, nous paraît être plus voisin de notre ennemi.
(Chamfort [1741-1794], *Maximes et Pensées*.)

V. INJUSTICE, JUGER.

PARTI PRIS

Anglais. — Qui est plus aveugle que celui qui ne veut pas voir ?
(Andrew Boorde, *Breviary of Health* [1547].)

Français. — Il n'est pire sourd que celui qui ne veut pas entendre.
(*Proverbes ruraux et vulgaux*, manuscrit du XIVᵉ s., Paris, Bibl. nat. — On perd sa peine à vouloir convaincre un homme de parti pris.)

— A parti pris, point de conseil.
(A.-J. Panckoucke, *Proverbes français* [1748].)

V. PRÉJUGÉ, VOLONTÉ (Bonne, mauvaise).

PARVENU

Grec. — Un singe sous des insignes d'or reste un singe.
(Lucien de Samosate, IIᵉ s. — Cité par Érasme, *Adages*, I, VII, 11. — Variante moderne : Un singe est un singe, même sous des habits de pourpre.)

Chinois. — Qu'est-ce qu'un sot qui a fait fortune ? — C'est un pourceau qui est embarrassé de son lard.

Espagnol. — Un âne chargé d'or ne laisse pas de braire.
(Antonio Perez, *Obras y Relaciones* [1598].)

— Tout ce qui couvre découvre.
(Cervantes, *Don Quichotte*, II, V [1615]. — Signifie que l'accumulation des richesses et des honneurs fait, s'il y a lieu, ressortir l'indignité ou l'infamie.)

Français. — Plus haut monte le singe, plus il montre son cul.
(Chancelier Olivier [1487-1560]. — Cité par Montaigne, *Essais*, II, XVII.)

— **Il n'est orgueil que de sot revêtu.**
(Gabriel Meurier, *Trésor des sentences* [1568].)

— **On a plus aisément de l'or que de l'esprit.**
(Ant. Rondelet, *la Morale de la richesse* [1863].)

V. VILAIN (le).

PASSÉ (le)

Latin. — **L'âge présent ne vaut pas celui des aïeux.**
(Horace, *Odes*, III, VI, 46; env. 23 av. J.-C.)

Américain. — **Devant le passé, chapeau bas; devant l'avenir, bas la veste.**
(H. L. Mencken, *Dictionary of Quotations* [1946].)

Anglais. — **Le moulin ne moud pas avec l'eau coulée en bas.**
(T. Draxe, *Adagies and Sententious Proverbs* [1616].)

Chinois. — **Le passé a plus de parfum qu'un bosquet de lilas en fleurs.**
(Franz Toussaint, *la Flûte de jade* [1922].)

Russe. — **Regretter le passé, c'est courir après le vent.**

V. MÉMOIRE, OUBLIER, SOUVENIR.

PASSÉS (Actes et faits)

Grec. — **Même Zeus ne peut faire que ce qui a été n'ait pas été.**
(Agathon, Vᵉ s. av. J.-C. — Cité par Aristote, *Éthique à Nicomaque*, VI, I, 13.)

Anglais. — **Le passé est un prologue.**
(Shakespeare, *la Tempête*, I, I, 253 [1611].)

— **Les vieux péchés ont de longues ombres.**
(Agatha Christie, *Sad Cypress* [1926].)

Français. — **Vieux péché fait nouvelle honte.**
(Manuscrit du XIIIᵉ s., sans titre, Paris, Sainte-Geneviève.)

— **Nos actes nous suivent.**
(Titre d'un roman de Paul Bourget [1927].)

Japonais. — **Quand on a avalé, on oublie la brûlure.**

Yiddish. — **Un homme est ce qu'il est, non ce qu'il était.**

V. INÉLUCTABLE.

PASSION

Grec. — **Le soleil est souvent obscurci par les nuages et la raison par la passion.**
(Démophile, *Sentences*, VIᵉ s. av. J.-C.)

Latin. — **Domine tes passions, pour qu'elles ne te dominent pas.**
(Publilius Syrus, *Sentences*, Iᵉʳ s. av. J.-C.)

Sanskrit. — **Qui est plus aveugle qu'un aveugle? Le passionné.**
(*Dhammapada*, « Guirlande des demandes et réponses ».)

Allemand. — **Qui porte le feu dans son cœur, sa tête s'enfume.**
(W. Wander, *Deutsche Sprichwörter Lexicon* [1880].)

Français. — **Les passions sont les vents qui enflent les voiles du navire; elles le submergent quelquefois, mais sans elles il ne pourrait voguer.**
(Voltaire, *Zadig*, XX [1747].)

— **La sagesse fait durer, les passions font vivre.**
(Chamfort [1741-1794], *Maximes et Pensées.*)

Persan. — **Le savant que ses passions gouvernent ressemble à un aveugle qui tient une torche : il guide les autres, mais ne s'éclaire pas lui-même.**
(Saadi, *Gulistan*, VIII, 5; XIIIe s.)

V. ENTHOUSIASME.

PATIENCE

Bible. — **Le patient surpasse le héros et celui qui domine son âme l'emporte sur le guerrier qui prend des villes.**
(Livre des Proverbes, XVI, 32; IVe s. av. J.-C.)

Latin. — **La patience est pour l'âme comme un trésor caché.**
(Publilius Syrus, *Sentences*, Ier s. av. J.-C.)

Islam. — **Dieu est avec les patients.**
(Le Koran, II, 148; VIIe s.)

— **La patience moissonne la paix, et la hâte le regret.**
(Avicébron [Salomon ben Gabirol], *la Source de vie*, XIe s.)

Allemand. — **Tu as fait beaucoup, si tu t'es accoutumé à la patience.**
(Gœthe [1749-1832], *Maximen und Reflexionen.*)

Anglais. — **La patience est une fleur qui ne pousse pas dans tous les jardins.**
(J. Heywood, *Proverbs in the English Tongue* [1546].)

— **La patience est la vertu des mendiants.**
(Philip Massinger, *A New Way to pay Old Debts*, V, 1 [1625].)

— **La patience est un onguent pour toutes les plaies.**
(J. Clarke, *Parœmiologia anglo-latina* [1639].)

Arabe. — **La ruse de qui est sans ruse, c'est la patience.**

Chinois. — **Avec le temps et la patience, la feuille du mûrier devient de la soie.**

— **Patience! avec le temps l'herbe devient du lait.**

Espagnol. — **La patience est la seconde bravoure de l'homme.**
(Antonio de Solis, *Historia de la conquista de Mexico* [1684].)

Français. — **Patience et longueur de temps
Font plus que force ni que rage.**
(La Fontaine, *Fables*, II, XI, « le Lion et le Rat » [1668].)

— **La patience est l'art d'espérer.**
(Vauvenargues, *Réflexions et Maximes*, 251 [1746].)

Grec moderne. — **Une minute de patience, dix ans de paix.**

Libanais. — **La patience aplanit les montagnes.**

Turc. — **La patience est la clé du paradis.**
V. ATTENDRE, PERSÉVÉRANCE, PEU À PEU, SOI (Maîtrise de).

PATRIE

Grec. — **Il n'est point de terre plus douce que la patrie.**
(Homère, *l'Odyssée*, IX, 34; IXe s. av. J.-C.)

— **Là où l'on est bien, là est la patrie.**
(Aristophane, *Plutus*, 1151; début du IVe s. av. J.-C. — Cf. Cicéron, *Tusculanae Disputationes*, V, XXXVII, 108, qui cite Marcus Pacuvius.)

— **Tout pays est la patrie du brave.**
(Démocrite d'Abdère, *Éthique*, 168; ɪᴠᵉ s. av. J.-C.)

— **Nous ne sommes pas nés pour nous, mais pour notre pays.**
(Platon, *A Archytas*, ɪx; ɪᴠᵉ s. av. J.-C.)

— **La patrie du sage, c'est le monde.**
(Héliodore d'Émèse, *les Éthiopiques*, III, xɪᴠ; ɪɪɪᵉ s.)

Latin. — **Où l'on est avec les siens, l'on ne regrette pas sa patrie.**
(Publilius Syrus, *Sentences*, ɪᵉʳ s. av. J.-C.)

— **L'amour de la patrie est plus fort que toutes les raisons du monde.**
(Ovide, *Epistulae ex Ponto*, I, ɪᴠ, 29 [env. 5].)

— **On est partout au centre du ciel.**
(Pétrone, *le Satiricon*, xʟᴠ [env. 60].)

Américain. — **On appartient à sa patrie comme on appartient à sa mère.**
(E. E. Hale, *The Man without a Country* [1863].)

Anglais. — **Que mon pays ait tort ou raison, il reste mon pays.**
(*Right or wrong, my country.* — G. K. Chesterton, *The Defendant* [1901], ajoute :
« *My country, right or wrong, is like saying my mother, drunk or sober.* »)

Français. — **Vilain oiseau que celui qui salit son nid.**
(Conon de Béthune, *Chansons*, xɪɪᵉ s. — C'est-à-dire : Mauvais homme celui qui
médit de sa famille ou de son pays.)

— **A tous les cœurs bien nés, que la patrie est chère !**
(Voltaire, *Tancrède*, III, 1 [1760].)

— **Plus la patrie devient grande, moins on l'aime.**
(Voltaire, *Dictionnaire philosophique*, « Patrie », ɪɪɪ [1764].)

— **Le pain dans sa patrie vaut encore mieux que des biscuits en pays
étrangers.**
(Voltaire, *Lettre à M. Delisle de Sales*, 10 janvier 1778.)

— **Si la science n'a pas de patrie, l'homme de science en a une.**
(Pasteur, Discours à la séance d'ouverture du congrès médical international, à
Copenhague, le 10 août 1884.)

V. EXIL, PAYS NATAL.

PAUVRETÉ

Grec. — **La pauvreté dompte l'homme de bien plus que tout autre mal, plus
que la vieillesse aux cheveux blancs, plus que le frisson de la fièvre.**
(Théognis de Mégare, *Sentences*, 173; ᴠɪᵉ s. av. J.-C.)

— **Une vie qui cherche sa vie n'est pas une vie.**
(Ménandre, *Fragments*, ɪᴠᵉ s. av. J.-C.)

— **Nul n'est moins chanceux que le pauvre.**
(Ménandre, *Fragments*.)

— **La pauvreté est l'aiguillon des arts.**
(Théocrite, *Idylles*, XXI; ɪɪɪᵉ s. av. J.-C. — Cf. Plaute, *Stichus*, 178 : La pauvreté
enseigne tous les arts. — D'où le proverbe général : La pauvreté est la mère des arts.)

Bible. — **Le pauvre est odieux, même à son ami.**
(Livre des Proverbes, xɪᴠ, 20; ɪᴠᵉ s. av. J.-C.)

— **Qui méprise le pauvre injurie son Créateur.**
(Livre des Proverbes, xᴠɪɪ, 5.)

— **La sagesse du pauvre est méprisée et ses paroles ne sont pas
écoutées.**
(L'Ecclésiaste, ɪx, 16; ɪɪɪᵉ s. av. J.-C.)

Latin. — **On ne peut dépouiller un homme nu.**
(Plaute, *Asinaria*, 92 ; II⁰ s. av. J.-C.)

— **En te faisant naître nu, la nature t'avertit de supporter patiemment le fardeau de la pauvreté.**
(Denys Caton, *Disticha de moribus ad filium*, I, 21 ; III⁰ s.)

— **La pauvreté est la mère du crime.**
(Cassiodore, *Variorum*, IX, XIII ; VI⁰ s.)

Latin médiéval. — **Pauvreté n'est pas vice.**
(*Paupertas non est vitium.* — Variantes modernes, en espagnol : Pauvreté n'est pas vice, mais peu s'en faut. — En français : Pauvreté n'est pas vice, mais c'est bien pis.)

Allemand. — **Chacun veut s'essuyer les pieds sur la pauvreté.**

— **La pauvreté est un sixième sens.**

Anglais. — **Il est plus facile de louer la pauvreté que de la supporter.**
(J. Heywood, *Proverbs in the English Tongue* [1546].)

— **Il y a les pauvres de Dieu et ceux du diable.**
(Thomas Adams, *Sermons* [1629].)

— **Le shilling du pauvre n'est qu'un penny.**
(J. Ray, *English Proverbs* [1670].)

Arabe. — **Le fer et les pierres sont moins lourds à porter que la pauvreté.**

— **Le pauvre est un étranger dans son pays.**

Basque. — **La maison vide est pleine de bruit.**

Chinois. — **La pauvreté et une figure laide ne se peuvent cacher.**

Espagnol. — **Le diable essuie sa queue avec l'orgueil du pauvre.**

Éthiopien. — **Le pauvre et le feu n'aiment pas à être tisonnés.**

Finnois-finlandais. — **Le pauvre vit comme brûle l'humidité.**

Français. — **En grande pauvreté ne gît pas grande loyauté.**
(Villon, *le Testament*, 152 [1461].)

— **Pire est la moquerie au pauvre que le mal qu'il a.**
(*Proverbia et versus proverbiorum*, manuscrit du XV⁰ s., Tours, Bibl. municip.)

— **Quand la bourse se rétrécit, la conscience s'élargit.**
(Noël du Fail, *Contes et Discours d'Eutrapel*, XXXI [1585].)

— **Qui n'a pas d'argent en bourse, qu'il ait du miel en bouche.**
(Blaise de Monluc, *Commentaires*, VII [1592].)

— **La pauvreté humilie les hommes jusqu'à les faire rougir de leurs vertus.**
(Vauvenargues, *Réflexions et Maximes*, 390 [1746].)

— **Ce qu'il y a de plus embarrassant quand on n'est pas né riche, c'est d'être né fier.**
(Vauvenargues, *Réflexions et Maximes*, 646 [1746].)

— **On veut que le pauvre soit sans défaut.**
(Beaumarchais, *le Barbier de Séville*, I, II [1775].)

— **Quand on est pauvre, on n'a que la ressource d'être sage.**
(Florian, *le Bon Père* [1790].)

— **Au gueux la besace.**
(Le pauvre reste toujours pauvre. — A. Caillot, *Dictionnaire proverbial* [1826].)

— **Pauvreté n'est pas péché; mieux vaut cependant la cacher.**
(Aug. Brizeux, *Proverbes bretons* [1860].)

Indien *(garhwali).* — **Dette de pauvre fait grand bruit.**

— *(tamil).* — **Même une bête sans cornes attaque le pauvre.**

Jamaïquin. — **Le pot vide ne déborde pas.** (Le pauvre n'a rien à donner.)

Malgache. — **Le zébu maigre n'est pas léché par ses congénères.**

Persan. — **La sagesse du pauvre est aussi inutile qu'un palais dans le désert.**

Polonais. — **Au pauvre, même sa nuit de noces est courte.**

Serbe. — **A quoi sert l'étendue du monde quand nos souliers sont trop étroits ?**

Suédois. — **La pauvreté a un privilège bien glorieux, c'est celui d'être l'hôtesse de la tempérance.**

V. ARGENT, AUMÔNE, « AUREA MEDIOCRITAS », BESOIN, MISÈRE.

PAYER

Latin médiéval. — **Qui ne peut payer de sa bourse paie de sa peau.**
Luat in corpore qui non habet in aere.

Anglais. — **Celui qui paie les pipeaux commande la musique.**
(J. Ray, *English Proverbs* [1670].)

— *(Écosse).* — **Belle fille n'a pas de bourse.**
(On n'attend pas qu'une jolie compagne paie son écot.)

Français. — **Qui le boit aussi le solde.**
(Manuscrit du XIIIe s., sans titre, Paris, Sainte-Geneviève.)

— **Bien se doit taire de l'écot qui rien n'en paye.**
(*Incipiunt proverbia vulgalia*, manuscrit du XIIIe s., Cambrai, Bibl. municip.)

— **Tel paye l'écot qui oncques n'en but.**
(*Incipiunt proverbia vulgalia*, manuscrit du XIIIe s.)

— **Tant plusieurs, tant payeurs.**
(*Bonum spatium*, manuscrit du XIVe s., Paris, Bibl. nat.)

— **Payer, c'est régner.**
(Mme de Girardin [Delphine Gay], *Lettres parisiennes*, 7 mars 1840.)

— **Prier et payer, c'est trop.**
(Se dit quand on est las d'offrir une chose à une personne qui fait des manières pour l'accepter. — L. Morin, *Proverbes champenois* [1912].)

Turc. — **Ne croyez pas qu'en laissant vos cheveux chez le barbier vous l'avez payé.**

V. SALAIRE.

PAYER COMPTANT

Latin médiéval. — **Argent comptant porte médecine.**
Pecunia praesens medicamen est praesentaneum.

Américain. — **On fait confiance à Dieu, mais tous les autres doivent payer comptant.**
(H. L. Mencken, *Dictionary of Quotations* [1946].)

Anglais. — **L'argent comptant, c'est la lampe d'Aladin.**
(Byron, *Don Juan*, XII [1823].)

Espagnol. — « Je paierai » est un bel oiseau, mais « Je paie comptant » est un oiseau qui chante.

Français. — Les gens payent bien quand ils payent comptant.

— Il n'y a rien de plus éloquent que l'argent comptant.

V. CRÉDIT D'ARGENT.

PAYER PAR ANTICIPATION

Proverbe général. — En payant à la fin, on ne paye pas deux fois.

Allemand. — Le travail payé d'avance a les pieds de plomb.

— Qui paie d'avance, son grain n'est pas moulu fin.

Anglais. — Il y a deux sortes de mauvais payeurs : ceux qui ne paient jamais et ceux qui paient trop tôt.

Espagnol. — Argent reçu, bras rompus.

Français. — Tambour payé d'avance ne fait pas beaucoup de bruit.

V. ANTICIPATION.

PAYER (Se faire)

Anglais *(Écosse)*. — Prends toujours ton dû quand la larme est à l'œil.
(J. Kelly, *Scottish Proverbs* [1721].)

Français. — Tout le monde se fait payer.
(La Fontaine, *Fables*, XII, VI, « le Cerf malade » [1694].)

V. GRATUIT.

PAYS

Grec. — Autant de pays, autant de guises.
(Zénobios, *Proverbes;* IIᵉ s.)

Anglais. — En tout pays le soleil se lève le matin.
(G. Herbert, *Jacula prudentum* [1651].)

Annamite. — Le pays où les fleuves sont profonds fait naître des filles sensuelles; le pays qui a de hautes montagnes s'honore des esprits les plus élevés.

Chinois. — Les chevaux de guerre naissent sur les frontières.
(Te-Tsing, *Tao-te-king-kiai;* XVᵉ s.)

V. ÉTAT, NATION.

PAYS ÉTRANGER

Hébreu. — Dans mon pays, mon nom; dans un pays étranger, mon habit.
(Cité par J. Ray, *Adagia hebraica* [1678].)

Allemand. — A l'étranger, il y a trop ou trop peu; ce n'est que dans notre pays que nous trouvons la juste mesure.
(Gœthe [1749-1832], *Maximen und Reflexionen.*)

Arabe. — Lorsque tu es à l'étranger, n'oublie pas ta part d'humiliation.

Français. — **Saints de mon pays, secourez-moi ! Les saints de ce pays ne me connaissent pas.**
(Aug. Brizeux, *Proverbes bretons* [1860].)

Hongrois. — **Peccadille dans mon pays, grand péché à l'étranger.**

Russe. — **En pays étranger, même un enfant est un ennemi.**
V. ÉTRANGER, ÉTRANGÈRE, EXIL, PATRIE.

PAYS NATAL

Arabe. — **Le pays natal est doux, fût-il une tombe.**

Français. — **Le lièvre retourne toujours au lancer.**
(Proverbe tiré de la vénerie ; un lièvre chassé retourne toujours là où il a été lancé ; au fig., un homme aime à revenir aux lieux où il a passé son enfance. Variante : Un lièvre va toujours mourir au gîte.)

Nigritien *(Peul).* — **Chaque oiseau chante les louanges du pays où il a passé la saison chaude.**

Russe. — **Venant de notre pays natal, même le corbeau nous plaît.**
V. PATRIE.

PAYSAN

Grec. — **C'est toujours l'année prochaine que le paysan deviendra riche.**
(Ménandre, *Fragments*, IVᵉ s. av. J.-C.)

Latin. — **Sous le chapeau d'un paysan est le conseil d'un prince.**
(Attribué à Aulu-Gelle, IIᵉ s.)

Arabe. — **Un paysan aisé est un sultan caché.**

Français. — **Les paysans ne sont pas assez savants pour raisonner de travers.**
(Montesquieu [1689-1755], *Variétés.*)

Polonais. — **Quand le paysan est pauvre, le pays entier est pauvre.**

Russe. — **Les mains du laboureur sont noueuses et noires, mais la miche de son four est douce et blanche.**
V. AGRICULTURE, TERRE.

PÉCHÉ

Bible. — **Le juste pèche sept fois par jour.**
(Livre des Proverbes, XXIV, 16 ; IVᵉ s. av. J.-C. — Le texte exact porte : « ... sept fois le juste tombe, et il se relève ».)

Grec. — **Pécher est humain, persévérer dans le péché est diabolique.**
(Saint Jean Chrysostome, *Adhortatio ad Theodorum*, I, 14 ; IVᵉ s.)

Proverbe général. — **Péché caché est à moitié pardonné.**
(Cité par Boccace, *Décaméron*, I, IV ; XIVᵉ s.)

Allemand. — **Les péchés que l'on a commis soi-même, on les aime encore chez les autres.**
(Gœthe [1749-1832], *Maximen und Reflexionen.*)

Anglais. — **L'habitude du péché lui donne une jolie couleur.**
(Th. Dekker, *The Honest Whore*, II, 1 [1604].)

— **Les petits péchés sont les plus grandement punis.**
(G. Herbert, *The Temple* [1633].)

Français. — **A tout péché miséricorde.**

(Manuscrit du XIIIe s., sans titre, Paris, Sainte-Geneviève. — Cf. *les Contes du monde aventureux* (1555) : Le Seigneur ne veut pas la mort du pécheur)

Italien. — **Faire comme les autres n'est pas pécher.**

(Boccace, *Filostrato*, II, 70; XIVe s.)

Malgache. — **Le péché dont on se repent est le père de la vertu, mais la vertu dont on se glorifie est le grand-père du péché.**

Persan. — **De quatre choses nous avons plus que nous croyons : des ennemis, des dettes, des années et des péchés.**

V. AVOUER, PASSÉS (Actes et faits).

PÉDANT

Anglais. — **Le pédantisme, c'est l'ostentation du savoir.**

(Samuel Johnson, *The Rambler*, 12 novembre 1751.)

Français. — **Il faut s'enquérir qui est mieux savant, non qui est plus savant.**

(Montaigne, *Essais*, I, xxv, « Du pédantisme » [1580].)

— **Un sot n'est qu'ennuyeux, un pédant est insupportable.**

(Napoléon Ier [1769-1821], *Maximes et Pensées*.)

V. ÉRUDITION, SAVOIR.

PEINE PERDUE

Français. — **A laver la tête d'un âne, l'on y perd sa lessive.**

(Jean Le Bon, *Adages françois* [1557].)

Russe. — **On ne fait pas dix verstes pour manger de la gelée.**

(Il est vain de prendre de la peine pour un résultat trop mince.)

V. FAIT ACCOMPLI, NATUREL (le), UTILE ET INUTILE.

PEINTURE

Grec. — **La peinture est poésie muette.**

(Simonide de Céos, ve s. av. J.-C. — Cité par Plutarque, *Vies parallèles*.)

Latin. — **Les peintres et les poètes ont toujours eu le droit de tout oser.**

(Horace, *Art poétique*, 9-10; env. 10 av. J.-C.)

Français. — **Quelle vanité que la peinture, qui attire l'admiration par la ressemblance des choses dont on n'admire point les originaux.**

(Pascal, *Pensées*, II, 134 [1670].)

Italien. — **Qui blâme la peinture blâme la nature.**

(Léonard de Vinci [1452-1519], *Carnets*.)

V. ART.

PENCHANT

Latin. — **Chacun a son penchant qui l'entraîne.**

(Virgile, *Bucoliques*, II, 65; env. 40 av. J.-C.)

Français. — **Dans une affaire, chacun ne veut voir que la couleur qui sait lui plaire.**

(Florian, *Fables*, IV, « l'Habit d'Arlequin » [1792].)

— **On tombe du côté où l'on penche.**

(Cité par Guizot, Discours à la Chambre des députés, 5 mai 1837.)

V. GOÛT, NATUREL (le).

PENSÉE

Bible. — **La pensée dans le cœur de l'homme est une eau profonde et l'homme intelligent y puisera.**
(Livre des Proverbes, xx, 5; ɪvᵉ s. av. J.-C.)

Latin. — **La pensée est libre.**
(Cicéron, *Pro Milone*, xxɪx, 79; env. 52 av. J.-C.)

— **Nul n'est puni à cause de ses pensées.**
(Ulpien [170-228], *Ad Edictum*, III. — Cf. *Digeste*, XLVIII, xɪx, 1.)

Anglais. — **Les pensées sont exemptes d'impôt.**
(W. Camden, *Remaines Concerning Britaine* [1614]. — Le proverbe allemand ajoute :
... mais non d'enfer.)

Chinois. — **Le travail de la pensée ressemble au forage d'un puits; l'eau est trouble d'abord, puis elle se clarifie.**

Français. — **Toute la dignité de l'homme est en la pensée.**
(Pascal, *Pensées*, vɪ, 365 [1670].)

— **La pensée console de tout et remédie à tout.**
(Chamfort [1741-1794], *Maximes et Pensées*.)

V. ɪDÉE, RÉFLÉCHIR.

PERDRE

Grec. — **Avant de le perdre, l'insensé ne sait pas qu'il a en main un objet précieux.**
(Sophocle, *Ajax*, 964; vᵉ s. av. J.-C.)

Anglais. — **Celui qui a perdu un œil connaît la valeur de celui qui lui reste.**
(G. Herbert, *Jacula prudentum* [1651].)

Français. — **Une vache ne sait ce que vaut sa queue, jusqu'à ce qu'elle l'ait perdue.**
(*Proverbes en françois*, manuscrit de 1456, Paris, Bibl. nat.)

— **Qui perd pèche.**
(Variante : Qui perd son bien perd son sens.)

Haïtien (Créole). — **C'est lorsque la fontaine est tarie que l'on connaît ce qu'elle vaut.**

Tchèque. — **Le diable a pris les offrandes, mais il reste l'autel.**
(Les pertes matérielles sont réparables.)

V. GAGNER ET PERDRE.

PÈRE

Grec. — **Les censures d'un père sont un remède agréable, l'utilité en surpasse l'amertume.**
(Démophile, *Sentences*, vɪᵉ s. av. J.-C.)

— **Le père le plus sévère dans ses réprimandes est rude en paroles, mais il est père dans ses actions.**
(Ménandre, *Fragments*, ɪvᵉ s. av. J.-C.)

Latin. — **Aime ton père, s'il est juste, et s'il ne l'est pas, supporte-le.**
(Publilius Syrus, *Sentences*, ɪᵉʳ s. av. J.-C.)

— **Un père irrité est très cruel pour lui-même.**
(Publilius Syrus, *Sentences*.)

Anglais. — **Il était à court de nouvelles, celui qui racontait que son père avait été pendu.**

Bantou *(Rhodésie, Ila).* — **Même si le lion rugit, il ne dévore pas son petit.**

Brésilien. — **Un vieux père et des manches déchirées n'ont jamais déshonoré personne.**

Français. — **Tout père frappe à côté.**
(La Fontaine, *Fables*, VIII, xx, « Jupiter et les Tonnerres » [1678].)

— **Un père est un banquier donné par la nature.**
(Variante de l'alexandrin : Un frère est un ami donné par la nature.)

Indien *(tamil).* — **On connaît la valeur du sel quand il n'y en a plus, et celle d'un père après sa mort.**

Persan. — **Grands sont les yeux d'un père mort.**

Russe. — **Si tu vis sans être père, tu mourras sans avoir été homme.**
V. PARENTS (père et mère).

PÈRE et FILS

Bible. — **L'odeur de mon fils est comme l'odeur d'un champ qu'a béni Yahweh.**
(Genèse, XXVII, 27; VIIIe s. av. J.-C.)

— **Le père du juste est dans l'allégresse.**
(Livre des Proverbes, XXIII, 24; IVe s. av. J.-C.)

— **Comme les flèches dans la main d'un guerrier, ainsi sont les fils engendrés dans la jeunesse.**
(Psaumes, CXXVII, 5; IIe s. av. J.-C.)

Antiquité chinoise. — **Qu'il ait ou non du talent, chaque père reconnaît toujours son fils pour son fils.**
(Confucius, *Livre des sentences*, XI, 7; VIe s. av. J.-C.)

— **Le père cache les fautes de son fils, le fils cache les fautes de son père.**
(Confucius, *Livre des sentences*, XIII, 18. — Réponse de Confucius à qui il avait été dit qu'il existait dans un village un homme d'une droiture et d'une sincérité parfaites, car son père ayant volé un mouton, le fils porta témoignage contre lui.)

— **L'homme supérieur tient son fils éloigné de lui.**
(Confucius, *Livre des sentences*, XVI, 13.)

Grec. — **Il n'y a pas de plus grande allégresse pour un fils que la gloire d'un père, et pour un père que les exploits d'un fils.**
(Attribué généralement à Sophocle, mais sans référence.)

— **Il n'y a rien de plus doux à entendre que le discours d'un père qui loue son fils.**
(Ménandre, *Fragments*, IVe s. av. J.-C.)

Latin. — **Un père dit de son fils qui louche qu'il a le regard en coulisse.**
(Horace, *Satires*, I, III, 43; env. 35 av. J.-C.)

— **Tel père, tel fils.**
(*Qualis pater, talis filius.* — Cité par Libanius, *Lettres*, no 1476.)

Sanskrit. — **La barque que le père et le fils conduisent ne subit aucun dommage.**
(*Brâhmana*, contes et apologues indiens.)

Proverbe général. — **Celui qui laisse après lui des fils n'est pas mort.**
(Folklore allemand, danois, etc.)

Allemand. — Il n'y a que le père qui n'envie pas le talent de son fils.
(Gœthe [1749-1832], *Maximen und Reflexionen*.)

Anglais. — A père avare, fils prodigue.
(William Parkes, *The Curtain Drawer of the World* [1612].)

Arabe. — Je dis que mon fils est un voyou, mais je n'aime pas que les autres le disent.

— Quand ton fils est petit, sois son maître ; quand ton fils a grandi, sois son frère.

Argentin. — Mon chien est mon ami, ma femme mon ennemie et mon fils est mon maître.

Chinois. — Celui qui a des fils ne peut être pauvre longtemps ; celui qui n'en a pas ne sera pas noble longtemps.

— Louer son fils, c'est se vanter ; blâmer son père, c'est se flétrir.

Français. — Un cœur de père est le chef-d'œuvre de la nature.
(Abbé Prévost, *Manon Lescaut*, IIe partie [1731].)

— Il est plus facile au fils de demander au père qu'au père de demander au fils.
(Aug. Brizeux, *Proverbes bretons* [1860].)

— Quand le père donne au fils, rit le père, rit le fils ; quand le fils donne au père, pleure le père, pleure le fils.
(J.-F. Bladé, *Proverbes recueillis dans l'Armagnac* [1879].)

Géorgien. — L'homme préfère la femme d'autrui, mais il aime mieux son propre fils.

Indien *(tamil).* — Traite ton fils comme un prince pendant cinq ans, comme un esclave pendant dix ans, et comme un ami par la suite.

Persan. — Le fils ingrat est une verrue sur le visage de son père ; la laisser, c'est une tare ; la couper, c'est une douleur.

Serbe. — Chacun veut être supérieur au voisin et inférieur à son fils.

V. FILS, HÉRÉDITÉ.

PÈRE et FILLE

Grec. — Pour un père, il n'est rien de plus doux qu'une fille ; l'âme d'un fils est plus haute, mais moins tendre et caressante.
(Euripide, *les Suppliantes*, 1100 ; ve s. av. J.-C.)

— Jamais les menaces d'un père ne s'accomplissent.
(Ménandre, *Fragments*, IVe s. av. J.-C.)

Bible. — As-tu des filles, veille à leur pureté, et n'aie pas avec elles un visage jovial.
(L'Ecclésiastique, VII, 24 ; IIe s. av. J.-C.)

Anglais. — L'amoureux n'a pas de rival plus redoutable que le père.
(Ch. Lamb, *The Wedding* [1833].)

Français. — Qui a des filles est toujours berger.
(E. Dacier, *Maximes, Pensées et Proverbes* [1848].)

V. FILLE *(filia).*

PÉRENNITÉ

Grec. — **La route qui monte et descend est une et la même.**
(Héraclite d'Éphèse, *Fragments*, ve s. av. J.-C.)

Bible. — **Tous les fleuves vont à la mer, et la mer n'est point remplie.**
(L'Ecclésiaste, I, 7 ; IIIe s. av. J.-C.)

Chinois. — **L'homme est un enfant né à minuit : quand il voit le soleil, il croit qu'hier n'a jamais existé.**

V. TEMPS.

PERFECTION

Latin médiéval. — **Briller est vain, brûler est peu ; la perfection unit la flamme à l'éclat.**
(Saint Bernard, *Sermo in Nativitate sancti Johannis Baptistae*, III ; XIIe s.)

Français. — **La perfectibilité est à la perfection ce que le temps est à l'éternité.**
(Chevalier de Boufflers, *Pensées et Fragments*, 142 [1816].)

Suédois. — **C'est un bonheur pour nous qu'il n'y ait rien de parfait sur la terre.**
(Chancelier Oxenstiern [1583-1654], *Réflexions et Maximes*.)

V. AMENDEMENT, MEILLEUR, MIEUX.

PERFIDIE

Bible. — **La voie des perfides est rude.**
(Livre des Proverbes, XIII, 15 ; IVe s. av. J.-C. — Cf. XXV, 19 : Une dent cariée et un pied qui glisse, c'est la confiance qu'inspire un homme perfide.)

Français. — **... Souvent la perfidie retourne sur son auteur.**
(La Fontaine, *Fables*, IV, XI, « la Grenouille et le Rat » [1668].)

— **La perfidie est un mensonge de toute la personne.**
(La Bruyère, *les Caractères*, « Des femmes », 25 [1688].)

V. TRAÎTRISE.

PÉRIL

Latin. — **Jamais on ne surmonte un péril sans péril.**
(Publilius Syrus, *Sentences*, Ier s. av. J.-C.)

Espagnol. — **Celui qui se présente en sauveur pourrait bien être crucifié.**
(Cité par J. Collins, *Proverbes espagnols* [1823].)

Français. — **A vaincre sans péril on triomphe sans gloire.**
(Corneille, *le Cid*, II, II, 434 [1636].)

— **La peine a ses plaisirs, le péril a ses charmes.**
(Voltaire, *la Henriade*, IV, 128 [1723].)

Nigritien *(Peul).* — **Un papillon qui se pose sur une épine est en péril de déchirer son pagne.**

Portugais. — **Méfiez-vous de la porte qui a plusieurs clés.**

Russe. — **Si vous avez peur du loup, n'allez pas dans la forêt.**

Slovaque. — **Quand le loup vous poursuit, on appelle l'ours « bon oncle ».**

V. DANGER, RISQUE.

PERMETTRE

Latin médiéval. — **Tout ce qui est permis n'est pas honnête.**
  Non omne quod licet honestum est.

Français. — **La loi permet souvent ce que défend l'honneur.**
  (B.-J. Saurin, *Blanche et Guiscard*, V, VI [1763].)
  V. CONSENTIR.

PERSÉVÉRANCE

Grec. — **Hercule ne fut pas engendré en une seule nuit.**
  (Ménandre, *Fragments*, IVe s. av. J.-C.)

  — **A force de coups, on abat le chêne.**
  (Diogénien, *Proverbes;* IIe s.)

Latin. — **En suivant le fleuve, on parvient à la mer.**
  (Plaute, *Pœnulus*, 627; IIe s. av. J.-C.)

Islam. — **Dieu aime ceux qui persévèrent.**
  (Le Koran, III, 140; VIIe s.)

Latin médiéval. — **Rome ne s'est pas faite en un jour.**
  (P. A. Manzoli [Marcellus Palingenius], *Zodiacus vitae*, XII, 460; XVIe s.)

Anglais. — **Ce n'est pas la force, mais la persévérance, qui fait les grandes œuvres.**
  (Samuel Johnson, *Rasselas* [1759].)

Chinois. — **Celui qui a déplacé la montagne, c'est celui qui a commencé par enlever les petites pierres.**

Espagnol. — **Zamora ne fut pas prise en un jour.**
  (La longueur du siège de Zamora était passée en proverbe. — Cervantes, *Don Quichotte*, II, LXXI [1615].)

  — **A la longue, le lévrier force le lièvre.**
  (César Oudin, *Refranes o proverbios castellanos* [1659].)

Français. — **Tant chauffe-t-on le fer qu'il rougit.**
  (Villon, *Ballade des proverbes* [1460].)

  — **La plupart des hommes, pour arriver à leurs fins, sont plus capables d'un grand effort que d'une longue persévérance.**
  (La Bruyère, *les Caractères*, « De l'homme », 137 [1688].)

Japonais. — **Le pic semble percer le ciel et le chemin qui conduit au sommet a nom persévérance.**

Turc. — **A force de demander son chemin, on finit par trouver La Mecque.**
  V. PATIENCE, PEU À PEU.

PERSONNALITÉ

Hébreu. — **Une myrtille parmi les orties est une myrtille.**
  (Le Talmud, *Sanhédrin*, Ve s.)

Anglais. — **La personnalité est à l'homme ce que le parfum est à la fleur.**
  (Ch. M. Schwab, *Ten Commandments of Success* [1910].)

Français. — **Achille boudeur n'en est pas moins Achille.**
  (Mme de Girardin [Delphine Gay], *Lettres parisiennes*, 12 janvier 1839.)

  V. CARACTÈRE, RAYONNEMENT, SUPÉRIORITÉ.

PERSUADER

Grec. — **La persuasion repose sur les lèvres d'un ami fidèle.**
(Homère, *l'Iliade*, XI, 794; IXe s. av. J.-C.)

— **Ce sont les mœurs de celui qui parle et non pas les paroles qui persuadent.**
(Ménandre, *Fragments*, IVe s. av. J.-C.)

Français. — **L'art de persuader consiste autant en celui d'agréer qu'en celui de convaincre.**
(Pascal, *De l'esprit géométrique* [1658].)

— **On peut convaincre les autres par ses propres raisons; on ne les persuade que par les leurs.**
(J. Joubert [1754-1824], *Pensées, Maximes et Essais*.)

V. AFFIRMER, ARGUMENT, CONTRADICTION, NIER, PREUVE.

PERVERSITÉ

Grec. — **La perversité ne change pas, quelque honte qu'on lui fasse.**
(Ésope, *Fables*, « le Laboureur et le Serpent gelé », VIe s. av. J.-C.)

Bible. — **L'âme perverse perd celui qui la possède.**
(L'Ecclésiastique, VI, 4; IIe s. av. J.-C.)

Latin. — **Nul ne devient pervers d'un seul coup.**
(Juvénal, *Satires*, II, 83 [env. 120].)

V. MALICE.

PETITS (les)

Antiquité égyptienne. — **La belle pensée est cachée plus que la gemme, mais on la trouve dans la main de la servante qui broie le grain.**
(*Sagesse de Ptahotep*, IVe millénaire av. J.-C.)

Grec. — **Une fourmi elle-même a sa colère.**
(Zénobios, *Proverbes*; IIe s. av. J.-C.)

Anglais. — **Le plus petit ver se retourne si on le piétine.**
(J. Heywood, *Proverbs in the English Tongue* [1546].)

— **Aux petites gens, les petites choses sont grandes.**
(Oliver Goldsmith, *The Traveller* [1764].)

— **L'huître aussi a des chagrins d'amour.**
(R. B. Sheridan, *The Critic*, III, 1 [1779].)

— **Les petites choses affectent les petits esprits.**
(B. Disraeli, *Sybil*, III [1845].)

Arabe. — **Le petit mur, tout le monde passe dessus.**

Espagnol. — **Traite les petits comme tu voudrais être traité par les grands.**

Français. — **Il n'est si petit buisson qui ne porte ombre.**

Grec moderne. — **Quand la grenouille est en colère, l'étang l'ignore.**

Italien. — **Peine de manant n'est pour rien comptée.**

Japonais. — **La grenouille dans un puits ne sait rien de la haute mer.**

Serbe. — **La foudre ne frappe pas l'ortie.**

Yiddish. — **En terre noire pousse le meilleur blé.**
(Les simples ont souvent un cœur excellent.)

V. FAIBLES (les), GRANDS ET PETITS.

PEU A PEU

Grec. — **Les gouttes qui tombent sans cesse usent le rocher.**
(Chœrilos de Samos, *Fragments*, vᵉ s. av. J.-C. — Cf. Aristote, *Physique*, VIII, III,
10 : La goutte finit par percer la pierre, et la plante qui y pousse finit par la rompre.)

Latin. — **Poil à poil on épile.**
(Sertorius avait organisé une compétition entre deux centurions; il s'agissait d'épiler la
queue d'un cheval. L'un des centurions, violent et pressé, tenta vainement d'arracher
tous les crins à la fois; l'autre, mieux inspiré, arracha les poils l'un après l'autre et
sortit vainqueur de l'épreuve. — Cf. Valère Maxime, *De dictis factisque memorabilibus*,
VII, III, 6.)

Proverbe général. — **Pas à pas va-t-on bien loin.**
(Manuscrit du XIIIᵉ s., sans titre, Paris, Sainte-Geneviève.)

Anglais. — **Peu à peu la souris coupe un câble.**
(J. Heywood, *Proverbs in the English Tongue* [1546].)

Chinois. — **Ce n'est pas en un jour de froid que l'eau gèle sur trois pieds
de profondeur.**

Français. — **Maille à maille est fait le haubergeon.**
(Rabelais, *le Tiers Livre*, XLII [1546].)

— **Petit à petit l'oiseau fait son nid.**
(L.-J. Le Roux, *Dictionnaire proverbial* [1718].)

— **Au long aller la lime mange le fer.**
(Ch. Cahier, *Proverbes et Aphorismes* [1856].)

Italien. — **Plume à plume, on plume l'oie.**
(G. S. Ghibaudo, *Sentenze e Proverbi* [1937].)
V. PATIENCE, PERSÉVÉRANCE.

PEUPLE

Antiquité chinoise. — **On peut forcer le peuple à suivre les principes de la
justice et de la raison; on ne peut pas le forcer à les comprendre.**
(Confucius, *Livre des sentences*, VIII, 9; VIᵉ s. av. J.-C.)

Grec. — **Le peuple, le feu et l'eau sont des forces indomptables.**
(Phocylide de Milet, *Sentences*, VIᵉ s. av. J.-C.)

— **Il est trois bêtes intraitables : le hibou, le serpent et le peuple.**
(Démosthène, IVᵉ s. av. J.-C. — Cité par Plutarque, *Vies parallèles*.)

Allemand. — **Les peuples et les troupeaux n'éprouvent point de vertiges sur
le bord des précipices, mais l'homme en éprouve.**
(J. P. Richter, *Blumen, Frucht und Dornenstücke* [1818].)

Français. — **Il est besoin que le peuple ignore beaucoup de choses vraies et
en croie beaucoup de fausses.**
(Montaigne, *Essais*, II, XII [1580].)

— **Le peuple donne sa faveur, jamais sa confiance.**
(Rivarol [1753-1801], *Notes, Pensées et Maximes*.)

— **Il faut sauver les peuples malgré eux.**
(Napoléon Iᵉʳ [1769-1821], *Maximes et Pensées*.)

Italien. — **C'est faire fond sur la boue que de compter sur le peuple.**
(Proverbe cité par Machiavel, *le Prince*, IX [1514].)
V. DÉMAGOGIE, FOULE, MULTITUDE, OPINION PUBLIQUE, PUBLIC (le).

PEUR

Bible. — **Celui qui fuit devant la peur tombe dans la fosse.**
(Jérémie, XLVIII, 44; VII⁰ s. av. J.-C.)

Latin. — **La peur aux talons met des ailes.**
(Virgile, *Énéide*, VIII, 24; env. 19 av. J.-C.)

— **La peur est insensée, elle craint même les choses dont elle attend du secours.**
(Quinte-Curce, *De rebus Alexandri Magni*, III, XI; I⁰ʳ s.)

Allemand. — **Le timide a peur avant le danger, le lâche au milieu du danger, le courageux après le danger.**
(J. P. Richter, *Blumen, Frucht und Dornenstücke* [1818].)

Anglais. — **Il n'y a pas de médecin de la peur.**
(D. Fergusson, *Scottish Proverbs* [1641].)

Espagnol. — **La peur a de grands yeux.**
(Cervantes, *Don Quichotte*, I, XX [1605].)

Français. — **On crie toujours le loup plus grand qu'il n'est.**
(J. de La Véprie, *Proverbes communs* [1498].)

— **Il ne faut trembler que l'on ne voie sa tête à ses pieds.**
(A. de Monluc, *la Comédie de proverbes*, III, VII [1616].)

— **Quand on cède à la peur du mal, on ressent déjà le mal de la peur.**
(Beaumarchais, *le Barbier de Séville*, II, II [1775].)

V. CRAINTE, LÂCHETÉ, POLTRONNERIE, TIMIDITÉ.

PEUT-ÊTRE

Français. — **« Peut-être » garde les gens de mentir.**
(Avec des réticences, rien n'est absolument faux.)

Suédois. — **C'est l'effet d'une folie consommée que de se reposer sur un « peut-être ».**
(Chancelier Oxenstiern [1583-1654], *Réflexions et Maximes*.)

V. CERTAIN ET INCERTAIN, PRESQUE.

PHILANTHROPIE

Grec. — **La philanthropie est la sœur jumelle de la pitié.**
(Cité par Philon d'Alexandrie, *Des vertus*, sect. 51.)

Latin. — **Je suis homme et rien de ce qui est humain ne m'est étranger.**
(Térence, *Heautontimoroumenos*, 77; II⁰ s. av. J.-C.)

V. ALTRUISME, AMOUR DU PROCHAIN, OPTIMISME ET PESSIMISME.

PHILOSOPHIE (généralités)

Grec. — **Le profit qu'un sage retire de la philosophie est de vivre en société avec lui-même.**
(Antisthène, IV⁰ s. av. J.-C. — Cité par Diogène Laërce, *Phil. ill.*, VI.)

Latin. — **La philosophie est la vraie médecine de l'âme.**
(Cicéron, *Tusculanae Disputationes*, III, III, 6; env. 45 av. J.-C.)

— **La philosophie est une méditation de la mort.**
(Cité par Érasme, *Éloge de la folie*, LXVI.)

Anglais. — **Un peu de philosophie incline les esprits vers l'athéisme, mais la profondeur philosophique les ramène à la religion.**

(F. Bacon, *Essays*, XVI [1597].)

— **Il n'y a pas de philosophe qui supporte avec patience une rage de dents.**

(Shakespeare, *Much Ado about Nothing*, V, I, 35 [1599].)

— **La philosophie est un bon cheval à l'étable et une rosse en voyage.**

(Olivier Goldsmith, *The Good-Natured Man*, I [1768].)

Français. — **Philosopher, c'est douter.**

(Montaigne, *Essais*, II, III [1580].)

— **La philosophie triomphe aisément des maux passés et des maux à venir, mais les maux présents triomphent d'elle.**

(La Rochefoucauld, *Réflexions ou Sentences et Maximes morales*, 22 [1665].)

— **Se moquer de la philosophie, c'est vraiment philosopher.**

(Pascal, *Pensées*, I, 4 [1670].)

V. VIE (art, manière de vivre).

PHILOSOPHIE (science)

Grec. — **Les philosophes nous apprennent le syllogisme, mais ce que l'on doit faire, on le sait bien mieux que les philosophes.**

(Épictète, *Entretiens*, I, XXII; début du IIᵉ s.)

Allemand. — **La philosophie des philosophes n'est que le sens commun en langage amphigourique.**

(Gœthe, *Maximen und Reflexionen* [1842].)

Anglais. — **Les philosophes ressemblent aux étoiles qui donnent peu de lumière parce qu'elles sont trop hautes.**

(Francis Bacon, *The Advancement of Learning*, I [1605].)

Français. — **La clarté est la bonne foi des philosophes.**

(Vauvenargues, *Réflexions et Maximes*, 372 [1746].)

— **On ne fait rien d'un philosophe.**

(Napoléon Iᵉʳ [1769-1821], *Maximes et Pensées*.)

V. APPRENDRE.

PIÈGE

Latin. — **Qui ne sait tendre les pièges ne sait les éviter.**

(Publilius Syrus, *Sentences*, Iᵉʳ s. av. J.-C.)

Français. — **La plus subtile de toutes les finesses est de savoir bien feindre de tomber dans les pièges que l'on nous tend.**

(La Rochefoucauld, *Réflexions ou Sentences et Maximes morales*, 117 [1665].)

Malgache. — **Les oiseaux peuvent oublier le piège, mais le piège n'oublie pas les oiseaux.**

V. APPÂT.

PIÉTÉ

Arabe. — **La piété est entre les boucles d'oreille et la joue; elle n'est pas sur les sommets des montagnes.**

(L'homme vraiment pieux n'est pas l'ascète, mais celui qui, devant la tentation, contraint sa passion.)

Chinois. — **Les autels ne fument que de l'encens des malheureux.**

Français. — **La piété est au cœur ce que la poésie est à l'imagination.**
  (J. Joubert [1754-1824], *Pensées, Maximes et Essais*.)
  V. BIGOTERIE, DÉVOTION, FOI, PRIÈRE, SAINT.

PIRE

Grec. — **On se jette souvent dans le feu pour échapper à la fumée.**
  (Proverbe cité par Lucien de Samosate, *Ménippe ou la Nécyomancie*, IIᵉ s.)

Chinois. — **Ne cherchez pas à échapper à l'inondation en vous accrochant à la queue d'un tigre.**

Espagnol. — **Le pire n'est pas toujours certain.**
  (*No siempre lo peor es cierto.* — Titre d'une comédie-proverbe de Calderon [1675].)

Français. — **Le pire diable chasse le moindre.**
  (Marguerite de Navarre, *Heptaméron*, III, xxvi [1559].)

  — **Souvent la peur d'un mal nous conduit dans un pire.**
  (Boileau, *Art poétique*, I, 64 [1674].)
  V. REMÈDE PIRE QUE LE MAL.

PITIÉ

Latin. — **Celui qui a pitié se souvient de lui-même.**
  (Publilius Syrus, *Sentences*, Iᵉʳ s. av. J.-C.)

Arabe. — **Qui est borgne a pitié des aveugles.**

Chinois. — **Croire à la pitié d'autrui est aussi fou que de compter sur la flamme d'une lampe dans le vent.**

Français. — **La pitié est le contrepoison de tous les fléaux de ce monde.**
  (Voltaire, *Lettre à M. Delaunay*, maître des requêtes, 8 décembre 1777.)
  V. COMPASSION.

PLAGIAT

Latin. — **Rien n'est dit aujourd'hui qui n'ait été dit jadis.**
  (Térence, *Eunuchus*, Prologue, 41; IIᵉ s. av. J.-C.)

Français. — **Les abeilles pillotent deçà delà les fleurs, mais elles en font le miel qui après est tout leur.**
  (Montaigne, *Essais*, I, xxv [1580].)

  — **Il y a de la grâce à bien cueillir les roses.**
  (Attribué à Voltaire.)
  V. IMITER.

PLAINDRE (se)

Islam. — **Se plaindre à un autre qu'à Dieu, c'est s'avilir.**
  (Proverbe soufi, Xᵉ s.)

Espagnol. — **Les plaintes excitent plutôt la passion à nous offenser que la compassion à nous consoler.**
  (Baltasar Gracian, *Oraculo manual*, 129 [1647].)

Indien *(tamil)*. — **Plus tu exerces ta voix, mieux tu chanteras ; mais plus tu gémis, plus ton mal augmentera.**
  V. COMPORTEMENT.

PLAIRE

Grec. — **Zeus lui-même, quand il fait pleuvoir, ne peut plaire à tout le monde.**
(Théognis de Mégare, *Sentences*, 27; VIᵉ s. av. J.-C.)

Latin. — **Ne cherche pas à combien, mais à qui tu plais.**
(Publilius Syrus, *Sentences apocryphes*, Iᵉʳ s. av. J.-C.)

Anglais. — **Il doit se lever matin, celui qui veut plaire à tout le monde.**
(J. Clarke, *Parœmiologia anglo-latina* [1639].)

Belge. — **Il ne faut pas toujours avoir raison pour plaire.**
(Prince de Ligne, *Mélanges* [1775].)

Espagnol. — **Le mérite ne suffit pas, s'il n'est secondé par l'agrément.**
(Baltasar Gracian, *Oraculo manual*, 274 [1647].)

Français. — **Un homme à qui personne ne plaît est bien plus malheureux que celui qui ne plaît à personne.**
(La Rochefoucauld, *Réflexions ou Sentences et Maximes morales*, 561 [1665].)

— **On ne peut contenter tout le monde et son père.**
(La Fontaine, *Fables*, III, 1, « le Meunier, son Fils et l'Ane » [1668].)

— **Il y a deux manières de plaire : amuser et intéresser.**
(Chevalier de Boufflers, *Pensées et Fragments*, 71 [1816].)

— **Plus on plaît généralement, moins on plaît profondément.**
(Stendhal, *De l'amour*, « Fragments divers », XLIII [1822].)

V. CHARME, SÉDUCTION.

PLAISANTERIE

Latin. — **Une plaisanterie ne doit jamais être prise au sérieux.**
(Plaute, *Amphitruo*, 920; IIᵉ s. av. J.-C.)

— **Mieux vaut perdre l'occasion d'un bon mot qu'un ami.**
(Quintilien, *De institutione oratoria*, VI, III, 28 [env. 90].)

Allemand. — **Rien ne révèle mieux le caractère d'un homme qu'une plaisanterie prise en mauvaise part.**
(G. C. Lichtenberg, *Aphorismen* [1799].)

Anglais. — **La plaisanterie sert souvent de véhicule à la vérité.**
(Fr. Bacon, *De dignitate et augmentis scientiarum*, VI, 35 [1605].)

— **Une plaisanterie n'a jamais gagné un ennemi, mais a souvent perdu un ami.**
(Th. Fuller, *Gnomologia* [1732].)

— **Une plaisanterie est chose sérieuse.**
(Charles Churchill, *The Ghost*, IV, 1386 [1763].)

Français. — **Au plaisanter on connaît l'homme.**
(*Proverbia rusticorum mirabiliter versificata*, manuscrit du XIIIᵉ s., Leyde.)

— **Diseur de bons mots, mauvais caractère.**
(Pascal, *Pensées*, I, 46 [1670]. — Il faut entendre « mauvais caractère » dans le sens de « peu estimable ». — Le mot de Pascal a été cité et commenté par La Bruyère, *les Caractères*, « De la cour », 80.)

— **Aux dépens du bon sens gardez de plaisanter.**
(Boileau, *Art poétique*, III, 413 [1674].)

— **Il ne faut jamais hasarder la plaisanterie qu'avec des gens polis, ou qui ont de l'esprit.**
(La Bruyère, *les Caractères*, « De la société et de la conversation », 51 [1688].)

— **La bonne plaisanterie consiste à ne vouloir point être plaisant; ainsi celui qui émeut ne songe point à vous émouvoir.**

(Voltaire, *l'Écossaise*, Préface [1760].)

— **Il y a bien de la différence entre chercher la plaisanterie et être plaisant.**

(Voltaire, *Lettre à Marmontel*, 21 juin 1771.)

— **La plaisanterie est une sorte de duel où il n'y a pas de sang versé.**

(Chamfort [1741-1794], *Maximes et Réflexions*.)

— **On déjoue une plaisanterie, en ayant l'air d'y applaudir.**

(La Rochefoucauld-Doudeauville, *Mémoires*, « Livre des pensées », 74 [1863].)

Italien. — **La plaisanterie doit mordre comme une brebis, et non comme un chien.**

(Boccace, *Décaméron*, VI, 3 [env. 1350].)

V. ESPRIT (Vivacité d'), FARCE, MOQUERIE, RAILLERIE.

PLAISIR (généralités)

Antiquité chinoise. — **Les cinq saveurs émoussent le goût de l'homme.**

(Lao-Tseu, *Livre du Tao et de sa vertu*, I, XII, 3 ; VIe s. av. J.-C. — Les cinq saveurs : ce qui est doux, piquant, acide, salé, amer. Signifie que l'homme doit se délivrer des plaisirs sensuels pour arriver à se perfectionner intérieurement.)

Latin. — **Le plaisir retardé est un agréable tourment.**

(Publilius Syrus, *Sentences*, 1er s. av. J.-C.)

Anglais. — **La vie serait supportable sans les plaisirs.**

(Lord Palmerston [1784-1865].)

Arabe. — **Le nageur nage et se rappelle ses vêtements.**

(Les plaisirs ne doivent pas faire oublier les devoirs.)

Chinois. — **Les beaux chemins ne mènent pas loin.**

(Cité par Claude Farrère, *la Bataille*, XX.)

Français. — **Pâques désirées sont en un jour allées.**

(*Proverbia vulgalia et latina*, manuscrit du XIIIe s., Paris, Bibl. nat.)

— **N'a de plaisir qui ne s'en donne.**

(Passerat [1534-1602], *Ode du premier jour de may*.)

— **Un plaisir est plus grand qui vient sans qu'on y pense.**

(Théophile de Viau, *Pyrame et Thisbé*, I, III [1617].)

— **... Fi du plaisir que la crainte peut corrompre !**

(La Fontaine, *Fables*, I, IX, « le Rat de ville et le Rat des champs » [1668].)

— **Le plaisir le plus délicat est de faire celui d'autrui.**

(La Bruyère, *les Caractères*, « De la société et de la conversation », 16 [1688].)

— **La plus grande perfection de l'âme est d'être capable de plaisir.**

(Vauvenargues, *Réflexions et Maximes*, 546 [1746].)

— **Un sage jouit des plaisirs et s'en passe comme on fait des fruits en hiver.**

(Helvétius [1715-1771], *Maximes et Pensées*.)

— **Le bonheur ressemble à un diamant, et le plaisir à une goutte d'eau.**

(Chevalier de Boufflers, *Pensées et Fragments*, 103 [1816].)

V. JOIE, VOLUPTÉ.

PLAISIR et PEINE (Pas de plaisir sans peine.)

Grec. — **On ne devient pas champion sans suer.**
(Épictète, *Entretiens*, I, xxiv; début du iie s.)

Anglais. — **Pas de douceur sans sueur.**
(*No sweet without sweat.* — Th. Fuller, *Gnomologia* [1732].)

Français. — **Qui ne pétrit, bon pain ne mange.**
(Baïf, *Mimes, Enseignements et Proverbes* [1576].)

— **Sans un peu de travail, on n'a point de plaisir.**
(Florian, *Fables*, IV, xi, « La Guenon, le Singe et la Noix » [1792].)

V. effort.

PLAISIR et PEINE (Tout plaisir s'accompagne de peine.)

Grec. — **Le plaisir est l'appât du mal.**
(Platon, *Timée*, 69 d; ive s. av. J.-C.)

— **Le plaisir n'est pas un mal en soi, mais certains plaisirs apportent plus de peine que de plaisir.**
(Épicure, *Fragments*, iiie s. av. J.-C.)

Latin. — **Telle est la volonté des dieux : tout plaisir s'accompagne de peine.**
(Plaute, *Amphitruo*, 636; iie s. av. J.-C.)

— **De la source même des plaisirs surgit on ne sait quelle amertume.**
(Lucrèce, *De natura rerum*, IV, 1133; env. 60 av. J.-C.)

Allemand. — **Tout plaisir porte une peine sur son dos.**
(Variante : La joie est suspendue à des épines.)

Français. — **Pour un plaisir mille douleurs.**
(Villon, *Ballade de la belle heaumière*, fin [1460].)

Tchèque. — **Le plaisir et la peine couchent dans le même lit.**

V. doux et amer, joie et chagrin.

PLEURER

Grec. — **La force d'âme est préférable à la beauté des larmes.**
(Euripide, *Hélène*, 952; ve s. av. J.-C.)

— **Rien ne sèche plus vite qu'une larme.**
(Apollonios de Rhodes, *Fragments*, iiie s. av. J.-C.)

Latin. — **Les pleurs ont aussi leur volupté.**
(Ovide, *les Tristes*, III, iii, 27 [env. 9].)

Anglais. — **L'âme n'aurait pas d'arc-en-ciel, si les yeux n'avaient pas de larmes.**
(John Vance Cheney, *Tears* [1888].)

Irlandais (*gaélique*). — **Les larmes qui coulent sont amères, mais plus amères celles qui ne coulent pas.**

Russe. — **Les larmes viennent plus souvent des yeux que du cœur.**

V. douleurs sont muettes (Les grandes), femme et les larmes (la), rire et pleurer.

PLUME

Latin. — **L'oie, l'abeille et le veau gouvernent le monde.**
(*Anser, apis, vitulus populos gubernant.* C'est-à-dire : la plume, la cire et le parchemin.)

Anglais. — **La plume peut être plus cruelle que l'épée.**
(Robert Burton, *The Anatomy of Melancholy*, I, II [1621].)

— **César serait mort dans la mémoire des hommes si sa plume n'avait porté secours à son épée.**
(Henry Vaughan, *Thomas Bodley's Library* [1650].)

Espagnol. — **L'épée n'a jamais émoussé la plume, ni la plume l'épée.**
(Cervantes, *Don Quichotte*, I, XVIII [1605].)

Français. — **Qui plume a, guerre a.**
(Cité par Voltaire, *Lettre à madame Denis*, 22 mai 1752.)

Indien (*tamil*). — **Le tranchant de l'épée peut faillir, le tranchant de la plume ne faillira point.**

V. ÉCRIRE, ÉCRIVAIN, LANGAGE PARLÉ ET LANGAGE ÉCRIT, STYLE.

POÉSIE

Grec. — **On ne peut être poète sans quelque folie.**
(Démocrite d'Abdère, IVᵉ s. av. J.-C. — Cité par Cicéron, *De divinatione*, I, 37.)

— **La race des poètes possède la liberté.**
(Démosthène, *Encomion*, IVᵉ s. av. J.-C. — Cf. Horace, *Art poétique*, 9-10 : Les peintres et les poètes ont toujours eu le droit de tout oser.)

Latin. — **Les poètes et les rois ne naissent pas chaque année.**
(Lucius Florus, *De qualitate vitae*, 8 [env. 90].)

— **La poésie est le vin du diable.**
(Saint Augustin, *Contra academicos*, I [env. 390].)

Anglais. — **Il n'y a pas de mines d'or ou d'argent au Parnasse.**
(John Locke, *Some Thoughts on Education* [1693].)

Français. — **Les chevaux et les poètes doivent être nourris, non engraissés.**
(Attribué à Charles IX [1550-1574].)

— **L'art ne fait que des vers, le cœur seul est poète.**
(André Chénier [1762-1794], *la République des lettres*, « Poétique ».)

— **La société a besoin de poètes, comme la nuit a besoin d'étoiles.**
(Chevalier de Boufflers, *Pensées et Fragments*, 188 [1816].)

— **On ne peut trouver de poésie nulle part, quand on n'en porte pas en soi.**
(J. Joubert [1754-1824], *Pensées, Maximes et Essais*.)

V. ART.

POISON

Latin. — **Le mélange de deux poisons est salutaire.**
(Cf. Ausone, *Épigrammes*, X ; IVᵉ s.)

Anglais. — **La petite ciguë est sœur de la grande.**
(Le poison est mortel, quelle que soit la taille de la plante vénéneuse.)

Hongrois. — **Qui vend du poison prend une enseigne fleurie.**

V. CONTRAIRE, SEMBLABLE.

POLITESSE

Grec. — Il y a dans la politesse charme et profit.
(Euripide, *Hippolyte*, 95; ve s. av. J.-C.)

Proverbe général. — La politesse est une clef d'or qui ouvre toutes les portes.

— On va plus loin le chapeau à la main que le chapeau sur la tête.

Allemand. — Ce n'est pas du sentiment que veut le monde, c'est de la politesse.
(Gœthe [1749-1832], *Maximen und Reflexionen*.)

— Il y a une politesse du cœur qui est parente de l'affection.
(Gœthe, *op. cit.*)

Chinois. — Quand vous vous inclinez, inclinez-vous profondément.

— Qui cède le haut du pavé s'élargit le chemin.

Français. — La politesse est à l'esprit ce que la grâce est au visage.
(Voltaire, *Stances*, xxxviii [1764].)

— La véritable politesse consiste à marquer de la bienveillance aux hommes.
(J.-J. Rousseau [1712-1778], *Maximes et Sentences*.)

— Chacun est monsieur de sa qualité.
(La politesse est due à tout le monde. — L. Morin, *Proverbes champenois* [1912].)

Indien *(hindoustani)*. — On demande le parfum à la fleur et à l'homme la politesse.

Libanais. — Un démon poli vaut mieux qu'un saint grossier.

Persan. — La politesse est une monnaie qui enrichit non point celui qui la reçoit, mais celui qui la dépense.

V. AMABILITÉ, COURTOISIE, MANIÈRES, TACT.

POLITIQUE

Grec. — Evitez de vous mêler des affaires publiques.
(Socrate, ve s. av. J.-C.; cité par Platon, *Apologie de Socrate*, 31 *d*.)

— L'objet principal de la politique est de créer l'amitié entre les membres de la cité.
(Aristote, *Éthique à Eudème*, VII, 1, 2; ive s. av. J.-C.)

Allemand. — La politique n'est pas une science exacte.
(Bismarck, Discours à la Chambre prussienne des seigneurs, 18 décembre 1863.)

Anglais. — La politique et la théologie sont les deux seules grandes questions.
(Gladstone, *Lettre à lord Rosebery*, 16 septembre 1880.)

Français. — Chacun conçoit les affaires selon la portée de son esprit.
(Cardinal de Richelieu [1585-1642], *Maximes d'État*, XCV.)

— En politique comme en amour, il n'y a point de traités de paix, ce ne sont que des trêves.
(G. de Lévis, *Maximes et Réflexions* [1808].)

— Vous avez beau ne pas vous occuper de politique, la politique s'occupe de vous.
(Ch. de Montalembert [1810-1870].)

V. GOUVERNEMENT.

POLOGNE

Français. — La Pologne est le seul royaume qui n'ait point eu l'esprit de conquête.
(Voltaire, *Essai sur les mœurs et l'esprit des nations*, CLXXXIX [1756].)

Polonais. — En Russie comme on doit, en Pologne comme on veut.
(Par référence au servage aboli en Pologne alors qu'il existait encore en Russie.)

V. NATION (Caractères nationaux et langues nationales.)

POLTRONNERIE

Latin. — L'avare se dit économe, le poltron se dit prudent.
(Publilius Syrus, *Sentences*, Ier s. av. J.-C.)

Anglais. — Le poltron combat quand il ne peut fuir.
(Shakespeare, *Henry VI*, I, IV, 40 [1591].)

Français. — Mieux vaut couard que trop hardi.
(Pierre Gringore, *Notables Enseignements, Adages et Proverbes* [1528].)

— Couardise est mère de la cruauté.
(Montaigne, *Essais*, II, XXVII [1580].)

**— Il n'est... si poltron, sur la terre,
Qui ne puisse trouver plus poltron que lui.**
(La Fontaine, *Fables*, II, XIV, « le Lièvre et les Grenouilles » [1668].)

— Après le courage, rien de plus beau que l'aveu de la poltronnerie.
(Helvétius [1715-1771], *Maximes et Pensées*.)

Irlandais (gaélique). — Mieux vaut être couard une minute que mort tout le reste de la vie.

V. DANGER, FUIR, PEUR.

PONCTUALITÉ

Français. — L'exactitude est la politesse des rois.
(Louis XVIII [1755-1824]. — Cité par Jacques Laffitte dans ses *Souvenirs*, I, 150.)

Irlandais. — La ponctualité est une voleuse de temps.
(Oscar Wilde, *Le portrait de Dorian Gray*, X [1891].)

V. ATTENDRE (Se faire), EXACTITUDE.

PORTRAIT

Allemand. — On n'est jamais satisfait du portrait d'une personne que l'on connaît bien.
(Gœthe, *les Affinités électives*, II [1808].)

Anglais. — Les portraits peints ont des bouches muettes.
(N. Breton, *Crossing of Proverbs* [1616].)

Français. — Un portrait ne guérit de rien.
(Marivaux, *l'Épreuve*, XXI [1740].)

V. IMAGE.

PORTUGAL

Portugais. — Je ferai loyauté jusqu'à ce que je gise.

(*Leaute faray tam yaserey.* — Devise de Duarte, dit l'Eloquent, onzième roi de Portugal, constructeur de Batalha [1391-1438].)

— La « saudade » est un mal dont on jouit, un bien dont on souffre.

(Francisco Manuel de Melo [1611-1667]. — La *saudade* [pr. *saoudade*] est une mélancolie propre aux Portugais.)

V. NATION (Caractères nationaux et langues nationales.)

POSSESSION

Anglais. — La possession fait les neuf points de la loi (ou) **du droit.**

(D. C. Browning, *Dictionary of Quotations and Proverbs* [1951].)

Français. — Possession vaut titre et usage rend maître.

(*Proverbe que dit li vilains,* manuscrit du XIIIᵉ s., Oxford, Rawlinson.)

— Souffrance et accoutumance est déshéritance.

(Antoine Loisel, *Institutes coutumières,* 738 [1607]. — C'est-à-dire que celui qui permet à autrui de conserver trop longtemps son bien, le perd.)

— L'usage seulement fait la possession.

(La Fontaine, *Fables,* IV, xx, « l'Avare qui a perdu son trésor » [1668].)

V. PROPRIÉTÉ.

POSSIBLE et IMPOSSIBLE

Grec. — Le possible habite près du nécessaire.

(Pythagore, *les Vers d'or,* 8; VIᵉ s. av. J.-C.)

— On ne peut à la fois souffler et avaler.

(Proverbe cité par Plaute, *Mostellaria,* 791; IIᵉ s. av. J.-C.)

Latin. — A l'impossible nul n'est tenu.

(*Ad impossibile nemo tenetur.* — Cité par Johannes Navizamus, *Sylva nuptialis,* I, 122 [env. 1460].)

Français. — On ne peut à la fois courir et sonner du cor.

(*Proverbia vulgalia et latina,* manuscrit du XIIIᵉ s., Paris, Bibl. nat.)

— On ne peut faire d'une fille deux gendres.

(*Dicta sive Proverbia volgaria,* manuscrit de 1397, Paris, Bibl. nat.)

— La plus belle fille du monde ne peut donner que ce qu'elle a.

(Chamfort [1741-1794], *Maximes et Pensées.*)

— On ne peut être en même temps au carillon et à la procession.

(Variante : On ne saurait être à la fois au four et au moulin.)

— Il n'y a d'impossible que ce qui implique contradiction.

(G. de Lévis, *Maximes et Préceptes,* 35 [1808].)

Indien *(tamil).* **— L'eau qui provient d'une même source ne peut être à la fois douce et salée.**

V. DIFFICILE, DIFFICULTÉ, FACILE, FACILITÉ, MOYEN.

POSTÉRITÉ

Latin. — La postérité rend à chacun l'honneur qui lui est dû.

(Tacite, *Annales,* IV, xxxv, 3; IIᵉ s.)

Français. — Le juge sans reproche est la postérité.

(Mathurin Régnier, *Satires,* xv, 123 [1608].)

Indien *(hindî)*. — **Ta postérité ne t'appartient que lorsque ton petit-fils joue devant ta porte.**

V. AVENIR (l').

POUVOIR

Grec. — **Qui peut le plus peut le moins.**
(Aristote, *Traité du ciel*, I, XI, 6; IVᵉ s. av. J.-C.)

Latin. — **On peut parce que l'on croit pouvoir.**
(Virgile, *Énéide*, V, 231; env. 19 av. J.-C.)

Sanskrit. — **Que peut le froid contre le feu, la nuit devant le soleil, les ténèbres contre la lune ?**
(*Avadânas*, contes et apologues indiens.)

V. AUTORITÉ, CHEF, PUISSANCE.

PRÉCAUTION

Latin médiéval. — **Brebis comptées, le loup les mange.**
(D'après Virgile, *Bucoliques*, VII, 51. — Cf. J. Clarke, *Parœmiologia anglo-latina.* — Signifie que les précautions ne détournent pas forcément le malheur.)

Allemand. — **Le parrain du loup doit avoir un chien sous son manteau.**

Français. — **Bride en main sur le pavé.**

Persan. — **Jetez une pierre à la tête d'un serpent, même si ce n'est qu'un lézard.**

V. CIRCONSPECTION, PRÉVOYANCE, VIGILANCE.

PRÉCÉDENT

Anglais. — **Un précédent embaume un principe.**
(Cité par B. Disraeli, Discours à la Chambre des communes, 22 février 1848.)

Arabe. — **Une tradition commence à la première fois.**
(Variante : Une fois, nouveauté; deux fois, précédent.)

V. FOIS (Une ou plusieurs), HABITUDE.

PRÉCIPITATION

Bible. — **Celui qui précipite ses pas tombe.**
(Livre des Proverbes, XIX, 2; IVᵉ s. av. J.-C.)

Latin. — **La précipitation est un mauvais guide.**
(Stace, *la Thébaïde*, X, 704 [env. 60].)

Allemand. — **L'homme pressé cherche la porte et passe devant.**
(Gœthe [1749-1832], *Maximen und Reflexionen*.)

Éthiopien. — **La toge que l'on drape en courant se défait en courant.**
(J. Faïtlovich, *Proverbes abyssins* [1907].)

Français. — **Plus on se presse et plus tard on arrive.**
(La Chaussée, *Épître à Clio*, 412 [1731].)

Malais *(Bornéo, Dayak)*. — **La calme sagesse est une épouse fidèle, la précipitation est une prostituée.**

Persan. — **La précipitation vient du diable; Dieu travaille lentement.**

V. HÂTE.

PRÉCOCITÉ

Hébreu. — **Pendant que l'épine est jeune, elle pousse ses pointes.**
    (Le Talmud, *Genesis Rabbah*, vᵉ s. — D'où le proverbe général : Tôt pique ce qui sera épine.)

Allemand. — **Amateur de cerises est précoce grimpeur.**

Arabe. — **Le coq beau parleur chante dès qu'il sort de l'œuf.**

Français. — **Fleurs de mars, peu de fruits l'on mangera.**
    V. MATURITÉ.

PRÉCURSEUR

Grec. — **Au premier inventeur appartient le mérite.**
    (Pindare, *Odes olympiques*, XIII, 17; vᵉ s. av. J.-C.)

Arabe. — **Le mérite appartient à celui qui commence, même si le suivant fait mieux.**

Bantou *(Giriama).* — **On n'interdit pas de boire à celui qui a creusé le puits.**

Turc. — **Celui dont le pied glisse montre le chemin à beaucoup.**
    V. INVENTION.

PRÉDESTINATION

Arabe. — **Ce qui est écrit sur le front ne saurait être effacé par la main de l'homme.**

    — **Si Allah a prédestiné quelqu'un à mourir dans un lieu, il crée dans le cœur de cet homme le besoin de s'y rendre.**

Chinois. — **L'homme prédestiné au bonheur n'a pas besoin de se hâter d'être heureux.**
    V. DESTIN, FATALISME, PROVIDENCE.

PRÉDICTION

Latin. — **Deux augures ne peuvent se regarder sans rire.**
    (Cicéron, *De divinatione*, II, 24; env. 45 av. J.-C. — Cette réflexion est attribuée par Cicéron à Caton l'Ancien; elle s'applique aux haruspices, qui interprétaient la volonté des dieux en examinant les entrailles des victimes sacrifiées, et non aux augures, qui formaient un collège religieux très respecté, dont Cicéron était membre. — Cf. aussi, *De natura deorum*, I, 26.)

Anglais. — **L'astrologie est une science exacte que les astrologues ignorent.**

Malgache. — **« Si ce n'est pas un garçon, ce sera une fille », prédit le devin.**
    V. AVENIR (l'), PRÉSAGE, PROPHÈTE, RÊVE (songe), SORCELLERIE.

PRÉFÉRENCE

Français. — **Les préférences ont cela de bon qu'elles inspirent toujours un peu le désir de les mériter.**
    (Mᵐᵉ de Girardin [Delphine Gay], *Lettres parisiennes*, 8 février 1840.)

    — **Choisir n'est pas exclure, ni préférer sacrifier.**
    (Ch. Maurras, *Anthinéa*, IX [1901].)

Polonais. — **« Aimez-vous les uns les autres », a dit le Christ; mais il n'a pas interdit les préférences.**
    V. ALTERNATIVE, CHOISIR.

PRÉJUGÉ

Latin. — **Le préjugé est fâcheux, parce qu'il exclut tout jugement.**
(Publilius Syrus, *Sentences*, Ier s. av. J.-C.)

Allemand. — **Chassez les préjugés par la porte, ils rentreront par la fenêtre.**
(Frédéric II, *Lettre à Voltaire*, 19 mars 1771.)

Anglais. — **La raison est une épouse, nos préjugés sont des maîtresses.**
(Lord Chesterfield, *Lettre à son fils*, 13 avril 1752.)

Français. — **Les préjugés sont les rois du vulgaire.**
(Voltaire, *le Fanatisme ou Mahomet le Prophète*, II, IV [1741].)

— **Les préjugés sont la raison des sots.**
(Voltaire, *Poème sur la loi naturelle*, IV, 100 [1752].)

— **La croyance aux préjugés passe dans le monde pour bon sens.**
(Helvétius [1715-1771], *Maximes et Pensées*.)

Italien. — **Qui n'a jamais quitté son pays est plein de préjugés.**
(Carlo Goldoni, *Pamela nubile*, I [1757].)

V. CONFORMISME, PARTI PRIS.

PREMIER et DERNIER

Grec. — **La victoire est au premier aussi bien qu'au dernier coureur.**
(Eschyle, *Agamemnon*, 314; Ve s. av. J.-C.)

Proverbe général. — **Fais ce que tu veux, mais sois le premier.**
(Cité par J. Dejardin, *Dictionnaire des spots ou proverbes wallons* [1863].)

Espagnol. — **C'est le dernier que le chien mord.**
(Cervantès, *Nouvelles exemplaires*, « Le petit-fils de Sancho Panza » [1613].)

— **Ne sois jamais le premier à traverser l'eau et à donner de l'argent.**
(César Oudin, *Refranes o proverbios castellanos* [1659].)

Français. — **Le premier au moulin premier engraine.**
(Manuscrit du XIIIe s., sans titre, Paris, Sainte-Geneviève.)

Nigritien (Yorouba). — **La dernière perdrix qui se lève reçoit le coup.**

Suisse. — **Le premier et le dernier sur le lac se noient.**

V. DILIGENCE, LENTEUR, PRÉCURSEUR, RANG.

PRENDRE et RENDRE

Français. — **Ce qui est bon à prendre est bon à rendre.**
(*Bonum spatium*, manuscrit du XIVe s., Paris, Bibl. nat. — Cf. Beaumarchais, *le Barbier de Séville*, IV, 1 : Ce qui est bon à prendre est bon à garder.)

— **Le rendre fait mal à la gorge.**
(Gabriel Meurier, *Trésor des sentences* [1568].)

— **Du dérober au restituer, on gagne trente pour cent.**
(Ch. Cahier, *Proverbes et Aphorismes* [1856].)

V. AVIDITÉ, DONNER ET RECEVOIR, DUPES ET FRIPONS, INSATIABILITÉ.

PRÉPARER

Bible. — **Que vos reins restent ceints et vos lampes allumées.**
(Évangile selon saint Luc, XII, 35 [env. 63].)

Espagnol. — **L'homme bien préparé au combat a vaincu à demi.**
(Cervantes, *Don Quichotte*, II, XVII [1615].)

Français. — **On ne perd pas de temps quand on aiguise ses outils.**

Italien. — **Barbe étuvée est à demi rasée.**

V. COMMENCER, DÉLIBÉRER, RÉFLÉCHIR.

PRÉSAGE

Latin. — **Certains signes précèdent certains événements.**
(Cicéron, *De divinatione*, I, LII, 118; env. 44 av. J.-C.)

Anglais. — **L'événement à venir projette son ombre.**
(Th. Campbell, *Lochiel's Warning* [1803].)

V. PRÉDICTION.

PRÉSENT (le)

Allemand. — **Le présent est une puissante déesse.**
(Gœthe, *Torquato Tasso*, IV [1790].)

Arabe. — **Ce qui est passé a fui; ce que tu espères est absent; mais le présent est à toi.**

Chinois. — **Jusqu'à ce qu'aujourd'hui devienne demain, on ne saura pas les bienfaits du présent.**

Français. — **Le présent accouche de l'avenir.**
(Voltaire, *Dictionnaire philosophique*, « Chaîne des événements » [1764].)

V. AUJOURD'HUI ET DEMAIN, AVENIR (l'), « CARPE DIEM », PASSÉ (le).

PRÉSOMPTION

Latin. — **Le boiteux veut jouer à la balle.**
(Cicéron, *Oratio in L. Calpurnium Pisonem*, XXVIII, 69; env. 54 av. J.-C.)

Anglais. — **L'âne se croit digne de compter parmi les destriers du roi.**

Berbère. — **Le présomptueux devient raisin sec avant d'avoir été raisin mûr.**

Chinois. — **On ne s'égare jamais si loin que lorsque l'on croit connaître la route.**

Français. — **Il ne faut pas parler latin devant des cordeliers.**
(Jean Le Bon, *Adages françois* [1557].)

— **Où la guêpe a passé, le moucheron demeure.**
(La Fontaine, *Fables*, II, XVI, « le Corbeau voulant imiter l'Aigle » [1668].)

— **Les présomptueux se présentent, les hommes d'un vrai mérite aiment à être requis.**
(Louis de Bonald [1754-1840], *Maximes et Pensées*.)

Italien. — **Qui est âne et se croit cerf s'en aperçoit trop tard au saut du fossé.**

V. ARDÉLION, OUTRECUIDANCE, SOI (Confiance en).

PRESQUE

Anglais. — « **Presque** » ne fut jamais pendu.
(J. Clarke, *Parœmiologia anglo-latina* [1639].)

Français. — « **Presque** » et « quasiment » empêchent de mentir.
(Avec des restrictions, rien n'est absolument faux.)

V. PEUT-ÊTRE.

PRÊT

Bible. — Ne prête pas à plus puissant que toi, ou tiens ton prêt pour perdu.
(L'Ecclésiastique, VIII, 12 ; IIᵉ s. av. J.-C.)

Latin. — Un petit prêt fait un débiteur, un gros prêt fait un ennemi.
(Decimus Laberius, *Mimes*, 1ᵉʳ s. av. J.-C.)

Proverbe général. — On ne prête qu'aux riches.
(Variante : On prête facilement du pain à celui qui a de la farine.)

Allemand. — En ne prêtant pas, on perd des amis ; en prêtant, on gagne des ennemis.

Anglais. — Mieux vaut donner un shilling que prêter une demi-couronne et la perdre.

Arabe. — Ce qui est prêté par la main est poursuivi par les pieds.

— Le capital est comme un oiseau qui ne s'établit que dans les endroits paisibles.

Basque. — Ne prête pas d'argent à qui tu dois parler le chapeau à la main.

Chinois. — Prêter, c'est jeter au vent ; recouvrer, c'est trouver.

Français. — Prêter de l'argent fait perdre la mémoire. (A l'emprunteur.)

Indien (*hindi*). — Prêter, c'est acheter une querelle.

Irlandais (*gaélique*). — Si tu prêtes ta culotte, n'enlève pas les boutons.

Japonais. — Prêtez votre argent à une ville, mais non à un homme.

Slovène. — Si les prêts servaient à quelque chose, on prêterait aussi les femmes.

V. AMITIÉ ET ARGENT, CRÉDIT D'ARGENT, DÉBITEUR ET CRÉANCIER.

PRÉTEXTE

Grec. — A petite occasion prend le loup le mouton.
(Ésope, *Fables*, « le Loup et l'Agneau », VIᵉ s. av. J.-C.)

Français. — Qui veut noyer son chien l'accuse de la rage.
(*Proverbia vulgalia et latina*, manuscrit du XIIIᵉ s., Paris, Bibl. nat.)

Géorgien. — « J'ai beaucoup à dire », assure le poisson, « mais j'ai la bouche pleine d'eau. »

Malais. — Quand on ne veut pas danser, on dit que la terre est mouillée.

Turc. — Quand on veut tuer un chien, on dit qu'il a souillé le mur de la mosquée.

V. EXCUSE.

PREUVE

Grec. — Ce qui est affirmé sans preuve peut être nié sans preuve.
(Euclide de Mégare, *Fragments*, ve s. av. J.-C.)

Latin. — La preuve incombe à celui qui affirme, non à celui qui nie.
Affirmanti, non neganti, incumbit probatio.

— Ce qui abonde ne vicie pas.
(*Quod abundat non vitiat.* — Signifie qu'une raison, une preuve, un motif, un droit de plus ne peut nuire au succès d'une cause, d'une affaire.)

Anglais. — Les preuves sont un antidote contre le poison des témoignages.
(F. Bacon, *De dignitate et augmentis scientiarum*, VI, 47 [1605].)

— Qui veut trop prouver ne prouve rien.
(Th. Fuller, *Gnomologia* [1732].)

Français. — A face hardie, une preuve ne nuit.
(Antoine Loisel, *Institutes coutumières*, 778 [1607].)

Libanais. — Il y a des choses qui ont besoin de témoignage pour être crues et d'autres qui sont probantes par elle-mêmes.
V. AFFIRMER, ARGUMENT, CONTRADICTION, INDICE, NIER, PERSUADER.

PRÉVOYANCE

Grec. — Il est bon qu'un vaisseau ait deux ancres.
(Pindare, *Odes olympiques*, VI, 103; ve s. av. J.-C.)

Latin. — Le front vaut mieux que l'occiput.
(Caton le Censeur, *De re rustica*, IV; IIe s. av. J.-C.)

— Le coup prévu est moins dur.
(Denys Caton, *Disticha de moribus ad filium*, II, 24; IIIe s.)

Chinois. — Les tuiles qui garantissent de la pluie ont été faites par beau temps.

Français. — Il faut avoir deux cordes à son arc.
(Charles de Bovelles, *Proverbes et Dits sententieux* [1557].)

— Deux sûretés valent mieux qu'une,
Et le trop en cela ne fut jamais perdu.
(La Fontaine, *Fables*, IV, xv, « le Loup, la Chèvre et le Chevreau » [1668].)

Indien *(mahratte)*. **— Pour chasser le lièvre, prends aussi l'arme qui peut tuer le tigre.**

Russe. — Le sage achète une troïka en été et une calèche en hiver.
V. PRUDENCE.

PRIÈRE

Bible. — La prière des humbles perce les nues.
(L'Ecclésiastique, XXXV, 21; IIe s. av. J.-C.)

Latin. — La prière est le plus grand rempart de l'âme.
(Saint Augustin, *De salutaribus documentis*, XXVIII; début du ve s.)

Latin médiéval. — Brève oraison pénètre les cieux.
Brevis oratio penetrat caelum.

Américain. — Nul n'a prié avec ferveur sans apprendre quelque chose.
(R. W. Emerson, *Nature* [1836].)

Anglais. — La prière doit être la clef du matin et le verrou du soir.
(Owen Feltham, *Resolves* [1620].)

— **Nul ne prie bien qui ne vit bien.**
(Th. Fuller, *Gnomologia* [1732].)

Français. — **La prière est la respiration de l'âme.**
(L.-Cl. de Saint-Martin, *Tableau naturel des rapports qui existent entre Dieu, l'homme et l'univers*, I, IX [1782].)

Persan. — **Il n'a pas besoin d'autre rosaire, celui dont la vie est un chapelet de bonnes pensées.**

Polonais. — **Qui prie couché prie Dieu sommeillant.**
V. AUMÔNE, DÉVOTION, PIÉTÉ.

PRINCE

Bible. — **Ne mettez pas votre confiance dans les princes.**
(Psaumes, CXLVI, 3 ; IIᵉ s. av. J.-C.)

Latin. — **Tout ce que font les princes, ils semblent le prescrire.**
(Quintilien, *Declamationes*, III [env. 90].)

— **Le prince n'est pas au-dessus des lois, mais les lois sont au-dessus du prince.**
(Pline le Jeune, *Panégyrique de Trajan*, 67 [env. 90].)

Américain. — **Beaucoup de princes ressemblent à David pour les péchés, mais non pour le repentir.**
(B. Franklin, *Poor Richard's Almanac* [1754].)

Chinois. — **Les princes et les belles femmes, moins ils parlent, plus ils disent.**

— **Servir un prince, c'est comme servir un tigre.**

Espagnol. — **Les princes veulent bien être aidés, mais non surpassés.**
(Baltasar Gracian, *Oraculo manual*, 7 [1647].)

— **La confidence du prince n'est point une faveur, mais un impôt.**
(Baltasar Gracian, *op. cit.*, 238 [1647].)

Français. — **Louer les princes des vertus qu'ils n'ont pas, c'est leur dire impunément des injures.**
(La Rochefoucauld, *Réflexions ou Sentences et Maximes morales*, 320 [1665].)

— **Le désavantage d'être au-dessous des princes est compensé par l'avantage d'en être loin.**
(Chamfort [1741-1794], *Caractères et Anecdotes*.)

Suédois. — **Il est également dangereux de jouer avec un lion ou avec un prince : ce badinage chez l'un et l'autre a de fâcheux retours.**
(Chancelier Oxenstiern [1583-1654], *Réflexions et Maximes*.)
V. GRANDS (les), ROI.

PRINCIPAL et ACCESSOIRE

Latin médiéval. — **L'accessoire suit la nature du principal.**
Accessorius sequitur naturam sui principalis.

Proverbe général. — **Ville prise, château rendu.**
(Quand le principal est obtenu, les accessoires suivent rapidement.)

Français. — **Les faubourgs sont plus grands que la ville.**
(Se dit des choses dans lesquelles l'accessoire efface l'objet principal.)

— **La sauce fait passer le poisson.**
(L'accessoire rend le principal supportable. — Antoine Oudin, *Curiosités françoises* [1640].)
V. NÉCESSAIRE ET SUPERFLU.

PRINCIPE

Antiquité chinoise. — **Je n'ai pas encore vu un homme qui soit inflexible sur ses principes.**
(Confucius, *Livre des sentences*, v, 10; vıᵉ s. av. J.-C.)

Français. — **Les principes sont dans l'usage commun et devant les yeux de tout le monde.**
(Pascal, *Pensées*, ı, ı [1670].)

V. THÉORIE ET PRATIQUE.

PRISON

Français. — **Il n'y a point de laides amours, ni de belles prisons.**
(Pierre Gringore, *Notables Enseignements, Adages et Proverbes* [1528].)

Italien. — **Un perroquet parle mieux quand il est en cage.**
(Le malfaiteur emprisonné fait des aveux.)

Russe. — **L'homme accompli doit avoir passé trois ans au collège, un an à l'université, et deux ans en prison.**

V. CAPTIVITÉ.

PRIVATION

Latin. — **On n'est pas privé de ce dont on n'a pas besoin.**
(Cicéron, *De senectute*, 47; env. 44 av. J.-C.)

Latin médiéval. — **Il a beau prêcher le jeûne qui est rassasié.**
Qui satur est pleno laudat jejunia.

Français. — **Il est aisé d'aller à pied quand on tient son cheval par la bride.**
(Manuscrit du xıııᵉ s., sans titre, Paris, Sainte-Geneviève. — C'est-à-dire qu'il est facile de se priver quand on a les moyens de mettre fin à ses privations.)

V. MANQUE.

PRIX

Antiquité chinoise. — **Si de grands souliers et de petits souliers coûtent le même prix, quel homme voudrait en confectionner de grands ?**
(Mencius, *Livre des livres*, I, v, 4; ıvᵉ s. av. J.-C.)

Anglais. — **On peut payer l'or trop cher.**
(J. Heywood, *Proverbs in the English Tongue* [1546].)

Espagnol. — **Ce qui coûte peu s'estime encore moins.**
(Cervantes, *Don Quichotte*, I, xxxıv [1605].)

Français. — **Qui vend le bœuf aussi fait le prix.**
(*Proverbia vulgalia et latina*, manuscrit du xıııᵉ s., Bibl. nat.)

— **Tant vaut la chose comme elle peut être vendue.**
(*Bonum spatium*, manuscrit du xıvᵉ s., Bibl. nat.)

— **La cherté donne goût à la viande.**
(Montaigne, *Essais*, III, v [1588].)

— **Le coût fait perdre le goût.**

(Antoine Oudin, *Curiosités françoises* [1640].)

— **Tout vaut tant.**

(Paul Claudel, *l'Echange*, I [1894].)

Indien. — **Trompe-moi sur le prix, ne me trompe pas sur la marchandise.**

Turc. — **Le miel est une chose, le prix du miel en est une autre.**

Yiddish. — **Ce n'est pas ce qui est beau qui est cher, mais ce qui est cher qui est beau.**

V. APPRÉCIATION, COMMERCE, GRATUIT, MARCHÉ (Bon), QUALITÉ (bonne et mauvaise), VALEUR PÉCUNIAIRE.

PROBABILITÉ

Latin. — **Une grande probabilité doit être la règle du sage.**

(Cicéron, *De natura deorum*, I, v; env. 45 av. J.-C.)

Anglais. — **Le destin rit des probabilités.**

(E. G. Bulwer lord Lytton, *Eugene Aram*, x [1832].)

— **Il est dans la probabilité que mille choses arrivent qui sont contraires à la probabilité.**

(H. L. Mencken, *Dictionary of Quotations* [1946].)

Français. — **Il faut donner quelque chose au hasard.**

(On ne peut tout prévoir. — P.-J. Le Roux, *Dictionnaire proverbial* [1786].)

V. CERTAIN ET INCERTAIN, INATTENDU.

PROCÈS

Latin. — **Il plaide bien qui plaide sans partie.**

(*Litigat ex voto qui secum litigat uno.* — Cité par Antoine Loisel, *Institutes coutumières*, 857 [1607].)

Anglais. — **A plaider contre un mendiant, on gagne des poux.**

(J. Clarke, *Paræmiologia anglo-latina* [1639].)

— **Celui qui va en justice tient le loup par les oreilles.**

(A entreprendre un procès, on est comparable au chasseur qui tient un loup par les oreilles : si le chasseur retient le loup, il perd la tranquillité; s'il le laisse aller, il perd la face. La locution *tenir le loup par les oreilles* est d'origine grecque et se retrouve chez Térence, *Phormio*, 507. — Proverbe cité par R. Burton, *The Anatomy of Melancholy*, « Democritus » [1621].)

Arabe. — **C'est ouvrir une digue que de commencer un procès.**

Français. — **Tel demande dommage qui le doit payer.**

(*Proverbia vulgalia*, manuscrit du XIIIe s., Cambrai, Bibl. municip.)

— **Le sourd avec le sourd plaide.**

(Baïf, *Mimes, Enseignements et Proverbes* [1576].)

— **Au sortir des plaids, l'on est sage.**

(Baïf, *Mimes, Enseignements et Proverbes* [1576].)

— **Il y a moins de mal souvent à perdre sa vigne qu'à la plaider.**

(Montaigne, *Essais*, II, XVII [1580].)

— **En fait de procès, qui compte ses pas perd son compte.**

(Cholières, *les Matinées*, II [1585].)

— **Il est avantageux de s'accommoder quand on a raison, et de plaider quand on a tort.**

(Voltaire, *Dictionnaire philosophique*, « Extrême » [1764].)

— Il faut trois sacs à un plaideur : un sac de papiers, un sac d'argent, et un sac de patience.

(P.-M. Quitard, *Études historiques et littéraires sur les proverbes* [1860].)

Italien. — Au jardin de l'avocat, un procès est un arbre fruitier qui s'enracine et ne meurt pas.

Polonais. — Après avoir plaidé pour une poule, le plaideur se contentera finalement d'obtenir un œuf.

Russe. — La chèvre actionna le loup en justice et elle ne conserva que sa barbe et ses cornes.

Serbe. — Après le procès, l'une des parties est nue et l'autre en chemise.

V. ACCOMMODEMENT (compromis), JUSTICE LÉGALE (cause en justice).

PRODIGALITÉ

Bible. — La pauvreté arrive comme un voyageur, et l'indigence comme un homme armé.

(Livre des Proverbes, VI, 11; IVᵉ s. av. J.-C.)

Latin. — La prodigalité est un gouffre sans fond.

(Proverbe cité par Cicéron, *De officiis*, II, xv, 55; env. 45 av. J.-C.)

Islam. — Les dissipateurs sont les frères de Satan.

(Le Koran, XVII, 29; VIIᵉ s.)

Anglais. — L'avare se vole lui-même; le prodigue vole ses héritiers.

(Th. Fuller, *Gnomologia* [1732].)

Chinois. — On voit des avares devenir prodigues, mais on ne voit pas des prodigues devenir avares.

Français. — Le prodigue est pire que l'avare, car il consomme non seulement son bien, mais celui d'autrui.

(*Les Facétieuses Nuits de Straparole*, XIII, 13 [1560].)

— L'argent n'a pas de queue.

(Pour le rattraper quand on l'a jeté. — L.-F. Sauvé, *Proverbes bretons* [1878].)

V. AGIR SELON SES MOYENS, DÉPENSE.

PROFIT

Espagnol. — L'honneur et le profit ne couchent pas dans le même lit.

(Cervantes, *Nouvelles exemplaires*, « le Petit-Fils de Sancho Panza » [1613].)

Français. — Qui fait son profit ne cuit sa main.

(*Proverbes au vilain*, manuscrit du XIIIᵉ s., Paris, Bibl. nat.)

— Il ne se fait aucun profit qu'au dommage d'autrui.

(Montaigne, *Essais*, I, XXII [1580].)

— Le bon profit ne se dit pas.

(Béroalde de Verville, *le Moyen de parvenir*, I, Chapitre général [1610].)

Mandchou. — Le poisson ne voit pas l'hameçon, il ne voit que l'appât; l'homme ne voit pas le péril, il ne voit que le profit.

V. AFFAIRES, COMMERCE, CUPIDITÉ, GAIN.

PROGRÈS

Latin. — Qui n'avance pas recule.
(*Non progredi est regredi.* — Cité par Gœthe, *Hermann et Dorothée*, III.)

Français. — Tout ce qui se perfectionne par progrès périt aussi par progrès.
(Pascal, *Pensées*, II, 88 [1670].)

— Il sied au progrès de respecter ce qu'il remplace.
(D. Nisard, *Ægri somnia* [1889].)

Suisse. — Mille choses avancent, neuf cent quatre-vingt-dix-neuf reculent; c'est là le progrès.
(H.-F. Amiel, *Journal intime*, 4 octobre 1873.)

V. INVENTION.

PROMESSE

Proverbe général. — La promesse est une dette.
(Variante française : Chose promise, chose due.)

Latin. — Même à son ennemi, on doit tenir parole.
(Publilius Syrus, *Sentences,* 1er s. av. J.-C.)

Allemand. — La promesse a des jambes; seul le don a des mains.

Anglais. — L'homme qui est apte à promettre est apte à oublier.

Arabe. — On connaît les hommes à la sueur et à la parole donnée.

Chinois. — Mieux vaut mécontenter par cent refus que manquer à une seule promesse.

Espagnol. — Les promesses sont les trappes où se prennent les sots.
(Baltasar Gracian, *Oraculo manual,* 191 [1647].)

Français. — Qui tout me promet, rien ne me promet.
(*Diversa proverbia*, manuscrit du XIIIe s., Oxford, Digby.)

— Entre promettre et donner, doit-on sa fille marier.
(Pierre Gringore, *Notables Enseignements, Adages et Proverbes* [1528].)

— Tel fiance qui n'épouse point.
(Antoine Loisel, *Institutes coutumières,* 103 [1607].)

— Promettre et tenir sont deux.
(Antoine Loisel, *Institutes coutumières,* 660 [1607].)

— Nous promettons selon nos espérances et nous tenons selon nos craintes.
(La Rochefoucauld, *Réflexions ou Sentences et Maximes morales,* 38 [1665].)

— On promet beaucoup pour se dispenser de donner peu.
(Vauvenargues, *Réflexions et Maximes,* 445 [1746].)

— Le plus lent à promettre est toujours le plus fidèle à tenir.
(J.-J. Rousseau [1712-1778], *Maximes et Sentences.*)

Hongrois. — Il est difficile de promettre, mais facile de tenir.
(Devise du comte Andrassy [1823-1890].)

Italien. — Promettre est la veille de tenir.
(G. Herbert, *Jacula prudentum* [1651].)

Russe. — As-tu donné ta parole ? Tiens-la. Ne l'as-tu pas donnée ? Tiens bon.

V. PAROLES ET ACTES.

PROPHÈTE (généralités)

Bible. — **Gardez-vous des faux prophètes déguisés en agneaux, car ce sont des loups ravisseurs.**
(Évangile selon saint Matthieu, VII, 15 [env. 65].)

Anglais. — **Le prophète s'assure de l'événement avant de le prédire.**
(Horace Walpole, *Lettre à Thomas Walpole*, 9 février 1785.)

V. PRÉDICTION.

PROPHÈTE DANS SON PAYS (Nul n'est)

Antiquité babylonienne. — **Le vagabond hors de sa ville devient roi.**
(Collection Langdon, tablette 4347; IIe millénaire av. J.-C.)

Bible. — **Nul n'est prophète dans son pays et dans sa maison.**
(Évangile selon saint Marc, VI, 4; saint Matthieu, XIII, 57 [env. 65].)

Arabe. — **Le sage, dans son pays natal, est comme l'or dans la mine.**

— **Le musicien du quartier n'émeut pas.**

Chinois. — **Le prêtre du pays lointain lit mieux le rituel.**

Français. — **Le saint de la ville ne fait pas de miracles.**
(*Proverbes en françois*, manuscrit de 1456, Paris, Bibl. nat.)

Indien *(hindî).* — **La perle est sans valeur dans sa propre coquille.**

V. ÉLOIGNEMENT.

PROPRETÉ

Hébreu. — **La propreté vient de Dieu, mais non la crasse.**
(Le Talmud, *Pirké Aboth*, Ve s.)

— **La propreté physique conduit à la pureté morale.**
(Le Talmud, *Abadah Zarah*, Ve s.)

Islam. — **La propreté fait partie de la foi.**
(Proverbe soufi, Xe s.)

V. CORPS ET ÂME.

PROPRIÉTAIRE et LOCATAIRE

Allemand. — **Qui dit la vérité ne trouve pas à se loger.**
(W. Wander, *Deutsche Sprichwörter Lexicon* [1880].)

Français. — **Quand on n'a pas de quoi payer son terme,**
Il faut avoir une maison à soi.
(Désaugiers, *Monsieur Vautour*, V; 13 juin 1805.)

Persan. — **Le propriétaire a une maison et le locataire en a mille.**

V. MAISON (Chacun chez soi.)

PROPRIÉTÉ

Latin. — **Que chacun ait pour soi le bien dont il est maître.**
(*Sibi quisque habeat quod suum est.* — Cité par Plaute, *Curculio*, 185; IIe s. av. J.-C.)

Américain. — **Le mien vaut mieux que le nôtre.**
(B. Franklin, *Poor Richard's Almanac* [1756].)

Anglais. — **A chaque vache, son veau; à chaque livre, sa copie.**
(S'applique à la propriété littéraire. — Cité dans les débats sur le Copyright Bill [1956].)

Belge. — **Qui a du bien a du mal.**
(J. Dejardin, *Dictionnaire des spots ou proverbes wallons* [1863].)

Français. — **Les fruits sont à tous, et la terre n'est à personne.**
(J.-J. Rousseau, *Discours sur l'inégalité*, I [1754].)

V. PARTAGE, POSSESSION.

PROSPÉRITÉ

Latin. — **Dans la prospérité, on n'est jamais sûr d'être aimé pour soi-même.**
(Lucain, *la Pharsale*, VII, 727 [env. 60].)

Allemand. — **Il faut des jambes solides pour porter les jours prospères.**

Chinois. — **La grande prospérité dépend du ciel, la petite prospérité dépend de l'application.**

Français. — **C'est un faible roseau que la prospérité.**
(D. d'Anchères [anagramme de J. de Schélandre], *Tyr et Sidon*, V, v, 3093 [1628].)

V. ABONDANCE, ADVERSITÉ ET PROSPÉRITÉ, AMITIÉ ET PROSPÉRITÉ, VICISSITUDES.

PROTECTION

Grec. — **La majesté des dieux ne leur permet point de protéger ouvertement les mortels.**
(Homère, *l'Iliade*, XXIV, 465; IXᵉ s. av. J.-C.)

Français. — **Le jour tire son éclat du soleil, nous tirons le nôtre des gens qui nous protègent.**
(Chevalier de Méré, *Nouvelles Maximes, Sentences et Réflexions*, 56 [1702].)

— **L'amitié d'un grand homme est un bienfait des dieux.**
(Voltaire, *Œdipe*, I, I, 121 [1719].)

— **Nos plus sûrs protecteurs sont nos talents.**
(Vauvenargues, *Réflexions et Maximes*, 86 [1746].)

— **Il n'est si petite chapelle qui n'ait son saint.**
(Les petites gens peuvent avoir de grands protecteurs.)

Italien. — **Celui qui s'appuie contre un bon arbre est couvert d'une bonne ombre.**

Serbe. — **Si tu as le Seigneur pour oncle, il te sera facile de devenir un saint.**
V. AIDER.

PROVERBE

Antiquité chinoise. — **Les paroles dont la simplicité est à la portée de tout le monde et dont le sens est profond sont les meilleures.**
(Mencius, *Livre des livres*, II, VIII, 32; IVᵉ s. av. J.-C.)

Bible. — **Les paroles des sages ont des aiguillons et leurs recueils comme des clous plantés.**
(L'Ecclésiaste, XII, 11; IIIᵉ s. av. J.-C.)

Latin. — **Un proverbe, quand il vient à propos, est toujours bon à entendre.**
(Plaute, *Pœnulus*, 135; IIᵉ s. av. J.-C.)

Allemand. — **Les proverbes ressemblent aux papillons; on en attrape quelques-uns, les autres s'envolent.**
(W. Wander, *Deutsche Sprichwörter Lexicon* [1880].)

Anglais. — **Le proverbe est la voix du peuple, donc celle de Dieu.**
(R. C. Trench, *Lessons in Proverbs* [1854].)

— **Un proverbe est l'esprit d'un seul et la sagesse de tous.**
(John Russell [1792-1878]. — Cité par MacKintosh, *Mémoires*, II, 473.)

Français. — **Un proverbe n'est pas une raison.**
(Voltaire, *Dictionnaire philosophique*, « Liberté » [1764].)

Russe. — **Un bon proverbe ne frappe pas aux sourcils, mais dans les yeux.**
(Le sens doit être tout de suite évident.)
V. MAXIME, SENTENCE.

PROVIDENCE

Antiquité chinoise. — **Pour chaque brin d'herbe, il y a de la rosée.**
(Kang-Hsi, *Édits*, vᵉ s. av. J.-C.)

Bible. — **Les oiseaux du ciel ne sèment ni ne moissonnent et le Père céleste les nourrit.**
(Évangile selon saint Matthieu, VI, 26 [env. 65].)

— **Les lis de la vallée ne travaillent ni ne filent; cependant Salomon dans toute sa gloire n'était pas vêtu comme l'un d'eux.**
(Évangile selon saint Matthieu, VI, 28-29.)

Grec. — **La Providence a mis du poil au menton des hommes pour que l'on puisse de loin les distinguer des femmes.**
(Épictète, *Entretiens*, I, XVI; début du IIᵉ s.)

Latin médiéval. — **Aux méchants bœufs Dieu donne courtes cornes.**
Dat Deus immiti cornua curta bovi.

Allemand. — **Quand Dieu donne du pain dur, Il donne des dents solides.**

Anglais. — **Si vous vous laissez choir dans un puits, la Providence n'est pas tenue de vous en sortir.**

Espagnol. — **Quand une porte se ferme, une autre s'ouvre.**
(Cervantes, *Don Quichotte*, I, XXI [1605].)

Français. — **A brebis tondue Dieu mesure le vent.**
(H. Estienne, *les Prémices*, I, LIX [1594].)

— **Dieu donne la robe selon le froid.**
(Fénelon, *Lettre à M. Tronson*, 4 octobre 1699.)

— **La Providence n'est que le nom de baptême du hasard.**
(Mᵐᵉ de Créqui [1714-1803], *Lettres à Monsieur Necker sur la religion*.)

Persan. — **Celui qui m'a donné des dents me donnera du pain.**
(Saadi, *Bustan*, VI, 8; XIIIᵉ s.)
V. AIDER SOI-MÊME (s').

PRUDENCE

Grec. — **Vante le bateau de petite dimension, mais place tes marchandises sur un grand vaisseau.**
(Hésiode, *les Travaux et les Jours*, 643; VIIIᵉ s. av. J.-C.)

— **La prudence est le plus sûr des remparts, car jamais il ne tombe et jamais il n'est livré par trahison.**
(Antisthène, IVᵉ s. av. J.-C. — Cité par Diogène Laërce, *Phil. ill.*, VI.)

— **La prudence surpasse les autres vertus comme la vue surpasse les autres sens.**
(Bion de Boristhène, IIIe s. av. J.-C. — Cité par Diogène Laërce, *Phil. ill.*, IV.)

Bible. — **La prudence est le fruit des longs jours.**
(Job, XII, 12; Ve s. av. J.-C.)

— **Ne vanne pas à tout vent et ne t'engage pas dans toute voie.**
(L'Ecclésiastique, v, 9; IIe s. av. J.-C.)

Latin. — **Jamais la souris ne confie à un seul trou sa destinée.**
(Plaute, *Truculentus*, 842; IIe s. av. J.-C.)

Allemand. — **La prudence est la mère de la porcelaine.**
(W. Wander, *Deutsche Sprichwörter Lexicon* [1880].)

Anglais. — **N'éveillez pas le lion qui dort.**
(Philip Sidney, *The Arcadia*, IV [1590].)

— **La défiance est l'œil droit de la prudence.**
(Th. Fuller, *Gnomologia, Adagies and Proverbs* [1732].)

Annamite. — **A éviter les éléphants, il n'y a point de honte.**

Bantou *(Thonga).* — **Ne brandis pas dans l'air le serpent que tu as tué, les autres serpents te guettent.**

Chinois. — **Au cheval le plus sûr ne lâche pas la bride.**

Espagnol. — **Il faut céder le pas aux sots et aux taureaux.**

Français. — **Tant l'on doit blandir (caresser) le chien que l'on soit passé.**
(*Proverbia rusticorum mirabiliter versificata*, manuscrit du XIIIe s., Leyde.)

— **Ne réveillez pas le chien qui dort.**
(*Proverbia vulgalia et latina*, manuscrit du XIIIe s., Paris, Bibl. nat.)

— **L'on ne doit semer toute sa semence en un champ.**
(*Bonum spatium*, manuscrit du XIVe s., Paris, Bibl. nat.)

— **Il ne faut pas se moquer des chiens que l'on ne soit hors du village.**
(Benserade, *Ballet des proverbes* [1654].)

— **La prudence est bonne en soi, mais la pousser trop loin est une duperie.**
(Florian, *Fables*, II, xx [1792].)

— **Il ne faut pas mettre tous ses œufs dans le même panier.**
(*Dictionnaire de l'Académie*, éd. de 1835.)

Hongrois. — **Un homme prudent ne fait pas de sa chèvre son jardinier.**

Nigritien *(Achanti).* — **On ne mesure pas la rivière avec ses deux pieds.**

Russe *(Ukraine).* — **N'entre pas où tu ne peux aisément passer la tête.**

V. CIRCONSPECTION, CONFORMISME, PRÉVOYANCE, SÉCURITÉ.

PUBLIC (le)

Anglais. — **Le public est une vieille femme.**
(Th. Carlyle, *Journal* [1835].)

Français. — **Le public ne peut guère s'élever qu'à des idées basses.**
(Chamfort [1741-1794], *Maximes et Pensées*.)

— **A l'endroit du public, répéter c'est prouver.**
(Anatole France, *l'Ile des pingouins*, VI, II [1908].)

V. PEUPLE.

PUBLICITÉ

Américain. — Même si vous n'avez rien vendu, soufflez dans votre trompette.
(H. L. Mencken, *Dictionary of Quotations* [1946].)

Français. — Travaillez peu vos vers, et beaucoup vos succès.
(Dorat, *les Prôneurs*, I, i, 96 [1777].)

— Bien faire et le faire savoir.
(Devise de la Manufacture française d'armes et de cycles, à Saint-Étienne, adoptée en 1914.)

— Dieu lui-même a besoin de cloches.
(Slogan lancé par la Chambre syndicale de publicité.)

V. RÉCLAME.

PUDEUR

Grec. — La pudeur est dans les yeux.
(Proverbe cité par Aristote, *Rhétorique*, II, vi, 13; iv⁰ s. av. J.-C.)

Latin. — La pudeur ne s'enseigne pas, elle est innée.
(Publilius Syrus, *Sentences*, iᵉʳ s. av. J.-C.)

— Beauté et pudeur vont rarement ensemble.
(Juvénal, *Satires*, x, 297 [env. 120].)

Espagnol. — La pudeur a deux ennemis : l'amour et la maladie.
(Cité par J. Collins, *Proverbes espagnols* [1823].)

V. FEMME ET LA PUDEUR (la), HONTE.

PUISSANCE

Latin. — Le plus puissant est celui qui a la puissance sur soi-même.
(Sénèque, *Lettres à Lucilius*, XC [env. 64].)

Français. — Le propre de la puissance est de protéger.
(Pascal, *Pensées*, v, 310 [1670].)

V. POUVOIR.

PUNIR (généralités)

Grec. — Qui épargne le méchant nuit au bon.
(Cléobule de Rhodes, *Maximes*, viᵉ s. av. J.-C.)

Latin. — Qui hésite à punir augmente le nombre des méchants.
(Publilius Syrus, *Sentences*, iᵉʳ s. av. J.-C.)

— Songez plutôt à faire monter le sang aux joues d'un homme qu'à le répandre.
(Tertullien, iiiᵉ s. — Cité par Juste Lipse, *Adversus dialogistam*, III.)

Anglais. — Toute faute impunie engendre une progéniture de fautes.
(Herbert Spencer, *The Principles of Sociology* [1855].)

Belge. — Tout ce qui est damnable n'est pas pendable.
(J. Dejardin, *Dictionnaire des spots ou proverbes wallons* [1863].)

Français. — Mort de loup, santé de brebis.
(Baïf, *Mimes, Enseignements et Proverbes* [1576].)

— C'est entreprendre sur la clémence de Dieu que de punir sans nécessité.

(Vauvenargues, *Réflexions et Maximes*, 165 [1746].)

— Dieu commande à l'homme de pardonner, mais en prescrivant à la société de punir.

(Louis de Bonald [1754-1840], *Pensées*.)

V. CHÂTIMENT, EXEMPLARITÉ, TALION (Peine du).

PUNIR (« non bis in idem »)

Latin médiéval. — Nul ne doit être puni deux fois pour un seul délit.
Nemo debet bis puniri pro uno delicto.

Allemand. — On ne pend pas un homme deux fois.
(W. Wander, *Deutsche Sprichwörter Lexicon* [1880].)

Français. — On ne doit pas faire d'un péché deux pénitences.
(Gilles de Noyers, *Proverbia gallica* [1558].)

V. JUSTICE LÉGALE (sentence).

PURETÉ et IMPURETÉ

Grec. — Il ne suffit pas d'avoir les mains propres, il faut avoir l'esprit pur.
(Thalès, VIIᵉ s. av. J.-C. — Cité par Valère Maxime, *De dictis factisque memorabilibus*, VII, II, 8.)

— La pureté est à l'âme ce que la propreté est au corps.
(Phocylide de Milet, *Sentences*, VIᵉ s. av. J.-C.)

Bible. — Celui qui aime la pureté du cœur et qui a la grâce sur les lèvres a le roi pour ami.
(Livre des Proverbes, XXII, 11; IVᵉ s. av. J.-C.)

— Tout est pur aux purs.
(Saint Paul, Épître à Tite, I, 15 [env. 60]. — Cf. II Samuel, XXII, 27.)

Latin médiéval. — Dieu regarde les mains pures, non les mains pleines.
Puras Deus, non plenas aspicit manus.

Espagnol. — La pureté de l'hermine se met sur les vêtements et se quitte avec eux.
(L. de Gongora y Argote [1561-1627].)

Français. — Les perles ne se dissolvent pas dans la boue.
(Victor Hugo, *les Misérables*, III, I, 1 [1862].)

Hongrois. — Même le lilas blanc a une ombre.

Indien *(télougou)*. — Il n'y a pas de fin à la pureté et pas de commencement à l'impureté.

V. CORPS et ÂME.

PURGATOIRE

Français. — Il faut faire son purgatoire en ce monde ou dans l'autre.
(Fénelon [1651-1715], *Instructions et Avis*, XXII.)

— Le purgatoire est le dogme du bon sens.
(Joseph de Maistre, *les Soirées de Saint-Pétersbourg*, VIII [1821].)

— Le plus habile des financiers est celui qui a inventé le purgatoire.
(E. Geruzez, *Mélanges et Pensées* [1866].)

V. ENFER, PARADIS.

QUALITÉ

Anglais. — **Toutes les fleurs ne sont pas dans une guirlande.**
(Th. Fuller, *Gnomologia* [1732].)

Français. — **Roland est preux et Olivier est sage.**
(*Chanson de Roland*, LXXXVII, 1093; XIIᵉ s.)

— **On ne doit pas juger d'un homme par ses grandes qualités, mais par l'usage qu'il en sait faire.**
(La Rochefoucauld, *Réflexions ou Sentences et Maximes morales*, 437 [1665].)

— **Il y a peu de vices qui empêchent un homme d'avoir beaucoup d'amis, autant que peuvent le faire de trop grandes qualités.**
(Chamfort [1741-1794], *Maximes et Pensées*.)

— **On estime les vertus, mais ce sont les qualités que l'on aime.**
(J. Joubert [1754-1824], *Pensées, Maximes et Essais*.)

V. NATUREL.

QUALITÉ et DÉFAUT

Grec. — **Le sol riche produit aussi de mauvaises herbes.**
(Plutarque, *Vies parallèles*, « Coriolan », Iᵉʳ s.)

Anglais. — **Le paon a de belles plumes, mais de vilaines pattes.**

— **On a toujours les défauts de ses qualités, rarement les qualités de ses défauts; toutes les roses ont des épines, toutes les épines n'ont pas des roses.**
(H. G. Wells, *The Outlook for Homo Sapiens* [1938].)

Français. — **Le bon blé porte bien l'ivraie.**
(Antoine Oudin, *Curiosités françoises* [1640].)

— **Nous plaisons plus souvent dans le commerce de la vie par nos défauts que par nos bonnes qualités.**
(La Rochefoucauld, *Réflexions ou Sentences et Maximes morales*, 90 [1665].)

— **Nous nous corrigeons moins de nos défauts que de nos qualités.**
(Abbé Joseph Roux, *Pensées* [1885].)

Turc. — **Pour l'amour d'une rose, le jardinier est le serviteur de mille épines.**

V. DÉFAUT, QUALITÉ.

QUALITÉ (bonne et mauvaise)

Latin. — **La bonne marchandise trouve facilement acquéreur.**
(Plaute, *Pœnulus*, 342 ; IIe s. av. J.-C.)

Français. — **Toujours fume le mauvais tison.**
(*Proverbes en françois*, manuscrit de 1456, Bibl. nat.)

— **Le mauvais couteau coupe le doigt et non le bois.**
(Gabriel Meurier, *Trésor des sentences* [1568].)

— **Il y a fagots et fagots.**
(Molière, *le Médecin malgré lui*, I, v [1666].)

— **Le prix s'oublie, la qualité reste.**
(Slogan commercial.)

V. MARCHÉ (Bon), PRIX.

QUALITÉ et QUANTITÉ

Grec. — **La lionne n'a qu'un petit, mais c'est un lion.**
(Ésope, *Fables*, « la Lionne et le Renard », VIe s. av. J.-C.)

Anglais. — **Une cuisse d'alouette vaut mieux que tout un chat rôti.**
(J. Heywood, *Proverbs in the English Tongue* [1546].)

Français. — **Un sonnet sans défaut vaut seul un long poème.**
(Boileau, *Art poétique*, II, 94 [1674].)

Italien. — **Où la vigne pousse le mieux, on boit le plus mauvais vin.**

Libanais. — **Dix chèvres forment un petit troupeau; quatre vaches, un vrai troupeau.**

V. VALEUR (pécuniaire).

QUERELLE

Grec. — **Il faut être deux pour se quereller.**
(Socrate, Ve s. av. J.-C. — Cité par Diogène Laërce, *Phil. ill.*, II.)

Bible. — **C'est ouvrir une digue que de commencer une querelle.**
(Livre des Proverbes, XVII, 14 ; IVe s. av. J.-C.)

Latin. — **Il est plus facile de se contenir que de se retirer d'une querelle.**
(Sénèque, *De ira*, III, VIII, 8 [env. 60].)

Anglais. — **Mieux vaut arriver sur la fin d'un repas qu'au commencement d'une querelle.**
(J. Heywood, *Proverbs in the English Tongue* [1546].)

Arabe. — **La querelle des parents est un hoquet.**
(C'est-à-dire qu'elle passe en un moment.)

Français. — **Le plus sage se tait.**
(Pierre Gringore, *Notables Enseignements, Adages et Proverbes* [1528].)

— **Les querelles ne dureraient pas si longtemps, si le tort n'était que d'un côté.**
(La Rochefoucauld, *Réflexions ou Sentences et Maximes morales*, 496 [1665].)

Serbe. — **La querelle et le repentir sont frère et sœur.**

Slovaque. — **Celui qui dans une querelle se tait le premier est de bonne famille.**

V. DISPUTE, FÂCHER (SE), HARGNE, RÉCONCILIATION.

QUESTION et RÉPONSE

Grec. — **A question abstruse, abstruse réponse.**
  (Réponse faite à Alexandre le Grand par les gymnosophistes. — Cf. Plutarque, *Vies parallèles*, « Alexandre ».)

Latin. — **Toute question ne mérite pas réponse.**
  (Publilius Syrus, *Sentences*, 1ᵉʳ s. av. J.-C.)

Allemand. — **Point de réponse est aussi une réponse.**

  — **Une prompte réponse est le berceau du succès.**

Anglais. — **L'acte est la meilleure des réponses.**
  (G. Herbert, *Jacula prudentum* [1651].)

  — **Ne faites pas de questions, on ne fera pas de mensonges.**
  (Oliver Goldsmith, *She stoops to conquer*, III [1773].)

Basque. — **La réponse est selon que la demande est faite.**

Espagnol. — **A « Sortez de chez moi » et à « Que voulez-vous à ma femme ? »,
il n'y a rien à répondre.**
  (Cervantes, *Don Quichotte*, II, XLIV [1615].)

Français. — **A sotte demande, il ne faut point de réponse.**
  (Jean Le Bon, *Adages françois* [1557].)

  — **Il est encore plus facile de juger de l'esprit d'un homme par ses questions que par ses réponses.**
  (G. de Lévis, *Maximes, Préceptes et Réflexions*, 18 [1825].)

  V. DEMANDER.

RACE

Bible. — **Dieu a fait les hommes tous d'un même sang.**
  (Actes des Apôtres, XVII, 26 [env. 75].)

Arabe. — **Demande quelle est ma vertu et non quelle est la couleur de ma peau.**

Basque. — **C'est de race que le lièvre est peureux.**
  (La race, comme le naturel, imprime aux individus des caractères inéluctables.)

Éthiopien (*Galla*). — **L'écorce d'un arbre n'adhère pas à un autre arbre.**
  (C'est-à-dire que l'assimilation raciale n'est pas une œuvre facile.)

Indien. — **Une fois sahib, toujours sahib.**
  (Cité par Rudyard Kipling, *Kim*.)
  V. ÉTRANGER, HÉRÉDITÉ, NATUREL, ORIGINE.

RAILLERIE

Grec. — **Il en est de la raillerie comme du sel, l'usage doit en être modéré.**
  (Démophile, *Sentences*, 19; VIᵉ s. av. J.-C.)

  — **La raillerie est une insolence de bon ton.**
  (Aristote, *Rhétorique*, II, XII, 10; IVᵉ s. av. J.-C.)

Bible. — **Le railleur est en abomination parmi les hommes.**
  (Livre des Proverbes, XXIV, 9; IVᵉ s. av. J.-C.)

Chinois. — **La raillerie est l'éclair de la calomnie.**

Espagnol. — **Souffrir la raillerie, mais ne point railler.**
  (Baltasar Gracian, *Oraculo manual*, 241 [1647].)

Français. — **La raillerie est l'épreuve de l'amour-propre.**
  (Vauvenargues, *Réflexions et Maximes*, 797 [1746].)

  — **La fine raillerie est une épine qui a conservé un peu du parfum de la fleur.**
  (A. d'Houdetot, *Dix Epines pour une fleur* [1853].)
  V. ESPRIT (Vivacité d'), IRONIE, MOQUERIE.

RAISON

Grec. — **La raison est une arme plus pénétrante que le fer.**
  (Phocylide de Milet, *Sentences*, VIᵉ s. av. J.-C. — Autre sentence du même moraliste : L'oiseau se défend par son vol, le lion par sa force, le taureau par ses cornes, l'abeille par son aiguillon; la raison est la défense de l'homme.)

Latin. — Les yeux ne se trompent pas, si la raison leur commande.
(Publilius Syrus, *Sentences*, Ier s. av. J.-C.)

Bible. — La raison, c'est l'intelligence choisissant la sagesse.
(Macchabées, IV, I, 15 [apocryphe]; Ier s.)

Français. — La raison est un glaive double et dangereux.
(Montaigne, *Essais*, II, XVII [1580]. — Cf. Pascal, *Pensées*, IV, 253 : Deux excès, exclure la raison, n'admettre que la raison.)

— **Nous n'avons pas assez de force pour suivre toute notre raison.**
(La Rochefoucauld, *Réflexions ou Sentences et Maximes morales*, 42 [1665].)

— **Ce n'est point être vaincu que de se rendre à la raison.**
(Chevalier de Méré, *Maximes et Sentences*, 302 [1687].)

— **La raison nous trompe plus souvent que la nature.**
(Vauvenargues, *Réflexions et Maximes*, 123 [1745].)

— **La Raison est la fille du Temps, et elle attend tout de son père.**
(Voltaire, *l'Homme aux quarante écus*, XIV [1768].)

V. cœur et la raison (le), mesure, sens commun.

RAISON et TORT

Latin. — On est excusé d'avoir des torts envers celui qui en a eu le premier.
(Publilius Syrus, *Sentences*, Ier s. av. J.-C.)

Allemand: — Si je suis un sot, on me tolère; si j'ai raison, on m'injurie.
(Gœthe [1749-1832], *Maximen und Reflexionen*.)

Anglais. — On ne doit pas avoir honte d'avouer un tort, puisque c'est se montrer plus sage aujourd'hui qu'on ne l'était hier.
(J. Swift, *Thoughts on Various Subjects* [1714].)

Français. — Les gens heureux croient toujours avoir raison.
(La Rochefoucauld, *Réflexions ou Sentences et Maximes morales*, 227 [1668].)

— **Il n'y a point de gens qui aient plus souvent tort que ceux qui ne peuvent souffrir d'en avoir.**
(La Rochefoucauld, *op. cit.*, 386.)

— **Quand tout le monde a tort, tout le monde a raison.**
(La Chaussée, *la Gouvernante*, I, IV, 64 [1747].)

— **On a souvent tort par la façon que l'on a d'avoir raison.**
(Mme Necker, *Mélanges* [1798].)

— **On pardonne aisément un tort que l'on partage.**
(J. de Jouy, livret de *Guillaume Tell*, II, III [1829].)

— **Il est souvent peu raisonnable d'avoir trop tôt ou trop complètement raison.**
(Marie d'Agoult, *Pensées, Réflexions et Maximes* [1856].)

— **Il suffit d'inspirer le regret d'un tort, sans toujours exiger son aveu.**
(La Rochefoucauld-Doudeauville, *Mémoires*, « Livre des pensées », 280 [1861].)

Russe. — Qui n'a quelque tort à se reprocher devant Dieu ou devant le tsar ?
V. obstination.

RAISONNEMENT

Grec. — Il n'appartient qu'aux âmes privilégiées de raisonner toujours juste.
(Démocrate, *Sentences d'or*, 77 [règne d'Auguste].)

Latin. — Le raisonnement est aussi naturel à l'homme que le vol aux oiseaux.
(Quintilien, *De institutione oratoria*, I, 1 [env. 90].)

Français. — Tout raisonnement se réduit à céder au sentiment.
(Pascal, *Pensées*, IV, 274 [1670].)

V. LOGIQUE.

RAJEUNIR

Allemand. — Aucun vernis à ongle ne rajeunit les vieilles mains.

Éthiopien. — Le cheveu gris dit : « Je suis venu pour rester. »

Finnois-finlandais. — A mesure que nous vieillissons, ce sont nos maux qui rajeunissent.

V. JEUNESSE ET VIEILLESSE.

RANCUNE

Latin. — La neige séjourne longtemps sur les sols pierreux, mais disparaît vite sur les terres cultivées.
(Pétrone, *Satiricon*, XCIX [env. 60].)

Anglais. — Une vieille ride ne s'efface jamais.
(Th. Fuller, *Gnomologia* [1732].)

Espagnol. — Le loup perd les dents, mais non pas la mémoire.
(César Oudin, *Refranes o proverbios castellanos* [1659].)

— En refroidissant, la blessure devient plus sensible.
(Ch. Cahier, *Proverbes et Aphorismes* [1856].)

Français. — La mule du pape garde sept ans son coup de pied.
(Cité par Alphonse Daudet, *Lettres de mon moulin*, « la Mule du pape ».)

Irlandais. — Mieux vaut d'anciennes dettes que de vieilles rancunes.

Malgache. — Ne soyez pas comme un grain qui grossit dans l'estomac.

V. COLÈRE.

RANG

Latin. — J'aimerais mieux être le premier dans un village que le second dans Rome.
(César. — Cité par Plutarque, *Vies parallèles*, « César ».)

Hébreu. — Choisis plutôt d'être la queue du lion que la tête du renard.
(Le Talmud, *Pirké Aboth*, Vᵉ s.)

Anglais. — Mieux vaut être la tête de la paysannerie que la queue de la bourgeoisie.
(J. Clarke, *Parœmiologia anglo-latina* [1639].)

— Celui à qui chacun accorde la seconde place mérite la première.
(J. Swift, *Tale of a Tub* [1704].)

Espagnol. — Assieds-toi à ta place, et l'on ne te fera pas lever.
(Cervantes, *Nouvelles exemplaires*, « le Petit-Fils de Sancho Panza » [1613].)

Français. — **L'élévation est au mérite ce que la parure est aux belles personnes.**
(La Rochefoucauld, *Réflexions ou Sentences et Maximes morales*, 401 [1665].)

— **On peut avec honneur remplir les seconds rangs.**
(Boileau, *Art poétique*, IV, 30 [1674].)

— **Tel brille au second rang qui s'éclipse au premier.**
(Voltaire, *la Henriade*, I, 31 [1723].)

V. CÉRÉMONIAL, EMPLOIS (les).

RARETÉ et FRÉQUENCE

Latin. — **La rareté fait le prix des choses.**
(Pétrone, *Satiricon*, XCIII [env. 60].)

— **On ne s'émeut pas de ce qui est fréquent.**
(*Ab assuetis non fit passio.* — Cité par J.-J. Rousseau, *Émile*, II, XXI.)

Français. — **La rareté du fait donne du prix à la chose.**
(D'après La Fontaine, *Fables*, XII, XII, « le Roi, le Milan et le Chasseur » [1694].)

V. FOIS (Une ou plusieurs), RÈGLE ET EXCEPTION.

RAYONNEMENT

Sanskrit. — **S'il y a un diamant dans la poitrine, il brille sur le visage.**
(*Avadânas*, contes et apologues indiens.)

Bible. — **On n'allume pas une lampe pour la mettre sous le boisseau.**
(Évangile selon saint Luc, VIII, 16 et XI, 33 [env. 63].)

Anglais. — **C'est dans votre propre lumière que vous vous tenez.**
(J. Heywood, *Proverbs in the English Tongue* [1546].)

Chinois. — **Vous pouvez réfléchir la lumière d'autrui, mais vous ne pouvez irradier que votre propre lumière.**

V. PERSONNALITÉ, RENOMMÉE.

RÉBELLION

Américain. — **Une petite rébellion de temps en temps est une bonne chose.**
(Th. Jefferson, *On the Shays's Rebellion* [1790].)

— **Le succès est la seule justification de la rébellion.**
(T. B. Reed, Discours à la Chambre des représentants, 12 avril 1878.)

Anglais. — **Qui tire l'épée contre son prince doit jeter le fourreau.**
(J. Heywood, *Proverbs in the English Tongue* [1546].)

V. SÉDITION.

RECELEUR

Grec. — **Tous deux sont voleurs, le receleur comme le voleur.**
(Phocylide de Milet, *Sentences*, VIᵉ s. av. J.-C.)

Anglais. — **Pas de receleur, pas de voleur.**
(J. Heywood, *Proverbs in the English Tongue* [1546].)

V. COMPLICITÉ.

RECHUTE

Bible. — **L'insensé qui retombe dans sa folie est comme le chien qui retourne à son vomissement.**

(Livre des Proverbes, XXVI, 11; IVe s. av. J.-C. — IIe Épître de saint Pierre, II, 22 : Le chien retourne à son vomissement, la truie lavée s'est vautrée dans le bourbier.)

Grec. — **Trébucher deux fois sur la même pierre est honteux.**

(Zénobios, *Proverbes*, IIe s.)

Français. — **Le rechief est le pire.**

(*Bonum spatium*, manuscrit du XIVe s., Paris, Bibl. nat.)

V. RÉCIDIVE, RECOMMENCER.

RÉCIDIVE

Latin. — **Qui fait deux fois naufrage accuse en vain Neptune.**

(Publilius Syrus, *Sentences*, 1er s. av. J.-C.)

— **L'erreur d'un jour devient une faute, si l'on y retombe.**

(Publilius Syrus, *Sentences*, 1er s. av. J.-C.)

Islam. — **Dieu pardonne le passé, mais celui qui retombera éprouvera la vengeance céleste.**

(Le Koran, v, 96; VIIe s.)

V. FOIS (Une ou plusieurs), RECHUTE, RECOMMENCER.

RÉCIPROCITÉ

Grec. — **Prends mesure de ton voisin et paie-le largement avec la même mesure.**

(Hésiode, *les Travaux et les Jours*, 350; VIIe s. av. J.-C.)

Bible. — **Avec celui qui est pur tu te montres pur, et avec le fourbe tu agis avec fourberie.**

(Psaumes, XVIII, 27; IIe s. av. J.-C.)

— **Avec la mesure dont vous mesurez il vous sera mesuré.**

(Evangile selon saint Matthieu, VII, 2 [env. 65].)

Latin. — **Attends d'autrui ce qu'à autrui tu auras fait.**

(Publilius Syrus, *Sentences*, 1er s. av. J.-C.)

Anglais (Écosse). — **Mentez pour moi et je jurerai pour vous.**

(J. Kelly, *Scottish Proverbs* [1721].)

Français. — **Qui frappe veut être frappé.**

(*Incipiunt versus proverbiales*, manuscrit du XIVe s., Paris, Bibl. nat.)

— **Qui bontés fait bontés attend.**

(*Proverbes rurauz et vulgauz*, manuscrit du XIVe s., Paris, Bibl. nat.)

— **A vilain, vilain et demi** ou **A corsaire, corsaire et demi.**

(Abbé Tuet, *Matinées sénonaises ou proverbes français* [1789].)

Libanais. — **Comme tu me joueras du tambour, je te jouerai de la flûte.**

Nigritien (Peul). — **La chevrette lèche qui la lèche.**

— **(Peul).** — **Si quelqu'un t'a mordu, il t'a rappelé que tu as des dents.**

V. CHOC EN RETOUR, DONNER ET RECEVOIR, TALION (Peine du).

RÉCLAME

Latin. — **Vin loyal n'a pas besoin de lierre.**

(Columelle, *De re rustica*, 1ᵉʳ s. — Le lierre, symbole bachique, servait d'enseigne aux marchands de vin. — Variante moderne : A bon vin, point d'enseigne.)

Français. — **Le plus de bruit vaut le moins d'argent.**

(*Bonum spatium*, manuscrit du XIVᵉ s., Paris, Bibl. nat.)

— **Les choses ne valent que ce qu'on les fait valoir.**

(*Adages françois* [1557]. — Cité par Molière, *les Précieuses ridicules*, IX.)

— **Marchandise offerte est à demi vendue.**

(Noël du Fail, *Contes et Discours d'Eutrapel*, I [1585].)

— **L'enseigne fait la chalandise.**

(La Fontaine, *Fables*, VII, xv, « les Devineresses » [1678]. — Chalandise : affluence de chalands, vogue.)

V. PUBLICITÉ.

RECOMMENCER

Grec. — **On ne se baigne pas deux fois dans le même fleuve.**

(Héraclite d'Éphèse, *Fragments*, Vᵉ s. av. J.-C. — Signifie que les choses sont comme le courant d'un fleuve et ne peuvent être recommencées.)

Allemand. — **Tout s'arrangerait parfaitement si l'on pouvait faire les choses deux fois.**

(Gœthe [1749-1832], *Maximen und Reflexionen*.)

V. FOIS (Une ou plusieurs).

RÉCOMPENSE

Latin. — **On ne doit pas solliciter comme une faveur ce qui est dû comme une récompense.**

(Térence, *Andria*, 330; IIᵉ s. av. J.-C.)

— **La récompense d'une bonne action, c'est de l'avoir faite.**

(Sénèque, *Epistulae ad Lucilium*, CXXXI [env. 64].)

Anglais. — **La récompense, c'est ce qui nous rend bons ou mauvais.**

(Robert Herrick, *Hesperides* [1648].)

V. SALAIRE.

RÉCONCILIATION

Grec. — **On ne se réconcilie facilement qu'avec un mort.**

(Ménandre, *Fragments*, IVᵉ s. av. J.-C.)

Anglais. — **Ne vous fiez pas à l'ami réconcilié, car les bons offices n'effacent pas les anciens griefs.**

(G. Chapman, *Alphonsus*, I [1654].)

— **Cloche fêlée ne peut bien sonner.**

(Th. Fuller, *Gnomologia, Adagies and Proverbs* [1732].)

— **Meilleure la couture, pire la déchirure.**

(H. G. Bohn, *Handbook of Proverbs* [1855].)

Français. — **Les amitiés renouées demandent plus de soins que celles qui n'ont jamais été rompues.**

(La Rochefoucauld, *Réflexions ou Sentences et Maximes morales*, 560 [1665].)

— Évitez les trois quarts du chemin à l'ami qui revient.
(La Rochefoucauld-Doudeauville, *Mémoires*, « Livre des pensées », 356 [1861].)

— Le fil dont on renoue les amitiés rompues n'est qu'un fil d'araignée.
(D. Nisard, *Ægri Somnia* [1889].)

Italien *(Val d'Aoste).* — Amitié réconciliée, choux réchauffés, mauvais dîner.
(C'est une variante de Juvénal, *Satires*, VIII, 154.)

Persan. — Une corde rompue peut être renouée, mais le nœud se sentira.
V. AMI ET ENNEMI, DISPUTE, FÂCHER (SE), QUERELLE.

RECONNAISSANCE

Grec. — La reconnaissance vieillit vite.
(Aristote, IVᵉ s. av. J.-C. — Cité par Diogène Laërce, *Phil. ill.*, V.)

— Le fruit le plus agréable au monde est la reconnaissance.
(Ménandre, *Fragments*, IVᵉ s. av. J.-C.)

Latin. — La reconnaissance d'un bienfait est un intérêt suffisant.
(Publilius Syrus, *Sentences*, Iᵉʳ s. av. J.-C.)

Allemand. — Le blé et la reconnaissance ne poussent qu'en bonne terre.

Anglais. — Qui donne à l'homme reconnaissant prête à usure.

— La reconnaissance est une vertu prospective plutôt que rétrospective.

Arabe. — La reconnaissance revêt trois formes : un sentiment au fond du cœur, une expression de remerciement, un don en retour.

Français. — L'orgueil ne veut pas devoir, et l'amour-propre ne veut pas payer.
(La Rochefoucauld, *Réflexions ou Sentences et Maximes morales*, 228 [1665].)

— La reconnaissance de la plupart des hommes n'est qu'une secrète envie de recevoir de plus grands bienfaits.
(La Rochefoucauld, *op. cit.*, 298 [1665].)

— Il n'y a guère au monde un plus bel excès que celui de la reconnaissance.
(La Bruyère, *les Caractères*, « Du cœur », 80 [1688].)

— La reconnaissance est un fardeau et tout fardeau est fait pour être secoué.
(Diderot [1713-1784], *Maximes et Pensées*.)

— Comptez sur la reconnaissance,
Quand l'intérêt vous en répond.
(Florian, *Fables*, II, 11 [1792].)

— La reconnaissance est la mémoire du cœur.
(J.-B. Massieu, instituteur de sourds-muets, *Lettre à l'abbé Sicard* [1842].)

Turc. — Si l'animal est reconnaissant, comment l'homme ne le serait-il pas ?
V. REMERCIEMENT.

RÉFLÉCHIR

Grec. — Les secondes pensées sont les plus sages.
(Euripide, *Hippolyte*, 436 ; vᵉ s. av. J.-C.)

— La nuit, le conseil vient au sage.
(Ménandre, *l'Arbitrage*, 35 ; IVᵉ s. av. J.-C. — D'où le proverbe général : La nuit porte conseil.)

Latin. — Le temps de la réflexion est une économie de temps.
(Publilius Syrus, *Sentences*, Iᵉʳ s. av. J.-C.)

Français. — **Mal pense qui ne repense.**
    (Jean Le Bon, *Adages françois* [1557].)

    — **La réflexion augmente les forces de l'esprit, comme l'exercice celles du corps.**
    (G. de Lévis, *Maximes et Préceptes*, 106 [1808].)

Japonais. — **Ce que tu veux dire, dis-le demain.**

Russe. — **Le matin est plus sage que le soir.**

Turc. — **Confiez-vous aux réflexions du lendemain.**

    V. SENTIMENT (Premier).

RÉFORME

Irlandais. — **Tous les réformateurs sont célibataires.**
    (George Moore, *The Bending of the Bough*, I [1898].)

Russe. — **Il est plus facile d'écrire sur une feuille de papier, qui supporte tout, que sur la peau humaine, qui ne supporte rien.**
    (Réflexion de Catherine II à Diderot. — *Mémoires* du comte de Ségur.)

    V. AMENDEMENT.

REFUSER

Latin. — **C'est encore accorder quelque chose que de refuser avec grâce.**
    (Publilius Syrus, *Sentences*, 1er s. av. J.-C.)

    — **C'est rendre un grand service que de refuser rapidement.**
    (Publilius Syrus, *Sentences*, 1er s. av. J.-C.)

Français. — **A bon demandeur, bon refuseur.**
    (Manuscrit du XIIIe s., sans titre, Paris, Sainte-Geneviève. — Celui qui demande indiscrètement mérite d'être refusé sans ménagement. — Une demande polie ne doit être repoussée qu'avec honnêteté.)

    — **Tel refuse qui après muse.**
    (Marguerite de Navarre, *Heptaméron*, Appendice [1559]. — Refuser inconsidérément, c'est perdre une occasion qui ne se représentera plus. Ensuite, on musera, c'est-à-dire que l'on perdra du temps en cherchant à ressaisir l'occasion manquée.)

Nigritien (*Peul*). — **Celui qui te tue n'a pas besoin de te faire souffrir.**
    (Il faut refuser tout net afin d'épargner une longue attente au solliciteur.)

    V. QUESTION ET RÉPONSE.

REGARD

Hébreu. — **Les yeux sont les entremetteurs du péché.**
    (Cité par J. Roy, *Adagia hebraica*.)

Anglais. — **Un regard est dans tout pays un langage.**
    (G. Herbert, *Jacula prudentum* [1651].)

Berbère. — **Les voiles des cœurs sont déchirés quand les cœurs se regardent en face.**

Chinois. — **Les yeux échangent leur regard et les êtres existent.**

Français. — **Il y a dans les yeux de l'esprit, de l'âme et du corps.**
    (J. Joubert [1754-1824], *Pensées, Maximes et Essais*.)

    V. VOIR.

RÈGLE et EXCEPTION

Latin médiéval. — **L'exception confirme la règle.**
> *Exceptio probat regulam.*

Français. — **Il faut, quand on agit, se conformer aux règles, et quand on juge, avoir égard aux exceptions.**
> (J. Joubert [1754-1824], *Pensées, Maximes et Essais.*)

> V. GÉNÉRALISATION.

RÈGLE d'OR

Antiquité chinoise. — **Jugez des autres par vous-même et agissez envers eux comme vous voudriez que l'on agît envers vous-même.**
> (Confucius, *Livre des sentences*, v, 11; vi, 28; xv, 23; viᵉ s. av. J.-C.)

Grec. — **Il faut se conduire avec ses amis comme on voudrait les voir se conduire avec soi.**
> (Aristote, ivᵉ s. av. J.-C. — Cité par Diogène Laërce, *Phil. ill.*, V.)

Bible. — **Ce que tu serais fâché que l'on te fît, aie soin de ne jamais le faire à un autre.**
> (Tobie, iv, 16; iiᵉ s. av. J.-C. — Cf. saint Luc, vi, 31.)

— **Ce que vous voulez que les hommes fassent pour vous, faites-le pareillement pour eux.**
> (Évangile selon saint Luc, vi, 31, [env. 63].)

> V. AMOUR DU PROCHAIN, COMPORTEMENT, MORALE.

REINE

Allemand. — **Point de diadème qui guérisse la migraine.**

Polonais. — **La miséricorde est la justice des reines.**
> (Marie Leszczynska [1703-1768].)

Portugais. — **La reine des abeilles n'a pas d'aiguillon.**

> V. COUR ET COURTISAN.

RELATIVITÉ (généralités)

Grec. — **L'eau de mer est corrompue pour les hommes et salutaire pour les poissons.**
> (Héraclite d'Éphèse, *Fragments*, vᵉ s. av. J.-C.)

— **La ciguë est mortelle pour l'homme et bonne pour les cailles.**
> (Pyrrhon, ivᵉ s. av. J.-C. — Cité par Diogène Laërce, *Phil. ill.*, IX.)

— **Le même soleil fait fondre la cire et sécher l'argile.**
> (Clément d'Alexandrie, *les Stromates*, VIII, ix, 32; iiiᵉ s.)

Libanais. — **Pour une passoire, ce n'est pas un défaut d'avoir des trous.**

Siamois. — **Le mille-pattes ne s'arrête pas pour une patte boiteuse.**

Turc. — **L'eau que tu passes à gué peut en noyer d'autres.**

> V. VÉRITÉ.

RELATIVITÉ (contingence)

Grec. — **Au royaume des aveugles, le borgne est roi.**
   (Cité par Apostolius, *Proverbes*, et par Érasme, *Adages*, III, IV, 96.)

Latin médiéval. — **Là où tous puent, un seul sent à peine mauvais.**
   Ubi omnes sordent, unus minime sentitur.

Sanskrit. — **Pour la fourmi, la rosée est une inondation.**

Albanais. — **Le chat est un lion pour la souris.**

Allemand. — **Le nain voit des géants partout.**

   — **Au pays des boiteux chacun pense qu'il marche droit.**

Anglais. — **Ceux qui sont en enfer ne savent pas qu'il puisse être un ciel.**

   — **Le moins fou est sage.**

Bantou *(Rhodésie, Ila).* — **Un taureau n'a pas la même renommée dans deux troupeaux.**

Basque. — **Celui qui doit être pendu à Pâques trouve le carême bien court.**

Éthiopien *(amharique).* — **Les noirs peignent le diable blanc.**

Français. — **De mémoire de rose, il n'y a qu'un jardinier au monde.**
   (Fontenelle, *Entretiens sur la pluralité des mondes*, V [1686].)

   — **L'aigle d'une maison n'est qu'un sot dans une autre.**
   (Gresset, *le Méchant*, IV, VII [1745].)

Géorgien. — **Le cheval qui est seul à courir passe pour un bon coursier.**

Hollandais. — **Plus petit est le bois, plus gros semble le lièvre.**

Indien *(bhojpuri).* — **Où il n'y a pas d'arbre, le ricin est roi.**

Japonais. — **La chauve-souris s'enorgueillit en l'absence des ibis.**

Libanais. — **Au milieu des paralytiques, le boiteux est une gazelle.**

Nigritien *(Peul).* — **S'il n'y avait pas d'éléphant dans la brousse, le buffle serait énorme.**

Slovène. — **Dans une petite église, un petit saint est grand.**

Tchèque. — **Quand les vaches font défaut, les chèvres sont honorées.**

   V. CIRCONSTANCE.

RELIGION

Islam. — **Ne faites point violence aux hommes à cause de leur foi.**
   (Le Koran, II, 257; VIIᵉ s.)

Anglais. — **Une bonne vie, voilà la vraie religion.**
   (Th. Fuller, *Gnomologia, Adagies and Proverbs* [1732].)

   — **La religion est dans le cœur, et non dans le genou.**
   (D. W. Jerrold, *The Devil's Ducat* [1840].)

Arabe. — **Quand deux hommes disputent sur la religion, il y en a au moins un qui est fou.**

Chinois. — **Chacun interprète à sa manière la musique des cieux.**

Français. — **La religion ne nous fait pas bons, mais elle nous empêche de devenir trop mauvais.**
(Louis de Bonald [1754-1840], *Maximes et Pensées*.)

— **La religion est comme l'eau douce que l'on emporte sur la haute mer : il faut la ménager.**
(Maurice Barrès [1862-1923]. — Cité par Gérard Baüer, *Instants et visages*.)

V. FANATISME, FOI, PIÉTÉ.

REMÈDE

Latin. — **Aux grands maux les grands remèdes.**
(*Extremis malis extrema remedia.* — Cité par Montaigne, *Essais*, II, III.)

— **Quand le remède est affreux, on hésite à guérir.**
(Sénèque, *Œdipe*, 517 [env. 60].)

Irlandais. — **L'herbe qui n'est pas employée à temps est sans vertu.**

V. GUÉRIR, MÉDICAMENT.

REMÈDE PIRE QUE LE MAL

Grec. — **N'ajoutez pas à vos maux un remède pire que le mal.**
(Sophocle, *Ajax*, 362 ; vᵉ s. av. J.-C. — Cf. Virgile, *Énéide*, XII, 46 : Le mal empire et s'aigrit par le remède.)

Anglais. — **Tout remède violent est gros d'un nouveau mal.**
(Fr. Bacon, *De dignitate et augmentis scientiarum*, VI, 44 [1605].)

Français. — **Mieux vaut laisser son enfant morveux que de lui arracher le nez.**
(Montaigne, *Essais*, II, VI [1580].)

Persan. — **N'appelez pas le tigre pour chasser le chien.**
(F. Denis, *le Brahme voyageur* [1853].)

V. PIRE.

REMERCIEMENT

Allemand. — **La demande est chaude, le merci est froid.**

Anglais. — **Beaucoup remercier signifie secrètement demander davantage.**

Français. — **A petit présent, petit merci.**

Nigritien *(Peul).* — **La langue des obligés est courte.**

Russe. — **Un grand merci ne se met pas dans la poche.**

V. RECONNAISSANCE.

REMORDS

Grec. — **Les remords sont plus douloureux que les coups.**
(Démophile, *Sentences*, VIᵉ s. av. J.-C.)

Latin. — **A défaut de loi, il y a le châtiment du remords.**
(Publilius Syrus, *Sentences*, Iᵉʳ s. av. J.-C.)

— **Nul châtiment n'est pire que le supplice du remords.**
(Sénèque, *De ira*, III, 26 [env. 60].)

Français. — **Le remords précède la vertu comme l'aurore précède le jour.**
(Lacordaire, *48ᵉ Conférence de Notre-Dame* [1848].)

V. REPENTIR.

RENOMMÉE

Bible. — **La bonne renommée vaut mieux que de grandes richesses, et l'estime a plus de prix que l'argent et que l'or.**
(Livre des Proverbes, XXII, 1; IVe s. av. J.-C.)

— **Une bonne renommée vaut mieux que l'huile parfumée.**
(L'Ecclésiaste, VII, 1; IIIe s. av. J.-C.)

Latin. — **Une bonne renommée est comme un second patrimoine.**
(Publilius Syrus, *Sentences*, 1er s. av. J.-C.)

— **La renommée se fortifie en courant.**
(Virgile, *Énéide*, IV, 175; env. 19 av. J.-C.)

— **L'ombre d'un grand nom demeure.**
(Lucain, *la Pharsale*, I, 135 [env. 60].)

— **Mépriser la renommée, c'est mépriser les vertus.**
(Tacite, *Annales*, IV, XXXVIII; début du IIe s.)

— **Le dédain de la renommée augmente le renom.**
(Tacite, *Vie d'Agricola*, 18; début du IIe s.)

Anglais. — **Le mépris de la renommée engendre le mépris de la vertu.**
(Ben Jonson, *Sejanus*, I [1603].)

Chinois. — **Les oiseaux ne laissent qu'un chant éphémère; l'homme passe, mais sa renommée survit.**

Espagnol. — **La renommée sans profit ne vaut pas une obole.**
(Cervantes, *Don Quichotte*, II, LXII [1615].)

Français. — **Bonne renommée vaut mieux que ceinture dorée.**
(Benserade, *Ballet des proverbes* [1654].)

— **Le seul moyen d'obliger les hommes à dire du bien de nous, c'est d'en faire.**
(Voltaire, *Discours sur l'histoire de Charles XII*, fin [1731].)

Indien. — **Le brahmane qui a la renommée n'a pas besoin de chaîne sacrée.**

Suédois. — **La renommée sert plus souvent de trompette à la fortune qu'au mérite.**
(Chancelier Oxenstiern [1583-1654], *Réflexions et Maximes*.)

Turc. — **On n'acquiert pas la renommée sur un lit de plumes.**

V. CÉLÉBRITÉ, GLOIRE, HONNEURS (les), RAYONNEMENT, RÉPUTATION.

RENONCER

Bible. — **Celui qui, ayant la main à la charrue, regarde en arrière, n'est pas propre au royaume de Dieu.**
(Évangile selon saint Luc, IX, 62 [env. 63].)

Anglais. — **Ne dites jamais : mourir !**
(C'est-à-dire, n'abandonnez pas la partie. — Cité par Ch. Dickens, *Pickwick's Papers*, II [1837].)

Français. — **Il ne faut pas jeter le manche après la cognée.**
(Baïf, *Mimes, Enseignements et Proverbes* [1576].)

V. DÉCOURAGEMENT.

REPAS

Grec. — **Il ne faut pas tant regarder ce que l'on mange qu'avec qui l'on mange.**
(Épicure, IIIe s. av. J.-C. — Cité par Sénèque, *Lettres à Lucilius*, XIX.)

Hébreu. — **Dressez la table et la querelle cessera.**
(Cité par J. Ray, *Adagia hebraica*.)

— **Manger, c'est la loi du repas.**
(Pétrone, *Satiricon*, XXXV [env. 60].)

Anglais. — **Le dîner ne dure pas quand les friandises manquent.**
(J. Heywood, *Proverbs in the English Tongue* [1546].)

— **Petite chère et grand accueil font joyeux festin.**
(Shakespeare, *The Comedy of Errors*, II, I, 26 [1593].)

— **Un bon dîner réconcilie tout le monde.**
(Samuel Pepys, *Diary*, IX, XI [1665].)

— **Les longs repas font les courtes vies.**
(J. L. Avebury, *The Use of Life*, V [1896].)

Espagnol. — **En maison fournie la nappe est bientôt mise.**
(Cervantes, *Don Quichotte*, II, XXX [1615].)

Français. — **Il n'est déjeuner que d'écoliers, dîner que d'avocats, souper que de marchands, regoubillonner que de chambrières.**
(Rabelais, *le Quart Livre*, XLVI [1548].)

— **On ne vieillit pas à table.**
(Laurent Joubert, *Erreurs populaires et Propos vulgaires* [1579].)

— **Les premiers morceaux nuisent aux derniers.**
(A. de Montluc, *la Comédie de proverbes*, II, III [1616].)

— **Un dîner sans façon est une perfidie.**
(J. Berchoux, *la Gastronomie*, II [1801].)

— **Un poème jamais ne valut un dîner.**
(J. Berchoux, *la Gastronomie*, IV [1801].)

— **Pas plus que les Muses, pas moins que les Grâces.**
(Règle quant au nombre des invités par rapport à la succulence de la cuisine.)

Italien. — **Ce que l'on dit à table doit être enveloppé dans la nappe.**

V. AMPHITRYON, APPÉTIT, FAIM, MANGER.

REPENTIR

Grec. — **Le repentir est un jugement que l'on donne contre soi-même.**
(Ménandre, *Fragments*, IVe s. av. J.-C.)

Latin. — **C'est par erreur qu'il a été coupable, celui qui se repent de sa faute.**
(Publilius Syrus, *Sentences*, Ier s. av. J.-C.)

— **Quand on se repent, on est presque innocent.**
(Sénèque, *Agamemnon*, 243 [env. 60].)

Bible. — **Il y aura plus de joie dans le ciel pour un seul pécheur qui s'amende, que pour quatre-vingt-dix-neuf justes qui n'ont pas besoin de repentance.**
(Évangile selon saint Luc, XV, 7 [env. 60].)

Hébreu. — **Le repentir et les bonnes actions sont les boucliers qui nous préservent de la colère du ciel.**
(Le Talmud, *Shabbath*, Ve s.)

Latin médiéval. — Repentir tardif est rarement sincère.
Paenitentia sera raro vera.

Anglais. — Bonne est la repentance, mais pas tant que l'innocence.

Chinois. — Le repentir est le printemps des vertus.

Français. — Notre repentir n'est pas tant un regret du mal que nous avons fait qu'une crainte de celui qui nous en peut arriver.
(La Rochefoucauld, *Réflexions ou Sentences et Maximes morales*, 180 [1665].)

— Le repentir vient trop tard, quand il ne peut remédier au mal.
(F.-J. Desbillons, *Fables*, VI, xv [1779].)

Italien. — Si l'on ne se repent pas, on ne peut être absous.
(Dante, *la Divine Comédie*, « l'Enfer », XXVII, 118 [1308].)

Turc. — Tête coupée ne se raccommode pas, repentir tardif ne sert à rien.
V. REMORDS.

RÉPÉTER

Français. — On ne répète pas deux fois la messe pour les sourds.
(Antoine Oudin, *Curiosités françoises* [1640].)

— Répéter, c'est persuader en détail.
(G. de Lévis, *Maximes et Préceptes*, 16 [1808].)

— La répétition est la plus forte des figures de rhétorique.
(Napoléon Ier [1769-1821], *Maximes et Pensées*.)
V. FOIS (Une ou plusieurs).

REPOS

Latin. — Apollon ne tend pas toujours son arc.
(Horace, *Odes*, II, x, 19; env. 23 av. J.-C.)

Anglais. — Prenez un peu de repos, afin de finir plus tôt.
(G. Herbert, *Jacula prudentum* [1651].)

— Le repos est bon pour les morts.
(Th. Carlyle, *Journal*, XXII, 6 [1830].)

Français. — Le changement de travail est une espèce de repos.
(Gilles Ménage [1613-1692], *Menagiana*.)
V. LOISIR.

REPROCHE

Bible. — Reprends le sage, il t'aimera.
(Livre des Proverbes, IX, 8; IVe s. av. J.-C.)

Latin. — S'irriter d'un reproche, c'est reconnaître qu'on l'a mérité.
(Tacite, *Annales*, IV, XXXIV; début du IIe s.)

Anglais. — Les reproches ne doivent pas peser un grain de plus en sel qu'en sucre.
(John Lyly, *Euphues* [1580].)

Français. — Il y a des reproches qui louent, et des louanges qui médisent.
(La Rochefoucauld, *Réflexions ou Sentences et Maximes morales*, 148 [1665].)

— Les reproches ne sont faits qu'à ceux que l'on estime.
(Florian, *les Jumeaux de Bergame* [1782].)

Italien. — Il n'y a que la vérité qui offense.
(Cité par Napoléon Ier, *Journal* de O'Meara, 14 mars 1817.)
V. BLÂME, CENSURE, CRITIQUE.

RÉPUBLIQUE

Allemand. — Dans une république tous sont maîtres, et chacun tyrannise les autres.
(Max Stirner, *Der Einzige und sein Eigentum* [1845].)

Américain. — L'envie est le vice des républiques.
(H. W. Longfellow, *Evangeline*, I, 34 [1847].)

Français. — Une république est une loterie de pouvoir.
(Louis de Bonald [1754-1840], *Maximes et Pensées*.)

— La république est le gouvernement qui nous divise le moins.
(Thiers, Discours à l'Assemblée législative, 13 février 1850.)

Italien. — Le plus grand défaut des républiques est l'irrésolution.
(Machiavel, *le Prince* [1532].)

V. DÉMAGOGIE, DÉMOCRATIE, GOUVERNEMENT (Formes de).

RÉPUTATION

Grec. — Une mauvaise réputation est un fardeau, léger à soulever, lourd à porter, difficile à déposer.
(Hésiode, *les Travaux et les Jours*, 762; VIIe s. av. J.-C.)

— On accuse le loup, coupable ou non.
(Zénobios, *Proverbes*, IIe s.)

Allemand. — La bonne réputation couvre toutes les fautes.
(Proverbe contraire : Ne vous fiez pas à votre ombre, si loin qu'elle s'étende.)

Anglais. — Celui qui a une mauvaise réputation est à moitié pendu.
(J. Heywood, *Proverbs in the English Tongue* [1546].)

— Le mépris de la réputation se nomme impudence.
(Th. Hobbes, *Leviathan*, VI [1651].)

— La réputation est un miroir grossissant.
(Th. Fuller, *Gnomologia* [1732].)

Arménien. — La bonne réputation est un collier de perles.
(Il peut se rompre en un instant.)

Belge. — On n'appelle jamais une vache pie, si elle n'a une tache noire.
(Une mauvaise réputation est toujours plus ou moins justifiée.)

Chinois. — Là où est le musc (une bonne réputation), il est inutile de balancer des parfums.

Espagnol. — La mauvaise plaie se guérit, la mauvaise réputation tue.

Français. — Il a beau se lever tard, qui a bruit de se lever matin.
(*Proverbes rurauz et vulgauz*, manuscrit du XIVe s., Bibl. nat.)

— Mauvaise réputation va jusqu'à la mer; bonne réputation reste au seuil de la maison.
(L.-F. Sauvé, *Proverbes de Basse-Bretagne* [1872].)

— Une fois en mauvais renom, jamais puits n'a été estimé bon.
(P. Soullié, *Sentences et Proverbes* [1892].)

Indien (*hindî*). — Votre réputation vous fait connaître l'abondance ou la famine.

Malgache. — Comme on le traite de chat sauvage, il se met à voler des poules.

Persan. — Chacun taille pour soi le vêtement de sa réputation.

Russe. — On est fameux par une action et infâme par une autre.
V. CRÉDIT, GLOIRE, HONNEUR, RENOMMÉE.

RÉSIGNATION

Latin. — **Qui ne peut comme il veut, doit vouloir comme il peut.**
(Térence, *Andria*, 805; IIe s. av. J.-C.)

— **Supporte sans te plaindre ce qui ne peut être changé.**
(Publilius Syrus, *Sentences*, Ier s. av. J.-C.)

— **La résignation allège tous les maux auxquels il ne peut être remédié.**
(Horace, *Odes*, I, XXIV, 19; env. 23 av. J.-C.)

Anglais. — **Où ira le bœuf, s'il ne laboure ?**
(James Mabbe, *Celestina* [1631].)

Berbère. — **Le faucon une fois pris ne se débat plus.**

Français. — **On doit souffrir patiemment ce qu'on ne peut amender sainement.**
(*Proverbes ruraux et vulgauz*, manuscrit du XIVe s., Paris, Bibl. nat. — Variante moderne : « Il faut vouloir ce qu'on ne peut empêcher. »)

— **Où la chèvre est attachée, il faut qu'elle broute.**
(Guillaume Bouchet, *les Serées*, III [1584].)

— **Quand on n'a pas ce que l'on aime, il faut aimer ce que l'on a.**
(Bussy-Rabutin, *Lettre à Mme de Sévigné*, 23 mai 1667.)

— **La résignation est au courage ce que le fer est à l'acier.**
(G. de Lévis, *Maximes et Réflexions*, II [1808].)

— **Il faut laisser courir le vent par-dessus les tuiles.**
(Variante : Ne poursuivez pas le vent qui emporte votre chapeau.)

V. CONTENTEMENT, PATIENCE, STOÏCISME.

RÉSOLUTION

Latin médiéval. — **Il faut avaler les pilules sans les mâcher.**
(*Pilulae sunt glutiendae, non manducandae.* — Variante française : Il ne faut pas prendre la médecine en plusieurs verres.)

Anglais. — **L'homme résolu n'a pas de souci.**
(G. Herbert, *Jacula prudentum* [1651].)

Français. — **Il faut tenir à une résolution parce qu'elle est bonne, et non parce qu'on l'a prise.**
(La Rochefoucauld-Doudeauville, *Mémoires*, « Livre des pensées », 135 [1861].)

Serbe. — **Si tu ne prends pas le cheval par la crinière, c'est en vain que tu tenteras de le prendre par la queue.**
V. ALTERNATIVE, CHOISIR, DÉCISION, FERMETÉ, OPPORTUNITÉ.

RESPECT

Antiquité égyptienne. — **Veille à être respecté de tous, et tu seras loué de tous.**
(Amenhemhat, *Enseignements*, IIe millénaire av. J.-C.)

Antiquité chinoise. — **Nourrir les hommes sans les aimer, c'est les traiter comme du bétail vil; les aimer sans les respecter, c'est les considérer comme des animaux favoris.**
(Mencius, *Livre des livres*, III, 1; IVe s. av. J.-C.)

V. DIGNITÉ, ESTIME, SOI (Respect de).

RESPONSABILITÉ

Chinois. — L'archer est un modèle pour le sage; quand il a manqué le centre de la cible, il s'en prend à lui-même.

Français. — Qui fait la faute aussi la boive.
> (*Dicta sive proverbia volgaria*, manuscrit du XIVᵉ s., Paris, Bibl. nat.)

> — Qui peut et n'empêche, pèche.
> (Antoine Loisel, *Institutes coutumières*, 792 [1607].)

> V. ARTISAN DE SON SORT (Chacun est l'), DOMMAGE.

RESSEMBLANCE

Latin. — Un œuf ne ressemble pas tellement à un autre œuf.
> (Quintilien, *De institutione oratoria*, V, 11 [env. 90].)

Anglais. — Tout ce qui se ressemble n'est pas identique.
> (Shakespeare, *Julius Caesar*, II, 11, 128 [1599].)

> V. DUPLICITÉ.

RESTRICTION MENTALE

Grec. — La langue a juré, mais non l'esprit.
> (Euripide, *Hippolyte*, 612; vᵉ s. av. J.-C. — Cf. Cicéron, *De officiis*, IV, XXIX.)

Espagnol. — L'intention sauve le fait.
> (Escobar y Mendoza [1589-1669]. — Cet aphorisme appartient à la casuistique du XVIIᵉ siècle, violemment attaquée par Pascal dans *les Provinciales*.)

> V. DUPLICITÉ.

RÉSULTAT

Anglais. — S'il y a miracle, qu'importe s'il vient du diable.
> (Th. Fuller, *Gnomologie* [1732].)

Arabe. — Tel construit un minaret, qui détruit une ville.
Espagnol. — Que vous cuisiez la neige ou que vous la piliez, vous n'en tirerez que de l'eau.

> V. CONSÉQUENCE.

RETARD

Latin. — A ceux qui viennent tard, les os.
> (*Tarde venientibus ossa*. — Cité par A. Henderson, *Proverbes latins*.)

Anglais. — Le tard venu est mal couché.
> (John Florio, *First Frutes* [1578].)

Espagnol. — Le péril est dans le retard.
> (Cervantes, *Don Quichotte*, I, XXIX et I, XLVI [1605].)

Français. — Semailles prématurées trompent souvent; semailles tardives trompent toujours.
> (G.-A. Crapelet, *Proverbes et Dictons de la Picardie* [1831].)

> V. AJOURNER, DÉLAI, TÔT ET TARD.

RETARDEMENT (généralités)

Grec. — **Il est bien tard d'épargner sur le tonneau quand le vin est à la lie.**
(Hésiode, *les Travaux et les Jours*, 368; VIIIe s. av. J.-C.)

Latin. — **Trop tard est brandi le bouclier quand la blessure est faite.**
(Ovide, *les Tristes*, I, III, 35 [env. 10].)

— **Il n'est plus temps de secouer le joug que l'on s'est imposé.**
(Sénèque, *Hippolyte*, 135 [env. 64].)

Anglais. — **Quand l'enfant est baptisé, les parrains ne manquent pas.**
(J. Clarke, *Parœmiologia anglo-latina* [1639].)

— *(Écosse).* — **Il est trop tard pour s'incliner quand la tête est tombée.**
(D. Fergusson, *Scottish Proverbs* [1641].)

Bantou *(Betchouana).* — **On ne regarde l'épervier que s'il emporte une proie.**
(W. Crisp, *les Betchouanas de l'Afrique du Sud* [1896].)

Espagnol. — **Quand la fille est mariée, viennent les gendres.**
(César Oudin, *Refranes o proverbios castellanos* [1659].)

— **Quand le gibier est parti, on devine comment il fallait s'y prendre.**
(Ch. Cahier, *Proverbes et Aphorismes* [1856].)

Français. — **Il est trop tard pour fermer l'écurie quand le cheval s'est sauvé.**
(*Proverbia rusticorum mirabiliter versificata*, manuscrit du XIIIe s., Leyde.)

— **A tard crie l'oiseau quand il est pris.**
(*Proverbes ruraux et vulgaux*, manuscrit du XIVe s., Paris, Bibl. nat.)

— **Il n'est temps de regimber quand on s'est laissé entraver.**
(Montaigne, *Essais*, III, v [1588].)

— **La raison souvent n'éclaire que les naufrages.**
(Helvétius [1715-1771], *Maximes et Pensées*.)

Nigritien *(Peul).* — **Le poisson pris dans la nasse commence à réfléchir.**

Turc. — **Quand enfin le chauve choisit une coiffure, la fête déjà avait pris fin.**
V. DÉLIBÉRER.

RETARDEMENT (secours tardif)

Grec. — **Quand la guerre est finie, vient le secours.**
(Suidas, *Lexique*, Xe s. — Cité par Érasme, *Adages*, III, VI, 17.)

Français. — **A mal enraciné, remède tard apprêté.**
(Gabriel Meurier, *Sentences notables, Adages et Proverbes* [1568].)

Nigritien *(Haoussa).* — **L'avis est le petit-fils qui vient à la suite.**

Turc. — **Quand le chariot est brisé, beaucoup de gens vous diront par où il ne fallait pas passer.**
V. TÔT ET TARD.

RÉTRACTATION

Espagnol. — **Un homme n'est pas rivière, pour ne retourner en arrière.**
(Cervantes, *Nouvelles exemplaires*, « le Petit-Fils de Sancho Panza » [1613].)

Français. — **La prudence qui sait se rétracter et céder aux conjonctures est une des formes de l'art de gouverner.**
(Vauban [1633-1707], *Pensées et Mémoires politiques*.)

— **Ceux qui ne se rétractent jamais s'aiment plus que la vérité.**
(J. Joubert [1754-1824], *Pensées, Maximes et Essais*.)
V. OPINION.

RÉUSSIR

Français. — Soyez effronté, et vous réussirez.
(La Bruyère, *les Caractères*, « De la cour », 41 [1668].)

— **Pour réussir dans le monde, il faut avoir l'air fou et être sage.**
(Montesquieu [1689-1755], *Pensées diverses.*)

— **Le secret de réussir**
C'est d'être adroit, non d'être utile.
(D'après Florian, *Fables*, II, IX, « les Deux Chats » [1792].)

V. ENTREPRENDRE, SUCCÈS.

RÊVE (songe)

Grec. — Les songes ne sont pas toujours vérifiés par l'événement.
(Homère, *l'Odyssée*, XIX, 560; IXᵉ s. av. J.-C.)

— **L'esprit dans le sommeil a de claires visions.**
(Eschyle, *les Euménides*, 104; Vᵉ s. av. J.-C.)

Bible. — C'est vouloir saisir une ombre et atteindre le vent que de s'arrêter à des songes.
(L'Ecclésiastique, XXXIV, 2; IIᵉ s. av. J.-C.)

Français. — Tous songes sont mensonges.
(A. de Montluc, *la Comédie de proverbes*, II, IV [1616].)

Suédois. — C'est rêver en veillant que de s'inquiéter des songes que l'on a faits pendant le sommeil.
(Chancelier Oxenstiern [1583-1654], *Réflexions et Maximes.*)

V. SOMMEIL.

RÊVE (rêverie)

Allemand. — Le roi des rêveurs est à l'hôpital.
(W. Wander, *Deutsche Sprichwörter Lexicon* [1880].)

Anglais. — Rêveurs et velléitaires ne font pas les bonnes maisons.
(J. Heywood, *Proverbs in the English Tongue* [1546].)

Russe. — Le songe est plus caressant que père et mère.
(R. Pilet, *la Russie en proverbes* [1905].)

Suisse. — La rêverie est le dimanche de la pensée.
(H.-F. Amiel, *Fragments d'un journal intime*, 29 avril 1852.)

V. CHIMÈRE, ILLUSION, RÊVE ET RÉALITÉ.

RÊVE et RÉALITÉ

Bible. — L'espoir différé rend le cœur malade, mais le désir accompli est un arbre de vie.
(Livre des Proverbes, XIII, 12; IVᵉ s. av. J.-C.)

— **Ce que les yeux voient est préférable à la divagation des désirs.**
(L'Ecclésiastique, VI, 9; IIIᵉ s. av. J.-C.)

Anglais. — Quelques acres en Middlesex valent mieux qu'une principauté en Utopie.
(Macaulay, *Critical and Historical Essays*, « Francis Bacon » [1837].)

Français. — **Chacun tourne en réalités,**
                    Autant qu'il peut, ses propres songes.

(La Fontaine, *Fables*, IX, VI, « le Statuaire et la Statue de Jupiter » [1678].)

— **Tout bonheur que la main n'atteint pas n'est qu'un rêve.**

(J. Soulary, *Sonnets humoristiques* [1858].)

V. CERTAIN ET INCERTAIN, THÉORIE ET PRATIQUE.

RÉVOLUTION

Grec. — **Quand il tonne, rends hommage à l'écho.**

(Pythagore, *Sentences*, VIᵉ s. av. J.-C. — C'est-à-dire : Dans les troubles civils, retire-toi à la campagne.)

Français. — **L'eau trouble fait le gain du pêcheur.**

(*La Satyre Ménippée*, « Harangue de monsieur d'Aubray » [1594].)

— **On ne fait pas les révolutions avec de l'eau de rose.**

(Chamfort [1741-1794]. — Cité par Marmontel, *Mémoires*, XIV [1818].)

— **Les révolutions sont des temps où le pauvre n'est pas sûr de sa probité, le riche de sa fortune, et l'innocent de sa vie.**

(J. Joubert [1754-1824], *Pensées, Maximes et Essais*.)

V. SÉDITION.

RICHESSE

Grec. — **La richesse engendre la satiété, et la satiété la démesure.**

(Solon d'Athènes, VIᵉ s. av. J.-C. — Cité par Diogène Laërce, *Phil. ill.*, I.)

— **Ploutos, le plus beau des dieux, fait du méchant un honnête homme.**

(Théognis de Mégare, *Sentences*, 1118; VIᵉ s. av. J.-C.)

— **Les richesses qui ne sont pas dans l'âme ne nous appartiennent pas.**

(Démophile, *Sentences*, VIᵉ s. av. J.-C.)

— **En face du vrai bonheur, les richesses valent l'ombre d'une fumée.**

(Sophocle, *Antigone*, 1171; Vᵉ s. av. J.-C.)

— **Les riches ne peuvent acheter le privilège de mourir vieux.**

(Euripide, *Alceste*, 59; Vᵉ s. av. J.-C.)

— **L'opulence a sa misère; elle est lâche et tient à la vie.**

(Euripide, *les Phéniciennes*, 597; Vᵉ s. av. J.-C.)

— **Les riches ne peuvent être bons, et s'ils ne sont pas bons, ils ne sont pas heureux.**

(Platon, *les Lois*, V, 743 *c*; IVᵉ s. av. J.-C.)

— **La richesse consiste bien plus dans l'usage que dans la possession.**

(Aristote, *Rhétorique*, I, v, 11; IVᵉ s. av. J.-C.)

— **Ceux-là jouissent le mieux de la richesse qui en ont le moins besoin.**

(Épicure, IIIᵉ s. av. J.-C. — Cité par Diogène Laërce, *Phil. ill.*, X.)

Antiquité chinoise. — **Qui veut être riche ne sera pas bon; qui veut être bon ne sera pas riche.**

(Mencius, *Livre des livres*, III, I, 3; IVᵉ s. av. J.-C.)

Bible. — **La richesse a des ailes et, comme l'aigle, elle s'envole vers les cieux.**

(Livre des Proverbes, XXIII, 5; IVᵉ s. av. J.-C.)

— **Celui qui se hâte de s'enrichir ne sera pas innocent.**

(Livre des Proverbes, XXVIII, 20; IVᵉ s. av. J.-C.)

— J'ai vu sous le soleil que la richesse n'appartient pas aux intelligents.
(L'Ecclésiaste, IX, 11 ; III⁰ s. av. J.-C.)

— Le riche parle et tout le monde se tait.
(L'Ecclésiastique, XIII, 22 ; II⁰ s. av. J.-C.)

— Il est plus facile à un chameau de passer par le trou d'une aiguille qu'à un riche d'entrer dans le royaume de Dieu.
(Évangile selon saint Luc, XVIII, 25 [env. 63] ; saint Matthieu, XIX, 24 [env. 65].)

Latin. — Chacun dit : Est-il riche ? Nul ne dit : Est-il juste ?
(Publilius Syrus, *Sentences*, 1ᵉʳ s. av. J.-C.)

— Vénus et l'éloquence favorisent quiconque est riche.
(Horace, *Épîtres*, I, VI, 38 ; env. 20 av. J.-C.)

— Chez les riches, le sens commun est rare.
(Juvénal, *Satires*, VIII, 73 [env. 120].)

— Le riche est un coquin ou le fils d'un coquin.
(Cité par saint Jérôme, *Epistulae ad Hedibiam*, début du Vᵉ s.)

Latin médiéval. — Dieu regarde les mains pures, non les mains pleines.
Puras Deus, non plenas, aspicit manus.

Allemand. — De la santé, du sommeil et de la richesse, on ne jouit pleinement qu'après les avoir perdus et retrouvés.
(J. P. Richter, *Blumen, Frucht und Dornenstücke* [1818].)

— Qui a des oreilles entende ; qui a de l'argent le dépense.
(Gœthe [1749-1832], *Maximen und Reflexionen*.)

— L'éponge absorbe, mais il faut la presser pour qu'elle s'exprime.
(Beaucoup de riches ne donnent que sous la pression des circonstances.)

Anglais. — Si certaines gens méprisent les richesses, c'est qu'ils désespèrent de s'enrichir.
(Fr. Bacon, *De dignitate et augmentis scientiarum*, VI, 6 [1605].)

— La richesse amassée est un fumier puant ; la richesse répandue est un engrais fertile.
(J. Ray, *English Proverbs* [1670].)

— On peut voir le peu de cas que Dieu fait des richesses, par les gens à qui il les donne.
(A. Pope, *Thoughts on Various Subjects* [1740].)

Arabe. — Trois choses donnent la mesure de l'homme : le malheur, le commandement et la richesse.

Arménien. — La richesse donne des jambes aux boiteux, de la beauté aux laids, et de l'intérêt aux larmes.

Basque. — Le riche qui vit sans se faire des amis est comme un voyageur qui s'endort au bord du précipice.

Chinois. — Rien ne manque aux funérailles des riches, que des gens qui les regrettent.

— Un cheval ne devient pas gras sans manger la nuit ; un homme ne devient pas riche sans gains équivoques.

Espagnol. — Ce ne sont pas les richesses qui font le bonheur, c'est l'usage que l'on en fait.
(Cervantes, *Don Quichotte*, II, VI [1615]. — Variante : Le bonheur des riches ne consiste pas dans le bien qu'ils ont, mais dans le bien qu'ils font.)

— Autant tu possèdes, autant tu vaux.
(Cervantes, *Don Quichotte*, II, XX [1615].)

— **Les sottises du riche sont des sentences.**

(Cervantes, *Don Quichotte*, II, XLIII [1615].)

Français. — Riche homme ne sait qui ami lui est.

(*Proverbia vulgalia et latina*, manuscrit du XIIIᵉ s., Paris, Bibl. nat.)

— **Richesse paist (se nourrit de) folie.**

(*Proverbe que dit li vilains*, manuscrit du XIIIᵉ s., Oxford, Rawlinson.)

— **Oncques ne vit riche muet.**

(*Proverbes de France*, manuscrit du XIVᵉ s., Cambridge.)

— **Tant a homme, tant est prisé.**

(*Proverbia et versus proverbiorum*, manuscrit du XVᵉ s., Tours, Bibl. municip.)

— **Le plus riche n'emporte que son linceul.**

(Pierre Gringore, *Notables Enseignements, Adages et Proverbes* [1528].)

— **Dieu donne du bien aux hommes, et non des hommes aux biens.**

(Noël du Fail, *Contes et Discours d'Eutrapel*, XXXI [1585].)

— **Il ne pleut que sur la vendange.**

(Janus Gruter, *Florilegium* [1610]. — Variantes : Qui mange chapon, perdrix lui vient. — La pierre va toujours au murger. — L'eau va toujours à la rivière. — Les écus s'aiment et s'attirent.)

— **Quand un homme est riche, il vaut toujours son prix.**

(Boileau, *Satires*, V, 115 [1665].)

— **Ce n'est pas tant d'être riche qui fait le bonheur, c'est de le devenir.**

(Stendhal, *Vie de Rossini* [1824].)

Indien *(hindî)*. — **La richesse est le poison du plaisir et la racine du souci.**

Italien. — L'Arno ne grossit pas sans qu'il y entre de l'eau trouble.

Russe. — A travers l'or coulent les larmes.

Suisse. — Dans une maison d'or, les heures sont de plomb.

V. ARGENT, AVIDITÉ, CUPIDITÉ, FORTUNE (richesse), INSATIABILITÉ, OR.

RICHES et PAUVRES

Antiquité chinoise. — Il est difficile pour le pauvre de n'éprouver aucun ressentiment; il est facile pour le riche de ne pas s'enorgueillir.

(Confucius, *Livre des sentences*, XIV, 11; Vᵉ s. av. J.-C.)

— **Celui qui ne pense qu'à amasser des richesses n'est pas humain; celui qui ne pense qu'à exercer l'humanité n'est pas riche.**

(Mencius, *Livre des livres*, I, v, 3; IVᵉ s. av. J.-C.)

Grec. — Le vice est caché par la richesse et la vertu par la pauvreté.

(Théognis de Mégare, *Sentences*, 683; VIᵉ s. av. J.-C.)

— **Il y a une sorte de médiocrité d'esprit naturelle à la richesse, tandis que la pauvreté et la sagesse sont proches parentes.**

(Euripide, *Glaucos*, fragments; Vᵉ s. av. J.-C.)

Bible. — La richesse est la place forte du riche; la pauvreté est la destruction du pauvre.

(Livre des Proverbes, X, 15; IVᵉ s. av. J.-C.)

— **Le riche commet une injustice, et il frémit d'indignation; le pauvre est maltraité, et il demande pardon.**

(L'Ecclésiastique, XIII, 3; IIᵉ s. av. J.-C.)

— **Les onagres sont la proie des lions dans le désert; ainsi les pauvres sont la proie des riches.**

(L'Ecclésiastique, XIII, 8; IIᵉ s. av. J.-C.)

> — Quand le riche fait une chute, on lui vient en aide; quand le pauvre fait une chute, il a des reproches.
>
> (L'Ecclésiastique, XIII, 21; IIᵉ s. av. J.-C.)

Latin. — Tu seras toujours pauvre si tu es pauvre; la fortune n'est donnée qu'aux riches.

(Martial, *Épigrammes*, V, LXXXI [env. 90].)

— Le pauvre accepterait bien le rhumatisme du riche.

(Juvénal, *Satires*, XIII, 96 [env. 120].)

Hébreu. — La pauvreté poursuit le pauvre et les richesses le riche.

(Le Talmud, *Baba Kamma*, Vᵉ s.)

— Aucun plus pauvre que le chien et aucun plus riche que le pourceau.

(Le Talmud, *Shabbath*, Vᵉ s.)

Allemand. — Qui n'a rien le porte légèrement, mais la richesse est un fardeau plus léger.

(Gœthe [1749-1832], *Maximen und Reflexionen*.)

Anglais. — L'orgueil du riche fait la richesse du pauvre.

(Nicholas Breton, *Crossing of Proverbs* [1616].)

— Le riche cache plus facilement mille guinées que le pauvre un trou à son vêtement.

(C. C. Colton, *Lacon or Many Things in Few Words* [1820].)

Chinois. — Le riche songe à l'année qui vient, le pauvre pense au jour présent.

— Le pauvre devine ce que donne la richesse, le riche ne sait pas ce signifie la pauvreté.

Espagnol. — Un âne couvert d'or a meilleure mine qu'un cheval bâté.

(Cervantes, *Don Quichotte*, II, XX [1615].)

— Il n'y a que deux sortes de rangs et de familles dans le monde : c'est l'avoir et le n'avoir pas.

(Cervantes, *Don Quichotte*, II, XX [1615].)

— Du pauvre au riche, deux mains; du riche au pauvre, deux doigts.

(Cité par J. Collins, *Proverbes espagnols* [1823].)

Estonien. — Habit de soie n'a pas de puces.

(Les riches ne connaissent pas les inconvénients des pauvres.)

Finnois-finlandais. — N'examine pas de près le renne que t'a donné le riche, de peur de découvrir qu'il manque des cornes à sa ramure.

Français. — Riche vilain vaut mieux que pauvre gentilhomme.

(Mathurin Régnier, *Satires*, XIII, 214 [1608].)

— Ni la pauvreté ne peut avilir les âmes fortes, ni la richesse ne peut élever les âmes basses.

(Vauvenargues, *Réflexions et Maximes*, 579 [1746].)

Nigritien (Yorouba). — La forêt est d'avis que les pauvres n'ont pas la sagesse des riches, car si un homme est sage, pourquoi est-il pauvre ?

Polonais. — Le riche est soigné par le docteur, le pauvre est sauvé par le travail.

Suédois. — Le diable vient chez les riches, mais chez les pauvres, il vient deux fois.

V. « AUREA MEDIOCRITAS », CONTENTEMENT.

RIDICULE

Allemand. — **Il n'est chose au monde par laquelle les gens dessinent mieux leur caractère que par ce qu'ils trouvent ridicule.**
(Gœthe [1749-1832], *Maximen und Reflexionen.*)

Français. — **Le ridicule déshonore plus que le déshonneur.**
(La Rochefoucauld, *Réflexions ou Sentences et Maximes morales,* 326 [1665].)

— **Il faut tirer le ridicule avec grâce et d'une manière qui plaise et qui instruise.**
(La Bruyère, *les Caractères,* « Des ouvrages de l'esprit », 68 [1688].)

— **On n'imagine pas combien il faut d'esprit pour n'être jamais ridicule.**
(Chamfort [1741-1794], *Maximes et Pensées.*)

— **On est moins révolté du vice que choqué du ridicule.**
(Sanial Dubay, *Pensées sur les mœurs,* 109 [1813].)

V. COMPORTEMENT.

RIEN

Grec. — **Rien ne sort de rien.**
(Alcée, *Fragments,* VIIe s. av. J.-C. — Cet aphorisme résume un aspect de la philosophie de Lucrèce, *De natura rerum,* I, 206.)

Anglais. — **Rien n'a aucune saveur.**
(J. Heywood, *Proverbs in the English Tongue* [1546].)

Danois. — **Rien est bon pour l'œil mais mauvais pour la bouche.**
(S. Ditlevsen, *Proverbes danois* [1912].)

V. ASSEZ ET TROP.

RIRE

Grec. — **Ne faites pas rire au point de prêter à rire.**
(Héraclite d'Éphèse, *Fragments,* VIe s. av. J. C.)

— **Ne cueillez pas vert le fruit du rire.**
(Cité par Platon, *la République,* 457 b; IVe s. av. J.-C.)

Latin. — **Un sot rire est la chose du monde la plus sotte.**
(Catulle, *Odes,* XXXIX, 16; env. 60 av. J.-C.)

— **Mieux vaut exciter le rire que la dérision.**
(Pétrone, *Satiricon,* LXI [env. 60].)

Latin médiéval. — **A la bouche des sots le rire abonde.**
Risus abundat in ore stultorum.

Anglais. — **Le rire bruyant montre le vide de l'esprit.**
(Oliver Goldsmith, *The Deserted Village,* I, 121 [1770].)

Basque. — **Un visage qui ne rit jamais est le témoin d'un cœur mauvais.**

Chinois. — **On n'est jamais puni pour avoir fait mourir de rire.**

Espagnol. — **Le rire qui procède d'une cause légère est une inconvenance.**
(Cervantes, *Don Quichotte,* I, II [1605].)

Français. — **Qui seul rit, de folie se souvient.**
(*Proverbes rurauz et vulgauz,* manuscrit du XIVe s., Paris, Bibl. nat.)

— **Rire est le propre de l'homme.**
(Rabelais, *Gargantua,* « Aux lecteurs » [1534].)

— **Au rire connaît-on le fol et le niais.**

(Gabriel Meurier, *Sentences notables, Adages et Proverbes* [1568].)

— **Le vin pour le corps, le rire pour l'âme.**

(Béoralde de Verville, *le Moyen de parvenir*, I, « Minute » [1612].)

— **Il rit assez qui rit le dernier.**

(A. de Montluc, *la Comédie de proverbes*, I, VII [1616]. — Variante moderne : Rira bien qui rira le dernier, Florian, *Fables*, IV, XVIII, « les Deux Paysans et le Nuage ».)

— **Il faut rire avant que d'être heureux, de peur de mourir avant d'avoir ri.**

(La Bruyère, *les Caractères*, « Du cœur », 63 [1688].)

— **La plus perdue de toutes les journées est celle où l'on n'a pas ri.**

(Chamfort [1741-1794], *Maximes et Réflexions*.)

— **La vérité est dans le rire.**

(Mme de Girardin [Delphine Gay], *Lettres parisiennes*, 19 juillet 1837.)

V. BONHEUR, JOIE.

RIRE et PLEURER

Bible. — **Il y a un temps pour pleurer et un temps pour rire.**

(L'Ecclésiaste, III, 4 ; IIIe s. av. J.-C.)

Latin médiéval. — **Tel qui rit aujourd'hui pleurera demain.**

(*Is ridet qui cras flebit*. — Cf. Racine, *les Plaideurs*, I, 1, 2 : Tel qui rit vendredi dimanche pleurera. — L'humour provençal ajoute : On peut pleurer le dimanche sans avoir ri le vendredi.)

Français. — **On est gai le matin, on est pendu le soir.**

(Voltaire, *Charlot ou la comtesse de Givry*, II, VII [1767].)

— **Je me presse de rire de tout, de peur d'être obligé d'en pleurer.**

(Beaumarchais, *le Barbier de Séville*, I, II [1775].)

Indien *(hindoustani)*. — **Si un homme rit, c'est d'autrui ; s'il pleure, c'est sur lui-même.**

Yiddish. — **Quand tu ris, tout le monde le remarque ; quand tu pleures, personne ne le voit.**

V. JOIE ET CHAGRIN.

RISQUE

Latin. — **Un pêcheur ne se sert pas d'un hameçon d'or.**

(César Auguste [63-14 av. J.-C.]. — Cité par Suétone, *Vies des douze Césars*, « César Auguste », XXV.)

Proverbe général. — **Qui ne risque rien n'a rien.**

(Cf. Chaucer, *Troilus*, V, 784 ; XIVe s. — Variante moderne : Qui ne risque rien n'obtient rien ; qui risque tout perd tout.)

Français. — **Qui ne choit ne chevauche.**

(*Proverbes de France*, manuscrit du XIVe s., Cambridge.)

— **Qui s'y frotte s'y pique.**

(Devise de Louis XI. — L'emblème royal était un fagot d'épines.)

— **Quand on n'a rien à perdre, on peut bien tout risquer.**

(J.-L. Laya, *l'Ami des lois*, I, IV, 224 [1822].)

Indien *(tamil)*. — **Attache un cheveu à une montagne ; ou la montagne viendra à toi, ou tu ne perdras que le cheveu.**

V. AUDACE, AVENTURE, HARDIESSSE.

RIVALITÉ

Grec.— Un seul buisson ne peut nourrir deux voleurs.

(Aristophane, *les Guêpes*, 928; ve s. av. J.-C.)

— La terre ne peut tolérer deux soleils.

(Alexandre le Grand, IVe s. av. J.-C. — Cité par Plutarque, *Œuvres morales*, « Apophtegmes des anciens rois et capitaines ». — C'est une réplique faite à Darius qui demandait le partage de l'Asie.)

Latin médiéval. — Un seul arbre ne peut tenir deux rouges-gorges.

(Érasme, *Adages*, II, II, 22 [1523].)

Espagnol. — Deux moineaux s'accordent mal devant un seul épi.

(Cervantes, *Nouvelles exemplaires*, « le Petit-Fils de Sancho Panza » [1613].)

Finnois-finlandais. — Qui est engagé dans une rivalité n'est pas marié à la rivalité.

Français. — Jamais mâtin n'aima lévrier.

(Manuscrit du XVe s., sans titre, Rome, Vatican.)

— Il n'est si petit buisson qui ne porte son ombre.

(Il n'y a si petite rivalité qui ne porte préjudice.)

— Un rival malheureux n'est pas digne de haine.

(Voltaire, *Olympie*, V, 1 [1764].)

V. AMOUR (Rivalité d'), ÉMULATION, MÉTIER (Rivalité de).

ROI

Antiquité égyptienne. — Un roi maintient la réputation d'un autre.

(Khati Ier, *Enseignements*, IIe millénaire av. J.-C.)

Antiquité chinoise. — Si le prince n'est pas droit, les hommes droits deviendront trompeurs, et les hommes vertueux, pervers.

(Lao-Tseu, *Livre du Tao et de sa vertu*, II, LVIII, 4; VIe s. av. J.-C.)

Araméen. — La parole du roi est plus tranchante qu'une épée.

(*Paroles d'Ahiqar*, VIe s. av. J.-C.)

Bible. — Les rois aiment ceux qui parlent avec droiture.

(Livre des Proverbes, XVI, 13; IVe s. av. J.-C.)

— La colère du roi est comme le rugissement d'un lion et sa faveur est comme la pluie du printemps.

(Livre des Proverbes, XVI, 15; XIX, 19; IVe s. av. J.-C.)

Grec. — C'est un sort royal de bien agir et pourtant d'être dénigré.

(Antisthène, IVe s. av. J.-C. — Cité par Épictète, *Entretiens*, IV, VI, 20.)

Latin. — L'animal que l'on nomme roi est par nature carnivore.

(Caton le Censeur, IIe s. av. J.-C. — Cité par Plutarque, *Vies parallèles*.)

— Le roi se trompe, le peuple paie.

(Horace, *Épîtres*, I, II, 14; env. 20 av. J.-C.)

— Le roi a de longues mains.

(Ovide, *les Héroïdes*, XVII, 166; env. 10 av. J.-C.)

— Le premier précepte d'un roi, c'est de savoir supporter la haine.

(Sénèque, *Hercule furieux*, 354 [env. 60].)

— A l'image du roi l'univers se façonne.

(Claudien, *Panegyricus de quarto consulatu Honorii Augusti* [env. 398]. — D'où le proverbe médiéval : *Qualis rex, talis grex*, Tel roi, tel peuple.)

— La vérité n'est pas aimée des rois.

(Cité par Érasme, *Éloge de la folie*, XXXVI.)

Afghan. — **Le sommeil du roi est sur une fourmilière.**
(S. S. Thorburn, *Bannu, or Our Afghan Frontier* [1905].)

Allemand. — **Le souverain est le premier serviteur de l'État.**
(Frédéric II, *Mémoires pour servir à l'histoire de la Maison de Brandebourg* [1750].)

— **Il est plus facile de tresser une couronne que de trouver une tête digne de la porter.**
(Gœthe [1749-1832], *Maximen und Reflexionen*.)

Anglais. — **Ce que l'on nomme fermeté chez un roi s'appelle entêtement chez un âne.**
(Thomas Erskine [1750-1823].)

Arabe. — **Ne tiens pas tête à la colère d'un roi ni au débordement d'un fleuve.**

— **L'antre du lion n'est jamais vide d'ossements.**

— **Celui qui visite le sultan doit entrer aveugle au palais et en sortir muet.**

Chinois. — **Si le roi est exempt de désirs, il lui est aussi aisé de bien gouverner l'empire que de regarder dans sa main.**
(Te-Tsing, *Tao-te-king-kiai*, XVe s.)

Espagnol. — **Les lois vont là où le veulent les rois.**
(Alphonse VI [1065-1109]. — Cité par Cervantes, *Don Quichotte*, II, v.)

— **Les rois aiment mieux être servis que conseillés.**
(Antonio de Guevara, *El relox de principes* [1529].)

— **Ce que le roi ordonne est obéi, mais non exécuté.**
(César Oudin, *Refranes o proverbios castellanos* [1659].)

Français. — **Si veut le roi, si veut la loi.**
(Suger, *Histoire de Louis le Gros*, XIIe s.)

— **Si la bonne foi était bannie du reste de la terre, elle devrait trouver asile dans le cœur des rois.**
(Jean II, dit *le Bon*, c'est-à-dire, dans la langue du temps, *le Brave* [1319-1364].)

— **Qui mange l'oie du roi, cent ans après il en doit rendre la plume.**
(Martial d'Auvergne, *Vigiles de Charles VII* [1493].)

— **Le roi ne meurt jamais (ou) Le roi est mort. Vive le roi !**
(Adage du règne de François Ier. — Cité par Ant. Loisel, *Institutes coutumières*, 21.)

— **L'âme d'un roi et celle d'un savetier sont jetées au même moule.**
(Montaigne, *Essais*, II, XII [1580].)

— **Savoir dissimuler, c'est le savoir des rois.**
(Cardinal de Richelieu, *Mirame*, I, 1 [1636].)

— **Les rois n'aiment rien tant qu'une prompte obéissance.**
(Molière, *l'Impromptu de Versailles*, 1 [1663].)

— **Le roi qui règne est toujours le plus grand.**
(Boursault, *Ésope à la cour*, IV, v [1701].)

— **Les rois, comme les dieux, sont faits pour pardonner.**
(Boursault, *Ésope à la cour*, V, VII [1701].)

— **La crainte fit les dieux, l'audace a fait les rois.**
(Crébillon, *Xerxès*, I, 1 [1714].)

— **Le premier qui fut roi fut un soldat heureux.**
(Voltaire, *Mérope*, I, III [1744].)

— **Le prince qui n'aime point son peuple peut être un grand homme, mais il ne peut être un grand roi.**
(Vauvenargues, *Maximes et Réflexions*, 370 [1746].)

— **Le roi d'un peuple libre est seul un roi puissant.**
(Gudin de la Brunellerie, *Discours sur l'abolition de la servitude* [1781].)

— **Les rois malaisément souffrent qu'on leur résiste.**
(Andrieux, *Contes en vers*, « le Meunier de Sans-Souci » [1797].)

— **On aime l'empereur pour l'amour de l'empire.**
(J. Joubert [1754-1824], *Pensées, Maximes et Essais*.)

Indien *(hindî)*. — **Le sens d'un songe, l'effet des nuages d'automne, la pensée des femmes et le naturel des rois, nul ne les sait.**

Malgache. — **Il est moins dangereux pour un berger de garder des moutons maigres que pour un roi d'avoir des sujets faméliques.**

Nigritien *(Achanti)*. — **L'arbre de la royauté ne pousse pas.**
(On n'est pas chef par droit de naissance.)

— *(Peul)*. — **Ce qui est plus fort que l'éléphant, c'est la brousse.**
(Si fort que soit le roi, il y a plus fort que lui.)

Persan. — **Si à midi le roi te dit qu'il fait nuit, contemple les étoiles.**

— **Le sourire du roi montre qu'il a des dents de lion.**

Polonais. — **Le roi règne et ne gouverne pas.**
(Jean Zamoyski, *Discours à la Diète* [juin 1605].)

Russe. — **Le meilleur ami du tsar est la vérité.**

— **Dieu est bien haut et le tsar est bien loin.**

— **Sans le tsar le peuple est orphelin.**

— **L'aigle est le tsar des oiseaux et cependant il redoute le faucon.**

— **Le tsar est un cousin de Dieu, mais il n'est pas son frère.**

Suédois. — **Rien ne ressemble plus à un homme qu'un roi.**
(Charles XII [1682-1718].)

Turc. — **Un sultan sans esprit de justice ressemble à une rivière sans eau.**
V. COUR ET COURTISAN, GRANDS (les), MONARCHIE, PRINCE, REINE.

ROMAN

Français. — **Un roman est un miroir qui se promène sur une grande route.**
(Stendhal, *le Rouge et le Noir*, XIII et XLIX [1830].)

— **Le roman est l'histoire du présent, tandis que l'histoire est le roman du passé.**
(G. Duhamel, *Discours de réception à l'Académie française* [1935].)
V. ÉCRIVAIN, LITTÉRATURE.

ROUGIR

Grec. — **La rougeur est la couleur de la vertu.**
(Diogène le Cynique, IVᵉ s. av. J.-C. — Cité par Diogène Laërce, *Phil. ill.*, VI.)

Latin. — **Je préfère voir un homme rougir que le voir pâlir.**
(Caton le Censeur, IIᵉ s. av. J.-C. — Cité par Plutarque, *Vies parallèles*.)

Anglais. — **Celui qui rougit apprend aux autres à le blâmer.**
(Fr. Bacon, *De dignitate et augmentis scientiarum*, VI, 33 [1605].)

— **Personne ne rougit dans le noir.**
(Benjamin Whichcote, *Moral and Religious Aphorisms* [1753].)

Français. — **L'innocence à rougir n'est point accoutumée.**
(Molière, *Dom Garcie de Navarre*, II, II [1665].)

> — Les hommes rougissent moins de leurs crimes que de leurs faiblesses
> et de leur vanité.
>
> (La Bruyère, *les Caractères*, « Du cœur », 74 [1688].)

Malgache. — **Le front est sans cheveux, pour lui permettre de rougir.**

(H. Nicol, *Proverbes malgaches* [1935].)

V. HONTE.

ROUTINE

Arabe. — **Si l'erreur a une mère, cette mère est la routine.**

(Zamakhcharî, *les Colliers d'or*, 37 ; XIIᵉ s.)

Français. — **Tout le monde parle de progrès, et personne ne sort de la routine.**

(Émile de Girardin, *Études politiques* [1838].)

V. ACCOUTUMANCE, COUTUME, HABITUDE.

RUMEUR PUBLIQUE

Français. — **Le cri public sert quelquefois de preuve, ou du moins fortifie la
preuve.**

(Voltaire, *Précis du siècle de Louis XV*, XXXIV [1775].)

Indien *(tamil)*. — **On peut arrêter le pot qui bout, mais non la langue de tout
un village.**

V. ON-DIT, OPINION PUBLIQUE.

RUSE

Grec. — **Quand la peau du lion ne peut suffire, il faut y coudre la peau du
renard.**

(Lysandre, IVᵉ s. av. J.-C. — Cité par Plutarque, *Vies parallèles*.)

Latin médiéval. — **Le renard cache sa queue.**

(Cité par A. Henderson, *Proverbes latins*.)

— **Le renard ne chasse jamais près de sa tanière.**

(Cité par J. Clarke, *Parœmiologia anglo-latina*.)

Anglais. — **Les ruses du renard n'entrent pas dans la tête du lion.**

(John Lyly, *Euphues* [1579].)

Arabe. — **L'homme le plus rusé n'a jamais vu sa nuque.**

(Silvestre de Sacy, *Chrestomathie arabe* [1827].)

Français. — **La ruse la mieux ourdie peut nuire à son auteur.**

(D'après La Fontaine, *Fables*, IV, XI, « la Grenouille et le Rat » [1668].)

Russe. — **La peau du lynx a beaucoup de couleur et l'intérieur de l'homme
beaucoup de ruse.**

V. TROMPERIE.

RUSSIE, RUSSE

Allemand. — **La Russie est la terre des possibilités.**

(J. G. Seume, *Lettre sur les changements les plus récents en Russie* [1797].)

Français. — **Grattez le Russe et vous trouverez le Tartare.**

(Paroles attribuées à Joseph de Maistre, au prince de Ligne et à Napoléon Iᵉʳ.)

Russe. — **Il y a trente heures par jour en Russie.**

(R. Pilet, *la Russie en proverbes* [1905].)

V. NATION (caractères nationaux et langues nationales).

S

SACRIFICE

Français. — **Il faut perdre un vairon pour pêcher un saumon.**
(Janus Gruter, *Florilegium* [1610].)

— **On ne saurait faire une omelette sans casser des œufs.**
(*Dictionnaire de l'Académie*, éd. de 1878.)

Turc. — **Il faut savoir sacrifier la barbe pour sauver la tête.**
(J. D. Démétriades, *Proverbes turcs* [1888].)

V. GAGNER ET PERDRE.

SAGESSE

Antiquité chinoise. — **La conduite du sage est sans saveur, comme l'eau.**
(Confucius, *Invariabilité dans le milieu*, XXXIII, 1; VIe s. av. J.-C.)

Bible. — **Connaître la sagesse est poursuite du vent.**
(L'Ecclésiaste, I, 17; IIIe s. av. J.-C.)

— **Celui qui se lève matin pour chercher la sagesse, la trouve assise à sa porte.**
(Livre de la Sagesse, VI, 14; IIe s. av. J.-C. — Le verset suivant donne le sens : « Car penser à la sagesse, c'est la perfection de la prudence, et celui qui veille à cause d'elle sera bientôt libre de soucis. »)

— **Auprès de la sagesse, tout l'or du monde n'est qu'un peu de sable.**
(Livre de la Sagesse, VII, 8; IIe s. av. J.-C.)

Grec. — **Le sage n'est pas sans souffrir de comprendre avec trop de sagesse.**
(Euripide, *Électre*, 295; Ve s. av. J.-C.)

Latin. — **La sagesse, c'est la prévoyance.**
(Térence, *Adelphi*, 386; IIe s. av. J.-C.)

Latin médiéval. — **Les meilleurs clercs ne sont pas les plus sages.**
(Cité par Rabelais, I, *Gargantua*, XXXIX.)

Allemand. — **La sagesse ne s'apprend pas, elle brille dans votre étoile.**
(Paul Fleming, *Weisheit* [1635].)

Anglais. — **La richesse peut venir à nous, mais c'est à nous d'aller vers la sagesse.**
(Edward Young, *Night Thoughts*, VIII [1742].)

Arabe. — **Il y a cinq degrés pour arriver à être sage : se taire, écouter, se rappeler, agir, étudier.**

Espagnol. — **La nature est favorable au sage, mais la chance en est jalouse.**
(Baltasar Gracian, *Oraculo manual*, 171 [1647].)

Français. — **Le plus sage est celui qui ne pense point l'être.**
(Boileau, *Satires*, IV, 52 [1664].)

— **Il est plus aisé d'être sage pour les autres que pour soi-même.**
(La Rochefoucauld, *Réflexions ou Sentences et Maximes morales*, 132 [1665].)

— **C'est une grande folie que de vouloir être sage tout seul.**
(La Rochefoucauld, *op. cit.*, 231 [1665].)

— **A force de sagesse, on peut être blâmable.**
(Molière, *le Misanthrope*, I, 1, 150 [1666].)

— **Ce n'est pas être sage,
D'être plus sage qu'il ne faut.**
(Quinault, *Armide*, II, IV, 19-20 [1686].)

— **La sagesse ne consiste pas plus dans la science que le bonheur dans la richesse.**
(Chevalier de Boufflers, *Pensées et Fragments*, 109 [1816].)

— **Le bon sens s'accommode au monde ; la sagesse tâche d'être conforme au ciel.**
(J. Joubert [1754-1824], *Pensées, Maximes et Essais*.)

Malgache. — **Les paroles sages sont comme la canne à sucre que l'on ne cesse de sucer : la saveur n'en peut être épuisée.**

Nigritien *(Achanti).* — **La sagesse n'est pas un remède que l'on puisse avaler.**

Persan. — **Le vent de l'adversité ne souffle jamais sur le royaume de la sagesse.**

V. « AUREA MEDIOCRITAS », VIEILLESSE ET SAGESSE.

SAGESSE et FOLIE

Bible. — **Tout homme devient fou par sa propre sagesse.**
(Jérémie, X, 23 ; VIIᵉ s. av. J.-C.)

Sanskrit. — **Le fou qui connaît sa folie est relativement sage, mais le fou qui croit être sage, celui-là est vraiment fou.**
(*Dhammapada*, V, LXIII ; Iᵉʳ s.)

Latin. — **Mêle à ta sagesse un grain de folie; il est bon de faire à propos quelque folie.**
(Horace, *Odes*, IV, XII, 27-28 ; env. 15 av. J.-C.)

— **Il n'y a pas de mortel qui soit sage à toute heure.**
(Pline l'Ancien, *Histoire naturelle*, VII, XLI [env. 77].)

— **C'est être sage que de savoir feindre la folie.**
(Denys Caton, *Disticha de moribus ad filium*, II, XVIII ; IIIᵉ s.)

Allemand. — **Un sage ne fait point de petite folie.**
(Gœthe [1749-1832], *Maximen und Reflexionen.*)

Anglais. — **Le fou se croit sage et le sage se reconnaît fou.**
(Proverbe cité par Shakespeare, *As you like it*, V, 1 [1599].)

— **Les fous font les nœuds et les sages les dénouent.**
(J. Clarke, *Parœmiologia anglo-latina* [1639].)

— **Le fou se coupe le petit doigt; le sage se coupe le pouce.**
(D. C. Browning, *Quotations and Proverbs* [1951].)

Arabe. — **Une corde entre deux fous se rompt, mais un cheveu entre un fou et un sage ne se rompt pas.**

Espagnol. — **Mieux vaut être fou avec tous que sage tout seul.**
(Balthazar Gracian, *Oraculo manual*, 133 [1647].)

Français. — **On a plus tôt fait la folie que le sens.**
(Manuscrit du XIIIe s., sans titre, Paris, Sainte-Geneviève.)

— **L'on n'est sage tant que l'on n'a follé.**
(*Proverbia vulgalia*, manuscrit du XIVe s., Hereford, Cathedral Close.)

— **Un fou avise bien un sage.**
(*Bonum spatium*, manuscrit du XIVe s., Paris, Bibl. nat.)

— **La plus subtile folie se fait de la plus subtile sagesse.**
(Montaigne, *Essais*, II, XII [1580].)

— **Qui vit sans folie n'est pas si sage qu'il croit.**
(La Rochefoucauld, *Réflexions ou Sentences et Maximes morales*, 209 [1665].)

— **Il y a plus de fous que de sages, et dans le sage même, il y a plus de folie que de sagesse.**
(Chamfort [1741-1794], *Maximes et Pensées*.)

Italien. — **Le premier degré de la folie est de se croire sage, et le second est de le proclamer.**

V. FOLIE, DÉRAISON, SAGESSE.

SAGESSE et SOTTISE

Grec. — **Aux yeux du sot, la parole du sage semble une sottise.**
(Euripide, *les Bacchantes*, 480; Ve s. av. J.-C.)

Bible. — **La sagesse est pour les sots comme une maison en ruine.**
(L'Ecclésiastique, XXI, 18; IIe s. av. J.-C.)

Latin. — **Les sages apprennent plus des sots que les sots ne s'instruisent à l'exemple des sages.**
(Caton le Censeur, IIe s. av. J.-C. — Cité par Plutarque, *Vies parallèles*.)

— **Qui paraît sage parmi les sots paraît sot parmi les sages.**
(Quintilien, *De institutione oratoria*, X, VII, 22 [env. 90].)

Allemand. — **Le sage cherche la sagesse, le sot l'a trouvée.**
(G. C. Lichtenberg, *Aphorismen* [1799].)

Anglais. — **Si le sage ne se trompait pas, la vie serait difficile pour les sots.**
(G. Herbert, *Jacula prudentum* [1651].)

— **Un sot et un sage ne voient pas le même arbre.**
(W. Blake, *The Marriage of Heaven and Hell* [1790].)

Arabe. — **Le sot ne goûte pas plus les douceurs de la sagesse que l'homme enrhumé n'apprécie les parfums des fleurs.**

Chinois. — **Le sage s'interroge lui-même, le sot interroge les autres.**

Espagnol. — **Le sage fait tout de suite ce que le sot fait tardivement.**
(Baltasar Gracian, *Oraculo manual*, 268 [1647].)

Français. — **Il n'est si sage qui ne fasse des sottises.**
(*Roman de Renart*, branche II, 319; XIIe s.)

— **Le sot a un grand avantage sur l'homme d'esprit; il est toujours content de lui-même.**
(Napoléon Ier [1769-1821], *Maximes et Pensées*.)

Roumain. — **Mieux vaut être aux dommages avec un sage qu'aux bénéfices avec un sot.**

Turc. — **Le sage ne dit pas ce qu'il sait, le sot ne sait pas ce qu'il dit.**

V. SAGESSE, SOTTISE.

SAINT

Antiquité chinoise. — **Le saint ne s'attache pas à ses mérites, et c'est pourquoi ils ne le quittent point.**
(Lao-Tseu, *Livre du Tao et de sa vertu*, I, ii, 15; vie s. av. J.-C.)

Allemand. — **Les saints de pierre ont fait plus au monde que les saints vivants.**
(G. C. Lichtenberg, *Aphorismen* [1799].)

Anglais. — **L'usage est de louer les saints morts et de persécuter les vivants.**
(Nath. Howe, *A Chapter of Proverbs from Common Life* [1836].)

— **Il y a plus de saints en Cornouailles qu'au ciel.**
(Proverbe du comté de Cornouailles, cité dans le *Benham's Book of Quotations* [1948].)

Arabe. — **Lorsqu'un saint pénètre dans une taverne, la taverne devient sa cellule.**

Français. — **Jeune saint, vieux démon.**
(*Proverbes au vilain*, manuscrit du xiiie s., Paris, Bibl. nat.)

— **Un saint triste est un triste saint.**
(Jean Le Bon, *Adages françois* [1557].)

— **Le saint qui ne guérit de rien n'a pas de pèlerins.**
(Variante : Au saint qui ne fait pas de miracles, on ne brûle pas d'encens.)

Hollandais. — **Il n'est capuche si sainte que le diable n'y glisse la tête.**

Italien. — **De richesse et de sainteté, ne croyez que la moitié.**
V. homme de bien (l') — Le juste.

SAISON

Latin. — **L'automne est le père des fruits.**
(Horace, *Odes*, IV, vii [env. 15 av. J.-C.].)

Anglais. — **L'hiver apprivoise homme, femme et bête.**
(Shakespeare, *The Taming of the Shrew*, IV, i, 24 [1504].)

Français. — **Une saison sert aux vignes et nuit aux prés.**
(Montaigne, *Essais*, III, ix [1588].)

— **Une rose d'automne est plus qu'une autre exquise.**
(Agrippa d'Aubigné, *les Tragiques*, IV, « les Feux », 1233 [1616].)

— **L'été qui s'enfuit est un ami qui part.**
(Victor Hugo, *Toute la Lyre*, II « l'Automne » [1888].)

Indien (pundjabi). — **L'été meurt toujours noyé.**

Italien. — **Celui qui est en ville au printemps perd son printemps.**
V. temps (météorologie).

SALAIRE

Bible. — **Tu ne muselleras pas le bœuf qui foule le grain; l'ouvrier a droit à son salaire.**
(Saint Paul, Ire Épître à Timothée, v, 18 [env. 60].)

Anglais. — **Travailler pour rien rend paresseux.**
(J. Kelly, *Scottish Proverbs* [1721].)

Français. — **On n'est pas quitte en payant.**
(Il faut encore témoigner de la gratitude. — *Adages françois* [1557].)

— **La procession compte dans la messe.**

(Le déplacement se paie avec le travail. — L. Morin, *Proverbes champenois* [1912].)

Libanais. — L'homme mange autant qu'il agit.

(Au propre, pour excuser un appétit qui paraît excessif; au figuré, pour expliquer la rétribution d'après le mérite. — M. Feghali, *Proverbes syro-libanais* [1938].)

Monténégrin. — Même le tombeau du Seigneur a un gardien salarié.

(W. M. Petrovitch, *Proverbes monténégrins* [1933].)

V. MAÎTRE ET SEIGNEUR, PAYER.

SANG

Bible. — Dieu a fait les hommes tous d'un même sang.

(Actes des Apôtres, XVII, 26 [env. 75].)

Bantou (*Rhodésie, Ila*). — Le sang est la sueur des héros.

(S.-G. Champion, *Proverbes raciaux* [1938].)

Français. — La vie consiste en sang.

(Rabelais, *le Tiers Livre*, IV [1546].)

V. CORPS ET ÂME.

SANG (Liens du)

Grec. — Les liens du sang sont forts, quand s'y ajoute l'amitié.

(Eschyle, *Prométhée*, 38; Ve s. av. J.-C. — Cf. Euripide, *Andromaque*, 985 : Les liens du sang ont une force étrange, et dans le malheur rien ne vaut l'affection d'un parent.)

Islam. — Les liens du sang ne vous feront pas obtenir qu'un autre se charge de votre fardeau.

(Le Koran, XXXV, 19; VIIe s.)

Proverbe général. — On ne change pas le sang en eau.

(Folklore albanais, arménien, etc. — Signifie que les liens du sang sont indestructibles.)

Afghan. — L'amour ne pleure jamais comme pleure le sang.

(C. A. Boyle, *Naqluna ou Proverbes afghans* [1926].)

Anglais. — Le sang est plus épais que l'eau.

(J. Ray, *English Proverbs* [1670]. — Ce proverbe a été cité par Josiah Tattnall, officier de marine américain, pour rendre compte à ses chefs de l'assistance prêtée à des bateaux anglais dans une rencontre avec les Chinois, sur le fleuve Pei-ho, en 1859.)

Arabe. — Celui qui a une seule goutte de votre sang ne manque pas de s'intéresser à vous.

V. FAMILLE, PARENTÉ.

SANTÉ

Grec. — La santé, c'est un esprit sain dans un corps sain.

(Homère, IXe s. av. J.-C. — Cité par Alcidamas, *Homère et Hésiode*, 320. D'où le proverbe latin : *Mens sana in corpore sano*, cité par Juvénal, *Satires*, X, 356.)

— **La vie est dans la santé, non dans l'existence.**

(Ariphron, *Ode à la santé*, Ve s. av. J.-C.)

— **Le premier bien est la santé, le deuxième la beauté, le troisième la richesse.**

(Platon, *les Lois*, 661 *a*; IVe s. av. J.-C.)

— **La santé est la qualité la plus méritoire du corps.**

(Aristote, *Rhétorique*, I, v, 15; IVe s. av. J.-C.)

Bible. — **Il n'y a pas de richesse préférable à la santé du corps.**
(L'Ecclésiastique, xxx, 16; iie s. av. J.-C.)

Allemand. — **De la richesse, du sommeil et de la santé, on ne jouit pleinement qu'après les avoir perdus et retrouvés.**
(J. P. Richter, *Blumen, Frucht und Dornenstücke* [1818].)

— **Un mendiant bien portant est plus heureux qu'un roi malade.**
(A. Schopenhauer, *Parerga und Paralipomena* [1851].)

Américain. — **La santé se mesure ' l'amour du matin et du printemps.**
(H.-D. Thoreau, *Journal*, 25 février 1859.)

Anglais. — **Un corps sain est un hôte, un corps maladif est un geôlier.**
(Fr. Bacon, *De dignitate et augmentis scientiarum*, VI, 4 [1605].)

— **Le plus pauvre n'échangerait pas sa santé pour de l'argent, mais le plus riche donnerait tout son argent pour la santé.**
(C. C. Colton, *Lacon or Many Things in Few Words* [1820].)

Français. — **Qui a santé, il a tout; qui n'a santé, il n'a rien.**
(Manuscrit du xve s., sans titre, Rome, Vatican.)

— **C'est une belle baronnie que la santé.**
(Variante : Qui est en bonne santé est riche sans le savoir.)

— **Bonne ou mauvaise santé fait notre philosophie.**
(Chaulieu, *Sur la première attaque de goutte* [1695].)

— **La santé, c'est l'unité qui fait valoir tous les zéros de la vie.**
(Fontenelle [1657-1757], *Maximes et Pensées*.)

— **La gaieté, la santé changent l'hiver en été.**
(Désaugiers, *le Dîner de Madelon*, ii [1813].)

— **La santé est le trésor le plus précieux et le plus facile à perdre ; c'est cependant le plus mal gardé.**
(Chauvot de Beauchêne, *Maximes, Réflexions et Pensées*, 151 [1827].)

— **Il n'y a de vraiment bons que les gens bien portants.**
(Émile Augier, *le Post-Scriptum*, i [1869].)

V. GUÉRIR, MALADIE, MÉDECIN.

SANTÉ (Régime de)

Anglais. — **Quel que soit le père de la maladie, un mauvais régime en fut la mère.**
(G. Herbert, *Jacula prudentum* [1651].)

Français. — **C'est une ennuyeuse maladie que de conserver sa santé par un trop grand régime.**
(La Rochefoucauld, *Réflexions ou Sentences et Maximes morales*, 633 [1665].)

V. DIÈTE, GYMNASTIQUE.

SATIÉTÉ

Grec. — **Le miel lui-même peut dégoûter.**
(Pindare, *Odes néméennes*, vii, 52; ve s. av. J.-C. — Le contexte ajoute : « ainsi que les fleurs des jardins d'Aphrodite ».)

Bible. — **Si tu trouves du miel, n'en mange que ce qui te suffit, de peur que, rassasié, tu ne le vomisses.**
(Livre des Proverbes, xxv, 16; ive s. av. J.-C.)

Hébreu. — **Le cheval gavé d'avoine devient rétif.**
(*Sentences et Proverbes des anciens rabbins* [1629].)

Anglais. — **Au fur et à mesure que la truie se rassasie, sa pâtée s'aigrit.**
(D. Fergusson, *Scottish Proverbs* [1641].)

Arabe. — **Craignez l'attaque de l'homme généreux, quand il a faim, et celle de l'homme vil, quand il est rassasié.**
(E.-L. Montet, *Proverbes de l'Islam* [1933].)

Français. — **A colombe saoule, les cerises sont amères.**
(*Dicta sive proverbia volgaria*, manuscrit du XIVᵉ s., Paris, Bibl. nat.)

— **Le pâté d'anguille lasse.**
(Se dit de la satiété conjugale. — Cf. *les Cent Nouvelles nouvelles*, X [1515].)

— **La satiété engendre le dégoût.**
(Montaigne, *Essais*, II, XV [1580].)

— **Qui goûte de tout se dégoûte de tout.**
(H. Taine, *Vie et opinions de Thomas Graindorge*, Préface [1867].)

Nigritien *(Achanti).* — **C'est quand le chat est repu qu'il dit que le derrière de la souris pue.**

V. APPÉTIT, ASSEZ ET TROP, INSATIABILITÉ.

SAUVETAGE

Latin. — **Sauver un homme malgré lui, c'est quasiment le tuer.**
(Horace, *Art poétique*, 464; env. 10 av. J.-C.)

Chinois. — **Sauver la vie d'un homme vaut plus que de construire une pagode de sept étages.**
(Variante : ... c'est ajouter dix ans à la sienne.)

Français. — **Il faut avoir senti les atteintes du désespoir pour comprendre le bonheur d'y arracher un semblable.**
(La Rochefoucauld-Doudeauville, *Mémoires*, « Livre des pensées », 678 [1863].)

V. ALTRUISME, DÉSESPOIR, SUICIDE.

SAVANT

Bible. — **Le savant est avare de mots.**
(Livre des Proverbes, XVII, 27; IVᵉ s. av. J.-C.)

Islam. — **L'encre du savant est aussi précieuse que le sang du martyr.**
(La *Sunnah*, Xᵉ s.)

Latin médiéval. — **Qui sait le plus doute le plus.**
(*Qui plura novit, eum majora sequuntur dubia.* — Attribué à Æneas Sylvius, élu pape en 1458 sous le nom de Pie II. — Cf. Montaigne [*Essais*, II, XII] : « Le beaucoup sçavoir apporte l'occasion de plus doubter. »)

Anglais. — **L'amour de la science et l'amour de l'argent se rencontrent rarement.**
(G. Herbert, *Jacula prudentum* [1651].)

Espagnol. — **Le premier degré de la folie est de se croire savant.**
(Fernando de Rojas [1475-1538].)

Français. — **Nous ne sommes savants que de la science présente.**
(Montaigne, *Essais*, I, XXV [1580].)

Indien *(hindî).* — **Au jour du jugement, la plume du savant pèsera plus que l'épée du guerrier.**

V. APPRENDRE, CONNAÎTRE, ÉTUDE.

SAVOIR

Antiquité chinoise. — **Savoir que l'on sait ce que l'on sait et que l'on ne sait pas ce que l'on ne sait pas, voilà le vrai savoir.**
(Confucius, *Livre des sentences*, II, 17; VIe s. av. J.-C.)

Grec. — **Tout ce que je sais, c'est que je ne sais pas.**
(Socrate, Ve s. av. J.-C. — Cité par Cicéron, *Academica*, I, IV.)

— **Savoir, c'est se souvenir.**
(Aristote, *Topiques*, II, IV, 6; IVe s. av. J.-C.)

Latin. — **Savoir n'est pas savoir, si personne d'autre ne sait ce que l'on sait.**
(Caius Lucilius, *Satires*, I, 31; IIe s. av. J.-C.)

Latin médiéval. — **Savoir, c'est pouvoir.**
(*Nam et ipsa scientia potestas est.* — Cité par Fr. Bacon, *De sapientia veterum*, « *De haeresibus* ». — Repris par Ernest Renan, *Dialogues philosophiques*, III : « *Savoir, c'est pouvoir* est le plus beau mot que l'on ait dit. »)

Anglais. — **Un homme n'est que ce qu'il sait.**
(Fr. Bacon, *Cogitationes de scientia humana* [1605].)

Chinois. — **Le savoir que l'on ne complète pas chaque jour diminue tous les jours.**

Espagnol. — **Savoir un peu plus et vivre un peu moins.**
(Baltasar Gracian, *Oraculo manual*, 247 [1647].)

Français. — **Laissez dire les sots : le savoir a son prix.**
(La Fontaine, *Fables*, VIII, XIX, « les Avantages de la science » [1678].)

— **Savoir pour prévoir, afin de pouvoir.**
(Auguste Comte [1798-1857].)

V. INSTRUCTION, SCIENCE.

SAVOIR et IGNORANCE

Grec. — **Il y a la même différence entre les savants et les ignorants qu'entre les vivants et les morts.**
(Aristote, IVe s. av. J.-C. — Cité par Diogène Laërce, *Phil. ill.*, V.)

Anglais. — **Être conscient que l'on est ignorant est un grand pas vers le savoir.**
(B. Disraeli, *Sybil*, I, V [1845].)

Arabe. — **Le savant conçoit l'ignorance, parce qu'il en a tâté; mais l'ignorant n'a pas été savant.**

— **La conjecture du savant est plus solide que la certitude de l'ignorant.**

Français. — **L'ignorance vaut mieux qu'un savoir affecté.**
(Boileau, *Épîtres*, IX, 101, « Au marquis de Seignelay » [1669].)

— **Ni l'ignorance n'est défaut d'esprit, ni le savoir n'est preuve de génie.**
(Vauvenargues, *Réflexions et Maximes*, 217 [1746].)

— **Il ne faut pas juger d'un homme par ce qu'il ignore, mais par ce qu'il sait.**
(Vauvenargues, *op. cit.*, 615.)

V. IGNORANCE, SAVOIR.

SAVOIR-FAIRE

Français. — Pour gagner du bien, le savoir-faire vaut mieux que le savoir.
(Beaumarchais, *le Mariage de Figaro*, V, III [1784].)

— Trois savoirs gouvernent le monde : le savoir, le savoir-vivre et le savoir-faire, mais le dernier souvent tient lieu des deux autres.
(Ch. Cahier, *Proverbes et Aphorismes* [1856].)

V. ADRESSE, EFFICIENCE, HABILETÉ, INTRIGUE.

SAVOIR-VIVRE

Américain. — Le savoir-vivre, c'est la façon heureuse de faire les choses.
(R. W. Emerson, *Conduct of Live*, « Behavior » [1860].)

Français. — Le savoir-vivre est dans le monde plus obligé qu'observé.
(J. Sanial Dubay, *Pensées sur les mœurs*, 544 [1813].)

— Le savoir-vivre vaut bien ce qu'il coûte.
(P. Le Goff, *Proverbes bretons* [1909].)

V. VIE (art, manière de vivre).

SCANDALE

Bible. — Malheur à celui par qui le scandale arrive.
(Évangile selon saint Luc, XVII, 1 [env. 63].)

Islam. — Dieu n'aime pas la publication du mal, à moins que l'on ne soit la victime de l'oppression.
(Le Koran, IV, 147; VIIe s.)

Anglais. — Le scandale est la plus grande part de l'offense.
(J. Dryden, *Limberham*, I, 1 [1678].)

Espagnol. — Ce n'est pas être fou que de faire une folie, mais bien de ne la savoir pas cacher.
(Baltasar Gracian, *Oraculo manual*, 126 [1647].)

Français. — Le scandale est souvent pire que le péché.
(Marguerite de Navarre, *Heptaméron*, III, XXV [1559].)

**— Le scandale du monde est ce qui fait l'offense,
Et ce n'est pas pécher que pécher en silence.**
(Molière, *le Tartuffe*, IV, V, 1505-6 [1664].)

V. CACHER, PÉCHÉ, SECRET.

SCEPTICISME

Grec. — Le vrai n'est pas plus sûr que le probable.
(Formule de l'école pyrrhonienne, citée par Diogène Laërce, *Phil. ill.*, IX.)

Français. — Il n'est pas certain que tout soit incertain.
(Pascal, *Pensées*, VI, 387 [1670].)

— Le scepticisme est la carie de l'intelligence.
(Victor Hugo, *les Misérables*, III, IV, 1 [1862].)

V. CROIRE, DOUTE.

SCIENCE

Antiquité chinoise. — **Renoncez à la science et vous serez exempt de chagrins.**

(Lao-Tseu, *Livre du Tao et de sa vertu*, I, xx, 1; vi e s. av. J.-C. — Lao-Tseu ne veut pas dire qu'il faut renoncer à toute espèce d'étude. D'après le *Lao-Tseu-tsi-kiai*, il s'agit seulement de renoncer aux sciences vulgaires qui s'appliquent aux choses extérieures et ne comblent pas les vœux de l'esprit.)

Grec. — **Il n'y a de science que du général.**

(Aristote, *Métaphysique*, xii, 9; iv e s. av. J.-C. — Formule résumant la doctrine des universaux.)

Bible. — **Celui qui augmente sa science augmente sa douleur.**

(L'Ecclésiaste, i, 18; iii e s. av. J.-C.)

Anglais. — **L'arbre de la science n'est pas celui de la vie.**

(Byron, *Mansfield*, I, 1 [1817].)

— **La science avance par degrés et non par bonds.**

(T. Macaulay, *Essays*, « *History* » [1844].)

Arabe. — **La science est comme le joug au cou du bœuf : elle est faite pour dompter les passions.**

Français. — **Science sans conscience n'est que ruine de l'âme.**

(Rabelais, *Pantagruel*, viii [1532].)

— **La science est comme la terre; on n'en peut posséder qu'un peu.**

(Voltaire [1694-1778], *Remarques et Observations*, Pièces inédites, éd. en 1820.)

— **La morale doit être l'étoile polaire de la science.**

(Chevalier de Boufflers, *Pensées et Fragments*, 149 [1816].)

— **La science ne sert guère qu'à nous donner une idée de l'étendue de notre ignorance.**

(Lamennais, *Essai sur l'indifférence*, II, iii [1823].)

Nigritien *(Popo).* — **La science est le tronc d'un baobab, qu'une seule personne ne peut embrasser.**

(R. Trautmann, *Littérature populaire à la Côte-des-Esclaves* [1927].)

V. APPRENDRE, CONNAÎTRE, ÉTUDE, SAVANT, SAVOIR.

SCRUPULE

Français. — **Les scrupules sont fils de l'orgueil le plus fin.**

(Saint François de Sales [1567-1622], *Maximes, Sentences et Pensées*.)

— **Si l'on parle encore scrupules, c'est presque toujours aux dépens de ceux qui osent en montrer.**

(J. Sanial Dubay, *Pensées sur les mœurs*, 650 [1813].)

V. DÉLICATESSE.

SECRET

Latin. — **Ta chemise ne sache ta guise.**

(D'après une parole de Metellus le Macédonique, ii e s. av. J.-C., qui aurait déclaré : « Je préférerais brûler ma chemise si elle savait mon secret. » — Cf. Aurelius Victor, *De viris illustribus*, LXVI.)

— **Si vous voulez que l'on garde votre secret, le plus sûr est de le garder vous-même.**

(Sénèque, *Hippolyte*, 876 [env. 60].)

Hébreu. — **Ton secret est ton esclave; mais si tu le laisses échapper, il deviendra ton maître.**

(Cité par J. Ray, *Adagia hebraica*.)

Berbère. — Ton secret est ton sang; si tu le laisses échapper, tu mourras.

Chinois. — La tortue qui s'est brûlée se tait de sa douleur.

Espagnol. — Dis ton secret à ton ami et il te tiendra le pied sur la gorge.

  — Si tu veux savoir les secrets, cherche-les dans la fâcherie ou dans la volupté.

Français. — Secret de deux, secret de Dieu; secret de trois, secret de tous.
   (J. de La Véprie, *Proverbes communs* [1498].)

  — Comment prétendons-nous qu'un autre puisse garder notre secret, si nous ne pouvons le garder nous-mêmes.
   (La Rochefoucauld, *Réflexions ou Sentences et Maximes morales*, 584 [1665].)

  — Il n'y a guère qu'une naissance honnête, ou qu'une bonne éducation, qui rende les hommes capables de secret.
   (La Bruyère, *les Caractères*, « De la société et de la conversation », 79 [1688].)

  — Dire le secret d'autrui est une trahison, dire le sien est une sottise.
   (Voltaire, *l'Indiscret*, I [1725].)

  — L'ami le plus dévoué se tait sur ce qu'il ignore.
   (Alfred de Musset, *Carmosine*, III, III [1865].)

Serbe. — La terre promet au ciel que tous les secrets seront connus.

Siamois. — N'étale pas tes entrailles pour que les corbeaux s'en repaissent.

Turc. — Tu dis ton secret à ton ami, mais ton ami a un ami aussi.

   V. CONFIDENCE, DISCRÉTION, INDISCRÉTION, FEMME ET LE SECRET (la).

SÉCURITÉ

Grec. — Le vaisseau le plus sûr est celui qui est à l'ancre.
   (Anacharsis, VIe s. av. J.-C. — Cité par Diogène Laërce, *Phil. ill.*, I.)

Latin. — Le chemin battu est le plus sûr.
   Via trita est tutissima.

Anglais. — Le moyen d'être sauf, c'est de ne pas se croire en sécurité.
   (Th. Fuller, *Gnomologia, Adagies and Proverbs* [1732].)

Arabe. — La maison du danger est bâtie sur les frontières de la sécurité.

   V. PRÉCAUTION, SURVEILLANCE, VIGILANCE.

SÉDITION

Grec. — Il ne faut pas tisonner le feu avec un couteau.
   (Pythagore, VIe s. av. J.-C. — Cité par Diogène Laërce, *Phil. ill.*, VIII. — Cf. Horace, *Satires*, II, III, 276.)

Anglais. — Le plus sûr moyen de prévenir les séditions est d'en supprimer l'objet.
   (Fr. Bacon, *Essays*, XV, « Of Seditions and Troubles » [1612].)

Français. — En matière de sédition, tout ce qui la fait croire l'augmente.
   (Cardinal de Retz [1613-1679], *Maximes et Réflexions.*)

   V. GUERRE CIVILE, RÉBELLION, RÉVOLUTION.

SÉDUCTION

Latin. — **Le séducteur est le moins heureux parmi les méchants.**
(Juvénal, *Satires*, IV, 8 [env. 120].)

Français. — **Rien de si aimable qu'un homme séduisant, mais rien de plus odieux qu'un séducteur.**
(Ninon de Lenclos [1620-1705].)

— **On ne séduit guère que ceux qui sont déjà séduits.**
(Mme Thiroux d'Arconville, *Réflexions morales* [1766].)

V. PLAIRE.

SEL

Grec. — **L'eau salée surnage sur le vin doux.**
(Aristote, *Problèmes*, XXIII, 26; IVe s. av. J.-C.)

Sanskrit. — **Il y a six saveurs, mais la saveur du sel est la meilleure.**
(*Purânas*, recueil de sentences, IIe s.)

Français. — **Table sans sel, bouche sans salive.**
(Janus Gruter, *Florilegium* [1610].)

— **De toutes les odeurs, le pain; de toutes les saveurs, le sel.**
(F. Génin, *Récréations philologiques* [1856].)

V. NOURRITURE.

SEMBLABLE

Grec. — **Le feu n'éteint pas le feu.**
(Cité par Érasme, *Adages*, III, III, 48. — Les semblables s'ajoutent et ne se neutralisent pas.)

Latin. — **Dur contre dur ne fait pas mur.**
(Cité par A. Henderson, *Latin Proverbs*.)

Latin médiéval. — **Les semblables se guérissent par les semblables.**
(*Similia similibus curantur*. — Maxime de la médecine de l'homéopathie.)

Anglais. — **Venin guérit venin.**
(William Langland, *Piers the Plowman*, texte B, passus XVIII, vers 152; XIVe s.)

Chinois. — **L'eau du puits n'est pas ennemie de l'eau de source.**

Espagnol. — **Un pèlerin n'aime pas la compagnie d'un pèlerin.**

Français. — **Chaque chose suit son contraire et cherche son semblable.**
(A. de Montluc, *la Comédie de proverbes*, III, VII [1616].)

— **Fin contre fin n'est pas bon à faire doublure.**
(Carmontelle, *Proverbes dramatiques*, CIII [1781].)

Hollandais. — **Deux meules dures ne peuvent moudre fin.**
(Deux caractères opiniâtres ont du mal à s'accorder.)

Russe. — **Quand l'aiguille voit la dague, elle crie : « Ma sœur. »**

Slovaque. — **Dur contre dur fait étincelle.**

V. AFFINITÉ, APPROPRIATION, RESSEMBLANCE.

SENS (les)

Grec. — **Les yeux et les oreilles sont de mauvais témoins pour les hommes, car ils ont une âme barbare.**
(Héraclite d'Éphèse, *Fragments*, Ve s. av. J.-C.)

Latin. — **Qui peut nous renseigner mieux que nos sens?**
(Lucrèce, *De natura rerum*, I, 699; env. 60 av. J.-C.)

Français. — **Les sens abusent la raison par de fausses apparences.**
(Pascal, *Pensées*, II, 83 [1670].)
V. CORPS.

SENS COMMUN, BON SENS

Grec. — **L'homme de bon sens, même s'il est lent, atteint un homme agile.**
(Théognis de Mégare, *Sentences*, 328; VIᵉ s. av. J.-C.)

— **Il faut aborder la vie avec un esprit sain ou se pendre.**
(Diogène le Cynique, IVᵉ s. av. J.-C. — Cité par Diogène Laërce, *Phil. ill.*, VI.)

Latin. — **Le sens commun ne s'enseigne pas.**
(Quintilien, *De institutione oratoria*, VI, v, 2 [env. 90].)

Américain. — **Le bon sens, tout le monde en a besoin, peu l'ont, et chacun croit l'avoir.**
(B. Franklin, *Poor Richard's Almanac* [1746].)

Anglais. — **Une once de bon sens vaut une livre d'esprit.**
(Cité par Andrew Marvell comme « *the homely Scotch proverb* ».)

— **Mieux vaut être à court d'argent que de bon sens.**
(J. Ray, *Scottish Proverbs* [1678].)

Arabe. — **Il faut saisir le pan de la robe des hommes sensés.**
(Silvestre de Sacy, *Chrestomathie arabe* [1827].)

Espagnol. — **Si le sens droit n'a pas l'éclat du soleil, il a la fixité des étoiles.**
(Fernan Caballero [1796-1877].)

Français. — **Le bon sens est la chose du monde la mieux partagée.**
(Descartes, *Discours de la méthode*, Iʳᵉ partie [1637].)

— **Nous ne trouvons guère de gens de bon sens que ceux qui sont de notre avis.**
(La Rochefoucauld, *Réflexions ou Sentences et Maximes morales*, 347 [1665].)

— **Celui qui a un grand sens sait beaucoup.**
(Vauvenargues, *Réflexions et Maximes*, 898 [1746].)

— **Si le bon sens n'est pas estimé ce qu'il vaut, c'est que personne ne croit en manquer.**
(J. Sanial Dubay, *Pensées sur les mœurs*, 746 [1813].)

— **Le sens commun, mais c'est justement le sens rare.**
(Auguste-Laurent de Rémusat [1762-1823].)

Irlandais. — **Peu d'une chose est de peu de prix, sauf un peu de bon sens.**
(L. E. Mac Kenna, *Proverbes irlandais* [1929].)

Italie. — **De toutes les infirmités humaines, la plus triste est le défaut de bon sens.**
(Goldoni [1707-1793].)
V. RAISON.

SENSIBILITÉ

Grec. — **J'aimerais mieux devenir fou que sensible.**
(Antisthène, IVᵉ s. av. J.-C. — Cité par Diogène Laërce, *Phil. ill.*, VI.)

Français. — **Les biens et les maux qui nous arrivent ne nous touchent pas selon leur grandeur, mais selon notre sensibilité.**
(La Rochefoucauld, *Maximes posthumes*, 528 [1693].)

— **Les êtres sensibles ne sont pas des êtres sensés.**
(Honoré de Balzac [1799-1850], *Maximes et Pensées*.)

V. AFFECTION, AIMER.

SENTENCE

Grec. — **Parler par sentences convient à la vieillesse.**
(Aristote, *Rhétorique*, II, XXI, 11; IVᵉ s. av. J.-C.)

Français. — **Les sentences sont les saillies des philosophes.**
(Vauvenargues, *Réflexions et Maximes*, 799 [1746].)

V. MAXIME, PROVERBE.

SENTIMENT

Allemand. — **Tous les sentiments ont ceci de particulier que l'on croit les éprouver seul.**
(J. P. Richter, *Blumen, Frucht und Dornenstücke* [1818].)

Anglais. — **Voir, c'est croire; mais sentir, c'est être sûr.**
(J. Ray, *English Proverbs* [1670].)

Français. — **Il est plus difficile de dissimuler les sentiments que l'on a que de feindre ceux que l'on n'a pas.**
(La Rochefoucauld, *Maximes posthumes*, 559 [1693].)

— **L'on peut bien imposer silence au sentiment, mais non lui marquer des bornes.**
(Mᵐᵉ Necker, *Mélanges* [1798].)

V. CŒUR ET LA RAISON (le), ENTHOUSIASME, INSPIRATION.

SENTIMENT (Premier)

Espagnol. — **Le premier sentiment n'est pas dans la main de l'homme.**
(Cervantes, *Don Quichotte*, I, XXX [1605].)

Français. — **Un premier mouvement ne fut jamais un crime.**
(Corneille, *Horace*, V, III, 1648 [1640].)

— **Il n'y a que le cœur qui aille aussi vite que les hirondelles.**
(Lacordaire, *Lettre à Mᵐᵉ Swetchine*, 4 septembre 1835.)

— **Premiers sentiments, secondes pensées; c'est dans les deux genres ce qu'il y a de meilleur.**
(Louis de Bonald [1754-1840], *Maximes et Pensées*.)

V. INSTINCT, INTUITION, RÉFLÉCHIR.

SÉPARATION

Allemand. — **Avec de belles espérances, l'adieu est comme une fête.**
(Gœthe [1749-1832], *Maximen und Reflexionen*.)

Chinois. — **Les cœurs les plus proches ne sont pas ceux qui se touchent.**
(P.-H. Perny, *Proverbes chinois* [1869].)

V. ABSENCE ET PRÉSENCE, ÉLOIGNEMENT.

SERMENT

Grec. — **Écrivez les serments sur la cendre.**
(Philonide, *Fragments*, vᵉ s. av. J.-C.)

— **Il faut tromper les enfants avec les osselets et les hommes avec les serments.**
(Lysandre, vᵉ s. av. J.-C. — Cité par Plutarque, *Vies parallèles*.)

— **N'assure rien avec serment, pas même la vérité.**
(Ménandre, *Fragments*, ivᵉ s. av. J.-C.)

Anglais. — **Les serments sont des mots, et les mots ne sont que du vent.**
(Samuel Butler, *Hudibras*, II, ɪɪ [1644].)

— **Le serment qui n'est pas à faire n'est pas à tenir.**
(G. Herbert, *Jacula prudentum* [1651].)

Danois. — **Les œufs et les serments se brisent vite.**

Français. — **A force de jurer, on engendre quelque doute à la vérité.**
(Marguerite de Navarre, *Heptaméron*, VII, ʟxɪ [1559].)

— **Un menteur est toujours prodigue de serments.**
(Corneille, *le Menteur*, III, v, 972 [1643].)

V. ᴀᴍᴏᴜʀ (Serments d'), ᴘᴀʀᴊᴜʀᴇ.

SERMON

Français. — **La plus longue heure du jour est celle du sermon.**
(Béroalde de Verville, *le Moyen de parvenir*, II, « Fantaisie » [1612].)

— **Il y a beaucoup de personnes qui entendent le sermon de la même manière qu'elles entendent vêpres.**
(Pascal, *Pensées*, ɪ, 8 [1670].)

— **Au seul mot de sermon nous devons du respect.**
(Boursault, *la Contre-Critique de l'École des femmes*, vɪɪɪ [1663]).

V. ᴄʟᴇʀɢᴇ.

SERVIABILITÉ

Latin. — **Qui ne sait pas rendre un service n'a pas le droit d'en demander.**
(Publilius Syrus, *Sentences*, ɪᵉʳ s. av. J.-C.)

Anglais. — **Le service offert sent mauvais.**
(Chaucer, *Canterbury Tales*, « The Canon's Yeoman's Tale », xɪvᵉ s.)

— **Il est bon d'être serviable, mais il faut bien montrer que c'est par estime et non par débonnaireté.**
(F. Bacon, *Essays*, ʟɪɪ [1625].)

Égyptien. — **La main trop courte pour rendre service l'est aussi pour atteindre aux places élevées.**

Espagnol. — **Il n'y a point d'enchantement pareil à un service rendu.**

Français. — **Il faut, autant qu'on peut, obliger tout le monde.**
(La Fontaine, *Fables*, II, xɪ, « le Lion et le Rat » [1668].)

— **Le premier lien est celui des services.**
(Voltaire, *Zulime*, II, ɪ [1740].)

— **Un service vaut ce qu'il coûte.**
(Victor Hugo, *L'homme qui rit*, II, ɪ, x [1866].)

V. ʙɪᴇɴꜰᴀɪsᴀɴᴄᴇ, ᴇɴᴛʀᴀɪᴅᴇ, ʀᴇᴄɪᴘʀᴏᴄɪᴛᴇ.

SERVILITÉ

Finnois-finlandais. — **Manger assis vaut sept péchés, manger couché vaut dix péchés, mais manger à genoux vaut d'innombrables péchés.**

Malgache. — **Ne saluez pas un caïman; ce ne serait pas de l'amitié, mais de la servilité.**

Russe. — **Celui qui offre son dos ne doit pas se plaindre des coups qu'il endure.**

Yiddish. — **Il faut se courber pour ramasser.**

V. FLATTERIE.

SERVITEUR

Bible. — **Ton serviteur est-il un chien ?**
(IIe Livre des Rois, VIII, 13; ve s. av. J.-C.)

— **Le serviteur prudent commandera au fils insensé, et il partagera l'héritage entre les frères.**
(Livre des Proverbes, XVII, 2; IVe s. av. J.-C.)

Latin. — **Savoir bien servir, c'est avoir des titres à être maître.**
(Publilius Syrus, *Sentences*, Ier s. av. J.-C.)

Hébreu. — **Le serviteur du roi est roi.**
(Cité par J. Ray, *Adagia hebraica*.)

Allemand. — **Le bon serviteur entend sans écouter; il est œil et pied.**
(Schiller, *Die Piccolomini*, II [1799].)

Anglais. — **Un balai neuf nettoie toujours bien.**
(Cité par J. Lyly, *Euphues* [1580]. — Signifie que les nouveaux serviteurs sont attentifs à leur besogne.)

— **Service d'autrui n'est pas héritage.**
(Cité par Shakespeare, *All's well that ends well*, I, III, 25 [1595].)

Arabe. — **Le chameau s'agenouille où s'est agenouillé le chameau.**
(Un serviteur est remplacé par un autre.)

Basque. — **Une servante de pays lointain a bruit de damoiselle.**

Chinois. — **Le chat a reçu un ordre et il l'a transmis à sa queue.**
(Les serviteurs nombreux se rejettent les ordres et rien ne se fait.)

— **Un serviteur, deux seaux d'eau à la maison; deux serviteurs, un seul seau d'eau à la maison; trois serviteurs, pas de seau d'eau.**
(Moins on a de serviteurs, mieux on est servi.)

Français. — **Il n'est si beaux services comme de larron.**
(*Proverbes rurauz et vulgauz*, manuscrit du XIVe s., Paris, Bibl. nat.)

— **Ne soit point à autrui qui peut être à lui-même.**
(Noël du Fail, *Contes et Discours d'Eutrapel*, XXVII [1585].)

— **C'est peu de servir l'homme, il faut encore lui plaire.**
(Florian, *Fables*, III, « le Rhinocéros et le Dromadaire » [1792].)

Italien. — **C'est un triste chemin que de monter et descendre l'escalier d'autrui.**
(Dante, *la Divine Comédie*, « le Paradis », XVII, 59 [1308].)

Kurde. — **Quand le voleur pactise avec le serviteur de la maison, il peut faire sortir un bœuf par la cheminée.**

Malgache. — **Le serviteur s'use à nettoyer les autres, comme le savon.**

Nigritien *(Bambara).* — **Celui qui a un maître n'est pas maître de ce qu'il porte sur le dos.**

Serbe. — **Servir les vieillards est un devoir, servir ses égaux est une politesse, servir les jeunes est une humiliation.**

V. AUTRUI (Pain d'), MAÎTRE ET SERVITEUR, SUPÉRIEUR ET SUBALTERNE.

SERVITUDE

Latin. — **Quand la servitude est honteuse, la mort est belle.**
(Publilius Syrus, *Sentences,* 1er s. av. J.-C.)

— **Quelques-uns sont tenus par la servitude; un plus grand nombre y tiennent.**
(Sénèque, *Lettres à Lucilius,* XXII [env. 64].)

Allemand. — **Les chaînes d'acier ou de soie sont toujours des chaînes.**
(Schiller, *Die Verschwörung des Fiesco,* III [1784].)

— **Le chien ronge sa courroie, et finit par prendre goût au cuir.**
(W. Wander, *Deutsche Sprichwörter Lexicon* [1880].)

Anglais. — **Aucun homme n'aime ses chaînes, fussent-elles d'or.**
(J. Heywood, *Proverbs in the English Tongue* [1546].)

— **Le chien lèche l'arme qui l'a blessé.**
(S. G. Champion, *Racial Proverbs* [1938].)

Français. — **Le cheval qui traîne son lien n'est pas échappé.**
(Gabriel Meurier, *Trésor des sentences* [1568].)

— **La servitude abaisse les hommes jusqu'à s'en faire aimer.**
(Vauvenargues, *Réflexions et Maximes,* 22 [1746].)

— **Le rossignol chante mieux dans la solitude des nuits qu'à la fenêtre des rois.**
(P. Lorain, *le R. P. Lacordaire* [1847].)

Japonais. — **Si tu dois être chien, sois chien de samouraï.**

Russe. — **Qui achète les bras du serf, achète aussi ses pieds.**
(Il peut travailler, mais il peut aussi s'enfuir.)
V. DÉPENDANCE, ESCLAVE, MERCENAIRE, SERVITEUR.

SEUL

Grec. — **Héraclès lui-même ne combat pas contre deux adversaires.**
(Platon, *Phédon,* 89 c; IVe s. av. J.-C. — Allusion au combat livré par Héraclès contre l'hydre de Lerne et l'écrevisse géante suscitée par la déesse Héra.)

Bible. — **Malheur à celui qui est seul, car s'il tombe, il n'aura personne pour le relever.**
(L'Ecclésiaste, IV, 10; IIIe s. av. J.-C.)

Latin médiéval. — **Un, c'est personne.**
(*Unus vir, nullus vir.* — Érasme, *Adages,* I, v, 40 [1523].)

Américain. — **Un homme vaut un homme. Deux hommes valent la moitié d'un homme. Trois hommes ne valent rien du tout.**
(Rapporté par Charles A. Lindbergh, *Trente-trois Heures pour Paris,* p. 178, comme étant un proverbe du Minnesota, et cité par le célèbre aviateur pour expliquer la réussite de son raid solitaire des 20 et 21 mai 1927.)

Anglais. — **Le mouton isolé est en danger du loup.**
(J. Clarke, *Paræmiologia anglo-latina* [1639].)

— **Une seule fleur ne fait pas une guirlande.**
(G. Herbert, *Jacula prudentum* [1651].)

Arabe. — **Un cavalier tout seul ne fait pas une razzia.**

Bantou *(Thonga).* — **Un lion, c'est d'autres lions.** (Nul ne peut vivre isolé.)

Créole. — **Un seul doigt ne peut attraper les puces.**

Français. — **Homme seul est viande à loups.**

Nigritien *(Peul).* — **Un seul bracelet ne tinte pas.**

V. ASSOCIATION, SOLITUDE, UNION.

SÉVÉRITÉ

Français. — **La sévérité bien ordonnée commence par soi-même.**
(Mme de Staël [1766-1817], *Staelliana.*)

— **La sévérité prévient plus de fautes qu'elle n'en réprime.**
(Napoléon Ier [1769-1821], *Maximes et Pensées.*)

— **Il faut être sévère, ou du moins le paraître.**
(Mme de Girardin [Delphine Gay], *C'est la faute du mari*, XI [1851].)

V. DURETÉ, FERMETÉ.

SEXE

Grec. — **Il faut savoir maîtriser sa langue, son cœur et son sexe.**
(Anacharsis, VIe s. av. J.-C. — Cité par Diogène Laërce, *Phil. ill.*, I.)

Français. — **Homme qui porte lance et femme qui porte écusson, ne se doit moquer de son compagnon.**
(Proverbe ancien cité par Brantôme [1540-1614], *Vies des grands capitaines*, I, II, 24.)

— **Modestie passe la beauté; au sexe c'est nécessité.**
(Ph. Le Duc, *Proverbes en rimes* [1664].)

Italien. — **Au-dessous du nombril, il n'y a ni religion ni vérité.**
(Cité par Chamfort [1741-1794], *Maximes et Pensées*, appendice II.)

— **Nous serions tous parfaits, si nous n'étions ni hommes ni femmes.**
(Cité par Chamfort, *Caractères et Anecdotes*, appendice I.)

SEXES (Inégalité des)

Hébreu. — **L'homme vient au monde avec du pain dans la main; la femme naît les mains vides.**
(*Sentences et Proverbes des anciens rabbins* [1629].)

Arabe. — **Même si tu es fille de sultan, tu finiras par te trouver au-dessous d'un homme.**
(C. Landberg, *Proverbes du peuple arabe* [1883].)

Français. — **Il est plus aisé d'accuser un sexe que d'excuser l'autre.**
(Montaigne, *Essais*, III, v [1588].)

— **En ce qu'ils ont de commun, les deux sexes sont égaux; en ce qu'ils ont de différent, ils ne sont pas comparables.**
(J.-J. Rousseau, *Émile*, V [1762].)

— **Je conviendrais bien volontiers que les femmes nous sont supérieures, si cela pouvait les dissuader de se prétendre nos égales.**
(Sacha Guitry, *Toutes réflexions faites*, VI [1947].)

V. FILS ET FILLE, GARÇON ET FILLE, MARI ET FEMME.

SI

Latin médiéval. — **Si le ciel tombait, il y aurait bien des alouettes prises.**
Si caelum caderet, multae caperentur alaudae.

Anglais. — **Si ma tante avait été un homme, elle serait mon oncle.**
(J. Ray, *English Proverbs* [1670].)

Français. — **Si la mer bouillait, il y aurait bien des poissons de cuits.**

Persan. — **« Si » épousa « Mais » et mit au monde « Plût à Dieu que... ».**

Russe. — **Si chacun balayait devant sa porte, comme la ville serait propre!**

Tchèque. — **Si la chèvre avait la queue plus longue, elle pourrait balayer les étoiles.**

Turc. — **« Si » et « Quand » étant plantés, il poussa « Rien ».**

V. PRESQUE.

SILENCE

Antiquité chinoise. — **Le silence est un ami qui ne trahit jamais.**
(Confucius, *Livre des sentences*, XII, 37; VIᵉ s. av. J.-C.)

Grec. — **Le silence est la plus haute sagesse de l'homme.**
(Pindare, *Odes néméennes*, V, 18; Vᵉ s. av. J.-C.)

Latin. — **Les misères de la vie enseignent l'art du silence.**
(Sénèque, *Thyestes*, 319 [env. 60].)

Hébreu. — **Le silence est le remède à tous les maux.**
(Le Talmud, *Megillah*, Vᵉ s.)

Anglais. — **On devrait élever une statue au Silence.**
(Carlyle, *Journal*, septembre 1830.)

Arabe. — **L'arbre du silence porte les fruits de la paix.**

Français. — **Le silence est l'âme des choses.**

V. LANGUE, TAIRE (se).

SIMPLICITÉ

Grec. — **La simplicité véritable allie la bonté à la beauté.**
(Platon, *la République*, III, 400 *e*; IVᵉ s. av. J.-C.)

Français. — **La simplicité affectée est une imposture délicate.**
(La Rochefoucauld, *Réflexions ou Sentences et Maximes morales*, 289 [1665].)

— **Il y a quelques rencontres dans la vie où la vérité et la simplicité sont le meilleur manège du monde.**
(La Bruyère, *les Caractères*, « De la cour », 89 [1688].)

— **On l'emporte souvent sur la duplicité,
En allant son chemin avec simplicité.**
(Gresset, *le Méchant*, III, 1 [1747].)

— **La simplicité, qui devrait être une qualité naturelle, a souvent besoin d'étude pour s'acquérir.**
(La Rochefoucauld-Doudeauville, *Mémoires*, « Livre des pensées », 50 [1863].)

V. AFFECTATION, COMPORTEMENT.

SINCÉRITÉ

Antiquité chinoise. — Les paroles sincères ne sont pas élégantes; les paroles élégantes ne sont pas sincères.

(Lao-Tseu, *Livre du Tao et de sa vertu*, II, LXXXI, 1; VIᵉ s. av. J.-C.)

Islam. — La sincérité est la perle qui se forme dans la coquille du cœur.

(Proverbe soufi, Xᵉ s.)

Français. — La sincérité qui n'est pas charitable est comme la charité qui n'est pas sincère.

(Saint François de Sales [1567-1622].)

— La sincérité est une ouverture de cœur.

(La Rochefoucauld, *Réflexions ou Sentences et Maximes morales*, 62 [1665]. — Le moraliste ajoute : « On la trouve en fort peu de gens, et celle que l'on voit d'ordinaire n'est qu'une fine dissimulation, pour attirer la confiance des autres. »)

— Tous les hommes naissent sincères, et meurent trompeurs.

(Vauvenargues, *Réflexions et Maximes*, 521 [1746].)

V. FOI (Bonne et mauvaise), FRANCHISE, LOYAUTÉ.

SINGULARITÉ

Allemand. — Tes singularités te resteront assez fidèles; cultive tes qualités.

(Gœthe [1749-1832], *Maximen und Reflexionen*.)

Chinois. — La singularité n'est un mérite que pour ceux qui n'en ont pas d'autre.

Espagnol. — Il ne sert de rien de se singulariser, sinon à se faire passer pour un original impertinent.

(Baltasar Gracian, *Oraculo manual*, 223 [1647].)

V. COMPORTEMENT, ORIGINALITÉ.

SOBRIÉTÉ

Grec. — Il faut toujours en appeler à Philippe sobre.

(Ce proverbe a pour origine un jugement rendu par Philippe de Macédoine après un lourd festin. La sentence étant injuste, la femme condamnée en appela à « Philippe sobre » et eut gain de cause. — Cf. Valère Maxime, *De dictis factisque memorabilibus*, VI.)

Anglais. — On ne rend pas les gens sobres par un acte du Parlement.

(D. C. Browning, *Quotations and Proverbs* [1951].)

Français. — Il y a dans la sobriété de la propreté et de l'élégance.

(J. Joubert [1754-1824], *Pensées, Maximes et Essais*.)

V. FRUGALITÉ, TEMPÉRANCE.

SOCIABILITÉ

Grec. — L'homme est un être sociable; la nature l'a fait pour vivre avec ses semblables.

(Aristote, *Éthique à Nicomaque*, IX, IX, 2; IVᵉ s. av. J.-C.)

Allemand. — On ne peut vivre pour tout le monde, surtout pour ceux avec qui on ne voudrait pas vivre.

(Gœthe [1749-1832], *Maximen und Reflexionen*.)

Anglais. — La société n'est pas confortable à celui qui n'est pas sociable.

(Shakespeare, *Cymbeline*, III, VI [1609].)

Arabe. — **Fréquente les hommes avec un esprit large, et ne sois pas comme un chien grognant contre les hommes.**
(Tafara al-Bakri, *Divan*, suppl. XIII, 4; vⁱᵉ s.)

Chinois. — **Étudier dans la solitude des montagnes ne vaut pas de s'asseoir à la croisée des chemins et de prêter l'oreille aux paroles des hommes.**

Français. — **L'on est plus sociable et d'un meilleur commerce par le cœur que par l'esprit.**
(La Bruyère, *les Caractères*, « Du cœur », 78 [1688].)

V. COMPAGNIE, PHILANTHROPIE.

SOCIÉTÉ

Grec. — **C'est la société d'autrui qui enseigne à l'homme ce qu'il sait.**
(Euripide, *Andromaque*, 683; vᵉ s. av. J.-C.)

— **L'homme est un animal social.**
(Aristote, *Politique*, I, 1, 9; Ivᵉ s. av. J.-C.)

Anglais. — **La société existe pour le bénéfice des hommes, et non les hommes pour le bénéfice de la société.**
(H. Spencer, *Principles of Ethics*, sect. 222 [1891].)

Français. — **La société serait une chose charmante, si l'on s'intéressait les uns aux autres.**
(Chamfort [1741-1794], *Caractères et Anecdotes*, appendice I.)

Géorgien. — **L'arbre vit à l'aide de ses racines et l'homme de la société.**

Indien *(hindî)*. — **Unie à l'océan, la goutte d'eau demeure.**

V. MONDE, SOLIDARITÉ.

SŒUR

Anglais. — **Nulle amie ne vaut une sœur.**
(Christina Rossetti, *Goblin Market* [1862].)

Arabe. — **Deux scorpions dans le même trou s'accommodent mieux que deux sœurs dans la même maison.**

Indien *(télougou)*. — **Ruiné, tu peux aller chez ton ami, mais non chez ta sœur.**

Serbe. — **Un premier baril en vend un second et une sœur en marie une autre.**
V. FRÈRE.

SOI (généralités)

Latin. — **Chacun trouve parfait ce qu'il fait.**
(Cicéron, *Tusculanae Disputationes*, V, XXII, 63; env. 45 av. J.-C.)

— **Pour chacun son fumier sent bon.**
(*Stercus cuique suum bene olet.* — Proverbe cité par Montaigne, *Essais*, III, VIII.)

— **Le plus dégradant esclavage, c'est d'être l'esclave de soi-même.**
(Sénèque, *Naturales Quaestiones*, III [env. 64].)

Hébreu. — **Si je ne suis pas pour moi, qui le sera ? Et si je suis pour moi, qui suis-je ?**
(Le Talmud, *Pirké Aboth*, vᵉ s.)

Islam. — **Mieux vaut échapper à soi-même qu'échapper à un lion.**
(Proverbe soufi, Xᵉ s.)

Latin médiéval. — **Nul n'est le second pour soi.**
(*Nemo sibi secundus.* — Cité par Rabelais, Lettre du 15 février 1530.)

Allemand. — **Si c'est juste à mes yeux, c'est juste.**
(Max Stirner, *Der Einzige und sein Eigentum* [1845].)

Arabe. — **Celui qui tient la plume ne s'inscrit jamais parmi les coupables.**

Espagnol. — **Tous vont au convoi du trépassé, et chacun pleure son deuil.**

Français. — **Il se faut prêter à autrui et ne se donner qu'à soi-même.**
(Montaigne, *Essais*, III, x [1588].)

— **On ne peut rien aimer que par rapport à soi.**
(La Rochefoucauld, *Réflexions ou Sentences et Maximes morales*, 81 [1665].)

— **On aime mieux dire du mal de soi-même que de n'en point parler.**
(La Rochefoucauld, *op. cit.*, 138 [1665].)

— **Chacun est un tout à soi-même, et de là vient que chacun croit être tout à tous.**
(Pascal, *Pensées*, VII, 457 [1670].)

— **C'est n'être bon à rien que n'être bon qu'à soi.**
(Voltaire, *Discours sur l'homme*, VII, 28 [1738].)

Hongrois. — **Nul ne peut reposer dans son ombre.**

Suisse. — **Quand le voisin divorce, chacun pense à sa femme.**

Turc. — **A chacun sa salive est miel.**

V. AMOUR-PROPRE, ÉGOCENTRISME, ÉGOÏSME, INTÉRÊT PERSONNEL.

SOI (Confiance en)

Latin. — **Qui a confiance en soi conduit les autres.**
(Horace, *Épîtres*, I, XIX, 22; env. 17 av. J.-C.)

Bible. — **Ne vous fiez pas à votre propre sentiment.**
(Saint Paul, Épître aux Romains, XII, 16 [env. 55].)

Allemand. — **Si vous avez confiance en vous-même, vous inspirerez confiance aux autres.**
(Gœthe, *Ier Faust*, I [1808].)

Français. — **Bon nageur, bon noyeur.**
(Janus Gruter, *Florilegium* [1610]. — Trop de confiance en soi peut être dangereux.)

— **Le trop de confiance attire le danger.**
(Corneille, *le Cid*, II, VI, 624 [1636].)

— **La confiance de plaire est souvent un moyen de déplaire infailliblement.**
(La Rochefoucauld, *Réflexions ou Sentences et Maximes morales*, 622 [1665].)

— **On ne croit qu'en ceux qui croient en eux.**
(Talleyrand [1754-1838].)

V. PRÉSOMPTION.

SOI (Connaissance de)

Grec. — **Connais-toi toi-même.**
(Précepte de Thalès de Milet, VIIe s. av. J.-C., gravé au fronton du temple d'Apollon, à Delphes. — Cf. Diogène Laërce, *Vies et Sentences des philosophes illustres*, I; et Diodore de Sicile, *Bibliothèque historique*, IX.)

— **Chacun est l'ennemi de soi-même.**
(Anacharsis, VIe s. av. J.-C. — Cité par Stobée, *Florilège*.)

Antiquité chinoise. — **Se voir soi-même, c'est être clairvoyant.**

(Lao-Tseu, *Livre du Tao et de sa vertu*, I, xxxiii, 2; vie s. av. J.-C.)

— **Je n'ai pas encore vu un homme qui ait pu apercevoir ses défauts et qui s'en soit blâmé intérieurement.**

(Confucius, *Livre des sentences*, v, 26; vie s. av. J.-C.)

Latin. — **Se mesurer à son aune et se chausser à son pied.**

(Horace, *Épîtres*, I, vii, 98; env. 17 av. J.-C.)

— **On ne se moque pas de qui rit de lui-même.**

(Sénèque, *De la constance du sage*, xvii, 3 [env. 45].)

— **Descendez en vous-même, et vous reconnaîtrez la pauvreté de votre demeure.**

(Perse, *Satires*, IV, 52 [env. 60].)

Sanskrit. — **Mon propre moi est à la fois mon ami et mon ennemi.**

(*Mahâbhârata*, xvii; 1er s.)

Allemand. — **Dans la science de soi, nul n'est passé maître.**

(G. C. Lichtenberg, *Aphorismen* [1799].)

— **C'est un grand défaut que de se croire plus que l'on n'est et de s'estimer moins que l'on ne vaut.**

(Gœthe [1749-1832], *Maximen und Reflexionen*.)

Américain. — **C'est quelqu'un d'autre qui peut dire à l'escargot comment est sa coquille.**

(E. Hubbard, *Roycroft Book of Epigrams* [1923].)

Anglais. — **L'œil voit tout et ne se voit pas lui-même.**

(Henry Smith, *Sermons*, I, 284 [1585].)

— **Le renard ne sent pas sa propre odeur.**

(J. Clarke, *Parœmiologia anglo-latina* [1639].)

— **Nul n'est pire pour connaître le pire de soi.**

(Th. Fuller, *Gnomologia* [1732].)

Arabe. — **Celui qui a une bosse sur le front devrait de temps en temps passer la main dessus.**

Bulgare. — **Si tu ne te trouves pas d'ennemi, songe que ta mère en a mis un au monde.**

Chinois. — **Connaître autrui n'est que science; se connaître soi-même, c'est intelligence.**

Espagnol. — **Il y a des miroirs pour le visage, il n'y en a pas pour l'esprit.**

(Baltasar Gracian, *Oraculo manual*, 69 [1647].)

Français. — **La truie ne pense pas qu'elle est de la fange.**

(*Proverbia vulgalia*, manuscrit du xive s., Hereford.)

— **Celui qui se connaît est seul maître de soi.**

(Ronsard, *Institution pour l'adolescence du Roi Très Chrétien Charles IX*, 87 [1562].)

— **Fais ton fait et te connais.**

(Montaigne, *Essais*, I, iii [1580].)

— **Apprends à te connaître, et descends en toi-même.**

(Corneille, *Cinna*, V, i, 1517 [1640].)

V. MODESTIE.

SOI (Maîtrise de)

Antiquité chinoise. — **Le grave est la racine du léger, le calme est le maître du mouvement.**

(Lao-Tseu, *Livre du Tao et de sa vertu*, I, XXVI, 1; VIᵉ s. av. J.-C.)

— **Celui qui connaît sa force et garde sa faiblesse est la vallée de l'empire.**

(Lao-Tseu, *op. cit.*, I, XXVIII, 1.)

Grec. — **On n'est pas libre lorsqu'on n'est pas maître de soi.**

(Démophile, *Sentences*, VIᵉ s. av. J.-C.)

— **La victoire sur soi est la plus grande des victoires.**

(Platon, *les Lois*, I, 626; IVᵉ s. av. J.-C. — Cf. *De imitatione Christi*, I, III, 18 : Qui livre un plus rude combat que celui qui s'efforce de se vaincre lui-même ?)

Bible. — **Celui qui est maître de soi vaut mieux que le guerrier qui prend des villes.**

(Livre des Proverbes, XVI, 32; IVᵉ s. av. J.-C.)

— **Une ville forcée qui n'a plus de murailles, tel est l'homme qui ne peut se dominer.**

(Livre des Proverbes, XXV, 28; IVᵉ s. av. J.-C.)

Allemand. — **Il faut être maître de soi pour être maître du monde.**

(Charles Quint [1500-1558]. — Cité par Brantôme, *Vies des grands capitaines étrangers*.)

Chinois. — **L'homme maître de soi n'aura point d'autre maître.**

(P. Soullié, *Sentences et Proverbes* [1892].)

Français. — **Qui se vainc une fois peut se vaincre toujours.**

(Corneille, *Tite et Bérénice*, II, III, 514 [1670].)

— **Un lac réfléchit mieux les étoiles qu'une rivière.**

(La maîtrise de soi permet de saisir la vérité. — Th. Jouffroy, *le Cahier vert*, III [1836].)

Nigritien *(Popo).* — **Le sang rouge est dans le cœur, bien que la salive soit blanche.**

(R. Trautmann, *Littérature populaire à la Côte-des-Esclaves* [1927].)

V. COMPORTEMENT.

SOI (Respect de)

Grec. — **Ne regarde rien comme avantageux pour toi qui puisse te faire perdre le respect de toi-même.**

(Marc Aurèle, *Pensées*, III, 7; IIᵉ s.)

Sanskrit. — **Celui qui n'a pas de respect pour les dieux et pour lui-même, bien qu'il respire, ne vit pas.**

(*Lois de Manou*, III, 72; IIᵉ s.)

Espagnol. — **Il faut être tel que l'on n'ait pas à rougir devant soi-même.**

(Baltasar Gracian, *Oraculo manual*, 50 [1647].)

V. DIGNITÉ.

SOI (Sacrifice de)

Grec. — **Le sacrifice de soi est la condition de la vertu.**

(Aristote, *Rhétorique*, I, IX, 10; IVᵉ s. av. J.-C.)

Allemand. — **Un grand sacrifice est aisé, mais ce sont les petits sacrifices continuels qui sont durs.**

(Gœthe, *les Affinités électives*, I [1808].)

Anglais. — **Le sacrifice de soi permet de sacrifier les autres sans rougir.**
(Bernard Shaw, *Maximes pour révolutionnaires* [1905].)

V. ABNÉGATION, DÉVOUEMENT, VIE (Sens de la).

SOIF

Arabe. — **Le lion et le rossignol sont toujours altérés.**
(Cité par H. de Montherlant, *le Maître de Santiago*, I.)

Français. — **L'appétit vient en mangeant, la soif s'en va en buvant.**
(Rabelais, *Gargantua*, v [1534].)

— **Qui est maître de sa soif est maître de sa santé.**
(Aug. Brizeux, *Proverbes bretons* [1860].)

Irlandais. — **Soif et mal d'amour sont sans vergogne.**
(H. Morris, *Proverbs of Ulster* [1907].)

V. BOIRE, EAU.

SOIN

Grec. — **C'est le soin qui fait prospérer l'ouvrage.**
(Hésiode, *les Travaux et les Jours*, 412; VIII⁰ s. av. J.-C.)

Américain. — **Le défaut de soin fait plus de tort que le défaut de savoir.**
(B. Franklin, *Poor Richard's Almanac* [1746].)

Espagnol. — **Un esprit médiocre qui s'applique va plus loin qu'un esprit sublime qui ne s'applique pas.**
(Baltasar Gracian, *Oraculo manual*, 18 [1647].)

Français. — **Labeur sans soin, labeur de rien.**
(Devise de la librairie Armand Colin, à Paris.)

V. ATTENTION.

SOLDAT

Antiquité chinoise. — **Entre le métier de voiturier et celui d'archer, prends le métier d'archer.**
(Confucius, *Livre des sentences*, IX, 2; VI⁰ s. av. J.-C.)

Grec. — **Le soldat est aux gages de la mort; il va se faire tuer pour vivre.**
(Ménandre, *Fragments*, IV⁰ s. av. J.-C.)

Latin. — **Il importe autant pour un soldat d'ignorer certaines choses que d'en savoir d'autres.**
(Tacite, *Histoires*, I, 83; début du II⁰ s.)

Allemand. — **Un bon soldat ne doit penser qu'à trois choses : 1° au roi; 2° à Dieu; 3° à rien.**

Anglais. — **Un soldat en temps de paix est comme une cheminée en été.**
(William Cecil, lord Burleigh [1520-1598].)

— **Le soldat sans ambition n'a pas d'éperons.**
(Fr. Bacon, *Essays*, XXXVI [1625].)

Arabe. — **Le paradis est à l'ombre des sabres.**
(Parole du calife Omar Iᵉʳ, lors de la bataille de Kadessia, en 636.)

Chinois. — **Le bon fer n'est pas employé pour faire des clous; un homme de bien ne se fait pas soldat.**

Espagnol. — **Il sied mieux au soldat de sentir la poudre que le musc.**
(Cervantes, *Don Quichotte*, II, xxv [1615].)

Français. — **Qui de glaive vit, de glaive périt.**
(*Proverbes que dit li vilains*, manuscrit du xiii⁰ s., Oxford, Rawlinson.)

— **Ce que le gantelet saisit, le gorgeret l'engloutit.**
(Le chevalier Bayard [1476-1525].)

— **Le soldat doit avoir assaut de lévrier, fuite de loup, défense de sanglier.**
(A. de Montluc, *les Illustres Proverbes historiques* [1655].)

— **Le métier des armes fait moins de fortunes qu'il n'en détruit.**
(Vauvenargues, *Réflexions et Maximes*, 606 [1746].)

— **Le guerrier qui cultive son esprit polit ses armes.**
(Chevalier de Boufflers, *Pensées et Fragments*, 87 [1816].)

Japonais. — **Parmi les fleurs, la meilleure est la fleur du cerisier; parmi les hommes, le meilleur est le soldat.**

Norvégien. — **L'homme en armes est le seul qui soit vraiment homme.**
(Proverbe cité par Ibsen, *Dame Inger d'Œstraat*, I [1854].)

V. ARMÉE, GÉNÉRAL, MERCENAIRE.

SOLIDARITÉ

Grec. — **L'estomac et les membres sont solidaires.**
(Ésope, *Fables*, « l'Estomac et les Pieds », vi⁰ s. av. J.-C. — Cf. Rabelais, *le Tiers Livre*, iii; La Fontaine, *Fables*, III, ii. Mais Ésope avait appliqué cet apologue à l'autorité d'un chef d'armée.)

— **Nous ramons tous sur le même bateau.**
(Zénobios, *Proverbes*, ii⁰ s.)

— **Ce qui n'est pas utile à la ruche ne l'est pas non plus à l'abeille.**
(Marc Aurèle, *Pensées*, vi, 54; ii⁰ s.)

Hébreu. — **Que les raisins prient pour la santé du cep!**
(*Sentences et Proverbes des anciens rabbins* [1629].)

Chinois. — **Il ne peut pas pleuvoir chez le voisin sans que j'aie les pieds mouillés.**

Français. — **Chacun pour tous et Dieu pour soi.**
(Auguste Detœuf, *Propos de O.-L. Barenton, confiseur* [1937].)

Serbe. — **Un arbre s'appuie sur les arbres, un homme sur les hommes.**

V. ALTRUISME, ENTRAIDE, MÉCHANTS (Solidarité des), SOCIÉTÉ.

SOLITUDE

Latin. — **Je ne suis jamais moins seul que dans la solitude.**
(Scipion l'Africain [235-183 av. J.-C.]. — Cité par Cicéron, *De officiis*, III, i.)

Latin médiéval. — **L'homme seul est dieu ou démon.**
Homo solus aut deus, aut daemon.

Anglais. — **L'aigle vole seul; ce sont les corbeaux, les choucas et les étourneaux qui vont en groupe.**
(J. Webster, *The Duchess of Malfi*, V, ii [1623].)

Bantou (Cameroun). — **Les arbres dans la forêt ne sont pas cruels.**

Berbère. — **Le pays où les pierres vous connaissent vaut mieux que le pays où les gens vous connaissent.**

Français. — **La solitude est à l'esprit ce que la diète est au corps.**
(Vauvenargues, *Réflexions et Maximes*, 598 [1746].)

— **Il n'y a que le méchant qui soit seul.**
(Diderot, *le Père de famille*, IV, III [1758].)

Russe. — **Même au paradis, il serait insupportable de vivre seul.**
(R. Pilet, *la Russie en proverbes* [1905].)

V. SEUL.

SOMMEIL

Grec. — **Le sommeil est le frère jumeau de la mort.**
(Homère, *l'Iliade*, XIV, 231; XVI, 672; IXe s. av. J.-C.)

— **L'excès de sommeil fatigue.**
(Homère, *l'Odyssée*, XV, 394; IXe s. av. J.-C.)

— **Le sommeil nourrit celui qui n'a pas de quoi manger.**
(Ménandre, *Fragments*, IVe s. av. J.-C. — D'où le proverbe général : Qui dort dîne.)

— **Le sommeil est le seul don gratuit qu'accordent les dieux.**
(Plutarque, *Œuvres morales*, « De la superstition », Ier s.)

Bible. — **Le sommeil du laborieux est doux.**
(L'Ecclésiaste, v, 11; IIIe s. av. J.-C.)

Allemand. — **On ne dort pas pour dormir, mais pour agir.**
(G. C. Lichtenberg, *Aphorismen* [1799].)

Américain. — **On aura bien assez de temps dans la tombe pour dormir.**
(B. Franklin, *Poor Richard's Almanac* [1741].)

Anglais. — **Une heure de sommeil avant minuit vaut mieux que trois après.**

Espagnol. — **Le jeune en dormant guérit, le vieux se finit.**

Français. — **Les grands mangeurs et les grands dormeurs sont incapables de quelque chose de grand.**
(Henri IV [1553-1610].)

V. REPOS.

SORCELLERIE

Grec. — **La magicienne promet des merveilles et se montre incapable des choses ordinaires.**
(Ésope, *Fables*, « la Magicienne », VIe s. av. J.-C.)

Indien *(tamil).* — **Quatre choses ont une mauvaise fin : servir les rois, accumuler des biens, se mettre en colère, être sorcier.**

Nigritien *(Yorouba).* — **Le sorcier tue, mais n'hérite jamais.**

V. PRÉDICTION.

SOTTISE

Grec. — **Le sot ne s'instruit que par les événements.**
(Homère, *l'Iliade*, XVII, 32; IXe s. av. J.-C.)

— **Les tonneaux vides et les sots font le plus de bruit.**
(Plutarque, *Œuvres morales*, « Du trop-parler », Ier s.)

Bible. — Mieux vaut rencontrer une ourse privée de ses petits qu'un sot infatué de sa sottise.

(Livre des Proverbes, XVII, 12 ; IVe s. av. J.-C.)

— Instruire un sot, c'est recoller un pot cassé.

(L'Ecclésiastique, XXII, 7 ; IIe s. av. J.-C.)

— Le sot varie comme la lune.

(L'Ecclésiastique, XXVII, 12 ; IIe s. av. J.-C.)

Latin. — Le silence tient lieu de sagesse au sot.

(Publilius Syrus, *Sentences*, Ier s. av. J.-C.)

— Tandis qu'ils fuient les défauts, les sots tombent dans les défauts contraires.

(Horace, *Satires*, I, II, 24 ; env. 35 av. J.-C.)

Latin médiéval. — La flèche d'un sot file vite.

Cito transit lancea stulti.

— A la bouche du sot le rire abonde.

Risus abundat in ore stultorum.

Allemand. — Entre tous les voleurs, les sots sont les pires : ils nous dérobent à la fois le temps et la bonne humeur.

(Gœthe [1749-1832], *Maximen und Reflexionen*.)

Arabe. — Méfie-toi du tigre plus que du lion, et d'un âne méchant plus que du tigre.

Basque. — Que sait faire le sot ? Il sait défaire ce qui est bien fait.

Chinois. — On n'a jamais tant besoin de son esprit qu'ayant affaire à un sot.

— Un sot ne s'admire jamais tant que lorsqu'il a fait quelque sottise.

— Les femmes et les sots ne pardonnent jamais.

— Quand la main désigne le but, l'innocent regarde la main.

Français. — La cloche du sot est vite sonnée.

(*Roman de la Rose*, 5266 ; XIIIe s.)

— Un sot n'a pas assez d'étoffe pour être bon.

(La Rochefoucauld, *Réflexions ou Sentences et Maximes morales*, 387 [1665].)

— Un sot savant est sot plus qu'un sot ignorant.

(Molière, *les Femmes savantes*, IV, III, 1296 [1672].)

— Un sot trouve toujours un plus sot qui l'admire.

(Boileau, *Art poétique*, I, 232 [1674].)

— Sottes gens, sotte besogne.

(Mme de Sévigné, *Lettre à Mme de Grignan*, 21 août 1675.)

— Si la pauvreté est la mère des crimes, le défaut d'esprit en est le père.

(La Bruyère, *les Caractères*, « De l'homme », 13 [1688].)

— Le suffrage d'un sot fait plus de mal que sa critique.

(Florian, *Fables*, IV, IX, « la Fauvette et le Rossignol » [1792].)

— On souhaite la paresse d'un méchant et le silence d'un sot.

(Chamfort [1741-1794], *Maximes et Pensées*.)

— Il y a des sottises bien habillées, comme il y a des sots très bien vêtus.

(Chamfort, *op. cit.*)

— Un homme intelligent à pied va moins vite qu'un sot en voiture.

(Mme de Girardin [Delphine Gay], *Lettres parisiennes*, 28 mai 1840.)

— **Aux innocents les mains pleines.**
(P.-A. Lambert-Thiboust, titre d'une comédie-proverbe [1857].)

Hollandais. — **La sottise a des ailes d'aigle et des yeux de chouette.**

Suédois. — **L'homme d'esprit n'est jamais seul, mais le sot s'ennuie partout.**
(Chancelier Oxenstiern [1583-1654], *Réflexions et Maximes*.)
V. NATUREL (le), PEINE PERDUE, SAGESSE ET SOTTISE.

SOUCI

Latin. — **Le noir souci chevauche en croupe du cavalier.**
(Horace, *Odes*, III, 1, 40; env. 23 av. J.-C.)

Américain. — **Cachez vos soucis : ceux à qui vous les diriez ne feraient que les augmenter.**
(B. Franklin, *Poor Richard's Almanac* [1741].)

Berbère. — **Les soucis pendant la jeunesse sont comme les roses et les fleurs d'oranger ; pendant la vieillesse, ils sont comme des blessures sur le dos.**

Français. — **Chacun sa besace.**
(Variante : La fumée sort de tous les toits.)
V. INQUIÉTUDE, INSOUCIANCE.

SOUFFRANCE

Grec. — **La souffrance est la loi de fer de la nature.**
(Euripide, *Hippolyte*, 207; ve s. av. J.-C.)

Danois. — **Il faut beaucoup souffrir, ou mourir jeune.**

Français. — **Les vertus sont des titres, les souffrances sont des droits.**
(Mme de Girardin, née Delphine Gay [1804-1855].)
V. ADVERSITÉ ÉDUCATRICE, CHAGRIN, DOULEUR, ÉPREUVE DU MALHEUR (l').

SOUHAIT

Grec. — **Le mauvais souhait est surtout mauvais pour celui qui l'a formé.**
(Hésiode, *les Travaux et les Jours*, 265; VIIe s. av. J.-C.)

Français. — **Si les souhaits fussent vrais, pastoureaux seraient rois.**
(J. de La Véprie, *Proverbes communs* [1498].)
V. DÉSIR.

SOUPÇON

Grec. — **Ne soyez pas soupçonneux, mais affable, et montrez que vous ne craignez pas d'être trompé.**
(Démocrate, *Sentences d'or*, 56; Ier s. av. J.-C.)

Latin. — **Le soupçon est pour les hommes estimables une injure silencieuse.**
(Publilius Syrus, *Sentences*, Ier s. av. J.-C.)

— **L'homme soupçonneux incrimine la loyauté de chacun.**
(Publilius Syrus, *Sentences*, Ier s. av. J.-C.)

— **La femme de César ne doit pas même être soupçonnée.**
(Paroles attribuées à César pour justifier la répudiation de sa femme Pompeia. — Une nuit que les femmes célébraient à Rome les mystères de la Bonne Déesse, interdits aux hommes, Publius Clodius, jeune patricien, s'introduisit sous des habillements de femme jusque dans les appartements de Pompeia, qu'il aimait. Surpris, il fut mis

en jugement comme profanateur des saints mystères. César qui, à la nouvelle du scandale, avait répudié Pompeia, fut appelé comme témoin contre l'accusé. Il déclara n'avoir aucune connaissance des faits imputés à Clodius. « Cette déclaration, écrit Plutarque, ayant paru fort étrange, l'accusateur lui demanda pourquoi, alors, il avait répudié sa femme : « C'est, répondit César, que ma femme ne doit pas même être soupçonnée. » Cf. Plutarque, *Vies parallèles*, x, « César ». — Cette réponse est devenue proverbiale pour donner à entendre que certaines personnes ou certains actes ne sauraient être entachés du plus léger soupçon. Mais cette signification traditionnelle est un contresens, puisque César n'a pas voulu dire que Pompeia était insoupçonnable, mais que le seul fait pour elle d'avoir donné lieu à des soupçons, fussent-ils injustifiés, autorisait sa répudiation.)

Anglais. — **Les soupçons dans les pensées sont comme les chauves-souris parmi les oiseaux.**

(Fr. Bacon, *Essays*, XXXI [1597].)

Français. — **Quiconque est soupçonneux invite à le trahir.**

(Voltaire, *Zaïre*, I, v, 304 [1732].)

V. CONFIANCE ET DÉFIANCE, FOI (Bonne et mauvaise).

SOUPIR

Anglais. — **Les soupirs sont le langage du cœur.**

(Th. Shadwell, *Psyche*, III [1680].)

Français. — **Cœur qui soupire n'a pas ce qu'il désire.**

(A. de Montluc, *la Comédie de proverbes*, III, v [1616].)

Irlandais *(gaélique)*. — **Les soupirs portent plus loin que les cris.**

V. DÉSIR.

SOUPLESSE

Grec. — **L'olivier se brise, le roseau plie.**

(Ésope, *Fables*, « le Roseau et l'Olivier »; VIe s. av. J.-C. — Cette fable montre que ceux qui cèdent aux circonstances et à la force ont l'avantage sur ceux qui rivalisent avec de plus puissants. — Cf. La Fontaine, *Fables*, I, XXII, « le Chêne et le Roseau ».)

Proverbe général. — **Mieux vaut ployer que rompre.**

(Manuscrit du XIIIe s., sans titre, Paris, Sainte-Geneviève.)

Anglais. — **Être flexible, c'est avoir par sa ductilité de l'affinité avec l'or.**

(Fr. Bacon, *De dignitate et augmentis scientiarum*, VI, 29 [1605].)

Chinois. — **La langue résiste, parce qu'elle est molle ; les dents cèdent, parce qu'elles sont dures.**

Français. — **Il est bon d'être ferme par tempérament et flexible par réflexion.**

(Vauvenargues, *Réflexions et Maximes*, 191 [1746].)

Indien *(bhjopuri)*. — **On ne tire pas le beurre d'une jarre avec un doigt raide.**

Japonais. — **La neige ne brise jamais les branches du saule.**

Malgache. — **Le bois tendre n'est pas fendu par la foudre.**

V. COMPORTEMENT.

SOURD

Afghan. — **Le sourd rit deux fois.**

(En voyant rire les autres, puis quand il a entendu de quoi l'on rit. — C. A. Boyle, *Neqluna ou Proverbes afghans* [1926].)

Français. — **Il n'est pire sourd que celui qui ne veut pas entendre.**

(*Proverbes rurauz et vulgauz*, manuscrit du XIVe s., Paris, Bibl. nat.)

— On ne répète pas deux fois la messe pour les sourds.
(A. de Montluc, *les Illustres Proverbes historiques* [1655].)

Italien. — **Au sourd, l'œil sert d'oreille.**
(Ch. Cahier, *Proverbes et Aphorismes* [1856].)
V. INFIRMITÉ.

SOURIRE

Anglais. — **Il y a des poignards dans les sourires.**
(Shakespeare, *Macbeth*, II, III, 146 [1605].)

Français. — **Le sourire est un devoir social.**
(St. Gsell, *Notice sur Roland Delachenal*, « Bibl. de l'École des chartes », LXXXV, 249.)

Hongrois. — **Celui que son sourire embellit est bon, celui que son sourire défigure est mauvais.**

Turkestan. — **Un homme souriant ressemble à une pistache ouverte.**
V. AMABILITÉ.

SOUVENIR

Grec. — **Le souvenir des peines passées est agréable.**
(Euripide, *Hélène*, 665; ve s. av. J.-C.)

Français. — **Il souvient toujours à Robin de ses flûtes.**
(Bonaventure des Périers, *Nouvelles Récréations et Joyeux Devis*, LXXXIV [1558].)

Italien. — **Il n'est pire douleur que le souvenir du bonheur au temps de l'infortune.**
(Dante, *la Divine Comédie*, « l'Enfer », V, 121 [1308].)

Nigritien *(Haoussa)*. — **Tu peux boire dans un crâne humain, mais tu gardes le souvenir que ce crâne abrita jadis des yeux brillants.**

Russe. — **Celle qui coud le trousseau de la fiancée redevient jeune.**

Tchèque. — **Les bons souvenirs durent longtemps, les mauvais plus encore.**
V. MÉMOIRE, OUBLIER, PASSÉ.

STIMULANT

Anglais. — **Pour bon que soit un cheval, encore faut-il des éperons.**
(J. Clarke, *Parœmiologia anglo-latina* [1639].)

— **Un éperon dans la tête en vaut deux aux talons.**
(J. Ray, *English Proverbs* [1670]. — Signifie que l'aiguillon moral est supérieur à la contrainte physique.)

Français. — **Ane piqué, à trotter est incité.**
(Gabriel Meurier, *Trésor des sentences* [1568].)

— **Trop piquer le cheval le fait rétif.**
(Cholières, *les Matinées*, IX [1585].)
V. DRESSAGE, ÉDUCATION.

STOÏCISME

Grec. — **Comme une meule de moulin peut broyer toute sorte de grain, de même une âme saine doit être prête à accepter tous les événements.**
(Marc Aurèle, *Pensées*, X, 34; IIe s.)

Latin. — Supporte et abstiens-toi.

(*Sustine et abstine.* — Précepte de l'école stoïcienne, qui recommande une résignation silencieuse dans toutes les épreuves de la vie. — Cf. Aulu-Gelle, *Noctes atticae*, XVII, XIX.)

Français. — Qui sait tout souffrir peut tout oser.

(Vauvenargues, *Réflexions et Maximes*, 189 [1746].)

V. ADVERSITÉ ÉDUCATRICE, ENDURANCE, ÉPREUVE DU MALHEUR (l').

STRATÉGIE et TACTIQUE

Allemand. — La stratégie est un système de pis-aller.

(Helmuth von Moltke, *Essai sur la stratégie* [1871].)

Anglais. — Le général expérimenté attaque l'ennemi sur tous les points.

(Oliver Goldsmith, *She Stoops to Conquer*, II [1773].)

Français. — La tactique, c'est l'art de se faire demander comme une grâce ce que l'on brûle d'offrir.

(Daniel Darc [M\ᵐᵉ Régnier], *Petit Bréviaire du Parisien* [1883].)

V. ADRESSE, GÉNÉRAL, GUERRE.

STYLE

Grec. — La première qualité du style, c'est la clarté.

(Aristote, *Rhétorique*, III, II; IVᵉ s. av. J.-C.)

— Le style, c'est l'homme.

(Denys d'Halicarnasse, *Antiquités romaines*, I, III; env. 20 av. J.-C. — Repris par Buffon, *Discours de réception à l'Académie française*, 25 août 1753.)

Latin. — Le style est le vêtement de la pensée.

(Sénèque, *Lettres à Lucilius*, CXV [env. 64].)

Allemand. — Chaque homme a son propre style comme son propre nez.

(Lessing, *Laokoon* [1766].)

Français. — Il faut écrire comme on parle.

(Voltaire, *Dictionnaire philosophique*, « Style » [1746].)

— Le style n'est rien, mais rien n'est sans le style.

(Rivarol [1753-1801], *Notes, Pensées et Maximes*.)

V. ÉCRIRE, GRAMMAIRE, LANGAGE, PLUME.

SUBLIME

Anglais. — Entre le sublime et le ridicule, et entre le ridicule et le sublime, il n'y a qu'un pas.

(Th. Payne, *Age of Reason*, II [1793]. — Cf. Fontenelle, *Dialogues des morts*, « Sénèque, Scarron » [1683] : Le magnifique et le ridicule sont si voisins qu'ils se touchent.)

Français. — Le sublime n'est pas dispensé d'être raisonnable.

(Marmontel, *Éléments de littérature* [1787].)

V. COMPORTEMENT.

SUBTILITÉ

Anglais. — Celui qui ne sait pas faire de distinctions n'entrera jamais bien dans les affaires, mais celui qui en fait trop n'en sortira jamais bien.

(Fr. Bacon, *Essays*, XXV [1625].)

Français. — La trop grande subtilité est une fausse délicatesse, et la véritable délicatesse est une solide subtilité.
(La Rochefoucauld, *Réflexions ou Sentences et Maximes morales*, 128 [1665].)

Italien. — A trop s'amincir, on se rompt.
(Proverbe cité par Pétrarque, *Canzoniere*, XXII, 48; XIVᵉ s.)
V. FINESSE.

SUCCÈS

Grec. — Le succès est aux yeux des hommes un dieu.
(Eschyle, *les Choéphores*, 59; Vᵉ s. av. J.-C.)

Latin. — Le succès fait paraître honnêtes certains crimes.
(Sénèque, *Phèdre*, 598 [env. 64].)

Proverbe général. — Qui gagne a toujours bien joué.
(Cité par G. Herbert, *Jacula prudentum* [1651].)

Anglais. — Le succès n'est jamais blâmé.
(Th. Fuller, *Gnomologia, Adagies and Proverbs* [1732].)

Français. — Les succès produisent les succès, comme l'argent produit l'argent.
(Chamfort [1741-1794], *Maximes et Pensées*.)

— Le plus grand orateur du monde, c'est le succès.
(Napoléon Iᵉʳ [1769-1821], *Maximes et Pensées*.)

— Rien ne réussit comme le succès.
(A. Dumas père, *Ange Pitou*, I, VII [1851].)
V. ENTREPRENDRE, RÉUSSIR.

SUICIDE

Grec. — Le suicide est en général une lâcheté.
(Aristote, *Éthique à Nicomaque*, II, VIII, 13; IVᵉ s. av. J.-C.)

Allemand. — Le suicide n'est pas abominable parce que Dieu le défend; Dieu le défend parce qu'il est abominable.
(Kant, *Lecture à Kœnigsberg* [1775].)

Français. — Il y a bien plus de constance à user la chaîne qui nous tient qu'à la rompre.
(Montaigne, *Essais*, II, III [1580].)

Italien. — L'épreuve du courage n'est pas de mourir, mais de vivre.
(Alfieri, *Oreste*, IV [1785].)
V. DÉSESPOIR, SAUVETAGE.

SUISSE

Français. — La moitié de la Suisse est l'enfer, et l'autre moitié le paradis.
(Voltaire, *Lettre à James Mariott*, avocat général d'Angleterre, 26 février 1767.)

— La Suisse trait sa vache et vit paisiblement.
(Victor Hugo, *la Légende des siècles*, XXXI, « Dix-septième siècle, le Régiment du baron de Madruge », 466 [1859].)

Suisse. — Tous pour chacun, chacun pour tous.
(Maxime de la Confédération helvétique.)

— Genève est la plus grande des petites villes.
(De la Rive, *Discours à l'Assemblée constituante de Genève* [1860].)
V. NATION (caractères nationaux et langues nationales).

SUPÉRIEUR et SUBALTERNE

Antiquité chinoise. — **C'est une loi universelle que les uns travaillent de leur intelligence et les autres de leurs bras.**
(Mencius, *Livre des livres*, I, v, 4; ɪvᵉ s. av. J.-C.)

Grec. — **Le supérieur s'indigne de la concurrence de son inférieur.**
(Aristote, *Rhétorique*, II, ɪx, 12; ɪvᵉ s. av. J.-C.)

Latin. — **Chercher un refuge auprès d'un inférieur, c'est se livrer soi-même.**
(Publilius Syrus, *Sentences*, ɪᵉʳ s. av. J.-C.)

— **Les talents du soldat et ceux du général ne sont pas les mêmes.**
(Tite-Live, *Histoire de Rome*, XXV, 19 [env. 10].)

Anglais. — **La meule de dessous moud aussi bien que celle de dessus.**

Arabe. — **L'œil n'aime pas ce qui est au-dessus de lui.**

Basque. — **Comme chante le chapelain, ainsi répond le sacristain.**

Espagnol. — **Là où tu as été page, ne sois pas écuyer.**

Français. — **Il vaut mieux prier Dieu que ses saints.**
(*Bonum spatium*, manuscrit du xɪvᵉ s., Paris, Bibl. nat.)

— **Quand Dieu ne veut, le saint ne peut.**
(Manuscrit du xvᵉ s., sans titre, Rome, Vatican.)

— **Quand il pleut sur le curé, il dégoutte sur le vicaire.**
(Le bien ou le mal qui arrive aux supérieurs retombe plus ou moins sur leurs subordonnés. — Abbé E. Blanc, *Morale et Sagesse pratique en proverbes* [1893].)

Japonais. — **Jamais on n'a raison contre son seigneur ni contre un enfant qui pleure.**

Turc. — **Le flambeau n'éclaire pas son pied.**
(Se dit du supérieur dédaigneux à l'égard des subalternes.)

V. GRANDS ET PETITS, MAÎTRE ET SERVITEUR.

SUPÉRIORITÉ

Grec. — **Si le soleil n'existait pas, il ferait nuit malgré la présence des autres étoiles.**
(Héraclite d'Éphèse, *Fragments*, vᵉ s. av. J.-C.)

Latin. — **L'aigle ne chasse point aux mouches.**
(*Aquila non capit muscas.* — Se dit pour faire entendre qu'un homme supérieur ne s'occupe pas des petites questions.)

Sanskrit. — **L'éléphant n'est pas fatigué de porter sa trompe.**
(*Purânas*, recueil de sentences, ɪɪᵉ s.)

Proverbe général. — **La lune est à l'abri des loups.**
(*L'Edda poétique*, xɪɪᵉ s.)

Anglais. — **La branche chargée de fruits s'incline.**
(Th. Fuller, *Gnomologia* [1732].)

Français. — **Toute supériorité est un exil.**
(Mᵐᵉ de Girardin [Delphine Gay], *Lettres parisiennes*, 1846.)

Kurde. — **Les vallées profondes ne manquent jamais d'eau; les grandes montagnes offrent toujours des passages.**
(J. Paul-Margueritte et Kamuran Khan, *Proverbes kurdes* [1937].)

SUPÉRIORITÉ et INFÉRIORITÉ

Antiquité chinoise. — **L'homme supérieur est amical sans être familier; l'homme vulgaire est familier sans être amical.**
(Confucius, *Livre des sentences*, XIII; 23; VIe s. av. J.-C.)

— **L'homme supérieur ne demande rien qu'à lui-même; l'homme vulgaire et sans mérite demande tout aux autres.**
(Confucius, *Livre des sentences*, XV, 20.)

Latin. — **La lime n'est pas entamée par le serpent.**
(Phèdre, *Fables*, IV, 8; env. 25 av. J.-C. — Cf. La Fontaine, *Fables*, V, 16, « le Serpent et la lime ».)

— **Le nain n'est pas plus grand, même debout sur une montagne; le géant garde sa taille, même s'il a les pieds embourbés.**
(Sénèque, *Lettres à Lucilius*, LXXVI; env. 64.)

V. INFÉRIORITÉ, MÉDIOCRITÉ, RANG, SUPÉRIORITÉ.

SUPERSTITION

Grec. — **La superstition suit l'orgueil et lui obéit comme à son père.**
(Socrate, Ve s. av. J.-C. — Cité par Stobée, *Florilège*.)

Latin. — **La superstition introduit les dieux, même dans les plus petites choses.**
(Tite-Live, *Histoire de Rome*, XXVII, 23 [env. 10].)

Anglais. — **La superstition est à la religion ce que le singe est à l'homme.**
(Fr. Bacon, *De dignitate et augmentis scientiarum*, VI, 13 [1605].)

Français. — **La superstition porte quelque image de la pusillanimité.**
(Montaigne, *Essais*, II, 1 [1580].)

— **La superstition est la seule religion dont soient capables les âmes basses.**
(J. Joubert [1754-1824], *Maximes et Essais*.)

V. CRAINTE.

SURNOM

Anglais. — **Tout surnom est un titre et les titres ne sont que des surnoms.**
(Thomas Paine, *The Rights of Man*, I [1791].)

— **Un surnom est le plus irréfutable des arguments.**
(W. Hazlitt, *On Nicknames* [1821].)

Français. — **Au surnom connaît-on l'homme.**
(M. Le Roux de Lincy, *Proverbes français* [1859].)

V. TITRES ET DIGNITÉS.

SURPRISE

Grec. — **La surprise est l'épreuve du vrai courage.**
(Aristote, *Éthique à Nicomaque*, III, IX, 15; IVe s. av. J.-C.)

Anglais. — **Homme surpris est à moitié pris.**
(Th. Fuller, *Gnomologia, Adagies and Proverbs* [1732].)

V. ÉTONNER (s'), INATTENDU.

SURVEILLANCE

Latin. — **Quand la crainte ne veille pas, il arrive ce qui était à craindre.**
  (Publilius Syrus, *Sentences*, Iᵉʳ s. av. J.-C.)

Français. — **Mauvaise garde permet au loup de se repaître.**
  (*Roman de Renart*, branche II, 890; XIIᵉ s.)

  — **L'abandon fait le larron.**
  (Marguerite de Navarre, *Heptaméron*, VI, LX [1559].)

  — **Bon guet chasse malaventure.**
  (Gabriel Meurier, *Sentences notables, Adages et Proverbes* [1568].)

  — **Absent le chat, les souris dansent.**
  (Baïf, *Mimes, Enseignements et Proverbes* [1575].)

Italien. — **A qui est l'âne, le tienne par la queue.**
  (A. Arthaber, *Dizionario comparato di proverbi* [1952].)

  V. ATTENTION, MAÎTRE (L'œil du), PRÉCAUTION, SÉCURITÉ, VIGILANCE.

SYMPATHIE et ANTIPATHIE

Latin médiéval. — **Le mariage des esprits est plus grand que celui des corps.**
  (Érasme, *Procus et Puella* [1521].)

Belge. — **On se vaut, bien que l'on ne se convienne pas.**
  (J. Dejardin, *Dictionnaire des spots ou proverbes wallons* [1863].)

Français. — **Il n'y a rien de si rapide qu'un sentiment d'antipathie.**
  (Alfred de Musset, *la Confession d'un enfant du siècle*, III, VI [1836].)

  — **L'antipathie analyse mieux, mais la sympathie seule comprend.**
  (André Siegfried, *Quelques maximes*, 41 [1943].)

Suédois. — **C'est sur les sympathies et les antipathies que la raison a perdu ses droits.**
  (Christine de Suède [1626-1689], *Mémoires.*)

  V. AFFINITÉ.

TACT

Hébreu. — **S'il y a un pendu dans la famille, ne dis pas : « Tiens, pends ce poisson ! »**
(Le Talmud, *Baba Metzia*, vᵉ s. — D'où le proverbe général : Il ne faut pas parler de corde dans la maison d'un pendu.)

Anglais. — **Ne me parlez pas de mes dettes, à moins que vous ne les vouliez payer.**
(G. Herbert, *Jacula prudentum* [1651].)

Espagnol. — **Tous ceux qui voient ne regardent pas.**
(Baltasar Gracian, *Oraculo manual*, 230 [1647].)

Français. — **Ne clochez pas devant les boiteux.**
(Rabelais, *Gargantua*, xx [1534].)

— **Le tact, c'est le bon goût appliqué au maintien et à la conduite.**
(Chamfort [1741-1794], *Maximes et Pensées*.)

— **Quand mes amis sont borgnes, je les regarde de profil.**
(J. Joubert [1754-1824], *Pensées, Maximes et Essais*.)

— **L'esprit ne peut remplacer le tact ; le tact peut suppléer à beaucoup d'esprit.**
(La Rochefoucauld-Doudeauville, *Mémoires*, « Livre des pensées », 710 [1863].)
V. ALLUSION.

TAILLE

Grec. — **Le grand Alexandre était petit de taille.**
(Cité par Érasme, *Adages*, III, IV, 58.)

Bible. — **L'abeille est petite, mais son miel est la plus douce des douceurs.**
(L'Ecclésiastique, XI, 3 ; IIᵉ s. av. J.-C.)

Allemand. — **Les grands arbres donnent plus d'ombre que de fruit.**

Anglais. — **Petit pot est bientôt chaud.**

Arabe. — **Ne juge pas le grain de poivre à sa petitesse ; goûte-le et tu verras comme il pique.**

Espagnol. — **La mesure de l'homme se prend au front.**

Français. — **Petit homme abat grand chêne.**
(*Proverbia vulgalia et latina*, manuscrit du XIIIᵉ s., Paris, Bibl. nat.)

— **A petite fontaine on boit à sa soif.**
(Manuscrit du XIIIᵉ s., sans titre, Paris, Sainte-Geneviève.)

— **De toutes tailles bons lévriers.**
(*Proverbes en françois*, manuscrit de 1456, Paris, Bibl. nat.)

— **En petite cheminée on fait grand feu, et en grande petit feu.**
(J. de La Véprie, *Proverbes communs* [1498].)

— **Aux petits sacs sont les meilleures épices.**
(Gabriel Meurier, *Sentences notables, Adages et Proverbes* [1568].)

— **Les grands bœufs ne font pas les grands labours.**
(Baïf, *Mimes, Enseignements et Proverbes* [1576]. — Variante : Les grandes haquenées ne font pas les grandes journées.)

— **Quand la maison est trop haute, il n'y a rien au grenier.**
(Bescherelle, *Dictionnaire national* [1846].)

Hongrois. — **Les étincelles s'envolent, même d'une petite forge.**

Irlandais (*gaélique*). — **Les hauts de taille ne récoltent pas toute la moisson.**

Italien. — **Une petite femme semble toujours mariée.**

Nigritien (*Yorouba*). — **La joie a un petit corps.**

V. GRAS, GROS, MAIGRE.

TAIRE (se)

Grec. — **Taire ce qu'il ne faut pas dire et savoir supporter l'injustice, voilà des choses difficiles.**
(Chilon de Sparte, VIe s. av. J.-C. — Cité par Diogène Laërce, *Phil. ill.*, I.)

Grec. — **En se taisant, le sot est sage et le sage est sot.**
(Simonide de Céos, *Fragments*, Ve s. av. J.-C.)

Bible. — **Qui garde sa bouche garde son âme.**
(Livre des Proverbes, XIII, 3 et XXI, 23 ; IVe s. av. J.-C.)

Sanskrit. — **Le silence est la parure de l'ignorant dans l'assemblée des sages.**
(Bhârtrhari, *le Niti Sataka*, VIIe s.)

Proverbe général. — **Qui ne dit rien n'en pense pas moins.**
(Cité par J. Heywood, *Proverbs in the English Tongue* [1546].)

Anglais. — **On tait tout à l'homme qui se tait ; on lui rend son silence.**
(Fr. Bacon, *De dignitate et augmentis scientiarum*, VI, 28 [1605].)

— **Le silence, ainsi que la nuit, permet de tendre des embûches.**
(Fr. Bacon, *op. cit.*, VI, 31.)

Arabe. — **Dans une bouche close, il n'entre point de mouche.**

Belge. — **Faute de parler, on meurt sans confession.**

Chinois. — **Qui élargit son cœur rétrécit sa bouche.**

Danois. — **Les paroles du taciturne ne sont pas répétées à la cour.**

Espagnol. — **Prends garde au chien muet et à l'homme qui se tait.**

Français. — **Le silence est l'esprit des sots,
Et l'une des vertus du sage.**
(Bernard de Bonnard, *Épîtres* [1780].)

Indien. — **Qui mendie en silence, meurt de faim en silence.**
(Cité par Rudyard Kipling, *Kim*.)

Italien. — **Le silence sait prier et se faire entendre.**
(Le Tasse, *Aminta*, II, 34 ; XVIe s.)

Japonais. — **Les mots que l'on n'a pas dits sont les fleurs du silence.**

Nigritien *(Peul)*. — **Le lion en chasse pour tuer ne rugit pas.**
(L'homme fort ne parle pas de ses projets.)

Persan. — **Le sage a la bouche cousue : c'est par la mèche que brûle la chandelle.**

Portugais. — **Le bon silence s'appelle sainteté.**

V. BAVARDAGE, DISCRÉTION, PARLER ET SE TAIRE, SILENCE.

TAIRE (se) [Qui ne dit mot consent.]

Grec. — **Le silence répond oui.**
(Euripide, *Oreste*, 1592; v⁰ s. av. J.-C.)

— **Le silence est un aveu.**
(Euripide, *Iphigénie en Aulide*, 1142; v⁰ s. av. J.-C.)

Islam. — **Le silence est le frère de la complaisance.**
(Avicébron [Salomon ben Gabirol], *la Source de vie*, xi⁰ s.)

Latin médiéval. — **Qui ne dit mot consent.**
(*Qui tacet, consentire videtur.* — Boniface VIII, *Décrétales*, V, xii, 43; xiii⁰ s.)

Anglais. — **A demi consent qui refuse en silence.**
(John Dryden, *Helen to Paris* [1693].)

Français. — **Assez octroie qui se tait.**
(*Proverbia vulgalia et latina*, manuscrit du xiii⁰ s., Paris, Bibl. nat.)

TALENT

Allemand. — **Souffler dans la flûte, ce n'est pas en jouer, il faut mouvoir les doigts.**
(Goethe [1749-1832], *Maximen und Reflexionen*.)

Français. — **Ne forçons point notre talent,
Nous ne ferions rien avec grâce.**
(La Fontaine, *Fables*, IV, v, « l'Ane et le Petit Chien » [1668].)

— **Entre esprit et talent, il y a la proportion du tout à sa partie.**
(La Bruyère, *les Caractères*, « Des jugements », 56 [1688].)

— **Il y a plus de grandes fortunes que de grands talents.**
(Vauvenargues, *Réflexions et Maximes*, 567 [1746].)

— **Le talent est un don que Dieu nous a fait en secret et que nous révélons sans le savoir.**
(Montesquieu [1689-1755], *Pensées diverses*.)

V. APTITUDE, COMPÉTENCE, EFFICIENCE, EXPERT, MÉTIER (Choix d'un).

TALION (Peine du)

Antiquité babylonienne. — **Quiconque crèvera un œil aura un œil crevé.**
(*Code de Hammourabi*, II⁰ millénaire av. J.-C.)

Bible. — **Œil pour œil, dent pour dent, main pour main, brûlure pour brûlure, meurtrissure pour meurtrissure.**
(Exode, xxi, 24-25; vii⁰ s. av. J.-C.; Lévitique, xxiv, 20; Deutéronome, xix, 21.)

Grec. — **C'est piété de payer le crime par le crime, et un coup meurtrier doit être puni par un coup meurtrier.**
(Eschyle, *les Choéphores*, 125 et 314; v⁰ s. av. J.-C.)

— Si un homme a crevé l'œil d'un autre, il n'est pas juste que l'on se contente de lui en crever un; le coupable doit souffrir plus de mal qu'il n'en a fait.

(Aristote, *Grande Morale*, I, xxxi, 14; iv⁰ s. av. J.-C.)

— Le sang se lave dans le sang.

(Philon d'Alexandrie, *Des lois spéciales*, III, 150; 1ᵉʳ s.)

Hébreu. — **Mesure pour mesure.**

(Le Talmud, *Sanhédrin*, vᵉ s. — Titre d'une pièce de Shakespeare.)

Islam. — **La peine du talion est écrite pour le meurtre.**

(Le Koran, ii, 173; viiᵉ s.)

Anglais. — **Celui qui rend violence pour violence ne viole que la loi, et non l'homme.**

(Fr. Bacon, *De dignitate et augmentis scientiarum*, vi, 39 [1605].)

V. CHÂTIMENT, CHOC EN RETOUR, PUNIR, RÉCIPROCITÉ, VENGEANCE.

TARTUFE

Bouddhisme. — **Celui qui observe les défenses religieuses avec un cœur léger et sans conviction ressemble à un loup qui se livrerait au jeûne.**

(Paroles de Çakya-Mouni, viᵉ s. av. J.-C.)

Allemand. — **Quand hurle le loup, il lève la tête vers les cieux.**

Anglais. — **Le chapelet dans la main, le diable dans la capuche.**

— *(Écosse).* — **Satan réprouve le péché.**

— **Nul gredin comme le pieux gredin.**

Espagnol. — **Tel a la croix en la poitrine qui est le diable en action.**

Polonais. — **Le pire démon est celui qui prie.**

V. BIGOTERIE, HYPOCRISIE.

TÉMÉRITÉ

Grec. — **La témérité est l'exagération du courage à braver inutilement des périls.**

(Platon, *Définitions*, ivᵉ s. av. J.-C.)

Latin. — **Dans une situation critique, la témérité tient lieu de prudence.**

(Publilius Syrus, *Sentences*, 1ᵉʳ s. av. J.-C.)

Espagnol. — **La valeur qui va jusqu'à la témérité est plus près de la folie que du courage.**

(Cervantes, *Don Quichotte*, II, xvii [1615].)

— **Les exploits du téméraire s'attribuent plutôt à la bonne fortune qu'à son courage.**

(Cervantes, *Don Quichotte*, II, xxviii [1615].)

V. AUDACE, BRAVOURE, COURAGE, HARDIESSE, HÉROÏSME, VALEUR (vaillance).

TÉMOIN

Bible. — **Un témoin pervers se moque de la justice, et la bouche des méchants avale l'iniquité.**

(Livre des Proverbes, xix, 28; ivᵉ s. av. J.-C.)

— **Le témoin véridique délivre des âmes.**

(Livre des Proverbes, xiv, 25; ivᵉ s. av. J.-C.)

Latin. — **Un seul témoin oculaire en vaut dix qui ont entendu.**
(Plaute, *Truculentus*, 467; IIe s. av. J.-C.)

— **Il ne faut pas avoir égard à un seul témoin, fût-il Caton lui-même.**
(Caton d'Utique, Ier s. av. J.-C. — Cité par Plutarque, *Vies parallèles*. — D'où le proverbe : *Testis unus, testis nullus;* témoin unique, témoin nul.)

Hébreu. — **Malheur à la pâte contre qui témoigne le boulanger.**
(Le Talmud, *Baba Kamma*, Ve s.)

Anglais. — **Les témoins peuvent mentir, mais non les circonstances.**
(C. C. Colton, *Lacon or Many Things in Few Words* [1845].)

Arabe. — **Il y a des choses qui ont besoin de témoins, et d'autres qui sont pour elles-mêmes leur témoin.**

Chinois. — **Avec de l'argent, on fait parler les morts; sans argent, on ne peut pas faire taire les muets.**

Français. — **Témoins passent lettres.**
(Adage de l'ancien droit français, d'après lequel de sérieux témoignages oraux pouvaient l'emporter sur les pièces écrites. — Cité par Antoine Loisel, *Institutes coutumières*, 774 [1607].)

— **Les murailles parlent.**
(Il se trouve souvent des témoins des choses les plus cachées.)

— **Les témoins sont fort chers, et n'en a pas qui veut.**
(Racine, *les Plaideurs*, III, III, 718 [1668].)

V. VOIR ET ENTENDRE.

TEMPÉRANCE

Grec. — **Le tempérant est celui qui est modéré dans ses désirs.**
(Platon, *Définitions*, IVe s. av. J.-C.)

Anglais. — **La tempérance est une bride d'or.**
(R. Burton, *Anatomy of Melancholy*, II, II [1621].)

Égyptien. — **La tempérance est un arbre qui a pour racine le contentement de peu, et pour fruits le calme et la paix.**
(Ferdinand Denis, *le Brahme voyageur* [1853].)

Français. — **La tempérance et le travail sont les meilleurs médecins de l'homme.**
(J.-J. Rousseau, *Émile*, I [1762].)

V. FRUGALITÉ, SOBRIÉTÉ.

TEMPS   (généralités)

Grec. — **Le temps met tout en lumière.**
(Thalès de Milet, VIe s. av. J.-C. — Cité par Diogène Laërce, *Phil. ill.*, I.)

— **Le temps est le meilleur sauveur des hommes justes.**
(Pindare, *Fragments*, Ve s. av. J.-C.)

— **Le temps est le plus sage de tous les conseillers.**
(Périclès, Ve s. av. J.-C. — Cité par Plutarque, *Vies parallèles*.)

— **Le temps révèle tout : c'est un bavard qui parle sans être interrogé.**
(Euripide, *Æolos*, fragments, Ve s. av. J.-C.)

— **Le temps est le médecin de l'âme.**
(Philon d'Alexandrie, *Vie du patriarche Joseph*, Ier s.)

— **Le fruit du figuier n'arrive pas en une heure à son point de maturité.**
(Épictète, *Entretiens*, I, XV; début du IIe s.)

Latin. — **Le temps dévore tout.**

(*Tempus edax rerum.* — Ovide, *les Métamorphoses*, XV, 234 [env. 7].)

Sanskrit. — **Trois choses sont effacées par le temps : un chagrin, une dette, et une tache dans la conduite.**

(*Purânas*, recueil de sentences, IIe s.)

Allemand. — **Le temps couvre et découvre toutes choses.**

(*Sprichwörter und Sprüchreden der Deutschen* [1842].)

— **Le temps amène les roses.**

(Un proverbe suisse ajoute : « ... mais avant tout des bourgeons ».)

Anglais. — **Il n'est pas de prédicateur mieux écouté que le temps.**

(Swift, *Thoughts on Various Subjects* [1706].)

Arabe. — **Le temps sera le maître de celui qui n'a pas de maître.**

(Ch. Cahier, *Proverbes et Aphorismes* [1856].)

Berbère. — **Le temps enfante sans étalon.**

(Ahmed Sbihi, *Proverbes inédits des vieilles femmes marocaines* [1932].)

Espagnol. — **Il faut donner du temps au temps.**

(Proverbe cité par Cervantes, *Don Quichotte*, I, XXXIV [1605].)

— **La béquille du Temps fait plus de besogne que la massue d'Hercule.**

(César Oudin, *Refranes o proverbios castellanos* [1659].)

Français. — **Le temps mûrit toutes choses; par temps toutes choses viennent en évidence; le temps est père de vérité.**

(Rabelais, *le Tiers Livre*, XL [1546].)

— **Avec la paille et le temps, se mûrissent les nèfles et les glands.**

(Gabriel Meurier, *Sentences notables, Adages et Proverbes* [1568].)

— **Le temps est un grand maître, il règle bien des choses.**

(Corneille, *Sertorius*, II, IV, 717 [1662].)

— **Le temps guérit les douleurs et les querelles.**

(Pascal, *Pensées*, II, 122 [1670].)

— **Le temps n'épargne pas ce qu'on a fait sans lui.**

(François Fayolle, *Discours en vers sur la littérature et les littérateurs* [1801].)

— **Le temps use l'erreur et polit la vérité.**

(G. de Lévis, *Maximes et Préceptes*, 43 [1808].)

— **Le temps ne maintient que ce qu'il a élevé.**

(Ch. Cahier, *Proverbes et Aphorismes* [1856].)

— **Le temps n'a pas de loisir.**

(C'est-à-dire : Le temps ne s'arrête jamais et, par son œuvre incessante, tout change perpétuellement dans le monde. — J. Cassano, *la Vie rustique et la Philosophie dans les proverbes* [1914].)

Italien. — **Le temps est une lime qui travaille sans bruit.**

— **Le temps est galant homme.**

Russe. — **Le temps ne s'incline pas devant nous, mais nous devant le temps.**

Serbe. — **Le temps bâtit une forteresse et la démolit.**

V. ATTENDRE, DÉLAI, HEURE, OPPORTUNITÉ.

TEMPS (Emploi du)

Grec. — **La plus coûteuse des dépenses, c'est la perte de temps.**

(Théophraste, IVe s. av. J.-C. — Cité par Diogène Laërce, *Phil. ill.*, V.)

Latin médiéval. — **Tu ne peux pas retenir ce jour, mais tu peux ne pas le perdre.**

(Inscription sur un cadran solaire : *Tenere non potes, potes non perdere diem.*)

Allemand. — **On a toujours assez de temps quand on l'emploie bien.**
(Gœthe, *Dichtung und Wahrheit* [1831].)

Américain. — **Le temps, c'est de l'argent.**
(B. Franklin, *Advice to a Young Tradesman* [1748].)

Anglais. — **Le temps et la marée n'attendent personne.**
(John Lydgate, *Falls of Princes*, III, 2801 [1440].)

— **Qui a le temps et attend le temps perd son temps.**
(W. Camden, *Remaines Concerning Britaine* [1614].)

— **Choisir son temps, c'est l'épargner.**
(Fr. Bacon, *Essays*, xxv [1625].)

Chinois. — **Une table en pierres précieuses et longue d'une coudée est une chose précieuse, mais un instant du temps l'est bien davantage.**

Espagnol. — **Nous n'avons rien à nous que le temps.**
(Baltasar Gracian, *Oraculo manual*, 247 [1647].)

Français. — **On n'est pas né pour la gloire, lorsqu'on ne connaît pas le prix du temps.**
(Vauvenargues, *Réflexions et Maximes*, 180 [1746].)

— **Le temps est comme l'argent, n'en perdez pas et vous en aurez assez.**
(G. de Lévis, *Maximes et Préceptes*, 22 [1808].)

— **Le temps est la seule richesse dont on puisse être avare sans déshonneur.**
(Chauvot de Beauchêne, *Réflexions et Pensées*, 205 [1827].)

Polonais. — **De toutes les prodigalités, la plus blâmable est celle du temps.**
(Marie Leszczynska [1703-1768].)

TEMPS (Fuite du)

Bible. — **Les jours de l'homme sont plus rapides que la navette du tisserand.**
(Job, vii, 6; v⁰ s. av. J.-C.)

Latin. — **Le temps fuit sans retour.**
(*Fugit irreparabile tempus.* — Virgile, *Géorgiques*, III, 284; env. 30 av. J.-C.)

— **Il n'y a rien qui aille aussi vite que le temps.**
(Ovide, *les Métamorphoses*, X, 520 [env. 7].)

Français. — **Le moment où je parle est déjà loin de moi.**
(Boileau, *Épîtres*, III, 48 [1673].)

TEMPS (météorologie)

Grec. — **Le temps est tantôt une mère, tantôt une marâtre.**
(Hésiode, *les Travaux et les Jours*, 825; viii⁰ s. av. J.-C.)

Anglais. — **Changement de temps, entretien de sots.**
(J. Heywood, *Proverbs in the English Tongue* [1546].)

Estonien. — **Ne vous fiez ni à l'épousée de la veille ni au temps du matin.**

Français. — **Ciel pommelé, femme fardée ne sont pas de longue durée.**
(A. de Montluc, *la Comédie de proverbes*, III, vii [1616].)

— **Un temps de demoiselle, c'est ni pluie, ni vent, ni soleil.**
(Antoine Oudin, *Curiosités françoises* [1640].)

V. CHALEUR ET FROID, SAISON.

TENTATION

Bible. — **Que sait-il, celui qui n'a pas été tenté ?**
(L'Ecclésiastique, XXXIV, 9; IIᵉ s. av. J.-C.)

Hébreu. — **La brèche dans le mur tente le voleur.**
(Le Talmud, *Sukkah*, Vᵉ s.)

— **Ce n'est pas la souris, mais le trou qui est le voleur.**
(Le Talmud, *Gittin*, Vᵉ s.)

Anglais. — **La porte de derrière fait le voleur et la dévergondée.**
(W. Camden, *Remaines Concerning Britaine* [1614].)

— **Il est bon de n'avoir pas de vices et mauvais de n'avoir pas de tentations.**
(W. Bagehot, *Biographical Studies* [1880].)

— **Le seul moyen de se débarrasser d'une tentation, c'est d'y céder.**
(Oscar Wilde, *The Picture of Dorian Gray*, II [1891].)

Belge. — **On ne lie pas les chiens avec des saucisses.**
(J. Dejardin, *Dictionnaire des spots ou proverbes wallons* [1863].)

Espagnol. — **Porte ouverte, le saint est tenté.**
(César Oudin, *Refranes o proverbios castellanos* [1659].)

Français. — **Tout est tentation à qui la craint.**
(La Bruyère, *les Caractères*, « Des femmes », 34 [1688].)

— **Il ne faut pas mettre dans une cave un ivrogne qui a renoncé au vin.**
(Lesage, *Gil Blas de Santillane*, II, VI [1750].)

Indien *(bengali).* — **Le chat est un derviche jusqu'à ce que vienne le lait.**

Italien. — **Il ne faut pas tenter les saints, à plus forte raison ceux qui ne le sont pas.**

V. FRUIT DÉFENDU (le).

TERRE

Bible. — **Parle à la terre, et elle t'enseignera.**
(Job, XII, 8; IVᵉ s. av. J.-C.)

Latin. — **La terre ne rend jamais sans intérêt ce qu'elle a reçu.**
(Cicéron, *De senectute*, 51; env. 44 av. J.-C.)

Proverbe général. — **Bonnes terres, mauvaises gens.**

Danois. — **Il fait bon prêter à Dieu et à la terre; ils paient de gros intérêts.**

Français. — **Tant vaut l'homme, tant vaut la terre.**
(*Proverbia vulgalia et latina*, manuscrit du XIVᵉ s., Paris, Bibl. nat.)

— **Qui terre a guerre a.**
(Manuscrit du XVᵉ s., sans titre, Rome, Vatican.)

— **Les terres fertiles font les esprits infertiles.**
(Montaigne, *Essais*, II, XII [1580].)

Indien *(pundjabi).* — **La terre et la femme cèdent à la force, mais livrées à l'impuissance, elles se donnent à un autre.**

Malgache. — **La terre est l'épouse de Dieu; elle nourrit les vivants et garde les morts.**

V. AGRICULTURE, PAYSAN.

TESTAMENT

Proverbe général. — **Le testament ne fait pas mourir le testateur.**

Polonais. — **Le testament du mort est le miroir de sa vie.**

> V. HÉRITAGE.

TÊTE

Latin médiéval. — **Du mal de la tête, les membres pâtissent.**
> (*Quando caput dolet, omnia membra dolent.* — Cité par Cervantes, *Don Quichotte*, II, II.)

Français. — **Tout le reste est peu sain quand la tête est malsaine.**
> (G. du Bartas, *la Semaine ou Création du monde*, 666 [1579].)

> — **Quand le bras a failli, l'on en punit la tête.**
> (Corneille, *le Cid*, II, VIII, 722 [1636].)

> V. CORPS ET ÂME.

THÉÂTRE

Français. — **La comédie corrige les mœurs en riant.**
> (Jean de Santeul[1630-1697]. — Devise en latin [*Castigat ridendo mores*] imaginée par Santeul et donnée à l'arlequin Dominique, pour qu'il la mît sur la toile de son théâtre.)

> — **Le socque est inférieur au cothurne.**
> (Fénelon, *Lettre à l'Académie*, VII [1716]. — Le socque était chez les Grecs la chaussure des acteurs comiques et le cothurne celle des acteurs tragiques; ces mots désignent par métonymie le genre comique et le genre tragique.)

> — **La tragédie ne fait plus d'effet depuis qu'elle court les rues.**
> (Chamfort [1741-1794], *Caractères et Anecdotes*. — Cf. Œuvres du comte P.-L. Rœderer, Paris, 1856, IV, 133.)

> V. ART.

THÉORIE et PRATIQUE

Latin médiéval. — **Le chemin est long par les préceptes.**
> *Longum iter per praecepta.*

> — **C'est en forgeant que l'on devient forgeron.**
> *Fit fabricando faber.*

Anglais. — **La connaissance théorique est un trésor dont la pratique est la clé.**
> (Th. Fuller, *Gnomologia* [1732].)

Arabe. — **La pratique est nécessaire au savant comme la corde à celui qui puise de l'eau.**
> (Zamakhari, *les Colliers d'or*, 77; XVe s.)

Chinois. — **Il est plus facile de savoir comment on fait une chose que de la faire.**

Français. — **La pratique est la seule théorie qui profite.**
> (Daniel Darc [Mme Marie Régnier], *Petit Bréviaire du Parisien* [1883].)

> V. EXPÉRIENCE, RÊVE ET RÉALITÉ.

TIMIDITÉ

Latin. — **La timidité n'a jamais mené au premier rang.**
(Publilius Syrus, *Sentences*, 1er s. av. J.-C.)

— **Qui demande avec timidité enseigne à refuser.**
(Sénèque, *Hippolyte*, 593 [env. 60].)

Anglais. — **Chat timide fait souris effrontée.**
(D. Fergusson, *Scottish Proverbs* [1641].)

— **La modestie est une vertu, la timidité est un défaut.**
(Th. Fuller, *Gnomologia* [1732].)

— **Un effronté peut contrefaire la timidité, mais un timide ne peut contrefaire l'effronterie.**
(Oliver Goldsmith, *She Stoops to Conquer*, II [1773].)

Arménien. — **Sur le chien qui n'aboie pas, le loup se jette.**

Espagnol. — **La timidité est la prison du cœur.**

V. CRAINTE, HONTE (Fausse).

TITRES et DIGNITÉS

Latin. — **Les dignités accordées à un homme indigne sont comme une flétrissure.**
(Publilius Syrus, *Sentences*, 1er s. av. J.-C.)

Allemand. — **Les titres ne sont que la décoration des sots, les grands hommes n'ont besoin que de leur nom.**
(Frédéric II, *Lettre à Voltaire*, 2 juillet 1759.)

Anglais. — **L'homme se pèse, non le titre.**
(William Wycherley, *The Plain Dealer* [1676].)

— **Les titres ne sont que des surnoms et tout surnom est un titre.**
(Thomas Paine, *The Rights of Man*, I [1791].)

Italien. — **Ce n'est pas le titre qui honore l'homme, mais l'homme qui honore le titre.**
(Machiavel, *Discorsi sopra la prima deca di Tito Livio* [1515].)

V. HONNEURS (les), NOBLESSE, SURNOM.

TOLÉRANCE et INTOLÉRANCE

Anglais. — **Tolérance n'est pas quittance.**
(J. Heywood, *Proverbs in the English Tongue* [1546].)

Espagnol. — **Pour vivre, laisser vivre.**
(Balthasar Gracian, *Oraculo manual*, 192 [1647].)

Français. — **N'ayez d'intolérance que vis-à-vis de l'intolérance.**
(Hippolyte Taine [1828-1893].)

V. FANATISME, INDULGENCE.

TON

Français. — **C'est le ton qui fait la chanson.**
(La manière dont on fait une chose lui donne sa vraie signification.)

— **Le bon ton, c'est le bon goût appliqué aux discours et à la conversation.**
(Chamfort [1741-1794], *Maximes et Pensées*.)

V. CONVENANCE.

TÔT et TARD

Latin. — **Mieux vaut tard que jamais.**
(Tite-Live, *Histoire de Rome*, IV, xxiii [env. 10]. — *Ante*, Denys d'Halicarnasse, *Antiquités romaines*, IX, ix : Mieux vaut tarder que n'arriver jamais.)

— **Vouloir tard, c'est ne pas vouloir.**
(Sénèque, *De beneficiis*, II, v, 4 [env. 60].)

Français. — **Il est toujours plus tard que tu ne crois.**
(Inscription sur un cadran solaire.)

— **Il vaut mieux tard que mal, et cela en tout genre.**
(Voltaire, *Lettre à M. Colini*, 7 octobre 1762.)

Turc. — **Le coq qui chante trop tôt aura le cou tordu.**

V. DILIGENCE, HÂTE, PRÉCIPITATION, RETARD.

TOUT

Grec. — **Tout est dans tout.**
(Axiome d'Anaxagore, vᵉ s. av. J.-C. — Cité par Aristote, *Physique*, I, v, 6.)

Allemand. — **Sache voir le tout dans le plus petit objet.**
(Gœthe [1749-1832], *Maximen und Reflexionen*.)

Anglais. — **Qui aime l'arbre aime les feuilles.**
(G. Herbert, *Jacula prudentum* [1651].)

Français. — **Tout fait somme.**
(Il faut tenir compte de tout.)

V. ASSEZ ET TROP.

TRADITION

Bible. — **Ne déplace pas la borne antique.**
(Livre des Proverbes, xxiii, 10; ivᵉ s. av. J.-C.)

Anglais. — **La tradition a la barbe blanche.**
(J. G. Whittier, *Mary Garvin* [1858].)

Targui. — **Suis le chef, même s'il est vieux; suis la piste, même si elle tourne.**

V. COUTUME.

TRADUCTION

Anglais. — **Une traduction n'est que le revers d'une tapisserie.**
(J. Howell, *Poems of Translations* [1660].)

— **Une traduction est, au mieux, un écho.**
(G. Borrow, *Lavengro*, xxv [1851].)

Français. — **Les traductions augmentent les fautes d'un ouvrage et en gâtent les beautés.**
(Voltaire, *Essai sur la poésie épique*, II [1726].)

Italien. — **Traducteur, traître.**
Traduttore, traditore.

TRAHISON

Latin. — **On aime la trahison, mais le traître est odieux.**
(César Auguste. — Cité par Plutarque, *Vies parallèles*, « Romulus. »)

Anglais. — **La trahison qui prospère, nul ne l'ose appeler trahison.**
(J. Harrington, *Epigrams*, IV, 259 [1590].)

Chinois. — **Il est facile d'esquiver la lance, mais non l'épée cachée.**

Éthiopien. — **Quand même la mort du Christ eût été inévitable, Judas n'en serait pas moins un traître.**

Irlandais. — **Mieux vaut un lion féroce devant soi qu'un chien traître derrière.**

Italien. — **Berger qui vante le loup n'aime pas les moutons.**
V. DUPLICITÉ.

TRAÎTRISE

Anglais. — **Les sirènes ont leurs chants les plus doux quand elles attirent sur les écueils.**
(Michael Drayton, *England's Heroical Epistles*, « Legend of Matilda » [1603].)

Berbère. — **On attrape les oiseaux avec des oiseaux.**
(Mohammed ben Cheneb, *Proverbes du Maghreb* [1907].)
V. PERFIDIE.

TRANQUILLITÉ

Américain. — **La tranquillité est le lait de la vieillesse.**
(Th. Jefferson, *Letter to Edward Rutledge* [1797].)

Chinois. — **La rivière tranquille a ses rives fleuries.**
(Variante : Seul l'étang tranquille reflète les étoiles.)

Français. — **C'est une belle chose que la tranquillité, mais l'ennui est de sa connaissance et de sa famille.**
(Voltaire, *Lettre à M. de Moncrif*, 27 mars 1757.)
V. PAIX DE L'ÂME, SILENCE.

TRAVAIL

Bible. — **Tu mangeras ton pain à la sueur de ton front.**
(Genèse, III, 19; VIIIᵉ s. av. J.-C.)

— **Celui qui travaille, travaille pour lui.**
(Livre des Proverbes, XVI, 26; IVᵉ s. av. J.-C.)

— **Celui qui ne veut pas travailler ne doit pas manger.**
(Saint Paul, IIᵉ Épître aux Thessaloniciens, III, 10 [env. 60].)

Grec. — **Le travail est pour les hommes un trésor.**
(Ésope, *Fables*, « le Laboureur et ses Enfants », VIᵉ s. av. J.-C. — Cf. La Fontaine, *Fables*, V, IX.)

— **Tu dois payer ta vie par ton travail.**
(Phocylide de Milet, *Sentences*, VIᵉ s. av. J.-C.)

Latin. — **Le travail forme un calus contre la douleur.**
(Cicéron, *Tusculanae Disputationes*, II, XV; env. 45 av. J.-C.)

— **Un travail opiniâtre vient à bout de tout.**
(*Labor omnia vincit improbus.* — Virgile, *Géorgiques*, I, 144-145; env. 30 av. J.-C.)

Latin médiéval. — Travailler, c'est prier.

> (*Qui orat et laborat, cor levat ad Deum cum manibus* : Celui qui prie et travaille, lève son cœur vers Dieu avec ses mains. — Cf. saint Bernard, *Ad sororem*, XIIᵉ s.)

Allemand. — Quand le diable frappe à la porte, travaille.

> (J. P. Richter, *Blumen, Frucht und Dornenstücke* [1818].)

Américain. — La faim regarde à la porte de l'homme laborieux, mais elle n'ose pas entrer.

> (B. Franklin, *Poor Richard's Almanac* [1757].)

— Sue et tu seras sauvé.

> (Théodore Roosevelt, président des États-Unis [1858-1919].)

Anglais. — Le travail est le sel de la vie.

> (Th. Fuller, *Gnomologia, Adagies and Proverbs* [1732].)

— L'abeille laborieuse n'a pas le temps d'être triste.

> (William Blake, *Proverbs of Hell* [1793].)

Espagnol. — Un homme n'est pas plus qu'un autre, s'il ne travaille plus qu'un autre.

> (Cervantes, *Don Quichotte*, I, XVIII [1605].)

— La moisson vient plus du labour que du champ.

> (Cité par Ch. Cahier, *Proverbes et aphorismes* [1856].)

Estonien. — Les ampoules aux mains sont plus honorables que les bagues.

Français. — Qui beau jour voit, œuvrer le doit.

> (*Incipiunt versus proverbiales*, manuscrit du XIVᵉ s., Paris, Bibl. nat.)

— L'homme naquit pour travailler, comme l'oiseau pour voler.

> (Rabelais, *le Quart Livre*, XXIV [1552].)

**— Travaillez, prenez de la peine :
C'est le fonds qui manque le moins.**

> (La Fontaine, *Fables*, V, IX, « le Laboureur et ses Enfants » [1668]. — Le fonds qui manque le moins, c'est-à-dire celui que nous pouvons toujours exploiter, est notre propre travail.)

— Le travail est souvent le père du plaisir.

> (Voltaire, *Discours sur l'homme*, IV, 115 [1738].)

— Le travail éloigne de nous trois grands maux : l'ennui, le vice et le besoin.

> (Voltaire, *Candide*, XXX [1759].)

— Le travail de l'esprit est le repos du cœur.

> (Chevalier de Boufflers, *Poésies et Pièces fugitives* [1782].)

— Notre meilleur ami, c'est encore le travail.

> (Collin d'Harleville, *les Mœurs du jour*, I, IV [1800].)

— On se lasse de tout, excepté du travail.

> (G. de Lévis, *Maximes et Préceptes*, 28 [1811].)

Indien (pundjabi). — Le compagnon de la femme est l'homme, le compagnon de l'homme est le travail.

Kurde. — Remets à demain ton repas, mais non ton travail.

Russe. — On devient plutôt bossu que riche en travaillant.

Serbe. — Si vous êtes abeille, vous trouverez une ruche.

> V. ACTIVITÉ, EFFORT, MÉTIER, ŒUVRE.

TRAVAIL et OISIVETÉ

Anglais. — **Le travailleur est tenté par un démon, l'oisif l'est par mille.**

Belge. — **Main de velours, cœur de beurre ; main d'ouvrage, cœur de courage.**

Berbère. — **Travaille, et tu deviendras fort ; assieds-toi, et tu sentiras mauvais.**

Français. — **La charge dompte la bête.**

V. TRAVAIL, OISIVETÉ.

TRICHERIE

Anglais. — **Le tricheur triche même avec son père.**
(J. Ray, *English Proverbs* [1670].)

Espagnol. — **La chance qui dure est toujours suspecte.**
(Baltasar Gracian, *Oraculo manual*, 38 [1647].)

Français. — **La tricherie revient à son maître.**
(*Bonum spatium*, manuscrit du XIVe s., Paris, Bibl. nat.)
V. FRAUDE, TROMPERIE.

TRISTESSE

Grec. — **Il y a un certain plaisir parent de la tristesse.**
(Métrodore de Chio, IVe s. av. J.-C. — Cité par Sénèque, *Lettres à Lucilius*, XCIX.)

Chinois. — **Vous ne pouvez pas empêcher les oiseaux de la tristesse de voler au-dessus de vos têtes, mais vous pouvez les empêcher de faire leurs nids dans vos cheveux.**

Japonais. — **C'est le visage triste que pique l'abeille.**
V. OPTIMISME ET PESSIMISME.

TROMPERIE

Latin médiéval. — **N'est point trompé qui se sait trompé.**
Non decipitur qui scit se decipi.

— **Il n'y a pas de fraude à tromper un trompeur.**
Fallere fallentem non est fraus.

Allemand. — **On n'est jamais trompé, on se trompe soi-même.**
(Gœthe [1749-1832], *Maximen und Reflexionen*.)

Espagnol. — **Le renard en sait beaucoup, mais celui qui le prend en sait davantage.**
(Cervantes, *Nouvelles exemplaires*, « le Petit-Fils de Sancho Panza » [1613].)

— **Une cautèle en rompt une autre.**
(César Oudin, *Refranes o proverbios castellanos* [1659].)

Français. — **Tel cuide engeigner autrui qui s'engeigne lui-même.**
(Manuscrit du XIIIe s., sans titre, Oxford, Rawlinson. — Rapporté à Merlin l'Enchanteur par La Fontaine, *Fables*, IV, XI, « la Grenouille et le Rat ».)

— **Tel croit guiller Guillot que Guillot le guille.**
(Baïf, *Mimes, Enseignements et Proverbes* [1576].)

— **Avec le renard, on renarde.**
(Baïf, *op. cit.*)

— **A trompeur, trompeur et demi.**
(Noël du Fail, *Contes et Discours d'Eutrapel*, XXXI [1585].)

— **Le vrai moyen d'être trompé, c'est de se croire plus fin que les autres.**
(La Rochefoucauld, *Réflexions ou Sentences et Maximes morales*, 127 [1665].)

— **... C'est double plaisir de tromper le trompeur.**
(La Fontaine, *Fables*, II, XV, « le Coq et le Renard » [1668].)

— **... Tel est pris qui croyait prendre.**
(La Fontaine, *Fables*, VIII, IX, « le Rat et l'Huître » [1678].)

— **On ne trompe point en bien.**
(La Bruyère, *les Caractères*, « De l'homme », 25 [1688].)

V. DISSIMULATION, DUPES ET FRIPONS, DUPLICITÉ, FAUSSETÉ, FAUX-SEMBLANT, FOI
(Bonne et mauvaise), FOURBERIE, FRAUDE, GREDIN, TRICHERIE.

TURQUIE

Persan. — **Adam et Ève parlaient d'amour en persan, mais l'ange qui les chassait s'exprimait en turc.**

Turc. — **La beauté est circassienne, la richesse est française, mais la majesté est osmanlie.**

V. NATION (caractères nationaux et langues nationales).

TYRANNIE

Grec. — **Rien n'est plus rare qu'un tyran qui vieillit.**
(Thalès de Milet, VIᵉ s. av. J.-C. — Cité par Diogène Laërce, *Phil. ill.*, I.)

Antiquité chinoise. — **Un homme inhumain a pu obtenir un royaume, mais un homme inhumain n'a jamais conquis l'empire.**
(Mencius, *Livre des livres*, II, VIII, 13; IVᵉ s. av. J.-C.)

Latin. — **Rien n'est plus irritable que l'oreille d'un tyran.**
(Juvénal, *Satires*, IV, 86 [env. 120].)

Anglais. — **Il est temps de craindre quand un tyran veut vous embrasser.**
(Shakespeare, *Pericles*, I, II, 79 [1608].)

— **Il en menace beaucoup, celui qui fait injure à un seul.**
(Ben Jonson, *Fall of Sejanus*, II [1614].)

Français. — **Chacun baise en tremblant la main qui nous enchaîne.**
(Voltaire, *la Mort de César*, II, III [1743].)

— **Tout homme est soldat contre la tyrannie.**
(Voltaire, *Sophonisbe*, III, II [1769].)

V. DESPOTISME.

UNION

Grec. — **Dans l'union s'affirme la force d'hommes même très médiocres.**
(Homère, *l'Iliade*, XIII, 237; IXᵉ s. av. J.-C. — D'où le proverbe général : L'union fait la force.)

Bouddhisme. — **C'est réunis que les charbons brûlent; c'est en se séparant que les charbons s'éteignent.**
(Cité par E.-L. Burnouf, *Introduction à l'histoire du bouddhisme indien*, 213 [1876].)

Latin. — **Ce que deux veulent n'échoue pas.**
(Ovide, *les Amours*, II, III, 16; env. 15 av. J.-C.)

Hébreu. — **Deux chiens peuvent tuer un lion.**
(Le Talmud, *Sanhédrin*, vᵉ s.)

Allemand. — **Deux sont une armée contre un.**

Anglais. — **Le poing est plus fort que la main, quoiqu'il ne soit autre chose que la main.**

Arménien. — **Les chiens, qui se battent entre eux, s'unissent contre le loup.**

Chinois. — **Une trompette, serait-elle d'argent, ne l'emporte pas sur dix cors de chasse.**

Danois. — **L'unanimité est la meilleure forteresse.**

Français. — **Toute puissance est faible, à moins que d'être unie.**
(La Fontaine, *Fables*, IV, XVIII, « le Vieillard et ses Enfants » [1668]. — Cette parole s'inspire d'une anecdote rapportée par Plutarque, *Œuvres morales*, 511. — Scilurus, roi des Scythes, mourant, fit venir ses fils autour de sa couche. Il leur demanda de briser un faisceau de lances unies, et comme aucun d'eux n'y parvenait, il saisit lui-même le faisceau, détacha chaque lance et les rompit séparément. Puis il expliqua à ses fils que, s'ils voulaient demeurer invincibles, ils devaient rester unis.)

— **Tous pour un, un pour tous.**
(A. Dumas père, *les Trois Mousquetaires*, IX [1844].)

Indien (hindoustani). — **Les miracles sont accomplis par les hommes unis.**

Malgache. — **S'unir pour passer l'eau, et l'on n'est pas mangé par les caïmans.**

— **Une troupe de pintades est impénétrable au chien.**

Nigritien (Haoussa). — **L'union dans le troupeau oblige le lion à se coucher avec la faim.**

Persan. — **Les fourmis assemblées peuvent vaincre le lion.**
(Saadi, *Goulistan*, III, 28; XIIIᵉ s.)

V. ASSOCIATION, CONCORDE.

USAGE (utilisation)

Hébreu. — **Le puits où l'on tire souvent a l'eau la plus claire.**
(J. Clarke, *Parœmiologia anglo-latina* [1639].)

Latin. — **L'usage fait briller le métal.**
(Ovide, *les Amours*, I, VIII, 61; env. 15 av. J.-C.)

Français. — **Si la vache n'est pas tirée ordinairement, elle se tarit.**
(Noël du Fail, *Contes et discours d'Eutrapel*, XXXII [1585].)
V. COUTUME, POSSESSION.

USURE (détérioration)

Latin. — **Le soc de la charrue s'use au poids de la terre.**
(Ovide, *Epistulae ex Ponto*, IV, X, 5 [env. 15].)

Français. — **Tout ce qui branle ne tombe pas.**
(Montaigne, *Essais*, III, IX [1588].)

Nigritien *(Bambara).* — **Le couteau dévore la meule et la meule le couteau.**
V. PEU À PEU.

USURE, USURIER

Islam. — **Celui qui te prête à usure vaut moins qu'un chien.**
(Cf. Le Koran, II, 276 : Dieu a permis la vente et défendu l'usure.)

Anglais. — **L'usurier est toujours sourd.**
(Th. Wilson, *A Discourse upon Usury* [1572].)

Français. — **Il vaut mieux prêter sur gages que sur rien.**
(Lesage, *Turcaret*, III, V [1709].)

Indien *(garhwali).* — **Les intérêts courent, même la nuit.**

Russe. — **L'emprunteur reçoit une corde et il rend à l'usurier une courroie.**
V. EMPRUNT.

UTILE et AGRÉABLE

Grec. — **Ne regardez comme agréable que ce qui est en même temps utile.**
(Démocrate, *Sentences d'or*, 28; Iᵉʳ s. av. J.-C.)

Latin. — **Il réunit tous les suffrages, celui qui a su mêler l'utile à l'agréable.**
(Horace, *Art poétique*, 343; env. 10 av. J.-C.)

Français. — **Nous faisons cas du beau, nous méprisons l'utile.**
(La Fontaine, *Fables*, VI, IX, « le Cerf se voyant dans l'eau » [1668].)
V. NÉCESSAIRE ET SUPERFLU.

UTILE et INUTILE

Grec. — **Ce qui est utile est beau.**
(Platon, *Hippias*, 295; IVᵉ s. av. J.-C.)

Latin. — **C'est payer trop cher que d'acheter un sou ce qui ne sert pas.**
(Caton le Censeur, IIᵉ s. av. J.-C. — Cité par Sénèque, *Lettres à Lucilius*, XCIV.)

Français. — **Il viendra un temps où le renard** (la vache, le chien) **aura besoin de sa queue.**
(Ce qui paraît maintenant inutile peut un jour devenir nécessaire.)

— **Il n'est rien d'inutile aux personnes de sens.**
(La Fontaine, *Fables*, V, XIX, « le Lion s'en allant en guerre » [1668].)

Siamois. — **Ne préfère pas le vent à l'eau.** (Choisis l'utile.)
V. BESOIN, NÉCESSITÉ.

VAINQUEUR et VAINCU

Antiquité chinoise. — **L'homme vertueux frappe un coup décisif et ne veut point paraître fort.**

(Lao-Tseu, *Livre du Tao et de sa vertu*, I, xxx, 10; vɪᵉ s. av. J.-C. — Car ce qui est florissant ne manque pas de dépérir et celui qui a vaincu sera nécessairement subjugué.)

— **Faites en sorte que les vaincus puissent se féliciter de vous avoir pour vainqueur.**

(Ou-Tse, *Règles*, V; ɪɪɪᵉ s. av. J.-C.)

Latin. — **Malheur aux vaincus! (Vae victis!)**

(Paroles du chef gaulois Brennus, lors de la prise de Rome, en 390 av. J.-C. — Les défenseurs, après sept mois de siège, ayant demandé à capituler, Brennus exige mille livres d'or. Le tribun Sulpicius apporte la somme. Pendant que l'on pèse l'or, une contestation s'élève, et les Romains reprochent aux vainqueurs de faire usage de faux poids. Alors Brennus, jetant sa lourde épée dans la balance, prononça le mot célèbre, rapporté par Tite-Live, V, xlvɪɪɪ, 9; Florus, I, xvɪɪɪ, 17, et devenu proverbial.)

— **Les lois de la guerre permettent aux vainqueurs de traiter à leur gré les vaincus.**

(Réponse du chef germain Arioviste aux légats de César, en 56 av. J.-C. — Appelé par les Séquanes contre les Éduens, Arioviste vainquit ceux-ci, puis opprima les uns et les autres. — Cf. César, *De bello gallico*, I, xxxvɪ.)

— **Le salut des vaincus est de n'en plus attendre.**

(Virgile, *Énéide*, II, 354; env. 20 av. J.-C.)

— **Celui-là est deux fois vainqueur, qui sait se vaincre dans la victoire.**

(Publilius Syrus, *Sentences*, ɪᵉʳ s. av. J.-C. — Cf. Sénèque, *Troades*, 257 : Plus on est victorieux et plus on doit montrer de patience.)

— **Quand le vainqueur a quitté les armes, le vaincu a le devoir de quitter sa haine.**

(Sénèque, *Hercule furieux*, 409 [env. 60].)

— **Il n'y a de vainqueur que celui qui force l'ennemi à s'avouer vaincu.**

(Claudien, *De sexto consulatu Honorii*, 248; ɪvᵉ s.)

Latin médiéval. — **Le vaincu pleure, le vainqueur est ruiné.**

(Érasme, *Adages*, II, vɪ, 24 [1508].)

Espagnol. — **Vive qui a vaincu !**

(Cervantes, *Don Quichotte*, II, xx [1615].)

Français. — **Qui punit le vaincu ne craint pas le vainqueur.**

(Corneille, *la Mort de Pompée*, I, ɪ, 116 [1642].)

— **Tout vainqueur insolent à sa perte travaille.**

(La Fontaine, *Fables*, VII, xɪɪɪ, « les Deux Coqs » [1678].)

V. CLÉMENCE, CONQUÉRANT, DÉFAITE, MAGNANIMITÉ, VICTOIRE.

VALEUR (généralités)

Antiquité chinoise. — **L'inégale valeur des choses est dans la nature même des choses.**
(Mencius, *Livre des livres*, I, v, 4; IVe s. av. J.-C.)

Latin médiéval. — **De tout bois on ne peut faire une statue de Minerve.**
(Érasme, *Adages*, II, v, 47 [1523]. — Variante moderne : De tout bois on ne peut faire flèche.)

Français. — **On ne mélange pas les torchons avec les serviettes.**
(Attribué à Gyp [1849-1932].)

Malgache. — **Il y a bien des espèces de plantes, mais la canne est à sucre.**
(J. A. Houlder, *Ohabolana ou Proverbes malgaches* [1915].)

V. INFÉRIORITÉ, MÉDIOCRITÉ, SUPÉRIORITÉ.

VALEUR (pécuniaire)

Latin. — **Une chose vaut ce que l'acheteur la paie.**
(Publilius Syrus, *Sentences*, Ier s. av. J.-C.)

Anglais. — **Un morceau de chevreuil en vaut deux de chat.**
(J. Heywood, *Proverbs in the English Tongue* [1546].)

Français. — **Il n'y eut jamais peau de lion à bon marché.**
(G. Herbert, *Jacula prudentum* [1651].)

V. PRIX.

VALEUR (vaillance)

Grec. — **A vaillant homme, courte épée.**
(Proverbe lacédémonien. — Les Spartiates, renommés pour leur courage, avaient des épées très courtes.)

Latin. — **Pas de chemin impossible à la valeur.**
(Ovide, *Métamorphoses*, XIV, 113 [env. 7]. — C'était la devise d'Henri IV : *Invia virtute nulla est via.* — L'emblème figurait Her ule domptait un monstre.)

— **La valeur consiste à dompter ce qui fait trembler tout autre.**
(Sénèque, *Hercule furieux*, 435 [env. 60].)

Français. — **La plus forte, généreuse et superbe de toutes les vertus est la vaillance.**
(Montaigne, *Essais*, III, XIII [1588].)

— **Le courage est comme l'amour; il veut de l'espérance pour nourriture.**
(Napoléon [1769-1821], *Maximes et Pensées*.)

Persan. — **La valeur sans prudence est un cheval aveugle.**

V. BRAVOURE, COURAGE, TÉMÉRITÉ.

VALOIR (Se faire)

Latin. — **Tu vaudras aux yeux des autres ce que tu seras à tes yeux.**
(*Tanti eris aliis, quanti tibi fueris.* — Attribué généralement à Cicéron, mais sans référence.)

Espagnol. — **C'est un grand point que de savoir faire estimer sa drogue.**
(Baltasar Gracian, *Oraculo manual*, 150 [1647].)

Français. — **Autant vaut l'homme comme il s'estime.**
(Rabelais, II, *Pantagruel*, XXIX [1532].)

— Rien ne devrait plus humilier les hommes qui ont mérité de grandes louanges, que le souci qu'ils prennent encore de se faire valoir pour de petites choses.

(La Rochefoucauld, *Réflexions ou Sentences et Maximes morales*, 372 [1665].)

— Il arrive souvent que l'on nous estime à proportion que nous nous estimons nous-mêmes.

(Vauvenargues, *Réflexions et Maximes*, 459 [1746].)

— Avoir de la considération pour soi vous attire quelquefois celle des autres.

(Chamfort [1741-1794], *Caractères et Anecdotes*.)

Suédois. — L'art de se faire valoir l'emporte souvent sur ce que l'on vaut en effet, et la réputation sans mérite laisse souvent loin derrière elle le mérite sans réputation.

(Chancelier Oxenstiern [1583-1654], *Réflexions et Maximes*.)

V. LOUANGE (Faire sa propre), MÉRITE.

« VANITAS VANITATUM »

Bible. — Vanité des vanités et tout est vanité.

(L'Ecclésiaste, I, 2 ; IIIe s. av. J.-C. — *Ibid.*, II, 11 : Tout est vanité et poursuite du vent.)

Latin médiéval. — Tout est dérision, tout est poussière, et tout n'est rien.

Omnia risus, omnia pulvis, et omnia nil sunt.

Chinois. — La vie est comme l'illusion d'un songe, et les richesses et les honneurs sont comme les nuages qui flottent dans l'air.

(Kotchang-Keng, XIIe s.)

Français. — Tout lasse, tout casse, tout passe.

(Proverbe du Moyen Age, où une triple assonance traduit la vanité des projets.)

Russe. — Même la gloire du fleuve s'achève à la mer.

V. MONDE.

VANITÉ

Grec. — La sotte vanité semble être une passion inquiète de se faire valoir par les petites choses.

(Théophraste, *les Caractères*, XXI ; IVe s. av. J.-C.)

Hébreu. — Dans une cassette une seule pièce fait beaucoup de bruit.

(Le Talmud, *Baba Metzia*, Ve s.)

Anglais. — La vanité est le sixième sens.

(Carlyle, *The French Revolution*, I, II, 2 [1837].)

— Si un homme a une grande idée de lui-même, on peut être sûr que c'est la seule grande idée qu'il ait jamais eue dans sa vie.

(A. Esquiros, *l'Esprit des Anglais, proverbes et maximes* [1838].)

Espagnol. — Quand le paon regarde ses pieds, il défait sa roue.

(Cité par Cervantes, *Don Quichotte*, II, XLII.)

Français. — Quelque bien qu'on nous dise de nous, on ne nous apprend rien de nouveau.

(La Rochefoucauld, *Réflexions ou Sentences et Maximes morales*, 303 [1665].)

— Ce qui nous rend la vanité des autres insupportable, c'est qu'elle blesse la nôtre.

(La Rochefoucauld, *op. cit.*, 389 [1665].)

— **Les hommes sont très vains, et ils ne haïssent rien tant que de passer pour tels.**
(La Bruyère, *les Caractères*, « De l'homme », 65 [1688].)

— **Une once de vanité gâte un quintal de mérite.**
(P.-J. Le Roux, *Dictionnaire proverbial* [1718].)

— **La sottise et la vanité sont compagnes inséparables.**
(Beaumarchais, *la Mère coupable*, II, VII [1792].)

— **Ce que Dieu a fait de mieux, c'est que chacun se trouve bien comme il est.**
(P. Le Goff, *Proverbes bretons* [1909].)

Russe. — **Certains se croient géants pour être assis sur la bosse d'un chameau.**
(R. Pilet, *la Russie en proverbes* [1905].)

Suédois. — **Le plus intime de nos conseillers, et celui dont les avis prévalent le plus souvent, c'est la vanité.**
(Chancelier Oxenstiern [1583-1654], *Réflexions et Maximes.*)

V. AVEUGLEMENT, ORGUEIL, SOI.

VANTARDISE

Antiquité chinoise. — **Celui qui se dresse sur ses pieds ne peut se tenir droit.**
(Lao-Tseu, *Livre du Tao et de sa vertu*, I, XXIV, 1; VIe s. av. J.-C.)

Anglais. — **La poule qui chante le plus haut n'est pas celle qui pond le mieux.**
(Th. Fuller, *Gnomologia* [1732].)

Chinois. — **Ceux qui s'augmentent eux-mêmes, les hommes les diminuent.**
(Te-Tsing, *Tao-te-king-kiai*, XVe s.)

Français. — **Il se vante de battre sa femme, celui qui n'en a pas.**
(*Proverbes de France*, manuscrit du XIVe s., Cambridge.)

— **De grand vanteur, petit faiseur.**
(*Proverbes en françois*, manuscrit de 1456, Paris, Bibl. nat.)

Hollandais. — **Les meilleurs pilotes sont à terre.**

Italien. — **Beaucoup reviennent de la guerre qui ne peuvent décrire la bataille.**

Nigritien *(malinké)*. — **Le fleuve s'est vanté, Dieu y a mis un gué.**

Suédois. — **Le hâbleur et le tambour semblent également faits pour étourdir.**
(Chancelier Oxenstiern [1583-1654], *Réflexions et Maximes.*)

V. ANTICIPATION, FANFARON, LOUANGE (Faire sa propre), PAROLES ET ACTES, PRÉSOMPTION.

VARIÉTÉ

Latin. — **Il n'y a de plaisir agréable que celui qui se renouvelle en variant.**
(Publilius Syrus, *Sentences*, Ier s. av. J.-C.)

Allemand. — **La variété d'un peu vaut mieux que la monotonie de beaucoup.**
(J. P. Richter, *Levana*, V [1807].)

Anglais. — **La variété est l'épice de la vie.**
(William Cowper, *The Task*, II, 606 [1783].)

V. CHANGEMENT, DIVERSITÉ, NOUVEAUTÉ.

VELLÉITÉ

Italien. — **Le trot d'un âne ne dure pas longtemps.**

Turc. —.**Ce n'est pas en disant miel, miel, que la douceur vient à la bouche.**

V. EFFORT, VOLONTÉ.

VENDRE

Latin. — **C'est au vendeur à faire l'offre.**
> (Plaute, *Persa*, 592; IIᵉ s. av. J.-C. — Variante en français : Qui vend le pot dit le mot. — Ant. Loisel, *Institutes coutumières*, 402.)

Allemand. — **Qui veut vendre un cheval aveugle en vante les pattes.**

Américain. — **La vente commence quand le client dit : Non.**
> (Elmer G. Leterman, *The Sale begins when the Customer says no* [1954].)

Anglais *(Écosse)*. — **Vendre cher n'est pas un péché, mais c'en est un que de faire fausse mesure.**

> — **Chacun vit par la vente de quelque chose.**
> (R. L. Stevenson, *Beggars* [1886].)

Berbère. — **Le vendeur de fèves dit toujours qu'elles cuisent bien.**

Espagnol. — **C'est un grand art que de vendre du vent.**
> (Baltasar Gracian, *Oraculo manual*, 26 [1647].)

Français. — **A donner donner, à vendre vendre.**
> (*Proverbes au vilain*, manuscrit du XIIIᵉ s., Paris, Bibl. nat.)

> — **On vend au marché plus de harengs que de soles.**
> (P.-J. Le Roux, *Dictionnaire proverbial* [1718].)

> — **On vendrait le diable s'il était cuit.**
> (Tout se vend avec de la présentation et du conditionnement.)

V. ACHETER ET VENDRE, AFFAIRES, COMMERCE, MARCHAND, MARCHÉ, RÉCLAME.

VENGEANCE

Grec. — **La vengeance est plus douce que le miel.**
> (Homère, *l'Iliade*, XVIII, 109; IXᵉ s. av. J.-C.)

> — **Némésis vient à pied.**
> (Némésis est la déesse de la vengeance.)

Bible. — **Tu ne te vengeras point.**
> (Lévitique, XIX, 8; VIIᵉ s. av. J.-C.)

> — **La vengeance appartient à Dieu.**
> (Deutéronome, XXXII, 35; VIIᵉ s. av. J.-C. — Cf. saint Paul, Épître aux Romains, XII, 19 : Ne vous vengez pas vous-mêmes, mais laissez agir la colère de Dieu.)

Antiquité chinoise. — **Le sage venge ses injures par des bienfaits.**
> (Lao-Tseu, *Livre du Tao et de sa vertu*, II, LXIII, 3; VIᵉ s. av. J.-C.)

Latin. — **Tirer vengeance d'un ennemi, c'est renaître.**
> (Publilius Syrus, *Sentences*, Iᵉʳ s. av. J.-C.)

> — **La haine qui se déclare ouvertement perd le moyen de se venger.**
> (Sénèque, *Médée*, 154 [env. 60].)

> — **La vengeance est la joie des âmes basses.**
> (Juvénal, *Satires*, XIII, 189 [env. 120].)

Islam. — **Si vous vous vengez, que la vengeance ne dépasse point l'offense.**
> (Le Koran, XVI, 127; VIIᵉ s.)

Espagnol. — **Le plaisir de la vengeance ne dure qu'un instant, et la satisfaction que procure un bienfait dure toujours.**

Turc. — **Le sang ne se lave pas avec du sang, mais avec de l'eau.**

V. PARDON, VENGEANCE.

VENTRE

Grec. — **Le ventre est le plus grand de tous les dieux.**
(Euripide, *Cyclope*, 334; ve s. av. J.-C.)

Latin. — **Il est difficile de discuter avec le ventre, car il n'a pas d'oreilles.**
(Caton le Censeur, IIe s. av. J.-C. — Cité par Plutarque, *Vies parallèles*.)

— **Le ventre enseigne tous les arts.**
(Perse, *Satires*, Prologue, v, 10 [env. 60].)

Allemand. — **Le ventre n'a pas de conscience.**
(F. Seiler, *Deutsche Sprichwörter Kunde* [1922].)

Anglais. — **Les rébellions du ventre sont les pires.**
(Fr. Bacon, *Essays*, xv [1597].)

— **Le ventre n'est pas rempli avec de belles paroles.**
(Variante : Le ventre ne fait pas crédit.)

Français. — **Mieux vaut honneur que ventre.**
(*Proverbia rusticorum mirabiliter versificata*, manuscrit du XIIIe s., Leyde.)

— **Il est mon oncle qui le ventre me comble.**
(*Bonum spatium*, manuscrit du XIVe s., Paris, Bibl. nat.)

— **Ventre plein sonne bien, ventre creux sonne mieux.**
(Proverbe de vénerie.)

Persan. — **Quand le ventre est vide, le corps devient esprit ; quand il est rempli, l'esprit devient corps.**

V. ESTOMAC, SATIÉTÉ.

VÉRITÉ (généralités)

Antiquité égyptienne. — **La force de la vérité est qu'elle dure.**
(*Sagesse de Ptahotep*, IIIe millénaire av. J.-C.)

Grec. — **Les paroles de la vérité sont simples.**
(Euripide, *les Phéniciennes*, 469; ve s. av. J.-C.)

— **La vérité est plongée au fond d'un puits.**
(Démocrite d'Abdère, IVe s. av. J.-C. — Cité par Diogène Laërce, *Phil. ill.*, IX.)

— **Il n'est pas permis de s'emporter contre la vérité.**
(Platon, *la République*, V, 480 a; IVe s. av. J.-C.)

— **Platon m'est ami, mais je suis encore plus ami de la vérité.**
(Aristote, *Éthique à Nicomaque*, I, VI, 1; IVe s. av. J.-C.)

Bible. — **On n'allume pas une lampe pour la mettre sous le boisseau.**
(Évangile selon saint Luc, VIII, 16, et XI, 33 [env. 63].)

Latin. — **La vérité est souvent éclipsée, mais jamais éteinte.**
(Tite-Live, *Histoire de Rome*, XXII, XXXIX, 19 [env. 10].)

— **La Vérité est fille du Temps.**
(Aulu-Gelle, *Noctes atticae*, XII, II, 7; mi-IIe s.)

Allemand. — **La vérité est aux oreilles ce que la fumée est aux yeux et le vinaigre aux dents.**

— **Trois sortes de gens disent la vérité : les sots, les enfants et les ivrognes.**

Anglais. — **La vérité fait rougir le diable.**
(Shakespeare, *King Henry IV*, I, III, 1 [1597].)

— **La vérité et les roses ont des épines.**
(H. G. Bohn, *Handbook of Proverbs* [1855].)

— **La vérité, comme la religion, a deux ennemis, le trop et le trop peu.**
(Samuel Butler, *Erewhon*, XIII [1872].)

Arabe. — **Quand tu lances la flèche de la vérité, trempe la pointe dans du miel.**

Chinois. — **Les vérités qu'on aime le moins à apprendre sont celles que l'on a le plus d'intérêt à savoir.**

Danois. — **Celui qui veut dire la vérité trouve les portes closes.**

Espagnol. — **Il ne faut pas montrer la vérité nue, mais en chemise.**
(Quevedo [1580-1645].)

— **La vérité, encore qu'elle soit amère, s'avale.**
(César Oudin, *Refranes o proverbios castellanos* [1659].)

Éthiopien. — **La vérité et le matin deviennent de la lumière avec le temps.**
(J. Faïtlovich, *Proverbes abyssins* [1907].)

Français. — **Le vrai peut quelquefois n'être pas vraisemblable.**
(Boileau, *Art poétique*, III, 48 [1674].)

— **Peu de gens ont assez de fonds pour souffrir la vérité et pour la dire.**
(Vauvenargues, *Réflexions et Maximes*, 235 [1746].)

— **La vérité est un fruit qui ne doit être cueilli que s'il est tout à fait mûr.**
(Voltaire, *Lettre à la comtesse de Barcewitz*, 24 décembre 1761.)

— **La vérité est un flambeau qui luit dans un brouillard sans le dissiper.**
(Helvétius [1715-1771], *Maximes et Pensées*.)

— **Toute vérité n'est pas bonne à croire.**
(Beaumarchais, *le Mariage de Figaro*, IV, 1 [1784].)

— **La vérité est une dame que l'on replonge volontiers dans son puits, après l'en avoir tirée.**
(Daniel Darc [Mme Régnier], *Petit Bréviaire du Parisien* [1883].)

Yiddish. — **Il n'est rien qui ait un goût plus amer que la vérité.**
V. PREUVE.

VÉRITÉ N'EST PAS BONNE A DIRE (Toute)

Grec. — **La vérité engendre la haine.**
(Bias, VIᵉ s. av. J.-C. — Cité par Ausone, *Ludus septem sapientium*, VIII, III. — Cf. Térence, *Andria*, 68 : *Veritas odium parit*.)

— **La vérité ne gagne pas toujours à montrer son visage.**
(Pindare, *Odes néméennes*, V, 16; vᵉ s. av. J.-C. — D'où le proverbe général : La vérité n'est pas toujours bonne à dire.)

— **Le sage a deux langues, l'une pour dire la vérité, l'autre pour dire ce qui est opportun.**
(Attribué à Euripide. — Cf. Érasme, *Éloge de la folie*, XXXVI.)

Latin médiéval. — **La lumière montre l'ombre et la vérité le mystère.**
Lux umbram monstrat, mysteria autem veritas.

Anglais. — **Ne talonnez pas trop la vérité, de crainte qu'elle ne vous casse les dents.**
(G. Herbert, *Jacula prudentum* [1651]. — Variante : La vérité a la figure égratignée.)

Arménien. — **A qui dit la vérité, donnez un cheval.**
(Afin qu'après l'avoir dite, il puisse se sauver. — G. Bayan, *Proverbes arméniens* [1889].)

Français. — **Si j'avais la main pleine de vérités, je me garderais bien de l'ouvrir.**
(Attribué à Fontenelle [1657-1757].)

Polonais. — **Avec la vérité on va partout, même en prison.**

Serbe. — **On frappe toujours le violoneux de la vérité avec son propre archet.**

Turc. — **Celui qui dit la vérité doit s'attendre à être expulsé de neuf villes.**

V. FRANCHISE, SINCÉRITÉ.

VÉRITÉ et ERREUR

Allemand. — **Je préfère une vérité nuisible à une erreur utile : la vérité guérit le mal qu'elle a pu causer.**
(Gœthe [1749-1832], *Maximen und Reflexionen.*)

Anglais. — **La vérité se meut dans des limites, le champ de l'erreur est immense.**
(Henry Saint-John, lord Bolingbroke, *Reflections upon Exile* [1750].)

Danois. — **Une vieille erreur a plus d'amis qu'une nouvelle vérité.**

Français. — **Vérité en deçà des Pyrénées, erreur au-delà.**
(Pascal, *Pensées*, v, 294 [1670].)

— **Il n'y a point de prescription contre la vérité : les erreurs pour être vieilles n'en sont pas meilleures.**
(Pierre Bayle, *Nouvelles de la république des lettres*, mars 1684.)

— **Bien des erreurs sont nées d'une vérité dont on abuse.**
(Voltaire, *Essai sur les mœurs*, XLIX [1785].)

— **Le temps use l'erreur et polit la vérité.**
(G. de Lévis, *Maximes et Préceptes*, 43 [1808].)

— **L'erreur est la règle, la vérité est l'accident de l'erreur.**
(G. Duhamel, *Discours de réception à l'Académie française* [1935].)

Persan. — **Un cheveu sépare le faux du vrai.**
(Omar Kheyyam, *Rubaiyat*, XIIᵉ s.)

V. ERREUR, VÉRITÉ.

VÉRITÉ et MENSONGE

Sanskrit. — **La vérité n'a qu'une couleur, le mensonge en a plusieurs.**
(*Purânas*, recueil de sentences.)

Hébreu. — **Le mensonge n'a qu'une jambe, la vérité en a deux.**
(Cité dans les *Sentences et Proverbes des anciens rabbins.*)

Islam. — **La vérité a paru et le mensonge s'est dissipé comme une vapeur légère.**
(Le Koran, XVII, 83 ; VIIᵉ s.)

Allemand. — **Voulez-vous être délivré de la vérité, étouffez-la avec des mots.**
(Gœthe [1749-1832], *Maximen und Reflexionen.*)

Américain. — **L'homme qui ne craint pas la vérité n'a rien à craindre du mensonge.**
(Th. Jefferson, *Letter to George Logan* [1816].)

Anglais. — **La vérité est un chien que l'on renvoie au chenil, tandis que dame Levrette a le droit de s'installer devant l'âtre.**
(Shakespeare, *King Lear*, I, IV [1605].)

Arabe. — **Le mensonge ne serait pas, si quelque vérité ne le rendait spécieux.**
(Ghazâlî [1058-1111].)

Danois. — **Le manteau de la vérité est souvent doublé de mensonge.**

Espagnol. — **Mentez pour trouver la vérité.**
(Cité par Fr. Bacon, *Essays*, VI [1597].)

— **La vérité flâne derrière le mensonge.**
(Baltasar Gracian, *Oraculo manual*, 146 [1647].)

Français. — **La vérité s'élève au-dessus du mensonge, comme l'huile au-dessus de l'eau.**
(*Les Facétieuses Nuits de Straparole*, III, V [1560].)

— **L'homme est de glace aux vérités;**
Il est de feu pour les mensonges.
(La Fontaine, *Fables*, IX, VI, « le Statuaire et la Statue de Jupiter » [1678].)

Libanais. — **Mensonge orné vaut mieux que vérité mal dite.**
(Un sophisme bien présenté plaît mieux qu'une vérité maladroitement exposée.)

Nigritien *(Peul)*. — **Le mensonge serait en route depuis dix ans que la vérité l'atteindrait en une matinée de marche.**

Persan. — **Le mensonge qui fait du bien vaut mieux que la vérité qui fait du mal.**

Polonais. — **La vérité ne rassasie pas et le mensonge n'étouffe point.**

Russe. — **Quand on élève un trône pour le mensonge, on dresse une potence pour la vérité.**

V. MENSONGE, VÉRITÉ.

VERTU

Grec. — **Le chemin de la vertu est long et escarpé, mais à mesure que l'on s'élève, le chemin devient plus aisé, quoique difficile.**
(Hésiode, *les Travaux et les Jours*, 290; VIIIe s. av. J.-C.)

— **La vertu est la route la plus courte vers la gloire.**
(Héraclite d'Éphèse, *Fragments*, Ve s. av. J.-C.)

— **Il n'est point d'armes plus puissantes que la vertu.**
(Ménandre, *Fragments*, IVe s. av. J.-C.)

Antiquité chinoise. — **La vertu ne reste pas comme une orpheline abandonnée.**
(Confucius, *Livre des sentences*, IV, 25; VIe s. av. J.-C.)

Latin. — **La vertu est sa propre récompense.**
(Plaute, *Amphitruo*, 648; IIe s. av. J.-C.)

— **L'argent a moins de valeur que l'or, et l'or que la vertu.**
(Horace, *Épîtres*, I, I, 52; env. 20 av. J.-C.)

— **Il n'y a jamais manque de place pour la vertu.**
(Sénèque, *Lettres à Lucilius*, LXXXV [env. 64].)

Sanskrit. — **Le parfum de la vertu est plus doux que celui du santal ou de la fleur de lotus.**
(*Dhammapada*, recueil de sentences, Ier s.)

Allemand. — La vertu de beaucoup de gens consiste plus dans le repentir que dans l'amendement.
(G. C. Lichtenberg, *Aphorismen* [1799].)

— La vertu ne s'apprend pas plus que le génie.
(A. Schopenhauer, *Die Welt als Wille und Vorstellung*, I [1819].)

Américain. — Être orgueilleux de sa vertu, c'est s'empoisonner avec un antidote.
(B. Franklin, *Poor Richard's Almanac* [1756].)

Anglais. — La vertu est comme les parfums précieux, qui exhalent une odeur plus suave quand ils sont brûlés et broyés.
(Fr. Bacon, *Essays*, VI [1597].)

— Si vous pouvez être dispos sans être en bonne santé, vous pouvez être heureux sans avoir de vertu.
(Th. Fuller, *Gnomologia* [1732].)

Chinois. — La plus grande vertu est comme l'eau, elle est bonne pour toutes choses.
(C'est une variante de Lao-Tseu, *Livre du Tao et de sa vertu*, I, VIII, 1.)

Espagnol. — La véritable vertu est plus redoutable que l'épée.
(Fernando de Rojas, *la Célestine*, X; début du XVIᵉ s.)

— La vertu est encore plus persécutée par les méchants qu'elle n'est soutenue par les gens de bien.
(Cervantes, *Don Quichotte*, I, XLVII [1605].)

Français. — Bonne vie embellit.
(Pierre Gringore, *Notables Enseignements, Adages et Proverbes* [1528].)

— La vertu n'irait pas si loin, si la vanité ne lui tenait compagnie.
(La Rochefoucauld, *Réflexions ou Sentences et Maximes morales*, 200 [1665].)

— La vertu sans argent est un meuble inutile.
(Boileau, *Épîtres*, V, 86 [1669].)

— La vertu est un flambeau qui n'illumine pas seulement celui qui la possède, mais encore celui qui la regarde.
(Chevalier de Méré, *Maximes et Sentences*, 378 [1687].)

— La vertu a cela d'heureux qu'elle se suffit à elle-même.
(La Bruyère, *les Caractères*, « De la mode », 5 [1688].)

— L'utilité de la vertu est si manifeste que les méchants la pratiquent par intérêt.
(Vauvenargues, *Réflexions et Maximes*, 411 [1746].)

— La vertu même a besoin de limites.
(Montesquieu, *l'Esprit des lois*, XI, IV [1748].)

— Il n'y a point de bonheur sans courage, ni de vertu sans combat.
(J.-J. Rousseau, *Émile*, V [1762].)

— La vertu a bien des prédicateurs et peu de martyrs.
(Helvétius [1715-1771], *Maximes et Pensées*.)

— Faut de la vertu, pas trop n'en faut.
(Boutet de Monvel, *l'Erreur d'un moment ou Suite de Julie*, 1 [1773].)

— La vertu est la santé de l'âme.
(J. Joubert [1754-1824], *Pensées, Maximes et Essais*.)

Malgache. — Le péché dont on se repent est le père de la vertu, mais la vertu dont on se glorifie est la mère du péché.

V. BIEN (le), FEMME ET LA VERTU (la), HOMME ET LA VERTU (l').

VERTU et VICE

Grec. — **La vertu est le juste milieu entre deux vices.**
(Aristote, *Éthique à Nicomaque*, II, vi, 15; ive s. av. J.-C.)

Latin. — **Fuir le vice est le commencement de la vertu.**
(Horace, *Épîtres*, I, 1, 41; env. 20 av. J.-C.)

Allemand. — **La vertu n'embellit pas toujours, mais le vice toujours enlaidit.**
(J. P. Richter, *Blumen, Frucht und Dornenstücke* [1818].)

Anglais. — **Le vice s'enveloppe dans le manteau de la vertu.**
(Gabriel Harvey, *Commonplace Book* [1600].)

— **Les vertus s'accordent, mais les vices se combattent.**
(Th. Fuller, *Gnomologia* [1732].)

— **La frontière est incertaine où finit la vertu et où commence le vice.**
(C. C. Colton, *Lacon or Many Things in Few Words* [1845].)

Chinois. — **La vertu est belle dans les plus laids, le vice est laid dans les plus beaux.**

Espagnol. — **Le sentier de la vertu est étroit et le chemin du vice large et spacieux.**
(Cervantes, *Don Quichotte*, II, vi [1615].)

Français. — **Les vices entrent dans la composition des vertus, comme les poisons entrent dans la composition des remèdes.**
(La Rochefoucauld, *Réflexions ou Sentences et Maximes morales*, 182 [1665].)

— **On ne méprise pas tous ceux qui ont des vices, mais on méprise tous ceux qui n'ont aucune vertu.**
(La Rochefoucauld, *op. cit.*, 186 [1665].)

— **Tous les vices à la mode passent pour vertus.**
(Molière, *Dom Juan*, V, ii [1665].)

— **J'aime mieux un vice commode**
Qu'une fatigante vertu.
(Molière, *Amphitryon*, I, iv, 681-682 [1668].)

— **Nos vertus ne sont le plus souvent que des vices déguisés.**
(La Rochefoucauld, épigraphe de la 4e édition des *Maximes* [1675].)

— **Les vertus devraient être sœurs,**
Ainsi que les vices sont frères.
(La Fontaine, *Fables*, VIII, xxv, « les Deux Chiens et l'Ane mort » [1678].)

— **Il n'y a point de vice qui n'ait une fausse ressemblance avec quelque vertu, et qui ne s'en aide.**
(La Bruyère, *les Caractères*, « Du cœur », 72 [1688].)

— **Les hommes se délassent quelquefois d'une vertu par une autre vertu; ils se dégoûtent plus souvent d'un vice par un autre vice.**
(La Bruyère, *les Caractères*, « De l'homme », 147 [1688].)

— **Les Vertus sont à pied et le Vice à cheval.**
(Épigramme écrite sur le socle de la statue de Louis XV, quand elle fut inaugurée, sur l'actuelle place de la Concorde, le 2 juin 1763.)

— **Il est plus sûr que le vice rend malheureux, qu'il ne l'est que la vertu donne le bonheur.**
(Chamfort [1741-1794], *Maximes et Pensées*.)

— **Il y a des vices et des vertus de circonstance.**
(Napoléon Iᵉʳ [1769-1821], *Maximes et Pensées*.)

— **On gouverne mieux les hommes par leurs vices que par leurs vertus.**
(Napoléon Ier [1769-1821], *Maximes et Pensées*.)

— **J'aime mieux ceux qui rendent le vice aimable que ceux qui dégradent la vertu.**
(J. Joubert [1754-1824], *Pensées, Maximes et Essais*.)

— **Il ne faut pas retourner certaines vertus : leur envers est plus laid que bien des vices.**
(Marie d'Agoult, *Pensées, Réflexions et Maximes* [1856].)

V. BIEN ET LE MAL (le), MORALE, VERTU, VICE.

VÊTEMENT

Grec. — **L'habit fait l'homme.**
(Cité par Érasme, *Adages*, III, I, 60.)

— **Le singe est toujours singe, fût-il vêtu de pourpre.**
(Cité par Érasme, *Éloge de la folie*, XVII.)

Hébreu. — **Dans mon pays, mon nom; dans un pays étranger, mon habit.**
(Cité par J. Ray, *Adagia hebraica*.)

Latin médiéval. — **Coûteux vêtement montre pauvreté d'esprit.**
(Saint Bernard, *De cura rei familiaris*, XIIe s.)

Allemand. — **Les tailleurs font bien des grands seigneurs.**

Anglais. — **On pardonne plus volontiers un trou dans le caractère d'un homme que dans ses vêtements.**

Chinois. — **Dans l'homme que l'on connaît, on respecte la vertu; dans l'homme que l'on ne connaît pas, on regarde l'habit.**

— **Il est plus facile à une prostituée vêtue de fourrure d'entrer au temple, qu'à dix honnêtes femmes en haillons de pénétrer dans la maison d'un homme de bien.**

Espagnol. — **Fais en sorte que ton habit ne laisse pas voir ce que tu es, mais ce que tu dois paraître.**

Français. — **Les belles plumes font les beaux oiseaux.**
(Bonaventure des Périers, *Nouvelles Récréations et Joyeux Devis*, IX [1558].)

— **Mieux vaut belle manche que belle panse.**
(Gabriel Meurier, *Trésor des sentences* [1568].)

— **... Ce n'est pas sur l'habit**
Que la diversité me plaît, c'est dans l'esprit.
(La Fontaine, *Fables*, IX, III, « le Singe et le Léopard » [1678].)

— **L'habit change les mœurs ainsi que la figure.**
(Voltaire, *l'Éducation d'un prince*, 91 [1763].)

— **L'oiseau doit beaucoup à son plumage.**
(A.-P. Dutramblay, *Apologues*, III, I [1810].)

Indien *(hindî).* — **Sois toujours bien habillé, même pour mendier.**

Italien. — **Habit râpé, crédit rogné.**

Persan. — **Mange à ton goût et habille-toi selon le goût des autres.**

Russe. — **On est reçu selon l'habit, et reconduit selon l'esprit.**

V. APPARENCE, ÉLÉGANCE, FEMME ET LA PARURE (la), MODE.

VEUF

Français. — A qui Dieu veut aider, sa femme lui meurt.

Géorgien. — Le chanceux perd sa femme, le malchanceux perd son cheval.

Libanais. — Il est plus facile de rester célibataire pendant un siècle que veuf pendant un mois.

V. HOMME ET LE REMARIAGE (l').

VEUVAGE

Hébreu. — Mieux vaut vivre dans la peine que dans le veuvage.
(Le Talmud, *Jebamoth*, vᵉ s.)

Chinois. — Les pleurs poussent sur les veuves et les poux sur les veufs.

Finnois-finlandais. — Un veuf ou une veuve, c'est une maison sans toit.

V. MARIAGE (remariage).

VEUVE

Sanskrit. — Celle qui a perdu son époux, qu'elle ne prononce même pas le nom d'un autre homme.
(*Lois de Manou*, V, 157; IIᵉ s. — Rien dans les *Lois de Manou* n'oblige les veuves à monter sur le bûcher après la mort de leurs maris.)

Afghan. — Sur sa couche solitaire, la veuve fait un double rêve.
(Elle rêve de ses amours mortes et de ses prochaines amours. — C. A. Boyle, *Naqluna, ou Proverbes afghans* [1926].)

Anglais. — Qui courtise une vierge ne la doit qu'approcher; qui courtise une veuve ne la doit point quitter.
(J. Clarke, *Parœmiologia anglo-latina* [1639].)

— C'est un lourd fardeau que de porter l'enfant d'un mort.
(Proverbe cité par Th. Fuller, *The Church History*, II [1655].)

— Jamais n'épousez une veuve, à moins que son mari n'ait été pendu.
(J. Kelly, *Scottish Proverbs* [1721].)

— Un bon moment pour faire la cour à une femme, c'est quand elle revient d'enterrer son mari.
(Th. Fuller, *Gnomologia* [1732].)

Berbère. — La veuve dit : « Je n'attacherai pas l'âne à la place du cheval. »

Chinois. — Une veuve est une barque sans gouvernail.

Danois. — Peu de femmes ont les cheveux blanchis par la mort de leur mari.

Espagnol. — Douleur de coude, douleur de veuve, fait bien mal et dure peu.

— Une veuve potelée doit être remariée, ou enterrée, ou cloîtrée.

— Celui qui épouse une veuve trouvera souvent une tête de mort dans son assiette.

Français. — Celui qui épouse une veuve fait comme les savetiers : il travaille en vieille besogne.
(A. de Montluc, *la Comédie de proverbes*, III, VII [1616].)

— C'est un époux vivant qui console d'un mort.
(Regnard, *le Joueur*, II, II, 464 [1696].)

VICE

— On ne jette pas le coffre au feu parce que la clef en est perdue.
(Aug. Brizeux, *Proverbes bretons* [1860].)

Italien. — Épousez une veuve avant qu'elle ne quitte le deuil.

Malais. — Une veuve est une cavale qui a désarçonné son cavalier.

Polonais. — Avec une vierge, comme tu veux; avec une veuve, comme elle veut.

Russe. — Veuve, fais-toi de grandes manches pour y renfermer les calomnies.

V. FEMME ET LE REMARIAGE (la).

VICE

Antiquité chinoise. — On considère le vice comme si l'on touchait de l'eau bouillante, mais on ne laisse pas de s'en approcher.
(Confucius, *Livre des sentences*, XVI, 11; VIᵉ s. av. J.-C.)

— Celui qui a une conduite vicieuse et ne se corrige pas, celui-là peut être appelé vicieux.
(Confucius, *Livre des sentences*, XVI, 29; VIᵉ s. av. J.-C.)

Grec. — Il n'y a rien d'étrange dans le monde que le vice.
(Antisthène, IVᵉ s. av. J.-C. — Cité par Plutarque, *Vies parallèles*.)

Latin. — Une partie de l'humanité se glorifie de ses vices.
(Horace, *Satires*, II, VII, 6; env. 35 av. J.-C.)

— La pente du vice est une pente douce.
(Sénèque, *De ira*, II, 1 [env. 60].)

— Un vice conduit à un autre.
(Sénèque, *Lettres à Lucilius*, XCV [env. 64].)

— Il y aura des vices, tant qu'il y aura des hommes.
(Tacite, *Histoires*, IV, LXXIV; début du IIᵉ s.)

Américain. — Il en coûte plus cher pour entretenir un vice que pour élever deux enfants.
(B. Franklin, *Poor Richard's Almanac* [1758].)

Anglais. — Le vice porte son propre châtiment et parfois son propre remède.
(Th. Fuller, *Gnomologia* [1732].)

— Faites-vous le compagnon du vice, et vous serez bientôt son esclave.
(H. G. Bohn, *Handbook of Proverbs* [1855].)

Français. — Les sots sont punis et non les vicieux.
(Marguerite de Navarre, *Heptaméron*, II, XIV [1559].)

— Ce qui nous empêche souvent de nous abandonner à un seul vice est que nous en avons plusieurs.
(La Rochefoucauld, *Réflexions ou Sentences et Maximes morales*, 195 [1665].)

— On ne surmonte le vice qu'en le fuyant.
(Fénelon, *Télémaque*, VII, dernier alinéa [1699].)

— Dans le couvent du diable, on est profès sans noviciat.
(Le vice s'apprend très vite.)

Italien. — On a toujours autant de maîtres que de vices.
(Pétrarque, *De remediis utriusque fortunae* [env. 1360].)

— On ne hait pas l'homme, mais le vice.
(G. Torriano, *Piazza universale di proverbi italiani* [1666].)

V. MAL (le), VERTU ET VICE.

VICISSITUDES

Grec. — **Un jour est tantôt une mère, tantôt une marâtre.**
(Hésiode, *les Travaux et les Jours*, 825; VIIIe s. av. J.-C.)

— **Le malheur finit par se lasser; les vents ne soufflent pas toujours avec la même violence.**
(Euripide, *Héraklès*, 102; Ve s. av. J.-C.)

Bible. — **Après l'orage vient le calme.**
(Tobie, III, 22; IIe s. av. J.-C.)

— **Parfois tu mangeras, parfois tu auras faim.**
(Apocryphe, *Testament des patriarches*, « Lévi », II, 4; IIe s. av. J.-C.)

Latin médiéval. — **Après la pluie, le beau temps.**
(Alain de Lille, *Liber parabolarum*, XIIe s.)

Proverbe général. — **Les jours se suivent, mais ils ne se ressemblent pas.**
(Variante allemande : Les jours sont frères, mais...)

Anglais. — **La coupe de nos vicissitudes se remplit d'une liqueur changeante.**
(Shakespeare, *King Henry IV*, part. II, III, 1 [1598].)

— **L'heure la plus sombre précède l'aurore.**
(Th. Fuller, *Gnomologia* [1732].)

Birman. — **Il n'est jamais plus tard que minuit.**
(Un homme ne peut souffrir une plus grande misère que celle qu'il a déjà subie.)

Chinois. — **Quand la lune est pleine, elle commence à décroître; quand les eaux sont hautes, elles débordent.**

Espagnol. — **Le jour du jeûne est la veille d'une fête.**

Français. — **A goupil (renard) n'advient pas tous les jours geline blanche.**
(*Versus de diversis materiis*, manuscrit du XIVe s., Upsal, Bibl. de l'univ.)

— **Entre deux montagnes vallée.**
(*Proverbes en françois*, manuscrit de 1456, Paris, Bibl. nat.)

— **Entre deux vertes une mûre.**
(Baïf, *Mimes, Enseignements et Proverbes* [1576].)

— **Le diable n'est pas toujours à la porte d'un pauvre homme.**
(Carmontelle, *Proverbes dramatiques*, XLVII [1781].)

— **A force de mal aller, tout ira bien.**
(P.-J. Le Roux, *Dictionnaire proverbial* [1786].)

Irlandais *(gaélique).* — **N'étaient les nuages, on ne jouirait pas du soleil.**

Persan. — **C'est au plus étroit du défilé que la vallée commence.**

V. BIENS ET LES MAUX (les).

VICTIME

Grec. — **Si la victime est pleurée, le vengeur vite apparaît.**
(Eschyle, *les Choéphores*, 324; Ve s. av. J.-C.)

Français. — **Le battu paye l'amende.**
(Baïf, *Mimes, Enseignements et Proverbes* [1576].)

V. DUPES ET FRIPONS.

VICTOIRE

Grec. — **Les vraies victoires sont celles que l'on remporte sans verser de sang.**
(Pittacos, vıᵉ s. av. J.-C. — Cité par Diogène Laërce, *Phil. ill.*, I.)

— **La victoire est belle, mais il est encore plus beau d'en bien user.**
(Polybe, *Histoires*, X; ııᵉ s. av. J.-C.)

Antiquité chinoise. — **Quand un État a remporté cinq grandes victoires, il est en ruine.**
(Ou-Tse, *Règles*, I, ıv; ıııᵉ s. av. J.-C.)

Latin. — **Annibal sait vaincre, mais il ne sait pas profiter de la victoire.**
(Cité par Tite-Live, *Histoire de Rome*, XXII, lı.)

Anglais. — **Il n'est rien de si redoutable qu'une grande victoire, si ce n'est une grande défaite.**
(Wellington [1769-1852].)

Chinois. — **La plus brillante victoire n'est que la lueur d'un incendie.**

Français. — **Ce n'est pas victoire, si elle ne met fin à la guerre.**
(Montaigne, *Essais*, I, xlvıı [1580].)

— **Le plus grand péril se trouve au moment de la victoire.**
(Napoléon Iᵉʳ [1769-1821], *Maximes et Pensées*.)
V. conquérant, général, vainqueur et vaincu.

VIE (généralités)

Grec. — **Vivre n'est pas un mal, mais mal vivre.**
(Diogène le Cynique, ıvᵉ s. av. J.-C. — Cité par Diogène Laërce, *Phil. ill.*, VI.)

— **Quand il y a de la vie, il y a de l'espoir.**
(Théocrite, *Idylles*, IV, 42; ıııᵉ s. av. J.-C.)

Latin. — **Les hommes se transmettent la vie comme les coureurs se passent le flambeau.**
(Lucrèce, *De natura rerum*, II, 79; env. 60 av. J.-C.)

— **La vie est un songe.**
(Saint Jérôme, *Epistulae ad Cyprianum*, 140; début du vᵉ s.)

Espagnol. — **Je pleurais quand je vins au monde, et chaque jour me montre pourquoi.**

Français. — **La vie n'est de soi ni bien ni mal : c'est la place du bien et du mal selon que vous la leur faites.**
(Montaigne, *Essais*, I, xx [1580].)

— **Il n'y a rien que les hommes aiment mieux à conserver et qu'ils ménagent moins que leur propre vie.**
(La Bruyère, *les Caractères*, « De l'homme », 34 [1688].)

— **Il faut apprendre de la vie à souffrir la vie.**
(Chamfort [1741-1794], *Caractères et Anecdotes*.)
V. monde.

VIE (art, manière de vivre)

Grec. — **La vie est comme un instrument de musique: il faut la tendre et la relâcher, pour la rendre agréable.**
(Démophile, *Sentences*, vıᵉ s. av. J.-C.)

— **Cache ta vie.**
(Précepte proverbial que Suidas attribue à Néoclès, père d'Épicure, ıııᵉ s. av. J.-C.)

— **Il faut vivre et non pas seulement exister.**

(Plutarque, *Œuvres morales*, « Éducation des enfants », 1ᵉʳ s.)

— **Souviens-toi que tu dois te comporter dans la vie comme dans un festin.**

(C'est-à-dire qu'il faut être un digne convive des dieux. — Épictète, *Manuel*, XV; début du IIᵉ s.)

Latin. — **Le plus fructueux de tous les arts, c'est l'art de bien vivre.**

(Cicéron, *Tusculanae Disputationes*, IV, III, 5; env. 45 av. J.-C.)

— **Il faut toute la vie pour apprendre à vivre.**

(Sénèque, *De brevitate vitae*, VII, 3 [env. 45].)

— **Jamais la nature n'eut un langage et la sagesse un autre.**

(Juvénal, *Satires*, XIV, 321 [env. 120].)

Espagnol. — **Pour vivre, laisser vivre.**

(Baltasar Gracian, *Oraculo manual*, 192 [1647].)

Français. — **Connais le monde, et sais le tolérer,**
Pour en jouir, il le faut effleurer.

(Voltaire, *la Prude*, V, II [1747].)

— **L'art de vivre est une tactique où nous serons longtemps novices.**

(Chevalier de Boufflers, *Pensées et Fragments*, 135 [1816].)

Targui. — **La manière de vivre des hommes est encore plus visible que les grandes montagnes.**

V. COMPORTEMENT, MONDE, PHILOSOPHIE, SAVOIR-VIVRE.

VIE (Brièveté de la)

Grec. — **Il en est des générations des hommes ainsi que des feuilles sur les arbres.**

(Homère, *l'Iliade*, VI, 146; IXᵉ s. av. J.-C.)

— **Chacun de nous quitte la vie avec le sentiment qu'il vient à peine de naître.**

(Épicure, *Fragments*, IIIᵉ s. av. J.-C.)

Bible. — **L'homme est semblable à un souffle, ses jours sont comme l'ombre qui passe.**

(Psaumes, CXLIV, 4; IIᵉ s. av. J.-C.)

Latin. — **La vie est courte, mais les malheurs la rendent longue.**

(Publilius Syrus, *Sentences*, 1ᵉʳ s. av. J.-C.)

Chinois. — **La vie de l'homme sur la terre, c'est comme un cheval blanc sautant un fossé et qui disparaît soudain.**

Français. — **Il est bien près du temps des cerises, le temps des cyprès.**

(Léo Larguier, *Quatrains d'automne* [1952].)

V. CHAIR, TEMPS (Fuite du).

VIE (Fragilité de la)

Bible. — **La vie n'est qu'un souffle; le nuage se dissipe et passe.**

(Job, VII, 7 et 9; Vᵉ s. av. J.-C.)

— **L'homme, ses jours sont comme l'herbe; comme la fleur des champs, il fleurit; qu'un souffle passe sur lui, il n'est plus.**

(Psaumes, CIII, 15-16; IIᵉ s. av. J.-C.)

Grec. — **Je suis un homme et je ne puis compter sur le jour qui doit suivre.**

(Sophocle, *Œdipe à Colone*, 568; Vᵉ s. av. J.-C.)

Latin. — L'homme est comme une bulle de savon.
> (Varron, *De re rustica*, I, 1; env. 60 av. J.-C.)

Sanskrit. — Qu'est-ce qui est instable comme la goutte d'eau tombée sur une feuille de lotus ? La vie.
> (*Dhammapada*, « Guirlande des demandes et des réponses », 1er s.)

Arabe. — La mort est plus près de nous que la paupière de l'œil.

Chinois. — La vie de l'homme est comme une chandelle dans le vent.

Russe. — La mort n'est pas derrière les montagnes, elle est derrière nos épaules.
> V. VIE ET MORT.

VIE (Lutte pour la)

Grec. — Le devenir est une lutte.
> (Héraclite d'Éphèse, *Fragments*, ve s. av. J.-C.)

— C'est en piquant tout le monde que nous gagnons notre vie.
> (Aristophane, *les Guêpes*, 1112; ive s. av. J.-C.)

— La science de la vie se rapproche davantage de l'art de la lutte que de l'art de la danse.
> (Marc Aurèle, *Pensées*, VII, 59; IIe s.)

Latin. — D'abord vivre, ensuite philosopher.
> *Primum vivere, deinde philosophari.*

Anglais. — La vie du loup est la mort du mouton.
> (J. Clarke, *Parœmiologia anglo-latina* [1639].)

Arabe. — Qui tue le lion en mange, qui ne le tue pas en est mangé.
> (Ch. Cahier, *Proverbes et Aphorismes* [1856].)

> V. COMBAT, FAIM, MONDE, NÉCESSITÉ.

VIE (Sens et usage de la)

Bible. — La vie de l'homme sur la terre est un temps de service et ses jours sont comme ceux du milicien.
> (Job, VII, 1; ve s. av. J.-C. — Cf. VIII, 9 : Nos jours sur la terre sont comme l'ombre.)

— La vie n'est-elle pas plus que la nourriture, et le corps plus que le vêtement ?
> (Évangile selon saint Matthieu, VI, 25 [env. 65].)

Grec. — La plupart des hommes sont satisfaits de vivre rassasiés comme des bêtes.
> (Héraclite d'Éphèse, *Fragments*, ve s. av. J.-C.)

— La vie est un court exil.
> (Proverbe cité par Platon, *Axiochos*, 365 *b*; ive s. av. J.-C.)

Antiquité chinoise. — Tu dois nourrir ta vie.
> (Ho Chang-kong, *Lao-Tseu-tsi-kiai*, IIe s. av. J.-C.)

Latin. — La vie n'est donnée à personne en propriété, elle est donnée à tous en usufruit.
> (Lucrèce, *De natura rerum*, III, 971; env. 60 av. J.-C.)

— La vie ressemble à un conte; ce qui importe, ce n'est pas sa longueur, mais sa valeur.
> (Sénèque, *Lettres à Lucilius*, LXXVII, *in fine* [env. 64].)

Allemand. — **Une vie inutile est une mort anticipée.**
  (Gœthe, *Iphigenie auf Tauris*, I, II, 64 [1787].)

Anglais. — **Mieux vaut être un homme insatisfait qu'un pourceau satisfait.**
  (J. Stuart Mill, *Utilitarianism*, II [1861].)

  — **La vie est trop courte pour être petite.**
  (Devise de B. Disraeli [1804-1881].)

Chinois. — **Une bouchée du fruit d'immortalité vaut mieux qu'une indigestion d'abricots.**

Français. — **C'est priser sa vie justement ce qu'elle est, de l'abandonner pour un songe.**
  (Montaigne, *Essais*, III, IV [1588].)

  — **C'est proprement ne valoir rien que de n'être utile à personne.**
  (Descartes, *Discours de la méthode*, VI [1637].)

  — **Qu'une vie est heureuse, quand elle commence par l'amour et finit par l'ambition.**
  (Pascal (?), *Discours sur les passions de l'amour* [1653].)

  — **Un peu de vanité et un peu de volupté, voilà de quoi se compose la vie de la plupart des femmes et des hommes.**
  (J. Joubert [1754-1824], *Pensées, Maximes et Essais*.)

  — **La vie n'a de prix que par le dévouement à la vérité et au bien.**
  (Ernest Renan, *Souvenirs d'enfance et de jeunesse*, III, I [1883].)

Indien *(hindî)*. — **L'homme vient au monde les mains closes, et le quitte les mains ouvertes.**

Italien. — **Un homme a vécu vainement, à moins qu'il n'ait bâti une maison, engendré un fils, ou écrit un livre.**

Kurde. — **Si tu ne peux pas construire une ville, construis un cœur.**

Nigritien *(Peul)*. — **Celui qui a vécu sans qu'on s'en aperçoive, s'il meurt, on ne s'en apercevra pas.**

Persan. — **On se réjouissait à ta naissance et tu pleurais ; vis de manière que tu puisses te réjouir au moment de ta mort et voir pleurer les autres.**

  V. « CARPE DIEM », IDÉAL, NIRVANÂ, SOI.

VIE et MORT (généralités)

Antiquité chinoise. — **Quand on ne sait pas ce qu'est la vie, comment pourrait-on connaître la mort ?**
  (Confucius, *Livre des sentences*, XI, 11 ; VIᵉ s. av. J.-C.)

Grec. — **Qui sait si la vie n'est pas la mort et si ce n'est pas la mort que les hommes appellent la vie ?**
  (Euripide, *Polydus*, Vᵉ s. av. J.-C. — Cité par Platon, *Gorgias*, 492, *e*.)

  — **Mourir est aussi l'un des actes de la vie.**
  (Attribué à Marc Aurèle, IIᵉ s., mais ne se trouve pas dans les *Pensées*.)

Latin. — **Toute la vie n'est qu'un voyage vers la mort.**
  (Sénèque, *Consolatio ad Polybium*, XXIX [env. 60].)

Latin médiéval. — **Attends le soir pour louer le beau jour, et la mort pour louer la vie.**
  Laus in fine cantatur et vespere laudatur dies.

Chinois. — **Le sage regarde la vie et la mort comme le matin et le soir.**
    (Sie-Hoei, *Lao-Tseu-tsi-kiai*, XVIᵉ s.)

Français. — **On ne sait qui meurt ni qui vit.**
    (*Proverbes en françois*, manuscrit de 1456, Paris, Bibl. nat.)

    — **De telle vie, telle fin ou Bonne vie attrait bonne fin.**
    (J. de La Véprie, *Proverbes communs* [1498].)

    — **Quand on n'a pas su vivre, on doit encore moins savoir mourir.**
    (J. Sanial Dubay, *Pensées sur les mœurs*, 371 [1813].)

    — **La vie nous console de mourir, et la mort de vivre.**
    (Th. Jouffroy, *le Cahier vert*, III [1836].)

Italien. — **Une journée bien employée donne un bon sommeil, une vie bien
    employée procure une mort tranquille.**
    (Léonard de Vinci [1452-1519], *Carnets*.)

Persan. — **La vie est un rêve dont la mort nous réveille.**
    (Hodjviri, XIᵉ s.)
    V. MORT, VIE.

VIE et MORT (les vivants et les morts)

Bible. — **Un chien vivant vaut mieux qu'un lion mort.**
    (Ecclésiaste, IX, 4; IIIᵉ s. av. J.-C.)

Latin. — **La vie des morts consiste à survivre dans l'esprit des vivants.**
    (Cicéron, *Orationes Philippicae*, IX; env. 60 av. J.-C.)

Anglais. — **Le lièvre vivant tire la moustache du lion mort.**
    (Thomas Kyd, *The Spanish Tragedy*, I [1585].)

Espagnol. — **Les morts ouvrent les yeux des vivants.**
    (Cité par J. Collins, *Proverbes espagnols* [1823].)

Français. — **Mieux vaut goujat debout qu'empereur enterré.**
    (La Fontaine, *Contes et Nouvelles*, « la Matrone d'Éphèse », 196 [1676].)

    — **On doit des égards aux vivants; on ne doit aux morts que la vérité.**
    (Voltaire, *Lettre à M. de Genouville sur Œdipe* [1719].)

    — **Les morts gouvernent les vivants.**
    (Auguste Comte, *Catéchisme positiviste*, 29 [1852]. — Généralement cité sous la
    forme suivante : L'humanité se compose de plus de morts que de vivants.)

    V. MORTS VONT VITE (les).

VIEILLESSE

Grec. — **Un vieillard est deux fois enfant.**
    (Eupolis, *Fragments*, Vᵉ s. av. J.-C.)

    — **Notre vie est semblable au vin : le reste s'aigrit.**
    (Ménandre, *Fragments*, IVᵉ s. av. J.-C.)

    — **Il ne faut pas reprocher aux gens leur vieillesse, puisque tous nous
        désirons y parvenir.**
    (Bion de Boristhène, IIIᵉ s. av. J.-C. — Cite par Diogène Laërce, *Phil. ill.*, IV.)

Bible. — **Les cheveux blancs sont une couronne d'honneur.**
    (Livre des Proverbes, XVI, 31; IVᵉ s. av. J.-C.)

Latin. — **La vieillesse est elle-même une maladie.**
    (Térence, *Phormio*, 575; IIᵉ s. av. J.-C.)

— **Nul n'est si vieux qu'il ne croie pouvoir vivre un an de plus.**
(Cicéron, *De senectute*, XXIV; env. 45 av. J.-C.)

Latin médiéval. — **Le soir montre ce qu'a été le jour.**
Vespere laudatur dies.

— **La vieillesse est à charge à autrui comme à elle-même.**
(Érasme, *Éloge de la folie*, XIII [1521].)

Allemand. — **Châtie le chien, fouette le loup, si tu veux; mais ne provoque pas les cheveux gris.**
(Gœthe [1749-1832], *Maximen und Reflexionen*.)

— **Les arbres les plus vieux ont les fruits les plus doux.**

— **Les vieilles rivières coulent à leur gré.**

— **Quittez le monde avant qu'il ne vous quitte.**

Américain. — **La tranquillité est le lait de la vieillesse.**
(Th. Jefferson, *Letter to Edward Rutledge* [1797].)

Anglais. — **La vieillesse défigure encore plus l'âme que le corps.**
(Fr. Bacon, *De dignitate et augmentis scientiarum*, VI, 3 [1605].)

— **Un vieux chien mord dur.**

— **Il fait bon s'abriter derrière une vieille haie.**

— **Les vieilles abeilles ne font plus de miel.**

— **Le vieil arbre transplanté meurt.**

Arabe. — **Le lion devenu vieux est la risée des chiens.**

Belge. — **Plus vieux est le bouc, plus dure est sa corne.**

Berbère. — **Un marché n'est jamais fréquenté le soir.**

Chinois. — **Plus le gingembre et la cannelle sont vieux, plus ils sont mordants au goût.**

Français. — **Vieil chien est mal à mettre en lien.**
(Manuscrit du XIIIe s., sans titre, Paris, Sainte-Geneviève.)

— **Vieille pel (peau) ne peut tenir couture.**
(Manuscrit du XIIIe s., sans titre, Paris, Sainte-Geneviève.)

— **Jamais vieux singe ne fit belle moue.**
(Rabelais, *le Tiers Livre*, Prologue [1546].)

— **C'est grand-peine d'être vieux, mais ne l'est pas qui veut.**
(Gabriel Meurier, *Sentences notables, Adages et Proverbes* [1568].)

— **Oncques bon cheval ne devint rosse.**
(Cité par Henri Estienne, *De la précellence du langage françois*, 163 [1579]. — Variante moderne contraire : Il n'est si bon cheval qui ne devienne rosse, c'est-à-dire : Point d'homme, si vigoureux soit-il de corps ou d'esprit, qui ne décline avec l'âge.)

— **En vieille maison, il y a toujours quelque gouttière.**
(Guillaume Bouchet, *les Serées*, III [1584].)

— **La vieillesse nous attache plus de rides en l'esprit qu'au visage.**
(Montaigne, *Essais*, III, II [1588].)

— **Le cygne, plus il vieillit, plus il embellit.**
(Béroalde de Verville, *le Moyen de parvenir*, I, « Stance » [1612].)

— **Plus l'oiseau est vieux, moins il veut se défaire de ses plumes.**
(Antoine Oudin, *Curiosités françoises* [1640].)

— **L'âge n'est que pour les chevaux.**
(On apprécie à l'âge les chevaux et non les gens.)

— **Peu de gens savent être vieux.**
(La Rochefoucauld, *Réflexions ou Sentences et Maximes morales*, 423 [1665].)

— **Les conseils de la vieillesse éclairent sans réchauffer, comme le soleil de l'hiver.**

(Vauvenargues, *Réflexions et Maximes*, 159 [1746].)

— **L'âge rend indulgent sur le caractère, et difficile sur l'esprit.**

(Mᵐᵉ Necker, *Mélanges* [1798].)

— **Vieillir est ennuyeux, mais c'est le seul moyen que l'on ait trouvé de vivre longtemps.**

(Sainte-Beuve. → Cité par Anatole France, *le Crime de Sylvestre Bonnard*, II, 1.)

Italien. — **Aux vieux saints on n'allume plus de cierges.**

Kurde. — **Les feuilles flétries n'enlaidissent pas les beaux arbres.**

Persan. — **De quatre choses nous avons plus que nous ne croyons : des péchés, des dettes, des ennemis et des années.**

Suédois. — **A cinquante ans on commence à se lasser du monde, et à soixante le monde se lasse de vous.**

(Chancelier Oxenstiern [1583-1654], *Réflexions et Maximes*.)

V. ÂGES DE LA VIE, JEUNESSE ET VIEILLESSE, RAJEUNIR.

VIEILLESSE chez l'HOMME et la FEMME (la)

Allemand. — **Un homme porte son âge dans ses os, une femme sur son visage.**

Français. — **La vieillesse de l'homme demande de la vénération, celle de la femme du tact.**

Italien. — **Les hommes ont l'âge qu'ils sentent et les femmes celui qu'elles montrent.**

V. FEMME ET LA VIEILLESSE (la), HOMME ET LA VIEILLESSE (l').

VIEILLESSE et SAGESSE

Grec. — **Les cheveux blancs marquent les années et non pas la sagesse.**

(Ménandre, *Fragments*, IVᵉ s. av. J.-C.)

Latin. — **C'est l'intelligence, et non l'âge, qui sert à trouver la sagesse.**

(Publilius Syrus, *Sentences*, Iᵉʳ s. av. J.-C.)

Allemand. — **A la course, laissez les vieillards en arrière, mais non pas au conseil.**

Français. — **L'on ne s'amende pas de vieillir.**

(*Bonum spatium*, manuscrit du XIVᵉ s., Paris, Bibl. nat.)

— **Les vieillards aiment à donner de bons préceptes, pour se consoler de n'être plus en état de donner de mauvais exemples.**

(La Rochefoucauld, *Réflexions ou Sentences et Maximes morales*, 93 [1665].)

— **En vieillissant, on devient plus fou et plus sage.**

(La Rochefoucauld, *op. cit.*, 210.)

— **Les vieux fous sont plus fous que les jeunes.**

(La Rochefoucauld, *op. cit.*, 444.)

— **Quand le diable est vieux, il se fait ermite.**

(P.-A. de la Mésangère, *Proverbes français* [1821].)

— **Le soir de la vie apporte avec soi sa lampe.**

(J. Joubert [1754-1824], *Pensées, Maximes et Essais*.)

— **Les années font plus de vieux que de sages.**

(E.-P. Raynal, *Sagesse auvergnate, recueil de proverbes* [1935].)

V. EXPÉRIENCE DE L'ÂGE.

VIGILANCE

Latin. — **La loi assiste les vigilants et non les endormis.**
Vigilantibus, non dormientibus, subveniunt jura.

Bantou *(Thonga).* — **Le lion dort avec ses dents.**

Français. — **Aise fait larron.**
(Manuscrit du XIIIᵉ s., sans titre, Paris, Sainte-Geneviève.)

Indien *(hindî).* — **A la première veille, tous veillent; à la seconde, le yogi veille; à la troisième, le voleur.**

Nigritien *(Achanti).* — **C'est sur le chemin où tu n'as pas peur que le fauve se jettera sur toi.**

Russe. — **Qui vole pêche une fois; qui est volé pêche dix fois.**

V. ATTENTION, MAÎTRE (L'œil du), PRÉCAUTION, SÉCURITÉ, SURVEILLANCE.

VILAIN (le)

Latin médiéval. — **Jamais vilain ne garde sa promesse, à moins qu'il ne trouve son compte à la garder.**
(Cité par Cervantes, *Don Quichotte*, I, XXVI. — Vilain, mot dérivé du bas latin *villa*, domaine de campagne, et de *villanus*, manant attaché à la villa, a été par la suite employé comme terme de mépris, l'analogie avec l'adjectif *vil* prêtant à cette confusion.)

Arabe. — **Les hommes vils ont le caractère ainsi fait : lorsque tu les aimes, ils éprouvent du dégoût.**
(Tarafa al-Bakri, *Divan*, supplément, XXXIII, 11; VIᵉ s.)

Basque. — **A colleter un gueux, on devient pouilleux.**
(A. Oihenart, *Proverbes basques* [1657].)

Français. — **Vilain ne sait ce que valent éperons.**
(*Proverbia vulgalia et latina*, manuscrit du XIIIᵉ s., Paris, Bibl. nat.)

— **Faites du bien à un vilain, il vous fera dans la main.**
(*Proverbes au vilain*, manuscrit du XIIIᵉ s., Paris, Bibl. nat.)

— **Vilain corrigé est demi-enragé.**
(*Versus de diversis materiis*, manuscrit du XIVᵉ s., Upsal, Bibl. de l'univ.)

— **Qui prie le vilain se fatigue en vain.**
(*Proverbes rurauz et vulgauz*, manuscrit du XIVᵉ s., Paris, Bibl. nat.)

— **Il n'est danger que de vilain.**
(Pierre Gringore, *Notables Enseignements, Adages et Proverbes* [1528].)

— **Oignez vilain, il vous poindra; poignez vilain, il vous oindra.**
(Rabelais, *Gargantua*, XXXII [1534].)

— **Baillez à un vilain une serviette, il en fera des étrivières.**
(Noël du Fail, *Propos rustiques*, XII [1547].)

— **Vilain enrichi ne connaît ni parent ni ami.**
(Gabriel Meurier, *Sentences notables, Adages et Proverbes* [1568].)

— **Il n'est si vilain qui ne fasse vilenie.**
(Baïf, *Mimes, Enseignements et Proverbes* [1575].)

— **Graissez les bottes d'un vilain, il dira qu'on les lui brûle.**
(A. de Montluc, *les Illustres Proverbes historiques* [1655].)

Italien. — **Quand on peigne un galeux, il ne faut pas s'attendre à un remerciement.**
(Boccace, *le Décaméron*, IX, VII [env. 1350].)

Targui. — **Redoute le noble, si tu le traites avec mépris; redoute l'homme de rien, si tu le traites avec honneur.**

V. GROSSIÈRETÉ, VULGAIRE (le).

VIN

Grec. — **Le vin noie les soucis.**

(Anacréon, *Fragments*, vi^e s. av. J.-C.)

— **Sans le vin, plus d'amour, plus rien qui charme les hommes.**

(Euripide, *les Bacchantes*, 773; ve s. av. J.-C.)

— **Dionysos et Aphrodite se tiennent et vont ensemble.**

(Aristote, *Problèmes*, XXX, 1; ive s. av. J.-C.)

— **La chaleur du vin fait sur l'esprit le même effet que le feu produit sur l'encens.**

(Plutarque, *Œuvres morales*, 1er s. — Cité comme étant une parole de Lamprias, un aïeul de Plutarque.)

Bible. — **Le froment fait croître les jeunes hommes et le vin nouveau les vierges.**

(Zacharie, ix, 17; vi^e s. av. J.-C.)

— **Le vin réjouit le cœur des hommes.**

(Psaumes, CIV, 15; iie s. av. J.-C. — On ajoute plaisamment : Et il n'attriste pas celui des femmes.)

— **Ne fais pas le brave avec le vin, car le vin en a fait périr beaucoup.**

(L'Ecclésiastique, xxxi, 25; iie s. av. J.-C.)

— **La fournaise éprouve l'acier, le vin éprouve le cœur des superbes.**

(L'Ecclésiastique, xxxi, 26; iie s. av. J.-C.)

Latin. — **L'homme doit au vin d'être le seul animal à boire sans soif.**

(Pline l'Ancien, *Histoire naturelle*, XXIII, 23 [env. 77].)

Hébreu. — **Quand le vin entre, la raison sort.**

(Le Talmud, *Erubin*, ve s.)

Latin médiéval. — **Le vin est le lait des vieillards.**

Vinum lac senum.

Allemand. — **Si tu bois du vin, tu dormiras bien; si tu dors, tu ne pécheras pas; si tu ne commets pas de péchés, tu seras sauvé. *Ergo*, bois du vin, c'est le salut.** (Syllogisme bavarois du xvie s.)

— **Le vin n'invente rien, il ne fait que bavarder.**

(Schiller, *Piccolomini*, IV [1799].)

Anglais. — **Le vin est un traître, d'abord un ami, puis un ennemi.**

(Th. Fuller, *Gnomologia* [1732].)

Chinois. — **Trois coupes de vin font saisir une doctrine profonde.**

— **Ce n'est pas le vin qui enivre l'homme, c'est celui-ci qui s'enivre.**

Espagnol. — **Le vin a deux défauts : si on ajoute de l'eau, on le dégénère; si on n'y ajoute pas d'eau, on se dégénère.**

Français. — **Qui bon vin boit Dieu voit.**

(*Proverbes en françois*, manuscrit de 1456, Paris, Bibl. nat.)

— **Bon vin, bon éperon.**

(Antoine Oudin, *Curiosités françoises* [1640].)

— **Ami de trente, fille de quinze, et vin d'un an.**

(A. de Montluc, *les Illustres Proverbes historiques* [1655].)

— **(Anjou).** — **Le vin est nécessaire, Dieu ne le défend pas, sinon il eût fait la vendange amère.**

— **(Bourgogne).** — **Le vin de Bourgogne fait beaucoup de bien aux femmes, surtout quand ce sont les hommes qui le boivent.**

— *(Champagne).* — Le vin de Bourgogne pour les rois, le vin de Bordeaux pour les gentilshommes, le vin de Champagne pour les duchesses.

— *(Languedoc).* — Le Christ n'a pas changé le vin en eau, mais l'eau en vin.

— *(Provence).* — Une journée sans vin est une journée sans soleil.

Japonais. — A la première coupe, l'homme boit le vin; à la deuxième coupe, le vin boit le vin; à la troisième coupe, le vin boit l'homme.

Persan. — Depuis que le soleil et la lune brillent au firmament, on n'a rien connu de meilleur que le vin.
(Omar Kheyyam, *Quatrains*, XIIe s.)

Turc. — Bon vin et femme jolie sont deux agréables poisons.

V. BOIRE, IVRESSE, IVROGNERIE.

VIOLENCE

Grec. — Les dieux fortunés n'aiment pas la violence.
(Homère, *l'Odyssée*, XIV, 85; IXe s. av. J.-C.)

— Les œuvres de la violence ne sont pas durables.
(Solon d'Athènes, *Élégies*, XV; VIe s. av. J.-C.)

— La violence a coutume d'engendrer la violence.
(Eschyle, *Agamemnon*, 764; Ve s. av. J.-C.)

Anglais. — Les feux violents se dévorent eux-mêmes.
(Shakespeare, *King Richard II*, II, 1, 34 [1595].)

Français. — La violence et la vérité ne peuvent rien l'une sur l'autre.
(Pascal, *les Provinciales*, 12e lettre [1657].)

Italien. — Il y a une violence qui libère et une violence qui asservit.
(Mussolini, *Discours à Udine*, 22 septembre 1922.)

V. CONTRAINTE, COUPS, ÉPÉE, FORCE.

VIRGINITÉ

Grec. — La virginité est une fleur que Cypris défend de laisser faner.
(Eschyle, *les Suppliantes*, 1002; Ve s. av. J.-C.)

Anglais. — C'est une chose rare que la virginité unie à la beauté.
(J. Lyly, *Euphues* [1580].)

— Les vierges doivent être vues plutôt qu'entendues.
(Th. Middleton, *More Dissemblers besides Women*, I [1625].)

Espagnol. — Quand une fille perd sa virginité, elle perd un bijou qu'elle ne retrouvera plus.
(Cervantès, *Don Quichotte*, I, LI [1605].)

Français. — Prendre on ne doit à la chandelle : argent, toile, ni pucelle.
(J. de La Véprie, *Proverbes communs* [1498].)

Russe. — Le cœur d'une vierge est une forêt obscure.

Serbe. — Le péché est moins grand d'incendier une église que de calomnier une vierge.

V. FILLE.

VISAGE

Grec. — Un beau visage est un avantage préférable à toutes les lettres de recommandation.
(Aristote, IVe s. av. J.-C. — Cité par Diogène Laërce, *Phil. ill.*, V.)

Latin. — Pour l'homme sagace, la physionomie est un langage.
(Publilius Syrus, *Sentences*, 1er s. av. J.-C.)

— Le visage est l'image de l'âme.
(Cicéron, *De oratore*, III, 221; env. 50 av. J.-C.)

— Le visage est dans l'homme ce qu'il y a de plus servile.
(Quinte-Curce, *De rebus gestis Alexandri Magni*, VIII, IV; 1er s.)

Français. — Beau visage vaut un mets.
(Manuscrit du XIIIe s., sans titre, Paris, Sainte-Geneviève.)

— C'est faible caution que celle d'un visage.
(Pierre Charron, *Traité de la sagesse* [1601].)

— Les visages souvent sont de doux imposteurs.
(Corneille, *le Menteur*, II, II, 408 [1643].)

— La physionomie n'est pas une règle qui nous soit donnée pour juger des hommes : elle nous peut servir de conjecture.
(La Bruyère, *les Caractères*, « Des jugements », 31 [1688].)

— Jamais grand nez n'a déparé beau visage.
(Parce que, ajoute-t-on, jamais grand nez ne s'est trouvé sur beau visage.)

Persan. — Un beau visage est la clef des portes closes.
(Saadi, *Gulistan*, III, 28; XIIIe s.)
V. APPARENCE, BEAUTÉ PHYSIQUE, MINE.

VISITE

Allemand. — Rarement est toujours le bienvenu.
(J. P. Richter, *Hesperus*, XVI [1795].)

Arabe. — Que Dieu bénisse celui qui abrège ses visites.
(Variante : Sache venir, mais sache partir.)

Français. — Qui nous voit trop souvent voit bientôt qu'il nous lasse.
(Destouches, *le Glorieux*, II, IV, 62 [1732].)

— Celui qui ne fait pas plaisir en arrivant fait plaisir en partant.
(P. Le Goff, *Proverbes bretons* [1912].)

Nigritien *(Peul).* — L'œil va où il ne veut pas, mais le pied ne va jamais où il ne veut pas aller.

Russe. — Un visiteur qui arrive au mauvais moment est pire qu'un Tartare.

Turc. — Le visiteur hait le visiteur et la personne visitée les déteste tous les deux.
V. HOSPITALITÉ.

VOCATION

Anglais. — Il n'y a pas de péché à suivre sa vocation.
(Shakespeare, *I King Henry IV*, I, II, 117 [1597].)

Français. — Travaillez, chacun en sa vocation.
(Rabelais, *Gargantua*, XLV [1534].)

— Les vocations manquées déteignent sur toute l'existence.
(Honoré de Balzac, *la Maison Nucingen* [1839].)
V. APTITUDE, COMPÉTENCE, EFFICIENCE, MÉTIER.

VŒU

Grec. — Si Zeus voulait écouter les vœux des hommes, tous périraient, car ils demandent beaucoup de choses qui sont nuisibles à leurs semblables.
(Épicure, *Fragments*, IIIᵉ s. av. J.-C.)

Anglais. — Le vœu fait dans la tempête est oublié dans le calme.
(Th. Fuller, *Gnomologia* [1732].)

Suédois. — Il y a autant de témérité à faire facilement un vœu qu'il y a d'impiété à ne le point exécuter.
(Chancelier Oxenstiern [1583-1654], *Réflexions et Maximes.*)

V. PROMESSE, SERMENT.

VOIR

Latin. — Tel supporte plus facilement un coup d'épée que la vue de l'arme.
(Sénèque, *Lettres à Lucilius*, LVII [env. 64].)

Arabe. — La vue ne se retient pas.
(Variante : On ignore ce qui vous rentre dans l'œil.)

Espagnol. — Tous ceux qui voient n'ont pas les yeux ouverts, et tous ceux qui regardent ne voient pas.
(Baltasar Gracian, *Oraculo manual*, 230 [1647].)

Français. — Il ne faut pas toujours croire ce que l'on voit.
(Carmontelle, *Proverbes dramatiques*, XXVIII [1781].)

V. REGARD, SENS (les).

VOIR et ENTENDRE

Grec. — Ne vous effrayez pas de ce que vous entendez avant de l'avoir vu.
(Ésope, *Fables*, « le Lion et la Grenouille », VIᵉ s. av. J.-C.)

— Les yeux sont des témoins plus fidèles que les oreilles.
(Héraclite d'Éphèse, *Fragments*, Vᵉ s. av. J.-C.)

Allemand. — Les yeux se fient à eux-mêmes, les oreilles se fient à autrui.

Anglais *(Écosse).* — Les mots ne sont que du vent ; mais voir, c'est croire.

Chinois. — Voir la figure est plus sûr que d'entendre la renommée.
(Variante contraire : On apprend plus avec ses oreilles qu'avec ses yeux.)

Français. — Dieu garde de mal qui voit bien et n'ouït goutte.
(Rabelais, *le Tiers Livre*, XV [1546].)

V. ÉCOUTER ET PARLER.

VOISIN

Bible. — Mieux vaut un voisin proche qu'un frère éloigné.
(Livre des Proverbes, XXVII, 10 ; IVᵉ s. av. J.-C.)

Latin. — Il s'agit de toi, si la maison de ton voisin brûle.
(Horace, *Épîtres*, I, XVIII, 84 ; env. 20 av. J.-C.)

Proverbe général. — Aimez votre voisin, mais n'abattez pas la haie.

Allemand. — Avant d'acheter une maison, informe-toi du voisin.

Anglais. — Pour vivre en paix, il faut le demander à son voisin.

— Mon voisin, c'est mon miroir.

— *(Écosse).* — Vous pouvez vivre sans amis, mais non pas sans voisins.

— On peut aimer son voisin, mais sans, pour autant, lui tenir l'étrier.

Arabe. — Remplissez plutôt votre maison de pierres que de voisins.

Belge. — Que celui qui n'est pas content de son voisin recule sa maison.

Danois. — Nul n'est si riche qu'il n'ait besoin d'un bon voisin.

Français. — Voisin sait tout.
(*Proverbes au vilain*, manuscrit du XIIIᵉ s., Paris, Bibl. nat.)

— Qui a bon voisin a bon matin.
(Manuscrit du XIIIᵉ s., sans titre, Oxford, Rawlinson.)

— Un grand seigneur, un grand clocher, une grande rivière font trois mauvais voisins.
(A. de Montluc, *Illustres Proverbes historiques* [1655].)

Indien *(hindi).* — Mieux vaut se quereller avec ses beaux-parents qu'avec ses voisins.

Nigritien *(Peul).* — Le voisin qui te connaît appartient aux bêtes qui tuent.

Russe. — Qui jette des orties chez son voisin les verra pousser dans son jardin.

Tchèque. — Si tu veux connaître la vérité sur ton compte, offense ton voisin.

Turc. — Que le pacha soit ton ennemi plutôt que tes voisins.

V. AUTRUI, MAISON (Chacun chez soi.)

VOIX

Grec. — La voix est la fleur de la beauté.
(Zénon d'Élée, vᵉ s. av. J.-C. — Cité par Diogène Laërce, *Phil. ill.*, IX.)

Anglais. — La voix est l'indice le plus sûr du caractère.
(B. Disraeli, *Tancred*, II, 1 [1847].)

Français. — L'harmonie la plus douce est le son de voix de celle que l'on aime.
(La Bruyère, *les Caractères*, « Des femmes », 10 [1688].)

V. CHANTER.

VOL, VOLEUR

Grec. — Tout gredin n'est pas voleur, mais tout voleur est gredin.
(Aristote, *Rhétorique*, II, XXIV, 4; IVᵉ s. av. J.-C.)

— Le loup reconnaît le loup, et le voleur un voleur.
(Aristote, *Éthique à Eudème*, III, 1, 5; IVᵉ s. av. J.-C.)

Hébreu. — Le voleur sans occasion de voler se croit honnête.
(Le Talmud, *Sanhédrin*, vᵉ s.)

Allemand. — Les petits voleurs sont pendus, les grands sont salués.
(W. Wander, *Deutsche Sprichwörter Lexicon* [1880].)

Anglais. — Une fois voleur, toujours voleur.
(William Langland, *Piers the Plowman*, XV, 146; XIVᵉ s.)

— Le voleur voit un gendarme derrière chaque buisson.
(Shakespeare, *King Henry VI*, V, VI, 12 [1592].)

— **Pour prendre un voleur, prenez un voleur.**
(Cité par Richard Howard, *The Committee*, I [1665].)

— **Donnez assez de corde à un voleur et il se pendra lui-même.**
(J. Ray, *English Proverbs* [1670].)

— **Le voleur s'afflige d'être pendu, mais non d'être voleur.**
(Th. Fuller, *Gnomologia, Adagies and Proverbs* [1732].)

Arabe. — **Le voleur est porté à soupçonner, comme le galeux à se gratter.**

Belge. — **Celui qui prend un liard aimerait mieux prendre un écu.**

Berbère. — **Le voleur qui ne trouve rien à voler emporte une poignée de sable.**

Espagnol. — **Les larrons s'entrebattent et les larcins se découvrent.**

Français. — **Il semble à un larron que chacun lui est compagnon.**
(Manuscrit du XIIIe s., sans titre, Paris, Sainte-Geneviève.)

— **Il y a plus de voleurs que de gibets.**
(Cité par Clément Marot, *Épître à Lyon Jamet*, 138 [1526].)

— **C'est un méchant métier que celui qui fait pendre son maître.**
(P.-J. Le Roux, *Dictionnaire proverbial* [1718].)

— **Qui vole un œuf vole un bœuf.**
(J.-F. Bladé, *Proverbes recueillis dans l'Armagnac* [1879].)

Hollandais. — **On pend les petits voleurs par le cou et les grands par la bourse.**

Indien *(malayala).* — **Après avoir appris à voler, il faut encore apprendre à être pendu.**

Nigritien *(Togo, Ho).* — **Sur le nez du voleur, il ne pousse pas d'herbe.**
(Le voleur ressemble à tout le monde.)

Romanichel *(gypsy).* — **Le bâton qui casse une fenêtre ne tue pas un chien.**
(Tous les voleurs ne sont pas des meurtriers.)

Turc. — **Si le voleur ment, le vol ne ment pas.**
(Le coupable est celui à qui l'objet du vol peut profiter.)
V. BIEN MAL ACQUIS, GREDIN.

VOLONTÉ

Grec. — **Qui a la volonté a la force.**
(Ménandre, *Fragments*, IVe s. av. J.-C.)

Hébreu. — **Ton pied te conduira où tu veux aller.**
(Le Talmud, *Berachoth*, Ve s.)

Anglais. — **La volonté est un bon fils et un méchant enfant.**
(J. Heywood, *Proverbs in the English Tongue* [1546].)

Français. — **Plus fait celui qui veut que celui qui peut.**
(Gabriel Meurier, *Trésor des sentences* [1568].)

— **Qui veut vaincre est déjà bien près de la victoire.**
(Rotrou, *Venceslas*, II, III, 190 [1647].)

— **Celui qui ne sait pas ajouter sa volonté à sa force, n'a point de force.**
(Chamfort [1741-1794], *Caractères et Anecdotes*.)

Islandais *(islenzka).* — **La volonté d'un homme est son paradis, mais elle peut devenir son enfer.**

Suisse. — **Le monde est à la volonté bien plus qu'à la sagesse.**
(H.-F. Amiel, *Journal intime*, 7 février 1872.)
V. FIN VEUT LES MOYENS (Qui veut la), GUISE, LIBRE ARBITRE, POUVOIR.

VOLONTÉ 554

VOLONTÉ (Bonne, mauvaise)

Latin. — **L'esclave de mauvaise volonté est malheureux sans être moins esclave.**
(Publilius Syrus, *Sentences*, 1er s. av. J.-C.)

Allemand. — **La mauvaise volonté défigure tout.**
(Gœthe [1749-1832], *Maximen und Reflexionen*.)

Brésilien. — **La bonne volonté raccourcit le chemin.**

Chinois. — **Le nuage d'automne est fuyant; plus fuyante encore la mauvaise volonté de l'homme.**

Français. — **Bonne volonté supplée à la faculté.**
(Gabriel Meurier, *Trésor des sentences* [1568].)

— **La bonne volonté trouve le moyen et l'opportunité.**
(Baïf, *Mimes, Enseignements et Proverbes* [1576].)

V. PARTI PRIS.

VOLUPTÉ

Grec. — **Être l'esclave du plaisir, c'est la vie d'une courtisane et non celle d'un homme.**
(Anaxandrides, *Fragments*, IVe s. av. J.-C.)

Bible. — **Il y a un temps pour tout, un temps pour embrasser et un temps pour s'abstenir d'embrassements.**
(L'Ecclésiaste, III, 5; IIIe s. av. J.-C.)

Arabe. — **Le sommeil n'est pas maître des paupières, ni l'amour de la volupté.**

— **La volupté est fille de l'amour, mais c'est une fille dénaturée qui devient parricide.**

Chinois. — **Le vice empoisonne le plaisir, la passion le corrompt, la tempérance l'aiguise, l'innocence le purifie, la tendresse le double.**

Français. — **Ce n'est pas honte de choir, mais de trop gésir.**
(Manuscrit du XIIIe s., sans titre, Paris, Sainte-Geneviève.)

— **Les âmes fortes repoussent la volupté, comme les navigateurs évitent les écueils.**
(Napoléon Ier [1769-1821], *Maximes et Pensées*.)

— **En plongeant au fond des voluptés, on en rapporte plus de gravier que de perles.**
(Honoré de Balzac [1799-1850], *Maximes et Pensées*.)

V. AMOUR, CHAIR, LUXURE.

VOYAGE

Grec. — **Rien n'est pour les mortels plus pénible que d'errer à l'aventure.**
(Homère, *l'Odyssée*, XV, 343; IXe s. av. J.-C.)

— **Pierre qui roule n'amasse pas mousse.**

Latin. — **Ceux-là changent de climat et non d'âme, qui vont au-delà de la mer.**
(Horace, *Épîtres*, I, XI, 27; env. 20 av. J.-C.)

Allemand. — **Le plus lourd bagage pour un voyageur, c'est une bourse vide.**

Anglais. — **Les voyages améliorent les sages et empirent les sots.**

Danois. — **Qui veut voyager doit ouvrir la bourse et fermer la bouche.**

Français. — **... Quiconque a beaucoup vu**
                Peut avoir beaucoup retenu.
    (La Fontaine, *Fables*, I, VIII, « l'Hirondelle et les Petits Oiseaux » [1668].)

    — **L'univers est une espèce de livre dont on n'a lu que la première page quand on n'a vu que son pays.**
    (Fougeret de Monbron, *le Cosmopolite ou le Citoyen du monde* [1753].)

Italien. — **Qui n'a pas quitté son pays est plein de préjugés.**
    (Carlo Goldini, *Pamela nubile*, I [1757].)

Romanichel *(gypsy).* — **Tous les hommes ne ressemblent pas aux arbres.**

Russe. — **Les voyages sont la partie frivole de la vie des gens sérieux, et la partie sérieuse de la vie des gens frivoles.**
    (Mme Swetchine [1782-1857].)

    V. PAYS ÉTRANGER, SÉPARATION.

VULGAIRE (le)

Antiquité chinoise. — **Les paroles droites paraissent contraires à la raison.**
    (Quand une personne vulgaire rapporte une opinion. — Lao-Tseu, *Livre du Tao et de sa vertu*, II, LXXVIII, 7, VIe s. av. J.-C.)

Sanskrit. — **La société du vulgaire est pire que le poison.**
    (*Hitopadeça*, Introduction, Ier s.)

Espagnol. — **Le vulgaire ne compte point les coups qui portent, mais ceux que tu manques.**
    (Baltasar Gracian, *Oraculo manual*, 169 [1647].)

Français. — **Les dieux ne sont point faits comme se les fait le vulgaire.**
    (Molière, *la Princesse d'Élide*, II, 1 [1664].)

    — **Le vulgaire est de tous les états.**
    (Voltaire, *le Siècle de Louis XIV*, « Écrivains » [1751].)

Italien. — **Le vulgaire se prend toujours aux apparences et ne juge que par l'événement.**
    (Machiavel, *le Prince*, XVIII [1514].)

Mongol. — **Le sage parle des idées, l'intelligent des faits, le vulgaire de ce qu'il mange.**

    V. GROSSIÈRETÉ, VILAIN (le).

VULNÉRABILITÉ

Anglais. — **Quand on habite une maison de verre, on ne doit pas jeter de pierres à autrui.**
    (G. Chaucer, *Troïlus and Criseyde*, II, 867; XIVe s.)

Danois. — **Celui qui a la tête en beurre ne doit pas s'approcher du four.**

    V. FAIBLE (Point).

Z

ZÈLE

Allemand. — **Le zèle des amis est parfois plus néfaste que la haine des ennemis.**
(Schiller, *Wallensteins Tod*, III [1799].)

Anglais. — **Le zèle est bon pour les sages, mais on le trouve surtout chez les sots.**
(Th. Fuller, *Gnomologia* [1732].)

Français. — **Aux zélés indiscrets tout paraît légitime.**
(Corneille, *Tite et Bérénice*, V, v, 1695 [1670].)

— **Le valet du diable fait plus qu'on ne lui demande.**
(*Dictionnaire de l'Académie*, éd. de 1878.)

V. ARDÉLION.

TABLE ANALOGIQUE

A

B

C

D

E

effet → CAUSE ET EFFET, 78.
élève → MAÎTRE ET ÉLÈVE, 318.
énergie → COURAGE, 111; VOLONTÉ, 553.
entendre → ÉCOUTER ET PARLER, 146; VOIR ET ENTENDRE, 551.
entremise → ARBITRE, 39; INTERMÉDIAIRE, 287.
épargne → ÉCONOMIE, 145.
épreuve → ESSAI, 167; EXPÉRIMENTATION, 176.
été → SAISON, 474.
exception → RÈGLE ET EXCEPTION, 450.
extravagance → FOLIE (déraison), 213.

F

fâcheux (le) → IMPORTUNITÉ, 272.
faillite → BANQUEROUTE, 59.
faire deux choses à la fois → POSSIBLE ET IMPOSSIBLE, 421.
fatalité → DESTIN, 128.
feindre → AFFECTATION, 9.
forfanterie → FANFARON, 182; VANTARDISE, 527.
fou → DÉMENCE, 124.
fréquence → RARETÉ ET FRÉQUENCE, 445.
fripon → DUPES ET FRIPONS, 143.
froid → CHALEUR ET FROID, 81.

G

gage → CAUTION, 78; GARANTIE, 225.
gendre → BEAU-PÈRE, BELLE-MÈRE, 61.
généalogie → ANCÊTRES, 34.
grâce divine → DIEU (Grâce de), 132.
gratitude → RECONNAISSANCE, 448.

H

habit → APPARENCE, 36; VÊTEMENT, 536.
hâblerie → FANFARON, 182; VANTARDISE, 527.
hiver → SAISON, 474.
homicide → MEURTRE, 352.
hôte → HOSPITALITÉ, 265.
humanité → HOMME (l'), 249.
humour → ESPRIT (Vivacité d'), 167.

I

imperfection → QUALITÉ ET DÉFAUT, 439.
impossible → POSSIBLE ET IMPOSSIBLE, 421.
imposture → DUPLICITÉ, 144; FOURBERIE, 218; TARTUFE, 510.
imprévu → INATTENDU, 274.
incertitude → CERTAIN ET INCERTAIN, 80.
inconvénient → AVANTAGE ET INCONVÉNIENT, 54.
incrédulité → CRÉDULITÉ ET INCRÉDULITÉ, 114.
inévitable → INÉLUCTABLE, 277.
insensibilité → DURETÉ, 144.

insuccès → ÉCHEC, 145.
intempérance → GLOUTONNERIE, 230; IVROGNERIE, 290.
intolérance → TOLÉRANCE ET INTOLÉRANCE, 516.
inutile → UTILE ET INUTILE, 523.
irrésolution → HÉSITATION, 248; INDÉCISION, 275.
isolement → SEUL, 487.

J - K

joueur → JEU D'ARGENT, 292.
juif → ISRAËL, 288.
jurer → AFFIRMER; SERMENT, 485.
juges (les) → JUSTICE LÉGALE (les juges), 300.

L

lamentation → PLAINDRE (se), 414.
larmes → PLEURER, 417.
leçon → APPRENDRE, 38.
légitime défense → ATTAQUE ET DÉFENSE, 47.
libéralité → GÉNÉROSITÉ, 227.
lignage → ANCÊTRES, 34.
lire → LECTURE, LIRE, 303.
litige → JUSTICE LÉGALE (cause en justice), 299; PROCÈS, 430.
locataire → PROPRIÉTAIRE ET LOCATAIRE, 433.
lubie → CAPRICE, 76; FANTAISIE, 182.

M

maîtresse → AMANT ET MAÎTRESSE, 16.
maîtrise de soi → SOI (Maîtrise de), 494.
marâtre → PARÂTRE ET MARÂTRE, 386.
marin → MER, MARIN, 345.
marraine → PARRAIN ET MARRAINE, 395.
maux (les) → BIENS ET LES MAUX (les), 68.
médiation → ARBITRE, 39.
méfiance → CONFIANCE ET DÉFIANCE, 101.
ménage → MARI ET FEMME, 330.
météorologie → TEMPS (météorologie), 513.
militaire → SOLDAT, 495.
mouvement (Premier) → SENTIMENT (Premier), 484.
mystification → FARCE, 183; PLAISANTERIE, 415.

N

neveu, nièce → PARENTÉ, 389.
nuit → JOUR ET NUIT, 295.

O

oncle → PARENTÉ, 389.
oreille → ÉCOUTER ET PARLER, 146; VOIR ET ENTENDRE, 551.
orient → OCCIDENT ET ORIENT, 375.
ostentation → PARAÎTRE, 386; VANITÉ, 526.

P

pacte → CONVENTION, 107.
partir → ABSENCE ET PRÉSENCE, 1; SÉPA-
RATION, 484.
parure → FEMME ET LA PARURE (la), 200.
pasteur → CLERGÉ, 90.
paysage → NATURE (Sentiment de la), 366.
pêche → CHASSE ET PÊCHE, 83.
pédagogie → ENSEIGNEMENT, 159.
pessimisme → OPTIMISME ET PESSIMISME,
379.
pionnier → PRÉCURSEUR, 423.
plaider → PROCÈS, 430.
plaie → BLESSURE, 69.
plaindre → COMPASSION, 97; PITIÉ, 414.
point faible → FAIBLE (Point), 179.
polygamie → MONOGAMIE ET POLYGAMIE,
358.
popularité → CÉLÉBRITÉ, 78; GLOIRE, 229.
pratique → THÉORIE ET PRATIQUE, 515.
précision → CONCISION, 100.
prédicateur → SERMON, 485.
présence → ABSENCE ET PRÉSENCE, 1
pressentiment → INTUITION, 287.
prétention → OUTRECUIDANCE, 384.
prêtre → CLERGÉ, 90.
printemps → SAISON, 474.
professeur → MAÎTRE ET ÉLÈVE, 318.
provocation → ATTAQUE ET DÉFENSE, 47.
pruderie → FEMME PRUDE (la), 201.
pusillanimité → CRAINTE (pusillanimité),
113.

Q

quiétude → TRANQUILLITÉ, 518.
quitter → ABSENCE ET PRÉSENCE, 1.

R

rabbin → CLERGÉ, 90.
réalité → RÊVE ET RÉALITÉ, 460.
recevoir → DONNER ET RECEVOIR, 140.
récit → CONTE, 105.
regret → AFFLICTION, 10; REPENTIR, 454.
remariage → MARIAGE (remariage), 330.
remontrance → BLÂME, 69.
remplacement → CHANGEMENT (remplacement), 82.
rendre → PRENDRE ET RENDRE, 424.
renoncement à soi → SOI (Sacrifice de),
494.
renouvellement → CHANGEMENT, 82; NOU-
VEAUTÉ, 371.
réparation → DOMMAGE, 138; RESPONSABI-
LITÉ, 458.
réponse → QUESTION ET RÉPONSE, 441.
réprimande → BLÂME, 69; REPROCHE, 455.
respect de soi → SOI (Respect de), 494.
rétribution → RÉCOMPENSE, 447; SALAIRE,
474.
revanche → CHOC EN RETOUR, 87; RÉCIPRO-
CITÉ, 456; TALION (Peine du), 509.
révolte → RÉBELLION, 445.
rivalité amoureuse → AMOUR (Rivalité d'),
30.
rupture → FÂCHER (se), 178.

S

sacrifice de soi → SOI (Sacrifice de), 494.
saluer → POLITESSE, 419.
salut public → BIEN PUBLIC (le), 66.
sanction → CHÂTIMENT, 84; RÉCOMPENSE,
447.
sans-gêne → GROSSIÈRETÉ, 239.
sens moral → CONSCIENCE, 103.
sentence → JUSTICE LÉGALE (sentence), 300.
service → SERVIABILITÉ, 485.
signe → INDICE, 276.
silence → TAIRE (se), 508.
similitude → AFFINITÉ, 10; SEMBLABLE,
482.
soir → MATIN ET SOIR, 334.
songe → RÊVE (songe), 460.
sort → DESTIN, 128; FORTUNE (le sort), 216.
soufflet → COUPS, 110.
soumission → OBÉIR, 373; SERVILITÉ, 486.
souverain → ROI, 467.
spécialisation → MÉTIER (spécialisation),
351.
spectateur → VOIR, 551.
sport → GYMNASTIQUE, 242.
subalterne → SUPÉRIEUR ET SUBALTERNE,
504.
superflu → NÉCESSAIRE ET SUPERFLU, 367.
supposition → SI, 489.
sûreté → SÉCURITÉ, 481.
suspicion → SOUPÇON, 499.
sycophante → DÉLATEUR, 122.

T

tactique → STRATÉGIE ET TACTIQUE, 502.
tante → PARENTÉ, 389.
tard → TÔT ET TARD, 517.
temporiser → AJOURNER, 15.
tendresse → AFFECTION, 9.
tort → RAISON ET TORT, 443.
traité → CONVENTION, 107.
trivialité → GROSSIÈRETÉ, 239.
tromper (se) → ERREUR, 164.
trop → ASSEZ ET TROP, 45.
tuer → MEURTRE, 352.
tuteur et tutrice → ORPHELIN, 383.

U

ubiquité → POSSIBLE ET IMPOSSIBLE, 421.
urgence → TÔT ET TARD, 517.
usage (coutume) → COUTUME (usage),
113.
usage (possession) → POSSESSION, 421.

V - W - X - Y - Z

vaillance → VALEUR (vaillance), 525.
vendetta → VENGEANCE, 528.
vexation → OFFENSE, 376.
ville → CAMPAGNE ET VILLE, 76.
yeux → REGARD, 449.
zoïle → CRITIQUE (métier), 116.

INDEX
DES MOTS CARACTÉRISTIQUES

A

abandon
L' — fait le larron → SURVEILLANCE.

abattu
L'esprit de l'homme le soutient dans la maladie, mais l'esprit de l'homme —, qui le relèvera? → DÉCOURAGEMENT.

abbé
L' — dîne de son chant → MÉTIER (généralités).
Il n'y a point de plus sage — que celui qui a été moine → OBÉIR ET COMMANDER.

abeille
L' — est honorée parce qu'elle travaille non pour elle seule, mais pour tous → ABNÉGATION.
L' — brusque-t-elle le jasmin? → HOMME ET L'AMOUR (l').
Tout est miel à l' — et poison au serpent → NATUREL (le).
L' — est petite mais son miel est la plus douce des douceurs → TAILLE.
L' — laborieuse n'a pas le temps d'être triste → TRAVAIL.
Si vous êtes —, vous trouverez une ruche → TRAVAIL.

abeilles
Une poignée d' — vaut mieux qu'un sac de mouches → BATAILLE.
Les — ont leur reine et les cigognes leur conducteur → CHEF.
Les — pillotent deçà delà les fleurs, mais elles en font le miel qui après est tout leur → PLAGIAT.

abîme
Un — appelle un — → FAUTE.

abonder
Ce qui *abonde* ne vicie pas → PREUVE.

aboyer
Les chiens *aboient* contre les roues qui tournent → INFÉRIORITÉ.
Chien qui *aboie* ne mord pas → MENACES.

abréger
Abrège ton discours, beaucoup de choses en peu de mots : sois comme un homme qui a la science et qui sait se taire → CONCISION.

— son souper c'est allonger sa vie → FRUGALITÉ.

absinthe
L' — devient avec le temps plus douce que le miel → ACCOUTUMANCE.

abstenir (s')
Celui qui *s'abstient* de ce dont il ne doit pas —, il n'y aura rien dont il ne *s'abstienne* → ASCÈTE.

accomplir
Accomplis chaque acte de ta vie comme s'il devait être le dernier → AGIR.

accorder
Nous n'*accordons* aux autres que juste autant de bonté que nous en possédons nous-mêmes → JUGEMENT (On juge les autres d'après soi-même).

accorder (s')
Si la charrette et le buffle *s'accordent*, qu'importent les ornières du chemin? → MARI ET FEMME.

accoupler
Accouple ton bœuf à un autre, il changera de couleur ou de caractère → FRÉQUENTATION.

accrocher (s')
Un homme qui se noie *s'accroche* à un brin de paille → INSTINCT DE CONSERVATION.

accueil
Le bon — est le meilleur plat → AMPHITRYON.
Petite chère et grand — peuvent faire un joyeux festin → HOSPITALITÉ (que l'on donne).

accueillir
Accueillez chacun comme si vous receviez un joyeux festin → HOSPITALITÉ (que l'on donne).

achat
Le péché pénètre entre la vente et l' — → COMMERCE.

acheter
Qui *achète* une cage veut un oiseau → INTENTION.
Qui *achète* les bras du serf, *achète* aussi ses pieds → SERVITUDE.

Achille
— bouder n'en est pas moins — → PERSONNALITÉ.

acompte

La bonne volonté n'est pas un — → DÉBI-
TEUR ET CRÉANCIER.

acquérir

On n'*acquiert* pas la renommée sur un lit de
plumes → EFFORT.
Le plaisir d'avoir ne vaut pas la peine d' —
→ EFFORT (Joie de l').

acte

Nul ne pèche par un — qu'il ne peut éviter
→ LIBRE ARBITRE.

actes

Ce qui n'est pas dans les — n'est pas dans
le monde → CONVENTION.

actions (bonnes)

Celui qui inspire les bonnes — est plus grand
que celui qui les accomplit → EXEMPLE.
Nous aurions souvent honte de nos plus belles
— si le monde voyait tous les motifs qui les
produisent → INTÉRÊT PERSONNEL.

adieu

— paniers, vendanges sont faites → FIN (Tout
a une).

adultes

Les jeunes vont en bandes, les — par couples
et les vieux tout seuls → ÂGES DE LA VIE.

advenir

Il *advient* en une heure ce qui n'arrive pas
en une année → INATTENDU.

adversaires

Si de deux — l'un vient te trouver avec un
œil crevé, ne lui donne pas raison avant d'avoir
vu l'autre qui a peut-être perdu les deux yeux
→ JUGER (Qui n'entend qu'une cloche...).

affabilité

L' — est le second présent. Le premier est
la beauté → AMABILITÉ.

affaire

Dans une —, chacun ne veut voir que la
couleur qui sait lui plaire → PENCHANT.

affairé

Aucun n'est plus — que celui qui a le moins
à faire → OISIVETÉ.

affaires

Chacun conçoit les — selon la portée de son
esprit → POLITIQUE.

affamé

L'homme — dévore sa moisson, l'homme
altéré engloutit ses richesses → AVIDITÉ.

affirmations

Sur toute chose on peut faire deux — exactement contraires → DISCUSSION.

âge

L' — n'est que pour les chevaux → VIEIL-
LESSE.
L' — rend indulgent sur le caractère et diffi-
cile sur l'esprit → VIEILLESSE.

agir

On ne dort pas pour dormir mais pour —
→ SOMMEIL.

agiter

Il ne faut pas — ce qui est tranquille
→ GOUVERNEMENT (art de gouverner).

agneau

On vend au marché plus de peaux d' — que
de peaux de loup → DOUCEUR (Excès de).
Qui se fait —, le loup le mange → DOUCEUR
(Excès de).
« O —! si je ne te mange pas, tu me man-
geras », dit la hyène → FORTS ET FAIBLES.
L' — s'en va aussi vite que le mouton
→ MORT (généralités).

agneaux

Il va plus au marché de peaux d' — que de
vieilles brebis → MORT (généralités).

agresseurs

Si les — ont tort là-haut, ils ont raison ici-bas
→ ATTAQUE ET DÉFENSE.

aïeux

Qui sert bien son pays n'a pas besoin d' —
→ ANCÊTRES.
L'âge présent ne vaut pas celui des —
→ PASSÉ (le).

aigle

L' — seul a le droit de fixer le soleil → GRANDS
(les).
L' —, quand il est malheureux, appelle le
hibou son frère → GRANDS ET PETITS (généralités).
L' — d'une maison n'est qu'un sot dans une
autre → RELATIVITÉ (contingence).
L' — ne chasse point aux mouches → SUPÉ-
RIORITÉ.

aiguille

L' — habille les autres et demeure nue
→ ABNÉGATION.

aiguillon

Regimber contre l'—, c'est prendre un chemin
glissant → OBÉIR.

aiguiser

On ne perd pas de temps quand on *aiguise* ses
outils → PRÉPARER.

aimée

Qui est la mieux — au monde? L'épouse
fidèle → MARI ET FEMME.

aimer

Aime tes enfants avec ton cœur, mais éduque-
les avec ta main → CHÂTIMENT CORPOREL
(enfants).
Qui s'*aime* lui-même *aime* un méchant homme
→ ÉGOÏSME.
Qui *aime* la femme est cousin du soleil
→ HOMME ET L'AMOUR (l').
Celui-là t'*aime* bien qui te fait pleurer
→ HOMME ET L'AMOUR (l').
Tout ouvrier *aime* mieux son ouvrage qu'il
n'en est aimé → PARENTS ET ENFANTS.
Quand on n'a pas ce que l'on *aime*, il faut —
ce que l'on a → RÉSIGNATION.

aîné

Quand un — partage un plat brûlant, la
viande refroidit → ARBITRE.

aisé

Il est — d'aller à pied quand on tient son
cheval par la bride. → PRIVATION.

albâtre

Au-dehors de l' —; au-dedans, de la suie → FAUX-SEMBLANT.

Allah

Si tu as la force, Allah le veut; si tu as la force et si tu es bon, Allah est grand → COMPORTEMENT.

Ce que l'injustice a bâti, — l'effacera → DIEU (Justice de).

aller

On ne *va* jamais aussi loin que lorsqu'on ne sait pas où l'on *va* → AVENTURE.

Va où tu veux, meurs où tu dois → DESTIN, DESTINÉE.

L'on ne doit jamais — à noces sans y être convié → DISCRÉTION.

A force de mal —, tout ira bien → VICISSITUDES.

allonger

Allonge tes pieds selon la longueur de la couverture → AGIR SELON SES MOYENS.

allumer

Il vaut mieux — une seule et minuscule chandelle que de maudire l'obscurité → EFFORT.

alouette

Quand on tient l' — il faut la plumer → OCCASION.

Une cuisse d' — vaut mieux que tout un chat rôti → QUALITÉ ET QUANTITÉ.

amande

L' — échoit à qui n'a pas de dents → MALIGNITÉ DES CHOSES ET DU SORT.

amandier

L' — lourd de fruits qui se trouve au bord du chemin est toujours amer → FACILE, FACILITÉ.

amants

L'aiguille ne contient pas deux fils ni le cœur deux — → FEMME FIDÈLE (la).

âme

Comme une meule de moulin peut broyer toute sorte de grain, de même une — saine doit être prête à accepter tous les événements → STOÏCISME.

amer

Ne sois pas trop doux, on t'avalerait; ne sois pas trop —, on te cracherait → COMPORTEMENT.

ami

Si tu es l' — du capitaine, tu peux t'essuyer les mains à la voile → FAVEUR.

Celui-là est mon — qui vient moudre à mon moulin → INTÉRÊT PERSONNEL.

L' — le plus dévoué se tait sur ce qu'il ignore → SECRET.

amis

Quand deux — puisent dans une seule bourse, l'un chante et l'autre pleure → ASSOCIATION (généralités).

Quand le caractère d'un homme te semble indéchiffrable, regarde ses — → FRÉQUENTATION.

amincir (s')

A trop —, on se rompt → SUBTILITÉ.

amitié

L' — de Satan conduit au cachot → FRÉQUENTATION.

L' — d'un grand homme est un bienfait des dieux → PROTECTION.

amour

Tout le plaisir de l' — est dans le changement → HOMME INFIDÈLE (l').

Serf en —, seigneur en mariage → MARI ET FEMME.

amoureux

Les — pensent que les autres ont les yeux creux → JUGEMENT (On juge les autres d'après soi-même).

Les — rêvent, les époux sont réveillés → MARIAGE (généralités).

amphore

L' — garde longtemps l'odeur du premier vin qu'elle a contenu → INFLUENCE.

an

L' — qui vient est un brave homme → ESPÉRANCE, ESPOIR.

âne

Au pays des palmiers, on nourrit l' — de dattes → ABONDANCE.

Le bât ne pèse point à l' — → ACCOUTUMANCE.

L' — frotte l' — → AFFINITÉ.

A dur —, dur aiguillon → APPROPRIATION.

Rien de meilleur pour un — que le bât → APPROPRIATION.

L' — surnomme la mule « longues oreilles » → AUTRUI (Défauts d').

Un — appelle l'autre rogneux → AUTRUI (Défauts d').

Un — chargé d'or monte légèrement la montagne → CADEAU.

Si l'on te demande : « As-tu vu un — noir? » réponds : « Je n'en ai vu ni un noir, ni un blanc. » → CIRCONSPECTION.

Si tous disent que tu es un —, il est temps de braire → CONFORMISME.

Si un — te donne un coup de pied, ne le lui rends pas → DÉDAIN.

L' — se couvre de la peau du lion → FANFARON.

L' — efface les pas du cheval → FEMME ET LE REMARIAGE (la).

Chantez à l' —, il vous fera des pets → GROSSIÈRETÉ.

Le cheval rue, la mule donne des coups de sabots, entre les deux l' — meurt → INTERMÉDIAIRE.

L' — peut aller à La Mecque, il n'en reviendra pas pèlerin → NATUREL (le).

L' — ne sait pas nager avant que l'eau ne lui monte aux oreilles → NÉCESSITÉ (ce qui oblige).

Un — chargé d'or ne laisse pas de braire → PARVENU.

Qui est — et se croit cerf s'en aperçoit trop tard au saut du fossé → PRÉSOMPTION.

L' — se croit digne de compter parmi les destriers du roi → PRÉSOMPTION.

— piqué à trotter est incité → STIMULANT.

A qui est l' —, le tienne par la queue → SUR-
VEILLANCE.
Le trot d'un — ne dure pas longtemps
→ VELLÉITÉ.

ange
Qui veut faire l' — fait la bête → COMPOR-
TEMENT.

anguille
On n'écorche pas l' — par la queue
→ MÉTHODE.

animal
En deux jours on peut tout savoir d'un
homme; il en faut davantage pour connaître
un — → BÊTES (les).
L' — même sauvage, quand on le tient
enfermé, oublie son courage → CAPTIVITÉ.

anneau
Ne mets ton doigt en — trop étroit
→ MARIAGE (généralités).

années
De quatre choses nous avons plus que nous
ne croyons : des péchés, des dettes, des ennemis et des — → VIEILLESSE.

anses
Toute chose a deux — → ALTERNATIVE.

Aphrodite
La persuasion est fille d' — → FEMME ET
L'AMOUR (la).

Apollon
— ne tend pas toujours son arc → REPOS.

apothicaire
L' — ne sent pas ses drogues → ACCOUTU-
MANCE.

appartenir
Le rivage aussi *appartient* à la mer → DÉPEN-
DANCE.

appeler
Ne m'*appelle* pas « olive » avant de m'avoir
cueillie → ANTICIPATION.

apporter
Ce qu'*apporte* le flot s'en retourne avec le
jusant → GAGNER ET PERDRE.

approuver (s')
Celui qui s'*approuve* lui-même ne brille pas
→ LOUANGE (Faire sa propre).

appuyer (s')
On ne s'*appuie* que sur ce qui résiste → GOU-
VERNEMENT (généralités).
Celui qui s'*appuie* contre un bon arbre est
couvert d'une bonne ombre → PROTECTION.

arbre
On ne juge pas l' — à l'écorce → APPARENCE.
L' — feuillu ne donne pas toujours des fruits
savoureux → APPARENCE.
Lorsque l' — est déraciné, les fourmis le
prennent d'assaut → CHUTE (Quand le chêne
est tombé...).
Le plus grand — est né d'une graine menue;
une tour de neuf étages est partie d'une poi-
gnée de terre → COMMENCER (généralités).
L' — effeuillé est l'amant des cyclones
→ DÉSESPOIR.

On reconnaît vite l' — qui portera des fruits
→ ENFANCE.
On ne jette de pierres qu'à l' — chargé de
fruits → ENVIE (généralités).
L' — devient solide sous le vent → ÉPREUVE
DU MALHEUR (l').
L' — ne retire pas son ombre, même au
bûcheron → HOSPITALITÉ (que l'on donne).
Un seul — ne peut tenir deux rouges-gorges
→ RIVALITÉ.
Le vieil — transplanté, meurt → VIEILLESSE.

arbres
Les — empêchent de voir la forêt → DÉTAIL.
Les — poussent droit dans une forêt dense
→ MILIEU (Influence du).
Les — dans la forêt ne sont pas cruels
→ SOLITUDE.
Les grands — donnent plus d'ombre que de
fruit → TAILLE.

arc
Ceux qui ont reçu de moi la science de l' —
m'ont à la fin pris pour cible → MÉCHANTS
(Ingratitude des).

arc-en-ciel
Si un — dure un quart d'heure, on ne le
regarde plus → ADMIRATION.

archer
L' — est un modèle pour le sage; quand il
a manqué le centre de la cible, il s'en prend
à lui-même → RESPONSABILITÉ.

ardent
Un charbon — fait brûler les autres
→ INFLUENCE.

argent
L' — est plat pour être empilé → AVARICE.
Celui qui aime l' — n'est pas rassasié par
l' — → AVARICE.
Si vous redemandez l' — que vous avez prêté,
vous trouverez souvent que d'un ami votre
bonté vous a fait un ennemi → DÉBITEUR ET
CRÉANCIER.
L' — est rond pour rouler → DÉPENSE.
Ne faites rien pour de l' —, car il ne faut
payer que ce qui s'achète → DÉSINTÉRESSE-
MENT.
Laisse ton — dans l'obscurité pour qu'il te
permette de voir la lumière → ÉCONOMIE.
On ne rend pas l' — quand la toile est levée
→ MARCHÉ.
Qui a assez d' —, il a assez de parents
→ PARENTÉ.
Qui n'a pas d' — en bourse, qu'il ait du miel
en bouche → PAUVRETÉ.
— reçu, bras rompus → PAYER PAR ANTICI-
PATION.
L' — n'a pas de queue → PRODIGALITÉ.
L'amour de la science et l'amour de l' — se
rencontrent rarement → SAVANT.
Avec de l' —, on fait parler les morts;
sans —, on ne peut pas faire parler les muets
→ TÉMOIN.

argile
On façonne l' — pendant qu'elle est humide
→ OPPORTUNITÉ.

armes

Les — sont journalières → ÉCHEC.
Que les — cèdent à la toge → GOUVERNEMENT (généralités).
Au milieu des —, les lois sont silencieuses → GUERRE.
L'homme en — est le seul qui soit vraiment homme → SOLDAT.

Arno

L' — ne grossit pas sans qu'il n'y entre de l'eau trouble → RICHESSE.

arranger (s')

Tout *s'arrange* et, si le ciel tombe, il se sauvera bien une alouette → OPTIMISME ET PESSIMISME.
Tout *s'arrangerait* parfaitement si l'on pouvait faire les choses deux fois → RECOMMENCER.

arrêter

On peut — une source avec un bâton, mais lorsqu'elle est devenue fleuve, on ne peut la traverser à dos d'éléphant → MAL DÈS LE COMMENCEMENT (Remédier au).

arrêter (s')

Celui qui sait — ne périclite jamais → MODÉRATION.

arriver

Lorsque le jour est *arrivé*, la citadelle croule → INÉLUCTABLE.
Le blé tourne, mais *arrive* tout de même sous la pierre → INÉLUCTABLE.

art

L' — de tout avoir est de n'exiger rien → FEMME ET L'HOMME (la).

arts

Les — libéraux ne peuvent donner la vertu, mais ils disposent l'âme à la recevoir → LETTRES ET LES SCIENCES (les).

aspect

L' — des guerriers est pour une part dans la victoire → SOLDAT.

assemblée

A l' — des Athéniens, ce sont les sages qui parlent et les fous qui décident → GOUVERNEMENT (généralités).

assembler (s')

Ceux qui se ressemblent *s'assemblent* → FRÉQUENTATION.

assis

Qui reste — sèche, qui va lèche → ACTIVITÉ ET INDOLENCE.

astrologie

L' — est une science exacte que les astrologues ignorent → PRÉDICTION.

âtre

Rien n'est si chaud ou si froid que l' — → MAISON (généralités).

attacher (s')

Le naufragé *s'attache* aux cordes du vent → INSTINCT DE CONSERVATION.
Qui *s'attache* à bon arbre en reçoit une bonne ombre → MAÎTRE ET SERVITEUR.

atteler

N'*attelle* pas ensemble l'âne et le cheval → ASSOCIATION (entre égaux).

attendre

Ne t'*attends* qu'à toi seul : c'est un commun proverbe → COMPTER SUR SOI-MÊME.
Pour — les souliers de celui qui est à trépasser, on va longtemps pieds nus → HÉRITAGE.

attraper

On *attrape* les oiseaux avec des oiseaux → TRAÎTRISE.

augmenter

Si l'on *augmente* toujours la finesse du tranchant, la lame se brisera → MIEUX EST L'ENNEMI DU BIEN (Le).

augures

Deux — ne peuvent se regarder sans rire → PRÉDICTION.

Auguste

Quand — buvait, la Pologne était ivre → EXEMPLE.

aujourd'hui

Pour —, buvons et réjouissons-nous, avec d'heureuses paroles aux lèvres; ce qui doit venir après nous, c'est l'affaire des dieux → « CARPE DIEM ».
Celuy vit seulement lequel vit → → « CARPE DIEM ».

aurore

L' — a-t-elle besoin de flambeau pour être vue? → DIEU (généralités).

autels

Les — ne fument que de l'encens des malheureux → PIÉTÉ.

automne

L' — est le père des fruits → SAISON.
Une rose d' — est plus qu'une autre exquise → SAISON.

autruche

L' —, quand il faut voler, dit : « Je suis chameau »; et quand il faut porter un fardeau, elle dit : « Je suis oiseau. » → PARESSE.

autrui

On voit mieux l'œuvre d' — que son propre ouvrage → APPRÉCIATION.
Qui chevauche en croupe d' — ne se met pas en selle quand il veut → DÉPENDANCE.
L'argent d' — a les dents aiguës → EMPRUNT.
Qui fait agir — agit par soi-même → INTERMÉDIAIRE.
Attends d' — ce qu'à — tu auras fait → RÉCIPROCITÉ.
Ne soit point à — qui peut être à lui-même → SERVITEUR.
C'est un triste chemin que de monter et descendre l'escalier d' — → SERVITEUR.

Auvergnats

Les — et les Limousins font leurs affaires, puis celles de leurs voisins → FRANCE (proverbes régionaux).

avaler

Il faut — les pilules sans les mâcher → RÉSOLUTION.

avancer

Qui n'*avance* pas recule → PROGRÈS.

avancer (s')

Ceux qui *s'avancent* trop précipitamment reculeront encore plus vite → AMBITION.

avant

Appelle-le voleur, — qu'il ne t'appelle de ce nom → INITIATIVE.

avantage

C'est un terrible — de n'avoir rien fait, mais il ne faut pas en abuser → CRITIQUE (métier). Chacun préfère son — à celui des autres → INTÉRÊT PERSONNEL.

aveugle

On donna des yeux à un — et il se mit à demander des sourcils → ABUS (que l'on commet).
La lumière poursuit l' — → ATHÉISME.
L' — voudrait que les autres le fussent aussi → CHUTE (Qui est dans le bourbier...).
Un — peut attraper un lièvre → HASARD.
L' — se détourne de la fosse où tombe celui qui a des yeux → INTUITION.
Qui est plus — que celui qui ne veut pas voir? → PARTI PRIS.

aveugles

Ceux qui n'ont que des yeux sont — dans le noir → INTUITION.

avis

On peut donner un bon —, mais non pas la bonne conduite → CONSEIL.
L' — est le petit-fils qui vient à la suite → RETARDEMENT (secours tardif).

aviser (s')

On ne *s'avise* jamais de tout → INATTENDU.

avoine

Ce n'est pas le cheval qui tire, mais l' — → NOURRITURE.
Les pas de l'âne dépendent de l' — — → NOURRITURE.

avoir

Il n'y a que deux sortes de rangs et de familles dans le monde : c'est l' — et le n' — pas → RICHES ET PAUVRES.

avril

— et mai font la farine de toute l'année → ENFANCE.

Aziza

— s'est prostituée et on a brûlé les cheveux de sa servante → BOUC ÉMISSAIRE.

B

bacchantes

Nombreuses sont les porteuses de thyrse, et rares les — — → APPARENCE.

Bacchus

— a noyé plus de marins que Neptune → IVROGNERIE.

bachelier

Un — est un homme qui apprend et un docteur un homme qui oublie → DIPLÔME.

baigner

Celui qui a *baigné* son corps dans l'eau du Gange reviendra sur les bords du fleuve pour y mourir → NOSTALGIE.

baigner (se)

Si tu *te baignes*, baigne-toi complètement → ACHEVER.
On ne *se baigne* pas deux fois dans le même fleuve → CHANGEMENT (généralités).

bâilleur

Un bon — en fait bâiller deux → CONTAGION.

bailli

Je vis celui qui avait dérobé des épingles être fustigé, et celui qui avait volé le trésor devenir — → GRANDS ET PETITS (Selon que vous serez puissant...).

baiser

Baise la main que tu ne peux couper → DISSIMULATION (généralités).

baisser (se)

Le monde est bossu quand il *se baisse* → HUMILITÉ.
Certains qui sont de taille médiocre *se baissent* aux portes de peur de se heurter → MODESTIE (Fausse).

balai

Qui se fait — n'a pas à se plaindre de la poussière → DOMESTIQUE.
Un — neuf nettoie toujours bien → SERVITEUR.

balance

Tout ne se pèse pas à la — → APPRÉCIATION.

barbe

Maint fol a une — — → APPARENCE.
La — ne fait pas le philosophe → APPARENCE.
Si ma — brûle, les autres viennent y allumer leur pipe → CHUTE (Quand le chêne est tombé...).
— étuvée est à demi rasée → PRÉPARER.

barbier

Un — rase l'autre → MÉTIER (Entraide de).
Nul — ne rase de si près qu'un autre n'y trouve à redire → MÉTIER (Rivalité de).

Basques

Les — disent qu'ils se comprennent entre eux, mais c'est un mensonge → FRANCE (proverbes régionaux).

batailles

Il n'y a que ceux qui sont dans les — qui les gagnent → AGIR.

bateau

Le — que la proue gouverne ne va pas loin → MARI ET FEMME.

bateaux

Les petits — doivent tenir la rive → AGIR SELON SES MOYENS.

bâtir

Avant de — la tour, il faut calculer la dépense → AGIR SELON SES MOYENS.
Il est plus aisé de — des cheminées que d'en tenir une chaude → ENTREPRENDRE (Qui trop embrasse...).

C'est le vieux — qui fait le sillon droit
→ EXPÉRIENCE DE L'ÂGE.

bœufs

Quand les — vont à deux, le labourage en va
mieux → ASSOCIATION (généralités).
Les grands — ne font pas les grands labours
→ TAILLE.

boire

Qui *boit* le vin *boive* la lie → AVANTAGE ET
INCONVÉNIENT.
Bois du vin, puisque tu ignores d'où tu es
venu; vis joyeux, puisque tu ignores où tu
iras → « CARPE DIEM ».
Chaque fois que ce qui est en haut se trouve
en bas, cessons de — et rentrons chez nous
→ IVRESSE.
Si le mari *boit*, la moitié de la maison brûle;
si la femme *boit*, toute la maison est en feu
→ IVROGNERIE.
Qui a *bu boira* → IVROGNERIE.
Il faut — l'eau de la rivière où l'on navigue
→ NÉCESSITÉ (ce qui oblige).
Qui a *bu* aux sources d'Afrique y *boira* de
nouveau → NOSTALGIE.
Qui le *boit* aussi le solde → PAYER.

bois

Le — noueux veut une hache tranchante
→ APPROPRIATION.
Le — brûle plus clair, mêlé à d'autre
→ ÉMULATION.
Le — sec enflamme le — vert → FRÉQUEN-
TATION.
Toutes les espèces de — brûlent en silence,
mais les épines en brûlant crient : « Nous
aussi nous sommes du —. » → INFÉRIORITÉ.
Le — pourri ne peut être sculpté → NATUREL
(le).
Le — tendre n'est pas fendu par la foudre
→ SOUPLESSE.

boiteux

Le — à la fin rattrape le rapide → LENTEUR.
Le — veut jouer à la balle → PRÉSOMPTION.
Au pays des — chacun pense qu'il marche
droit → RELATIVITÉ (contingence).
Au milieu des paralytiques, le — est une
gazelle → RELATIVITÉ (contingence).
Ne clochez pas devant les — → TACT.

bon

— nageur, — noyeur → SOI (Confiance en).

bons

Il n'y a de vraiment — que les gens bien
portants → SANTÉ.

bonheur

Il ne te servira de rien de te lever matin si
tu n'es pas suivi du — → CHANCE.
C'est un — pour nous qu'il n'y ait rien de
parfait sur la terre → PERFECTION.

bonnet

Ce qui a fait rester le — longtemps sur la
tête, c'est d'être léger → HOSPITALITÉ (que
l'on reçoit).

bontés

Qui — fait — attend → RÉCIPROCITÉ.

borgne

Le — n'a qu'un œil, mais il pleure quand
même → INFIRMITÉ.

borgnes

Quand mes amis sont —, je les regarde de
profil → TACT.

borne

Ne déplace pas la — antique → TRADITION.

borner (se)

Qui ne sait — ne sut jamais écrire → CONCI-
SION.

bosse

Celui qui a une — sur le front devrait de
temps en temps passer la main dessus → SOI
(Connaissance de).

bossu

Le — ne voit pas sa bosse et voit celle de son
confrère → AUTRUI (Défauts d').
Le — ne se redressera que dans la tombe
→ DÉFAUT.

bouche

— de miel, cœur de fiel → ADULATION.
La — qui encense est souvent celle qui cen-
sure; la main qui caresse est souvent la main
qui tue → ADULATION.
Toute — rouge n'est pas bouche de sorcier
→ APPARENCE.
La — qui mange sans te donner, tu n'enten-
dras pas son cri de douleur → ÉGOÏSME.
Entre — et cuiller, vient grand encombrier
→ ENTREPRENDRE.
Près de la —, près du cœur → ÉTOURDERIE.
— baisée ne perd point son bonheur à venir,
elle se renouvelle comme la lune → FILLE
(puella).
La — elle-même ne comprend pas la salive
→ MENSONGE.
C'est par la — que l'on trait la vache → NOUR-
RITURE.
La — parle selon l'abondance du cœur → PAR-
LER, PAROLE.
Les sages ont leur — dans le cœur, et les sots
ont leur cœur dans la — → PARLER, PAROLE.
Si votre cœur est une rose, votre — dira des
mots parfumés → PARLER, PAROLE.
Quand le cœur flambe, les étincelles jaillissent
de la — → PARLER, PAROLE.
C'est du fruit de la — de l'homme que se
nourrit son corps → PARLER, PAROLE.
Qui garde sa — garde son âme → TAIRE (se).
La — est le bouclier du cœur → TAIRE (se).
Dans une — close, il n'entre point de mouche
→ TAIRE (se).
Qui élargit son cœur rétrécit sa — → TAIRE
(se).

boucherie

A la —, toutes les vaches sont bœufs; à la
tannerie, tous les bœufs sont vaches → MAR-
CHAND.

bouclier

Trop tard est brandi le — quand la blessure
est faite → RETARDEMENT (généralités).

boue

La — se durcit au feu, l'or s'y amollit
→ BONS ET LES MÉCHANTS (les).
La — cache un rubis, mais elle ne le salit pas
→ MILIEU (Influence du).

bouillie

La — de sarrasin est notre mère, le pain de
seigle est notre père → FRUGALITÉ.

boulanger

Donnez votre pain à cuire à un —, dût-il vous en manger la moitié → MÉTIER (Chacun son).

Ne te fais pas — si tu as la tête en beurre → MÉTIER (Choix d'un).

bourse

Quand la — se rétrécit, la conscience s'élargit → PAUVRETÉ.

Belle fille n'a pas de — → PAYER.

bout

Au — de l'aune, fault le drap → FIN (Tout a une).

boutique

Garde ta — et elle te gardera → MARCHAND.

bouvillon

Le — tire vers le soleil et le buffle vers l'ombre → JEUNESSE ET VIEILLESSE.

brahmane

La main du — et la trompe de l'éléphant ne connaissent pas le repos → CLERGÉ (proverbes anticléricaux).

branche

La — chargée de fruits s'incline → SUPÉRIORITÉ.

bras

Les bons — font les bonnes lames → ADRESSE.

brasser

Comme vous *brassez*, vous buvez → ARTISAN DE SON SORT (Chacun est l').

braves

On a pris pour — des lâches qui craignaient de fuir → COURAGE ET LÂCHETÉ.

brebis

— trop apprivoisée, de trop d'agneaux est tétée → BONTÉ (Excès de).

— crottée aux autres cherche à se frotter → CHUTE (Qui est dans le bourbier...).

Depuis que la — est vieille, encore la mange le loup → EXPÉRIENCE DE L'ÂGE.

Quand les — enragent, elles sont pires que les loups → FAIBLES (les).

La — suit la — → MÈRE ET FILLE.

La — bêle toujours de la même manière → NATUREL (le).

— comptées, le loup les mange → PRÉCAUTION.

bref

Ce qui est — et bon est deux fois bon → CONCISION.

Breton

Jamais — ne fit trahison → FRANCE (proverbes régionaux).

Le — menace quand il a féru (frappé) → FRANCE (proverbes régionaux).

Ni gras poussin ni sage — → FRANCE (proverbes régionaux).

bride

— en main sur le pavé → PRÉCAUTION.

briller

Tout ce qui *brille* n'est pas or → APPARENCE.

brochet

Un — fait plus qu'une lettre de recommandation → CADEAU.

broncher

Le cheval a quatre pattes et pourtant il *bronche* → DÉFAILLANCE.

brousse

Ce qui est plus fort que l'éléphant, c'est la — → FORÊT.

bruit

Le — est pour le fat, la plainte est pour le sot → HOMME TROMPÉ (l').

Le plus de — vaut le moins d'argent → RÉCLAME.

brûler

Qui *brûle* sa maison se chauffe au moins une fois → DÉSESPOIR.

Les vieux haillons *brûlent* plus aisément que le linge neuf → LUXURE.

buffle

Ne consulte pas le — avant de lui mettre son bât → DRESSAGE.

buire

Ne regarde pas à la —, mais à ce qu'elle contient → BEAUTÉ PHYSIQUE.

buisson

Un seul — ne peut nourrir deux voleurs → RIVALITÉ.

Il n'est si petit — qui ne porte son ombre → RIVALITÉ.

buse

On ne peut faire d'une — un épervier → NATUREL (le).

but

Le — n'est pas toujours placé pour être atteint, mais pour servir de point de mire → IDÉAL.

C

cabri

Le — saute la table, la chevrette saute le mur → GARÇON ET FILLE.

cadi

Quand la mule du — vient à mourir, tout le monde assiste aux funérailles; quand le — lui-même vient à mourir, personne ne se dérange → JUSTICE LÉGALE (les juges).

cage

La belle — ne nourrit pas l'oiseau → MAISON (généralités).

Un perroquet parle mieux quand il est en — → PRISON.

caille

Au premier son on ne prend la — — → AMOUR (faire la cour).

caillou

Le — jeté dans la boue ne fait pas d'ondes → MILIEU.

calamités

On peut se préserver des — envoyées par le ciel, mais non de celles que l'on s'est attirées soi-même → ARTISAN DE SON SORT (Chacun est l').

calme

En mer —, tous sont pilotes → FACILE, FACILITÉ.

Calypso

— voit Mercure et le reconnaît → AFFINITÉ.
Jamais la nymphe — ne réussit à persuader
Ulysse → HOMME FIDÈLE (l').

canicule

Par la — il n'y a pas de grands hommes
→ CHALEUR ET FROID.

Canope

Celui qui est à cent stades de — et celui qui
est à un stade de la ville ne sont à — ni
l'un ni l'autre → FAUTE.

capable

Derrière un homme —, il y a toujours un autre
homme → INDISPENSABLE (Nul n'est).

capables

Les hommes ne croient jamais les autres —
de ce qu'ils ne sont pas — de faire eux-mêmes
→ JUGEMENT (On juge les autres d'après soi-
même).

capitaines

Lorsque les — sont plusieurs, le vaisseau chavire → CHEF (Un seul).

capital

Le — est comme un oiseau qui ne s'établit
que dans les endroits paisibles → PRÊT.

Capitole

La roche Tarpéienne est près du — → CHUTE
(généralités).

caque

La — sent toujours le hareng → ORIGINE.

caquetage

C'est par son — que la poule fait découvrir
l'œuf → BAVARDAGE.

carillonner

Quand on *carillonne* au clocher, il est fête en
la paroisse → BAISER (le).

cases

Cœurs voisins c'est mieux que — voisines
→ MAISON (chacun chez soi).

casser

Qui *casse* les verres les paie → DOMMAGE.
Il faut — le noyau pour avoir l'amande
→ EFFORT.

casser le cou (se)

Qui doit — trouve un escalier dans les
ténèbres → DESTIN, DESTINÉE.

cassette

Dans une — une seule pièce fait beaucoup
de bruit → VANITÉ.

Caton

La cause du vainqueur plut aux dieux, celle
du vaincu à — → FIDÉLITÉ.

cause

Dans sa propre —, un honnête homme risque,
par amour-propre, d'être injuste à contre-biais
→ JUGER (généralités).

cautèle

Une — en rompt une autre → TROMPERIE.

cavalier

Bon — monte à toute main → ADRESSE.

céder

Il faut — le pas aux sots et aux taureaux
→ PRUDENCE.

célèbre

A celui qui t'a fait —, fais un mérite de ce
que tu es → MAÎTRE ET ÉLÈVE.

celeurs

Les bons — sont vainqueurs → DISSIMULATION
(pour régner).

célibataire

Le lit d'un — est le plus confortable → GAR-
ÇON (Vieux).

celle

— que ne secoue pas un signe, un long discours ne lui profite pas → FEMME ET L'AMOUR
(la).

celui

— à qui l'on permet plus qu'il n'est juste,
veut plus qu'il ne lui est permis → ABUS (que
l'on permet).
— que tu assieds sur ton épaule essaiera de
te monter sur la tête → ABUS (que l'on permet).
— qui veut voler un minaret doit penser à
lui creuser un puits → FIN, FINIR (généralités).
— qui passe la nuit dans la mare se réveille
cousin des grenouilles → FRÉQUENTATION.
— qui n'a que du blé ne peut vendre de
l'orge → HOMME SUPÉRIEUR (l').
— qui n'a pas bâti de maison croit que les
murs sortent de terre → IGNORANCE (défaut
de savoir).
— qui va en mer sans biscuits revient sans
dents → IMPRÉVOYANCE.
— qui, ayant la main à la charrue, regarde
en arrière, n'est pas propre au royaume de
Dieu → RENONCER.
— qui tient la plume ne s'inscrit jamais
parmi les coupables → SOI (généralités).

certain

Il n'est pas — que tout soit incertain → SCEP-
TICISME.

César

Rendez à — ce qui est à César, et à Dieu ce
qui est à Dieu → GOUVERNEMENT (généralités).

chacal

Le — qui habite les plaines de Mazanderan
ne peut être forcé que par les chiens de
Mazanderan → CONNAÎTRE.

chacun

— pour soi, Dieu pour tous → ÉGOÏSME.
— a les paumes de ses mains vers soi-même
tournées → ÉGOÏSME.
A — sa salive est miel → SOI (généralités).
Tous vont au convoi du trépassé, et — pleure
son deuil → SOI (généralités).
Pour — son fumier sent bon → SOI (généralités).
— trouve parfait ce qu'il fait → SOI (généralités).
— est l'ennemi de soi-même → SOI (Connaissance de).
— sa besace → SOUCI.
— le sien, ce n'est pas trop → PARTAGE.

chagrin

Celles qui ont le moins de — pleurent avec le plus d'ostentation → FEMME ET LES LARMES (la).

chaînes

Aucun homme n'aime ses —, fussent-elles d'or → SERVITUDE.
Les — d'acier ou de soie sont toujours des — → SERVITUDE.

chair

Toute — s'unit selon son espèce → AFFINITÉ.

chameau

Le — a demandé des cornes et ses oreilles lui ont été enlevées → ABUS (que l'on commet).
Fais agenouiller le —, et tu le chargeras à ta guise → CRÉDIT D'ARGENT.
Si le — pouvait voir sa bosse, il tomberait de honte → DÉFAUT.
Le — a ri jusqu'à se fendre la lèvre → EXCÈS.
Après avoir monté le — ne te cache pas derrière la selle → GRANDS (les).
Ce que pense le — n'est pas ce qui est dans la tête du chamelier → MAÎTRE ET SERVITEUR.
Le — s'agenouille où s'est agenouillé le — → SERVITEUR.

champion

On ne devient pas — sans suer → PLAISIR ET PEINE (Pas de plaisir sans peine).

chance

La — qui dure est toujours suspecte → TRICHERIE.

chandelle

La — éclaire en se consumant → ABNÉGATION.
Tu peux allumer à ta — la — d'un autre → ALTRUISME.
A la —, la chèvre semble demoiselle → BEAUTÉ FÉMININE.
La — qui va devant éclaire mieux que celle qui va derrière → BIEN (le).

changer

Qui *change* de couleur en voyant de l'or, *changerait* de geste s'il n'était pas vu → CONVOITISE.
Celle qui n'a pas *changé* de turban n'a pas connu les délices → FEMME FIDÈLE (la).
Plus ça *change*, plus c'est la même chose → GOUVERNEMENT (généralités).
Ceux-là *changent* de climat et non d'âme qui vont au-delà de la mer → VOYAGE.

chanter

Qui *chante* pendant l'été, danse pendant l'hiver → IMPRÉVOYANCE.
Comme *chante* le chapelain, ainsi répond le sacristain → SUPÉRIEUR ET SUBALTERNE.

chapeau

En prenant un siège et en coiffant son —, un homme révèle beaucoup de sa qualité → MAINTIEN.
On va plus loin le — à la main que le — sur la tête → POLITESSE.

chapelle

Il n'y a point de —, si petite soit-elle, où l'on ne prêche au moins une fois dans l'année → FEMME ET LA CHASTETÉ (la).
Il n'est si petite — qui n'ait son saint → PROTECTION.

charbon

Le — se moque des cendres → JEUNESSE ET VIEILLESSE.

charbonnier

— est maître chez lui → MAISON (Chacun est maître chez soi).
— et blanchisseur, l'un dit noir, l'autre dit blanc → MÉTIER (Rivalité de).

charge

Il n'est dignité sans — → AVANTAGE ET INCONVÉNIENT.
La — dompte la bête → TRAVAIL ET OISIVETÉ.

charger

Ne *charge* pas tes épaules d'un fardeau qui excède tes forces → AGIR SELON SES MOYENS.

charges

Il faut prendre le bénéfice avec ses — → AVANTAGE ET INCONVÉNIENT.

chariot

Quand le — est brisé, beaucoup de gens vous diront par où il ne fallait pas passer → RETARDEMENT (secours tardif).

charité

— bien ordonnée commence par soi-même → ÉGOÏSME.

charpentier

Le meilleur — est celui qui fait le moins de copeaux → EFFICIENCE.

charrue

La — ne creuse profondément que dans la terre molle → ÉDUCATION (généralités).
L'on ne doit pas mettre la — devant les bœufs → MÉTHODE.

chasse

On aime mieux la — que la prise → EFFORT (Joie de l').

chasser

Qui bien *chasse*, bien trouve → ACTIVITÉ.
Ne *chasse* pas un chien sans savoir qui est son maître → CIRCONSPECTION.
Chassez un chien du fauteuil du roi, il grimpe à la chaire du prédicateur → IMPUDENCE.
Pour — le lièvre, prends aussi l'arme qui peut tuer le tigre → PRÉVOYANCE.

chat

A bon — bon rat → ATTAQUE ET DÉFENSE.
— miauleur n'attrape pas de souris → BAVARDAGE.
Le — et le rat font la paix sur une carcasse → COMPLICITÉ.
« C'est aujourd'hui jeûne », dit le —, en voyant le lard qu'il ne peut atteindre → DÉPIT.
— échaudé craint l'eau froide → EXPÉRIENCE (Chat échaudé...).
Un vieux — ne se brûle jamais → EXPÉRIENCE DE L'ÂGE.
Vieux — ne joue avec sa proie → EXPÉRIENCE DE L'ÂGE.
Je ne conseille pas à un — d'étrangler un lion → GRANDS ET PETITS (généralités).
Tant dort le — qu'il se réveille → IMPUNITÉ.
Ne réveillez pas le — (chien, lion) qui dort → PRUDENCE.
Le — est un lion pour la souris → RELATIVITÉ (contingence).

Comme on le traite de — sauvage, il se met
à voler des poules → RÉPUTATION.

C'est quand le — est repu qu'il dit que le
derrière de la souris pue → SATIÉTÉ.

Le — a reçu un ordre et il l'a transmis à sa
queue → SERVITEUR.

Absent le —, les souris dansent → SURVEIL-
LANCE.

Le — est un derviche jusqu'à ce que vienne
le lait → TENTATION.

chats

Si les — gardent les chèvres, qui attrapera les
souris? → MÉTIER (Chacun son).

châtier

Qui aime bien, *châtie* bien → ÉDUCATION
(généralités).

chaudron

Le — mâchure la poêle → AUTRUI (Défauts
d').

Le — trouve que la poêle est trop noire
→ AUTRUI (Défauts d').

chauffer

Tant *chauffe*-t-on le fer qu'il rougit → PER-
SÉVÉRANCE.

chaume

A voir le —, on peut juger de l'épi → HOMME
ET LA VIEILLESSE (l').

chausseur

Le — fait de bons souliers parce qu'il ne
fait rien d'autre → MÉTIER (spécialisation).

chaussures

Quand tu auras des — ferrées, marche sur les
épines → ENNEMI.

chauve

Un — trouve une peigne → MALIGNITÉ DES
CHOSES ET DU SORT.

Le — avait des boucles dorées, et l'aveugle des
yeux d'amande → ORAISON FUNÈBRE.

Quand enfin le — choisit une coiffure, la fête
déjà avait pris fin → RETARDEMENT (généralités).

chauve-souris

La — s'enorgueillit en l'absence des ibis
→ RELATIVITÉ (contingence).

chemin

A — battu, il ne croît point d'herbe → COM-
MERCE, MÉTIER (Choix d'un).

Le — est long du projet à la chose → ENTRE-
PRENDRE (la coupe et les lèvres).

Le — est assez mauvais sans nous jeter encor
des pierres → MALVEILLANCE.

Le — battu est le plus sûr → SÉCURITÉ.

Le — est long par les préceptes → THÉORIE
ET PRATIQUE.

chemins

Tous les — mènent à Rome → MOYEN.

Les beaux — ne mènent pas loin → PLAISIR
(généralités).

cheminée

Nouvelle — est bientôt enfumée → ENTRAÎ-
NEMENT.

En petite — on fait grand feu, et en grande
petit feu → TAILLE.

chemise

Ta — ne sache ta guise → SECRET.

chêne

Quand le — est tombé, chacun se fait bûcheron → CHUTE.

cher

Il est difficile de sauver une ville dans laquelle
un poisson se vend plus — qu'un bœuf
→ LUXE.

chercher

Ce qu'il faut — à connaître, c'est le fond du
panier → APPARENCE.

Si vous *cherchez* la source du fleuve Yosthino,
vous la trouverez dans les gouttes d'eau sur la
mousse → COMMENCER (généralités).

Cherchez et vous trouverez → EFFORT.

chère

Grande —, petit testament → MANGER.

Faire bonne — est de grand coût et de petite
mémoire → MANGER.

cherté

La — donne goût à la viande → PRIX.

cheval

On éperonne toujours le — qui galope → ABUS
(que l'on commet).

A bon —, bon gué → ADRESSE.

Le coup de pied d'un — paisible frappe dur
→ APPARENCE.

Le — rue, la mule donne des coups de sabot,
et entre les deux l'âne meurt → ARBITRE.

Pour que le — comprenne, on frappe sur les
brancards → AVERTIR.

A — donné on ne regarde pas à la bouche
→ CADEAU.

Le — connaît à la bride celui qui le mène
→ COMMANDER.

Le — au quadrige, le bœuf à la charrue
→ COMPÉTENCE.

Le — indompté devient intraitable → ÉDUCA-
TION (généralités).

Ne selle pas ton — avant de le brider
→ MÉTHODE.

Là où le — frappe du sabot, l'écrevisse y va
de sa pince → MOYENS (Chacun utilise ses
propres).

Jamais bon — ne devint rosse → NATUREL (le).

Où le — galope, le homard veut aussi avancer
→ OUTRECUIDANCE.

On venait ferrer le — du pacha et le scarabée
a tendu la patte → OUTRECUIDANCE.

Il vaut mieux se fier à un — sans bride qu'à
un discours sans ordre → PARLER, PAROLE.

Au — le plus sûr ne lâche pas la bride → PRU-
DENCE.

Le — qui est seul à courir passe pour un bon
coursier → RELATIVITÉ (contingence).

Il est trop tard pour fermer l'écurie quand le
— s'est sauvé → RETARDEMENT (généralités).

Le — gavé d'avoine devient rétif → SATIÉTÉ.

Le — qui traîne son lien n'est pas échappé
→ SERVITUDE.

Trop piquer le — le fait rétif → STIMULANT.

Oncques bon — ne devint rosse. (*Var.
moderne* : Il n'est si bon — qui ne devienne
rosse.) → VIEILLESSE.

chevalier

Nul — sans prouesse → GENTILHOMME.

Foi de Tolède, la dame perd et le — paie
→ GENTILHOMME.

chevaliers

Tous ne sont pas — qui à cheval montent → APPARENCE.

chevaucher

Qui *chevauche* un tigre n'en descend pas aisément → ASSOCIATION (entre égaux).
Qui ne choit ne *chevauche* → RISQUE.

chevaux

Aux — maigres vont les mouches → MALHEUREUX (les).
Chevauche deux — → MOYEN.
Les bons — s'échauffent en mangeant → NOURRITURE.

cheveu

Le — gris dit : « Je suis venu pour rester. » → RAJEUNIR.
Un — sépare le faux du vrai → VÉRITÉ ET ERREUR.

cheveux

Les — de votre tête sont tous comptés → DESTIN, DESTINÉE.
Les — blancs sont une couronne d'honneur, c'est dans les chemins de la justice qu'on la trouve → HOMME ET LA VIEILLESSE (l').
Châtie le chien, fouette le loup si tu veux, mais ne provoque pas les — gris → VIEILLESSE.

chèvre

Tant gratte — que mal gist → ABUS (que l'on commet).
Si tu vois une — dans le repaire du lion, crains-la → COUR ET COURTISAN.
Une — habillée de soie reste toujours — → NATUREL (le).
Où la — est attachée, il faut qu'elle broute → NÉCESSITÉ (ce qui oblige).
La — galeuse ne boit qu'à la source du ruisseau → OUTRECUIDANCE.
La — a deux chevreaux; la peau de l'un deviendra un tambour et celle de l'autre un parchemin de la Bible → PARENTS ET ENFANTS.

chèvres

Dans l'étable à —, bêle; dans le parc à buffles, beugle → CONFORMISME.
Dix — forment un petit troupeau, quatre vaches un vrai troupeau → QUALITÉ ET QUANTITÉ.

chevrette

Ne te précipite pas dans la forêt, —, et tous les loups seront à toi → FILLE (puella).
La — lèche qui la lèche → RÉCIPROCITÉ.

chez-soi

Il n'est point de petit — → MAISON (généralités).

chien

Le — au chenil aboie à ses puces, le — qui chasse ne se sent pas → ACTIVITÉ ET INDOLENCE.
Si le — aboie, entre; si c'est la chienne, sors → BEAU-PÈRE, BELLE-MÈRE, GENDRE, BRU.
Le — qui lâche sa proie pour l'ombre n'a ni l'ombre ni le corps → CERTAIN ET INCERTAIN (Mieux vaut tenir que courir).
Quand un — se noie, chacun lui offre à boire → CHUTE (Quand le chêne est tombé...).
Le — qui tue les loups, les loups finissent par le manger → DANGER.

Le — ne sait pas nager avant que l'eau ne soit à ses oreilles → DANGER.
Le — détaché traîne encore son lien → HABITUDE.
Le — du jardinier, même s'il néglige sa pâtée, gronde quand un autre s'approche de l'assiette → JALOUSIE (généralités).
Le — aboie plutôt que de mordre → LÂCHETÉ.
Si vous avez un — chez vous, n'aboyez pas vous-même → MAÎTRE ET SERVITEUR.
Jamais à un bon — il ne vient un bon os → MÉRITE.
Le — aboie même à Jérusalem → NATUREL (le).
Quand on veut tuer un —, on dit qu'il a souillé le mur de la mosquée → PRÉTEXTE.
Qui veut noyer son — l'accuse de la rage → PRÉTEXTE.
Ne réveillez pas le — qui dort → PRUDENCE.
Tant l'on doit blandir le — que l'on soit passé → PRUDENCE.
Si tu dois être —, sois - de samouraï → SERVITUDE.
Le — lèche l'arme qui l'a blessé → SERVITUDE.
Le — ronge sa courroie, et finit par prendre goût au cuir → SERVITUDE.
Sur le — qui n'aboie pas le loup se jette → TIMIDITÉ.

chiens

Les — aboient, la caravane passe → DÉDAIN.
Il n'est chasse que de vieux — → EXPÉRIENCE DE L'ÂGE.
Les — aboient contre les inconnus → IGNORANCE (défaut de savoir).
Les — ne se mangent pas entre eux → MÉCHANTS (Solidarité des).
Il ne faut pas se moquer des — que l'on soit hors du village → PRUDENCE.
On ne lie pas les — avec des saucisses → TENTATION.

chiens de chasse

Nous autres, —, nous avons tué le lièvre, dit le bichon → ARDÉLION.

chômer

Il ne faut pas — les fêtes avant qu'elles soient venues → ANTICIPATION.

choucas

Si tu ne veux pas que les — t'assiègent de leurs cris, ne sois pas la boule d'un clocher → AMBITION.

ciel

Quand le — veut sauver un homme, il lui donne l'affection pour le protéger → AFFECTION.
Un seul « voici » vaut mieux que dix « le — t'assiste » → AIDER.
Demande au — une bonne récolte et continue à labourer → AIDER SOI-MÊME (s').
Tout en priant le —, donne ton coup d'épaule → AIDER SOI-MÊME (s').
Le filet du — est immense et ses mailles sont écartées, mais il n'y a pas un méchant qui puisse l'éviter → CHÂTIMENT.
Le — n'a pas deux soleils, le peuple n'a pas deux souverains → CHEF (Un seul).
Si le — vous jette une datte, ouvrez la bouche → OCCASION.
— pommelé, femme fardée, ne sont pas de longue durée → TEMPS (météorologie).

cieux

Chacun interprète à sa manière la musique des — → RELIGION.

ciguë

La petite — est sœur de la grande → POISON.
La — est mortelle pour l'homme et bonne pour les cailles → RELATIVITÉ (généralités).

cimes

Ce sont les — que frappe la foudre de Zeus → GRANDS (les).

cimetière

Nul — si beau que l'on souhaite y être enterré aussitôt → MORT (généralités).

circonférence

Dans la — commencement et fin coïncident → EXTRÊMES SE TOUCHENT (Les).

cité

Grande —, grande solitude → CAMPAGNE ET VILLE.

cithare

La — est docile à de molles pressions, mais elle répond d'une façon discordante à qui l'interroge avec violence → DOUCEUR.

cithares

Tous ceux qui possèdent des — ne sont pas des citharèdes → APPARENCE.

Cléopâtre

Le nez de — : s'il eût été plus court, toute la face de la terre aurait changé → CAUSE ET EFFET.

clés

Toutes les — ne pendent pas à la même ceinture → APTITUDE.

cloche

Qui n'entend qu'une — n'entend qu'un son → JUGER.
La — elle-même n'a pas toujours le même son → OPINION.
— fêlée ne peut bien sonner → RÉCONCILIATION.

cloches

Les — appellent à l'office et n'y vont jamais → EXEMPLE.

clou

Un nouvel amour en remplace un ancien, comme un — chasse l'autre → AMOUR (On aime plusieurs fois).
Pour un — se perd un fer, pour un fer le cheval, et pour un cheval le cavalier → CONSÉQUENCE.
Le — souffre autant que le trou → MAÎTRE ET ÉLÈVE.

cochon

Nourrissez un pourceau, vous aurez un — → NATUREL (le).

cœur

Le — ne peut douloir ce que l'œil ne peut voir → ABSENCE ET PRÉSENCE.
Si les yeux ne voient pas, le — ne se fend pas → ABSENCE ET PRÉSENCE.
Bouche de miel, — de fiel → ADULATION.
Ce n'est qu'en sacrifiant une tête (volonté)

que l'on conquiert un — → AMOUR (généralités).
— pensif ne sait où il va → AMOUR (les amoureux).
L'oreille est le chemin du — → AMOUR (faire la cour).
Le — de l'homme n'est pas de pierre, mais de résine → CONSOLATION.
Le — fait l'œuvre, non pas les grands jours → COURAGE.
Le — garde le corps et le mène où bon lui semble → FEMME ET L'AMOUR (la).
Il ne faut pas manger du — → INQUIÉTUDE.
Il n'y a que le — qui aille aussi vite que les hirondelles → SENTIMENT (premier).

cœurs

Les paroles des — unis sont odorantes comme des parfums → CONCORDE.
Les voiles des — sont déchirés quand les — se regardent en face → REGARD.
Les — les plus proches ne sont pas ceux qui se touchent → SÉPARATION.

coffre-fort

Un — enferme en ses flancs Jupiter lui-même → ARGENT.

cogner (se)

A — la tête contre les murs il ne vient que des bosses → DÉSESPOIR.

coiffeurs

A force de —, la fiancée devient chauve → CHEF (Un seul).

coin du feu

Le — est le parterre de tulipes d'un jour d'hiver → MAISON (généralités).

colère

La — des dieux est lente, mais terrible → JUSTICE IMMANENTE.

colombe

A — saoule, les cerises sont amères → SATIÉTÉ.

colombes

Les — ne tombent pas toutes rôties → EFFORT.

combat

Le premier coup fait la moitié du — → ATTAQUE ET DÉFENSE.

combattre

Celui qui *combat* avec des lances d'argent est sûr de vaincre → CORRUPTION.

comédie

La — corrige les mœurs en riant → THÉÂTRE.

commander

Dans la maison où beaucoup *commandent*, peu l'on fait → CHEF (Un seul).
Celui qui excelle à — une armée n'a pas une ardeur belliqueuse → GÉNÉRAL (chef militaire).
Payez bien, *commandez* bien, pendez bien → GÉNÉRAL (chef militaire).

commentaires

Les — sont libres, mais les faits sont sacrés → JOURNALISTE.

commère

Tout se fait dans le monde par — et par compère → PARRAIN ET MARRAINE.

compagnie

La — est agréable quand on va pour être pendu → CHUTE (Qui est dans le bourbier...).

compter

Ne *comptez* pas vos poussins avant qu'ils ne soient éclos → ANTICIPATION.

On ne *compte* pas les vagues de la mer → INFINI.

Qui peut — le sable de la mer, les gouttes de la pluie et les jours du passé? → INFINI.

conclure

De ce qu'une chose n'est pas noire il ne faut pas — qu'elle est blanche → LOGIQUE.

concorde

La — entre époux et épouse est semblable à la musique de la harpe et du luth → MARI ET FEMME.

condamné

La voix d'un — peut se faire entendre, mais ses paroles sont vaines → JUSTICE LÉGALE (sentences).

conducteur

Le — d'éléphants doit tenir compte du sens où ils marchent → GOUVERNEMENT (art de gouverner).

conduire

Ne *conduis* pas tout le monde avec le même bâton → COMMANDER.

Il faut — les enfants par la pudeur et l'ambition comme on *conduit* les chevaux par le frein et l'éperon → ÉDUCATION (généralités).

On va d'un pas plus ferme à suivre qu'à — → OBÉIR ET COMMANDER.

conduire (se)

Il faut — avec ses amis comme on voudrait les voir — avec soi → RÈGLE D'OR.

conférences

Le fruit des — de cent jours est détruit par un seul pet → CONSÉQUENCE.

conjoint

Le — est comme le pagne : il vous appartient → MARI ET FEMME.

connaître

Nul ne *connaît* l'histoire de la prochaine aurore → AVENIR (l').

Celui qui *connaît* sa force et garde la faiblesse est la vallée de l'empire → COMPORTEMENT, SOI (Maîtrise de).

On ne *connaît* pas le vin en cercle → EXPÉRIMENTATION.

On *connaît* le cerf aux abattures → INDICE.

A l'empreinte, on *connaît* Héraclès → INDICE.

Aux griffes, on *connaît* le lion → INDICE.

Connais le monde et sais le tolérer, pour en jouir, il le faut effleurer → VIE (art, manière de vivre).

conquérir

Qui ne se flatte pas de — les îles a du moins la permission de jeter l'ancre → ESSAI.

conseil

La nuit, le — vient au sage → RÉFLÉCHIR.

conserver

— sa tête vaut mieux que — son chapeau → CONCESSION.

considération

Avoir de la — pour soi vous attire quelquefois celle des autres → VALOIR (Se faire).

considérée

Sois belle si tu peux; sage si tu veux; mais sois —, il le faut → FEMME ET LA RÉPUTATION (la).

consolateur

Le — n'attrape pas la migraine → AUTRUI (Mal d').

construire

Tel *construit* un minaret qui détruit une ville → RÉSULTAT.

Si tu ne peux pas — une ville, *construis* un cœur → VIE (Sens et usage de la).

contact

La blancheur inaltérable devient noire par son — avec une couleur noire → CONTAGION.

contenter

On ne peut — tout le monde et son père → PLAIRE.

contrat

De mauvais —, longue dispute → CONVENTION.

convenir (se)

On se vaut bien que l'on ne *se convienne* pas → SYMPATHIE ET ANTIPATHIE.

convoiter

Qui plus a, plus *convoite* → INSATIABILITÉ.

coq

Laissez le — passer le seuil, vous le verrez bientôt sur le banc → ABUS (que l'on permet).

Si le — hérisse ses plumes, il est aisé de le plumer → COLÈRE.

Que le — *hante* on non, le jour se lève → INDISPENSABLE (Nul n'est).

Le — beau parleur chante dès qu'il sort de l'œuf → PRÉCOCITÉ.

coqs

Deux — vivaient en paix; une poule survint → AMOUR (Rivalité d').

coquin

Un — est toujours un —, à pied, à cheval et en voiture → GREDIN.

corbeau

Le — critique la noirceur → AUTRUI (Défauts d').

De mauvais — mauvais œuf → HÉRÉDITÉ.

Nourris le —, il te crèvera les yeux → MÉCHANTS (Ingratitude des).

corbeaux

Les — entre eux ne se crèvent pas les yeux → MÉCHANTS (Solidarité des).

corde

Il ne faut pas parler de — dans la maison d'un pendu → TACT.

cordes

Il faut avoir deux — à son arc → PRÉVOYANCE.

cordonniers

Les — sont les plus mal chaussés → MÉTIER (Les cordonniers...).

Corinthe

Il n'est pas permis à tout le monde d'aller à → → COURTISANE.

cornes

Tous ceux qui portent — n'ont pas le bonnet hors de la tête → HOMME TROMPÉ (l').
Les sages portent leurs — dans leur cœur, et les sots sur leur front → HOMME TROMPÉ (l').
Si tu donnes des coups de —, donne-les à ceux qui ont des — → LÂCHETÉ.

corps

Si le — est droit, il n'importe que l'ombre soit tordue → MÉDISANCE.
Un — sain est un hôte, un — maladif est un geôlier → SANTÉ.

corriger

La viande sans sel et un enfant que l'on ne *corrige* pas se corrompent → ÉDUCATION (généralités).
On ne *corrige* pas celui que l'on pend, on *corrige* les autres par lui → EXEMPLARITÉ.

corsaire

— à —, il n'y a rien à gagner que les barils d'eau → MÉCHANTS (Solidarité des).
— à —, l'un l'autre s'attaquant ne font pas leurs affaires → MÉCHANTS (Solidarité des).

couardise

— est mère de la cruauté → POLTRONNERIE.

coucher

Au — se gagne le douaire → FEMME ET LE MARIAGE (la).
A — avec les chiens, on se lève avec des puces → FRÉQUENTATION.

coup

Il faut toujours donner un — à la douve et l'autre au cercle → ARBITRE.
Le — de pied de l'âne va au lion devenu vieux → CHUTE (Quand le chêne est tombé...).
Un — à tous les arbres, et aucun ne tombe → ENTREPRENDRE (courir deux lièvres à la fois).

coupe

Il y a loin de la — aux lèvres → ENTREPRENDRE.

coups

Qui n'a pas d'argent pour payer les dommages a un dos pour souffrir les — → CHÂTIMENT CORPOREL (adultes).
Là où les — se donnent, ils se reçoivent → CHOC EN RETOUR.
C'est sur l'homme à terre que pleuvent les — de bâton → CHUTE (Quand le chêne est tombé...).
A force de —, on abat le chêne → PERSÉVÉRANCE.

coupable

Aucun — n'est absous devant son propre tribunal → CONSCIENCE.

couper

Le prince cueille un fruit et les valets *coupent* l'arbre → EXACTION.

cour

La — rend des arrêts et non des services → JUSTICE LÉGALE (généralités).

courage

Celui qui met son — à oser trouve la mort → AMBITION.
L'épreuve du — n'est pas de mourir, mais de vivre → SUICIDE.
Le — est comme l'amour, il veut de l'espérance pour nourriture → VALEUR (vaillance).

courbé

Ce qui est — ne peut être redressé, et ce qui manque ne peut être compté → NATUREL (le).

courber

Il faut — le rameau quand il est jeune → ÉDUCATION (généralités).

courber (se)

Il est impossible de se tenir debout en ce monde sans jamais — → DÉPENDANCE.
En *se courbant* d'un pied on se redresse de huit → HUMILITÉ.
Il faut — pour ramasser → SERVILITÉ.

courir

Tant que je *cours*, mon père a un fils → FUIR (au combat).
Rien ne sert de —, il faut partir à point → HÂTE.

courroux

— est vain sans forte main → COLÈRE.

courtisane

La complaisance de l'épouse produit bientôt la haine de la — → MARI ET FEMME.

courtiser

Celui qui fait un long chemin pour — une femme, il veut tromper ou bien il est trompé → AMOUR (faire la cour).

cousin

Appelez-moi —, mais ne cousinez pas avec moi → PARENTÉ.

cousine

C'est en épousant sa — que l'on est le plus heureux → MARIAGE CONSANGUIN.

coût

Le — fait perdre le goût → PRIX.

couteau

Le — ne connaît pas son maître → ARME.
Le mauvais — coupe le doigt et non le bois → QUALITÉ (bonne et mauvaise).
Le — dévore la meule et la meule le — → USURE (détérioration).

coûter

Ce qui *coûte* peu s'estime encore moins → PRIX.

coutume

Chevrette qui a — de téter, le palais lui démange → HABITUDE.

couture

De forte —, forte déchirure → AMITIÉ.
Meilleure la —, pire la déchirure → RÉCONCILIATION.

couverture

Plus chaude est la — d'être doublée → MARIAGE CONSANGUIN.

couvrir

La modération *couvre* l'audace, la pudeur *couvre* l'impudicité, et la piété *couvre* le crime → DISSIMULATION (généralités).
Tout ce qui *couvre* découvre → PARVENU.

crabe

On ne peut apprendre au — à marcher droit → NATUREL (le).

cracher

Qui *crache* au ciel, il lui retombe sur le visage → CHOC EN RETOUR.

craindre

Ne *craignez* pas celui qui prend une grosse pierre → MENACES.

crainte

Quand la — ne veille pas, il arrive ce qui était à craindre → SURVEILLANCE.

crécelle

On ne prend pas l'oiseau à la — → BRUIT.

crépuscule

Après le — les vers luisants pensent : « Nous avons donné la lumière au monde! » → ARDÉLION.

creuser

On ne *creuse* pas avec le manche de la bêche, mais le manche aide à — → ASSOCIATION (généralités).
Celui qui *creuse* une fosse y tombe, et la pierre revient sur celui qui la roule → CHOC EN RETOUR.

cri

Le — public sert quelquefois de preuve, ou du moins fortifie la preuve → RUMEUR PUBLIQUE.

crier

On *crie* toujours le loup plus grand qu'il n'est → PEUR.

crime

C'est piété de payer le — par le —, et un coup meurtrier doit être puni par un coup meurtrier → TALION (Peine du).

crocheteur

Bon — toutes portes crochète → HABILETÉ.

crocodile

Le — n'est pas ennemi du cadavre → GRANDS (les).
Le — verse des larmes avant de dévorer sa proie → MÉCHANTS (Hypocrisie des).
La force du —, c'est l'eau → MILIEU.

croire

C'est de la nuit qu'il est beau de — à la lumière → ESPÉRANCE, ESPOIR.
Je *crois* afin de comprendre → FOI (croyance religieuse).
Il y a trois moyens de — : la raison, la coutume, l'inspiration → FOI (croyance religieuse).
Tel *croit* avoir un œuf au feu qui n'en a que l'écale → ILLUSION.
La poule *croit* couver un œuf et c'est un nichet → ILLUSION.
On ne *croit* qu'en ceux qui *croient* en eux → SOI (Confiance en).

croire (se)

C'est un grand défaut que de — plus que l'on n'est et de s'estimer moins que l'on ne vaut → SOI (Connaissance de).

croix

Qui à la porte n'a sa —, l'aura à la fenêtre → MALHEUR.

Cromwell

— allait ravager toute la chrétienté; un petit grain de sable se mit dans son uretère → CAUSE ET EFFET.

cruche

Tant va la — à l'eau qu'à la fin elle se brise → DANGER.
— et pierre ne peuvent aller ensemble → FORTS ET FAIBLES.

crucifié

Celui qui se présente en sauveur pourrait bien être — → PÉRIL.

crucifix

Les vrillettes dévorent le — → BIGOTERIE.

crue

Quand le fleuve Jaune est en —, même la grande jonque chasse sur l'ancre → CALAMITÉ.

cueillir

On ne *cueille* pas en verjus la grappe de raisin → ANTICIPATION.
On ne *cueille* pas de roses, sans être piqué par les épines → AVANTAGE ET INCONVÉNIENT.
Qui ne *cueille* des vertes, il ne mangera des mûres → AVANTAGE ET INCONVÉNIENT.
Cueillons les douceurs, nous n'avons à nous que le temps de notre vie → « CARPE DIEM ».
Cueille-t-on des raisins sur les épines ou des figues sur les ronces? → HÉRÉDITÉ.

cuiller

Il n'est pas de — qui ne heurte jamais le bord de la marmite → FAMILLE.

cuisine

Petite — agrandit la maison → ÉCONOMIE.

cuisinier

Il n'y a point d'inimitié entre le — et le sommelier → MÉTIER (Entraide de).

cuisiniers

Quand il y a plusieurs —, la soupe est trop salée → CHEF (Un seul).

cultiver

Celui qui *cultive* son champ est rassasié de pain → AGRICULTURE.

curé

Marie-toi, et tu seras heureux une semaine; tue un cochon, et tu seras heureux un mois; fais-toi —, et tu seras heureux toute ta vie → CLERGÉ (proverbes anticléricaux).

cygnes

Les — appartiennent à la même famille que les canards, mais ce sont des — → ÉGALITÉ ET INÉGALITÉ.

D

dada

Celui qui n'enfourche pas un — est chevauché par le diable → MAROTTE.

Dalila

Il n'y a pas loin du giron de — au sein d'Abraham → HOMME ET L'AMOUR (l').

dame

Ni — sans écuyer, ni feu sans couvre-feu → FEMME ET L'AMOUR (la).
A telle — telle chambrière → MAÎTRESSE ET SERVANTE.

dames

Deux — à côté l'une de l'autre font une froide température → AMOUR (Rivalité d').

damnable

Tout ce qui est — n'est pas pendable → PUNIR (généralités).

danse

Le commencement de la — est de faire des manières → AMOUR (généralités).

danser

Je *danserai* selon ta musique → ADAPTATION.
Qupand tu veux —, vois à qui tu donnes la main → ASSOCIATION (généralités).
Quand on ne veut pas —, on dit que la terre est mouillée → PRÉTEXTE.

débauché

C'est la volonté et non le corps qui fait le — → LUXURE.

débonnaireté

Grande — a maints hommes grevé → BONTÉ (Excès de).

déborder

La dernière goutte est celle qui fait — le vase → EXCÈS.
Quand l'eau *déborde,* les digues sont rompues; quand le cœur *déborde,* l'entente est rompue → FRANCHISE.

défaut

Le grand — des hommes est d'abandonner leurs propres champs pour ôter de l'ivraie de ceux des autres → AUTRUI (Affaires d').
Quand on connaît le — d'un homme à qui l'on veut plaire, il faut être maladroit pour n'y pas réussir → FAIBLE (Point).

défauts

Je n'ai pas encore vu un homme qui ait pu apercevoir ses — et qui s'en soit blâmé intérieurement → SOI (Connaissance de).

défendre

Nous — quelque chose, c'est nous en donner envie → INTERDIRE.

défendre (se)

La porte se *défend* par sa propre serrure → FEMME FIDÈLE (la).

défendu

Ce qui est permis n'a pas de charme; ce qui est — est excitant → INTERDIRE.
Les choses où l'on a volonté, plus elles sont *défendues* et plus elles sont désirées → INTERDIRE.

défilé

C'est au plus étroit du — que la vallée commence → VICISSITUDES.

dégainer

On ne doit pas — son épée contre un pou → APPRENTISSAGE.

délit

Le voleur n'a commis qu'un —; le volé en a commis cent → JUSTICE LÉGALE (cause en justice).

délits

Les — sont punis où ils sont commis → JUSTICE LÉGALE (généralités).

délivrer (se)

Tous les hommes désirent — de la mort, ils ne savent pas — de la vie → NIRVANA.

déluge

Après moi, le — → ÉGOCENTRISME.

demander

Si l'on te donne de la canne à sucre, ne *demande* pas à être payé pour la manger → ABUS (que l'on commet).

demeure

Chante la chanson de celui dont tu partages la — → HOSPITALITÉ (que l'on reçoit).

demoiselle

Il n'y a si petite — qui ne veuille être priée → AMOUR (faire la cour).

démon

Le pire — est celui qui prie → TARTUFE.

démons

Les — vivent dans le lac tranquille → APPARENCE.

denier

Mieux vaut ami en voie que — en courroie → AMITIÉ.

dent

La — et la langue sont plus rapprochées que toutes choses, cependant à tout instant la dent blesse la langue → FAMILLE.

dents

Qui se casse les — sur le noyau mange rarement l'amande → ACCIDENT.
Trente-deux — ne parlent jamais en vain → FAIM.

dépasser

— le but, c'est comme ne pas l'atteindre → EXCÈS.

dépense

Autant — chiche que large → ÉCONOMIE (fausse ou mauvaise).

dépérir

Un rossignol *dépérit* quand il entend son frère → DÉPIT.

déplacer

Celui qui *a déplacé* la montagne, c'est celui qui a commencé par enlever les petites pierres → PERSÉVÉRANCE.

dépouiller

Les cavaliers du pachalik ne sauraient — un homme nu → IMPÔT.
On ne peut — un homme nu → PAUVRETÉ.

dépouiller (se)

Il ne faut pas — avant de se coucher → PARENTS ET ENFANTS.

déprécier

Les hommes *déprécient* ce qu'ils ne peuvent comprendre → CRITIQUE (généralités).

déraciner

La mauvaise herbe, vous ne devez pas la couper mais la — → MAL DÈS LE COMMENCEMENT (Remédier au).

dermatologie

La — est la meilleure des spécialités : le malade ne meurt jamais et ne guérit pas → MÉDECIN.

dernier

Celui que l'affaire touche de plus près est le — à le savoir → HOMME TROMPÉ (l').

dérober

Du — au restituer, on gagne trente pour cent → PRENDRE ET RENDRE.

dés

Le meilleur coup de —, c'est de les laisser dans le cornet → JEU D'ARGENT.

descendre

Pour — en nous-mêmes, il faut d'abord nous élever → CONSCIENCE (Examen de).
Descendez en vous-même et vous reconnaîtrez la pauvreté de votre demeure → SOI (Connaissance de).

désespoir

Il faut avoir senti les atteintes du — pour comprendre le bonheur d'y arracher un semblable → SAUVETAGE.

désir

La faim va tout droit, le — tourne en rond → AMOUR (généralités).

désirer

A longue corde tire, qui mort d'autrui *désire* → HÉRITAGE.

dessein

Le mauvais — est surtout mauvais pour celui qui l'a conçu → CHOC EN RETOUR.
Le — fait le crime, et non le hasard → INTENTION.

destruction

Plutôt la — du monde qu'une écorchure à mon doigt → ÉGOCENTRISME.

déterminer

La durée de la vie, les actes, la richesse, le savoir, la mort, tout *est déterminé* dès le sein maternel → DESTIN, DESTINÉE.

détester

Je *déteste* la couleur violette, dans la crainte qu'elle ne se confonde avec la couleur pourpre → HABILETÉ.

dettes

Ne me parlez pas de mes —, à moins que vous ne les vouliez payer → TACT.

deuil

Le — du loup est la fête du renard → MALHEUR DE L'UN PROFITE À L'AUTRE (Le).
Le mari fait perdre le — à sa femme, mais non la femme au mari → MARIAGE (remariage).

deux

S'il a — maîtres, le cheval est maigre ; si la barque est à —, elle fait eau → COMMUNAUTÉ.
Quand on est — sur un cheval, il y en a un qui doit être en croupe → MARI ET FEMME.
— sont une armée contre un → UNION.

— chiens peuvent tuer un lion → UNION.
Ce que — veulent n'échoue pas → UNION.

devoir

Quand on *doit*, il faut payer ou agréer → DÉBITEUR ET CRÉANCIER.
On n'aime point à voir ceux à qui l'on *doit* tout → INGRATITUDE.
Faire son — tellement quellement, toujours dire du bien de M. le prieur, et laisser aller le monde à sa fantaisie → MONDE.

diable

Quand la pierre a quitté la main, elle appartient au — → ACTIONS (bonnes et mauvaises).
L'homme est de feu, la femme est d'étoupe, et le — vient qui souffle en croupe → AMOUR (généralités).
Un — n'est pas toujours aussi — qu'il est noir → APPARENCE.
Il faut répondre au — dans la langue du — → APPROPRIATION.
Plutôt le — que vous connaissez que celui que vous ignorez → AVERTIR.
La farine du — s'en va toute en son → BIEN MAL ACQUIS.
De — vient, à — ira → BIEN MAL ACQUIS.
Ce qui est gagné sur le dos du — est dépensé sous son ventre → BIEN MAL ACQUIS.
Une fois qu'on a mangé un —, on en mangerait bien deux → COMMENCER (Il n'y a que le premier pas qui coûte).
Mieux vaut tenir le — dehors que le mettre à la porte → COMPAGNIE.
On ne saurait peigner un — qui n'a pas de cheveux → DÉBITEUR ET CRÉANCIER.
Mieux vaut tuer le — que le diable ne vous tue → INITIATIVE.
Faites du bien au —, il vous donnera l'enfer en récompense → MÉCHANTS (Ingratitude des).
Le — a pris les offrandes, mais il reste l'autel → PERDRE.
Tel a la croix en la poitrine qui est le — en actions → TARTUFE.
Le chapelet dans la main, le — dans la capuche → TARTUFE.
Dans le couvent du —, on est profès sans noviciat → VICE.
Le — n'est pas toujours à la porte d'un pauvre homme → VICISSITUDES.
Le valet du — fait plus qu'on ne lui demande → ZÈLE.

diables

Toujours ne sont — à l'huis → MALHEUR.

diadème

Point de — qui guérisse la migraine → REINE.

diamant

Le — taille le — → GRANDS (les).
S'il y a un — dans la poitrine, il brille sur le visage → RAYONNEMENT.

Diane

La grande — ne se soucie pas du chien qui lui aboie → DÉDAIN.
Quiconque aime une grenouille prend cette grenouille pour — → HOMME ET L'AMOUR (l').

Dieu

— nous donne des mains, mais il ne bâtit pas les ponts → AIDER SOI-MÊME (s').
A toile ourdie, — mande le fil → AIDER SOI-MÊME (s').

Besognons, — besognera → AIDER SOI-MÊME (s').

Le bon — est bon, mais il n'est pas bête → AIDER SOI-MÊME (s').

Celui à qui — a révélé l'emplacement d'un trésor doit le mettre au jour lui-même. → AIDER SOI-MÊME (s').

La victoire vient de —, mais le guerrier doit lutter de toutes ses forces → AIDER SOI-MÊME. (s').

Affame ton ventre, assoiffe ton foie, dénude ton corps, afin que ton cœur puisse voir — en ce monde → ASCÈTE.

Ce que — a donné ne peut être repris, ce que — n'a pas donné tombe des mains → BIEN MAL ACQUIS.

Si près que soit la maison de —, ton foyer est encore plus proche → BIGOTERIE.

Si tu as pris le métier de —, prends aussi sa livrée → CLERGÉ (généralités).

Qui sert —, il sert un bon maître → CLERGÉ (proverbes anticléricaux).

— sait sur quel genou le chameau s'accroupit → JUSTICE LÉGALE (les juges).

— n'a pas placé deux cœurs en un seul cœur → MAÎTRE (Servir un seul).

— fait les gens et le diable les accouple → MARIAGE (généralités).

Le salaire est en — à qui la nuit est claire → MARTYR.

— sait pourquoi il raccourcit les ailes de certains oiseaux → MÉCHANCETÉ.

— tout-puissant commença par planter un jardin → NATURE (Sentiment de la).

Chacun est comme — l'a fait, et bien souvent pire → NATUREL (le).

— donne la robe selon le froid → PROVIDENCE.

A brebis tondue — mesure le vent → PROVIDENCE.

Quand — donne du pain dur, Il donne des dents solides → PROVIDENCE.

Aux méchants bœufs — donne courtes cornes → PROVIDENCE.

— lui-même a besoin de cloches → PUBLICITÉ.

— a fait les hommes tous d'un même sang → RACE.

— donne du bien aux hommes, et non des hommes aux biens → RICHESSE.

— regarde les mains pures, non les mains pleines → RICHESSE.

— n'aime pas la publication du mal, à moins que l'on ne soit la victime de l'oppression → SCANDALE.

Il vaut mieux prier — que ses saints → SUPÉRIEUR ET SUBALTERNE.

Quand — ne veut, le saint ne peut → SUPÉRIEUR ET SUBALTERNE.

Ce que — a fait de mieux, c'est que chacun se trouve bien comme il est → VANITÉ.

dieu

Seul un — peut comprendre un — → AFFINITÉ.

Les coups de bâton d'un — font honneur à qui les endure → GRANDS (les).

dieux

Les — n'écoutent pas les vœux indolents → AIDER SOI-MÊME (s').

Il faut adorer les — sous lesquels on vit → OPPORTUNISME.

diffamer

Qui *diffame* autrui révèle ses propres tares → MÉDISANCE.

différé

Ce qui est — n'est pas perdu → DÉLAI.

différence

Les gens du commun ne trouvent pas de — entre les hommes → ÉGALITÉ ET INÉGALITÉ.

La perfectibilité est la faculté qui marque la — entre les hommes → ÉGALITÉ ET INÉGALITÉ.

Il se trouve autant de — de nous à nous-même que de nous à autrui → INCONSTANCE.

différer

— est odieux, mais sage → AJOURNER.

difficile

Ce qui est — peut être vite fait et ce qui est impossible demande du temps → HOLLANDE.

Il est — d'attraper un chat noir dans une pièce sombre, surtout lorsqu'il n'y est pas → ILLUSION.

dignité

Une grande — est une grande servitude → EMPLOIS (les).

dîner

Le — ne dure pas quand les friandises manquent → REPAS.

Un bon — réconcilie tout le monde → REPAS.

Un — sans façon est une perfidie → REPAS.

Un poème jamais ne vaut un — → REPAS.

Il n'est déjeuner que d'écoliers, — que d'avocats, souper que de marchands, regoubillonner que de chambrières → REPAS.

Dionysos

— et Aphrodite se tiennent et vont ensemble → VIN.

dire

Ne *dis* pas tout ce que tu sais; ne crois pas tout ce que tu entends; ne fais pas tout ce que tu peux → COMPORTEMENT.

On *dit* bien quand le cœur conduit l'esprit → LETTRE.

Si tous les hommes savaient ce qu'ils *disent* les uns des autres, il n'y aurait pas quatre amis dans le monde → MÉDISANCE.

Sur dix personnes qui parlent de nous, neuf *disent* du mal et souvent la seule personne qui en *dit* du bien le *dit* mal → MÉDISANCE.

Si tu *dis* du mal d'autrui, tu risques d'entendre pire de toi-même → MÉDISANCE.

Ce qui te fait perdre la grâce du roi ce n'est pas ce que tu peux faire, c'est ce que tu *dis* → PARLER, PAROLE.

Celui qui *dit* ce qu'il sait, *dit* aussi ce qu'il ignore → PARLER, PAROLE.

Qui *dit* ce qui lui plaît entend ce qui ne lui plaît pas → PARLER, PAROLE.

Sur ce que je n'ai pas *dit*, j'ai plus de puissance que sur ce que j'ai *dit* → PARLER OU SE TAIRE.

Du — au faire la distance est grande → PAROLES ET ACTES.

Bien — fait rire, bien faire fait taire → PAROLES ET ACTES.

C'est une belle harmonie quand le faire et le — vont ensemble → PAROLES ET ACTES.

Du — au faire il y a au milieu la mer → PAROLES ET ACTES.

Rien n'*est dit* aujourd'hui qui n'*ait été dit* jadis → PLAGIAT.

Ce que tu veux —, *dis*-le demain → RÉFLÉCHIR.

Le seul moyen d'obliger les hommes à — du bien de nous, c'est d'en faire → RENOMMÉE.

Ce que l'on *dit* à table doit être enveloppé dans la nappe → REPAS.

Qui ne *dit* rien n'en pense pas moins → TAIRE (se).

discipline

Chacun est à soi-même une bonne — pourvu qu'il ait la suffisance de s'épier de près → CONSCIENCE (Examen de).

La folie est attachée au cœur de l'enfant; la verge de la — l'éloigner de lui → ÉDUCATION (généralités).

discours

Le — est le visage de l'esprit → PARLER, PAROLE.

disert

L'homme vertueux n'est pas —; celui qui est — n'est pas vertueux → ÉLOQUENCE.

diseur

L'entente est au — → EXPLICATION.

— de bons mots, mauvais caractère → PLAISANTERIE.

diseurs

Les grands — ne sont pas les grands faiseurs → PAROLES ET ACTES.

disputer

Ane celui qui *dispute* avec l'âne → DISCUSSION.

dissipateurs

Les — sont les frères de Satan → PRODIGALITÉ.

distance

Il ne se trouve point d'aussi grande — de bête à bête que d'homme à homme → ÉGALITÉ ET INÉGALITÉ.

distinctions

Celui qui ne sait pas faire de — n'entrera jamais bien dans les affaires, mais celui qui en fait trop n'en sortira jamais bien → SUBTILITÉ.

divinité

Si la — n'avait pas créé le miel blond, je vanterais beaucoup la douce saveur des figues → MEILLEUR.

diviser

Toute maison *divisée* contre elle-même ne pourra subsister → DISCORDE.

doigt

Le — sec ne peut ramasser le sel → CORRUPTION.

Ne mettez pas votre — entre l'écorce et l'arbre → MARI ET FEMME (querelles de ménage).

Un — est blessé, tous les — sont couverts de sang → SOLIDARITÉ.

dominer (se)

Une ville forcée qui n'a plus de murailles, tel est l'homme qui ne peut — → SOI (Maîtrise de).

dommage

Tel demande — qui le doit payer → PROCÈS.

dompter

La charge *dompte* la bête → DRESSAGE.

don

Le cidre reçu en — a meilleur goût que le vin qui a été acheté → GRATUIT.

donateur

C'est le rang du — qui fait la valeur du présent → CADEAU.

donner

On *donne* à son filleul bon morceau du pain de la marraine → AUTRUI (On est prodigue du bien d').

On *donne* un œuf pour recevoir un bœuf → CADEAU EN APPELLE UN AUTRE (Un).

Donne la main à celui qui tombe → CHARITÉ.

Celui qui m'*a donné* des dents me *donnera* du pain → PROVIDENCE.

dormir

Le profit envoyé par Dieu ne réveille pas celui qui *dort* → INDOLENCE.

La couche nuptiale est l'asile des soucis, c'est le lit où l'on *dort* le moins → MARIAGE (généralités).

Qui *dort* dîne → SOMMEIL.

douceur

Pas de — sans sueur → PLAISIR ET PEINE (Pas de plaisir sans peine).

douleur

L'homme est un apprenti, la — est son maître → ADVERSITÉ ÉDUCATRICE.

doute

Un — affecté est une fausse clé de fine trempe → CONTRADICTION.

doux

Ne sois pas trop —, on t'avalerait; ne sois pas trop amer, on te cracherait → COMPORTEMENT.

dragon

Qui veut devenir — doit manger beaucoup de petits serpents → APPRENTISSAGE.

Le — immobile dans les eaux profondes devient la proie des crevettes → CHUTE (Quand le chêne est tombé...).

drap

Selon le —, la robe → APPROPRIATION.

dresser (se)

Celui qui *se dresse* sur ses pieds ne peut se tenir droit → VANTARDISE.

droit

Même si ta poche est vide, veille à ce que ton chapeau reste — → DIGNITÉ.

Nul ne s'est jamais perdu dans le — chemin → HONNÊTETÉ.

dromadaire

Le — blanc est-il tout de graisse? → APPARENCE.

Quand le — ploie sous le faix, c'est le chien qui s'affaire et s'essouffle → ARDÉLION.

dû

Prends toujours ton — quand la larme est à l'œil → PAYER (Se faire).

dur

— contre — fait étincelle → SEMBLABLE.

— contre — ne fait pas mur → SEMBLABLE.

dure

A — enclume, marteau de plume → ENDU-
RANCE (généralités).

durer

L'enclume *dure* plus que le marteau → ENDU-
RANCE (généralités).

E

eau

L' — courante ne se corrompt jamais → ACTI-
VITÉ.

Il faut boire l' — du fleuve où l'on navigue
→ ADAPTATION.

Il n'est pire — que l' — qui dort → APPA-
RENCE.

L' — pour la peau, le vin pour la vitalité
→ BOIRE.

L' — qui court abonde en poissons → COM-
MERCE.

L' — d'une source de montagne perd sa limpidité dès qu'elle devient vagabonde → FEMME
ET LA MAISON (la).

L' — du Nil perd sa douceur en se mêlant à
celle de la mer → FRÉQUENTATION.

L' — arrêtée devient impure → OISIVETÉ.

L' — qui provient d'une même source ne peut
être à la fois douce et salée → POSSIBLE ET
IMPOSSIBLE.

L' — que tu passes à gué peut en noyer
d'autres → RELATIVITÉ (généralités).

L' — de mer est corrompue pour les hommes
et salutaire pour les poissons → RELATIVITÉ
(généralités).

L' — trouble fait le gain du pêcheur → RÉVO-
LUTION.

L'— va toujours à la rivière → RICHESSE.

eau de rose

L' — n'est pas pour le dos des vieillards, mais
pour les seins des bien-aimées → CONVENANCE.

échapper

Si tu réussis à — au lion, n'essaie pas de le
chasser → DANGER.

On se jette souvent dans le feu pour — à la
fumée → PIRE.

Ne cherche pas à — à l'inondation en vous
accrochant à la queue d'un tigre → PIRE.

écorce

L' — d'un arbre n'adhère pas à un autre arbre
→ RACE.

écorcher

Qui une fois *écorche* deux fois ne tond → ABUS
(que l'on commet).

Assez *écorche* qui le pied tient → COMPLICITÉ.

Quand on *écorche* un homme, on n'a que sa
peau → DÉBITEUR ET CRÉANCIER.

écouter

Celui qui *écoute* aux portes apprend souvent
ce qu'il ne voudrait pas connaître → INDIS-
CRÉTION.

écrire

S'il ne se passe rien, *écris* pour le dire
→ LETTRE.

Il est plus facile d' — sur une feuille de
papier, qui supporte tout, que sur la peau
humaine, qui ne supporte rien → RÉFORME.

Il faut — comme on parle → STYLE.

Ce qui *est écrit est écrit* → FATALISME.

Ce qui *est écrit* sur le front ne saurait être
effacé par la main de l'homme → PRÉDESTI-
NATION.

écrouler (s')

Lorsque la mosquée *s'écroule*, le mihrab apparaît → CHUTE (généralités).

écu

L' — est un fruit qui est toujours mûr
→ ARGENT.

écurie

L' — use plus que la course → OISIVETÉ.

édifice

Un bel — n'est pas forcément un sanctuaire
→ BEAUTÉ FÉMININE.

égarer (s')

On ne *s'égare* jamais si loin que lorsque l'on
croit connaître la route → PRÉSOMPTION.

église

On peut aimer l' — sans en chevaucher le toit
→ BIGOTERIE.

Tous ne sont pas des saints qui vont à l' —
→ DÉVOTION.

Qui n'a pas vu d' — s'incline devant l'âtre
→ IGNORANCE (défaut de connaissance).

éléphant

L' — ne tombe pas pour une côte cassée
→ FORTS (les).

Ne te mêle pas d'aider l' — en portant ses
défenses → GRANDS ET PETITS (généralités).

S'il n'y avait pas d' — dans la brousse le
buffle serait énorme → RELATIVITÉ (contingence).

Ce qui est plus fort que l' —, c'est la brousse
→ ROI.

L' — n'est pas fatigué de porter sa trompe
→ SUPÉRIORITÉ.

éléphants

Il faut déjà des — pour faire la chasse aux —
→ ARGENT (Gagner de l').

Les — glissent sur les roses → FEMME ET
L'HOMME (la).

A éviter les —, il n'y a point de honte
→ GRANDS (les).

élévation

L' — est au mérite ce que la parure est aux
belles personnes → RANG.

élever

Redoute celui qui *t'élève* au-dessus de ton
mérite, c'est celui qui te rabaisse injustement
→ FLATTERIE.

éloges

Si le lion n'appréciait pas les —, le renard
n'aurait plus qu'à mourir → FLATTERIE.

embrasser

Embrasse le chien sur la bouche jusqu'à ce que
tu aies obtenu ce que tu veux → CARESSE.

N'*embrasse* pas l'occasion dont la bouche est
sale → CIRCONSPECTION.

embûches

En dressant des — à un autre on se tend un
piège à soi-même → CHOC EN RETOUR.

émoluments
Celui qui se livre à l'étude de la sagesse a en vue les — qu'il en peut retirer → INTÉRÊT.

empêché
Il n'y a point de si — que celui qui tient la queue de la poêle → CHEF.

empêcher
Qui n'*empêche* pas le mal le favorise → COMPLICITÉ.

empereur
On aime l' — pour l'amour de l'empire → ROI.

employer
Celui qui excelle à — les hommes se met au-dessous d'eux → COMMANDER.
Si vous *employez* un homme, il ne faut pas douter de lui; si vous doutez de lui, il ne faut pas l' — → MAÎTRE ET SERVITEUR.

emporter (s')
La raison qui *s'emporte* a le sort de l'erreur → COLÈRE.

emprunter
Ils s'inclinent et ils te prient pour t' —; tu t'inclines et tu les pries pour qu'ils te rendent → DÉBITEUR ET CRÉANCIER.
Celui qui *emprunte* est l'esclave de celui qui prête → DÉBITEUR ET CRÉANCIER.

emprunteur
L' — se tient debout et le prêteur se tiendra à genoux → DÉBITEUR ET CRÉANCIER.

encens
L' — noircit l'idole en fumant pour sa gloire → ADULATION.
Celui qui use de mauvais — doit s'attendre à brûler ses manches → ADULATION.
L' — n'embaume que brûlé → CALOMNIE.
Un peu d' — brûlé rajuste bien des choses → FLATTERIE.
L' — gâte plus de cervelles que la poudre n'en fait sauter → FLATTERIE.

encensoir
Dans l' —, fumée et parfum sont inséparables → AVANTAGE ET INCONVÉNIENT.

enclume
Si tu es —, supporte; si tu es marteau, cogne → ENNEMI.

encre
L' — la plus pâle vaut mieux que la meilleure mémoire → PAROLES ET ÉCRITS.

endormi
A goupil — rien ne lui tombe en la gueule → INDOLENCE.

endurcir
Celui qui *endurcit* son cœur tombera dans le malheur → DURETÉ.
→ DURETÉ.

enfant
Trop de sucre à l' — gâte les dents de l'homme → ÉDUCATION (généralités).
L' — qui n'a pas de mère doit tout garder dans son cœur → ORPHELIN.
Un — sans père est semblable à une maison sans toiture → ORPHELIN.
Quand l' — est baptisé, les parrains ne manquent pas → RETARDEMENT (généralités).

C'est un lourd fardeau que de porter l' — d'un mort → VEUVE.

enfants
Les — ont plus besoin de modèles que de critiques → ÉDUCATION (généralités).
Les — des — sont la couronne des vieillards et les pères sont la gloire de leurs — → FAMILLE.
Des — qui ne sont pas à vous agrandissent les narines → PARÂTRE ET MARÂTRE.

enfer
Même dans l' —, le moujik devra servir le boyard → CHOC EN RETOUR.
Ceux qui sont en — ne savent pas qu'il puisse être un ciel → RELATIVITÉ (contingence).

enfers
La route des — est facile à suivre, on y va les yeux fermés → MAL (le).

enfiler
Il faut — lentement l'aiguille dont le chas est petit → ENSEIGNEMENT.

enfourner
A mal — on fait les pains cornus → COMMENCER (généralités).
N'*enfourne* pas le pain avant que le four ne soit chaud → OPPORTUNITÉ.

enfuir (s')
Qui a été brûlé par un tison *s'enfuit* à la vue d'une luciole → EXPÉRIENCE (Chat échaudé...).

engendrer
Le dragon *engendre* un dragon et le phénix un phénix → HÉRÉDITÉ.
L'aigle n'*engendre* pas la colombe → HÉRÉDITÉ.

ennemi
Si tu ne te trouves pas d' —, songe que ta mère en a mis au monde → SOI (Connaissance de).

enrager
Quand les brebis *enragent*, elles sont pires que les loups → COLÈRE.

enseigne
L' — fait la chalandise → RÉCLAME.

enseigner
Les années *enseignent* plus que n'en savent les jours → EXPÉRIENCE DE L'ÂGE.

enseigner (s')
Qui *s'enseigne* lui-même pourrait bien avoir un sot pour maître → AUTODIDACTE.

entendeur
A bon —, il ne faut qu'une parole → INTELLIGENCE.

entendre
Si le vieux singe aboie, *entends* l'avertissement → EXPÉRIENCE DE L'ÂGE.
Celui qui ne veut pas — avec ses oreilles *entendra* avec son dos → OBÉIR.

enterrement
Bel — pas paradis → FUNÉRAILLES.
Pas de mariage sans larmes, pas d' — sans rires → FUNÉRAILLES.

entre
— deux sièges on tombe à terre → HÉSITATION.

— Hana et Bana, on perd toute sa barbe → MONOGAMIE ET POLYGAMIE.

Celui qui est juste au milieu, — notre ennemi et nous, nous paraît être plus voisin de notre ennemi → PARTIALITÉ.

— deux vertes une mûre → VICISSITUDES.

— deux montagnes vallée → VICISSITUDES.

entrer

N'*entre* pas où tu ne peux aisément passer la tête → PRUDENCE.

entretien

La plus importante et la plus négligée de toutes les conversations, c'est l' — avec soi-même → CONSCIENCE (Examen de).

envie

Le potier porte — au potier, l'artisan à l'artisan, le mendiant au mendiant, le chanteur au chanteur → MÉTIER (Rivalité de).

épargne

— de bouche vaut rente de pré → ÉCONOMIE.

épargner

Pour — un clou on perd un cheval → ÉCONOMIE (fausse ou mauvaise).

épée

Si ton — est trop courte, allonge-la d'un pas → BRAVOURE.

Celui qui a une — et retourne chez lui en chercher une meilleure ne revient jamais → MIEUX EST L'ENNEMI DU BIEN (le).

Qui tire l' — contre son prince doit jeter le fourreau → RÉBELLION.

Quiconque se sert de l' — périra par l' — → VIOLENCE.

épées

Le paradis est à l'ombre de nos — → BATAILLE.

éperon

Un — dans la tête en vaut deux aux talons → STIMULANT.

éperons

Pour bon que soit un cheval, encore faut-il des — → STIMULANT.

épervier

Il y a des gens que l' — pond et que le corbeau couve → MÉCHANCETÉ.

On ne regarde l' — que s'il emporte une proie → RETARDEMENT (généralités).

épine

Pour extraire une —, servez-vous d'une — → APPROPRIATION.

Tôt pique ce qui sera une — → NATUREL (le).

Pendant que l' — est jeune, elle pousse ses pointes → PRÉCOCITÉ.

épines

Les — que je moissonne viennent du buisson que j'ai planté → ARTISAN DE SON SORT (Chacun est l').

éponge

L' — absorbe, mais il faut la presser pour qu'elle s'exprime → RICHESSE.

épouse

Si ton — ne marche pas comme ta main la conduit, retranche-la de ta chair → DIVORCE.

Le devoir d'une — est de paraître heureuse → FEMME ET LE MARIAGE (la).

On n'est, avec dignité, — et veuve qu'une fois → FEMME ET LE REMARIAGE (la).

L' — est une chaîne aux pieds et l'enfant un mors dans la bouche → HOMME ET LE MARIAGE (l').

Une méchante —, celui qui la tient est pareil à celui qui a saisi un scorpion → HOMME ET LE MARIAGE (l').

Une maison pleine d'enfants ne vaut pas une seconde — → HOMME ET LE REMARIAGE (l').

Si bonne que soit l' —, il faut la graisser à l'huile → MARI ET FEMME.

épouses

Toutes sont des filles parfaites; d'où viennent les méchantes —? → FEMME ET LE MARIAGE (la).

épouser

Qui *épouse* la femme *épouse* les dettes → HOMME ET LE MARIAGE (l').

Si vous *épousez* une laide, vous serez peiné; si vous *épousez* une belle, vous serez berné → HOMME ET LE MARIAGE (l').

Épouse celle qui est dans ton voisinage → HOMME ET LE MARIAGE (l').

La sagesse est d' — une beauté limitée → HOMME ET LE MARIAGE (l').

Épouse ton égale → HOMME ET LE MARIAGE (l').

Le vieil homme qui *épouse* la jeune femme *épouse* le poison → MARIAGE ASSORTI.

Celui qui *épouse* ma mère est mon oncle → PARÂTRE ET MARÂTRE.

époux

Avec ta mère, jusqu'au rivage; avec ton —, à travers l'océan → FEMME ET LE MARIAGE (la).

Sept enfants ne retiendront pas un —, mais beaucoup de sagesse le retiendra → HOMME INFIDÈLE (l').

Le soufflet d'un — ne laisse pas de marque → MARI ET FEMME.

C'est un — vivant qui console d'un mort → VEUVE.

épreuve

C'est en le mangeant que l'on fait l' — du pudding → EXPÉRIMENTATION.

ermite

L' — pense que le soleil luit uniquement pour sa cellule → ÉGOCENTRISME.

errer

Rien n'est pour les mortels plus pénible que d' — à l'aventure → VOYAGE.

escadrons

Dieu est d'ordinaire pour les gros — contre les petits → BATAILLE.

escalier

Un — se balaie en commençant par le haut → MÉTHODE.

escargot

Quand l' — bave, ne lui en demandez pas la raison → NATUREL (le).

C'est quelqu'un d'autre qui peut dire à l' — comment est sa coquille → SOI (Connaissance de).

esclave

Être l' — du plaisir, c'est la vie d'une courtisane et non celle d'un homme → VOLUPTÉ.

excès

C'est un tort égal de pécher par — ou par défaut → MESURE.

exécuter

Pour — de grandes choses, il faut vivre comme si l'on ne devait jamais mourir → ENTRE-PRENDRE (généralités).

exercice

L' — est au corps ce que la lecture est à l'esprit → GYMNASTIQUE.

exiger

On ne peut — davantage de la neige que de l'eau → HÉRÉDITÉ.

exister

Le jour éloigné *existe*, celui qui ne viendra pas n'*existe* pas → ESPÉRANCE, ESPOIR.

exploit

C'est une maxime chez les hommes que, quand un — est accompli, il ne faut pas le laisser caché dans le silence → LOUANGE.

exposer (s')

Pourquoi t' — à ce qu'on t'enlève ton lit de dessous toi? → CAUTION.

extrêmes

Les choses — sont comme si elles n'étaient point → DÉMESURE.

F

fabricant

Bien que le — de nattes sache tisser, on ne le conduit pas à l'atelier des soieries → COMPÉ-TENCE.

fâcheux

Mieux vaut être incivil que — → IMPORTU-NITÉ.

On supporte plus aisément les — que les insignifiants → IMPORTUNITÉ.

facile

Il est plus — de tresser une couronne que de trouver une tête digne de la porter → ROI.

Il est plus — de savoir comment on fait une chose que de la faire → THÉORIE ET PRATIQUE.

Il est — d'esquiver la lance, mais non l'épée cachée → TRAHISON.

fagot

Il n'est — qui ne trouve son lien → FEMME ET L'AMOUR (la).

— a bien trouvé bourrée → MARIAGE ASSORTI.

fagots

Il y a — et → → QUALITÉ (bonne et mauvaise).

faim

Craignez l'attaque de l'homme généreux, quand il a —, et celle de l'homme vil, quand il est rassasié → SATIÉTÉ.

La — regarde à la porte de l'homme laborieux, mais elle n'ose pas entrer → TRAVAIL.

faire

Rien n'*est fait* tant qu'il reste à — → ACHE-VER.

Puisque tu *as fait* l'église, *fais* l'autel → ACHE-VER.

Tout ce que ta main trouve à —, *fais*-le avec ta force → AGIR.

Si tu *fais* quelque chose, *fais*-le → AGIR.

Ce que vous *faites* de bien et de mal, vous le *faites* à vous-même → ARTISAN DE SON SORT (Chacun est l').

Ce qui vaut la peine d'être *fait* vaut la peine d'être bien *fait* → ATTENTION.

Quelle est la chose la meilleure? Bien — ce que l'on *fait* → ATTENTION.

Fais du bien et jette-le à la mer; si les poissons l'ignorent, Dieu le saura → BIEN (le).

Faites le bien et jetez-le dans la mer (C'est-à-dire : oubliez-le) → BIEN (le).

Fais ce que dois, advienne que pourra → DEVOIR (le).

Quand on *fait* de grandes choses, il est difficile de plaire à tout le monde → ETAT (Homme d').

Faites ce que je dis, mais ne *faites* pas ce que je *fais* → EXEMPLE.

Le bois tortu *fait* le feu droit → FIN JUSTIFIE LES MOYENS (la).

Faisons ce qu'on doit — et non pas ce qu'on *fait* → IMITER (prendre pour modèle), MODE.

Ah! qu'il est doux de ne rien —, quand tout s'agite autour de vous → INDOLENCE.

On *fait* plus en un jour qu'en un an → OCCA-SION.

Bien — et le — savoir → PUBLICITÉ.

Ce que tu serais fâché que l'on te *fît*, aie soin de ne jamais le — à un autre → RÈGLE D'OR.

Ce que vous voulez que les hommes *fassent* pour vous, *faites*-le pareillement pour eux → RÈGLE D'OR.

Fais ton fait et te connais → SOI (Connaissance de).

faire (se)

Ce qui *se fait* de nuit paraît au grand jour → CACHER.

Il ne faut pas — borgne pour rendre un autre aveugle → CHOC EN RETOUR.

fameux

On est — par une action et infâme par une autre → RÉPUTATION.

fange

La — n'étouffe pas l'anguille → MILIEU (Influence du).

fardeau

Au long aller, le — pèse → DÉPENSE.

fatigué

Le bœuf — trace de fortes empreintes → HOMME ET LA VIEILLESSE (l').

faubourgs

Les — sont plus grands que la ville → PRIN-CIPAL ET ACCESSOIRE.

faucille

Un jour la — coupera l'ortie → CHÂTIMENT.

faucon

Le — une fois pris ne se débat plus → RÉSI-GNATION.

fausse

La balance — est en horreur à Yahweh, mais le poids juste lui est agréable → FRAUDE.

faute

La — que l'on commet pour ses maîtres est un acte de vertu → DÉVOUEMENT.

Qui fait la — aussi la boive → RESPONSABILITÉ.

faux

Malheur à ceux qui pèsent à — poids → FRAUDE.

faveurs

Les femmes s'attachent aux hommes par les — qu'elles leur accordent, les hommes guérissent par ces mêmes — → AMOUR CHEZ L'HOMME ET LA FEMME (l').

feindre

Qui ne sait pas — ne sait pas vivre → DISSIMULATION (généralités).

On déjoue beaucoup de choses en *feignant* de ne pas les voir → DISSIMULATION (pour régner).

femme

L'homme est de feu, la — est d'étoupe, et le diable vient qui souffle en croupe → AMOUR (généralités).

La — qui prend de l'argent ne vaut pas l'argent → COURTISANE.

La —, comme la lune, brille d'un éclat emprunté → FARD.

La — qui aime à laver trouve toujours de l'eau → FIN VEUT LES MOYENS (Qui veut la).

Bois dans les mains de la — que tu aimes, mais ne la laisse pas boire dans les tiennes → HOMME ET L'AMOUR (l').

Chacun dans sa pensée fait l'éloge de sa — et blâme celle d'autrui, sans comprendre que tous sont également partagés → HOMME ET LE MARIAGE (l').

Si on a une —, c'est pour la regarder → HOMME ET LE MARIAGE (l').

Choisis ta — non à la danse, mais à la moisson → HOMME ET LE MARIAGE (l').

Prends ta servante au loin et ta — tout près → HOMME ET LE MARIAGE (l').

Choisissez votre — par l'oreille bien plus que par les yeux → HOMME ET LE MARIAGE (l').

Maison faite et — à faire → HOMME ET LE MARIAGE (l').

Prendre — est le plus fort lien qui soit → HOMME ET LE MARIAGE (l').

Le drap ne s'achète ni la — ne se choisit à la chandelle → HOMME ET LE MARIAGE (l').

Quand on achète une maison, on regarde les poutres; quand on prend une — il faut regarder la mère → HOMME ET LE MARIAGE (l').

On aime aussi bien la — qui a du bien que celle qui n'a rien → HOMME ET LE MARIAGE (l').

Prends une — et dors, elle aura soin de t'éveiller → HOMME ET LE MARIAGE (l').

Une belle — sans argent ressemble à un beau cottage vide → HOMME ET LE MARIAGE (l').

Qui a — et enfants a donné des gages à la Fortune → HOMME ET LE MARIAGE (l').

A qui Dieu donne une —, il donne aussi la patience → HOMME ET LE MARIAGE (l').

Monte d'un degré pour choisir ton ami; descends d'un degré pour choisir ta — → HOMME ET LE MARIAGE (l').

Celui qui, par hasard, a une honnête —, vit heureux avec un fléau → HOMME ET LE MARIAGE (l').

De toutes les richesses, la plus précieuse est encore de posséder une honnête — → HOMME ET LE MARIAGE (l').

Une maison et des richesses sont un héritage paternel, mais une — intelligente est un don de Dieu → HOMME ET LE MARIAGE (l').

Mets ta joie dans la — de ta jeunesse → HOMME ET LE MARIAGE (l').

La seconde — s'assied sur le genou droit → HOMME ET LE REMARIAGE (l').

La première — est un balai et la seconde une dame → HOMME ET LE REMARIAGE (l').

Une seconde — a les fesses d'or → HOMME ET LE REMARIAGE (l').

La première — est une esclave, la deuxième une compagne et la troisième un tyran → HOMME ET LE REMARIAGE (l').

Mets ta joie dans la — que Dieu t'a donnée, dans la tendresse de ta biche et dans les grâces de ta gazelle et bois l'eau de ta source → HOMME FIDÈLE (l').

Qui a une — a toutes les *femmes*, qui a toutes les *femmes* n'a pas de — → HOMME INFIDÈLE (l').

A fleur de —, fleur de vin → MARIAGE ASSORTI.

La — du tourneur d'ambre porte un collier de perles smaragdines → MÉTIER (spécialisation).

Une petite — semble toujours mariée → TAILLE.

A qui Dieu veut aider sa — lui meurt → VEUF.

Le chanceux perd sa —, le malchanceux perd son cheval → VEUF.

Un bon moment pour faire la cour à une —, c'est quand elle revient d'enterrer son mari → VEUVE.

femmes

Il faut n'avoir commerce qu'avec les — qui vous en sauront gré → HOMME ET L'AMOUR (l').

Je conviendrais bien volontiers que les — nous sont supérieures, si cela pouvait les dissuader de se prétendre nos égales → SEXES (Inégalité des).

Peu de — ont les cheveux blanchis par la mort de leur mari → VEUVE.

fer

Le — aiguise le —, ainsi l'homme aiguise un autre homme → ÉMULATION.

fers

Nul n'aime ses —, fussent-ils d'or → CAPTIVITÉ.

férir

Tel croit — (frapper) qui tue → COUPS.

ferme

Il est bon d'être — par tempérament et flexible par réflexion → SOUPLESSE.

férules

Il y a beaucoup de porteurs de —, mais peu d'inspirés → ENSEIGNEMENT.

fessée

Pour une bonne —, le derrière ne tombe pas → CHÂTIMENT CORPOREL (enfants).

festin

Petite chère et grand accueil font joyeux — → REPAS.

feu

Le — le plus couvert est le plus ardent → AMOUR (généralités).

Le — de bois vert donne plus de fumée que de chaleur → AMOUR (généralités).

Qui n'est en — n'enflamme point → AMOUR (généralités).

Qui peut dire comme il brûle est dans un petit → AMOUR (Déclaration d').

Le — enlève toute impureté → ÉPREUVE DU MALHEUR (l').

Le — gagne plus vite ce qui est léger et gracieux, que les objets durs et lourds → FEMME ET LA COLÈRE (la).

Il ne faut pas tisonner le — avec un couteau → GRANDS (les).

Le — qui semble éteint souvent dort sous la cendre → HAINE.

Tel, si vous le trouvez dans le —, mettez-y du bois → MÉCHANCETÉ.

Qui porte le — dans son cœur, sa tête s'enfume → PASSION.

Le — n'éteint pas le — → SEMBLABLE.

feuilles

Les — flétries n'enlaidissent pas les beaux arbres → VIEILLESSE.

fiancé, e

Quand la — est au berceau, le — apprend à monter à cheval → MARIAGE ASSORTI.

fiancer

Tel *fiance* qui n'épouse point → PROMESSE.

fidèle

Humble comme un agneau, diligente comme une abeille, belle comme un oiseau de paradis, — comme une tourterelle → FEMME ET LE MARIAGE (la).

fier

Ce qu'il y a de plus embarrassant quand on n'est pas né riche, c'est d'être né — → PAUVRETÉ.

fier (se)

Le chien qui a léché des cendres ne *se fie* plus à la farine → EXPÉRIENCE (Chat échaudé...).

Ne *vous fiez* pas au front → MINE.

Ne *vous fiez* pas à votre propre sentiment → SOI (Confiance en).

figue

La — verte mûrit, quand elle vient en contact avec la — mûre → INFLUENCE.

figuier

Le fruit du — n'arrive pas en une heure à son point de maturité → TEMPS (généralités).

fille

Puisse être l'Aurore — de la Nuit douce! → ENFANT.

Prends une — bien née, n'apporterait-elle que sa natte → HOMME ET LE MARIAGE (l').

Prends l'étoffe d'après la lisière, et la — d'après la mère → HOMME ET LE MARIAGE (l').

Être une — sans mère, c'est être dans une montagne sans route; être une — sans père, c'est être dans une montagne sans eau → ORPHELIN.

Je le dis à toi, ma —; entends-moi bien, ma fillâtre → PARÂTRE ET MARÂTRE.

La plus belle — du monde ne peut donner que ce qu'elle a → POSSIBLE ET IMPOSSIBLE.

Quand la — est mariée, viennent les gendres → RETARDEMENT (généralités).

Même si tu es — de sultan, tu finiras par te trouver au-dessous d'un homme → SEXES (Inégalité des).

filou

Il n'est pas petit — celui qui en connaît un grand → GREDIN.

fin

Toutes _hoses se meuvent à leur — (terme) → INÉLUCTABLE.

— contre — (rusé) n'est pas bon à faire doublure → SEMBLABLE.

finir

Si nombreux que puissent être les méandres de la rivière, elle *finit* par se jeter à la mer → INÉLUCTABLE.

flambeau

Le — n'éclaire pas son pied → SUPÉRIEUR ET SUBALTERNE.

flamme

La — suit de près la fumée → CAUSE ET EFFET.

flatter

On *flatte* le cheval jusqu'à ce qu'il soit sellé → CARESSE.

Ils sont beaucoup qui *ont flatté* le peuple sans l'aimer → DÉMAGOGIE.

Le monde *flatte* l'éléphant et piétine la fourmi → GRANDS ET PETITS (Selon que vous serez puissant...).

flèche

Sur la — qui l'atteint, l'oiseau reconnaît ses plumes → ARTISAN DE SON SORT (Chacun est l').

La — que tu lances contre un juste reviendra sur toi → CHOC EN RETOUR.

fleur

De la même —, l'abeille tire son miel et le serpent son venin → BONS ET LES MÉCHANTS (les).

La — de la cime des monts ne céderait pas sa place à la rose des jardins → FEMME ET LE BONHEUR (la).

La — est produite par le fumier et le fumier est produit par la — → PARENTS ET ENFANTS.

fleurs

On connaît par les — l'excellence du fruit → JEUNESSE.

— de mars, peu de fruits l'on mangera → PRÉCOCITÉ.

Toutes les — ne sont pas dans une guirlande → QUALITÉ.

fleurir

Il faut — là où Dieu vous a semé → CONTENTEMENT.

fleuves

Les — ont une eau douce, mais dès qu'ils ont rejoint l'océan, ils deviennent de l'eau salée → MILIEU (Influence du).

Tous les — vont à la mer, et la mer n'est point remplie → PÉRENNITÉ.

flexible

Être —, c'est avoir par sa ductilité de l'affinité avec l'or → SOUPLESSE.

flot

Ce qui vient du — s'en retourne d'èbe (ou de marée) → BIEN MAL ACQUIS.

foi

Ne faites point violence aux hommes à cause de leur — → RELIGION.

foin

Quand le — manque au râtelier, les chevaux se battent → MARIAGE ET ARGENT.

fol

Qui — envoie, — attend → INTERMÉDIAIRE.

fois

Avec les —, il faut foller → CONFORMISME.

folie

C'est une grande — que de vivre pauvre sans mourir riche → AVARICE.

C'est — de s'attaquer à ceux qui sont aimés des dieux → CHANCE.

Ce n'est pas être fou que de faire une —, mais bien de ne le savoir pas cacher → SCANDALE.

fonctionnaire

Si tu parles à un —, il faut parler roubles → CORRUPTION.

fontaine

La — elle-même dit qu'elle a soif → INSATIABILITÉ.

Que personne ne dise : « —, je ne boirai pas de ton eau. » → JAMAIS.

C'est lorsque la — est tarie que l'on connaît ce qu'elle vaut → PERDRE.

A petite — on boit à sa soif → TAILLE.

forcer

On peut conduire un cheval à l'abreuvoir, mais non le — à boire → CONTRAINTE.

forêt

Ne dis pas que la — qui t'a donné asile n'est qu'un petit bois → INGRATITUDE.

forger

C'est en *forgeant* que l'on devient forgeron → THÉORIE ET PRATIQUE.

forgeron

Les enfants du — n'ont pas peur des étincelles → ACCOUTUMANCE.

fort

— est qui abat, plus — est qui se relève → COURAGE.

forteresse

La — s'écroule par l'intérieur → ETAT (l').

fortune

Nul n'est content de sa —, ni mécontent de son esprit → AMOUR-PROPRE (complaisance pour soi-même).

fou

Le moins — est sage → RELATIVITÉ (contingence).

fous

A la presse vont les — → IMITER (agir semblablement).

foudre

Celui que frappe la — n'entend pas le tonnerre → MALHEUR.

fouet

Le — est pour le cheval, le mors pour l'âne, et la verge pour le dos des insensés → CHÂTIMENT CORPOREL (adultes).

Si tu aimes ton fils, donne-lui le — ; si tu ne l'aimes pas, donne-lui des sucreries → CHÂTIMENT CORPOREL (enfants).

L'huile du — est le meilleur remède contre les crampes de la paresse → CHÂTIMENT CORPOREL (enfants).

Le — de la mère peut me fouetter des heures ; le — de l'étrangère fait jaillir le sang au premier coup → PARÂTRE ET MARÂTRE.

fouetter

Qui n'a pas *été* bien *fouetté* n'a pas été bien élevé → CHÂTIMENT CORPOREL (enfants).

Si de la main droite tu *fouettes* l'enfant, de la main gauche tu le presses sur ton cœur → CHÂTIMENT CORPOREL (enfants).

Fouette la selle pour que l'âne réfléchisse → DRESSAGE.

four

Le — tire l'étuve de gêne → ENTRAIDE.

Un vieux — est plus aisé à s'échauffer qu'un neuf → FEMME ET L'AMOUR (la).

fourbu

Au cheval —, sa crinière est un fardeau → FATIGUE.

fourmi

Il faut que le hasard renverse la — pour qu'elle voie le ciel → ADVERSITÉ ÉDUCATRICE.

Quand les ailes poussent à la —, c'est pour sa perte → AMBITION.

La charge d'une — est un grain de riz → APPROPRIATION.

La —, perchée sur la corne du zébu, s'imagine qu'elle est pour quelque chose dans le balancement de sa tête → ARDÉLION.

Une — elle-même a sa colère → PETITS (les).

Pour la — la rosée est une inondation → RELATIVITÉ (contingence).

fourmis

Les — assemblées peuvent vaincre le lion → UNION.

frapper

Quand plusieurs *frappent* sur l'enclume, ils doivent — en cadence → ASSOCIATION (généralités).

Qui *frappe* reçoit des coups, telle est la règle → CHOC EN RETOUR.

Quand on ne peut — l'âne, on *frappe* le bât → COUPABLE ET L'INNOCENT (le).

Qui *frappe* les buissons en fait sortir les serpents → IMPRUDENCE.

Qui *frappe* veut être *frappé* → RÉCIPROCITÉ.

fréquenter

Fréquente les hommes avec un esprit large, et ne sois pas comme un chien grognant contre les hommes → SOCIABILITÉ.

frère

Dans une passe étroite, il n'y a ni — ni ami → INSTINCT DE CONSERVATION.

frères

Deux — contre un ours et deux beaux-frères devant une soupe au lait → PARENTÉ.

fripon

Le — croit que rien ne se peut faire sans friponnerie → GREDIN.

Bien souvent le — n'est qu'un sot → GREDIN.

On commence par être dupe, on finit par
être — → JEU D'ARGENT.

front

Le — vaut mieux que l'occiput → PRÉ-
VOYANCE.

frontières

Les chevaux de guerre naissent sur les —
→ PAYS.

frotter (se)

Qui s'y *frotte* s'y pique → RISQUE.

fruit

Le — mûr tombe de lui-même, mais il ne
tombe pas dans la bouche → AIDER SOI-
MÊME (s').
Dis-moi quel — est délicieux quand il est vert,
doux quand il est à demi mûr et amer quand
il est mûr? → FEMME (la).
Il n'y a pas de — qui n'ait été âpre avant
d'être mûr → JEUNESSE.
C'est au — que l'on connaît l'arbre → ŒUVRE.
Sur la plante grimpante le — n'est pas un fardeau → PARENTS ET ENFANTS.

fruits

Les — sont à tous, et la terre n'est à personne
→ PROPRIÉTÉ.

fumée

La — s'attache au blanc → CALOMNIE.
La — ne manque pas où il y a du feu → CAUSE
ET EFFET.
La — est toujours plus large que le feu
→ CONSÉQUENCE.
Il n'y a que la — qui s'élève et le fumier qui
grandit → ORGUEIL.

fumer

Toujours *fume* le mauvais tison → QUALITÉ
(bonne et mauvaise).

funérailles

Où va l'affligé il trouve les — → MALHEUR NE
VIENT JAMAIS SEUL (Un).

fuseau

Le — doit suivre le hoyau → MARI ET FEMME.
Le — est bien mal quand la barbe ne va pas
au-dessus → FEMME ET L'HOMME (la).

G

gage

Si tu as pris en — le manteau d'un homme,
tu le lui rendras avant le coucher du soleil
→ GARANTIE.
L'homme vaut plus que le — → GARANTIE.

gagner

Qui *gagne* a toujours bien joué → SUCCÈS.

gai

On est — le matin, on est pendu le soir
→ RIRE ET PLEURER.

gain

— illégitime vaut perte → BIEN MAL ACQUIS.

galants

Les — n'obsèdent jamais que quand on le veut
bien → FEMME FIDÈLE (la).

galeux

Qui se sent — se gratte → ALLUSION.
Quand on peigne un —, il ne faut pas s'attendre à un remerciement → VILAIN (le).

galon

Quand on prend du —, on n'en saurait trop
prendre → OCCASION.

gantelet

Ce que le — saisit, le gorgeret l'engloutit
→ SOLDAT.

garde

Mauvaise — permet au loup de se repaître
→ SURVEILLANCE.

Gascons

Les — vont toujours au-delà de la vérité et les
Normands restent toujours en deçà → FRANCE
(proverbes régionaux).

Gaulois

Les — sont une race d'une grande ingéniosité
→ FRANCE, FRANÇAIS.

gazelle

La — altérée n'écoute que sa soif → FEMME
ET L'AMOUR (la).
La — saute, comment son petit ramperait-il?
→ HÉRÉDITÉ.

géant

Le nain qui est sur l'épaule d'un — voit plus
loin que celui qui le porte → ASSOCIATION
(généralités).

géants

Certains se croient — pour être assis sur la
bosse d'un chameau → VANITÉ.

gémir

Plus tu exerces ta voix, mieux tu chanteras;
mais plus tu *gémis*, plus ton mal augmentera
→ PLAINDRE (se).

gemme

Une — brute n'est pas utile, le jade poli
devient précieux → ÉDUCATION (généralités).

général

Le — expérimenté attaque l'ennemi sur tous
les points → STRATÉGIE ET TACTIQUE.

générations

Il en est des — des hommes ainsi que des
feuilles sur les arbres → VIE (Brièveté de la).

généraux

C'est le trop de — qui a causé la défaite de
Karia → CHEF (Un seul).

Genève

— est la plus grande des petites villes → SUISSE.

génisse

La — chante le chant du taureau → HOMME
ET LA FEMME (l').

genou

Le — est plus proche que le mollet → INTÉRÊT
PERSONNEL ET FAMILLE.

genres

Tous les — sont bons, hors le — ennuyeux
→ LITTÉRATURE.

gens

Les — sont comme la lune et les bossus qui ne
nous montrent jamais qu'une face → DISSIMU-
LATION (généralités).

Parmi les —, les uns sont des cailloux, les autres des joyaux → ÉGALITÉ ET INÉGALITÉ.

gens de qualité
Les — savent tout sans avoir rien appris → ARISTOCRATIE.

gentilhomme
Le présent du — est bientôt suivi de quelque demande → GRANDS (les).
Le — croit sincèrement que la chasse est un plaisir royal, mais son piqueur n'est pas de ce sentiment → MAÎTRE ET SERVITEUR.

gentilshommes
Tous — sont cousins, et compères tous les vilains → AFFINITÉ.

gentleman
Un — ne fait pas d'éclat, une dame demeure sereine → MANIÈRES.

géométrie
Il n'y a pas de route royale vers la — → MATHÉMATIQUES.

géométriques
Les vérités — ne nous causent aucun sentiment de plaisir, ni aucune espérance → LETTRES ET LES SCIENCES (les).

Germanie
En —, les bonnes mœurs ont plus d'empire qu'ailleurs ses bonnes lois → ALLEMAGNE.

gibet
Le — ne perd pas ses droits → CHÂTIMENT.
Le — n'est que pour les malheureux → JUSTICE LÉGALE (généralités).

gibier
Quand le — est parti, on devine comment il fallait s'y prendre → RETARDEMENT (généralités).

gingembre
Le —, en Orient, n'a pas de saveur → ÉLOIGNEMENT.

gîte
Le lièvre revient toujours à son — → MAISON (généralités).

glaise
La — ne devient terre à mouler qu'après avoir été pétrie → ADVERSITÉ ÉDUCATRICE.

glaive
Qui de — vit, de — périt → SOLDAT.

gloire
Même la — du fleuve s'achève à la mer → « VANITAS VANITATUM ».

glorieux
Il fait bon battre un —, il ne s'en vante pas → FANFARON.

glu
C'est la tendresse de la — qui fait périr l'oiseau → APPÂT.

gonfler (se)
Gonfle-toi d'air, mon compagnon, et tu enfanteras du vent → ORGUEIL.

goupil
A — n'advient pas tous les jours geline blanche → VICISSITUDES.

goûter
Qui *goûte* de tout se dégoûte de tout → SATIÉTÉ.

gouttes
Les — qui tombent sans cesse usent le rocher → PEU À PEU.

gouverner
La mer *est gouvernée* par la main et la terre par la lèvre → PARLER, PAROLE.

grâce
Il y a de la — à bien cueillir les roses → PLAGIAT.

grain
Un — n'emplit pas le crible, mais il aide à son compagnon → ÉCONOMIE.
Ne soyez pas comme un — qui grossit dans l'estomac → RANCUNE.

graine
— de paille ne vaut jamais — de bois de lit → BÂTARD.

grand
—, on vous traite de géant; petit, on vous appelle nain → APPRÉCIATION.
Pour être — il faut avoir été petit → OBÉIR ET COMMANDER.
Quand on fait trop le —, on paraît bien petit → ORGUEIL.

grandeurs
Au faîte des — le tonnerre gronde → GRANDS (les).

gratter
Il faut — les gens où il leur démange → FLATTERIE.

grave
Le — est la racine du léger, le calme est le maître du mouvement → SOI (Maîtrise de).

gredin
Nul — comme le pieux — → TARTUFE.

greffer
Mieux vaut pousser une branche que — un rameau → ENFANT ADOPTÉ.

grenouille
C'est de remettre à demain qui a fait perdre sa queue à la — → AJOURNER.
Quand la — se met en colère, l'étang n'en a cure → DÉDAIN.
Mettez une — sur un trône d'or, et aussitôt elle sautera dans sa mare → NATUREL (le).
La — veut se faire aussi grosse que le bœuf → OUTRECUIDANCE.
Quand la — est en colère, l'étang l'ignore → PETITS (les).
La — dans un puits ne sait rien de la haute mer → PETITS (les).

grillon
Le — est cher au —, et la fourmi à la fourmi → AFFINITÉ.

grincer
Une porte qui *grince* tient longtemps sur ses gonds → MALADIE.

grives
Faute de — on mange des merles → MANQUE.

gronder

Malheur à la maison où l'on ne *gronde* pas → ÉDUCATION (généralités).

guêpe

Il y a toujours une — pour piquer le visage en pleurs → ADVERSITÉ.

Où la — a passé, le moucheron demeure → PRÉSOMPTION.

guérir

Comment, *guérissant* les autres, ne *vous guérissez-vous* pas vous-même? → MÉDECIN.

— parfois, soulager souvent, consoler toujours → MÉDECIN.

Ce qui *guérit* le foie rend la rate malade → MÉDICAMENT.

Hâtez-vous d'en prendre pendant qu'il *guérit* → MÉDICAMENT.

guerre

En — le matin, en paix le soir; en — le soir, en paix le matin, comme des époux → MARI ET FEMME (querelles de ménage).

Beaucoup reviennent de la — qui ne peuvent décrire la bataille → VANTARDISE.

guerrier

Le — qui cultive son esprit polit ses armes → SOLDAT.

guet

Bon — chasse malaventure → SURVEILLANCE.

gueux

Au — la besace → PAUVRETÉ.

A colleter un —, on devient pouilleux → VILAIN (le).

guide

Qui prend le coq pour — aura un poulailler pour refuge → FRÉQUENTATION.

H

habiller (s')

Il faut — du drap du pays → MARIAGE (généralités).

habit

L' — ne fait pas le moine → APPARENCE.

— de soie n'a pas de puces → RICHES ET PAUVRES.

habiter

Qui *habite* partout n'*habite* nulle part → MAISON (généralités).

hâbleur

Le — et le tambour semblent également faits pour étourdir → VANTARDISE.

hache

Six fers de — tiennent ensemble, mais deux quenouilles se séparent → AMITIÉ CHEZ L'HOMME ET LA FEMME (l').

L'ébréchure de la — se reproduit sur l'entaille → HÉRÉDITÉ.

Le manche de la — se retourne contre la forêt d'où il vient → MÉCHANTS (Ingratitude des).

haines

Il n'est point de — implacables, sauf en amour → HOMME JALOUX (l').

haïr

Il est dans la nature humaine de — ceux que l'on a lésés → OFFENSE.

hanter

Dis-moi qui tu *hantes*, et je te dirai qui tu es → FRÉQUENTATION.

harangueurs

Il y a plus de — que de légistes → AVOCAT.

harassé

Le tigre n'épouvante pas le buffle — → FATIGUE.

harnachement

Mauvais — n'amoindrit pas jument de race → FEMME ET LA PARURE (la).

hasard

Il faut donner quelque chose au — → PROBABILITÉ.

hâter (se)

Hâtez-vous toujours vers le dénouement → CONCISION.

haute

Nous devons en rester à la vieille coutume de tenir la tête — → FIERTÉ.

hauteurs

Les — abrègent la vie → GRANDS (les).

Héraclès

— lui-même ne combat pas contre deux adversaires → SEUL.

herbe

Pendant que l' — pousse, le cheval meurt → ATTENDRE.

L' —, si le vent vient à passer, s'incline nécessairement → INFÉRIORITÉ.

L' — qui n'est pas employée à temps est sans vertu → REMÈDE.

herboriste

L' — regarde la plante médicinale d'un autre œil que le poète, le promeneur ou le paysan → MÉTIER (déformation professionnelle).

Hercule

— ne fut pas engendré en une seule nuit → PERSÉVÉRANCE.

hérisson

Il n'y a pas de moyen pour polir le — → NATUREL (le).

héros

On peut être un — sans ravager la terre → GUERRE ET PAIX.

heure

L' — la plus sombre précède l'aurore → VICISSITUDES.

heures

Les — sont faites pour l'homme, et non l'homme pour les — → ATTENDRE (Se faire).

heureux

— celui qui connaît les divinités des champs → AGRICULTURE.

Qui est —? L'homme bien portant, riche et instruit → BONHEUR.

Il n'est pas possible de vivre — sans être sage, honnête et juste, ni sage, honnête et juste sans être — → BONHEUR.

— les pauvres en esprit, car le royaume des cieux est à eux! → BONHEUR.

Un homme — est une barque qui navigue sous un vent favorable → BONHEUR.

Ni l'or ni la grandeur ne nous rendent — → BONHEUR.

Ce n'est pas notre condition, c'est la trempe de notre âme qui nous rend — → BONHEUR.

— aux cartes, malheureux en amour → JEU D'ARGENT.

hiboux

Les — voient dans leur fils un faucon → PARENTS ET ENFANTS.

Hindous

Les — du désert font vœu de ne pas manger de poisson → NÉCESSITÉ (ce qui oblige).

Hippocrate

— dit oui, mais Galien dit non → MÉDECINE.

hirondelle

Une — ne fait pas le printemps → GÉNÉRALISATION.

histoire

L' — n'est qu'à moitié dite quand une seule partie la raconte → JUGER (Qui n'entend qu'une cloche).

hiver

L' — enseigne aux hommes que le pin et le cyprès demeurent toujours verts → ADVERSITÉ ÉDUCATRICE.

L' — apprivoise homme, femme et bête → SAISON.

homme

L' — debout a emporté la part de l' — assis → ACTIVITÉ ET INDOLENCE.

L' — de quarante ans qui s'attire encore la réprobation des sages, c'en est fait, il n'y a plus rien à espérer → ÂGE MÛR.

On n'est un — que lorsqu'on a tracé un sillon dans un champ → AGRICULTURE.

Un — n'est pas rivière et peut retourner en arrière → AMENDEMENT.

L' — est de feu, la femme est d'étoupe, et le diable vient qui souffle en croupe → AMOUR (généralités).

Il y a un — dans chaque chemise → APTITUDE.

Un — n'est pas bon à tout, mais il n'est jamais propre à rien → APTITUDE.

L' — vient au monde avec les mains vides et il le quitte avec les mains vides → AVEUGLEMENT.

Il n'est pas bon que l' — soit seul → CÉLIBAT.

— sans femme, tête sans corps; femme sans —, corps sans tête → CÉLIBAT.

— sans femme, cheval sans bride; femme sans —, barque sans gouvernail → CÉLIBAT.

Quand l' — est au fond du puits, on lui jette des pierres → CHUTE (Quand le chêne est tombé...).

Un — sensé doit avoir la figure ouverte et la pensée fermée → COMPORTEMENT.

L' — est un grain de poivre; tant que vous ne l'aurez pas croqué et mâché, vous ne saurez pas combien il brûle → DISPUTE.

Que l' — ne sépare pas ce que Dieu a uni → DIVORCE.

J'aime mieux un — sans argent que de l'argent

et point d' — → FEMME ET LE MARIAGE (la).

Triste la lessive où il n'y a pas une chemise d' — → FILLE (Vieille).

Le mariage est un état trop parfait pour l'imperfection d'un — → GARÇON (Vieux).

L' — bien né dit toujours du bien du lieu où il a passé la nuit → HOSPITALITÉ (que l'on reçoit).

L' — ne vit pas seulement de pain → IDÉAL.

L' — le plus adroit se brûle avec le feu → JOURNALISTE.

Il n'est pas bien qu'un — tienne à lui seul les rênes de deux femmes → MONOGAMIE ET POLYGAMIE.

L' — absurde est celui qui ne change jamais → OPINION.

L' — né dans une étable est un cheval → ORIGINE.

Un — est ce qu'il est, non ce qu'il était → PASSÉS (Actes et faits).

L' — est un enfant né à minuit : quand il voit le soleil, il croit qu'hier n'a jamais existé → PÉRENNITÉ.

L' — pressé cherche la porte et passe devant → PRÉCIPITATION.

Un — n'est pas rivière pour ne retourner en arrière → RÉTRACTATION.

L' — mange autant qu'il agit → SALAIRE.

Un — vaut un —. Deux — valent la moitié d'un —. Trois — ne valent rien du tout → SEUL.

— qui porte lance et femme qui porte écusson, ne se doit moquer de son compagnon → SEXE.

L' — vient au monde avec du pain dans la main; la femme naît les mains vides → SEXES (Inégalité des).

L' — est un animal social → SOCIÉTÉ.

L' — vertueux frappe un coup décisif et ne veut point paraître fort → VAINQUEUR ET VAINCU.

Si un — a une grande idée de lui-même, on peut être sûr que c'est la seule grande idée qu'il ait jamais eue dans sa vie → VANITÉ.

L' — est semblable à un souffle, ses jours sont comme l'ombre qui passe → VIE (Brièveté de la).

L' —, ses jours sont comme l'herbe; comme la fleur des champs, il fleurit; qu'un souffle passe sur lui, il n'est plus → VIE (Fragilité de la).

Je suis un — et je ne puis compter sur le jour qui doit suivre → VIE (Fragilité de la).

L' — est comme une bulle de savon → VIE (Fragilité de la).

L' — vient au monde les mains closes, le quitte les mains ouvertes → VIE (Sens et usage de la).

Un — a vécu vainement à moins qu'il n'ait bâti une maison, engendré un fils, ou écrit un livre → VIE (Sens et usage de la).

hommes

Les — recouvrent leur diable du plus bel ange qu'ils peuvent trouver → AMOUR (faire la cour).

Les — en meurent et les femmes en vivent → AMOUR CHEZ L'HOMME ET LA FEMME (l').

Les — ont les maux qu'ils ont eux-mêmes choisis → ARTISAN DE SON SORT (Chacun est l').

Même si deux — font la même chose, le résultat n'est pas le même → EFFICIENCE.

C'est avec des — que l'on fait les évêques
→ INSTRUCTION.

Nous serions tous parfaits si nous n'étions
ni — ni femmes → SEXE.

Tous les — ne ressemblent pas aux arbres
→ VOYAGE.

honneur

Le véritable — est dans la vie nomade
→ ARABE.

Les blesures à l' — s'infligent par soi-même
→ DÉSHONNEUR.

honoraires

Quand il n'y a pas d' —, il n'y a pas de
science → MÉDECIN.

honte

Mieux vaut la — sur le visage que la tache
dans le cœur → AVOUER.

La — est bien jolie, elle vaut beaucoup et
elle coûte peu → FEMME ET LA PUDEUR (la).

Ce n'est pas — de choir, mais de trop gésir
→ VOLUPTÉ.

horloger

L'horloge ne peut exister sans — → DIEU
(généralités).

horloges

Bien des gens sont comme les — qui indiquent
une heure et en sonnent une autre → DUPLI-
CITÉ.

huile

L'— ne vient que par le pressoir → EFFORT.

humain

Je suis homme et rien de ce qui est — ne
m'est étranger → PHILANTHROPIE.

hyènes

Certains attachent avec précaution les chevrettes, puis ils font signe en cachette aux —
→ MÉCHANTS (Hypocrisie des).

hymen

Le flambeau de l' — est une lanterne sourde
→ MARIAGE (généralités).

I

ignorer

Quand on l'*ignore*, ce n'est rien; quand on le
sait, c'est peu de chose → AMOUR ET INFIDÉ-
LITÉ.

J'ai l'habitude de me taire sur ce que j'*ignore*
→ INCOMPÉTENCE.

imaginer (s')

Qui peut — qu'il y a des mulets et pas d'ânes?
→ LOGIQUE.

immortalité

Une bouchée du fruit d' — vaut mieux qu'une
indigestion d'abricots → VIE (Sens et usage
de la).

implacable

Celui dont le caractère est — trouve en lui-
même son propre châtiment → DURETÉ.

inadvertance

Quelle — plus folle que de donner une fête
à quelqu'un et de ne pas l'inviter! → DIS-
TRACTION.

incapacité

L' — sert d'excuse pour éviter le travail
→ PARESSE.

incliner (s')

Nul ne *s'incline* devant un trésor caché
→ MODESTIE.

Quand *vous vous inclinez, inclinez-vous* profondément → POLITESSE.

incurie

L' — entraîne bien des fautes → INATTEN-
TION.

indigestion

Mieux vaut mourir d' — que de faim
→ GLOUTONNERIE.

infidélités

On pardonne les —, mais on ne les oublie pas
→ FEMME TROMPÉE (la).

infortune

L' — est la sage-femme du génie → ADVER-
SITÉ ÉDUCATRICE.

infortuné

Il n'y a rien de si — qu'un homme qui n'a
jamais souffert → ADVERSITÉ ÉDUCATRICE.

injurier

L'homme est le seul animal qui *injurie* sa
compagne → MARI ET FEMME (querelles de
ménage).

innocents

Aux — les mains pleines → SOTTISE.

inquiéter (s')

Les poissons glissent et nagent dans l'étang
et ne *s'inquiètent* pas de la nacelle → INSOU-
CIANCE.

insensé

L' — se fait eunuque pour convaincre sa
femme d'adultère, au cas où elle deviendrait
enceinte → FOLIE (déraison).

instruire

Instruis l'enfant selon la voie qu'il doit suivre,
et quand il sera vieux il ne s'en détournera
point → ÉDUCATION (généralités).

instruire (s')

Le lendemain *s'instruit* aux leçons de la veille
→ EXPÉRIENCE (généralités).

instruit

Nul ne naît appris et — → ÉDUCATION (civilité).

intégrité

Celui qui marche dans l' — marche en
confiance et trouvera le salut → HONNÊTETÉ.

intention

L' — sauve le fait → RESTRICTION MENTALE.

interdire

On n'*interdit* pas de boire à celui qui a creusé
le puits → PRÉCURSEUR.

intérêts

Les — courent, même la nuit → USURE, USU-
RIER.

interposer (s')

Celui qui *s'interpose* dans les querelles essuie
son nez sanglant → ARBITRE.

introduire (s')

Il est requis, et d'avoir du mérite, et de savoir — → INTRIGUE.

inventeur

Au premier — appartient le mérite → PRÉCURSEUR.

invité

La barbe de l' — est entre les mains de l'hôte → HOSPITALITÉ (que l'on donne).

inviter

Qui *invite* des cigognes doit avoir des grenouilles → AMPHITRYON.

irriter

Il ne faut pas — les frelons → COLÈRE.

Isis

— se montre sans voile, mais l'homme a la cataracte → AMANT ET MAÎTRESSE.

ivraie

A .ause de l' —, la bonne herbe souffre → COUPABLE ET INNOCENT (le).

ivre

Si trois personnes te disent que tu es —, couche-toi → CONFORMISME.

ivrogne

Il ne faut pas mettre dans une cave un — qui a renoncé au vin → TENTATION.

J

jamais

Par la rue de « Plus tard » on arrive à la place de — → AJOURNER.

jambes

Mon esprit ne va pas, si les — ne l'agitent → GYMNASTIQUE.

jeter

Celui qui *jette* une pierre en l'air la *jette* sur sa propre tête; ainsi un coup perfide fait des blessures au perfide → CHOC EN RETOUR.

Le chemin est assez mauvais, sans nous encore des pierres → DISCORDE.

On presse l'orange et on *jette* l'écorce → INGRATITUDE.

Ne *jette* pas de pierre dans la source où tu as bu → INGRATITUDE.

Jetez une pierre à la tête d'un serpent, même si ce n'est qu'un lézard → PRÉCAUTION.

Il ne faut pas — le manche après la cognée → RENONCER.

On ne *jette* pas le coffre au feu parce que la clef en est perdue → VEUVE.

jeune

Quand on est —, il est trop tôt; quand on est vieux, il est trop tard → HOMME ET LE MARIAGE (l').

De — avocat, héritage perdu; de — médecin, cimetière bossu → INEXPÉRIENCE.

Quand un vieil homme épouse une — femme, l'homme rajeunit et la femme vieillit → MARIAGE ASSORTI.

A — femme et vieux mari, des enfants; à vieille femme et — mari, des querelles → MARIAGE ASSORTI.

Une — épouse est le cheval de poste qui conduit le vieil homme à la tombe → MARIAGE ASSORTI.

Le — en dormant guérit, le vieux se finit → SOMMEIL.

jeunes

Les — vont en bandes, les adultes par couples, et les vieux tout seuls → ÂGES DE LA VIE.

jeûne

Il a beau prêcher le — qui est rassasié → PRIVATION.

Le jour du — est la veille d'une fête → VICISSITUDES.

joie

La — a un petit corps → TAILLE.

jouer

Comme tu me *joueras* du tambour, je te *jouerai* de la flûte → RÉCIPROCITÉ.

joueur

A bon —, la balle lui vient → ADRESSE.

joug

Il n'est plus temps de secouer le — que l'on s'est imposé → RETARDEMENT (généralités).

jouir

Jouis du jour présent → « CARPE DIEM ».

On *jouit* moins de tout ce qu'on obtient que de ce qu'on espère → DÉSIR.

jour

A chaque — suffit sa peine → AUJOURD'HUI ET DEMAIN.

Le beau — se prouve au soir → BONHEUR.

Mon plus beau — est celui qui m'éclaire → « CARPE DIEM ».

Le — a des yeux, la nuit a des oreilles → DISCRÉTION.

Ce n'est pas en un — de froid que l'eau gèle sur trois pieds de profondeur → PEU À PEU.

Un — est tantôt une mère, tantôt une marâtre → VICISSITUDES.

jours

Un de ces —, c'est aucun de ces — → AJOURNER.

Les — de l'homme sont plus rapides que la navette du tisserand → TEMPS (Fuite du).

Les — se suivent, mais ils ne se ressemblent pas → VICISSITUDES.

joyaux

Les — sont les orateurs de l'amour → FEMME ET L'ARGENT (la).

juge

Le Ciel inspire favorablement le — qui a reçu un bakchich → CORRUPTION.

jugement

Un — sévère s'exerce sur ceux qui commandent → CHEF.

Un — doit être rendu à la règle et à l'équerre → JUSTICE LÉGALE (sentence).

juger

Il ne faut pas — de la liqueur d'après le vase → APPARENCE.

Par le fil, on *juge* le peloton → EXPÉRIMENTATION.

Jugez des autres par vous-même et agissez envers eux comme vous voudriez que l'on agît envers vous-même → RÈGLE D'OR.

jument

Une bonne — trouve acquéreur à l'étable, une rosse doit courir les foires → FILLE (puella).

C'est par-dessus la crinière de la — que l'on prend la pouliche → HOMME ET LE MARIAGE (l').

Ferrée — glisse → MIEUX EST L'ENNEMI DU BIEN (le).

Junon

— dissimule la colère qui l'enflamme contre son coupable époux → FEMME JALOUSE (la).

Jupiter

Loin de —, loin de la foudre → COUR ET COURTISAN.

jurer

Il ne faut — de rien → JAMAIS.

juste

Le crime est — pour une — cause → FIN JUSTIFIE LES MOYENS (la).

Si c'est — à mes yeux, c'est — → SOI (généralités).

justice

La — est chère; prenez une pinte et arrangez-vous → ACCOMMODEMENT (compromis).

La chèvre actionna le loup en — et elle ne conserva que sa barbe et ses cornes → PROCÈS.

Celui qui va en — tient le loup par les oreilles → PROCÈS.

K

Koran

Le — a tantôt une face de bête et tantôt une face d'homme → LETTRE ET L'ESPRIT (la).

L

labourer

Celui qui *laboure* le champ le mange → AGRICULTURE.

laboureur

Les mains du — sont noueuses et noires, mais la miche de son four est douce et blanche → PAYSAN.

lao

Un — réfléchit mieux les étoiles qu'une rivière → SOI (Maîtrise de).

laisser

Laisse au fils le sang de son père → HÉRITAGE.

Laissez faire aux bœufs de devant → INSOUCIANCE.

Il faut — courir le vent par-dessus les tuiles → RÉSIGNATION.

lait

Rien n'aigrit comme le — → DOUCEUR.

lame

A telle — telle gaine → APPROPRIATION.

La — use le fourreau → CORPS ET ÂME.

La Mecque

A force de demander son chemin, on finit par trouver — → PERSÉVÉRANCE.

lampe

On n'allume pas une — pour la mettre sous le boisseau → RAYONNEMENT, VÉRITÉ (généralités).

langue

Celui qui avec une seule — a un esprit double, il vaut mieux l'avoir pour ennemi que pour ami → DUPLICITÉ.

Le trop-plein du cœur glisse sur la — → PARLER, PAROLE.

La — a juré, mais non l'esprit → RESTRICTION MENTALE.

La — résiste, parce qu'elle est molle; les dents cèdent, parce qu'elles sont dures→ SOUPLESSE.

larme

Rien ne sèche plus vite qu'une — → PLEURER.

larmes

Si quelqu'un trempe la soupe avec ses —, ne lui demande pas de bouillon → COMPASSION.

Les — viennent plus souvent des yeux que du cœur → PLEURER.

Les — qui coulent sont amères, mais plus amères celles qui ne coulent pas → PLEURER.

L'âme n'aurait pas d'arc-en-ciel, si les yeux n'avaient pas de — → PLEURER.

La force d'âme est préférable à la beauté des — → PLEURER.

larron

Aise fait — → VIGILANCE.

larrons

Les — s'entrebattent et les larcins se découvrent → VOL, VOLEUR.

las

On va bien loin après qu'on est — → FATIGUE.

lasser

Le pâté d'anguille *lasse* → SATIÉTÉ.

lasser (se)

A cinquante ans on commence à — du monde, et à soixante le monde *se lasse* de vous→ VIEILLESSE.

latin

Il ne faut pas parler — devant les cordeliers → CIRCONSPECTION.

laurier

A la longue, le — tue le lierre → AMITIÉ.

Le — n'est pas frappé par la foudre → GLOIRE.

laurier-rose

Quelle belle fleur que le —, et que le — est amer! → BEAUTÉ FÉMININE.

législation

La — est le sel de la terre → LOI.

lendemain

Ce n'est pas en remettant au — que l'on remplit sa grange → AJOURNER.

léopard

Le — ne salue pas la gazelle, si ce n'est pour sucer son sang → DUPLICITÉ.

La peau tannée du — ne se distingue pas tout de suite de la peau tannée du mouton → ÉDUCATION (civilité).

Le — ne se déplace pas sans ses taches
→ NATUREL (le).
Un — changera-t-il ses taches? → NATUREL
(le).

lettres

Gens de —, gens de peine → ÉCRIVAIN.

leurrer (se)

Il n'y a pas de fouet pour ceux qui *se leurrent*
eux-mêmes → ILLUSION.

levain

Un peu de — fait lever toute la pâte
→ INFLUENCE.

lever (se)

Il a beau — tard, qui a bruit de — matin
→ RÉPUTATION.

lèvres

Il y a l'or et les perles, mais les — sages
sont un vase précieux → FEMME DE BIEN (la).

lévrier

A la longue, le — force le lièvre → PERSÉ-
VÉRANCE.
Jamais mâtin n'aima — → RIVALITÉ.

liane

La — arrive au sommet d'un grand arbre en
s'appuyant sur lui → FEMME ET L'HOMME (la).

libéralité

Ce qu'on nomme — n'est le plus souvent que
la vanité de donner → GÉNÉROSITÉ.
La — consiste moins à donner beaucoup qu'à
donner à propos → GÉNÉROSITÉ.

libre

— de lèvres, — de hanches → FEMME ET LA
PAROLE (la).

Libye

De la — vient toujours quelque chose de nouveau → AFRIQUE.

liens

Les — du sang ne vous feront pas obtenir
qu'un autre se charge de votre fardeau
→ COMPTER SUR SOI-MÊME.

lier

Il faut — le sac avant qu'il ne soit plein
→ MODÉRATION.

lier (se)

Ne *te lie* qu'avec des gens de ta fortune et de
ta condition : on ne mêle pas l'huile avec
l'eau, ni le vinaigre avec le lait → FRÉQUEN-
TATION.

lierre

A la longue, le laurier tue le — → AMITIÉ.
Le — meurt où il s'attache → AMOUR ET
FIDÉLITÉ.

lieux

Il y a des — que l'on admire; il y en a
d'autres qui touchent, et où l'on aimerait vivre
→ NATURE (Sentiment de la).

lièvre

Le — tire la crinière du lion mort → CHUTE
(Quand le chêne est tombé...).
Celui qui court deux — à la fois n'en prend
aucun → ENTREPRENDRE (courir deux lièvres
à la fois).
On prend quelquefois le — avec un chariot à
bœufs → LENTEUR.

Le — retourne toujours au lancer → PAYS
NATAL.
Plus petit est le bois, plus gros semble le —
→ RELATIVITÉ (contingence).

lilas

Même le — blanc a une ombre → PURETÉ.

lime

La — n'est pas entamée par le serpent
→ ENVIE (que l'on inspire).
La — s'émousse à polir le fer → MAÎTRE ET
ÉLÈVE.
Au long aller la — mange le fer → PEU À
PEU.

limier

Encore que ton limier soit doux, ne lui tire
pas sur les babines → ABUS (que l'on commet).

Limousins

Les Auvergnats et les — font leurs affaires,
puis celles de leurs voisins → FRANCE (proverbes régionaux).

linceul

Le — n'a pas de poches → AVARICE.

lion

Le — a dit : « Personne ne fera mon affaire
mieux que moi-même. » → AGIR PAR SOI-
MÊME.
N'arrachez pas au — mort les poils de sa
moustache → CHUTE (Quand le chêne est
tombé...).
Le — ne boit pas où a lapé le chien → DÉDAIN.
Si tu dis que le — est un âne, va lui mettre
un licou → FANFARON.
Le —, en marchant sur la neige, ne se gèlera
pas les pattes → FORTS (les).
Devant la patte du —, la ruse du renard est
d'un petit service → FORTS (les).
Si tu frappes un —, c'est la tête qui souffrira
→ GRANDS ET PETITS (généralités).
— est, qui est fils de — → HÉRÉDITÉ.
Le — rugit dans la brousse → HÉROÏSME.
Même si le — rugit, il ne dévore pas son
petit → PÈRE.
N'éveillez pas le — qui dort → PRUDENCE.
Choisis plutôt d'être la queue du — que la
tête du renard → RANG.
L'antre du — n'est jamais vide d'ossements
→ ROI.
Un —, c'est d'autres — → SEUL.
Le — et le rossignol sont toujours altérés
→ SOIF.
Le — en chasse pour tuer ne rugit pas
→ TAIRE (se).
Il n'y eut jamais peau de — à bon marché
→ VALEUR (pécuniaire).
Qui tue le — en mange, qui ne le tue pas
en est mangé → VIE (Lutte pour la).
Le — dort avec ses dents → VIGILANCE.

lionne

La — n'a qu'un petit, mais c'est un lion
→ QUALITÉ ET QUANTITÉ

lit

Quand le — est petit, il faut se coucher au
milieu → ADAPTATION.
Comme on fait son — on se couche → ARTI-
SAN DE SON SORT (Chacun est l').
Sur un — mollet, on peut dormir durement
→ MARIAGE ET ARGENT.

— de velours, cœur de beurre; — d'ouvrage, cœur de courage → TRAVAIL ET OISIVETÉ.

mains
Joindre les —, c'est bien; les ouvrir, c'est mieux → AUMÔNE.

maison
Il faut couvrir le feu de la — avec les cendres de la — → ADULTÈRE.
La — qui est bâtie au goût de tous n'aura pas de toit → CHEF (Un seul).
Chacun a pour ennemis les gens de sa — → FAMILLE.
On peut aimer sa — sans en chevaucher le toit → FAMILLE.
Les yeux ne doivent pas voir dans la — d'un autre → HOSPITALITÉ (que l'on reçoit).
Quand on n'a pas de quoi payer son terme, il faut avoir une — à soi → PROPRIÉTAIRE ET LOCATAIRE.
Quand la — est trop haute, il n'y a rien au grenier → TAILLE.

maison de verre
Quand on habite une —, on ne doit pas jeter de pierres à autrui → VULNÉRABILITÉ.

maisons
Les — empêchent de voir la ville → DÉTAIL.

maître
Sois — de qui ne t'aime pas et esclave de qui te chérit → AMOUR (généralités).
Qui que tu sois, voici ton —; il l'est, le fut, ou le doit être → AMOUR (généralités).
Lorsque trois personnes marchent ensemble, il doit y en avoir une qui est le — → CHEF.
Pour devenir —, il faut agir en esclave → COMMANDER.
Un homme n'est pas le — d'un autre homme → ESCLAVAGE.
Celui qui a un — n'est pas — de ce qu'il porte sur le dos → SERVITEUR.

maître d'armes
Il n'y a point de — mélancolique → ACTION.

majesté
La beauté est circassienne, la richesse est française, mais la — est osmanlie → TURQUIE.

mal
Quiconque aura fait le — sera rétribué par le — → CHOC EN RETOUR.
— prie qui s'oublie → INTÉRÊT PERSONNEL.
Il ne faut dire du — de personne, pas même du diable → MÉDISANCE.
Qui — dit, — lui vient → MÉDISANCE.
À force de — aller, tout ira bien → VICISSITUDES.

malheur
Si tu marches vite, tu attrapes le —; si tu vas lentement, c'est le — qui t'attrape → FATALISME.
Le — finit par se lasser, les vents ne soufflent pas toujours avec la même violence → VICISSITUDES.

malheurs
Il y a des larmes pour le bonheur; il n'y en a pas pour les grands — → DOULEURS SONT MUETTES (Les grandes).

manant
Peine de — n'est pour rien comptée → PETITS (les).

mancelle
Quand on a pris la —, il ne faut pas se dire trop faible → ACHEVER.

manche
Le — neuf blesse la main → CHEF.

manger
Mange selon la hauteur de ton sac à provisions, marche selon la largeur de ton pas → AGIR SELON SES MOYENS.
Ne *mange* pas ton blé en herbe → ANTICIPATION.
On ne *mange* pas le diable sans en avaler les cornes → AVANTAGE ET INCONVÉNIENT.
On *mange* bien des perdrix sans oranges → CONTENTEMENT.
Quand on *a mangé* salé, on ne peut plus — sans sel → HABITUDE.
Qui veut — le pain du sultan, doit frapper avec son épée → MERCENAIRE.
Il faut — le concombre quand il est vert et le melon quand il est jaune → OPPORTUNITÉ.
On ne fait pas dix verstes pour — de la gelée → PEINE PERDUE.
Il ne faut pas tant regarder ce que l'on *mange* qu'avec qui l'on *mange* → REPAS.
— assis vaut sept péchés, — couché vaut dix péchés, mais — à genoux vaut d'innombrables péchés → SERVILITÉ.
Tu *mangeras* ton pain à la sueur de ton front → TRAVAIL.
Parfois tu *mangeras*, parfois tu auras faim → VICISSITUDES.

mangeur
Gros —, mauvais donneur → GLOUTONNERIE.

mangeurs
Les grands — et les grands dormeurs sont incapables de quelque chose de grand → GLOUTONNERIE.

manier
On ne *manie* pas le beurre sans se graisser les doigts → ARGENT.

manquer
Si tu *manques* le tigre, sois sûr qu'il ne te *manquera* pas → CHOC EN RETOUR.

marchand
— d'oignons se connaît en ciboules → COMPÉTENCE.

marchandise
La bonne — trouve facilement acquéreur → QUALITÉ (bonne et mauvaise).
— offerte est à demi vendue → RÉCLAME.

marcher
Mange selon la hauteur de ton sac à provisions, *marche* selon la largeur de ton pas → AGIR SELON SES MOYENS.
Si tu *marches* sur le fer de la houe, le manche te frappera au visage → FAMILLE.

mari
Beaucoup savait le —, mais plus savait celui qui lui planta des cornes → FEMME INFIDÈLE (la).

Un — sans un ami, ce n'est rien fait qu'à demi → FEMME INFIDÈLE (la).
Ton — a-t-il deux jarres? L'une est de trop, brise-la → FEMME TROMPÉE (la).

mariage
On doit respecter le — tant qu'il n'est qu'un purgatoire, et le dissoudre s'il devient un enfer → DIVORCE.
Chaque chose pour un temps, mais le — pour la vie, et Dieu pour l'éternité → DIVORCE.
Le — en impromptu étonne l'innocence, mais ne l'afflige pas → FILLE (puella).
Le — des esprits est plus grand que celui des corps → SYMPATHIE ET ANTIPATHIE.

marier
Une sœur en *marie* une autre, un fût fait vendre un baril → AFFAIRES.
A Baygorri la vaisselle est de terre; lorsqu'on parlait de m'y —, elle était toute d'or → FILLE (filia).
Il vaut mieux se — que de brûler → CÉLIBAT.
Qui se *marie* un jour de pluie a du bonheur toute la vie → NOCES.

marmite
Il n'y a si méchante — qui ne trouve son couvercle → FEMME ET LE MARIAGE (la).

Mars
— hait ceux qui hésitent → GÉNÉRAL (chef militaire).

Martin
Pour un point, — perdit son abbaye (ou son âne) → AVARICE.

matin
Le — est plus sage que le soir → RÉFLÉCHIR.

matinées
Tout le plaisir des jours est en leurs — → JEUNESSE.

matines
— bien sonnées sont à demi chantées → COMMENCER (généralités).

matous
Aux vilains — les belles chattes → MARIAGE (généralités).

matrones
Où il y a sept —, la tête de l'enfant est aplatie → CHEF (Un seul).

mauvais
Quand le — arbre est près de périr, il produit des fruits sataniques → MÉCHANCETÉ.

mauvaise
— herbe croît toujours → MÉCHANCETÉ.

maux
De tous les —, les plus douloureux sont ceux que l'on s'est infligés à soi-même → ARTISAN DE SON SORT (Chacun est l').

méchant
Il faut appeler — celui qui n'est bon que pour soi → ÉGOÏSME.
Le — portera sur son dos son fardeau → JUSTICE IMMANENTE.
Qui épargne le — nuit au bon → PUNIR (généralités).

méchante
A l'ennemi et à l'ami, je dis que tu es —, afin que personne ne t'aime, sauf moi → HOMME JALOUX (l').

médaille
Toute — a son revers → AVANTAGE ET INCONVÉNIENT.

médecin
Un bon — est celui qui a des remèdes spécifiques, ou, s'il en manque, qui permet à ceux qui les ont de guérir son malade → GUÉRISSEUR.

médecine
Les médecins prennent — le jour de leurs noces → MÉDICAMENT.

médecins
Les — laissent mourir, les charlatans tuent → GUÉRISSEUR.

médiateur
Pas de bon —, s'il n'est un peu menteur → ARBITRE.

médire
Qui *médit* de moi en secret, me craint; qui me loue en face, me méprise → FLATTERIE.

méfier (se)
Souviens-toi de te méfier (*Sentences d'Epicharme*) → CONFIANCE ET DÉFIANCE.
Méfiez-vous de la porte qui a plusieurs clés → PÉRIL.
Méfie-toi du tigre plus que du lion et d'un âne méchant plus que du tigre → SOTTISE.

mélanger
On ne *mélange* pas les torchons avec les serviettes → VALEUR (généralités).

mêler (se)
Ne *vous mêlez* pas de ce qui ne vous regarde point → AUTRUI (Affaires d').
Le onzième commandement : *Mêlez-vous* de vos affaires → AUTRUI (Affaires d').

membres
Quand une fois les — plient, il est nécessaire que le corps succombe → ARMÉE.

menacer
Il en *menace* beaucoup celui qui fait injure à un seul → TYRANNIE.

ménages
Autant de mariages, autant de — → MAISON (chacun chez soi).

mendiant
Permettez à un — d'entrer dans le sauna et il demandera un strigile. Donnez-lui un strigile et il voudra aller au sudatorium. Laissez-le au sudatorium et il désirera encore être frotté → ABUS (que l'on permet).
Un — bien portant est plus heureux qu'un roi malade → SANTÉ.

ménétrier
En la maison du —, tous sont danseurs → MILIEU (Influence du).

ménétriers
Entre —, on se doit une danse → MÉTIER (Entraide de).

mentir

Mentez pour moi et je jurerai pour vous
→ RÉCIPROCITÉ.

menuisier

Le — n'empoudre pas le chaufournier
→ MÉTIER (Entraide de).

mer

La — ne refuse aucun fleuve → INSATIABILITÉ.

Mercure

Calypso voit — et le reconnaît → AFFINITÉ.

mère

Sa — oignon, son père ail, et lui confiture de
roses → HÉRÉDITÉ.
La — n'est pas l'oiseau qui pondit l'œuf,
mais l'oiseau qui l'a fait éclore → PARENTS
ADOPTIFS.

mérite

Le — ne suffit pas, s'il n'est secondé par
l'agrément → PLAIRE.
Le — appartient à celui qui commence, même
si le suivant fait mieux → PRÉCURSEUR.

mésalliances

La pire de toutes les — est celle du cœur
→ MARIAGE (généralités).

messes

Il ne faut pas se fier à qui entend deux —
→ BIGOTERIE.

mesure

Avec la — dont vous mesurez il vous sera
mesuré → RÉCIPROCITÉ.
Prends — de ton voisin et paie-le largement
avec la même — → RÉCIPROCITÉ.
La — de l'homme se prend au front → TAILLE.
— pour — → TALION (Peine du).

mesures

Dans deux — de dattes, il y a une — de
pierres → AVANTAGE ET INCONVÉNIENT.

mesurer

Ne *mesurez* pas l'arbre alors qu'il est encore
debout → ANTICIPATION.
C'est à la lagune que l'on *mesure* la conte-
nance des jarres → EXPÉRIMENTATION.
Se — à une aune et se chausser à son pied
→ SOI (Connaissance de).

métier

Vingt fois sur le — remettez votre ouvrage;
polissez-le sans cesse et le repolissez → AUTEUR.
Qui ne donne pas de — à son fils, lui donne
le — de voleur → ÉDUCATION (généralités).
Entre le — de voiturier et celui d'archer,
prends le — d'archer → SOLDAT.
Le — des armes fait moins de fortunes qu'il
n'en détruit → SOLDAT.
C'est un méchant — que celui qui fait pendre
son maître → VOL, VOLEUR.

mets

Un — sucré ne s'améliore pas avec du sel
→ CONTRAIRE.

meule

La — de dessous moud aussi bien que celle de
dessus → SUPÉRIEUR ET SUBALTERNE.

meules

Deux — dures ne peuvent moudre fin → SEM-
BLABLE.

meunier

Le — s'imagine que le blé croît uniquement
pour faire aller son moulin → ÉGOCENTRISME.
Tout — tire l'eau à son moulin → INTÉRÊT
PERSONNEL.

meute

Si tu tombes dans la —, il te faut aboyer ou
remuer la queue → CONFORMISME.

miel

Trop cher achète le — qui le lèche sur les
épines → AMOUR NON PAYÉ DE RETOUR (l').
Le — n'est pas fait pour la bouche de l'âne
→ CONVENANCE.
Qui se fait —, les mouches le mangent → DOU-
CEUR (Excès de).
On prend plus de mouches avec du — qu'avec
du vinaigre → DOUCEUR.
Si tu trouves du —, n'en mange que ce qui
te suffit, de peur que, rassasié, tu ne le
vomisses → SATIÉTÉ.
Le — lui-même peut dégoûter → SATIÉTÉ.
Ce n'est pas en disant —, —, que la douceur
vient à la bouche → VELLÉITÉ.

mien (le)

Le — vaut mieux que le nôtre → PROPRIÉTÉ.

mieux

— vaut user des souliers que des draps → ACTI-
VITÉ ET INDOLENCE.
— vaut être piqué par une ortie que par une
rose → AMI ET ENNEMI.
— vaut un petit feu qui réchauffe qu'un
grand feu qui brûle → « AUREA MEDIOCRI-
TAS ».
— vaut être l'homme d'un seul maître que
l'homme de dix livres → AUTODIDACTE.
Cottage en possession vaut — que royaume
en réversion → CERTAIN ET INCERTAIN (Mieux
vaut tenir que courir).
— vaut maintenant un œuf que dans le
temps un bœuf → CERTAIN ET INCERTAIN
(Mieux vaut tenir que courir).
— vaut le moineau dans la main que la grive
qui vole au loin → CERTAIN ET INCERTAIN
(Mieux vaut tenir que courir).
— vaut un « tiens » que deux « tu l'auras »
→ CERTAIN ET INCERTAIN (Mieux vaut tenir
que courir).
Un oiseau dans la main vaut — que deux sur
le buisson → CERTAIN ET INCERTAIN (Mieux
vaut tenir que courir).
— vaut une main pleine de repos que les
deux mains pleines de labeur et de poursuite
du vent → CHIMÈRE.
— vaut le saut de la haie que la prière des
braves gens → COMPTER SUR SOI-MÊME.
— vaut un morceau de pain avec la paix
qu'une maison pleine de viande avec la discorde → CONCORDE.
— vaut être fou avec tous que sage tout seul
→ CONFORMISME.
— vaut, si tu hurles, avec les loups qu'avec
les chiens → CONFORMISME.
— vaut vivre un jour comme un lion que cent
comme un mouton → COURAGE.
— vaut règle que rente → ÉCONOMIE.
— vaut labourer profond que large → EFFI-
CIENCE.
— vaut la toison que la brebis → FEMME (la).

Les — ne se rencontrent pas, mais les hommes → VENGEANCE.

monter

Celui qui *monte* aux baobabs a davantage de leurs fruits, mais celui qui reste à terre sait mieux quand il rentrera chez lui → AMBITION.
— à cheval sans éperons est une duperie → COMMANDER.

montrer

Ne *montre* pas ton doigt malade, car chacun y viendrait frapper → DISSIMULATION (généralités).
Celui dont le pied glisse, *montre* le chemin à beaucoup → PRÉCURSEUR.
Celui qui *montre* son jeu risque de le perdre → DISSIMULATION (pour régner).

monts

Où il y a des — altiers, il y a des précipices → GRANDS (les).

moquer (se)

Il ne faut pas — des chiens avant d'être sorti du village → DANGER.
Abandonne la ville où l'on *s'est moqué* de toi, quand bien même elle serait bâtie en rubis → DIGNITÉ.
On ne *se moque* pas de qui rit de lui-même → SOI (Connaissance de).

morale

Une — nue apporte de l'ennui → CONTE.
Il y a des gens qui n'ont de la — qu'en pièces et c'est une étoffe dont ils ne font jamais d'habit → HYPOCRISIE.

morceau

— avalé n'a pas de goût → INGRATITUDE.

morceaux

Les premiers — nuisent aux derniers → REPAS.

mordre

Encore que la scie *morde* beaucoup, quelquefois elle se brise les dents → MÉDISANCE.
Si vous ne pouvez —, ne montrez pas les dents → MENACES.
Si quelqu'un t'*a mordu*, il t'a rappelé que tu as des dents → RÉCIPROCITÉ.

morsure

La — de la bouche qu'on aime vaut mieux que le baiser d'une autre → AMOUR (généralités).
— de brebis ne passe jamais la peau → COUPS.

mort

Pour un — les ronces valent les tapis → FUNÉRAILLES.
Le — saisit le vif → HÉRITAGE.
— de loup, santé de brebis → PUNIR (généralités).
La — n'est pas derrière les montagnes, elle est derrière nos épaules → VIE (Fragilité de la).
La — est plus près de nous que la paupière de l'œil → VIE (Fragilité de la).

morte

— la bête, mort le venin → ENNEMI.

morts

Les — ne mordent pas → ENNEMI.
Les justes éloges sont un parfum que l'on réserve pour embaumer les — → ORAISON FUNÈBRE.

Les — sont toujours loués → ORAISON FUNÈBRE.

morveux

Qui se sent — se mouche → ALLUSION.

mosquée

Allume d'abord ta lampe chez toi, puis à la — → DÉVOTION.
La véritable — est celle qui est construite au fond de l'âme → DÉVOTION.
La — est détruite, mais la chapelle reste → FEMME ET LA VIEILLESSE (la).

mot

Un — perd l'affaire, un homme détermine le sort d'un empire → CAUSE ET EFFET.
Un — aimable est comme un jour de printemps → PAROLES (bonnes et mauvaises).

mots

Les — que l'on n'a pas dits sont les fleurs du silence → TAIRE (SE).

mouche

La — sur le timon gourmande la mule → ARDÉLION.
La — va si souvent au lait qu'elle y demeure → DANGER.
La — qui pique la tortue se casse le nez → FORTS ET FAIBLES.

mouches

Les — ne se posent pas sur le pot qui bout → ACTIVITÉ.

moucher

Qui *mouche* mon enfant me baise le visage → MÈRE.

moulin

Qui entre dans un —, il convient de nécessité qu'il enfarine → ENTRAÎNEMENT.
Le — ne moud pas avec l'eau coulée en bas → PASSÉ (le).

mourir

Si tu veux être apprécié, *meurs* ou voyage → ABSENCE ET PRÉSENCE.
L'homme *meurt* autant de fois qu'il perd l'un des siens → DEUIL.
Qui bientôt *meurt*, on dit qu'il languit moins → MALADIE.
Il vaut mieux — selon les règles que de réchapper contre les règles → MÉDECINE.
Quand l'homme *meurt*, ses pieds s'allongent → ORAISON FUNÈBRE.
Il faut — pour se faire embaumer → ORAISON FUNÈBRE.
Ne dites jamais : —! → RENONCER.

mouton

Un — en suit un autre → IMITER (agir semblablement).
Un — bêle, toute la bergerie a soif → IMITER (agir semblablement).
Là où le — fait défaut, la chèvre est appelée « Princesse » → MANQUE.
Le — isolé est en danger de loup → SEUL.

moutons

Le même jour a vu naître le peuple des loups et celui des — → BONS ET LES MÉCHANTS (les).

moutonnaille

Le monde n'est qu'une franche — → IMITER (agir semblablement).

mouvement

Un premier — ne fut jamais un crime → SENTIMENT (Premier).

mule

Qui monte la — la ferre → AMANT ET MAÎTRESSE.

multitude

La tyrannie de la — est une tyrannie multipliée → DÉMOCRATIE.

mur

C'est au pied du — que l'on connaît le maçon → ŒUVRE.

murs

Les — ont des oreilles → DISCRÉTION.

murailles

Les — parlent → TÉMOIN.

mûre

Quand la poire est —, il faut qu'elle tombe → INÉLUCTABLE.

mûres

On ne va pas aux — sans crochet → MOYEN.

musc

Là où est le —, il est inutile de balancer des parfums → RÉPUTATION.

Muses

Pas plus que les —, pas moins que les Grâces → REPAS.

musicien

Le — du quartier n'émeut pas → PROPHÈTE DANS SON PAYS (Nul n'est).

myrtille

Une — parmi les orties est une — → PERSONNALITÉ.

mystère

Les eaux dérobées sont les plus douces et le pain du — est le plus suave → ADULTÈRE.

N

nager

Il est facile de — quand on vous tient le menton → AIDER.
Le monde est rond, qui ne sait — va au fond → MALADRESSE.

nageur

Le — nage et se rappelle ses vêtements → PLAISIR (généralités).

nain

Ne prenez pas un — pour mesurer la profondeur de l'eau → APPROPRIATION.
Le — qui est sur l'épaule d'un géant voit plus loin que celui qui le porte → ASSOCIATION (généralités).
Le — voit des géants partout → RELATIVITÉ (contingence).

naissance

La — n'est rien où la vertu n'est pas → NOBLESSE.

naître

Ce n'est pas de la scille que *naissent* la rose et la jacinthe → → HÉRÉDITÉ.

Non avec qui tu *nais*, mais avec qui tu pais → PARENTS ADOPTIFS.

nappe

En maison fournie la — est bientôt mise → REPAS.

nations

Le code de salut des — n'est pas celui des particuliers → BIEN PUBLIC (le).

nature

Nourriture passe — → ÉDUCATION (généralités).
Mieux vaut — que nourriture → ÉDUCATION (généralités).
— ne peut mentir → INSTINCT.
La raison nous trompe plus souvent que la — → INSTINCT.
Jamais la — n'eut un langage et la sagesse un autre → VIE (art, manière de vivre).

naturel

Rien n'empêche tant d'être — que l'envie de le paraître → AFFECTATION.

naufrage

Un — commun allège la douleur de tous → MALHEUR PARTAGÉ.

navire

A — rompu, tous les vents sont contraires → ADVERSITÉ.
Quand le — est près de sombrer, tous les rats le désertent → AMITIÉ ET ADVERSITÉ.

né

Celui qui est — pour être pendu ne mourra pas noyé → DESTIN, DESTINÉE.

née

— de geline aime à gratter → HÉRÉDITÉ.

négligé

Le péril une fois passé, le saint est bientôt — → INGRATITUDE.

neige

La — est une pureté menteuse → APPARENCE.
Le poivre est noir, mais il a bon goût; la — est blanche, mais on la laisse à terre → FEMME ET LA CHASTETÉ (la).
Quand la — est sur le mont, on ne peut attendre que le froid aux vallées → HOMME ET LA VIEILLESSE (l') [le vieillard amoureux].
La — séjourne longtemps sur les sols pierreux, mais disparaît vite sur les terres cultivées → RANCUNE.
Que vous cuisiez la — ou que vous la piliez, vous n'en tirerez que de l'eau → RÉSULTAT.
La — ne brise jamais les branches du saule → SOUPLESSE.

Némésis

— vient à pied → VENGEANCE.

Neptune

Qui fait deux fois naufrage accuse en vain — → MER, MARIN.
Le trident de — est le sceptre du monde → RÉCIDIVE.

netteté

La — est le vernis des maîtres → CONCISION.

neveux

A qui Dieu n'a pas donné de fils, le diable donne des — — → PARENTÉ.

nez

L'homme sobre qui a le — rouge passe pour un ivrogne → MINE.

ni

— vous sans moi, — moi sans vous → AMOUR (généralités).

nid

Un petit — est plus chaud qu'un grand → MAISON (généralités).

Vilain oiseau celui qui salit son — → FAMILLE, PATRIE.

A chaque oiseau son — est beau → MAISON (généralités).

Dans son — la corneille arracherait les yeux au vautour → MAISON (Chacun est maître chez soi).

nids

Les — les plus chauds sont ceux que l'on ne voit pas → OBSCURITÉ.

noble

Plus le cœur est —, moins le cou est roide → FIERTÉ.

noces

Il n'aura pas bonne part de ses — qui n'y est pas → ABSENCE ET PRÉSENCE.

L'âne qui à — est convié, le bois ou l'eau doit y porter → INVITATION.

L'on ne doit jamais aller à — sans y être convié → INVITATION.

N'ajoute pas de — nouvelles à tes premières —, ni de nouvelles douleurs à tes premières épreuves → MARIAGE (remariage).

Noël

Tant crie-t-on — qu'il vient → ATTENDRE.

nœuds

Tous les — viennent sous le peigne → CHEF.

noires

Deux — ne font pas une blanche → EXCUSE.

nom

L'ombre d'un grand — demeure → RENOMMÉE.

nombril

Au-dessous du —, il n'y a ni religion, ni vérité → SEXE.

noms

Les grands — abaissent au lieu d'élever ceux qui ne les savent pas soutenir → NOBLESSE.

Normand

Un — a son dit et son dédit → FRANCE (proverbes régionaux).

nourri

Celui qui n'est pas — à la table de son père ne se rassasie jamais → ORPHELIN.

nourriture

La — a meilleur goût quand on la mange avec sa propre cuillère → AUTRUI (Pain d').

noyau

Beau — gît sous piètre écorce → APPARENCE.

noyer

Bons nageurs *sont* à la fin *noyés* → DANGER.

Je t'ai enseigné à nager et maintenant tu veux me — → MÉCHANTS (Ingratitude des).

Tous les *noyés* sont bordés d'argent → ESPÉRANCE, ESPOIR.

noyer (se)

Celui qui *se noie* ne regarde pas l'eau qu'il boit → DANGER.

Qui hante toutes les eaux à la fin *se noiera* → DANGER.

Quand *me noie* tout le monde *se noie* → ÉGOCENTRISME.

Il *se noie* plus de gens dans les verres que dans les rivières → IVROGNERIE.

nuages

N'étaient les —, on ne jouirait pas du soleil → VICISSITUDES.

nuire

Ce qui *nuit* à l'un sert à l'autre → MALHEUR DE L'UN PROFITE À L'AUTRE (le).

nuit

La —, on prend les anguilles → FEMME ET L'AMOUR (la).

Il n'est si beau jour qui n'amène sa — → FIN (Tout a une).

De —, tous les chats sont gris → JOUR ET NUIT.

O

obligé

Rase-toi avec une hache, plutôt que d'être l' — d'autrui → EMPRUNT.

obligés

La langue des — est courte → REMERCIEMENT.

obliger

Qui *oblige* s'*oblige* → BIENFAISANCE, BIENFAIT, BIENFAITEUR.

Il faut, autant qu'on peut, — tout le monde → SERVIABILITÉ.

obscur

L' — par le plus — → EXPLICATION.

observer

Celui qui *observe* le vent ne sèmera point et celui qui interroge les nuages ne moissonnera jamais → CRAINTE (pusillanimité).

occasion

A petite — prend le loup le mouton → PRÉTEXTE.

occupations

Toutes les — des hommes sont à avoir du bien → CUPIDITÉ.

occupé

Je ne suis jamais plus — que quand je n'ai rien à faire → LOISIR.

œil

Le cœur ne peut douloir ce que l' — ne peut voir → ABSENCE ET PRÉSENCE.

L' — voit tout et ne se voit pas lui-même → SOI (Connaissance de).

L' — n'aime pas ce qui est au-dessus de lui → SUPÉRIEUR ET SUBALTERNE..

— pour —, dent pour dent, main pour main, brûlure pour brûlure, meurtrissure pour meurtissure → TALION (Peine du).

Quand on a avalé, on *oublie* la brûlure → PAS-SÉS (Actes et faits).

oublier (s')

Bien fou qui *s'oublie,* encore plus qui se lie → CONVENTION.

ours

L' — qui n'est pas attaché ne danse pas → CONTRAINTE.

Si un — te terrasse, appelle-le « grand-père » → FLATTERIE.

Celui qui veut griffer un — doit avoir des ongles de fer → GRANDS ET PETITS (généralités).

ouvrage

L' — de plusieurs est plus grand, et plus grand est le profit → ASSOCIATION (généralités).

L' — mal fait doit être fait deux fois → INATTENTION.

ouvrir

N'*ouvrez* pas une porte que vous ne pourriez refermer → CIRCONSCRIPTION.

C'est un péché que d' — sa porte et de garder sa figure fermée → HOSPITALITÉ (que l'on donne).

Il est aisé d' — une boutique mais plus difficile de la tenir ouverte → MARCHAND.

P

pacha

Nous avons cru que le — était un —, mais le — était un homme → CHEF.

page

Là où tu as été —, ne sois pas écuyer → SUPÉRIEUR ET SUBALTERNE.

paille

Pourquoi voyez-vous une — dans l'œil de votre frère, tandis que vous ne voyez pas une poutre qui est dans le vôtre → AUTRUI (Défauts d').

Le brin de — flotte à la surface de l'eau, la pierre précieuse tombe au fond → MÉRITE.

Le brin de — se figure que c'est contre lui que la mer s'agite → OUTRECUIDANCE.

pain

Je sais bien ce que je dis, quand je demande du — → FAIM.

— dérobé réveille l'appétit → FRUIT DÉFENDU (le).

Je sais de quel côté mon — est beurré → INTÉRÊT PERSONNEL.

Le — tombe toujours du côté qui est beurré → MALIGNITÉ DES CHOSES ET DU SORT.

palais

Si les — sont très brillants, les greniers sont très vides → GRANDS ET PETITS (généralités).

panse

Qui a la — pleine, il lui semble que les autres sont soulz → AUTRUI (Mal d').

De la — vient la danse → NOURRITURE.

paon

Le — a de belles plumes, mais de vilaines pattes → QUALITÉ ET DÉFAUT.

Quand le — regarde ses pieds, il défait sa roue → VANITÉ.

pape

Tel entre — au conclave qui en sort cardinal → ANTICIPATION.

papier

Le — souffre tout et ne rougit de rien → ÉCRIRE.

Que le — parle et que la langue se taise → PAROLES ET ÉCRITS.

papillon

Le — en se posant sur la branche craint de la briser → OUTRECUIDANCE.

Pâques

Il ne faut pas mettre — avant les Rameaux → DÉSORDRE.

Tarde que tarde, en avril auras — → INÉLUCTABLE.

— désirées sont en un jour allées → PLAISIR (généralités).

Celui qui doit être pendu à — trouve le carême bien court → RELATIVITÉ (contingence).

paradis

Le — n'est pas le séjour des superbes → ORGUEIL.

paraître

Tout *paraît* jaune à qui a la jaunisse → JUGEMENT (On juge les autres d'après soi-même).

parcourir

Si vous devez dix li, songez que le neuvième marquera la moitié du chemin → FIN, FINIR (généralités).

pardonner

On ne *pardonne* point à qui nous fait rougir → AFFRONT.

parent

Si ton — te mâche, il ne t'avalera pas → FAMILLE.

Mon plus proche —, c'est moi-même → INTÉRÊT PERSONNEL ET FAMILLE.

parents

La querelle entre — fume et ne flambe pas → FAMILLE.

L'injustice que l'on souffre de la part de ses proches — cause une douleur plus cruelle que le fer → FAMILLE.

Les — doivent seuls être témoins des maux d'un — → FAMILLE.

Plus près me sont mes dents que mes — → INTÉRÊT PERSONNEL ET FAMILLE.

parenté

C'est la bonté qui crée la —, et non les liens de la nature → PARENTS ADOPTIFS.

Paris

— appartient à ceux qui se lèvent tôt → AURORE.

Il y a des lieux où il faut appeler — —, et d'autres où il la faut appeler capitale du royaume → OPPORTUNITÉ.

parler

Quand vous pourrez mettre vos pieds dans mes souliers, vous *parlerez* → AUTRUI (Affaires d').

Il ne faut pas — latin devant les cordeliers → CIRCONSPECTION.

Le roi n'est pas servi sans qu'il *parle* → DEMANDER.

Savoir bien — est quelque chose qui approche de la tyrannie → ÉLOQUENCE.

Ce ne sont pas ceux qui savent le mieux — qui ont les meilleures choses à dire → ÉLOQUENCE.

Ne *parlez* pas pour ceux qui sont intelligents; ne hachez pas pour les lions → EXPLICATION.

Avant que tu ne *parles*, on doit pouvoir lire sur ton visage ce que tu vas dire → FRANCHISE.

Il faut penser avec les honnêtes gens, mais — avec le vulgaire → LANGAGE (généralités).

Le beau — n'écorche pas la langue → LANGAGE (généralités).

Quand on se fait entendre, on *parle* toujours bien → LANGAGE (généralités).

A beau — qui n'a cure de bien faire → PAROLES (Belles).

Faute de —, on meurt sans confession → TAIRE (se).

Parnasse

Il n'y a pas de mines d'or ou d'argent au — → POÉSIE.

parole

Celui qui élève sa —, aime sa ruine → CRIER.

On conquerra le monde entier par la —, mais non par un sabre tiré → ÉLOQUENCE.

La — doit être vêtue comme une déesse et s'élever comme un oiseau → LANGAGE (généralités).

La — sème au vent, la plume trace le sillon → LANGAGE ÉCRIT ET LANGAGE PARLÉ.

Celui qui n'a pas peur d'agir ne craint pas une — → MENACES.

As-tu donné ta —? Tiens-la. Ne l'as-tu pas donnée? Tiens bon → PROMESSE.

On connaît les hommes à la sueur et à la — donnée → PROMESSE.

Même à son ennemi, on doit tenir — → PROMESSE.

paroles

Il est des — qui montent comme la flamme et d'autres qui tombent comme la pluie → CONVERSATION.

L'écriture ne peut suffire à exprimer la force de la pensée, les — ne sauraient rendre complètement la pensée → LANGAGE ÉCRIT ET LANGAGE PARLÉ.

On dit bien des — que l'on garderait dans sa bourse si elles étaient des florins → BAVARDAGE.

Les — des sages ont des aiguillons et leurs recueils comme des clous plantés → PROVERBE.

Les — dont la simplicité est à la portée de tout le monde et dont le sens est profond sont les meilleures → PROVERBE.

Les — du taciturne ne sont pas répétées à la cour → TAIRE (se).

Les — droites paraissent contraires à la raison → VULGAIRE (le).

partie

Qui quitte la — la perd → JEU (généralités).

partout

Le monde est une sphère dont le centre est —, la circonférence nulle part → INFINI.

On est — au centre du ciel → PATRIE.

parure

La modestie est une —, mais on va loin en s'en passant → MODESTIE.

pas

Qui fait un — vers l'enfer a déjà parcouru la moitié du chemin → COMMENCER (Il n'y a que le premier pas qui coûte).

— à — va-t-on bien loin → PEU À PEU.

passer

Passez-moi la rhubarbe, je vous *passerai* le séné → CONCESSION.

passions

Toutes les — s'éteignent avec l'âge; l'amour-propre ne meurt jamais → AMOUR-PROPRE (généralités).

passoire

La — dit à l'aiguille qu'elle a un trou → AUTRUI (Défauts d').

Pour une —, ce n'est pas un défaut d'avoir des trous → RELATIVITÉ (généralités).

pasteur

Le bon — donne sa vie pour ses brebis → CLERGÉ (généralités).

paupières

Les — de l'homme sont transparentes → CONVOITISE.

pauvres

Je donne une datte aux — afin d'en goûter la vraie saveur → AUMÔNE.

Qui donne aux — prête à Dieu → AUMÔNE.

pauvreté

Ne me donne ni — ni richesse → « AUREA MEDIOCRITAS ».

Quand la — frappe à la porte, l'amour s'enfuit par la fenêtre → MARIAGE ET ARGENT.

La — arrive comme un voyageur, et l'indigence comme un homme armé → PRODIGALITÉ.

pavillon

Le — couvre la marchandise → NEUTRALITÉ.

payer

Les mots ne *paient* pas les dettes → DÉBITEUR ET CRÉANCIER.

Qui veut bien —, bien se doit obliger → GARANTIE.

On peut — l'or trop cher → PRIX.

On n'est pas quitte *en payant* → SALAIRE.

C'est — trop cher que d'acheter un sou ce qui ne sert pas → UTILE ET INUTILE.

payeur

Le bon — est de bourse d'autrui seigneur → EMPRUNT.

pays

Nous ne sommes pas nés pour nous, mais pour notre — → PATRIE.

Que mon — ait tort ou raison, il reste mon — → PATRIE.

Le — où les pierres vous connaissent vaut mieux que le — où les gens vous connaissent → SOLITUDE.

Qui n'a pas quitté son — est plein de préjugés → VOYAGE.

paysage

Un — quelconque est un état de l'âme → NATURE (Sentiment de la).

peau

Demande quelle est ma vertu et non quelle est la couleur de ma → RACE.

Quand la — du lion ne peut suffire, il faut y coudre la — du renard → RUSE.

péché

Le — du mari reste sur le seuil, celui de la femme pénètre dans la maison → ADULTÈRE.

Un — d'or est suivi d'un châtiment de plomb → BIEN MAL ACQUIS.

Le premier — prépare le lit du second → COMMENCER (Il n'y a que le premier pas qui coûte).

Vieux — fait nouvelle honte → PASSÉS (Actes et faits).

On ne doit pas faire d'un — deux pénitences → PUNIR (généralités).

péchés

Les vieux — ont de longues ombres → PASSÉS (Actes et faits).

pécher

Autant *pèche* celui qui tient le sac que celui qui l'emplit → COMPLICITÉ.

Le juste *pèche* sept fois et se relève → FAUTE.

Qui peut et n'empêche, *pèche* → RESPONSABILITÉ.

pêcheur

Le — aperçoit de loin le — → MÉTIER (Rivalité de).

Un — ne se sert pas d'un hameçon d'or → RISQUE.

pêcheurs

Aux grands — échappent les anguilles → DÉFAILLANCE.

peine

Ce qui vaut la — d'être fait vaut la — d'être bien fait → ATTENTION.

Rien ne vient sans —, sauf la pauvreté → EFFORT.

peines

La plupart des — n'arrivent que parce que nous faisons la moitié du chemin → ARTISAN DE SON SORT (Chacun est l').

Ne dis pas tes — à autrui; l'épervier et le vautour s'abattent sur le blessé qui gémit → MALHEUREUX (les).

pèlerin

Un — n'aime pas la compagnie d'un — → SEMBLABLE.

pelle

La — se moque du fourgon → AUTRUI (Défauts d').

pendre

Dépends un pendard, il te *pendra* → MÉCHANTS (Ingratitude des).

On ne *pend* pas un homme deux fois → PUNIR (« non bis in idem »).

pendu

Personne ne fut jamais — avec de l'argent dans sa poche → JUSTICE LÉGALE (généralités).

Quand on va pour être —, la compagnie est agréable → MALHEUR PARTAGÉ.

S'il y a un — dans la famille, ne dis pas : « Tiens, pends ce poisson! » → TACT.

pendus

Les hommes ne sont pas — pour avoir volé des chevaux, mais pour que les chevaux ne soient plus volés → EXEMPLARITÉ.

pendule

La perfection d'une — n'est pas d'aller vite, mais d'être réglée → ESPRIT (Vivacité d').

pensées

Les secondes — sont les plus sages → RÉFLÉCHIR.

penser

Qui *pense* élever une montagne creuse un puits → AVEUGLEMENT.

Je *pensais* faire le signe de la croix et je me suis crevé l'œil → ERREUR.

Mal *pense* qui ne repense → RÉFLÉCHIR.

perdre

Celui qui vient *perd*, mais davantage *perd* celui qui met la nappe → AMPHITRYON.

Avec une moitié de médecin, tu *perds* la santé; avec une moitié d'iman, tu *perds* la foi → INCOMPÉTENCE.

Il faut — un vairon pour pêcher un saumon → SACRIFICE.

Tu ne peux pas retenir ce jour, mais tu peux ne pas le — → TEMPS (Emploi du).

perdre (se)

Pour un clou *se perd* un fer; pour un fer, le cheval et pour un cheval, le cavalier → NÉGLIGENCE.

perdu

Tant qu'un homme n'a pas la tête tranchée, rien n'est complètement — pour lui → ESPÉRANCE, ESPOIR.

père

Au jour de la résurrection, on te demandera quels sont tes actes, et non quel est ton — → ANCÊTRES.

Si le — a pris trop de sel pendant sa vie, son fils aura soif → HÉRÉDITÉ.

Si le — est oignon et la mère ail, comment le fils sentirait-il bon? → HÉRÉDITÉ.

pères

Les — ont mangé des raisins verts et les dents des enfants en ont été agacées → HÉRÉDITÉ.

Les — ne veulent pas reconnaître les défauts de leurs enfants, et les laboureurs la fertilité de leurs terres → PARTIALITÉ.

perfection

La — d'une pendule n'est pas d'aller vite, mais d'être réglée → ESPRIT (Vivacité d').

périr

La chose *périt* pour le compte du maître → DOMMAGE.

perle

La — est sans valeur dans sa propre coquille → PROPHÈTE DANS SON PAYS (Nul n'est).

perles

Ne jetez pas vos — devant les pourceaux → CONVENANCE.

Les — ne se dissolvent pas dans la boue → PURETÉ.

personne

Une — passe la nuit dans une seule case → ENTREPRENDRE (Courir deux lièvres à la fois).

Jamais — n'a trompé tout le monde, et jamais tout le monde n'a trompé — → OPINION PUBLIQUE.

Un c'est — → SEUL.

perte

— d'argent, — légère ; — d'honneur, grosse —; — de courage, — irréparable → DÉCOURAGEMENT.

petit, e

Grand, on vous traite de géant ; —, on vous appelle nain → APPRÉCIATION.

Un — cottage bien édifié, une — terre bien cultivée, une — femme bien disposée → « AUREA MEDIOCRITAS ».

— à — l'oiseau fait son nid → PEU À PEU.

— homme abat grand chêne → TAILLE.

petit-lait

Nul ne dit : « Mon — est aigre. » → AMOURPROPRE (complaisance pour soi-même).

pétrin

Il faut appeler — un — → NOMMER.

pétrir

Il faut — selon la farine → ADAPTATION.

Qui ne *pétrit*, bon pain ne mange → PLAISIR ET PEINE (pas de plaisir sans peine).

peuple

Qui rassemble un —, l'émeut → FOULE.

Ce n'est pas l'eau qui doit vous servir de miroir, c'est le — → GOUVERNEMENT (art de gouverner).

La voix du — est la voix de Dieu → OPINION PUBLIQUE.

peuples

Les — sont heureux quand un roi les gouverne → MONARCHIE.

peuplier

Le — aura beau pousser, il n'atteindra pas le ciel → AMBITION.

peur (avoir)

Qui a été mordu par un serpent *a peur* d'une corde → EXPÉRIENCE (Chat échaudé...).

Si vous *avez peur* du loup, n'allez pas dans la forêt → PÉRIL.

C'est sur le chemin où tu *n'as pas peur* que le fauve se jettera sur toi → VIGILANCE.

pfennig

Celui qui ne respecte pas le — n'est pas digne du thaler → ÉCONOMIE.

philosophie

Il y a plus de choses dans le ciel et sur la terre que dans les rêves de la → INCONNAISSABLE.

physionomie

La — n'est pas une règle qui nous soit donnée pour juger des hommes : elle nous peut servir de conjecture → VISAGE.

pied

A chaque — son soulier → APPROPRIATION.

Le — de la lampe est le plus mal éclairé → FAMILLE.

Ton — te conduira où tu veux aller → VOLONTÉ.

pieds

Etendez vos — selon la couverture → ADAPTATION.

Il n'y a que mes ongles pour gratter mon dos et que mes — pour me conduire → AGIR PAR SOI-MÊME.

pierre

La — qui n'encombre pas votre chemin ne vous gêne point → AUTRUI (Affaires d').

Une — qui roule ne s'arrête qu'au bas de la pente → CHUTE (généralités).

— qui roule n'amasse pas mousse → VOYAGE.

pierres

On ne jette pas de — au vautour → MÉCHANCETÉ.

Les — font partie du chemin → OBSTACLE.

piétiner

Il est inné dans l'homme de — ce qui est à terre → CHUTE (Quand le chêne est tombé...).

pilote

En haute mer le navire appartient au — → CHEF.

C'est pendant l'orage que l'on connaît le — → CHEF.

pilotes

Les meilleurs — sont à terre → VANTARDISE.

pilule

Il faut avaler la — sans la mâcher → BLÂME.

pilules

Si les — avaient bon goût, les apothicaires ne prendraient pas soin de les dorer → FAUXSEMBLANT.

pintade

Quand on fait rôtir une —, la perdrix a la migraine → EXEMPLARITÉ.

La — sans poussins n'est rien que plumes brillantes → MÈRE.

pinte

Il n'y a que la première — qui est chère → IVROGNERIE.

pire

La — part est la plus grande → BONS ET LES MÉCHANTS (les).

Ce qui est au-dessus du bon est souvent — que le mauvais → EXCÈS.

Il n'est — coin que celui du même bois → FAMILLE.

Il n'est — fruit que celui qui ne mûrit jamais → FILLE (Vieille).

Toujours crie la — roue du char → INFÉRIORITÉ.

Le — n'est pas toujours certain → OPTIMISME ET PESSIMISME.

Le rechief est le — → RECHUTE.

pirogue

Un pied dans la —, tout le corps dans la — → ENTRAÎNEMENT.

pivoine

La belle — ne sert qu'à récréer la vue; la fleur du jujubier, quoique petite, donne un bon fruit → BEAUTÉ FÉMININE.

place

Qui va à la chasse, perd sa — → ABSENCE ET PRÉSENCE.

En été comme en hiver, qui quitte sa — la perd → ABSENCE ET PRÉSENCE.

— qui parlemente est à demi gagnée → FEMME ET L'AMOUR (la).

Oncques — bien assaillie ne fut, qu'elle ne fût prise → FEMME ET LA VERTU (la).

Quand il y a de la — dans le cœur, il y en a dans la maison → HOSPITALITÉ (que l'on donne).

Hors de sa —, rien n'est bon; à sa —, rien n'est mauvais → ORDRE (généralités).

Une — pour chaque chose, chaque chose à sa — → ORDRE (généralités).

Assieds-toi à ta —, et l'on ne te fera pas lever → RANG.

places

Les — éminentes sont comme les rochers escarpés, où les aigles et les reptiles peuvent seuls parvenir → EMPLOIS (les).

Il est plus aisé de paraître digne des grandes — que de les remplir → EMPLOIS (les).

plaider

Il *plaide* beau qui *plaide* sans partie → FACILE, FACILITÉ.

plaie

Une —, une dette, le feu ne doivent pas s'éterniser → BLESSURE.

La — ne se cicatrise pas sur une épine → BLESSURE.

C'est toujours la — qui reçoit le choc → MALIGNITÉ DES CHOSES ET DU SORT.

plaies

Les — fraîches sont les plus aisément remédiables → BLESSURE.

plaindre (se)

Chacun *se plaint* que son grenier n'est pas plein → AVEUGLEMENT.

plaire

Pour —, oublie-toi toi-même → AMOUR (faire la cour).

plaisir

Pour un —, mille douleurs → AMOUR (généralités).

Le — des disputes, c'est de faire la paix → AMOUR (les amoureux).

Le — est plus grand qui vient sans qu'on y pense → INATTENDU.

Jusqu'aux genoux dans le —, jusqu'à la ceinture dans la peine → JOIE ET CHAGRIN.

plaisir (faire)

Celui qui ne *fait* pas *plaisir* en arrivant fait *plaisir* en partant → VISITE.

plante

La — forcée n'a point de parfum → CONTRAINTE.

plantes

Il y a bien des espèces de —, mais la canne est à sucre → VALEUR (généralités).

planter

Il faut — un arbre au profit d'un autre âge → ALTRUISME.

D'autres *ont planté* ce que je mange, je *plante* ce que d'autres mangeront → ALTRUISME.

Ce que tu *plantes* dans ton jardin te portera profit, mais si tu y *plantes* un homme, il t'en chassera → MÉCHANTS (Ingratitude des).

plats

— multiples, maladies multiples → GLOUTONNERIE.

pleurer

Ne *pleure* pas ce que tu n'eus oncques → AFFLICTION.

Qui *pleure* pour tout le monde finit par perdre les yeux → BONTÉ (Excès de).

Tel *pleure* aujourd'hui parce qu'il n'a pas de pain, qui *pleurera* encore demain parce qu'il n'aura pas d'appétit → ESPRIT CHAGRIN.

Je *pleurais* quand je vins au monde et chaque jour me montre pourquoi → VIE (généralités).

pleurs

Il y a toujours une guêpe pour piquer un visage en — → MALHEUREUX (les).

pleuvoir

Il ne *pleut* pas sur le chemin autant que dans la cour → FILLE (filia).

C'est pendant qu'il *pleut* qu'il faut remplir les jarres → OCCASION.

Il ne peut pas — chez le voisin sans que j'aie les pieds mouillés → SOLIDARITÉ.

Quand il *pleut* sur le curé, il dégoutte sur le vicaire → SUPÉRIEUR ET SUBALTERNE.

plonger

Veux-tu des perles? *Plonge* dans la mer → EFFORT.

Ploutos

—, le plus beau des dieux, fait du méchant un honnête homme → RICHESSE.

pluie

Petite — abat grand vent → CAUSE ET EFFET.

La — donne des roses, le feu engendre des cendres → HÉRÉDITÉ.

La — ne reste pas au ciel → INÉLUCTABLE.

— du matin n'arrête pas le pèlerin → OBSTACLE.

Après la —, le beau temps → VICISSITUDES.

pluies

Ce sont les petites — qui gâtent les grands chemins → DÉPENSE.

plumage

Beau — fait passer maigre viande → FEMME ET LA PARURE (la).

L'oiseau doit beaucoup à son — → VÊTEMENT.

plume

La — est serve, mais la parole est libre → JUSTICE LÉGALE (les juges).

— à —, on — l'oie → PEU À PEU.

plumes

Les belles — font les beaux oiseaux → VÊTEMENT.

poêle

Celui qui tient la queue de la —, il la tourne là où il veut → MAISON (Chacun est maître chez soi).

poil

— à — on épile → PEU À PEU.

poing

Le — est plus fort que la main, quoiqu'il ne soit autre chose que la main → UNION.

poire

La — vient sur le poirier et la figue sur le figuier → HÉRÉDITÉ.

poison

Pourquoi te servir de —, si tu peux tuer avec du miel? → ADULATION.

On boit le — dans une coupe d'or → APPARENCE.

On accepte une coupe de — de celui qui vous a offert cent coupes de nectar → DUPLICITÉ.

poisson

Le — n'est pas pêché, mais la femme prépare les piments → ANTICIPATION.

Le petit — sera bientôt pris qui mordille à tous les appâts → APPÂT.

« J'ai beaucoup à dire, assure le —, mais j'ai la bouche pleine d'eau » → PRÉTEXTE.

Le — pris dans la nasse commence à réfléchir → RETARDEMENT (généralités).

poissons

Les gros — mangent les petits → FORTS ET FAIBLES.

Quand les gros — se battent, les crevettes doivent se tenir tranquilles → GRANDS ET PETITS (généralités).

poivre

Un grain de — vaut mieux qu'un panier de courges → HOMME ET LE MARIAGE (le).

Ne juge pas le grain de — à sa petitesse; goûte-le et tu verras comme il pique → TAILLE.

polie

La pierre — ne reste pas à terre → INSTRUCTION.

pomme

Il suffit d'une — pourrie pour gâter tout le tas → CONTAGION.

La — est pour le vieux singe → EXPÉRIENCE DE L'ÂGE.

pommes

On peut compter le nombre de — sur un arbre, mais on ne peut compter le nombre d'arbres dans une pomme → ATAVISME.

Pour une année où il y a des —, il n'y a pas de —; mais pour une année où il n'y a pas de —, il y a des — → FRANCE (proverbes régionaux).

Les — qui se trouvent de l'autre côté du mur sont les plus douces → FRUIT DÉFENDU (le).

pompe funèbre

La — est une consolation pour les vivants plutôt qu'un tribut aux morts → FUNÉRAILLES.

pondre

Noire geline *pond* blanc œuf → HÉRÉDITÉ.

pope

Le — bénit d'abord sa barbe → ÉGOÏSME.

porte

Il faut qu'une — soit ouverte ou fermée → ALTERNATIVE.

La — la mieux fermée est celle que l'on peut laisser ouverte → CONFIANCE ET DÉFIANCE.

Ne faites pas la — plus grande que la maison → HOSPITALITÉ (que l'on donne).

Qui ne peut passer par la — sort par la fenêtre → FIN VEUT LES MOYENS (Qui veut la).

Quand une — se ferme, une autre s'ouvre → PROVIDENCE.

La — de derrière fait le voleur et la dévergondée → TENTATION.

porter

Portez votre main rapidement à votre chapeau et lentement à votre bourse → DONNER (généralité).

Qui *a porté* un veau peut — un bœuf → ENDURANCE (La force croît avec le fardeau).

Quelquefois la charrette *porte* le bac, d'autres fois le bac *porte* la charrette → ENTRAIDE.

Portez les fardeaux les uns des autres → ENTRAIDE.

position

Les hommes sont comme les chiffres : ils n'acquièrent de valeur que par leur — → EMPLOIS (les).

posséder

Autant tu *possèdes*, autant tu vaux → RICHESSE.

poste

Quelque grand que soit le —, celui qui le tient doit se montrer encore plus grand → EMPLOIS (les).

Les — éminents rendent les grands hommes encore plus grands, et les petits hommes beaucoup plus petits → EMPLOIS (les).

postérité

Le manque de — est le plus grand des défauts → ENFANT.

pot

Le — vide éclate sous le feu → ÉPREUVE DU MALHEUR (l').

Le — trouve ses propres herbes → FEMME ET L'AMOUR (la).

Il n'y a si méchant — qui ne trouve son couvercle → FEMME ET LE MARIAGE (la).

On voit bien encore aux tessons ce que fut le — → FEMME ET LA VIEILLESSE (la).

Dans un vieux —, on fait de bonne soupe → FEMME ET LA VIEILLESSE (la).

Le — cuit mieux sur son poêle → HABITUDE.

Un — fêlé dure longtemps → INFIRMITÉ.

Seuls le — et la cuiller savent ce que le — contient → MARI ET FEMME.

A tel —, telle cuiller → MARIAGE ASSORTI.

Chez le potier on sert de l'eau dans un — ébréché → MÉTIER (Les cordonniers sont les plus mal chaussés).

On peut arrêter le — qui bout, mais non la langue de tout un village → RUMEUR PUBLIQUE.

Petit — est bientôt chaud → TAILLE.

pots

Au fond des — sont les bons mots → BOIRE.

Les petits — ont de grandes oreilles → ENFANT.

pot-de-vin

Le — entre sans frapper → CORRUPTION.

potence
La — qui parlerait, que de gens elle appellerait! → IMPUNITÉ.

pou
La lente deviendra un — → NATUREL (le).

poulain
Qui se garde — se retrouve étalon → GARÇON.
Le — sauvage fait un bon cheval → GARÇON.

poule
La — naît au village, on la mange à la ville
→ AGRICULTURE.
La — pond où elle voit un œuf → IMITER
(agir semblablement).
La maison est à l'envers lorsque la — chante
aussi haut que le coq → MARI ET FEMME.
La — qui chante le plus haut n'est pas celle
qui pond le mieux → VANTARDISE.

poules
Qui veut avoir des œufs doit supporter le
caquetage des — → AVANTAGE ET INCONVÉ-
NIENT.
Les — pondent par le bec → NOURRITURE.

pourceau
Le — dit au cheval : « Tu as le pied tordu
et le poil rare » → AUTRUI (Défauts d').

pourchasser
Celui qui *pourchasse* un autre n'a lui-même
aucun repos → CONSÉQUENCE.

pourri
Si le tronc de l'arbre n'est pas —, le fungus
n'y pousse pas → MILIEU.

pourrir
Le lis qui *pourrit* sent plus mauvais que
l'herbe mauvaise → GRANDS (Corruption des).

pourriture
Celui qui cache une —, il pue → MAL (le).

poursuivre
Tu détruis l'ombre de l'arbre et tu *poursuis* un
nuage → HOMME INFIDÈLE (l').

poussière
Tu es — et tu retourneras en — → MORT
(généralités).

poussin
— chante comme le coq lui apprend — ÉDU-
CATION (généralités).

poutre
Pourquoi voyez-vous une paille dans l'œil
de votre frère, tandis que vous ne voyez pas
une — qui est dans le vôtre → AUTRUI (Défauts d').

pouvoir
Tous nous ne *pouvons* pas tout → APTITUDE.
On ne *peut* faire d'une fille deux gendres
→ POSSIBLE ET IMPOSSIBLE.
On ne *peut* être en même temps au carillon et
à la procession → POSSIBLE ET IMPOSSIBLE.
On ne *peut* à la fois courir et sonner du cor
→ POSSIBLE ET IMPOSSIBLE.
On ne *peut* à la fois souffler et avaler → POS-
SIBLE ET IMPOSSIBLE.
Qui ne *peut* comme il veut, doit vouloir
comme il *peut* → RÉSIGNATION.

préceptes
Nous avons d'assez bons —, mais peu de
maîtres → EXEMPLE.

prêcher
On a beau — qui n'a cure de bien faire
→ AMENDEMENT.
Nul ne *prêche* si bien que la fourmi, et elle se
tait → EXEMPLE.

préférer
Ne *préfère* pas le vent à l'eau → UTILE ET
INUTILE.

premier
J'aimerais mieux être le — dans un village
que le second dans Rome → RANG.

première
La — crêpe est toujours manquée → INEXPÉ-
RIENCE.
Celui à qui chacun accorde la seconde place
mérite la — → RANG.

premiers
Les — seront les derniers, et les derniers
seront les — → GRANDS ET PETITS (généralités).

prendre
Il faut — le cerf avant de le dépouiller → AN-
TICIPATION.
On *prend* plus de mouches avec du miel
qu'avec du vinaigre → DOUCEUR.
On ne *prend* pas un vieux singe au lacet
→ EXPÉRIENCE DE L'ÂGE.
Qui *prend* se vend (ou qui *prend* s'engage)
→ MARCHÉ.
Quand on *prend* du galon on n'en saurait
trop → OCCASION.
Si tu ne *prends* pas le cheval par la crinière,
c'est en vain que tu tenteras de le — par la
queue → RÉSOLUTION.
Celui qui *prend* un liard aimerait mieux — un
écu → VOL, VOLEUR.

prendre garde
Prends garde que tes cils ne t'aveuglent
→ FAMILLE.

présent
Je ne regarde point la valeur du —, mais le
cœur qui le présente → CADEAU.
Si tu te présentes les mains vides, on te dira :
l'effendi dort; si tu viens avec un —, on te
dira : Effendi, daignez entrer → CADEAU.
Celui qui porte un — sur un âne attend de
recevoir un — sur un chameau → CADEAU EN
APPELLE UN AUTRE (Un).

présents
Les — d'un homme lui élargissent la voie
→ CADEAU.
Les — brisent les rocs → CADEAU.
Reçois les — avec un soupir → CADEAU EN
APPELLE UN AUTRE (Un).
Les — font la femme complaisante, le prêtre
indulgent, et la loi souple → CORRUPTION.
Les — apaisent les dieux et persuadent les
tyrans → CORRUPTION.

pressentiment
Il faut croire au cœur, surtout quand c'est un
cœur de — → INTUITION.

prêter

Chose divine est —, devoir est vertu héroïque → DÉBITEUR ET CRÉANCIER.

Ami au —, ennemi au rendre → DÉBITEUR ET CRÉANCIER.

Il vaut mieux — sur gages que sur rien → USURE, USURIER.

prêteur

Le — a meilleure mémoire que l'emprunteur → DÉBITEUR ET CRÉANCIER.

prêtre

Une fois —, toujours — → CLERGÉ (généralités).

Chaque — loue ses reliques → CLERGÉ (proverbes anticléricaux), INTÉRÊT PERSONNEL.

Avec une moitié de médecin, tu perds la santé; avec une moitié de —, tu perds la foi → CLERGÉ (proverbes anticléricaux).

Le — du pays lointain lit mieux le rituel → PROPHÈTE DANS SON PAYS (Nul n'est).

prêtres

On peut dire des — ce qu'on dit de la langue, que c'est la pire des choses ou la meilleure → CLERGÉ (généralités).

Les — et les femmes ne peuvent outrager → CLERGÉ (généralités).

Les — et les magistrats ne dépouillent jamais leur robe entièrement → MÉTIER (déformation professionnelle).

prévenir

Il vaut mieux — que d'être prévenu → INITIATIVE.

prier

Qui ne *prie* ne prend → DEMANDER.

prince

Que le — soit —, le ministre, ministre → GOUVERNEMENT (art de gouverner).

Si le — n'est pas droit, les hommes droits deviendront trompeurs, et les hommes vertueux, pervers → ROI.

printemps

La récolte de toute l'année dépend du — où se font les semailles → JEUNESSE ET VIEILLESSE.

Même le plus dur hiver a peur du — → JEUNESSE ET VIEILLESSE.

Celui qui est en ville au — perd son — → SAISON.

pris

— avec, pendu avec → COMPAGNIE.

prisonnier

Le mort ni le — n'a plus ni ami ni parent → CAPTIVITÉ.

prisons

La plus étroite des — est la société de celui qui vous est contraire → COMPAGNON.

probantes

Il y a des choses qui ont besoin de témoignage pour être crues et d'autres qui sont — par elles-mêmes → PREUVE.

probité

La — est la seule monnaie qui ait cours partout → HONNÊTETÉ.

procès

Un ducat avant le — vaut mieux que trois après. → ACCOMMODEMENT (compromis).

procession

La — compte dans la messe → SALAIRE.

prochain

L'eau du puits du — est douce comme l'eau de La Mecque → AUTRUI (Bien d').

On se voit d'un autre œil qu'on ne voit son — → AUTRUI (Défauts d').

professeur

Un — de grec est celui qui sait un peu de grec et rien d'autre → MÉTIER (spécialisation).

professeurs

La clarté est la politesse des — → ENSEIGNEMENT.

profits

Les — injustes sont comme la fausse monnaie; plus on en a, plus on risque → BIEN MAL ACQUIS.

promettre

Le seigneur m'a *promis* un manteau de fourrure et voici déjà que je transpire → ESPÉRANCE, ESPOIR.

prudence

Le nord de la — consiste à se conformer au temps → OPPORTUNISME.

prudents

Soyez — comme le serpent, et simples comme la colombe → COMPORTEMENT.

puce

Nous avons bien ramé, dit la —, quand le pêcheur accoste → ARDÉLION.

puces

Ce ne sont pas les — des chiens qui font miauler les chats → AUTRUI (Mal d').

pucelle

Prendre on ne doit à la chandelle : argent, toile, ni — → VIRGINITÉ.

puer

Là où tous *puent*, un seul sent à peine mauvais → RELATIVITÉ (contingence).

puissant

On ne voit pas l'homme — au faible porter loyauté → GRANDS ET PETITS (généralités).

puissants

Les — sont puissamment châtiés → GRANDS (les).

puits

Celui qui creuse un — jusqu'à 72 pieds et ne va pas jusqu'à la source, il est comme s'il n'avait pas travaillé → ACHEVER.

Le — où l'on tire souvent de l'eau à l'eau la plus claire → ACTIVITÉ.

Si vous sautez dans un —, la Providence n'est pas obligée d'aller vous y chercher → ARTISAN DE SON SORT (Chacun est l').

Si vous voulez un —, creusez en un seul endroit → EFFICIENCE.

Le — où l'on tire souvent a l'eau la plus claire → USAGE (utilisation).

régner

Divise afin de — → GOUVERNEMENT (art de gouverner).

reine

Celle qui a pour sceptre une grosse louche de bois est une puissante — → FEMME ET LA MAISON (la).

reins

Que vos — restent ceints et vos lampes allumées → PRÉPARER.

relieurs

La société la plus spirituelle n'est pas celle que les tailleurs, mais celle que les — habillent → LIVRE.

religion

La — mal entendue est une fièvre qui peut tourner en rage → FANATISME.

remède

Un — est mauvais quand il détruit quelque chose de la nature → MÉDICAMENT.

A mal enraciné, — tard apprêté → RETARDEMENT (secours tardif).

remèdes

Les bons livres et les bons — guérissent quelques personnes → MÉDICAMENT.

remplir

Seule la poussière du tombeau *remplit* les yeux de l'homme → INSATIABILITÉ.

remuer

Plus on *remue* la boue, et plus elle pue → CHOC EN RETOUR.

renard

Qui veut attraper le —, qu'il chasse avec des oies → APPÂT.

« C'est du verjus », dit le — en parlant des raisins qu'il ne peut atteindre → DÉDAIN (Faux).

On ne prend pas deux fois le — au même piège → EXPÉRIENCE (généralités).

Il est avis au — que chacun mange poules comme lui → JUGEMENT (On juge les autres d'après soi-même).

Le — change de poils, non d'esprit → NATUREL (le).

Si le — règne, incline-toi devant lui → OPPORTUNISME.

Le — ne chasse jamais près de sa tanière → RUSE.

Le — ne sent pas sa propre odeur → SOI (Connaissance de).

Avec le —, on renarde → TROMPERIE.

Le — en sait beaucoup, mais celui qui le prend en sait davantage → TROMPERIE.

Il viendra un temps où le — aura besoin de sa queue → UTILE ET INUTILE.

rendre

Un homme est bon s'il *rend* les autres meilleurs → EXEMPLE.

renom

Une fois en mauvais —, jamais puits n'a été estimé bon → RÉPUTATION.

renouer

Les amitiés *renouées* demandent plus de soins que celles qui n'ont jamais été rompues → RÉCONCILIATION.

Le fil dont on *renoue* les amitiés rompues n'est qu'un fil d'araignée → RÉCONCILIATION.

renverser

Celui qui *renverse* une muraille pourra être mordu par un serpent → CHOC EN RETOUR.

répandu

Le vin — ne sera pas recueilli → DOMMAGE.

repas

L'horloge est une belle invention pour rappeler l'heure des — → MANGER.

réprimande

Celui qui sait recevoir la — est honoré → BLÂME.

république

Le plus sûr moyen de conserver la — est de ne rien faire en vue de l'intérêt particulier → BIEN PUBLIC (le).

républiques

Les — finissent par le luxe, les monarchies par la pauvreté → GOUVERNEMENT (Formes de).

réputation

Ouvrez la « porte du Dragon » et votre — se décuplera → DIPLÔME.

ressembler

Il ne suffit pas à un chien d'avoir la queue coupée pour — à un cheval → IMITER (prendre pour modèle).

Quand sur une personne on prétend se régler, C'est par les beaux côtés qu'il lui faut — IMITER (prendre pour modèle).

Qui est mauvais, il croit que chacun lui — → JUGEMENT (On juge les autres d'après soi-même).

retenir

Celui qui la *retient, retient* le vent, et sa main saisit l'huile → FEMME EST INCONSTANTE (la).

retomber

L'insensé qui *retombe* dans sa folie est comme le chien qui retourne à son vomissement → RECHUTE.

L'erreur d'un jour devient une faute, si l'on y *retombe* — → RÉCIDIVE.

Dieu pardonne le passé, mais celui qui *retombera* éprouvera la vengeance céleste → RÉCIDIVE.

retraite

Mieux vaut devoir son salut à une prompte — que de subir la loi du vainqueur → FUIR (au combat).

réussir

On *réussit* souvent mieux avec la queue du renard qu'avec la griffe du lion → DIPLOMATIE (finesse).

révéler

— les fautes d'autrui, c'est se dégrader → DÉLATEUR.

On guérit une blessure, et après une injure on se réconcilie; mais celui qui *a révélé* des secrets n'a plus d'espérance → INDISCRÉTION.

revenir

Evitez les trois quarts du chemin à l'ami qui *revient* → RÉCONCILIATION.

rêver

Le chien ne *rêve* que d'os → DÉSIR.

riche

Qui veut être — au bout de l'an, sera pendu à la Saint-Jean → AVIDITÉ.
Être — et honoré par des moyens iniques, c'est comme le nuage flottant qui passe → BIEN MAL ACQUIS.
Je suis — des biens dont je sais me passer → CONTENTEMENT.
Le plus — est celui qui désire le moins → CONTENTEMENT.

richesse

Ne me donne ni pauvreté ni — → « AUREA MEDIOCRITAS ».
La — confond les races → MARIAGE ET ARGENT.

richesses

On ne pleure pas un mort qui n'a pas laissé de — → HÉRITAGE.

ricin

Où il n'y a pas d'arbre, le — est roi → RELATIVITÉ (contingence).

ride

Une vieille — ne s'efface jamais → RANCUNE.

ridée

Pour être —, une pomme ne perd sa bonne odeur → FEMME ET LA VIEILLESSE (la).

rire

Le — profond amène les larmes → EXTRÊMES SE TOUCHENT (Les).
Plus on est de fous, plus on *rit* → GAIETÉ.

rivière

— débordée, profit des pêcheurs → MALHEUR DE L'UN PROFITE À L'AUTRE (Le).
On ne mesure pas la — avec ses deux pieds → PRUDENCE.
C'est à la — que l'on s'aperçoit qu'une jarre est plus grande qu'une autre → USAGE (utilisation).

rivières

Les — les plus profondes sont les plus silencieuses → APPARENCE.

riz

Un bol de — avec de l'eau et le coude pour oreiller, voilà un état qui a sa satisfaction → ASCÈTE.

Robin

Il souvient toujours à — de ses flûtes → JEUNESSE.

roche Tarpéienne

La — est près du Capitole → CHUTE (généralités).

roi

Le —, la Loi, et moi → BELGIQUE.
Si à midi le — te dit qu'il fait nuit, contemple les étoiles → CONFORMISME.
Plus près du —, plus près du gibet → COUR ET COURTISAN.
La paille du — vaut mieux que le blé des autres → COUR ET COURTISAN.
Ce qu'on appelle fermeté chez un — s'appelle entêtement chez un âne → GRANDS ET PETITS (généralités).

Sept jours —, sept jours ministre, puis toujours esclave → HOMME ET LE MARIAGE (l').
Où il n'y a rien, le — perd ses droits → IMPÔT.
Le — de France ne venge pas les injures du duc d'Orléans → MAGNANIMITÉ.
Le coq est — sur son fumier → MAISON (Chacun est maître chez soi).

rois

Quand les — délirent, c'est le peuple qui paie → GRANDS ET PETITS (généralités).

rôle

Selon son — on doit jouer son personnage → COMPORTEMENT.

Rome

Quand tu seras à —, agis comme les Romains → CONFORMISME.
— ne s'est pas faite en un jour → PERSÉVÉRANCE.

rompre

Le fil triplé ne *rompt* pas facilement → ASSOCIATION (généralités).
Il y a bien plus de constance à user la chaîne qui nous tient qu'à la — → SUICIDE.

rompu

Pire est le — que le décousu → FÂCHER (se).

roquet

Un — tient quelquefois un sanglier en arrêt → ENNEMI.

rosaire

Il n'a pas besoin d'autre —, celui dont la vie est un chapelet de bonnes pensées → PRIÈRE.

rose

Au lieu de me plaindre de ce que la — a des épines, etc. → AVANTAGE ET INCONVÉNIENT.
La — a l'épine pour amie → CONTRAIRE.
Il n'est si belle — qui ne devienne gratte-cul → FEMME ET LA VIEILLESSE (la).
Pour l'amour d'une —, le jardinier est le serviteur de mille épines → QUALITÉ ET DÉFAUT.
De mémoire de —, il n'y a qu'un jardinier au monde → RELATIVITÉ (contingence).

roses

On ne cultive pas de — sans être piqué par les épines → AVANTAGE ET INCONVÉNIENT.

roseau

L'olivier se brise, le — plie → SOUPLESSE.

rosée

Pour chaque brin d'herbe, il y a de la — → PROVIDENCE.

rossignol

Seul le — comprend la rose → ART.
Trois choses sont impossibles à acquérir : le don de poésie, la générosité, un — dans la gorge → CHANTER.
Quand a vu ses petits, il ne chante plus → PARENTS ET ENFANTS.
Le — chante mieux dans la solitude des nuits qu'à la fenêtre des rois → SERVITUDE.

roue

La cinquième — de la charrette gêne plus qu'elle n'aide → ARDÉLION.

rouille

La — ronge le fer → OISIVETÉ.

route

La — n'enseigne pas au voyageur ce qui l'attend à l'étape → AVENIR (l').

La — qui monte et descend est une et la même → PÉRENNITÉ.

routes

Mille — dévoient du blanc, une y va → BIEN ET LE MAL (le).

royaliste

Il ne faut pas être plus — que le roi → MODÉRATION.

royaume

L'arme acérée du — ne doit pas être montrée au peuple → GOUVERNEMENT (art de gouverner).

La porte fermée, on est un empereur dans son — → MAISON (Chacun est maître chez soi).

Au — des aveugles, le borgne est roi → RELATIVITÉ (contingence).

royaumes

Les — sont heureux où les philosophes sont rois, et où les rois sont philosophes → GOUVERNEMENTS (bons et mauvais).

ruisseaux

Les petits — font les grandes rivières → ÉCONOMIE.

Les petits — sont transparents parce qu'ils sont peu profonds → MÉDIOCRITÉ.

rupture

N'en venez jamais à la —, car la réputation en sort toujours ébréchée → FÂCHER (se).

S

sabbat

Le — a été fait pour l'homme et non l'homme pour le — → DIMANCHE.

sabres

Le paradis est à l'ombre des — → SOLDAT.

sac

— vide ne se tient debout → FAIM.

sacs

— à charbonnier, l'un gâte l'autre → CONTAGION.

Aux petits — sont les meilleures épices → TAILLE.

sage

Le — se demande à lui-même la cause de ses fautes, l'insensé la demande aux autres → ARTISAN DE SON SORT (Chacun est l').

Parfois il est — de boire pour n'être pas noyé → CONCESSION.

Le — dit, selon les gens : Vive le Roi! Vive la Ligue! → OPPORTUNISME.

Le — ne veut pas être estimé comme le jade, ni méprisé comme la pierre → MILIEU (Juste).

Ne sois pas — à tes propres yeux → MODESTIE.

Le — doit quitter la vie avec autant de décence qu'il se retire d'un festin → MORT (généralités).

Le — achète une troïka en été et une calèche en hiver → PRÉVOYANCE.

Le —, dans son pays natal, est comme l'or dans la mine → PROPHÈTE DANS SON PAYS (Nul n'est).

Le plus — se tait → QUERELLE.

Reprends le —, il t'aimera → REPROCHE.

Le — a la bouche cousue : c'est par la mèche que brûle la chandelle → TAIRE (se).

sagesse

Il n'y a pas de — au-dessous de la ceinture → AMOUR (généralités).

sahib

Une fois —, toujours — → RACE.

saint

A chaque — sa chandelle → AFFAIRES.

Tout — nouveau a des miracles à faire → CHEF.

A tel —, telle offrande → CONVENANCE.

Le — de la ville ne fait pas de miracles → PROPHÈTE DANS SON PAYS (Nul n'est).

Dans une petite église un petit — est grand → RELATIVITÉ (contingence).

saints

Comme on connaît ses —, on les honore → CONVENANCE.

Avant d'avoir trouvé Dieu, on est dévoré par les — → INTERMÉDIAIRE.

saison

Quoique l'on ait de bons instruments aratoires, rien n'est avantageux comme d'attendre la — favorable → OPPORTUNITÉ.

Il n'est pas toujours — de brebis tondre → OPPORTUNITÉ.

salir

On n'est jamais *sali* que par la boue → CALOMNIE.

Salomon

Les lis de la vallée ne travaillent ni ne filent, cependant — dans toute sa gloire n'était pas vêtu comme l'un d'eux → PROVIDENCE.

saltimbanques

Il y a des — sur la place du village et au Parlement → DÉMAGOGIE.

sanction

Il y a une — pour le bien et pour le mal; si elle tarde, c'est que l'heure n'est pas venue → JUSTICE IMMANENTE.

sanctuaire

Il ne faut pas essayer de pénétrer dans le — → GRANDS (les).

sang

La mauvaise goutte de — dure jusqu'à la dix-septième génération → ATAVISME.

Il faut avoir du — aux ongles → COMPORTEMENT.

Le — n'empêche pas de différer de rang → FRÈRE.

Songez plutôt à faire monter le — aux joues d'un homme qu'à le répandre → FUIR (au combat).

Bon — ne peut mentir → HÉRÉDITÉ.

Eloigne-toi du —, afin qu'il ne te salisse pas → MARIAGE CONSANGUIN.

Là où le — a coulé, l'arbre de l'oubli ne peut grandir → MEURTRE.

Qui baigne ses mains dans le —, les lavera
dans les larmes → MEURTRE.

Un homme chargé du — d'un autre fuit jusqu'à la fosse : ne l'arrêtez pas → MEURTRE.

Le — rouge est dans le cœur, bien que la
salive soit blanche → SOI (Maîtrise de).

Le — se lave dans le — → TALION (Peine du).

Qui te tire des larmes, tire-lui du — → VEN-
GEANCE.

Le — ne se lave pas avec du —, mais avec
de l'eau → VENGEANCE ET PARDON.

santé

A qui est en bonne —, il est aisé de conseiller
les malades → AUTRUI (Mal d').

Un corps dont la — n'est jamais troublée par
aucune indisposition est un hôte dangereux
pour l'âme → MALADIE.

santal

Le juste et le — parfument qui les frappent
→ HOMME DE BIEN (l').

Satan

Il n'y a que — qui ait perdu tout espoir
→ DÉSESPOIR.

— réprouve le péché → TARTUFE.

sauce

La — fait passer le poisson → PRINCIPAL ET
ACCESSOIRE.

« saudade »

La — est un mal dont on jouit, un bien dont
on souffre → PORTUGAL.

sauter

On ne peut — d'un arbre à un autre arbre,
mais on peut — d'un homme à un autre
homme → FEMME INFIDÈLE (la).

sauver (se)

Mieux vaut « Je *me suis sauvé* » que « Il a
été tué » → FUIR (au combat).

savetier

—, pas plus haut que la chaussure! → COM-
PÉTENCE.

saveurs

Les cinq — émoussent le goût de l'homme
→ PLAISIR (généralités).

savoir

Quand on baptise l'enfant, il faut — comment l'appeler → DÉCISION.

Il *sait* trop de chasse qui a été veneur → EXPÉ-
RIENCE (généralités).

Les années en *savent* plus que les livres
→ EXPÉRIENCE DE L'ÂGE.

Le diable *sait* beaucoup, parce qu'il est vieux
→ EXPÉRIENCE DE L'ÂGE.

Celui qui est au courant *sait*, et celui qui ne
sait pas dit : « C'est une poignée de lentilles! » → HOMME TROMPÉ (l').

Qui est en enfer ne *sait* pas que le ciel existe
→ IGNORANCE (défaut de connaissance).

Il est bien plus beau — quelque chose de
tout que de — tout d'une chose → MÉTIER
(spécialisation).

savon

Le — est gris, mais il lave blanc → APPARENCE.

scélérats

Les — croient que les honnêtes gens sont des
méchants → JUGEMENT (On juge les autres
d'après soi-même).

science

La — vaut mieux que l'or pur → INSTRUC-
TION.

scintiller

Tout ce qui *scintille* comme pierre précieuse
n'est pas gemme → APPARENCE.

scorpion

Le — pique celui qui l'aide à sortir du feu
→ MÉCHANTS (Ingratitude des).

sec

Auprès de ce qui est —, ce qui est humide
brûle → MILIEU (Influence du).

Seigneur

Si tu veux que le — te protège, protège-toi
d'abord → AIDER SOI-MÊME (s').

Si tu as le — pour oncle, il te sera facile de
devenir un saint → PROTECTION.

seigneur

A tout —, tout honneur → CONVENANCE.

Amitié de — n'est pas héritage → GRANDS
(les).

Un — de paille vainc et mange un vassal
d'acier → GRANDS ET PETITS (généralités).

seigneurs

Les disputes des — se lisent sur le dos des
paysans → GRANDS ET PETITS (généralités).

sel

Où l'on manque de —, n'importent les épices
→ ESPRIT (Vivacité d').

Ce qui tombe dans une mine de — devient
du — → MILIEU (Influence du).

sembler

Tel vous *semble* applaudir, qui vous raille et
vous joue → DUPLICITÉ.

Il *semble* à un larron que chacun lui est
compagnon → JUGEMENT (On juge les autres
d'après soi-même).

semer

Comme tu *auras semé*, tu moissonneras
→ ARTISAN DE SON SORT (Chacun est l').

Celui qui *sème* l'injustice moissonne le malheur → CHOC EN RETOUR.

Qui *sème* le vent récolte la tempête → CHOC
EN RETOUR.

Qui *sème* des chardons recueille des piqûres
→ CHOC EN RETOUR.

Qui *sème* des épines n'aille déchaux → CHOC
EN RETOUR.

— est moins pénible que moissonner → COM-
MENCER ET FINIR.

L'un *sème*, l'autre récolte → DUPES ET FRI-
PONS.

Qui partout *sème*, en aucun lieu ne récolte
→ ENTREPRENDRE (Qui trop embrasse...).

L'on ne doit — toute sa semence en un
champ → PRUDENCE.

sens

Chacun abonde en son — → AVIS.

sens (bon)

Souvent un seul a plus de — que tous
→ AVIS.

sentier

Il y a plus d'un — qui mène au bois
→ MOYEN.

sentir

Bien *sent* le feu de qui cape brûle → EXPÉRIENCE (généralités).
C'est puer que de — bon → PARFUM.
Celui-là *sent* mauvais qui *sent* toujours bon → PARFUM.

sépulcre

Même le — du Sauveur n'est pas gardé pour rien → INTÉRÊT.

sermon

La bonne vie est le meilleur — → EXEMPLE.

serpent

Si tu veux tuer un —, coupe-lui la tête → ACHEVER.
Lorsqu'un — te voue de l'affection, porte-le comme un collier autour de ton cou → CONFIANCE ET DÉFIANCE.
Réchauffe un — dans ton sein, il te mordra → MÉCHANTS (Ingratitude des).
Le — change le lait en venin → NATUREL (le).

serpents

Il n'y a pas de gros et de petits —, il y a des — → ENNEMI.

servante

La belle pensée est cachée plus que la gemme, mais on la trouve dans la main de la — qui broie le grain → PETITS (les).

servir

On n'est jamais si bien *servi* que par soi-même → AGIR PAR SOI-MÊME.

serviteur

Le — d'un homme peut vivre cent ans, l'esclave d'une femme meurt en six mois → MAÎTRESSE ET SERVANTE.

seuil

Le — est la plus haute des montagnes → COMMENCER (Il n'y a que le premier pas qui coûte).
Chacun a un pendu sur son — — → FAMILLE.

seul

Qui mange — s'étrangle seul → ÉGOÏSME.
Celui qui mange — son pain soulève son fardeau avec ses dents → ÉGOÏSME.
Qui veut y aller — n'ira jamais au ciel → ÉGOÏSME.

si

— l'on n'est pas brûlé par le feu, on est noirci par la fumée → COMPAGNIE.
— tu dis « J'ai chaud », il se met à transpirer → INFLUENCE.

siens

On n'est jamais trahi que par les — → FAMILLE.

signature

On connaît les hommes à la sueur et à la — → HONNEUR.

signes

Certains — précèdent certains événements → PRÉSAGE.

silence

Le — est plus profitable que l'abondance des paroles → PARLER OU SE TAIRE.
Taisez-vous, ou que vos paroles vaillent mieux que votre — → PARLER OU SE TAIRE.

singe

Le — se regarda dans un miroir et se vit gazelle → AMOUR-PROPRE (complaisance pour soi-même).
Le — tire les marrons du feu avec la patte du chat → DUPES ET FRIPONS.
Ce n'est pas à un vieux — que l'on apprend à faire des grimaces → EXPÉRIENCE DE L'ÂGE.
Plus haut monte le —, plus il montre son cul → PARVENU.
Un — sous des insignes d'or reste un — → PARVENU.
Le — est toujours —, fût-il vêtu de pourpre → VÊTEMENT.

sirènes

Les — ont leurs chants les plus doux quand elles attirent sur les écueils → TRAÎTRISE.

sitôt

— pris, — pendu → DÉCISION.

société

Il y a — entre le crocodile et le roitelet → ASSOCIATION (généralités).
Si tu fais — avec le boiteux, tu apprendras à boiter → FRÉQUENTATION.

socque

Le — est inférieur au cothurne → THÉÂTRE.

soi

Amour de — nous déçoit → ÉGOÏSME.
Qui ne vit que pour — est mort pour les autres → ÉGOÏSME.

soir

Le — montre ce qu'a été le jour → VIEILLESSE.
Un marché n'est jamais fréquenté le — → VIEILLESSE.
Le — de la vie apporte avec soi sa lampe → VIEILLESSE ET SAGESSE.

sol

Le — riche produit aussi de mauvaises herbes → QUALITÉ ET DÉFAUT.

soldat

Nul qui sert comme — ne s'engage en des affaires de la vie ordinaire → CLERGÉ (généralités).

soleil

Quand le — s'éclipse, on en voit la grandeur → ABSENCE ET PRÉSENCE.
Celui qui ne se lève pas avec le — ne jouit pas de la journée → AURORE.
Il y a plus de gens pour adorer le — levant que le — couchant → CHUTE (généralités).
Le — luit pour tout le monde → ÉGALITÉ ET INÉGALITÉ.
Le — est pour le brin d'herbe comme pour le cèdre → ÉGALITÉ ET INÉGALITÉ.
— qui doit me réchauffer, je le connais dès son lever → ENFANCE.
Si le méchant tient les pans de ton vêtement, bientôt le — prendra le vêtement du méchant et il te le donnera → JUSTICE IMMANENTE.
Si le — n'existait pas, il ferait nuit malgré la présence des autres étoiles → SUPÉRIORITÉ.

solitaire

A la colombe —, les cerises sont amères → FILLE (Vieille).

solitude

Etudier dans la — des montagnes ne vaut pas s'asseoir à la croisée des chemins et prêter l'oreille aux paroles des hommes → SOCIABILITÉ.

sombrer

Le bateau du pervers doit nécessairement — → JUSTICE IMMANENTE.

sommeil

L'esprit dans le — a de claires visions → RÊVE (songe).

sommets

Les — sont balayés par les vents → GRANDS (les).

Les — sont proches → GRANDS (les).

somnoler

Celui qui *somnole* renverse son panier → INDOLENCE.

songe

Le — est plus caressant que père et mère → RÊVE (rêverie).

songes

Celui qui regarde longtemps les — devient semblable à son ombre → CHIMÈRE.

songer

Songez plutôt à faire monter le sang aux joues d'un homme qu'à le répandre → PUNIR (généralités).

sonnet

Un — sans défaut vaut seul un long poème → QUALITÉ ET QUANTITÉ.

sortir

Nous l'avons fait entrer; il nous a fait — → MÉCHANTS (Ingratitude des).

Il ne peut — d'un sac à charbon que ce qu'il y a dedans → ORIGINE.

sot

Un — en fait cent → CONTAGION.

Qu'est-ce qu'un — qui a fait fortune? C'est un pourceau qui est embarrassé de son lard → PARVENU.

souche

Tant que la tige a —, elle ne se fourche → HÉRITAGE.

soucier (se)

Quand on a passé l'eau, on ne *se soucie* plus du passeur → INGRATITUDE.

souffler

Qui *souffle* dans le feu, les étincelles lui sautent aux yeux → CHOC EN RETOUR.

Qui s'est brûlé avec du lait *souffle* sur la crème glacée → EXPÉRIENCE (Chat échaudé...).

soufflet

Toute chose tourne en dette, même un — → COUPS.

souffrance

— et accoutumance est deshéritance → POSSESSION.

souffrir

C'est une loi : — pour comprendre → ADVERSITÉ ÉDUCATRICE.

On *souffre* pour les avoir, on *souffre* pour les garder, et on *souffre* pour les perdre → DENTS.

L'ami qui *souffre* seul fait une injure à l'autre → MALHEUR PARTAGÉ.

On doit — patiemment ce qu'on ne peut amender sainement → RÉSIGNATION.

Qui sait tout — peut tout oser → STOÏCISME.

soulier

Chacun sait où le — le blesse → DIVORCE.

Le — sait que le bas est troué → MAÎTRESSE ET SERVANTE.

souliers

A quoi sert l'étendue du monde quand nos — sont trop étroits? → PAUVRETÉ.

soupçon

Le — d'un amant est le songe d'un homme éveillé → HOMME JALOUX (l').

soupçonner

Plus on est honnête homme, plus on a de peine à — les autres de ne l'être pas. → JUGEMENT (On juge les autres d'après soi-même).

source

Une — salée ne peut donner de l'eau douce → NATUREL (le).

sourd

Il n'est pire — que celui qui ne veut pas entendre → PARTI PRIS.

sourire

L'homme qui ne sait pas —, qu'il n'ouvre pas une boutique → MARCHAND.

souris

La — échappée sent toujours l'odeur de l'appât → APPÂT.

On n'envoie pas une — pour attraper un skunks → APPROPRIATION.

Absent le chat, les — dansent → MAÎTRE ET SERVITEUR.

Jamais la — ne confie à un seul trou sa destinée → MOYEN, PRUDENCE.

soutane

La — préserve la doublure → CLERGÉ (proverbes anticléricaux).

souvenir (se)

Que les ignorants apprennent, et que ceux qui savent aiment à se — → HISTOIRE.

souverain

Il y a plus de chances de rencontrer un bon — par l'hérédité que par l'élection → MONARCHIE.

Le — est le premier serviteur de l'Etat → ROI.

stipulation

La — avant le labour évite la dispute sur l'aire → CONVENTION.

sucre

Le — est doux à tous les bouts → NATUREL (le).

suer

Sue et tu seras sauvé → TRAVAIL.

suffire

Rien ne *suffit* à qui considère comme peu ce qui est suffisant → INSATIABILITÉ.

suie

La — sur le toit appartient au maître de la case → MARI ET FEMME (querelles de ménage).

suivre

Suivez le hibou (ou la chouette), il (elle) vous conduira parmi les ruines → FRÉQUENTATION.

Qui *suit* tout le monde fait mal; qui *suit* personne fait pire → INDÉPENDANCE.

En *suivant* le fleuve, on parvient à la mer → PERSÉVÉRANCE.

sultan

Si le — ordonne de réquisitionner cinq œufs, ses soldats feront rôtir mille poules → EXACTION.

Un — sans esprit de justice ressemble à une rivière sans eau → ROI.

Celui qui visite le — doit entrer aveugle au palais et en sortir muet → ROI.

supporter

C'est un malheur de ne pouvoir — le malheur → ENDURANCE (généralités).

Supporte et garde-toi pour les jours heureux → ENDURANCE (généralités).

L'œil acoutumé à la poussière, bientôt *supporte* le sable → ENDURANCE (La force croît avec le fardeau).

Supporte sans te plaindre ce qui ne peut être changé → RÉSIGNATION.

Supporte et abstiens-toi → STOÏCISME.

sûretés

Deux — valent mieux qu'une, Et le trop en cela ne fut jamais perdu → PRÉVOYANCE.

surplus

Le — rompt le couvercle. → EXCÈS.

sursomme

La — abat l'âne → EXCÈS.

sycophante

Le — est la bête qui a la morsure la plus terrible → DÉLATEUR.

T

table

La — nous gagne plus d'amis que la bonté → AMPHITRYON.

Qui dresse sa — est cent fois coupable; qui ne la dresse pas n'est coupable qu'une fois → AMPHITRYON.

Dressez la — et la querelle cessera → REPAS.

tailleur

Le — à trente markka fait trois mille markka de dommage → ÉCONOMIE (fausse ou mauvaise).

tailleurs

Les — font bien des grands seigneurs → VÊTEMENT.

taillis

Au fond du — sont les mûres → EFFORT.

taire

Pour faire — autrui, commence par te — → DISPUTE.

talent

Entre esprit et —, il y a la proportion du tout à la partie → GÉNIE.

talents

Les — du soldat et ceux du général ne sont pas les mêmes → SUPÉRIEUR ET SUBALTERNE.

talons

Une paire de — vaut deux paires de mains → FUIR (généralités).

tambour

Ce qui vient du — s'en retourne à la flûte → BIEN MAL ACQUIS.

Tamise

Beaucoup se sont jetés dans la — pour n'avoir pas joué atout → INDÉCISION.

tant

— a homme — est prisé → RICHESSE.

tante

Le baiser d'une — est froid → PARENTÉ.

tarte

C'est sur la partie brûlée de la — que l'on met le plus de sucre → CACHER.

tâter

On *tâte* plutôt le pouls à l'avoir qu'au savoir → AMOUR ET ARGENT.

taureau

Du haut de la fenêtre, il est aisé de faire peur au — → FANFARON.

Un — n'a pas la même renommée dans deux troupeaux → RELATIVITÉ (contingence).

tavernier

Chez le —, on ne voit pas naître la troisième génération → IVROGNERIE.

teigneux

Jamais — n'aima le peigne → AMENDEMENT.

tel

— bat les buissons qui n'a pas les oisillons → DUPES ET FRIPONS.

— m'écoute qui ne m'entend → INDIFFÉRENCE.

— cuide engeigner autrui qui s'engeigne lui-même → TROMPERIE.

— est pris qui croyait prendre → TROMPERIE.

— croit guiller Guillot que Guillot le guille → TROMPERIE.

telle

— fait étrange réponse le jour qui ne la ferait pas la nuit → FEMME ET L'AMOUR (la).

témoins

Les yeux et les oreilles sont de mauvais — pour les hommes, car ils ont une âme barbare → SENS (les).

tempête

Quand le vent souffle en —, il fait frémir tous les arbres → CALAMITÉ.

temps

Le — n'est pas un loup, il ne fuira pas dans les bois → ATTENDRE.

Qui a — a vie → DÉLAI.

Il y a un — pour cligner et un — pour voir → DISCRÉTION.

Selon le —, la manière → OPPORTUNITÉ.

Il est un — pour aller à la pêche et un — pour faire sécher les filets → OPPORTUNITÉ.

Il y a un — pour loucher et un — pour regarder droit → OPPORTUNITÉ.

Tout est bien qui vient en son — → OPPORTUNITÉ.

Il y a sous le ciel un — pour tout → OPPORTUNITÉ.

Il est bien près du — des cerises, le — des cyprès → VIE (Brièveté de la).

Il y a un — pour tout, un — pour embrasser et un — pour s'abstenir d'embrassements → VOLUPTÉ.

tendre

Qui *tendra* un filet y sera pris → CHOC EN RETOUR.

Il vaut mieux — la main que le cou → MENDIER.

ténèbres

Les — cachent l'événement futur → AVENIR (l').

tenir

On *tient* toujours du lieu dont on vient → ORIGINE.

tenir (se)

Ne *te tiens* pas à la queue si tu as lâché la crinière → OBSTINATION.

tente

L'officier dans sa —, l'empereur dans la sienne → MAISON (chacun chez soi).

Une — faite de toiles d'araignée est beaucoup pour qui doit mourir → MAISON (généralités).

terme

Le — vaut de l'argent → DÉBITEUR, DETTE.

terre

Tout vient de la — et tout y retourne → MORT (généralités).

En — noire pousse le meilleur blé → PETITS (les).

La — ne peut tolérer deux soleils → RIVALITÉ.

tête

Où il y a une —, on ne coiffe pas le genou → CHEF.

Ce qui n'a pas de — ne va pas; ce qui a deux — va moins bien encore → CHEF (Un seul).

La — bien coiffée vend les pieds → CHEVELURE.

Une — bien faite est mieux qu'une — bien pleine → ÉDUCATION (généralités).

Vous avez une — ? Une épingle aussi → ÉTOURDERIE.

Plus grosse la —, plus forte la migraine → GRANDS (les).

C'est par la — que le poisson commence à sentir → GRANDS (Corruption des).

Qui a bonne — ne manque pas de chapeaux → HABILETÉ.

La — du poireau est blanche, mais la tige n'en est pas moins verte → HOMME ET LA VIEILLESSE (l') (le vieillard amoureux).

Les mains travaillent, mais la — nourrit → INTELLIGENCE.

La — ne peut être cassée qu'en présence de celui qui la porte → JUGER (Qui n'entend qu'une cloche...).

Place ta — au milieu des — et regarde tranquillement le coupeur de — → MALHEUR PARTAGÉ.

Il est trop tard pour s'incliner quand la — est tombée → RETARDEMENT (généralités).

Celui qui a la — en beurre ne doit pas s'approcher du four → VULNÉRABILITÉ.

thé

Le — âpre est parfumé à la première tasse → NOUVEAUTÉ.

thym

La rue et le — poussent dans le même jardin → QUALITÉ ET DÉFAUT.

tigre

Quand le — et le buffle se battent, les roseaux sont écrasés → GRANDS ET PETITS (généralités).

Ce n'est pas après la mort du — que l'on voit ses taches → IMPUNITÉ.

N'appelez pas le — pour chasser le chien → REMÈDE PIRE QUE LE MAL.

timoniers

Quand il y a sept — sur huit marins, le navire sombre → CHEF (Un seul).

tirer

Si tu ne peux pousser, *tire;* si tu ne peux —, *tire-toi* de là ! → ARDÉLION.

C'est avec l'eau du corps que l'on *tire* l'eau du puits → EFFORT.

tisonner

Ne *tisonne* pas le feu avec un couteau → COLÈRE.

toile

On ne rend pas l'argent quand la — est levée → MARCHÉ.

tombe

On aura bien assez de temps dans la — pour dormir → SOMMEIL.

tombeau

Notre vrai — n'est pas dans la terre, mais dans le cœur des hommes → DEUIL.

La richesse est bonne qui se manifeste par un beau — → FUNÉRAILLES.

tombeaux

A rechercher un pays où il n'y ait pas de —, on arrive dans un pays de cannibales → MORT (généralités).

tomber

— est permis; se relever est ordonné → DÉFAILLANCE.

Qui *est tombé* de cheval dit à l'âne qu'il a voulu descendre → DÉPIT.

Qui *tombe* dans le fleuve s'accroche au serpent → DÉSESPOIR.

Elle *est tombée*, son pagne s'est dénoué, ce qu'elle portait à la main s'est brisé → MALHEUR NE VIENT JAMAIS SEUL (Un).

tondre

Ne *tonds* pas deux moutons à la fois, le second pourrait te mordre → ENTREPRENDRE (Courir deux lièvres à la fois).

Le bon pasteur doit — les brebis et non les écorcher → IMPÔT.

tondu

Tel va chercher de la laine qui revient — → ÉCHEC.

tonner

Toutes les fois qu'il *tonne*, la foudre ne tombe pas → MENACES.

tonnerre

Si le — n'éclate pas, le paysan ne fait pas le signe de croix → CRAINTE (généralités).

Contre le — ne pète → FORTS ET FAIBLES.

tortue

La — qui s'est brûlée se tait de sa douleur → SECRET.

tours

Les — les plus hautes font les plus hautes chutes → AMBITION.

tous

— ne sont pas voleurs à qui les chiens aboient → GÉNÉRALISATION.
— pour chacun, chacun pour — → SUISSE.
— pour un, un pour — → UNION.

tout

Le — ne vaut pas la moitié → PARTAGE.
— ce qui branle ne tombe pas → USURE (détérioration).
— lasse, — casse, — passe → « VANITAS VANITATUM ».
— est dérision, — est poussière et — n'est rien → « VANITAS VANITATUM ».

tradition

Une — commence la première fois → PRÉCÉDENT.

tragédie

La — ne fait plus d'effet depuis qu'elle court les rues → THÉÂTRE.

traité

Il n'y a point de — entre le lion et l'homme, et le loup et l'agneau ne vivent pas en concorde → FORTS ET FAIBLES.

travailler

Celle qui *travaille* a une chemise, celle qui ne *travaille* pas en a dix → COURTISANE.
N'attends pas de gages d'Omar quand tu *travailles* dans la maison de Zaïd → MAÎTRE (Servir un seul).
Personne ne *travaille* mieux que lorsqu'il fait une seule chose → MÉTIER (spécialisation).
On a plus de mal à ne rien faire qu'à — → OISIVETÉ.
Travaillez peu vos vers, et beaucoup vos succès → PUBLICITÉ.
— pour rien rend paresseux → SALAIRE.

traverser

Quand tu *traverses* une rivière, il peut t'arriver d'être avalé par un crocodile, mais ne te laisse pas mordre par les petits poissons → FIERTÉ.

trébucher

Qui *trébuche* et ne tombe pas ajoute à son pas → DÉFAILLANCE.
Celui qui *trébuche* sur une paille peut aisément se casser le cou → MALADRESSE.
On ne *trébuche* pas sur une montagne, mais sur une pierre → OBSTACLE.
— deux fois sur la même pierre est honteux → RECHUTE.

trembler

Celui qui a fait naufrage *tremble* devant les flots tranquilles → EXPÉRIENCE (Chat échaudé...).
Il ne faut — que l'on ne voie sa tête à ses pieds → PEUR.
Chacun baise en *tremblant* la main qui nous enchaîne → TYRANNIE.

trésors

Les — acquis par le crime ne profitent pas → BIEN MAL ACQUIS.

tribunal

Pour une querelle n'allez pas au —, ni pour la moindre soif au cabaret → ACCOMMODEMENT (compromis).
Le fils de l'alcade va sans crainte au — → JUSTICE LÉGALE (les juges).

tripes

Ce sont les — qui portent les pieds et non les pieds les — → NOURRITURE.

tripière

Oncques — n'aima harengère → MÉTIER (Rivalité de).

trivial

C'est peine perdue que de critiquer le —, car il restera toujours le même → GROSSIÈRETÉ.

trois

Toutes les bonnes choses vont par — → NOMBRE.

tromper

Le monde veut *être trompé* → CRÉDULITÉ ET INCRÉDULITÉ.
On est souvent satisfait d'*être trompé* par soi-même → ILLUSION.
C'est aux doux accents de la flûte que l'oiseleur *trompe* l'oiseau → FLATTERIE.

tromper (se)

Les dieux et les fées *se trompent* aussi → ERREUR.
Personne ne veut accorder aux autres le droit de se — → ERREUR.

trompette

Une —, serait-elle d'argent, ne l'emporte pas sur dix cors de chasse → UNION.

troncs

Les — galeux ont des branches fleuries → MARIAGE (généralités).

trop

Rien de — → EXCÈS.
Un petit peu — fait plus de mal qu'un petit peu moins → EXCÈS.
C'est le — de cire qui met le feu à l'église → EXCÈS.
L'arc — tendu se rompt → EXCÈS.
Serrer — fort le pressoir donne un vin qui sent le pépin → EXCÈS.
Quand on serre — l'anguille, on la laisse partir → EXCÈS.
— loin à l'est, c'est l'ouest → EXTRÊMES SE TOUCHENT (Les).

troubler

Si l'on puise souvent de l'eau dans un puits, il ne manque pas de se —; plus le cœur agit, plus il se trouble → NIRVANA.

troupe

Une — de pintades est impénétrable au chien → UNION.

trouver

Celle qui *a trouvé* l'anneau est aussi heureuse qu'est malheureuse celle qui l'a perdu → MALHEUR DE L'UN PROFITE À L'AUTRE (Le).

truand

C'est le honteux qui perd et le — qui gagne → HARDIESSE.

truie

Mieux aime — bran que rose → NATUREL (le).
La — prétend enseigner Athéna → OUTRE-CUIDANCE.
Au fur et à mesure que la — se rassasie, sa pâtée s'aigrit → SATIÉTÉ.
La — ne pense pas qu'elle est de la fange → SOI (Connaissance de).

truies

A deux — trois liens → ENTRAÎNEMENT.

truite

On prend la — en la chatouillant → APPÂT.

truites

On ne pêche pas les — sans se mouiller les chausses → AVANTAGE ET INCONVÉNIENT.

tsar

Le — est un cousin de Dieu, mais il n'est pas son frère → ROI.
L'aigle est le — des oiseaux et cependant il redoute le faucon → ROI.
Sans le —, le peuple est orphelin → ROI.
Le meilleur ami du — est la vérité → ROI.
Dieu est bien haut et le — est bien loin → ROI.

tuer

Tuez un homme, vous êtes un assassin; *tuez* des milliers d'hommes, vous êtes un héros → GUERRE.
Celui qui te *tue* n'a pas besoin de te faire souffrir → REFUSER.

tuiles

Les — qui garantissent de la pluie ont été faites par beau temps → PRÉVOYANCE.

tunique

La — est plus près que le pallium → INTÉRÊT PERSONNEL ET FAMILLE.

tuteurs

Les sièges préparés au ciel pour les bons — sont toujours vacants → ORPHELIN.

tyrannie

La — du chat vaut mieux que l'équité du rat → MAL (Choisir le moindre).

U

unanimité

L'— est la meilleure forteresse → UNION.

unie

— à l'océan, la goutte d'eau demeure → SO-CIÉTÉ.

unis

Le pape et le paysan — en savent davantage que le pape seul → ASSOCIATION (généralités).

uniforme

On devient l'homme de son — → MÉTIER (déformation professionnelle).

union

L'— de l'homme et de la femme est l'unique bonne association → ASSOCIATION (généralités).

C'est le cœur et le non le corps qui rend l'— inaltérable → MARIAGE (généralités).

unir

Il ne faut pas — la faim à la soif → MARIAGE ET ARGENT.

univers

L'— est une espèce de livre dont on n'a lu que la première page quand on n'a vu que son pays → VOYAGE.

usage

L'— fait briller le métal → ACTIVITÉ.
Pour amender plusieurs coupables, l'— est d'en faire périr un → EXEMPLARITÉ.

user

—, ne pas abuser → MODÉRATION.

utile

Ce qui n'est pas — à la ruche ne l'est pas non plus à l'abeille → SOLIDARITÉ.

utopie

Quelques acres en Middlesex valent mieux qu'une principauté en — → RÊVE ET RÉALITÉ.

V

vache

Une — noire donne du lait blanc → APPA-RENCE.
Ce n'est pas la — qui beugle le plus fort qui a le plus de lait → APPARENCE.
Quand une — blanche entre dans une étable, une — blanche en sort cent ans après → ATA-VISME.
Tout n'est pas beurre que fait la — → AVAN-TAGE ET INCONVÉNIENT.
On ne juge pas la — dangereuse tant que son veau n'est pas méchant → MÈRE ET FILS.
A chaque —, son veau; à chaque livre, sa copie → PROPRIÉTÉ.
Si la — n'est pas tirée ordinairement, elle se tarit → USAGE (utilisation).

vaches

Les — maudites ont les cornes courtes → MÉ-CHANCETÉ.
Quand les — font défaut, les chèvres sont honorées → RELATIVITÉ (contingence).

vagabond

Le — hors de sa ville devient roi → PROPHÈTE DANS SON PAYS (Nul n'est).

vaillant

A — cœur rien d'impossible → COURAGE.

vaincre

Qui se *vainc* une fois peut se — toujours → SOI (Maîtrise de) .

vaincu

A être — par plus fort que soi, il y a encore quelque gloire → DÉFAITE.

vaisseau

— mauvais fait vin punais → FRÉQUENTA-TION.
Il est bon qu'un — ait deux ancres → PRÉ-VOYANCE.
Le — le plus sûr est celui qui est à l'ancre → SÉCURITÉ.

valet

Nourris bien ton —, et ta vache donnera plus de lait → MAÎTRE ET SERVITEUR.

valoir

Un homme en *vaut* cent, et cent n'en *valent* pas un → ÉGALITÉ ET INÉGALITÉ.

Tout *vaut* tant → PRIX.

Les choses ne *valent* que ce qu'on les fait — → RÉCLAME.

C'est proprement ne — rien que de n'être utile à personne → VIE (Sens et usage de la).

vanner

Ne *vanne* pas à tout vent et ne t'engage pas dans toute voie → PRUDENCE.

vanter

Vante le bateau de petite dimension, mais place les marchandises sur un grand vaisseau → PRUDENCE.

vase

Si le — n'est pas pur, tout ce qu'on y verse *aigrit* → MILIEU (Influence du).

vassal

Jamais — ne gagne à plaider à son seigneur → GRANDS ET PETITS (généralités).

veau

Le — qui tète ne meugle pas → INTÉRÊT.

veiller

A la première veille, tous *veillent*, à la seconde, le yogi *veille;* à la troisième, le voleur → VIGILANCE.

vendange

Il ne pleut que sur la — → RICHESSE.

vendre

Une sœur en marie une autre, un fût fait — un baril → AFFAIRES.

Ne *vendez* pas la peau de l'ours avant de l'avoir tué → ANTICIPATION.

On ne *vend* pas le poisson qui est encore dans la mer → ANTICIPATION.

Qui *vend* du poisson prend une enseigne fleurie → FAUX-SEMBLANT.

On *vend* au marché plus de peaux d'agneaux que de peaux de loups → FORTS ET FAIBLES

vendu

Même si vous n'avez rien —, soufflez dans votre trompette → PUBLICITÉ.

vendue

Tant vaut la chose comme elle peut être — → PRIX.

veneur

Il n'y a — qui ne prenne plaisir à corner sa prise → AMANTS ET MAÎTRESSE.

C'est le bon — qui fait la bonne meute → CHEF.

vengeance

Le riche a la — et le pauvre a la mort → JUSTICE.

venin

— guérit — → SEMBLABLE.

venir

Qui *vient* au moulin, c'est pour y moudre → INTENTION.

vent

Selon le —, la voile → ADAPTATION.

Le — purifie la route → ADVERSITÉ ÉDUCATRICE.

— au visage rend l'homme sage → ADVERSITÉ ÉDUCATRICE.

Bon — vaut mieux que force rames → CHANCE.

De grand —, petite pluie → COLÈRE.

Il n'est pas d'arbre que le — n'ait secoué → MALHEUR.

vents

Les — qui soufflent dans les hauteurs changent sans cesse → GRANDS (les).

Quand les — s'élèvent, rends hommage à l'écho → RÉVOLUTION.

vente

Le péché pénètre entre la — et l'achat → COMMERCE.

venter

Tant *vente* qu'il pleut → MARI ET FEMME (querelles de ménage).

ventre

Il est difficile de discuter avec le —, car il n'a pas d'oreilles → FAIM.

— vide est lourd fardeau → FAIM.

Un — épais n'enfante point un esprit subtil → GLOUTONNERIE.

Le dos fait confiance, mais non le — → MANGER.

Vénus

Sans Cérès et Bacchus, — a froid → AMOUR (généralités).

—veut que ses larcins restent cachés → FEMME ET L'AMOUR (la).

— est prompte à ceux qui font violence → FEMME ET L'AMOUR (la).

Quand — gouverne, Mars règne parmi les poussins → MARI ET FEMME.

verges

Tel donne les — dont il sera battu → ARTISAN DE SON SORT (Chacun est l').

Celui qui ménage les — hait son fils, mais celui qui l'aime le corrige de bonne heure → CHÂTIMENT CORPOREL (enfants).

vérité

Quand tu lances la flèche de la —, trempe la pointe dans le miel → DIPLOMATIE (finesse).

La — qui n'est pas charitable procède d'une charité qui n'est pas véritable → MÉDISANCE.

Il n'y a que la — qui offense → REPROCHE.

verser

— de l'eau froide dans le pot qui bout ne vaut pas retirer le bois du foyer → CAUSE ET EFFET.

Il n'est si bon charretier qui ne *verse* → DÉFAILLANCE.

vertu

L'homme d'une — supérieure est une vallée → HUMILITÉ.

vertus

Il faut de plus grandes — pour soutenir la bonne fortune que la mauvaise → ADVERSITÉ ET PROSPÉRITÉ.

Celui qui n'a que des — n'est guère meilleur

que celui qui n'a que des défauts → MILIEU
(Juste).

vertueux

Ceux qui ne sont pas —, je les traite comme
des gens —, et ils deviennent — → CONFIANCE
ET DÉFIANCE.

veuve

On n'est, avec dignité, épouse et — qu'une
fois → FEMME ET LE REMARIAGE (la).

viande

C'est — mal prête que lièvre en buisson
→ ANTICIPATION.

vice

Le — empoisonne le plaisir, la passion le corrompt, la tempérance l'aiguise, l'innocence le
purifie, la tendresse le double → VOLUPTÉ.

victoire

Quand l'État adverse est bien gouverné et que
le peuple est uni, une — même devient funeste → GUERRE.

vide

C'est du — que dépend l'usage → NIRVANA.
Le pot — ne déborde pas → PAUVRETÉ.
La maison — est pleine de bruit → PAUVRETÉ.

vides

Les épis — portent la tête haute → IGNO-
RANCE (défaut de savoir).

vie

La plupart des hommes emploient la première
partie de leur — à rendre l'autre moitié misé-
rable → JEUNESSE ET VIEILLESSE.
La — est courte, l'art est long, l'occasion fu-
gitive, l'expérience trompeuse, le jugement dif-
ficile → MÉDECINE.
Une — qui cherche sa — n'est pas une —
→ PAUVRETÉ.
La — est comme l'illusion d'un songe, et les
richesses et les honneurs sont comme les
nuages qui flottent dans l'air → « VANITAS
VANITATUM ».
Bonne — embellit → VERTU.
Notre — est semblable au vin, le reste s'aigrit
→ VIEILLESSE.

vieillir

On ne *vieillit* pas à table → REPAS.

vieux

Les jeunes vont en bandes, les adultes par
couples et les — tout seuls → ÂGES DE LA VIE.
A coudre du —, on perd son fil ; à aimer un
—, on perd ses nuits → FEMME ET L'AMOUR
(la).

vif-argent

Si tu ne peux avoir de —, contente-toi de terre
rouge → FILS ET FILLE.

vigne

Où la — pousse le mieux, on boit le plus mauvais vin → QUALITÉ ET QUANTITÉ.

vignes

On ne fait pas de processions pour tailler les
— → AIDER SOI-MÊME (s').

vilain

A —, — et demi → RÉCIPROCITÉ.

ville

— prise, château rendu → PRINCIPAL ET
ACCESSOIRE.

vin

Le — est tiré, il faut le boire → ACHEVER.
Tout — voudrait être porto → AMBITION.
Un nouvel ami est comme le — nouveau
→ AMITIÉ.
L'eau pour la peau, le — pour la vitalité
→ BOIRE.
Le — doux fait le plus âpre vinaigre → CO-
LÈRE.
On ne met pas du — nouveau dans de
vieilles outres → CONVENANCE.
Le — ne connaît pas les convenances
→ IVRESSE.
Le — fait surnager les secrets → IVRESSE.
La vérité est dans le — → IVRESSE.
Le — est le miroir des hommes → IVRESSE.
Toujours le — sent son terroir → ORIGINE.
— loyal n'a pas besoin de lierre → RÉCLAME.
Il est bien tard d'épargner sur le tonneau
quand le — est à la lie → RETARDEMENT (gé-
néralités).

vinaigre

Le — est fils du vin →HÉRÉDITÉ.

violence

Celui qui rend — pour — ne viole que la
loi, et non l'homme → TALION (Peine du).

vite

Il faut faire — ce qui ne presse pas pour
pouvoir faire lentement ce qui presse → HÂTE.
On fait toujours assez — ce que l'on fait assez
bien → HÂTE.

vivre

Qui *vivra* verra → AVENIR (l').
Il fait bon — et ne rien savoir → INSOU-
CIANCE.
Pour — heureux, *vivons* cachés → OBSCURITÉ.
On ne peut — pour tout le monde, surtout
pour ceux avec qui on ne voudrait pas —
→ SOCIABILITÉ.
Pour —, laisser — → TOLÉRANCE ET INTOLÉ-
RANCE.

vizir

Un — aux sultans fait toujours quelque ombrage → MINISTRE.

voir

Qui *voit* le ciel dans l'eau *voit* les poissons sur
les arbres → ILLUSION.
—, savoir, savoir faire, faire savoir → JOUR-
NALISTE.
Tous ceux qui *voient* ne regardent pas → TACT.
Qui nous *voit* trop souvent, *voit* bientôt qu'il
nous lasse → VISITE.

voisin

On croit qu'il y a des saucisses chez le — et
il n'y a même pas de clous pour les accrocher
→ AUTRUI (généralités).
La tête de ton — est un petit royaume et son
cœur une forêt → AUTRUI (généralités).
Le cheval du — vaut mieux que le mien, de
ce qu'il n'est pas mien → AUTRUI (Bien d').
L'homme vanne les fautes du — comme de
la balle → AUTRUI (Défauts d').
Balayez la neige devant votre porte avant de

faire des plaintes sur le gel qui recouvre le toit de votre — → AUTRUI (Défauts d').

Si ton — se va noyer, tu ne dois point pour tant aller → IMITER (agir semblablement).

Quand le — divorce, chacun pense à sa femme → SOI (généralités).

voix

Si la forte — servait à quelque chose, l'âne se serait construit des palais → CRIER.

volcans

Sur les —, il ne pousse pas d'herbe → CHEVELURE.

voler

Une fois en quarante ans, je suis sorti pour —, et la lune a brillé toute la nuit → CHANCE.

Après avoir appris à —, il faut encore apprendre à être pendu → CHÂTIMENT.

Qui *vole*, pèche une fois; qui *est volé*, pèche dix fois → VIGILANCE.

voleur

Le loup connaît le loup, le — le — → AFFINITÉ.

C'est celui qui a négligé de payer sa taille qui traite le boulanger de — → FLATTERIE.

Ce n'est pas la souris, mais le trou qui est le — → TENTATION.

volonté

Je veux cela, j'ordonne ainsi; ma —, voilà ma raison → DESPOTISME.

La — est réputée pour le fait → INTENTION.

vouloir

Quand on *veut* aller au bain, on ne va pas au moulin → CHOISIR.

Voulez-vous, elles ne *veulent* pas; vous ne *voulez* pas, c'est elles qui *veulent* → FEMME ET L'AMOUR (la).

Qui fait toujours ce qu'il *veut* fait rarement ce qu'il doit → GUISE.

Celui qui fait ce qu'il *veut* rencontrera ce qu'il déteste → GUISE.

Je ne *veux* pas, je ne *veux* pas, mais jetez-le-moi dans le capuchon → HYPOCRISIE.

Qui ne *veut* quand il peut, ne peut quand il veut → OCCASION.

voyage

Dans un —, le plus long est de franchir le seuil → COMMENCER (Il n'y a que le premier pas qui coûte).

voyager

Si tu veux être apprécié, meurs ou *voyage* → ABSENCE ET PRÉSENCE.

Qui veut — loin, ménage sa monture → LENTEUR.

vrai

Rien n'est beau que le —, le — seul est aimable → LITTÉRATURE.

Le — n'est pas plus sûr que le probable → SCEPTICISME.

vraisemblable

Le vrai peut quelquefois n'être pas — → VÉRITÉ (généralités).

W - Y - Z

yeux

Tous ceux qui voient n'ont pas les — ouverts, et tous ceux qui regardent ne voient pas → VOIR.

Si les — ne voient pas, le cœur ne se fend pas → ABSENCE ET PRÉSENCE.

Tel a de beaux — qui ne voit goutte → APPARENCE.

Ce que les — voient est préférable à la divagation des désirs → RÊVE ET RÉALITÉ.

Les — se fient à eux-mêmes, les oreilles se fient à autrui → VOIR ET ENTENDRE.

Les — sont des témoins plus fidèles que les oreilles → VOIR ET ENTENDRE.

Zamora

— ne fut pas prise en un jour → PERSÉVÉRANCE.

zébu

Le — que tu as désenlisé te transpercera de ses cornes → MÉCHANTS (Ingratitude des).

Le — maigre n'est pas léché par ses congénères → PAUVRETÉ.

Zeus

— est le vengeur des forfaits → DIEU (Justice de).

Même — ne peut faire que ce qui a été n'ait pas été → PASSÉS (Actes et faits).

– édition 1989 –

Imprimerie HÉRISSEY - Évreux – N° 46754
Dépôt légal Janvier 1980. – N° de série Éditeur 14851 – 710 010 H-Janvier 1989
IMPRIMÉ EN FRANCE *(Printed in France)*.